微生物生理学

李　颖　关国华　主编

科学出版社
北　京

内 容 简 介

本书是对《微生物生理学》(李季伦编,1993)的修订再版,由中国农业大学、山西大学和沈阳农业大学的教师共同协作编写完成。全书尽可能地参考了国内外科学研究的最新进展,汲取国内外教材的精华,结合编者多年的教学经验,力求全面系统地阐述微生物生命活动的规律及其研究方法。全书共分为13章,内容主要包括:微生物细胞结构的特点,微生物的营养需求、吸收营养的机制和细胞分泌特征,微生物细胞的合成代谢、分解代谢、次生代谢及其代谢调控机制,微生物的生长、分化及其对环境胁迫的应激反应,寄主与寄生微生物的关系等。

本书可供理、工、农、医类及师范院校生物学专业本科生、研究生学习使用,也可作为微生物学及其相关领域研究人员的参考书。

图书在版编目(CIP)数据

微生物生理学/李颖,关国华主编. —北京:科学出版社,2013.3

ISBN 978-7-03-037062-4

Ⅰ.①微… Ⅱ.①李…②关… Ⅲ.①微生物学-生理学-高等学校-教材 Ⅳ.①Q935

中国版本图书馆CIP数据核字(2013)第047145号

责任编辑:王玉时 刘 畅 / 责任校对:张小霞
责任印制:赵 博 / 封面设计:迷底书装

科学出版社出版
北京东黄城根北街16号
邮政编码:100717
http://www.sciencep.com

北京华宇信诺印刷有限公司印刷
科学出版社发行 各地新华书店经销
*
2013年4月第 一 版 开本:A4(890×1240)
2024年8月第九次印刷 印张:27 3/4
字数:1 084 800

定价:98.00元

(如有印装质量问题,我社负责调换)

《微生物生理学》编委会名单

主　编　李　颖（中国农业大学）

　　　　　关国华（中国农业大学）

副主编　赵良启（山西大学）

　　　　　文　莹（中国农业大学）

编　者（按姓氏汉语拼音排序）

　　　　　陈　芝（中国农业大学）

　　　　　陈文峰（中国农业大学）

　　　　　关国华（中国农业大学）

　　　　　姜　伟（中国农业大学）

　　　　　李　颖（中国农业大学）

　　　　　李炳学（沈阳农业大学）

　　　　　宋　渊（中国农业大学）

　　　　　田杰生（中国农业大学）

　　　　　文　莹（中国农业大学）

　　　　　张　宁（沈阳农业大学）

　　　　　赵良启（山西大学）

主　审　李季伦（中国农业大学）

前　言

微生物生理学是微生物学的一个重要的分支学科，它主要研究微生物生命活动规律以及与周围环境之间的关系。在整个生命科学的发展进程中，微生物生理学的研究发挥了重要的作用，许多生命现象的机制都是以微生物作为研究对象而阐明的。当今生物科学的发展异常迅速，微生物生理学的内容逐渐由微生物生理表型的发现而进入其遗传机制的探讨。21 世纪的微生物生理学进入一个崭新的时代，微生物仍然在充当着人们分析生命现象、探究生物遗传机制的最有效的材料之一。

本书是对《微生物生理学》（李季伦编，1993）的修订再版。虽然参加该书上一版编写的大部分教师已经退休，但他们严谨认真的写作态度激励着我们努力做好此事。现在参加本书编写的人员都是活跃在教学、科研一线的中、青年教师。在完成《微生物生理学》（第四版）译著（李颖等，2009）的基础上，我们参考最新研究进展，根据多年教学经验的积累，编写完成本书。希望通过我们的努力，能够为我国微生物教学水平的提升尽一份微薄之力。

本书与 1993 年版相比，在内容上做了不少改动，每章内容都有一些新的进展呈现，特别是第 7，11 和 13 章是本书根据学科发展新加的内容。此外，本书每章都列出了一些思考题和参考文献，希望对读者学习有益。全书共分 13 章，分别由李季伦、李颖（第 1 章）；姜伟（第 2 章）；陈芝（第 3，11 章）；关国华（第 4，5 章）；陈文峰（第 6 章）；李炳学、张宁（第 7 章）；宋渊（第 8 章）；文莹（第 9 章）；李颖（第 10 章）；赵良启（第 12 章）；田杰生（第 13 章）编写，全书由李颖和关国华统稿，由李季伦教授主审。

科学出版社对本书的出版给予大力支持和帮助，法国科研中心马赛微生物研究所吴龙飞研究员和中国科学院微生物研究所马旅雁研究员对部分章节给予审定，中国农业大学生物学院本科生曹庆鹏同学在课余时间为本书绘制了大量的图、表，在此一并致以衷心地感谢。

微生物生理学研究的发展日新月异，虽然我们力求通过本书反映微生物生理学的研究现状，但由于水平有限，书中难免有错误和遗漏，期待读者给予指正，以便日后及时修订，使本书不断趋于完善。

编　者

2013 年 1 月

目　录

第1章 绪论

微生物生理学是微生物学的一个重要的分支学科，它主要研究微生物生命活动规律以及与周围环境之间的关系。在整个生命科学的发展中，微生物生理学发挥了重要的作用，许多生命现象的机制都是首先以微生物作为研究对象而阐明的。

微生物生理学建立于19世纪中后期。尽管古代人们在与疾病作斗争、食品酿造和农业生产过程中，都曾不自觉地利用了微生物，但由于它们形体小，肉眼难见，人们并不知道疾病、酿造和土壤中的物质转化是微生物活动的结果。直到17世纪70年代，发明了显微镜之后，荷兰人列文虎克（A. Leeuwenhock，1632～1732）才打开了微生物世界的大门。其后的200年内，微生物的研究主要限于形态观察和分类。直到19世纪中后期，巴斯德（L. Pasteur，1822～1895）、柯赫（R. Koch，1843～1910）、维诺格拉德斯基（C. H. Winogradsky，1856～1953）和贝哲林克（M. W. Beijerinck，1851～1931）等先驱们的卓越工作，为微生物生理学奠定了坚实的科学基础。

巴斯德打破了微生物自然发生学说，用无可争辩的实验，证明了物质的腐败是微生物活动的结果（1864）。此外，他在免疫学和微生物发酵的研究等方面作出了重大贡献，并发现在自然界存在着在无氧条件下进行生活的微生物（1857）。他对"酒病"和蚕病的研究（1864，1865）挽救了当时法国的酿酒业和蚕丝业；他发明的巴斯德灭菌法，一直沿用至今。

柯赫是与巴斯德同时代的一位德国乡村医生。他首先证明动物炭疽病的病原是细菌，并发明了分离和培养纯菌的方法。他提出的著名的证病定律（Koch's hypothesis），至今仍指导着动、植物病原的确定。

自巴斯德和柯赫奠定了微生物生理学后，进一步的发展应归功于俄国的微生物学家维诺格拉德斯基和荷兰的微生物学家贝哲林克。维诺格拉德斯基主要的贡献是发现了微生物的自养生长，在他研究硫细菌的过程中，证明这类细菌能氧化 H_2S 获得能量并可利用 CO_2 作为碳源生长，这种化能无机营养型细菌的生活方式，既不同于光能无机营养型植物的代谢类型，也不同于化能有机营养型微生物和动物的代谢类型。其后他又研究了铁细菌和硝化细菌，再次揭示和确定了这类自养细菌的特性。贝哲林克利用加富培养的方法，首先自土壤中分离出能固定空气中氮素的好氧固氮菌（*Azotobacter*）和蓝细菌（*Cyanobacteria*，以前称之为蓝绿藻）。其后，他又成功地自豆科植物根瘤中分离出根瘤菌（1888）。维诺格拉德斯基和贝哲林克的开创性工作，不仅推动了微生物生理学的发展，也为土壤微生物学的研究奠定了基础。

微生物生理学发展的一个重要转折点是德国学者布赫纳（Büchner）发现了酵母菌的无细胞制剂可将蔗糖转化为乙醇，从此微生物生理学的研究进入了分子水平，并诞生了生物化学。此后，这两门学科紧密结合，共同发展。1900～1960年间许多重要的代谢途径，都是首先利用微生物作为研究对象而被阐明的，然后在高等生物中也得到证实。

如果说20世纪60年代以前的微生物生理学重点在于研究物质和能量转化以及各种代谢途径，那么自60年代之后，由于雅可布和莫纳德（Jacob和Monod）研究诱导酶形成机制而建立的操纵子学说（1961），则标志着微生物生理学朝向代谢调控研究的兴起，并进一步将微生物生理学、生物化学和遗传学结合在一起，形成了分子生物学。早在20世纪40年代，对于真菌脉孢霉（*Neurospora*）的遗传研究，提出了基因控制酶的学说（Beadle和Tatum，1941），促使遗传学由形式遗传学进入生化遗传学阶段。细菌的转化作用（Griffith，1928）和转化物质的提纯（Avery，1944），第一次确定了DNA是遗传的物质基础。细菌重组（Lederberg，和Tatum，1946）、噬菌体重组（Delbrück和Bailey，1947；Hershey和Rotman，1949）和细菌转导（Zinder和Lederberg，1952）的相继发现，以及DNA分子双螺旋结构的建立（Watson和Crick，1953）、基因细微结构的分析（Benzer，1955）、DNA复制机制的发现（Meselson和Stahl，1958）、DNA和RNA的分子杂交（Spiegelman，1964）等重要成就，为建立分子遗传学打下了坚实的基础。

遗传密码的破译（Nirenberg，1961，1963；Khorana等，1966）和蛋白质生物合成机制的阐明，是继发现DNA为遗传物质之后，生物科学上最重要的成就。分子遗传学的发展，使人们有可能利用分子遗传学技术，有目的地改造旧物种和创造新物种。DNA重组技术，也作为一项崭新的技术而应用于当今植物、动物和微生物领域。

20世纪40年代后，微生物的应用有了重大发展。多种微生物产生的抗生素已在人类社会的生产和生活中发挥着重要作用；微生物酶制剂已广泛应用于农业、工业、医药等各领域；随着发酵工业的发展，由微生物发酵生产的有机酸、氨基酸、维生素等大量产品服务于人类。微生物的生产已形成了庞大的发酵工业体系，它是构成国民经济的重要命脉。只有掌握各类微生物的生理学特点，才能有效地操控其生产能力，可见对微生物生理学知识的掌握，也是进入发酵行业的前提条件。

现代微生物生理学的研究已经进入了一个崭新的阶段。

1. 生理表型及其遗传机制的探究，为解释微生物生理现象奠定了基础

作为理想的研究材料，微生物始终充当着研究生命现象的重要角色。无论是对细菌分裂机制的研究，还是对真核微生物细胞周期的探讨；无论是对不同微生物能量代谢水平的探究，还是对微生物吸收、分泌现象的揭示；无论是对微生物抵御环境胁迫表现的阐述，还是对微生物与其他生物之间关系的分析，均已逐渐深入到探讨各类表型与遗传机制相关联的水平，这是微生物生理学逐步发展的一种趋势。微生物将作为研究生命现象的基本材料而继续为人类所研究和利用。

2. 多学科研究技术相互渗透与融合，对阐明微生物的生理特点和遗传机制提供了有力的支持

微生物生理学的研究手段包括传统微生物技术，现代分子生物学技术、生物物理学、生物化学等技术。例如，对微生物酶学的研究，除了分析酶本身的生化特点及其性质以外，目前最引人注意的当属结构生物学技术对于酶的空间结构及其催化作用机制的揭示。各学科交叉合作，为深入研究微生物学开辟了新的思路和技术支持。例如，在发酵工业中，以往改造菌株的策略局限在传统的物理、化学诱变或采用生物技术方法克隆有用基因，进行异源表达，提高目的产物的产量。而随着基因组测序技术的发展，已有多种微生物被阐明其基因组信息和不同代谢途径，人们可以有目的地采用现代技术，通过阻断一些代谢支路，或采用组合生物合成的策略获得目的产物。此外，多项核苷酸、蛋白质的分析技术和物理、化学因子的分析仪器都为探究微生物生理表型及其遗传特点提供了支持。

3. 微生物各分支学科逐渐发展壮大

人们在发酵食品、医药工业、生物防治、环境保护及预防医学等方面，对微生物的研究都相继开辟了各自崭新的局面。微生物在人们的生产和生活中扮演了重要角色，由于人们利用微生物的特点为社会服务的意识不断增强，特别是发酵工业的进步，微生物产业已经成为社会经济的重要产业。从最初的利用自然界的微生物资源，到现在有意识地寻找和挖掘极端环境微生物资源；从逐步调查、发现和分析不同微生物的生理特征，到利用基因工程手段有目的地改造并获得新物种，各类新技术的应用，已渗透到与微生物生理研究相关的各个领域。相信随着社会和科技的进步，人们对各分支领域的研究将越来越深入。

当今生物科学的发展异常迅速，微生物生理学的内容逐渐由微生物生理表型特征的发现而进入其遗传机制的探讨。21 世纪的微生物生理学进入一个崭新的时代，微生物仍然在充当着人们分析生命现象、探究生物遗传机制的最有效的材料之一。不容置疑，微生物生理学与生物化学、分子生物学、遗传学等联系密切。2002 年出版的 Albert G. Moat 等编著的《Microbial Physiology》一书，展现了当今这门学科的发展趋势，它不仅描述了各类微生物的生理表型和环境因素带来的影响和后果，而且将生理表型及其遗传机制相结合，使人们在了解生理现象的同时，进一步认识了产生这种现象的内在原因。此外，将微生物本身对环境胁迫所产生的应答等问题予以介绍。阐明一个生命现象的缘由，是需要多学科交叉合作的，这就是当今微生物生理学的特点。因此，当前学习微生物生理学，还需要掌握生物化学、遗传学和分子生物学的基础知识。

建议读者在学习微生物生理学之前，首先阅读由宋大康教授撰写的《微生物学史及其对生命科学发展的贡献》一书，从中不仅可了解众多先驱者们对自然界现象的敏锐观察及分析、巧妙的实验验证、严谨的逻辑推理和建立创新性的科学理论，并推动社会生产力的发展进程，同时，还可深刻理解微生物在生命科学研究中的地位和作用。为了及时了解本学科发展的动态，需要经常阅读国内外发表的文献，权威专家们所撰写的有关微生物生理学研究进展的综合性评述文章通常发表在《Annual Review of Microbiology》，《Annual Review of Biochemistry》，《Critical Reviews in Microbiology》，《Advances in Microbial Physiology》等著名杂志上。

第2章 微生物细胞的结构与功能

细胞是组成生命的基本单位，能独立生长和繁殖，是一个高度有组织的生命系统。根据细胞中储存的遗传信息的结构，通常将生物分成两大类型：原核生物（prokaryotes）和真核生物（eukaryotes）。原核生物细胞中的遗传信息虽然和真核生物的相同，但原核生物的DNA不像真核生物那样被膜包围成为一个明确的细胞核。原核生物细胞中缺少由膜包围的其他细胞器（如线粒体、叶绿体）和沟通并协调细胞内部生命活动的内质网络。

第1节 微生物细胞的化学组成及其研究方法

1.1 微生物细胞的化学组成

对微生物细胞的化学分析表明，95%的干物质是由碳、氧、氢、氮、硫、磷、钾、钙、镁和铁组成。微生物对它们的需要量较大，一般需要量在10^{-4} mol/L以上，因此它们被称为主要元素。其中碳、氧、氢、氮、硫和磷这六种元素主要用于构成碳水化合物、脂类、蛋白质和核酸。钾、钙、镁和铁主要以离子形式存在，在细胞中起重要作用，如钾（K^+）是许多酶保持活性所必需的；镁（Mg^{2+}）是许多酶的辅因子，还在核糖体和细胞膜的稳定方面起到重要作用；铁（Fe^{2+}和Fe^{3+}）是细胞色素的组成部分，也是许多酶的辅因子。

微生物细胞除了需要大量元素之外，还需要少量的其他元素，这些元素的需要量一般小于10^{-4} mol/L，称为微量元素。微量元素主要包括锰、锌、钠、氯、钼、硒、钴、铜、钨、镍和硼等。微量元素主要是作为酶的组成成分或者是辅因子。

除了干物质之外，在细胞中还有水，这也是微生物生存不可缺少的物质。

微生物细胞的化学元素组成常因微生物种类的不同及其所处环境的不同而有所不同。例如，硫细菌（sulfur bacteria）、铁细菌（iron bacteria）相对于其他细菌含有较多的硫、铁元素；硅藻（diatom）的细胞壁富含$(SiO_2)_n$，因而含有较多的硅；虽然大多数原核生物不需要很多的钠，但许多在盐湖生长的古菌含有较多的钠。微生物细胞的化学元素组成也常随菌龄及培养条件的不同而变化，如幼龄的细胞含氮量高于老龄细胞，在氮源丰富的培养基上生长的细胞含氮量高于在氮源贫乏的培养基上生长的细胞。

环境中能够满足微生物生长、繁殖和进行各种生理活动所需要的物质称为营养物质。这些营养物质主要是以有机化合物和无机化合物的形式为微生物所利用，也有少部分是以分子态的气体（N_2、O_2 和 CO_2 等）形式提供。根据营养物质在机体中生理功能的不同，可将它们分为碳源、氮源、生长因子、矿质元素和水。

1.2 分析细胞组成的研究方法

1.2.1 细胞鲜重、干重和含水量测定

在液体培养基中培养的微生物，经过滤或离心收集细胞，洗净附在细胞表面的培养基，尽量吸去细胞外所附着的水分，即得细胞的鲜重（fresh weight），以 g/L 表示。由于细胞在收集过程中会聚集成团，细胞之间的水分难以除去，因此，用上述方法所测得的细胞鲜重往往比实际的质量高（一般约高出 10%）。细胞之间的水量可用加入同位素标记蛋白质的方法测定，因为蛋白质不能掺入细胞，只是溶于细胞外围的水中，测定细胞团的放射活性，可推算出细胞外围的水量。

将一定质量的鲜细胞，在 105℃高温下，或在低温（60℃）真空下干燥至恒重，检测细胞干重（dry weight），通常以 g/L 或 mg/L 表示。大肠杆菌（*Escherichia coli*）在适合的培养条件下，每升培养液可产生 25～30g 干细胞（相当于每毫升 2×10^{11} 个细胞）。酵母菌可产生 40g 以上干细胞。近年来，采用高密度培养技术，可达到 120g/L 干酵母的产量。

生活细胞中含有大量的水，占鲜重的 70%～90%。一般单细胞微生物，如细菌和酵母菌的含水量（为 70%～80%和 75%～85%）较丝状真菌细胞的含水量（85%～90%）低。休眠孢子的含水量更低，细菌芽孢的含水量约为 40%，曲霉的分生孢子的含水量只有 20%。细胞含水量（water content）的计算公式为：（鲜重－干重）/鲜重×100%。

1.2.2 无机元素分析

分析细胞中各种元素的含量，不仅能反映原生质的化学组成，也涉及细胞中的储存物质。后者的含量，常因微生物和培养条件的不同而有变化。

碳的含量（测燃烧时所放出的 CO_2 量）在各种微生物细胞中比较恒定，一般占细胞干重的（50±5）%。氮在单细胞微生物中的含量（8%～15%）高于在丝状真菌细胞中的含量（5%）。通常采用的 Kjedahl 定氮法，只能测出细胞中的氨态氮，不能测出硝态氮或偶氮中的氮，也不能测出嘌呤和嘧啶环中的氮。同位素标记法测定比较精确，其测定值要比用 Kjedahl 法所测出的数值高。用同位素标记法测大肠杆菌的含氮量为 154mg/g（干细胞），相当于细胞干重的 15.4%。氢和氧的含量由燃烧时所产生的水推算，氢约占细胞干重的 10%，氧占 20%。

除上述的碳、氮、氢和氧四种元素外，其他矿质元素总共占细胞干重的 3%～5%，将细菌细胞在 550℃高温马福炉中焚化后，这些矿质元素以氧化物的形式残留于灰分（ash）中。在灰分中，磷的含量最高，约占灰分的 50%，相当于细胞干重的 3%，其中，65%的磷存在于核酸中；15%存在于磷脂中；20%存在于可溶的小分子有机化合物（主要是磷酸酯类）中。硫约占大肠杆菌细胞干重的 1%，其中，75%以半胱氨酸和蛋氨酸的形式存在于蛋白质中；其余的 25%则存在于酸溶部分中，主要是谷胱甘肽和含硫的辅酶［如辅酶 A（CoA），硫胺素焦磷酸、硫辛酸和生物素等］。在硫细菌细胞中硫的含量较高，有的硫细菌当氧化 H_2S 时会在细胞中积累硫的颗粒。

在矿质元素中，钠、钾、钙、镁和锰，或以离子形式游离于细胞中，或组成易被解离的有机盐类。钠的含量易随培养基中钠的浓度而波动。钠、钾与渗透调节有关。镁和锰是许多酶的激活剂，镁也是蓝细菌和光合细菌叶绿素的组成成分。铁通常结合在大分子中，如触酶和血红素辅酶中含有铁，铁硫蛋白中也含有铁。此外，在铁细菌细胞外常沉积有大量的氢氧化铁，趋磁细菌则可从环境中吸收大量的铁并在胞内合成纳米磁性颗粒（磁小体，magnetosome，主要成分为 Fe_3O_4 或 Fe_3S_4）。

其他的生物元素在细胞中的含量甚微，它们大多组成各种酶的辅基，如锌是许多脱氢酶和核酸聚合酶的辅基；钼是固氮酶活性中心的组成元素，硝酸还原酶中也含有钼；钴是维生素 B_{12} 辅酶的成分；铜存在于细胞色素氧化酶中；谷胱甘肽过氧化物酶中含有硒。表 2-1 列出了组成大肠杆菌细胞的主要元素的大致含量。

表 2-1 大肠杆菌细胞的主要元素的大致含量

元 素	占细胞干重/%
C	50
O	20
N	14
H	8
P	3
S	1
K	1
Na	1

续表

元　素	占细胞干重/%
Ca	0.5
Mg	0.5
Fe	0.5
其他	0.3

1.2.3　生物分子的分离

由上述各种生物元素所组成的细胞有机化合物称为生物分子（biomolecule），以区别于非生物来源的有机化合物。生物分子分为大分子（macro-molecule）和小分子（small molecule）两大类。前者的相对分子质量为 $10^3 \sim 10^9$，其中包括蛋白质、核酸、多糖和脂类。脂类的相对分子质量虽然较小（75～1 500），但因为它们常与其他生物大分子结合为复合物，参与细胞结构，一般也列入大分子中。各种大分子常常彼此以非共价键或共价键结合，组成超分子（supermolecule），并装配成各种亚细胞结构，如细胞壁、细胞质膜、细胞核、核蛋白体、线粒体和叶绿体等。细胞中大量的蛋白质都是酶，它们或溶于细胞质中，或结合在膜上，催化着各种生化反应。有些多糖和脂类则以储存物质颗粒存在于细胞中。小分子的相对分子质量在 500 以下，主要是一些组成生物大分子的单体，如氨基酸、核苷酸、脂肪酸和甘油等，此外，还有代谢中间产物，如丙酮酸、柠檬酸、苹果酸等有机酸，维生素以及各种次级代谢产物（如抗生素、毒素和色素等），它们或分泌于细胞外，或存留在细胞中。

通常采用 10%三氯乙酸在低温（0～4℃）下处理细胞，小分子可溶于冷三氯乙酸中，少于 20 个氨基酸的碱性肽和少于 20 个核苷酸的寡核苷酸也溶于冷三氯乙酸中。细胞中小分子的含量不高，以大肠杆菌细胞为例，小分子占细胞干重的 5%～6%。生物大分子不溶于冷三氯乙酸。用有机溶剂可自酸不溶的部分中抽提出脂类。在大肠杆菌细胞中，脂类占细胞干重的 10%～15%。在芽孢杆菌（*Bacillus*）和某些细菌的细胞中，常含有大量的多聚 β-羟基丁酸。在分枝杆菌属（*Mycobacterium*）细胞中，含有特殊的蜡脂，其含量可达细胞干重的 10%。

用碱（0.5mol/L NaOH）可自酸不溶的残渣中抽提出 RNA，大约占细胞干重的 10%。用热的稀三氯乙酸（5%）可抽提出 DNA。余下的残渣仍含有蛋白质和多糖，用酚水抽提残渣，蛋白质溶于酚相，多糖溶于水相，但在酚-水界面仍含有一些蛋白质和多糖（肽聚糖）（图 2-1）。

表 2-2 列出了快速生长的大肠杆菌细胞中各种物质的大致含量。可以看出一个典型微生物细胞中各种物质的相对含量，对于了解细胞的化学组成和生理功能是有意义的。

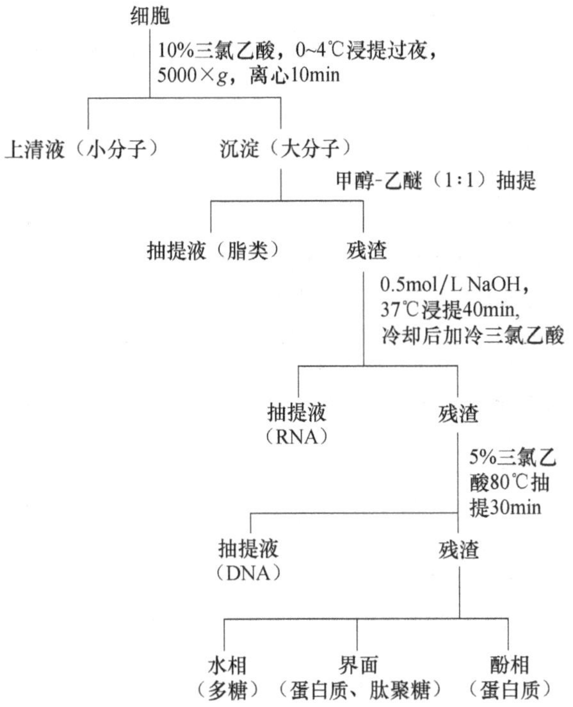

图 2-1　生物分子分离流程简图

表 2-2　大肠杆菌细胞物质的大致含量

细胞物质	占细胞鲜重/%	占细胞干重/%	分子数
水	70	—	—
蛋白质	15	50	3 000
核酸			
DNA	1	3.5	1
RNA	6	20	1 000
多糖	3	10	50
脂类	2	6.5	40
小分子	2	6.5	500
无机离子	1	3.5	12

1.3　细胞结构的研究方法

为了进一步了解不同物质组成了什么亚细胞结构以及这些亚细胞结构的生理功能，需要将细胞破碎，分离出各种不同的亚细胞结构后，再进行研究。

1.3.1　细胞破碎

通常采用以下方法破碎微生物的细胞，这些方法各有优缺点，可根据具体情况加以选用。

(1) **研磨法**　1894 年 Büchner 将酵母细胞放在研钵中经研磨而使细胞破碎。他将细胞破碎液过滤，得到无细胞制剂，发现这种无细胞制剂仍具有将糖发酵成乙醇的能力，由此开始了酶学研究，为现代生物化学奠定了基础。这种方法破碎细胞的效率不高，但至今丝状真菌细胞的破碎仍常采用此法。为了提高研磨的效率和避免研磨时产生热，可将菌丝体在液氮中快速冷冻后，再进行研磨，还可先将菌丝体经冷冻干燥后再加液氮研磨。

（2）**压榨法** 这种方法的原理是利用高压破碎细胞。一种是French压榨机，它的结构是在一个耐高压的不锈钢筒中，装配一个可上下移动的密封活塞。不锈钢筒下面有一可调微孔的细管与外界相通。操作时，关闭下面的微孔，在圆筒中加入浓细胞悬液，然后加高压（20 000lb/in^2）使活塞下降，并保持最大压力；缓慢打开微孔，活塞缓慢地向下移动，当细胞悬液通过微孔时，由于高压的强烈剪切力，致使细胞破碎，经小管流出，收集备用。为了避免高压产生热，在操作前可将压榨机预先冷却，并在冰浴中收集压榨液。French压榨机破碎革兰氏阴性细菌（G^-）和革兰氏阳性细菌（G^+）中杆菌的效果好，破碎革兰氏阳性球菌和细菌芽孢的效果差。

X-压榨机的结构与French压榨机的结构相似，不同的是它压榨的不是细胞悬液，而是冻结的细胞。细胞中的冰晶在高压下产生强烈的剪切力，使细胞破碎，为此，X-压榨机需在低温下（－30℃）操作，设备昂贵，操作繁琐，但破碎效率高，对革兰氏阴性和革兰氏阳性细菌都有效。

（3）**弹道法** 将细胞悬液与小玻璃珠（直径50～500μm）混合后，装入细胞振荡器（vibriationmill）中，高速（2 000～4 000次/min）往返振荡，在3～5min内就将细胞破碎，破碎效果好，价格比较便宜，也容易操作。为了降温，可在容器外围通入液体CO_2。

（4）**超声波法** 超声波探头的高频振荡可使溶液中形成"空穴"，即生成许多微小的气泡，它们在探头附近高速运动，产生强大的剪切力，足以破碎悬液中的细胞。这种方法破碎的效率虽高，但在处理的过程中（几十秒到几分钟），所有的细胞不能同步破碎，而且在处理时会产生高温和泡沫，容易使蛋白质变性和酶失活。为了降温需在冰浴中处理细胞悬液和采用不连续脉冲电源超声波发生器。不要在塑料容器内处理细胞悬液，因为塑料器皿会吸收超声波的能量。

以上介绍的方法，都是应用机械力量使细胞破碎。其中任何一种方法都不适用于所有的微生物。根据破碎效率来看，X-压榨机＞振荡器＞French压榨机＞超声波＞研磨。从各种微生物对破碎的抗性来看，酵母菌＞丝状真菌＞革兰氏阳性球菌＞革兰氏阳性杆菌＞革兰氏阴性杆菌＞嗜盐菌＞支原菌。

（5）**渗透冲击（Osmotic shock）** 这种方法是在高渗溶液中将细胞壁酶解，形成原生质体或球质体。由于酶分解了细胞壁的坚实组分，细胞变得对渗透敏感。因此，当原生质体或球质体转入低渗溶液中时，就会遭受渗透冲击而崩解。这种方法比较温和，但细胞壁却遭破坏。分离细胞器和自细胞中分离酶时，常采用这种方法。

组成真细菌细胞壁的坚实成分是肽聚糖（peptidoglycan）又称胞壁质（murein），它可被溶菌酶（lysozyme）分解。革兰氏阳性细菌细胞壁的成分主要是肽聚糖，用溶菌酶处理，易获得原生质体（protoplast）。处理方法是将革兰氏阳性细菌的细胞悬浮在pH中性的高渗蔗糖溶液（0.3～0.5mol/L）中，加入1.0mg/ml溶菌酶，于室温下处理30min，就可获得原生质体。

革兰氏阴性细菌的细胞壁成分比较复杂，在肽聚糖层外，还有脂多糖的外层，溶菌酶不能透过外层，因而不能分解细胞壁内部的肽聚糖层。通常采用反复冻融的方法，或用乙二胺四乙酸（EDTA）处理，破坏脂多糖层，使溶菌酶进入内部，分解肽聚糖。因为溶菌酶不能分解脂多糖，所形成的原生质体外仍残留有细胞壁的表层，这样的原生质体，通常称为球质体（sphaeroplast）。一般采用以下的方法制备革兰氏阴性细菌的球质体：①离心收集细胞，将其悬浮于5～10倍体积的以10mmol/L Tris-乙酸缓冲液（pH7.8）配成的0.75mol/L蔗糖的冷溶液中，加入溶菌酶至最终浓度为0.1mg/ml，置冰上保持2min；②然后在8～10min内缓慢加入2倍体积的冷的1.5mol/L EDTA溶液，并随时轻微搅匀，细胞将转变为对渗透敏感的球质体。

原生质体和球质体的形成，受一系列因素的影响，一般在对数生长中期收获的细菌最适合制备原生质体和球质体。用相差显微镜观察，当大多数细胞已转变成原生质体和球质体时，离心收集原生质体或球质体，并快速加入5～10倍体积的蒸馏水或稀缓冲液，使之崩解。当原生质体或球质体崩解时，会释放DNA，使裂解液变得黏稠，可用超声波作瞬时（几秒钟）处理，打断DNA，降低黏度，或加入DNA酶（同时要加入0.1mmol/L的Mg^{2+}）将DNA分解。

制备酵母菌和丝状真菌的原生质体的原理同上，但需采用不同的酶分解细胞壁。因为各类真菌的细胞壁的化学组成不同，所采用的酶及其比例也不一样。蜗牛酶是来自蜗牛肠道中不同水解酶的混合物，其中有几丁质酶和纤维素酶、蛋白酶等。制备真菌的原生质体常用蜗牛酶，还可根据不同样品来源添加几丁质酶和β-葡萄糖苷酶，用纤维素酶分解藻类的细胞壁比较有效。无论采用哪种酶解方式，都必须根据现实情况调整酶解条件，以保证原生质体的再生率。

1.3.2 亚细胞结构的分离

通常可采用离心法，自细胞破碎液中分离不同的亚细胞结构（subcellular structures）。

（1）**差速离心（differential centrifugation）** 差速离心法可将形状、大小不同的颗粒，在不同的离心力下分开。首先将细胞裂解液先在低速下离心一定时间，大颗粒沉淀后，中、小颗粒悬浮在"上清液"中；然后将这种"上清液"在加高转速的情况下离心，得到中等颗粒的沉淀，小颗粒仍悬浮在上清液中；最后再加高转速离心，小颗粒也沉淀出来。这样逐步加高转速离心，就可将具有不同沉降速度的各种亚细胞结构的颗粒分开。例如，3 000～5 000×g离心5～10min，可得到完整细胞；20 000～50 000×g离心20min，可得到细胞壁碎片和较大的膜结构；200 000×g离心1h可得到小的膜泡囊或核蛋白体。图2-2中显示了分离啤酒酵母菌各亚细胞结构的过程。

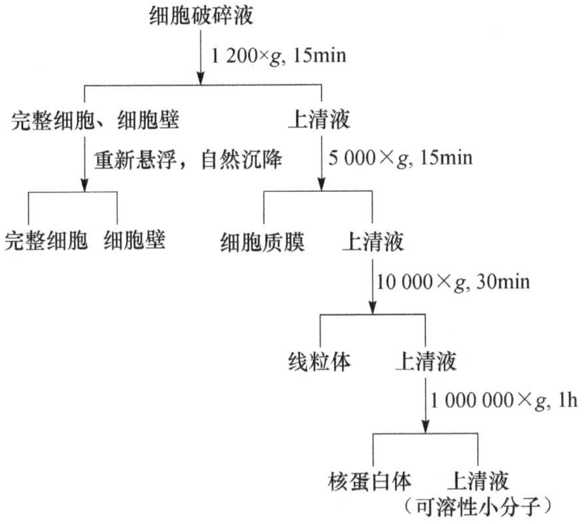

图 2-2 差速离心分离啤酒酵母的各种亚细胞结构

（2）**区带离心（zonal centrifugation）** 差速离心是在均一的离心介质中进行的，区带离心所采用的介质是不同浓度梯度的蔗糖溶液，可以防止离心时形成上下对流，因此在一次高速离心后，即可将不同颗粒大小的物质，按它们的沉降速度不一而分成不同区带，颗粒大小相同的物质会聚集成一条区带。分离细菌细胞的亚细胞结构时，将细胞破碎液铺加到事先做好的含有不同浓度梯度蔗糖溶液的离心管最上层，在 100 000×*g* 下离心1～4h，即可将不同颗粒大小的亚细胞结构（如核蛋白体的不同亚单位），分成不同的区带。所用蔗糖浓度，在离心管的最下层是 45%（*W/V*），然后小心地沿离心管壁加入一层 40%蔗糖溶液（每层加 5ml），勿与下层的蔗糖相混。如此依次加入 35%、30%、25%、20%、15%的蔗糖溶液各 5ml，在离心管中形成一个不同浓度梯度的蔗糖溶液介质，所用的离心管为透明塑料管，可清楚看到不同浓度蔗糖溶液的界面。在上样离心之前要避免振动此离心管。离心时采用水平转头。离心后，分别吸出各个区带，或将离心管底部穿刺一个小孔，分别收集各个区带。净化处理（如洗涤）后，即可进行电镜观察和化学分析。

（3）**平衡密度梯度离心（equilibrium density gradient centrifugation）** 这种离心方法可将浮力密度相同而大小不同的颗粒分开，在分离各种膜结构时，常采用此法。因为来自同一种膜的碎片，在形状、大小上可能相差很大，但它们的密度是相同的。通常采用蔗糖密度梯度分离密度小于 1.3g/ml 的颗粒；用 CsCl 密度梯度分离密度大的颗粒。离心要达到这样一种平衡状态为止，即每种颗粒都移动到与其周围介质的密度等同的地方，形成区带。这往往需要在高离心力（100 000～200 000×*g*）条件下，长时间（24～72h）的离心，才能达到平衡。

因为蔗糖溶液的黏度大，可以事先在离心管中配制不同密度梯度（和配制区带离心用的蔗糖密度梯度的方法相同）的蔗糖溶液，加样后，用水平转头进行高速长时间的离心后，密度相同而颗粒大小不同的物质，将聚集成区带（图 2-3），分别取出各区带，进行研究。

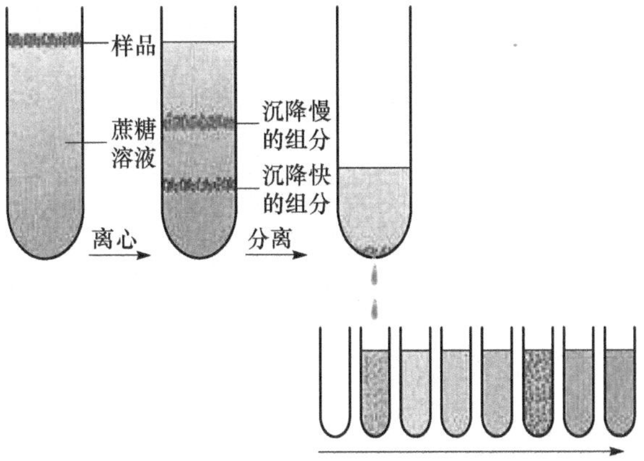

图 2-3 用平衡密度梯度离心法分离不同亚细胞结构所形成的不同区带

CsCl 溶液的黏度小，难于在离心管中配制成不同的密度梯度溶液，需采用等密度梯度离心技术（isopycnic density gradient centrifugation）。做法是将样品与饱和 CsCl 溶液混合，将这种悬浮液进行高速长时间离心，在离心过程中，由于 CsCl 在离心力作用下，会自然形成线性密度梯度。各种密度相同而颗粒大小不同的物质，将聚集在与其周围介质的密度相等处，形成区带，不再移动。等密度梯度离心的分辨力很高，可以将轻、重（^{15}N 标记的）DNA 链分成两个区带。

利用上面介绍的方法，将各种亚细胞结构分离纯化后，再结合电镜技术和其他的分析方法，进一步研究这些亚细胞结构的化学组成及细微结构。以下分别介绍组成微生物细胞的各种亚细胞的结构与功能。

第 2 节 微生物细胞的结构与功能

2.1 微生物的细胞表面

2.1.1 真核微生物的细胞表面

许多藻类以及高等绿色植物细胞壁的主要组成成分是纤维素（cellulose）。它是 D-葡萄糖以 β-1,4-糖苷键连接的葡萄糖聚合体（图 2-4）。一些原生动物和许多真菌的细胞壁中含有几丁质（chitin），一种线形的 *N*-乙酰葡萄糖胺（GlcNAc）的聚合体（图 2-4）。大多数真菌、藻类及高等绿色植物中含有既不是纤维素也不是几丁质的微纤丝作为它们细胞壁的骨架成分，这些微纤丝在细胞表面形成。

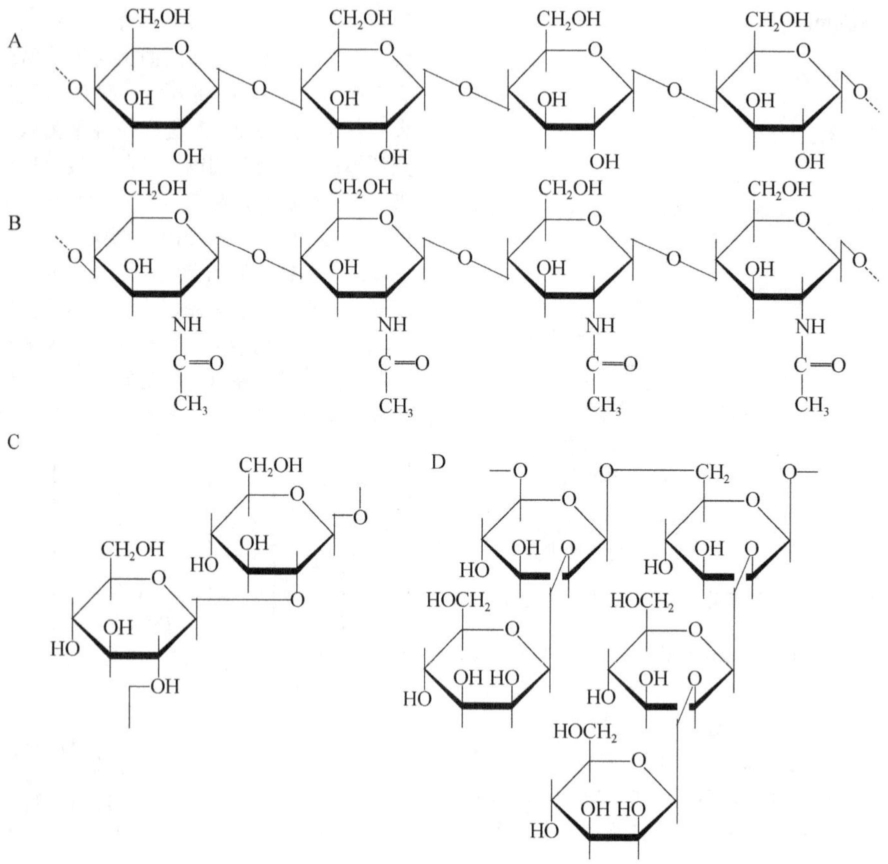

图 2-4　真核微生物细胞壁聚合体的化学结构（Moat et al.，2002）

A：纤维素，β-1,4-糖苷键连接的葡萄糖聚合体；B：几丁质，线状 N-乙酰葡萄糖胺的聚合体；C：葡聚糖，葡萄糖的分支聚合体；D：甘露聚糖，甘露糖分支聚合体

1. 酵母菌的细胞壁

酿酒酵母有一层细胞壁，在电子显微镜下观察呈现为一层网状结构。酵母的细胞壁组成为 29%的葡聚糖（glucans）（β-1,6-葡聚糖和β-1,3-葡聚糖）、31%的甘露聚糖和 13%的蛋白质（图 2-4）。甘露聚糖丰富的外壁层含有高比例的 β-1,6-葡聚糖。酵母细胞壁也含有少量的脂类和其他物质。出芽酵母的芽痕中存在少量的几丁质。

（1）**葡聚糖**　啤酒酵母菌细胞壁葡聚糖有两种：一种是 β-1,3-葡聚糖，由 β-1,6 键连接的分支，相对分子质量约 240 000，其量约占细胞壁中葡聚糖的 85%；另一种是具有高度分支的 β-1,6-葡聚糖，分支处以 β-1,3 糖苷键连接。

β-1,3-葡聚糖形成一长而扭曲的链，其一侧是亲水的(由于羟基多)，另一侧是疏水的(由于次甲基多)。两条这样的葡聚糖链以其疏水侧面相对而组成一个双螺旋结构，并以这样的结构平行排列在细胞壁中。由于有这样的结构，能允许细胞壁适度膨胀。β-1,6-葡聚糖呈网状，当用稀酸处理细胞壁时，这种葡聚糖和甘露聚糖蛋白一起溶于稀酸中，但 β-1,3-葡聚糖不被溶解。

（2）**甘露聚糖蛋白（mannoprotein）**　它是甘露聚糖和蛋白质共价结合形成的复合物，甘露聚糖占 90%，蛋白质占 10%。甘露聚糖蛋白位于细胞壁外侧，形成网状，具有抗原性。

甘露聚糖蛋白的甘露聚糖部分也是具有分支的多聚体，甘露聚糖骨架以 α-1,6 键连接。几乎所有的甘露糖分子上都以 α-1,2 或 α-1,3 键连接着几个甘露糖的侧链。甘露聚糖的骨架链可分为核心和外链两部分。外链部分是由 5 个甘露糖分子为一个单位的聚合体，大约总共有 100 多个甘露糖分子。约有 10%的侧链以磷酸二酯键连接。核心部分的特点主要是以 β-1,3 键连接侧链。核心末端的甘露糖分子以 β-1,4 键连接到一个 N-乙酰几丁二糖上，再由 N-乙酰几丁二糖与蛋白质多肽链中的天门冬酰胺共价连接；此外，还有一些甘露寡糖与多肽链中的丝氨酸或苏氨酸相连。这些寡糖对碱不稳定，上述的连接方式如图 2-5 所示。

（3）**几丁质**　几丁质多存在于酵母菌细胞壁的芽痕周围。几丁质是许多 N-乙酰氨基葡萄糖以 β-1,4 键连接起来的直线多聚体，没有分支。酵母菌只在出芽时才开始合成几丁质。

大多数酵母菌的细胞壁中都含有葡聚糖，但并不都含甘露聚糖。点滴覆膜孢酵母（*Saccharomyces guttulata*）和荚膜拟内孢霉（*Endomycopsis capsulata*）的细胞壁中含有少量的甘露聚糖。在裂殖酵母菌（*Schizosac-*

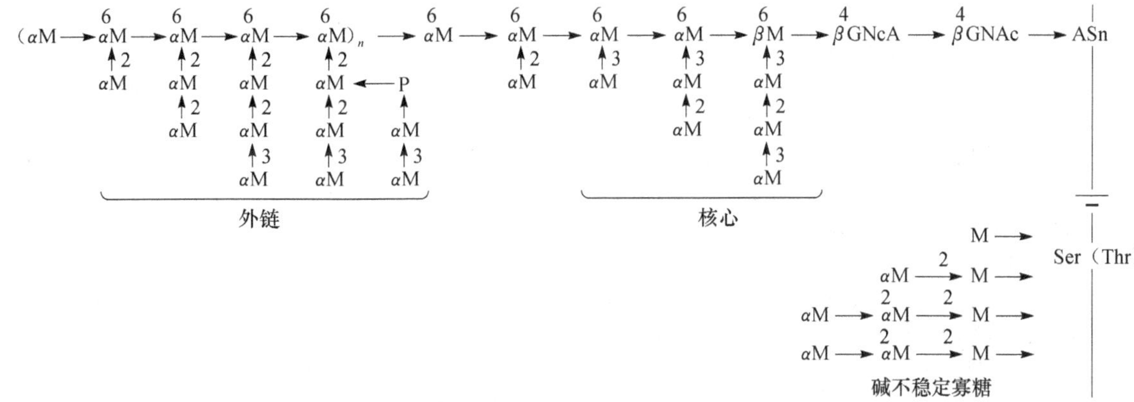

图 2-5　啤酒酵母菌细胞壁甘露聚糖蛋白的结构（李季伦等，1993）

M：甘露糖；GANc：*N*-乙酰氨基葡萄糖；Asn：天门冬酰胺；Ser：丝氨酸；Thr：苏氨酸

charomyces）的细胞中，没有发现甘露聚糖。大多数缺少甘露聚糖的酵母菌的细胞壁中含有较多的几丁质。

2. 丝状真菌的细胞壁

不同分类地位的丝状真菌的细胞壁化学组成不尽相同，可作为分类鉴定的指标。但是只有少数真菌的细胞壁曾被深入地研究过，而且主要限于一些重要的子囊菌、担子菌和半知菌。在半知菌中，了解较多的是黑曲霉（*Aspergillus niger*）（表 2-3），它的细胞壁多糖，除几丁质外，主要的是 α-1,3-葡聚糖，这类葡聚糖被称为黑曲霉多糖（nigeran），这种葡聚糖在葡萄糖残基之间具有交替出现的 α-1,3 和 α-1,4-糖苷键；在子囊菌中，研究较多的是粗糙脉孢霉（*Neurospora crassa*），它的细胞壁的主要成分也是几丁质和葡聚糖，但葡聚糖主要是以 β 键连接的。

表 2-3　一些丝状真菌细胞壁的化学组成

细胞壁多糖	已被研究过的真菌	分类地位
纤维素，糖原	*Dictyostelium dicsoideum*	黏菌纲
纤维素，葡聚糖	*Pythium debaryanum*	卵菌纲
纤维素，几丁质	*Rhizidiomyces* sp.	丝壶菌纲
几丁质，几丁糖	*Mucor rouxii*	接合菌纲
几丁质，葡聚糖	*Allomyces macrogynus*	壶菌纲
	Neurospora crassa	子囊菌纲
	Shizophyllum commune	担子菌纲
	Aspergillus niger	半知菌纲
半乳聚糖，多聚氨基半乳糖	*Ameobium parasticum*	毛菌纲

2.1.2　原核生物的细胞表面

细菌细胞壁中含有高分子质量的、含糖的、坚硬的肽聚糖结构，它是形成革兰氏阳性和阴性细菌细胞壁胞壁质球囊的主要骨架，产生肽聚糖是细菌的共同特性。古菌产生一种假胞壁质（pseudomurein）和由蛋白质或糖蛋白组成的联合表面层（S-layer）。在许多古菌中，表面层或许是细胞质膜外的唯一表面成分，如图 2-6D 所示。枯草芽孢杆菌的表面层与含有肽聚糖

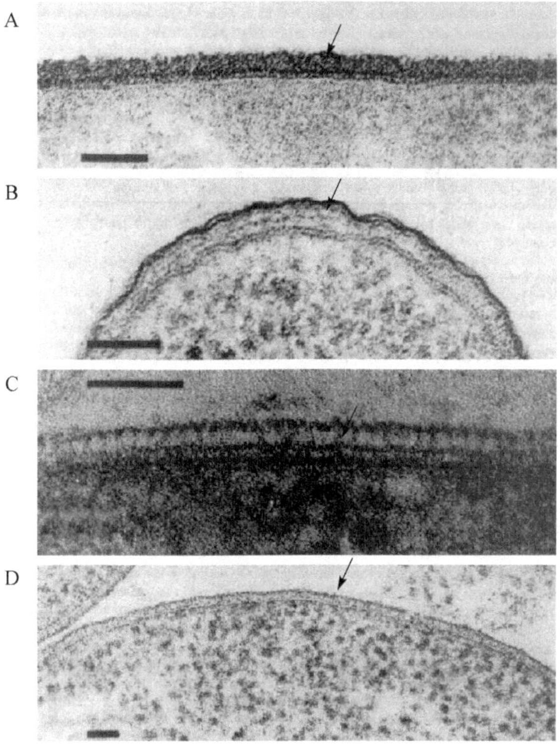

图 2-6　细菌及古菌的表面结构（Beveridge et al.，1991）（标尺＝50nm）

A：枯草芽孢杆菌的胞壁结构（箭头处），紧贴于细胞质膜上；B：大肠杆菌在细胞质膜的上方具有一薄层的肽聚糖胞壁质层（箭头处），其上方是波浪形的外膜，细胞质膜和外膜之间的区域被称为周质（periplasm）或周质空间（periplasmic space），波浪形的外膜被认为是由于常规固定和包埋引起的，大部分的周质已消失；C：热解糖梭菌（*Clostridium thermosaccharolyticum*）是革兰氏染色可变细菌的一个例子，其细胞壁的剖面是介于革兰氏阳性和革兰氏阴性细菌细胞壁之间的一种类型（与本图的 A、B 比较），其肽聚糖层（箭头处）比枯草芽孢杆菌的薄，但比大肠杆菌的厚，在这层的上方是垂直排列的亚单位组成的蛋白质表面层；D：沃氏甲烷球菌（*Methanococcus voltae*）是一种古菌，仅在细胞质膜上方拥有一薄的表面层作为唯一的胞壁层

的球囊有联系（图 2-6A）。革兰氏阴性细菌如大肠杆菌产生外膜（图 2-6B），如果形成表面层，则附在外膜上（图2-6C）。

细菌产生一种晶体的细胞表面层作为细胞最外层的组分（图 2-7）。表面层由相同的蛋白质或糖蛋白的亚单位组成。在革兰氏阴性或革兰氏染色可变的细菌中，它们排列成倾斜的四边形或六边形对称的二维晶体列阵并与外膜的表面相联系（图 2-7）。不同生物显示的表面层不同。在革兰氏阳性细菌中，表面层的亚单位与肽聚糖层相连接，或与附在肽聚糖层的次级细胞壁聚合体连接。在球形芽孢杆菌（*Bacillus sphaericus*）中，已鉴定出一种特异的次级细胞壁聚合体，它含有 *N*-乙酰葡萄糖胺、*N*-乙酰甘露糖胺和丙酮酸，并作为表面层蛋白 N 端的特异性结合位点。在革兰氏阴性细菌中，表面层与外膜的脂多糖结合。

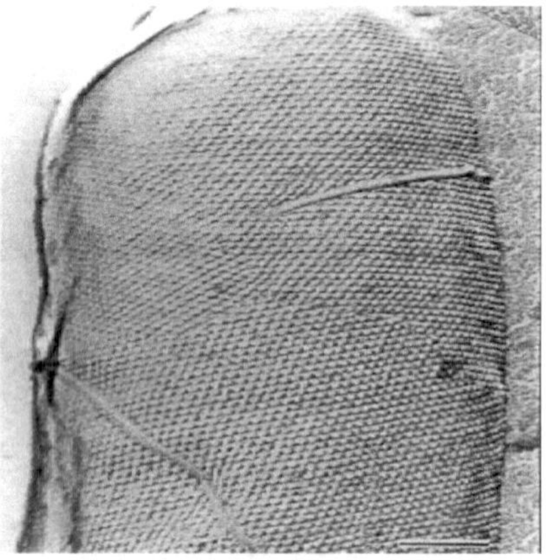

图 2-7 完整细菌细胞的冷冻蚀刻电子显微图片，示六角形规则排列的表面层晶格（Sara，2000）（标尺＝100nm）

化学分析表明，纯化的表面层由单一种类的蛋白质或糖蛋白组成。在艰难梭菌（*Clostridium difficile*）或炭疽芽孢杆菌（*Bacillus anthracis*）中发现了两种类型的亚单位。它们的表面层时常含有高比例的酸性和疏水性氨基酸。赖氨酸是表层主要的碱性氨基酸，精氨酸、组氨酸和甲硫氨酸的含量通常较低，半胱氨酸稀少，仅在少量的表面层蛋白中发现。

表面层有不同的功能，通常介导细菌宿主组织的吸附。在弯曲杆菌属（*Campylobacter*）和气单胞菌属（*Aeromonas*）中，表面层可作为一种毒力因子。在古菌中，表面层位于细胞膜最外层，对维持细胞形状有重要的作用。但在许多能产生胞外蛋白复合物的生物种中表面层的许多真实功能仍有待进一步研究。

1. 细菌细胞壁的肽聚糖

肽聚糖是由 *N*-乙酰葡萄糖胺和 *N*-乙酰胞壁酸（Mur NAc）的重复单位通过 β-1,4-糖苷键连接组成的异型多聚体（图 2-8）。肽聚糖的聚糖键在所有细菌中都是相同的，*N*-乙酰胞壁酸的每个 D-乳酰基团被肽替代。所有聚糖都有一个短的四肽侧链，其末端为 D-丙氨酸或偶尔缺失末端的 D-丙氨酸成为三肽单位。N 端的 L-丙氨酸可被甘氨酸代替。

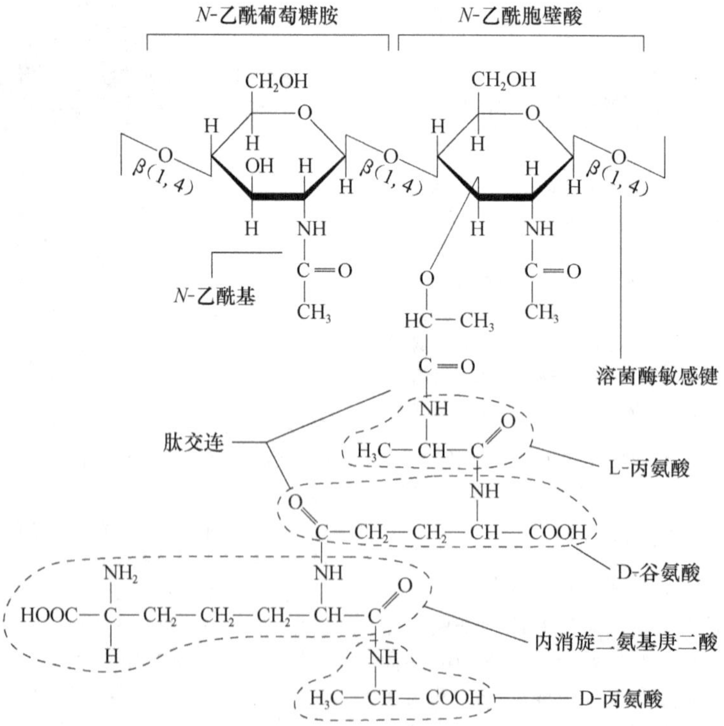

图 2-8 细菌细胞壁肽聚糖多聚体（Willey et al.，2008）

连接肽聚糖的肽桥有四种主要类型，如图 2-9 和表 2-4 所示。尽管不同类型肽桥的交联度变化很大，但总体上是像一个连续的球囊完整地包围着细胞。葡聚糖形成螺旋扭曲的链，肽桥由骨架的轴心向四周辐射状排列。在这种构型中，肽桥以约 90°的排列将两个肽侧链交联起来，在水平面上大约有 50%的肽侧链被交联。这种排列方式允许很多相邻的不同链间的肽桥连接形成超大分子（胞壁质）的网状肽聚糖。

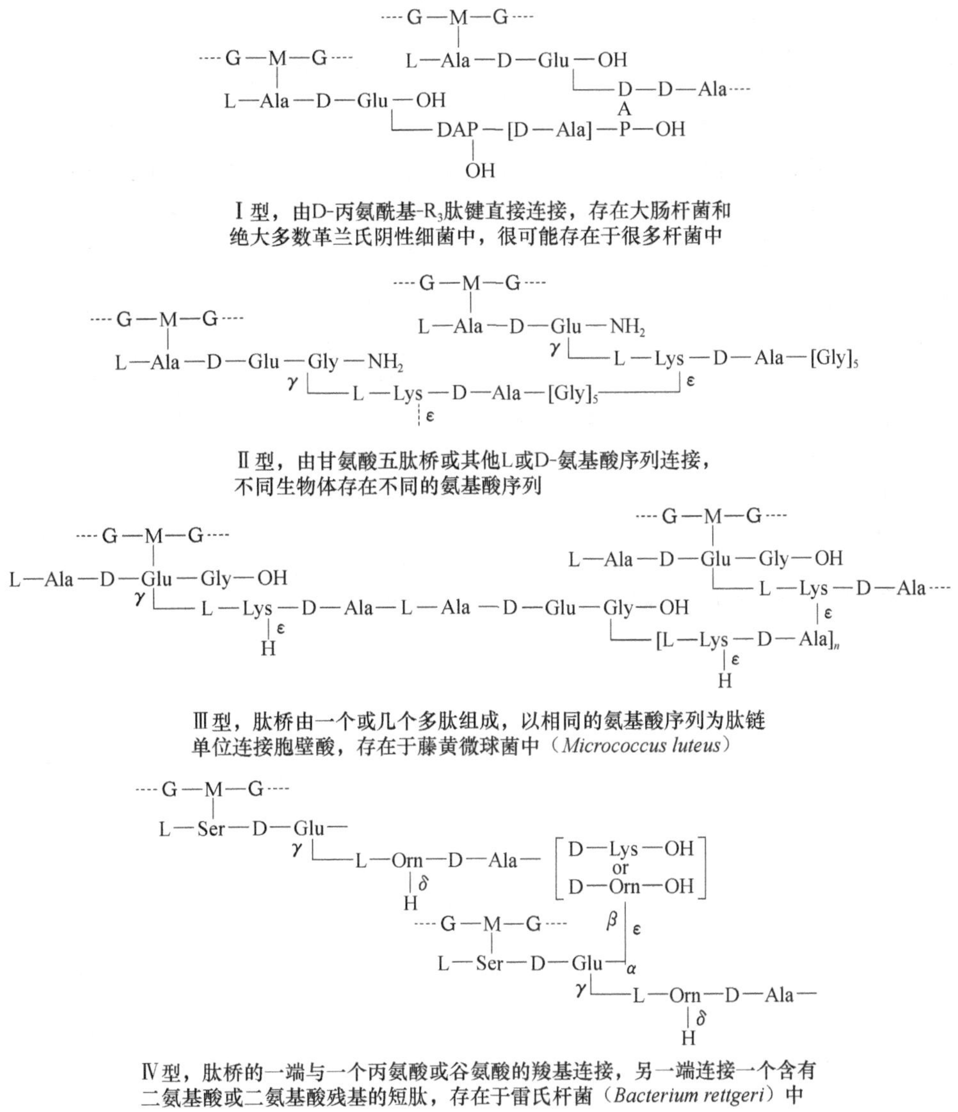

图 2-9 肽聚糖间肽桥的主要类型（Moat，1985）

G：*N*-乙酰葡萄糖胺；M：*N*-乙酰胞壁酸；DAP：二氨基庚二酸

α、*β*、*γ*、*δ*、*ε* 代表氨基酸连键方式

表 2-4 代替Ⅱ型肽桥中甘氨酸五肽的其他氨基酸序列

氨基酸	细 菌
$-[Gly]_5-$	金黄色葡萄球菌（*Staphylococcus aureus*）
$-[L\text{-}Ala]_3$-L-Thr-	玫瑰色微球菌（*Micrococcus roseus*）
$-[Gly]_5-[L\text{-}Ser]_2-$	表皮葡萄球菌（*Staphylococcus epidermidis*）
-L-Ser-L-Ala-	绿色乳杆菌（*Lactobacillus viridescens*）
-L-Ala-L-Ala-	酿脓链球菌（*Streptococcus pyogenes*）
-L-Ala-	成晶节杆菌（*Arthrobacter crystallopoietes*）
	小肠肠球菌（*Enterococcus hirae*）
$-Asp-MH_2-$	屎肠球菌（*Enterococcus faecium*）
	小肠肠球菌（*Enterococcus hirae*）
	干酪乳杆菌（*Lactobacillus casei*）

另一种观点认为葡聚糖链与细胞质膜垂直排列，每条链通过肽桥与其他四条链交联。这种排列能允许形成穿透的结构基质，用于构成潜在的离子载体通道，在革兰氏阴性细菌中镶嵌着脂蛋白或磷壁酸（techoic acid，TA），在革兰氏阳性细菌中镶嵌着脂磷壁酸（lipoteichoic acid，LTA）。壁组分垂直排列的方式将允许胞壁质的合成与相关联的合成机构及其他多组分系统的形成协调进行。

肽聚糖链之间的肽交联桥提供细胞结构的坚韧性。在革兰氏阳性细菌细胞中，多层网状的肽聚糖交联层厚（20～40nm）。在革兰氏阴性细菌细胞中，肽聚糖层薄

（2～6nm），且大多数细胞仅为单层。二者肽聚糖层厚度的差异有助于解释结晶紫染色（革兰氏染色）过程中的差异。在革兰氏阴性细菌中，其他结构如外膜及其中包埋的蛋白质可能起抵挡来自胞内膨压的作用。

一些生物具有介于上述两种类型之间的细胞包被（envelope），如蓝细菌。虽然蓝细菌有更加接近于革兰氏阴性细菌的一般结构，但依据种的不同，它们的肽聚糖层厚度范围为10～30nm。肽聚糖的交联度（56%～63%）比在大多数革兰氏阴性细菌中观察到的通常为20%～30%的交联度更高。蓝细菌含有革兰氏阴性细菌中典型的内消旋二氨基庚二酸，与革兰氏阳性细菌中的L-二氨基庚二酸或L-赖氨酸相对应，但在柱胞鱼腥蓝细菌（*Anabaena cylindrica*）中发现了L-赖氨酸是个例外。

几乎所有细菌都产生一些肽聚糖（胞壁质）水解酶［peptydoglycan（murein）hydrolase］，这些酶有三种基本类型：①葡聚糖链水解，包括内切-*N*-乙酰胞壁酸酶和内切-*N*-乙酰葡萄糖胺酶；②内肽酶水解，水解肽桥中的肽键和涉及C端D-丙氨酸残基的键；③*N*-乙酰胞壁酰-L-丙氨酸酰胺酶，其作用于葡聚糖链与肽单位之间的连接处。

这些酶似乎在细胞一系列活动中起重要作用，包括在细胞生长过程中隔膜和壁的延伸、细胞分裂、壁组分的转换、孢子形成、转化能力（competency for transformation），以及毒素和胞外酶的分泌。这些水解酶的活化，尤其是在外界胁迫的条件下，会导致细胞自溶。实际上，现在认为是环境胁迫引发产生的胞壁质水解酶或其他的自溶素负责有程序的细胞死亡［也称为细胞凋亡（apoptosis）］。

有关肽聚糖的合成，请参见第6章（4.4.1）的内容。

2. 磷壁酸和脂磷壁酸

1）磷壁酸

磷壁酸存在于所有的革兰氏阳性细菌中，在革兰氏阴性细菌中没有。磷壁酸是磷酸核糖醇或磷酸甘油的重复单位通过磷酸二酯键连接的聚合体（图2-10）。在总的结构中，由于糖、氨基糖及氨基酸都可以和核糖醇及甘油的羟基缩合而产生广泛的变异（图2-11）。根据定义，磷壁酸应包括与细胞膜、细胞壁或荚膜相联系的所有含磷酸核糖醇或磷酸甘油的聚合体。细胞壁磷壁酸通过胞壁酸和磷酸核糖醇或甘油的磷酸基团与肽聚糖共价结合。金黄色葡萄球菌和枯草杆菌的一些菌株的核糖醇磷壁酸通过共同的键单位（磷酸甘油）$_3$-*N*-乙酰葡萄糖胺与肽聚糖连接。不考虑糖苷分支及骨架链的结构差异，蜡状芽孢杆菌、枯草芽孢杆菌的几个菌株和地衣芽孢杆菌的甘油磷壁酸通过一个共用的二糖键，*N*-乙酰甘露糖胺酰-1,4-*N*-乙酰葡萄糖胺与肽聚糖连接。胞壁磷壁酸是有效的抗原并已作为鉴定许多生物群或生物型的特异性物质。

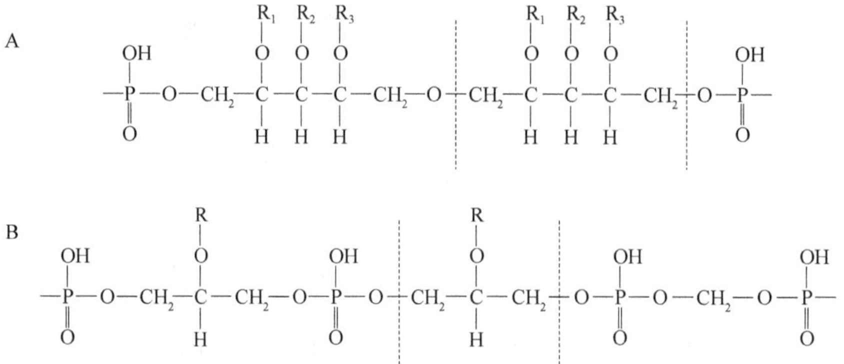

图2-10 磷壁酸的结构

A：核糖醇残基；B：甘油残基

在甘油磷壁酸中，R可以是丙氨酸、葡萄糖或葡萄糖胺；在核糖醇磷壁酸中，R1可以是葡萄糖或*N*-乙酰葡萄糖胺，R2和/或R3可以是丙氨酸

作为C抗原的肺炎链球菌（*Streptococcus pneumoniae*）胞壁核糖醇磷壁酸比上面描述的更为复杂。胆碱与葡萄糖、核糖醇、磷、半乳糖胺和2,3,6-三脱氧-2,4-二氨基己糖共同存在。植物乳杆菌（*Lactobacillus plantrum*）的细胞壁含有一个磷酸葡萄糖基甘油的聚合体和两个异构的磷酸二葡萄糖基甘油聚合体的复合物。在嗜酸乳杆菌（*Lactobacillus acidophilus*）中，磷壁酸是一种由α或β连接的多聚葡萄糖和在C2或C4位连接有α-磷酸甘油侧链的单体所组成的复合物。

在缺乏磷酸多聚醇的细胞壁中可有或无其他的阴离子聚合物，按定义来看，这种多聚物不是磷壁酸，但这些化合物环是重要的。例如，酿脓链球菌（*Streptococcus pyogenes*）A族专一性的多糖含有磷酸、甘油、鼠李糖和*N*-乙酰葡萄糖胺，按克分子比，1∶1∶2∶1，鼠李糖和*N*-乙酰葡萄糖胺从胸腺嘧啶核苷-5′-二磷酸鼠李糖和UDP-*N*-乙酰葡萄糖胺掺入至酿脓链球菌A族的多糖。多糖在细胞膜上装配并有脂载体或受体分子参与。链球菌的碳水化合物族抗原的免疫专一性决定于*N*-乙酰葡萄糖胺或*N*-乙酰半乳糖胺的相对含量。

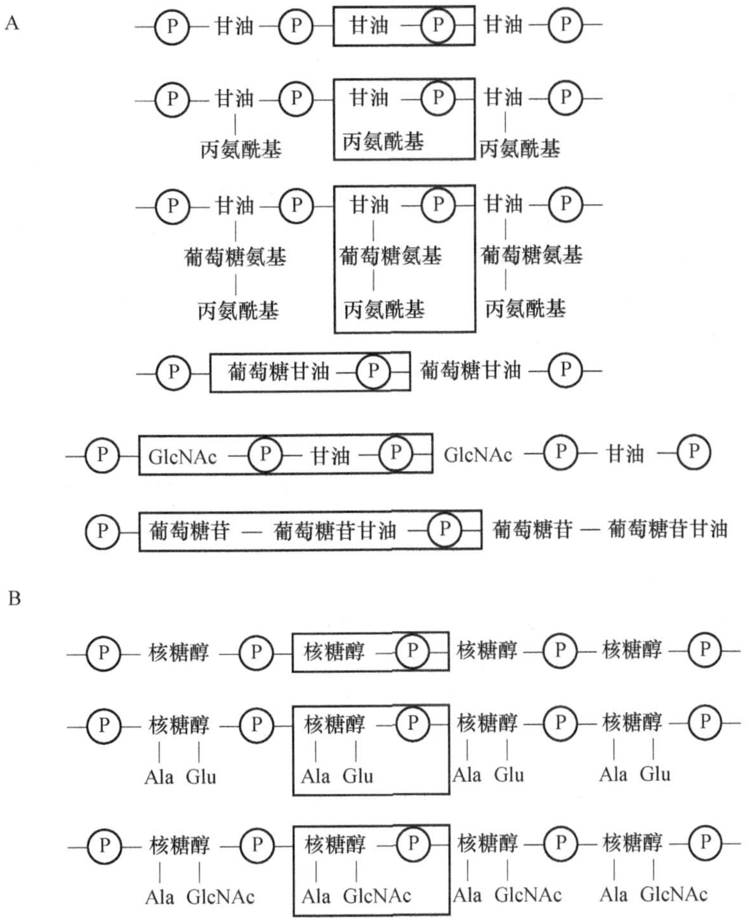

图 2-11　磷壁酸结构的变异（Moat，1985）

A：甘油磷壁酸；B：核糖醇磷壁酸

在每种结构中重复单位由长方框框起，圈起来的 P 为连接的磷酸基团；GlcNAc 为 *N*-乙酰葡萄糖胺

2）脂磷壁酸

脂磷壁酸是革兰氏阳性细菌特征性的膜结合聚合物。它是通过 16～40 个磷酸二酯键将磷酸甘油残基与一个膜载体（通常为一种糖脂或糖磷酸脂）共价连接的线形聚合物。脂磷壁酸的基本生理功能包括调节自溶素的活性、细胞壁的性质、细菌与感染宿主细胞间的相互作用和清除二价阳离子如 Mg^{2+}。

脂磷壁酸的合成途径经历 3 个时期：①糖脂载体；②多聚（甘油磷酸）组分；③连接到多聚磷酸甘油上的 D-丙氨酰酯类。在金黄色葡萄球菌中，脂磷壁酸的部分二葡萄糖基二酯酰甘油的功能是作为膜载体。编码二葡萄基二酯酰甘油合成酶（YpfP）的基因（*ypfP*）已分别从金黄色葡萄球和枯草芽孢杆菌中克隆。来自金黄色葡萄球菌的 YpfP 为脂磷壁酸的装配提供糖脂，缺失 YpfP 的金黄色葡萄球突变株表现为多型细胞的表型和糖脂载体被二酯酰甘油取代。当金黄色葡萄球菌生长在限磷条件下时就不形成胞壁磷壁酸，但膜脂磷壁酸和磷壁醛酸（teicjuranic acid）仍然产生。

甘油磷酸聚合体型的膜磷壁酸存在于许多革兰氏阳性细菌中。这些化合物中具有极性的甘油磷酸长链连接到一个小的疏水糖脂上。酿脓链球菌的脂磷壁酸是甘油磷酸与甘油磷酰二糖基二甘油酯连接的聚合体。在海氏肠球菌中糖脂是磷脂酰二糖苷（2-葡萄糖-*α*-葡萄糖苷）二甘油酯。肺炎链球菌的福斯曼抗原（forssman antigen）与脂磷壁酸相似，都发现于细胞质膜并含有脂类和胆碱。

在许多细菌中脂磷壁酸暴露于细胞表面。在植物乳杆菌中，用对甘油磷酸序列专一的抗血清标记，显示甘油磷酸由外表面延伸、穿过细胞壁至细胞界面的最外层。酿脓链球菌的脂磷壁酸的结合方向是由聚阴离子骨架至带正电荷的表面蛋白，称为 M 蛋白，这些蛋白质与 *β*-溶血链球菌 A 族的毒力有关。这样使脂质末端游离以便与结合在宿主细胞上的脂肪酸相互作用。能产生乳酸的发酵乳杆菌（*L. fermenti*），可用抗血清凝聚其脂磷壁酸，但抗血清却不能凝聚乳酪乳杆菌（*L. casei*）的脂磷壁酸。脂磷壁酸的极性甘油磷酸长链或许延伸穿过细胞壁的网状结构以引起免疫应答。

结合二价阳离子可以在细胞表面浓缩 Mg^{2+} 或其他离子。在布氏乳杆菌（*L. buchneri*）中，一个 Mg^{2+} 可与胞壁磷壁酸中的两个磷酸基团结合。磷壁酸和脂磷壁酸的释放可能影响细菌的致病性与被侵入宿主细胞之间的相互作用。除了它们的血清学反应活性之外，磷壁酸可能激活另外的补偿途径在细菌专一地黏着在宿主表皮表面上时起作用。

D-丙氨酰-脂磷壁酸的生物合成已在鼠李糖乳杆菌（*L. rhamnosus*）、枯草芽孢杆菌和变异链球菌（*S. mutans*）中进行过研究。D-丙氨酰载体蛋白（Dcp）是活化的D-丙氨酸掺入与膜结合的脂磷壁酸中所必需的。D-丙氨酸的活化与Dcp的连接是由D-丙氨酸Dcp连接酶催化的。遗传分析表明D-丙氨酸掺入所需要的蛋白质是由4个基因编码的，它们同在一个*dlt*操纵元中，其中*dltA*编码D-丙氨酸Dcp连接酶；*dltB*编码一个跨膜蛋白质涉及活化的D-丙氨酸的分泌；*dltC*编码Dcp；*dltD*编码一种与膜联系的硫酯酶以降解载体蛋白。当变异链球菌生长所需要的糖类是由磷酸烯醇式丙酮酸糖磷酸转移酶系统（PTS）转运给细胞时，在指数生长期中会诱导其*dlt*操纵元的表达，但生长在非PTS转运的棉子糖和蜜二糖中时，则是组成型表达的。在变异链球菌中，如D-丙氨酰-脂磷壁酸合成有缺陷则会导致细胞对酸敏感。*dltC*缺失突变株不能在pH低于6.5的条件下生长，细胞在pH3.5的培养基中暴露3h就会死亡。

部分革兰氏阳性细菌缺失典型的脂磷壁酸，但在细胞的相应位置却发现了一些化学特性与脂磷壁酸相似的聚合体。这些聚合体是多样的，涉及亲水的大分子、脂聚糖或细胞表面糖脂。

2.1.3 革兰氏阴性细菌的外膜

革兰氏阴性细菌的细胞表面包括围绕着周质区的外膜和肽聚糖囊（图2-12）。其中，外膜通过脂蛋白与肽聚糖层共价连接，用以维持细胞的形状和提供一个对外界环境的保护屏障。在电子显微镜下，外膜和内膜呈现为相似的双层结构。化学分析表明它们的脂类含量相似。外膜的某些组分在性质上与细胞质膜中的相似，但外膜是一不对称的双层，外层主要由脂多糖（lipopolysacchrides，LPS）组成，内层主要含有磷脂（图2-14）。外膜蛋白（outer membrane protein，OMP）也称为孔蛋白（porin），形成直径1～2mm的大的充满水的跨膜孔道，并调节水溶质穿过细胞质膜。

1. 脂多糖

脂多糖由三种基本的组分或区域构成，如图2-12和图2-13所示。

区域Ⅰ为最外层部分，含有重复的碳水化合物单位——O抗原。改变O抗原中糖类的组成会改变免疫专一性。O抗原区的糖类可出现多种组合，这是沙门氏菌属（*Salmonella*）、志贺氏菌属（*Shigella*）和其他肠杆菌科（Enterobacteriaceae）具有巨大的抗原性差异和上百种化学型或血清型的原因。

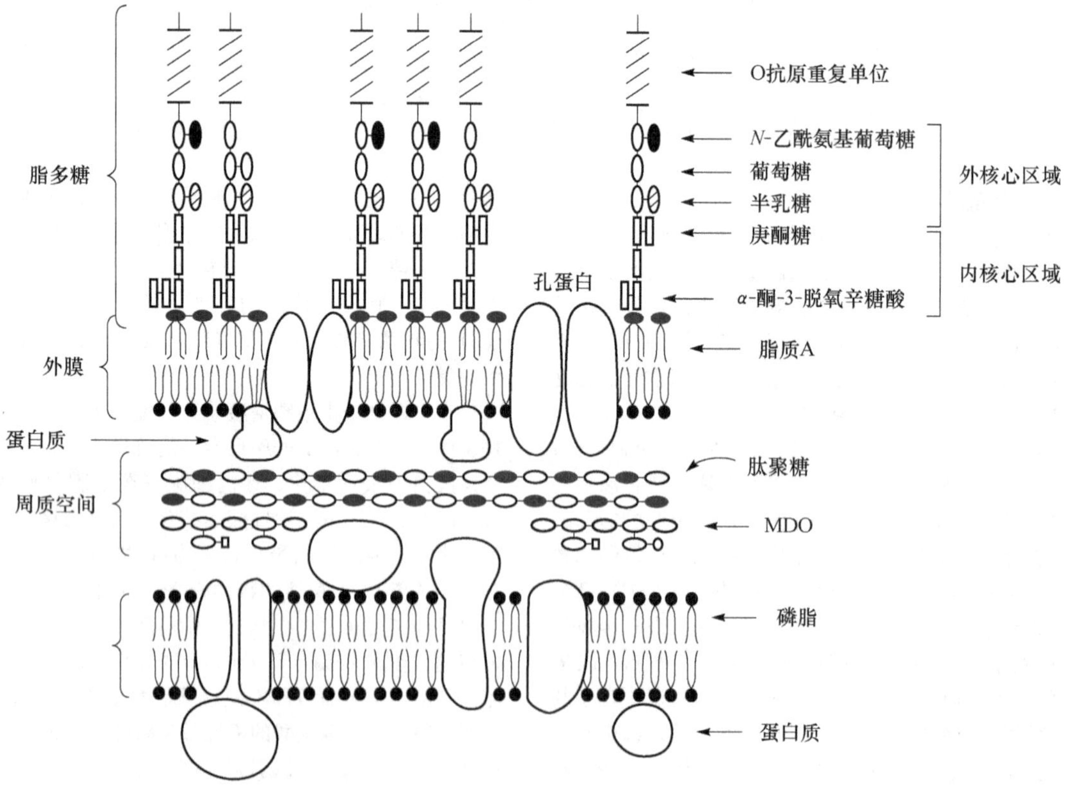

图2-12 革兰氏阴性细菌的细胞表面（Raetz，1993）

椭圆和矩形代表糖残基；黑圆点表示甘油磷脂的极性头部基团；MDO：膜-起源的寡糖

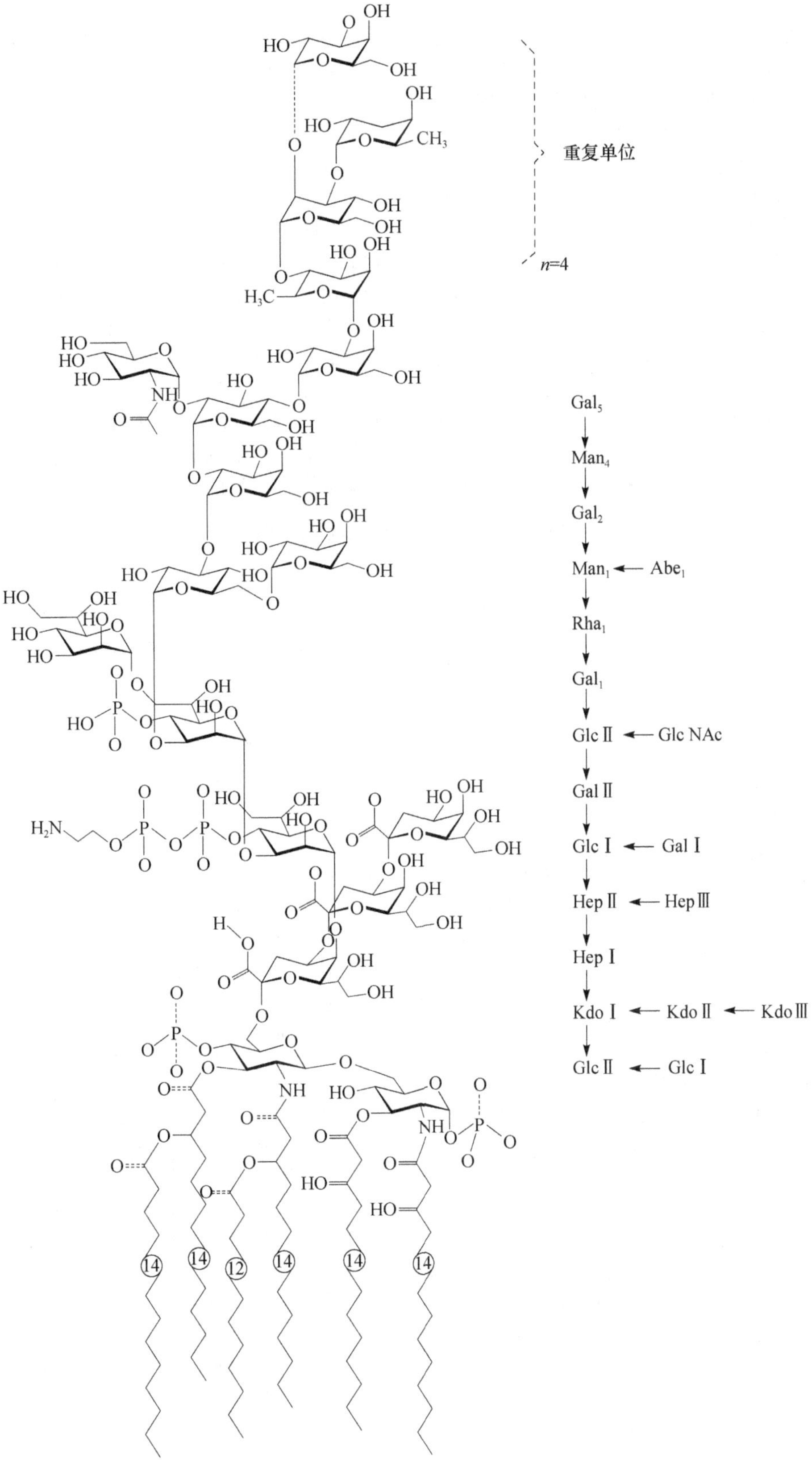

图 2-13　一个模式脂多糖的共价结构（Kastowsky et al.，1992）

O-特异性链（区域Ⅰ）由四个重复单位和一个末端 Gal 残基组成，一个己酰脂质 A 和两个主链庚糖在 4 位处分别被磷酸和 2-氨基-乙基焦磷酸取代，右侧给出了每个糖基的位置

核心区域（区域Ⅱ）由一个内核心和一个外核心组成。外核心表现为高-中度的结构可变性，而内核心则表现为很低的结构可变性，尤其是在亲缘关系很近的生物类群，如沙门氏菌属中更是如此。大肠杆菌和志贺氏菌的核心区域的寡糖亚单位与沙门氏菌的仅有细微的区别。其他一些与肠杆菌亲缘关系较远的革兰氏阴性细菌的核心区域结构差异较大。但是，α-酮-3-脱氧辛糖酸（KDO）是大多数革兰氏阴性细菌核心区域的共有成分。

脂质 A（区域Ⅲ）包埋于外膜中，在沙门氏菌属中，脂质 A 是 D-葡萄糖胺二糖单位链组成的链，其中所有的羟基都已被取代。取代物可以是核心多糖单位，也可以是脂肪酸。最常见的脂肪酸是 β-羟基豆蔻酸（3-羟基-十四烷酸），一个 C_{14} 饱和脂肪酸被取代在氨基上。羟基也可被其他长链脂肪酸如月桂酸、豆蔻酸及棕榈酸酯化。图 2-13 中显示的是脂多糖的单体结构。平均三个这样的亚单位通过焦磷酸桥与脂质 A 分子连接。脂多糖与其他表面结构连接的确切方式还不清楚。但是，脂多糖与包埋于外膜中的外膜蛋白尤其是 OmpA 结合紧密。由于 OmpA 横跨外膜且与肽聚糖层交联，其主要作用是维持外膜的稳定。OmpA 暴露于表面，也作为 T 偶数噬菌体的受体和在接合中与大肠杆菌素 K、L 作用。

2. 孔蛋白

在肠杆菌科和其他革兰氏阴性细菌中发现了一些其他的外膜蛋白。如表 2-5 所示，这些外膜蛋白在细胞生理作用中有不同的重叠功能。在这些蛋白质中有些可促进转移代谢物如维生素 B_{12}、铁或麦芽糖进入细胞，而其他的如 OmpC 和 OmpF 则是构成普通孔蛋白的组分，它们能允许相对分子质量小于 700 的亲水溶质通过外膜。OmpF 和 OmpC 具有相似的功能和结构专一性，但它们的结构基因 *ompF* 和 *ompC* 的表达（以相反方向）却受培养基渗透性的调节。

表 2-5　革兰氏阴性细菌的外膜蛋白

蛋白质	功　能
OmpA	稳定外膜和在 F 依赖接合中的交配聚合体；噬菌体 TuII 的受体
胞壁质脂蛋白 (Braun's lipoprotein)	在大肠杆菌和肠沙门氏菌中最多的表面蛋白；主要的结构蛋白；在接合作用中与 OmpA 一起稳定细胞表面
OmpB（porin）	包括麦芽糖在内的不同代谢物的扩散通道
LamB（麦芽糖孔蛋白）	麦芽糖和麦芽糊精的特异性孔蛋白；噬菌体 λ 的受体
OmpC（porin）	小分子的扩散通道；噬菌体 TuIb 和 T4 的受体
OmpF（porin）	小分子的扩散通道；噬菌体 TuIa 和 T2 的受体
OmpT	蛋白酶
PhoE（protein E）	磷酸盐限制诱导的阴离子选择性扩散通道
Protein P	在铜绿假单胞菌中，磷酸盐限制诱导的阴离子选择性扩散通道
TolA	维持 OM 的完整性和 A 族肠杆菌素的活性
TonA	铁色素载体摄取；噬菌体 T1、T5、80 和肠杆菌素 M 的受体
TonB	铁载体介导的铁转运；B_{12} 转运
Tsx	核苷特异性通道；T 偶数噬菌体和肠杆菌素 K 的受体

如图 2-14 所示，大肠杆菌形成通道的孔蛋白三聚体跨越外膜。电子显微镜和图像重建技术研究表明：在外表面上的 OmpF 三个孔道在周质空间合并成一个孔道；对比之下，大肠杆菌的 PhoE 孔蛋白则形成三个穿过整个膜的独立的孔道；另一方面，铜绿假单胞菌（*Pseudomonas aeruginosa*）的 OmpP 是形成一个小的高度阴离子选择性的孔道，在该孔道中透性与一个含三个带正电荷的赖氨酸分子的选择性滤器（S）有关。对大肠杆菌、铜绿假单胞菌和耶尔森氏菌（*Yersinia pestis*）12 种孔蛋白的研究揭示多数孔蛋白对阳离子有选择性，只有三种表现为阴离子选择性。

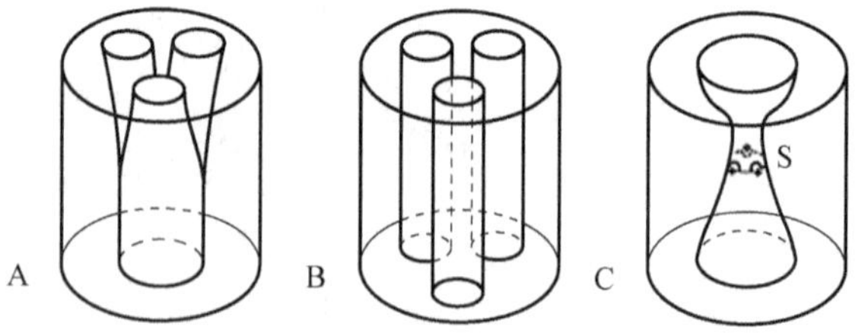

图 2-14　三种不同孔蛋白的三维结构示意图 (Hancock，1987)

A：OmpF；B：PhoE/F；C：ProteinP

图顶是暴露于外界环境的部分，而图底是伸入周质空间的部分，孔道穿过外膜，大肠杆菌的 OmpF 孔蛋白形成接合孔道，大肠杆菌的 PhoE 孔蛋白和铜绿假单胞菌的 F 孔蛋白形成三个独立而明显的孔道，铜绿假单胞菌的 P 蛋白形成一个含有选择性滤器的专一性阴离子孔道

大肠杆菌的外膜蛋白 LamB 是 λ 噬菌体的受体。当细胞在以麦芽糖为碳源生长时诱导产生这种蛋白质，其与麦芽糖和含麦芽糖的寡糖通过外膜有关。免疫显微镜研究大肠杆菌表面新诱导的 LamB 揭示，LamB 在细胞整个表面均匀地增加。

胞壁质脂蛋白是一种主要的外膜蛋白，存在于大肠杆菌的脂蛋白分子中作为连接外膜至肽聚糖层的载体。脂蛋白结构基因 *lpp* 的缺失突变体和 OmpA 结构基因 *ompA* 的缺失突变体，呈现出许多球的外膜泡囊（图 2-15）。在这些突变体中，胞壁质层不再与外膜连接，这些突变体的生长也表现为需要 Mg^{2+} 和 Ca^{2+}，并且对疏水性抗生素如新生霉素或去污剂敏感，因此认为外膜具有保护功能。

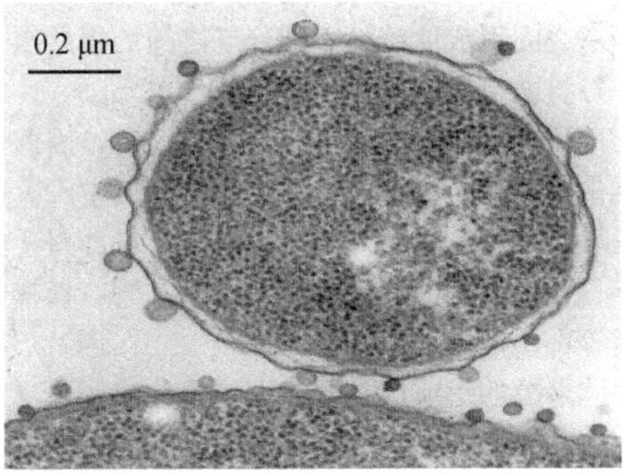

图 2-15　外膜脂蛋白（Lpp）和 OmpA 的丢失对大肠杆菌包被和形状的影响（Sonntag et al.，1978）

3. 脂多糖生物合成

脂多糖的三个组分（O 抗原、核心寡糖和脂质 A）彼此独立合成后连接在内膜中或内膜上。在装配后，完整的脂多糖被转运至外膜。

许多肠沙门氏菌（*S. enterica*）和大肠杆菌 K-12 的脂多糖突变株已被鉴定，它们的脂多糖只含多糖组分，如图 2-16 所示。在大肠杆菌和肠沙门氏菌中，负责寡糖核心生物合成的多数基因位于 *rfa* 基因簇。其中，*rfaK*、*rfaJ*、*rfaI*、*rfaG* 和 *rfaB* 编码大肠杆菌脂多糖外部核心区域装配所需要的五个转移酶，*rfaC*，*rfaD* 编码负责内核心生物合成的酶，RfaD 为 ADP-L-甘油-D-甘露庚糖-6-表异构酶。*rfaC* 突变会导致产生缺少庚糖的脂多糖结构，称为化学型 Re。这些突变株对疏水和亲水试剂的透性增加。在肠沙门氏菌中，*rfaL* 编码 O 抗原连接酶的一个组分，*rfaK* 编码 *N*-乙酰葡萄糖胺转移酶。位于肠沙门氏菌连锁图谱 79 单位的 *rfa* 基因簇中的基因排列顺序为 *cysE-rfaD-rfaF-rfaC-rfaL-rfaK-rfaZ-rfaY-rfaJ-rfaI-rfaB-rfaG-pyrE*。

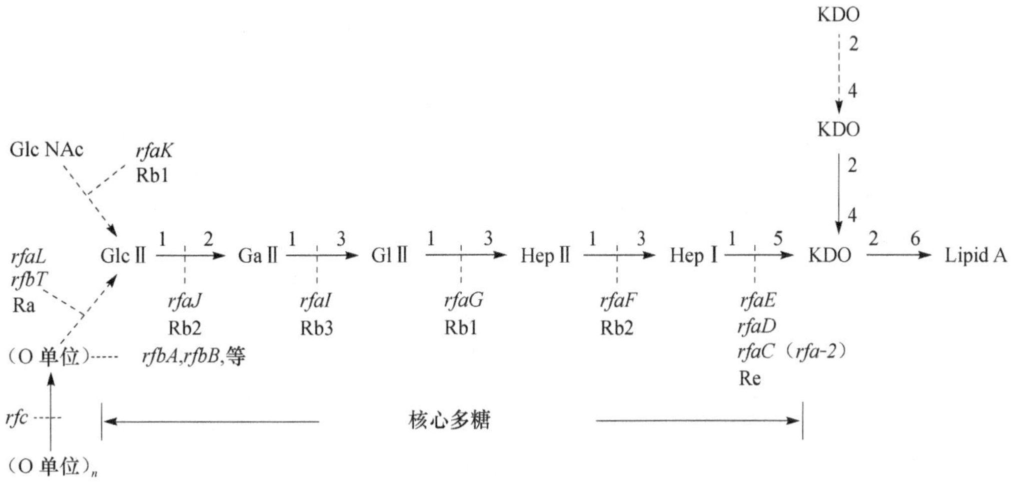

图 2-16　肠沙门氏菌血清型的脂多糖遗传决定子示意图（Chen et al.，1993）

显示在脂多糖生物合成的不同阶段被阻断突变株的基因（*rfaB*、*rfaC*、*rfaD*、*rfaE*、*rfaF*、*rfaG*、*rfaI*、*rfaJ*、*rfaK*）和脂多糖结构（化学型 Re、Rd2、Rd1、Rc、Rb3、Rb2 和 Ra），点线表示缺陷脂多糖的终止点

KDO，α-酮-3-脱氧辛糖酸；Hep，L-甘油-D-甘露庚糖；Glc，葡萄糖；Gal，半乳糖；GlcNac，*N*-乙酰葡萄糖胺；（O 单位）*n*，O 抗原侧数目

推测的负责脂多糖核心区域生物合成的结构基因如下：*rfaE*，专一性功能不明；*rfaC*，ADP-庚糖脂多糖庚酰转移酶 1；*rfaD*，UDP-葡萄糖：脂多糖糖基转移酶 1；*rfaB*，UDP-半乳糖：LPS-α-1,3-半乳糖基转移酶；*rfaJ*，UDP-半乳糖：脂多糖葡萄糖基转移酶 1；*rfaK*，UDP-*N*-葡萄糖胺：脂多糖葡萄糖氨基转移酶

图中数字代表脂多糖合成的不同时期

脂质 A 生物合成的主要途径包括三个阶段：阶段一，UDP-*N*-乙酰葡萄糖胺乙酰化；阶段二，二糖形成和 4′激酶作用；阶段三，KDO 转移和后期酰化作用。涉及这个途径的基因和基因产物与中间产物排列如图 2-16、图 2-17 和图 2-18 所示，在脂质 A 生物合成中 UDP-2,3-二乙酰葡萄糖胺起着重要作用。

肠杆菌的共同抗原（enterobacterial common antigen，ECA）是肠杆菌科所有细菌合成的细胞表面糖脂。其为 *N*-乙酰-D-葡萄糖胺、*N*-乙酰-D-甘露糖胺醛酸（ManNAcA）及 4-乙酰胺-4,6-二脱氧-D-半乳糖（Fuc4NAc）连接在一起而形成的三糖重复单位链。*rfe* 和 *rfb* 基因簇及 *rff* 基因编码的酶催化 ECA 的生物合成。*rfe* 和

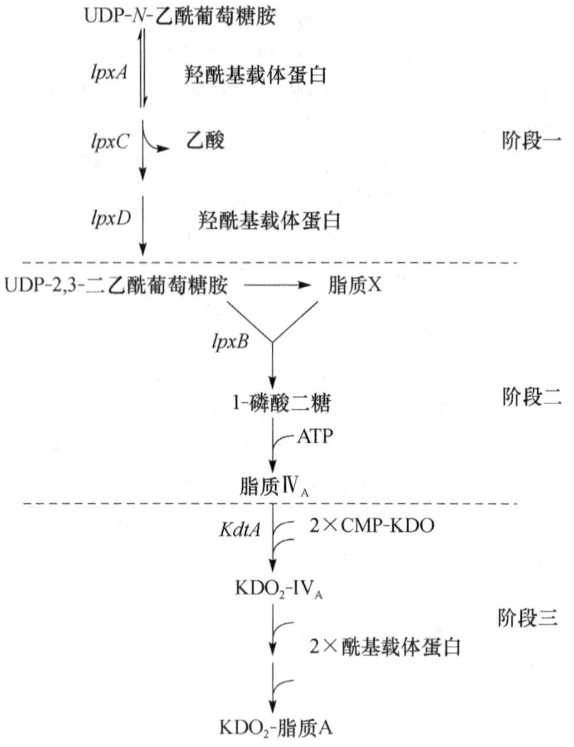

图 2-17 大肠杆菌中与脂质 A 生物合成有关的基因和酶（Raetz，1993）

阶段一：UDP-N-乙酰葡萄糖胺酰化作用；阶段二：二糖形成和 4′激酶作用；阶段三：KDO 转移和后期酰化作用

rfb 基因簇也与脂多糖的生物合成有关。脂多糖和 ECA 的合成需要共同中间体。

2.1.4 古菌的细胞表面

古菌（archaebacteria）是一类 16S rDNA 及细胞成分在分子水平上与细菌和真核生物有区别，能耐受极端恶劣环境的特殊生物类群。它们虽然具有原核生物的基本性质，但某些细胞结构的化学组成以及许多生化活性不同于真细菌。它们大多生活在极端环境中，包括极端厌氧的产甲烷菌、极端嗜盐菌以及在高温和低酸的环境中生活的嗜热嗜酸菌等。

除少数外（如热原体属，*Thermoplasma*），绝大多数古菌都有细胞壁，但化学组成不同，古菌细胞壁中没有肽聚糖。根据化学组成可将古菌的细胞壁分成两大类：一类是由假肽聚糖（pseudomurein）或酸性杂多糖组成的；另一类是由蛋白质或糖蛋白的亚单位组成的。有的古菌的细胞壁则兼有假肽聚糖的蛋白质外层。

1. 假肽聚糖

甲烷杆菌科（Methanobacteriaceae）中的甲烷杆菌属（*Methanobacterium*）和甲烷短杆菌属（*Methanobrevibacter*）的细胞壁，在电子显微镜下，只显示出一电子稠密层，厚 15～20nm。化学分析表明，它们的细胞壁中不含肽聚糖所特有的组分（N-乙酰胞壁酸，D-氨基酸和内消旋 L-二氨基庚二酸），而是含有 N-乙酰氨基葡萄糖或 N-乙酰氨基半乳糖（GalNAc）和 N-乙酰塔罗糖醛酸。此外还有三种氨基酸：L-赖氨酸，L-谷氨酸，L-丙氨酸或苏氨酸。由这些化合物组成了类似肽聚糖的结构，称为假肽聚糖。

假肽聚糖的结构如图 2-19 所示，其与肽聚糖的结构十分相似。是由 N-乙酰氨基葡萄糖（或 N-乙酰氨基半乳糖）与 N-乙酰塔罗糖醛酸交替以 β-1,3 键连接成为多糖链。由氨基酸所组成的短肽链与 N-乙酰塔罗糖醛酸的羟基之间形成肽键。不同分子之间的短肽链之间通过一个谷氨酸交联起来。

溶菌酶不能分解假肽聚糖的 β-1,3 键，因此溶菌酶对这类古菌没有溶菌效果。因为在短肽链中没有D-丙氨酸，所以具有假肽聚糖细胞壁的古菌，对那些干扰涉及 D-丙氨酸反应的抗生素，如 D-环丝氨酸、青霉素和万古霉素等都不敏感。

假肽聚糖的组成成分，在不同菌种或菌系之间有所差异，如在热自养甲烷杆菌（*Methanobacterium thermoautotrophicum*）⊿H 菌系的假肽聚糖中，N-乙酰氨基半乳糖的含量很少，但在该菌的 Marburg 菌系中，约有一半的 N-乙酰氨基葡萄糖被 N-乙酰氨基半乳糖所代替。此外，甲烷短杆菌属 M1 的肽短链的丙氨酸可部分地或全部地为苏氨酸所代替。*M. smithii* 短肽链中的一个谷氨酸的 α-羟基上还可能连接一个鸟氨酸。

甲烷嗜热菌科（Methanothermaceae）的甲烷嗜热菌属（*Methanothermus*）的细胞壁中除有假肽聚糖层（12～15nm 厚）外，其外面还有一层（12～15nm 厚）呈六角形规则排列的蛋白质亚单位，其相对分子质量约为 92 500。

有些古菌的细胞壁骨架不是假肽聚糖，而是酸性杂多糖（heteropolysaccharide）。巴氏甲烷八叠球菌（*Methanosarcina barker*）的细胞壁很厚（＞200nm），是由 2 个 N-乙酰氨基半乳糖和 1 个 D-葡萄糖醛酸（GlcUA）所组成的三糖单位，重复连接而成的酸性杂多糖，其组成为：$(\text{—GlcUA—GalNAc—GalNAc—})_n$。

此外，嗜盐球菌（*Halococcus morrhuae*）的细胞壁（厚 50～60nm）也是由酸性杂多糖组成的。但结构比较复杂，由几种糖、氨基糖、糖醛酸和甘氨酸组成。特殊的是，它们的氨基古洛糖醛酸和硫酸盐含量甚高，几乎所有的糖和糖醛酸上的部分羟基都被硫酸酯化，这样的杂多糖为硫酸化杂多糖。

2. 蛋白质和糖蛋白

许多古菌的细胞壁是由六角形规则排列的蛋白质或糖蛋白的亚单位所组成。

盐生盐杆菌（*Halobacterium halobium*）的细胞壁厚约 13nm，由一层六角形规则排列的糖蛋白亚单位组成。SDS-聚丙烯酰胺电泳分析，可见有 15～20 条蛋白质条带。大多数的条带具有 130 000 左右的相对分子质量，不含糖类。但有一条带（占总蛋白的 50%～60%），相对分子质量为 200 000，经测试有糖反应。糖的含量占 10%～12%，主要是杂多糖。

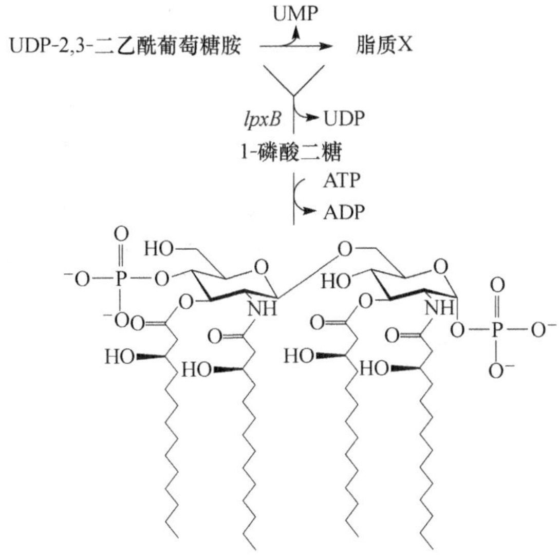

脂质IV_A

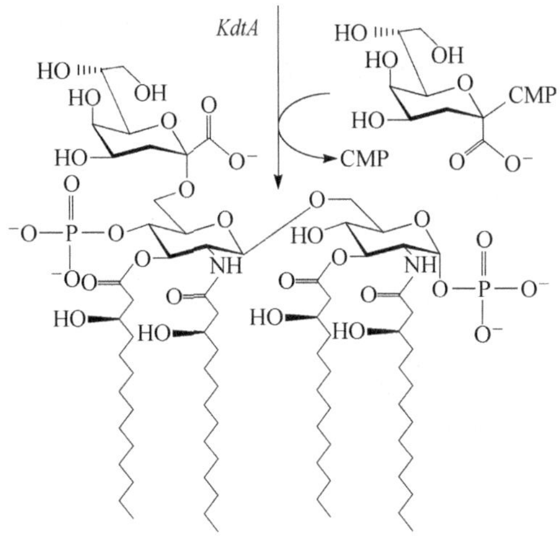

KDO$_1$-脂质IV_A
（中间体）

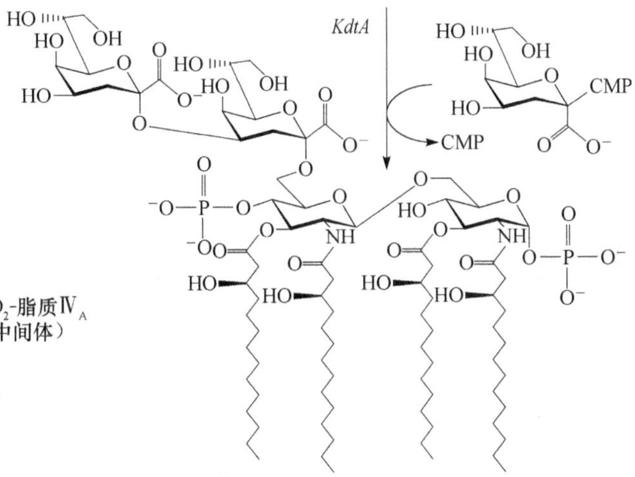

KDO$_2$-脂质IV_A
（中间体）

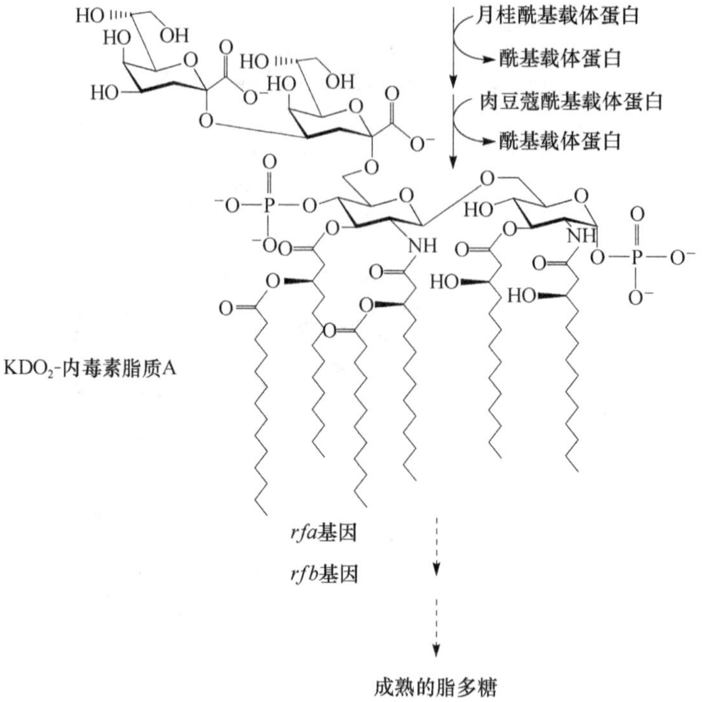

图 2-18　脂质 A 生物合成途径（Raetz，1993）

lpxB 和 *kdtA* 基因编码二糖合成酶和 KDO 转移酶，在野生型细胞中，中间体的水平非常低（<1 000 分子/细胞）

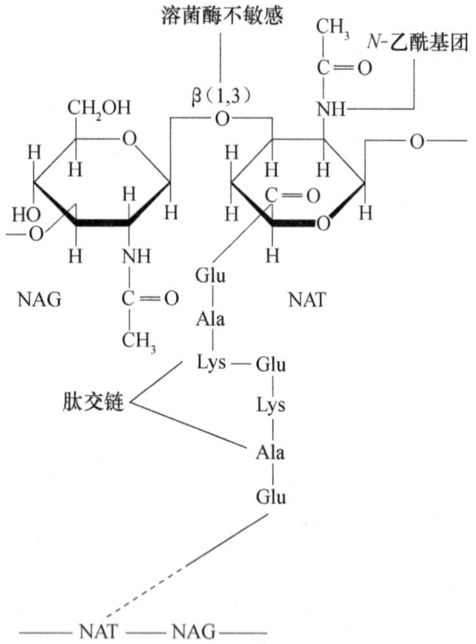

图 2-19　甲烷杆菌属假肽聚糖的分子结构（Willey et al.，2008）

表 2-6 列出了一些古菌的细胞壁化学组成，从中可以看出，在古菌中没有共同的细胞壁成分（不像真细菌的细胞壁中具有肽聚糖），而是在长期演化过程中，为了适应环境产生了不同类型的细胞壁多聚体，用以保护细胞。古菌大多生活在极端环境条件下，而细胞壁又直接暴露在环境中，因此研究古菌细胞壁的组成和结构具有重要意义。

表 2-6　一些古菌细胞壁的化学组成

微生物	坚实骨架	蛋白质外套	多聚体
Methanobacteriaceae	+	－	假肽聚糖
Methanothermaceae	+	+	假肽聚糖、蛋白质亚单位
Methanosarcina	+	－	酸性杂多糖
Methanococcus	－	+	蛋白质亚单位
Methanomicrobium	－	+	蛋白质亚单位
Methanogenium cariaci	－	+	蛋白质亚单位
M. marisnigri	－	+	糖蛋白亚单位
Methanoplanus	－	+	糖蛋白亚单位
Methanolobus	－	+	糖蛋白亚单位
Halococcus	+	－	硫酸化杂多糖
Halobacterium	－	+	糖蛋白亚单位
Thermococcus	－	+	糖蛋白亚单位
Sulfolobus	－	+	糖蛋白亚单位
Thermodiscus	－	+	糖蛋白亚单位
Thermoplasma	－	－	无

有些古菌没有细胞壁，如嗜酸热原体（*Thermoplasma acidophilum*）和产甲烷菌中的 *Methanoplasma elizabethii*，但它们具有坚实的细胞质膜。它们的细胞质膜中含有特殊的脂（二植烷二甘油四醚）、糖蛋白和脂多糖。蛋白质占 60%，脂类 25%，碳水化合物 10%。

2.1.5　藻类的细胞表面

在多数藻类中，细胞壁的结构骨架由纤维素组成，一般厚 10～20nm，但小球藻（*Chlorella pyrenoides*）的细胞壁很薄，只有 3～5nm。X-衍射研究证明，纤维素的微纤丝在细胞壁中是成层排列的。有些藻的细胞壁中，以木聚糖和甘露聚糖代替纤维素作为骨架。一般来说，多糖骨架占细胞壁干重的 50%～80%，其余的为间质多糖。

藻类细胞壁的间质多糖大多是杂多糖，此外，也可能含有少量的蛋白质和脂类。褐藻酸（algnic acid）是褐藻细胞壁间质杂多糖，它是 D-甘露糖醛酸和 L-葡萄糖醛酸的聚合体。在岩藻细胞壁中含有岩藻素（fucoidin），它是由硫酸酯化了的 L-岩藻糖的多聚体。琼脂是红藻中石花菜属（*Gelidium*）的主要间质多糖，它是半乳糖和半乳糖醛酸的多聚体。小球藻细胞壁的间质多糖有两种：一种是半乳糖和鼠李糖通过 β 糖苷键连接起来的多聚体，约占间质多糖的 80%；另一种结构更为复杂。

有些藻的细胞壁中可沉积硅和碳酸钙。硅化作用在硅藻中很普遍，硅约占细胞干重的 50%以上。

2.2　原生质膜及内膜系统

2.2.1　原生质膜

原生质膜（plasmic membrane）也称细胞质膜（cytoplasmic membrane），位于细胞壁之内，其厚度不过 6～8nm，约占细胞干重的 10%。细胞质膜是十分重要的亚细胞结构，如遭破坏，细胞将死亡。

1. 原生质膜的结构、组成和功能

在电镜下观察微生物细胞的超薄切片，可见原生质膜是连续的一层，紧贴在细胞壁之内，厚约 7.5nm。有两个电子稠密带，其间夹有一个电子稀疏带，形如夹心结构（图 2-20A）。大多数微生物的原生质膜都是由双层磷脂分子所组成（图 2-20B）。磷脂的亲水基团朝向膜内、外侧，疏水基团相对朝向膜中央，通常称这样的膜为单位膜（unit membrane）（图 2-20C），是构成生物膜系统的基本单位。有些古菌的原生质膜具有四醚结构的脂类，因此具有“单层”或局部“单层”的原生质膜结构（图 2-20D）。各种蛋白质分子镶嵌于其中，深浅不一，有的在表面，有的在内部，这样的膜结构被 Singer 和 Nicoln（1972）称为流体镶嵌模式（fluid mosaic-model）（图 2-21）。

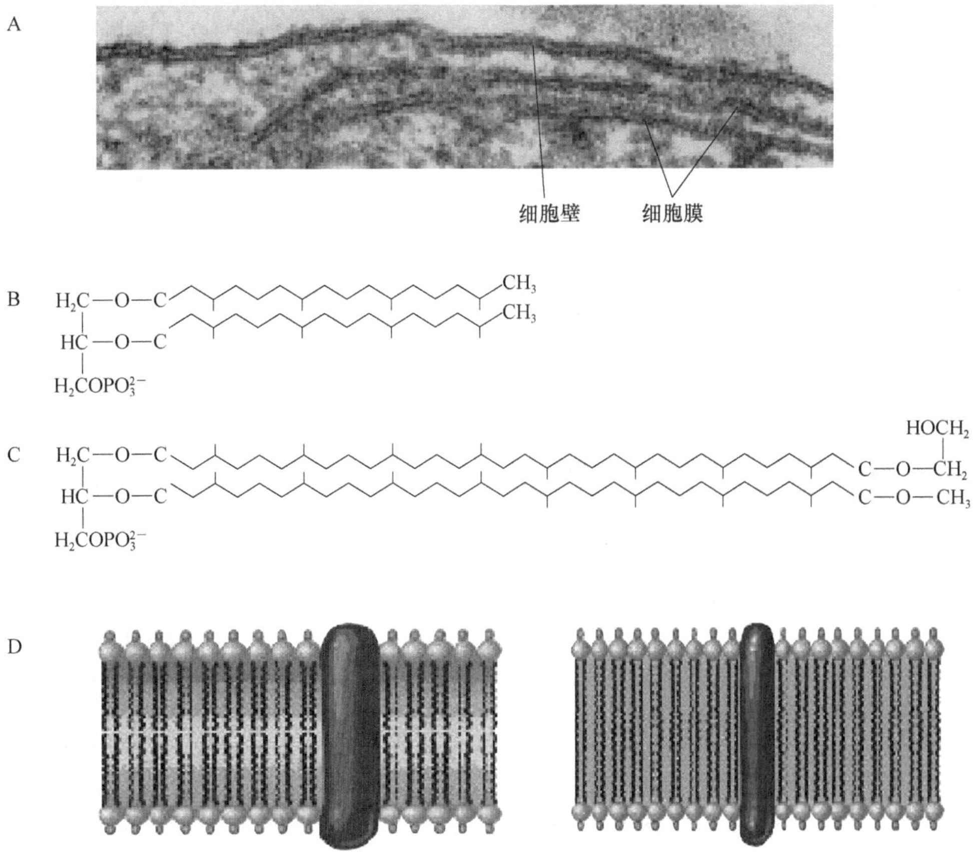

图 2-20　细胞质膜结构示意图（Willey et al.，2008）

A：细胞壁和细胞膜；B：磷脂分子；C：磷脂双分子层单位膜结构；D：古菌的单层膜结构

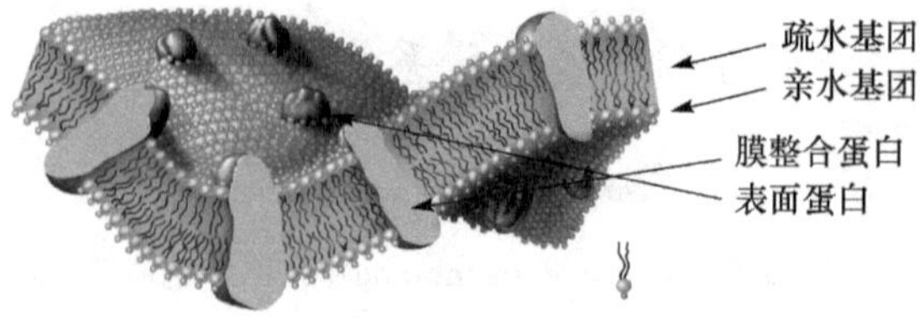

图 2-21　原生质膜结构的流体镶嵌模式
（Willey et al.，2008）

用平衡密度梯度离心法，可自破碎的原生质体悬液中分离出原生质膜碎片，经洗涤纯化后，可用于研究其化学组成。组成原生质膜的主要物质是脂类和蛋白质，其中蛋白质占 50%～65%。不同类型微生物的原生质膜中所含脂类的种类和含量不尽相同。

虽然原生质膜的存在已被认识了半个多世纪，但对于它的化学组成、结构和功能的了解，还是由于近些年来发展了分离和研究原生质膜的技术之后，才逐步深入的。在微生物中，原生质膜的主要功能是：①选择性吸收营养物质和排出代谢产物；②作为原核生物产生能量的场所（真核生物的能量产生场所是线粒体膜）；③作为合成某些亚细胞结构物质（如细菌的细胞壁和荚膜等表面附属物）的场所。原生质膜是一个代谢活动十分活跃的亚细胞结构。原生质膜功能的多样化，取决于其各种组分的空间排列，但对这方面的了解，目前还甚少。

2. 真细菌原生质膜中的脂类

组成真细菌原生质膜的主要脂类有磷脂、糖脂和鞘脂等极性的脂类；此外，还含有非极性的脂醌、类胡萝卜素、聚异戊烯酯和甾醇等。

1）磷脂（phospholipid）

磷脂是甘油-3-磷酸的衍生物，甘油分子的 C1 和 C2 位的羟基被长链脂肪酸酯化。磷酸基团位于 C3 位，并可能连接有机碱、氨基酸或醇。甘油磷脂的结构通式为

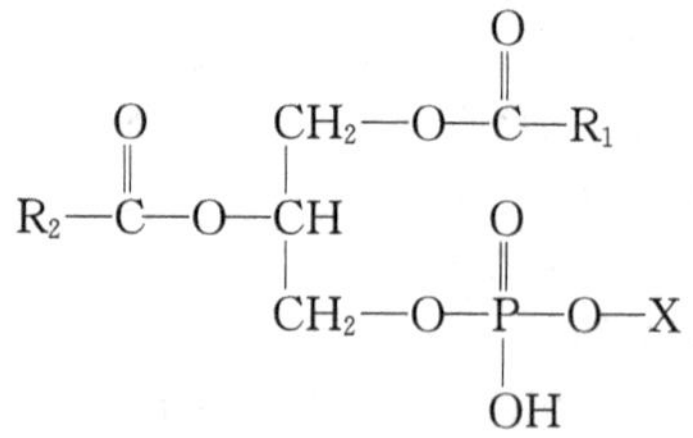

上式中，R_1 和 R_2 分别代表不同的长链脂肪酸（或脂肪酸的类似物）。X 的性质决定磷脂种类（表 2-7）。

表 2-7　微生物原生质膜中的一些磷脂

X 的结构	磷脂名称
—H	磷脂酸
$—CH_2—CH_2—NH_2$	磷脂酰乙醇胺（脑磷脂）
$—CH_2—CH_2—N^+(CH_3)_3$	磷脂酰胆碱
$—CH_2—CH·NH_2—COOH$	磷脂酰丝氨酸
$—CH_2—CHOH—CH_2OH$	磷脂酰甘油
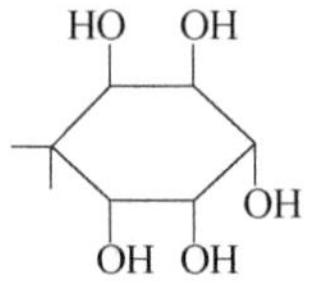	磷脂酰肌醇
$—CH_2—CHOH—CH_2O—C(=O)—CH(NH_2)—(CH_2)_4—NH_2$	赖氨酰磷脂酰甘油
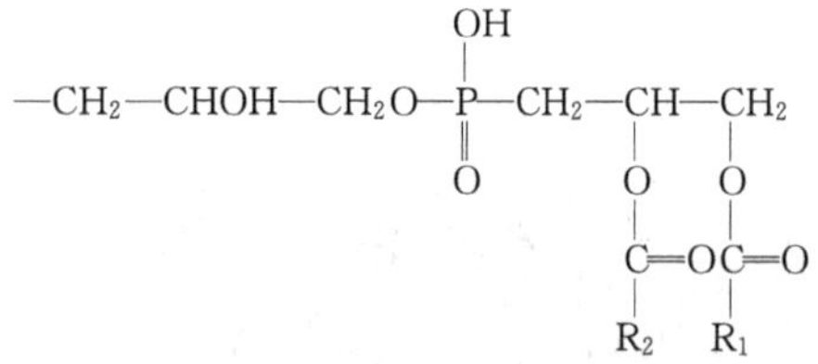	二磷脂酰甘油（心脂）

真细菌原生质膜中最常见的磷脂是磷脂酰乙醇胺（脑磷脂），其甲基衍生物，磷脂酰胆碱在真核生物的原生质膜中常见。磷脂酰丝氨酸是合成磷脂酰乙醇胺和磷脂胆碱的中间产物，在原生质膜中含量甚微。磷脂酰甘油和二磷脂酰甘油（心脂）在许多细菌的原生质膜中存在，支原体（*Mycoplasma*）主要是磷脂酰甘油。氨基酰化的磷脂酰甘油比较少见，但赖氨酰磷脂酰甘油在枯草杆菌和粪链球菌中存在。磷脂酰肌醇在细菌中少见，它是组成酵母菌原生质膜的重要磷脂。

组成磷脂的脂肪酸的链长为 10～20 个碳原子，以 C_{15}～C_{19} 最常见。一般在 C1 位上带饱和脂肪酸链；结合在 C2 位上的可以是饱和的、不饱和的、分支的或有

环丙烷的脂肪酸。常见的一种环丙烷脂肪酸是顺-11，12-亚甲基十八烷酸，称为乳杆菌酸（lactobacillic acid），它首先是在乳杆菌中发现的，其结构式为

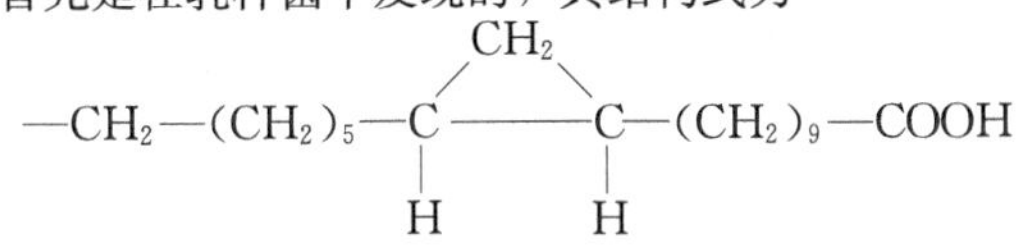

2）**糖脂（glycolipid）**

在许多革兰氏阳性细菌和一些革兰氏阴性细菌的原生质膜中有少量的糖脂，但糖脂却是支原体原生质膜的主要成分。细菌的糖脂有两类：第一类是糖基二脂酰甘油，糖苷键将糖基连接在二脂酰甘油的 C3 位上，糖基可多达 4 个（图 2-22A 和 B），通常是己糖或糖醛酸；第二类糖脂是脂酰化的糖，糖的一个或多个羟基被长链脂肪酸酯化（图 2-22C）。

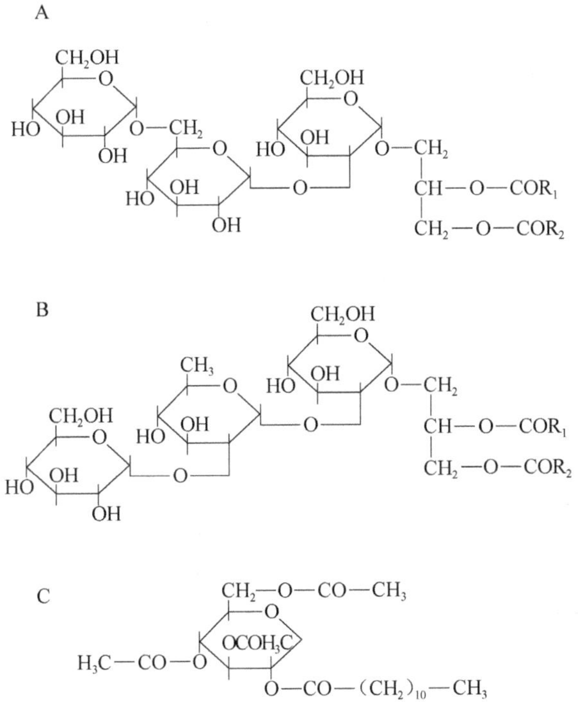

图 2-22　一些细菌糖脂的结构式（李季伦等，1993）

A：来自干酪乳杆菌的葡萄糖-半乳糖-葡萄糖基-甘油二酯；B：来自溶血链球菌的三葡萄糖基甘油二酯；C：来自粪链球菌的酯酰化葡萄糖

在有些革兰氏阳性细菌（如粪链球菌）原生质膜中的二糖基二脂酰甘油，可与细胞壁中的甘油磷壁酸的末端磷酸共价结合，形成脂磷壁酸。

3）**鞘脂（sphimgolipid）**

以鞘氨醇代替甘油分子所形成的磷脂称为鞘脂。

在不少厌氧菌的原生质膜中含有一种特殊的磷脂，C1 位上羟基不是与一饱和脂肪酸的羧基脱水形成酯键，而是和一个不饱和的脂肪醇的羟基脱水形成醚键。具有这样结构的甘油磷脂称为质脂（plasmalogen）。在丁酸梭菌（*Clostridium butyricum*）的原生质膜中，约有一半以上的磷脂酰乙醇胺是属于质脂型的，其结构式为

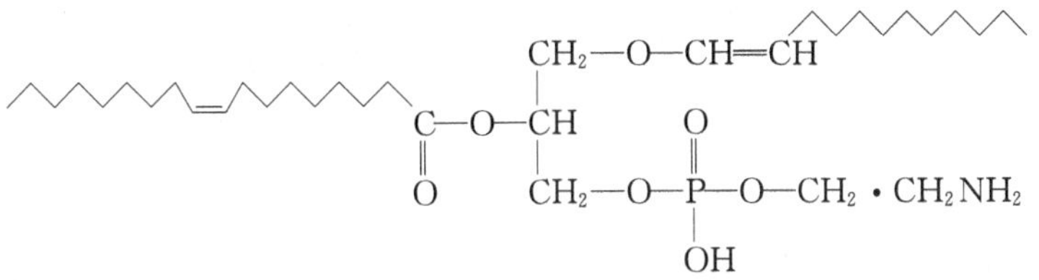

鞘脂在细菌中并不普遍存在，但在产黑色素普雷沃氏菌（*Prevotella melaninogenicus*）中，鞘脂的含量却占全部被抽提出来的脂类的一半以上，主要成分是脂酰鞘氨醇磷酰乙醇胺，其结构式为

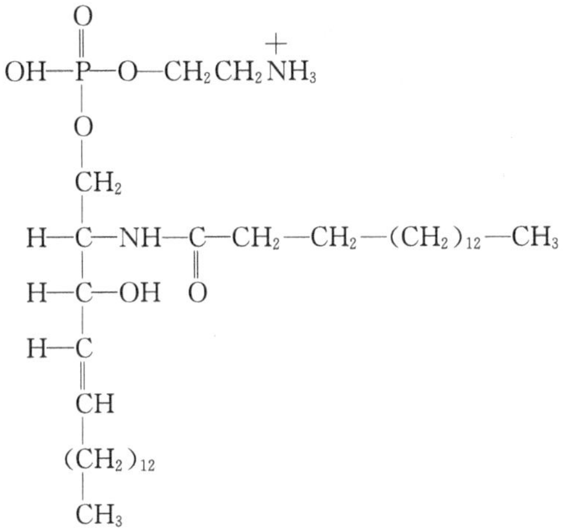

4）**其他脂类**

在细菌原生质膜中还含有一些微量的非极性脂类。它们含量虽少，但却起重要的生理作用。脂醌类的泛醌（UQ 即 CoQ）和萘醌（MK，即维生素 K）是氧化磷酸化电子传递链的成员。有些细菌的原生质膜中含有类胡萝卜素用以保护细菌，免遭光氧化的危害。此外，细菌原生质膜中也含有聚异戊烯酯，作为合成细胞壁和胞外糖的中间产物载体。在真细菌中，只有支原体的原生质膜中有胆固醇，游离或与糖结合成固醇糖苷。

3. 古菌原生质膜中的脂类

古菌的原生质膜中含有特殊的脂类，这也是古菌的一个主要特性。在盐生盐杆菌的原生质膜中，已发现了三种磷脂和一种糖脂。其中主要的一种磷脂是磷脂酰甘油磷酸的结构类似物（图 2-23A），在甘油分子的 C2 和 C3 位上各以醚键连接着植烷（$C_{20}H_{40}$），称为磷脂酰甘油磷酸二醚（diether），约占总磷脂的 65%。此外，还含有少量的磷脂酰甘油二醚和磷脂酰甘油硫酸二醚。盐生盐杆菌的糖脂几乎无例外的都是被硫酸化了的。一般是硫酸化的三糖甘油二醚（图 2-23B），大约占总极性脂类的 25%，因此，嗜盐细菌的表面具有强酸性。

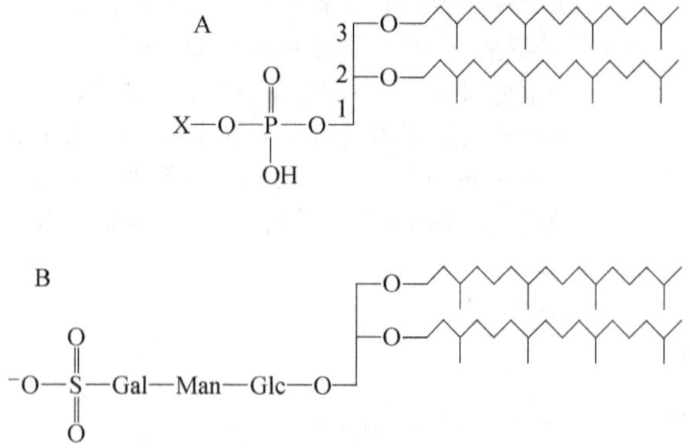

图 2-23　嗜盐古菌的主要磷脂和硫酸化糖脂的结构式（李季伦等，1993）

A：磷脂酰甘油磷酸的结构类似物；B：硫酸化的三糖甘油二醚
X 为甘油、甘油磷酸或甘油硫酸

亨氏甲烷螺菌（*Methanospirillum hungatei*）的极性脂类研究的较多。它的极性脂类包括磷脂甘油二醚和糖脂二醚，糖脂四醚以及由磷脂甘油二醚和糖脂二醚所结合而成的磷酸糖脂四醚（图 2-24）。其中，磷脂甘油二醚约占 10%。糖脂二醚中，由半乳糖-半乳糖所组成的糖脂二醚约占 3%，由葡萄糖-半乳糖所组成的约占 28%。磷酸糖脂四醚在甲烷菌中是主要成分，约占极性脂类的 58%，其双糖部分也是由半乳糖-半乳糖，或由葡萄糖-半乳糖所组成。它的分子结构就像是 1 分子的糖脂二醚加上 1 分子磷脂酰甘油二醚，通过它们的植烷链头对头的共价连接而成为四醚结构。

在热原体属中，极性脂类约占总脂类的 82%，至少有 6 种不同的糖脂和至少 7 种含磷的脂类，这些脂类的结构大多尚未最后确定。其中最主要的一种（占 80%）是磷酸糖脂，它是一个二甘油四醚，在一个甘油的游离羟基上常有一个甘油磷酸，而另一甘油分子上带有一未经鉴定的糖。其他的极性脂类主要也是四醚的衍生物，但也有些是二醚衍生物。

自热原体属中已提取出一种四醚脂类，经仔细研究，它可以看作是一种脂聚糖或是一个带有 25 个糖链的糖脂。糖链中含 24 分子甘露糖和 1 分子葡萄糖（图 2-25）。在硫化叶菌属（*Sulfolobus*）和亨氏甲烷螺菌中未见有这种脂类的报道。

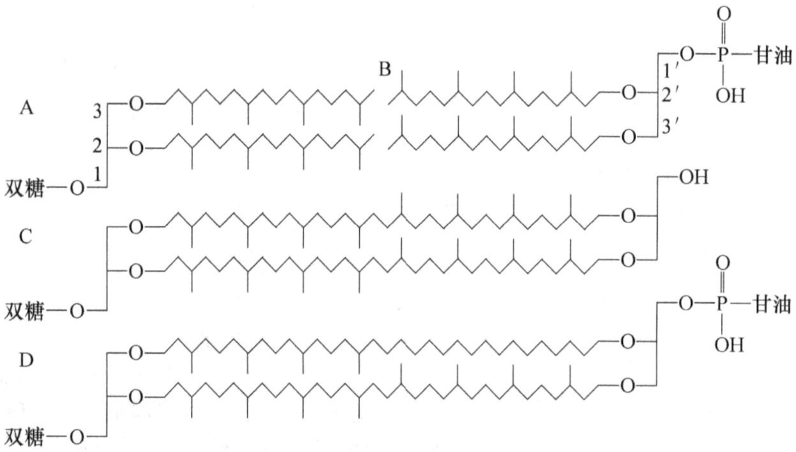

图 2-24　亨氏甲烷螺菌极性脂类的结构式（李季伦等，1993）

A：二醚糖脂；B：二醚磷脂酰甘油；C：四醚糖脂；D：四醚磷酸糖脂

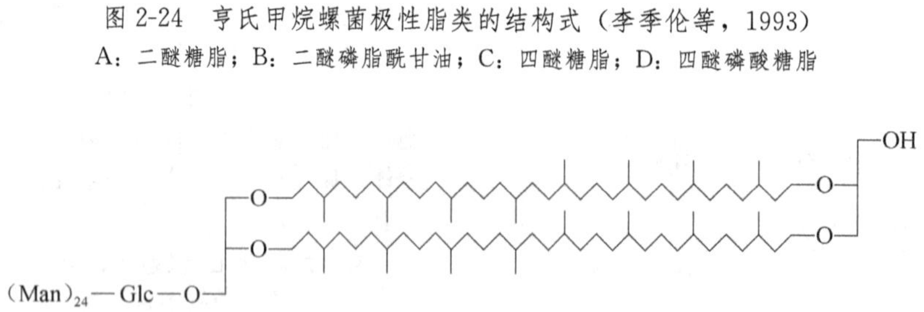

图 2-25　热原体属的四醚脂聚糖的结构式（李季伦等，1993）

Man 为甘露糖

在古菌中，除极性脂类外，还含有非极性或中性脂类，在嗜盐菌和嗜热嗜酸菌中，占总脂类的 7%～20%，在有些产甲烷菌中高达 30%。在非极性脂类中，聚异戊二烯和氢化的聚异戊二烯碳氢化合物占 95%以上，这也是古细菌的一个特征。虽然非环状的类异戊二烯碳氢化合物在其他类型生物细胞中也普遍存在，但含量甚微，而在古细菌中则是主要的组分。从 C_{15} 到 C_{30} 的类异戊二烯的骨架都有，但其中占优势的是 C_{30} 的六聚异戊二烯（即鲨烯，图 2-26）和 C_{20} 的四聚异戊二烯（包括植烷和植烯），这些脂类的含量随不同古细菌和生长环境而有所变化。

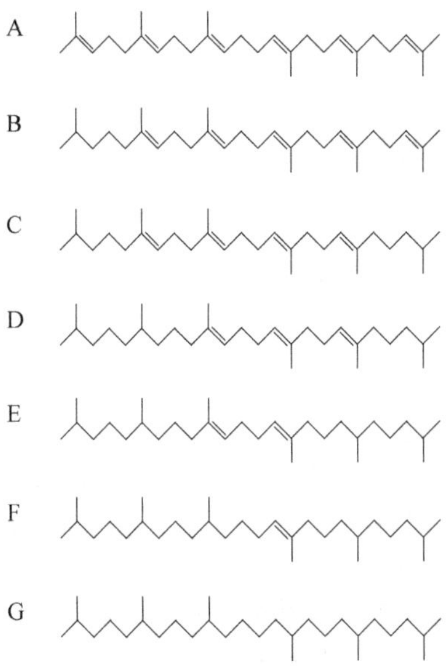

图 2-26　古菌中 C_{30} 聚异戊二烯碳氢化合物鲨烯及其氢化的衍生物（李季伦等，1993）

A：鲨烯；B：二氢鲨烯；C：四氢鲨烯；D：六氢鲨烯；E：八氢鲨烯；F：十氢鲨烯；G：鲨烷

在盐生盐杆菌原生质膜中含有一种不常见的羟基化 C_{50} 类胡萝卜素，称为细菌红素（bacterioruberin）（图 2-27）。它是组成盐生盐杆菌红膜的组分，含量甚高。嗜盐菌红膜中也含有 C_{40} 类胡萝卜素，包括 α-胡萝卜素(α-carotene)、β-胡萝卜素（β-carotene）和番茄红素（lycopene），但含量少，可能是合成细菌红素的前体。视黄醛（retinal）是一种 C_{20} 聚异戊烯类化合物，它与蛋白质结合成细菌视紫红质（bacteriorhodopsin），构成分散在嗜盐菌细胞质膜中的紫斑（通常称为紫膜），视黄醛在见光和厌氧条件下产生，与光合磷酸化作用有关。

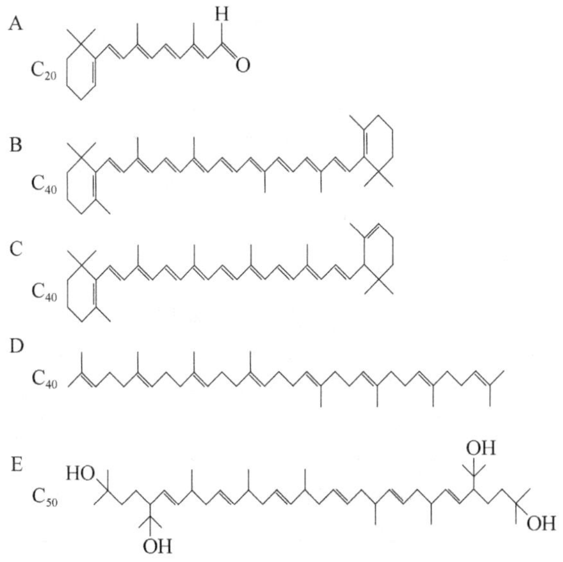

图 2-27　盐生盐杆菌的脂类色素（李季伦等，1993）

A：视黄醛；B：β-胡萝卜素；C：α-胡萝卜素；D：番茄红素；E：细菌红素

古菌原生质膜中也含有脂醌类化合物，作为传递质子和电子的载体。嗜盐菌质膜中含有萘醌-8（MK-8），其含量可达非极性脂总量的 5%～10%。此外，在有些嗜盐菌中也有 MK-7。在嗜热嗜酸古菌的热原体属中以 MK-7 占优势，还有少量的 MK-6。但硫化叶菌属中却含有不常见的硫茚醌（thionaphthenequinone）（图 2-28），一般含有 C_{30} 的饱和侧链，也有少量的具有 C_{25} 或 C_{20} 的侧链。它们也是质子和电子的载体。

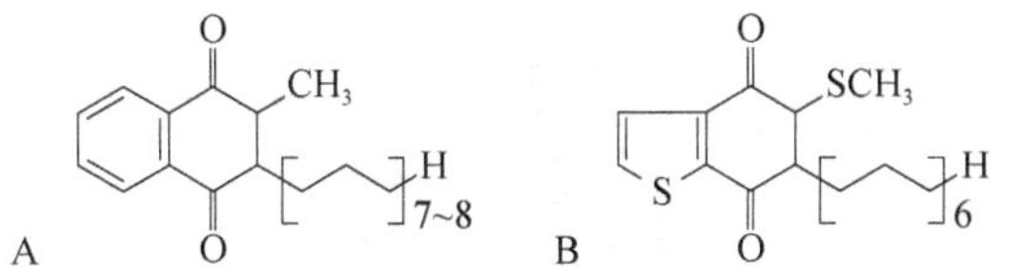

图 2-28　古菌中的主要脂醌（李季伦等，1993）

A：甲基萘醌；B：硫茚醌

4. 真核微生物原生质膜中的脂类

真核微生物原生质膜中所含的脂类只在啤酒酵母菌中被仔细研究过。酵母菌的原生质膜中含有两种主要的脂类：甘油磷脂和甾醇（sterol）。二者所占的摩尔比为 5∶1，此比值高于哺乳动物原生质膜中这两种脂类的比值。在甘油磷脂中，占优势的是磷脂酰乙醇胺、磷脂酰肌醇和磷脂酰胆碱，磷脂酰丝氨酸的含量甚微。磷脂酰肌醇可被一种激酶催化生成磷酸化的磷脂酰肌醇，并可脱磷酸而恢复原形。在酵母菌原生质膜中常见的甾醇是麦角甾醇（ergosterol）和酵母甾醇（zymosterol）（图 2-29），此外，还含有少量的脱氢麦角甾醇，它是合成麦角甾醇的前体。麦角甾醇经紫外光照射时环己二烯环开裂，生成维生素 D。

5. 原生质膜中的蛋白质

蛋白质是组成微生物原生质膜的另一重要成分，占原生质膜干重的 50%～65%。从功能来看，膜蛋白主要可分为两大类：运输蛋白和酶蛋白。运输蛋白决定物质的跨膜运输，这些蛋白质的活性，只有在活体细胞或原生质体和球质体中才能显示出来。这类蛋白质的种类很多，涉及许多溶质和离子的跨膜运输。膜中酶蛋白的种类也不少，有细胞壁、荚膜和原生质膜合成的酶类，以及一些水解酶类，如脂酶、蛋白酶和肽酶等，大多集中在膜上。此外，原核生物的原生质膜上还有呼吸酶类和电子传递链中的各种电子递体，以及大量的 ATP 酶。因此，原核生物原生质膜中的蛋白质含量，要比真核微生物原生质膜中的蛋白质含量高。

在膜蛋白中，研究得比较深入的是 H^+-ATP 酶和嗜盐菌紫膜中的细菌视紫红质，前者兼有 ATP 水解和 ATP 合成的双重作用，是水解还是合成，取决于细胞的生理状态；后者是光驱动的质子泵，它与 H^+-ATP 酶配合，进行光合磷酸化作用。

H^+-ATP 酶是一个结构复杂的酶，由 BF_0 和 BF_1 两部分组成（图 2-30），相对分子质量为 400 000～500 000。$BF_0 \cdot BF_1$ 与线粒体内膜中的 $F_0 \cdot F_1$ 以及类囊体膜中的

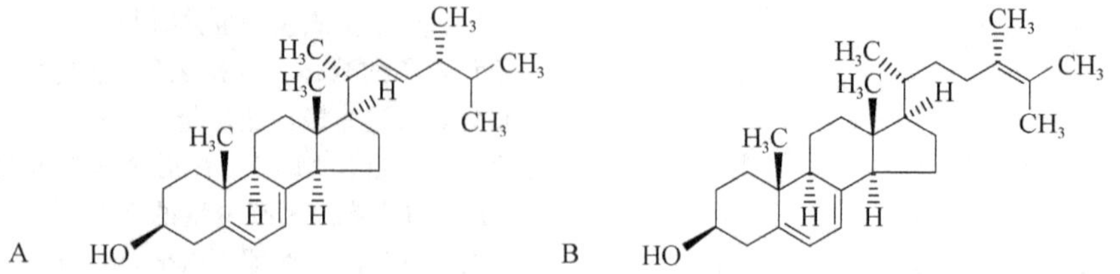

图 2-29　啤酒酵母菌原生质膜中的两种甾醇（李季伦等，1993）
A：麦角甾醇；B：酵母甾醇

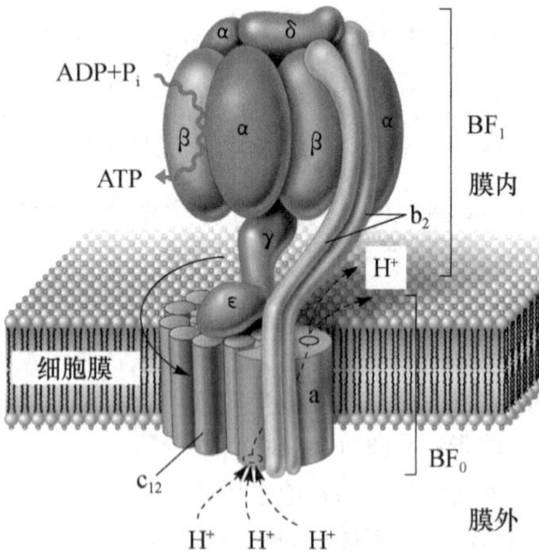

图 2-30　H^+-ATP 酶（$BF_0 \cdot BF_1$）的结构式
（Willey et al.，2008）

$CF_0 \cdot CF_1$ 的结构和功能也相似。BF_0 通常由疏水性的蛋白质复合物（ab_2c_{12}）组成。巴斯德梭菌的 BF_0 由 8 个被称为 η 的亚单位所组成。η 亚单位的相对分子质量为 6 500～15 000。嗜热菌 PS_3 的 BF_0 除含有 η 外，还有一种被称为 ζ 的亚单位，相对分子质量为 13 500，它的 BF_0 的组成是 $\eta_8\zeta_3$。大肠杆菌和红螺菌的 BF_0 中还含有一种相对分子质量为 24 000～28 000 的蛋白亚基。因为 BF_0 是疏水性的蛋白质，它埋在原生质膜的磷脂中，起着 H^+ 通道的作用。

BF_1 是由 α、β、γ、δ 和 ε 5 种亚单位组成的，α 和 β 的大小相近，相对分子质量为 52 000～68 000，由 $\alpha_3\beta_3$ 交替排列组成了具有催化活性的球状头部，γ、δ 和 ε 亚单位的分子质量较小，各有一个，因此，组成 BF_1 的成分是 $\alpha_3\beta_3\gamma\delta\varepsilon$。E 亚单位位于球状头部之下，通过 δ 和 ε 与 BF_0 连接成为一个整体（$BF_0 \cdot BF_1$）。组成 BF_1 的蛋白质是亲水性的，因此 BF_1 位于细胞质中，BF_1 容易脱落，脱离 BF_0 的 BF_1 只能催化 ATP 的水解。只有完整的 $BF_0 \cdot BF_1$ 复合体才能合成 ATP，当然也可以催化 ATP 的水解。在生活细胞中，物质跨膜时需要能量，ATP 被 H^+-ATP 酶分解，同时放出 H^+，H^+ 通过 BF_0 通道被排除膜外，此时的 H^+-ATP 酶起质子泵的作用，当因呼吸作用在呼吸链上放出的 H^+ 在膜外达到一定浓度而形成膜内外质子浓度梯度时，则又驱使膜外的 H^+ 回到细胞内部。由于细胞质膜不容 H^+ 自由通过，它只能通过 BF_0 的通道进入细胞内，当 H^+ 由膜外通过 BF_0 流向膜内时，BF_1 便催化 ATP 的合成（参见第 5 章 2.3.4）。

细菌视紫红质是嗜盐菌紫膜中所特有的，约占膜重的 75%，相对分子质量为 26 000。每分子蛋白质上有 1 分子视黄醛与多肽链的一个赖氨酸结合在一起，而成为具有紫红色的蛋白质。每分子细菌视紫红质有 7 段 α-螺旋结构组成，每段 α-螺旋结构长约 4nm，横跨原生质膜，而使原生质膜上呈现出六角形状的规则排列。当光照时，视黄醛放出 H^+ 至细胞膜外，失去 H^+ 的视黄醛又自细胞质内获得 H^+，在光下又被排出，如此反复进行，从而造成膜内外的质子浓度梯度，迫使外部 H^+ 通过膜中的 H^+-ATP 酶回到细胞质内，在此过程中合成了 ATP。因此可以把细菌视紫红质看作光驱动的质子泵，配合上 H^+-ATP 酶，构成了一个最简单的光合磷酸化体系（图 2-31）。关于以视紫红质为基础的光合作用机制，在第 5 章中详细介绍。

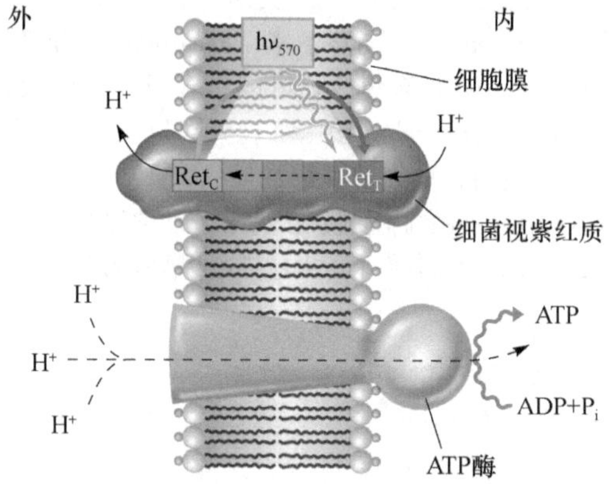

图 2-31　嗜盐菌视紫红质光合磷酸化体系
（Willey et al.，2008）

2.2.2　内膜系统

除原生质膜包围着细胞外，在细胞质内也存在着膜系统。一般来说，原核生物细胞的内膜系统不如真核细胞的内膜系统那么发达，而且也缺少由膜所包围的细胞器。但在许多原核生物细胞中也有程度不同的内膜结构。

1. 原核生物的细胞内膜系统

在原核生物的细菌和蓝细菌中已发现了三种类型的内膜结构，它们分别是间体、光合膜和其他内膜系统。

1）间体（mesosome）

大多数革兰氏阳性细菌和某些革兰氏阴性细菌中都有间体。间体是由细胞质膜内陷形成的一种袋囊，其中充满着管状的或层状的泡囊（图 2-32）。通常每个细胞中只有一个，而且大多在细胞分裂时形成的隔膜处或靠近细菌染色体的部位。组成间体膜的脂类与组成原生质膜的相似，但蛋白质的种类不相同。

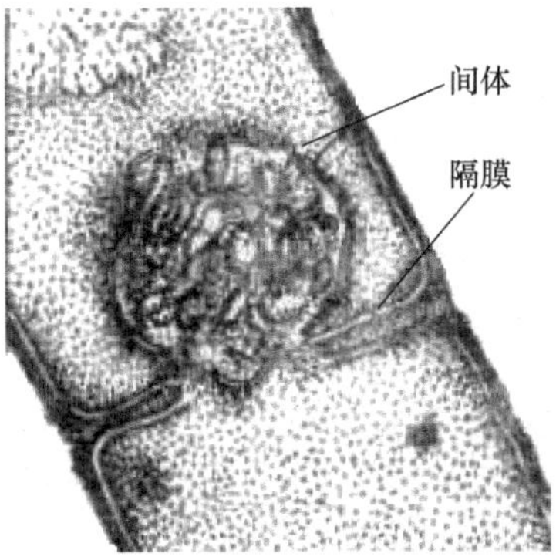

图 2-32　枯草芽孢杆菌的间体（李季伦等，1993）

间体的生理功能尚不明确，有一些推测。一种说法是与隔膜的形成有关。因为在电镜下观察细菌的超薄切片时，经常在正在发育着的隔膜附近看到有间体，可以想象间体涉及细胞壁多聚体的合成或是调控形成细胞壁所必需的酶的活性。此外，也有人认为间体与控制细胞分裂有关，因为 DNA 复制时总与间体有联系。关于间体的确切的生理学作用机制，还有待进一步研究。

2）**光合膜（photosynthetic membrane）**

在光合细菌和蓝细菌中有能进行光合作用的膜结构，这些光合膜结构的形态，因不同菌而异，有的呈泡囊状，有的呈管状，有的呈片层状（图 2-33），它们大多与原生质膜相连。但在它们的外围都没有膜包起来，而是分散在细胞质中。绿硫细菌的泡囊比较特殊，这种泡囊有一层很薄的膜，只有 2～3nm，似乎不是由脂蛋白所形成的单位膜，而且虽然它们紧靠原生质膜排列在细胞的外缘，但未发现它们与原生质膜有联系，光合色素在泡囊中。

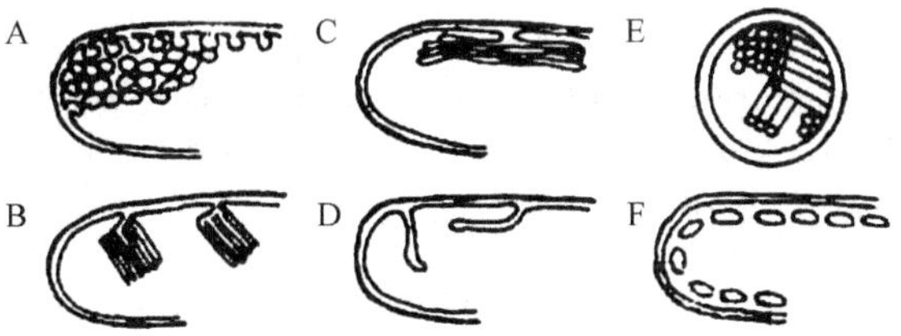

图 2-33　不同光合细菌的光合膜（李季伦等，1993）

A：红螺菌（*Rhodospirillum*）；B：红假单胞菌（*Rhodopseudomonas*）；C：红微菌（*Rhodomicrobium*）；D：红囊菌（*Rhodocystis*）；E：荚硫菌（*Thiocapsa*）；F：绿硫菌（*Chlorobium*）

深红红螺菌（*Rhodospirillum rubrum*）的泡囊，有时称为载色体（chromatophore）。它们的直径为 40～50nm，呈卵圆形，在化学性质上与原生质膜相似，但其中含有光合色素。在电镜下观察红螺菌的超薄切片，可见到许多这样的泡囊（图 2-34）。

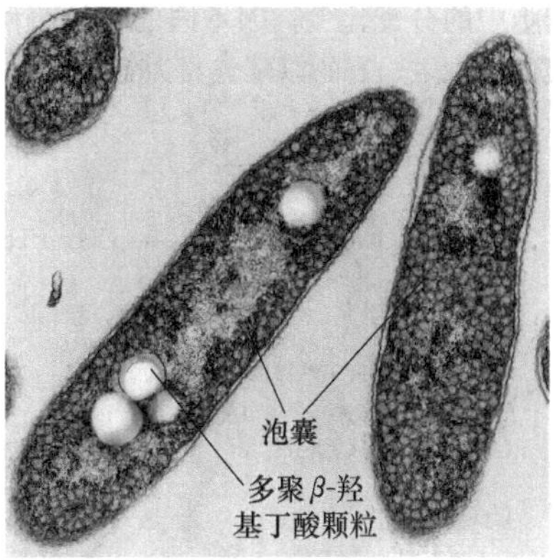

图 2-34　深红红螺菌的电子显微照片（Madigan et al.，2003）

示泡囊（载色体）和多聚β-羟基丁酸（PHB）颗粒

蓝细菌的光合膜大多呈片层结构，类似叶绿体中的类囊体，形如压平的口袋，其中有一定空间。光合膜也是由蛋白质和脂类组成的，蛋白质主要是细胞色素和铁氧还蛋白等电子递体；脂类中以磷脂酰乙醇胺为主，没有糖脂，但含有脂溶性的叶绿素（蓝细菌）和细菌叶绿素（也称菌绿素，存在于光合细菌中）以及各种类胡萝卜素等。此外也含有脂醌类电子递体，如泛醌（紫细菌）、萘醌（绿细菌）和质体醌（PQ，蓝细菌），它们的结构式为

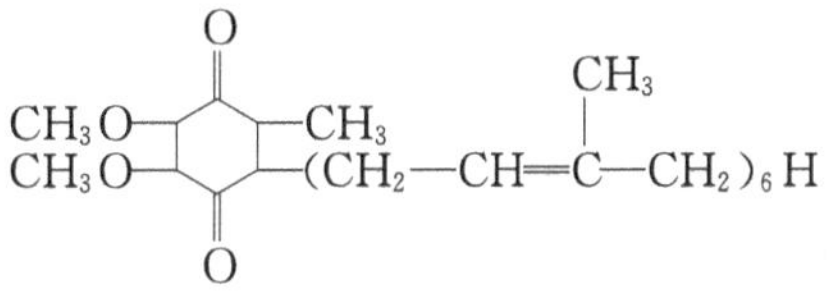

泛醌

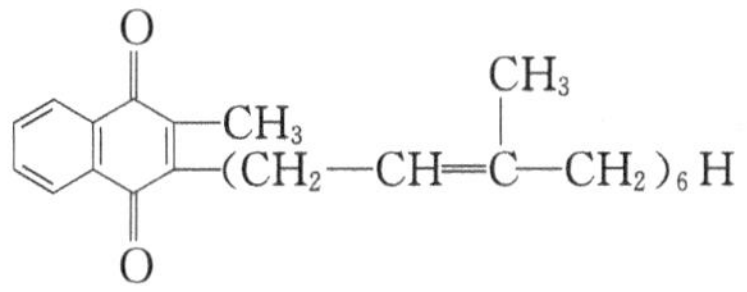

质体醌

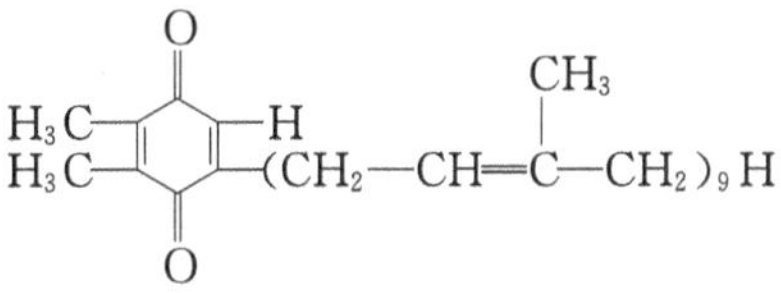

萘醌

蓝细菌的光合色素和光合细菌的光合色素在分子结构上虽都含有镁卟啉环，但侧链不同，光吸收高峰也各异（详见第 3 章）。蓝细菌的光反应中心色素是叶绿素 a（与高等植物相同），但不含叶绿素 b。蓝细菌的辅助色素是藻胆素（phycobilin），藻胆素是一类水溶性的色素蛋白，作为藻胆小体附着在光合膜外。根据生色团分子的结构不同而有两种：一种称为藻蓝素（phycocyanin），蓝色，光吸收高峰在 625～630nm；另一种称为藻红素（phycoerythrin），红色，光吸收高峰在 570～580nm。它们的生色团都是由 4 个直链的吡咯环组成的，不同之处是Ⅲ和Ⅳ环之间的连接基团不同（图 2-35），二者在

蓝细菌细胞中的分配比例，因不同的蓝细菌种类而异，有的以藻蓝素为主，有的以藻红素为主。

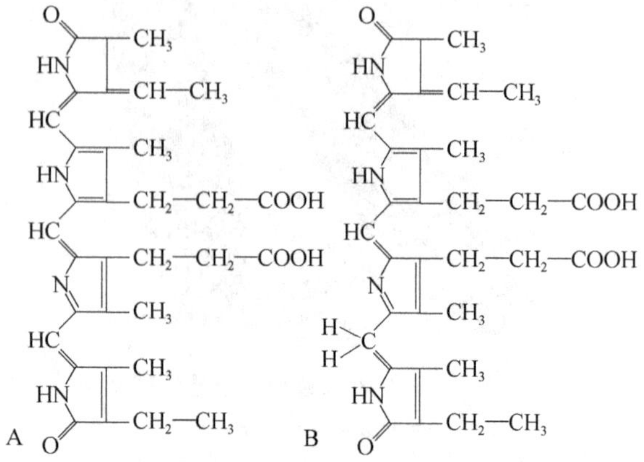

图 2-35　蓝细菌藻胆素生色团结构式
(Madigan et al.，2009)
A：藻蓝素；B：藻红素

光合细菌的光反应色素是细菌叶绿素。细菌叶绿素虽然也具有镁卟啉环的中心结构，但侧链不同于叶绿素。目前已发现了 a，b，c，d 和 e 5 种，它们的吸收峰各异（详见第 3 章）。

光合细菌都产生类胡萝卜素（图 2-36），其中包括脂肪族类胡萝卜素（aliphatic carotenoid）和芳香族类胡萝卜素（aryl carotenoid）。紫细菌的类胡萝卜素主要有红菌素（rhodopin）、番茄红素和螺菌黄素（spirilloxanthin）。缺少产生类胡萝卜素能力的突变株呈现蓝绿色。实际上并不是所有的紫细菌都是紫红色，有的是褐色、粉红色、褐红色或橙褐色，这取决于所含的类胡萝卜素的种类。绿硫细菌的类胡萝卜素为绿菌素（chlorobactene）、β-胡萝卜素和 γ-胡萝卜素（γ-carotene）。类胡萝卜素起保护光氧化对膜的破坏作用，也可能捕获光能，传递给光反应细菌叶绿素。

3）其他内膜系统

在硝化细菌和甲烷氧化菌中有很明显的内膜系统。

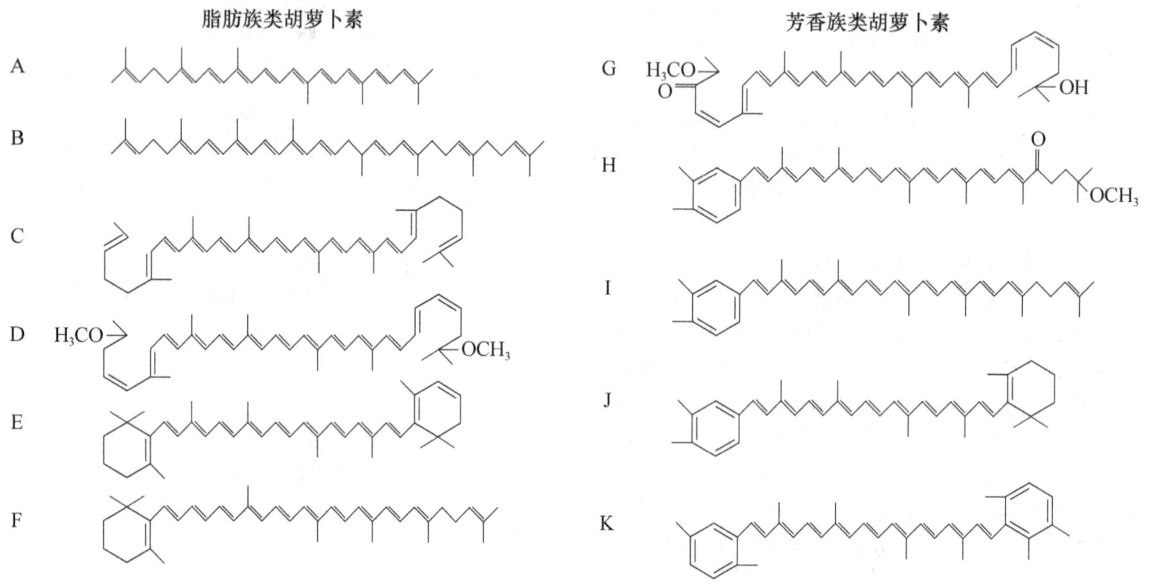

图 2-36　光合细菌产生的类胡萝卜素（Willey et al.，2008）

A：4,4′-脱二异戊烯链孢红素（脱二-2-甲基-2-丁烯链孢红素）（diaponeurosporene）；B：链孢红素（neurosporenen）；C：番茄红素；D：螺菌黄素；E：β-胡萝卜素；F：γ-胡萝卜素；G：球形烯醇（OH-spheroidenone）；H：奥氏酮（okenone）；I：绿菌素；J：β-异胡萝卜素（β-isorenieratene）；K：异胡萝卜素（isorenieratene）

它们在细胞中的排列不同于真核细胞中的内质网，有两种类型的排列方式：第Ⅰ型是盘状泡囊成束地平行排列在细胞中央（图 2-37A）；第Ⅱ型是双层膜沿细胞的边缘平行排列（图 2-37B）。甲烷氧化细菌中的甲基球菌属（*Methylococcus*）、甲基杆菌属（*Methylobacterium*）和甲基单胞菌属（*Methylomonas*）的三个属的内膜属于Ⅰ型，而甲基弯曲菌属（*Methylosinus*）、甲基孢囊菌属（*Methylocystis*）的内膜系统属于Ⅱ型。在氧化铵的亚硝化球菌属（*Nitrosococcus*）中的内膜属于Ⅰ型，而氧化亚硝酸的硝化杆菌属（*Nitrobacter*）中的内膜属于Ⅱ型。这些内膜似乎与氧化气体取得能量有关。*Methylobactrium* 是兼性甲烷氧化菌，当以葡萄糖或甲醇作为能源生长时，细胞中看不到有内膜系统，如果将这样的细菌转回到以甲烷为能源而生长时，则细胞中内膜系统又恢复。关于这种内膜的性质和作用还有待深入研究。

2. 真核生物的细胞内膜系统

真核生物有比较发达的内膜系统，并组成各种细胞器。除细胞核外，真核生物的细胞器还有内质网、高尔基体、线粒体和叶绿体（图 2-38）。这些细胞器各自执行其特殊的生理功能。

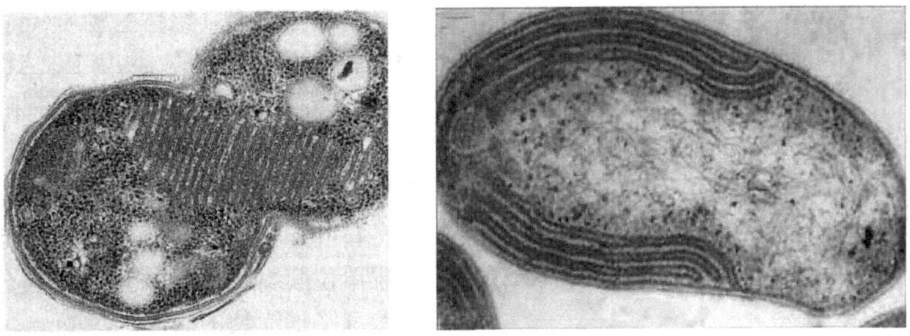

图 2-37　荚膜甲基球菌（*Methylococcus capsulatus*）Ⅰ型内膜系统和维氏硝化杆菌（*Nitrobacter winogradsky*）Ⅱ型内膜系统（Willey et al.，2008）

A：荚膜甲基球菌；B：维氏硝化杆菌

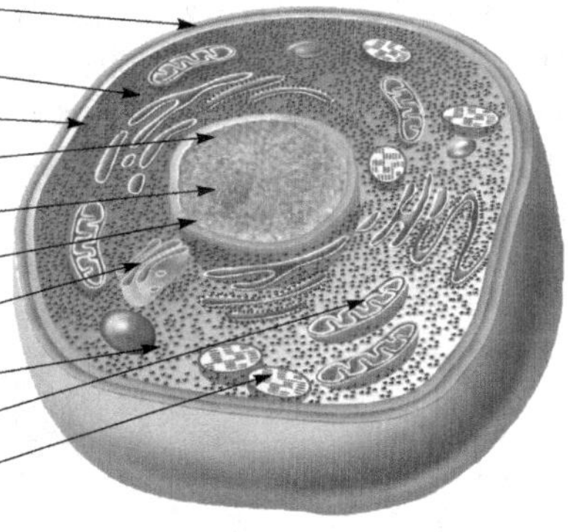

图 2-38　真核细胞模式图（Willey et al.，2008）

1）**内质网（endoplasmic reticulum）**

真核细胞中有内膜组成的网状结构，称为内质网（图 2-38）。在不同的真核生物中内质网的表观虽有所差异，但都是形成一个网状的系统。当在电子显微镜下观察时可见到两种形式的内质网：一种是粗糙型的，其上附着许多蛋白体；另一种是光滑型的，没有核蛋白体附着。

内质网沟通着细胞的各个部分，它与细胞质膜、细胞核、线粒体等都有联系。核蛋白体合成的蛋白质通过内质网渠道被运输至细胞质膜上或分泌于细胞之外。在游离的核蛋白体上所合成的蛋白质一般不通过内膜渠道的运输，而是在细胞中被利用。此外，许多酶都与内质网有联系，为酶的活性提供了大的表面积。内质网也是形成其他细胞器外膜的来源。

2）**高尔基体（golgi apparatus）**

高尔基体与粗糙型内质网紧密相连，通常高尔基体是由 4～8 个扁平的膜袋（称为高尔基体）堆叠而成的。由核蛋白体所合成的蛋白质首先转移到高尔基体中。高尔基体具有合成的活性，在那里可将脂类和多糖结合到蛋白质上形成脂蛋白、糖蛋白和各种多糖的衍生物，这些复杂的生物大分子是合成各种亚细胞结构所必需的。由内质网膜袋中运来的脂类和蛋白质进入高尔基体，由高尔基体形成分泌泡囊，移动到细胞质膜处，再释放出其中的内含物。这个过程在构建细胞质膜以外的细胞结构，如细胞壁，是很重要的。这样，细胞核外膜、内质网、高尔基体和分泌泡囊形成了一个统一协调的生化功能的体系，并将细胞内外沟通了起来。

3）**线粒体（mitochondria）**

线粒体是真核生物产生能量的细胞器。

（1）**形态和大小**　真核生物的线粒体大小不一，形态也各异。有些原生动物的线粒体和高等植物的大小相似，为（0.2～0.5）μm×（0.7～4.0）μm，呈雪茄状，而在真核微生物中的线粒体则较小，如性根霉（*Rhizopus sexualis*）的线粒体仅 0.4μm×1.2μm，啤酒酵母菌的线粒体仅长 0.6μm。较小的真核微生物的每个细胞中含10～20个线粒体，在大细胞中线粒体的数目要多些。同种细胞中线粒体的大小和形态也因细胞所处的生理条件而异，如快速生长的酵母菌细胞中的线粒体呈线形分支状，而在静止细胞中则呈卵圆形。

（2）**结构和化学组成**　典型的线粒体呈雪茄型，由双层单位膜所包围：外膜光滑富有弹性，厚 5～6nm，由它将线粒体与细胞质分开；内膜厚约 4.5nm，它向内折叠形成脊（cristae）（图 2-39），内膜的内侧，在电镜下呈颗粒状。外膜和内膜之间的空间称为线粒体膜空间，间距大约 8.5nm。脊的排列方式有两种：一种呈板层状，板与线粒体长轴垂直，高等动物的线粒体的脊大多如此排列，具有几丁质细胞壁的真菌的线粒体大多也是这样排列的；另一种脊排列方式呈管状，原生动物和高等植物，粘菌（*Acyria cinerea*）以及具有纤维素细胞壁的真菌的线粒体的脊是管状的。由内膜和脊所包围的溶液称为线粒体的间质（matrix）。内外膜和脊都是脂蛋白组成的。外膜中的磷脂以磷脂酰胆碱为主，其次是磷脂酰乙醇胺，磷脂酰肌醇的含量较少。此外，还含有少量的胆甾醇。蛋白质含量与脂类相当，主要是一些结构蛋白和酶类。在哺乳动物细胞线粒体的外膜中已发现有脂酰-CoA 合成酶、甘油磷酸脂酰转移酶、$NADH_2$-细胞色素 c 还原酶等。

线粒体内膜中的脂类含量比外膜中的少，但心脂的含量多，占 20%；不饱和脂肪酸比外膜中的多 2 倍。但内膜中不含甾醇。许多有关呼吸作用的酶类和电子递体（如细胞色素，泛醌等）以及合成 ATP 的酶都位于内膜和脊上。三羧酸循环的酶系溶于线粒体的间质中。

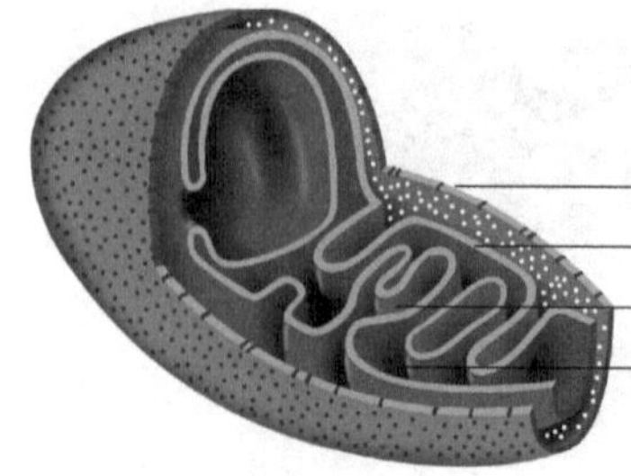

图 2-39　线粒体的结构（Willey et al.，2008）

在线粒体的间质中有其自身的基因组，一般是一个环状的 DNA 分子，称为线粒体 DNA（mtDNA），也有 70S 的核蛋白体，能独立合成一些组成线粒体的蛋白质和酶类（氯霉素可抑制线粒体蛋白质合成）。线粒体也能以一分为二的方式进行直接分裂。根据以上的这些性状，不少人倾向于认为线粒体是起源于原核的细菌，共生于真核生物细胞之中，专门执行呼吸作用和产生细胞生活所需要的能量。但是，线粒体的基因组并不含有组成线粒体所必需的全部基因，有一些组成线粒体的蛋白质和酶类是由核基因编码产生的。当有关的 mRNA 在核基因上被转录后，mRNA 穿过核膜孔而进入细胞质中，在那里与 80S 核蛋白体结合并开始合成蛋白质或酶类（此过程可被放线菌酮抑制，而不受氯霉素的抑制），再转运至线粒体内，供组装成完整的线粒体之所需。因此，线粒体本身虽有一定的自我复制能力，但不能脱离细胞独立生活。

（3）**功能**　线粒体的主要生理功能是进行呼吸作用，依靠氧化磷酸化产生 ATP。

4）**叶绿体（chloroplast）**

叶绿体是光合真核生物的细胞器，它也由双层单位膜包围，功能是依靠其中的光合色素（叶绿素）将光能转变为化学能（ATP）。只有进行光合作用的真核生物（绿色植物和藻类）细胞中才有叶绿体，非光合的真核生物（动物和真菌）细胞中没有叶绿体。

（1）**形状和大小**　叶绿体的形状和大小因不同种生物而异，但在同一种生物中则比较恒定。陆生植物（苔藓、蕨类和种子植物）的叶绿体呈盘状或凸透镜状，直径一般为 5～10μm，厚约为 2.3μm，每个细胞中约含 50 多个叶绿体。在藻类细胞中的叶绿体的形状和数目变化很大。水绵（*Spirogyra*）细胞中只含有一条带状螺旋的叶绿体。衣藻（*Chlamydomonas*）的叶绿体呈杯状，每个细胞也只有一个。有些藻的叶绿体长达 100μm。

（2）**结构和化学组成**　叶绿体由双层单位膜包围，外膜和内膜的间距为 5～10nm，内外膜的厚度相似，约 7nm。叶绿体的膜也是脂蛋白组成的。分离纯化的叶绿体膜往往为黄色，因其中含有胡萝卜素（不含叶绿素）。在磷脂中以磷脂酰胆碱为主，占膜中总脂类的 67%。叶绿体膜中蛋白质含量只占叶绿体总蛋白质含量的 0.3%～0.5%（其余的蛋白质存在于间质和类囊体膜中）。电泳分析约有 20 种以上的肽链，分子质量都较大为 60～120kDa，其中的酶类有腺苷酸激酶和合成糖脂的酶系。

叶绿体膜对叶绿体的物质代谢和能量代谢所需要的物质有选择透性。它对 ATP、ADP、$NADP^+$、糖、磷酸己糖、磷酸、有机酸、阳离子和质子等透性极低，而磷酸丙糖（3-磷酸甘油醛、3-磷酸甘油酸、磷酸烯醇式丙酮酸）、二羧酸和 CO_2 都可顺利通过。

在叶绿体内膜之内，另有一套内膜系统。有许多由单层单位膜封闭形成的扁平小囊分布在叶绿体间质中。这些扁平的囊袋的膜厚约 7.0nm，空间厚度差异较大为 4～70nm，膜中含有光合色素，是进行光合磷酸化的场所，这些囊袋被称为类囊体（thykoloid）。类囊体在叶绿体中的分布，因不同光合生物而异。在藻类中，有的是许多单独的类囊体沿叶绿体的长轴平行排列（红藻），有的则是双层类囊体组成一组（纲毛藻）或是三层类囊体组成一束（褐藻）沿叶绿体长轴平行排列。在高等植物中，类囊体有两种类型：一种是呈盘状，并堆积成基粒（grana），每个基粒含 10～100 个类囊体，每个叶绿体有 40～60 个基粒，组成基粒的类囊体称为基粒类囊体；另一种是间质类囊体，由它们将各个基粒串联在一起（图 2-40）。

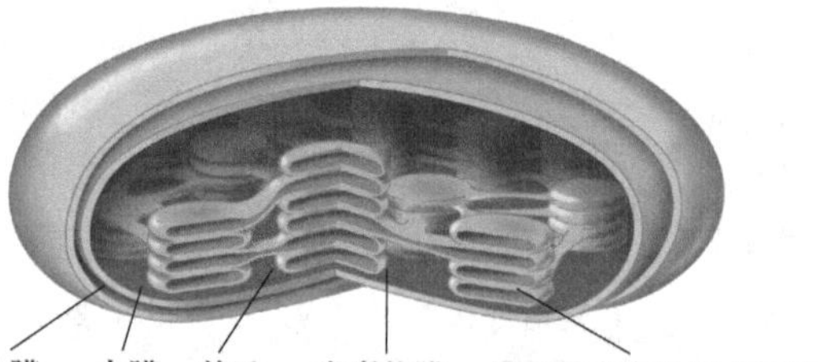

图 2-40　叶绿体结构示意图（Willey et al.，2008）

类囊体膜也是由脂蛋白所组成。脂类和蛋白质的质量比大约为 1∶1。在脂类中，叶绿素、类胡萝卜素和质体醌分别占全脂的 20%、3%和 2.5%，糖脂（半乳糖甘油二酯）和磷脂分别占 50%和 14%。在磷脂中以磷脂酰甘油的含量较高，而在其他膜中含量较高的磷脂酰胆碱在类囊体膜中却很少，可见类囊体膜的化学组成是比较特殊的。与细菌的光合膜相比，其几乎不含糖脂。

此外，类囊体膜中不饱和脂肪酸，特别是亚麻酸（C18：3）的含量甚高，约占膜中总脂肪酸含量的 80%，是组成糖脂和磷脂的亲脂性基团。这表示类囊体膜的流动性强，膜中反应易受温度的影响。

类囊体膜中的蛋白质，有的松弛结合在膜表面，如 ATP 酶、NADP-铁氧还蛋白还原酶以及铁氧还蛋白等；有的则嵌于膜内，如细胞色素、叶绿素-蛋白复合体等，这些蛋白质的氨基酸组成是非极性氨基酸多，酸性的极性氨基酸也多，但半胱氨酸的含量却很低。

叶绿体的间质中有环状 DNA 作为它的基因组，携带有叶绿体的部分遗传信息（有些遗传信息是由核 DNA 提供的）；也有 70S 核蛋白体，能在其上合成一些组建叶绿体所需要的一部分蛋白质（其他部分是在细胞质中 80S 核蛋白体上合成的，其编码基因位于核染色体上）。因此，叶绿体很像是与细胞共生的蓝细菌。此外，在叶绿体间质中还含有固定 CO_2 所需要的酶类以及淀粉和脂滴等储存颗粒。

叶绿体类囊体膜中含有光合色素，主要的光反应色素是叶绿素 a。叶绿素 b 是陆生植物和绿藻中的辅助色素；叶绿素 c 是硅藻和褐藻中的辅助色素；叶绿素 d 是红藻的辅助色素。此外，所有的光合生物中都含有各式各样的类胡萝卜素，在真核光合生物中主要的是 β-胡萝卜素和叶黄素。类胡萝卜素不但可以保护膜免遭光氧化的破坏，而且也能捕获一些光能，转移到光反应中心，效率较叶绿素 b、c 或 d 的效率低，因此它们也是辅助色素。

(3) **功能**　叶绿体是将光能转化为化学能（ATP）和还原力（NADPH）的场所。光合生物利用 ATP 和 NADPH 将 CO_2 和 H_2O 还原成碳水化合物。

5）**溶酶体（lysosome）**

许多真核细胞中都有溶酶体。大多为小球形，酵母菌溶酶体的直径为 0.5μm。溶酶体只有一层单位膜所包围，其中含有许多能分解大分子化合物的水解酶类，如核酸酶、蛋白酶、糖苷酶、酯酶、磷酸酯酶和硫酸酯酶等。利用测定酸性磷酸酯酶活性的组织化学方法，可以在光学显微镜或电镜下，看到溶酶体。溶酶体可能是由高尔基体产生的，由核蛋白体合成的水解酶类，经内质网运至高尔基体中。但不知道以何种机制，将这些水解酶类送入由高尔基体所形成的泡囊中，然后脱离高尔基体，而形成独立的溶酶体的。当细胞由外界以吞噬的方式摄取大分子物质时，溶酶体能与食物泡融合，而消化大分子化合物。因为溶酶体中的水解酶类被膜所包围，和细胞的其他部位隔离开，因此不致分解细胞的其他结构。但有时，特别是当酵母菌和真菌在生长后期，营养不足或其他环境条件不合适时，溶酶体释放出各种水解酶类分解细胞物质，而造成细胞的自溶。

6）**微体（microbody）**

微体是一类具有特殊生理功能的小型细胞器，它和溶酶体相似，也是由一层单位膜包围而成的圆形小体，其直径一般比溶酶体还要小些，但在电镜下可见。按照微体的生化功能可分为过氧化物小体（peroxisome）和乙醛酸小体（glyoxysome）。这些小体比较普遍地存在于真核细胞中。

过氧化物小体中含有以黄素腺嘌呤二核苷酸（FAD）为辅基的黄素氧化酶类（如尿酸氧化酶、乙醇酸氧化酶和 D-氨基酸氧化酶等）和过氧化氢酶。由黄素氧化酶类催化底物（RH_2）氧化所产生的 H_2O_2，立即被其中的过氧化氢酶分解成 H_2O 和 $1/2O_2$，从而及时地排除了 H_2O_2 对细胞的毒害，其化学反应式为

$$RH_2 + O_2 \xrightarrow{\text{黄素氧化酶}} R + H_2O_2$$

$$H_2O_2 \xrightarrow{\text{过氧化氢酶}} H_2O + 1/2O_2$$

乙醛酸小体中含有脂肪酸 β-氧化和乙醛酸循环酶系。当含脂肪的种子萌发时，脂肪被分解成脂肪酸，脂肪酸进入乙醛酸小体，经 β-氧化产生乙酰-CoA，经乙醛酸循环合成琥珀酸，琥珀酸进入线粒体间质中，经三羧酸（TCA）循环生成草酰乙酸，草酰乙酸脱羧生成磷酸烯醇式丙酮酸，进入细胞质内，再经糖酵解途径逆行而生成糖类。在酵母菌和其他真菌中，可以利用乙酸作为碳源，乙酸转化为乙酰-CoA 后，也进入乙醛酸小体，合成琥珀酸，琥珀酸再进入线粒体，经三羧酸生成草酰乙酸，以回补三羧酸中间产物的消耗，维持三羧酸循环的运行。实际上，许多乙醛酸小体也具有过氧化物小体的活性，其中也含有黄素氧化酶类和过氧化氢酶。

7）**液泡（vacuole）**

在真核微生物细胞中，有各种由一层单位膜所包围的液泡。酵母菌细胞中含有为数不多的液泡，其中溶有溶质（如氨基酸）和离子，用以维持细胞的渗透压。丝状真菌的幼龄细胞很少有液泡，即使有也很小，但老龄细胞中的液泡则很大，几乎将细胞质挤在细胞的周围。原生动物，如阿米巴，有食物泡和收缩泡。阿米巴由外界吞噬的食物，经细胞质膜下陷而成食物泡，进入细胞质中被消化。收缩泡的功能是外界的水进入细胞后，暂时储存在收缩泡内，然后靠收缩泡将水泵出胞外，这样就避免了由于渗透冲击而使细胞崩解的危险，因为原生动物没有细胞壁。

2.3　微生物细胞核的结构与功能

真核微生物的细胞核或原核微生物的拟核是原生质内的一种重要结构。它们携带整个细胞的遗传信息，实际上也是细胞内各种生物化学反应与遗传过程的控制中心。真核微生物和原核微生物的主要区别如表 2-8 所示。

表 2-8　不同类型生物细胞的主要组分

高等真核生物	低等真核生物			原核生物
多细胞动物	原生动物	藻	真菌	原核生物和古菌[a]
细胞核	大核	核	核	拟核
核膜	核膜	核膜	核膜	没有核膜[b]
核仁	核元件			
核糖体	核糖体	核糖体	核糖体	核糖体
40S、60S 和 80S	40S、60S 和 80S	40S、60S 和 80S	40S、60S 和 80S	30S、50S 和 70S
细胞呼吸在线粒体中进行	细胞呼吸在线粒体中进行	细胞呼吸在线粒体中进行	细胞呼吸在线粒体中进行	在细胞质膜上进行呼吸
内质网	内质网	内质网	细胞质	细胞质

续表

高等真核生物	低等真核生物			原核生物
多细胞动物	原生动物	藻	真菌	原核生物和古菌[a]
高尔基体	分散的高尔基体	分散的高尔基体		
包含体	专门的器官	叶绿体	包含体	包含体
溶酶体	—	—	—	—
过氧化物酶体	—	—	—	—
藻蛋白体	—	—	—	—
质膜	质膜	质膜	细胞质膜	细胞质膜
没有细胞壁	没有细胞壁	细胞壁几丁质、聚糖	细胞壁几丁质、聚糖	细胞壁肽聚糖[a]
波浪形鞭毛或纤毛	波浪形鞭毛或纤毛	波浪形鞭毛或纤毛	波浪鞭毛或纤毛	旋转鞭毛

a：尽管真细菌和古菌在许多方面相似，但它们产生的肽聚糖不同，古菌和真细菌还有许多区别未列入此表中。
b：有些种类的真细菌和古菌也有核膜。
—：表示没有。

2.3.1 真核微生物的细胞核与基因组

真核生物具有一个明显的细胞核，事实上它是细胞所有生化和遗传过程的组织和调节中心。借助电子显微镜可以显示真核生物细胞核许多结构的细节。图 2-41 显示了哺乳动物细胞具有非常清晰的由至少两层组成的核膜，外层的表面有跨越双层膜管道通道的小孔（pore）。变形虫、原生动物、藻类和真菌（酵母菌和霉菌）也有一个由独立的膜所包围的细胞核（图 2-42）。黏菌含有具小孔的双层核膜（图 2-43）。

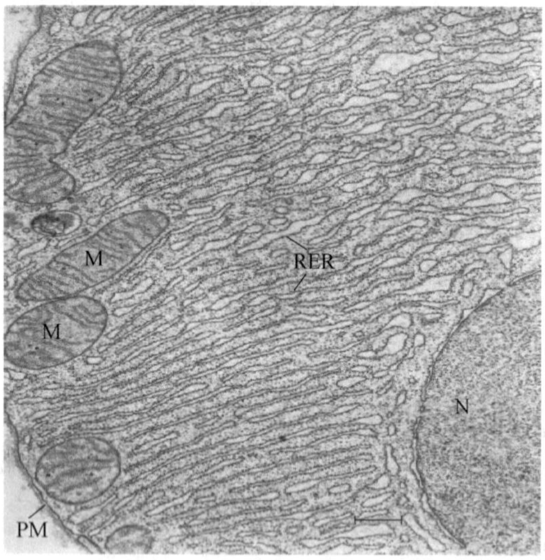

图 2-41　哺乳动物细胞的部分电子显微镜图（Palade，1975）（标尺=1μm）

该胰腺细胞右下方细胞核（N）与左下方质膜（PM）之间的区域被大量的粗糙内质网（RER）和线粒体（M）所充满，核膜中可见小孔，内质网上排列的小黑点表示核糖体，此图中未见核仁

真核生物的基因组与原核生物基因组的显著区别，是前者被双层单位膜所包围，形成定型细胞核。核膜上有小孔，可允许较大的分子（如 mRNA）通过，核外膜与内质网连接。真核生物的染色体由线形 DNA 分子和组蛋白组成。在每个细胞核中不止一条染色体，如汉逊酵母菌（*Hansenula*）的细胞核内有 4 条染色体，脉孢霉的细胞核有 7 条染色体，啤酒酵母菌（*Saccharomyces cerevisiae*）的细胞核有 17 条染色体。染色体呈棍棒状，一般只在细胞分裂中期可见，在细胞静止期，光学显微镜下看不到成形的染色体，而只能看到颗粒状的染色质。此外，细胞核中还含有 1 个或几个核仁，核仁中富含 RNA，它是合成 rRNA 的场所。

组成真核生物染色体的基本单位是核小体（nucleosome）。核小体是由 DNA 和组蛋白所组成的颗粒（图 2-44）。在核小体之间由 DNA 相连，形成串珠状，此时称为染色质（chromatin），充满在核中。在细胞分裂中期，染色质浓聚，反复折叠成为一定形状的染色体，每个染色体中含有 1 个线形 DNA 大分子。啤酒酵母菌的 17 条染色体的大小介于 150～2 500kb。

核小体的核心颗粒是由 4 种组蛋白的 8 聚体和 DNA 组成的。组蛋白的 8 聚体包括 H2A、H2B、H3 和 H4 各 2 分子，在此核心颗粒外围缠绕约 2 圈 DNA 片断，长约 140bp，由核心颗粒上延伸出的 DNA 与 1 分子 H1 组蛋白相连，共同组成一个核小体（图 2-44），像这样许多核小体连接成串。在高等真核生物中，由核心颗粒到 H1 组蛋白之间的 DNA 片段长约 60bp。在真菌中，这个间距比较短，只不过 20bp，而且是否有 H1 组蛋白，尚未确证。

细胞分裂中期染色质浓聚约 100 倍而成为染色体。染色质首先折叠成直径为 36nm 的中空的螺旋管结构，每个螺旋含有 6 个核小体。这样的长螺旋管可能折叠形成许多超螺旋环附着在一个中央支架上（如原核生物的染色体）而成为染色体。

组成酵母菌核小体的组蛋白基本上也是 H2A、H2B、H3 和 H4，是否有 H1 尚无定论。H4 的氨基酸组成基本上和高等动植物的相似，但其他的组蛋白的氨基酸组成则与高等生物的相差甚远，特别是 H3 的差异更大。此外酵母菌染色体 DNA 的结构基因很少像高等生物那样有内含子，而且重复的基因数目也较小。

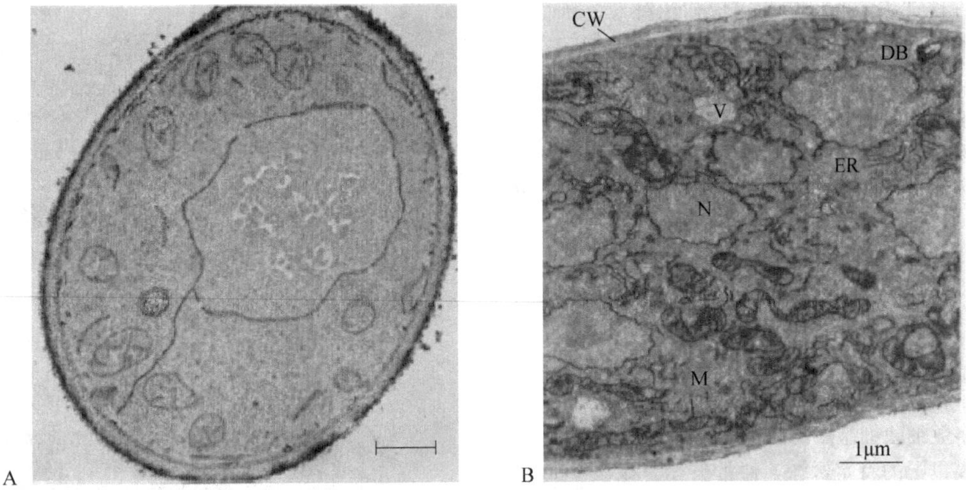

图 2-42　低等真核生物细胞的精细结构

A：酿酒酵母菌（*Saccharomyces cerevisiae*）的细胞切片图（Avers，C. J.，1969）（标尺=100nm）

可见细胞壁、有明显核膜孔的核、带嵴线粒体和内膜结构

B：毛霉菌（*Mucor genevisis*）菌丝细胞精细结构图（Clark-Walker，1972）（标尺=1μm）

可见有孔核（N）、液泡（V）、线粒体（M）、内质网（ER）、细胞壁（CW）和暗体（DB）

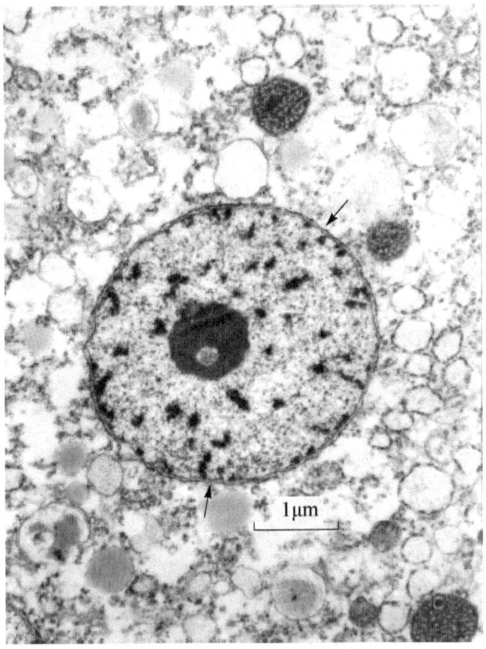

图 2-43　黏菌的间期核（Mims，1972）

核膜为明显的孔所阻断，近中央的核仁清晰可见，

染色质则随机地分散在整个核中

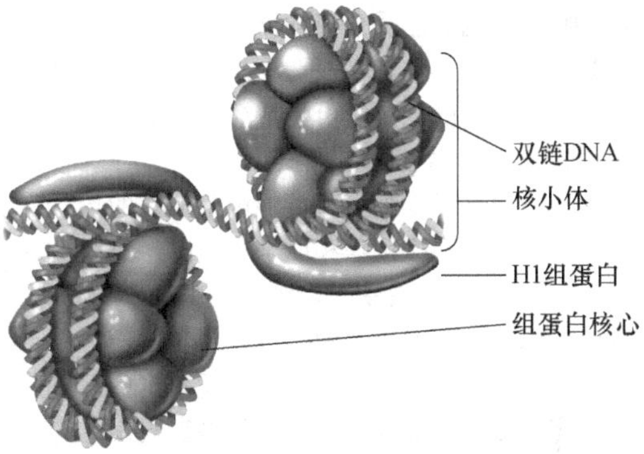

图 2-44　核小体的结构示意图

核小体核心颗粒是由 2 分子的 H2A、H2B、H3 和 H4

组成的组蛋白 8 聚体及 DNA 组成的，长约 10nm

真核生物基因组除染色体外，也有独立于染色体之外的环状 DNA 质粒，但分布不普遍，在绝大多数真核生物细胞中，都未确证有质粒。只有啤酒酵母菌的 2μm 质粒已被大家公认是质粒。有人认为酵母菌和黑粉菌中的致死颗粒（killer particle）犹如细菌中的肠杆菌素质粒，但真菌的致死颗粒的基因组都是双链 RNA，而且有蛋白质外壳包围，这更像是病毒。目前在许多真菌中都已发现了双链 RNA 的病毒。

啤酒酵母菌的 2μm 质粒，是一个只有 6 300bp 的环状 DNA，因其周长为 2μm 而得名。2μm 质粒独立于染色体之外，但却位于细胞核中，每个单倍体的核中大约含有 60 个 2μm 质粒。每个质粒的 DNA 也与组蛋白结合。它的复制采用染色体复制酶系统，在每个细胞周期中和染色体一样也只分裂一次。一般来说 2μm 质粒不能整合到染色体上。2μm 质粒有 2 个反向重复序列，每个反向重复序列为 599bp，这两个序列将 2μmDNA 分成了两个片段：一个含 2 346bp；另一个含有 2 774bp。在酵母菌中，由于在这个反向重复序列之间很容易发生重组，因此会出现两种对映体类型的 2μm 质粒，一种称为 A 型或 R（右）型；另一种称为 B 型或 L（左）型，两型的数目相等。2μm 质粒所携带的几个基因只与它的重组和复制有关，现在还不能确知其表型形状，尽管有这样的现象，即当 2μm 质粒消失后，酵母菌会变得对寡霉素敏感，但尚未有 2μm 质粒上带有寡霉素抗性基因的直接证据。2μm 质粒可以作为外源基因的载体，使外源基因在酵母菌中表达，近年来得到了广泛应用。

在真核生物染色体 DNA 中，插入序列普遍存在。无论在植物、动物和真菌的染色体 DNA 中都已发现有不少插入序列。例如，酵母菌的 Ty1 因子在总染色体 DNA 中至少有 50 个，约占 DNA 的 1.2%。Ty1 因子是一般 DNA 序列，其两端为重复序列，各约 300bp，其间序列约 5 000bp。Ty1 序列可进行移位，在酵母菌长期培养中，它们的位点会改变，因而发生突变。

2.3.2　细菌的拟核及基因组

在大多数细菌细胞中的含 DNA 区域（染色体）折叠成没有膜包围的特定区域，通常被称为拟核（nucleoid）以区别于真核生物的细胞核。拟核的压缩过程受助于一些 DNA 结合蛋白，有时称为类组蛋白（histone-like protein），因为它们和真核细胞细胞核中的组蛋白类似。大多数 DNA 都被这些结合蛋白迫使其在细胞中呈超螺旋状态。在细胞中 DNA 超螺旋与紧缩现象（crowding）之间的相互作用被认为是导致进一步压缩并最终将拟核与细胞质分离的原因。

如图 2-45A、B、C 所示，在正常和高盐培养基中生长的细菌经锇酸固定后可见浓缩的拟核，但用戊二醛固定后拟核呈分散状态（如图 2-45D 所示）。共聚焦扫描光学显微镜的发明使得有可能观察拟核的形状和亚结构，并可与相差显微图像和电子显微图像进行比较。在图 2-46 中，比较了锇酸固定细胞的共聚焦扫描光学显微镜的图像和电子显微镜的图像，并对基于一系列切片研究的重建模型进行了比较。一些观察到的区别是，在锇酸固定的细胞中更为致密区，似乎表现出具有核糖体和蛋白质的转录-翻译复合体的存在。

拟核呈珊瑚状，如图 2-47A 所示。珊瑚状拟核的分支伸入细胞质中并散布于整个细胞内部。根据对连续切片的观察，在无核糖体区可能看到拟核的重建。图 2-47B 显示珊瑚状拟核如何出现的三维模式图。

收获快速生长的细胞并加以固定后，在电子显微镜下观察常见到多个拟核。这种多核现象的发生是由于快速生长的细胞所含 DNA 处于多叉复制的状态。此外，现已明确多倍体 [multiploidy（多拷贝的拟核或全部染色体）]，一种常在真核生物中发生的现象，在许多细菌中也普遍存在。高拷贝染色体（拟核）的存在被认为有利于在快速生长期间细胞的快速倍增。细胞分裂期间复制拟核的分离必需发生在 S 期（DNA 复制的开始至完成两个拟核的分离）。

荧光显微镜研究揭示了在细菌复制和细胞分裂期间，免疫标记的拟核有类似有丝分裂的活动。染色体分离体的蛋白质组分指导 *oriC* 区朝向两极。这些蛋白质在新月柄杆菌（*Caulobacter crescentus*）中是 ParB，在枯草芽孢杆菌中是 SpoOJ，表现出与 *oriC* 一致的类似有丝分裂方式的向极性运动。在缺乏 ParB/SpoOJ 同源蛋白的细菌中，如大肠杆菌和流感嗜血杆菌（*Haemophilus influenzae*），有其他影响拟核分离的系统参与了类似有丝分裂的机制。

完整的细菌拟核的分离使得对它的特性已有一些了解。可获得两种类型的核体：与膜相连的拟核和游离的拟核。在与膜相连的拟核中发现有大量的 RNA、蛋白

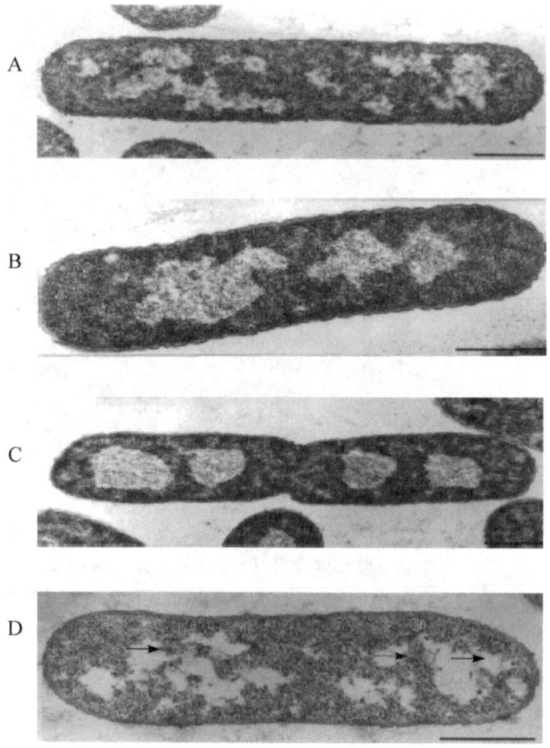

图 2-45　用锇酸预固定大肠杆菌所制备的电子显微镜切片图像（Hobot et al.，1985）（标尺＝0.5μm）

A：生长在低盐培养基中的细胞；B：生长在正常盐（6g KCl/L）培养基中的细胞，拟核更集中；C：生长在高盐（21g KCl/L）培养基的细胞，拟核更加浓缩；D：用戊二醛固定包埋于树脂（epon）中的细胞，细胞生长于高盐培养基中，拟核分散成含 DNA 的小块（箭头所指处）

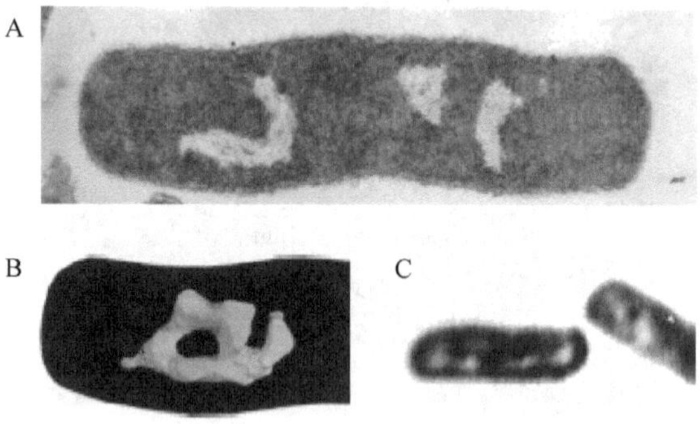

图 2-46　快速生长的大肠杆菌 B/r H266（代时：21min）（Valkenberg，1985）（标尺＝1.0μm）

这些图片对比了一个共聚焦光学显微镜图片（C）、一个经锇酸固定的拟核重建的图片（B）及一个电子显微切片图像（A）

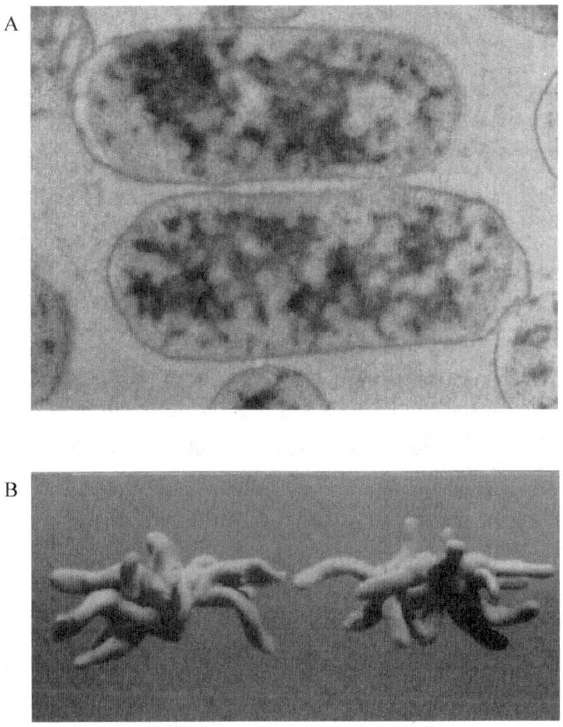

图 2-47 珊瑚状的细菌拟核（Bohrmann et al.，1991）
A：对数生长大肠杆菌 B 的 DNA 的免疫染色，用抗双链 DNA 大鼠 IgM、抗大鼠 IgM 和山羊抗体 IgG 在 1 体积的 2%的 $KMnO_4$ 和 2 体积的 2%的乙酸铀中染色，灰色块为 DNA 丰富区，图片上部细胞显示两个明显的拟核；B：由生长的大肠杆菌 B 的低温固定，冷冻切片的观察推论出的细菌拟核的示意模型，显示一对拟核

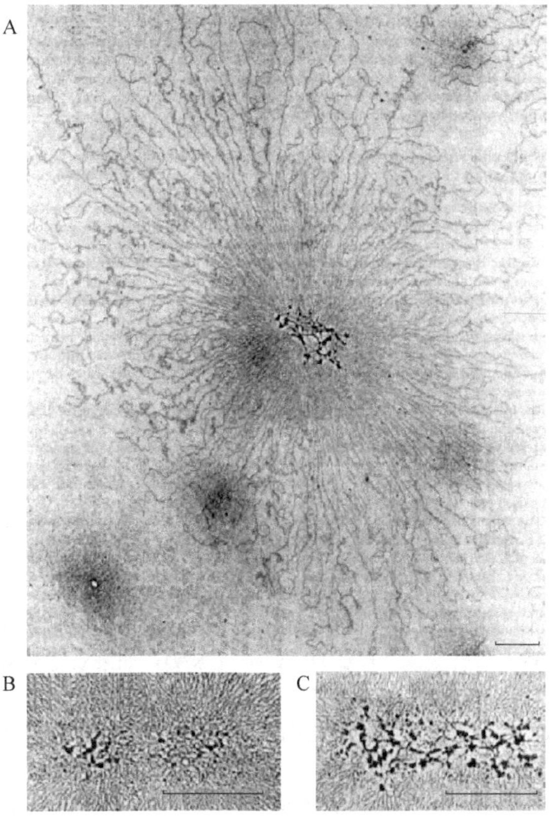

图 2-48 来自大肠杆菌无包被的拟核（Kavenoff et al.，1976）（标尺＝1μm）
为了制备与细胞联系的拟核，首先将细胞悬浮于 20%的蔗糖中，用溶菌酶和 EDTA 进行短暂处理，然后，用含有无离子去污剂 Brij-58 和脱氧胆酸的 1M NaCl 混合液裂解细胞。在 10%～50%的蔗糖梯度中，经 17 000g 离心 15min，分离出连接有细胞膜的拟核。制备游离的拟核需要较长时间的溶菌酶处理并使用离子去污剂如十二烷基肌氨酸钠。连接膜的拟核和游离的拟核的沉降系数分别为 3 200S 和 1 600S。下相含有 0.4M 的盐。染色体有 141±3 个环，并且在大约 1 小时在一个环上可能有一个复制叉
A：未处理；B：用 RNase 洗铜网；
C：用对照缓冲液洗过铜网

质、脂类以及肽聚糖。在游离的拟核中则含少量的非 DNA 组分，如蛋白质和 RNA。在电子显微镜下观察所分离的拟核（图 2-48），可见到从中央伸出的一些 DNA 的超螺旋环。中央核心似乎含有 RNA，用 RNA 酶洗铜网可减少其含量。

1. 细菌的染色体

细菌生活所必需的全部遗传信息都储存在染色体中。一般每个细菌细胞只含一个染色体，它是一个高度折叠的环状 DNA 大分子，游离于细胞质中一定的区域，虽然没有膜包围，但与细胞质膜有一定联系。大肠杆菌染色体 DNA 的周长约 1 100μm，相当其细胞长度（3μm）的 400 倍左右。显然这样大的 DNA 分子必定要高度折叠和卷曲才能容纳在细胞中特定的区域。电镜观察小心制备的大肠杆菌染色体，可见它是一团具有许多环状结构超卷曲的 DNA 大分子，中央有一电子稠密的支架（scaffold），其周围附着有上百个超螺旋的环，环的长度约为 20nm。

用 RNA 酶和胰蛋白酶可消除掉中央支架，因此推测支架是由 RNA 和蛋白质组成的（也有人认为是细胞质膜的碎片）。当支架消除后，超卷曲的 DNA 大分子有所展开，但仍维持比自由 DNA 分子紧凑的结构。当用极微量的 DNA 酶处理此 DNA 大分子时，可使一个超螺旋环中的一条 DNA 链上打开一个缺口，而导致环由超螺旋构型转变为开环的构型。加大 DNA 酶量可使全部超螺旋环转变为开放的环，而使整个染色体成为一个开环的 DNA 大分子，周长约为 1 100μm。

在生活细胞中依赖 DNA 回旋酶（gyrase）的作用使环状 DNA 分子组成超螺旋结构。如果在含有 DNA 回旋酶抑制剂（coumermycin，一种抗生素）的培养基中培养细菌时，经过一个代时后，细菌染色体将失去超螺旋的构型。

细菌的染色体是主要的基因组，大约共携带有 5 000 个基因，分别编码各种细胞蛋白质以及 tRNA 和 rRNA。此外还有些不编码任何产物，而只调控基因表达的碱基序列。如按每个基因平均由 600 个碱基对

(base pair，bp）组成来计算，则染色体 DNA 总共约由 3×10^8 bp 组成。每个碱基对之间的距离是 0.34nm，那么染色体 DNA 的全长应该是 1 000μm。加上一些不编码产物的调控碱基序列，染色体 DNA 的长度与在电镜下所测出的长度（1 100μm）相符。

2. 质粒（plasmid）

质粒是独立于染色体之外的基因组，也是环状 DNA 分子并能独立进行复制。质粒 DNA 比染色体 DNA 分子小，携带的基因数目少。质粒的相对分子质量一般为 $10^6\sim10^8$。每个细胞中可含有 1～2 个或多个不等，因不同的质粒而定。不同的质粒携带有不同的基因，但其产物并非细胞生命所必需，失去质粒的细胞在正常条件下仍可存活。

自细胞中分离出的质粒 DNA 大多呈超螺旋构型，即环状的双螺旋 DNA 分子自身扭曲成超螺旋的结构，这种超螺旋的 DNA 称为共价闭合环状双螺旋 DNA（cccDNA），这种构型可能就是存在于细胞中的形式。如果在双链 DNA 的一条链上有一个缺口时，超螺旋 DNA 将转变成开环型 DNA（oc DNA），如果双链 DNA 在同一处都被切开时，则将转变成线形 DNA。超螺旋 DNA 分子比开环的和线形的 DNA 分子紧密，因此超离心时沉降快。超螺旋 DNA 对溴化乙锭的亲和力低。溴化乙锭可插入 DNA 分子中而降低 DNA 分子的密度，当采用 CsCl 密度梯度离心时，被溴化乙锭处理过的不同构型的 DNA 则被分成不同的区带，超螺旋 DNA 因插入溴化乙锭少，密度大，容易和线性 DNA 区分开（后者因溴化乙锭插入的多，降低了密度）。不同大小的质粒 DNA 分子也很容易用琼脂糖电泳分开。

在自然界中，质粒可自一个细菌转移到另一细菌中去，但并非任何质粒都能自己转移，即便能自己转移的质粒也不是在任何细菌之间都能转移，这决定于细菌本身和质粒的性质。在实验室中，可将质粒 DNA 自供体细胞中提取出来，然后用 DNA 转化的方法，将质粒 DNA 引入受体细菌中，引入的质粒是否能在受体细菌中存在，要看受体菌的性质而定。如果受体菌具有能切割外源 DNA 的限制性内切酶，则进入的质粒 DNA 分子被切割，便不能存在。一般说来质粒的转移，在相近的菌株之间比较容易实现。

质粒可被人工处理自细胞中消除，一般采用能抑制质粒复制而不影响染色体 DNA 复制的方法。质粒也可以自发消除，但用质粒消除剂处理可以加速质粒的消除。用适当浓度的吖啶染料（可插入 DNA 分子中）和影响 DNA 的其他物质，如溴化乙锭（也可插入 DNA 分子中）、胸腺饥饿、紫外光、离子辐射及重金属等都可能使质粒消除。连续在高于最适生长温度中生长也会消除质粒。

目前在自然界中已被发现的质粒分别有以下的表型：抵抗某些抗生素、产生性毛、产生细菌素（bacteriocin）、产生内毒素、降解复杂的有机化合物、固定氮素和诱发植物癌肿等。以下简要介绍几种主要的细菌质粒的基本特性。

（1）**性质粒（F plasmid）** F 质粒又称 F 因子，是第一个被发现的细菌质粒（在大肠杆菌中）。它是一个环状 DNA 分子，相对分子质量为 62.5×10^6，具有 94 500bp，携带有负责接合转移的基因（*tra* gene）和 DNA 复制的基因。在接合转移基因中主要是编码形成性毛的基因。除上述基因外，在 F 质粒上还有 4 个插入序列（insertion sequence，IS），2 个 IS3，1 个 IS2，1 个 Tn1000（图 2-49A）（关于插入序列将在下节中介绍）。这些插入序列是 F 因子与细菌染色体上的同源序列进行重组形成 Hfr 菌系的位点。

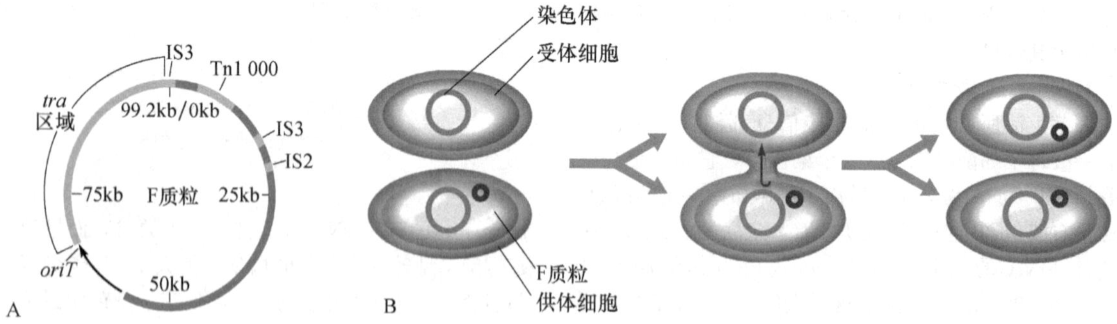

图 2-49　大肠杆菌 F 质粒的物理图谱及接合转移（Willey et al.，2008）
A：F 质粒及其插入序列；B：F 质粒的接合转移

F 质粒是可以自己转移的。一个含有 F 质粒的大肠杆菌，以其表面的性毛与另一个不含 F 质粒的 F^- 菌系（没有性毛）的细胞接触时，F 质粒 DNA 的一条链即可转移到不含 F 质粒的受体菌中，随后两个细胞各以单链 DNA 为模板，合成双链 DNA，这样受体菌中也有了 F 质粒（图 2-49B），表面也会形成性毛，又可通过接合转移到其他受体菌中。F 质粒可以整合到细菌的染色体上使该菌成为高频率重组的菌系（Hfr）。当 Hfr 与 F^- 接合时，F 质粒可以携带着细菌染色体 DNA 的一部分（都是单链 DNA），转移至受体菌中，使受体菌转变成部分二倍体。F 质粒整合到细菌染色体上的部位，决定于染色体上也有和 F 质粒上相应的插入序列。已知大肠杆菌的染色体至少有 8 个 IS_1 和 5 个 IS_2。F 质粒上的相应插入序列可以和染色体上的同源序列进行重组而整合到染色体中去。这样，F 质粒可以整合到染色体的多个位点上。已整合到染色体上的 F 质粒又可以自染色体上脱离下来，并带有染色体的 DNA 片段，这样的质粒称为 F′。

(2) **抗药质粒（R plasmid）**　R 质粒最初是从痢疾志贺氏菌（*Shigella dysenteriae*）中分离出来的，以后在大肠杆菌、沙门氏菌属、弧菌属（*Vibrio*）、芽孢杆菌属、假单胞菌属（*Pseudomonas*）及葡萄球菌属（*Staphylococcus*）等中都发现了这类质粒。它们的特点是携带有能使某些药物，特别是抗生素失活的基因，因此含有这类质粒的细菌可以抵抗该药物。此外，R 质粒通常也是自我转移的。因为它们带有与 F 质粒相似的转移基因，但其中插入一抗四环素（Tet）基因（图 2-50）。已发现的抗药基因除抗四环素外，还有抗氨苄西林（Amp）、氯霉素（Cam）、链霉素（Str）、卡那霉素（Kan）和磺胺（Sul）等的抗药基因。有的一个质粒上带有不止一个抗药基因，这就为利用抗生素治疗疾病造成困难。这些抗药基因的两端大多都有插入序列或反向重复序列。因此它们可以从一质粒跳跃到另一质粒或染色体上。2 个插入序列及其之间的抗药基因所组成的 DNA 片段，因能转移到其他 DNA 分子上，所以通常也称为转座子（transposon）。

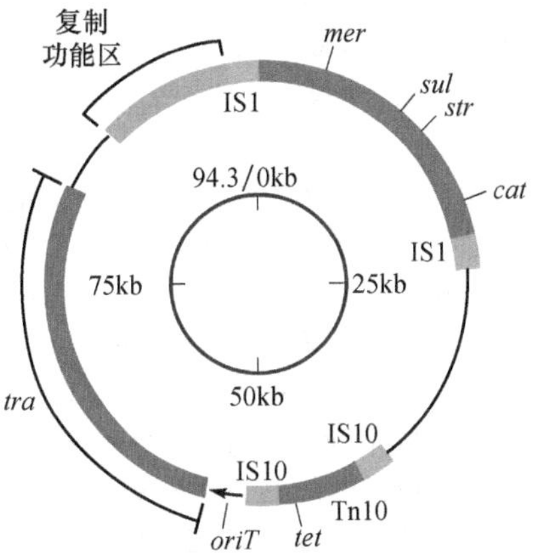

图 2-50　R 质粒的物理图谱中抗性基因 *tet* 的位点（Willey et al.，2008）

R 质粒一般都较大，分子质量接近于 F 质粒，但也有小的抗药质粒，它们缺少转移的能力，但仍有抗四环素基因，如 pSC101，相对分子质量只有 5.8×10^6，这类小的抗药质粒通常不叫 R 质粒，在革兰氏阳性细菌中也发现有这类质粒，如在金黄色葡萄球菌中就有抗青霉素的质粒。

R 质粒的抗性作用机制不同于染色体的抗性。在多数情况下，由染色体基因所决定的抗生素抗性是由于修饰了抗生素的作用位点（如核蛋白体），而 R 质粒则是由抗性基因编码能使抗生素本身失活的酶。例如，对氨基葡萄糖苷类抗生素的抗性作用（链霉素、卡那霉素和新生霉素等），则是因为它们被 R 质粒所编码的酶共价修饰（磷酸化、乙酰化或腺苷酰化），而使之失去活性；对青霉素类抗生素来说，则是由于质粒上有编码青霉素酶的基因，青霉素酶（即 β-内酰胺酶）可以分解青霉素分子中的内酰胺环，分子被破坏而失去活性；对氯霉素的抗性是由于质粒产生使氯霉素乙酰化的酶，氯霉素被乙酰化后失活。

(3) **肠杆菌素质粒（Col plasmid）**　大肠杆菌产生 Col 质粒。肠杆菌素是细菌素的一种，它本身是一种蛋白质，能杀死敏感的细菌。肠杆菌素有许多类型，每型对敏感菌株的作用方式不同，如肠杆菌素 B 可以破坏细胞质膜，肠杆菌素 E_1 能抑制细胞质膜上的需能反应，肠杆菌素 E_2 可破坏 DNA，肠杆菌素 E_3 可切割 16SrRNA。

Col 质粒的相对分子质量从几百万到 60×10^6，小的不能自我转移，大的可以自我转移。研究最多的是 Col E_1，它的相对分子质量为 4.2×10^6，常用于 DNA 重组技术的研究。Col E_1 是一个能转移但不能进行接合作用的质粒（缺少产生性毛的基因）。如果它与 F 质粒共存于一个细胞中，由 F 提供接合作用，可使 Col E_1 转移至受体菌中。

(4) **其他细菌质粒**　除上述质粒外，细菌中还有其他类型的质粒。假单胞菌属的不同菌系能利用很多的有机化合物作为能源，其中有些分解利用复杂有机化合物（如樟脑、十八烷和萘酚）的酶类由大质粒上的基因编码。

许多双子叶植物会患冠瘿病（crown gall tumor），致病菌为根癌土壤杆菌（*Agrobacterium tumefaciens*），其致瘤的能力由被称为 Ti 的质粒所决定。当细菌侵入植物细胞中时，它们在寄主植物细胞中生长繁殖，其后细菌解体释放出它们的 DNA（包括 Ti 质粒）。Ti 质粒上的一个小片段，称为 T-DNA，其中含有复制基因，可以整合到植物细胞的染色体上，破坏了植物对生长素的调节系统而将正常的细胞转化为瘤细胞。Ti 质粒在植物基因工程中可作为外源基因的载体。若将外源基因插入 Ti 质粒的 T-DNA 中，就有可能通过 Ti 质粒将外源基因整合到植物染色体上而产生新的性状。

在某些与豆科植物共生的根瘤菌中含有与结瘤和固氮能力有关的大质粒，质粒消除后，便失去结瘤固氮的能力。

3. 插入序列和转座子

插入序列是具有特殊碱基序列的一小段 DNA，大约有 1 000 个碱基对（图 2-51A）。其特点是两端的碱基排列是反向重复的序列，这些重复序列含 16～41 个碱基对（因不同的 IS 而异）。在末端重复序列之间的核苷酸序列编码有关插入序列移位的酶。插入序列能自一个 DNA 分子跳跃到另一 DNA 分子上去，或在同一 DNA 分子不同的位点间跳跃，但有一定的区域，也并不是任何位点都可以插入的。插入序列的插入，可造成被插入位点上的基因缺失而引起突变。当此插入序列移出时，又可以引起回复突变。

转座子实际上就是编码有特定基因的插入序列，所携带的特定基因大多是抗生素抗性基因。R 质粒上大多都带有抗生素抗性的转座子。

转座子和插入序列相似，都是可移位的 DNA 片断。当它转座到细菌染色体上时会使之发生缺失突变，但同时获得了抗药性，便于对突变株筛选。常被用作诱变剂的转座子是 Tn5（图 2-51B）和 Tn10，前者带有抗卡那霉素的基因；后者含有抗四环素的基因。它们被广泛应用于随机突变，通过筛选和测定插入序列两侧的序列和互补，来研究与特定表型相关基因的功能。

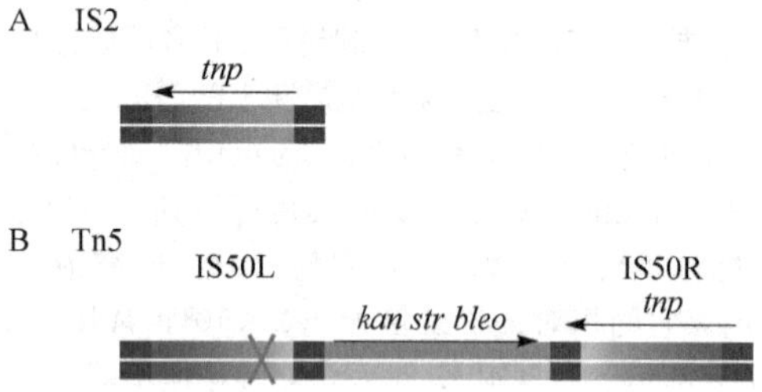

图 2-51 可转移元件 IS2 和 Tn5 的图谱（Willey et al.，2008）

A：IS2 图谱；B：Tn5 图谱

综上所述，原核生物的基因组应包括染色体和质粒，前者是主要的，携带着生活所必需的全部基因（4 000～5 000 个）；后者是次要的，携带有少数的非生活所必需的基因，但二者都可以独立进行自我复制。至于转座子和插入序列，它们不能独立存在，而是染色体或质粒 DNA 上的一小片段，可以移位的核苷酸序列。转座子上有少数基因，多为抗药性基因，而插入序列除含有编码移位酶的基因外，不含有任何编码表型性状的基因。但它们常是转座子的末端序列，当转座子移位时也包括末端的插入序列。因为转座子和插入序列可在 DNA 分子之间或之内进行移位，所以常被统称为可移位的遗传因子。

2.4 核蛋白体

核蛋白体又称核糖体，它是细胞合成蛋白质的场所。作为一种细胞器，核蛋白体不像细胞核、线粒体和叶绿体那样由膜包围，而是游离于细胞质中（原核生物）或附着在内质网膜上（真核生物）。

核蛋白体是由核糖核酸（RNA）和蛋白质组成的颗粒，核糖核酸占 50%～70%，蛋白质占 30%～50%，原核生物和真核生物的核蛋白体具有相似的组成和结构，但也有不同（表 2-9）。

表 2-9 原核生物和真核生物核蛋白体主要性状的差异

性　状	原核生物	真核生物
小亚单位		
S 值	30S	40S
相对分子质量	0.9×10^6	1.4×10^6
rRNA		
S 值	16S	18S
碱基数目	1 541	1 650
蛋白质种类	21	～30
相对分子质量范围	8 300～25 800	8 000～45 000
大亚单位		
S 值	50S	60S
相对分子质量	1.8×10^6	2.8×10^6
rRNAs		
S 值	5S，23S	5S，5.8S，28S
碱基数目	120，2904	121，158，3 360
蛋白质种类	32	～45
相对分子质量范围	5 300～24 600	11 500～45 000

2.4.1 原核生物的核蛋白体

在一个细菌中通常含有约 10 000 个核蛋白体，这个数目会随细菌生长速度而变化，生长越快的细胞中核蛋白体的数目也越多。从细菌和蓝细菌中分离出的核蛋白体的沉降系数是 70S，由大小两个亚单位所组成。小亚单位的沉降系数为 30S，相对分子质量为 0.8×10^6；大亚单位的沉降系数为 50S，相对分子质量为 1.8×10^6。

Mg^{2+} 浓度可以控制 70S 亚单位的解离和聚合，当 Mg^{2+} 低于 0.000 5mol/L 时，70S 核蛋白体将解聚成 30S 和 50S 两个亚单位，当 Mg^{2+} 浓度达到 0.000 5mol/L 以上时，又可聚合成为 70S 核蛋白体。蛋白质的合成是在 70S 核蛋白体上进行的。

30S 亚单位由 1 分子 16S rRNA 和 21 种蛋白质组成。21 种蛋白质分别以 S_1、S_2……S_{21} 表示，这些蛋白质可用凝胶电泳区分开。50S 亚单位由 1 分子 23S rRNA 和 1 分子 5S rRNA 以及 32 种蛋白质所组成，蛋白质以 L_1、L_2……等表示，其中 L_7 和 L_{12} 各有两个。因此 50S 亚单位中应该含有 32＋2（额外的 L_7 和 L_{12}）＝34 个蛋白质分子。过去认为 L_{26} 也是 50S 亚单位中的一种蛋白质，后来证明它实际上是小亚单位的 S_{20}。

核蛋白体中的蛋白质大多数都是碱性蛋白质（也有些酸性和中性蛋白质），因此可以紧密地和酸性的核酸结合在一起。组成核蛋白体的核糖核酸称为核蛋白体核糖核酸（rRNA），它们在核蛋白体中，大多是具有茎环的三维结构。在适当的条件下亚单位也可以解离和聚合。来自不同原核生物核蛋白体的 rRNA 和蛋白质，可以交叉互补，重新组成有功能的亚单位，说明原核生物蛋白体都是同源的。

关于核蛋白体的空间三维结构目前已逐步被阐明。小亚单位是胚胎形，大亚单位是沙发椅型（图 2-52）。但是在各亚单位中，核糖核酸与蛋白质的相互关系以及各种蛋白质的分布情况，尚未完全研究清楚。现在知道，16S rRNA 可以和 S_4、S_7、S_8、S_{15}、S_{17} 及 S_{20} 结合；23S rRNA 可以和 L_1、L_2、L_3、L_4、L_6、L_7、L_{10}、L_{11}、L_{13}、L_{14}、L_{16}、L_{20}、L_{23} 及 L_{24} 结合；而 5S rRNA 可以和 L_5、L_8 及 L_{25} 结合。有些蛋白质位于核蛋白体的表面，有些位于内部。

原核生物的核蛋白体大多以多聚核蛋白体（Polysomes）的形式存在，即当合成蛋白质时，一条 mRNA 模板上可以串上多个 70S 核蛋白体，同时工作。

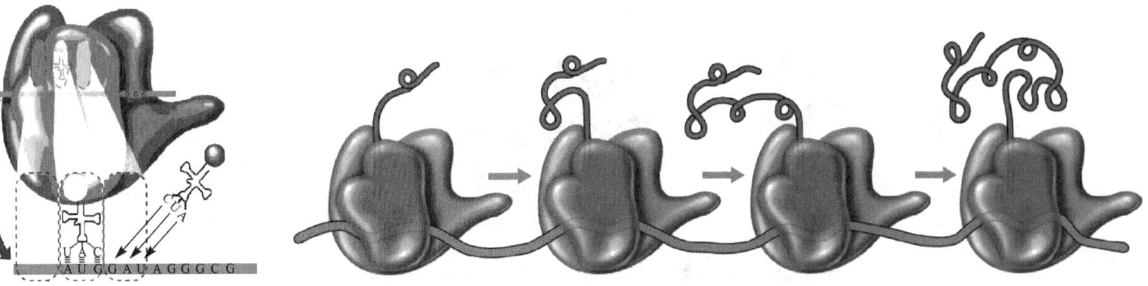

图 2-52　大肠杆菌 70S 核蛋白体的三维结构模型（Willey et al.，2008）

2.4.2　真核生物的核蛋白体

真核生物的核蛋白体较原核生物的大，其沉降系数一般为 80S，由 40S 和 60S 两个亚单位组成。不同真核生物的核蛋白体的大小有所差异（±10%左右）。酵母菌的 40S 小亚单位由 1 分子的 18S rRNA 和 30±5 种蛋白质组成；60S 大亚单位由 28S、5.8S 和 5S 三种 rRNA 和 40±5 种蛋白质组成。核蛋白体中的蛋白质大多也是碱性蛋白质，但有些是被磷酸化或甲基化的。

在真核细胞中除细胞质中有许多核蛋白体外，在线粒体和叶绿体中还有它们自己的核蛋白体。这些细胞器中的核蛋白体具有原核生物核蛋白体的性质，大多为 70S。

2.5　附属器官

以上所讨论的结构是维持微生物生命活动所必需的结构，也称基本结构，以下将讨论一些仅在某些微生物中存在，并非维持生命活动所必需的结构，称为特殊结构，由于这些结构仅在某些条件下产生或存在，也称可变结构。

2.5.1　荚膜

许多细菌能产生附着在细胞表面的一层黏性多糖或多肽物质，用简单的负染技术可观察到这层具有相当韧性的表面物质（图 2-53）。当此外层物质达到清楚可见的大小时则被称为荚膜（capsule）。许多微生物产生多种胞外物质，它们在培养基中可能是太稀或易溶，以至于用显微镜都观察不到，这些物质通常被称为黏液层（slime layer）。荚膜或黏液层的产生可能参与生物膜（biofilm）的形成以提高细胞附着在物体表面的能力。

大肠杆菌和其他肠道细菌产生的胞外多糖柯来尼克酸（colanic acid）或 M 抗原被认为是黏液层（图 2-54）。大部分的这些表面成分可以与其下层的细胞壁分开而不损伤细胞功能、完整性或活力。但失去荚膜后，某些细胞特性会发生改变。例如，不产生多糖荚膜物质的肺炎链球菌的一些菌系没有毒力；D-多肽荚膜能显著地增加炭疽芽孢杆菌的毒力。

有时，其他一些物质也结合于细胞的外表面。但这些物质通常被认为是细胞的暂时代谢分泌物或从环境中随机吸附的物质，不是真正的荚膜物质。真正的荚膜一般为高分子质量化合物组成，是高度黏液状物质，用一般染色法不易着色。最好的染色方法是采用媒染法，通常是利用金属离子、乙醇、乙酸等引起荚膜物质沉淀。用特异性的抗血清与荚膜反应常常可使荚膜区域增大，以便于在显微镜下更加容易观察（图 2-53F 和图 2-53G）。在电子显微镜下观察荚膜的技术也建立起来了（图 2-53H 和图 2-53I）。

肺炎链球菌产生的多糖荚膜物质赋予其免疫特异性，也与毒力有关。肺炎链球菌有 90 种不同的荚膜血清型，每种血清型有不同的糖组成和连接方式。肺炎链球菌的 3 型多糖由吡喃葡萄糖和葡萄糖醛酸通过 β-1,3 键和 β-1,4 键交替连接，其结构式为

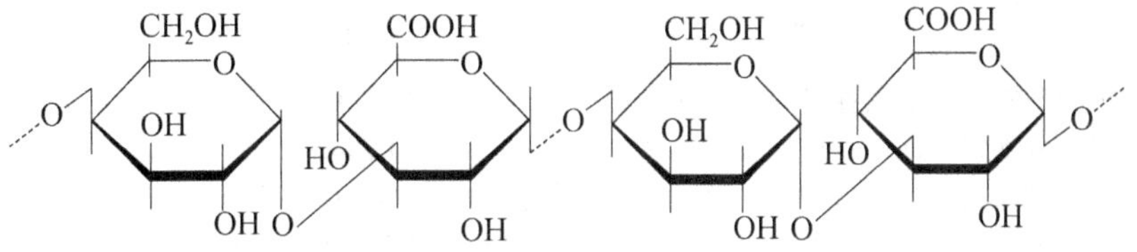

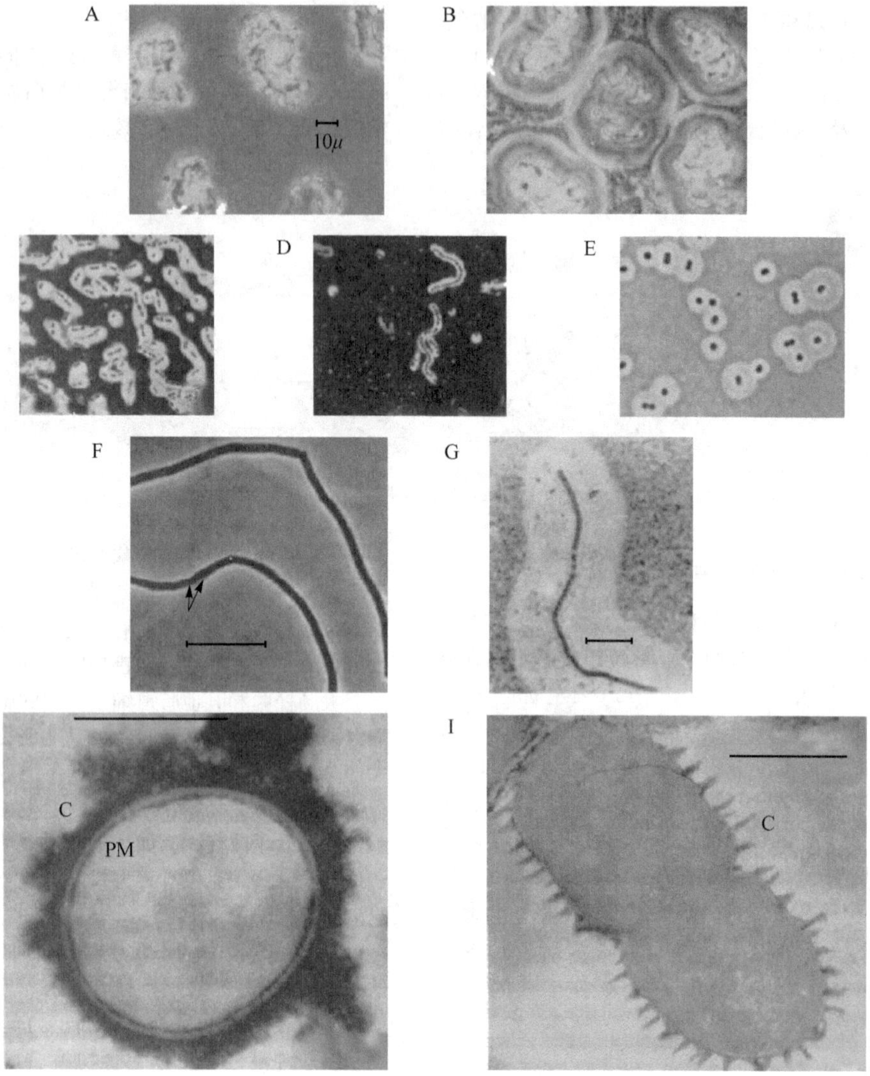

图 2-53 产生荚膜微生物的代表性例子（Moat et al.，2002）

A、B：一种池塘水藻的暗视野相差显微图片（标尺=1μm）

在 B 中，在盖玻片下脱脂乳的蔓延使得荚膜如宽阔的玻璃质外围而清晰可见，在 A 中无法看见

C、D：C 族链球菌含有透明质酸的荚膜

C 中在含有 20%的马血清和 1%葡萄糖的琼脂的平板上，用印度墨进行背景染色，可见浓厚的荚膜，在含有透明质酸酶的培养物涂片 D 中则观察不到荚膜

E：一种能形成荚膜的革兰氏阴性球菌的相差显微图片

这些荚膜是在该菌被剥离了初始荚膜后形成的，氧和可氧化的碳源的存在是荚膜多糖重新合成所必需的

F、G：*B. anthracis* 荚膜细胞的相差显微图片（标尺=10μm）

F 为未经处理的细胞膜状荚膜的外形，G 为用抗血清处理后的同样细胞，以印度墨水负染，显著增大的荚膜

H、I：在电子显微镜下见到的经用钌红与四氧化锇处理的 II 型肺炎链球菌和 I 型肺炎克氏杆菌荚膜的超微结构（标尺=0.5μm）

H 中围绕细胞的垫状荚膜（C）钌红明显地透过细胞质膜（PM）并进入细胞质，I 中沿肺炎克氏杆菌的细胞壁可见一定间距规则的荚膜纤丝（C）

一般而言，由于肺炎链球菌的菌株具有一组编码特异性多糖生物合成反应的基因，因而每个菌株仅合成一种荚膜多糖。但当一个供体菌株的基因转移至受体菌株时，会发生遗传交换导致受体菌的血清型特异基因被供体菌的基因置换并表达出供体菌的荚膜多糖。

肺炎链球菌 3 型荚膜多糖的合成需要 UDP-葡萄糖（UDP-Glc）和 UDP-葡萄糖醛酸（UDP-GlcUA）以产生 [3-β-D-GlcUA-(1,4)-β-D-Glc-(1→]$_n$ 多聚体。UDP-Glc 来自 Glu-6-P 转化成 Glc-1-P 再生成 UDP-Glc 并分别由磷酸葡萄糖变位酶（PGM）和尿苷酰转移酶所催化。编码 Glc-1-P 的尿苷酰转移酶的基因（*cps3U*）和 PGM 同源的基因（*cps3M*）位于 3 型荚膜的位点，但这

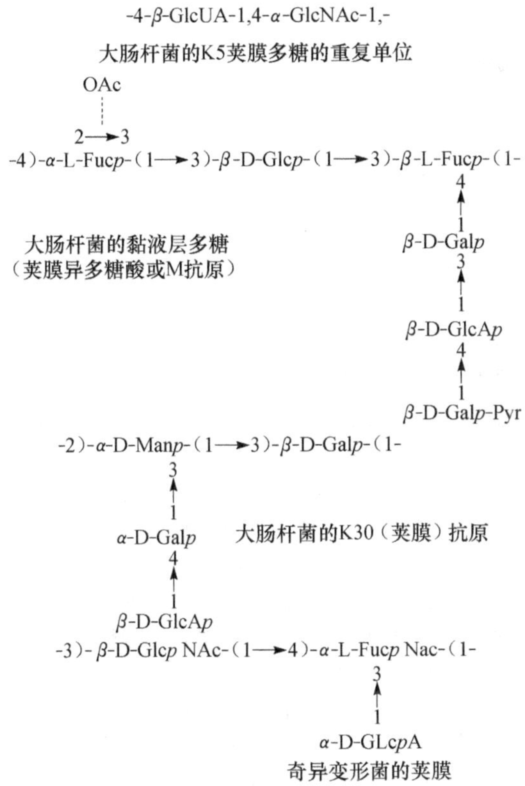

图 2-54　革兰氏阴性细菌的荚膜或黏液层的化学结构
GlcpNAc：N-乙酰葡萄糖胺（斜体 p 表示糖中的吡喃糖）；Fuc：L-岩藻糖；Gal：D-半乳糖；Glc：D-葡萄糖；Man：D-甘露糖；FucpNAc：N-乙酰岩藻糖胺

些基因对产生荚膜来说并非决定性的。一个距离远的基因（*Pgm*，编码第二个与 PGM 同源的蛋白质）的自发突变导致荚膜物质的产生量比野生型菌株减少 4 倍。

肺炎链球菌其他血清型和链球菌其他种产生荚膜所需要的酶常常不是由位于荚膜位点的基因编码。例如，14 型荚膜基因区就缺乏合成 UDP-葡萄糖、UDP-半乳糖、和 UDP-*N*-乙酰氨基葡萄糖的基因，这些糖类都是 14 型多糖的前体。在 14 型和肺炎链球菌的其他菌系或酿脓链球菌中，糖或其他中间产物是磷壁酸或肽聚糖的重要成分，并且细胞利用现存的这些前体物质合成荚膜多糖。

在每种类型中，免疫学专一性的改变除来自葡萄糖和葡萄糖醛酸外还有其他单糖的参与。例如，半乳糖醛酸、鼠李糖、*N*-乙酰氨基糖和糖醛酸可能加入至不同的组合中。由于荚膜的存在，噬菌作用受到抑制导致毒力增加。虽然肺炎链球菌的荚膜大小与毒力程度有关，但荚膜何以干扰噬菌作用的确切机制尚不明。

链球菌的某些成员产生可溶和不溶形式的葡聚糖（dextran）和果聚糖（levan）（图 2-55）。唾液链球菌（*S. salivarius*）合成果聚糖，一种果糖的多聚物，它是由果聚糖蔗糖酶［果糖转移酶（fructosyltransferase）］催化蔗糖形成的。其他肺炎链球菌通过葡聚糖蔗糖酶生成可溶和不可溶形态的葡聚糖（葡萄糖的聚合物）。Mutan 是带有线性 α-1,3 键分支的葡萄糖多聚物（图 2-55）。变异链球菌产生 FruA，一种胞外的果聚糖水解酶（由 *fruA* 基因编码），果聚糖、菊粉和棉子糖释放出

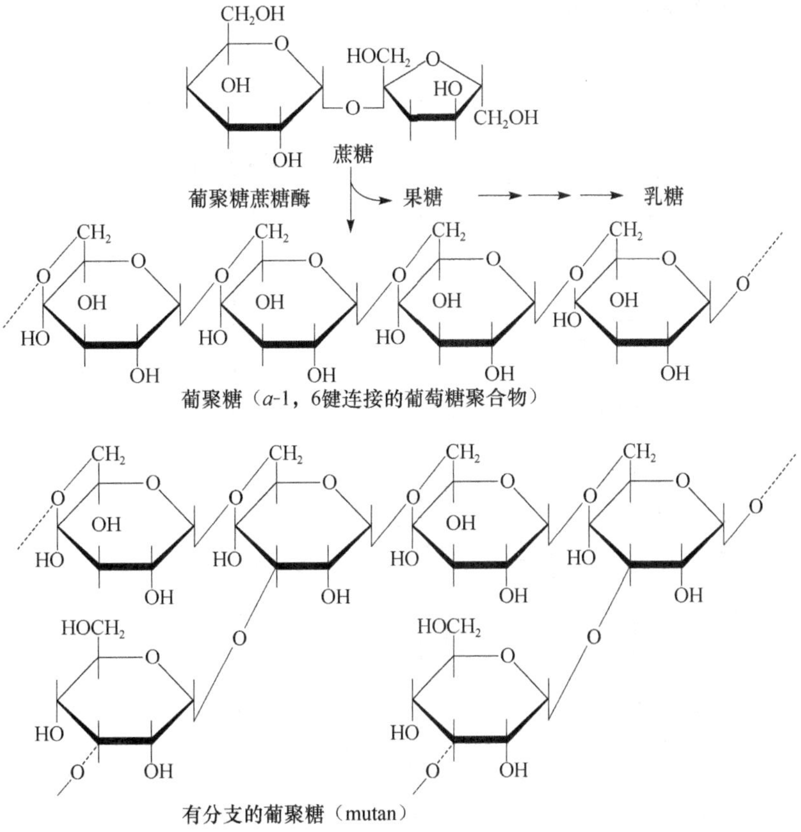

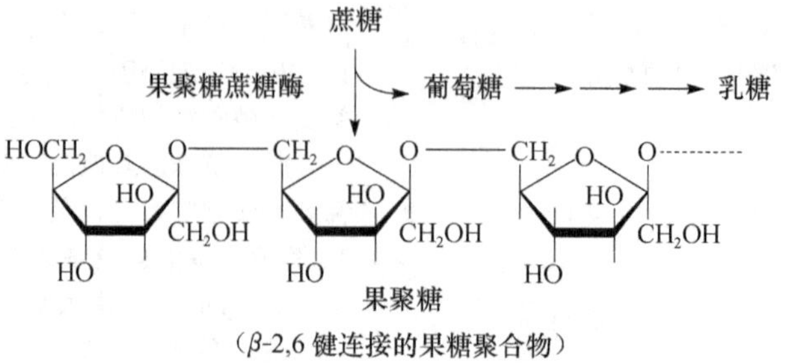

图 2-55 细菌产生的右旋糖苷和果聚糖

葡聚糖蔗糖酶将蔗糖分解为果糖和葡聚糖，果糖被发酵成乳酸，果聚糖蔗糖酶将蔗糖分解为葡萄糖和果聚糖，葡萄糖被发酵成乳酸，也表示出有分支的葡聚糖（mutan）的结构

果糖，并将蔗糖分解成葡萄糖和果糖。*fruA* 的表达受诱导和碳分解代谢物阻遏的调节。合成果聚糖聚合物的能力被认为有助于口腔生物薄膜（细菌聚集成薄膜）的形成，即有助于变异链球菌和其他口腔细菌附着在牙齿珐琅质的表面。

大肠杆菌一些菌系产生的荚膜多糖通常被称为 K 抗原。K 抗原在结构上是多样化的并赋予血清学专一性。在大肠杆菌中已鉴定出 70 多种 K 抗原。这种 K 抗原被列入荚膜族Ⅰ（热稳定）或荚膜族Ⅱ（温度调节的，在 37℃表达，低于 20℃不表达）。例如，大肠杆菌的 K30 抗原是荚膜族Ⅰ的一员；K5 抗原属于荚膜族Ⅱ。族Ⅱ的 K 抗原也由于其酸性组分不同而有其各自的特征，这些酸性组分如 2-酮-3-脱氧-甘露辛酮酸、*N*-乙酰神经氨酸（唾液酸）和 *N*-乙酰甘露氨酸等（图 2-54）。图 2-54 所示的 K5 重复单位与肝素（heparin）生物合成的第一个聚合的中间体是相同的。因而，这种 K5 多糖实际上是没有免疫性的，能表达这种荚膜的大肠杆菌菌系的毒性强，因为宿主细胞对它没有免疫应答反应。大肠杆菌的荚膜多糖多基因簇（17kb）所编码的一些蛋白质用于 K 抗原的合成、激活和装配。该基因簇中有三个明显的区域，中央区（区域 2）有一些 *neu* 基因，它们与多糖的合成和聚合有关，位于区域 1 和 2 中的一些 *kps* 基因涉及多聚体的装配和运输，并在所有的大肠杆菌产生族Ⅱ荚膜中起相同的作用。

图 2-56 显示了聚唾液酸（PSA，聚-*N*-乙酰神经氨酸）合成和转运的一种模式。位于大肠杆菌 K-1 基因簇的 *Eco*RⅠ-*Hind*Ⅲ 2.7kb 片段上的两个重要基因 *neuA* 和 *neuC* 与 *N*-乙酰神经氨酸（NeuNAc）合成有关，*neuA* 编码 CMP-NeuNAc 合成酶，*neuC* 编码一个 NeuNAc 合成所必需的 45 000 相对分子质量的蛋白质（P7）。*kps* 基因簇的区域 3 含有 *psM* 和 *kpsT* 两个基因，它们编码的蛋白质构成一个系统，负责聚唾液酸的运输。

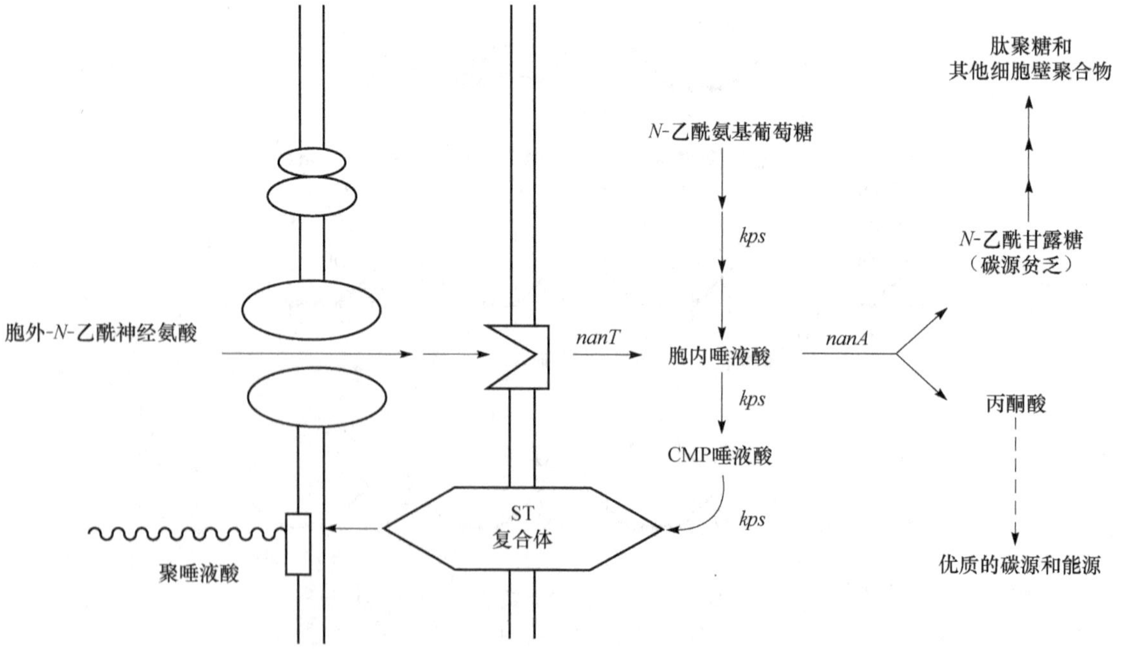

图 2-56 大肠杆菌 K-12 中聚唾液酸（聚-*N*-乙酰神经氨酸）合成和转运的模式（Vimr，1992）

胞外的-*N*-乙酰神经氨酸（$NeuNAc_{out}$）通过外膜孔扩散至周质并由 *nanT* 编码的唾液酸渗透酶转运，由 *kps* 基因编码产物转运或内源产生的胞内唾液酸（$NeuNAc_{in}$）可被 *nanA* 基因编码的醛缩酶降解或被活化成糖核苷前体 CMP-NeuNAc，唾液酸被唾液酰转移酶（ST）复合体聚合并作为聚唾液酸转运至外膜，醛缩酶的降解产物或进入中间代谢途径或异化成表面多糖

在适当的生长条件下，大肠杆菌 K-12 和其他肠杆菌可产生一种黏液多糖（colanic acid），称 M 抗原（图 2-56）。大肠杆菌的 *rcsA*$_{K12}$ 和 *rcsA*$_{K30}$ 基因产物是涉及合成这种多糖基因表达的转录激活因子。RcsA 蛋白可能是肠道细菌胞外多糖合成过程中分布相当广泛的一种调节组分。

奇异变形菌产生一种酸性的荚膜多糖，它是一种高分子质量的多糖并有 2-乙酰胺-2-脱氧-D-葡萄糖（2-acetamido-2-deoxy-D-glucose，即 *N*-乙酰葡萄糖胺）、2-乙酰胺-2,6-二脱氧-L-半乳糖（即 *N*-乙酰-L-果糖胺）和 D-葡萄糖醛酸组成的三糖单位的分支（图 2-54）。奇异变形菌 2573 也产生一种 O：6 血清型的脂多糖，这种多糖的 O 侧链组分具有同样结构的同源荚膜多糖。这种酸性多糖可能在形成尿结石中起作用，其作用方式与酸性蛋白和糖蛋白在生物组织中的矿化和控制晶体的形成相似。此过程起始于一个小固体物质，尿中的沉淀黏附其上，像化学晶体那样逐渐长大。

鼠疫耶儿森氏菌和炭疽芽孢杆菌可产生高分子质量的多肽荚膜。炭疽芽孢杆菌荚膜是一种由 γ-D-谷氨酰亚单位组成的多肽，起初认为只在侵染宿主体内产生，但后来证明，在培养过程中如有过多的二氧化碳或有重碳酸盐存在时也可产生。其他种的芽孢杆菌（如枯草芽孢杆菌）产生含有 D 和 L-谷氨酸混合亚单位的多肽荚膜。两种异构体的比例可通过培养条件加以控制。尽管还不知道控制 D/L 异构体比例的特定机制，但通气有利于控制 D/L 亚单位的比大约为 1/1。除二氧化碳外、D/L-异亮氨酸、D/L-苯丙氨酸和谷氨酸也影响炭疽芽孢杆菌荚膜的产生。这种荚膜特别有趣，因为它通过吞噬作用而与该菌的毒性有关。

木糖醋杆菌（*Acetobacter xylinum*）可合成纤维素，这是一种葡萄糖单位通过 β-1,4-糖苷键连接的多糖。纤维素以微纤丝结晶聚体积累于细胞外。由大量细胞产生的相互缠绕的带状物在培养基表面形成一层坚韧的薄膜。尽管纤维素的合成在高等植物及细菌中已进行了广泛的研究，但合成途径的中间步骤仍未完全阐明。在木糖醋杆菌的静止细胞和微粒的膜结合制备物中，将 [1-^{14}C] 标记的葡萄糖掺入葡萄糖-6-磷酸、葡萄糖-1-磷酸、尿苷葡萄糖-5′-磷酸（UDPG）和纤维素中。标记研究和无细胞粗提液的酶活性说明，纤维素合成的反应顺序为

$$\text{Glucose} \longrightarrow \text{G-6-P} \longrightarrow \text{G-1-P} \longrightarrow \text{UDPG} \longrightarrow \text{cellulose}$$

纤维素中每个葡萄糖单位与其相邻单位的 180°翻转排列：

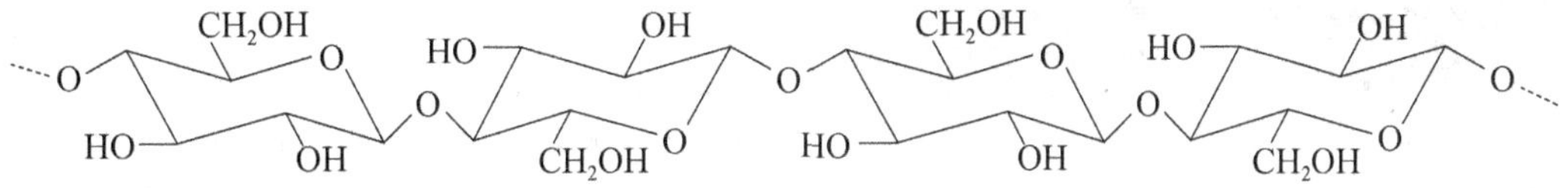

脂连接和蛋白质连接的纤维糊精（cellodextrin，部分聚合的葡萄糖单位）可能是 UDPG 和纤维素之间的中间体。一种多酶复合物负责胞内纤维素的合成。通过脂多层层中的小孔挤出时形成束的纤维素聚合体并在细胞表面自身装配成结晶。

2.5.2　微生物的生物膜

已知许多微生物产生胞外物质以形成细胞表面层。这些胞外层可能含有碳水化合物、肽类、蛋白质、脂类或这些物质的组合，这些物质可使生物黏附在固体物质的表面以形成生物膜——附着在表面上的复合微生物群体。在实验室中研究生长在人工培养基上的微生物很少遇到在自然环境中那样的关系。在许多情况下，生长在实验室中的微生物会失去在自然环境中可见的产生保护外层的能力。显然这是因为这些物质在实验室培养中不能提供选择性的压力。现在已普遍认识到存在于自然的、临床的和工业的设备表面上的许多微生物通常是包括多种微生物的群体，微生物彼此之间以及它们与环境之间发生相互作用。近代的实验技术和改进的方法能够探索这些复杂的群体之间代谢的相互作用、亲缘关系和彼此的竞争。随着微生物附着于固体表面，几乎在所有与水溶液接触的固体表面上都可发展成生物膜。

2.5.3　鞭毛、纤毛及菌毛

许多微生物是能运动的，也就是说，它们能以协调的方式在水环境中移动。能运动的细菌或原生动物产生鞭毛或纤毛。一些生物使用伪足或变形虫式的运动。螺旋体以螺丝状的方式“游泳”，这样的运动即使在黏性（半固体）培养基中也有效。运动的生物有利于它们寻找食物、逃避化学毒害或捕食者，聚集在合适的微生态环境中。其结果是，发展了其他的运动方式：群行（swarming），涉及特异性鞭毛的形成；滑行（gliding），涉及细胞群体（大量）间的合作；颤动（twitching），靠纤毛在固体表面上移动。所有能运动的生物有一个共同的特点：需要能量。真核细胞用 ATP 激活复杂的纤毛或鞭毛的收缩运动。在原核细胞中，由质子动力激活一个马达以推动鞭毛旋转犹如船的推动器。在一些其他的运动方式中，详细的机制至今尚未明了。

1. 真核微生物的鞭毛与纤毛

所有的真核微生物的纤毛和鞭毛都具有基本相同的排列方式。在电子显微镜下观察衣藻鞭毛的横切面图，可见以典型 9+2 模式成对排列的小管贯穿于整个鞭毛（图 2-57）。外围的 9 对和中心的 1 对小管排列成束，称为轴丝（axoneme）。每个双微管由连接蛋白（nexin）横向连接并以放射的轮辐与中央核心相连（图 2-58）。

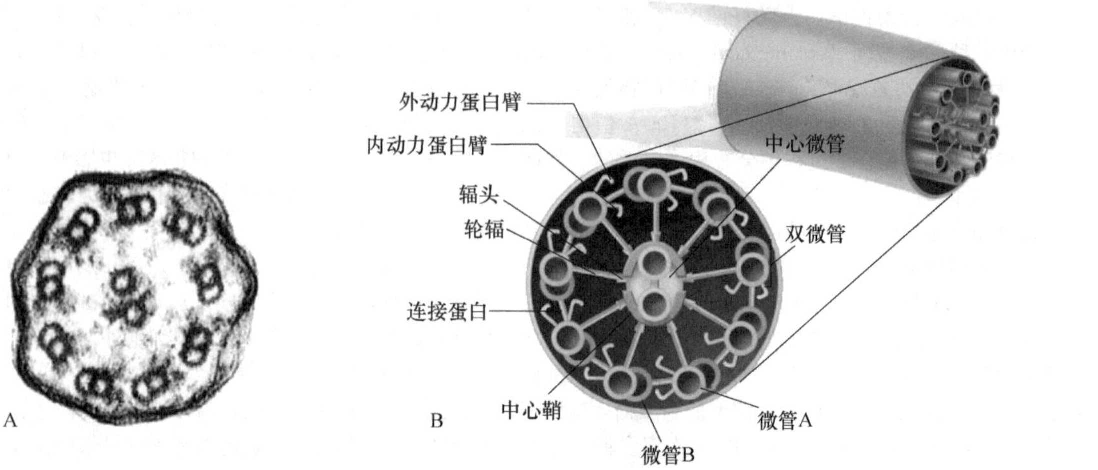

图 2-57　真核生物鞭毛横切片的电子显微图和轴丝的结构图（Madigan et al.，2003）

A：衣藻鞭毛横切片的电子显微结构；B：衣藻鞭毛轴丝的结构模式图

图 2-58　衣藻的两个动力蛋白臂附着在微管 A 上的示意图（Moat et al.，2002）

每个动力蛋白的重链（α、β和γ）含有 ATP 水解位点的头部与相邻双管的 B 管（未示出）相互作用引起双管的滑行，且纤维茎延伸至动力蛋白的基部，在基部有一条由两条动力蛋白中间链（IC69 和 IC78）和几条轻链组成的中间链/轻链复合物，另外，动力蛋白轻链与头部、茎干相连，数字表示亚单位的分子质量

作为一种坚硬的结构，当一个双微管中的动力蛋白（dynein）分子向邻近的双微管施力时，使整个结构弯曲而不是微管相互滑动。在鞭毛轴丝正常振动时，含有 ATP 酶的动力蛋白臂在外层双微管之间产生纵向切力，引起局部的反向滑行，使之转换成横向的弯曲运动。

轴丝的动力蛋白含有 ATP 酶，其功能是作为一种马达酶，为纤毛或鞭毛的弯曲提供能量。这种马达酶复合物含有几种蛋白质，三个大约 500kDa 的重链，每个都含有马达和 ATP 酶的位点，两个 70～80kDa 的中间链与附属物。动力蛋白臂的 ATP 环形交叉桥看来涉及球状头部突起与邻近双微管中的微管蛋白亚单位之间的相互作用（图 2-58）。关于控制双微管间的滑行调节机制还不十分清楚，但被认为与每个双微管相连的放射轮辐和中央轴丝复合体之间的相互作用有关。衣藻微管中的微管蛋白可被乙酰基化和部分地脱酪氨酸化。脱酪氨酸化主要局限于外部双微管。微管蛋白结构的这些翻译后修饰可能在分子水平上起作用。在轴丝中也有几种激酶和磷酸化酶，它们控制动力蛋白的活性。

2. 原核微生物的鞭毛、纤毛及菌毛

细菌的鞭毛由三个主要组分构成：一个基体（basal body）、一个近侧钩（proximal hook）和一根长螺旋丝（helical filament）（图 2-59）。鞭毛丝和鞭毛钩为中空柱状结构，从细胞表面延伸出来。基体包埋于细胞表面中，它含有一个马达，转动螺旋状的鞭毛以驱动细胞在液体环境中游动，很像螺旋桨推动船一样。马达是可逆的，受趋化系统控制，这种趋化系统使细胞游向有利的或远离不利的环境条件。

控制大肠杆菌鞭毛合成和功能的遗传系统由 14 个操纵元组成，它们规则地排列在一个具有三种级别的级联系统中。1 级操纵元编码 2 级操纵元的转录激活蛋白。2 级基因编码包括旋转马达和鞭毛钩结构的组分以及 3 级操纵元的转录激活蛋白。3 级基因包括鞭毛丝的结构基因和指导细胞运动的趋化性信号转导系统。有一种检查机制可确保 3 级基因在基本结构装配完成之前不会被转录。

鞭毛装配和行使功能需要 40 多个基因（表 2-10）。在大肠杆菌和肠沙门氏菌中，鞭毛的生物合成过程起始于在调节蛋白 FlhC 和 FlhD 影响下的 M 和 S 环的装配（图 2-59）。随后的步骤是开关（switch）蛋白 FliG、FliM 和 FliN 的加入；含有 FlhA、FliH 和 FliI 的输出部件的装配；以及含有 FlgB、FlgC、FlgF 和 FlgG 的近侧和远侧杆的形成。编码这些蛋白质的任何基因的缺失突变的结果只有 MS 环可以恢复。由 8～22kDa 蛋白质组成的一系列轻链与装配有关，并已阐明杆装配的中间阶段是相当不稳定的，结果是没有发现有不完全的杆阶段。

另一个最简单单独结构是末端杆的“铆钉（rivet）”

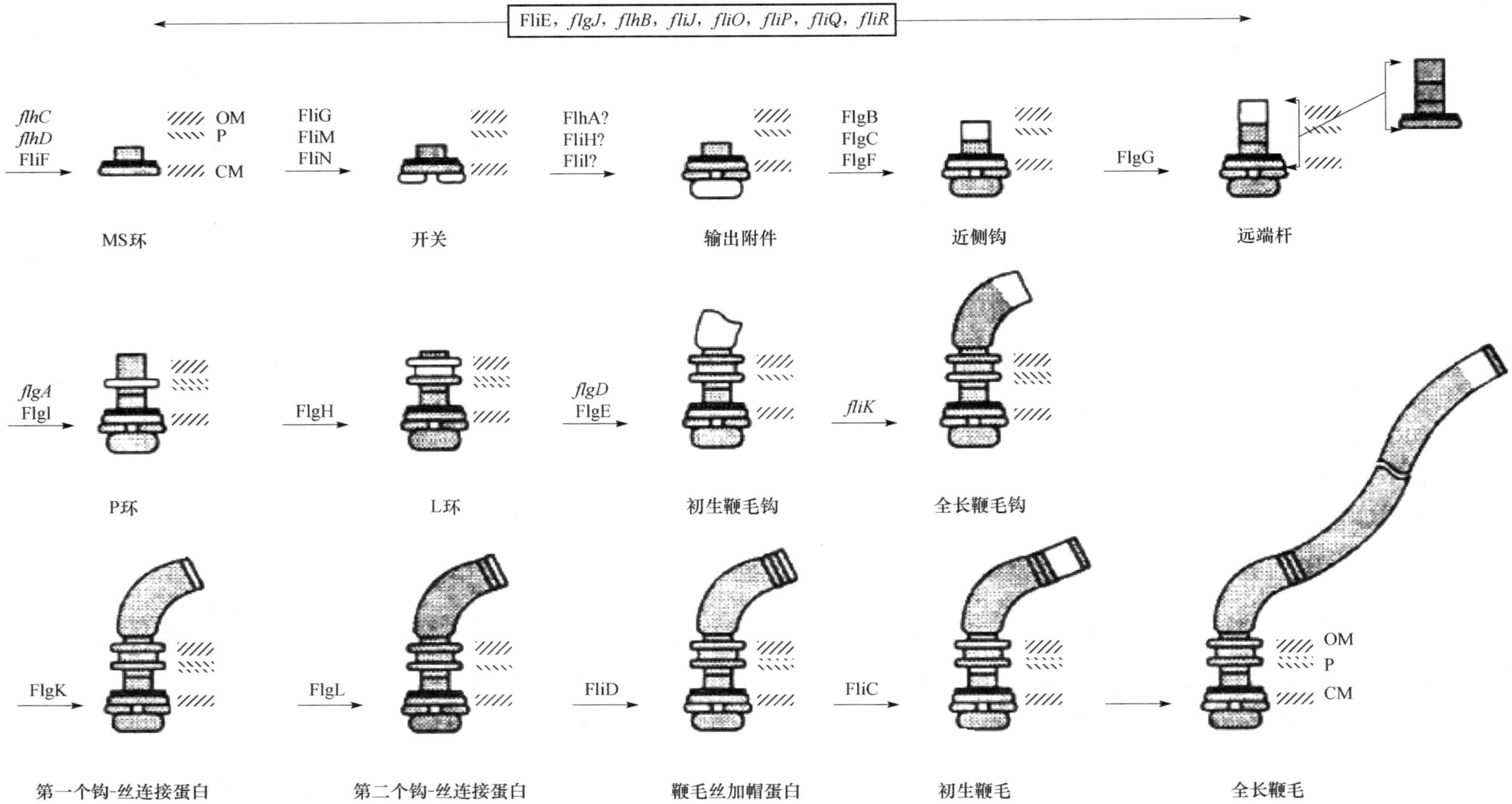

图 2-59　细菌鞭毛生成中生成鞭毛复合体结构的连续阶段和每个阶段所需要的基因或蛋白质（Macnab，1992）

空白的长方形小框表示正在生成的结构，有黑小点的部分表示所有先前已生成的结构,被称为铆钉的结构是在MS环之后生成的，电子显微镜可观察到它最简单的亚结构，由于在分离的步骤中失去了开关和输出附件(export apparatus)复合体或许还有其他结构，鞭毛丝尚未达到成熟的长度，“全长”的鞭毛丝意味着其具有推进的功能,已知掺入结构的基因产物以正体字表示，而未知功能的基因以斜体字表示，在长方框中列出的基因产物和基因是在远端杆（distal rod）装配之前的阶段所需要的

OM：外膜；P：周质空间和肽聚糖层；CM：细胞膜

表 2-10 肠沙门氏菌和大肠杆菌的鞭毛、运动性和趋化性基因产物及已知或推测的功能

基因产物	功能/位置
调节蛋白（regulatory protein）	
FlhC，FlhD	在鞭毛区域 2 级操纵元转录起始中起主要作用的调节蛋白（σ）因子
FliA	3a 和 3b 级操纵元的转录起始（σ）因子
FlgM	抗 FliA（抗-σ）因子，也称 RflB，只在鞭毛钩的装配未完成时起作用
FliS，FliT，FliD	3a 和 3b 级操纵元的阻遏蛋白（RflA 活性）
FljA	*fliC* 操纵元的阻遏蛋白
Hin	位点专一性重组酶，作用于 *fljB* 启动子
涉及装配过程的蛋白质（protein involved in assembly process）	
FlhA，FliH，FliI	鞭毛蛋白的外运？FlhA 与各种毒力因子同源；FliI 与 F0、F1 ATP 酶的催化亚单位同源
FlgA	装配周质 P 环基体
FlgD	起始鞭毛钩装配
FliK	控制鞭毛钩长度
FliB	丝蛋白（鞭毛蛋白）上赖氨酸残基的甲基化；这种修饰的功能未知
鞭毛的结构组分（flagella structural component）	
FliG，FliM，FliN	鞭毛的转换组分，使之能旋转并决定旋转的方向（逆时针方向对顺时针方向）
MotA，MotB	能使马达旋转；不影响转换方向
FliF	基体 MS 环和 FliE 轴环，基体组分，可能位于 MS 环和杆的连接处
FlgB，FlgC，FlgF	基体杆贴近细胞的部分
FlgG	基体杆远离细胞的部分
FlgI	周质的基体 P 环
FlgH	外膜（脂多糖层）上的基体 L 环
FlgE	鞭毛钩
FlgK，FlgL	鞭毛丝与钩的连接蛋白
FliC，FljB	丝（鞭毛蛋白）；FljB（仅在衣藻中存在）是另一种血清型不同的鞭毛蛋白
FliD	鞭毛丝帽，使鞭毛丝能够装配
未知功能的鞭毛蛋白（flagellar proteins of unkown functions）	
FlgJ，FlhB，FlhE，FliJ，FliL，FliO，FliP，FliQ，FliR	
信号转导组分（sensory transduction component）	
CheA	CheY 和 CheB 激酶
CheZ	CheY 磷酸化酶；CheY 的拮抗物
CheW	CheA 活性的正调节蛋白
CheY	转换调节蛋白，它在顺时针状态中起作用
CheR	受体的甲基化，感受适应
CheB	受体的脱甲基化，感受适应
化学受体（chemoreceptor）	
Tar（天冬氨酸），Tap（肽，大肠杆菌仅有），Trg（核糖），Tsr（丝氨酸）；磷酸转移酶摄取系统的糖受体	

资料来源：Macnab（1992）。

部分，含有 FliF、FliE 和四个杆蛋白（FlgB、FlgC、FlgF 和 FlgG）。P 和 L 环（外柱体）含有 FlgI 和 FlgH。这些蛋白质犹如信号肽那样的初级细胞输出途径所输出的仅有的鞭毛组分。下一个阶段涉及在 *flgD* 基因影响下鞭毛钩的形成和鞭毛钩蛋白 FlgE 和 FliK 的加入。第一个钩-丝连接蛋白（FlgK）和第二个钩-丝连接蛋白（FlgL）的加入，随后是鞭毛丝帽子蛋白（FliD）完成了为装配鞭毛丝所必需组分的形成。FliC［鞭毛丝蛋白或鞭毛蛋白（flagellin）］的加入完成了鞭毛装配的生源过程（biogenic process）。

常见的细菌鞭毛的鞭毛丝由 100%的蛋白质（鞭毛蛋白）组成。电子密度图谱显示鞭毛丝由浓密紧缩的亚单位组成（图 2-60）。鞭毛丝的内部形成一个半径为 30～50Å 的致密核心。鞭毛的生长发生在鞭毛丝的顶

端。鞭毛钩蛋白至少由三种蛋白质组成，它们是钩-联系蛋白（HAP）的 HAP1、HAP2 和 HAP3。HAP2 形成一个帽子结构，其作用可能是防止到来的鞭毛蛋白亚单位在发生聚合作用之前的外向扩散。电子密度研究显示，明确的亚单位包装在核心区域和中心孔直径约为 60Å，足够容纳折叠的鞭毛蛋白。一种鞭毛特异性的途径外运运出大多数的鞭毛组分。只有外环的 P 和 L 蛋白似乎是由依赖信号肽的途径运输的。

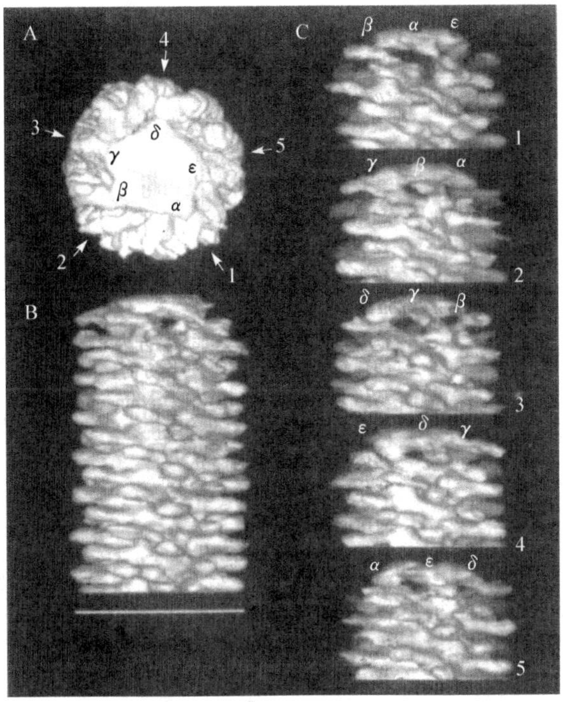

图 2-60　鞭毛丝帽子复合物和其中心断面的三维密度图（Yonekura et al.，2000）

A：从顶部观察，鞭毛帽子板区域（plate domain）的五边形形状，五边形的 5 个顶点分别标上 α～ε 的希腊字母，以指示在 C 中侧面观察五边形的方向；B：侧面观察，鞭毛蛋白亚单位和帽子的板区域规则呈螺旋状排列，鞭毛丝的直径为 230Å；C：五边观察，板和鞭毛丝末端之间的缺口，在 A 中观察方向由相应的标有数字的箭头指示，在 A 中标在五个顶点的希腊字母也指出了五边形板的方向

有些鞭毛组分，例如，Mot 蛋白（MotA 和 MotB），是与细胞质膜相联系的并围绕着 MS 环的组分（图 2-61）。MotA 和 MotB 是使马达转动的转矩发生器（torque generator）的组分。MotA 蛋白引导质子穿过细胞质膜。虽然 MotB 与细胞质膜有联系，但大多数这种蛋白质突入周质空间。MotB 被认为是一种连接器（linker）将 MotA 和转矩发生器其他的组分连接到细胞壁上，以保持细胞静息时，马达组分也静止不动。MotA 和 MotB 蛋白和鞭毛的开关蛋白 FliG、FliM 和 FliN 构成了鞭毛的马达。FliG、FliM 和 FliN 蛋白影响马达的旋转和从顺时针方向（clockwise，CW）转向逆时针方向（counterclockwise，CCW）。

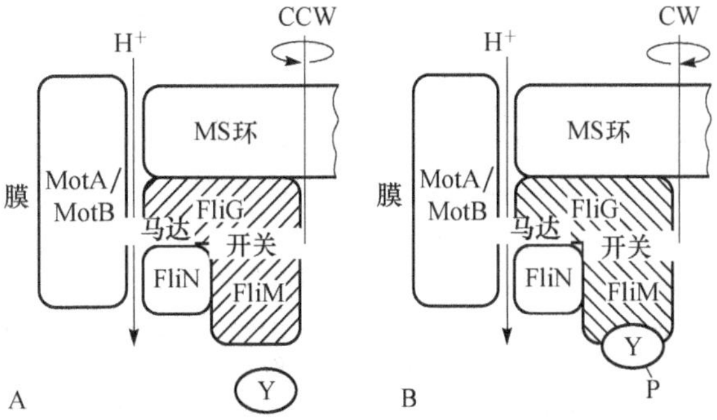

图 2-61　鞭毛的转换结构和功能的模式图（Irikura et al.，1993）

A：当 CheY 不与 FliM 结合时，FliM 和 FliG 二者都处于 CCW 状态且马达 CCW 旋转；B：当 CheY 被磷酸化（Y-P）并与 FliM 结合，使 FliM 处于 CW 状态，因此马达 CW 旋转 FliG 位于 MS 环面向细胞质的一侧，MotA 和 MotB 是整合的膜蛋白，它们包围着 MS 环，FliM 和 FliN 被认为与 FliG 相互作用，它们的位置是推测的，但与现有的证据相符，FliM 被推测是 CheY（Y）的靶子，根据是在序列中有大量的位点影响转换自 CCW 转向 CW 状态，FliM 和 FliG 二者被推测是构成了转换的功能，而 FliG 和 FliN（也许还有 MotA 和 MotB）构成马达功能

来自不同属的细菌可产生多样丝状的、蛋白质性质的附属物称为菌毛（pili，拉丁文：*pilus*）或伞毛（fimbriae，拉丁文：*fimbra*）。许多种类的细菌也产生许多其他类型的菌毛，有时也称为普通或一般的菌毛。这些菌毛对微生物黏附在真核细胞表面或专一性受体上起作用，它通过形成生物膜帮助这些微生物在微生境中定居。Ⅳ型菌毛与颤动的运动形式有关。

肠杆菌科的细菌可产生多种类型的菌毛或伞毛（表 2-11）。在大肠杆菌以及肠杆菌科的大多数细菌中，最普遍的菌毛是Ⅰ型菌毛。这些菌毛由一种短而末端纤维状的结构组成，该结构包含 FimG 和 FimH 黏附素（adhesin），它们附在棒状的 FimA 亚单位上。FimH 黏附素结合至甘露糖寡糖上（甘露糖敏感）。伴侣引导途径（chaperone-usher pathway），一种供体链互补机制，在此机制中伴侣提供一条链以完成菌毛蛋白的形成，导致菌毛合成。在大肠杆菌中，Ⅰ型伞毛的表达显示出重组介导的开-关（on-off）相变。这种相变与一个短而反向的 314bp DNA 元件（开关）有关，该元件位于 *fimA* 上游。*fimA* 的启动子位于这种反向元件之中指导 *fimA* 的转录，当该元件处于一种方向（开）时，*fimA* 就转录；当它处于另一方向（关）时，则 *fimA* 不转录。

紧邻 *fim* 反向元件的两个基因 *fimB* 和 *fimE* 被认为是编码位点专一性的重组酶。*fimB* 和 *fimE* 作用的一种模式认为 *fimB* 可促进 *fim* 反向元件Ⅰ在开和关两个方向的重组，而 *fimE* 主要是促进由开至关的重组。然而，*fim* 反向元件处于开的方向是必需的但不能完全满足伞毛的表达，因为在这种情况下反向元件被锁在开的方向直到出现Ⅰ型伞毛的相变的表达。编码产物影响

表 2-11　肠杆菌科和其他病原细菌产生的菌毛或伞毛

菌毛类型	特　性
1	由大肠杆菌基因组图谱 98min 处的基因簇（*fimA*～*fimH*）编码；*fimA* 编码 17kDa 的菌毛蛋白亚单位；家禽或豚鼠红细胞的凝集作用被 α-D-甘露糖抑制（甘露糖敏感）；由大肠杆菌、克雷伯氏菌、沙门氏菌和肠杆菌科的其他几个种产生
2	非红血球凝聚；可在埃希氏菌属和沙门氏菌属的菌株中观察到；可能是Ⅰ型抗原的变体
3	经单宁酸处理的动物红细胞的凝集作用不被甘露糖抑制（甘露糖抗性）；在肺炎克氏杆菌中的表达至少涉及 6 个基因（*mrkA*～*mrkF*）；由克雷伯氏菌、沙门氏菌、耶尔森氏菌、变形菌和普罗威登斯菌产生
Ⅳ	肠致病性的大肠杆菌及其他的人类和动物致病菌包括淋病奈瑟氏球菌形成成束的菌毛；与“颤动”运动（非鞭毛运动）有关；由 *pilE* 基因编码，该基因来自与多数沉默位点（*pilS*）非交互作用（nonceriprocal reaction）的结果
P	由尿病原的或与肾盂肾炎相关的大肠杆菌产生；介导 Pap 与泌尿管道上皮细胞中的二半乳糖苷受体结合（半乳糖敏感）；P 菌毛的生物合成和表达涉及 11 个基因（*papA*～*pack*）；Pap 是位于菌毛顶端的一种黏附蛋白，Pap 菌毛的表达伴随着开-关相变，相变涉及由脱氧腺苷甲基化酶（Dam）催化的 DNA 甲基化
S	介导甘露糖抗性的红血球聚集；有利于与 α-唾液酸-2,3-β-D-半乳糖残基结合；在大肠杆菌 K-1 中由 *sfa* 基因簇编码
F1C	非红血球凝聚；由 *foc* 基因簇中 6 个基因编码；*focA* 编码主要的伞毛亚单位；*focC* 基因的编码产物为伞毛的形成所必需；*focG*、*focH* 编码较次要的伞毛亚单位；介导对人肾脏收集管道和远端肾小管的黏附性
K88	由猪肠产毒素大肠杆菌产生，涉及质粒携带的结构基因（*faeC*～*faeH*）
K99	由牛肠产毒素大肠杆菌产生
F17	介导与小牛肠黏膜细胞中的 *N*-乙酰葡萄糖胺受体结合；F17 基因簇至少包括 4 个基因

反向元件的其他基因包括 *pilG*，它编码类组蛋白 HI，*himA* 和 *himD*/*hip*，它们共同编码 IHF。

紧邻 *fimA* 3′端是 *fimC* 和 *fimD* 基因，它们的产物是 *fimA* 基因产物聚合成菌毛所必需的。*fimD* 的产物明显地掺入外膜中并作为菌毛装配的支架或聚合通道。编码Ⅰ型伞毛次要组分的基因（*fimF*、*fimG* 和 *fimH*）距离 *fimA* 较远，它们的编码产物与菌毛蛋白结构相似。*fimH* 的产物可能是Ⅰ型菌毛黏附成分，它直接与真核细胞的受体相互作用并使其成为甘露糖敏感性。曾有人提出 *fimF* 的产物有助于起始新菌毛而 *fimG* 的产物是菌毛聚合的抑制物。

另一个基因 *lrp*，也是 *fim* 开关正常活性所必需的。*lrp* 基因的编码产物，Lrp，是一种位点专一性的 DNA 结合蛋白，它保护 DNA 的延伸区在体外免遭核酸酶的降解。它影响许多基因的转录，统称为亮氨酸 Lrp 调节子（regulon）。Lrp 能影响 *fim* 转换（inversion），或是间接地通过改变其他蛋白质的表达参与 *fim* 转换，如 FimB、FimE 或 IHF，或是直接作为辅助因子参与 *fim* 转换。已知 Lrp 是通过阻止 *papAB* 基因启动子区域两个 *dam* 位点的甲基化而影响 Pap 伞毛相变的。Lrp 是促进 *fim* 转换的辅助因子的表达所必需的或直接参与重组反应。

尿病原大肠杆菌产生 P 菌毛，由 *papA*～*papK* 基因编码，这些基因位于 *pap*［pilus associated with pyelonephritis（与肾盂肾炎有关的菌毛）］基因簇中。这种 P 菌毛是由纤维组成的杆，其上连接一根尖而细的纤毛。P 菌毛由高度保守的伴侣引导途径生成。在此系统中，周质的伴侣分子陪送菌毛亚单位至引导蛋白（usher），引导蛋白是一种大的蛋白复合物，它可促使菌毛亚单位的跨越外膜运输和装配。

淋病奈瑟氏球菌（*Neisseria gonorrhoeae*）和脑膜炎奈瑟氏球菌（*Neisseria meningitidis*）产生Ⅳ型菌毛，这种菌毛是决定毒力的重要因子。Ⅳ型菌毛由 *pilE* 基因编码，介导吸附于宿主细胞，防止被多形核白细胞吞噬。*pilE* 的表达是由两个相连的染色体基因 *pilA* 和 *pilB* 的产物在转录水平上控制的。在淋病奈瑟氏球菌中，当来自数个沉默的菌毛蛋白基因拷贝（*pilS*）的一个拷贝的 DNA 序列被单向转移以替换 *pilE* 基因中的可变序列时，就会发生抗原变化。

pilE 基因的序列的变化会改变菌毛蛋白的氨基酸序列和菌毛的抗原性。推测这些抗原的变化有助于避免宿主的免疫应答。自然的 DNA 转化、DNA 修复和菌毛抗原变异都需要 DNA 重组。RecA 介导所有这些过程。一个与重组依赖的生长基因同源的基因，*rdgC*，与淋球菌的菌毛蛋白抗原变异有关。在淋病奈瑟氏球菌中，有两条产生菌毛蛋白变异的途径：基因组内的重组和外源 DNA 转化后的重组。所引入的供体序列可在第 2 个 *pilE* 位点或任何 *pilS* 位点。在任一情况下所产生的菌毛蛋白的抗原性都与原来的不同。

2.5.4　原核微生物的运动方式

1. 趋化性

许多微生物，包括大肠杆菌和沙门氏菌属，显示出广泛的代谢和生理学上的多样性，使它们能在多种的环境中生长和存活，向有利的环境运动或避开不利的环境，这种能力称为趋化性（chemotaxis）。但细菌是如何有意改变方向？其诀窍是控制它们鞭毛的旋转。鞭毛的旋转是可逆的，能 CW 或 CCW 转动。当一个单细胞中的所有马达逆时针时，鞭毛沿细胞轴形成一协调的鞭毛束（图 2-62A），导致细胞平滑泳动（滑行）。相反，假如马达顺时针方向旋转，则鞭毛散开（图 2-62B）且细胞进行翻转（tumbling）运动。并非所有的细菌都有这种滑行和翻转的策略。例如，在盐杆菌属（*Halobacterium* spp.）细菌中，逆时针旋转向一个方向运动，而顺时针旋转则向相反的方向运动。

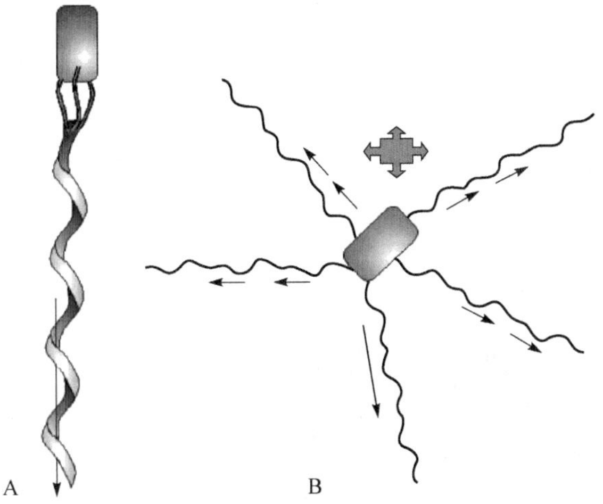

图 2-62　大肠杆菌和鼠伤寒沙门氏菌在游泳和翻转时鞭毛的行为（Moat et al.，2002）

A：游泳，马达以 CCW 旋转，鞭毛丝形成一个有推进力的束，从近端向远端进行波浪传播；B：翻转，马达 CW 旋转引起鞭毛丝由正常的左手形式经历一个多态型的转变成为卷曲的右手形式，当鞭毛丝进行这种转变时，鞭毛束便散开并且细胞体杂乱无序地运动，即细胞翻筋斗并重新随机定向，为再次游泳做准备

趋化性是调节在 CW 和 CCW 之间转换的结果。一个细胞处于含有单向梯度吸引物，如葡萄糖的培养基中，假如它是游向吸引物，那么顺时针方向的旋转将会受到抑制，但如果是避开吸引物，它时常翻转以重新调整方向（图 2-63）。

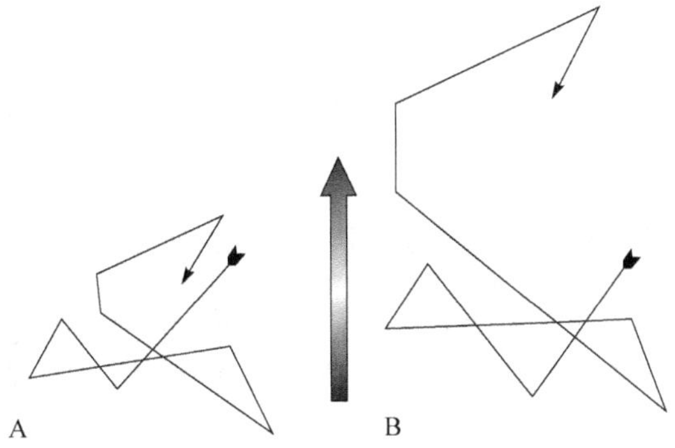

图 2-63　大肠杆菌或鼠伤寒沙门氏菌游泳细胞的理想轨迹（Moat et al.，2002）

A：在各向同性的（isotropic）培养基中的轨迹

B：在单向梯度的吸引物中（开放的箭头）的轨迹

在每种情况下，细胞呈直线游泳，通过翻筋斗再泳动又翻筋斗的一再重复活动而产生一个三维的随机运动，吸引物梯度的影响是延长（通过抑制翻筋斗）向上梯度方向泳段的平均时间（粗线），向下梯度方向（细线）的游泳时间并未缩短，为了说明这个问题，在 A 和 B 中的细胞运动都起始于相同的位点（箭头尾部）并经过相同的翻筋斗次数所引起的相同方向的改变，但在 B 中的细胞具有向上梯度延长的泳段，所以，它通过执行一个基于时间的随机行走而显示了在梯度方向中移动

这里的关键问题是要解释细菌如何面对环境以感受各种的吸引物和排斥物？理解趋化应答的第一步是观察一个细菌对外加的吸引物脉冲反应的时间进程（动力学的）。如图 2-64 所示，有一个潜伏期（latency phase，0.2s）；接着就是兴奋期（excitation phase），此期，鞭毛 CCW 旋转（滑泳）占优势；CCW 对 CW 转动概率的逐渐减少标志进入适应期（adaptation phase）；适应期可维持几秒到几分钟。基本上，细胞能察觉吸引物浓度进一步缺失的变化，并需要较高浓度的吸引物以触发另一兴奋期的到来。

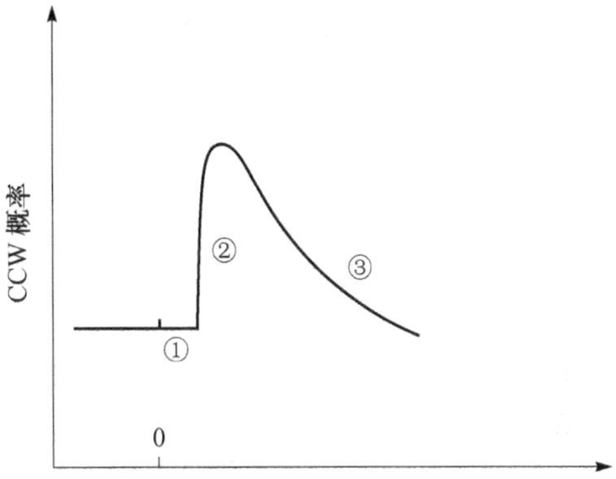

图 2-64　一个细菌对在零（0）时突然加入吸引物的刺激应答的时间历程（Moat et al.，2002）

在经历了约 0.2s 的潜伏期①后，出现了兴奋期②，使其鞭毛马达的旋转处于 CCW 相对于 CW 旋转状态的可能性快速增加，在适应期③期间，兴奋程度逐渐降低，此期能维持几秒到几分钟，维持时间的长短取决于刺激物的数量

在大肠杆菌中，调节 CW/CCW 转换的机制涉及一家族的膜受体和 6 个称为 Che 蛋白的细胞质蛋白质，它们将信息从受体传递至马达。膜受体（也称接受甲基的趋化性蛋白）是跨膜的同型二聚体。感受结构域位于周质空间，信号结构域位于细胞质中。有 5 个化学受体蛋白（chemoreceptor，Trg、Tap、Tar、Tsr、Aer，它们被认为是细菌的感觉器官），各自感受不同的吸引物和排斥物。化学受体的信号转导域与 CheW 和 CheA 的相互作用如图 2-65 所示。CheA 蛋白具有自动激活的活性，当其与受体相互作用时，其活性会增加 100 倍。

鞭毛马达的自然趋向是 CCW 旋转和平滑地游泳。当 CheY 蛋白被 CheA 磷酸化时能与马达的 FliM 组分相互作用并触发 CW 旋转（翻筋斗）。趋化机械的任务是控制 CheY-PO_4 的水平以调节翻筋斗的频率。当受体与吸引物相互作用时，它引起受体结构非对称化，使其能进入这个方阵，同时在受体信号域、CheW 和 CheA 之间形成一个复合物。结果是，由于 CheY 的磷酸化，使 CheA 的自动磷酸化停止。CheZ 蛋白是一个 CheY 磷酸酯酶，它可降低 CheY-PO_4 的水平（图 2-65）。由于非磷酸化的 CheY 不影响马达的转换，结果是抑制翻筋斗的频率，而增加了平滑游泳的长度。

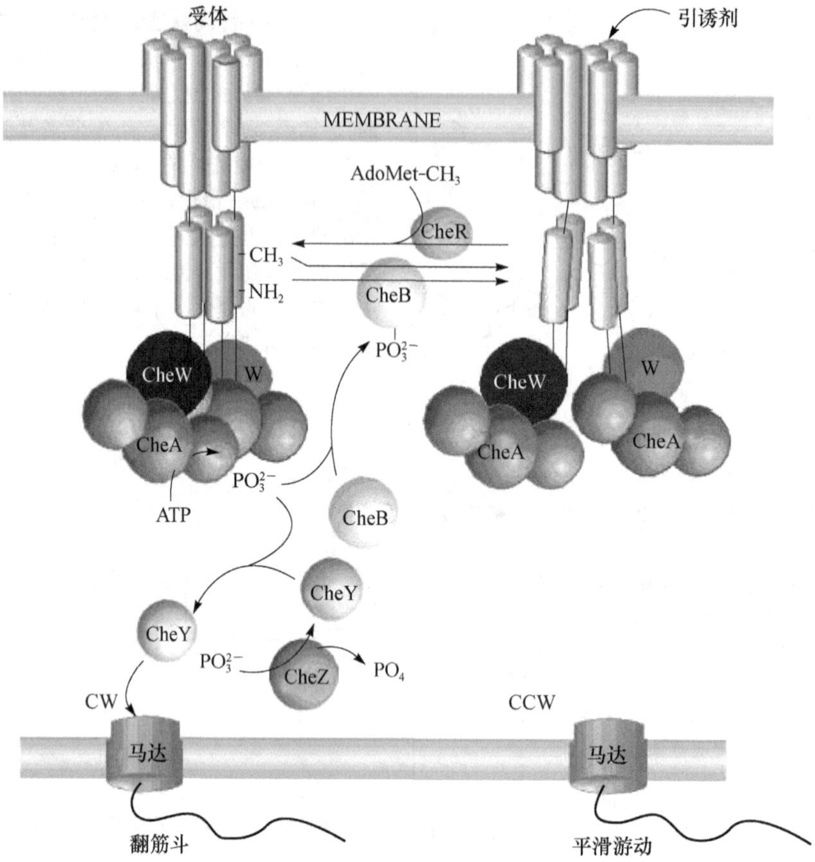

图 2-65 大肠杆菌趋化性的转换（Moat et al.，2002）

翻筋斗方式（tumble mode）：CheA 和 CheW 与膜受体对称的装配刺激了 CheA 激酶，自 CheA 转移磷酸至 CheY，随后是 CheY-PO_4 与鞭毛马达的相互作用引起顺时针方向的旋转和翻筋斗；平滑游泳方式（smooth swimming mode）：吸引物与膜受体蛋白的周质结构域的结合引起受体蛋白结构的不对称并降低了激酶的活性，去磷酸化的 CheY（由 CheZ 磷酸化酶催化）不与马达相互作用，从而允许 CCW 旋转和平滑游泳；回动转换（reversing the switch）：随着兴奋后，CheR 使 MCP 上的区域甲基化，甲基化后的 MCP 可允许其 C 端支柱重新联合并重新激活 CheA 激酶，重新建立翻筋斗，伴随 CheB 的磷酸化，MCP 支柱将会脱甲基和脱氨基，再次破坏 CheA 激酶结构装配以下调其活性

细胞是如何知道其应该连续不断地向高浓度的吸引物运动呢？其适应或使自己对高浓度的吸引物不敏感。趋化“记忆”涉及兴奋后膜受体信号域的甲基化，因此称这些蛋白质为甲基受体趋化蛋白（methyl-accepting chemotaxis protein，MCP）。一个 MCP 二聚体（兴奋后）信号结构域中谷氨酸残基的甲基化，被认为是中和这些结构域上的负电荷。这将会减少排斥的静电的影响，迫使两个 C 端分开，允许它俩彼此靠近，并重新恢复有活性的 CheW-CheA 受体复合物（即恢复了 CheA 激酶活性）。这样就增加了 CheA-PO_4 的水平，并且即使吸引物存在时也会翻筋斗。

2. 爬行运动性（swarming motility）

一些能运动的革兰氏阴性细菌在液体培养基中生长时显示特征性的游泳和趋化性行为，而当生长在适宜组分（通常含有 0.5%～0.8% 琼脂）的固体培养基上时则进行爬行运动。奇异变形菌、普通变形菌（*Proteus vulgaris*）、副溶血弧菌（*Vibrio parahaemolyticus*）、褪色沙雷氏菌（*Serratia marcescens*）、芽孢杆菌和梭菌的一些菌系进行这种运动，即在半固体培养基上形成放射状的扩散菌落（图 2-66）。爬行细胞在琼脂表面含有多糖复合物、表面活化剂、蛋白质和肽的混合物的黏脂液层中进行群体迁移。爬行与形成生物膜相关，并可能提供细菌以毒性。

副溶血弧菌生长在液体培养基中时，以一根有鞘的极生鞭毛游泳，在结构和功能上与其他革兰氏阴性细菌的鞭毛相似。但在固体培养基表面细胞发育成爬行细胞，细胞极度伸长并产生大量的侧生鞭毛（lateral flagella，Laf）。极生鞭毛系统（polar flagellar system，Fla）是组成型表达的，但侧生鞭毛系统只在固体表面生长时才表达。侧生鞭毛无鞘，并表现出与极生鞭毛不同的亚单位组成。

控制这两种不同运动系统的基因系统都很大，每种由 40 或更多的基因组成，除了共享趋化性组分外，没有重叠。属于侧生鞭毛系统的基因排列在一个基因控制的分等级的系统中。这些基因分别编码鞭毛的结构组分、马达和对于指导爬行细胞发育很重要的 RNA 聚合

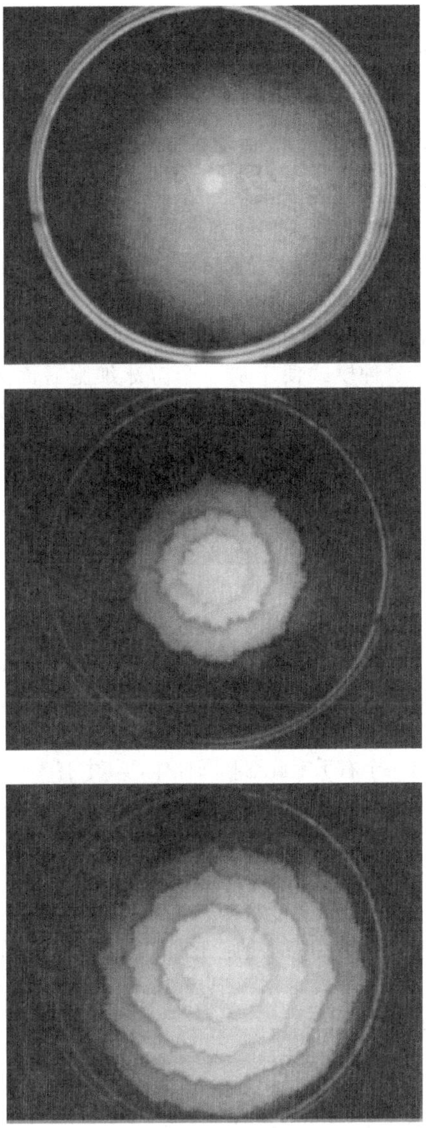

图 2-66　奇异变形杆菌 s 爬行菌落的发育
（Moat et al.，2002）
将细胞接种在琼脂平板的中央并在 37℃培养，可以观察到多细胞的爬行行为和爬行菌落的形成，在接种后 6h（A）、24h（B）和 48h（C）对爬行菌落拍照，可见加深的黑色条带与爬行运动的亮区分开

酶的 σ 因子。一个基因（*lafA*）编码侧生鞭毛。其他对爬行需要但对游泳不需要的基因已用基因置换诱变技术进行了鉴定。包埋在细胞质膜中可逆的马达可驱动极生和侧生鞭毛。然而，与其他革兰氏阴性细菌的系统相比，副溶血弧菌的极生鞭毛马达是由钠-运输力（sodium-motive force）驱动的。这两种独立鞭毛器似乎是由一个共同的化学感应控制系统来指挥。

奇异变形菌是一种能运动的革兰氏阴性细菌，它在液体培养基中生长时产生特征性的周生鞭毛。当转移至固体培养基时，细胞开始伸长，正常的分裂机制被抑制，并产生巨大的爬行细胞。爬行细胞产生大量的新鞭毛（图 2-67）。这种改变使得爬行细胞能够在固体培养基上移动（爬行运动）。根据定义，单个的爬行细胞（swarmer）不能“爬行”（“swarm”）。爬行是一群分化的爬行细胞在固体表面协同移动的结果。爬行过程是循环的或周期的，在爬行时，围绕中心菌落形成细菌生长的同心环带（爬行带，swarm band）。爬行周期为 1～2h，在下一轮爬行之前停止几个小时。在爬行的末期，细胞活性减慢并分裂成为短而鞭毛稀疏的细胞。

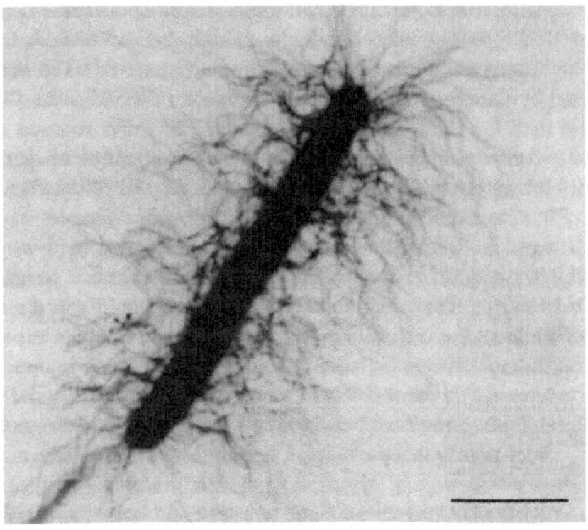

图 2-67　奇异变形杆菌的一个野生型爬行细胞的电子显微镜照片（Moat et al.，2002）（标尺＝5μm）
细胞取自生长在 37℃、6h 的琼脂平板上爬行菌落的外围并以乙酸铀负染

通过转座子诱变获得了肠沙门氏菌涉及爬行的基因的突变株，其中，有些突变株是脂多糖合成缺陷的，而另一些是趋化性缺陷的或缺失了双组分信号系统的某些部分。目前尚未鉴定出专一性的爬行信号，如氨基酸、pH 变化、氧、铁饥饿、黏度增加、鞭毛旋转或自诱导物等，胞外黏液的产生是爬行运动性发展的主要因子。

3. 螺旋体的运动性（motility in spirochete）

螺旋体是呈螺旋状的，并以封闭在周质空间内的鞭毛运动。螺旋体的主要种包括短螺旋体（*Brachyspira*）、螺旋体（*Spirochaeta*）、密螺旋体（*Treponema*）、疏螺旋体（*Borrelia*）和钩端螺旋体（*Leptospira*）。右手或左手螺旋是种的特异性，而且细胞的形状和大小各异。观察者发现右手螺旋是 CW 旋转，左手螺旋是 CCW 旋转。附着在原生质的细胞圆柱两端是一至几百根周质鞭毛，它们向细胞的中心延伸，在那里它们可能重叠或不重叠。螺旋体的大小、附着在两端的鞭毛数量以及鞭毛的重叠程度因不同的种而异。

螺旋体的鞭毛与其他细菌的鞭毛相比，也有一个基体、短杆、鞭毛钩和鞭毛丝。但螺旋体和细菌的区别在于它们的运动器官位于细胞内的周质空间。围绕原生质圆柱体和周质鞭毛的是一个外膜鞘。这种独特的形态结构允许它们在阻止大多数细菌运动的黏性凝胶状的培养基中进行钻孔运动。通过添加一种化合物如甲基纤维素来增加培养基的黏性，可提高螺旋体的运动速度。虽然钩端螺旋体和疏螺旋体的结构相似，但它们游泳的动作似乎很不同，并建立了解释这些差异的模式。

一个螺旋体如双曲钩端螺旋体（*Leptospira biflexa*）的细胞圆柱体形成一个右手螺旋。只有一根周质鞭毛从细胞每个末端沿着螺旋中心轴伸出，但鞭毛并不重叠。在一个转移的细胞中，后端呈钩状，前端呈螺旋状（图 2-68）。当细胞倒转方向时，伴随着细胞末端形状的改变。周质鞭毛在外膜鞘与右手原生质圆柱体之间旋转。周质鞭毛比细胞圆柱体更坚实，使细胞末端符合于该末端鞭毛的形状。从细胞的中心至细胞的一端，由于周质鞭毛 CCW 旋转使该末端的鞭毛形成左手螺旋，其螺旋间距和螺旋直径都比细胞体的大，这种形式称之为螺旋状末端。另一方面，周质鞭毛以 CW 方向旋转导致该末端的鞭毛和细胞体变为钩状。当周质鞭毛以同样的方向旋转时（顺时针或逆时针方向），细胞不转移。

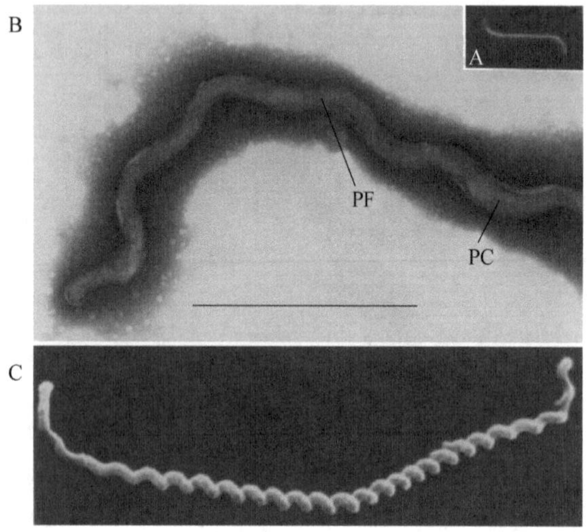

图 2-68　双曲钩端螺旋体血清变型（Moat et al.，2002）

A：暗视野显微照片，说明钩状末端和螺旋状的细胞形态，细胞长度为 10μm；B：细胞一端的透射电子显微照片，原生质的细胞圆柱体（PC）和周质鞭毛（PF）；C：扫描电子显微照片，说明钩状末端和右手螺旋的 PC，细胞长度为 19μm

在钩端螺旋体的旋转模式中，向前的推力来自两种旋转。这种模式便于从一个游泳细胞后面进行观察（图 2-69）。首先，两根周质鞭毛以 CCW 旋转，其次，旋转着鞭毛的扭力矩使右手螺旋的细胞体产生一个 CW 反向旋转。设想有两种方式的推力，前面周质鞭毛的 CCW 旋转引起细胞末端迴旋（gyration）（即不需要旋转的环形弯曲），这样便产生一个向后运动的螺旋波。这种波是左手螺旋的并足以使细胞在低黏度培养基中向前移动。伴随着细胞圆柱体的 CW 滚动，使细菌以独特的能力在凝胶培养基或结缔组织中钻孔。由于细胞圆柱体的滚动，使扭力矩被细胞末端的迴旋所平衡。

钩端螺旋体的运动模式也适用于密螺旋体。这种螺旋体有一个右手螺旋细胞圆柱体，其中有 4～8 根短的、不重叠的周质鞭毛附着在每个末端的附近。如钩端螺旋体一样，这些结构使细胞的末端呈左手螺旋或不规则的形状。然而，弯曲状末端的 CCW 迴旋不能产生足够的推力使细胞在低黏度培养基中移动。但由于密螺旋体的细胞是螺旋的和右手的，它能在高黏度的凝胶培养基（如 1%的甲基纤维素）中移动。细胞圆柱体的 CW 反向旋转导致细胞运动。

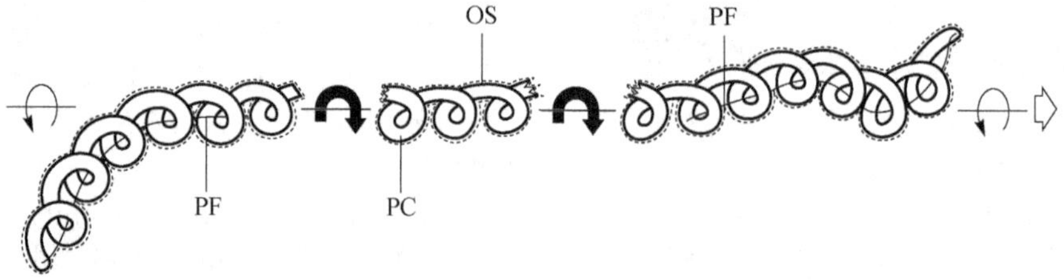

图 2-69　钩端螺旋体的周质鞭毛和原生质圆柱体的可能构象和迴旋（Moat et al.，2002）

向图的右方运动（开放箭头），前面的螺旋端是左手的，观察者位于细胞后方（图的左侧）可见螺旋和钩状末端是 CCW 迴旋（细箭头），因为周质鞭毛也是在那个方向旋转的，而原生质的圆柱体是 CW 旋转的（实心的粗箭头）

疏螺旋体与其他螺旋体不同，它具有平波（flat wave）的形态（非螺旋的，平面波）。细胞以平波方式游泳，平波是从一个移动的细胞的前端波及后端。这些平面波使我们联想到真核细胞的运动和鞭毛。在疏螺旋体的每个末端附近各附着有 7～11 根周质鞭毛而且它们在中央重叠。不运动的突变株是杆状的，说明周质鞭毛支配着整个细胞的形状。

多数螺旋体的鞭毛丝含有 3 种蛋白质（FlaB1、FlaB2 和 FlaB3）并附着在圆柱体细胞的两端及在含有鞘蛋白 FlaA 的周质鞘内，各个蛋白质由独立的基因编码。周质鞭毛由 1～2 种 FlaA 和 3～4 种 FlaB 蛋白组成。但疏螺旋体仅有一种 FlaA 和 FlaB 蛋白。研究猪痢疾短螺旋体（*Brachyspira hyodysenteriae*）突变子的结果说明 FlaA 和 FlaB 核心的相互作用影响周质鞭毛的螺旋形态。

除趋化性基因外，在疏螺旋体和梅毒螺旋体（*T. pallidum*）中至少鉴定出了 36 个运动基因。螺旋体的运动基因似乎是排列非常紧密地基因簇。在疏螺旋体中仅有 8 个运动操纵元，而在梅毒螺旋体中有 9 或 10 个。在疏螺旋体中有一个 21kb 的大运动基因簇。

其基因的排列与在枯草杆菌中发现的基因簇的排列相似。该基因簇似乎是起始于 *figB* 杆状蛋白上游的类似 σ^{70} 的启动子区。这种看家蛋白的存在暗示着自然界中这种螺旋体在生长和存活的所有时期中运动的重要性。

4. *滑行运动*（gliding motility）

滑行的细菌显示出不寻常的运动形式，它们在没有鞭毛或其他明显的外部运动器官帮助下能在固体表面滑行。在蓝细菌［鱼腥蓝细菌（*Anabaena*）、*Oscillatoria* 等］、黄杆菌属（*Flavobacterium*）、噬纤维菌属（*Cytophaga*）、曲挠杆菌属（*Flexibacter*）、黏球菌属（*Myxococcus*）、贝日阿托氏菌属（*Beggiatoa*）、亮发菌属（*Leucothrix*）、绿曲挠菌属（*Chloroflexus*）、螺杆菌（*Helicobacterium*）和支原体中都观察到了滑行运动。随着研究的深入，可以看出在滑行运动中可能有几种机制。

橙黄色黏球菌（*Myxococcus xanthus*）是研究最多的一种滑行细菌，它靠并列成排或爬行的方式运动，没有发现明显的运动器官。营养细胞的滑行运动至少由两个基因系统控制。S 或群居的（social）系统是成排的细胞从一个营养的群体（vegetative swarm）边缘移出所必需的。A 或冒险的（adventurous）系统是单个细胞从营养群体边缘移出所必需的。

已鉴定出一些影响 S 运动性的基因。Ⅳ型菌毛是 S 系统的组分，不能合成Ⅳ型菌毛的突变株缺失 S 运动性。细胞的相互作用是 S 运动所必需的，个体细胞不运动。这种运动形式很可能与Ⅳ型菌毛的颤动有关。A 系统运动由大量基因控制但不需要菌毛。这些基因包括编码产生表面脂多糖的基因。缺乏 A 运动性的一组突变株涉及几个 *cgl*（接触滑行）基因（*cglB*～*cglF*）。该系列的突变株在与野生型细胞接触后能进行短暂地运动。*cglB* 基因编码一种运动所必需的蛋白质，但尚未阐明它的功能。另一个基因即 *mglA* 是 S 运动性和 A 运动性两个系统正常行使功能所必需的，这暗示 MglA（一种 GTPase）可能在两个系统中起调节作用。

由“卷曲（*frizzy*，*frz*）”突变引起的运动性缺陷影响滑行方向改变的频率。这些突变株在发育过程中可使聚集的细胞产生卷曲丝。*frz* 基因与鞭毛细菌中控制趋化信号转导系统的 *che* 基因高度同源。

约氏黄杆菌（*Flavobacterium johnsoniae*），以前叫约氏噬纤维菌（*Cytophaga johnsonae*），以成群的细胞（称为 raft）移动，从接种点向外形成一薄而类似面纱且边缘呈羽毛状的菌落。在固体培养基上，运动细胞菌落的扩展速度比只是生长的更快。在菌落的边沿能观察到细胞群体运动。在滑行运动期间胞外黏液的分泌有助于对表面的黏着，黏液常常沉积在琼脂表面细胞运动后的轨迹上，这些轨迹也是其他细胞运动的首选途径。似乎是在细胞群体中领头细胞的周围先分泌胞外物质，这也说明细胞是通过分泌的黏液运动的。另一假说是外膜中或上的细胞表面大分子物质（蛋白质或糖蛋白）促进细胞对基物的黏着。约氏黄杆菌的一些滑行运动突变株是外膜中产生硫酯的缺陷型。其中一个突变株的运动性可通过添加硫酯合成的前体物质 cysteate 而得到恢复，该前体物质能恢复胞内硫酯的正常水平。

5. *颤动*

颤动是一种运动的形式，表现为在固体表面上颠簸的移动。在液体培养基中，铜绿假单胞菌通过鞭毛快速地游动。然而，一旦接触固体表面，一大群细胞会不依赖鞭毛而依赖Ⅳ型菌毛移动。其他细菌，如淋病奈瑟氏球菌和大肠杆菌，也有这种不常见的运动方式。颤动是形成生物膜所必需的，毋庸置疑，颤动可提供这些微生物形成生物膜或附着细胞的能力，从而有助于它们入侵人类或动物。

铜绿假单胞菌在水环境中以极生鞭毛自由运动。然而，它在琼脂表面通过发育侧生鞭毛而进行爬行运动（swarming type of motility）。铜绿假单胞菌也产生与颤动有关的Ⅳ型菌毛，推测这些菌毛与黏附于表面（包括真核生物细胞的表面）有关。已有试验指出，在铜绿假单胞菌中，生物膜的形成与超量菌毛和高度黏附的表型变异株的出现相关，这些变异株缺失了游泳、爬行和颤动等运动。这些变异株产生小而粗糙的菌落，在液体培养中自动聚集并快速地起始了强力黏附性生物膜的形成。反之，大菌落变异株（亲本型）则黏附力差，均匀地分散于液体培养中并产生很少的极生菌毛。

2.6　特殊内含体及其储存物质颗粒

在微生物细胞中，除上述的一些基本结构和特殊结构外，不同的微生物细胞中含有一些特定的内含体和储存物质颗粒。它们的形体有的很大，在光学显微镜下即可见到。

2.6.1　空气泡囊

水生的具有光合作用细菌，如光合细菌、蓝细菌和某些嗜盐菌的细胞内，往往有许多多角形或棍棒状的空气泡囊（gas vesicle）（图 2-70），由一层坚实的蛋白质薄膜包围，其中充满了气体。水和溶质不能透过此膜，但气体可以。蓝细菌的空气泡囊直径 80～100nm，长约 0.5μm。这些细菌利用空气泡囊以调节它们的浮力，使之在水中处于适合它们进行光合作用的深度，因此是趋光的结构。如果净水压过大时，将把空气泡囊压破，细胞将下沉。

2.6.2　磁性颗粒

近年来发现了不同种类的趋磁细菌（magnetotactic bacteria），它们胞内可合成链状排列的、主要成分为 Fe_3O_4 或 Fe_3S_4、有脂膜包被的纳米级磁小体。目前发现的磁细菌有球状、杆状、螺旋状等细胞类型。胞内磁小体形状和大小也不同（图 2-71）。这些细菌能沿磁力线方向运动，对磁场表现出趋性（magnetotaxis）而被称之为趋磁细菌。趋磁细菌细胞内的铁含量是大肠杆菌

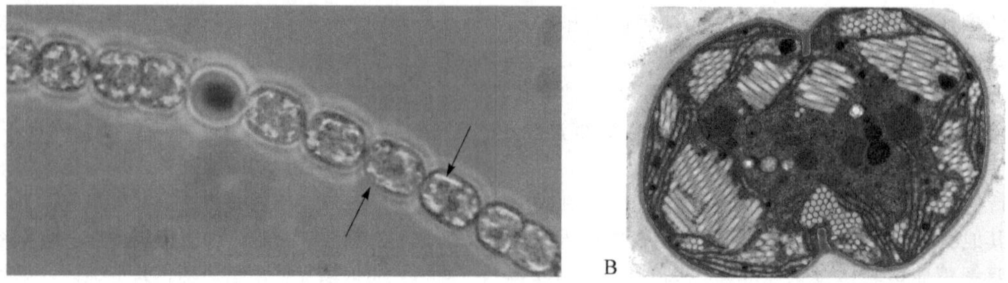

图 2-70 蓝细菌水华鱼腥藻（*Anabaena flosaquae*）和微胞藻（*Microcytis*）的空气泡囊（Willey et al.，2008）

A：水华鱼腥藻在光镜下的空气泡囊（箭头处）；B：微胞藻透射电镜下的空气泡囊排列成束

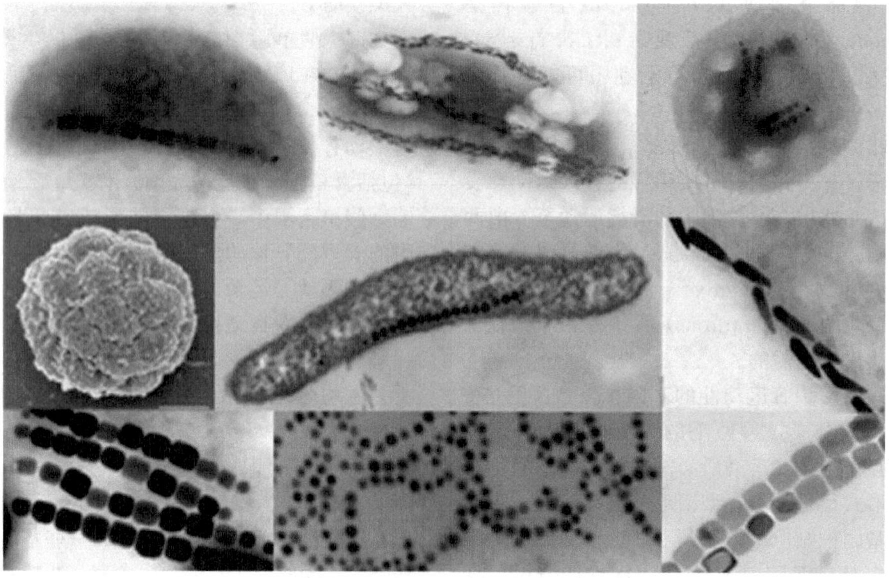

图 2-71 不同磁细菌和磁小体链（杨靖等，2011）

的 100 倍，磁小体的生物合成是在微好氧的情况下吸收铁并在体内转化成 Fe_3O_4。

近来的研究证据表明，磁小体膜是由细胞膜内陷而成。由混有蛋白质的磷脂双分子层组成，脂类包括三个部分：中性脂类及游离脂肪酸，糖脂及硫脂，磷酸脂。它们在总脂中所占质量百分比大约为 8%、30%、62%，其中磷酸脂的主要成分是磷脂酰丝氨酸和磷脂酰乙醇胺。关于磁小体合成的分子机制尚不清楚，合成 Fe_3O_4 对细胞自身有何生理意义以及磁小体的应用基础研究，一直是人们关注并探究的问题。

2.6.3 细菌的内生孢子

有少数几属的细菌能形成内生孢子（endospore）（图 2-72）。产生内生孢子的细菌是属于芽孢杆菌和梭菌的成员。它们都是革兰氏阳性细菌。在电镜下观察内生芽孢的超薄切片可见多层结构。内生孢子可抵抗不良环境，特别是因其中含有大量的吡啶二羧酸钙，而高度耐热，温度到 120℃，至少 15min 才能杀死它（干热需 160℃，1h）。当环境适宜时，每个孢子可萌发出一个营养菌体。有些对昆虫致病的芽孢杆菌，如苏云金杆菌（*Bacillus thuringensis*）在形成孢子的同时，也产生一种菱形结晶，称为伴孢体（parasporal body）（图 2-72），伴孢体是蛋白毒素，可杀死鳞翅目的幼虫。有关细菌芽孢的详细内容请参见第 12 章。

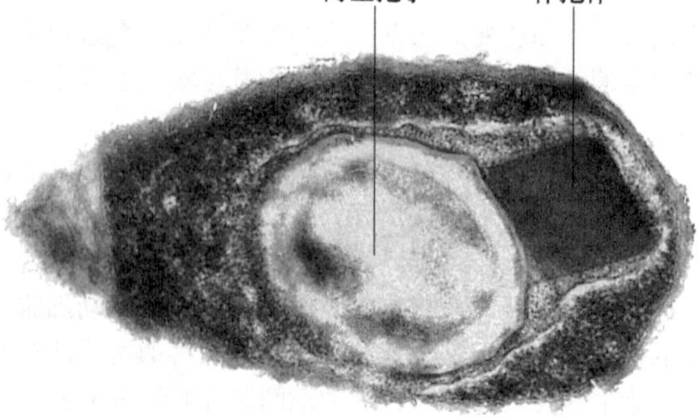

图 2-72 苏云金杆菌的内生孢子和伴孢体（Willey et al.，2008）

2.6.4 储存物质颗粒

在原核和真核微生物的细胞质中含有储存物质作为能源或小分子化合物的来源。这些储存物质的颗粒有时能在光学显微镜下可见，但它们的出现常常在很大程度上取决于微生物生长的环境条件。

1. 多聚葡萄糖颗粒

许多原核和真核微生物，当在限量氮源的培养基中生长时会产生多聚葡萄糖的颗粒。用碘液可染成蓝色、紫红色或褐色。它们是高度分支的具有 *a*-1，4 和 *a*-1，6 糖苷键的大分子，很像是来自动物肝脏中的肝糖。在不少细菌和真菌中都有这样的多聚葡萄糖颗粒。在藻类细胞中则是淀粉。

2. 聚 *β*-羟基丁酸颗粒

在一些细菌和少数真核微生物中，有聚 *β*-羟基丁酸颗粒作为储存的能源物质，在光学显微镜下由于它们有折光性，清晰可见（图 2-73）。用苏丹黑染色更容易看到。它是一个由 *β*-羟基丁酸所组成的长链。许多长链聚在一起而呈颗粒状，它的结构式为

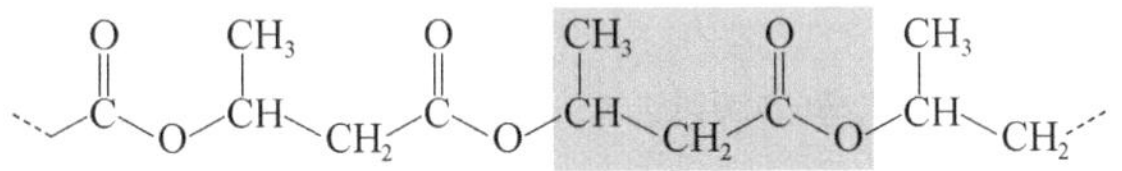

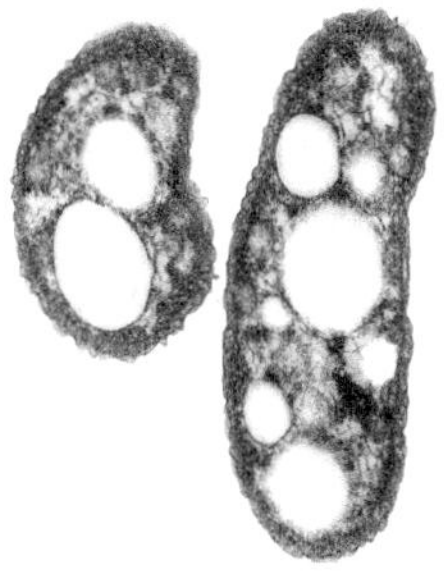

图 2-73　光合细菌索德门玫瑰弧菌（*Rhodovibrio sodomensis*）的聚 *β*-羟基丁酸颗粒（Willey et al.，2008）

它的相对分子质量为 60 000～250 000（根据不同微生物而定）。来自芽孢杆菌的聚 *β*-羟基丁酸是球形的，直径为 0.2～0.7μm。每个颗粒含有几个分子聚 *β*-羟基丁酸。在许多细菌中这种颗粒由膜所包围，膜厚仅有 4nm，看来不是单位膜，可能是由一层蛋白质分子所组成。聚 *β*-羟基丁酸是一个理想的能量储存物质，它是高度被还原的，而且几乎不溶于水。

3. 异染颗粒（volutin）

有些微生物细胞中含有异染颗粒，因它可被亚甲蓝染成红紫色而得名。异染粒是由多聚磷酸盐组成的，可能还有少量的 RNA 和脂类。它是储存的磷源，在有的微生物中也可作为能源。在有些微生物细胞中可有不止一种储存的能源物质颗粒。

4. 脂滴（lipid droplet）

在真核微生物细胞中含有脂滴，特别是生长在 C/N 大的培养基中的酵母菌或真菌的细胞中，会出现许多油滴，到后期可以集中成大的油滴，用苏丹黑可染成蓝黑色。在光学显微镜下清楚可见。在啤酒酵母菌中，油滴不仅含甘油三酯，而且也含有甾醇酯。油滴可作为能源，也可能涉及多聚体（包括酶）向胞外分泌。

5. 硫颗粒（sulfur granule）

有些硫细菌［如贝扎托菌属（*Beggiatoa*）和发硫菌属（*Thiothrix*）］当在 H_2S 中生长时，细胞内有高度折光的硫颗粒（图 2-74）作为储存的能源，当没有 H_2S 时，硫颗粒可被氧化产生能量。在异巴氏着色菌（*Isochrommatium buderi*，一种紫硫细菌）细胞中硫颗粒由一层蛋白质膜包围。

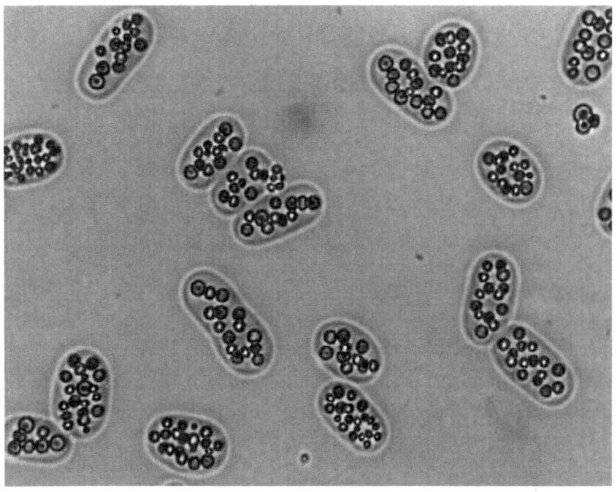

图 2-74　异巴氏着色菌细胞中的硫颗粒（Willey et al.，2008）

6. 蓝藻素颗粒（cyanophycin granule）

一般来说微生物不积累含氮的有机储存物质，然而已发现有许多蓝绿细菌在生长后期会形成蓝藻素颗粒，这种颗粒是天冬氨酸的多聚体，同时，在每个天冬氨酸上都连接一个精氨酸，蓝藻素颗粒可达细胞干重的 20%。它作为储存的氮源，当环境中缺少氮源时，它便被降解利用。

2.6.5　可溶性细胞物质

将细胞破碎液经高速离心，除去所有颗粒物质后的上清液，即为可溶部分或称细胞溶胶（cytosol）。其中含有可溶性的大分子化合物，主要是蛋白质，其次是各种 tRNA，此外，还可能有各种水溶性色素、抗生素和毒素等次生代谢物以及许多的中间代谢物质等，在这些小分子化合物中，有些双糖可作为某些微生物的储存物质，如真菌中的海藻二糖等。

细胞质也似乎有不同的小分子化合物的“库”，如氨基酸库和核苷酸库等，酵母菌的液泡也是一个氨基酸库。在细胞中，由于小分子化合物的存在，造成了一定的渗透压，一般说来，革兰氏阳性细菌的渗透压高，而革兰氏阴性细菌则较低，酵母菌介于其间。

本章主要介绍了微生物细胞的结构与功能特点。可以发现，细菌虽小，但其细胞结构与功能尚未完全阐明，且不同细菌、真菌、放线菌的差异很大，本章仅以少数代表类型为例，说明了一些基本问题。特别是目前尚有很多微生物未获得纯培养，发现并挖掘它们的结构和功能特点，的确是一件艰苦而长远的事。

思考题

1. 解释下列名词

肽聚糖；磷壁酸；脂磷壁酸；脂多糖；脂质 A；古菌；假肽聚糖；细菌红素；视黄醛；细菌视紫红质；H^+-ATP酶；拟核；质粒；转座子；荚膜；黏液层；O抗原；M抗原；鞭毛；趋化性；甲基受体趋化蛋白；异染颗粒；磁小体

2. 简述真核微生物和原核微生物细胞结构的差异。
3. 简述研究微生物细胞结构的方法。
4. 简述细菌细胞表面肽聚糖的组成、结构及与古菌假肽聚糖的差异。
5. 简述微生物细胞质膜的组成、结构及功能。
6. 简述真核和原核微生物鞭毛的结构和功能。
7. 简述原核微生物的一些运动方式。
8. 简述微生物细胞内的一些特殊内含物及储存颗粒。

主要参考文献

李季伦，张伟新，杨启瑞，等. 1993. 微生物生理学. 北京：北京农业大学出版社.

卫扬保. 1989. 微生物生理学. 北京：高等教育出版社.

杨靖，张同伟，黄修良，等. 2011. 趋磁细菌磁小体合成机制研究进展. 微生物学通报，38（8）：1262-1269.

Beveridge T J，Graham L L，1991. Surface layers of bacteria. Microbiol Rev，55：684-705.

Bohrmann B，Villiger W，Johansen R，et al. 1991. Coralline shape of the bacterial nucleoid after cryofixation. J Bacteriol，173：3149-3158.

Chen L，Coleman W G，Jr. 1993. Cloning and characterization of the *Escherichia coli* K-12 rfa-2（rfaC）gene，a gene required for lipopolysaccharide inner core synthesis. J Bacteriol，175：2534-2540.

Clark-Walker G D. 1972. Development of respiration and mitochondria in *Mucor genevensis* after anaerobic growth：absence of glucose repression. J Bacteriol，109：399-408.

Hancock R E W. 1987. Role of porins in outer membrane permeability. J Bacteriol，169：929-933.

Hobot J A，Villiger W，Escaig J，et al. 1985. Shape and fine structure of nucleoids observed on sections of ultrarapidly frozen and cryosubstituted bacteria. J Bacteriol. 162：960-971.

Irikura V M，Kihara M，Yamaguchi S，et al. 1993. *Salmonella typhimurium fliG* and *fliN* mutations causing defects in assembly，rotation，and switching of the flagellar motor. J Bacteriol，175：802-810.

Kastowsky M，Gutberlet T，Bradaczek H. 1992. Molecular modelling of the three-dimensional structure and conformational flexibility of bacterial lipopolysaccharide. J Bacteriol，174：4798-4806.

Kavenoff R，Bowen B C. 1976. Electron microscopy of membrane-free folded chromosomes from *Escherichia coli*. Chromosome，59：89-101.

Macnab R M. 1992. Genetics and biogenesis of bacterial flagella. Annu Rev Genet，26：131-158.

Madigan M T，Martinko J M，Dunlap P V，et al. 2009. Brock Biology of Microorganisms. 12th ed. San Francisco：Pearson Education，Inc.

Madigan M T，Martinko J M，Parker J. 2003. Brock Biology of Microorganisms. Upper Saddle River：Pearson Education Inc.

Mims C W. 1972. An ultrastructural study of precleavage mitosis in the myxomycete *Arcyria cinerea*. J Gen Microbiol，71：53-62.

Moat A G. 1985. Biology of the lactic，acetic，and propionic acid bacteria//Demain A L，Solomon N A. Biology of Industrial Microorganism. Menlo Park：Benjamin-Cummings：143-188.

Moat A G，Foster J W，Spector M. 2002. Microbial Physiology. 4th ed. New York：Wiley-Liss，Inc.

Moat A G，Foster J W，Spector M. 2009. 微生物生理学. 4版. 李颖，文莹，关国华，等译. 北京：高等教育出版社.

Palade G E. 1975. Intracellular aspects of the process of protein synthesis. Science，189：347-358.

Raetz C R H. 1993. Bacterial endotoxins：extraordinary lipids that activate eukaryotic signal transduction. J Bacteriol，

175：5745-5753.

Sara M，Sleytr U B. 2000. S-layer proteins. J Bacteriol，182：859-868.

Sonntag I，Schwartz H，Hirota Y，et al. 1978. Cell envelope and shape of *Escherichia coli*：multiple mutants missing the outer membrane lipoprotein and other major outer membrane proteins. J Bacteriol，136：280-285.

Valkenburg J A C，Woldringh C L，Brakenhoff G J，et al. 1985. Confocal scanning light microscopy of the *Escherichia coli* nucleoid：comparison with phase-contrast and electron microscope images. J Bacteriol，161：478-483.

Vimr E R. 1992. Selective synthesis and labeling of the polysialic acid capsule in *Escherichia coli* K1 strains with mutations in nanA and neuB. J Bacteriol，174：6191-6197.

Willey J M，Sherwood L M，Woolverton C J，et al. 2008. Microbiology. Boston：McGraw-Hill，Higher Education.

Yonekura K，Maki S，Morgan D G，et al. 2000. The bacterial flagellar cap as the rotary promoter of flagellin self-assembly. Science，290：2148-2152.

第3章

微生物的营养

微生物从外界吸收营养物质，通过新陈代谢活动将这些营养物质转化为自身的细胞物质或代谢物，并从中获得生命活动必需的能量，同时将代谢活动产生的废物排出体外。环境中能够满足微生物生长、繁殖和进行各种生理活动所需要的物质称为营养物质（nutrient）。而微生物获得和利用营养物质的过程称为营养。因此，营养是微生物生命活动中自身与外界的物质交换过程，是生命活动的基础。不同的微生物对营养要求不同，构成不同的营养类型。微生物所吸收的不同营养物质，如水、碳源、氮源、生长因子、矿质元素和氧等，分别在微生物体内起着不同的生理作用。

第1节 微生物的营养物质

1.1 碳源

在微生物生长过程中提供碳素来源的物质，称为碳源（carbon sourse）。碳源在细胞内经过一系列复杂的代谢后，成为微生物自身的细胞物质（如碳水化合物、蛋白质和脂类等）和代谢产物。碳元素一般占细菌细胞干重的一半，因此碳源是最基本的营养要素，需要量大。对化能异养微生物来说，碳源也是微生物的能源。从简单的 CO_2 到复杂的有机碳化合物都可以被不同的微生物所利用。

自养微生物以 CO_2 为唯一碳源，合成各种细胞物质。CO_2 是一个彻底氧化了的物质，当被还原成为有机碳化合物时，需要能量，不同的自养微生物有不同的能量来源。化能异养微生物以有机碳化合物为碳源和能源。异养微生物可以利用的碳源主要有：单糖、寡糖、多糖、有机酸、醇、脂类、芳香化合物以及烃类等。氨基酸既是氮素养料，也是碳素养料。有些可以催化斯蒂克兰反应（stickland reaction）的厌氧梭菌不能利用碳水化合物，只能利用氨基酸作为碳源、氮源和能源而生长。

不同的微生物利用含碳化合物的能力差别很大，有的只能吸收利用 CO_2 作为唯一碳源，许多种类能利用多种糖类和有机酸，很复杂的化合物如纤维素和木质素等只能被部分微生物所利用。假单胞菌属中的某些种可以利用多达 90 种以上的碳源物质，而一些甲基营养型（methylotroph）微生物只能利用甲醇和甲烷等一碳化合物作为碳源物质。一般来说，糖类是最好的碳源，其中单糖利用率高于多糖，己糖高于戊糖，淀粉优于纤维素，纯多糖优于杂多糖。几乎所有的微生物都能利用葡萄糖和果糖。醇类中的甘露醇、甘油利用率较高，低浓度的乙醇可被某些酵母菌和醋酸菌利用。有机酸可以作为碳源，但是它们（特别是酮酸）不易透过细胞，所以较难利用，有机酸进入细胞后还会引起 pH 下降。脂类因不溶于水，也难以被利用，某些微生物将脂类分解为甘油和脂肪酸后再利用。烃类和芳香族化合物只有在有氧条件下才被某些微生物利用（表 3-1）。

表 3-1　微生物利用的碳源物质

种　类	碳源物质	备　注
糖	葡萄糖、果糖、麦芽糖、蔗糖、淀粉、半乳糖、乳糖、甘露糖、纤维二糖、纤维素、半纤维素、甲壳素、木质素等	单糖优于双糖，己糖优于戊糖，淀粉优于纤维素，纯多糖优于杂多糖
有机酸	糖酸、乳酸、柠檬酸、延胡索酸、低级脂肪酸、高级脂肪酸、氨基酸等	与糖类比效果较差，有机酸较难进入细胞，进入细胞后会导致 pH 下降，当环境中缺乏碳源物质时，氨基酸可被微生物作为碳源利用
醇	乙醇	在低浓度条件下被某些酵母菌和醋酸菌利用
脂	脂肪、磷脂	主要利用脂肪，在特定条件下将磷脂分解为甘油和脂肪酸而加以利用
烃	天然气、石油、石油馏分、石蜡油等	利用烃的微生物细胞表面有一种由糖脂组成的特殊吸收系统，可将难溶的烃充分乳化后吸收利用
CO_2	CO_2	为自养微生物所利用
碳酸盐	$NaHCO_3$、$CaCO_3$、白垩等	为自养微生物所利用
其他	芳香族化合物、氰化物、蛋白质、肽、核酸等	利用这些物质的微生物在环境保护方面有重要作用 当环境中缺乏碳源物质时，可被微生物作为碳源而降解利用

在实验室中培养微生物时，常用的碳源有葡萄糖、果糖、蔗糖、淀粉、甘油和一些有机酸等，而在进行工业生产时，考虑到生产成本，常采用一些廉价碳源，如淀粉、玉米粉、山芋粉、糖蜜、麸皮、米糠、野生植物淀粉等。这些成分一般作为碳源，实际上它们也含有其他营养成分，以碳源为主。

1.2　氮源

在微生物生长过程中提供氮素来源的物质，称为氮源（nitrogen source）。这类物质主要用于合成细胞中的含氮物质，一般不作为能源，只有少数自养微生物能利用铵盐、硝酸盐同时作为氮源和能源。在碳源物质缺乏的情况下，某些厌氧微生物在厌氧条件下可以利用某些氨基酸作为能源物质。微生物可以利用的氮源有：蛋白质及其不同程度的降解产物（胨、肽、氨基酸等）、铵盐、硝酸盐、分子氮、嘌呤、嘧啶、脲、胺、酰胺和氰化物等（表 3-2）。

表 3-2　微生物利用的氮源物质

种　类	氮源物质	备　注
蛋白质类	蛋白质及其不同程度降解产物（胨、肽、氨基酸等）	大分子蛋白质难进入细胞，一些真菌和少数细菌能分泌胞外蛋白酶，将大分子蛋白质降解利用，而多数细菌只能利用分子质量较小的降解产物
氨及铵盐	NH_3、$(NH_4)_2SO_4$ 等	容易被微生物吸收利用
硝酸盐	KNO_3 等	容易被微生物吸收利用
分子氮	N_2	固氮微生物可利用，但当环境中有化合态氮源时，固氮微生物就失去固氮能力
其他	嘌呤、嘧啶、脲、胺、酰胺、氰化物	大肠杆菌不能以嘧啶作为唯一氮源，在氮限量的葡萄糖培养基上生长时，可通过诱导作用先合成分解嘧啶的酶，然后再分解并利用嘧啶可不同程度地被微生物作为氮源加以利用

只有固氮微生物可以利用分子态氮，它们通过体内的固氮酶系将大气中的分子态氮还原合成有机含氮化合物。但当环境中有无机氮化合物和有机氮化合物存在时，固氮酶合成受到阻抑，不再固定分子态氮，而直接利用环境中的含氮化合物。

大多数微生物都能利用铵盐和硝酸盐。铵盐一般被称为速效氮源，NH_4^+ 被细胞吸收后可直接被利用，而 NO_3^- 被吸收后需进一步还原成 NH_4^+ 再被微生物利用。当 $(NH_4)_2SO_4$ 为氮源培养微生物时，由于 NH_4^+ 被微生物吸收后，会导致培养基 pH 下降，因而将其称为生理酸性盐；而使用硝酸盐，如 KNO_3 作氮源时，由于 NO_3^- 被吸收，导致培养基 pH 上升，因而将其称为生理碱性盐。如以 NH_4NO_3 为氮源，因 NH_4^+ 可以直接用于合成有机氮化物，而 NO_3^- 需还原后才能用于有机氮化物的合成。因此微生物首先利用 NH_4NO_3 中的 NH_4^+，pH 下降，随着 NO_3^- 被利用培养基的 pH 又回升。pH 上升或下降，都不利于微生物生长。为避免培养基中 pH 的波动，需要在培养基加入缓冲物质。

有机含氮化合物如尿素、蛋白质、肽、胨、氨基酸、嘌呤、嘧啶、酰胺等，可以被不同的微生物利用。氨基酸可以直接参与微生物体内的转氨基或脱羧基作用。大分子蛋白质难以进入细胞，一些真菌和细菌能分泌胞外蛋白酶，将大分子蛋白质降解后利用，而多数细菌只能利用分子质量相对较小的降解产物。少数微生物可以利用嘌呤和嘧啶，如尿酸发酵梭菌（*Clostridium acidiurici*）和柱孢梭菌（*C. cylindrosproum*）只能利用嘌呤和嘧啶作为氮源、碳源和能源，不能降解葡萄糖、蛋白质和氨基酸。

常用的无机氮源有 NH_4NO_3、$(NH_4)_2SO_4$ 和 KNO_3 等。常用的有机氮源有蛋白胨、鱼粉、黄豆饼粉、花生饼粉、豆粕、棉籽粉、玉米浆、酵母粉、蚕蛹粉和牛肉膏等。

1.3 生长因子

生长因子（growth factor）是指那些微生物生长所必需的、需要量很少、微生物自身不能合成或合成量不能满足机体生长需要的有机化合物。包括维生素类、氨基酸类以及嘌呤和嘧啶类。

不同微生物对生长因子的需要数量和种类不同（表 3-3）。有的需要全部氨基酸、嘌呤、嘧啶和维生素，如乳酸菌。有的需要一种或几种，如谷氨酸棒杆菌需要生物素。自养微生物和某些异养微生物甚至不需要外源生长因子也能生长。如大肠杆菌可以合成所需要的全部生长因子而不需要任何外源生长因子。

表 3-3 某些微生物的生长因子

微生物	生长因子	需要量/ml
丙酮丁醇梭菌（*Clostidium acetobutylicum*）	对氨基苯甲酸	0.15ng
弱氧化醋酸杆菌（*Acetobacter suboxydans*）	烟碱酸	3μg
肠膜状明串珠菌（*Leuconostoc mesenteroides*）	吡哆醛	0.025μg
金黄色葡萄球菌（*Staphylococcus aureus*）	硫胺素	0.5ng
白喉棒杆菌（*Corynebacterium diphtheriae*）	β-丙氨酸	1.5μg
破伤风梭状芽孢杆菌（*Clostridium tetani*）	尿嘧啶	0～4μg
阿拉伯聚糖乳杆菌（*Lactobacillus arabinosus*）	烟碱酸	0.1μg
	泛酸	0.02μg
	甲硫氨酸	10μg
粪链球菌（*Streptococcus faecalis*）	叶酸	200μg
	精氨酸	50μg
德氏乳杆菌（*Lactobacillus delbruckii*）	酪氨酸	8μg
	胸腺核苷	0～2μg
干酪乳杆菌（*Lactobacillus casei*）	生物素	1ng
	麻黄素	0.05μg

微生物对生长因子的需要不是固定不变的，会随着环境条件改变而变化。例如，鲁氏毛霉（*Mucor rouxii*）在厌氧条件下生长时，需要外源的生物素和硫胺素（维生素 B_1），而在好氧条件下生长时自身能合成这些物质，不需要添加外源的生长因子。有时对某些微生物生长所需生长因子的需求还不了解，可在培养基中加入酵母浸膏、牛肉膏及动植物组织液等天然物质来满足细胞生长的需要。

1.3.1 维生素

微生物生长所需要的维生素（vitamins）主要是 B 族维生素，只有少数细菌需要维生素 K。维生素组成酶的辅酶或辅基，是酶活性所必需的成分。维生素的需要量很低，浓度为 1～50ng/ml，有的甚至更低。几种常见维生素及其在代谢中的功能如表 3-4 所示。

表 3-4　常见维生素的功能

维生素	功　能
ρ-氨基苯甲酸	叶酸的前体
叶酸	一碳代谢；甲基基团转移
生物素	脂肪酸代谢；β-脱羧作用；CO_2 的固定反应
钴胺素（维生素 B_{12}）	在分子重排反应和 DNA 合成中起作用
硫辛酸	在丙酮酸和 α-酮戊二酸的脱羧反应中酰基的转移起作用
尼克酸（烟酸）	烟酰胺腺嘌呤二核苷酸（NAD^+）的前体；氧化-还原反应中电子的传递
泛酸	CoA 的前体；乙酰和其他酰基的活化
核黄素（维生素 B_2）	FMN 的前体；黄素蛋白中的 FAD 涉及电子传递
硫胺素（维生素 B_1）	α-脱羧作用；转酮醇酶
维生素 B_6	氨基酸和酮酸的转化
维生素 K 族，醌	电子传递；鞘脂的合成
氧肟酸	铁结合化合物；铁的溶解和向体内运输

1.3.2　氨基酸

微生物不同，对作为生长因子的氨基酸（amino acid）的需要量也不同。有的微生物仅需要几种氨基酸，有的则需要多种。例如，肠膜明串珠菌（*Leuconostoc mesenteroides*）需要 17 种氨基酸才能生长。微生物生长所需的都是 L-氨基酸，某些细菌需要 D-丙氨酸用于细胞壁肽聚糖的合成。氨基酸是组成蛋白质的结构单位，需要量一般为 20～50μg/ml。

1.3.3　嘌呤和嘧啶

嘌呤和嘧啶（purine and pyrimidine）作为生长因子主要是作为酶的辅酶或辅基，以及用来合成核苷、核苷酸和核酸，如乳酸菌需要嘌呤和嘧啶用以合成核苷酸，所需浓度在 10～20μg/ml。有些菌丧失合成核苷酸的能力，必须供给核苷或者核苷酸才能生长，如某些乳酸杆菌（*Lactobacillus* spp.）和热细菌（*Thermobacterium* spp.）生长需要外源核苷，某些加夫基氏菌（*Gaffkya* spp.）和支原体生长需要核苷酸，需要量为 200～2 000μg/ml。

1.3.4　脂肪酸和膜成分

某些微生物不能合成组成细胞膜类脂的成分，必须由外界供给才能正常生长。一般需要长链脂肪酸的较多，脂肪酸进入微生物体内后，可以直接或经转化后，组成膜的类脂部分，需要浓度在 1～60μg/ml。大多数真菌不需要长链脂肪酸，有些放线菌需要油酸，如以色列放线菌（*Actinomyces israeli*）。瓶型酵母菌（如卵状糠疹藓菌，*Pityrosporum ovale*）在厌氧条件生长时，需要 9-羟基或 10-羟基硬脂酸或油酸。也有的微生物需要供给甾醇、胆碱和肌醇等，用于组成细胞膜磷脂成分。一般对胆碱和肌醇的需要量为 10～20μg/ml。

1.4　矿质元素

矿质元素（mineral element）在微生物生命活动中起着重要作用。根据需要量可以分为大量元素和微量元素。大量元素是磷、钾、钙、镁、硫和钠 6 种，它们的功能是参与细胞结构物质的组成、能量转移、物质代谢中酶的活性调节、原生质胶体状态的维持以及维持细胞渗透压的平衡等（表 3-5）。微生物对大量元素的需要量比碳、氮源少。除了大量元素外，微生物还需要多种微量元素，如铁、硼、锰、铜、锌、钼等，它们主要是参与酶的组成或是酶的激活剂（表 3-5）。微量元素的需要量通常低于 0.1mg/L，混杂在自来水、天然有机营养物、无机化学试剂、蒸馏水、普通玻璃器皿中，作为杂质存在的含量，就足以满足微生物生长的需要，因此在配制天然培养基时没有必要另外加入微量元素。

表 3-5　矿质元素及其生理功能

元　素	生理功能
磷	核酸、磷脂、ATP、辅酶（CoA）、辅酶Ⅰ（NAD）、辅酶Ⅱ（NADP）、黄素辅酶（FAD 和 FMN）等高能分子的成分，磷酸盐对细胞和环境中的 pH 起缓冲调节作用
硫	含硫氨基酸、CoA 和硫辛酸等的组成元素，在细胞的化学组成和代谢活性等方面有重要作用，硫和硫化氢也是无机营养的硫细菌的能源，谷胱甘肽可调节胞内氧化还原电位
镁	叶绿素和细菌叶绿素等光合色素的组成成分，一些酶（己糖磷酸化酶、核酸聚合酶）的激活剂或调节剂，核糖体和膜结构的稳定剂
钾	一些酶的激活剂，钾还对细胞原生质的胶体状态和细胞膜的透性起调控作用，某些嗜盐菌核糖体的稳定因子
钠	维持细胞的渗透压，细胞运输系统组分，维持某些酶的稳定性

续表

元　素	生理功能
钙	某些酶的辅因子，维持蛋白酶的稳定性，芽孢中的钙离子有助于稳定细胞壁并在细菌芽孢的抗热特性上起重要作用
铁	细胞色素、细胞色素氧化酶、过氧化氢酶、过氧化物酶、铁氧还蛋白等组成成分，某些铁细菌的能量物质，为合成白喉菌素所必需
锌	存在于乙醇脱氢酶、乳酸脱氢酶、碱性磷酸酶、醛缩酶、RNA 聚合酶与 DNA 聚合酶中
锰	存在于过氧化物歧化酶、磷酸烯醇式脱羧酶、柠檬酸合成酶中
钼	存在于硝酸盐还原酶、固氮酶、甲酸脱氢酶中
硒	存在于甘氨酸还原酶、甲酸脱氢酶中
钴	存在于谷氨酸变位酶中
铜	存在于细胞色素氧化酶中
钨	存在于甲酸脱氢酶中
镍	存在于脲酶中，为氢细菌生长所必需

1.5　水

微生物体内 70%～90%是水（water）。它是维持微生物生命活动不可缺少的物质。除休眠体（如芽孢）外，微生物的生命活动离不开水。实际上，缺水比饥饿更容易导致生物的死亡。水的生理功能主要有：①水是原生质的重要成分，使原生质保持溶胶状态，保证代谢活动的正常进行，当含水量减少时，原生质由溶胶变成凝胶，生命活动大大减缓，如细菌芽孢，如果原生质失水过多，引起原生质胶体破坏，导致菌体死亡；②参与细胞内一系列化学反应，如一些加水反应过程，没有水将不能进行；③维持蛋白质、核酸等生物大分子稳定的天然构象；④起到溶剂与运输介质的作用，营养物质的吸收与代谢废物的排出必须以水为介质才能完成；⑤水的比热高，具有较高的导热性，能有效地吸收代谢过程中所放出的热能并及时地将热迅速散发出体外，使细胞内温度不致骤然上升。

水活度（water activity，a_w）常用于表示微生物生长环境中水的有效性。水活度是指在一定的温度和压力下，溶液蒸气压（P）与纯水蒸气压（P_0）之比，即：

$$a_w = P/P_0$$

纯水的 a_w 为 1，溶质溶解在水中后，溶液分子之间的引力增加，冰点下降，沸点上升，蒸气压下降，a_w 变小。溶液中溶质越多，a_w 越小。而同一浓度的不同物质，由于分子质量不同或在水中解离度不同，a_w 的大小不同（表 3-6）。

表 3-6　几种溶液的水活度

溶　液	a_w
30%葡萄糖	0.964
1%葡萄糖+20%甘油	0.955
1%葡萄糖+40%蔗糖	0.964
0.872%NaCl	0.995
饱和 NaCl	0.78
饱和 $CaCl_2$	0.30

每一种微生物都有其最适 a_w 和最低 a_w。一般细菌比酵母菌、霉菌要求更高的 a_w，而嗜盐微生物生长最适 a_w 则较低。不同酵母菌生长所需的最适 a_w 不同，但它们要求的最低 a_w 比大多数细菌低，某些酵母菌能在 a_w 低至 0.73 的培养基中生长，称为高渗酵母。霉菌一般较其他微生物更耐干燥，a_w 为 0.94～0.73，能在 a_w 低至 0.65 中生长的称为干性（耐旱）霉菌（表 3-7）。

表 3-7　各种微生物生长的最低 a_w

细　菌	a_w	酵母菌	a_w	真　菌	a_w
蕈状芽孢杆菌（*Bacillus mycoides*）	0.99	产朊酵母（*Torula utilis*）	0.94	刺状毛霉（*Mucor spinosa*）	0.93
枯草芽孢杆菌（*B. subtilis*）	0.95	酿酒酵母（*S. cerevisiae*）	0.895	青霉（*Penicillium*）	0.83～0.80
粘质沙雷氏菌（*Serratia marcescens*）	0.94	内孢霉（*Endomyces*）	0.885	黄曲霉（*Aspergillus flavus*）	0.80
大肠杆菌（*E. coli*）	0.96～0.935	罗氏酵母（高渗酵母）（*S. rouxii*）	0.73	黑曲霉（*A. niger*）	0.89～0.88
八叠球菌（*Sarcina* sp.）	0.915～0.93			双孢耐旱菌（*Xeromyces bisporus*）	0.6～0.65
金黄色葡萄球菌（*Staphylococcus aureus*）	厌氧 0.90 好氧 0.86				
盐杆菌属（*Halobacterium*）	0.75				

一般情况下，微生物只有在满足其所要求的水活度时，才能进行正常的生命活动。但是菌体生长时期不同及环境条件发生改变，对水活度要求也会有所不同。细菌芽孢形成时比生长繁殖时所需要的 a_w 高。如魏氏梭状芽孢杆菌（*Clostridium welchii*）芽孢发芽和生长时要求 a_w 为 0.96，而芽孢形成时要求 a_w 为 0.993，若 a_w 降至 0.97，则几乎看不到芽孢形成。丝状真菌生长时要求的 a_w 比孢子萌发时的高。如灰绿曲霉（*Aspergillus glaucus*）生长所需的 a_w 在 0.85 以上，孢子萌发则要求在 0.73～0.75。

在培养微生物时，如果培养基营养物质浓度低，使 a_w 大于菌体生长最适 a_w，细胞就会吸水膨胀，甚至引起细胞破裂。反之，如果把菌体培养在 a_w 小的高浓度溶液中，细胞原生质就会失水，造成质壁分离，使细胞代谢活动受到抑制或引起死亡。因此，为了抑制有害微生物生长，可以在食物中加入高浓度的食盐或蔗糖，降低环境中的 a_w，使菌体不能正常生长，达到长久保存食物的目的。

1.6　氧

氧（oxogen）是好氧性微生物不可缺少的营养物质之一，它参与某些物质代谢中的加氧反应。更重要的是，氧是好氧微生物进行有氧呼吸的最终电子受体，通过有氧呼吸，降解底物，产生能量。

好氧菌（aerobe）可以在有氧环境下生长，在代谢中利用氧气。许多微生物必须生存在有氧的环境中，例如，分枝杆菌和几种小球菌，它们是专性好氧微生物（obligate aerobe）；酵母菌和一些肠道细菌在有氧和无氧的环境中都能生存，属于兼性好氧微生物（facultative aerobe）；乳酸菌在空气中的氧浓度下不能生长，而在低浓度（2%～10%）分子氧环境中生长良好，称为微好氧微生物（microaerophile）。不能代谢分子氧的微生物称为厌氧菌（anaerobe），可以分为两类，仅在无氧条件下才能生存的，如梭菌是专性厌氧微生物（obligate anaerobe），氧气对其有毒或者致死；而有些厌氧菌虽然并不利用分子氧，但可以耐受氧气，称为耐氧厌氧菌（aerotolerant anaerobe）。微生物与氧的需求关系见表 3-8。

分子氧在微生物体内通过酶的催化作用和自发化学反应可产生对 DNA、蛋白质和细胞的脂类组分有毒的各种形式的氧，例如，超氧化物阴离子、过氧化氢和羟自由基，分子氧经氧化酶的作用可产生超氧化物（超氧化物阴离子）。超氧化物一般不与 DNA 和蛋白质反应，然而，它可参加到许多酶催化的和自发的化学反应中，并产生非常活跃的氧衍生物，如过氧化氢和羟自由基：

表 3-8　微生物与氧的需求关系

微生物类型	与氧气的关系	举　例
好氧菌		
专性	需要，无氧不能生存	藤黄微球菌（*Micrococcus luteus*）
兼性	不需要，但在有氧条件下生长得更好	大肠杆菌（*Escherichia coli*）
微好氧	需要氧浓度在 2%～10%	迂回螺菌（*Spirillum volutans*）
厌氧菌		
耐氧	不需要，有氧条件下生长不比无氧条件下更好	化脓链球菌（*Streptococcus pyogenes*）
专性	不需要氧，有氧不能存活	甲酸甲烷球菌（*Methanobacterium formicicum*）

$$O_2 + e^- + \text{氧化酶} \longrightarrow O_2^{-\cdot}$$

$$O_2^{-\cdot} + H_2O_2 \longrightarrow OH^- + OH^\cdot + O_2$$

自由基是强氧化剂，与生物大分子相互作用，可导致产生生物分子自由基，从而对机体产生损伤或者突变作用。大多数好氧微生物通过超氧化物歧化酶（superoxide dismutase，SOD）和过氧化氢酶解除超氧化物和过氧化氢的毒性：

$$O_2^{-\cdot} + O_2^{-\cdot} + 2H^+ \longrightarrow O_2 + H_2O_2 \text{（超氧化物歧化酶）}$$

$$2H_2O_2 \longrightarrow 2H_2O + O_2 \text{（过氧化氢酶）}$$

在一些兼性厌氧菌中，只有超氧化物歧化酶，可以将超氧化物清除形成毒性更小的过氧化氢。过氧化氢可以通过细胞内的其他代谢产物氧化而被清除。目前尚未在耐氧厌氧菌和专性厌氧菌中发现过氧化氢酶。而专性厌氧菌中缺乏超氧化物歧化酶和过氧化氢酶（表 3-9），在有氧环境中无法清除上述有害超氧化物和过氧化氢，因此在有氧情况下生长停止甚至死亡。

表 3-9　不同微生物体内超氧化物歧化酶和过氧化氢酶的活性

微生物	超氧化物歧化酶/($U \cdot mg^{-1}$)	过氧化氢酶/($U \cdot mg^{-1}$)
好氧与兼性好氧菌		
大肠杆菌（*E. coli*）	1.8	6.1
鼠伤寒沙门氏菌（*S. typhimurium*）	1.4	2.4
大豆根瘤菌（*Rhizobium japonicum*）	2.6	0.7
耐辐射微球菌（*Micrococcus radiodurans*）	7.0	289.0

续表

微生物	超氧化物歧化酶/(U·mg^{-1})	过氧化氢酶/(U·mg^{-1})
假单胞菌（*Pseudomonas* sp.）	2.0	22.5
耐氧厌氧菌		
粘液真杆菌（*Eubacterium limosum*）	1.6	0
粪链球菌（*Streptococcus faecalis*）	0.8	0
乳链球菌（*Streptococcus lactis*）	1.4	0
乳清酸梭菌（*Clostridium oroticum*）	0.6	0
专性厌氧菌		
产碱韦荣氏球菌（*Veillonella alcalescens*）	0	0
巴斯德梭菌（*Clostridium pasteurianum*）	0	0
丙酮丁醇梭菌（*C. acetobutylicum*）	0	0
溶纤维丁酸弧菌（*Butyrivibrio fibrisolvens*）	0	0

此外，氧还可以改变培养基中的氧化还原电位（*Eh*）。当环境中有氧存在时，随着氧浓度的增加，胞外 *Eh* 升高。厌氧微生物要求环境中的 *Eh* 应低于 0.1V，当氧化还原电位超过 0.1V 时，正常代谢活动就不能进行。

在培养不同类型的微生物时，要根据微生物对氧气需求的不同而采取不同的措施保证微生物能正常生长。在培养好氧菌时，常通过剧烈振荡或者通气等手段以保证提供足够的氧气供菌体生长。好氧菌在通气条件下的生长状况优于静止培养的。而培养厌氧菌时要清除环境中的氧。对于耐氧厌氧菌，可以采用深层静止培养的方式。而对于对氧十分敏感的专性厌氧菌的培养，在清除环境中氧的同时，还要在培养基中加入还原剂以降低培养基的氧化还原电位，有关专性厌氧菌的所有操作包括接种等都需要在厌氧环境中进行。

第 2 节　微生物的营养类型

与其他高等生物相比，微生物的营养类型复杂多样。不同的微生物对营养的需要差异很大，其中以 CO_2 为唯一或主要碳源的称为自养型（autotroph），以有机化合物为营养物质的称为异养型（heterotroph）。从无机化合物或有机化合物的氧化作用中获得能量的微生物为化能营养型（chemotroph）；利用光能的为光能营养型（phototroph）。如果根据电子供体来划分，电子供体是还原的无机化合物的微生物为无机营养型（lithotroph），而电子供体是有机化合物的为有机营养型（organotroph）。综上所述，根据微生物生长所需的碳源、能源和氢或电子供体的不同，可将微生物划分为光能无机营养型、光能有机营养型、化能无机营养型和化能有机营养型四个不同的营养类型（表 3-10）。

表 3-10　微生物的营养类型

营养类型	光能无机营养型	光能有机营养型	化能无机营养型	化能有机营养型
能源	光能	光能	化学能	化学能
主要碳源	CO_2	有机物	CO_2	有机物
氢或电子供体	水或还原态无机物	有机物	还原态无机物	有机物

2.1　光能无机营养型

光能无机营养型（photolithotroph）也称光能自养型。这是一类能利用光能，以水或还原态无机物为供氢体同化 CO_2 的微生物。藻类、蓝细菌和一些光合细菌属于这种类型。根据光合作用过程中是否有氧气的生成，可分为产氧光合作用和不产氧光合作用。

光合色素是一切光合生物特有的色素，可使光能转变成化学能供生物体利用。光合色素主要有叶绿素（存在于植物、藻类和蓝细菌中）或细菌叶绿素、类胡萝卜素和藻胆素三大类，其中以叶绿素或细菌叶绿素为主要的光合色素。这些光合色素的结构和特点参见第 5 章第 4 节。

2.1.1　产氧光合作用

藻类和蓝细菌细胞内含有叶绿素，具有与高等植物

相同的光合作用，在还原 CO_2 形成有机物时，从水中获得所需的氧，并伴有氧气的产生，其反应通式为

$$CO_2 + H_2O \xrightarrow[\text{叶绿素}]{\text{光能}} [CH_2O] + O_2 \uparrow$$

藻类的叶绿体中含有叶绿素 a 和胡萝卜素，其他光合色素则随类群而异，如绿藻含有叶绿素 b，红藻含有叶绿素 a 和藻胆素。藻类多数水生，只要环境中有光照、少量氮素和无机盐就能生长。

蓝细菌的光合色素除叶绿素 a（与高等植物相同）和类胡萝卜素外，还含有藻青蛋白、藻红蛋白和别藻青蛋白等三种藻胆素，其存在和相对含量随蓝细菌种类而异。由于蓝细菌能吸收光能并同化 CO_2，一般也不需要特殊的生长因子，因而只要有水、光照、少量氮素、无机盐和 pH 为中性到微碱性的环境即可生长。有些种类也可以在微弱光照甚至完全黑暗的条件下生长，此时它们以葡萄糖等少数糖类为碳源和能源进行化能有机营养。但代谢时因缺少 α-酮戊二酸脱氢酶而不能进行三羧酸循环，所以只能经过单磷酸己糖支路进行。

2.1.2　不产氧光合作用

光合细菌细胞内含有细菌叶绿素。细菌叶绿素也具有镁卟啉环的中心结构，但侧链不同于叶绿素。目前已发现有 a、b、c、d、e 和 g 六种（表 3-11），它们的吸收峰各异。光合细菌与蓝细菌不同，它们不能进行以水为供氢体的非环式光合磷酸化作用，也不产生氧气。光合细菌在不产氧的光合作用过程中吸收光能，以还原态无机硫化物（如 H_2S、S 或 $S_2O_3^{2-}$ 等）作为氢或电子供体来同化 CO_2。以 H_2S 作为供氢体，其代表性反应式为

$$CO_2 + 2H_2S \xrightarrow[\text{细菌叶绿素}]{\text{光能}} [CH_2O] + H_2O + 2S$$

光合细菌可分为紫色细菌和绿色细菌两大类群。为了进行光合作用和获得还原态无机物，光合细菌一般生活在有光照、厌氧及含有其他必需营养物质的水体中，它们主要存在于富含有机质、CO_2、H_2 和硫化物的浅水池塘和湖泊的次表层水域中。蓝细菌和藻类在表层生长，而光合细菌利用从表层透过的蓝绿及绿色等长波光，在无氧环境中利用来自底层的 H_2S 等硫化物进行生长。

表 3-11　已发现的六种细菌叶绿素的结构

色素/最大吸光值（体内）	R_1	R_2	R_3	R_4	R_5	R_6	R_7
细菌叶绿素a 紫色细菌/ 805,830~890	$-C(=O)-CH_3$	$-CH_3$[b]	$-CH_2-CH_3$	$-CH_3$	$-C(=O)-O-CH_3$	P/Gg[a]	—H
细菌叶绿素b 紫色细菌/ 835-850,1020~1040	$-C(=O)-CH_3$	$-CH_3$[c]	$=C(H)-CH_3$	$-CH_3$	$-C(=O)-O-CH_3$	P	—H
细菌叶绿素c 绿硫细菌/ 745~755	$-CH(OH)-CH_3$	$-CH_3$	$-C_2H_5$ $-C_3H_7$[d] $-C_4H_9$	$-C_2H_5$ $-CH_3$	—H	F	$-CH_3$
细菌叶绿素c_s 绿色非硫细菌/ 740	$-CH(OH)-CH_3$	$-CH_3$	$-C_2H_5$	$-CH_3$	—H	S	$-CH_3$
细菌叶绿素d 绿硫细菌/ 705~740	$-CH(OH)-CH_3$	$-CH_3$	$-C_2H_5$ $-C_3H_7$ $-C_4H_9$	$-C_2H_5$ $-CH_3$	—H	F	—H
细菌叶绿素e 绿硫细菌/ 719~726	$-CH(OH)-CH_3$	$-C(=O)-H$	$-C_2H_5$ $-C_3H_7$ $-C_4H_9$	$-C_2H_5$	—H	F	$-CH_3$
细菌叶绿素g 螺杆菌/ 670,788	$-CH=CH_2$	$-CH_3$[b]	$-C_2H_5$	$-CH_3$	$-C(=O)-O-CH_3$	F	—H

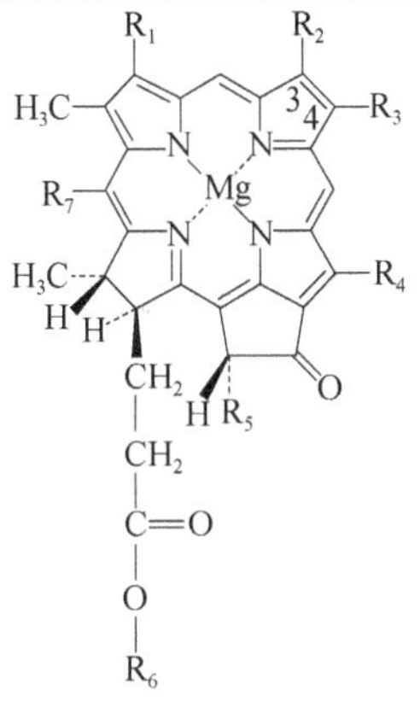

[a]P,叶绿醇（$C_{20}H_{39}O$-）;F,法尼酯（$C_{15}H_{25}O$-）;Gg,牻牛儿酯（$C_{10}H_{17}O$-）;S,硬酯醇（$C_{18}H_{37}O$-）。
[b]在C_3与C_4之间没有双键;在C_3-C_4之间有一个另外的H原子。
[c]在C_3与C_4之间没有双键;在C_3-C_4之间有一个另外的H原子。
[d]细菌叶绿素c、d和e是异聚体混合物,在R_3基团上含有不同的取代基因。

资料来源：Madigan 等（2009）。

2.2　光能有机营养型

光能有机营养型（photoorganotroph）也称光能异养型。这是一类能利用光能，以简单的有机物（如有机酸、醇等）为供氢体来同化 CO_2 的微生物类群。如以异丙醇为供氢体，其反应通式为

$$CO_2 + 2CH_3-CH(CH_3)OH \xrightarrow[\text{细菌叶绿素}]{\text{光能}} [CH_2O] + 2CH_3COCH_3 + H_2O$$

这一类型与光能无机营养型微生物的主要区别在于氢和电子供体的来源。紫色非硫细菌群，如红螺菌属就

是这一营养类型的代表，它们不能以硫化物为唯一电子供体，需要同时供给某些简单的有机物和少量维生素才能生长。有机物在这里除了与硫化物一起用作氢或电子供体以外，也可以被直接同化利用。紫色非硫细菌不以元素硫为电子供体亦不在细胞内积累元素硫。它们中的一些类群还能在黑暗、好氧条件下停止光合色素合成而依赖环境中的少量有机物进行化能异养，在有光、厌氧条件下才表现为光能有机营养。

2.3 化能无机营养型

化能无机营养型（chemolithotroph）也称化能自养型。这是一类通过氧化无机物获得能量，并能以 CO_2 为唯一或主要碳源的微生物。由于氧化无机物产能低，这种类型的微生物生长一般较迟缓，某些类群（如硝化细菌）甚至只能在严格的无机环境中生长，有机物（甚至包括常用作细菌培养基凝固剂的琼脂）的存在均对它们有毒害作用。

根据被氧化的无机物的种类，可以将化能无机营养型微生物区分为硝化细菌、硫化细菌、铁细菌和氢细菌。

2.3.1 硝化细菌

硝化细菌（nitrifying bacteria）是通过氧化铵盐或亚硝酸获得能量的严格化能自养菌。在分类上属于硝化细菌科（Nitrobacteriaceae），包括两个不同的生理群，亚硝化细菌群和硝化细菌群。

1. 亚硝化细菌群

亚硝化细菌（nitrosifyer）也称为铵氧化细菌，能将铵盐氧化为亚硝酸，其产能的反应式为

$$2NH_4^+ + 3O_2 \longrightarrow 2NO_2^- + 2H_2O + 4H^+ + 549.4kJ$$

亚硝化细菌的代表性种类有亚硝化单胞菌属（*Nitrosomonas*）、亚硝化螺菌属（*Nitrosopira*）和亚硝化球菌属（*Nitrososcoccus*）等。除了上述好气类群外，还可从水和土中分离出兼性厌气的亚硝酸细菌。

2. 硝化细菌群

硝化细菌（nitrite-oxidizing bacteria）也称亚硝酸氧化菌，能进一步将亚硝酸氧化为硝酸，其产能反应式为

$$NO_2^- + \frac{1}{2}O_2 \longrightarrow NO_3^- + 74.1kJ$$

代表性种类有硝化杆菌属、硝化球菌属（*Nitrococcus*）和硝化刺菌属（*Nitrospina*）等。

与其他的自养菌一样，硝化细菌以 CO_2 为唯一或主要碳源生长时也需要 ATP 和还原力（NADH）。还原力的产生也是通过反向电子传递获得的（见不产氧光合作用）。

2.3.2 硫化细菌

硫化细菌（sulfur-oxidizing bacteria）是一类能氧化还原态无机硫化物（如 H_2S、S、$S_2O_3^{2-}$ 和 SO_3^{2-}），从中获得能量的好氧或兼性厌氧细菌，多数为专性的化能自养菌。在分类上属于硫化细菌科（Thiobacillaceae），其氧化产能反应式为

$$H_2S + \frac{1}{2}O_2 \longrightarrow H_2O + S + 209.4kJ$$

$$S + 1\frac{1}{2}O_2 + H_2O \longrightarrow H_2SO_4 + 587.1kJ$$

硫化细菌的代表类群有硫杆菌属（*Thiobacillus*）、硫小杆菌属（*Thiobacterium*）和硫微螺菌属（*Thiomicrospira*）等。少数种类，如氧化硫硫杆菌（*T. thiooxidans*）因能产酸而使环境 pH 降到 2.0 以下，可应用于细菌冶金，从含硫废矿渣中回收铜等有色金属。

2.3.3 铁细菌

铁细菌（iron-oxidizing bacteria）通过氧化 Fe^{2+} 形成 Fe^{3+} 来获取能量，并同化 CO_2。其产能反应式为

$$2Fe^{2+} + \frac{1}{2}O_2 + 2H^+ \longrightarrow 2Fe^{3+} + H_2O + 65.8kJ$$

通过氧化 Fe^{2+} 形成 Fe^{3+} 所获能量非常少，因而铁细菌为了生存必须氧化大量的铁。

铁细菌多分布于温泉、池塘和河流等含二价铁较高的水体中。代表性类群有铁杆菌属（*Ferrobacillus*）和嘉氏铁细菌属（*Gallionella*）等。由于研究尚不深入，对后一类铁细菌的自养性质和分类地位还存有争议。

2.3.4 氢细菌

已知许多细菌类群具有氢化酶，能从氢气的氧化过程中获取能量来同化 CO_2。其产能反应式为

$$H_2 + \frac{1}{2}O_2 \longrightarrow H_2O + 237.2kJ$$

真正严格化能自养的氢细菌很少，只有氢杆菌（*Hydrogenbacter*）一个属。许多化能异养型的细菌（如某些固氮螺菌和根瘤菌等）也具有氢酶或吸氢酶，能借以从氧化氢气的过程中获得能量，但不同化 CO_2。

2.4 化能有机营养型

化能有机营养型（chemoorganotroph）也称化能异养型。这是一类以有机物为能源和碳源的微生物，包含的种类最多，所起的作用也最强。已知的绝大多数细菌和古菌、全部的真菌和原生动物，均属于本类型。

化能有机营养型的微生物又可以分为腐生的和寄生的两类。腐生的是利用无生命的有机物（包括动植物的残体）作为营养物质。寄生的是寄生在活的寄主体内吸收寄主的营养物质，进行生命活动，离开寄主便不能生存。在腐生和寄生微生物之间，又存在中间类型的兼性腐生微生物和兼性寄生微生物。细菌中存在以上各种类型，而大多数的真菌和放线菌都是腐生型的，少数是寄生的。

上述四种营养类型的划分不是绝对的，在众多微生物类群中，存在着许多中间过渡的和兼性的类型。外界条件改变时，它们可由自养型变为异养型或由光能型变

为化能型。例如，氢单胞菌属（*Hydrogenomonas*）在只有无机物的环境中，利用氧化氢气获得能量，还原 CO_2 合成细胞物质；当有机物存在时，能直接利用有机物进行异养代谢。深红红螺菌在光和厌氧条件下，利用光能同化 CO_2，而在黑暗和好氧条件下，则利用有机物氧化所产生的化学能进行代谢活动。现已发现许多异养型微生物也能以有机酸羧化的方式吸收 CO_2，即化能异养型微生物也具有同化 CO_2 的能力，只是它们主要以有机物为能源和碳源，不能以 CO_2 作为唯一碳源。

光能无机营养型和光能有机营养型微生物可以利用光能生长，在地球早期生态环境的演化过程中起重要作用；化能无机营养型微生物广泛分布于土壤及水体环境中，参与地球物质循环；而在化能有机营养型微生物中，有机物既是碳源又是能源，化能有机营养型微生物在分解动植物残体和地球物质循环中起重要作用。

第 3 节　微生物对营养物质的吸收

3.1　微生物对小分子营养物质的吸收

微生物从外界摄取营养物质的方式随微生物类群和营养物质种类而异，其中绝大多数属于渗透吸收型微生物。在微生物对营养物质的吸收过程中，细胞壁对营养物质的运送作用不大，原生质膜由于具有高度选择透性因而在营养物质的进入和代谢废物的排出上起着重要的作用。原生质膜形成了一个疏水屏障，大多数亲水分子不能透过这一屏障。因此，微生物细胞必须存在一些机制使得细胞可以从环境中运输营养物质进入细胞，并将产生的代谢废物运出细胞。一般认为，原生质膜以 4 种方式控制营养物质的运送，即被动扩散、促进扩散、主动运输和基团转位（基团转移），其中以主动运输最为重要。最新的研究发现，革兰氏阴性细菌细胞壁的外壁层由于含有脂多糖，具有一定的渗透屏障功能，但是在外壁层中存在着孔道蛋白，通常以三聚体形式垂直镶嵌于外壁层中（图 3-1），大多呈管状跨越外壁层，这些狭窄的通道可使一些分子质量小于 600～700Da 的小分子化合物进入到周质空间。然而对于一些大分子物质如维生素 B_{12}、寡糖和铁螯合剂等也能通过外壁层，这些分子不是通过孔道蛋白，而是通过外壁层上的特异性载体蛋白运入周质空间的。例如，麦芽糖通过穿越外膜上一个由麦芽糖孔蛋白组成的特殊的通道进入。

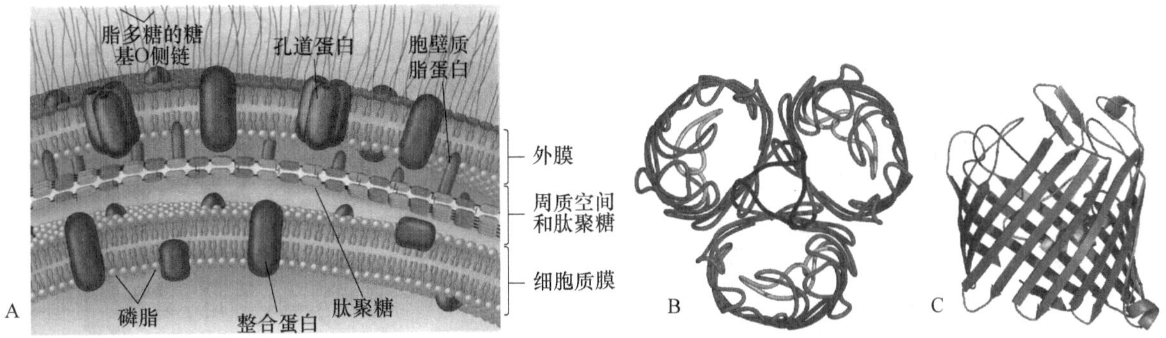

图 3-1　革兰氏阴性细菌细胞壁的外壁层上的孔道蛋白（Willey et al.，2009）

A：革兰氏阴性细菌外壁层；B：大肠杆菌的 OmpF 孔道蛋白三聚体的俯视图（从外壁层外面方向俯视），三个孔道蛋白单体每个都形成一个孔道，每个蛋白质都形成三个环；C：大肠杆菌的 OmpF 孔道蛋白单体的侧视图，显示孔道蛋白的特征性桶状结构

3.1.1　被动扩散

被动扩散（passive diffusion）也称简单扩散（simple diffusion）。它是由于原生质膜内外营养物质的浓度差而产生的物理扩散作用。扩散是非特异性的，顺着浓度梯度（图 3-2），其速度取决于营养物质的浓度差、分子大小、溶解性、极性、pH、离子强度和温度等因素。营养物质的扩散能使细胞内外的浓度差不断减少，直到二者相等，即达到动态平衡。但实际上由于细胞内营养物质的不断消耗使之不断减少，从而推动被动扩散能够持续进行。

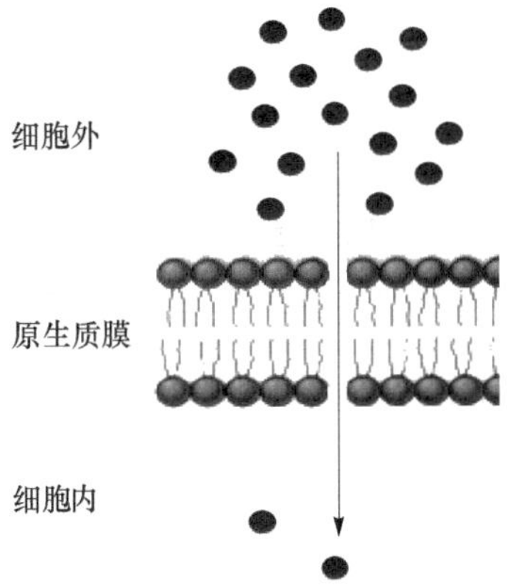

图 3-2　被动扩散的模型

被动扩散不需要膜上载体蛋白的参与，也不需要能量，因此它不能逆浓度梯度运输营养物质，运输的速度也低，能够运送的营养物质种类十分有限。已知以这种方式进入的物质主要有水、溶于水的气体和小的极性分子（如尿素、甘油、乙醇、O_2 和 CO_2 等）。

3.1.2 促进扩散

促进扩散（facilitated diffusion）也称协助扩散。与被动扩散不同，促进扩散是营养物质通过与埋藏于原生质膜上的透性酶（permease）或称为载体蛋白的可逆性结合来加快营养物质的扩散速度。因为有载体蛋白参与了扩散过程，所以称为促进扩散，其效率高于被动扩散。透性酶多为诱导酶，只有在环境养料成分的诱导下才能合成，透性酶的活性受环境 pH 和温度的影响。促进扩散依靠营养物质在膜内外的浓度差推动，不消耗能量，同样也不改变最终达到内外浓度相等的动态平衡（图 3-3）。促进扩散具有特异性，即一定的透性酶只能与一定的营养物质或结构相近的分子结合；能提高营养物质的转运速度，提前达到动态平衡；当营养物质浓度过高时，由于可被结合的透性酶数量有限而具有饱和效应（图 3-4）。以运输速度对浓度作图表现出 Michaelis-Menten 曲线的形式，可以测得物质转移到膜内的最大速度和亲和性常数 *K*m。

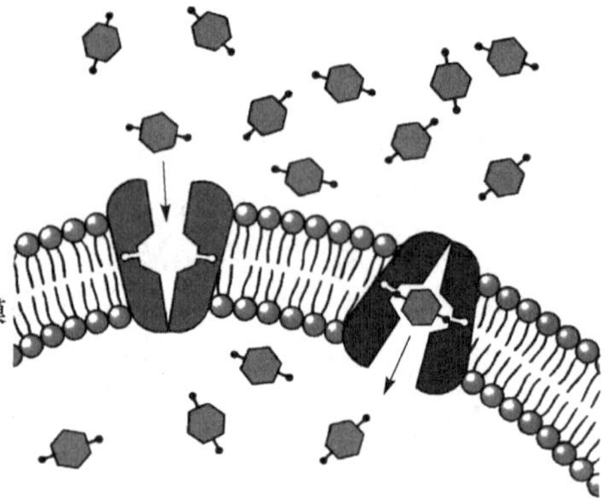

图 3-3 促进扩散的模型

膜上的载体蛋白结合了细胞膜外的营养物质后发生构象变化，将营养物质释放至胞内，然后它又回复到最初的构象，可以结合新的营养物质，因为没有能量参与，只有在细胞外营养物质浓度高于胞内时，扩散才能进行

虽然关于促进扩散已经进行了大量的研究工作，但是它的机制目前还不是十分清楚。可能机制是跨越原生质膜的载体蛋白结合了细胞膜外的营养物质后发生构象变化，将营养物质释放至胞内（图 3-3）。然后它又回复到最初的构象，可以重新结合新的营养物质。通过载体蛋白的作用，亲水性分子可以通过胞内外的浓度差进入细胞。因为促进扩散是由营养物质在细胞内外的浓度差驱动的，因而这个过程是可逆的。如果细胞内的浓度高于胞外，营养物质则会运出细胞。细胞会消耗营养物质进行产能等生理活动，因此促进扩散一般是将营养物质运入细胞。

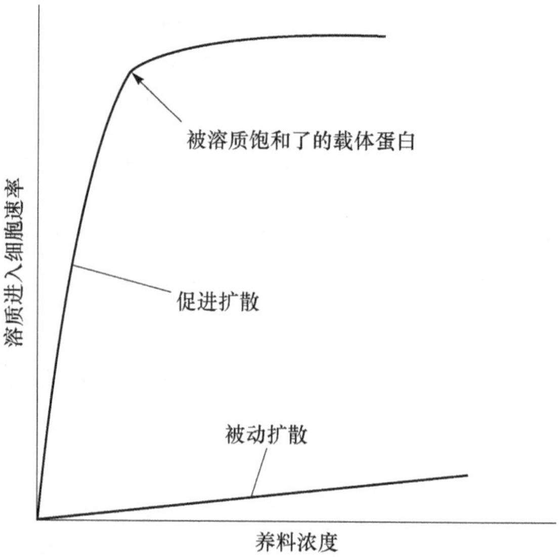

图 3-4 被动扩散与促进扩散中养料浓度与进入细胞速度的关系（Madigan et al.，2009）

促进扩散这一运输机制对于原核微生物似乎不是很重要，因为细菌细胞通常处于营养物质浓度极低的环境中，这时协助扩散就派不上用场。在大肠杆菌、鼠伤寒沙门氏菌、假单胞菌、芽孢杆菌和其他一些细菌中甘油通过促进扩散进行运输。大肠杆菌的甘油转运蛋白 GlpF 是存在于内膜上的孔蛋白类型的通道蛋白。*glpF* 基因与 *glpK* 基因（编码甘油激酶）位于同一个操纵子。这种孔蛋白型的通道也允许多羟基的醇和其他不相关的小分子，如尿素和甘氨酸的进入，但带电荷的分子如 3-磷酸-甘油醛（G3P）和二羟基丙酮磷酸（DOHAP）则不能通过。力敏感离子通道（mechanosensitive ion channel，MscL）也属于促进扩散类型。促进扩散在真核生物中的作用更为突出，可用于转运一些糖和氨基酸。

3.1.3 主动运输

协助扩散可顺浓度梯度运送营养物质，但是当环境中营养物质浓度很低而胞内浓度高于胞外时它就无法发挥作用。微生物可以通过主动运输（active transport）和基团转移这两种运输机制完成以上使命。

主动运输是需要消耗能量，通过膜上的载体蛋白逆浓度梯度吸收营养物质的过程。加入阻止细胞代谢产生能量的抑制剂，如叠氮钠或碘乙酸等，主动运输将受到抑制，但被动扩散和促进扩散则不受影响。主动运输也具有养料和载体蛋白对应的专一性，需要消耗能量，能逆浓度梯度吸收并能改变养料运输反应的平衡点。主动运输是存在于微生物中的主要物质运输方式，其具体的方式有多种，是微生物在自然界贫瘠的环境中得以正常生存的重要原因之一。

同协助扩散相同，在主动运输过程中，载体蛋白与被运输养料的亲和性在细胞内外必须发生改变，即在细胞的细胞膜之外，载体蛋白与被运输物的亲和性高，而在细胞膜的内表面，载体蛋白与被运输物的亲和性低。在这一运输机制中，位于细胞质膜上的载体蛋白通过改变构象，使其对被运输养料的亲和性发生改变。

驱动主动运输的能量来源有两种方式：一种是质子动力（proton motive force，PMF）型，另一种是 ATP 动力型。

1. 化学渗透驱动运输

质子动力型的主动运输也称化学渗透驱动运输（chemiosmotic-driven transport）。微生物在呼吸作用中，由基质上脱下来的电子经呼吸链传递给氧（无氧呼吸时传递给无机化合物）的过程中，H^+ 被排出膜外。此外，细胞内的 ATP 在 ATP 酶作用下，水解形成 ADP 的同时，也可使 H^+ 排出膜外。由于 H^+ 被排出膜外及完整的膜对 H^+ 的不可透过性，从而产生了膜内外的电位差和质子浓度差，二者构成质子动力。载体蛋白与 H^+ 结合，利用质子动力将结合于其上的被运输物运送至细胞内。大肠杆菌中约有 40％的物质是通过化学渗透驱动运输方式进入细胞的。它们有两个基本方式：同向运输（symport）和逆向运输（antiport）（图 3-5）。当载体蛋白上结合的被运输物与 H^+ 同方向被运送到细胞内的过程，称为同向运输。进行同向运输的载体蛋白上除了 H^+ 结合位点外，还有一个与养料结合的位点，当 H^+ 在进入细胞的同时也运入了养料。在大肠杆菌中乳糖、脯氨酸和丙氨酸等就是通过这种形式向膜内运送的。逆向运输是通过一个共同的载体将两个具有相似电荷的物质同时向相反的方向进行运输。如大肠杆菌的 Na^+/H^+（NhaA 和 NhaB）交换运输蛋白，它们在碱性的生长条件下在产生钠动力和维持细胞内的中性 pH 方面起重要的作用。逆向运输也可通过 H^+ 与 Na^+ 的反向传递（即在 H^+ 进入细胞时将 Na^+ 排出），通过消耗质子动力产生了 Na^+ 的电位差，然后再由 Na^+ 与营养物质一道作同向运输而进入细胞（图 3-6）。在大肠杆菌中，谷氨酰胺通过和 Na^+ 同向运输进入膜内，极端嗜盐古菌也是通过和 Na^+ 同向运输吸收亮氨酸和谷氨酸。在这一运输机制中，代谢能没有直接消耗在养料运输上，而是用于建立膜内外离子浓度梯度。表 3-12 中列举了一些代表性的同向运输和逆向运输系统。

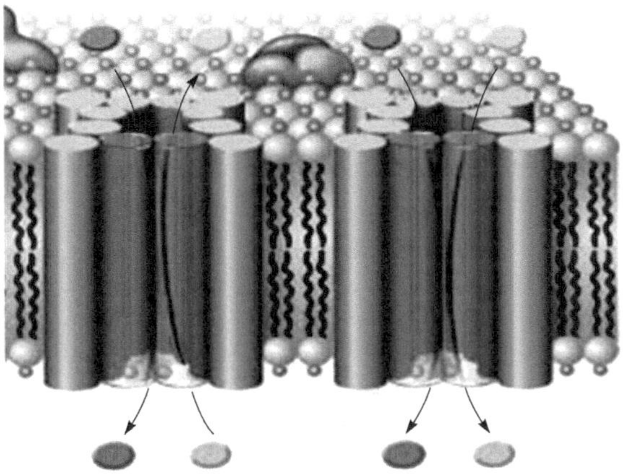

图 3-5 同向运输和逆向运输（Madigan et al.，2009）

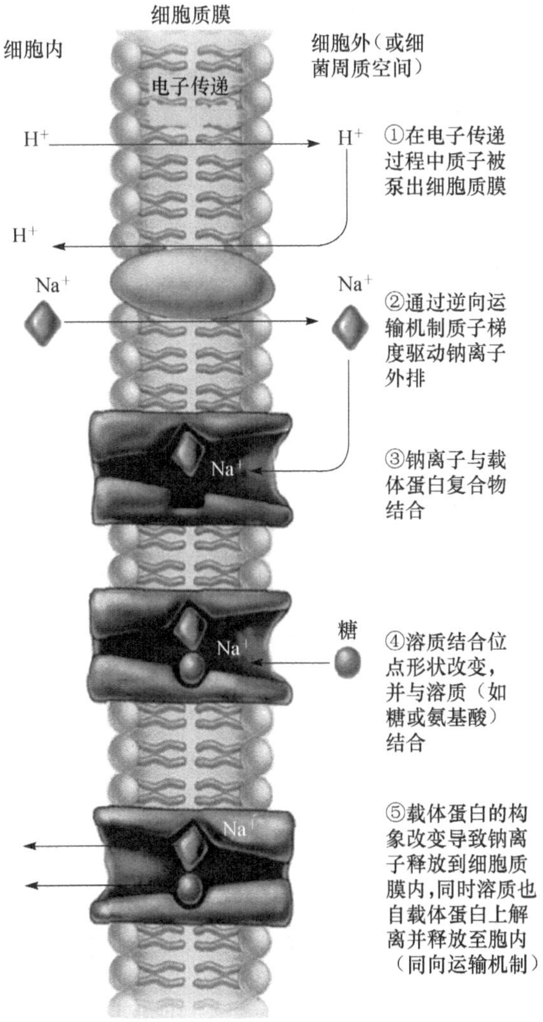

图 3-6 质子动力和钠梯度驱动的主动运输（Willey et al.，2008）

2. ATP 动力型主动运输

主动运输中能量来源的另一种方式称为 ATP 动力型主动运输（ATP-driven active transport），其中钠钾泵研究得最为深入。钠钾泵能在原生质膜上以很高的效率向胞外排出 Na^+，同时向胞内吸入 K^+。研究表明钠钾泵实质上就是 Na^+-K^+-ATP 酶，其作用机制如图 3-7 所示。钠钾泵的作用过程主要有 3 步。首先，ATP 酶的构型Ⅰ（E_1）在细胞内侧与 3 个 Na^+ 结合，同时激发酶消耗 ATP 的磷酸化。其次是磷酸化的 ATP 酶（E_2）发生构型变化，将 Na^+ 排至细胞外，并同时与环境中的 2 个 K^+ 相结合。最后由 K^+ 激发 E_2 的脱磷酸化而恢复成原

表 3-12　一些代表性的化学渗透驱动蛋白

同向运输	反向运输
H^+/氨基酸	H^+：阳离子
H^+/甘氨酸[a]	H^+：Ca^{2+}[a]
H^+/组氨酸[a]	H^+：$CaHPO_4$[a]
H^+/赖氨酸[a]	H^+：K^+[a]
H^+/苯丙氨酸[a]	H^+：Na^+[a]
H^+/有机酸	K^+：阳离子
H^+/DL-乳酸[a]	K^+：$CH_3NH_3^+$[a]
H^+/丙酮酸[a]	$H_2PO_4^-$：有机阴离子
H^+/琥珀酸[a]	$H_2PO_4^-$：6-磷酸-己糖[a]
H^+/葡萄糖酸[a]	$H_2PO_4^-$：3-磷酸-甘油[a]
H^+/糖	$H_2PO_4^-$：磷酸烯醇式丙酮酸[b]
H^+/阿拉伯糖[a]	
H^+/半乳糖[a]	
H^+/乳糖[a]	
H^+/无机阴离子	
H^+/磷酸[a]	
Na^+/氨基酸	
Na^+、H^+/谷氨酸[a]	
Na^+（H^+）/脯氨酸[a]	
Na^+/糖	
Na^+（H^+）/蜜二糖[a]	
Mg^{2+}/有机酸	
Mg^{2+}、H^+/柠檬酸[c]	

资料来源：Moat 等（2002）。
a：大肠杆菌。
b：鼠伤寒沙门氏菌。
c：枯草芽孢杆菌。

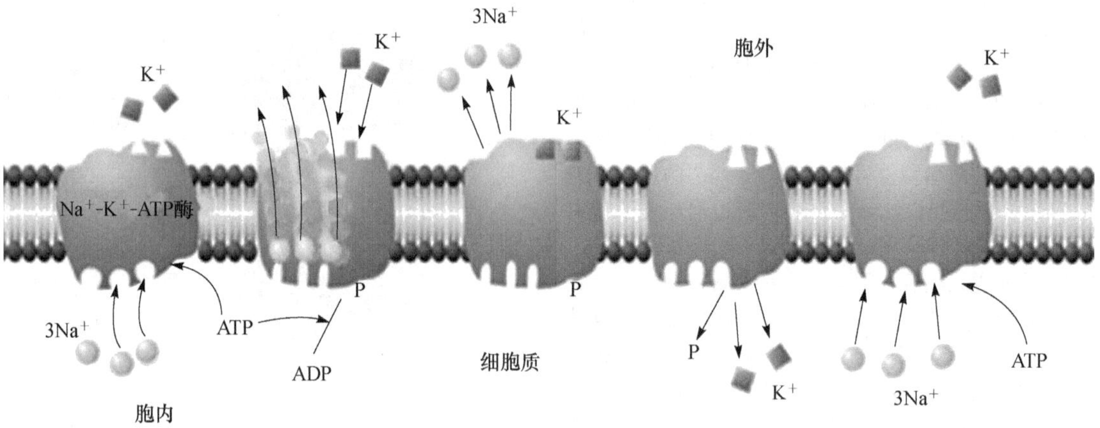

图 3-7　Na^+-K^+-ATP 酶的作用机制

1. 胞内的 3 个 Na^+ 和 ATP-Mg^{2+} 与 E_1 结合；2. E_1 接受能量磷酸化为 E-P；3. ATP 酶变构为 E_2，同时将 3 个 Na^+ 经通道泵出；4. 胞外的 2 个 K^+ 与 E_2-P 结合；5. K^+ 促进 $E_2 \to E_1$ 的脱磷酸构象变化，同时将 K^+ 泵入细胞内

来的 E_1 构型，同时将 K^+ 运入细胞。Kdp 系统也是 ATP 动力型的 K^+ 转运 P 型 ATP 酶，与钠钾泵不同的是，它只将离子运入细胞，而其他所有的 P 型 ATP 酶将一种离子从细胞质中排出细胞的同时偶联着一种其他离子自胞外运入细胞。Kdp 系统在高渗条件下的钾吸收中起主要作用（详见第 11 章第 5 节）。ATP 型的离子泵可以转运的离子包括 K、Mg、Ca、Cd（抗性）和 As（抗性）。

3. ATP-结合盒式转运蛋白

除以上两种形式外，主动运输中还有一种结合蛋白运输系统，存在于细菌、古菌和真核生物中，这个系统被称为 ATP-结合盒式转运蛋白（ATP-binding cassette transporter），简称 ABC 转运蛋白（ABC transporter）。ABC 转运系统由膜上转运蛋白和位于周质空间的底物结合蛋白组成。转运蛋白通常由 4 个蛋白质组成膜结合的复合体，其中的2个蛋白质是整合膜蛋白，而另外2个是外周膜结合的细胞质蛋白（核苷酸结合结构域）（图3-8）。整合膜蛋白在原生质膜上形成孔洞。ABC转运蛋白能运送特异的底物结合蛋白，在革兰氏阴性细菌底物结合蛋白位于周质空间，革兰氏阴性细菌在处于渗透胁迫的情况下（如细胞在含有EDTA的20%蔗糖溶液中悬浮，离心后再快速悬浮于冷$MgCl_2$溶液中）可以将周质的蛋白质释放到周围的培养基中，在这些周质蛋白中就有一些是某些特殊营养物质，如SO_4^{2-}、氨基酸、糖和其他化合物的结合蛋白；而在革兰氏阳性细菌中，没有外膜来区域化这些蛋白质，结合蛋白或以脂蛋白的形式存在于原生质膜的外表面，或以细胞表面结合蛋白的形式通过静电引力结合在外膜的表面。结合蛋白与被运送的营养物质结合，然后营养物质自周质结合蛋白传送到膜上的转运蛋白复合体将引发ATP水解，进而导致孔蛋白开放允许物质向细胞质内的单向运输。转运通过消耗ATP或其他高能的磷酸化合物，如乙酰磷酸等提供能量。在大肠杆菌中大约有40%的物质是通过周质结合蛋白和ABC转运蛋白机制进行运输的，如各种糖（阿拉伯糖、麦芽糖、半乳糖、核糖）和氨基酸（谷氨酸、组氨酸、亮氨酸）。多重抗药性ABC转运蛋白（multidrug-resistance ABC transporter）可以将抗生素泵出细胞从而造成多重抗药性。

这些ABC转运系统有时也称为运输ATP酶（traffic

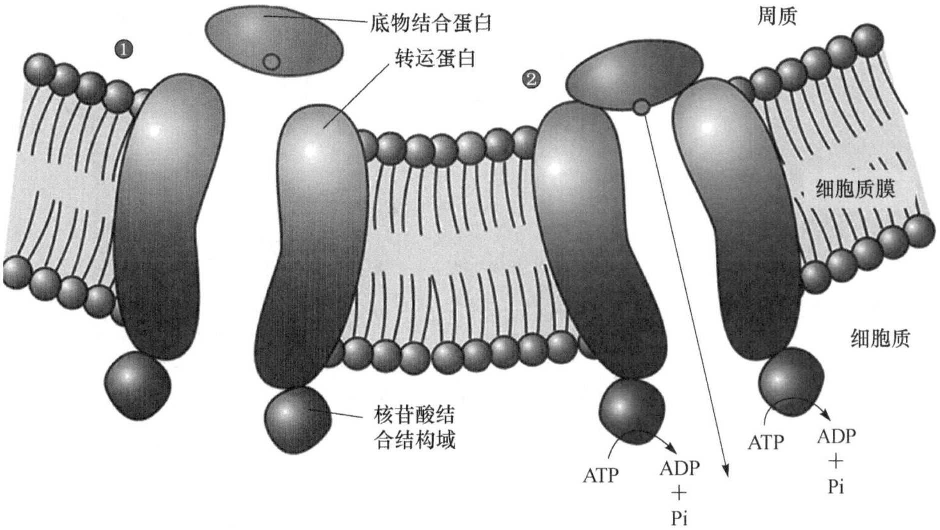

图3-8 ABC转运蛋白的功能示意图（Willey et al.，2008）

首先结合蛋白与被运送的营养物质结合，然后传送到膜上的转运蛋白复合体，营养物质到达膜上的转运蛋白复合体后，释放营养物质，ATP水解，孔蛋白开放允许物质向细胞质内的单向运输

ATPase），彼此之间在系统发育上具有惊人的同源性。转运蛋白的细胞质成分具有2个特殊的ATP结合位点：步行者A盒（walker A box）[GX（S/T）GXGK（S/T）（S/T）]，它形成一个被称为P-loop的结构可与ATP的γ-磷酸相互作用；步行者B盒（walker B box）[ILLLD]。因而，这些蛋白质又被称为ATP结合盒子（ATP-binding cassette）或ABC蛋白。

大肠杆菌的组氨酸通透酶是ABC转运系统中研究得最深入的一个例子。组氨酸通透酶包含组氨酸结合蛋白HisJ和3个蛋白质，HisQ、HisM和HisP，后3个蛋白质组成膜结合复合体。膜结合复合体是由1分子的HisQ、HisM和2分子的ATP结合亚基HisP组成。受体HisJ结合组氨酸后改变构象，可以与膜结合复合体相互作用。伴随着ATP水解发生了一系列的构象变化，组氨酸通过由HisQ和HisM形成的孔被运入细胞内。

3.1.4 基团转移

如果营养物质在通过原生质膜的转移过程中发生化学变化，如营养物质被磷酸化，这样的运输方式称为基团转移（group translocation）。基团转移也需要消耗能量，目前这种运输方式仅在原核生物中发现。基于单糖在大肠杆菌等许多细菌类群中很少以游离态而多以磷酸化态存在的事实，科学家证实，在这些细菌的原生质膜上有一种磷酸转移酶系统（phosphotransferase system，PTS），能使糖在进入原生质膜的同时发生磷酸化。

在磷酸转移酶系统中，糖的磷酸化是与糖的运输相偶联的，能量由EMP途径的中间产物磷酸烯醇式丙酮酸（PEP）提供。磷酸转移酶系统由两种酶（酶Ⅰ和酶Ⅱ）和一种具有高能磷酸载体作用的蛋白质（HPr蛋白）构成（图3-9）。酶Ⅰ和HPr蛋白都是可溶性的组成型蛋白，不与糖分子结合，不是载体蛋白，也不具有专一性，可参与给定生物中的所有PTS碳水化合物的磷酸化，因此被称为通用PTS蛋白（general PTS）。HPr蛋白对热稳定。不能合成酶Ⅰ或HPr的突变株，便丧失运输糖的能力。例如，鼠伤寒沙门氏菌的酶Ⅰ缺失突变株，不能利用葡萄糖、甘露糖和果糖等糖类化合物。而酶Ⅱ位于原生质膜，是诱导合成的。酶Ⅱ由3个结构域（a、b、c）组成，可被组合成一个单一的膜结合蛋白或分裂成两个或更多的蛋白质（由不同的系统决定），称为Ⅱ$_a$、Ⅱ$_b$和Ⅱ$_c$。Ⅱ$_c$是一个整合膜蛋白（或结构域）。在它的催化下，HPr-P上的磷酸基因可以转移到糖上，生成糖-6-磷酸。酶Ⅱ对不同糖类有高度专一性，缺失某种酶Ⅱ的突变株，只丧失对相应的一种糖的运输能力。在任何情形下，PEP的磷酸基因通过细胞质内的EⅠ、HPr、EⅡ$_a$和EⅡ$_b$的磷酸中间体传递给膜上的EⅡ$_c$，最终传递给进入的糖（图3-9）。EⅡ$_c$形成转移通道和至少部分的特定糖的结合位点。根据序列同源性，EⅡ可被分为4型：甘露醇型、葡萄糖型、甘露糖型和乳糖型（在少数革兰氏阳性细菌中，半乳糖和二糖乳糖通过PTS运输）。

基团转移方式主要存在于兼性和专性厌氧细菌中。

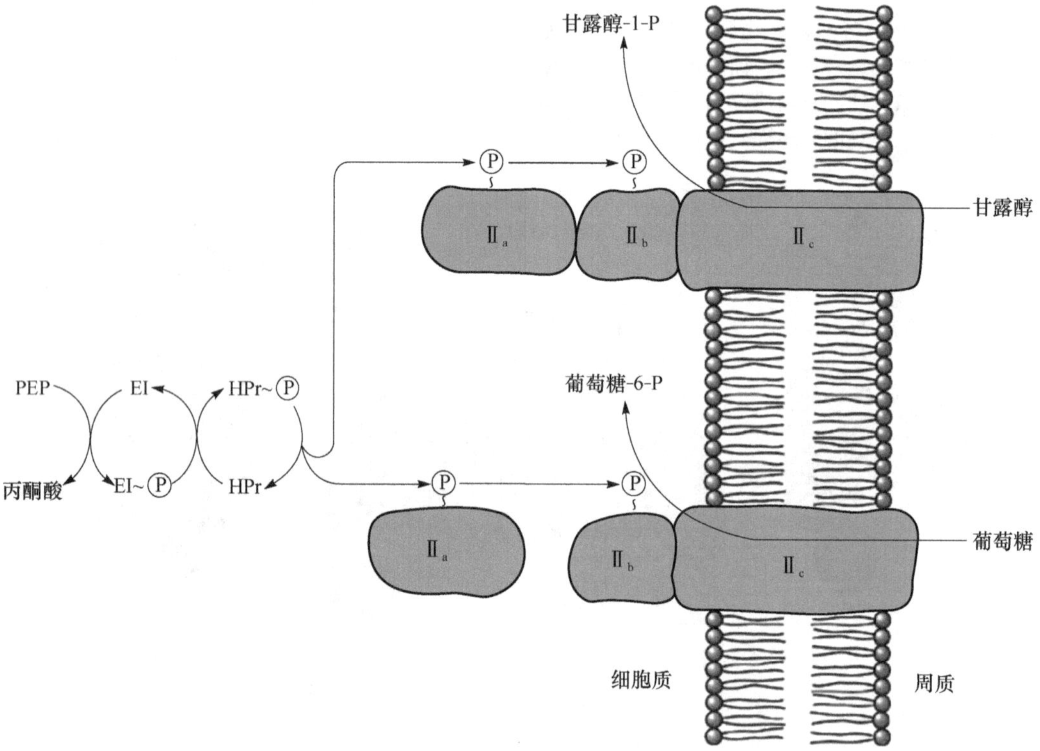

图3-9　基团转移运输机制示意图（Willey et al.，2008）

糖的运输需要5个蛋白质的参与：酶Ⅰ（EI）、酶Ⅱ$_a$、Ⅱ$_b$、Ⅱ$_c$和热稳定性蛋白（HPr）；磷酸基团从PEP被顺次转移，最终传递给Ⅱc，后者转运和磷酸化糖；蛋白质HPr和酶Ⅰ是非特异性的，而酶Ⅱ组分是特异性的

严格的好氧菌主要通过主动运输吸收糖，但也有例外，某些好氧菌如节杆菌属的一些种，巨大芽孢杆菌以及枯草芽孢杆菌等也通过基团转移向细胞内运送葡萄糖。

基团转移在养料运输的同时实现其磷酸化，磷酸化的糖可以立即进入细胞的合成或分解代谢途径，还能避免细胞内糖浓度过高，因而是一种经济有效的养料运输方式。现已发现可经基团转移方式运输的糖类主要有乳糖、葡萄糖、甘露醇、麦芽糖、果糖和*N*-乙酰葡萄糖胺等。有报道嘌呤和嘧啶化合物也是通过类似的磷酸核糖转移酶系的作用，在进入细胞的同时已成为单核苷酸。由腺嘌呤磷酸核糖基转移酶催化，5-磷酸核糖-1-焦磷酸提供磷酰基，腺嘌呤磷酸化生成AMP在膜内积累。

$$\text{腺嘌呤}+\text{PRPP}\longrightarrow \text{AMP}+\text{PPi}$$

3.1.5　铁的吸收

除了上述4种吸收营养物质的途径外，微生物吸收铁的方式也非常有趣。铁是细菌的必需营养元素，在许多酶中充当辅因子和在细胞色素或铁硫蛋白中作为氧化还原中心。但是，在自然环境中，Fe^{2+}会被快速地氧化为Fe^{3+}形成不溶的$Fe(OH)_3$多聚体，没有多少游离的铁可供运送入细胞内。目前已经发现，许多细菌和真菌能够分泌低分子量的铁载体（siderophore）与Fe^{3+}结合，铁载体可被特定的运输系统运回细胞然后释放出铁。铁载体是一些低分子质量的有机化合物，通常是氧肟酸盐或儿茶酚盐化合物（图3-10A，B）。许多真菌产生铁色素（ferrichrome），是一种环状的氧肟酸盐，称为高铁环六肽。而大肠杆菌分泌的环状儿茶酚盐衍生物称为肠螯合素（enterochelin）（图3-10B）。海洋中铁的含量极其稀少，只有pg级，海洋细菌可以分泌Aquachelin铁载体吸收铁，具有可以与铁结合的多肽头部基团和疏水的尾部基团，后者可以帮助铁结合的铁载体通过细胞膜（图3-10C）。

关于大肠杆菌中铁载体的研究比较深入。目前还不清楚大肠杆菌分泌肠螯合素的机制。一旦分泌到环境中，

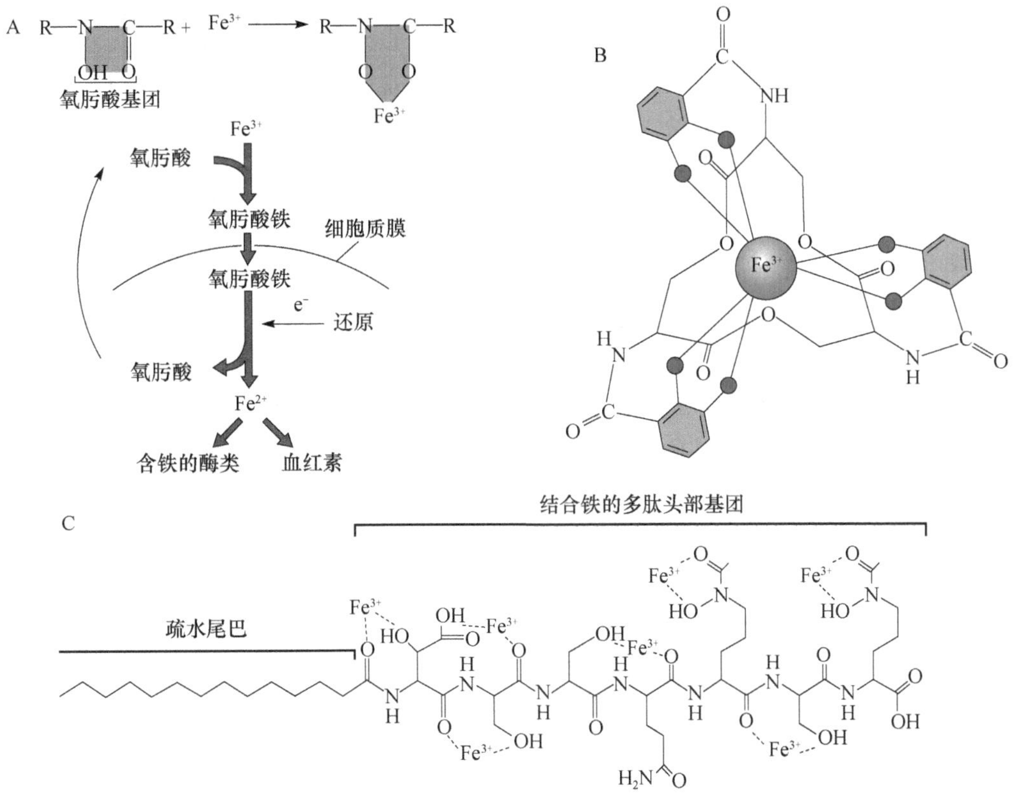

图 3-10　微生物产生的铁载体（Madigan et al.，2009）

A：氧肟酸，三价铁与氧肟酸结合，然后进入细胞膜，将二价铁释放后，氧肟酸又可被分泌于细胞外结合三价铁；B：肠螯合素；C：Aquachelin

3 个铁载体基团可以与 Fe^{3+} 结合，形成一个六配位的八面体复合物（图 3-10B）。铁-铁载体复合物到达细胞的表面，需要跨越外膜和原生质膜两道屏障，由 *fep* 基因产物完成在内外膜上的运输。外膜的 FepA 蛋白（79kDa）以单体形式促使铁-铁载体复合物跨越外膜运输，运输过程需要 TonB 内膜蛋白将质膜上的势能转导给 FepA（图 3-11）。

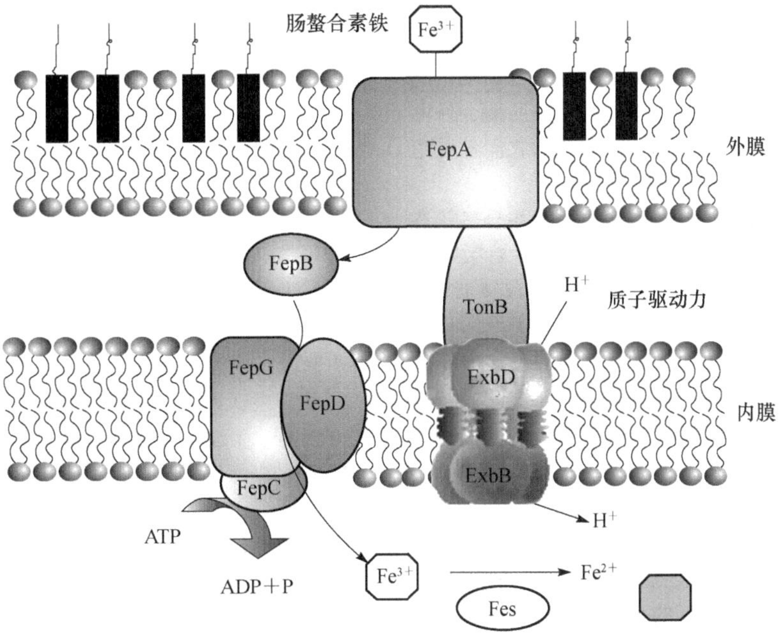

图 3-11　大肠杆菌中肠螯合素铁系统转运三聚体儿茶酚肠螯合素（Moat et al.，2002）

肠螯合素穿越外膜上的 FepA 蛋白，这一过程需要 TonB 偶联的能量，周质的 FepB 蛋白将 Fe^{3+} 肠螯和素传递给内膜蛋白 FepG 和 FepD，跨越内膜需要 FepC 消耗 ATP 作为能量，在细胞质中，Fes 肠螯合素酯酶切裂肠螯合素，释放铁并将之还原

2个内膜蛋白 ExbB 和 ExbD 形成一个有中心通道的异源六聚体，中心通道接纳 TonB 的跨膜部分。以质子动力作为能量，质子穿越 ExbDB 六聚体能化 TonB 使之与 FepA 相互作用，引发 FepA 的构象改变从而促使铁肠螯合素运输进入周质。接下来，位于周质空间的铁肠螯合素结合蛋白（FebB）将复合物传递到由 FepG、FepD 和 FepC 组成的内膜转运系统上。FepC 是一个膜结合的 ATP 酶，消耗 ATP 将复合物通过 FepG 和 FepD 运入细胞质。进入细胞内的肠螯合素的骨架将被 Fes 酯酶切开，与铁的亲和性从 10^{-52} 下降至 10^{-8}。释放的 Fe^{3+} 随之被还原成二价铁（Fe^{2+}）而为微生物吸收利用。

需要注意的是，环境中的微生物在吸收某种营养物质时，通常会有一个以上的运输系统在起作用。例如，大肠杆菌在吸收半乳糖时，至少有 5 种运输系统起作用；在吸收谷氨酸和亮氨酸时，各有 3 种运输系统起作用，有 2 种以上的运输系统用于吸收钾。当几个运输系统用于吸收同一营养物质时，其系统在能量来源、与营养物质的亲和性及其调控特性上都存在差异。可以设想，运输系统的多样性提高了微生物在复杂多变环境中的竞争力。

3.2 微生物对大分子营养物质的吸收

大分子营养物质如多糖、脂肪、蛋白质及核酸等，由于分子质量太大，一般不能直接透过微生物原生质膜，需要先经过相应的酶作用，将之分解为小分子物质，才能运送到细胞内。但是也发现某些微生物在特定条件下，可以直接把核酸吸收到体内。微生物细胞通过不同方式吸收营养物质的同时，也可以向外分泌无机盐、有机酸、糖类、氨基酸、嘧啶、嘌呤等小分子物质；微生物还有一些重要的结构位于细胞膜外，如原核生物中的鞭毛、荚膜、表面层等，微生物需要特殊的分泌机制将构成这些结构的大分子运出细胞进行装配；此外，微生物还可以分泌蛋白酶、淀粉酶、脂肪酶、外毒素等蛋白质。对于原核和真核微生物来说，它们各采用不同的蛋白质分泌机制。

枯草芽孢杆菌和肺炎链球菌等少数可以在自然状态下进行转化作用（transformation）的菌株，在对数生长末期，细胞可以吸收分子质量约为 10^6 Da 的双链 DNA，这时细胞处于感受态（competence）。能进行天然转化的细菌只有少数属，如链球菌（*Streptococcus*）、芽孢杆菌（*Bacillus*）、高温放线菌（*Thermoactinomyces*）、嗜血杆菌（*Haemophilus*）、奈瑟氏菌（*Neisseria*）、莫拉氏菌（*Moraxella*）、不动细菌（*Acinetobacter*）、固氮菌（*Azotobacter*）、螺杆菌（*Helicobacter*）和假单胞菌（*Pseudomonas*）。当肺炎链球菌处于对数期，细胞密度在 10^7～10^8 个/ml 时，细胞就处于感受态，可以分泌一种称为感受态因子（competence factor）的小分子蛋白质，感受态因子进而可以激活 8～10 个转化必需的新蛋白质的合成。

肺炎链球菌的转化机制研究得比较清楚（图 3-12）。如果外源的双链 DNA 比较大时，感受态细胞结合双链 DNA 片段，这个过程是随机的，供体 DNA 片段可以相互竞争。然后双链 DNA 被内切酶切割成大小为 5～15kb 的双链 DNA 片段。DNA 的吸收需要消耗能量。吸收过程中其中的一条链被细胞表面结合的内切酶水解，另外一条链与小蛋白结合穿越原生质膜进入胞内。然后这条单链可以与细菌基因组上的同源区段配对（align），整合到基因组上。

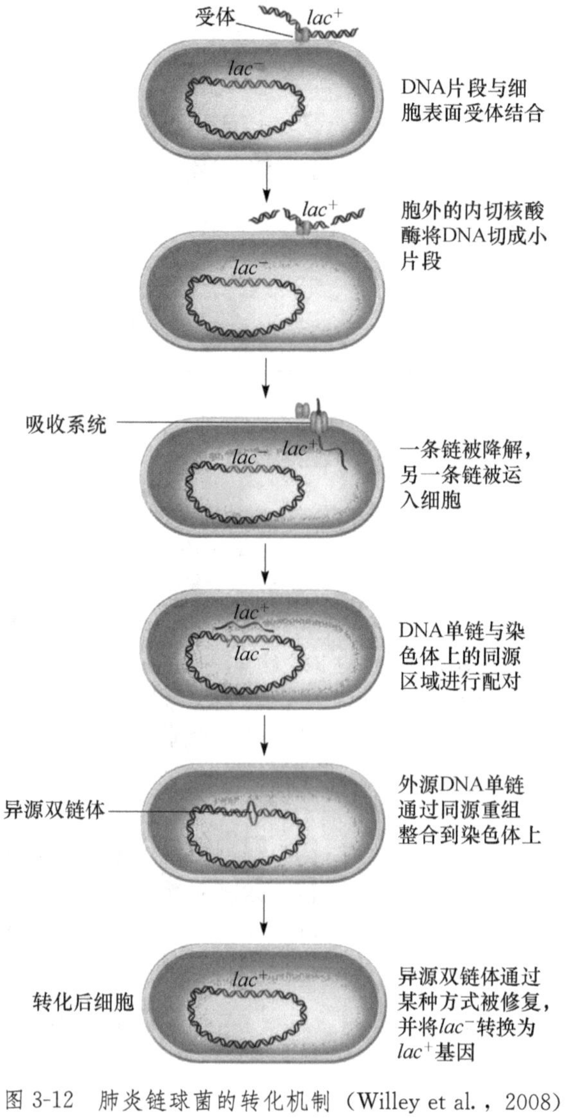

图 3-12 肺炎链球菌的转化机制（Willey et al.，2008）

而革兰氏阴性细菌流感嗜血杆菌的转化与肺炎链球菌的不同。流感嗜血杆菌不合成感受态因子，并只能从相近的种中摄取 DNA（肺炎链球菌对于 DNA 的来源并不苛刻）。双链 DNA 与结合于其上的蛋白质通过膜上小囊运入细胞。流感嗜血杆菌转化的特殊之处在于它有一个 11bp 的特殊序列（5′-AAGTGCGGTCA-3′），这一序列在流感嗜血杆菌染色体上有 1400 个重复。外源 DNA 必须具有这个序列才能被感受态结合。

吸收游离 DNA 的蛋白质必须能够将蛋白质-DNA 复合物通过革兰氏阳性细菌或阴性细菌的厚而复杂的细

胞壁屏障。这套复杂的吸收系统非常类似于蛋白质分泌系统（图 3-13）。图 3-13A 显示了革兰氏阴性细菌淋病奈瑟氏球菌的 DNA 吸收系统。PilQ 负责通过外膜层的运输；而性毛蛋白（pilin）复合物 PilE 运送 DNA 穿过周质空间和肽聚糖层；ComE 是一个 DNA 结合蛋白；N 是核酸酶，在 DNA 通过 ComA 形成的跨膜通道进入细胞质之前降解 DNA 的一条链。而图 3-13B 显示了革兰氏阳性细菌枯草芽孢杆菌中的 DNA 吸收系统。它位于细胞的两极，许多组分类似于淋病奈瑟氏球菌中的 DNA 吸收系统：性毛蛋白复合物（ComGC）、DNA 结合蛋白（ComEA）、核酸酶（N）和通道蛋白（ComEC）。ComFA 是一个 DNA 转位酶（translocase）可以将 DNA 运入细胞质。而在革兰氏阴性细菌淋病奈瑟氏球菌中目前还没有发现 ComFA 的类似蛋白。

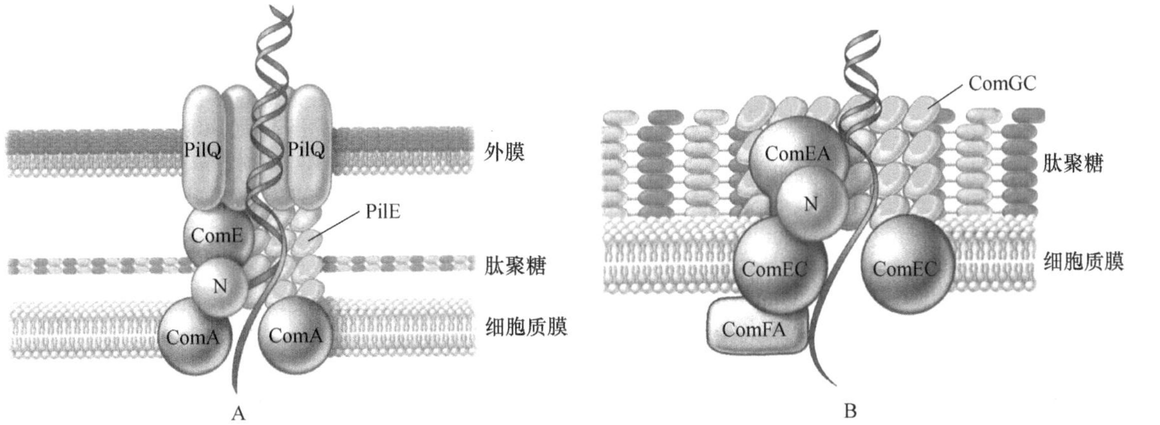

图 3-13　DNA 吸收系统（Willey et al.，2008）
A：淋病奈瑟氏球菌的 DNA 吸收系统；B：枯草芽孢杆菌的 DNA 吸收系统

在土壤和水等生态系统中，通过细菌的天然转化发生的基因转移是微生物群体之间基因交换的重要途径。微生物遗传学家也经常利用转化将 DNA（常为重组的）转入细胞。然而，大多数细菌包括大肠杆菌发生自然转化的几率低，不能进行天然转化的细菌可以通过特殊处理制备人工感受态细胞，常用的两个方法是 $CaCl_2$ 法和电击法。为增加转化效率，宿主常采用核酸酶缺失的突变株，这样外源 DNA（尤其是线状 DNA）就不易为宿主核酸酶降解而能稳定地在细胞内复制。有关这方面的问题，可参考《微生物遗传学》书籍的详细介绍。

第 4 节　微生物的蛋白质分泌

4.1　原核微生物中的蛋白质分泌

革兰氏阳性细菌和革兰氏阴性细菌向细胞外分泌蛋白质面临的难度不同。对于革兰氏阳性细菌来说，蛋白质只需要透过原生质膜就行，一旦通过原生质膜，蛋白质或通过多孔的肽聚糖层进入外部环境或埋藏、结合到肽聚糖层。相对而言，革兰氏阴性细菌的蛋白质分泌要困难得多，蛋白质首先要通过原生质膜这个屏障，而对于进入周质空间的蛋白质来说，首先要逃避周质空间中蛋白酶的作用，其次还要进一步跨越细胞壁的外壁层。无论革兰氏阳性细菌还是阴性细菌，将蛋白质运出原生质膜都主要通过 Sec-dependent（secretion-dependent）途径（图 3-14），但是，折叠蛋白只能通过 Tat（twin-arginine translocation）通道转运到周质空间。革兰氏阴性细菌的蛋白质运出外膜有几种不同的机制，有些通过 Sec 或 Tat 两步分泌出去，另一些通过特殊途径而一步直接分泌到细胞外（图 3-15）。所有分泌过程都是耗能的，能量常以高能化合物 ATP 或者 GTP 的形式提供，有时也会使用质子动力。Sec 系统需要水解 ATP 和质子动力，Tat 通道主要依赖于质子动力。

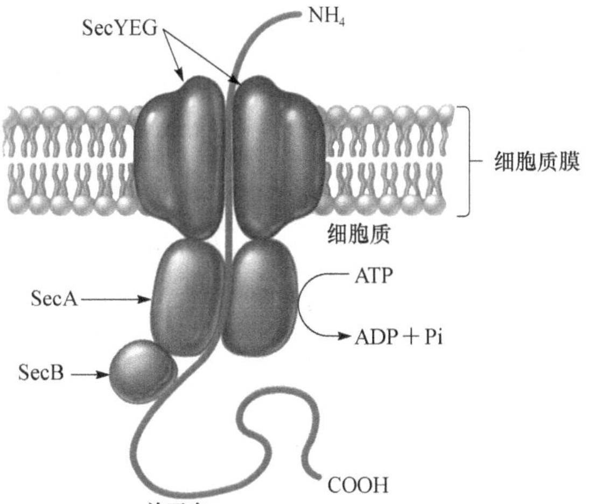

图 3-14　大肠杆菌的 Sec-dependant 途径
（Willey et al.，2008）

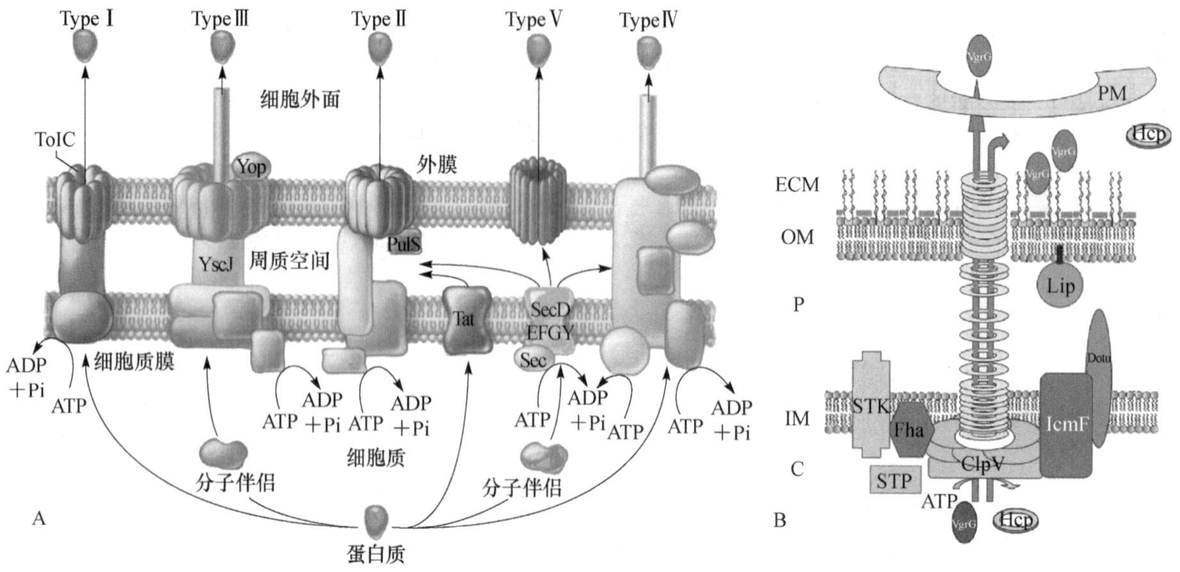

图 3-15 革兰氏阴性细菌中的蛋白质分泌途径（Willey et al.，2008；Filloux et al.，2008）

A：Ⅰ～Ⅴ型蛋白质分泌系统；B：Ⅵ型分泌系统

在革兰氏阴性细菌中已发现6种蛋白质分泌系统，Sec-dependent途径和Tat途径将蛋白质自细胞质运送至周质空间，然后Ⅱ型、Ⅴ型和Ⅳ型系统完成随后的自周质空间跨越外壁层的运输过程；Tat系统似乎只将蛋白质运至Ⅱ型途径，Ⅰ型、Ⅲ型和Ⅵ系统可以绕开Sec-dependent和Tat途径，直接将蛋白质自细胞质运送到细胞外；Ⅳ型系统可以与Sec-dependent途径一起作用，也可以单独作用将蛋白质运送到细胞外；通过Sec-dependent途径和Ⅲ型系统进行转位的蛋白质需在分子伴侣蛋白的帮助下运至这些分泌系统

4.1.1 Sec-dependent途径

Sec-dependent途径也被称为通用分泌途径，是生物最常用的分泌途径，在三域生物中都有发现。Sec-dependent途径可以将分泌蛋白以非折叠构象运出原生质膜或者整合到膜上。通过这个系统进行跨原生质膜转运的蛋白质是以前分泌蛋白（presecretory protein）的形式被合成，也称前蛋白（preprotein）。前蛋白在氨基端具有信号肽，可被Sec-dependent系统特异性地识别。前蛋白的信号肽序列合成后，一些称为分子伴侣（molecular chaperones）的特异蛋白（如SecB）与之结合，延迟前蛋白的折叠并帮助该蛋白质以适合转运的构象到达Sec-dependent系统。在大肠杆菌中转运过程中最常用的分子伴侣是SecB和信号识别粒子（signal recognition particle，SRP）。SecB存在于革兰氏阴性细菌中，主要用于分泌蛋白。而SRP存在于所有的原核生物中，主要参与膜蛋白转位。有证据证实膜蛋白的转位在核糖体完全合成蛋白质之前就已开始。SecY、SecE和SecG构成一个膜蛋白复合体，形成膜上原蛋白运出的通道。SecY既可纵向转送蛋白质跨越质膜，又能横向将跨膜区域插入质膜。另一个蛋白质SecA可以识别并结合SecYEG和SecB-前蛋白复合物，水解ATP作为膜上转运原蛋白（不包括伴侣蛋白）的马达。当脱离了分子伴侣蛋白的原蛋白从原生质膜上露出后，它的信号肽就会被信号肽酶（signal peptidase）切掉，然后进行正确的折叠并形成二硫键。有一些蛋白质是原生质膜整合蛋白，这些脂蛋白虽然通过相同的转位系统进行运输但是具有不同的信号肽，其信号肽更具疏水性，便于SRP识别并通过FtsY-SecYEG埋藏或锚定在原生质膜上。

4.1.2 Tat途径

未折叠蛋白质通过Sec途径进行运输，而细菌细胞内的折叠蛋白则通过Tat通道进行跨越细胞质膜的向外运输。Tat途径也广泛存在于微生物和植物中，在细菌和古菌中都广泛存在。在大肠杆菌中，通过Tat通道进行运输的蛋白质约占分泌蛋白质的6%，而在革兰氏阳性细菌天蓝色链霉菌中约有20%的分泌蛋白通过Tat途径进行运输。大肠杆菌的Tat系统由三个整合膜蛋白TatA、TatB和TatC组成，但有些细菌的Tat系统只由TatA和TatC蛋白组成，不含TatB蛋白。其中TatC的序列保守性最高，而TatA和TatB的序列和结构则比较相近。Tat途径底物蛋白具有不同于Sec途径蛋白的信号肽，最典型的就是信号肽中含有两个相邻的精氨酸残基（Ser/Thr-Arg-Arg-X-Phe-Leu-Lys，X可以是任何极性氨基酸），并因而得名Tat，其信号肽的疏水性弱于Sec蛋白。大肠杆菌的Tat途径底物蛋白大多是含有需在细胞质中装配辅因子的氧化还原蛋白，这些蛋白质多涉及细胞的无氧代谢；少数蛋白质虽不具有Tat信号肽，但可以通过在细胞质内与含有Tat信号肽的蛋白质形成多聚体，进而通过Tat途径进行运输；少数Tat蛋白为整合膜蛋白。

4.1.3　革兰氏阴性细菌中的蛋白质分泌

目前在革兰氏阴性细菌中共发现 6 种蛋白质分泌系统（图 3-15）。由于革兰氏阴性细菌在原生质膜之外还有一层外壁层需要跨越，分泌蛋白在革兰氏阴性细菌中首先通过 Sec-dependent 或 Tat 途径转位跨越原生质膜，然后通过Ⅱ型或者Ⅴ型途径运出外膜。而Ⅰ型、Ⅲ型和Ⅵ途径与 Sec 系统转位的蛋白质不发生相互作用，因而被称为不依赖于 Sec 系统的（Sec-independent）蛋白质分泌途径。Ⅳ系统有时与 Sec-dependent 途径相连，但通常都是单独起作用的。

1. Ⅰ型 ABC 蛋白质分泌途径

许多不依赖 Sec 系统的属于转运系统中的 ABC 家族（the ABC protein secretion pathway）。这个系统普遍存在于原核生物（即革兰氏阳性细菌、革兰氏阴性细菌和古菌）中，有时也被称为Ⅰ型蛋白质分泌系统。在革兰氏阴性致病菌中，这个系统可以分泌毒素（溶血素）、蛋白酶、脂肪酶和一些肽。分泌蛋白常具有 C 端的信号肽指导新合成的蛋白质进入跨越原生质膜、周质空间和外壁层的Ⅰ型分泌系统。Ⅰ型蛋白质分泌系统绕开 Sec 途径，一步就可以使蛋白质穿越原生质膜和外膜。革兰氏阳性细菌中的Ⅰ型系统与革兰氏阴性细菌略有不同，革兰氏阳性细菌通过它将蛋白质转运出原生质膜。对枯草芽孢杆菌的基因组分析发现有 77 个 ABC 转运蛋白。ABC 转运蛋白除了转运蛋白质之外，还可以转运很多溶质，如糖和氨基酸以及将药物从胞内排出。

2. Ⅱ型蛋白质分泌途径

Ⅱ型蛋白质分泌途径（the type Ⅱ protein secretion pathway）是最常用的途径，并存在于一些植物和动物致病菌中，如胡萝卜软腐欧文氏菌（*Erwinia carotovora*）、肺炎克氏杆菌（*Klebsiella pneumoniae*）、铜绿假单胞菌和霍乱弧菌（*vibrio cholerae*）。这一系统可以分泌降解酶，如支链淀粉酶、纤维素酶、果胶酶、蛋白酶、脂肪酶以及霍乱毒素和性毛蛋白（pili protein）等。Ⅱ型蛋白质分泌途径相当复杂，由 12～14 个蛋白质组成，大多数蛋白质都是整合膜蛋白（图 3-15A）。虽然Ⅱ型蛋白质分泌系统的一些组分贯穿原生质膜，但是它们只负责蛋白质在外壁层上的转位。大多数情况下，依赖于 Sec 途径将蛋白质运出原生质膜，然后Ⅱ型蛋白质分泌系统完成接下来的分泌过程。在革兰氏阴性和阳性细菌中，还存在另外一个称为 Tat 途径的原生质膜转位系统可以将蛋白质运出原生质膜，该系统与 Sec 途径的明显区别在于 Tat 系统转位已经折叠的蛋白质。在革兰氏阴性细菌中，被 Tat 系统转运的蛋白质接下来被运至Ⅱ型蛋白质分泌系统。

3. Ⅲ型蛋白质分泌途径

许多革兰氏阴性致病菌具有不依赖于 Sec 途径的Ⅲ型蛋白质分泌途径（the type Ⅲ protein secretion pathway），可以将致病因子（virulence factors）分泌并注入到要侵染的植物或者动物宿主中。致病因子包括毒素、吞噬作用的抑制剂、在宿主细胞内细胞骨架重组的激活剂和宿主细胞凋亡的启动子。有时致病因子只是被分泌到细胞外周围。Ⅲ型蛋白质分泌途径还可运送其他的蛋白质：①构建分泌途径的蛋白质；②调节分泌过程的蛋白质；③帮助分泌蛋白插入到宿主细胞中的蛋白质。Ⅲ型蛋白质分泌途径结构复杂，由大约 20 个不同的蛋白质组成，形状类似注射器（图 3-15A）。细长的针状部分从细胞表面穿出暴露于细胞之外；一个圆柱形的基部分别与外膜和原生质膜相连，形状类似于鞭毛的基体。蛋白质通过转运通道被分泌。在沙门氏菌、耶尔森氏菌（*Yersinia*）、志贺氏菌、大肠杆菌、博德特氏菌（*Bordetella*）、铜绿假单胞菌和欧文氏菌（*Erwinia*）中都存在Ⅲ型蛋白质分泌途径。

4. Ⅳ型蛋白质分泌途径

Ⅳ型蛋白质分泌途径（the type Ⅳ protein secretion pathway）非常独特，因为它不仅可以分泌蛋白质，还可以在细菌接合作用（conjugation）中将 DNA 自供体细菌转运到受体细菌中。Ⅳ型蛋白质分泌途径由很多不同的蛋白质组成，这些蛋白质组成类似于Ⅲ型蛋白质分泌途径的注射器结构（图 3-15A）。

5. Ⅴ型蛋白质分泌途径

Ⅴ型蛋白质分泌途径（the type Ⅴ protein secretion pathway）是现在最常被发现的蛋白质分泌途径。也需要依赖于 Sec 途径将蛋白质进行跨原生质膜运输。然而，一旦进入周质空间，大多数被转运蛋白质可以在外膜上形成通道，通过这些通道进行自身转运，这类蛋白质也称为自转运蛋白（autotransporters）。另外一些通过Ⅴ型蛋白质分泌途径进行分泌的蛋白质需要一个单独的辅助蛋白（helper protein）的协助。

6. Ⅵ型蛋白质分泌途径

Ⅵ型蛋白质分泌途径（type Ⅵ protein secretion pathway）是在革兰氏阴性细菌中新发现的一种跨越细胞外膜的运输方式。Ⅵ型蛋白质分泌途径中已鉴定的部分组分包括一种类似Ⅳ型蛋白质分泌途径组分 IcmF 的同源蛋白、ClpV ATP 酶、含有 FHA 结构域的调控蛋白和分泌的 VgrG、Hcp 蛋白。ClpV ATP 酶协助 VgrG、Hcp 蛋白跨越外膜（图 3-15B）。Ⅵ型蛋白质分泌途径对于一些重要的致病菌来说是重要的毒力因子，至少在霍乱弧菌中证实该途径与一种效应物蛋白质转入真核细胞有关。然而Ⅵ型蛋白质分泌途径广泛存在于细菌中，并不仅局限于已知的致病菌。与蛋白质分泌途径的表达受到严格调控的通例相一致，Ⅵ型蛋白质分泌途径的表达也受到转录水平和转录后水平的严格调控。

以上粗略地介绍了细菌的分泌途径，欲知不同病原细菌的分泌途径的特点，请参见第 13 章的相关内容。

4.2　真核微生物的蛋白质分泌

真核细胞不同于原核细胞，具有多种细胞器。因而蛋白质转位可分为输送至细胞器内（import，如线粒体、叶绿体、细胞核）和分泌到胞外（export，通过内质网、高尔基体分泌出去)。不同的信号肽决定了蛋白质的去向。

将被运往细胞膜、溶酶体的蛋白质或者分泌的蛋白质是由粗糙内质网(rough endoplasmic reticulum, RER)上的核糖体合成的。蛋白质上的氨基酸序列将使它们靶定于RER上的内腔,并且通过内腔运至内质网出芽形成的小泡中。在蛋白质通过内质网的过程中,它们通过添加糖基被修饰,这个过程也被称为糖基化(glycosylation)。

从内质网上释放的小泡被运至高尔基体的顺面(cis face,或称形成面,forming face)。关于合成-分泌途径的比较流行的说法认为这些小泡相互融合形成高尔基体的顺面,然后蛋白质进入高尔基体的反面(trans or maturing face)。在蛋白质从顺面到反面的过程中,它们被进一步修饰。一些修饰可以帮助蛋白质被运送至最终目的地。例如,溶酶体蛋白质在它们的甘露糖糖基上被磷酸化修饰。

转运小泡从高尔基体的反面被释放,有些被运至溶酶体,另一些运送蛋白质或者其他物质到细胞膜。有两种类型的小泡运送物质到细胞膜:一种小泡持续地通过非调控的方式运送蛋白质;另一类小泡,称为分泌小泡(secretory vesicle),只存在于多细胞的真核生物中,在这些生物中它们作为分泌细胞比如柱状细胞或者免疫细胞的其他细胞。分泌小泡储存待分泌的蛋白质直到接受到适当的信号,一旦接受适宜的信号,分泌小泡移动到原生质膜,与之融合,然后将内容物释放到胞外。

合成-分泌系统有一个很有趣而且非常重要的特点是具有质量-保证(quality-assurance)机制。没有折叠或者错误折叠的蛋白质不能被运送至目的地,相反它们被分泌到细胞质中,通过与泛素蛋白(ubiquitin)结合然后被分解。泛素蛋白标记待分解的蛋白质,通过巨大的柱状26S蛋白酶体将蛋白质降解,当泛素蛋白被释放后,通过依赖于ATP的方式蛋白质被降解成小的多肽。

思考题

1. 微生物常用的碳源、氮源有哪些?
2. 什么是生长因子?生长因子有哪些种类?
3. 是否任何微生物都需要生长因子?如何满足微生物对生长因子的需求?
4. 矿质元素对微生物代谢有何作用?如何满足微生物对矿质元素的需求?
5. 微生物的营养类型有哪些?
6. 比较H_2S在光能硫细菌和化能无机硫细菌的代谢中的作用有何不同?
7. 微生物主要通过哪些方式吸收营养物质?
8. 何谓被动扩散、协助扩散,比较二者之间有何异同?
9. 什么是主动运输?有何特点?其能量来源有哪些?
10. 基团转移有何特点?这种运输方式对微生物有何益处?
11. 铁在微生物细胞代谢中有何作用,微生物是如何吸收铁的?
12. 试述肺炎链球菌的转化机制。
13. 试述sec-dependent蛋白质分泌系统如何进行蛋白质的分泌。
14. Sec和Tat蛋白质分泌系统的主要区别是什么?
15. 革兰氏阴性细菌主要通过哪些系统进行蛋白质的分泌?

主要参考文献

杨苏声,周俊初. 2004. 微生物生物学. 北京:科学出版社.

Buurman E T, McLaggan D, Naprstek J, et al. 2004. Multiple paths for nonphysiological transport of K^+ in *Escherichia coli*. J Bacteriol, 186 (13): 4238-4245.

Filloux A, Hachani A, Bleves S. 2008. The bacterial type Ⅵ secretion machine: yet another player for protein transport across membranes. Microbiology, 154: 1570-1583.

Greie J C, Altendorf K. 2007. The K^+-translocating KdpFABC complex from *Escherichia coli*: a P-type ATPase with unique features. J Bioenerg Biomembr, 39: 397-402.

Henderson I R, Navarro-Garcia F, Desvaux M, et al. 2004. Type Ⅴ protein secretion pathway: the autotransporter story. Microbiol Mol Biol Rev, 68 (4): 692-744.

Kostakioti M, Newman C L, Thanassi D G, et al. 2005. Mechanisms of protein export across the bacterial outer membrane. J Bacteriol, 187 (13): 4306-4314.

Lee P A, Tullman-Ercek D, Georgiou G. 2006. The bacterial twin-arginine translocation pathway. Annu Rev Microbiol，60：373-395.

Madigan M T，Martinko J M，Dunlap P V，et al. 2009. Brock Biology of Microorganisms. 12th ed. San Francisco：Pearson Education，Inc..

Moat A G，Foster J W，Spector M P. 2002. Microbial Physiology. 4th ed. New York：Wiley-Liss Inc.

Moat A G，Foster J W，Spector M P. 2009. 微生物生理学. 4 版. 李颖，文莹，关国华，等译. 北京：高等教育出版社.

Pallen M J，Chaudhuri R R，Henderson I R. 2003. Genomic analysis of secretion systems. Current Opinion in Microbiology，6 (5)：519-527.

Willey J M，Sherwood L M，Woolverton C J. 2008. Prescott，Harley，and Klein's Microbiology. 7th ed. New York：McGraw-Hill Companies Inc..

第4章

微生物代谢概论及研究方法

微生物利用营养物质和能量进行生命活动的具体过程，称为新陈代谢（metabolism）简称代谢。它是生物体内一切化学变化的总称，是生物体表现其生命活动的重要特征之一。生物体内的代谢并不完全是自发进行的，而是靠生物催化剂——酶来催化的。由于酶作用的专一性，每种化学反应都有特定的酶来催化，每种酶都有其特定的调节机制，从而使错综复杂的代谢成为高度协调、统一的反应网络。

第1节　微生物代谢的相关概念及特点

1.1　微生物代谢的相关概念

代谢途径（metabolic pathway）是指营养物质被细胞代谢的反应序列。营养物质A进入细胞后，发生一系列的化学变化：A→B→C→D→E。这个化学变化的序列就是代谢途径。反应的起始物A称为底物（substrate），途径中的物质B、C、D称为中间产物（intermediate），最后生成的物质E称为终产物（end product）。其中每一步反应都由专一的酶催化。

上述从A到E得到一个终产物，是直线途径，此外，还有环状代谢途径、分支代谢途径和汇合代谢途径（图4-1）。

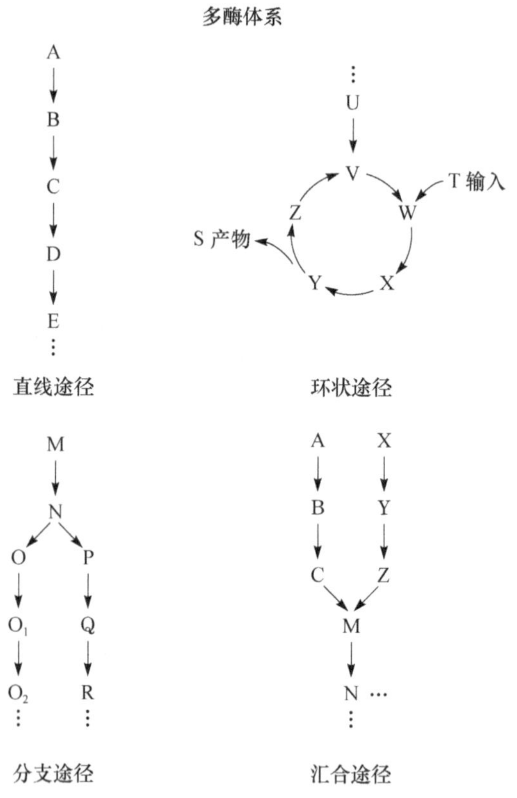

图4-1　不同形式的代谢途径

微生物代谢的形式多样，可分为分解代谢（catabolic metabolism）和合成代谢（anabolic metabolism）两大类型。分解代谢是将结构复杂的大分子化合物转变为结构简单的小分子物质的反应，所涉及的过程称为分解代谢途径，该过程得到的产物称为分解代谢产物。在物质分解过程中同时产生出能量。分解代谢产生的能量一部分以热的形式散失，一部分以ATP的形式储存起来，用于生命活动。合成代谢是把结构简单的小分子物质转变成结构复杂的大分子化合物的反应，所经过的途径称为合成代谢途径，该过程获得的产物为合成代谢产物。合成代谢包括以下步骤：①把营养物质转化成小分子的前体代谢物质（precursor metabolite）；②把前体代谢物质合成单体和其他重要组成部分（如氨基酸、核苷酸、简单的碳水化合物和简单的脂肪）；③合成大分子物质（如蛋白质、核酸、复杂的碳水化合物和复杂的脂肪）；④把大分子组装到细胞结构中。合成代谢所需的能量是以 ATP 的形式由能源物质转移到细胞的合成体系中的。合成代谢是还原的过程，需要以还原力（reducing power）的形式储存的电子。电子被加入到小分子中以构建大分子（图 4-2）。能量的储备和还原力的准备是分解代谢的重要内容。合成代谢和分解代谢虽然相互对立、相互区别，但又相互联系。分解代谢中的一些中间产物，可以作为合成代谢的前体进入合成代谢，而合成代谢合成的酶可催化分解代谢的进行，这是物质上的偶联。分解代谢产生的能量，可以提供给合成代谢的需要，这是能量上的偶联。

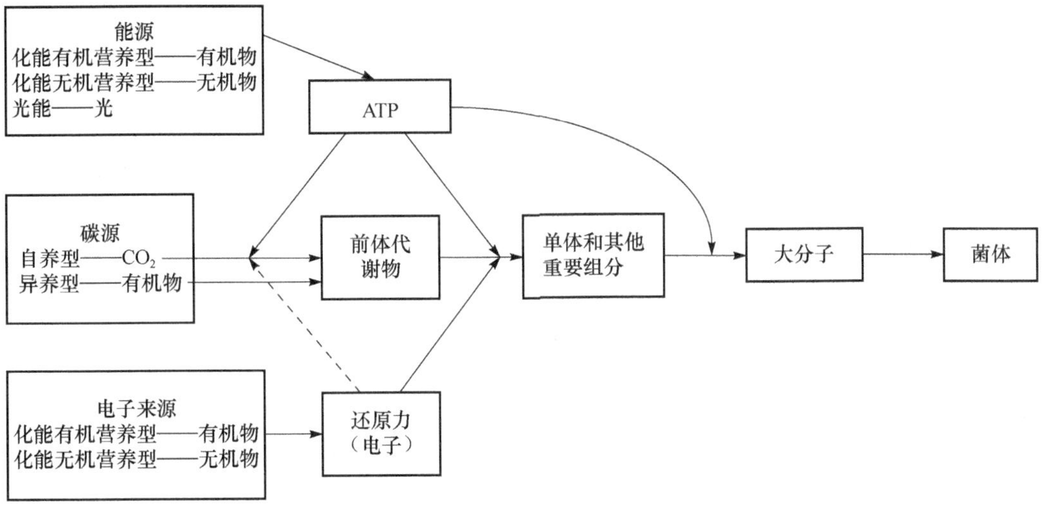

图 4-2　微生物的代谢过程（Willey et al.，2008）

细胞是由生物大分子构成的（如核酸和蛋白质），大分子是由单体及其他重要组分合成的（如氨基酸和核苷酸），而单体和其他重要组分又是以前体代谢物质（如丙酮酸和 α-酮戊二酸）为底物的生化途径的产物，自养型的前体代谢物来自 CO_2 的固定及相关途径，异养型的前体代谢物起始于中心代谢途径。在许多代谢途径中，还原力和 ATP 被消耗掉，根据能源、碳源和电子来源的不同，可以把生物的代谢划分成不同类型：化能有机营养型的能源、碳源和电子来源是同一有机物；化能无机营养型的能源和电子来源是同一无机物，碳源可以是 CO_2（自养），也可以是有机物（异养）；对于光能营养型来说，能源是光能，碳源可以是 CO_2（自养），也可以是有机物（异养），电子来源可以是水（产氧光合作用），也可以是其他还原性的物质，如硫化氢（不产氧光合作用）

根据是否具有明确的生理功能，可以把代谢分为初级代谢（primary metabolism）和次级代谢（secondary metabolism）。对维持生命活动所必需的物质进行代谢的过程，叫初级代谢，其代谢产物称为初级代谢产物，具有明确的生理功能，如氨基酸、核苷酸、糖、脂肪和维生素等。次级代谢是指那些不是维持生命活动所必需的代谢，其代谢产物叫次级代谢产物，如毒素、色素、抗生素、激素和生物碱等。初级代谢一般贯穿在微生物生命活动的始终，维持菌体的生长及繁殖，受环境的影响较小，遗传上较稳定。次级代谢只存在于某些生物中，待菌体生长到一定时期才出现，次级代谢产物一般在菌体生长的后期才形成。

1.2　微生物代谢的特点

微生物除了具有生物共有的代谢规律外，还有自己的特点。首先，微生物的代谢速率快。由于微生物体积小，比表面积（单位体积的表面积）大，与外界的接触面相对大，物质交换快，代谢速率快。其次，微生物种类繁多，代谢具有多样性（图 4-2）。微生物具有最多样的产能方式，包括细菌产氧的光合作用、细菌不产氧的光合作用、视紫红质介导的光合作用、有氧呼吸、无氧呼吸和发酵等多种类型。微生物能分解各式各样的物质，有能分解地球上储藏量丰富的初级有机物石油、天然气、纤维素、木质素的微生物；有能分解氰、酚等有毒物质的微生物；有起到固氮作用的微生物；有进行硝化作用的微生物；还有进行反硝化作用的微生物。第三，微生物的代谢受环境因素的影响较大，常常随培养条件的不同而发生变化。当外界的环境条件如营养成分、pH、溶氧、温度等发生变化时，微生物的代谢方式有时会随之改变，以适应环境。

第 2 节　微生物代谢的研究方法

研究微生物代谢的方法很多，需要根据研究的目的选择适当的方法。研究微生物在发酵中底物的消耗和产物生成量之间的关系，用营养平衡的方法。测定中间代谢产物可使用酶的抑制剂法。追踪某种物质在微生物体内的变化过程，可用同位素示踪法。研究代谢过程中气体的产生和消耗，可用瓦氏呼吸计法。此外，核磁共振技术、DNA阵列、蛋白质双向电泳等技术也成为研究微生物细胞代谢的有效方法。

2.1 营养平衡法

微生物在非生长状态下（静息细胞）代谢某种营养物质时，营养物质的消耗几乎大部分都反映在代谢产物中，根据物质不灭定律，营养物质中某些元素的量和代谢产物中这些元素的量应该是平衡的，并且底物和产物的氧化还原比值（O/R）也有一个大致的平衡。通过平衡计算，可以了解产物的去向。

使用该法首先要制备静息细胞（resting cell）。将培养到一定阶段的菌株进行收集、洗涤后，悬浮在生理盐水中再培养一定阶段，消耗其内源性营养物质，使之呈饥饿状态，这样得到的细胞叫静息细胞或休止细胞。如此获得的静息细胞，加入已知物质，利用细胞内的酶系进行代谢，分析底物的消失及产物的增加，对一些主要元素进行平衡计算，可提供初级资料。此法首先是在酵母菌中建立起来的，证明了乙醇和 CO_2 是葡萄糖的主要代谢产物。

营养平衡的计算包括两方面的内容：一方面是计算底物和产物的碳（或氢、氧）元素的平衡，另一方面还要计算底物与产物的氧化还原比值的平衡。碳的平衡只要比较底物与产物碳原子总数即可确定。确定氧化还原的比值则较难。为了便于比较，根据葡萄糖是以[CH_2O]为单位组成的化合物，人为规定 CH_2O 的O/R比值为0，观察其他物质的分子式，如果C、O原子数不等，可通过加、减水分子的方法使C、O原子的数目相等，然后再比较H原子数。去掉 CH_2O 的整数倍后，每多2个H原子则表示该物质的氧化还原的比值为－1，每少2个H原子则表示该物质的氧化还原的比值为＋1。如乙醇的分子式是 C_2H_6O，O原子数比C原子数少1，加上1个 H_2O，变成 $C_2H_8O_2$，则O原子数与C原子数相等，与2个 CH_2O 相比，还多4个H原子，则乙醇的O/R值为－2。CO_2 的O原子数比C原子数多1个，减去1个 H_2O，则为C（－2H）O，与 CH_2O 比，少了4个H原子，则 CO_2 的O/R值为＋2。同理可以计算出其他物质的O/R值。如丁醇的O/R值为－4，丙酮的O/R值为－2等。这样就可以对复杂的发酵进行平衡计算。表4-1为丙酮丁醇梭菌对葡萄糖发酵的C、H平衡和O/R平衡的计算。

表4-1 丙酮丁醇梭菌对葡萄糖发酵的C、H平衡和O/R平衡

基质与产物	摩尔/100摩尔基质	摩尔碳	O/R（每分子）	O/R（摩尔/100摩尔基质）
葡萄糖	100	600	0	0
丁酸	4	16	－2	－8
乙酸	14	28	0	0
二氧化碳	221	221	＋2	＋442
氢气	135	—	－1	－135
乙醇	7	14	－2	－14
丁醇	56	224	－4	－224
丙酮	22	66	－2	－44
总计		569		－425，＋442

—：表示没有检测到。

2.2 酶的抑制剂法

酶的抑制剂（enzyme inhibitor）可阻断代谢途径，造成某些中间代谢物的积累，为测定该中间代谢物提供可能性。

用这种方法最早探明了酵母菌用葡萄糖经糖酵解途径形成乙醇的过程（参看第5章）。例如，由于碘乙酸（iodoacetate）抑制了醛缩酶的活性，造成酵母发酵液中果糖-1,6-二磷酸积累。又如由于氟化物抑制了烯醇化酶的作用，造成甘油-3-磷酸和甘油-2-磷酸的积累。对这些中间代谢物的分离、纯化和鉴定，为阐明糖酵解途径提供了直接的依据。

2.3 营养缺陷型法

通过诱变剂的处理，使某些菌株发生突变，丧失合成一种或几种生长因子、碱基或氨基酸的能力，必须从外界获得相应的物质才能生长，这样的突变型叫营养缺陷型。营养物质的合成是在不同酶的催化下，按一定反应顺序进行的。营养缺陷型菌株缺失合成其中某种酶的能力，致使该酶作用的中间产物不能进一步参加代谢，就会造成这种中间产物的积累。寻找营养缺陷型菌株，分析它们对生长的需求，以及所积累的中间产物，可推断这种生长所需的物质的代谢途径。19世纪40年代，采用这种方法，在脉孢菌中，探明了多种维生素的合成途径。但这种方法只适合于分析生长因子类化合物（如氨基酸、核苷酸、维生素等）的合成代谢途径，而难以分析分解代谢等其他途径。

2.4 同位素示踪法

同位素是指原子序数相同，在元素周期表中占同一位置，含有相同数目的质子和电子，但中子数目不同，原子量不同的元素。同位素的质子和电子数目相同，因而它们的化学性质相同。用同位素来标记化合物，不会改变被标记化合物的化学性质。一些常用同位素见表 4-2。

表 4-2　生物化学中常用的示踪同位素

稳定性同位素		
核	自然丰度/%	
^{2}H	0.015	
^{13}C	1.07	
^{15}N	0.37	
^{18}O	0.20	
放射性同位素		
核	放射线类型	半衰期
^{3}H	β	12.33 年
^{14}C	β	5 715 年
^{22}Na	β，γ	2.60 年
^{32}P	β	14.28 天
^{35}S	β	87.2 天
^{45}Ca	β	162.7 天
^{60}Co	β，γ	5.27 年
^{125}I	γ	59.4 天
^{131}I	β，γ	8.04 天

资料来源：Willey 等（2008）。

同位素可分为稳定性同位素和放射性同位素两种类型。稳定性同位素的原子核结构稳定，不会自发发生变化，无放射性，需用质谱测定仪（mass spectrometer）进行测定。例如，用同位素^{15}N标记 α-氨基酸的 α-氨基后成为 α-$^{15}NH_2$。氮转化成气体后，产生不同的质量。普通氮气的质量为 28（^{14}N,^{14}N），带有同位素氮的氮气质量为 29（^{15}N,^{14}N），可用质谱仪检测。对于无放射性的同位素如氮（^{15}N）、氧（^{18}O）的研究采用上述方法。放射性同位素是不稳定的同位素，它们的原子核不稳定，会自发地发出 α、β 或 γ 射线或在核外捕获高速运动的电子，直至变成另一种稳定同位素，这就是核衰变。放射性同位素衰变的快慢，通常用半衰期来表示。常用的放射性同位素有氚（T 或^{3}H）、碳 14（^{14}C）、磷 32（^{32}P）、硫 34（^{35}S）和碘 131（^{131}I）。

放射性同位素的放射性可用不同的技术加以测定。常用的有：正比计数法（proportional counting）、液体闪烁测定法（liquid scintillation counting）和放射自显影法（autoradiography）。正比计数法是利用闪烁器内某种物质受放射线的冲击而发生离子化，所放出的射线经光电倍增管转变为电子脉冲的振幅，再经倍增管放大后，即可加以检测。这种测定方法适合于穿透力较强的 γ 射线，而对于穿透力较小的 β 射线，可采用液体闪烁测定法。液体闪烁仪采用芳香族化合物为溶剂，把待测的放射性物质溶解或悬浮。芳香族溶剂受到射线激发时，即产生荧光，可用电子仪器进行测定。放射自显影法是将带有放射性标记的化合物与照片的感光片放在一起，利用放射性能使照片感光的性质测定感光片变黑的部分。

在研究微生物代谢中，同位素示踪法已成为一种必不可少的常规方法，广泛应用于代谢途径、代谢的机制和代谢调控等方面的研究。例如，在细菌的乙醇发酵中，为探明葡萄糖降解放出的 CO_2 是来自葡萄糖的第几个碳原子，就需要用^{14}C 分别标记葡萄糖不同位置的碳原子，通过测定 CO_2 的放射性来确定。如图 4-3 所示，枯草芽孢杆菌放出的 CO_2 主要来自葡萄糖的 3、4 位 C 原子，菜豆黄单胞菌（*Xanthomonas phaseoli*）放出的 CO_2 主要来自葡萄糖的 1、4 位 C 原子。由于 CO_2 的生成是丙酮酸脱羧引起的，因此可以推测枯草芽孢杆菌降解葡萄糖所形成的丙酮酸的羧基 C 原子主要来自葡萄糖的 3、4 位 C 原子，而菜豆黄单胞菌所形成的丙酮酸的羧基 C 原子主要来自葡萄糖的 1、4 位。由此推断枯草芽孢杆菌主要通过 EMP 途径进行糖降解，菜豆黄单胞菌主要通过 ED 途径进行糖降解，如图 4-4 所示。

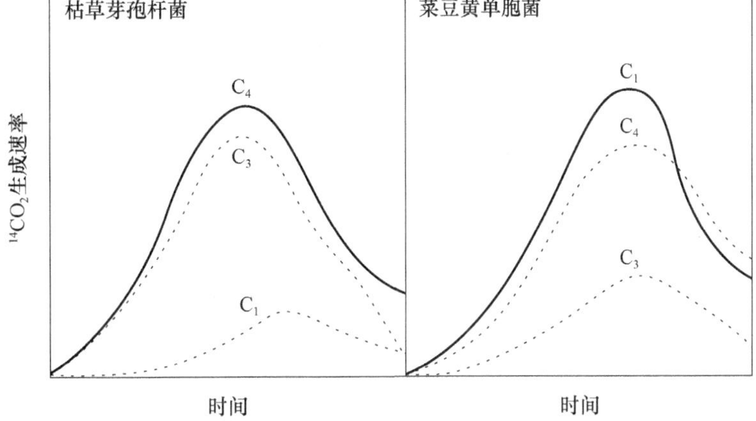

图 4-3　枯草芽孢杆菌和菜豆黄单胞菌的乙醇发酵

用^{14}C 分别标记葡萄糖的不同碳原子，检测 CO_2 的放射性

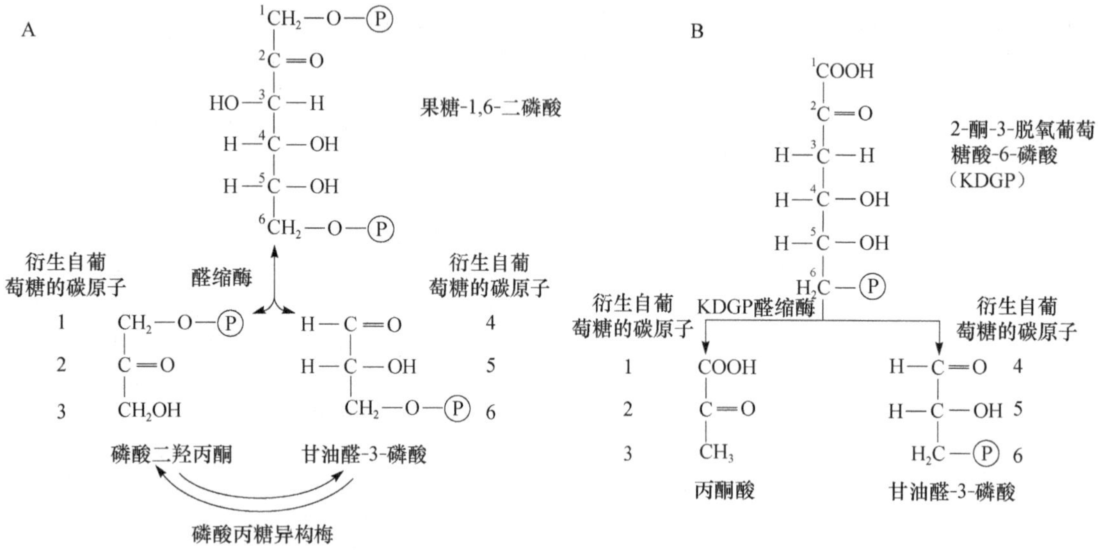

图 4-4　EMP 途径（A）和 ED 途径（B）中六碳糖裂解成三碳糖的示意图

2.5　瓦氏呼吸计法

这种方法主要是利用代谢过程中气体的变化量（如 O_2 的消耗和 CO_2 的生成等）来探明代谢的情况。测定气体变化需要有能测出微量气体变化的精密仪器——瓦氏呼吸计（warburg-Barcroft apparatus）（图 4-5）。呼吸计主要由一个反应瓶和一个与之相连的测压计组成。反应瓶里可放入进行代谢反应的菌体及底物。在反应瓶的中央，往往还设有一个小池，可放入 CO_2 的吸收剂，如 KOH。测压计可测出反应瓶内气体的变化量。呼吸过程中除消耗 O_2 外，还产生一定数量的 CO_2，因此，测压计中的压力变化是 O_2 消耗量和 CO_2 产生量的总和。若在反应瓶的中央小池中加入 KOH，则呼吸时产生的 CO_2 被碱吸收，这种情况下，压力的变化仅是由 O_2 消耗引起的。

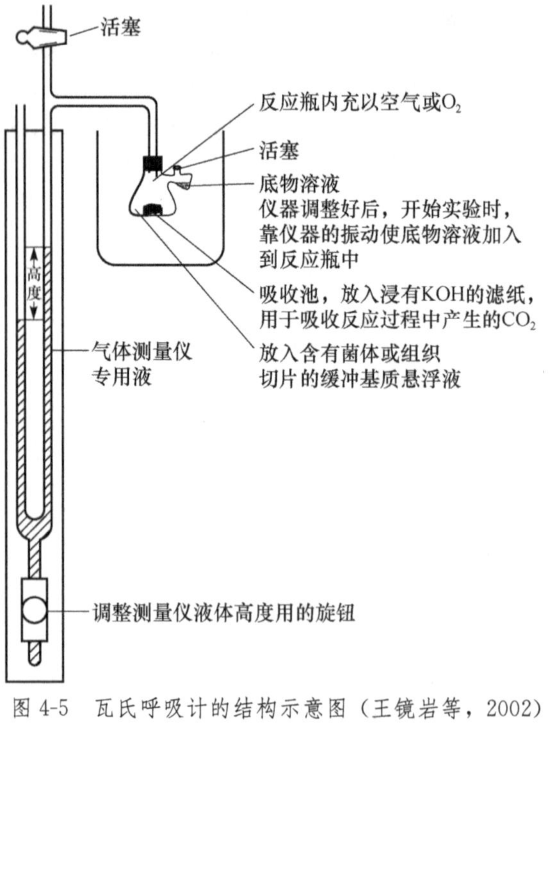

图 4-5　瓦氏呼吸计的结构示意图（王镜岩等，2002）

用此方法可测定大肠杆菌的呼吸作用以及碘乙酸对呼吸作用的影响。将大肠杆菌的静息细胞放在反应瓶中，加入葡萄糖，可以计算出大肠杆菌的耗氧速率（每毫克菌体每小时消耗氧气的微升数）。如果在反应瓶中，除加入葡萄糖外，再加入碘乙酸，那么，就可以测出大肠杆菌的耗氧速率明显降低或完全消失。由此可知碘乙酸抑制呼吸作用。

用瓦氏呼吸计还可测定谷氨酸的含量。在谷氨酸溶液中加入谷氨酸脱羧酶。该酶催化谷氨酸脱羧放出 CO_2。测出 CO_2 的排出量即可计算出谷氨酸的含量。此方法操作简便，准确度高。

2.6　核磁共振波谱法

核磁共振波谱法（nuclear magnetic resonance spectroscopy）简称 NMR。核磁共振波谱法的原理可简述如下。原子核始终处于自旋运动状态，它自旋的方向在一定条件下总是处于一定的角度。原子核是带正电荷的粒子，它的旋转便产生一定方向的磁场，称为磁矩。将带有磁性的自旋核放在外加磁场中，磁矩与外加磁场之间就会相互作用。不同状态的核，在外加磁场中的旋转取向不同，相应的能量也不同。磁矩与外加磁场的方向相反的核是能量低的低能态的核。当以适当频率的电磁波照射于外加磁场中的自旋核，处于低能态的自旋核就会吸收电磁波从低能态跃到高能态，这种现象称为核磁共振现象。此时的核产生核磁共振信号，形成核磁共振谱。根据核磁共振波谱图上共振峰的位置、强度和精细结构可以研究分子结构。20 世纪 70 年代，核磁共振技术开始应用于微生物代谢的研究。核磁共振技术具有以下特点：①无损伤性，不破坏样品的结构和性质；

②不需提取分离只需简单预处理即可同时测定多种成分；③实验方法灵活多样。

在生命科学领域中常用的是碳谱（^{13}C NMR）、磷谱（^{31}P NMR）及氢谱（^{1}H NMR）。^{13}C 是稳定性同位素，自然丰度为 1.1%，相对于自然丰度为 100%的 ^{31}P 和 ^{1}H 来说，较难检测，但也使采用 ^{13}C 标记的底物进行稳定性同位素示踪实验成为可能。在微生物培养基中添加 ^{13}C 标记的代谢底物，然后利用核磁共振仪检测 ^{13}C 标记在各种代谢产物中的分布，从而推测出这个代谢底物在细胞中的代谢途径。相对于放射性同位素示踪法，^{13}C 等稳定性同位素无放射性，不会造成放射性污染，被标记物可以利用核磁共振技术被直接检出。^{31}P 的天然丰度为 100%，^{31}P 适合应用于核磁共振检测。含磷化合物在细胞内含量较高，并且与细胞的能量代谢密切相关，因此在微生物能量代谢方面应用广泛。微生物代谢过程中许多重要的中间反应都涉及磷酸基团的转移，因此 ^{31}P 还可以应用于研究含磷的中间代谢产物浓度的变化以及研究催化这些反应的酶的动力学。但由于 ^{31}P 的化学位移较窄，胞内的许多有机磷酸化合物在核磁共振磷谱上表现出相似的化学位移，使有些复杂的磷谱很难进行准确的分析，从而在一定程度上限制了 ^{31}P NMR 在微生物代谢研究中的应用。^{1}H NMR 的谱峰与样品中每一个 H 原子是一一对应的，所测样品的每一个 H 在图谱中都有相关的峰，图谱中信号的强弱反映了样品中各组分的相对含量。这使 ^{1}H NMR 不仅能用于结构分析，还可用于定量分析。

以上介绍的是研究微生物代谢的经典方法。随着科学技术的日新月异，特别是计算机技术、互联网技术和 DNA 快速测序技术的飞速发展，对于代谢的研究已步入了基因组时代、蛋白质组时代和代谢组时代。微生物代谢的研究手段不断增多、研究速度不断提高、研究领域不断拓宽。

2.7　DNA 测序和互联网上的 DNA 序列分析

经典的代谢研究是以生化实验为基础。如今，我们却能对难以培养的、难以进行生化实验的微生物进行代谢研究。例如，梅毒密螺旋体（*Treponema pallidun*）、普氏立克次氏体（*Rickettsia prowazekii*）和麻风分枝杆菌（*Mycobacterium leprae*）在寄主体外都不能培养，但科学家们却对它们的代谢途径、产能和致病机制有深入的了解。这归因于现代的测序技术，短时间内就可测得它们的基因组。再通过高效的序列分析软件，分析出开放可读框 ORF（开放可读框是预测的编码某种蛋白质的 DNA 序列）和启动子序列。把得到的序列通过互联网上的 BLAST 或 FASTA 程序，与基因数据库或蛋白质数据库（表 4-3）中的序列进行比对。这些程序用统计学方法计算分析出数据库中与查询序列相匹配的序列。如果与数据库中已知基因或基因产物同源性较高，且该同源性产物的功能已知时，就可以预测查询基因的功能。分析推测出与代谢相关的蛋白质的功能，并与已知的代谢途径中的酶，特别是特征性的酶进行比较，可推测代谢途径、产能及致病机制。图 4-6 是根据基因组测序的结果，推测的梅毒密螺旋体的代谢途径和转运系统。梅毒密螺旋体的代谢途径是残缺的，它能利用碳水化合物作为能源，但缺乏 TCA 循环和氧化磷酸化的酶，还缺乏许多合成途径（如酶的辅因子、脂肪酸和一些电子传递蛋白），因此必需依赖寄主提供这些物质才能生存。由于缺少一些关键的途径，所以不能进行体外培养。梅毒密螺旋体有 5%的基因编码运输蛋白。它的表面蛋白基因有许多重复序列，推测其中有一些可能会重组，以产生新的表面蛋白，来抵御免疫系统的进攻。我们还能根据表面蛋白来分析鉴定梅毒密螺旋体的不同的菌株，这对于梅毒流行病学的研究是非常重要的。

表 4-3　与基因组学和蛋白质组学相关的网站资源

网　址	说　明
http://web.bham.ac.uk/bcm4ght6/genome.html	对 *E. coli* 的基因经计算机预测的产物性质和随后完成鉴定的性质进行比较研究的数据库
http://cgsc.biology.yale.edu/	*E. coli* 遗传资源中心
http://www.ucalgary.ca/%7Ekesander/	沙门氏菌遗传资源中心
http://genome.wustl.edu/gsc/bacterial/ salmonella.shtml	沙门氏菌基因组
http://ecocyc.PangeaSystems.com:1555/ server.html	询问 *E. coli* 不同生化途径的特异性；需获得密码
http://www.genome.ad.jp/kegg/	询问许多已测序的生物中不同生化途径的特异性
http://bomi.ou.edu/faculty/tconway/global.html	*E. coli* 的功能基因组学
http://susi.bio.uni-giessen.de/ecdc/ecdc.html	*E. coli* 的数据库大全（非常有用）
http://www2.ebi.ac.uk/fasta33/	同源性搜索
http://www.motif.genome.ad.jp/	蛋白质模序（motif）搜索
http://www.expasy.ch/	序列分析的多种工具
http://www.expasy.ch/cgi-bin/map1	双向凝胶电泳分析
http://www2.ebi.ac.uk/clustalw/	核酸和蛋白质序列比对工具
http://www.ncbi.nlm.nih.gov/PubMed/	Pub Med 文献检索
http://www.tigr.org/tdb/mdb/mdbcomplete.html	TIGR 微生物基因组数据库
http://bmbsgi11.leeds.ac.uk/bmbknd/DNA/ genomic.html	基因组数据库
http://www.biology.ucsd.edu/~msaier/transport/	运输系统的信息

资料来源：Moat 等（2002）。

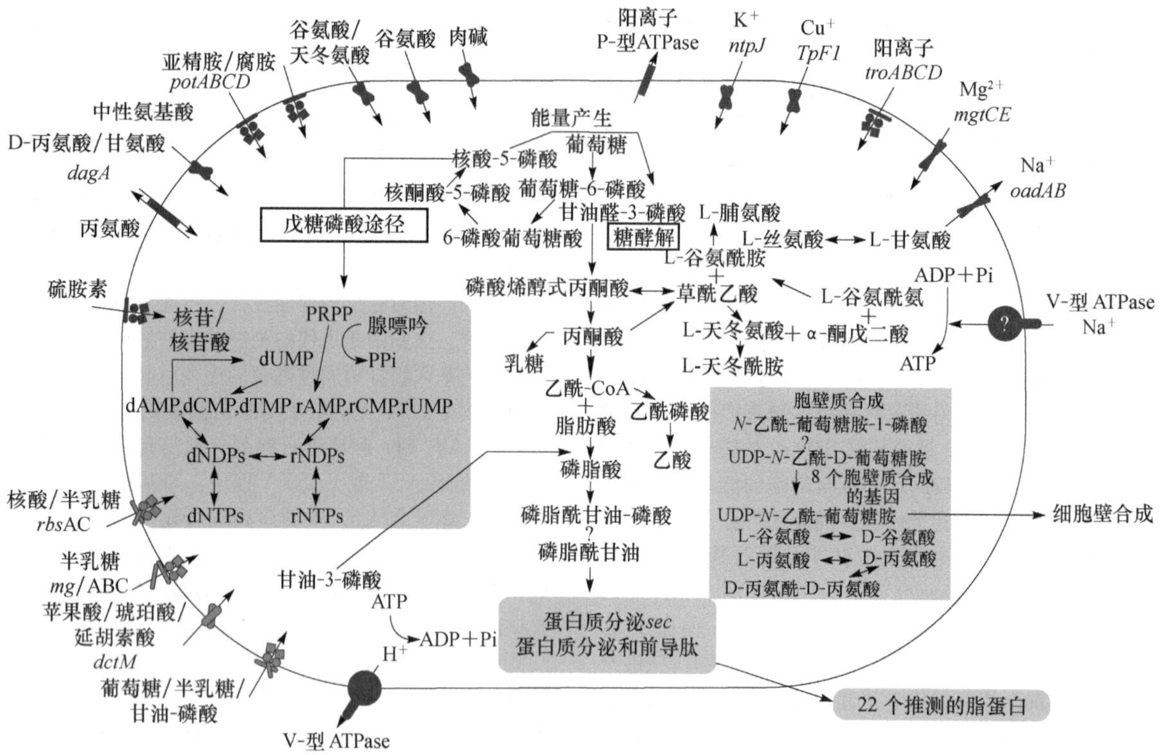

图 4-6　梅毒密螺旋体的代谢途径和转运系统（Willey et al.，2008）

该图描述了由基因组推测的梅毒密螺旋体的代谢（注意它有限的生物合成能力和大面积排列的运输蛋白），虽然有糖酵解途径，但缺少 TCA 循环和呼吸链电子传递系统，问号表示不确定之处或未被发现的活性

基因组学的研究方法除了上面简述过的核酸序列测定、寻找 ORF、同源序列比对预测基因功能外，还包括基因置换（gene replacement）、基因列阵（gene array）等方法。

2.8　基因置换

基因置换是鉴定基因的预测功能的常用方法之一。常常通过自杀突变技术（suicide mutagenesis），把待突变基因的一部分缺失，并将缺失的基因插入到自杀载体（suicide vector）中。自杀载体是抗生素抗性质粒，仅能在含有特异性的复制蛋白的细胞中复制，因此，只有质粒重组到宿主染色体上，才有可能把抗药性带入没有质粒特异性复制蛋白的宿主中。如图 4-7 所示，编码氯霉素抗性的药物盒已置换了基因的缺失部分。重组发生在缺失序列旁侧的基因序列的同源区。这种插入形成了一个重复，经第二次重组可被拆分。经质粒抗药性的消失和插入基因的抗药性的保留（图 4-7 中的Ⅱ）可实现拆分。获得的突变株可用来对预测的表型特征进行分析验证。

2.9　基因列阵

了解细胞是如何协调所有的生化活性，才能更好地理解细胞的代谢。但迄今还没有建立起能同时检测细胞所有的生物化学和结构层面的方法。但一些强有力的技术，例如，基因列阵和细胞蛋白质的双向分离，提供了全部大分子的细胞“快照”。这些技术能帮助我们观察细胞内的一个生化系统是如何影响其他系统的。

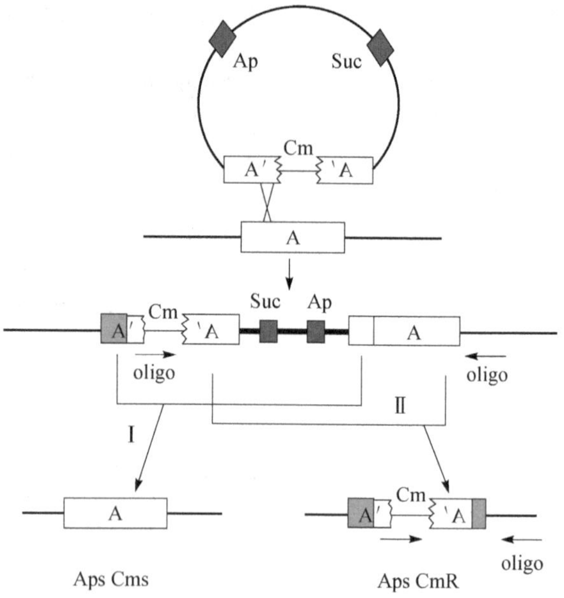

图 4-7　自杀突变（Moat et al.，2002）

带有内部被抗药性标记（这里是氯霉素抗性）置换的靶基因的自杀载体。质粒被导入非许可性宿主中，通过氯霉素（Cm）抗性可筛选到突变体，只有质粒上突变的基因和宿主染色体上完整的基因同源重组，把质粒整合到染色体上，质粒才能被导入宿主。质粒还带有编码蔗糖酶的基因（Suc），该酶可把对蔗糖酶的敏感性传递给宿主，对蔗糖抗性的筛选会选择到两种二次重组体（标有Ⅰ和Ⅱ），两种二次重组体都失去了质粒编码的氨苄（Ap）抗性，拆分Ⅰ把基因的完整拷贝留在染色体上（失去了氯霉素抗性），拆分Ⅱ移走了完整的基因而留下了插入氯霉素抗性的基因

基因列阵技术能使我们观察到基因在全基因组水平上的表达。通过 DNA 微芯片（DNA microchip），可同时检测每一个基因的表达。其基本思想是：把由生物体每一个基因扩增出来的 DNA 序列附着在固体支持物的表面，以便同带有荧光标记的 DNA（或 cDNA）库快速杂交。第一步，每个基因扩增出来的 DNA 序列在芯片上占据一个单独的点，并排列成栅格状（图 4-8）。整个芯片只有大约 $1in^2$ 或 $2in^2$（$1in^2=6.451\,600\times10^{-4}\,m^2$）。第二步，从细胞培养物中快速抽提出 RNA，应用反转录酶（依靠 RNA 的 DNA 聚合酶）反转录为互补的 DNA（complimentary DNA，即 cDNA），把带荧光标记的核苷酸加入到反应混合物中，标记每一个 cDNA。最后，每一个 cDNA 会结合到芯片上带有它们原始编码基因的特异性的位置上，激光扫描和荧光检测装置读取芯片的表面，计算机分析出在原始的样品哪些表达哪些未表达。

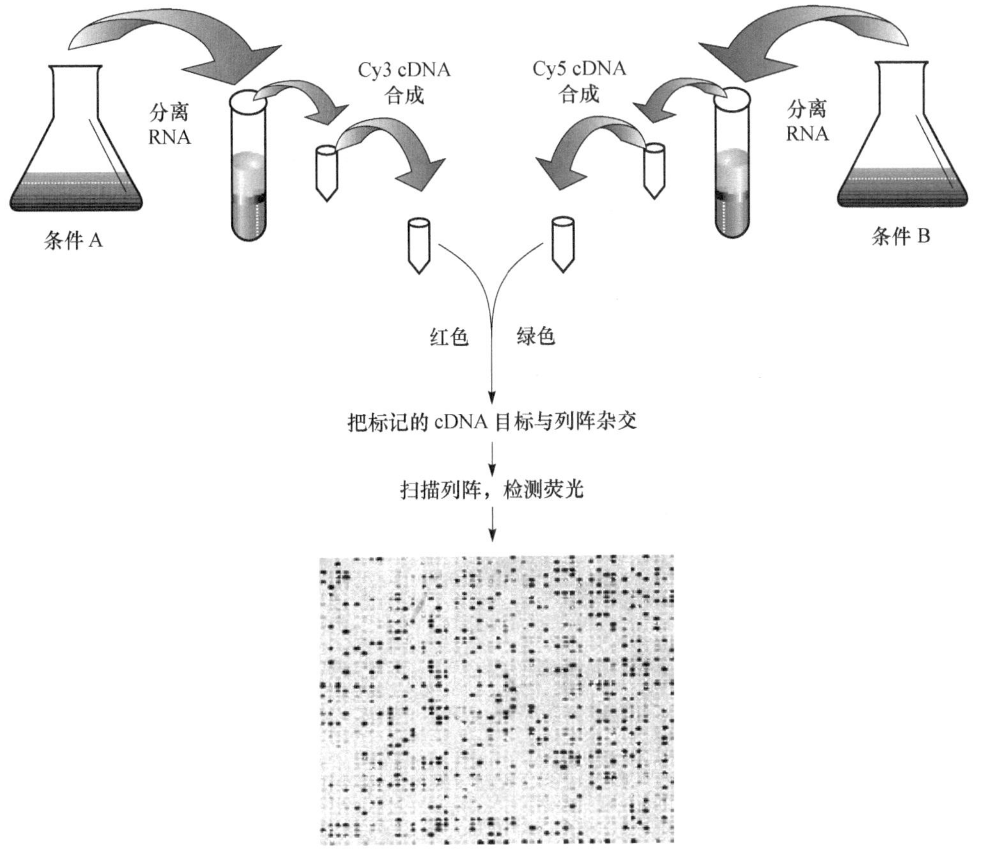

图 4-8　基因列阵技术列阵中的黑点表明 cDNA 分子结合到了它们相应的寡核苷酸上（Moat et al.，2002）

应用基因列阵可以直接比较一个菌生长在两种不同条件下的基因表达图谱。采用不同的荧光标记物，可标记在不同条件下生长的细胞的 cDNA。例如，在合成 cDNA 的过程中，加入不同荧光标记的 dTTP 溶液到反应混合液中（图 4-8）。然后，用单个的列阵来探测这两种不同标记的 cDNA 样品的混合物。如果某一特定的基因只在一种条件下表达，列阵上相应的点就只发出一种荧光（如红色）。这是由于只有在这种条件下，才产生上述 RNA。如果第二种基因只在另一种条件下表达，它在列阵上的点会显示出另一种颜色（如绿色）。当某种基因在两种条件下同等地表达时，它在列阵上的点会显示出第三种颜色（黄色或橙色），这是前两种颜色的混合色。这种分析可用来检测生长条件对基因表达的总体影响。

蛋白质组是指一个生物体内所表达的全部蛋白质。基因组是静态的，而蛋白质组却可能每时每刻都在变化，以应对细胞质内、外环境的改变。基因列阵技术可以预测转录波动引起的蛋白质组的变化，但不能预测由于翻译或翻译后压力引起的蛋白质组的改变。生长条件可能不改变某个基因的转录，但可能会深深地影响它的 mRNA 的翻译。

2.10　双向聚丙烯酰胺凝胶电泳

可以通过双向聚丙烯酰胺凝胶电泳来观测蛋白质组（图 4-9）。首先把含有 1 000～2 000 种不同蛋白质的细胞抽提物进行等电聚焦（isoelectric focusing，IEF）。此过程是根据蛋白质所带的净电荷分离蛋白质。在等电聚焦电泳时，把这些蛋白质加入到静止的 pH 梯度凝胶中，并通上电流。每种蛋白质都带有多个氨基酸的侧链基团（如氨基和羧基）。侧链基团的质子化与否决定了它是否表现为带电荷。侧链基团的质子化状态（即电荷状态），随着侧链基团的 pK_a 和周围环境的 pH 的不同而改变。当 pH 低于它的 pK_a 时，侧链基团会被质子化。

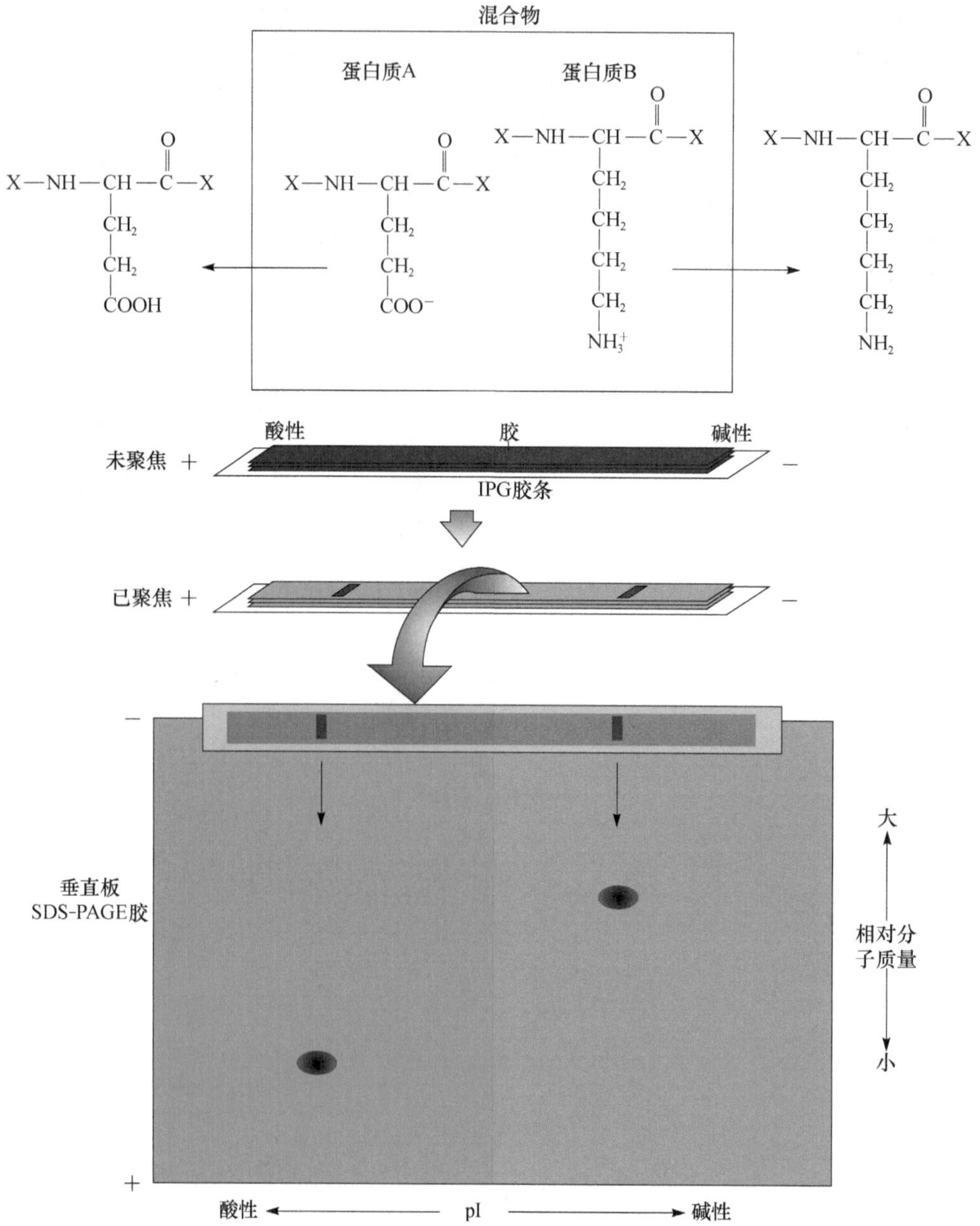

图 4-9 双向聚丙烯酰胺凝胶电泳（Moat et al.，2002）

上部的方框内是不同等电点的两个蛋白质，水平箭头表示每种蛋白质在 IPG 胶条中移动的方向

在本例子中，谷氨酸和赖氨酸侧链的 pK_a 分别是 4.3 和 9.8。因此，在 pH7 时谷氨酸的羧基带负电荷（脱质子化）而赖氨酸的氨基带正电荷（质子化）。蛋白质所带的净电荷取决于侧链基团所带电荷的总数。图中的两种蛋白质，根据它们开始电泳时所带的电荷，在 IEF 凝胶中开始向相反的电极移动，随着移动，每一种蛋白质都暴露在一个 pH 梯度中。在某一点（称为等电点），凝胶中特定位置的 pH 会引起蛋白质所带的正负电荷数相等，因此蛋白质所带的净电荷为零。由于没有电荷，该蛋白质停止移动并聚焦在此位置。不同等电点的蛋白质沿着 IEF 凝胶聚焦在不同的位置。IEF 分离是双向凝胶电泳分离的第一向。

虽然经过上述分离过程，但分子质量不同的蛋白质可能有相同的等电点，因此 IEF 凝胶上的一条带可能含有 10～15 种不同的蛋白质。为了得到清晰的蛋白质组图谱，必须采用能把不同分子质量蛋白质分开的第二种技术。第二向开始于把第一向得到的等电聚焦凝胶电泳的胶条浸泡在十二烷基硫酸钠（SDS）溶液中。SDS 是带负电荷的分子，能包裹所有的蛋白质，并使它们带上负电荷。然后把胶条放在由聚丙烯酰胺支持物组成的垂直板胶的上方，并通上电流。蛋白质开始通过支持物的空隙向正极移动。小蛋白质（如小分子质量）较容易通过空隙运动，而大蛋白质移动得较慢。这种网筛效应通过分子质量把蛋白质分开。结合这两种技术分离蛋白质的图谱如图 4-10 所示。

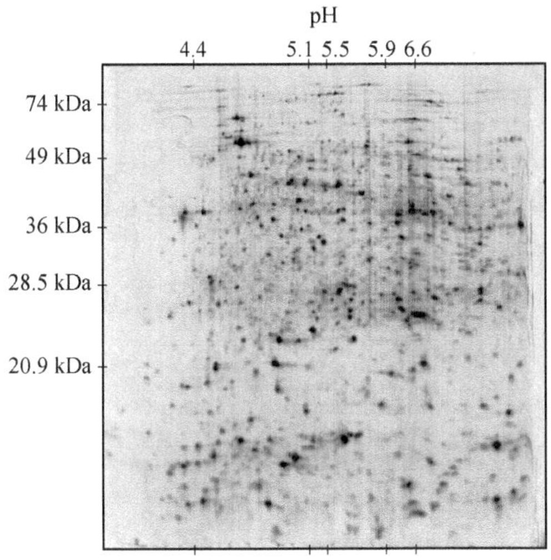

图 4-10　伤寒沙门氏菌（*Salmonella typhimurium*）蛋白质组双向凝胶图谱（Moat et al.，2002）

在生长的过程中加入^{35}S-甲硫氨酸进行放射性标记或用传统的考马斯亮蓝染料或较新的荧光标记染料可观察到这些蛋白质。用计算机分析比较在不同生长条件下蛋白质组的产生情况。一旦打算对某个蛋白质做深入的研究，就必须对它进行鉴定。在这里，基因组和蛋白质组结合在一起的效果就更明显了。当某种生物或与其密切相关的生物已完成测序，可把感兴趣的蛋白质点从胶上切下来，通过质谱仪检测蛋白质的准确质量。在上述这种技术中，蛋白质通过蛋白酶，如胰蛋白酶进行消化，得到的片段进入质谱，可准确测得每个片段的质量。当整个基因组已完成测序，而且已计算出了所有可能存在的肽的准确分子质量，就可以明确地分析出这个蛋白质的同一性（identity）。

如果这个生物的基因组还没有测序，可以切下这个点，进行 N 端氨基酸序列分析，或者用蛋白酶，如胰蛋白酶酶切，酶切片段用 HPLC 分离再进行测序。然后把得到的肽的序列用于查询不同的数据库，以获得匹配的序列。另外，串联质谱仪也能获得一条肽的部分序列的信息。经胰蛋白酶酶切的肽被首轮的 MS 分离开，选择其中的一个做进一步的质谱分析。随着进一步的片段化，从重叠的片段得到的质谱，可用来鉴定肽中特异的氨基酸的位置（图 4-11）。得到的氨基酸序列可通过查询已知的数据库，以获得匹配的序列。

基因组和蛋白质组分别是从基因和蛋白质的层面探寻生命活动，而事实上，细胞内的许多生命活动是发生在代谢组的层面上的，如能量的传递、细胞间的通信等都受代谢物的调控。代谢组（metabolome）是指某一时刻细胞内的所有代谢物。代谢组学是研究代谢组的科学。基因组学和蛋白质组学告诉我们可能会发生什么，而代谢组学则告诉我们确实发生了什么。

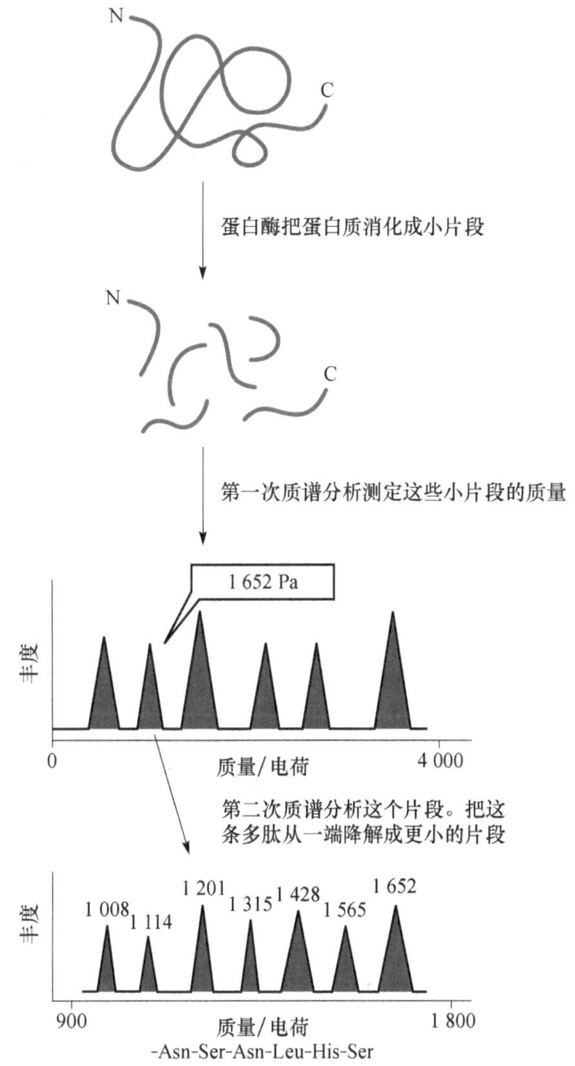

图 4-11　用串联质谱仪测定肽的氨基酸序列（Willey et al.，2008）

代谢组学主要研究的是作为各种代谢途径的底物和产物的小分子质量的代谢物。其样品主要是生物细胞和组织的提取液。主要技术手段是核磁共振、质谱、色谱（气相色谱、液相色谱）等，其中以核磁共振为主。

作为功能基因组学重要组成部分的转录组学（transcriptomics），是一门在整体水平上研究细胞中基因转录的情况及转录调控规律的学科。转录组学是从 RNA 水平研究基因表达的情况。转录组（transcriptome）是指一个细胞中的基因组所转录的全部 RNA。与基因组的概念不同，转录组的定义中包含了时间和空间的限定。同一细胞在不同的生长周期，在不同的生长条件下，其基因表达情况是不完全相同的。

对于微生物来说，基因表达及表达的程度受到了自身“生物钟”及外界环境作用的双重影响。因此，研究微生物转录组的学科，即微生物转录组学，可以提供某种微生物的哪些基因在何时何种条件下表达或不表达的信息，这些信息能用于推断相应未知基因的功能或补充已知基因的功能，可以揭示特定调节基因的作用机制，从而有利于更深入地了解该生物体基因表达的调控机制。

现代科学技术的发展为代谢的研究提供了许多有力的方法。蛋白质组学、代谢组学及转录组学的研究方法，为研究微生物细胞在不同条件下基因或蛋白质的动态变化提供了可能。采用哪种方法进行实验，要根据研究的目的来确定。上述方法的建立，不仅推动了微生物生理学的发展，而且也推动了整个生物学的发展，同时也扩展和深入了微生物应用的研究。

思 考 题

1. 简述静息细胞的概念及制备方法。研究哪些生理问题时需要采用静息细胞？
2. 某种微生物以葡萄糖为底物进行发酵，如何进行营养平衡的计算？
3. 某一菌株发酵葡萄糖产生乙醇和 CO_2，如何测得它主要走 EMP 途径还是 ED 途径？
4. 简述代谢组学、转录组学在微生物生理学研究中的应用。

主要参考文献

李季伦，张伟新，杨启瑞，等. 1993. 微生物生理学. 北京：北京农业大学出版社.

王镜岩，朱圣庚，徐长法. 2002. 生物化学. 3 版. 北京：高等教育出版社.

Madigan M T，Martinko J M，Dunlap P V，et al. 2009. Brock Biology of Microorganisms. 12th ed. New Jersey：Prentice Hall.

Moat A G，Foster J W，Spector M P. 2009. 李颖，文莹，关国华，等译. 微生物生理学. 4 版. 北京：高等教育出版社.

Moat A G，Foster J W，Spector M P. 2002. Microbial Physiology. 4th ed. New York：Wiley-Liss Inc.

Willey J M，Sherwood L M，Woolverton C J. 2008. Prescott，Harley，and Klein's Microbiology. 7th ed. New York：McGraw-Hill Companies Inc..

第 5 章
微生物的产能代谢

微生物的一切生命活动都需要能量，微生物是怎样从它们的能源物质中获取能量的？这是微生物生理学的核心问题之一。本章的重点是研究微生物如何通过生化反应把能源物质中的能量释放出来，并捕获和储存在细胞内。这个奇妙的过程是通过分解代谢实现的，分解代谢是能量的储存反应（energy-conserving reaction）。

微生物的代谢展示出迷人的多样性，特别是对能源物质的利用和产能代谢的过程，更是千姿百态，精彩纷呈。根据能源的不同，可把微生物划分为三种营养类型（图 5-1）。化能有机营养型微生物以有机物作为能源和电子的来源。可利用的有机物除了葡萄糖、氨基酸、核苷酸等单体物质，还包括纤维素、几丁质、果胶质等难降解的大分子，甚至还包括一些有毒的烃类、芳香族化合物等。可采用发酵、有氧呼吸和无氧呼吸中的一种或几种分解过程对这些有机物进行分解。化能无机营养型微生物以还原性的无机物作为能源和电子供体。可以利用的无机物非常广泛，包括还原性的硫化物（H_2S、S、SO_3^{2-} 等）、还原性的氮化合物（NH_3、NO_2^-）、二价铁等。它们的能量储存过程主要是呼吸，与化能有机营养型的呼吸过程相似。光能营养型微生物以光能为能源。其中有些像植物那样，利用光能时，以水为电子供体，释放氧气到环境中，进行的是产氧光合作用；还有些光合微生物不能以水为电子供体，不能释放氧气到环境中，进行不产氧光合作用。光能营养型微生物通常是自养的，以 CO_2 为碳源。但有些光能微生物是异养的。本章将从能量来自有机物、能量来自无机物和能量来自可见光三节内容来阐明上述具体的过程。

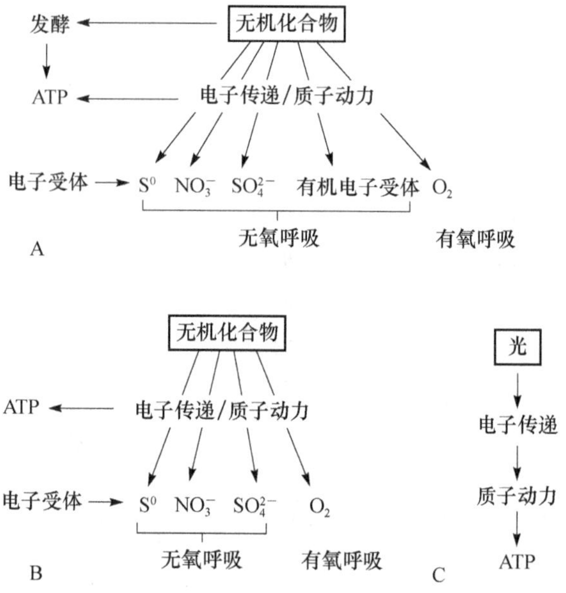

图 5-1　产能代谢的多样性

A：化能有机营养型的产能代谢；B：化能无机营养型的产能代谢；C：光能营养型的产能代谢

虽然微生物的产能反应各式各样，但都遵从生物能学（bioenergetics）的原理。生物能学是深入理解生物体新陈代谢不可缺少的基础知识，它涉及细胞转移和利用能量的基本问题。在具体研究微生物的储能反应之前，先简要地阐述生物能学基本原理。

第 1 节　生物能学基本原理

1.1　功和能

能（energy）是做功的能力。化学过程和物理过程都是能作用的结果。化学功、运输功和机械功是细胞的三种不同类型的功。把简单的前体合成复杂的生物分子（如合成代谢）需要化学功（chemical work）。吸收养分、排除废物、保持离子的平衡需要运输功（transport work）。细胞的运动以及胞内结构的移动需要机械功（mechanical work）。

为了理解能量是如何以 ATP 的形式被捕获，以及 ATP 是如何在细胞内做功，需要了解一些热力学的原理。热力学（thermodynamics）是研究一个体系中（如一个细胞或一个植物）能量变化的科学。而宇宙中所有其他的体系被称为环境。热力学研究的焦点问题是在一个体系中，起始状态和终止状态能量的不同，并不关心这个过程的速度。例如，把一壶水加热到沸腾，热力学只关心水开始加热的情况以及沸腾时的情况，而不考虑它受热的快慢以及用何种炉子。

1.2　热力学定律

热力学第一定律（first law of thermodynamics）指出能量既不能产生也不能消失。虽然化学反应中能量发生交换而重新分配，但宇宙总能量是不变的。如放能反应释放的热量，又被吸能反应吸收。热力学第一定律不能解释为什么一个反应放出的热被另一个反应吸收，也不能解释为什么热力学体系的运动有一定的方向性，对这些现象的解释需要热力学第二定律和熵的概念。熵（entropy）是一个体系的自由度或混乱度的尺度。一个体系的混乱度越大，熵值越大。热力学第二定律（second law of thermodynamics）表明物理和化学过程总是向着宇宙（体系和环境）的自由度或混乱度增加到最大的方向自发进行。热力学体系的运动有一定的方向性，即自高温流向低温。

1.3　自由能和平衡常数

第一定律和第二定律结合起来，把发生在化学变化和其他过程中能量的变化联系起来可用方程式表示为

$$\Delta G=\Delta H-T\Delta S$$

ΔG 是自由能的变化，ΔH 是焓的变化，T 是绝对温度，ΔS 是反应中熵的变化。焓变就是热量的改变。细胞内的反应是在恒压和恒容下进行的，因此焓变和反应中的总能量的变化基本上是一样的。自由能的改变是在常温、常压下，体系（细胞）用来做有用功的能量。因此，熵变是体系不能用来做功的那部分能量占总能量比例的改变。自由能和熵的改变不依赖于体系是怎样从开始到结束的。在反应中，如果体系的自由能减少，或 ΔG 小于零，反应将会自发发生。从方程式中可以推出反应中熵的正的、大的改变会导致 ΔG 为负值，反应自发发生。熵的减少会使 ΔG 更正，反应的可能性减小。

自由能的改变和化学反应进行的方向之间有明确的关系。考虑这个简单的反应：$A+B \rightleftharpoons C+D$，如果把 A 和 B 分子混合，它们会反应生成产物 C 和 D。随着 C 和 D 浓度逐渐增加，它们就能以 A 和 B 产生 C 和 D 的速度而产生出 A 和 B。这时，反应达到平衡，两个方向的反应速度是相等的，反应物和产物的浓度不再有净改变。这种情况由平衡常数（K_{eq}）(equilibrium constant) 来描述，描述了产物和底物平衡浓度之间的关联，可表示为

$$K_{eq}=\frac{[C][D]}{[A][B]}$$

如果平衡常数大于 1，平衡时产物浓度比反应物浓度大，反应趋向完成。

反应的平衡常数直接同它的自由能变化相关联。反应的自由能的变化如果是在浓度、温度、pH 和压力都是标准状态下测得，就是标准自由能的变化（ΔG^0）(standard free energy change)。pH 为 7（接近活细胞的 pH）的标准自由能的变化用 $\Delta G^{0'}$ 表示。标准自由能的改变可以认为是在标准条件下，体系可用来做有用功的最大的能量。用 $\Delta G^{0'}$ 无需考虑在不同环境条件下 ΔG 的不同，便于反应的比较。$\Delta G^{0'}$ 和 K_{eq} 的关系可用方程式表示为

$$\Delta G^{0'}=-2.303RT\lg K_{eq}$$

R 是气体常数，T 是绝对温度。这个方程式表明当 $\Delta G^{0'}$ 为负值时，平衡常数比 1 大，反应趋向完全，也就是放能反应（exergonic reaction）（图 5-2）。在吸能反应 (endergonic reaction) 中，$\Delta G^{0'}$ 为正值，平衡常数小于 1。即在标准状况下，反应是不利的，几乎没有产物生成。$\Delta G^{0'}$ 只是表明反应在哪里达到平衡，并不反映达到平衡的速度。

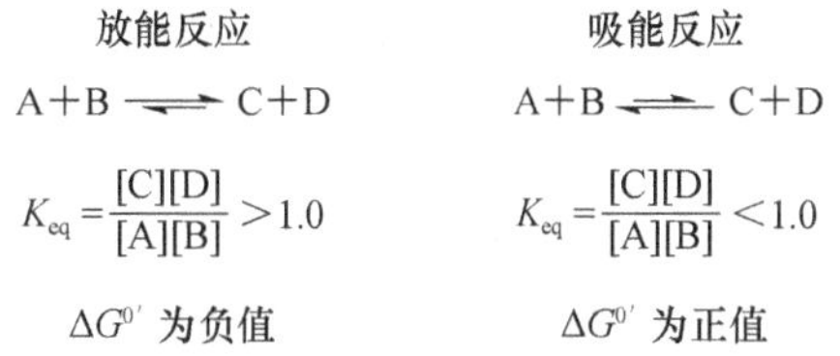

图 5-2　$\Delta G^{0'}$ 和化学平衡的关系
(Willey et al., 2008)

1.4　ATP 在代谢中的作用

虽然微生物的代谢具有多样性，但是，所有类型的代谢都遵从生物化学的原理，主要包括：①用 ATP 来储存放能反应中释放的能量，并用 ATP 的水解驱动吸能反应；②把代谢反应组织到途径或循环中；③用酶催化代谢反应；④氧化还原反应在能量储存中的重要性。下面主要研究 ATP 在代谢中的作用。

在放能反应中，能量从能源物质中释放出来（如那些 ΔG 为负值的反应）。放出的能量没有白白浪费掉，而是以一种实用的形式被捕获，转移到细胞中做功。具体来说是驱动吸能反应（如合成代谢）。在活细胞中，能量的这种实用形式就是 ATP（图 5-3）。细胞通过某些过程来挣到 ATP，通过某些过程来消费 ATP，因此，ATP 是细胞能量的流通货币。在细胞的经济学中，ATP 是作为吸能反应和放能反应的纽带（图 5-4）。

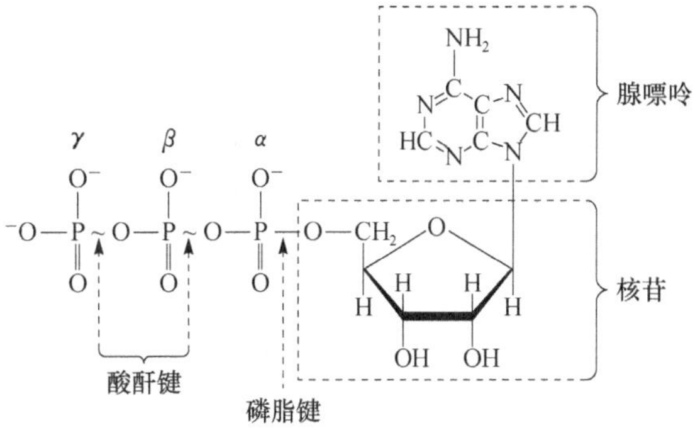

图 5-3　腺苷三磷酸（ATP）的结构式
"～"键有高的磷酸基团转移势能，更容易断裂

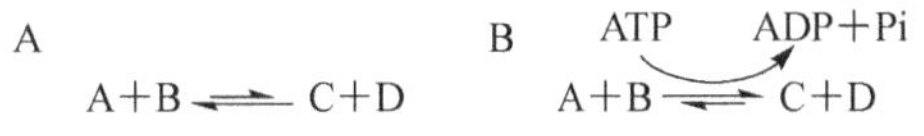

图 5-4　ATP 作为偶联剂
(Willey et al., 2008)
A：吸能反应；B：吸能反应与 ATP 的降解偶联
ATP 使吸能反应更有利，在放能反应中生成的 ATP 驱动吸能反应

为何ATP适合做能量流通货币的角色？ATP是高能磷酸化合物，它可以水解成ADP和磷酸（Pi），$\Delta G^{0'}$为-7.3kcal/mol。ATP是高能磷酸化合物并不是说有很多的能量储存在ATP的键里，而是表明水解末端磷酸基团释放出较多的自由能，是一个强的放能反应。因为ATP倾向于转移磷酸基团到水中，因此它有一个高的磷酸基团转移势能（phosphate group transfer potential）。有较高的基团转移势能的分子会转移磷酸基团到一个低势能的分子中。

ATP水解释放出的自由能很大，有些反应能释放出更大的自由能。在分解反应和其他的能量储存过程中，这些能量使ADP和Pi合成ATP。分解反应可以产生磷酸基团转移势能比ATP高的分子。细胞用这些分子使ADP和Pi合成ATP。因此，ATP、ADP和Pi形成了能量的循环（图5-5）。产能反应通过ADP和Pi合成ATP来储存能源物质释放的能量。而ATP水解时，能量的释放驱动了吸能反应如合成反应、运输功和机械功。

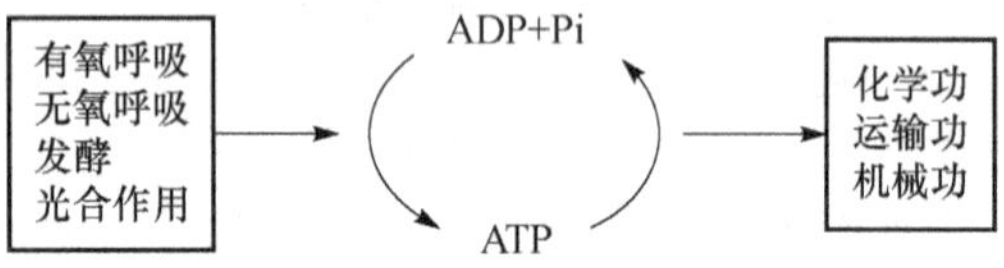

图5-5　细胞的能量循环

在有氧呼吸、无氧呼吸、发酵和光合作用中产生的能量形成ATP，ATP降解成ADP和Pi，产生化学功、运输功和机械功

1.5　氧化还原反应、电子载体和电子传递系统

自由能的改变与化学反应平衡相关，包括氧化还原反应的平衡。能源物质释放能量的过程一般涉及氧化还原反应。氧化还原反应［oxidation-reduction（redox）reaction］是电子从电子供体（electron donor）转移到电子受体（electron acceptor）的反应。通常把电子供体写在右边，电子受体和转移的电子数（ne^-）写在左边，其反应式为

$$\text{电子受体} + ne^- \rightleftharpoons \text{电子供体}$$

氧化还原电对是指一对供体和受体（表5-1）。受体接受了电子，就变成偶联对的供体。反应的平衡常数叫做标准还原电势（E_0）（standard reduction potential），用以衡量供体失电子的能力。还原电势的参照标准是E_0'（pH7.0的还原电势）为-0.42V的氢系统，其反应式为

$$2H^+ + 2e^- \rightleftharpoons H_2$$

在这个反应中，每一个氢原子提供一个质子（H^+）和一个电子（e^-）。

表5-1　生物体中重要的氧化还原电对

氧化还原电对	E_0'/V[a]
$2H^+ + 2e^- \longrightarrow H_2$	-0.42
铁氧化还原蛋白（Fe^{3+}）$+e^-$ $\longrightarrow$铁氧化还原蛋白（Fe^{2+}）	-0.42
NAD（P）$^+$ $+H^+ + 2e^- \longrightarrow$ NAD（P）H^+	-0.32
$S + 2H^+ + 2e^- \longrightarrow H_2S$	-0.274
乙醛$+2H^+ + 2e^- \longrightarrow$乙醇	-0.197
丙酮酸$^-$ $+2H^+ + 2e^- \longrightarrow$乳酸$^{2-}$	-0.185
$FAD + 2H^+ + 2e^- \longrightarrow FADH_2$	-0.18[b]
草酸$^{2-}$ $+2H^+ + 2e^- \longrightarrow$苹果酸$^{2-}$	-0.166
延胡索酸$^{2-}$ $+2H^+ + 2e^- \longrightarrow$琥珀酸$^{2-}$	0.031
细胞色素b（Fe^{3+}）$+e^-$ $\longrightarrow$细胞色素b（Fe^{2+}）	0.075
泛醌$+2H^+ + 2e^- \longrightarrow$泛醌$H_2$	0.10
细胞色素c（Fe^{3+}）$+e^-$ $\longrightarrow$细胞色素c（Fe^{2+}）	0.254
细胞色素a（Fe^{3+}）$+e^-$ $\longrightarrow$细胞色素a（Fe^{2+}）	0.29
细胞色素a_3（Fe^{3+}）$+e^-$ $\longrightarrow$细胞色素a_3（Fe^{2+}）	0.35
$NO_3^- + 2H^+ + 2e^- \longrightarrow NO_2^- + H_2O$	0.421
$NO_2^- + Fe^{3+} + e^-$ $\longrightarrow Fe^{2+} + NH_4^+ + 2H_2O$	0.44
$Fe^{3+} + e^- \longrightarrow Fe^{2+}$	0.771[c]
$O_2 + 2H^+ + 2e^- \longrightarrow 2H_2O$	0.815

a：E_0'是pH7.0时的还原电势。

b：$FAD/FADH_2$的值仅为辅酶的单独测定值，当辅酶与酶蛋白结合后，会发生相应的变化。

c：该值是对单独的Fe原子测定的，而不是Fe原子与蛋白质的复合物（如细胞色素）。

还原电势有具体的意义。具有更负的还原电势的氧化还原电对能提供电子给有较正电势和较大亲和力的氧化还原电对。因此，在表5-1中，电子倾向于从上部的电子供体转移到下部的电子受体，因为后者有更正的电势。这可以形象地表示为一个电子塔，最负的还原电势位于最上部（图5-6）。电子沿电势梯度从供体转移到受体，即沿塔向下转移到更正的电势。对于电子载体NAD^+，$NAD^+/NADH$的E_0'非常负，因此能把电子传递给包括氧气在内的很多受体，其反应式为

$$NAD^+ + H^+ + 2e^- \rightleftharpoons NADH + H^+ \quad E_0' = -0.32V$$

$$1/2O_2 + 2H^+ + 2e^- \rightleftharpoons H_2O \quad E_0' = +0.82V$$

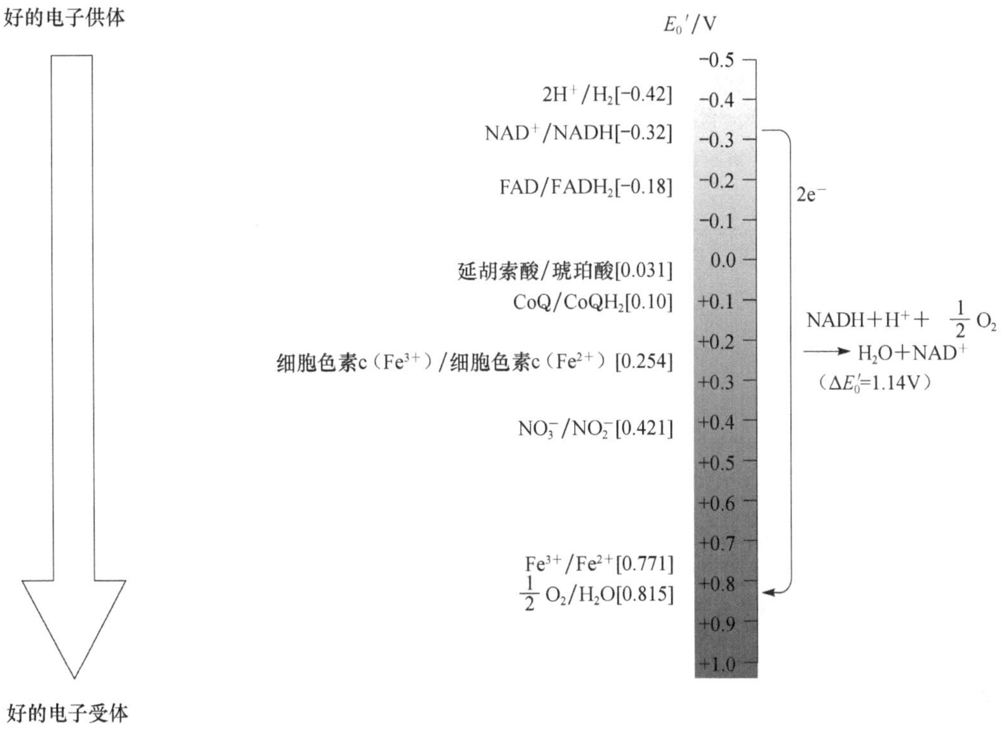

图 5-6 电子的运动和还原电势（Willey et al.，2008）

垂直的电子塔顶部具有最负的还原电势，电子自发地从塔高处的电子供体（较负的电势）到塔低处的电子受体（较正的电势），也就是说，在电子塔中，电子供体的位置总是比电子受体高，如 NADH 会提供电子给氧气，并形成水（一些典型的供体和受体见右图，方括号中为它们的氧还电势）

因为 $NAD^+/NADH$ 的还原电势比 $1/2O_2/H_2O$ 更负，如图 5-6 所示，电子从 NADH（供体）转移到 O_2（受体），其反应式为

$$NADH + H^+ + 1/2O_2 \longrightarrow H_2O + NAD^+$$

因为 $NAD^+/NADH$ 的 E_0' 相对负，比具有较正 E_0' 的氧化还原电对储存更多的势能。当电子从供体转移到一个更正氧化还原电势的受体时，释放自由能。反应的 $\Delta G^{0'}$ 同两个电子对的还原电势的差正相关。$\Delta E_0'$ 越大，可利用的自由能越大，其方程式为

$$\Delta G^{0'} = -nF \cdot \Delta E_0'$$

n 是转移电子的数目，F 是法拉第常数（23 062cal/mol）。这类似于 $\Delta G^{0'}$ 与其他类型化学反应的 K_{eq} 的关系——平衡常数越大，$\Delta G^{0'}$ 越大。$NAD^+/NADH$ 和 $1/2O_2/H_2O$ 的还原电势差大，为 1.14V。当电子从 NADH 转移到 O_2 时，会产生大量可利用的自由能来生成 ATP。

由于 NADH 在许多生物的新陈代谢中扮演着中心角色，这让我们把注意力集中在 O_2 被 NADH 还原上。许多化能有机营养型以葡萄糖为能源，葡萄糖在分解的过程中被氧化，从葡萄糖中释放的电子被 NAD^+ 接受，还原成 NADH，然后 NADH 把电子传递到氧气。电子并不是直接传递到氧气，而是通过一系列的载体传递到氧气。电子载体组成的这个系统叫电子传递系统（electron transport system，ETS）或电子传递链（electron transport chain，ETC）。第一个载体有最负的 E_0'，每一个接下来的载体的 E_0' 都依次升高（图 5-7）。采用这种方式，使储存在发动电子流的氧化还原电对里的势能释放，并用来形成 ATP。

原核化能有机营养型微生物的电子传递链在细胞膜上，真核化能有机营养型微生物的电子传递链在线粒体内膜上。对于化能无机营养型微生物或光能营养型微生物来说，电子传递链也非常重要，是把无机的能源或光能进行转化的场所。化能无机营养型微生物都是原核生物，电子传递链位于细胞膜上或内膜系统上。原核光能营养型微生物的电子传递链位于细胞膜或内膜系统上，真核光能营养型微生物的电子传递链位于叶绿体类囊体膜上。

组成电子传递链的载体的化学性质和运载电子的方式各不相同。NAD^+ 有一个烟酰胺环（图 5-8），此环可从电子供体（如降解葡萄糖的过程中形成的中间产物）上接受两个电子和一个质子，并释放另一个质子。FAD 和黄素单核苷酸（FMN）可在如图 5-9 所示的异咯嗪环上接受两个电子和两个质子，有 FAD 和 FMN 的蛋白质叫黄素蛋白。辅酶 Q（CoQ）或泛醌存在于许多电子传递链中，可携带两个电子和两个质子（图 5-10）。细胞色素和一些其他的载体，通过 Fe 原子的可逆的氧化还原反应，每次传递一个电子，其反应式为

$$Fe^{3+} + e^- \rightleftharpoons Fe^{2+}$$

在细胞色素中，铁原子参与血红素（图 5-11）或其他类似卟啉环的组成。由蛋白质和铁卟啉环构成的细胞色素，是电子传递链的重要成分。含铁原子但无血红素的电子传递蛋白，叫非血红素铁蛋白（nonheme iron protein）。铁氧还蛋白（ferredoxin）是在光合电子传递以及其他电子传递中起作用的非血红素铁蛋白。虽然它的铁原子没与血红素结合，但仍有可逆的氧化

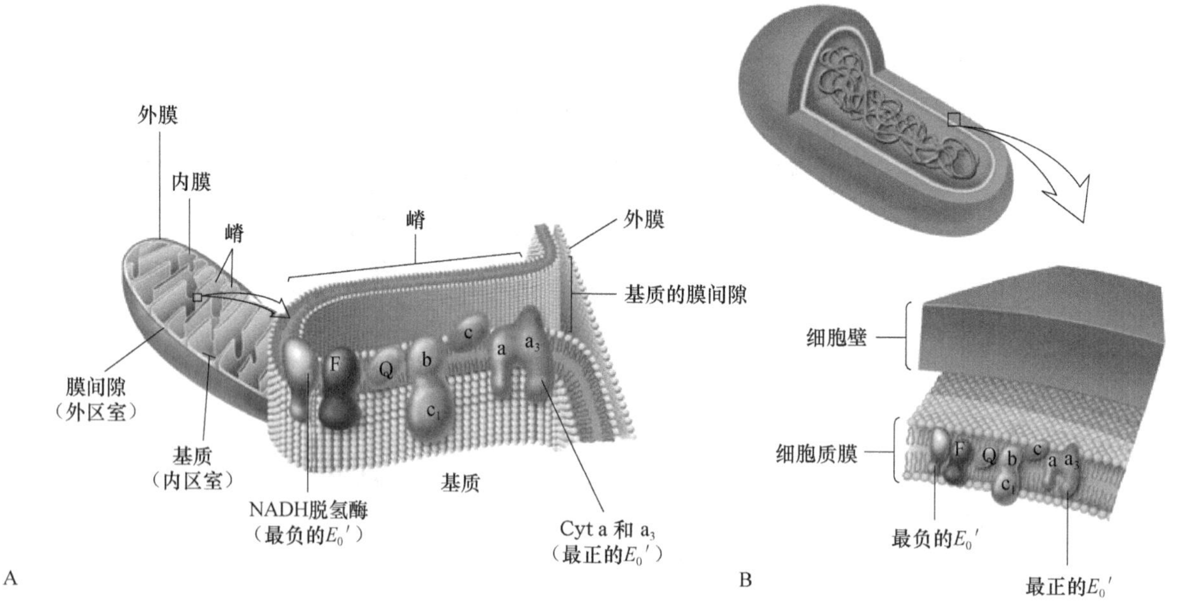

图 5-7　电子传递系统（Willey et al.，2008）

A：线粒体电子传递系统；B：典型的细菌电子传递系统

F：FMN；Q：辅酶 Q；b：细胞色素 b；c_1：细胞色素 c_1；c：细胞色素 c；a：细胞色素 a；a_3：细胞色素 a_3

电子传递系统位于膜上，电子从最负的还原电势的载体流到最正的还原电势的载体，在呼吸过程中，外源的分子如氧气作为最终电子受体

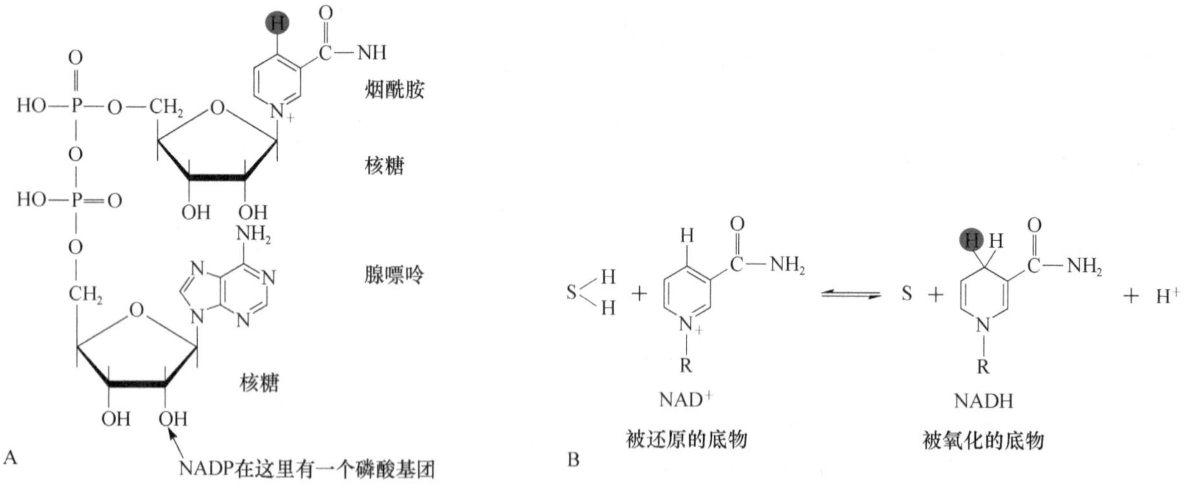

图 5-8　NAD^+ 的结构和功能

A：NAD 和 NADP 的结构，NADP 比 NAD 在核糖上多了一个磷酸基团；B：NAD^+ 通过烟酰胺环从还原性的底物（SH_2）接受两个电子和一个氢原子

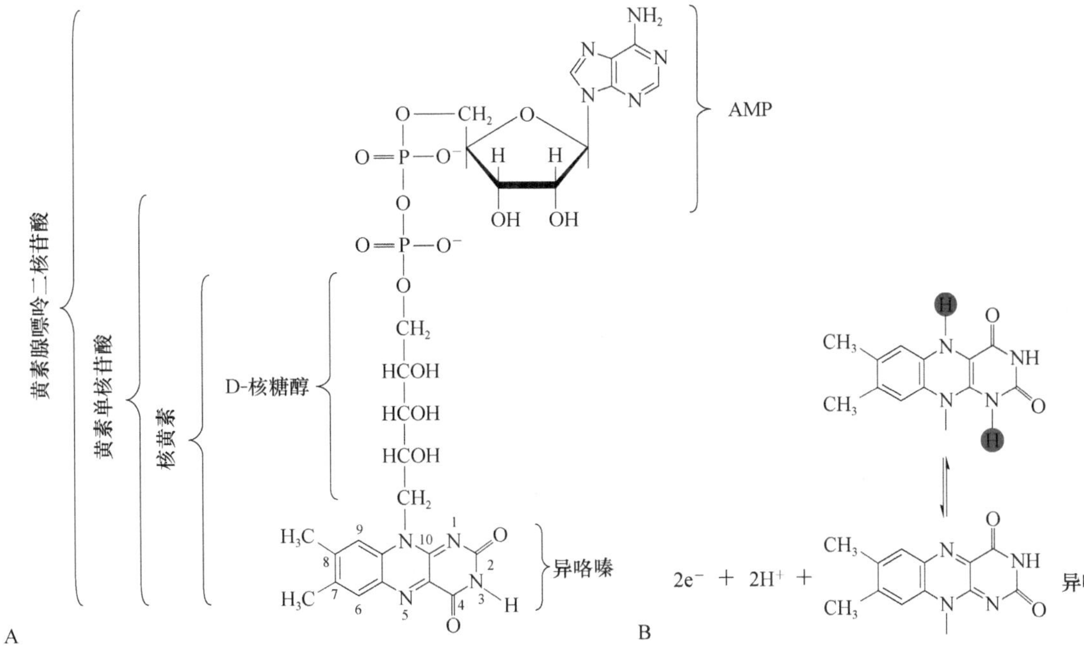

图 5-9　黄素腺嘌呤二核苷酸和黄素单核苷酸

A：黄素腺嘌呤二核苷酸和黄素单核苷酸的结构；B：异咯嗪环接受两个电子和两个质子

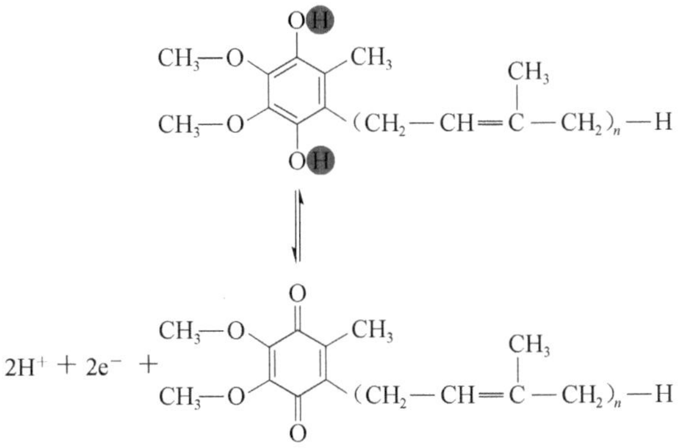

图 5-10　CoQ 的结构和功能

侧链 n 的取值随物种的不同而有所不同，从 6～10

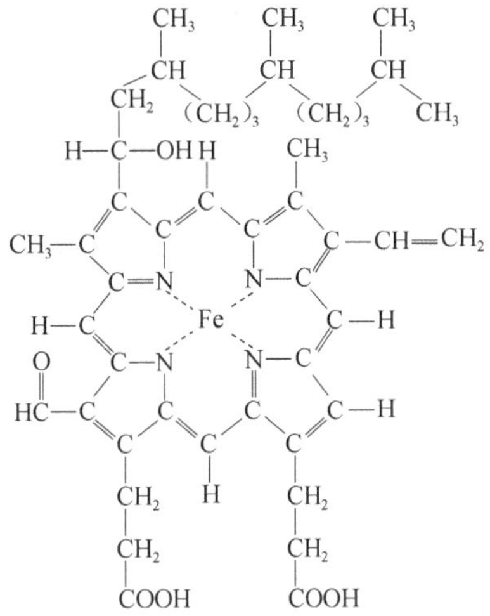

图 5-11　血红素的结构

血红素是由卟啉环及与其相连的铁原子组成，是细胞色素的非蛋白质成分，铁原子交替地接受和释放电子

还原反应。像细胞色素一样，一次只能携带一个电子。上述的载体运输电子和质子数目不同，这对于电子传递链行使功能起到了重要的作用，下一章将进一步讨论。

从公海到富养的湖泊，从森林到酒厂，从炎热的火山口到煤矿的废矿沟，到处都能观察到微生物产能反应的痕迹。光能营养型微生物把太阳能转化成化学能（图 5-12），来营养化能有机营养型微生物。化能有机营养型微生物使其他生物产生的废物得以循环，并在工业生产中担任重要角色。化能无机营养型微生物氧化无机物，对生物地球化学循环做出贡献。所有的营养型微生物都产生污染，但又有助于对原始环境的保持。

下面将分别讲述这三种营养型微生物的产能过程。

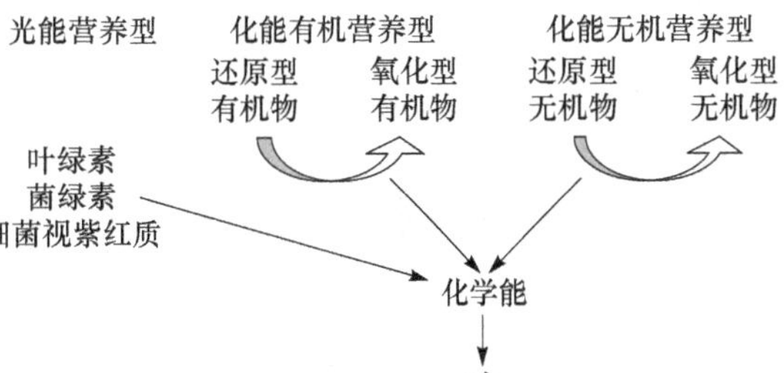

图 5-12　微生物的能源

多数微生物用三大类能源物质中的一种，光能营养型微生物用菌绿素和叶绿素捕获光能，化能营养型微生物通过氧化还原型的有机物或无机物来释放和捕获能量

第 2 节　能量来自有机物

化能有机营养型微生物氧化有机物产生能量，并把能量转化成 ATP，氧化有机物过程中释放的电子可被多种电子受体接受。根据最终电子受体是外源的（来自外界）还是内源的（代谢过程中产生的），来定义能量的产生过程。最终电子受体是外源的代谢过程叫做呼吸（respiration）。呼吸又可分为两种不同的类型——有氧呼吸（aerobic respiration）和无氧呼吸（anaerobic respiration）。有氧呼吸的最终电子受体是氧气，而无氧呼吸的最终电子受体是氧气以外的物质，如 NO_3^-、SO_4^{2-}、CO_2、Fe^{3+}、SeO_4^{2-}。有机化合物如延胡索酸和腐殖酸也可以作为电子受体。呼吸作用涉及电子传递链，电子通过电子传递链传到最终电子受体的过程中产生质子动力，从而使 ADP 和磷酸生成 ATP。发酵（fermentation）采用的是内源的电子受体，不涉及电子传递链，也不产生质子动势。内源的电子受体通常是分解代谢途径的中间产物，如丙酮酸。在发酵过程中，只通过底物水平磷酸化（substrate level phosphorylation）形成 ATP。底物水平磷酸化是指从能源物质分解代谢产生的高能化合物（如磷酸烯醇式丙酮酸）转移磷酸基团到 ADP 上，形成 ATP 的过程。下面的部分，我们将深入探讨化能有机营养型微生物的产能代谢。首先从有氧呼吸开始，介绍一些代谢途径，也介绍无氧呼吸。发酵只涉及在呼吸过程中起作用的部分途径，但却普遍地被微生物采用，在实际应用中也起重要作用。

有氧呼吸涉及一些重要的分解途径，化学家 Albert Lehninger 把有氧呼吸分为三个阶段（图 5-13）。第一个阶段，大分子的营养物质（蛋白质、多糖和脂类）被水解或降解成构成它们的单体。这个阶段的化学反应一般不释放能量。氨基酸、单糖、脂肪酸、甘油以及第一阶段的其他产物，在第二阶段被降解为一些简单的小分子。通常会形成乙酰-CoA 和丙酮酸等。另外第二阶段还产生一些 ATP、NADH 和 $FADH_2$。第三阶段，部分被氧化的碳原子进入三羧酸循环，完全被氧化成 CO_2，产生 ATP、NADH 和 $FADH_2$。NADH 和 $FADH_2$ 以氧气作为最终电子受体，沿电子传递链被氧化，产生大量的 ATP。

2.1　大分子的降解

淀粉、纤维素、果胶、蛋白质、核酸等大分子化合物不能透过细胞质膜，它们需要微生物产生的胞外酶水解成小分子化合物，才能被微生物吸收利用。虽然这些大分子水解成单体时不产生可被利用的能量，但这一步骤是为小分子进一步氧化产能作准备的。现将有关大分子化合物的降解分述如下。

2.1.1　淀粉的分解

淀粉分为直链和支链两种。直链淀粉由 α-1,4-糖苷键相互连接；支链淀粉除有 α-1,4-糖苷键外，在链的分叉上还有 α-1,6-糖苷键。

淀粉酶是水解淀粉、糖原及其衍生物中 α-糖苷键一类酶的总称。微生物的淀粉酶种类很多，其作用方式也不相同。包括 α-淀粉酶、β-淀粉酶、葡萄糖淀粉酶、异淀粉酶等。这些酶普遍存在于微生物细胞中，但不同微生物含量多少不一。

1. α-淀粉酶

α-淀粉酶，又称液化酶，因生成的糖为 α 型，故名。该酶能随机切断也能绕过分支点切断淀粉中的 α-1,4-糖苷键，但不能分解分支点 α-1,6-糖苷键和靠近分支点的 α-1,4-糖苷键。作用的结果是长链的淀粉水解为短链的糊精，糊精进一步水解后，生成大量的 α-麦芽糖、少量葡萄糖和含有 α-1,6-糖苷键的寡糖。某些细菌、放线菌能产生此酶。工业上采用枯草杆菌生产 α-淀粉酶。

2. β-淀粉酶

β-淀粉酶又称淀粉 1,4-麦芽糖苷酶，其作用方式是从淀粉分子非还原端开始，每次水解出一个麦芽糖分子，被 β-淀粉酶水解后形成 β-麦芽糖，即麦芽糖的还原性半缩醛羟基由 α 型变为 β 型。这与 α-淀粉酶产生的麦芽糖显然不同，故有 α-淀粉酶和 β-淀粉酶的区别。β-淀粉酶可使直链淀粉分解为麦芽糖，但不能作用于 α-1,6-糖苷键，也不能越过此键，因此在分解支链淀粉时，遇到分支点的 α-1,6-糖苷键就停止作用。能产生 β-淀粉酶的细菌很少，多粘芽孢杆菌产生的淀粉酶兼有 α-淀粉酶和 β-淀粉酶的双重作用。产生 β-淀粉酶的真菌却不少，根霉、黑曲霉、米曲霉等都可产生大量的 β-淀粉酶。

3. 葡萄糖淀粉酶

葡萄糖淀粉酶又称淀粉 α-1,4-葡萄糖苷酶。它从淀粉非还原端开始，依次水解 α-1,4-糖苷键，而产生 α-葡萄糖，也可作用于支链淀粉 α-1,6-糖苷键，但速度较慢，因此水解产物几乎全是葡萄糖。根霉、曲霉中普遍存在这种酶。

4. 异淀粉酶

异淀粉酶又称淀粉 α-1,6-葡萄糖苷酶，它只分解 α-1,6-糖苷键，淀粉水解产物为糊精。图 5-14 显示了各种淀粉酶的作用方式。

2.1.2　纤维素的分解

纤维素是植物细胞壁的主要成分，它是由 β-1,4-葡

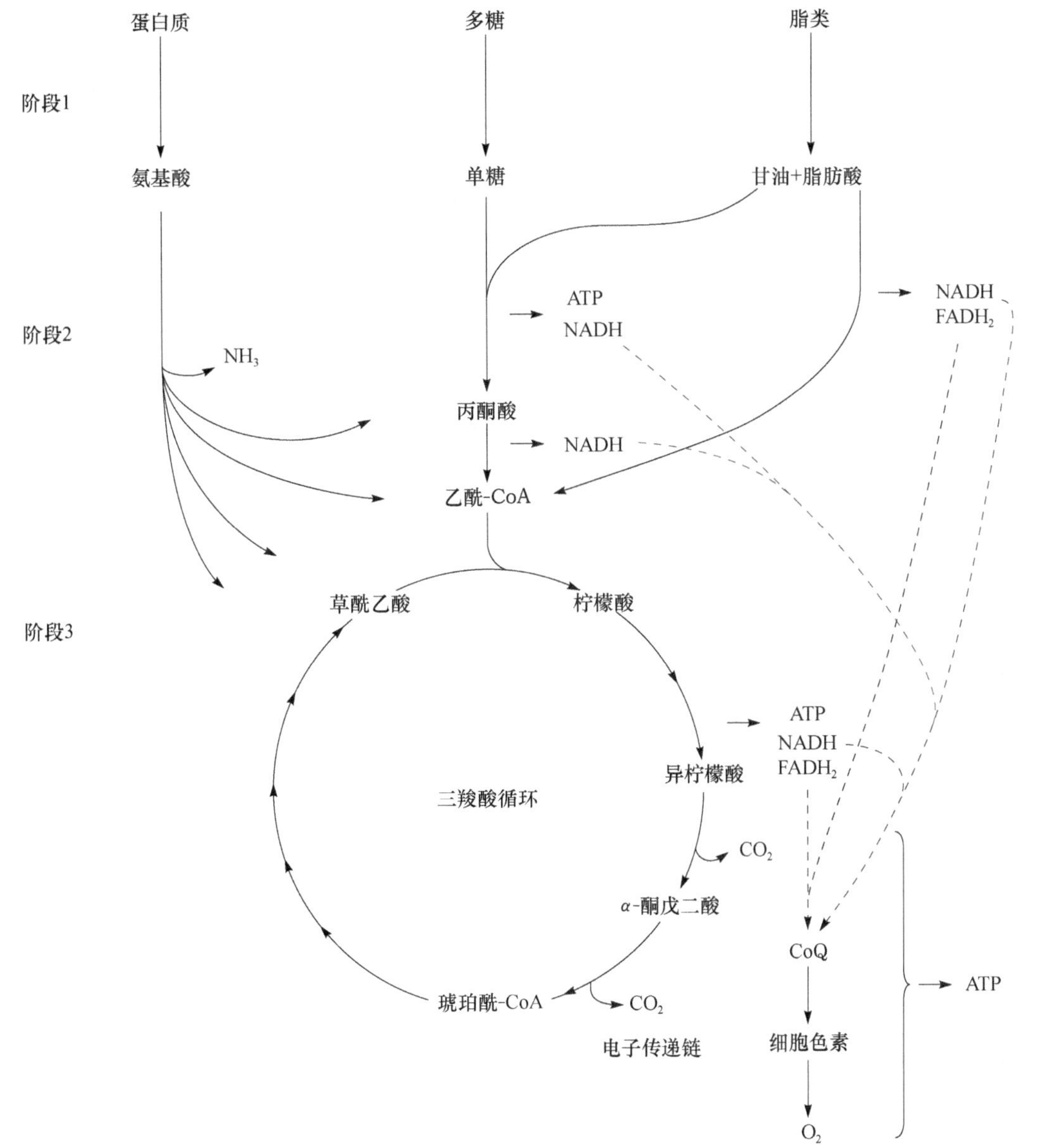

图 5-13　有氧呼吸的三个阶段（Willey et al.，2008）

化能有机型微生物有氧呼吸的流程图，表明这个过程的三个阶段和 TCA 循环所处的中心位置，虚线表示电子流，由 NADH 和 $FADH_2$ 携带到电子传递链

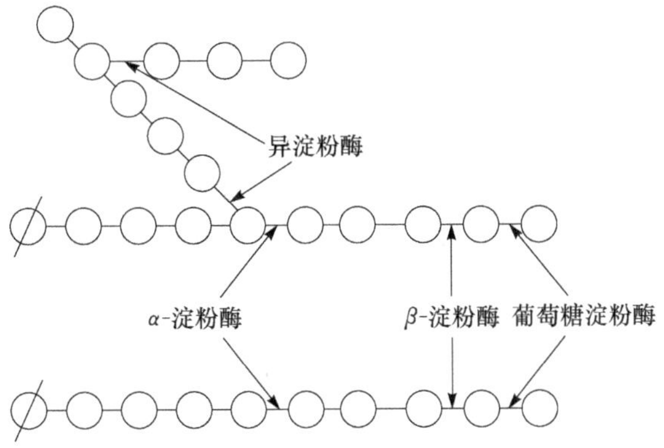

图 5-14　淀粉酶作用的示意图

○表示葡萄糖残基；∅表示还原端葡萄糖残基

萄糖苷键所连接成的长链，每个纤维素分子由大约含一万个以上的葡萄糖残基组成。纤维素分子的基本结构单位是纤维二糖（图 5-15）。

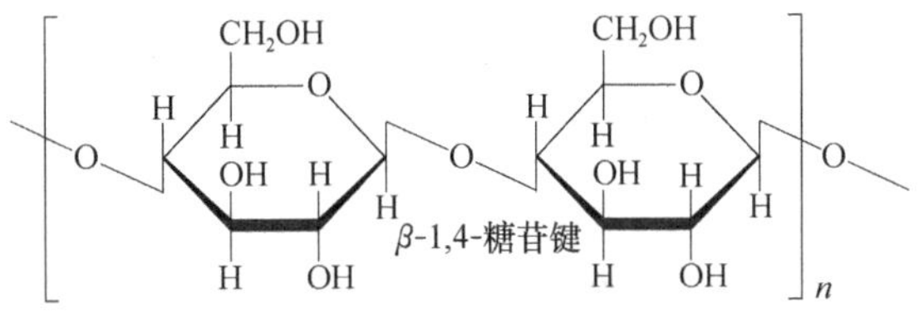

图 5-15　纤维素的基本结构单位

天然纤维素以直链结构存在，链与链之间有一定的

晶状结构和排列无规则的无定型结构。许多纤维素分子以定形或无定形方式组成原纤维，许多原纤维束形成微纤维。天然纤维素不溶于水，但经过特殊处理可得到人工纤维素，如羧甲基纤维素（carboxymethyl cellulose，CMC），其钠盐溶于水。CMC 具有 250～450 个葡萄糖残基。

纤维素的降解需要三种类型的酶共同作用（图 5-16）。首先内切-β-1，4-葡聚糖酶（*endo*-β-1，4-glucanase）把纤维素降解成具有非还原末端的寡糖。然后，外切-β-1，4-葡聚糖酶（*exo*-β-1，4-glucanase）从寡糖链的非还原末端酶解释放纤维二糖。随后，纤维二糖被 β-葡萄糖苷酶水解成葡萄糖。

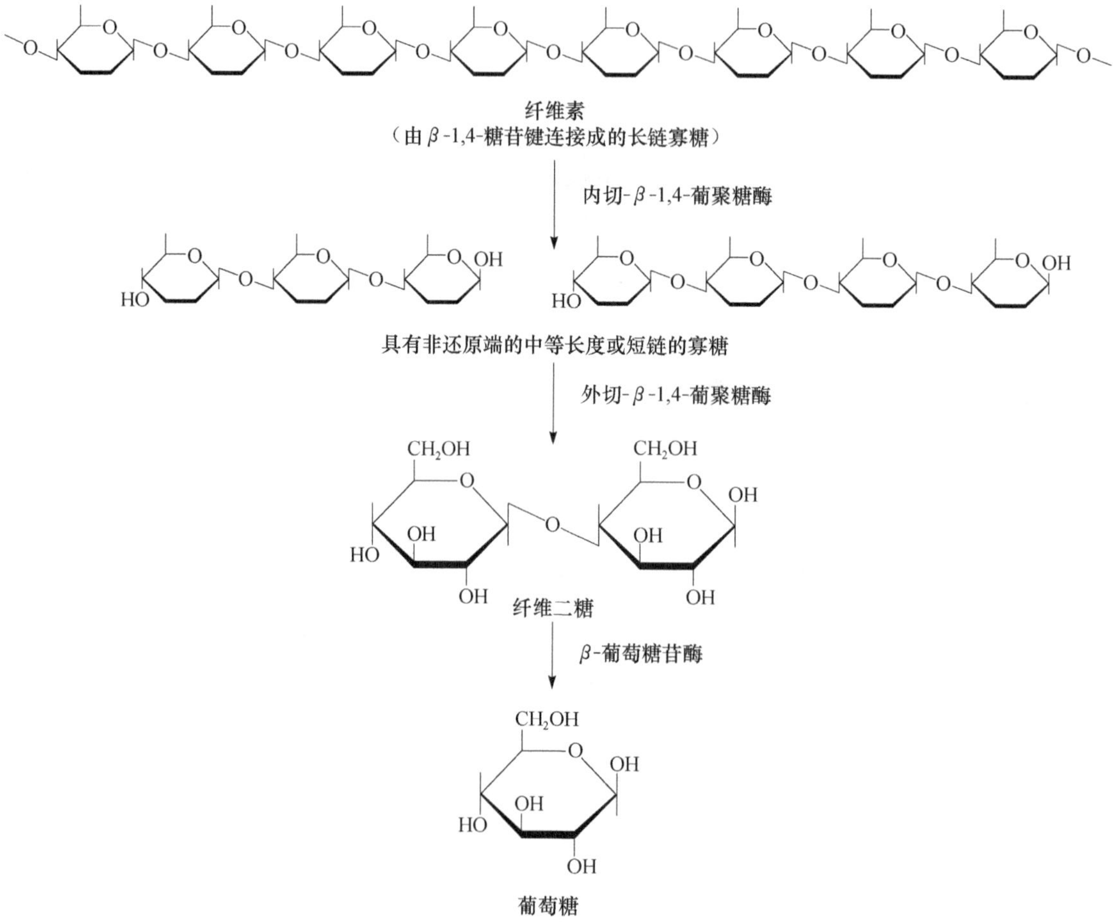

图 5-16　纤维素的酶解示意图

纤维素酶有两种存在方式：一种是胞外酶，溶解于培养基中，霉菌中产生的纤维素酶属于这种类型；另一种是细胞表面酶，它结合在细胞表面上，如黏细菌的纤维素酶存在于细胞壁内。

纤维素酶是一种诱导酶，用葡萄糖作碳源的微生物，几乎不产生纤维素酶。以含纤维素类的物质为碳源时，便能产生较多的纤维素酶。已知诱导物不只是纤维素，凡是有 β-糖苷键的物质大都可以作为纤维素酶形成的诱导物质。而不同的诱导物，诱导产生的类型不一样。在木霉、黑曲霉，青霉、根霉及漆斑霉等真菌所产生的纤维素酶当中，绿色木霉产生的纤维素酶的活性最强。能分解纤维素的细菌有噬纤维菌属、生孢噬纤维菌属（*Sporocytophaga*）和纤维单胞菌属（*Cellulomonas*）。分解纤维素能力较强的放线菌有玫瑰色放线菌（*A. roseus*）等。

纤维素酶的作用条件因酶的来源和作用底物不同而异。来自真菌的纤维素酶，作用条件要求偏酸性，一般为 pH4.0～5.0。康氏木霉分解羧甲基纤维素的最适 pH 为 4.5，分解纤维素的最适 pH 为 5.0。拟康氏木霉分解羧甲基纤维素的最适 pH 为 4.4，分解滤纸的最适 pH 为 4.8，起作用的最适温度分别为 60℃和 50℃。

2.1.3　果胶的分解

果胶是由半乳糖醛酸以 α-1，4-糖苷键形成的直链状高分子化合物。其中 75％的羧基被甲基化形成甲酯，可以认为果胶是甲基半乳糖醛酸的聚合体。不被甲基化的聚合体是果胶酸。果胶的结构式为

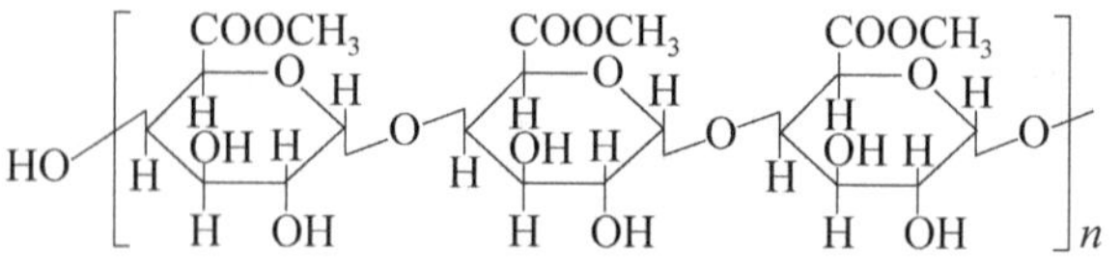

果胶是植物细胞壁间质的主要成分，可被微生物分解利用，至少有三种酶参加作用。

(1) 原果胶酶　它能使不溶性的果胶变成可溶性的果胶。

(2) 果胶甲酯水解酶　使果胶甲酯水解为果胶酸。

(3) 果胶聚半乳糖醛酸酶　此类酶使果胶或果胶酸中 α-1,4-糖苷键水解，按其作用方式又可分为三类：①内切聚半乳糖醛酸酶，从分子内部无规则地切断 α-1,4-糖苷键，可使果胶或果胶酸的黏度迅速下降，多数微生物，特别是霉菌、细菌、酵母菌的果胶酶都属于这类酶，这类酶在果汁澄清中起主要作用；②外切聚半乳糖醛酸酶，从分子末端逐个切断 α-1,4-糖苷键生成半乳糖醛酸，黏度下降不明显，但还原力增加；③内切聚甲基半乳糖醛酸酶，此酶对果胶的作用要比果胶酶的作用好，它可以从分子中无规则地切断 α-1,4-糖苷键，也可从末端切断，生成半乳糖醛酸。

果胶可作为诱导物，提高果胶酶的产量。果胶酶的生产菌种有：黑曲霉、米曲霉、文氏曲霉、臭曲霉、苹果青霉、黄麦霉、白府核盘霉等。厌氧细菌中，能分解果胶类物质的微生物主要有触果胶菌和费地浸麻梭菌。有些好氧细菌也有很强的分解果胶物质的能力，如枯草杆菌、马铃薯杆菌和多粘梭菌等。在生产中，可利用微生物产生果胶酶进行纤维植物（如亚麻、黄麻、大麻、苧麻等）脱胶，也可用果胶酶使橘子脱囊衣、果酒澄清。纺织工业中用果胶酶处理棉织品等。

2.1.4　蛋白质的分解

蛋白质可被某些微生物产生的蛋白酶和肽酶催化分解，其分解产物一般可作为微生物生长的氮源，也可作为生长的碳源和能源。

蛋白酶又称内肽酶，它分解蛋白质分子内部的肽键，形成各种短肽。微生物蛋白酶有两种类型，即高专一性蛋白酶和低专一性蛋白酶。专一性高的蛋白酶主要是一些细菌分泌的特殊蛋白酶，如分解胶原蛋白的胶原蛋白酶，分解角蛋白的角蛋白酶等。专一性低的蛋白酶按其作用最适 pH 可分为三类：①酸性蛋白酶，主要由真菌产生，不被二异丙基氟磷（DFP）、邻-二氮杂菲（OP）和 EDTA 抑制，其最适 pH 和 pH 稳定性为 2～5；②中性蛋白酶，普遍存在于细菌和真菌中，可被邻-二氮杂菲和 EDTA 所抑制，而不被二异丙基氟磷抑制，其最适 pH 为 7～8；③碱性蛋白酶，普遍存在于细菌和真菌中，能被二异丙基氟磷抑制，而不被邻-二氮杂菲或 EDTA 抑制。其最适 pH 为 10～11，pH 稳定性为 5～9。有些微生物的碱性蛋白酶特别耐热，如高温解脱芽孢杆菌的高温蛋白酶，经 70℃作用 30min，活性仍有 90%，而枯草芽孢杆菌蛋白酶在同样温度下其活性仅有 10%。微生物的胞外蛋白酶的形成和活性受多种因素的影响，如培养基中存在钙离子时能增加胞外酶的活性，而培养基中有氯化钠或柠檬酸时，则降低胞外蛋白酶活性。过量的葡萄糖还能阻遏蛋白酶的合成。微生物胞外蛋白酶对氧稳定，半胱氨酸等还原性物质会引起蛋白酶失去活性。胞外的蛋白酶则对氧不稳定，需要有半胱氨酸等还原性物质维持活性。对于多数细菌型肽酶的活性需要锰、镁、钴或锌等离子作为辅基。

2.1.5　核酸的分解

核酸是由多个核苷酸通过 3′,5′-磷酸二酯键连接起来的大分子。尽管核酸一般不作为微生物的主要营养物质，但许多微生物能产生分解核酸的酶类，或分泌于体外，或存在于细胞内。它们能分解外源核酸，或在外源营养缺乏时，分解自身的核酸以维持生命活动，或在细胞内使核酸不断更新。

分解核酸的酶称为核酸酶，根据其作用方式，可分为内切核酸酶和外切核酸酶两类。前者从核酸链内部分解 3′,5′-磷酸二酯键，其作用有专一性，使核酸分解为单核苷酸和寡核苷酸的混合物。后者从核酸链的一端（5′末端或 3′末端）切断 3′,5′-磷酸二酯键。根据核酸酶作用的对象又可分为 DNA 酶和 RNA 酶。

1. RNA 的分解——RNA 酶（RNase）

大肠杆菌有几种内切 RNAase。RNaseⅠ位于核蛋白体上，它分解 RNA 为 3′-单核苷酸。RNaseⅡ疏松地结合在核蛋白体上，它同时具有内切和外切的作用，优先分解单链 RNA，分解产物是 5′-单核苷酸和寡核苷酸的混合物。RNaseⅢ也存在于核蛋白体上，它只内切双链 RNA，其分解产物是 3′-单核苷酸。RNaseⅤ是外切型的，它专门分解 mRNA，从 5′末端开始向 3′末端切割，每次切下一个 5′-单核苷酸。

在枯草芽孢杆菌里，RNase 有两种：胞内 RNase 和胞外 RNase。胞内 RNase 分子质量比胞外 RNase 大，这两种酶在专一性上有一定区别，胞内 RNase 是非专一性的，胞外 RNase 则具有专一性，即优先分解鸟核苷酸的磷酸二酯键。

2. DNA 的分解——DNA 酶（DNase）

大肠杆菌有多种 DNase。属于内切型的有内切 DNaseⅠ、DNaseⅡ和 DNaseⅢ。内切 DNaseⅠ可沿 DNA 链的许多点切割，生成平均链长 7 个单位的、具有 5′-磷酸末端的寡核苷酸。这个酶的作用受 RNA 的抑制。内切 DNaseⅡ只切割双链 DNA 中的一条链，产生 5′-磷酸末端的裂口，这个酶能作用于大肠杆菌本身的 DNA。内切 DNaseⅢ又称限制酶，它专一地作用于外来的 DNA（如噬菌体的 DNA），切开双链 DNA 链，造成裂口，使其分解。

属于外切型的大肠杆菌 DNase 有多种：外切 DNaseⅠ水解热变性的单链 DNA，对双链 DNA 几乎无作用，从 3′-羟基末端开始逐个水解 DNA 链，释放出 5′-脱氧核糖核苷酸，直至仅剩下一个二核苷酸为止，它不能水解二核苷酸；外切 DNaseⅡ作用方式与 DNaseI 相似，但它能作用于天然 DNA，而且也能水解二核苷酸，还可从 5′末端进行水解，产生 5′-单核苷酸；另外，由噬菌体侵染，也可诱导生成不同的 DNase。

2.2 二糖的分解

很多二糖能被微生物分解利用，如蔗糖、麦芽糖、乳糖、纤维二糖等。分解二糖的酶结合于细胞表面或存在于细胞内。结合于细胞壁上的水解酶，易水解利用二糖，位于细胞内的水解酶，其水解作用不仅受水解酶本身限制，还受细胞渗透酶系的限制。

微生物分解二糖有两种方式：一是被相应水解酶分解成单糖，另一种是被相应的磷酸化酶分解。

2.2.1 蔗糖的分解

许多微生物包括细菌具有蔗糖水解酶，其水解反应式为

$$蔗糖 + H_2O \xrightarrow{蔗糖水解酶} 葡萄糖 + 果糖$$

嗜糖假单胞菌（*Pseudomonas saccharophila*）中有蔗糖磷酸化酶，催化蔗糖磷酸解反应，其反应式为

$$蔗糖 + H_3PO_4 \xrightarrow{蔗糖磷酸化酶} 葡萄糖\text{-}1\text{-}磷酸 + 果糖$$

2.2.2 麦芽糖的分解

麦芽糖在麦芽糖水解酶催化下产生 2 分子葡萄糖，其水解反应式为

$$麦芽糖 + H_2O \xrightarrow{麦芽糖水解酶} 2\ 葡萄糖$$

在分解淀粉的细菌中存在着麦芽糖磷酸化酶，能把麦芽糖磷酸解成葡萄糖和葡萄糖-1-磷酸。

2.2.3 乳糖的分解

乳糖在β-半乳糖苷酶的作用下，水解乳糖生成葡萄糖和半乳糖，其反应式为

$$乳糖 + 水 \xrightarrow{\beta\text{-}半乳糖苷酶} 葡萄糖 + 半乳糖$$

2.2.4 纤维二糖的分解

纤维二糖是在纤维二糖磷酸化酶催化下分解的，其反应式为

$$纤维二糖 + H_3PO_4 \xrightarrow{纤维二糖磷酸化酶} 葡萄糖 + 葡萄糖\text{-}1\text{-}磷酸$$

磷酸化酶催化的反应比水解酶催化的反应对微生物更加有利。在磷酸化酶催化反应中，葡萄糖苷键的键能被储存在磷酸酯键上，以后形成糖的磷酸酯时，就不需要另外消耗 ATP，而它们的水解酶催化的反应，则把葡萄糖苷键的键能浪费了。

2.3 单糖的降解

单糖按所含碳原子的数目分为丙糖、丁糖、戊糖（如核糖、木糖、阿拉伯糖等）、己糖（如果糖、葡萄糖、甘露糖、半乳糖等）、庚糖等。其中葡萄糖和果糖是异养微生物良好的碳源和能源，能直接进入糖代谢途径被分解。其他己糖，须经转变为葡萄糖和果糖后，再被分解。以下内容将详细讲解葡萄糖的分解。其分解的共同产物常常是丙酮酸，丙酮酸进一步分解的方式因微生物的种类和环境条件而异，分为有氧呼吸、无氧呼吸和发酵。

2.3.1 葡萄糖降解

微生物降解葡萄糖的途径具有多样性，这里主要介绍三条把葡萄糖降解成丙酮酸及与其类似的中间代谢产物的途径：Embden-Meyerhof 途径、己糖单磷酸途径和 Entner-Doudoroff 途径。

1. Embden-Meyerhof 途径

Embden-Meyerhof 途径简称 EMP 途径。是有氧呼吸的第二阶段葡萄糖降解成丙酮酸最普遍采用的途径。存在于多数微生物中，有氧和无氧的条件下都起作用。它还是一条两用代谢途径，提供前体代谢物质。EMP 途径在原核生物和真核生物的细胞质中进行。

整个途径可以分成两个阶段（图 5-17）。前一阶段

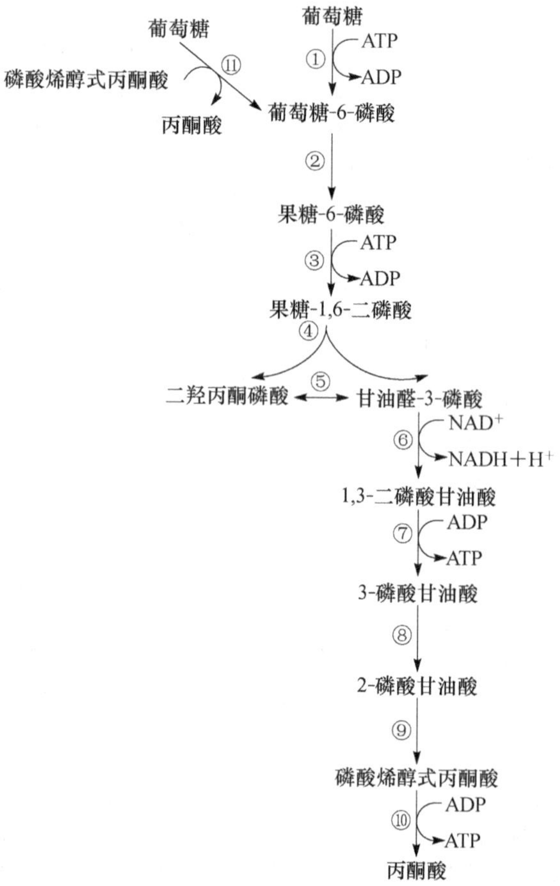

图 5-17 EMP 途径

①己糖激酶或葡萄糖激酶；②磷酸葡萄糖异构酶；③磷酸果糖激酶；④醛缩酶；⑤磷酸丙糖异构酶；⑥磷酸甘油醛脱氢酶；⑦磷酸甘油酸激酶；⑧磷酸甘油酸变位酶；⑨烯醇化酶；⑩丙酮酸激酶；⑪葡萄糖磷酸转移酶系统（在某些原核生物中，葡萄糖由磷酸转移酶系统磷酸化为葡萄糖-6-磷酸进入细胞内）

为耗能的六碳阶段，葡萄糖经两次磷酸化形成果糖-1，6-二磷酸，该阶段每分子葡萄糖消耗了 2 分子 ATP，为后一个阶段产能做准备。后一阶段为产能的三碳阶段，该阶段开始于在醛缩酶的催化下，果糖-1，6-二磷酸分裂为两个磷酸化的三碳糖——磷酸二羟丙酮和甘油醛-3-磷酸。其中的磷酸二羟丙酮很快就转化成甘油醛-3-磷酸。甘油醛-3-磷酸经 5 步反应，转化成丙酮酸。首先，甘油醛-3-磷酸以 NAD^+ 为电子受体（形成 NADH）进行氧化，同时掺入一个磷酸基团，生成高能磷酸化合物 1，3-二磷酸甘油酸。随后，C1 位上的高能磷酸基团转移到 ADP 上，生成 ATP，这种生成 ATP 的方式是底物水平磷酸化。紧接着，3-磷酸甘油酸 C3 位上的磷酸基团转移到 C2 位上，生成的 2-磷酸甘油酸脱氢形成第二个高能磷酸化合物磷酸烯醇式丙酮酸，磷酸烯醇式丙酮酸把它的磷酸基团转移给 ADP，生成第二个 ATP 和途径的终产物丙酮酸。

每分子葡萄糖经 EMP 途径，降解为 2 分子丙酮酸，同时生成 ATP 和 NADH（具体步骤如图 5-17 所示）。在六碳阶段，形成果糖-1，6-二磷酸，消耗了 2 个 ATP。三碳阶段，每个甘油醛-3-磷酸形成 1 个丙酮酸、1 个 NADH 和 2 个 ATP。由于每分子葡萄糖形成 2 分子甘油醛-3-磷酸（1 分子来自磷酸二羟丙酮），因此在三碳阶段，每分子葡萄糖共生成 2 个 NADH 和 4 个 ATP。三碳阶段底物磷酸化形成的 4 个 ATP，减去六碳阶段消耗掉的 2 个 ATP，每分子葡萄糖净生成的 ATP 数是 2 个。葡萄糖经 EMP 途径形成丙酮酸，可用反应式表示为

$$\text{葡萄糖} + 2ADP + 2Pi + 2NAD^+ \longrightarrow$$
$$2\,\text{丙酮酸} + 2ATP + 2NADH + 2H^+$$

2. 己糖单磷酸途径

己糖单磷酸途径（hexose monophosphate pathway）简称 HMP 途径，又称为戊糖磷酸途径（pentose phosphate pathway）。该途径可与 EMP 途径同时存在，在有氧和无氧的条件下都起作用，在合成代谢和分解代谢中都很重要。

HMP 途径开始于葡萄糖-6-磷酸氧化为 6-磷酸葡萄糖酸。6-磷酸葡萄糖酸随后氧化为五碳糖核酮糖-5-磷酸和 CO_2（图 5-18）。在上述两步氧化过程中都生成 NADPH。然后，核酮糖-5-磷酸转化成磷酸化的三碳、四碳、五碳、六碳和七碳糖。在转化过程中，以下两种酶起到了关键作用：①转酮酶，催化二碳酮基的转移，具体反应为

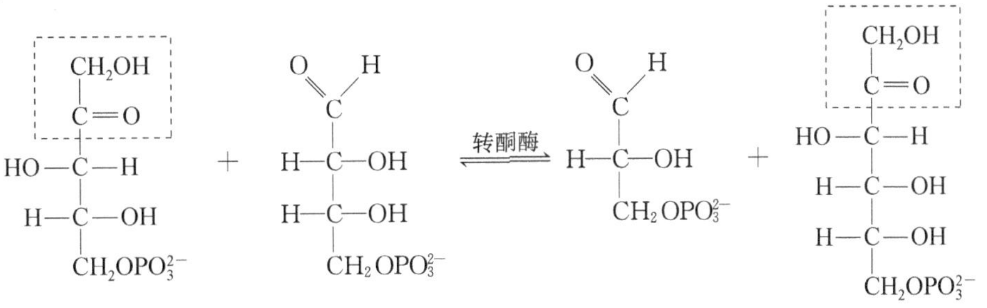

木酮糖-5-磷酸　　赤藓糖-4-磷酸　　甘油醛-3-磷酸　　果糖-6-磷酸

② 转醛酶，从景天庚酮糖-7-磷酸上转移三碳基团到甘油醛-3-磷酸上，具体反应为

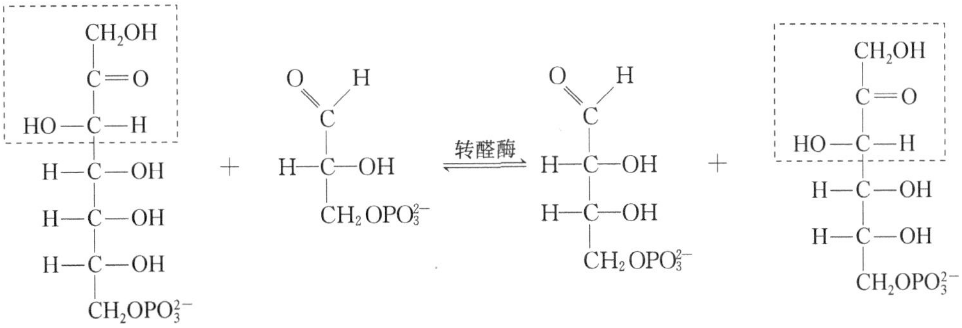

景天庚酮糖-7-磷酸　　甘油醛-3-磷酸　　赤藓糖-4-磷酸　　果糖-6-磷酸

总的结果是 3 个葡萄糖-6-磷酸转化成 2 个果糖-6-磷酸和 3 个 CO_2，反应式为

$$3\,\text{葡萄糖-6-磷酸} + 6NADP^+ + 3H_2O \longrightarrow$$
$$2\,\text{果糖-6-磷酸} + \text{甘油醛-3-磷酸}$$
$$+ 3CO_2 + 6NADPH + 6H^+$$

这些中间产物可以用在两个方面。一方面，果糖-6-磷酸可以转变回葡萄糖-6-磷酸，而甘油醛-3-磷酸可由 EMP 途径中的酶转化为丙酮酸。另一方面，2 分子的甘油醛-3-磷酸也可以形成果糖-1，6-二磷酸，最后转变回葡萄糖-6-磷酸。这样就使葡萄糖-6-磷酸完全降解成 CO_2，并生成大量的 NADPH，反应式为

$$\text{葡萄糖-6-磷酸} + 12NADP^+ + 7H_2O \longrightarrow$$
$$6CO_2 + 12NADPH + 12H^+ + Pi$$

HMP 途径的主要功能可概括为以下几点。

① HMP 途径中生成的 NADPH 可作为生物合成的还原力。

② HMP 途径中生成了 2 个重要的前体物质，用来产生芳香族氨基酸和维生素 B_6 的赤藓糖-4-磷酸和核酸的主要组分核糖-5-磷酸。当微生物以五碳糖为碳源生长时，HMP 途径可作为合成途径来提供六碳糖（如肽聚糖合成所需的六碳糖）。

③ HMP 途径还可用以产生 ATP。HMP 途径中的甘油醛-3-磷酸可进入 EMP 途径的三碳阶段，转化成丙酮酸，并通过底物水平磷酸化产生 ATP。生成的丙酮酸还可以进入 TCA 循环产生更多能量。

在许多微生物中，HMP 途径虽然可作为产能途径，但它更重要的作用还是在生物合成中。在本书的合成部分还会进一步地讲述。

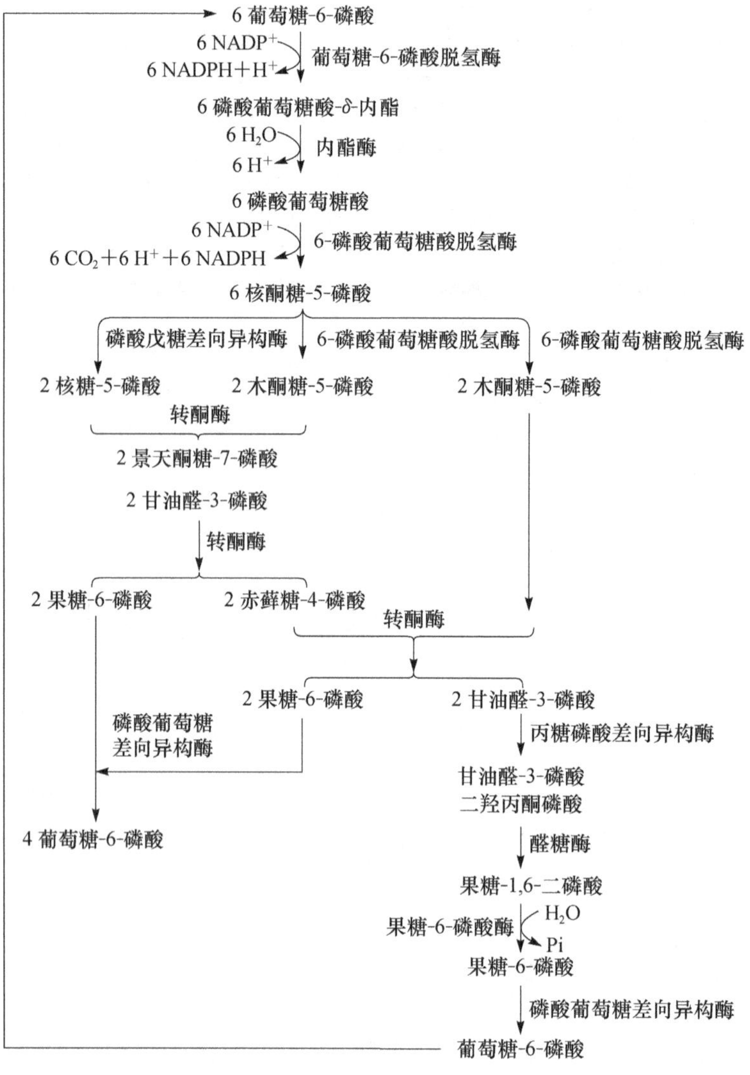

图 5-18　HMP 途径

6 个葡萄糖-6-磷酸分子进入 HMP 途径，再生 5 个葡萄糖-6-磷酸分子，产生 6 个 CO_2 和 6 个磷酸分子，并产生 12 个 NADPH 和 12 个 H^+

3. Entner-Doudoroff 途径

Entner-Doudoroff 途径简称 ED 途径。虽然六碳糖转化为丙酮酸最常见的途径是 EMP 途径，但是土壤中的一些微生物如假单胞菌（*Pseudomonas*）、根瘤菌（*Rhizobium*）、固氮菌（*Azotobacter*）和农杆菌（*Agrobacterium*）等革兰氏阴性细菌，却采用 ED 途径。该途径在革兰氏阳性细菌中不常见，而肠道细菌粪链球菌（*Enterococcus faecalis*）却是个例外。

ED 途径开始于与 HMP 途径相同的反应：形成葡萄糖-6-磷酸，随后转化为 6-磷酸葡萄糖酸（图 5-19）。6-磷酸葡萄糖酸不是进一步的氧化，而是脱水生成特征的中间产物 2-酮-3-脱氧-6-磷酸葡萄糖酸（简称 KDPG）。KDPG 随后被醛缩酶裂解成丙酮酸和甘油醛-3-磷酸。甘油醛-3-磷酸经 EMP 途径生成丙酮酸。每分子葡萄糖通过 ED 途径生成 1 分子 ATP、1 分子 NADPH 和 1 分子 NADH，反应式为

$$葡萄糖 + NADP^+ + NAD^+ + ADP + Pi \longrightarrow 2\,丙酮酸 + NADPH + NADH + ATP + 2H^+$$

从表 5-2 中可以看出，EMP 途径不能独立于 HMP 途径，HMP 途径一般与 EMP 途径并存，ED 途径可不

依赖 EMP 途径和 HMP 途径，而独立存在。

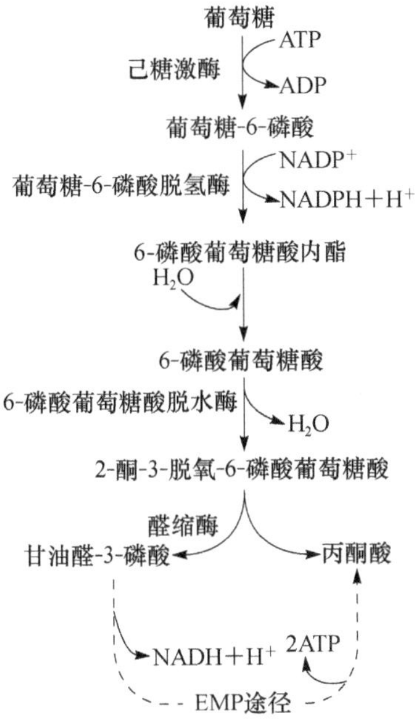

图 5-19　ED 途径

表 5-2　EMP、HMP 和 ED 途径在微生物中的分布

微生物	不同途径中的分布/%		
	EMP	HMP	ED
啤酒酵母	88	12	—
产朊假丝酵母	66～81	19～34	—
灰色链霉菌	97	3	—
产黄青霉	77	23	—
大肠杆菌	72	28	—
铜绿假单胞菌	—	29	71
氧化醋单胞菌	—	100	—
运动发酵单胞	—	—	100
嗜糖假单胞菌	—	—	100

—：表示没有检测到。

4. 葡萄糖的直接氧化

前面几条途径都是葡萄糖先经磷酸化后，再进行降解的。而有些细菌，如假单胞菌属、气杆菌属（*Aerobacter*）、醋杆菌属（*Acetobacter*）的某些菌，无己糖激酶，但有葡萄糖氧化酶，能利用空气中的氧气，把葡萄糖氧化成葡萄糖酸，再磷酸化为 6-磷酸葡萄糖酸，按 ED 途径或 HMP 途径继续降解（图 5-20）。

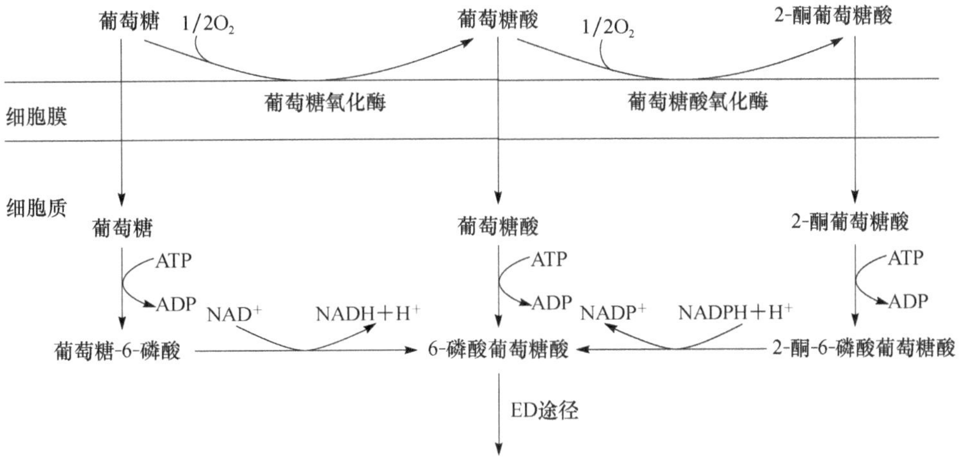

图 5-20　葡萄糖的直接氧化

当葡萄糖浓度高时，假单胞菌属和气杆菌属的某些菌可使一部分葡萄糖酸直接氧化成 2-酮葡萄糖酸。而醋杆菌属还可以进一步氧化为 2,5-二酮-葡萄糖酸，使培养基中积累这些产物。

2.3.2　三羧酸循环

三羧酸循环（the tricarboxylic acid cycle）简称 TCA 循环，也称柠檬酸循环或 Krebs 循环。

在糖酵解的途径中，葡萄糖氧化成丙酮酸产生的能量非常有限，每分子葡萄糖仅通过底物磷酸化产生 2 分子 ATP。在有氧呼吸过程中，丙酮酸继续氧化，彻底分解成 3 个 CO_2。丙酮酸脱氢酶复合体催化这个过程的第一步。它催化丙酮酸氧化脱羧，生成 CO_2 和乙酰-CoA，反应式为

$$\underset{\text{丙酮酸}}{CH_3—\overset{\overset{\displaystyle O}{\|}}{C}—COO^-} + \underset{\text{CoA}}{CoASH} + NAD^+ \longrightarrow \underset{\text{乙酰-CoA}}{CH_3—\overset{\overset{\displaystyle O}{\|}}{C}—SCoA} + CO_2 + NADH$$

丙酮酸脱氢酶复合体由三种酶组成，分别为：丙酮酸脱氢酶组分、二氢硫辛酰转乙酰基酶和二氢硫辛酸脱氢酶。参加反应的辅因子除了 CoA 和 NAD^+ 外，还包括硫胺素焦磷酸（TPP）、硫辛酰胺和 FAD。大肠杆菌的丙酮酸脱氢酶复合体的组成见表 5-3。

表 5-3 大肠杆菌的丙酮酸脱氢酶复合体的组成

组 分	缩写	肽链数	辅 基	催化反应
1. 丙酮酸脱氢酶组分	E_1	24	TPP	丙酮酸氧化脱羧
2. 二氢硫辛酰转乙酰基酶	E_2	24	硫辛酰胺	将乙酰基转移到 CoA
3. 二氢硫辛酸脱氢酶	E_3	12	FAD	将还原型硫辛酰胺转变为氧化型

值得注意的是，在有氧呼吸的第三阶段（图 5-13），碳水化合物、脂肪酸和氨基酸都转变为乙酰-CoA。乙酰-CoA 进入柠檬酸循环。第一步反应是乙酰-CoA 和草酰乙酸缩合成六碳三羧酸——柠檬酸。由此开始 TCA 循环（图 5-21）。随后是异构化为异柠檬酸，然后氧化脱羧形成五碳二羧酸即 α-酮戊二酸。后者再氧化脱羧，形成四碳的琥珀酰-CoA。琥珀酰-CoA 的高能硫酯键和 GDP 及 Pi 发生底物水平磷酸化，生成 GTP 和琥珀酸。琥珀酸经两步脱氢反应和一步水化反应，又形成草酰乙酸，完成了一次 TCA 循环。在 TCA 循环中，草酰乙酸是再生的底物，而乙酰-CoA 是被消耗的底物。TCA 循环的反应式可表示为

$$\text{乙酰-CoA} + 3NAD^+ + FAD + GDP + Pi + 2H_2O \longrightarrow 2CO_2 + 3NADH + 3H^+ + FADH_2 + GTP + CoA$$

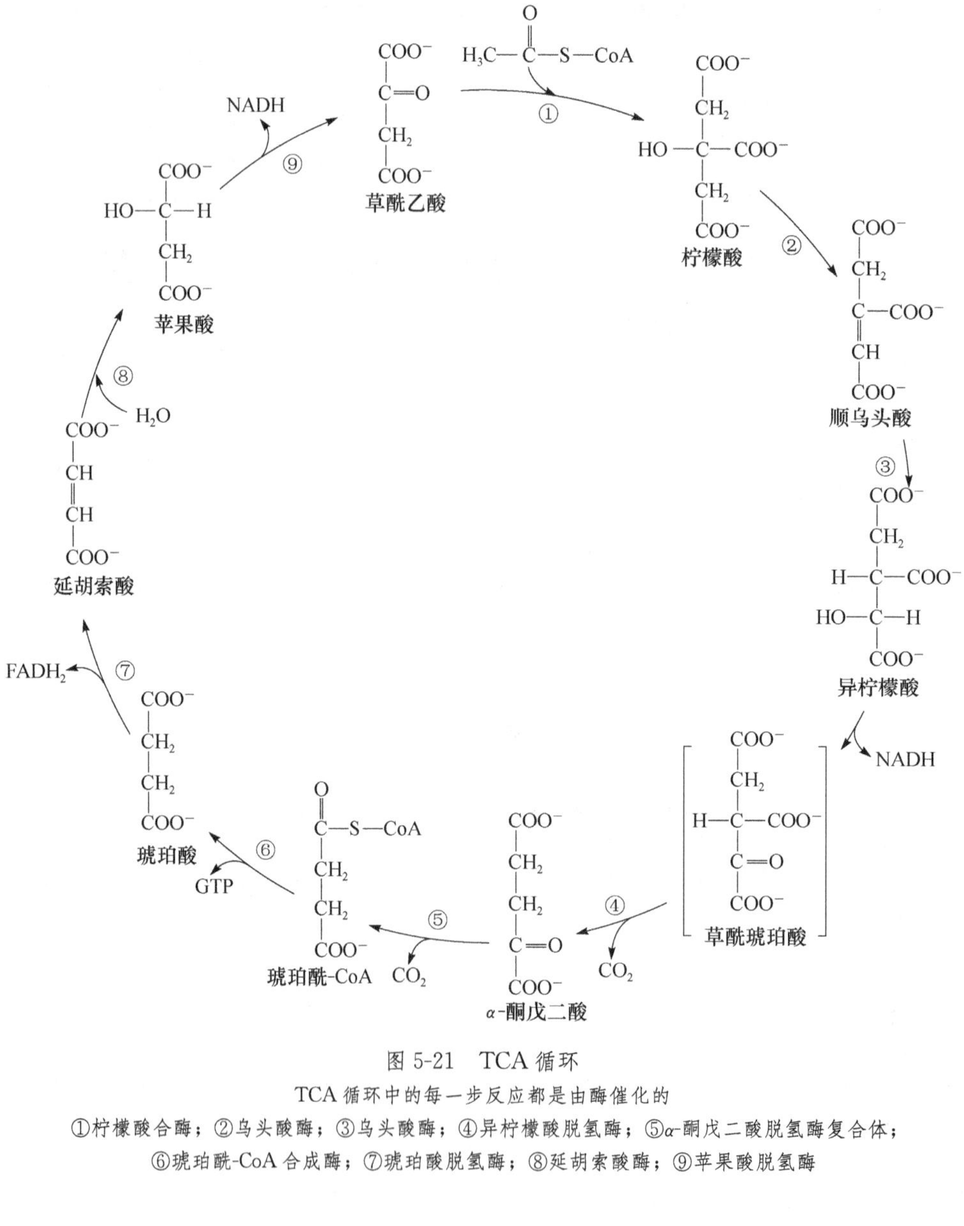

图 5-21 TCA 循环

TCA 循环中的每一步反应都是由酶催化的

①柠檬酸合酶；②乌头酸酶；③乌头酸酶；④异柠檬酸脱氢酶；⑤α-酮戊二酸脱氢酶复合体；⑥琥珀酰-CoA 合成酶；⑦琥珀酸脱氢酶；⑧延胡索酸酶；⑨苹果酸脱氢酶

催化 TCA 循环的酶广泛地存在于微生物中。对于原核微生物，它们存在于细胞质中。对于真核生物，存在于线粒体基质中。好氧的细菌、自由生活的原生动物和真菌普遍存在完整且行使功能的 TCA 循环。TCA 循环具有重要的生理功能：为细胞提供能量并为细胞合成提供多种前体物质。TCA 循环还是糖类、蛋白质和脂肪代谢的桥梁。

异养的厌氧菌和兼性厌氧菌在无氧的条件下，由于缺乏丙酮酸脱氢酶系和 α-酮戊二酸脱氢酶系，因而不能形成完整的 TCA 循环。为了保证生物合成所需的前体物质，TCA 循环被改为两条分支的支路（图 5-22）。氧化支路由柠檬酸合成 α-酮戊二酸；还原支路由草酰乙酸还原为琥珀酸，催化延胡索酸还原为琥珀酸的酶不是琥珀酸脱氢酶，而是延胡索酸还原酶（FR），此酶是厌氧条件下催化形成琥珀酸的关键酶。

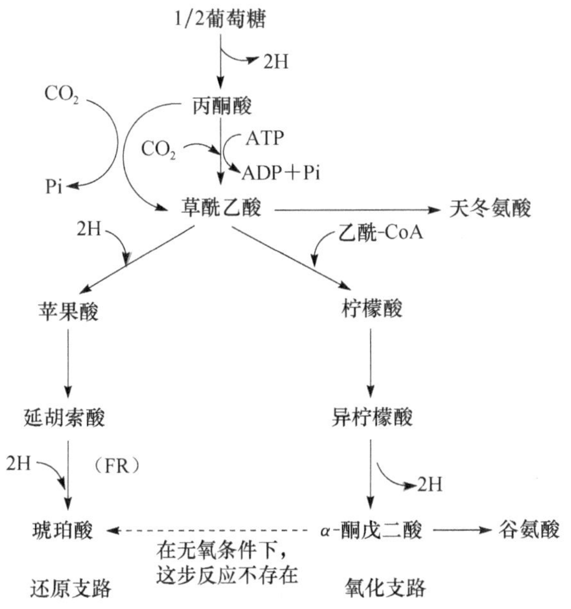

图 5-22　异养的厌氧微生物获得 TCA 循环中间产物的途径
FR：延胡索酸还原酶

2.3.3　能量的产生

每个葡萄糖经糖酵解和 TCA 循环，氧化成 6 个 CO_2，经底物水平磷酸化产生 4 个 ATP。从这一点看，细胞产生的 ATP 相对较少。然而在葡萄糖的氧化中，细胞还产生了大量的 NADH 和 $FADH_2$。它们都有相对较负的 E_0'，可用来存储能量（表 5-1）。事实上，有氧呼吸过程中，多数 ATP 的产生是来自这些电子载体在电子传递链中的氧化。本部分先回顾线粒体电子传递链，然后回到细菌的电子传递链，最后讨论 ATP 的合成。

1. 电子传递链

线粒体的电子传递链是由一系列的电子载体组成，负责把电子从电子供体如 NADH 和 $FADH_2$ 转移到电子受体如 O_2。电子的流向是从较负还原电势的载体到较正还原电势的载体，最后同 O_2 和 H^+ 结合，生成水。O_2 和 NADH 的电势差很大，约有 1.14V，可以释放出大量的能量。电子传递链中有几个部位的还原电势差大到足以提供能量生成 ATP。电子传递链把总能量分解成小的步骤来逐级释放。在这些部位的电子传递产生了质子和电子的梯度。这些梯度可以驱动 ATP 的合成和做功。

真核生物的电子传递链在线粒体的内膜上。原核生物的电子传递链在细胞膜上。真核生物的电子传递链主要由 4 种蛋白质复合体组成，分别称为 NADH-Q 还原酶（复合体Ⅰ）、琥珀酸-Q 还原酶（复合体Ⅱ）、细胞色素还原酶（复合体Ⅲ）和细胞色素氧化酶（复合体Ⅳ）。辅酶 Q 和细胞色素 c 把它们彼此连接起来。它们的排列顺序和主要组分如图 5-23 和表 5-4 所示。合成 ATP 所需要的自由能，就是靠上述电子传递链的 4 种蛋白质复合体，将 NADH 和 $FADH_2$ 所携带的电子从还原电势较低的组分传递到还原电势较高的组分所释放的。这一过程的全貌如图 5-24 所示。

表 5-4　真核生物电子传递链的组分

酶复合体		相对分子质量	亚单位	辅基	氧化剂或还原剂		
					线粒体基质侧	碳氢核心	细胞溶胶侧
复合体Ⅰ	NADH-Q 还原酶	880	≥34	FMN Fe-S	NADH	Q	
复合体Ⅱ	琥珀酸-Q 还原酶	140	4	FAD Fe-S	琥珀酸	Q	
复合体Ⅲ	细胞色素还原酶			血红素 b-562 血红素 b-566 血红素 c_1 Fe-S		Q	细胞色素 c
复合体Ⅳ	细胞色素氧化酶	160	10	血红素 a 血红素 a_3 Cu_A 和 Cu_B			细胞色素 c

资料来源：王镜岩等（2002）。

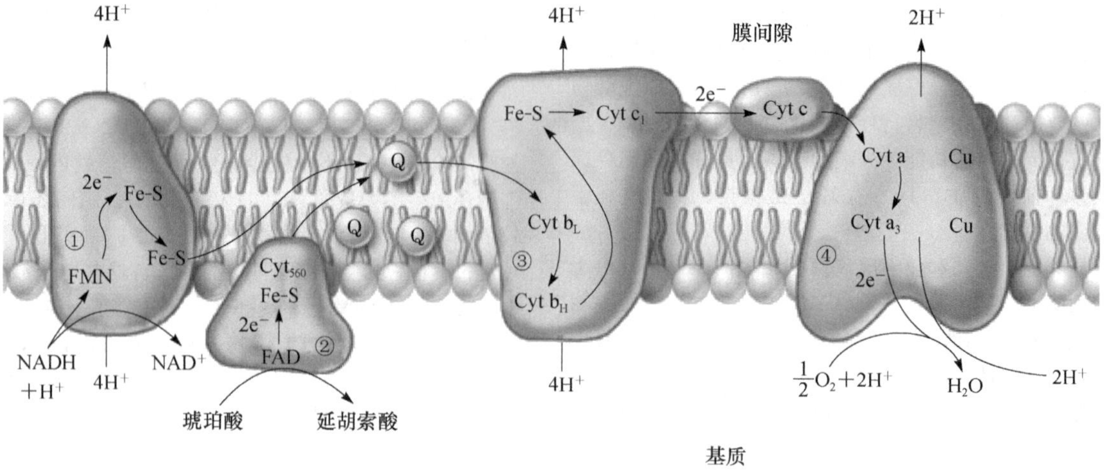

图 5-23　真核生物的电子传递链（Willey et al.，2008）

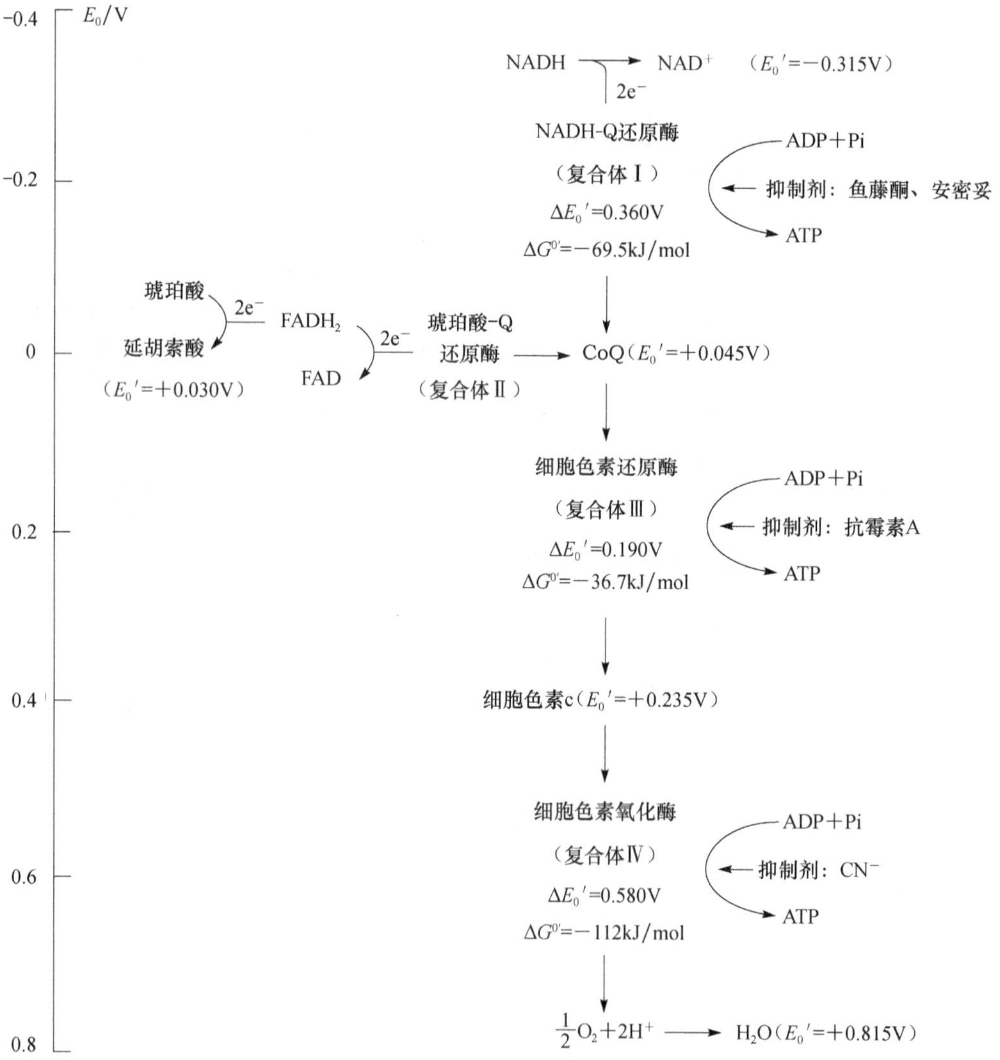

图 5-24　电子传递链标准氧化还原电势的变化、ATP 的形成部位及电子传递抑制剂的作用部位的示意图（王镜岩等，2002）

虽然某些细菌的电子传递链同线粒体的电子传递链相似，但二者实际上存在许多不同点。细菌的电子传递链位于细胞膜上，也由不同的电子载体组成（如细胞色素），但常有分支。电子可能在不同的位置进入电子传递链，也可能通过某些末端氧化酶离开传递链。有些细菌的传递链比较短，结果形成的 ATP 较少。相对于线粒体电子传递链的保守性，原核的电子传递链具有多样性。不同细菌，电子传递链的组成可能不同；同一种细菌，在不同的培养条件下，电子传递链的组成也可能不同。虽然原核和真核的电子传递链在组成上是不同的，但它们的产能机制是一样的。

下面以大肠杆菌为例，来研究细菌的电子传递链。大肠杆菌在有氧条件下的电子传递链如图 5-25 所示。有机物氧化（在糖酵解和 TCA 循环中）产生的 NADH 进入电子传递链，在膜结合的 NADH 脱氢酶的催化下，氧化为 NAD^+。随后，电子转移到下一个较高还原电势的载体上。随着电子在载体间的转移，质子穿过细胞膜泵到周质空间，而不是线粒体的膜间隙（比较图 5-23 和图 5-25）。大肠杆菌电子传递链与线粒体电子传递链的另一个不同是有不同排列的细胞色素。此外，随氧浓度的不同，大肠杆菌的电子传递链产生两条分支。当氧气充足时，采用细胞色素 bo 分支。当氧气水平下降时，需要对氧气有较高亲和力的末端氧化酶。此时，高亲和力的细胞色素 d 复合物被诱导，而低亲和力的细胞色素 o 复合物被抑制，启用细胞色素 bd 分支。但细胞色素 bd 分支泵出较少的质子到周质空间，比细胞色素 bo 分支的效率低。大肠杆菌的呼吸链除随氧气浓度的不同而发生改变外，在其他培养条件下，还可能采用不同的底物和末端电子受体。它的电子传递系统在脱氢酶以及末端氧化酶的部位都有分支（图 5-26）。电子传递反应通过特定的模块单位启动，包括 NADH、乳酸、琥珀酸、甲酸以及甘油-3-磷酸脱氢酶等。

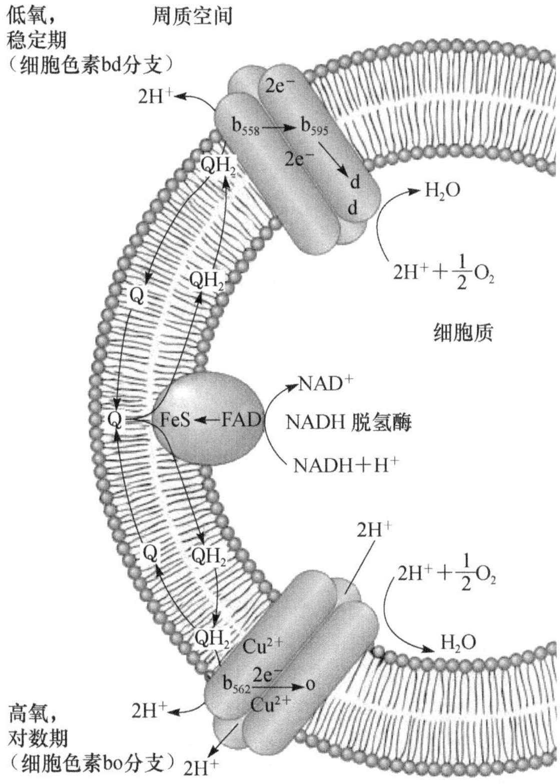

图 5-25　大肠杆菌的有氧呼吸系统

(Willey et al., 2008)

NADH 是电子来源，泛醌-8（Q）把 NADH 脱氢酶和两种末端氧化酶系统联系起来。大肠杆菌在稳定期时，氧气少，用上面的分支；在通气良好快速生长时，采用下面的分支。至少有五种细胞色素参与：b_{558}、b_{595}、b_{562}、d 和 o

2. 氧化磷酸化

氧化磷酸化（oxidative phosphorylation）是指化学能源物质的氧化所驱动的电子传递产生 ATP 的过程。英国生物化学家 Peter Mitchell 提出的化学渗透假说（chemiosmotic hypothesis），是被普遍接受的解释氧化磷酸化机制的假说。该假说指出伴随着电子沿电子传递链的传递，质子泵出线粒体的基质。在电子转移过程中质子的泵出会形成质子梯度（ΔpH；化学势能）和电荷梯度（Δψ；电势能）。线粒体的基质就会比膜间隙更碱和更负。同理，对原核细胞来说，细胞质就会比周质空间更碱和更负。这种化学势能和电势能就形成了质子动力。质子动力推动质子沿质子梯度和电荷梯度穿过膜，回到线粒体基质（或原核细胞的细胞质）。这种质子流是放能的，可使 ADP 磷酸化成 ATP。质子动力还可用来直接运输分子到细胞内（不用水解 ATP）以及使鞭毛运动。在原核生物的生命活动中质子动力扮演着核心的角色（图 5-27）。

催化质子动力合成 ATP 的是 ATP 合酶（图 5-28A）。它是多亚基的酶，有两个组分，能催化 ATP 的水解，也被称为 F_1F_0ATPase。线粒体的 F_1 组分像一个球形结构，通过一个茎连接在线粒体的内膜表面，F_0 组分嵌入膜内。原核生物的 ATP 合酶在细胞膜的内表面，F_0 参与质子的跨膜运动。F_1 是一个大的复合物，有 3 个 α 亚基和 3 个 β 亚基交替排列。合成 ATP 的催化位点在 β 亚基上。F_1 的中心是 γ 亚基，γ 亚基穿过 F_1 延伸，同 F_0 结合。

ATP 合酶就像一台旋转式发动机。推测质子流沿质子梯度通过 F_0 亚基时，引起 F_0 和 γ 亚基的旋转。F_1 中 γ 亚基的快速旋转（非常像汽车的机轴），引起 β 亚基构象的变化（图 5-28B）。一种构象的变化（β_E 到 β_{HC}）使 ADP 和 Pi 进入催化位点；另一种构象的变化（β_{HC} 到 β_{DP}）使 ADP 和 Pi 在催化位点松散地结合。当 β_{DP} 构象转变成 β_{TP} 构象时，合成 ATP；当 β_{TP} 转变成 β_E 构象时，释放 ATP，并开始新的合成循环。

2.3.4　有氧呼吸产 ATP 的总结算

通过计算，可以推出葡萄糖经有氧呼吸彻底氧化成

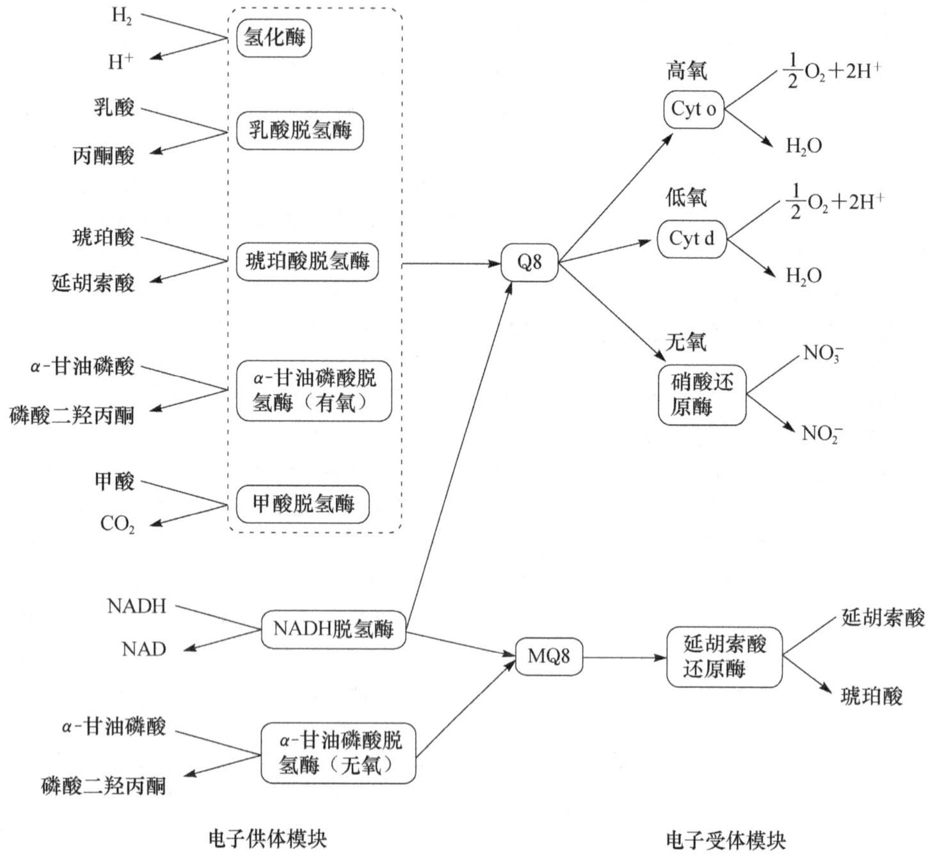

图 5-26　大肠杆菌的电子供体和电子受体模块的菜单

模块的选择（诱导）依赖于可用的底物（图的左侧）和最终电子受体（图的右侧）的还原电势

Q8：泛醌；MQ8：甲基萘醌

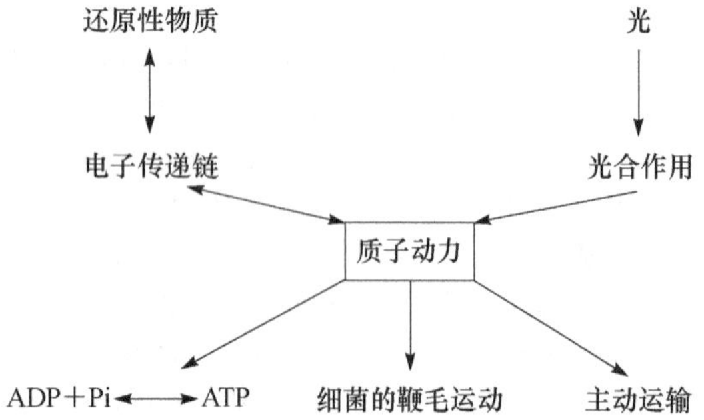

图 5-27　质子动力的中心角色

CO_2 和 H_2O 时，最大的 ATP 产量。在有氧呼吸中，NADH 中的一对电子进入电子传递链，最终还原 O 原子形成 H_2O。这个过程可以释放足够的能量合成 3 个 ATP。NADH 的 P/O 值是 3，P/O 值是测量每还原一个 O 原子形成 ATP 的数目。$FADH_2$ 比 NADH 的还原电势高，故释放的能量少，P/O 值是 2。

葡萄糖经有氧呼吸彻底氧化为 CO_2 和 H_2O 的最大 ATP 产量可计算如下（图 5-29）。在糖酵解过程中，每分子葡萄糖氧化为丙酮酸，可通过底物水平磷酸化生成 2 分子 ATP。通过 2 轮 TCA 循环，氧化 2 个乙酰-CoA 分子，底物水平磷酸化生成 2 分子 GTP（同 ATP 相当）。在有氧呼吸中，大多数 ATP 的生成是通过氧化磷酸化。葡萄糖彻底氧化为 6 个 CO_2 的过程中，共有 10 个 NADH（2 个来自糖酵解，2 个来自丙酮酸转化为乙酰-CoA，6 个来自 TCA 循环）和 2 个 $FADH_2$（来自 TCA 循环）产生。根据 NADH 的 P/O 比为 3 和 $FADH_2$ 的 P/O 比为 2 进行计算，氧化 10 个 NADH 可生成 30 个 ATP，氧化 2 个 $FADH_2$ 可生成 4 个 ATP。即通过氧化磷酸化可形成 34 个 ATP。加上底物水平磷酸化生成的 4 个 ATP，葡萄糖经有氧呼吸生成的 ATP 的最大产量为 38 个。事实上，NADH 和 $FADH_2$ 的 P/O 值更接近于 2.5 和 1.5，因此，由葡萄糖产生的 ATP 更接近于 30 个 ATP 而不是 38 个 ATP。

原核生物电子传递系统的 P/O 值常常低于真核的，因此原核生物 ATP 的产量要少一些。对于大肠杆菌来说，在高氧浓度采用细胞色素 bo 支路时，P/O 值为 1.3 左右；而在低氧浓度采用细胞色素 bd 支路时，P/O 值仅为 0.67 左右。在这种情况下，ATP 的产量随环境条件而发生变化。这也许是因为大肠杆菌通常的生活环境是营养非常丰富的肠道，不需要特别有效的 ATP 合成效率。

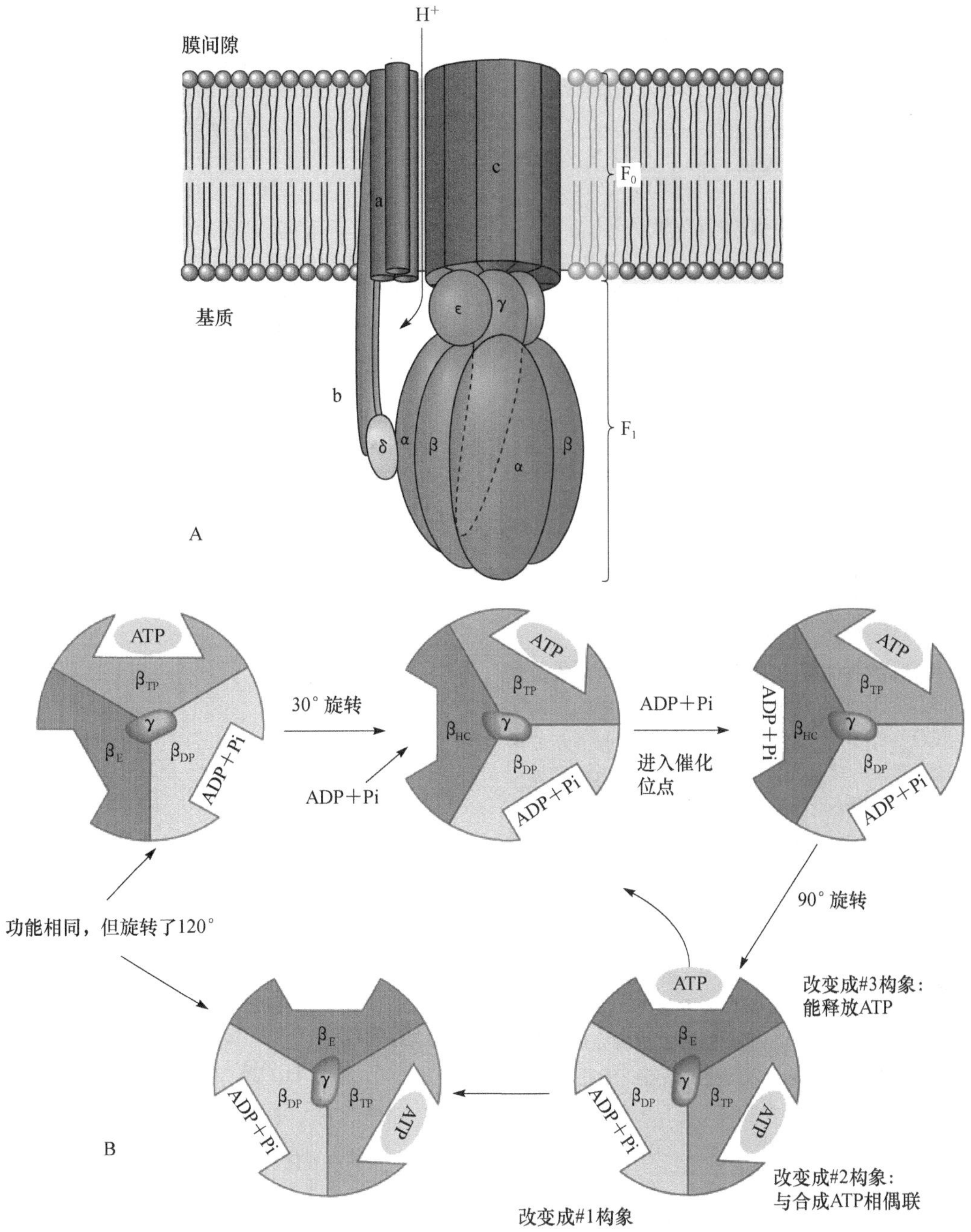

图 5-28　ATP 合酶的结构和功能（Willey et al.，2008）

A：从 X-射线晶体衍射和其他研究推测出的 ATP 合酶的主要结构

F_1 是由 α 和 β 亚基交替排列形成的球状结构，三个活性位点分别位于 β 亚基上，γ 亚基穿过球的中部向上延展，并能旋转，茎（γ 和 ε 亚基）把球连接到 F_0；F_0 是镶嵌在膜内的复合物，是质子的通道，F_0 由 1 个 a 亚基、2 个 b 亚基和 9～12 个 c 亚基组成，定子臂是由 a 亚基、2 个 b 亚基以及 δ 亚基组成，它嵌入膜内并连接 F_1，F_0 中 c 亚基组成的环连接茎，其作用可能像个马达，运动时通过定子的亚基，随着 c 亚基构成的环的转动，使轴（γε 亚基）转动

B：结合改变机制（binding change mechanism）是广泛被接受的 ATP 合酶的模型

图中简单画出的模型标明了三个起催化作用的 β 亚基和在 F_1 中部的 γ 亚基，γ 亚基的旋转，引起每个 β 亚基构象的改变，β_E（empty）构象是开放的构象，不结合核苷酸；当 γ 亚基旋转 30°后，β_E 转变为 β_{HC} 构象（half closed），在这种构象时，Pi 和 ADP 能进入催化位点，γ 亚基接下来的 90°旋转非常关键，因为产生了三种有意义的构象改变：①β_{HC} 到 β_{DP}（ADP bind），②β_{DP} 到 β_{TP}（ATP bind），③β_{TP} 到 β_E，从 β_{DP} 到 β_{TP} 的改变合成 ATP，从 β_{TP} 到 β_E 的改变从 ATP 合酶上释放 ATP

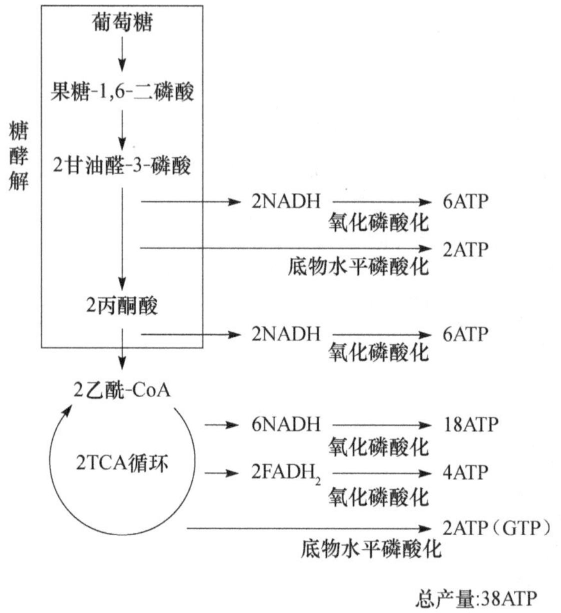

图 5-29　葡萄糖经有氧呼吸的最大 ATP 产量

2.4　不完全氧化

在有氧时，生物体通过 TCA 循环可把有机物完全氧化成 CO_2 和 H_2O。但有些细菌并不把可被氧化的底物完全氧化为 CO_2 和 H_2O，而是积累一部分有机物，并分泌到体外，这种氧化方式是不完全氧化。醋杆菌对醇和糖进行不完全氧化，积累终产物有机酸。醋杆菌是绝对好氧菌，对酸性条件有较强的耐受性，多数菌在 pH 低于 5 时，仍生长良好。对酸的耐受性使醋杆菌能产生大量的有机酸。

乙醇在醋杆菌的作用下，能氧化成乙酸。先由乙醇脱氢酶催化乙醇生成乙醛，然后乙醛形成水合乙醛，在乙醛脱氢酶催化下生成乙酸（图 5-30）。因醋杆菌有乙酰-CoA 合成酶，能使乙酸进一步氧化为 CO_2 和 H_2O，所以在食醋生产过程中，发现 pH 不再下降，乙醇氧化将完成时，加入食盐，抑制醋杆菌的生长，以防止乙酸进一步氧化。

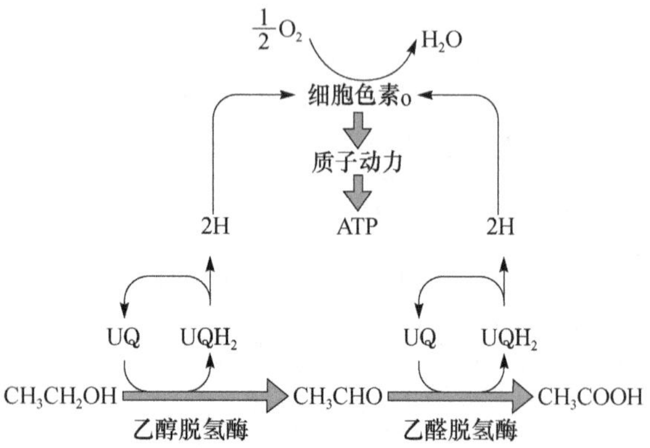

图 5-30　醋杆菌氧化乙醇成乙酸（Madigan et al.，2009）
UQ：泛醌

醋杆菌除氧化乙醇成乙酸外，还可氧化其他的醇类。在氧化多元醇时，表现出一定的规律：①只有仲醇羟基才被氧化成酮基；②被氧化的仲醇必须位于伯醇基和另一仲醇基之间（即被氧化的羟基位于第二个碳原子上）；③第二个和第三个碳原子上的羟基，必须位于同侧，才能被氧化。反应式为

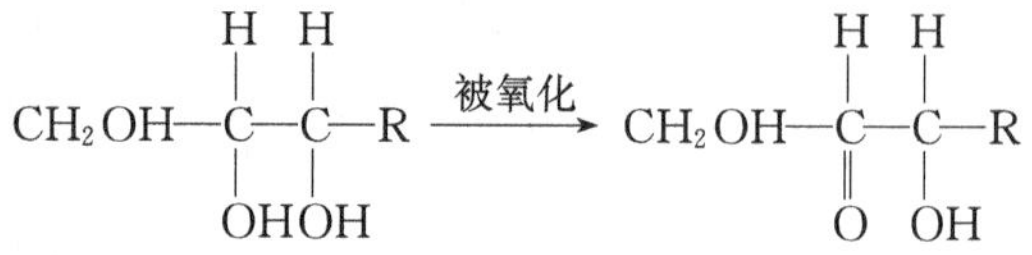

而 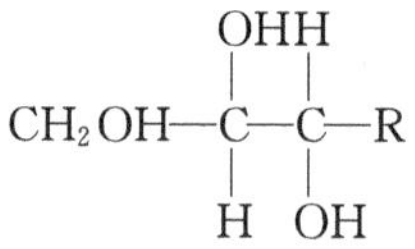 相邻羟基在异侧，不能被氧化。

按照这一规律，甘露醇可被氧化成果糖，反应式为

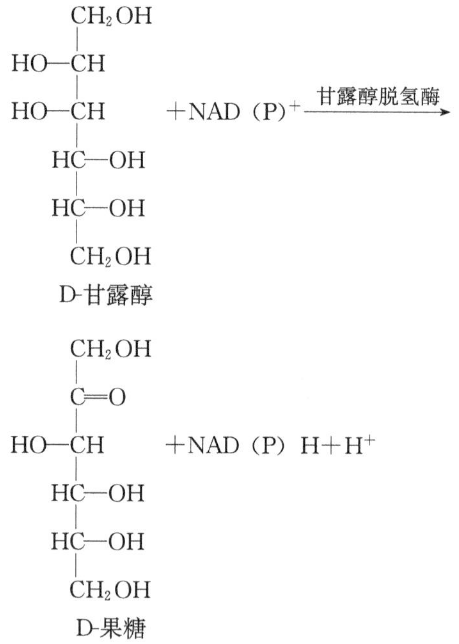

同理，山梨醇可被山梨醇脱氢酶催化，生成山梨糖，反应式为

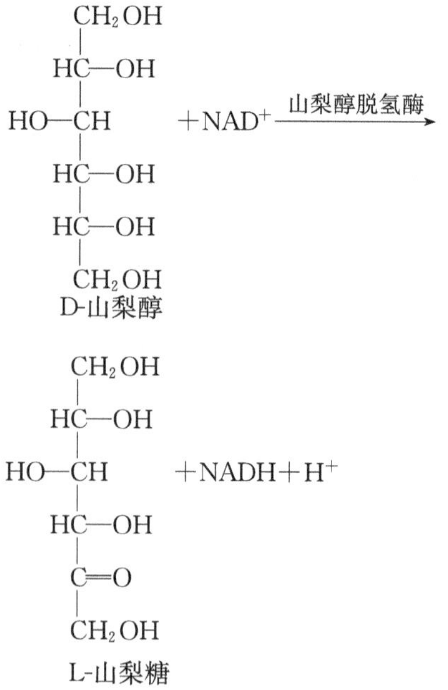

山梨糖是制作维生素 C 的前体，但山梨糖在自然界中很少存在，而山梨的果浆中含有大量山梨醇，故可用醋杆菌将其氧化成山梨糖来制造维生素 C。

多元醇不完全氧化生成的 NAD(P)H，进入电子传递链被氧化磷酸化产生 ATP。

2.5　无氧呼吸

通过前面的学习可知，糖类或其他有机物经有氧呼吸被氧化，产生的电子转移到 NAD^+ 或 FAD，生成 NADH 或 $FADH_2$。这些电子载体把电子传递到电子传递链，并以 O_2 作为末端电子受体。但是，许多细菌和古菌，还可以把其他物质作为电子传递链的末端电子受体，这种以 O_2 以外的外源物质作为电子传递链末端电子受体的生物氧化过程，叫做无氧呼吸。最常见的末端电子受体是硝酸盐、硫酸盐和 CO_2，金属离子以及一些有机物也可以作为无氧呼吸的末端电子受体（表 5-5）。

表 5-5　电子受体

呼吸类型	电子受体	还原产物	微生物举例
有氧呼吸	O_2	H_2O	所有的需氧细菌、真菌和原生动物
无氧呼吸			
硝酸盐呼吸	NO_3^-	NO_2^-	肠道细菌
	NO_3^-	NO_2^-、N_2O、N_2	假单胞菌、芽孢杆菌、副球菌
硫酸盐呼吸	SO_4^{2-}	H_2S	脱硫弧菌、脱硫肠状菌
碳酸盐呼吸	CO_2	CH_4	所有的产甲烷菌
	CO_2	CH_3COO^-	产乙酸菌
硫呼吸	S^0	H_2S	脱硫单胞菌、热变形菌
铁呼吸	Fe^{3+}	Fe^{2+}	假单胞菌、芽孢杆菌和地杆菌（*Geobacter*）
延胡索酸呼吸	延胡索酸	琥珀酸	沃林氏菌

进行无氧呼吸的微生物有些是专性厌氧菌，它们不能利用 O_2。还有一些是兼性厌氧菌，如脱氮细菌，无氧呼吸和有氧呼吸进行竞争，当有 O_2 存在时，进行有氧呼吸，编码无氧呼吸的基因受到抑制；而环境中的 O_2 耗尽时，就进行无氧呼吸。

从图 5-6 可以看出，O_2/H_2O 的标准电势最大。其他的电子受体中，NO_3^-、NO_2^-、Fe^{3+} 的标准电势为正值，比 O_2/H_2O 略低；而 SO_4^{2-}、S^0 和 CO_2 的标准电势为负值，比 O_2/H_2O 低很多。电子供体如 NADH 和无氧呼吸的电子受体之间的还原电势差要小于 NADH 和 O_2 之间的电势差。因为能量产量与还原电势差的数值直接相关，因此，无氧呼吸产生的 ATP 少于有氧呼吸，无氧呼吸的产能效率比有氧呼吸要低。尽管如此，无氧呼吸还是很有用处的，它使微生物在无氧的条件下，能通过电子传递和氧化磷酸化产生 ATP。无氧呼吸在通气不好的土壤和沉积物中非常普遍。

许多生物把无机化合物 NO_3^-、SO_4^{2-} 和 CO_2 作为氮源、硫源和碳源进行还原。还原作用的终产物分别是氨基（$—NH_2$）、巯基（—SH）和有机的含碳化合物。还原 NO_3^-、SO_4^{2-} 和 CO_2 等无机化合物，用于生物合成，是同化作用，这种还原过程属于同化性代谢（assimilative metabolism）。在概念上和生理意义上，NO_3^-、SO_4^{2-} 和 CO_2 的同化性代谢都与把它们作为电子受体，以产能为目的的无氧呼吸非常不同，为了区别这两种不同类型的还原作用，把以这些化合物作为电子受体的产能代谢叫做异化性代谢（dissimilated metabolism）。

同化性代谢和异化性代谢有显著的不同。同化性代谢仅把能满足生物合成需要量的化合物（NO_3^-、SO_4^{2-} 和 CO_2）进行还原。还原产物最终转变为生物大分子形式的细胞物质。而异化性代谢是把大量的电子受体还原，还原产物排到环境中。许多生物都能同化性代谢 NO_3^-、SO_4^{2-} 和 CO_2 等化合物，而仅有特定种类的原核微生物能进行异化性代谢。以下研究的重点是异化性代谢。

2.5.1　硝酸盐呼吸

硝酸盐呼吸（nitrate respiration）是以 NO_3^- 作为电子受体，生成 NO_2^-，甚至生成 NO、N_2O 和 N_2 的过程。由于生成的 NO、N_2O 和 N_2 都是气体，容易从环境中挥发掉，因此这一过程又称为反硝化作用（denitrification）。

下面以脱氮副球菌（*Paracoccus denitrificans*）为例介绍这一过程。脱氮副球菌是革兰氏阴性、兼性厌氧的土壤细菌。该菌在代谢上具有多样性，它可以降解多种有机物，甚至可以进行化能无机生长。在无氧的条件下，脱氮副球菌利用 NO_3^- 作为电子受体。如图 5-31 所示，它有两条不同的电子传递链，一条进行有氧呼吸，另一条进行无氧呼吸。在进行化能有机生长时，两条传递链中电子的来源都是 NADH。有氧呼吸的传递链由四种复合物组成（图 5-31A），与线粒体传递链相当。在无氧条件下生长时，以 NO_3^- 为末端电子受体，电子传递链更为复杂（图 5-31B）。这条链有很高的分支，细胞色素 aa 复合物被取代，电子经过辅酶 Q 到细胞色素 b，把 NO_3^- 还原成 NO_2^-（通过硝酸还原酶的催化）。然后，电子流过细胞色素 c，依次还原亚硝酸到氮气。在无氧呼吸的生长过程中，没有太多的质子泵到膜外，但毕竟还是建立了跨膜质子动力。

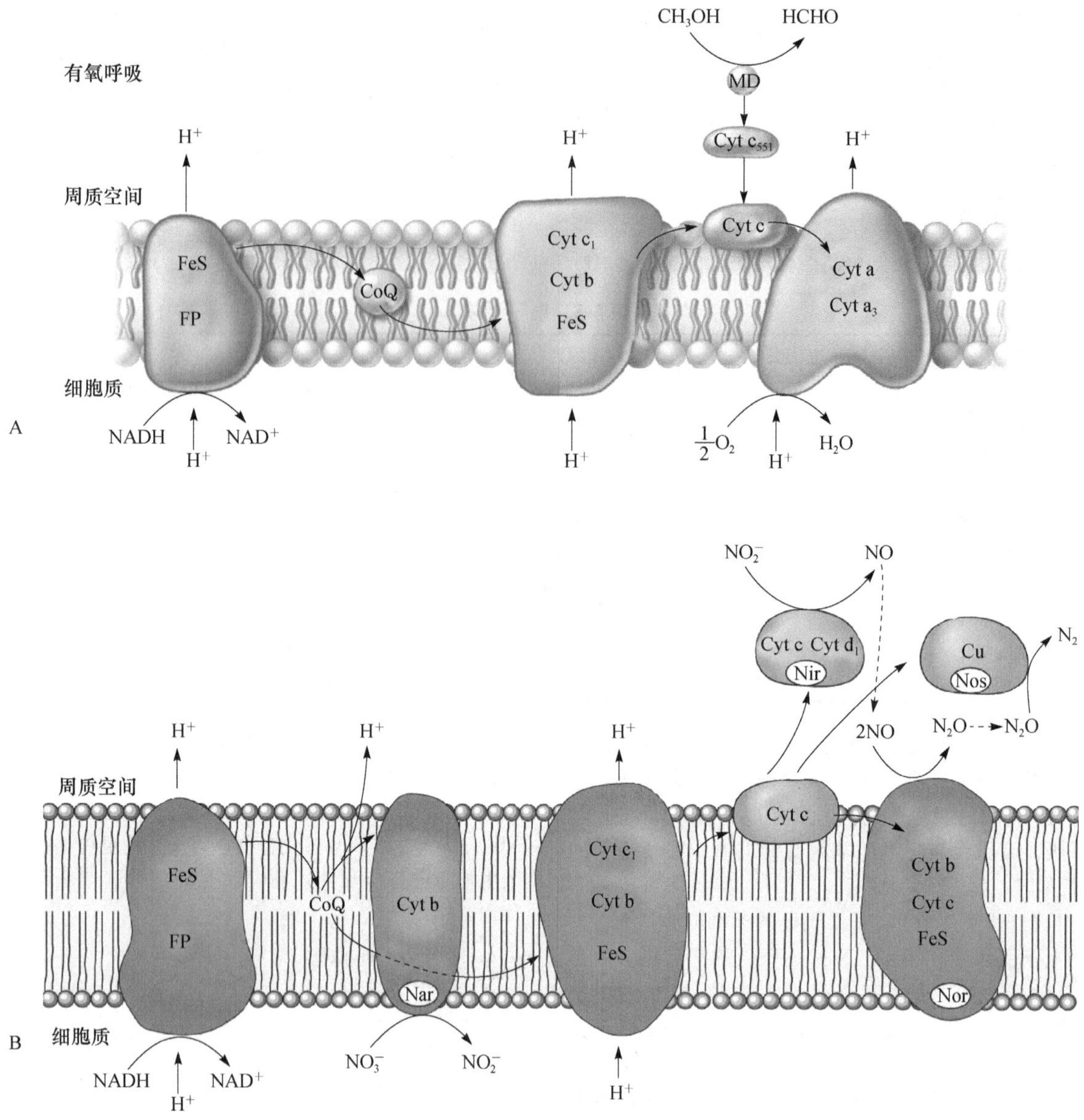

图 5-31　脱氮副球菌的电子传递链（Willey et al.，2008）

A：有氧呼吸的电子传递链同线粒体电子传递链相似，以氧气作为电子受体，甲醇和甲胺在细胞色素 c 的水平提供电子；B：高度分支的无氧呼吸链是由膜上和周质空间的蛋白质组成，四种不同的还原酶从 CoQ 或细胞色素 c 接受电子，共同作用，把硝酸盐还原成氮气。图中标明了逐出质子的位置，但没有标明质子的数目

FP：flavoprotein，黄素蛋白；MD：methanol dehydrogenase，甲醇脱氢酶；Nar：nitrate reductase，硝酸盐还原酶；Nir：nitrite reductase，亚硝酸盐还原酶；Nor：nitric oxide reductase，氧化氮还原酶；Nos：nitrous oxide reductase，氧化亚氮还原酶

无氧呼吸产生的亚硝酸不能用于同化作用，这个过程是异化性硝酸盐还原（dissimilatory nitrate reduction）。硝酸盐还原酶代替了有氧呼吸的细胞色素氧化酶，催化下面的反应：

$$NO_3^- + 2e^- + 2H^+ \longrightarrow NO_2^- + H_2O$$

将硝酸还原成亚硝酸并不是特别有效的产生 ATP 的方式，为了生长，细胞要消耗大量的硝酸盐（每个硝酸盐分子只能接受 2 个电子）。而且亚硝酸毒性较强，为消除亚硝酸的毒性，脱氮副球菌把它还原成了氮气，这个过程就是脱氮作用。NO_3^- 接受 5 个电子，转换成无毒的 N_2，反应式为

$$2NO_3^- + 10e^- + 12H^+ \longrightarrow N_2 + 6H_2O$$

如图 5-31 所示，脱氮作用是一个由 4 种酶催化的多步反应。这 4 种酶是：硝酸还原酶、亚硝酸还原酶、氧化氮还原酶和氧化亚氮还原酶。

$$NO_3^- \longrightarrow NO_2^- \longrightarrow NO \longrightarrow N_2O \longrightarrow N_2$$

细菌里有两种亚硝酸盐还原酶，催化形成 NO：一种包含细胞色素 c 和 d_1（如副球菌和铜绿假单胞菌），另一种是含铜的蛋白质（如产碱菌）。革兰氏阴性细菌的亚硝酸还原酶看起来是在周质空间。氧化氮还原酶是一个膜

结合的细胞色素 bc 复合物，催化 NO 生成 N_2O。在脱氮副球菌中，硝酸盐还原酶和氧化氮还原酶是膜结合的，而亚硝酸还原酶和氧化亚氮还原酶位于周质空间。

除了脱氮副球菌具有脱氮作用，假单胞菌和芽孢杆菌属的一些菌也能脱氮。这三个属的菌利用脱氮作用来代替有氧呼吸，都属于兼性厌氧菌。如果有 O_2，硝酸还原酶的合成受到 O_2 的抑制，这些菌利用有氧呼吸，能更有效地获得能量。在通气不良的土壤里，反硝化作用会引起土壤氮肥的损失。但对于污水处理来说，反硝化作用却是有益的。通过把 NO_3^- 转化成 N_2，减少了污水中能刺激藻类生长的氮源。

2.5.2　硫酸盐呼吸

硫酸盐呼吸（sulfate respiration）是一类被称为硫酸盐还原细菌（sulfate-reducing bacteria）的专性厌氧菌，在无氧条件下，以硫酸盐作为电子受体，获取能量的方式。硫酸盐呼吸的最终还原产物是 H_2S。

研究硫酸盐呼吸，同样也需区分同化性代谢和异化性代谢。包括植物、藻类、真菌和多数原核生物在内的许多生物，都能用硫酸盐为硫源，进行生物合成。而利用硫酸盐为电子受体的产能过程，要大量地还原 SO_4^{2-}，却仅限于硫酸盐还原菌。在同化性的硫酸盐还原过程中，形成的 H_2S 立刻转化为有机硫，而异化性的硫酸盐还原形成的 H_2S 被分泌出去。

把 SO_4^{2-} 还原成 H_2S，要经过一系列的中间步骤，共消耗 8 个电子。硫酸盐的化学性质非常稳定，先要经过活化，才能被还原。硫酸盐是由 ATP 活化的。ATP 硫酸化酶催化硫酸根离子连接到 ATP 的磷酸根上，生成腺苷-5′-磷酸硫酸（APS）（图 5-32）。在异化性硫酸盐还原中，APS 中的硫酸盐在 APS 还原酶的催化下，释放出 AMP，直接还原为亚硫酸根（SO_3^{2-}）。而在同化性还原中，另一个磷酸根加到 APS 上，生成磷酸腺苷-5′-磷酸硫酸（PAPS）后，硫酸盐再被还原（图 5-32）。但在上述两种情况下，硫酸盐还原的产物都是亚硫酸盐（SO_3^{2-}）。形成的 SO_3^{2-} 在亚硫酸盐还原酶的催化下，生成 H_2S（图 5-32B）。

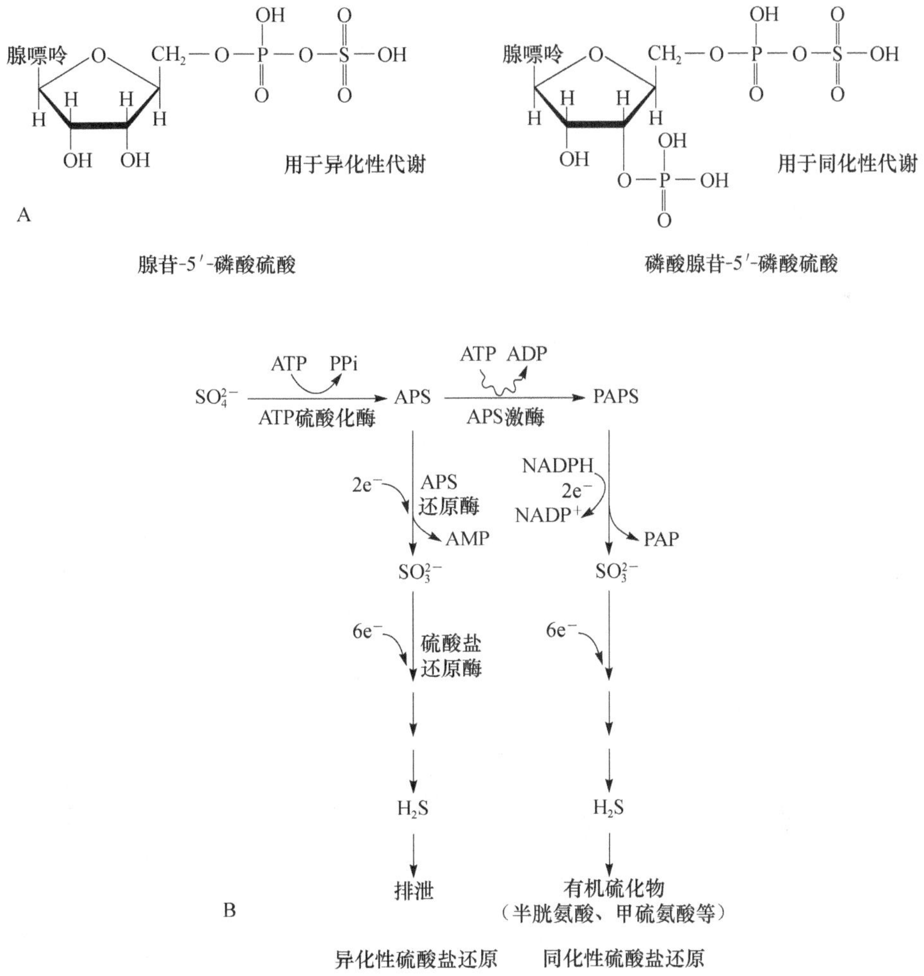

图 5-32　硫酸盐还原的生化过程（Madigan et al.，2009）

A：两种活化的硫酸盐形式，腺苷-5′-磷酸硫酸和磷酸腺苷-5′-磷酸硫酸，二者都是 ADP 的衍生物，ADP 的第二个磷酸根被硫酸根取代；B：同化性和异化性硫酸盐还原的流程图

在硫酸盐呼吸过程中，电子的传递引发质子动力，在 ATP 合酶的催化下生成 ATP。细胞周质空间的低还原电势的细胞色素 c_3，是一个重要的电子载体。细胞色素 c_3 从位于周质空间的氢化酶接受电子，并传递到一个膜结合的蛋白复合体上。这个复合物负责把电子运进细胞质，使细胞质中的 APS 还原酶和亚硫酸还原酶得到电子（图 5-33）。

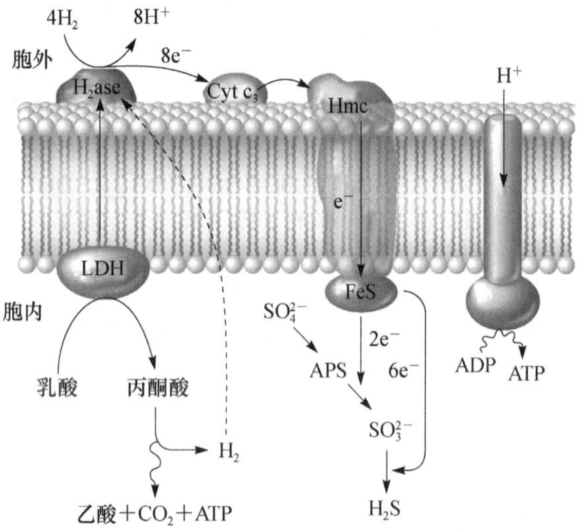

图 5-33　硫酸还原细菌的电子传递和能量的储存（Madigan et al.，2009）

由有机化合物如乳酸和丙酮酸的代谢生成的 H_2，以及外界的 H_2，都能激活氢化酶。氢化酶（H_2ase）、细胞色素（Cytc3）和细胞色素复合物（Hmc）是周质蛋白；一个独立的蛋白质使电子由 Hmc 跨过细胞质膜穿梭到细胞质中的铁硫蛋白（FeS）上，铁硫蛋白再提供电子给 APS 还原酶（生成 SO_3^{2-}）和亚硫酸还原酶（生成 H_2S，图 5-32B）。LDH 为乳酸脱氢酶

无论脱硫弧菌以 H_2 为能源还是以有机物（如乳酸）为能源，氢化酶在硫酸盐还原中都扮演中心角色。当以乳酸为能源时，乳酸经丙酮酸转化为乙酸并生成 H_2。H_2 穿过细胞质膜，被周质空间的氢化酶氧化，从而产生质子动力。硫酸盐还原菌每还原 1 分子 SO_4^{2-} 为 HS^-，生成 1 分子 ATP。当 H_2 作为电子供体时，总反应式为

$$4H_2 + SO_4^{2-} + H^+ \longrightarrow HS^- + 4H_2O \quad \Delta G^{0'} = -152KJ$$

当乳酸作为电子供体时，不仅通过质子动力可以产生 ATP，而且丙酮酸经乙酰-CoA 和乙酰磷酸氧化成乙酸和 CO_2 的过程中，也生成 ATP。

2.5.3　碳酸盐呼吸

碳酸盐呼吸（carbonate respiration）是一类以 CO_2 作为电子传递链末端电子受体进行产能的无氧呼吸。根据还原产物的不同分为两类：一类是产甲烷菌产甲烷的碳酸盐呼吸，一类是产乙酸菌产乙酸的碳酸盐呼吸。以下主要介绍产甲烷菌是如何通过形成甲烷产生能量的。

产甲烷菌（methanogens）是一群能产生甲烷的严格厌氧的古菌，分属于 Methanobacteriales、Methanococcales、Methanomicrobiales、Methanosarcinales 和 Methanopyrales 5 个目中。它们的形态、生理和生化特性具有多样性，可利用的碳源除了 CO_2 外，还有甲酸、甲醇、甲胺、乙酸等。用 H_2 还原 CO_2 是产甲烷的主要途径，包括一系列复杂的生化反应，并有一些独特的辅酶参加。

参与甲烷生成的关键辅酶可以分成两类，一类是从底物 CO_2 生成终产物 CH_4 的过程中，运载 C_1 单位的辅酶；另一类是提供还原 CO_2 为 CH_4 所需电子的辅酶（图 5-34）。甲烷呋喃（methanofuran）参与甲烷生成的第一步，含有呋喃环和结合 CO_2 的氨基氮原子。甲烷蝶呤（methanopterin）是类似叶酸的辅酶，起的作用相当于四氢叶酸（催化 C_1 转移的辅酶），在 CO_2 还原成 CH_4 的中间步骤中运载 C_1 单位。辅酶 M（CoM）是小分子质量的辅酶，作用于甲烷生成的最终反应步骤，即把甲基（CH_3—）转化成甲烷的过程。辅酶 F_{430}（coenzyme F_{430}）是含 Ni 的四吡咯化合物，虽然不是 C_1 载体，但作为甲基还原酶复合体的一部分，也在甲烷生成的最后步骤中起作用。除了上述作为 C_1 载体的辅酶，还有两个氧化还原辅酶，即辅酶 F_{420}（coenzyme F_{420}）和辅酶 B（CoB），它们是甲烷生成的电子供体。

辅酶 F_{420} 是黄素衍生物，结构类似黄素辅酶 FMN，它作为电子供体，在一些还原 CO_2 的步骤中起作用。氧化型的 F_{420} 在 420nm 吸收光，产生蓝绿色荧光。这非常有助于在显微镜下鉴定甲烷生成菌。CoB 在甲基还原酶复合体催化的甲烷生成的最终步骤中起作用。CoB 的结构同泛酸相似。

H_2 还原 CO_2 生成甲烷的步骤如图 5-35 所示。

① CO_2 被含甲烷呋喃的酶激活并还原成甲酰基，铁氧还蛋白是这一步反应的直接电子供体（immediate electron donor），它是具有非常低的还原电势的氧还蛋白；

② 甲酰基从甲烷呋喃转移到含甲烷蝶呤的酶上，随后经脱水和两步还原，分别形成亚甲基和甲基，直接的电子供体是还原的 F_{420}；

③ 甲基从甲烷蝶呤转移到含 CoM 的酶上；

④ CH_3-CoM 被甲基还原酶还原成甲烷，在这步反应中有 F_{430} 和 CoB 参与，F_{430} 从 CH_3-CoM 上转移甲基，形成 Ni^{2+}-CH_3 复合物，这个复合物被 CoB 还原，生成 CH_4 以及 CoM 和 CoB 的二硫化物复合物（CoM-S-S-CoB）；

⑤ H_2 还原 CoM-S-S-CoB，再生出 CoM 和 CoB，这步反应与甲烷生成过程中能量的储存相偶联。

前面提到，甲基还原酶催化的最后一步与甲烷形成过程中能量的储存相关（图 5-35）。在这一步中，CoB 与 CH_3-CoM 反应，生成 CH_4 和异二硫化物 CoM-S-S-CoB。该异二硫化物被 F_{420} 还原，再生出有活性的辅酶 CoM-SH 和 CoB-SH（图 5-35）。该还原反应由异二硫化物还原酶（heterodisulfidereductase）催化，是放能反

应，同质子泵出膜外相偶联，产生质子动力（图 5-36）。电子流到异二硫化物还原酶需要一个独特的整合在膜上的电子载体甲烷吩嗪（图 5-36A）。在电子传递过程中，甲烷吩嗪先被 F_{420} 还原，再被细胞色素 b 氧化。还原型的细胞色素 b 是异二硫化物还原酶的电子供体（图 5-36B）。

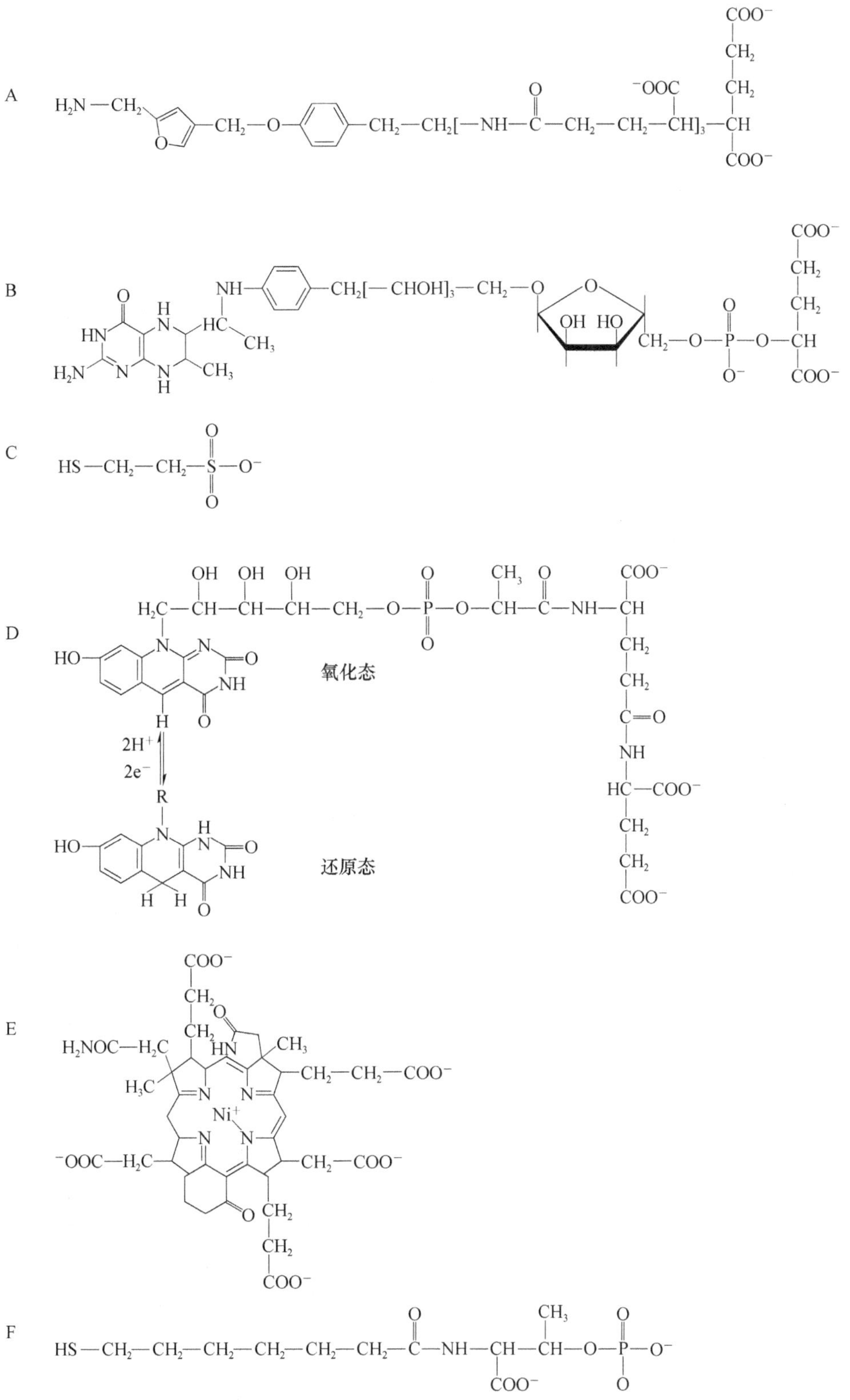

图 5-34　参与甲烷生成的几种独特的辅酶

A：甲烷呋喃；B：甲烷蝶呤；C：辅酶 M；D：辅酶 F_{420}；E：辅酶 F_{430}；F：辅酶 B

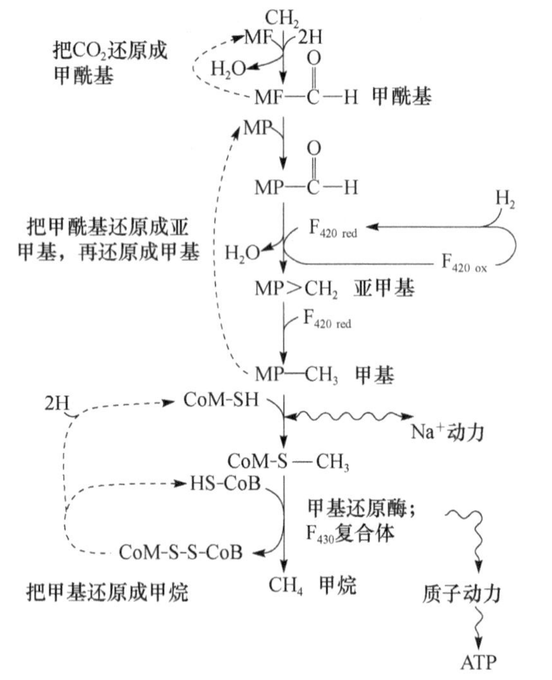

图 5-35 H_2 和 CO_2 生成甲烷的过程
(Madigan et al., 2009)
MF：甲烷呋喃；MP：甲烷蝶呤；CoM：辅酶 M；F_{420red}：还原型的辅酶 F_{420}；F_{430}：辅酶 F_{430}；Fd：铁氧还蛋白；CoB：辅酶 B

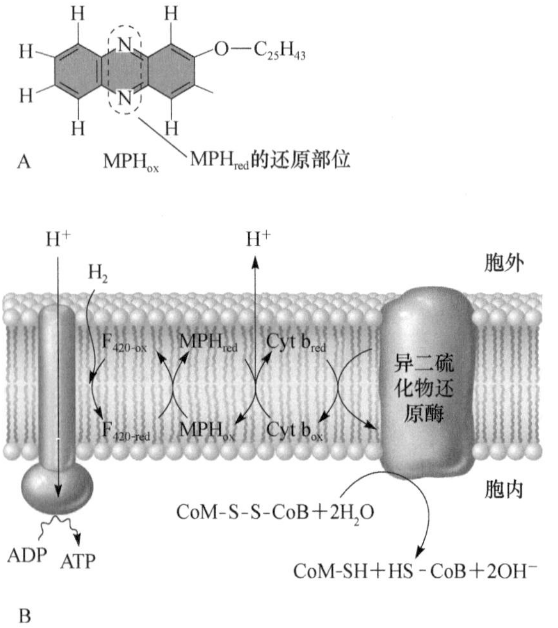

图 5-36 甲烷生成中的能量储存（Madigan et al.，2009）
A：甲烷吩嗪（MPH）的结构，MPH 是电子传递链中的载体，分子中央的环可被交替地氧化和还原；B：电子传递的步骤，电子来源于 H_2，还原 F_{420}，然后还原甲烷吩嗪，甲烷吩嗪通过 b 型的细胞色素还原异二硫化物还原酶，并泵出电子到细胞膜外，在最后一步中，异二硫化物还原酶把 Co-M-S-S-CoB 还原成 HS-CoM 和 HS-CoB

从概念上来说，甲烷生成过程中，ATP 的产生是无氧呼吸的又一个例子，质子跨膜运动，引发质子动力。H_2 与 CO_2 生成甲烷的电子受体虽然是 CO_2，但 CO_2 的还原是通过一系列的化学反应完成的，而不是通过结合在膜上的"CO_2 还原酶"接受电子传递链上的电子，直接还原 CO_2，这一点不同于硝酸盐呼吸中的硝酸盐的还原（图 5-31）。

无氧呼吸的电子受体远不止这些。自然界的细菌还可以把 Fe^{3+}、Mn^{4+}、ClO_3^-、SeO_4^{2-} 以及许多有机化合物，如延胡索酸、二甲基亚砜以及氧化三甲基胺作为电子受体进行产能（表 5-6）。

2.6 发酵

一般工业发酵的含义较广泛，凡是利用微生物进行生产的过程，不论是在有氧条件下还是无氧条件下，统称为发酵。而生理学中的发酵概念则不同于工业发酵的概念，是指微生物在无外源电子受体时，底物脱下的氢或电子未经呼吸链的传递而直接交给底物未完全氧化的中间产物，以底物水平磷酸化产生 ATP 的生物氧化过程。这个概念排除了以分子氧或其他外源电子受体作为最终电子受体的有氧呼吸或无氧呼吸，也排除了以电子传递生成 ATP（氧化磷酸化）的可能。

在缺少有氧呼吸和无氧呼吸的条件下，NADH 不能经呼吸链氧化，因为不存在外源的电子受体。然而生物氧化中产生的 NADH 必需被氧化成 NAD^+，如果 NAD^+ 没有再生，生物氧化将停止。许多微生物解决这一难题是通过采用底物未完全氧化的中间产物作为氢或电子的受体，用发酵的方式来氧化 NADH。图 5-37 以糖酵解途径为例，说明了在发酵过程中对 NADH 的氧化还原反应。

微生物有多种发酵类型，发酵的底物可以是碳水化合物、有机酸、氨基酸等，其中对微生物发酵葡萄糖的研究较深入。葡萄糖经不同发酵途径可分解为丙酮酸，丙酮酸的去路因微生物种类和培养条件不同，而生成不同的发酵产物（图 5-38），现分述如下。

2.6.1 酵母菌的乙醇发酵和甘油发酵

酵母菌在 pH3.5～4.5 和厌氧条件下利用 EMP 途径进行正常的乙醇发酵，又称第一型发酵；在厌氧、亚硫酸氢钠（3%）作用下进行第二型发酵生成甘油；在 pH7.6 的厌氧条件下进行第三型发酵生成甘油、乙醇、乙酸和 CO_2。

1. 乙醇发酵

酵母菌可将葡萄糖经 EMP 途径分解为乙醇和 CO_2，从丙酮酸转化成这两种产物涉及两个反应，反应式为

$$CH_3COCOOH \xrightarrow{\text{丙酮酸脱羧酶}} CH_3CHO + CO_2$$

$$CH_3CHO + NADH + H^+ \xrightarrow{\text{乙醇脱氢酶}} CH_3CH_2OH + NAD^+$$

表 5-6 无氧呼吸的一些替代的电子受体

受体/产物（E_0'）	反应
氯酸根/氯离子（+1.03V）	$ClO_3^- \xrightarrow[6H^+]{6e^-} Cl^- + 3H_2O$
锰离子/亚锰离子（+0.798V）	$Mn^{4+} \xrightarrow{2e^-} Mn^{2+}$
硒酸盐/亚硒酸盐（+0.475V）	$^-O-Se(=O)_2-O^- \xrightarrow[2H^+]{2e^-} (^-O)_2Se{=}O + H_2O$
三价铁离子/二价铁离子（+0.2V）	$Fe^{3+} \xrightarrow{e^-} Fe^{2+}$
二甲基亚砜（DMSO）/二甲基硫醚（DMS）（+0.16V）	$H_3C-S(\rightarrow O)-CH_3 \xrightarrow[2H^+]{2e^-} (CH_3)_2S + H_2O$
砷酸盐/亚砷酸盐（+0.139V）	$^-O-As(O^-)_2{=}O \xrightarrow[2H^+]{2e^-} As(O^-)_3 + H_2O$
三甲胺-*N*-氧化物（TMAO）/三甲胺（TMA）（+0.13V）	$H_3C-N(CH_3)(\rightarrow O)-CH_3 \xrightarrow[2H^+]{2e^-} (CH_3)_3N + H_2O$
延胡索酸/琥珀酸（+0.03V）	$^-O-C(=O)-CH{=}CH-C(=O)-O^- \xrightarrow[2H^+]{2e^-} {}^-O-C(=O)-CH_2-CH_2-C(=O)-O^-$

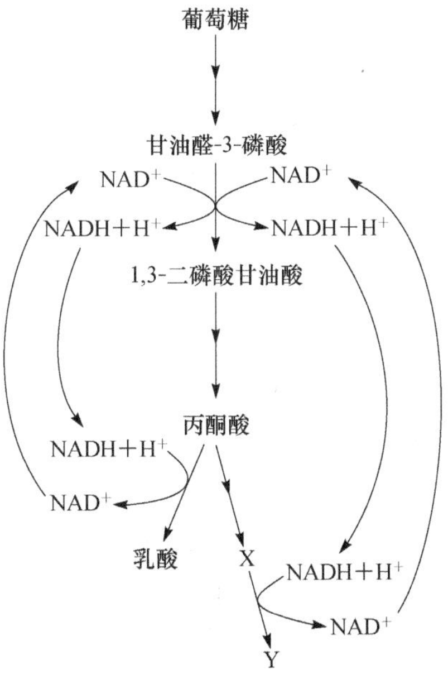

图 5-37 发酵过程中 NADH 的氧化还原反应

糖酵解过程中生成的 NADH 通过还原丙酮酸或丙酮酸的衍生物（X）而被再氧化。乳酸或还原性的产物 Y 是发酵产物

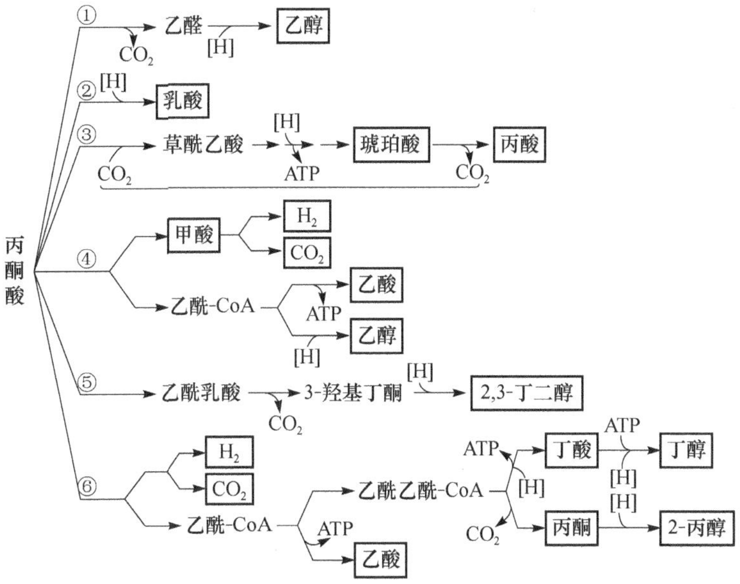

图 5-38 从丙酮酸出发的 6 条发酵途径（周德庆，2002）

图中显示出丙酮酸和主要的终产物，利用各条途径的微生物为①酵母菌、运动单胞菌；②乳酸菌（链球菌、乳酸杆菌）、芽孢杆菌；③丙酸细菌（丙酸杆菌）；④肠细菌（埃希氏菌、肠杆菌、沙门氏菌、变形杆菌）；⑤肠杆菌、沙雷氏菌、芽孢杆菌；⑥梭状芽孢杆菌

总反应式为

$$C_6H_{12}O_6 + 2ADP + 2Pi \longrightarrow$$
$$2CH_3CH_2OH + 2CO_2 + 2ATP$$

发酵途径如图 5-39 所示。

盐对乙醇发酵有很大影响，可以改变代谢途径，出现异常发酵。盐为什么会影响乙醇发酵呢？这是因为无机离子可以降低 EMP 途径中醛缩酶的活性。当把0.5～1.0mol/L NaCl 加入酵母的培养基内，在发酵 3h 后，出现葡萄糖-6-磷酸、果糖-6-磷酸和果糖-1，6-二磷酸积累。由于果糖-1，6-二磷酸积累，使细胞内 ATP 减少，从而激活了磷酸甘油脱氢酶，使丙糖磷酸异构酶活性下降，有利于 α-磷酸甘油生成甘油，所以盐浓度较高时产生甘油，使乙醇产量下降。同时还产生 2，3-丁二醇及丁二酮等。这可能是由于 α-磷酸甘油脱氢酶活性增强，使 NADH 用于二羟丙酮磷酸的还原，导致 NADH 不足，使部分丙酮酸改变代谢途径，生成 2，3-丁二醇和丁二酮，其过程如图 5-40 所示。

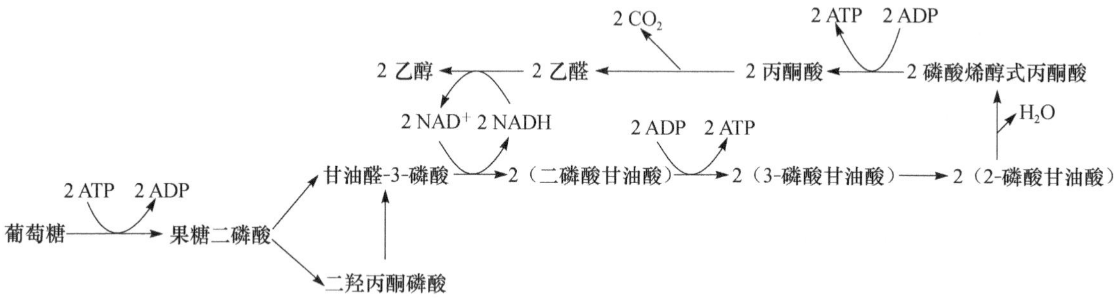

图 5-39 酵母菌的第一型发酵

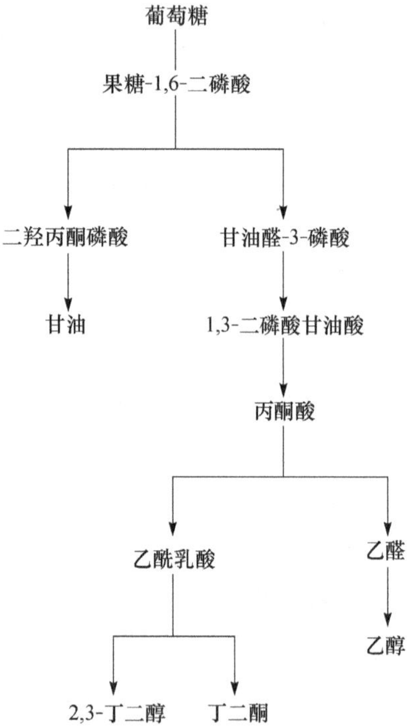

图 5-40 酵母菌高渗发酵途径

2. 甘油发酵

酵母菌第二型发酵是酵母菌在厌氧时加入亚硫酸盐（3%）生成甘油的过程。当亚硫酸氢钠与乙醛反应时，生成难溶的磺化羟基乙醛（$CH_3\underset{|}{\overset{SO_3Na}{C}}HOH$），由于乙醛与亚硫酸盐结合而不能作为 NADH 的受氢体，故不能形成乙醇，从而迫使磷酸二羟丙酮代替乙醛作为受氢体，生成 α-磷酸甘油，进一步水解脱磷酸而生成甘油，其过程如图 5-41 所示。

从葡萄糖开始的总反应式为

$$C_6H_{12}O_6 + NaHSO_3 \longrightarrow$$
$$CH_2OHCHOHCH_2OH + CH_3\overset{SO_3Na}{\overset{|}{C}}HOH + CO_2$$

酵母菌的第三型发酵是酵母菌在厌氧、pH 为 7.6 的条件下，进行甘油发酵的过程。酵母菌在 pH7.6 时，乙醛因得不到足够的氢而积累，2 个乙醛分子间发生歧化反应，1 分子乙醛被氧化成乙酸，另 1 分子乙醛被还原为乙醇，其反应过程如图 5-42 所示。

总反应式为

$$2C_6H_{12}O_6 \longrightarrow CH_3COOH + CH_3CH_2OH$$
$$+ 2CO_2 + 2CH_2OHCHOHCH_2OH$$

这种发酵方式不能获得能量，因此只能在非生长的情况下进行。

从酵母菌发酵过程中可知，环境条件的改变使酵母菌的代谢过程发生改变，而酵母菌代谢过程又改变着环境。我们可以根据这种关系，控制环境条件，利用微生物的活动生产有用的产品。通过代谢工程的方法也可以戏剧性地改变酵母菌的发酵产物。例如，把牛肌肉中的乳酸脱氢酶基因（*LDH-A*）克隆到酿酒酵母菌中，可使其产乳酸的水平与乳酸菌持平。

在酵母菌的无细胞提取液中增加无机磷酸盐，会引起发酵速率的显著增加。但发酵速率会最终减速到没有添加磷酸盐的对照的水平。再次添加相同数量的磷酸盐，会再次增加发酵的速率。这种现象（有时被称为 Harden-Young 效应）是由于无机磷酸盐掺入到有机的磷

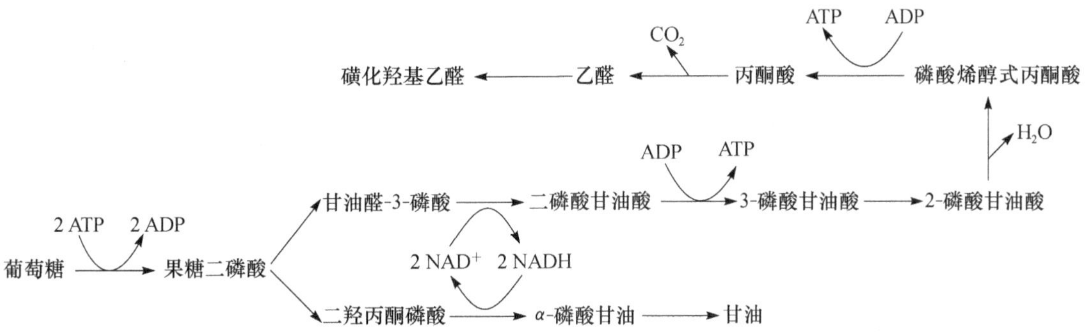

图 5-41　酵母菌的第二型发酵

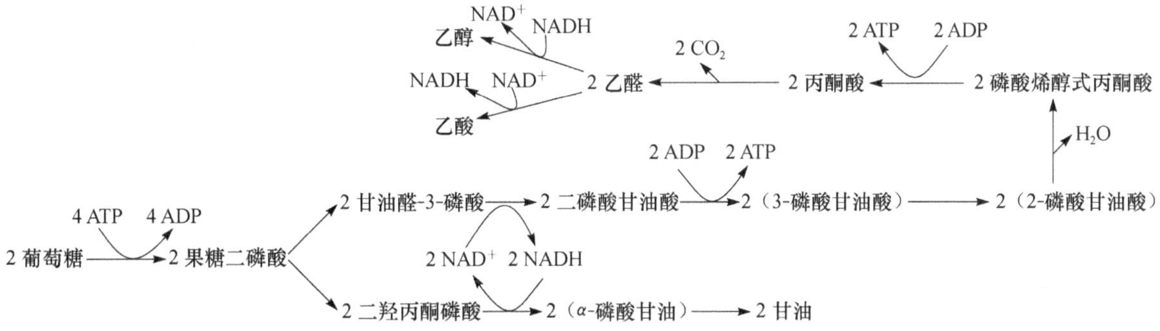

图 5-42　酵母菌的第三型发酵

酸酯中，特别是果糖-1，6-二磷酸、果糖-6-磷酸、葡萄糖-6-磷酸和葡萄糖-1-磷酸中造成的。在形成 1，3-二磷酸甘油酸的过程中，无机磷酸盐被吸收。在接下来的步骤中，ADP 磷酸化为 ATP，这又使葡萄糖磷酸化的增加有了保证。但随添加量的增加，磷酸酯的积累限制了无机磷酸盐进入葡萄糖磷酸化代谢中的可能性。这种效应可以通过添加砷酸根离子，生成砷酸化的磷酸甘油而中和。这个化合物可以非酶促地水解，从而阻止磷酸化中间产物的积累。

在研究酵母菌的乙醇发酵中，遇到的一些困难是源自乙醇脱氢酶（ADH）有一些同工酶。而这些酶以及与碳代谢有关的其他酶分布于细胞质、线粒体膜以及线粒体的胞浆中。乙醇发酵的关键酶（ADH1），在 NADH 存在时，把乙醛还原成乙醇，并保持了发生在酵母菌细胞质的葡萄糖发酵的氧化还原平衡。在乙醇的氧化中，ADH2 催化乙醛的生成。

ADH3 与氧化性地利用线粒体中乙醇有关。线粒体内膜对 NAD$^+$ 或 NADH 无渗透性。缺少 ADH1 的酵母菌突变株通过将磷酸二羟丙酮还原成甘油-3-磷酸，可再生细胞质中的 NAD$^+$。甘油-3-磷酸可进入线粒体膜，通过 FAD 相连的甘油-3-磷酸脱氢酶，被再氧化成磷酸二羟丙酮。氧化过程中产生的电子转移到呼吸链。因此，缺少 ADH1 的酵母菌突变株不能在无氧条件下生长。甘油-3-磷酸释放磷酸根，甘油成为终产物。然而，缺失至少 4 个已知的 ADH 同工酶的酵母菌突变株仍能有葡萄糖产生理论最大值 1/3 的乙醇，这可能是由于还存在其他形式的 ADH。已公布的酿酒酵母菌的基因组表明，至少有 7 个基因有潜在的编码 ADH 家族蛋白质的能力。甘油是主要的发酵产物，但也会产生乙醛和乙酸。在多个 ADH 缺失的细胞中，乙醇的产生依赖于与线粒体内膜相连的线粒体的电子传递。

2.6.2　细菌的乙醇发酵

细菌进行乙醇发酵因菌种不同其发酵途径也不同。如运动发酵单胞菌（*Zymomonas mobilis*）和厌氧发酵单胞菌（*Zymomonas anaerobia*）是利用 ED 途径分解葡萄糖为丙酮酸，最后生成乙醇（图 5-43）。

总反应式为

$$C_6H_{12}O_6 + ADP + Pi \longrightarrow$$
$$2CH_3CH_2OH + 2CO_2 + ATP$$

从图 5-43 可知，细菌乙醇发酵的产物与酵母菌乙醇发酵产物相同，但由葡萄糖分解成乙醇的途径不同，产能水平也不相同。细菌乙醇发酵走 ED 途径使葡萄糖生成 2-酮-3-脱氧-6-磷酸葡萄糖酸（KDPG），再由 KDPG 醛缩酶催化裂解生成 1 分子甘油醛-3-磷酸和 1 分子丙酮酸，另 1 分子丙酮酸则是由甘油醛-3-磷酸经 EMP 途径后半部分生成的。

对于某些生长在极端酸性条件下的严格厌氧菌如胃八叠球菌（*Sarcina ventriculi*）和兼性肠细菌如解淀粉欧文氏菌（*Erwinia amylovora*），则是利用 EMP 途径进行乙醇发酵。

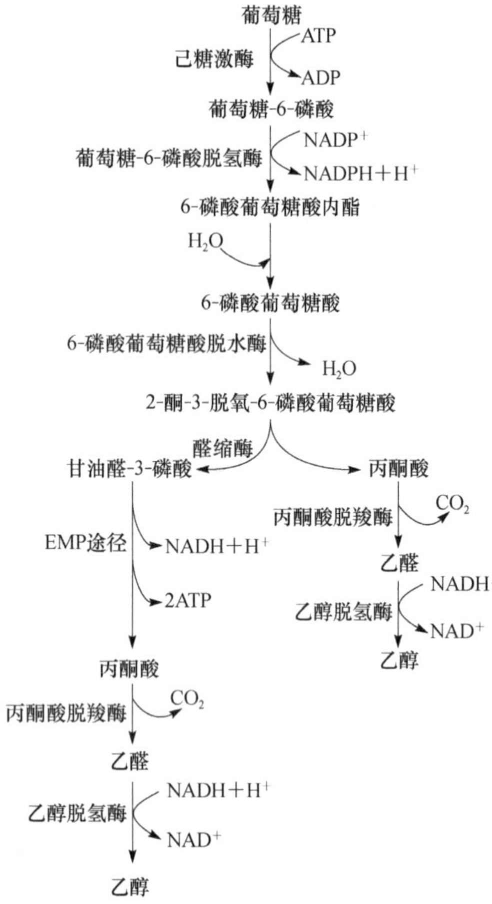

图 5-43　细菌经 ED 途径进行乙醇发酵

2.6.3　乳酸发酵

许多细菌能利用葡萄糖产生乳酸，产生乳酸的细菌通常称为乳酸菌。乳酸菌在普通固体培养基中不形成大的菌落，主要是由于以下原因：它们是微好氧的细菌，又缺少细胞色素氧化酶或过氧化氢酶，还原型的黄素蛋白（FADH，FMNH）氧化产生 H_2O_2，H_2O_2 的积累抑制了进一步生长［有些异型发酵的杆菌如谷乳杆菌（*L. cereale*）是例外］；有些链球菌具有过氧化物酶。乳酸菌合成氨基酸的能力一般较弱，普通蛋白胨不能满足要求，往往因氨基酸量供应不足而影响生长，通常在培养基中加入适量的动植物组织液或牛奶；乳酸菌生长还需要 B 族维生素，特别需要较多的维生素 B_2。

乳酸发酵在工业上用于生产乳酸，在农业上用于青储饲料的发酵，此外在食品加工上也有广泛的应用。青储饲料、腌泡菜和渍酸菜的原理是人为地创造厌氧条件，抑制好氧性的腐败微生物生长，促使乳酸菌利用植物中的可溶性养分进行乳酸发酵，产生乳酸，抑制其他微生物的活动。无论腌泡菜、渍酸菜或青储饲料都不会降低营养价值，还能提高营养价值。这是因为乳酸菌既不具备分解纤维素的酶系统，又不具备水解蛋白质的酶系统。因此它们既不会破坏植物细胞的组织，也不会使蛋白质分解。而乳酸在饲料青储的过程中既起着防腐作用，又增加了饲料的风味，促进牲畜的食欲。

乳酸发酵有三种类型：同型乳酸发酵、异型乳酸发酵和双歧发酵。只生成乳酸一种产物的发酵称为同型乳酸发酵；除乳酸外还有其他产物的乳酸发酵是异型乳酸发酵；两歧双歧杆菌（*Bifidobacterium bifidum*）的异型乳酸发酵又称为双歧发酵，现分述如下。

1. 同型乳酸发酵

德氏乳杆菌（*Lactobacillus delbrueckii*）、保加利亚乳杆菌（*Lactobacillus bulgaricus*）等乳酸菌进行同型乳酸发酵。同型乳酸发酵的过程是：葡萄糖经 EMP 途径降解为丙酮酸，丙酮酸在乳酸脱氢酶的催化下被 NADH 还原为乳酸（图 5-44）。

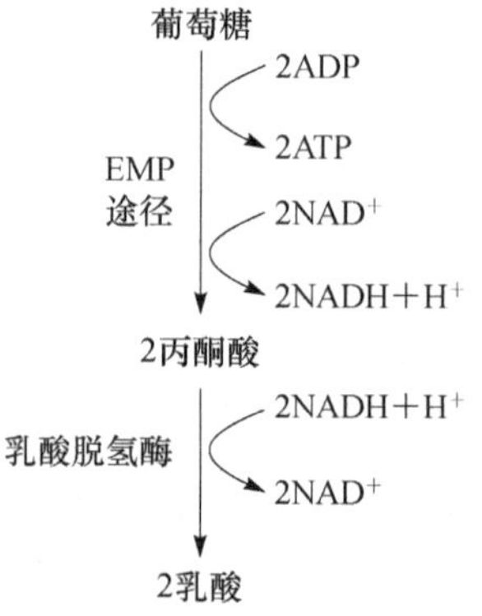

图 5-44　同型乳酸发酵简图

反应式为

$$C_6H_{12}O_6 + 2ADP + 2Pi \longrightarrow 2CH_3CHOHCOOH + 2ATP$$

2. 异型乳酸发酵

异型乳酸发酵是某些乳酸菌，如肠膜状明串珠菌（*Leuconostoc mesenteroides*）利用 HMP 途径分解葡萄糖为核酮糖-5-磷酸，再经差向异构酶作用变成木酮糖-5-磷酸，然后经磷酸酮糖裂解反应生成甘油醛-3-磷酸和乙酰磷酸的过程。这个反应由磷酸解酮酶催化，它是异型乳酸发酵的特征酶（图 5-45）。乙酰磷酸进一步还原为乙醇，同时放出磷酸。而甘油醛-3-磷酸经 EMP 途径后半部转化为乳酸，同时产生 2 分子 ATP，扣除发酵时活化葡萄糖消耗的 1 分子 ATP，净得 1 分子 ATP。因此由葡萄糖进行异型乳酸发酵，其产能水平比同型乳酸发酵要低一半。异型乳酸发酵产物除乳酸以外，还有乙醇、CO_2 和 ATP。其发酵总反应式为

$$C_6H_{12}O_6 + ADP + Pi \longrightarrow CH_3CHOHCOOH + CH_3CH_2OH + CO_2 + ATP$$

3. 双歧发酵

双歧发酵是两歧双歧杆菌发酵葡萄糖产生乳酸的途径。此途径中有两种磷酸解酮酶参与反应，即果糖-6-磷酸磷酸解酮酶和木酮糖-5-磷酸磷酸解酮酶分别催化果

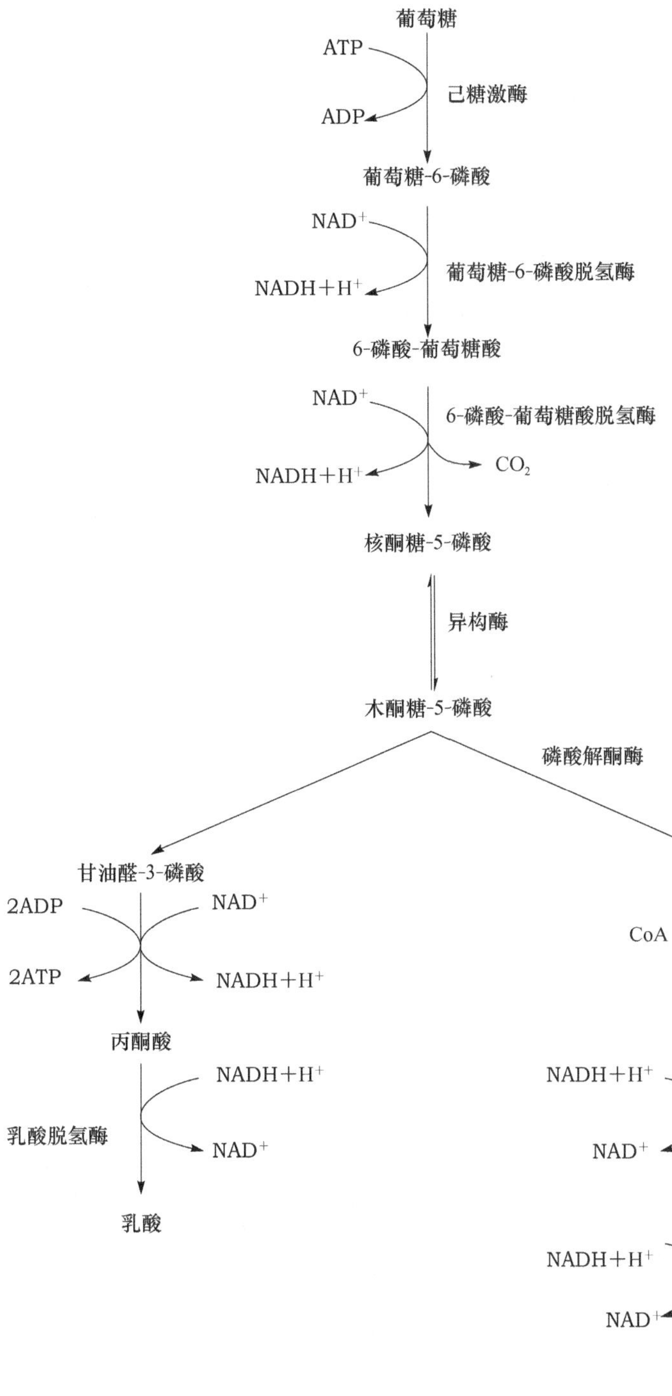

图 5-45　肠膜状明串珠菌的异型乳酸发酵途径

糖-6-磷酸和木酮糖-5-磷酸裂解，分别产生乙酰磷酸和赤藓糖-4-磷酸或甘油醛-3-磷酸和乙酰磷酸。图 5-46 为双歧发酵途径，发酵反应式为

$$2C_6H_{12}O_6 + 5ADP + 5Pi \longrightarrow$$
$$2CH_3CHOHCOOH + 3CH_3COOH + 5ATP$$

2.6.4　丙酸发酵

丙酸杆菌（*Propionibacterium* spp.）发酵产生丙酸，除丙酸外，产物还有乙酸和 CO_2。

由葡萄糖生成丙酸，可能是经 EMP 途径生成 2 分子丙酮酸，其中 1 分子丙酮酸氧化生成乙酸和 CO_2，另 1 分子丙酮酸经羧化生成草酰乙酸，再转化成琥珀酸。必须指出，琥珀酸不是直接脱羧生成丙酸，而是先转化成琥珀酰-CoA、甲基丙二酰-CoA、丙酰-CoA，最后生成丙酸，其过程如图 5-47 所示。

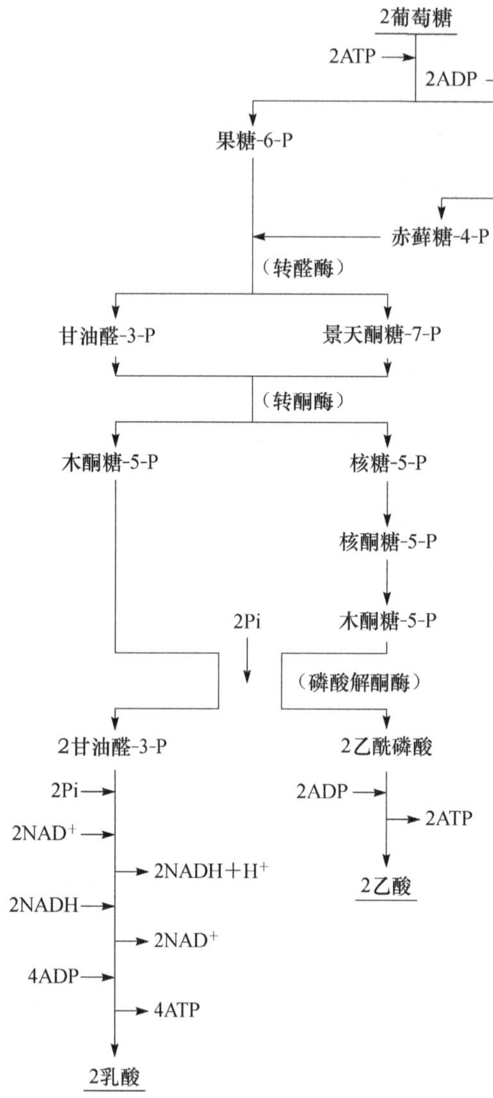

图 5-46　双歧发酵途径

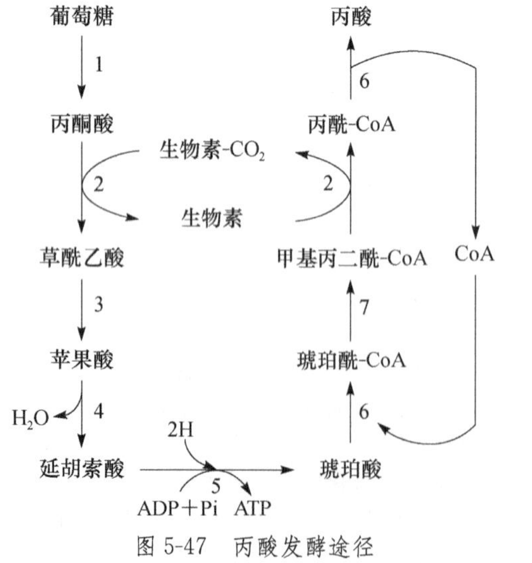

图 5-47　丙酸发酵途径

1：EMP 途径的酶；2：甲基丙二酰-CoA-丙酮酸转羧酶；3：苹果酸脱氢酶；4：延胡索酸酶；5：延胡索酸还原酶；6：CoA 转移酶；7：异构酶

从图 5-47 可知，由丙酮酸生成丙酸是一个循环反应。其中关键性中间产物是甲基丙二酰-CoA，它是由琥珀酰-CoA 异构化生成的（由甲基丙二酰-CoA 异构酶催化，此酶以维生素 B 为辅基）。甲基丙二酰-CoA 在转羧酶（以生物素为辅基）的催化下，将羧基转给丙酮酸，生成丙酰-CoA 和草酰乙酸，最后丙酰-CoA 把 CoA 转给琥珀酸，生成丙酸和琥珀酰-CoA。琥珀酰-CoA 异构化，又生成甲基丙二酰-CoA，如此循环反应。

总反应式为

$$1.5C_6H_{12}O_6 \longrightarrow 2CH_3CH_2COOH + CH_3COOH + CO_2 + H_2O + 3 \sim 5ATP$$

这一循环途径被下列试验所证明。

① 将戊糖丙酸杆菌培养在甘油基质中，加 $^{14}CO_2$，发现最后在琥珀酸和丙酸的羧基上都含有 ^{14}C，这表明丙酸是由丙酮酸羧化成草酰乙酸再还原成琥珀酸；

② 发现解乳微球菌（*M. lactilyticus*）的无细胞制

剂将琥珀酸转化为丙酸时需要 ATP 和 CoA；

③ 特氏丙酸杆菌（*Propionibacterium thoenii*）在含丙酮酸培养基中，可迅速把甲基丙二酰-CoA 脱羧为丙酸，而丙酮酸接受羧基生成草酰乙酸，并发现只有丙酮酸才能接受此羧基，转羧酶和甲基丙二酰-CoA 异构酶已从特氏丙酸杆菌中提纯出来。

2.6.5　丁酸型发酵

由专性厌氧的梭菌进行的一类发酵，因产物中都有丁酸，故称为丁酸型发酵（图 5-48）。根据不同梭菌最终发酵产物不同，可分为丁酸发酵，丙酮-丁醇发酵和丁醇-异丙醇发酵等。各种丁酸型发酵产物见表 5-7。

表 5-7　不同梭菌丁酸型发酵的产物[a]

发酵类型	发酵产物的量（mM）/发酵 100mM 葡萄糖								
	丁酸	乙酸	乙醇	丁醇	丙酮	异丙醇	乙酰甲基甲醇	CO_2	H_2
丁酸发酵 丁酸梭菌	76	24	—	—	—	—	—	188	235
丙酮-丁醇发酵 丙酮-丁酸梭菌	4.3	14.2	7.2	56	22.4	—	6.4	221	135
丁醇-异丙醇发酵 丁酸梭菌	17.2	17.2	—	58.6	—	12.1	—	203.5	77.6

a：丁酸梭菌在发酵早期，产物主要是丁酸和乙酸，随着发酵的进行，pH 下降，产物主要是丁醇、异丙醇、丁酸、乙酸等。
—：表示没有检测到。

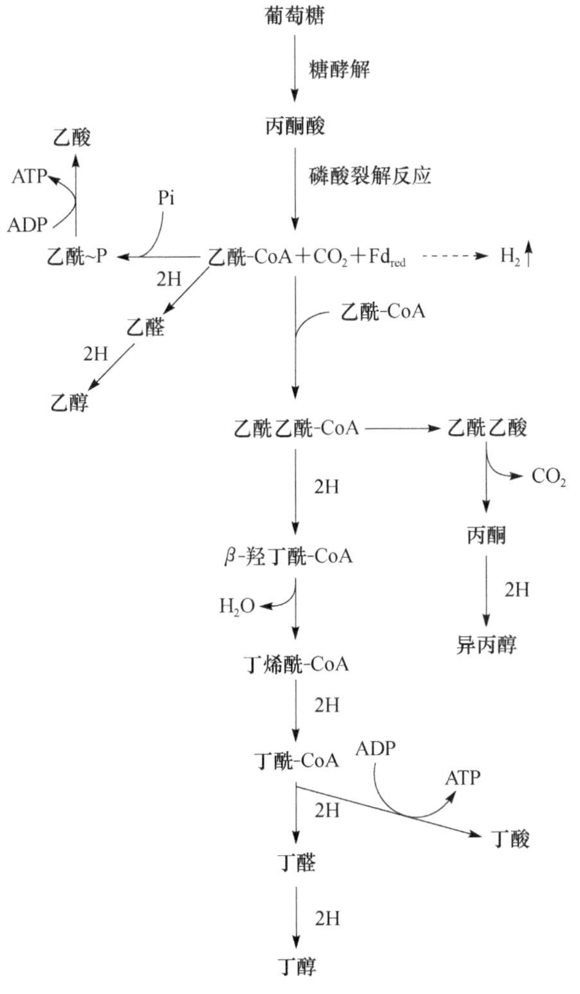

图 5-48　丁酸型发酵

途径中的“2H”表示 1 分子 NADH 所带的 2 个电子，注意生成乙酸和丁酸是如何导致底物水平磷酸化的增加，从而增加了 ATP 的生成量的；形成丁醇和丙酮，由于绕过了丁酰-CoA 到丁酸这一步，而减少了 ATP 的产量，产生氢气的详细步骤见图 5-49

丁酸型发酵的代表菌是丁酸梭菌。葡萄糖经 EMP 途径降解成丙酮酸，丙酮酸在丙酮酸铁氧还蛋白氧化还原酶的催化下发生磷酸裂解反应（phosphoroclastic reaction），分裂成乙酰-CoA、H_2 和 CO_2（图 5-49）。然后乙酰-CoA 被糖酵解反应中生成的 NADH 还原成发酵产物。受发酵的时期和发酵条件的影响，发酵产物的组成和比例有所不同（表 5-7）。

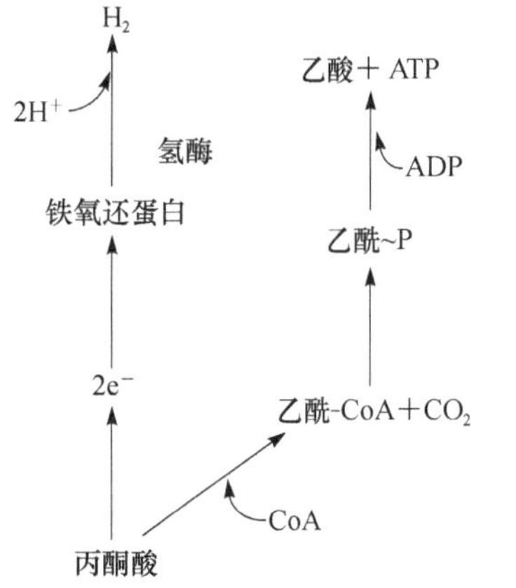

图 5-49　丙酮酸经磷酸裂解反应生成乙酰-CoA、H_2 和 CO_2

注意水解高能磷酸化合物乙酰磷酸生成了 ATP 和乙酸

在丁酸发酵的早期，丁酸和乙酸是主要的发酵产物。随着培养基 pH 的下降，酸的合成停止，中性产物丙酮和丁醇开始积累。这时部分乙酰乙酰-CoA 转变成乙酰乙酸，再脱羧生成丙酮，另一部分乙酰乙酰-CoA 则转变成丁酰-CoA，再被还原生成丁醇（图 5-48）。丙酮-丁醇梭菌（*Cl. acetobutylicum*）在丙酮-丁醇发酵中，每 2 分子葡萄糖可生成 1 分子丁醇和 1 分子丙酮，并产生 4 分子 ATP 供菌体生长的需要。而丁酸梭菌在丁酸型发酵中，随 pH 的下降，丙酮进一步被还原为异丙醇。发酵产物主要是丁醇、异丙醇以及少量丁酸、乙酸、CO_2 和 H_2，这就是丁醇-异丙醇发酵。但如果添加

$CaCO_3$，保持培养基的 pH，则很少生成中性产物，发酵产物主要由 3 分子丁酸和 1 分子乙酸组成。

2.6.6 混合酸发酵和丁二醇发酵

肠细菌（enteric bacteria）如埃希氏菌（*Escherichia*）、沙门氏菌和志贺氏菌属中的一些细菌，能够利用葡萄糖进行混合酸发酵（mixed acid fermentation），这些细菌利用 EMP 途径把葡萄糖分解成丙酮酸，丙酮酸经不同酶催化分别生成乳酸、乙酸，甲酸、乙醇、CO_2 和 H_2，还有一部分磷酸烯醇式丙酮酸生成琥珀酸（图 5-50）。而肠杆菌、沙雷氏菌、欧文氏菌属中的一些细菌利用葡萄糖进行丁二醇发酵（butanediol fermentation），分解葡萄糖只产生少量的酸，2,3-丁二醇、乙醇、CO_2 和 H_2 是主要的发酵产物（图 5-50）。在混合酸发酵中，产生等量的 CO_2 和 H_2，而丁二醇发酵中，产生的 CO_2 比 H_2 要多。这是由于混合酸发酵产生的 CO_2 只来自于甲酸氢裂解酶对甲酸的裂解，这个反应产生等量的 CO_2 和 H_2。丁二醇发酵也由甲酸产生 CO_2 和 H_2，但在生成每分子丁二醇的过程中，还产生另外 2 分子 CO_2。

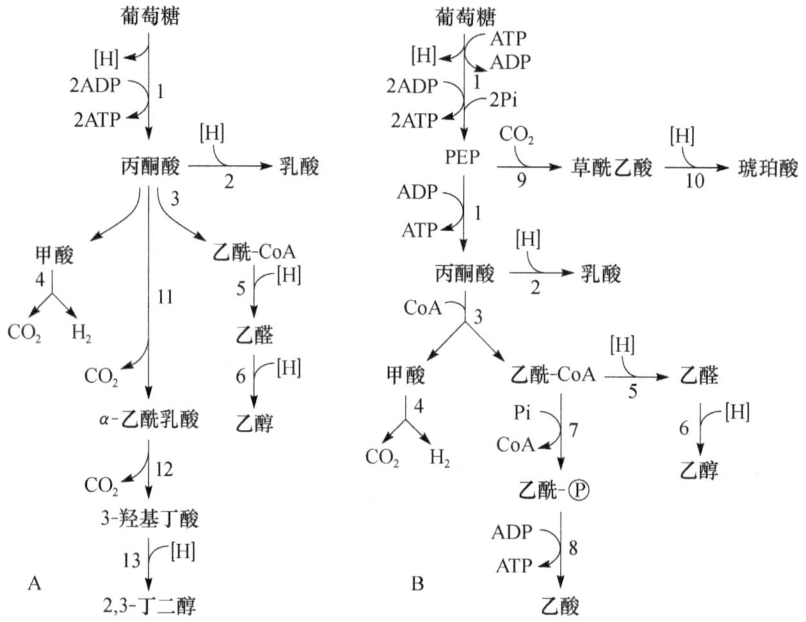

图 5-50 丁二醇发酵和混合酸发酵

A：丁二醇发酵；B：混合酸发酵

1：EMP 途径中的酶；2：乳酸脱氢酶；3：丙酮酸甲酸裂解酶；4：甲酸氢裂解酶；5：乙醛脱氢酶；6：乙醇脱氢酶；7：磷酸转乙酰酶；8：乙酸激酶；9：磷酸烯醇式丙酮酸羧化酶；10：苹果酸脱氢酶；11：α-乙酰乳酸合成酶；12：α-乙酰乳酸脱羧酶；13：丁二醇脱氢酶

在这两种类型的发酵中，除琥珀酸是由 PEP 分支产生以外，其他的发酵产物都是由丙酮酸衍生而来。作用丙酮酸的酶有三种，丙酮酸甲酸裂解酶、乳酸脱氢酶和乙酰乳酸合成酶。丙酮酸甲酸裂解酶存在于兼性厌氧的肠细菌中，它催化丙酮酸分解生成乙酰-CoA 和甲酸，该过程由两步反应完成，分别为

$$\underset{\displaystyle \text{COOH}}{\overset{\displaystyle \text{CH}_3}{\text{C}}}\text{=O} + \text{酶} \rightleftharpoons \overset{\displaystyle \text{CH}_3}{\text{CO}}\text{—酶} + \text{HCOOH}$$

$$\overset{\displaystyle \text{CH}_3}{\text{CO}}\text{—酶} + \text{CoA} \rightleftharpoons \overset{\displaystyle \text{CH}_3}{\text{CO}}\text{—CoA} + \text{酶}$$

丙酮酸甲酸裂解酶是在厌氧条件下合成的，在有氧条件下则很快失活，因而在肠细菌的发酵中起作用。另外该酶在厌氧时活性也不稳定，当丙酮酸浓度低时，失去活性。

乙酰乳酸合成酶是一种含 TPP 的酶，它催化 2 个丙酮酸分子缩合成乙酰乳酸，该过程也是由两步反应完成，分别为

$$\text{CH}_3\text{COCOOH} + \text{(H)TPP—酶} \longrightarrow \text{H}_3\text{C—}\underset{\displaystyle \text{OH}}{\text{CH}}\text{—TPP—酶} + \text{CO}_2$$

羟乙酰-TPP-酶

$$\text{H}_3\text{C—}\underset{\displaystyle \text{OH}}{\text{CH}}\text{—TPP—酶} + \text{CH}_3\text{COCOOH} \longrightarrow \text{H}_3\text{C—}\underset{\displaystyle \text{OH}}{\overset{\displaystyle \text{H}_3\text{C—CO}}{\text{C}}}\text{—COOH} + \text{(H)TPP—酶}$$

乙酰乳酸

该酶仅在酸性条件下起作用，并且在 pH6 时活性最高，因而又有 pH6 酶之称。

甲酸氢裂解酶也是大肠杆菌和产气肠杆菌在厌氧条件下合成的一种酶，它催化大部分的甲酸裂解成 CO_2 和 H_2。

2.7　其他单糖的分解

除葡萄糖外，还有果糖、甘露糖、半乳糖、阿拉伯糖等也可作为微生物的碳源和能源，现简要介绍如下。

2.7.1　果糖的分解

在许多微生物里，果糖是通过基团转移进入细胞的，经 PEP 转移系统进入细胞后变成果糖-1-磷酸，这同葡萄糖的 PEP 转移系统相类似。再经果糖-1-磷酸激酶催化，生成果糖-1,6-二磷酸，而进入 EMP 途径。不同微生物分解果糖的途径各不相同，其过程可概括如图 5-51 所示。

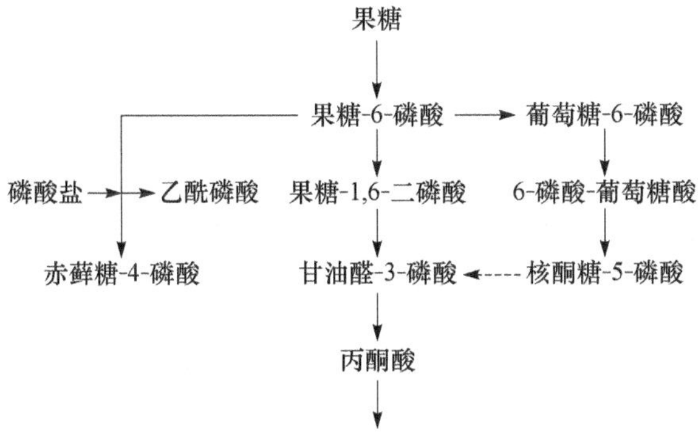

图 5-51　果糖分解的简要途径

2.7.2　甘露糖的分解

在甘露糖激酶催化下，甘露糖转变为甘露糖-6-磷酸，再经甘露糖-6-磷酸异构酶催化生成果糖-6-磷酸，进入 EMP 途径。

在产气杆菌（*Aerobacter aerogenes*）中有一个菌系没有甘露糖激酶，以另外方式进行磷酸化，甘露糖与葡萄糖-6-磷酸反应，生成甘露糖-6-磷酸和葡萄糖（图 5-52）。葡萄糖-6-磷酸是通过葡萄糖磷酸酶再生的，甘露糖-6-磷酸经异构化生成果糖-6-磷酸而进入 EMP 途径。

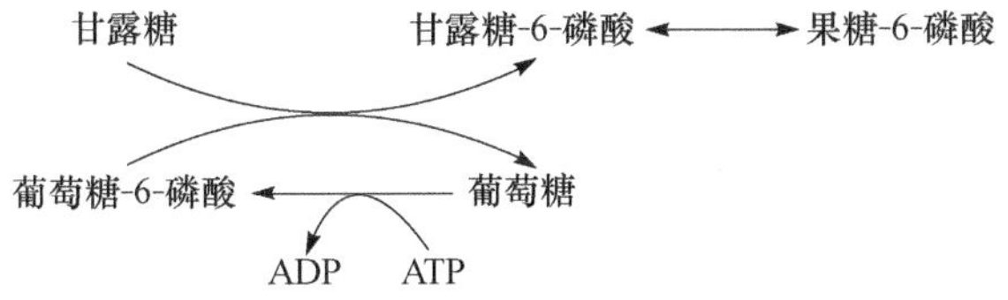

图 5-52　产气杆菌利用甘露糖的途径

2.7.3　半乳糖的分解

微生物利用半乳糖的酶系是诱导酶。在半乳糖诱导下，产生三种酶：半乳糖激酶、葡萄糖-半乳糖-1-磷酸尿苷酰转移酶和 UDP-半乳糖异构酶。半乳糖在这三种酶协同作用下，生成葡萄糖-1-磷酸，再沿 EMP 途径分解。其过程如图 5-53 所示。

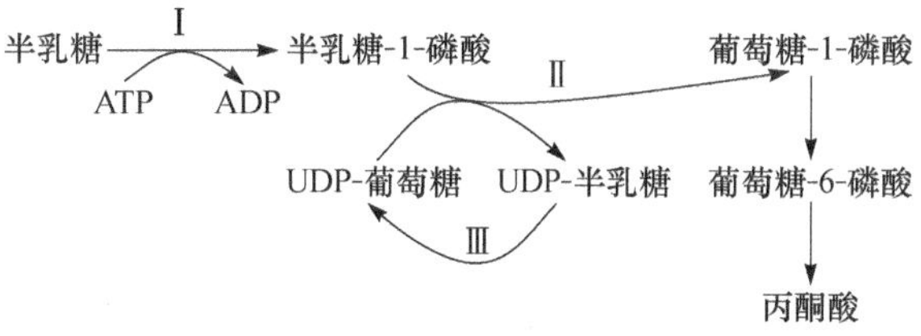

图 5-53　半乳糖的分解途径

Ⅰ：半乳糖激酶；Ⅱ：葡萄糖-半乳糖-1-磷酸尿苷酰转移酶；Ⅲ：UDP-半乳糖异构酶

嗜糖假单胞菌（*Pseudomonas saccharophila*）能直接把半乳糖氧化成半乳糖内酯。这一反应由半乳糖脱氢酶催化，其受氢体是 NAD^+。半乳糖内酯水解后成为半乳糖酸，再经半乳糖酸裂解酶催化，脱水生成 2-酮-3-脱氧半乳糖酸，经相应的磷酸激酶作用生成 2-酮-3-脱氧-6-磷酸半乳糖酸，再裂解生成丙酮酸和甘油醛-3-磷酸。其过程如图 5-54 所示。

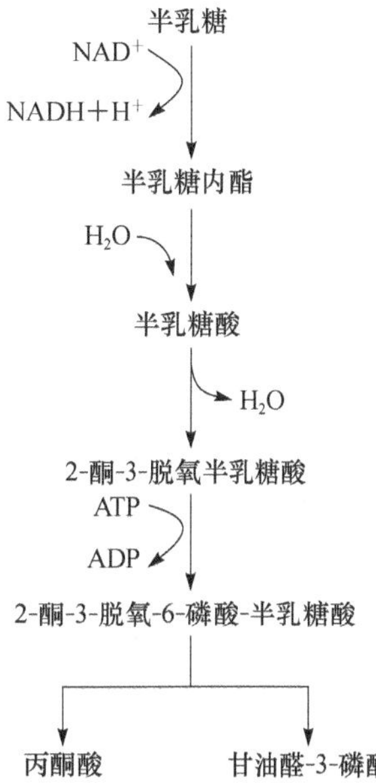

图 5-54　嗜糖假单胞菌分解半乳糖的途径

2.7.4　戊糖的分解

戊糖是很多微生物生长的重要碳源和能源。戊糖中的核糖和脱氧核糖分别是 RNA 和 DNA 的重要成分。核糖也是许多辅酶如 NAD（P）$^+$ 的成分之一。木糖是木材和稻草中一种常见的戊糖，它以木聚糖的形式存在。阿拉伯糖是许多植物树胶中所含的糖。水解酶把这类多聚物降解为单一的戊糖单位，然后它们进入细胞并发生磷酸化，接着转化成戊糖代谢的关键中间产物——5-磷酸木酮糖（图 5-55）。

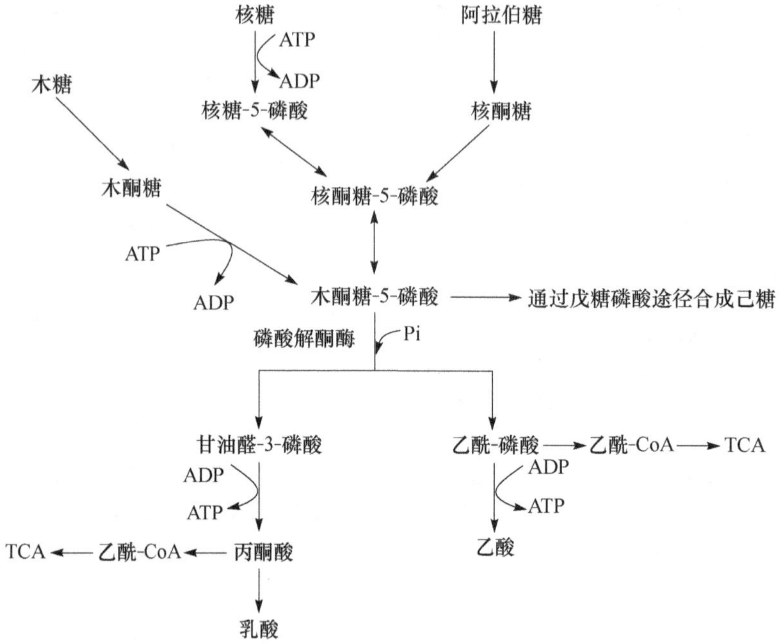

图 5-55　戊糖分解的一般途径

戊糖在进行厌氧分解时，依据微生物中存在的酶可能有两条途径（HMP 途径和 PK 途径）。木酮糖-5-磷酸直接分解是通过磷酸解酮酶催化的，产生甘油醛-3-磷酸和乙酰磷酸。1mol 甘油醛-3-磷酸经糖酵解途径转化成 1mol 乳酸和 2mol ATP。1mol 乙酰磷酸由底物水平磷酸化产生 1mol ATP。各种乳酸菌和肠道细菌进行戊糖发酵的最终产物是乳酸和乙酸。在有氧时，甘油醛-3-磷酸和乙酰磷酸都能经乙酰-CoA 进入 TCA 循环。

阿拉伯糖的分解因菌种而异，现知有三种分解方式：①在产气杆菌中，阿拉伯糖在异构酶催化下生成 D-核酮糖，再经磷酸化，异构化生成木酮糖-5-磷酸；②在大肠杆菌中，阿拉伯糖先被异构化为 D-核酮糖，再经磷酸化生成 1-磷酸核酮糖，最后裂解为磷酸二羟丙酮和羟乙醛，其过程为

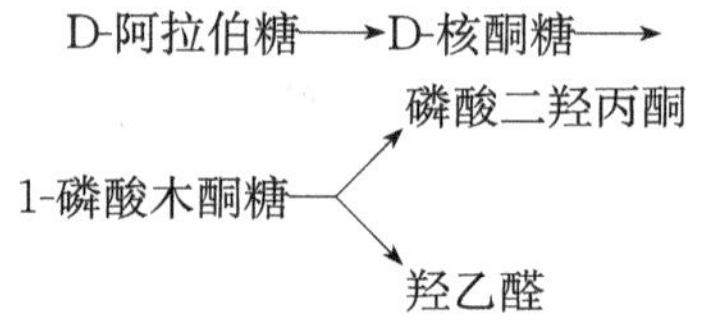

③ 嗜糖假单胞菌可将 D-阿拉伯糖先变为 D-阿拉伯糖内酯，再变成 D-阿拉伯糖酸，最后脱氢裂解成丙酮酸和乙醇酸，此外可将 L-阿拉伯糖氧化成 α-酮戊二酸，其氧化过程如图 5-56 所示。

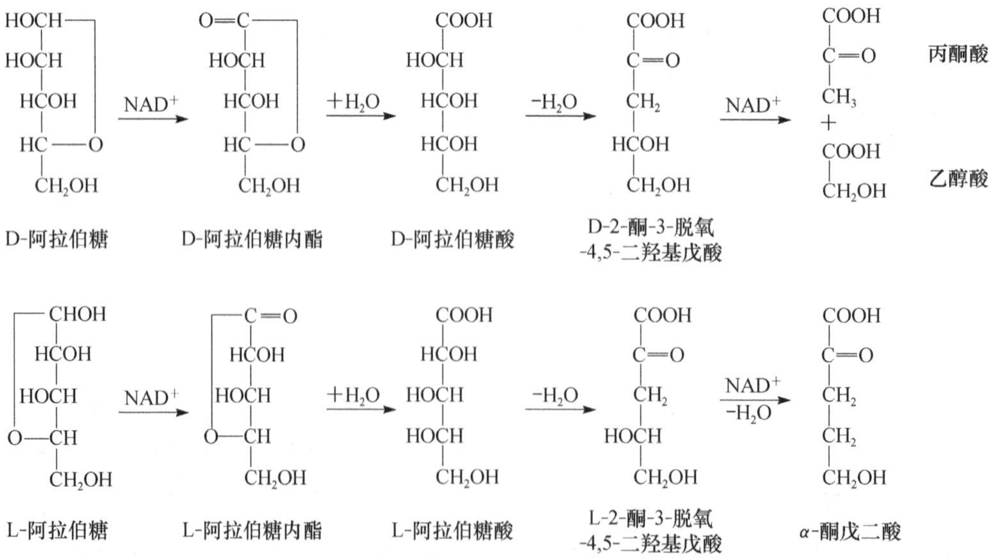

图 5-56　嗜糖假单胞菌分解阿拉伯糖的途径

2.8　烃的分解

关于微生物分解烃类最早报道于 1895 年，首先描述了真菌灰葡萄孢（*Botrytis cinerea*）将石蜡薄层分解。现知有 28 个属，如灰绿青霉（*Penicillium glaucum*）、产朊假丝酵母（*Candida utilis*）以及细菌中的假单胞菌属、诺卡氏菌属和分枝杆菌属，都能分解烃。烃类可分为脂肪烃和芳香烃，脂肪烃又分为饱和烃和不饱和烃，饱和烃包括烷烃和环烷烃，不饱和烃有烯烃和炔烃之分。微生物能代谢烷烃和环烷烃，也能代谢不饱和脂肪烃类及芳香烃类。近年来对分解烃类的微生物的研究受到重视。这是因为可利用它们作为勘探石油的指示菌，可利用烃类物质代替糖培养微生物获得细胞蛋白质、脂肪或次级代谢产物，还可利用分解烃类的微生物消除石油对环境的污染。

在介绍微生物对烃类的降解之前，先介绍烃类有氧降解常用到的酶——加氧酶。加氧酶（oxygenases）是催化 O_2 中的氧原子掺入到有机化合物中的酶类。包括单加氧酶和双加氧酶两种类型。双加氧酶（dioxygenases）催化 O_2 中的两个氧原子都掺入到有机化合物中，催化的反应式如图 5-57 所示。

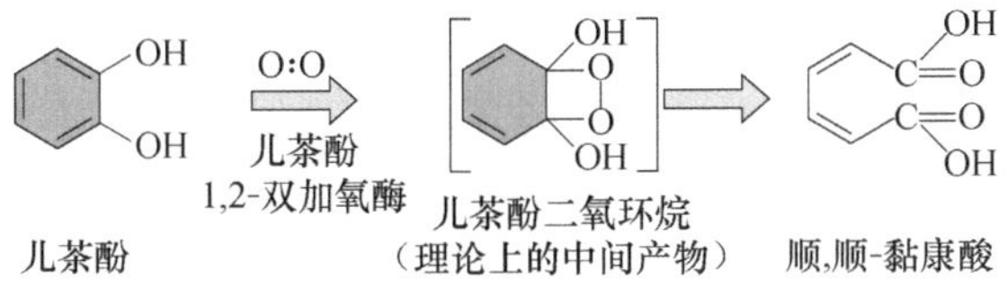

图 5-57　双加氧酶的作用
(Madigan et al.，2009)

单加氧酶（monooxygenases）催化 O_2 中的一个氧原子掺入到有机化合物中，另一个氧原子被还原成 H_2O。对多数单加氧酶来说，电子供体是 NADH 或 NADPH（图 5-58）。

2.8.1　直链饱和脂肪烃类的分解

不同微生物分解烷烃有不同的方式，微生物对烷烃分子的作用有三种类型，反应式为

$$CH_3(CH_2)_nCH_3 \xrightarrow{A} CH_3(CH_2)_nCOOH$$

$$CH_3(CH_2)_nCH_3 \xrightarrow{B} CH_3(CH_2)_{n-1}COCH_3$$

$$CH_3(CH_2)_nCOOH \xrightarrow{C} HOOC(CH_2)_nCOOH$$

途径 A 是将末端的一个甲基氧化生成羧基，第一步在单加氧酶的作用下生成伯醇，接着经两步脱氢作用而相继生成醛和脂肪酸，脂肪酸再通过 β-氧化进一步分解（图 5-58）。途径 B 是次末端氧化生成酮。途径 C 是将分子两端的甲基氧化而生成 α，ω-二羧酸。催化上述反应的酶是多种单加氧酶。

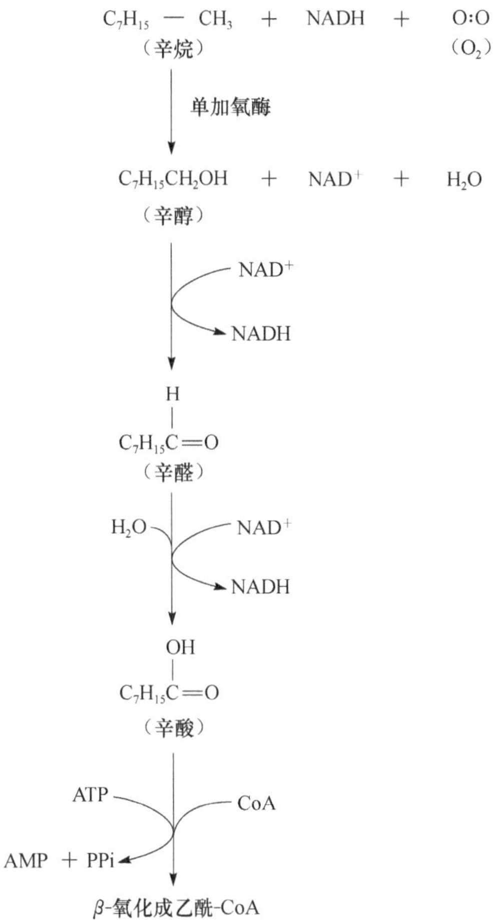

5-58　单加氧酶的作用（Madigan et al.，2009）
图中脂肪烃氧化的第一步是单加氧酶催化的

2.8.2　烯烃的分解

烯烃的分解方式有三种：①饱和端的氧化；②不饱和端的氧化；③不饱和键的氧化。烯烃氧化的各种途径如图 5-59 所示。

2.9　芳香族化合物的分解

微生物对芳香族化合物的分解是在有氧条件下进行的，首先以形成二元酚如邻苯二酚、原儿茶酚等作为环裂解底物，再进一步氧化分解。

2.9.1　苯转化成邻苯二酚

苯的氧化首先是生成二羟基己二烯，再转化为邻苯二酚，其过程如图 5-60 所示。

2.9.2　甲苯氧化成邻苯二酚

甲苯氧化成邻苯二酚有两条途径。

① Kitagawa 用铜绿假单胞菌试验指出该菌分解甲苯是将甲基氧化成羧基，再将苯甲酸转化为邻苯二酚，甲苯与苯甲酸之间的中间产物是苯甲醇和苯甲醛，如图 5-61 所示。

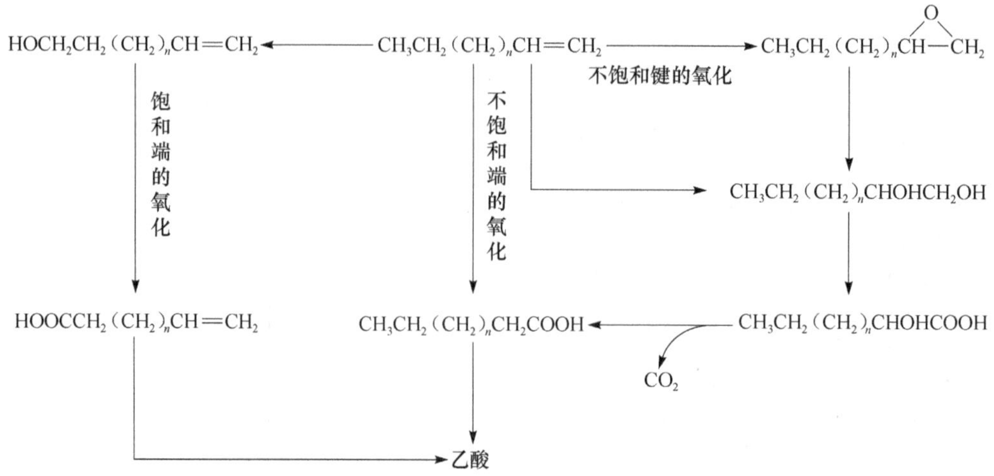

图 5-59 微生物氧化烯烃的可能途径

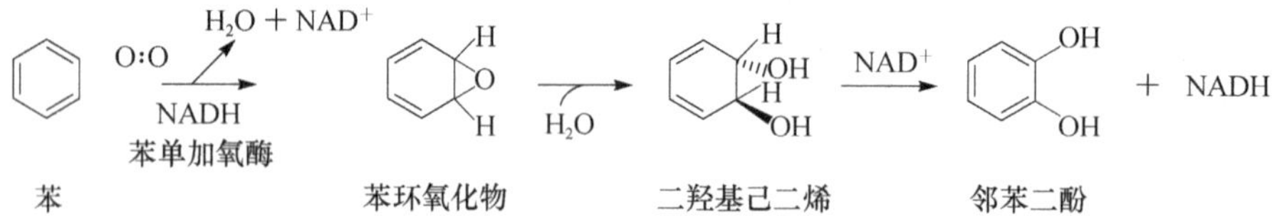

图 5-60 苯的微生物氧化（Madigan et al.，2009）

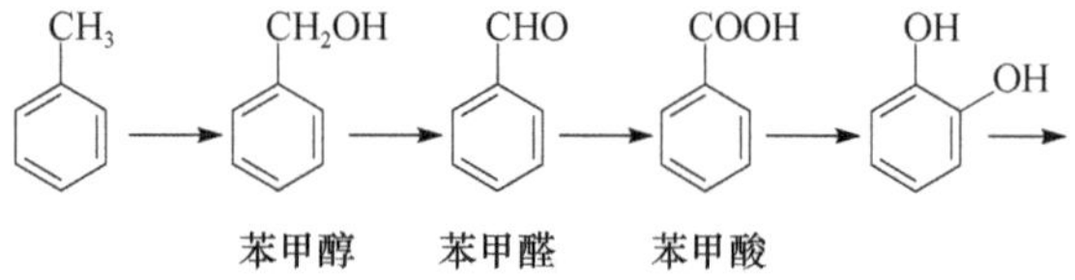

图 5-61 甲苯经苯甲酸转化为邻苯二酚

② Walker 用假单胞菌试验证明甲苯分解存在另一条途径，即二羟化反应将甲苯转化成 3-甲基邻苯二酚作为裂解底物，如图 5-62 所示。

从图 5-63 可见，苯甲酸是如何转化成邻苯二酚的。这是 1971 年 Reiner 等才弄清的其确切的反应顺序。

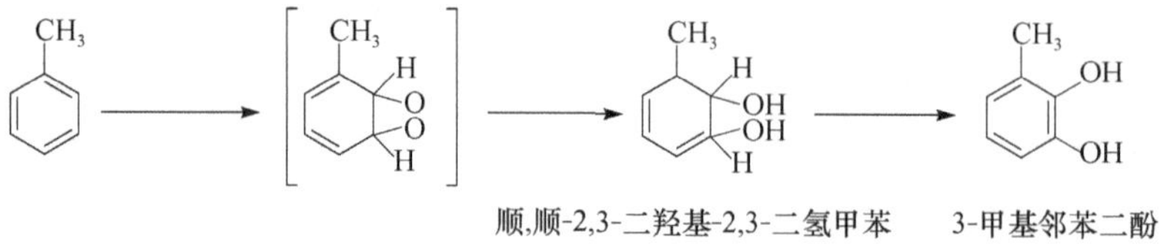

图 5-62 甲苯经二羟化反应生成 3-甲基邻苯二酚

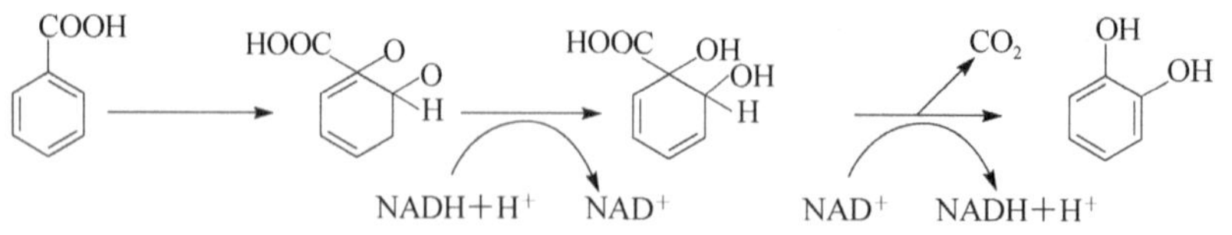

图 5-63 苯甲酸氧化成邻苯二酚

2.9.3 儿茶酚（邻苯二酚）及原儿茶酚环裂解及其降解

多数芳香族化合物在微生物的作用下，都能转化成儿茶酚或原儿茶酚，再通过邻位裂解途径（苯环在两个羟基之间裂解）或间位裂解途径（苯环在羟基旁裂解）进行降解。

1. 邻位裂解途径

在双加氧酶的催化下，把儿茶酚或原儿茶酚苯环的邻位（两个羟基之间）打开，然后分别经过两步酶促反应，形成共同的中间物——4-氧代己二酸烯醇内酯，最后儿茶酚分解形成乙酰-CoA 和琥珀酸，原儿茶酚还有 CO_2 形成。因为有共同的中间产物 3-氧代己二酸形成，又叫 3-氧代己二酸途径（图 5-64）。

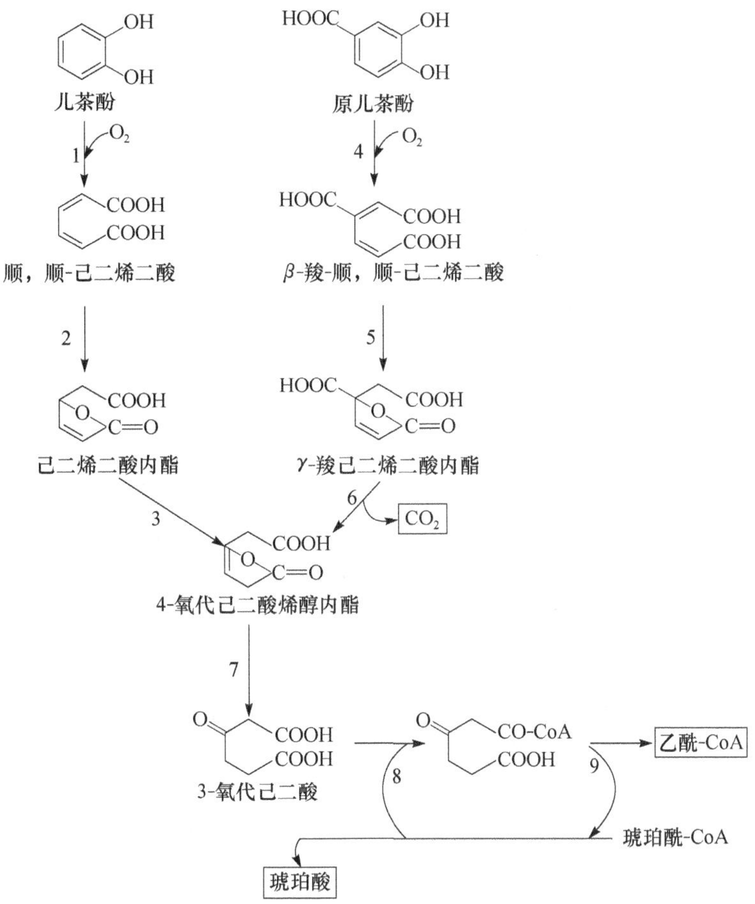

图 5-64　儿茶酚、原儿茶酚的邻位裂解途径

1：儿茶酚-1,2-加氧酶；2：己二烯二酸内酯化酶；3：己二烯二酸内酯异构酶；4：原儿茶酚-3,4-加氧酶；5：β-羧己二烯二酸内酯化酶；6：γ-羧己二烯二酸内酯脱羧酶；7：4-氧代己二酸烯醇内酯水解酶；8：3-氧代己二酸琥珀酰-CoA 转移酶；9：3-氧代己二酰-CoA 硫解酶

2. 间位裂解途径

儿茶酚或原儿茶酚在双加氧的催化下，苯环在间位上（在羟基旁）被打开，然后按各自独立的分解途径分解。儿茶酚经四步反应分解成丙酮酸和乙醛，原儿茶酚分解成 2 个丙酮酸。中间步骤都有甲酸生成（图 5-65）。

2.9.4　苯甲酸的无氧降解

以上都是微生物在有氧条件下对芳香烃的降解，都需要加氧酶的作用。在无氧时，有些微生物如脱氮细菌也能对芳香烃降解，厌氧性降解是对还原性环的裂开。如图 5-66 所示，苯甲酸先转化为苯甲酰-CoA，然后通过环的还原进一步代谢。

2.9.5　脂环化合物的分解

脂环化合物对微生物作用的抗性最强。目前已知有些微生物能以环己烷作为唯一的碳源和能源而生长。有几种微生物可以利用环己醇生长，如小球诺卡氏菌（*Nocardia globerulo*）对环己醇的降解过程如图 5-67 所示。

嗜石油诺卡氏菌（*Nocardia petroleophila*）可利用甲基环己烷生长，其最初降解步骤如图 5-68 所示。

2.10　二碳化合物及一碳化合物的分解

2.10.1　二碳化合物的氧化

微生物氧化二碳化合物的机制很重要。乙酸和可以形成乙酸的化合物（如乙醇）转变为乙酰-CoA，可直接进入 TCA 循环被彻底氧化，并释放出能量。而比乙酸氧化程度更高的二碳化合物，如乙醇酸和甘氨酸，不能直接进入 TCA 循环。在某些微生物中，首先是要把这些二碳化合物氧化成乙醛酸，然后经二羧酸循环彻底氧化生成 CO_2 和 H_2O（图 5-69）。在这个循环中，乙醛酸在苹果酸合成酶催化下同乙酰-CoA 反应，生成苹果酸。苹果酸在脱氢酶催化下，被氧化成草酰乙酸。草酰乙酸在磷酸烯醇式丙酮酸羧化激酶催化下，由草酰乙酸逆转生成磷酸烯醇式丙酮酸和 CO_2，磷酸烯醇式丙酮酸在丙酮酸激酶催化下，将磷酸基团转给 ADP 生成 ATP 和丙酮酸，丙酮酸再被氧化生成乙酰-CoA。在循环过程中产生的 $NADH+H^+$，可经呼吸链氧化产生 ATP。

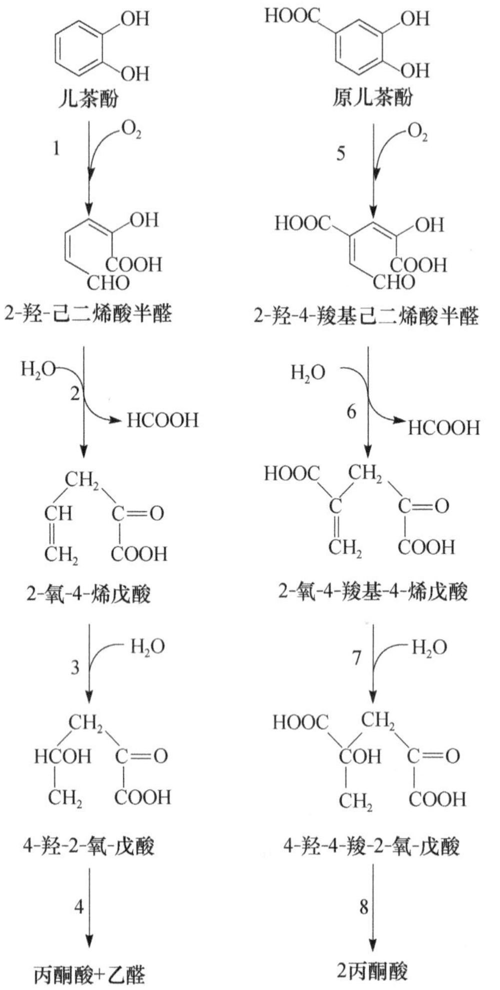

图 5-65　儿茶酚、原儿茶酚的间位裂解途径

1：儿茶酚双加氧酶；2：2-羟-己二烯酸半醛水解酶；3：2-氧-4-烯戊酸水解酶；4：4-羟-2-氧-戊酸醛缩酶；5：原儿茶酚双加氧酶；6：2-羟-4-羧基己二烯酸半醛水解酶；7：2-氧-4-羧基-4-烯戊酸水解酶；8：4-羟-4-羧-2-氧-戊酸醛缩酶

乙醇酸在乙醛酸还原酶（或乙醇酸脱氢酶）催化下，生成乙醛酸才能进入二羧酸循环。甘氨酸是在转氨酶催化下，将氨基转给丙酮酸或草酰乙酸。转氨后的产物是乙醛酸，再通过二羧酸循环彻底氧化。应当指出，微生物还能以另外的途径氧化甘氨酸，例如，在脱氮微球菌（*Micrococcus denitrificans*）中具有乙醛酸分解代谢的另一条途径，被称为β-羟基天冬氨酸途径，这种细菌生成的乙醛酸被特异的转氨酶催化形成甘氨酸。甘氨酸再与另1分子的乙醛酸缩合形成β-羟基天冬氨酸，然后脱氨基形成草酰乙酸。最后进入TCA循环被氧化（图5-70）。

草酸是最高度氧化性的二碳化合物，能利用草酸作唯一碳源的微生物只有少数几种。例如，草酸假单胞菌（*Pseudomonas oxalaticus*）可以氧化草酸作为唯一的碳源，草酸在代谢过程中，通过一系列反应被氧化成甲酸。在这类微生物中，主要的产能反应是甲酸脱氢酶催化甲酸脱氢，生成的NADH经呼吸链氧化产生能量（图5-71）。

2.10.2　一碳化合物的氧化

还原态的C_1化合物包括甲烷、甲醇、甲醛、甲酸、甲醚及甲胺类化合物。它们有一个共同特点，即不含C—C键。这类化合物可被不同类型的微生物利用，作为其生长的能源和碳源。我们先探讨细菌对C_1化合物的氧化途径和电子传递，再介绍酵母菌对C_1化合物的氧化特点。

1. 甲基营养型微生物和甲烷营养型微生物

利用没有C—C键的有机化合物作为电子供体和碳源的微生物叫甲基营养型（methylotrophs）。能利用甲烷生长的甲基营养型微生物，是甲烷营养型（methanotroph）。

甲烷营养型微生物有一种特殊的酶，叫甲烷单加氧酶。它催化把一个氧原子引入到甲烷中，形成甲醇。该

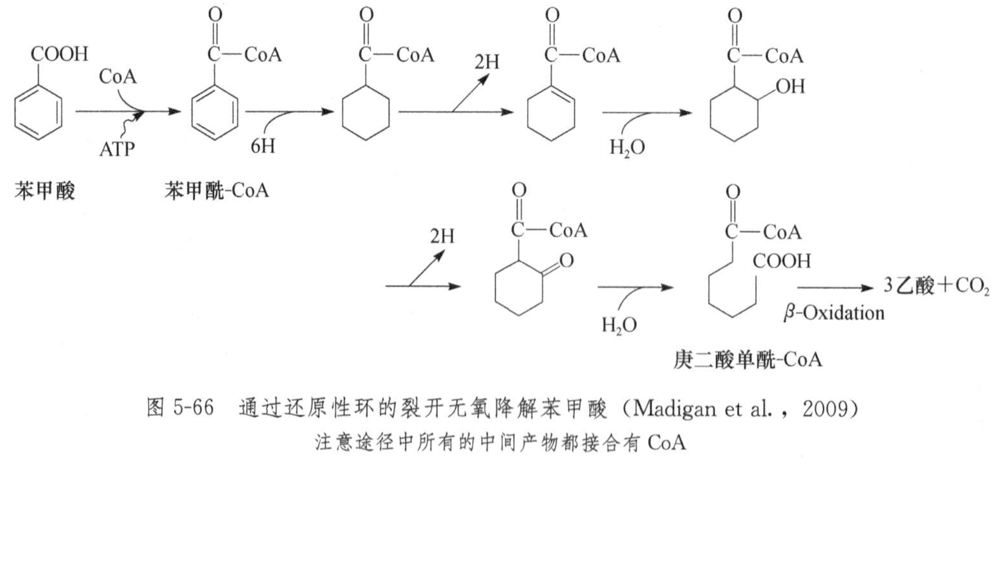

图 5-66　通过还原性环的裂开无氧降解苯甲酸（Madigan et al.，2009）

注意途径中所有的中间产物都接合有CoA

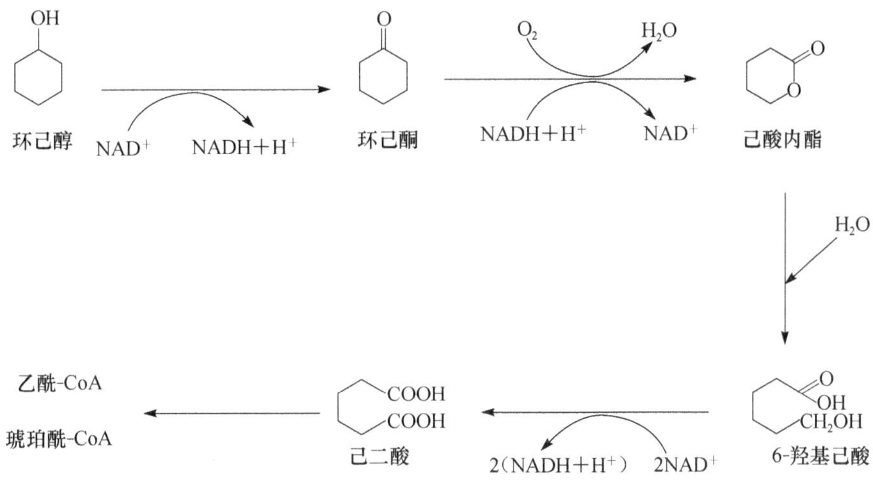

图 5-67　小球诺卡氏菌对环己烷的降解

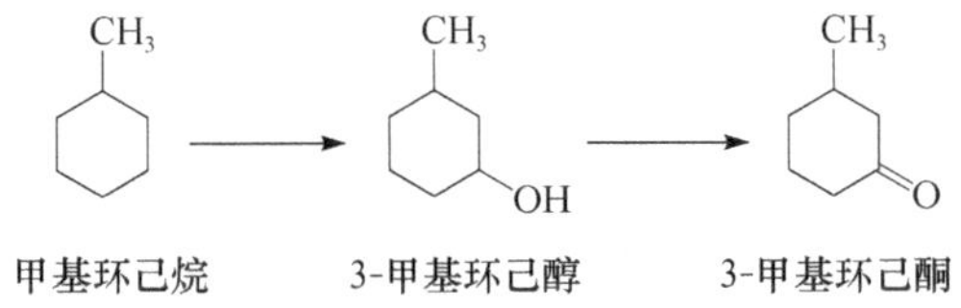

图 5-68　嗜石油诺卡氏菌对甲基环己烷降解

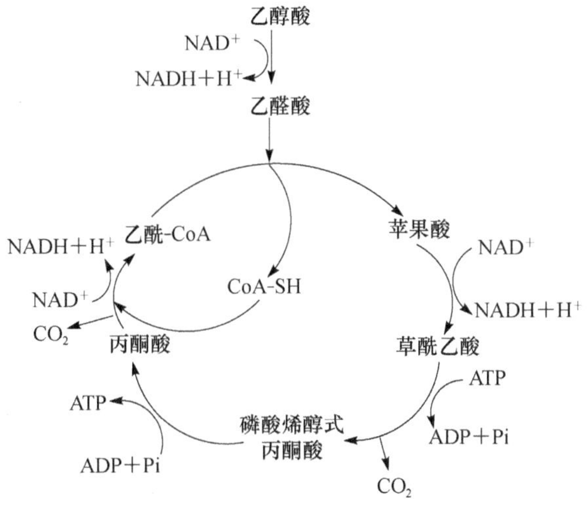

图 5-69　二羧酸循环

反应需要氧气在甲烷的加氧作用中作为反应物。这也就解释了为何甲烷营养型微生物都是绝对好氧菌。甲烷营养型微生物还是绝对的 C_1 利用者，不能利用含C—C键的化合物。而许多非甲烷营养型的甲基营养型微生物还能利用有机酸、乙醇和糖。甲烷氧化菌有大量的固醇，这在原核生物中是独一无二的。

甲烷营养型微生物的细胞具有参与甲烷氧化的复杂的内膜系统。有的是在细胞质中由许多圆盘状的膜结构堆积而成，有的是由两层平行于细胞膜的围绕着细胞质的内膜组成。固醇是复杂的内膜系统的重要部分。

2. 甲烷营养型微生物氧化甲烷

甲烷氧化的第一步需要甲烷单加氧酶。甲烷氧化的过程在荚膜甲基球菌（*Methylococcus capsulatus*）中得到了详细的研究。这种生物有两种单加氧酶：一种在细胞质中，另一种整合在膜上。细胞质中的单加氧酶的电子供体是 NADH，整合在膜上的单加氧酶的电子供体可能也是 NADH（图 5-72）。

在甲烷单加氧酶催化的反应中，一个氧原子掺入到甲烷中，生成甲醇和水。这步反应所需的还原力，来自后面的氧化步骤。甲醇被周质空间的脱氢酶氧化，生成甲醛和 NADH。甲醛一旦形成，就通过两条不同的途

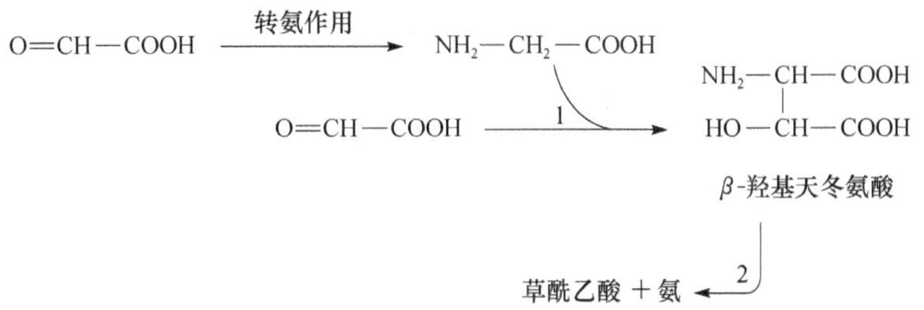

图 5-70　β-羟基天冬氨酸途径

1：β-羟基天冬氨酸醛缩酶；2：β-羟基天冬氨酸脱水酶

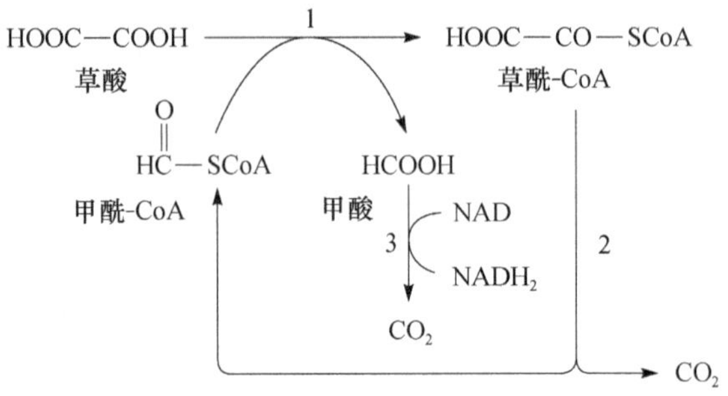

图 5-71　草酸假单胞菌对草酸的氧化

1：草酸以甲酰-CoA为供体，通过CoA转移反应，转化成草酰-CoA；2：草酰-CoA脱羧，产生甲酰-CoA，甲酰-CoA经转移酶催化，生成甲酸；3：甲酸被甲酸脱氢酶氧化

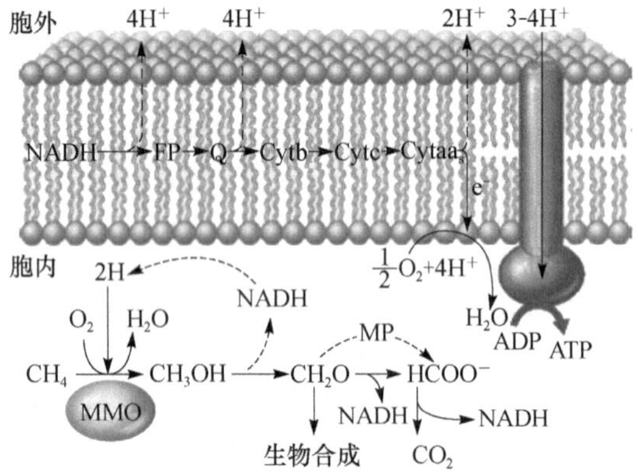

图 5-72　甲烷营养型细菌对甲烷的氧化
(Madigan et al., 2012)

甲烷单加氧酶（MMO）把甲烷氧化成甲醇，膜上的电子传递链建立起质子动力，产生ATP。注意生物合成所需的碳元素来自甲醛。虽然没有标出，但图中的甲烷单加氧酶是与膜相连的酶，甲醇脱氢酶是周质空间的酶

FP：黄素蛋白；Cyt：细胞色素；Q：醌；MP：甲烷喋呤

径被氧化成二氧化碳。一条途径中的酶包括 C_1 转换中常用的辅酶四氢叶酸。第二条完全独立的途径中的辅酶是甲烷喋呤。回忆前面甲烷喋呤是产甲烷古菌把二氧化碳还原成甲烷的中间步骤的 C_1 载体（图 5-35）。甲烷营养型采用了含有甲烷喋呤的蛋白质氧化甲醛，生成甲酸和NADH。甲酸再被甲酸脱氢酶氧化成二氧化碳。无论采用何种甲醛氧化途径，甲醛氧化产生的电子都进入电子传递链，产生质子动力，生成ATP（图 5-72）。

3. 酵母菌对 C_1 化合物的氧化途径

1）甲醇的氧化

酵母菌对甲醇氧化不同于细菌，不是由甲醇脱氢酶催化，而是由甲醇氧化酶催化，它是由FAD以非共价键结合的黄素蛋白。这种黄素蛋白由8个相同的亚基组成，每个亚基的相对分子质量为80 000，每分子酶含有8分子的FAD。其催化的反应为

$$CH_3OH + O_2 \longrightarrow HCHO + H_2O_2$$

产生的 H_2O_2 是有毒的，必须由过氧化物酶除掉，反应式为

$$2H_2O_2 \longrightarrow 2H_2O + O_2$$

在过氧化物存在时，过氧化物氧化酶可催化过氧化物对甲醇、甲醛、甲酸等的氧化。

2）甲醛的氧化

酵母菌中甲醛氧化的主要载体是 NAD^+ 和谷胱甘肽（GSH），由甲醛脱氢酶催化。酶的底物可能是S-羟甲基谷胱甘肽，反应产物是S-甲酰谷胱甘肽，反应式为

$$HCHO + GSH + NAD^+ \longrightarrow GS\text{-}HCO + NADH + H^+$$

这种硫醇酯可被一种特殊酯酶水解，反应式为

$$GS\text{-}HCO + H_2O \longrightarrow GSH + HCOOH$$

3）甲酸的氧化

同细菌一样，在酵母菌体内，甲酸被氧化成 CO_2，这是由于一种含有 NAD^+ 的脱氢酶作用。但它在酵母菌中对甲酸 Km 值非常高（6～55mM），而对S-甲酰谷胱甘肽的 Km 非常低。因此，在酵母菌中，可能是GS-HCO直接经甲酸脱氢酶氧化成 CO_2，其反应式为

$$GS\text{-}HCO + NAD^+ + H_2O \longrightarrow$$
$$CO_2 + GSH + NADH + H^+$$

在甲醇中生长的酵母菌，其甲酸脱氢酶占3%～5%。在酵母菌中，由甲醇氧化成 CO_2 的过程如图 5-73 所示。

在大多数真核细胞内，过氧化物酶不是游离在细胞质中，而是位于过氧化物小体（一种微体）内。除过氧化物酶外，许多其他的酶，特别是羟基乙酸氧化酶、尿酸氧化酶和葡萄糖氧化酶，都位于过氧化物小体中。这类细胞器在真核生物中具有重要作用，与羟基乙酸、尿酸和脂肪酸的裂解有关。甲醇氧化酶也是过氧化物小体中的酶，生长在甲醇上的酵母细胞同生长在葡萄糖上的酵母细胞相比，含有更多（更大）的过氧化物小体。过氧化物小体内甲醇氧化的可能产物是甲醛，在它被进一步氧化以前，必须进入胞液中（图 5-73）。

2.11　脂肪和脂肪酸的分解

脂肪和脂肪酸可作为很多微生物生长的碳源和能源。细菌中的荧光假单胞杆菌、放线菌和分枝杆菌属的一些种以及真菌中的白地霉、青霉、曲霉和镰刀菌等，都能分解脂肪和高级脂肪酸。

脂肪是甘油和高级脂肪酸组成的甘油三酯。它在脂肪酶作用下水解成甘油和脂肪酸。真菌中的脂肪酶在细胞内外都存在，脂肪酶催化脂肪的水解反应为

$$\begin{array}{l} CH_2OCOR' \\ | \\ CHOCOR'' \\ | \\ CH_2OCOR''' \end{array} + 3H_2O \xrightarrow{\text{脂肪酶}} \begin{array}{l} CH_2OH \\ | \\ CHOH \\ | \\ CH_2OH \end{array} + R'COOH + R''COOH + R'''COOH$$

生产脂肪酶较重要的真菌有圆柱形假丝酵母、镰刀菌、青霉等属的一些种。脂肪酶在医药上作消化剂，在纺织工业、洗衣工业上用于脱油、脱脂。

2.11.1　甘油的分解

脂肪水解生成的甘油，可通过甘油激酶催化生成 α-

磷酸甘油，这个反应要消耗1分子ATP，再经α-磷酸甘油脱氢酶催化生成二羟丙酮磷酸，再进入EMP或HMP途径进行分解。甘油的分解如图5-74所示。

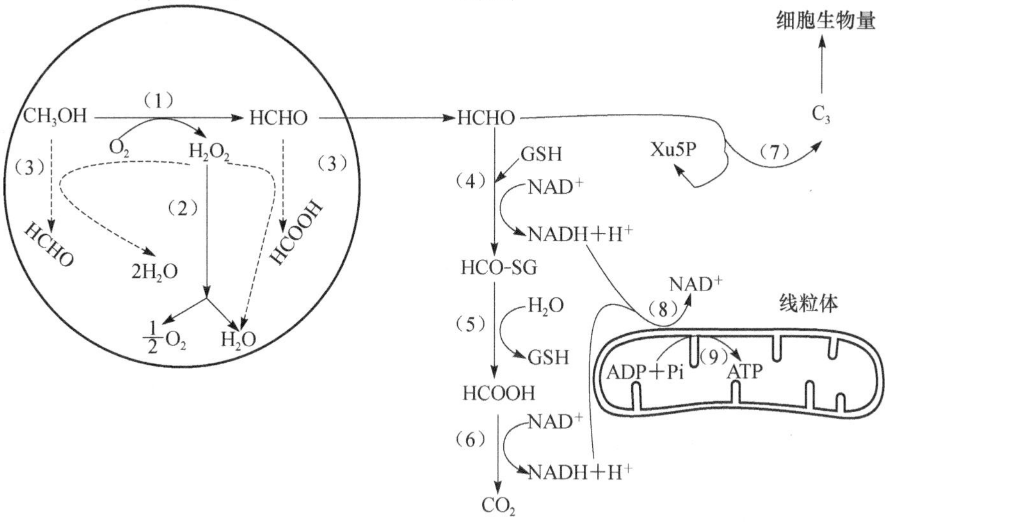

图 5-73　酵母菌氧化甲醇、产能及碳素同化的途径以及有关的亚细胞结构

(1)：甲醇氧化酶；(2)：过氧化物酶；(3)：过氧化物氧化酶；(4)：甲醛脱氢酶；(5)：S-甲酰谷胱甘肽裂解酶；(6)：甲酸脱氢酶；(7)：二羟丙酮合成酶；(8)：线粒体内膜外表面的NADH脱氢酶；(9)：ATP合酶

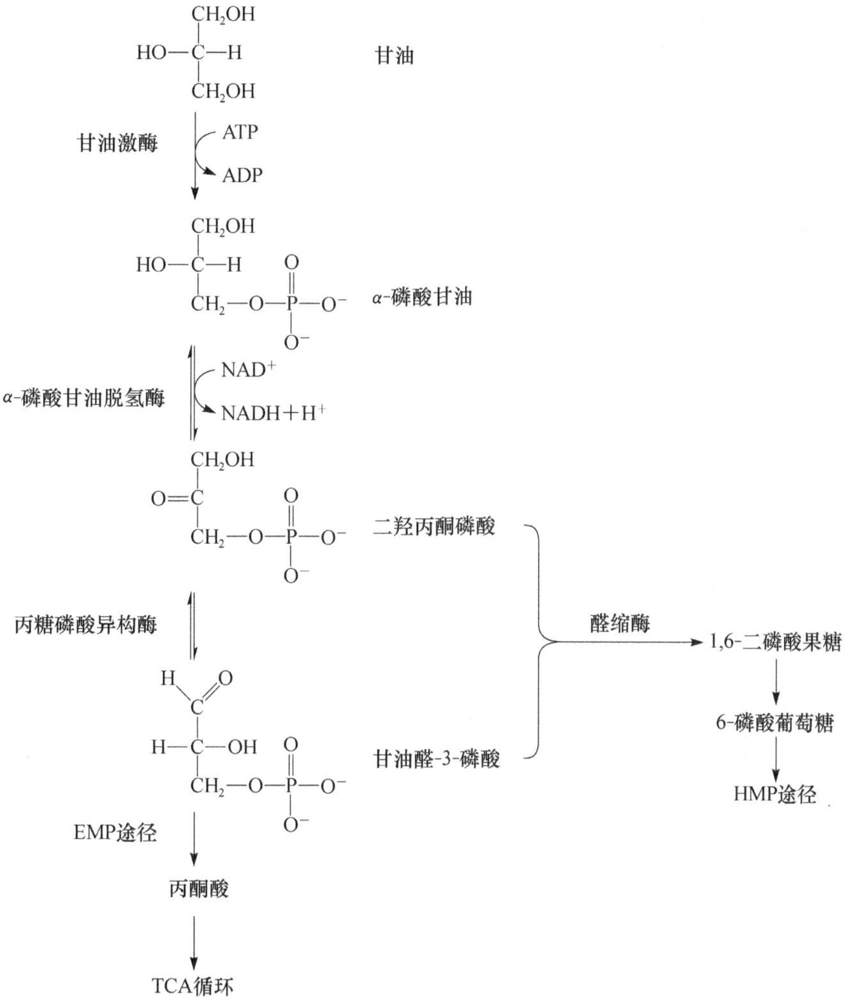

图 5-74　甘油的分解

2.11.2 脂肪酸的降解

组成脂肪的高级脂肪酸，主要是十六碳饱和脂肪酸（软脂酸或称棕榈酸）、十八碳饱和脂肪酸（硬脂酸）、十八碳不饱和烯酸（油酸）、十八碳不饱和二烯酸（亚油酸）和不饱和三烯酸（亚麻酸）。

真菌对脂肪酸的分解过程基本上与动植物分解脂肪酸的方式相同，也可能是通过β-氧化途径。

1. 饱和脂肪酸的β-氧化过程

脂肪酸的氧化分解主要是逐步脱氢和碳链的降解，是由一系列的酶催化，并需要 CoA、NAD^+ 等辅酶参与。

1）**脂肪酸的活化**

脂肪酸在进入氧化分解阶段之前必须活化。活化过程是脂肪酸转变为脂酰-CoA 的过程。脂酰-CoA 的水溶性比自由脂肪酸大得多，脂肪酸活化是由线粒体外的脂酰-CoA 合成酶催化的，由 ATP 供给能量，反应式为

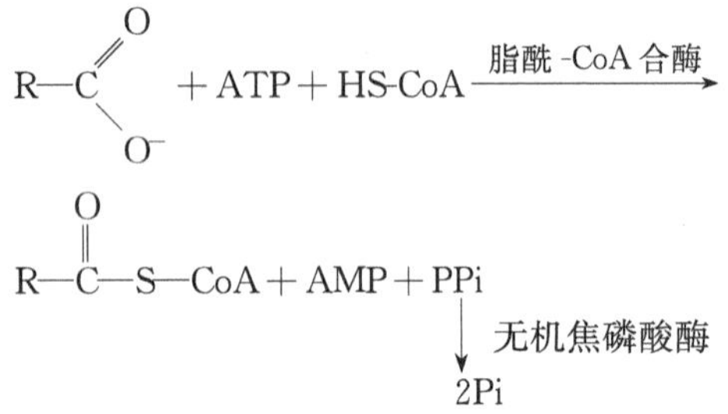

2）**脂酰-CoA 进入线粒体**

催化脂酰-CoA 氧化的酶系全部分布在线粒体的基质中，无论是自由脂肪酸还是脂酰-CoA 都不易透过线粒体内膜，而肉碱（carnitine）具有携带脂酰基通过线粒体内膜的功能。

现已发现线粒体的内膜两侧均存在着脂酰肉碱转移酶，它催化脂酰-CoA 与肉碱间的酰基转移过程，反应式为

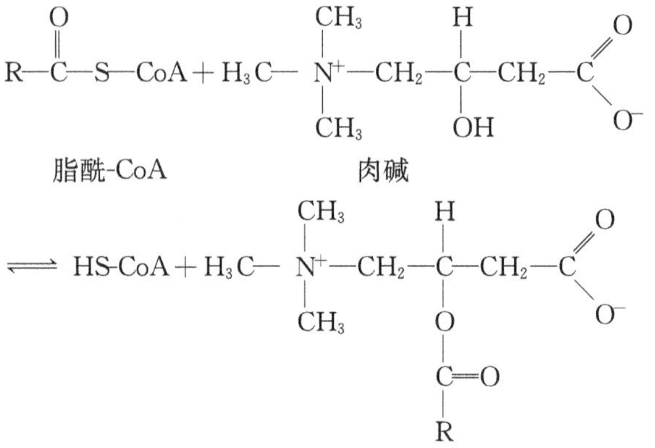

位于线粒体内膜外侧和内侧的酶是抗原性不一样的同工酶。脂酰-CoA 进入线粒体内的过程如图 5-75 所示。

3）**β-氧化作用**

脂酰-CoA 进入线粒体后，在基质中逐步被氧化降解。该氧化过程发生在脂酰基的β碳原子上，故称β-氧化作用。脂酰-CoA 进行一次β-氧化，分解出 1 分子乙酰-CoA 而缩短 2 个碳原子。

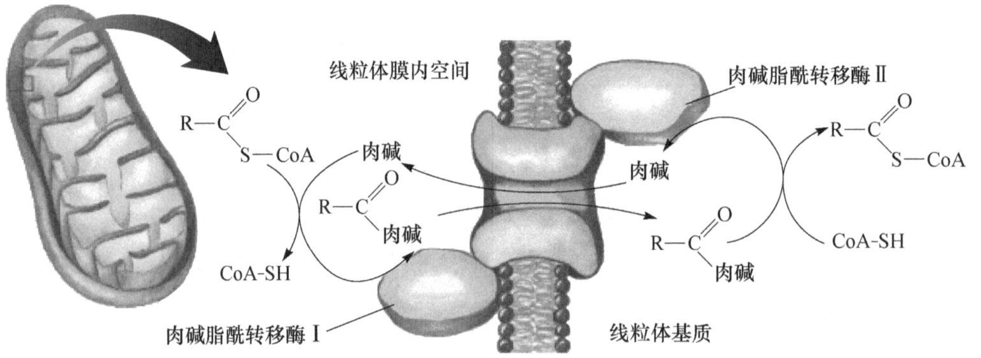

图 5-75 脂酰-CoA 进入线粒体的机制（王镜岩等，2002）

位于线粒体内膜外侧的肉碱脂酰转移酶Ⅰ促进脂酰-CoA 转化为脂酰肉碱而移至膜内，进入膜内的脂酰肉碱又经位于内侧的肉碱脂酰转移酶Ⅱ催化而重新转变为脂酰-CoA，这样线粒体外的脂酰-CoA 就可进入线粒体内

一次β-氧化过程包括四个连续的化学反应：

① 脂酰-CoA 在α和β位上脱氢，生成烯脂酰-CoA，反应式为

$$RCH_2CH_2CH_2CO\sim SCoA \xrightarrow[\text{脂酰-CoA脱氢酶}]{FAD \rightarrow FADH_2} RCH_2\overset{H}{\overset{|}{C}}=\underset{\underset{H}{|}}{C}CO\sim SCoA$$

② 烯脂酰-CoA 在其水化酶催化下，水合成β-羟脂酰-CoA，反应式为

$$RCH_2\overset{H}{\overset{|}{C}}=\underset{\underset{H}{|}}{C}CO\sim SCoA + H_2O \rightleftharpoons RCH_2CHOHCH_2CO\sim SCoA$$

③ β-羟脂酰-CoA 经脱氢氧化，生成β-酮脂酰-CoA，反应式为

$$RCH_2CHOHCH_2CO\sim SCoA \xrightarrow[\beta\text{-羟脂酰-CoA脱氢酶}]{NAD^+ \rightarrow NADH+H^+} RCH_2COCH_2CO\sim SCoA$$

④ β-酮脂酰-CoA 经硫解酶催化，生成乙酰-CoA 和少了 2 个碳原子的脂酰-CoA，反应式为

$$RCH_2COCH_2CO \sim SCoA + HSCoA \longrightarrow RCH_2CO \sim SCoA + CH_3CO \sim SCoA$$

一次 β-氧化过程结束后，新生成的脂酰-CoA 再重复①～④步的反应，又生成乙酰-CoA 和再少 2 个碳的脂酰-CoA。这样周而复始循环进行，直至脂肪酸全部降解为乙酰-CoA，如图 5-76 所示。

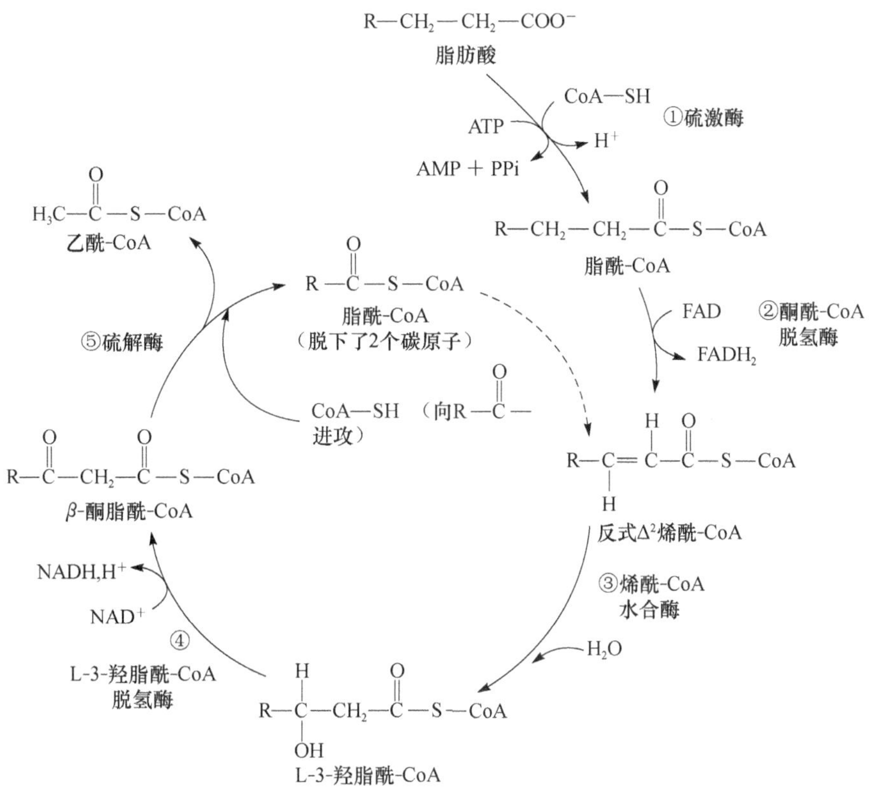

图 5-76　脂肪酸的 β-氧化途径

每一轮产生一个脂酰-CoA，与前一轮的脂酰-CoA 相比，缩短了 2 个碳原子，这 2 个碳原子以乙酰-CoA 的形式释放

上述 β-氧化作用的 4 个酶促反应的平衡点极度趋于分解方向，所以整个过程的可逆性很小。

脂肪酸降解的最终产物乙酰-CoA，可进入三羧酸循环被彻底氧化生成 CO_2 和 H_2O，或经乙醛酸循环再沿 EMP 途径逆转合成糖类。

4）**脂肪酸氧化过程中的能量**

脂肪酸的彻底氧化可产生大量的能量。1 分子脂酰-CoA 每经一次 β-氧化，产生 1 分子乙酰-CoA、1 分子 $FADH_2$ 和 1 分子 NADH。乙酰-CoA 经三羧酸循环氧化可得 12 个 ATP，$FADH_2$ 经呼吸链氧化产生 2 个 ATP，NADH 经呼吸链氧化产生 3 个 ATP，总计共得 17 个 ATP。除在一开始激活脂肪酸时消耗 2 分子 ATP 外，可净得 15 个 ATP，但以后每次重复氧化就不再消耗 ATP，都净得 17 个 ATP。如十八碳脂肪酸彻底氧化可生成 9 分子乙酰-CoA，而每分子乙酰-CoA 通过彻底氧化可产生 12 个 ATP，9 分子乙酰-CoA 共产生 108 个 ATP，再加上 8 次 β-氧化产生的 40 个 ATP，总计产生 148 个 ATP。因激活脂肪酸需要 2 个 ATP，故总共净得 146 个 ATP。可见，脂肪酸氧化是生物获得能量的重要途径之一。

2．奇数碳链脂肪酸的氧化

在生物界中，多数脂肪酸是偶数碳链（C_{2n}），通过 β-氧化后共产生 n 个乙酰-CoA。然而也有少数脂肪酸是奇数碳链（C_{2n+1}），经过 β-氧化后可产生（$n-1$）个乙酰-CoA 和一个丙酰-CoA。丙酰-CoA 被羧化成甲基丙二酰-CoA，此反应被含生物素的激酶所催化。甲基丙二酰-CoA 再经分子内重排而转变成琥珀酰-CoA，此反应需要维生素 B_{12} 参与，琥珀酰-CoA 可进入三羧酸循环被彻底氧化（图 5-77）。丙酰-CoA 还可经过另外代谢途径转化为乙酰-CoA。

3．不饱和脂肪酸的氧化

不饱和脂肪酸如油酸的氧化途径与饱和脂肪酸的氧

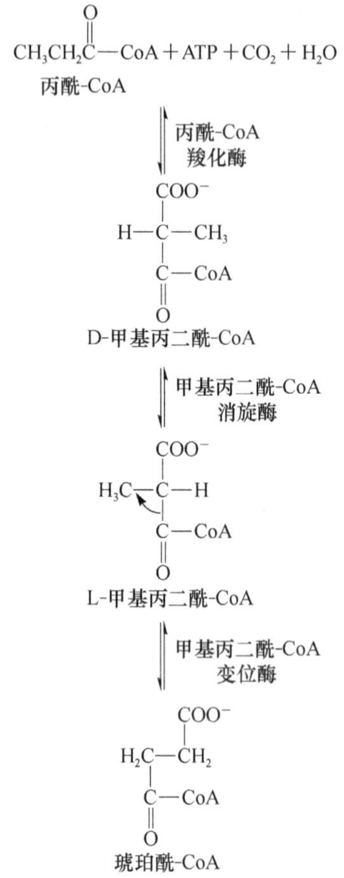

图 5-77 由丙酰-CoA 生成琥珀酰-CoA

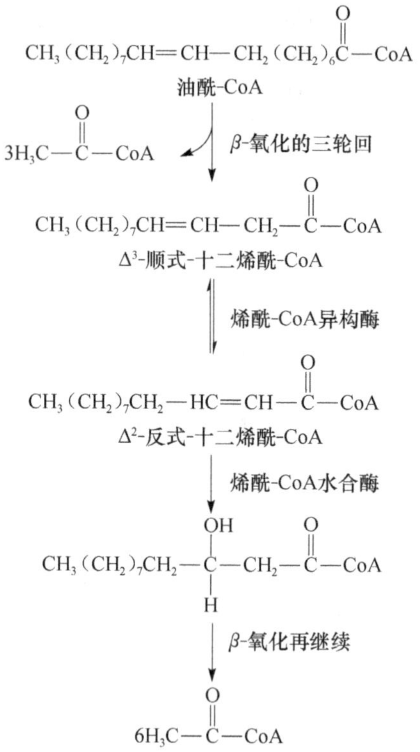

图 5-78 不饱和脂肪酸——油酸的降解

化途径基本上是一样的，所不同的只是天然不饱和脂肪酸双键的几何构型是顺式的，而 β-氧化中间产物 Δ^2 不饱和酰基 CoA 的双键为反式构型。当油酸离去 3 个乙酰-CoA 后，即生成 Δ^3-顺式-十二碳脂酰-CoA，而不像饱和脂肪酸那样生成 Δ^2-反式-十二碳脂酰-CoA。有一种 Δ^3-顺-Δ^2-反-烯脂酰-CoA 异构酶，专门作用于 Δ^3-顺式使之转变 Δ^2-反式结构，生成的产物 Δ^2-反式烯脂酰-CoA 就是 β-氧化中烯脂酰水化酶的正常底物。

所谓顺式与反式是指双键两侧碳原子上氢原子是在碳链同侧或者异侧。

由此可见，油酸完全被氧化成 9 个乙酰-CoA，除需要 β-氧化作用中全部酶外，还需要另外一个酶，即 Δ^3-顺-Δ^2-反异构酶（图 5-78）。

2.12 含氮化合物的分解

含氮化合物主要是指蛋白质、核酸及其分解产物氨基酸、嘌呤、嘧啶等。蛋白质、核酸等高分子化合物通常不能被微生物直接吸收，而是在胞外酶作用下，先将这两类物质水解成小分子的氨基酸和碱基等，再被细胞所吸收。这类物质主要是为细胞合成提供氮源，也可作为微生物生长的碳源和能源。这里仅介绍氨基酸和碱基的分解。

2.12.1 氨基酸的分解

微生物分解氨基酸的能力因菌种而异，一般认为革兰氏阴性细菌分解能力大于革兰氏阳性细菌。例如，大肠杆菌、变形杆菌和绿脓杆菌几乎能分解所有的氨基酸，而乳酸杆菌、链球菌分解氨基酸的能力较差。

微生物分解氨基酸有 3 种方式：脱羧、脱氨和转氨。

1. 脱羧作用

脱羧作用是指氨基酸脱去羧基生成胺的过程。在微生物细胞内的氨基酸脱羧酶具有如下的特点：①氨基酸脱羧酶专一性很强，一般是一种氨基酸需要一种相对应的脱羧酶；②氨基酸脱羧酶大都是诱导酶（只有谷氨酸脱羧酶是组成酶）；③氨基酸脱羧酶一般都需要磷酸吡哆醛作为辅酶（组氨酸脱羧酶不需要辅酶）；④氨基酸脱羧酶催化的反应都是不可逆的。不同氨基酸经脱羧作用后产生不同的胺。

1）一元的氨基酸（含有一个氨基）脱羧后生成一元胺

例如，培养在酪氨酸溶液中的普通变形杆菌（*Proteus vulgaris*）和大肠杆菌，可使酪氨酸脱羧生成酪胺，反应式为

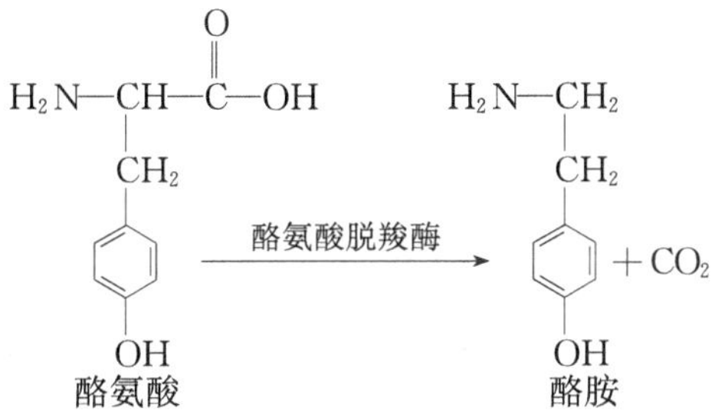

酪氨酸　　　　酪胺

大肠杆菌、威氏梭菌和豌豆根瘤菌可以使谷氨酸脱羧生成 γ-氨基丁酸，化学式为

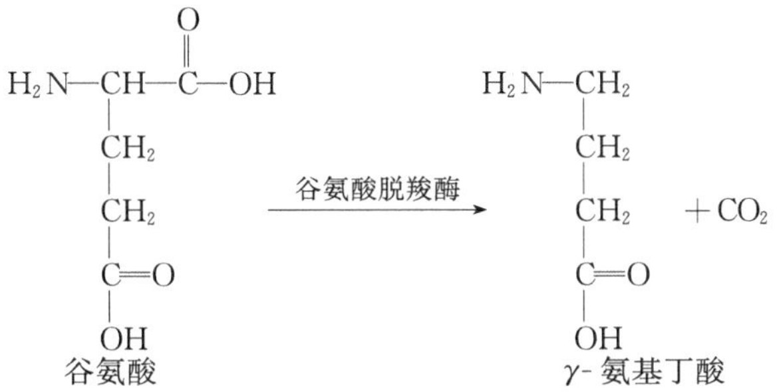

谷氨酸　　　　γ- 氨基丁酸

在这类反应中脱掉的是近氨基端的羧基，远端的羧基不被脱掉。

2）**二元氨基酸（含二个氨基）脱羧后生成二胺**

败毒梭菌（*Clostridium septicum*）可使鸟氨酸脱羧生成腐肉胺，反应式为

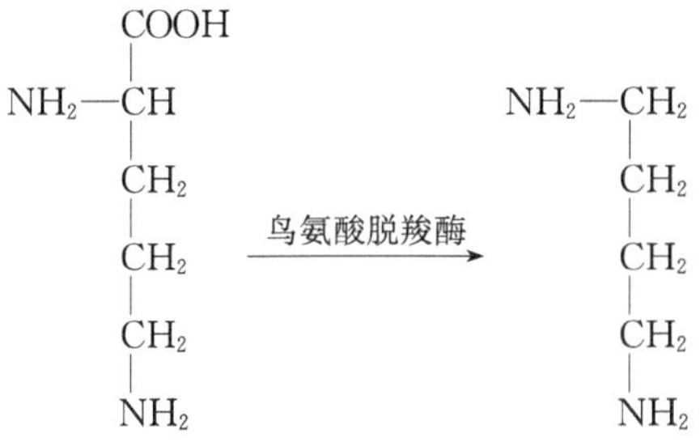

鸟氨酸　　　　腐肉胺

米曲霉（*Aspergillus oryzae*）可使赖氨酸脱羧产生尸胺，反应式为

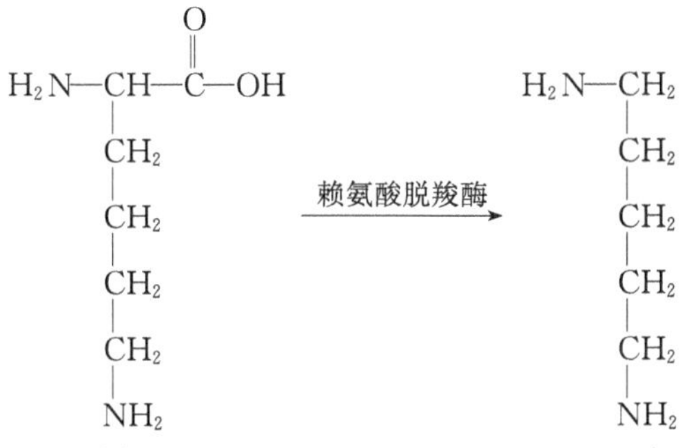

赖氨酸　　　　尸胺

大肠杆菌可把精氨酸脱羧产生精胺，反应式为

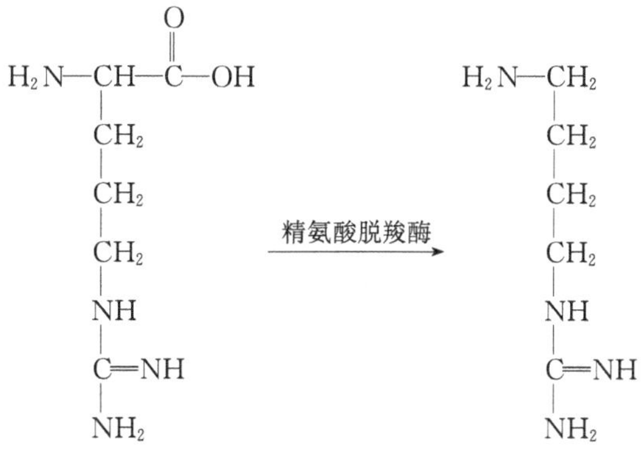

精氨酸　　　　精氨

此外，杂环氨基酸脱羧也生成相应的胺。如伤寒杆菌和大肠杆菌的一个菌系，可使组氨酸脱羧生成组胺，色氨酸脱羧生成色胺，反应式为

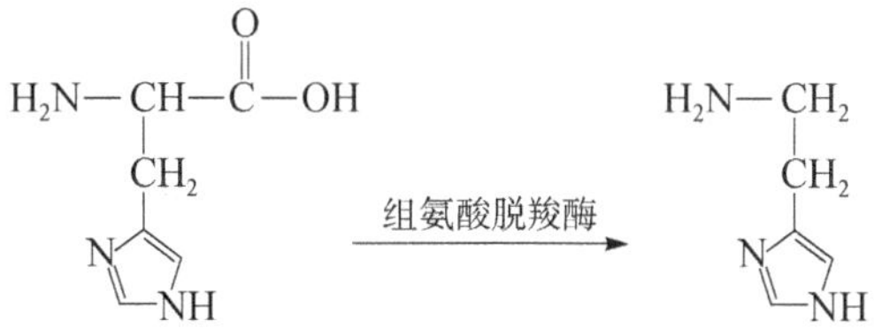

组氨酸　　　　组氨

二元氨基酸脱羧后生成各种二胺，这类物质统称为尸胺或尸碱。二胺对人体有毒害，当肉类蛋白质腐败时，不同微生物将氨基酸脱羧产生大量尸胺，可引起食物中毒。正常人体肠道内，由于微生物活动也含有少量尸胺，但不会使人中毒，一般食物中毒多是因肉毒梭菌（*Clostridium botulinum*）产生的毒素或沙门氏杆菌属的病原菌产生的毒素造成的。

在发酵后期菌体自溶，氨基酸进一步降解，脱羧后生成胺，有臭味产生，在酶制剂生产过程中，即有这种现象。

因氨基酸脱羧酶专一性很强，可用来测定不同的氨基酸含量。例如，在谷氨酸发酵中，利用大肠杆菌产生的谷氨酸脱羧酶，将其加入谷氨酸发酵液中，由于谷氨酸脱羧酶产生 CO_2，可以利用瓦氏呼吸计测出 CO_2 的量，进而计算出谷氨酸的含量。

2. 脱氨作用

氨基酸失去氨基的作用称为脱氨作用。不同微生物在不同条件下脱氨方式不同，一般分为氧化脱氨和非氧化脱氨两种。

1）**氧化脱氨**

这是一个需氧过程，好氧微生物和兼性好氧微生物通过这种方式脱氨基。催化氧化脱氨的酶有两类：氨基酸氧化酶和氨基酸脱氢酶。

（1）**氨基酸氧化酶**　氨基酸氧化酶是黄素蛋白酶类，它以 FMN 或 FAD 为辅基。这类酶对 L 型立体异构或 D 型立体异构具有专一性，L-氨基酸氧化酶辅基是 FAD 或 FMN，D-氨基酸氧化酶辅基只是 FAD。

氨基酸氧化酶在有氧条件下分成两步催化氨基酸分解生成 α-酮酸、过氧化氢和氨，反应式为

$$RCH(NH_2)COOH + O_2 \xrightarrow[FAD \rightarrow FADH_2]{氨基酸氧化酶} RC{=}NHCOOH + H_2O_2$$

$$RC{=}NHCOOH + H_2O \xrightarrow{非酶促反应} RCOCOOH + NH_3$$

（2）**氨基酸脱氢酶**　氨基酸脱氢酶是一类不需要氧的氨基酸氧化酶。它的辅基有两种形式，即以 NAD^+ 或 $NADP^+$ 为辅基。不同微生物氨基酸脱氢酶的辅基不一样，产孢梭菌的谷氨酸脱氢酶辅基是 NAD^+，大肠杆菌谷氨酸脱氢酶辅基是 $NADP^+$，酵母菌中二者兼有之。

氨基酸脱氢酶催化脱氨反应，也是分两步进行的，其反应式为

$$RCH(NH_2)COOH \xrightarrow[NAD(P)^+ \rightarrow NAD(P)H + H^+]{氨基酸脱氢酶} RC{=}NHCOOH + H_2O \longrightarrow RCOCOOH + NH_3$$

2）**非氧化脱氨**

氨基酸非氧化脱氨包括还原脱氨、水解脱氨和斯提克兰反应（Stickand reaction）等多种方式。

（1）**还原脱氨**　这类反应是在厌氧条件下进行的，厌氧微生物或兼性厌氧微生物通过这种方式使氨基酸脱氨。例如，腐败梭菌（*Clostridium putrificum*）在氢化酶催化下，使甘氨酸加氢脱氨，结果甘氨酸还原生成乙酸和氨，其反应式为

$$CH_2NH_2COOH \xrightarrow[NADH + H^+ \rightarrow NAD^+]{氢化酶} CH_3COOH + NH_3$$

（2）**脱水脱氨**　含羟基的氨基酸在脱水过程中脱氨。例如，大肠杆菌及酵母的 L-丝氨酸，在脱水酶催化下生成亚氨基酸，再脱去氨生成丙酮酸和氨，其反应式为

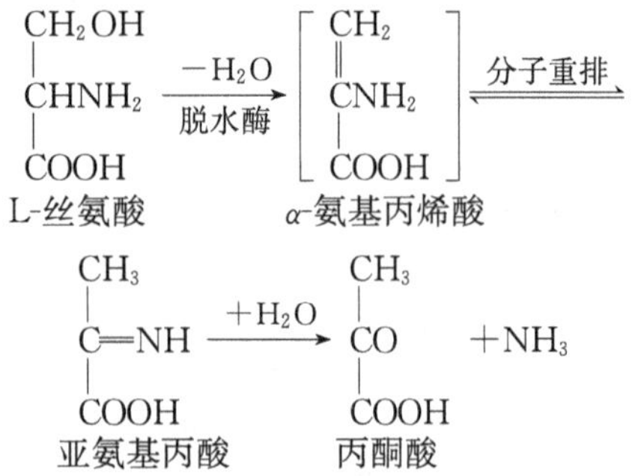

（3）**水解脱氨**　氨基酸可经水解脱氨，例如，米曲霉可使亮氨酸水解脱氨生成 α-羟基-γ-甲基戊酸，其反应式为

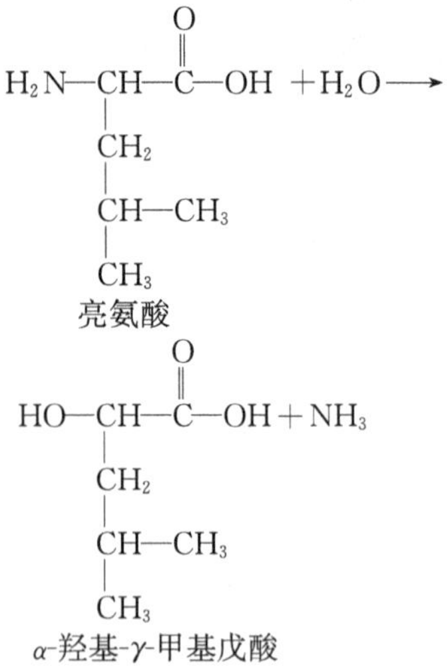

大肠杆菌、变形杆菌、枯草芽孢杆菌和酵母等水解半胱氨酸生成丙酮酸、NH_3 和 H_2S，其化学式为

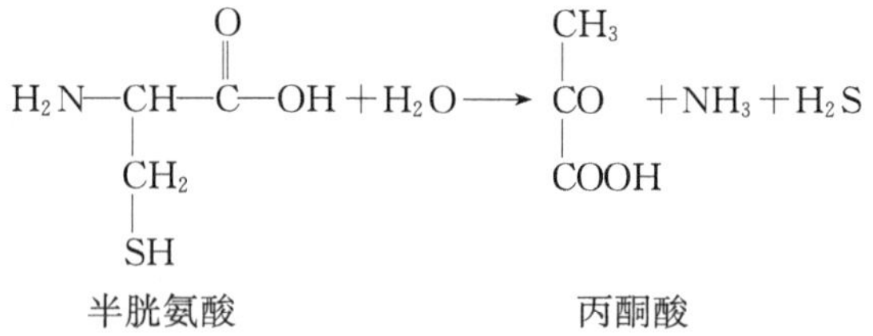

色氨酸水解脱氨生成吲哚，它可与对二甲基苯甲醛作用生成红色的玫瑰吲哚，它也可与亚硝酸反应生成红色的亚硝酸吲哚，此类反应可用于肠杆菌科的鉴定。半胱氨酸水解脱氨产物 H_2S 可与硫酸亚铁、乙酸铅生成黑色沉淀（FeS，PbS），此反应也是细菌鉴定的指标之一。

（4）**斯提克兰反应**　Stickland 用生孢梭菌（*Clostridium sporogenes*）试验，发现只单独供给丙氨酸或只供给甘氨酸都不能发生脱氨作用，只有二者同时存在于培养基中才能发生脱氨作用。这种反应是无分子氧参加的生物氧化方式，是在无氧条件下生物的一种适应。

所谓 Stickland 反应是指在厌氧条件下，一种氨基酸进行氧化脱氨，脱下去的氢去还原另一种氨基酸，使之发生还原脱氨，二者偶联进行氧化还原的脱氨作用。例如，甘氨酸和丙氨酸之间可通过 Stickland 反应生成乙酸、CO_2 和氨（图 5-79）。

总反应式为

$$丙氨酸 + 2\,甘氨酸 + 3ADP + 3Pi \longrightarrow 3\,乙酸 + CO_2 + 3NH_3 + 3ATP$$

必须指出，并不是任意两种氨基酸之间都能进行这种反应的，只有供氢体氨基酸与受氢体氨基酸才有对应的偶联关系，同时并存时才能进行，能偶联进行氧化还原脱氨的氨基酸见表 5-8。

表 5-8　Stickland 反应的偶联氨基酸

供氢体	受氢体
丙氨酸	甘氨酸
亮氨酸	脯氨酸
异亮氨酸	羟脯氨酸
缬氨酸	色氨酸
组氨酸	精氨酸

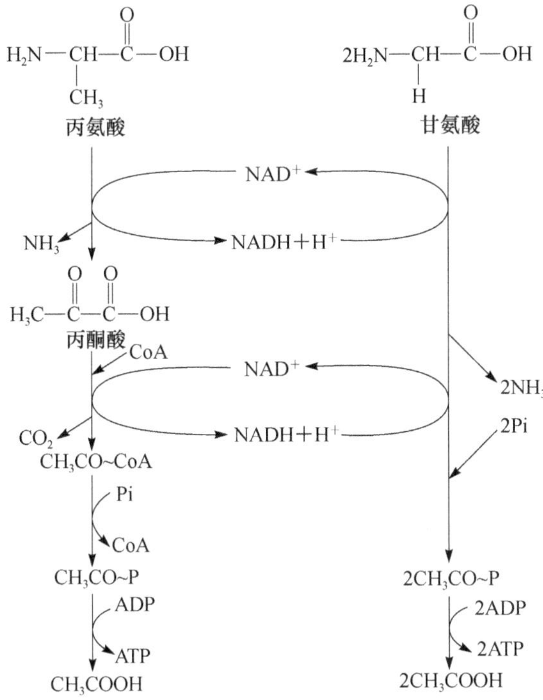

图 5-79　以丙氨酸为供氢体、以甘氨酸为受氢体的 Stickland 反应

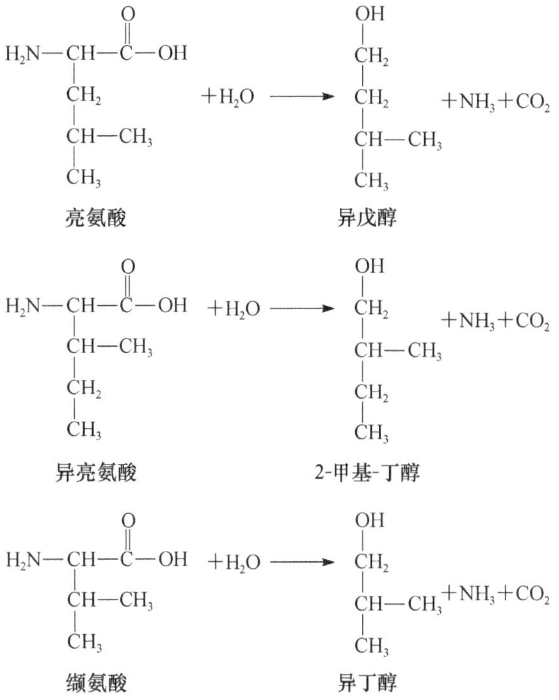

图 5-80　氨基酸的脱羧基和脱氨基作用

3. 氨基酸的脱羧基和脱氨基作用

某些微生物如细菌和酵母菌中的氨基酸加水分解，同时脱掉氨基和羧基，生成醇、氨和 CO_2。例如，乙醇发酵中的一些杂醇油，是由于培养基中的氨基酸同时发生脱氨、脱羧而生成的。亮氨酸、异亮氨酸经脱氨脱羧后，分别产生异戊醇和 2-甲基-丁醇。缬氨酸产生异丁醇（图 5-80）。

2.12.2　碱基的分解

微生物能分解嘌呤和嘧啶作为生长的碳源、氮源和能源。

1. 嘌呤碱的分解

微生物在分解嘌呤过程中，腺嘌呤（A）被腺嘌呤脱氨酶催化分解为次黄嘌呤（I），进一步被次黄嘌呤氧化酶转变成黄嘌呤（X）。鸟嘌呤则是在鸟嘌呤脱氨酶催化下也生成黄嘌呤。最后都产生乙醛酸和尿素。乙醛酸可经乙醛酸循环分解，尿素则分解为氨和 CO_2，其分解途径如图 5-81 所示。

分解嘌呤碱的一些酶已从微生物体内分离得到，如从产朊酵母菌体内得到尿酸酶，担子菌纲的子实体及黑曲霉的无细胞提取液中发现有尿囊素酶，在大肠杆菌、产气杆菌、普通变形杆菌中也有尿囊素酶。

梭菌对嘌呤碱的分解方式略有不同，在黄嘌呤形成后，经过一系列的转化，最后生成甘氨酸和甲酸，详细过程如图 5-82 所示。

2. 嘧啶碱的分解

好氧微生物与厌氧微生物对嘧啶碱分解的途径不

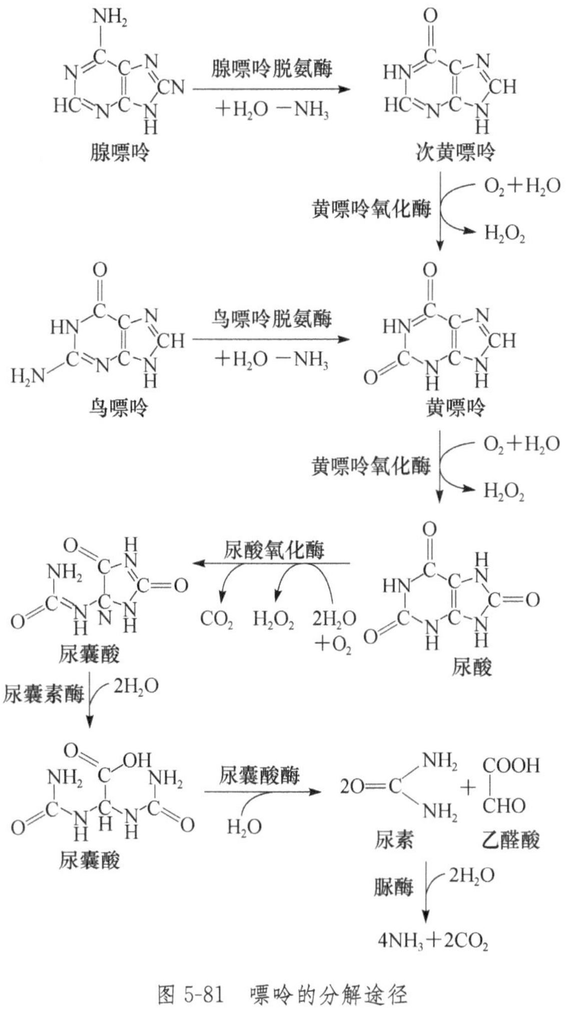

图 5-81　嘌呤的分解途径

141

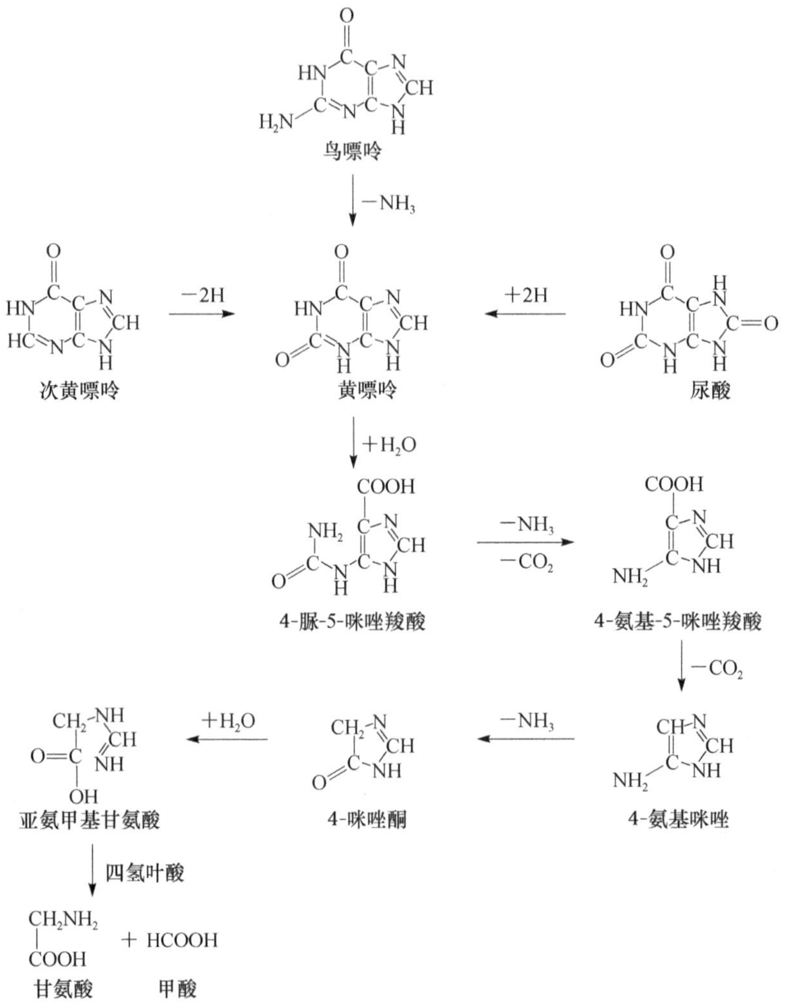

图 5-82 梭菌对嘌呤碱的分解

同。好氧微生物如棒状杆菌、分枝杆菌体内有氧化酶，可氧化嘧啶碱为尿素和丙二酸。厌氧微生物如尿嘧啶梭状芽孢杆菌（*Clostridium uracilicum*）体内有脱氢酶，可使尿嘧啶加氢还原成二氢尿嘧啶，进而分解成 NH_3、CO_2 和 β-丙氨酸。其过程如图 5-83 所示。

有些微生物能分解嘧啶碱及其衍生物，如一种乳清酸梭菌（*Clostridium oroticum*）可在厌氧条件下分解乳清酸，经一系列酶促反应最后产生天冬氨酸、氨和 CO_2 或分解为 5-羧甲基乙酰脲，其过程如图 5-84 所示。

2.13 内源性储藏物的分解

内源性储藏物包括三类：碳水化合物（多聚葡萄糖、糖原）、脂类（多聚 β-羟基丁酸）和多聚磷酸。内源性储藏物是微生物在特定环境条件下，当有多余营养物质时产生的。当微生物饥饿时，又降解它们，释放出能量。

2.13.1 多聚磷酸的分解

多聚磷酸虽然不是所有细胞都具有的组分，但它广泛存在于细菌、真菌、藻类和原生动物中。已知在 60 种不同原核生物（细菌和蓝细菌）中含有多聚磷酸颗粒。它的结构式为

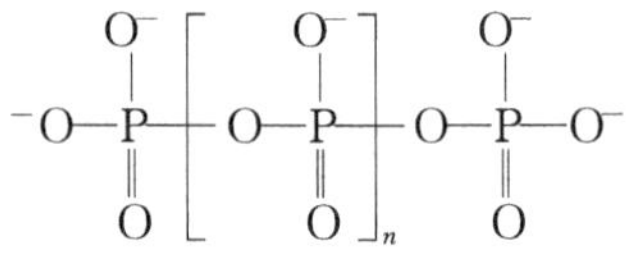

$n=2\sim10^6$ 个磷酸单位。

1. 多聚磷酸的生物合成

多聚磷酸的生物合成有两种途径，在一些细菌中是由依赖于 Mg^{2+} 的 ATP-多聚磷酸转移酶（多聚磷酸激酶）催化 ATP 末端的磷酰基转移到多聚磷酸上，其反应式为

$$(P)_n + ATP \rightarrow (P)_{n+1} + ADP$$

这种酶存在于各种好氧细菌、厌氧细菌和兼性细菌中。在粗糙脉孢霉和某些细菌中有另一种生物合成途径，其多聚磷酸链的延长要消耗 1,3-二磷酸甘油酸潜在的高能键，由 1,3-二磷酸甘油酸-多聚磷酸转移酶催化，其反应式为

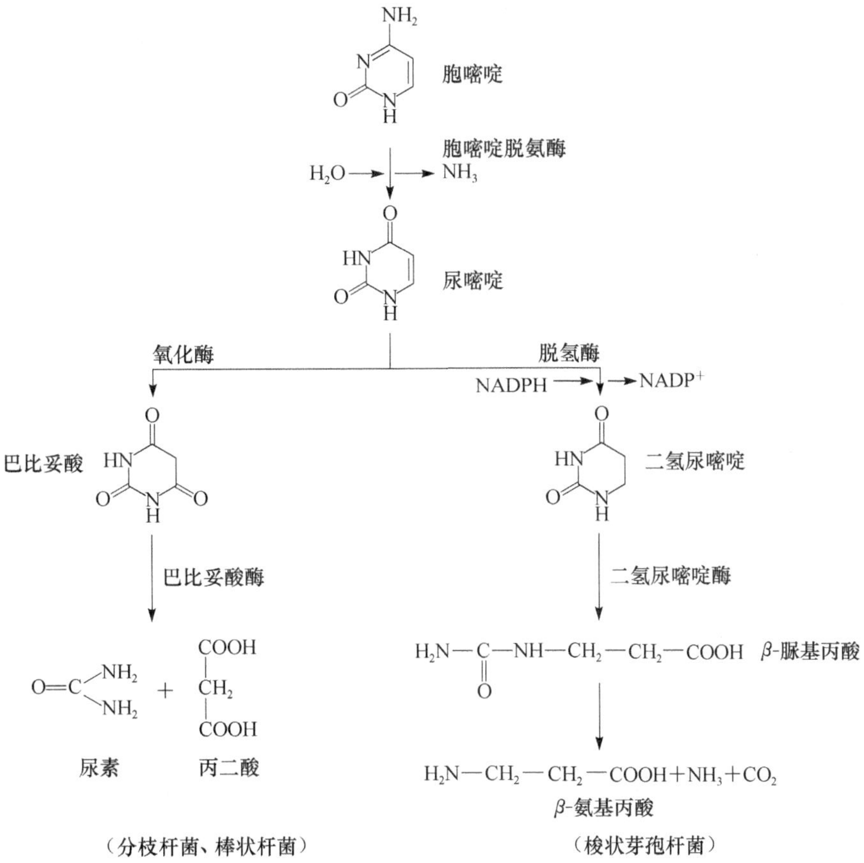

图 5-83　尿嘧啶的分解

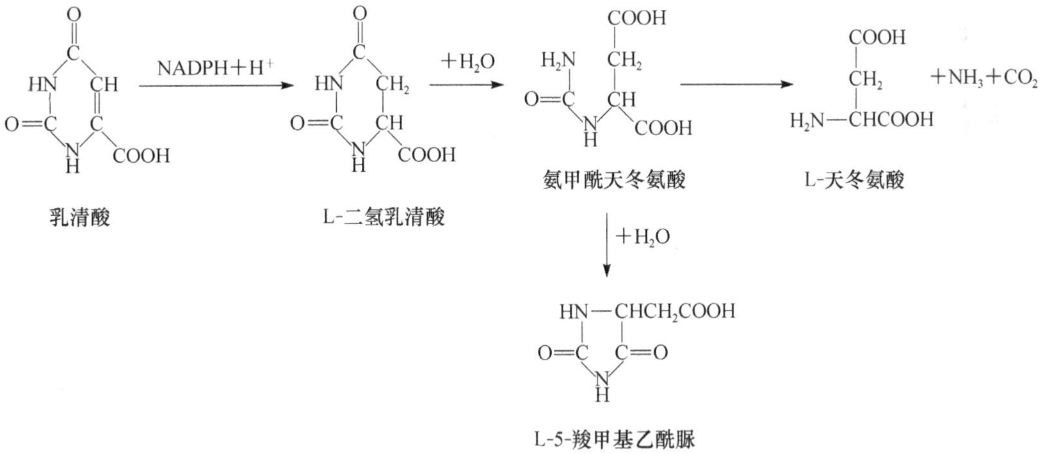

图 5-84　乳清酸的分解

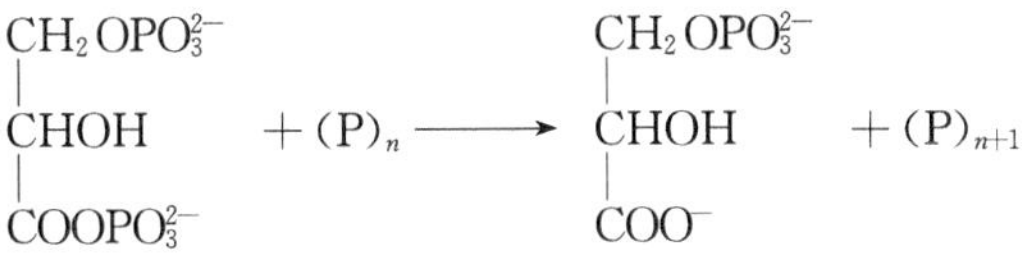

2. 多聚磷酸的降解

在细菌中多聚磷酸的降解是由好几种酶催化的，可将多聚磷酸的末端磷酸转移给 AMP、葡萄糖或果糖。在某些分枝杆菌和棒杆菌中存在一种依赖于 Mg^{2+} 的 AMP 磷酸转移酶，它催化的反应为

$$(P)_n + AMP \longrightarrow (P)_{n-1} + ADP$$

分布更广、更重要的是一种依赖于 Mg^{2+} 的多聚磷酸葡萄糖激酶，在没有 ATP 参与时，能使葡萄糖（G）形成葡萄糖-6-磷酸（G6P），反应式为

$$(P)_n + G \longrightarrow (P)_{n-1} + G6P$$

在草分枝杆菌（*Mycobacterium phlei*）中存在多聚磷酸果糖激酶，能利用多聚磷酸使果糖（F）生成果糖-6-磷酸（F6P），反应式为

$$(P)_n + F \longrightarrow (P)_{n-1} + F6P$$

另外多聚磷酸酶能使多聚磷酸的末端磷酸基团发生水解，反应式为

$$(P)_n + H_2O \longrightarrow (P)_{n-1} + Pi$$

3. 多聚磷酸的生理功能

多聚磷酸在微生物中起储磷和储能的作用，此外多聚磷酸在细胞内可作为腺苷酸和无机磷浓度的调节剂。当微生物缺磷（得不到磷供应）时，多聚磷酸能为核酸和磷脂合成提供磷，这说明它的功能是作为储磷物质。

通过对多聚磷酸进行多年的研究，Kulaev（1979，1985）认为，多聚磷酸是一种“活化磷酸”的储存形式，它在微生物代谢中起重要作用。可把多聚磷酸看作一个等渗装置，它使微生物在磷过量时以高能形式积累磷酸，然后利用它，这样微生物可免受不利环境条件的影响。因此，可以认为多聚磷酸在细胞内是作为腺苷酸和无机磷浓度的调节剂。

2.13.2 聚β-羟基丁酸的分解

许多细菌，包括革兰氏阳性和阴性的好氧细菌、光合厌氧细菌、无机营养菌和有机营养菌，能积累聚β-羟基丁酸（PHB）作为储存物质。PHB的结构式为

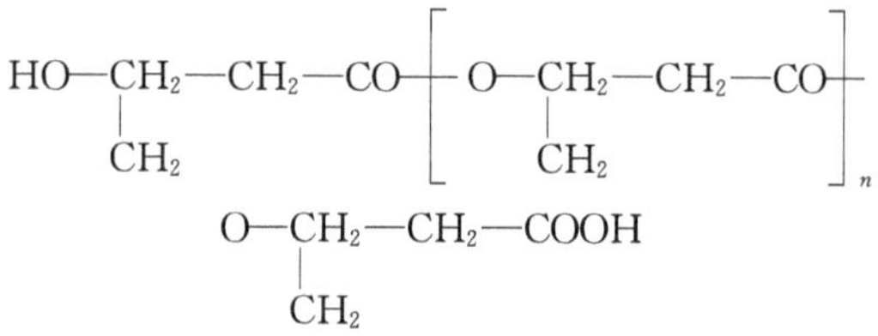

PHB是一个线型高聚物，通常相对分子质量$>10^6$，其分子是一个双重螺旋轴的紧密的右手螺旋体，分子的重复段为0.596nm。

1. 聚β-羟基丁酸的代谢

对于绝大多数细菌，在氮源受限的培养基中，再限制供氧会导致PHB的合成，而解除供氧限制则促进PHB的降解。这是什么原因呢？可通过贝氏固氮菌（*Azotobacter beijerinckii*）PHB的代谢及调节得到说明（图5-85）。

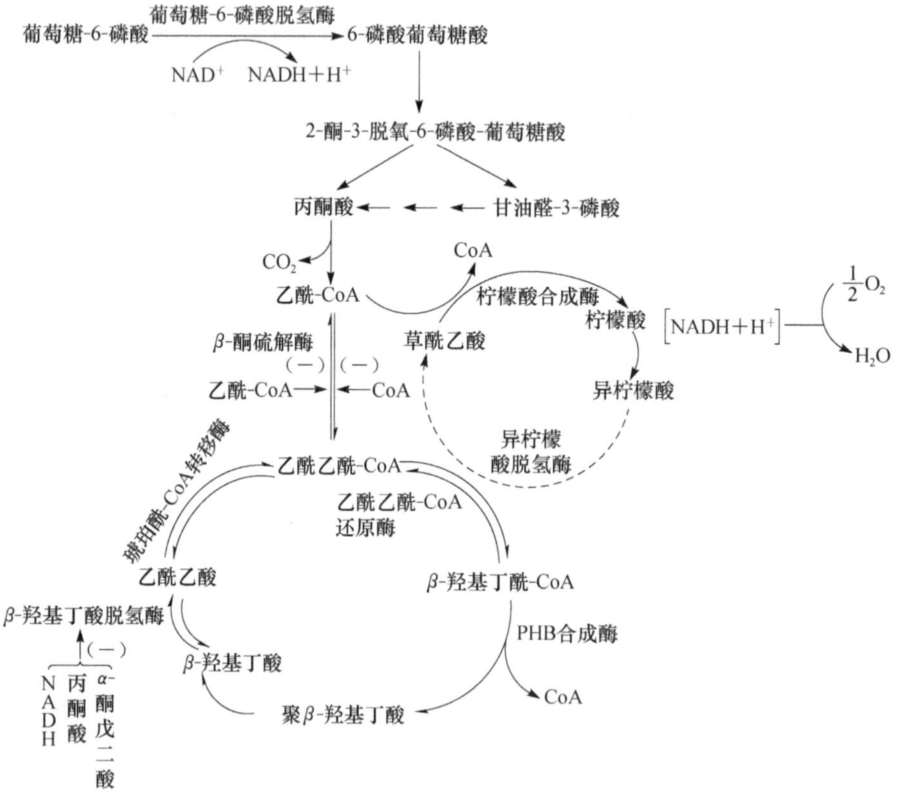

图5-85 贝氏固氮菌PHB的代谢及调节

如图5-85所示，贝氏固氮菌的葡萄糖代谢是通过ED途径和三羧酸循环经呼吸链彻底氧化。在这一代谢过程中有三种关键酶，即葡萄糖-6-磷酸脱氢酶、柠檬酸合成酶和异柠檬酸脱氢酶，都受到NAD（P）H的强烈抑制。当氧的供应受限时，NAD（P）H因不能经呼吸链氧化，其浓度升高，使这三种酶受到抑制，葡萄糖代谢和三羧酸循环作用下降，这将为PHB生物合成提供中间产物（乙酰-CoA）和还原力（NADPH）。

PHB的合成是一个还原过程，涉及三步反应，即β-酮硫解酶催化2分子乙酰-CoA缩合生成1分子乙酰乙酰-CoA，并释放出1分子CoA，然后由乙酰乙酰-CoA还原酶催化，使乙酰乙酰-CoA还原为β-羟基丁酰-CoA，再经PHB合成酶催化，使β-羟基丁酰CoA放出1分子CoA，并合成PHB。

PHB降解也涉及三个反应，PHB在解聚酶作用下，生成β-羟基丁酸，然后由一种专一的NAD脱氢酶催化生成乙酰乙酸，再通过琥珀酰-CoA转移酶催化，形成乙酰乙酰-CoA。因而乙酰乙酰-CoA是PHB生物合成和降解的共同中间产物。为了避免耗能性的无效循环，调节作用至关重要。

PHB循环中有两种主要的调节酶：β-酮硫解酶和β-羟基丁酸脱氢酶。游离的CoA抑制β-酮硫解酶催化的缩合反应，而乙酰-CoA抑制硫解的逆反应。在贝氏固氮菌中NADH、α-酮戊二酸和丙酮酸竞争性地抑制β-羟基丁酸脱氢酶。

关于PHB循环控制解释如下，当有足够的可被利用的氧时，乙酰-CoA进入三羧酸循环，使游离的CoA浓度增加，乙酰-CoA浓度下降。这种高浓度的CoA和低浓度的乙酰-CoA共同阻止了乙酰乙酰-CoA的形成，因而就不能合成PHB。由于供氧充足，NADH、草酰乙酸和丙酮酸消耗于呼吸作用，三者浓度降低，从而解除了对β-羟基丁酸脱氢酶的抑制，促进了PHB的降解。当氧气供应不足时，代谢过程中产生的NAD（P）H因不能经呼吸链消耗而积累，乙酰-CoA的浓度增加，游离的CoA浓度下降，这样将导致β-酮硫解酶活性恢复，从而有利于乙酰乙酰-CoA的合成，进而合成PHB。

PHB的生物合成和降解途径似乎特别适合于氧化还原调节的作用，两条途径是不同的，还原性的生物合成利用脂酰-CoA和NAD（P）H，而氧化性的降解涉及游离酸和NADH的产生。

2. 聚β-羟基丁酸的生理功能

事实表明，在营养缺乏时，微生物中的PHB起到碳源和能源的作用，PHB在芽孢杆菌属中的孢子形成过程中可作为碳源和能源之一。

在固氮菌科中（其中的固氮酶对氧的抑制作用很敏感），PHB的另一种功能是，当外源底物难以获得时，作为“清除氧”反应的一种底物。在缺乏外部的可以氧化的化合物、面临着有害的氧浓度时，含有可氧化的底物如PHB的微生物，很可能会比那些没有这种聚合物的微生物有更大的生存优势。

第3节 能量来自无机物

以氧化无机物获得能量的微生物属于化能无机营养型。有些化能无机营养型微生物以CO_2为唯一碳源，是自养菌。它们的生长需要能量（ATP）和还原力（NADH或还原的铁氧还蛋白）。还有些化能无机营养型微生物虽然以氧化无机物获得能量，但需要有机物作为碳源，属于兼养型（mixotroph）。

除了电子供体是无机物外，化能无机营养型微生物产生ATP的方式同化能有机营养型微生物的相似，由电子传递链，通过ATPase形成ATP。还原力的获得根据电子供体还原电势的不同，有两种方式：如果电子供体的还原电势足够低，如H_2可直接从电子供体中获得；如果电子供体的还原电势比NADH高，则要通过反向电子传递反应（reverse electron transport reaction）获得。

化能无机营养型微生物可利用的无机物有NH_4^+、NO_2^-、H_2S、S^0、H_2和Fe^{2+}等。根据氧化无机物的种类，可将化能无机营养型微生物分为几个主要类群。表5-9概括了这些生理类群的产能反应。自然界存在着丰富的无机电子供体，可来自地质、生物或人为的活动。火山活动是还原性硫化物，主要是H_2S的主要来源。农业活动、采矿工作以及燃料的燃烧和工厂废物的排放，增加了环境中还原性的氮和铁化合物。生物产生的代谢产物如H_2S、H_2和NH_3也非常多。自然界中电子供体丰富而多样，突出了化能无机营养型微生物在生态中的重要作用，也为代谢的多样性奠定了基础。

表5-9 不同无机电子供体氧化产能[a]

电子供体	产能无机反应	化能无机营养型微生物的生理类群	E_0'/V	$\Delta G^{0\prime}$/(kJ/反应)	电子数/反应
亚磷酸盐[b]	$4HPO_3^{2-}+SO_4+H^+\longrightarrow 4HPO_4^{2-}+HS^-$	亚磷酸盐细菌	−0.69	−91	2
氢气	$H_2+1/2O_2\longrightarrow H_2O$	氢细菌	−0.42	−237.2	2
硫化氢	$HS^-+H^++1/2O_2\longrightarrow S^0+H_2O$	硫细菌	−0.27	−209.4	2
硫	$S^0+3/2O_2+H_2O\longrightarrow SO_4^{2-}+2H^+$	硫细菌	−0.20	−587.1	6
铵[c]	$NH_4^++3/2O_2\longrightarrow NO_2^-+2H^++H_2O$	硝化细菌	+0.34	−274.7	6
亚硝酸盐	$NO_2^-+1/2O_2\longrightarrow NO_3^-$	硝化细菌	+0.43	−74.1	2
二价铁离子	$Fe^{2+}+H^++1/4O_2\longrightarrow Fe^{3+}+1/2H_2O$	铁细菌	+0.77	−32.9	1

资料来源：Madigan等（2009）。

a：E_0'的计算见表5-1，Fe^{2+}的数值在pH2的条件下测得，其余数值都是在pH7的条件下测得。在pH7时，Fe^{3+}/Fe^{2+}的数值为+0.2V。

b：除了亚磷酸盐，表中所有的反应都以O_2为电子受体，这个仅知的亚磷酸氧化菌以SO_4^{2-}作为电子受体。

c：铵也可被厌氧氨氧化菌以亚硝酸盐为电子受体氧化。

3.1 氢细菌的产能代谢

H_2 是微生物普遍的代谢产物，许多化能无机营养型微生物能利用 H_2 作为电子供体进行产能代谢。厌氧的 H_2 氧化细菌和古菌的电子受体是硝酸盐、硫酸盐、三价铁离子等物质。下面我们只讨论好氧的 H_2 氧化细菌。

H_2 被 O_2 氧化，引发质子动力，产生 ATP。总反应式为

$$H_2 + 1/2O_2 \longrightarrow H_2O \qquad \Delta G^{0'} = -237\text{kJ/mol}$$

这是强的放能反应，足以产生 ATP。反应被氢化酶(hydrogenase) 催化，从 H_2 上脱下的电子首先传递到醌上，然后通过一系列的细胞色素，最终还原 O_2 生成水，如图 5-86 所示。

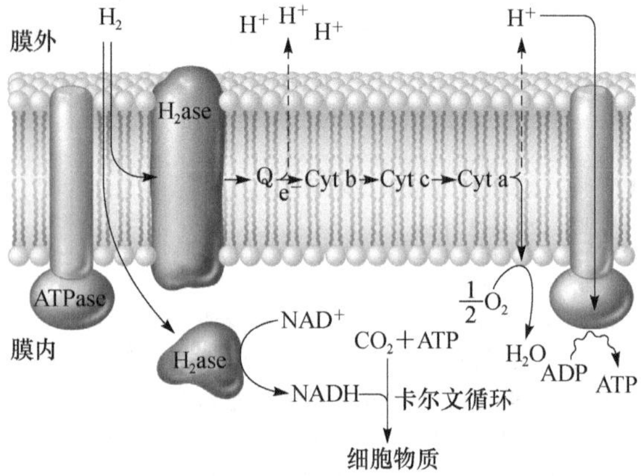

图 5-86 好氧氢细菌两种氢化酶的生物能学和功能 (Madigan et al.，2009)

富养罗尔斯通氏菌有两种氢化酶，膜结合的氢化酶参与产能，而细胞质中的氢化酶产生 NADH，供给卡尔文循环

一些氢细菌有两种不同类型的氢化酶，一种在细胞质里，另一种是膜结合的。膜结合的氢化酶参与产能，而可溶的氢化酶吸收 H_2，直接把 NAD^+ 还原成 NADH (H_2 的还原电势很低，为 −0.42V，还原力的生成不需要反向电子流，图 5-86)。研究好氧 H_2 氧化的模式菌是富养罗尔斯通氏菌。

虽然多数氢细菌在进行化能无机营养生长时，也能进行化能有机营养生长，但它们还是能通过卡尔文循环固定 CO_2，总的反应式为

$$6H_2 + 2O_2 + CO_2 \longrightarrow [CH_2O] + 5H_2O$$

这里 CH_2O 代表细胞物质。当可利用的有机物如葡萄糖存在时，氢细菌卡尔文循环和氢化酶的合成受到抑制。在自然界的有氧环境中，氢气的存在是暂时的，多以低水平存在。多数生物来源的 H_2 是发酵的结果，而发酵是缺氧的过程。因此好氧氢细菌必需严格调控它们的分解酶。这些生物似乎依据生活环境中可利用的有机物和 H_2 的水平，在化能有机营养和化能无机营养之间转换。而且许多好氧氢细菌在微好氧的环境生活得最好。通过发酵产生的 H_2，在有氧-缺氧的界面比高氧的环境中多且持续，因此，化能自养氢细菌，在有氧-缺氧的界面上生活得最好。

3.2 硫细菌的产能代谢

3.2.1 硫氧化的生物能学

许多还原性的硫化物可以作为硫细菌的电子供体。最常见的是硫化氢 (H_2S)、单质硫 (S) 和硫代硫酸盐 ($S_2O_3^{2-}$)。通常硫氧化的产物是硫酸盐 (SO_4^{2-})，从 H_2S (还原态，−2) 到 SO_4^{2-} (氧化态，+6) 产生的电子总数是 8 个，而当利用硫的某个中间氧化态时，产生的能量较少。

$$H_2S + 2O_2 \longrightarrow SO_4^{2-} + 2H^+$$

(终产物，硫酸盐)　$\Delta G^{0'} = -798.2$kJ/反应

(-99.75kJ/e^-)

$$HS^- + 1/2O_2 + H^+ \longrightarrow S^0 + H_2O$$

(终产物，硫)　$\Delta G^{0'} = -209.4$kJ/反应

(-104.7kJ/e^-)

$$S^0 + H_2O + 3/2O_2 \longrightarrow SO_4^{2-} + 2H^+$$

(终产物，硫酸盐)　$\Delta G^{0'} = -587.1$kJ/反应

(-97.85kJ/e^-)

$$S_2O_3^{2-} + H_2O + 2O_2 \rightarrow 2SO_4^{2-} + 2H^+$$

(终产物，硫酸盐)　$\Delta G^{0'} = -818.3$kJ/反应

(-102kJ/e^-)

H_2S 的氧化是分步进行的，第一步氧化产生硫的单质。一些 H_2S 氧化细菌把单质硫作为能量的储藏物在细胞内积累。当 H_2S 耗尽时，可通过氧化单质硫到硫酸盐而获得能量。

而当用胞外的单质硫作为电子供体时，由于硫极难溶，菌体必须黏附在硫颗粒上。通过这种方式，菌体能够运进硫，以便把它氧化成硫酸盐。通过膜或周质蛋白的作用，可能是把硫还原成 HS^-，使硫溶解，以这种形式运入胞内，进行化能无机营养型的代谢 (图 5-86)。

H^+ 是还原性硫化物的氧化产物之一，质子的生成降低了 pH，引起培养基的酸化。硫细菌产生的酸是强酸——硫酸 (H_2SO_4)，故能使培养基的 pH 显著减小。一些硫细菌非常耐酸、甚至嗜酸。如嗜酸氧化硫硫杆菌 (*Acidithiobacillus thiooxidans*) 最适生长 pH 低于 3。

3.2.2 硫氧化的生化途径

图 5-87 概括了几种硫化物氧化的步骤。在硫的化能无机营养型微生物中有几种氧化体系。其中的两个体系，都先把 H_2S、$S_2O_3^{2-}$ 或 S^0，氧化成 SO_3^{2-} (如果从 H_2S 开始，则释放 6 个电子)，然后再把 SO_3^{2-} 氧化成 SO_4^{2-}。这两个体系的不同之处在于 SO_3^{2-} 氧化成 SO_4^{2-} 的方式不同，其中较常见的方式为用亚硫酸盐氧化酶把电子从亚硫酸盐直接转移到细胞色素 c，电子传递产生质子动力，生成 ATP (图 5-87B)；而另一种方式则通

过硫酸还原细菌的关键酶——APS 还原酶催化的逆反应，把 SO_3^{2-} 氧化成 SO_4^{2-}，反应向生成 SO_4^{2-} 的方向进行，随着 AMP 转变成 ADP，生成一个高能磷酸键（图 5-87A）。当用 $S_2O_3^{2-}$ 为电子供体时，$S_2O_3^{2-}$ 首先分裂为 S^0 和 SO_3^{2-}，二者最终都氧化为 SO_4^{2-}。

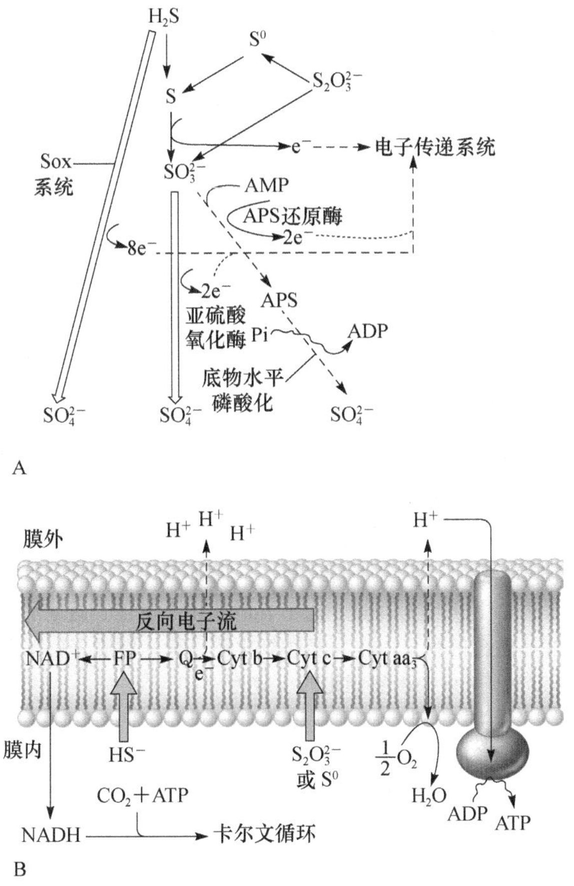

图 5-87　硫细菌氧化还原性硫化物

(Madigan et al.，2009)

A：不同化合物的氧化步骤（已知有三种途径）；B：硫化物中的电子进入电子传递链，引发质子动力。$S_2O_3^{2-}$ 和 S 从 Cyt c 的水平进入电子传递链，由于电子供体的还原电势比 NAD^+/NADH 大，NADH 必须通过消耗能量的反向电子流才能生成

Cyt：细胞色素；FP：黄素蛋白；Q：醌

APS 的结构见图 5-32

泛养副球菌（*Paracoccus pantotrophus*）及其他一些硫细菌用另外的氧化体系氧化 H_2S 或 $S_2O_3^{2-}$。这个体系叫做 Sox 系统。该系统不经过形成亚硫酸盐的中间过程，直接把还原性的硫化物氧化成硫酸盐。Sox 系统有 15 个基因组成，编码细胞色素和其他直接将还原性硫化物氧化成硫酸盐的蛋白质。除了有些化能无机营养的硫细菌有 Sox 系统外，一些光能营养的硫细菌也用这个体系氧化 H_2S，以获得还原力来固定 CO_2。在这些因固有的不同目的而氧化硫化氢的原核生物之中，都有同样的 Sox 系统，这表明编码它的基因在种间进行了水平基因转移。

3.2.3　硫氧化产生的能量

如图 5-87 所示，还原性硫化物氧化生成的所有电子最终都到达电子传递链。依据氧还电对的 E_0'，电子分别在黄素蛋白或 Cyt c 的水平进入传递链，经传递链传递到 O_2，产生质子动力，导致 ATPase 合成 ATP。自养菌 CO_2 的固定所需的电子来自反向电子流，最终产生 NADH。化能无机营养的硫细菌以好氧菌为主，有些种可以生长在厌氧的条件下，以硝酸作为电子受体，如脱氮硫杆菌（*Thiobacillus denitrificans*）。

3.3　铁氧化细菌的产能代谢

有些需氧的原核微生物把二价铁离子（Fe^{2+}）氧化为三价铁离子（Fe^{3+}）作为化能无机营养反应，产生的三价铁在水中形成不溶的氢氧化铁［$Fe(OH)_3$］沉淀。由于在中性 pH 下，二价铁离子自发地、快速地氧化为三价铁离子，因此，只有在缺氧时，Fe^{2+} 才长期稳定存在，但在酸性的有氧条件下，Fe^{2+} 是稳定的，这就解释了铁氧化细菌为何是专性嗜酸的。从表 5-1 可知，在酸性 pH 下，这个反应只产生少量的能量，因此，为了生长，铁细菌必须氧化大量的铁。

3.3.1　铁氧化细菌

嗜酸氧化亚铁硫杆菌和铁氧化钩端螺菌（*Leptospirillum ferrooxidans*）是研究最清楚的铁氧化细菌（iron-oxidizing bacteria）。它们都能利用二价铁离子作为电子供体进行自养生活。最适生长 pH 为 2～3，能在 pH 小于 1 时生长。它们一般生活在酸污染的环境中，如煤矿倾卸场。古菌中的铁原体属（*Ferroplasma*）是极端嗜酸的铁氧化菌，能在 pH 低于 0 的环境中生长。

尽管二价铁离子在中性 pH 下不稳定，还是有些铁氧化细菌却能在中性 pH 下旺盛生长，但仅限于二价铁离子从缺氧到有氧的扩散之处。例如，缺氧的地下水可能含有 Fe^{2+}，当以泉水喷出时，就暴露在 O_2 中，在此界面，当 Fe^{2+} 从泉水中出现而又没有自发氧化之前，铁细菌把它氧化成 Fe^{3+}。锈色嘉利翁氏菌（*Gallionella ferruginea*）和浮游球衣菌（*Sphaerotilus natans*）就生活在这种界面上。可以观察到它们同氧化成的典型的三价铁沉淀混在一起生活。在中性 pH 下生活的铁细菌比嗜酸的铁细菌在产能上有优势。Fe^{3+}/Fe^{2+} 在中性 pH 的 E_0' 是 +0.2V。与在酸性 pH 下相比，Fe^{2+} 在中性 pH 是更强的电子供体。pH 不同影响铁氧化的生物能能学。

3.3.2　二价铁氧化产能

嗜酸氧化亚铁硫杆菌及其他嗜酸的铁氧化菌氧化二价铁的生物能学是非常有趣的。这是由于 Fe^{3+}/Fe^{2+} 在酸性 pH 的还原电势非常高（+0.77V，pH2）。嗜酸氧化亚铁硫杆菌的呼吸链由 a 型和 c 型细胞色素以及周质空间的含铜蛋白——铁硫菌蓝蛋白（rusticyanin）组成

（图 5-88）。由于 Fe^{3+}/Fe^{2+} 在酸性 pH 的还原电势如此高，电子传递到氧（$1/2O_2/H_2O$，$E_0'=+0.82V$）的路径必然非常短。

二价铁离子的氧化开始于周质空间，在那里铁硫菌蓝蛋白把 Fe^{2+} 氧化成 Fe^{3+}，这个反应转移 1 个电子。然后，铁硫菌蓝蛋白还原 Cyt c，随后 Cyt c 还原 Cyt a，后者直接与 O_2 反应生成 H_2O（图 5-88），然后经位于细胞质膜的 ATPase 的作用，合成 ATP。这里是嗜酸铁氧化菌生物能学的独特之处。处在 pH2 的环境中，嗜酸氧化亚铁硫杆菌自然存在着大的跨细胞质膜的质子梯度（周质空间的 pH1～2，而细胞质的 pH5～6）。但生物体不可能免费地用这种“天然的质子动力”制造 ATP。为了维持胞内的 pH 在可接受的范围内，通过 ATPase 进入细胞质的质子必须被消耗掉。这些质子是在电子传递链传递电子生成水的过程中被消耗掉的。而这些电子来自 Fe^{2+} 氧化成 Fe^{3+} 的过程中（图 5-88）。因此，嗜酸氧化亚铁硫杆菌以 Fe^{2+} 作为电子供体，消耗掉预先存在的跨细胞质膜的质子动力，产生 ATP（图 5-88）。

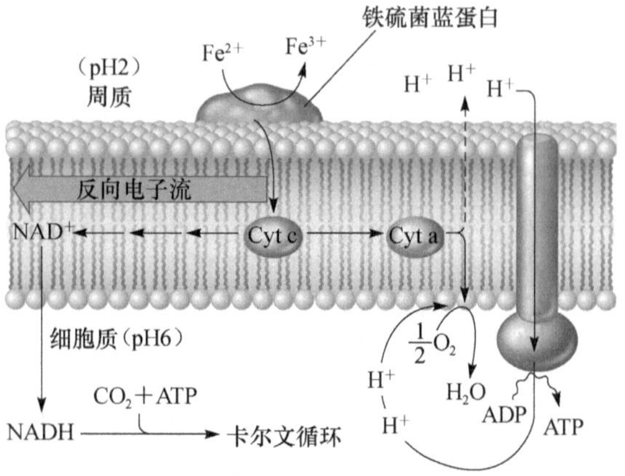

图 5-88　嗜酸的嗜酸氧化亚铁硫杆菌氧化 Fe^{2+} 的电子流（Madigan et al.，2009）

周质空间的含铜蛋白——铁硫菌蓝蛋白是 Fe^{2+} 直接的电子受体，电子从该处沿短的电子传递链传递，最终还原 O_2 形成 H_2O，驱动卡尔文循环的还原力来自反向电子流，注意陡的跨膜 pH 梯度（约 4 个单位）

嗜酸氧化亚铁硫杆菌通过卡尔文循环进行自养。由于电子供体 Fe^{2+} 的高还原电势，为获得必要的还原力（NADH）以驱动卡尔文循环，要消耗大量的能量进行反向电子传递。因此，相对贫乏的能量产生量与生物合成需要的大量能量相偶联，意味着嗜酸氧化亚铁硫杆菌必须氧化大量的 Fe^{2+} 来生产相当少量的细胞物质。正因如此，环境中嗜酸铁氧化菌旺盛生长的地方，观察到的不是菌体物质的大量形成，而是三价铁沉淀的大量存在。

3.4　亚硝化细菌和硝化细菌的产能代谢

无机氮化合物氨（NH_3）和亚硝酸盐（NO_2^-）是化能无机营养的底物。这些化合物被硝化细菌在硝化作用（nitrification）中需氧性地氧化。硝化细菌广泛地分布在土壤和水中。完全地氧化氨到硝酸盐，是 8 个电子的转移过程，由两群不同的细菌共同作用。一个类群氧化氨成亚硝酸盐，另一类群氧化亚硝酸盐成硝酸盐。这个过程是由俄国微生物学家维诺格拉夫斯基（Winogradsky）发现的。

3.4.1　硝化作用的生物能学和酶学

硝化作用的生物力能学同其他化能无机营养反应基于相同的原理：还原性底物上的电子（这里是还原性氮化合物）进入电子传递链，电子的流动建立起质子动力，驱动 ATP 的生成。

硝化细菌面临的生物能学问题同其他多数化能无机营养型微生物类似。NO_2^-/NH_3（第一步 NH_3 的氧化）的 E_0' 很高，为 +0.34V。NO_3^-/NO_2^- 的 E_0' 更高，为 +0.43V。这些相对高的还原电势迫使硝化细菌把电子提供给电子传递链中还原电势更高的电子受体。因此，限制了电子传递的范围和 ATP 的产量。

一些关键酶参与了还原性氮化合物的氧化。在氨氧化细菌中，NH_3 被氨单加氧酶氧化，产生 NH_2OH 和 H_2O。随后，第二个关键酶——羟胺氧化还原酶，氧化 NH_2OH 成 NO_2^-，这一过程转移了 4 个电子。氨单加氧酶是整合的膜蛋白，而羟胺氧化还原酶是周质蛋白（图 5-88）。氨单加氧酶催化的反应为

$$NH_3+O_2+2H^++2e^-\longrightarrow NH_2OH+H_2O$$

这个反应用 2 个外源的电子和 2 个质子把 1 个 O 原子还原为水。这些电子来源于羟胺的氧化，是由羟胺氧化还原酶经 Cyt c 和泛醌传递给胺单加氧酶的（图 5-89）。

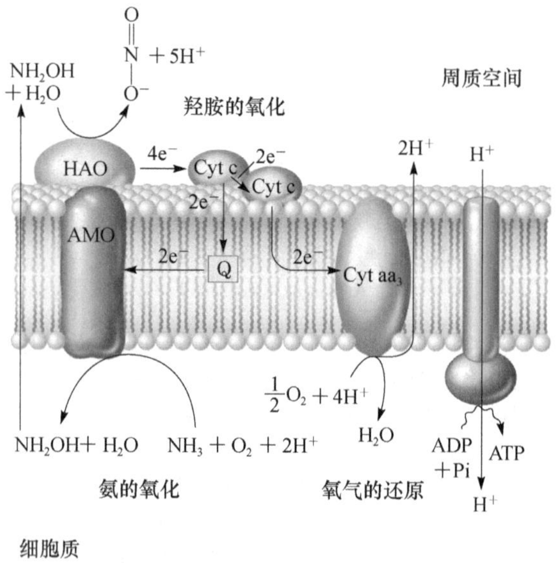

图 5-89　氨氧化细菌氧化氨的电子流（Madigan et al.，2009）

周质空间的 Cyt c 与膜上的 Cyt c 不同

AMO：氨单加氧酶；HAO：羟胺氧化还原酶；Q：泛醌

因此，氧化 NH_3 到 NO_2^- 的过程中，产生的每 4 个电子中，只有 2 个电子真正到达了末端氧化酶（Cyt aa_3，图 5-89）氧化产能。

3.4.2　亚硝酸氧化细菌的产能

亚硝酸氧化细菌利用亚硝酸氧化还原酶（nitrite oxidoreductase）把 NO_2^- 氧化成 NO_3^-。脱下的电子经过一个非常短的电子传递链（由于 NO_3^-/NO_2^- 的高还原电势）到达末端氧化酶（图 5-90）。在亚硝酸氧化菌的电子传递链中有 a 型和 c 型的细胞色素，细胞色素 aa_3 的催化产生了质子动力（图 5-90）。像铁的氧化反应那样，这个反应中只生成少量的能量。因此硝化细菌的生长得率（每摩尔底物氧化产生的细胞克数）非常低。

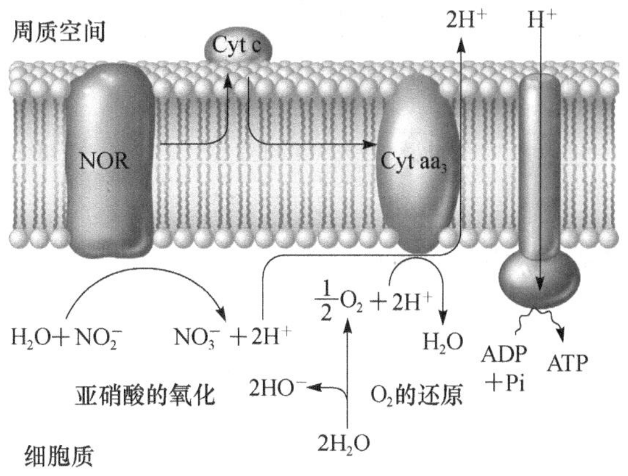

图 5-90　亚硝酸氧化细菌把亚硝酸氧化成硝酸
（Madigan et al.，2009）
NOR：亚硝酸氧化还原酶

第 4 节　能量来自可见光

微生物不仅可以通过氧化有机物和无机物获取能量，还可以捕获光能，用来合成 ATP 和还原力。光能被捕获和转化成化学能的过程叫光合作用（photosynthesis）。通常光能营养型生物还原和同化 CO_2。光合作用是地球上最有意义的代谢过程之一。因为我们所有的能量最初几乎都来自太阳能。它提供给光合生物必需的 ATP 和还原力以合成生长所需的有机物。而这些生物是生物圈中多数食物链的基础。其中一种光合作用还能补充氧气供应，这一非同寻常的过程由多种生物参与，既有真核生物也有细菌（表 5-10）。虽然多数人把光合作用同体型大、显眼的植物联系起来，但其实地球上超过一半的光合作用是由微生物进行的。

表 5-10　光能营养生物的多样性

真核生物	原核生物
植物	蓝细菌
多细胞的绿藻、褐藻、红藻	绿色硫细菌 绿色非硫细菌
原生生物（如类眼虫鞭毛藻、沟鞭藻、硅藻）	盐杆菌（古菌） 紫色硫细菌 紫色非硫细菌 原绿藻

光合作用由光反应（light reaction）和暗反应（dark reaction）两部分组成。在光反应中，光能被捕获和转化成化学能。暗反应用所生成的能量来还原和固定 CO_2，合成细胞物质。本章讨论三种光能营养类型：产氧光合作用、不产氧光合作用和以视紫红质为基础的光能营养型（rhodopsin-based phototrophy）。其中产氧光合作用和不产氧光合作用是以叶绿素为基础的光合作用（表 5-11）。光合作用的暗反应见第 6 章。

4.1　产氧光合作用

光能营养的真核生物以及蓝细菌进行的光合作用，在光能转化为化学能的过程中有氧气产生，因此叫产氧光合作用。光能营养过程的中心是光吸收色素（light-absorbing pigment）。在产氧的光能营养型生物中，最重要的色素是叶绿素（chlorophyll）。叶绿素是由 4 个吡咯环的衍生物组成的大型的平面环状分子，镁原子同这 4 个环的中央氮原子配位（图 5-91）。真核生物中最重要的两种叶绿素是叶绿素 a 和叶绿素 b，二者在结构和光谱性质上稍有不同。溶在丙酮中的叶绿素 a 在 665nm 有光吸收峰，而叶绿素 b 相应的光吸收峰则在 645nm。

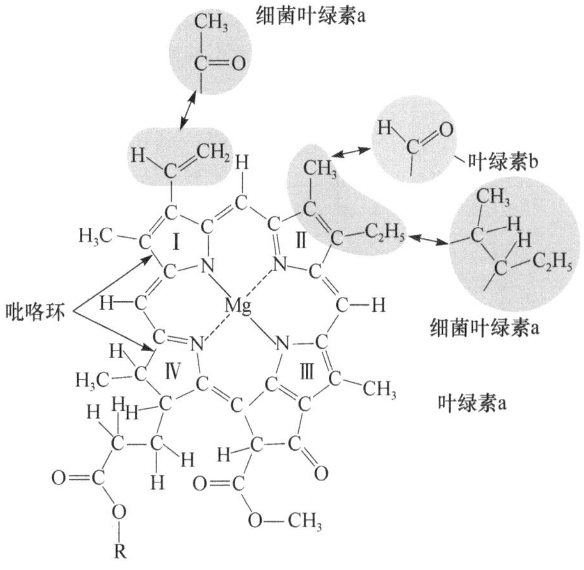

图 5-91　叶绿素的结构（Willey et al.，2008）
图中给出的是叶绿素 a 的完整结构。叶绿素 b 只改变一个基团。叶绿素 a 经两种修饰成为细菌叶绿素 a，细菌叶绿素 a 的侧链（R）可以是叶绿基（20 碳链，也在叶绿素 a 和叶绿素 b 中发现），也可以是牻牛儿牻牛儿基（同叶绿基相似的 20 碳侧链，只是多了 3 个双键）

表 5-11　以叶绿素为基础的光合系统的性质

性质	真核生物	蓝细菌	绿色细菌、紫色细菌和日光杆菌
光合色素	叶绿素 a	叶绿素 a	细菌叶绿素
光系统Ⅱ	有	有	无
光合的电子供体	H_2O	H_2O	H_2、H_2S、S、有机物
O_2 的生成	产氧	产氧[a]	不产氧
能量转化的基本产物	ATP＋NADPH	ATP＋NADPH	ATP
碳源	CO_2	CO_2	有机物、CO_2

a：有些蓝细菌在某些情况下不产氧，如颤藻属可用 H_2S 而不是 H_2O 作为电子供体。

除了能吸收红光，叶绿素还能强烈地吸收蓝光（叶绿素 a 的第二个吸收峰在 430nm）。因为叶绿素的吸收主要在红光和蓝光区，所以绿光是透射光。在叶绿素环上的长的疏水尾有助于连接到膜上的光反应部位。

其他的光合叶绿素也捕获光能。分布最广的是类胡萝卜素（carotenoid），是长链分子，常呈现出黄色，有广泛的共轭双键系统（图 5-92）。β-胡萝卜素（β-carotene）存在于蓝细菌的原绿藻以及多数光合原生生物中。褐藻素（fucoxanthin）存在于原生生物，如硅藻和钩鞭藻中。藻胆蛋白（phycobiliprotein）是由线性的四吡咯附着在蛋白质上组成的（图 5-92），存在于红藻和蓝细菌中。藻红素是最大光吸收在 550nm 左右的红色色素。藻蓝素是蓝色的（最大光吸收在 620～640nm）。

根据类胡萝卜素和藻胆蛋白在光合作用中所起的作用，命名为辅助色素（accessory pigment）。辅助色素很重要，它们能吸收到叶绿素不能吸收的光。吸收到的光能非常有效地传递到叶绿素。辅助色素用这种方式，扩大了光合作用吸收光波的范围。另外，也使生物能利用生境中其他光能营养型生物不利用的光，如在植物株冠下的微生物可利用穿过株冠的光。辅助色素还能保护微生物，免受强烈的阳光对光合器官的氧化和损害。

叶绿素和辅助色素高度有序地排列在一起，叫天线系统（antenna），其作用是形成一个大的表面积来捕获最多的光量子。一个天线系统有 300 个左右叶绿素分子。光能被捕获到一个天线系统中，并通过叶绿素传递，最终到达直接参与光合电子传递的特殊的作用中心——叶绿素对（reaction-center chlorophyll pair）。在产氧光能营养型生物中，有两种天线系统分别同两个不同的光系统联系（图 5-93）。光系统Ⅰ吸收较长波长的光（≥680nm），并把能量聚集到称为 P700 的叶绿素 a 特殊对。P700 表示这个分子最有效的吸收光的波长为 700nm。光系统Ⅱ捕获较短波长范围内的光（≤680nm），并把能量转移到叶绿素特殊对 P680。

当光系统Ⅰ的天线系统把光能转移到反应中心 P700 叶绿素对后，P700 吸收能量被激发，还原电势变得非常低。这使它释放受激发的高能电子到一个特殊的受体，可能是特殊的叶绿素分子，也可能是 FeS 蛋白。电子最终转移到铁氧还蛋白，随后可向两个方向转移。在循环途径中（图 5-93 中的虚线），电子通过一系列电子载体沿循环路线移动，回到被氧化的 P700。电子从 P700 发出，通过光合的电子传递链又回到 P700。在这个循环电子传递的过程中，在细胞色素 b_6 的区域，产生 PMF，用来合成 ATP。由于电子的传递是循环的途径并有 ATP 生成，这个过程叫做循环光合磷酸化（cyclic photophosphorylation）。

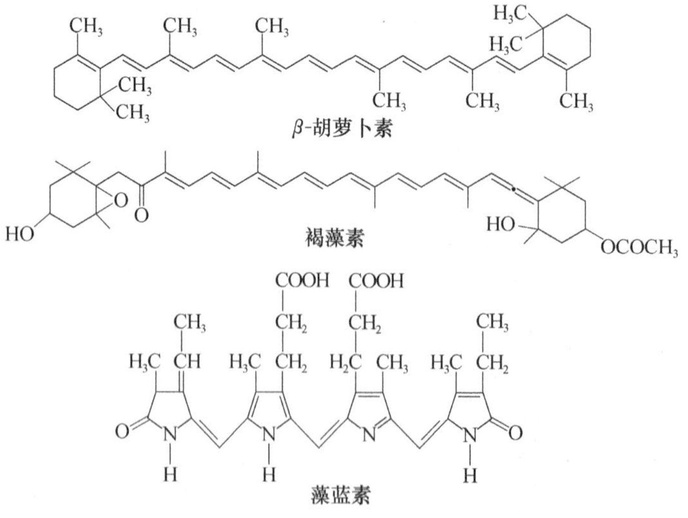

图 5-92　代表性的辅助色素（Willey et al.，2008）

β-胡萝卜素是存在于光合原生生物和植物中的一种类胡萝卜素，它有共轭双键组成的长链；褐藻素是存在于藻类的几个门中的类胡萝卜素类的辅助色素（结构中的点代表一个碳原子）；藻蓝素是线性的四吡咯，它附着在蛋白质上形成藻胆蛋白

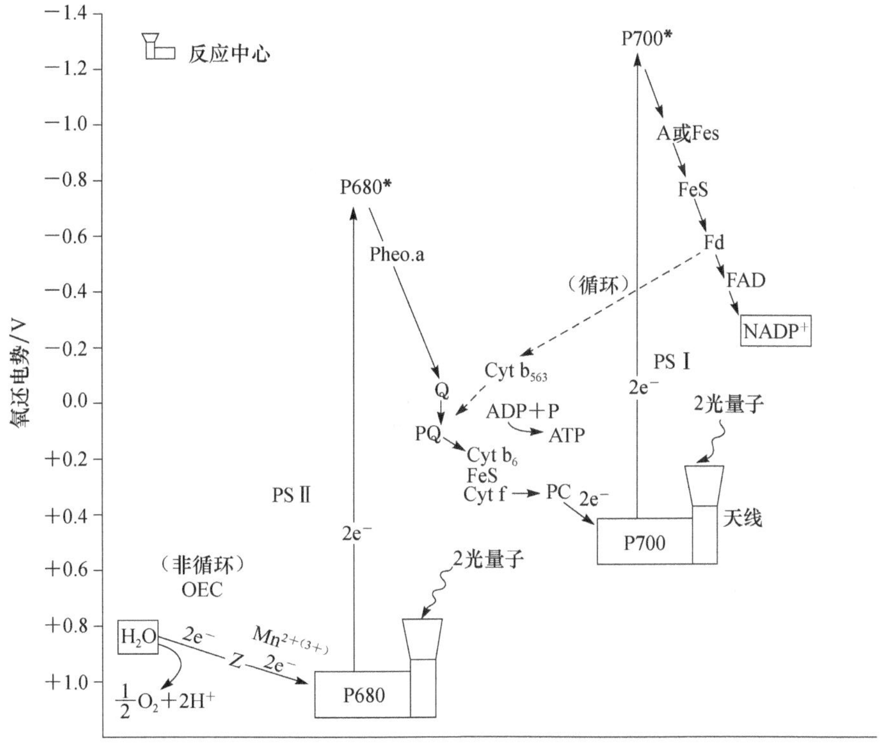

图 5-93　绿色植物的光合作用（Willey et al.，2008）

图中为高等植物光合作用过程中的电子流，蓝细菌和真核的藻类有与此类似的两个光系统，但一些细节有所不同

电子传递的载体包括：铁氧还蛋白（Fd）和其他的 FeS 蛋白；细胞色素 b_6、b_{563}和 f；质体醌（PQ）；含铜的质体蓝素（PC）；脱镁叶绿素 a（Pheo. a）；可能的叶绿素 a（A）；醌（Q，可能是质体醌）

光系统Ⅰ（PSⅠ）和光系统Ⅱ（PSⅡ）参与非循环光合磷酸化，循环光合磷酸化只有光系统Ⅰ参与，从水中吸收电子的放氧复合体（OEC）含有锰离子和物质 Z，它负责把电子转移到 PSⅡ反应中心

电子也可以在包括两个光系统的非循环路径中转移。P700 受激发并释放电子到铁氧还蛋白，如前所述。在非循环的路径中，还原的铁氧还蛋白将 $NADP^+$ 还原成 NADPH（图 5-93）。电子提供给 $NADP^+$后，就不能用来还原氧化的 P700，因此需要光系统Ⅱ参加反应。光系统Ⅱ提供电子给氧化的 P700，在此过程中产生 ATP。光系统Ⅱ的天线系统吸收光能激发 P680，然后 P680 还原脱镁叶绿素 a。脱镁叶绿素 a 是两个氢原子取代了中央的镁原子的叶绿素 a。随后，电子转移到质体醌库，然后沿电子传递链到 P700。虽然 P700 已被还原，如果要接受更多的能量，P680 也必须被还原。图 5-93 表明，P680 的标准还原电势比 O_2/H_2O 的更大，因此，H_2O 可以提供电子给 P680，并引发氧气的释放。借助两个光系统的能量，电子从 H_2O 流到 $NADP^+$，通过非循环光合磷酸化（noncyclic photophosphorylation）合成 ATP。每 2 个电子通过非循环途径，可能形成 1 个 ATP 和 1 个 NADPH。

正如线粒体的电子传递，光合电子传递也发生在膜上。叶绿体基粒的膜包括两个光系统和它们的天线系统。如图 5-94 所示类囊体的膜通过化学渗透机制进行非循环光合磷酸化。在光合电子传递过程中，质子泵到类囊体内，当返回到基质时，产生 ATP。有证据表明，基质片层只有光系统Ⅰ，独自参加循环光合磷酸化。在蓝细菌中，光合作用的光反应在细胞膜上。

4.2　不产氧光合作用

某些细菌采用另一种光合作用，叫做不产氧光合作用。由于水不作为电子的来源，因此这种光能营养的过程不产氧。这一过程采用的光合色素不同于产氧光合作用，产生还原力的方式也不同，并且只有一个光系统参与。三大类群的细菌进行不产氧的光合作用：光能营养的绿色细菌、光能营养的紫色细菌和日光杆菌。

不产氧光合作用的叶绿素是细菌叶绿素（图 5-91）。细菌叶绿素的最大吸收波长比叶绿素的要长。细菌叶绿素 a 和 b 的最大吸收波长分别为 775nm 和 790nm。在体内的最大吸收波长分别是 830～890nm（叶绿素 a）和 1020～1040nm（叶绿素 b）。这种最大吸收波长向红外区的移动使细菌能更好的适应它们的生境。

不产氧光合作用只有一个光系统，因此被限制成循环的电子流，不能从水中产生氧气。事实上，几乎所有的不产氧光能营养型微生物都是厌氧的。图 5-95 是紫色非硫细菌光合电子传递链的一个假设图。当特殊的反应中心细菌叶绿素对 P870 受到激发，提供电子给细菌脱镁叶绿素后，电子流到醌，并通过电子传递链返回

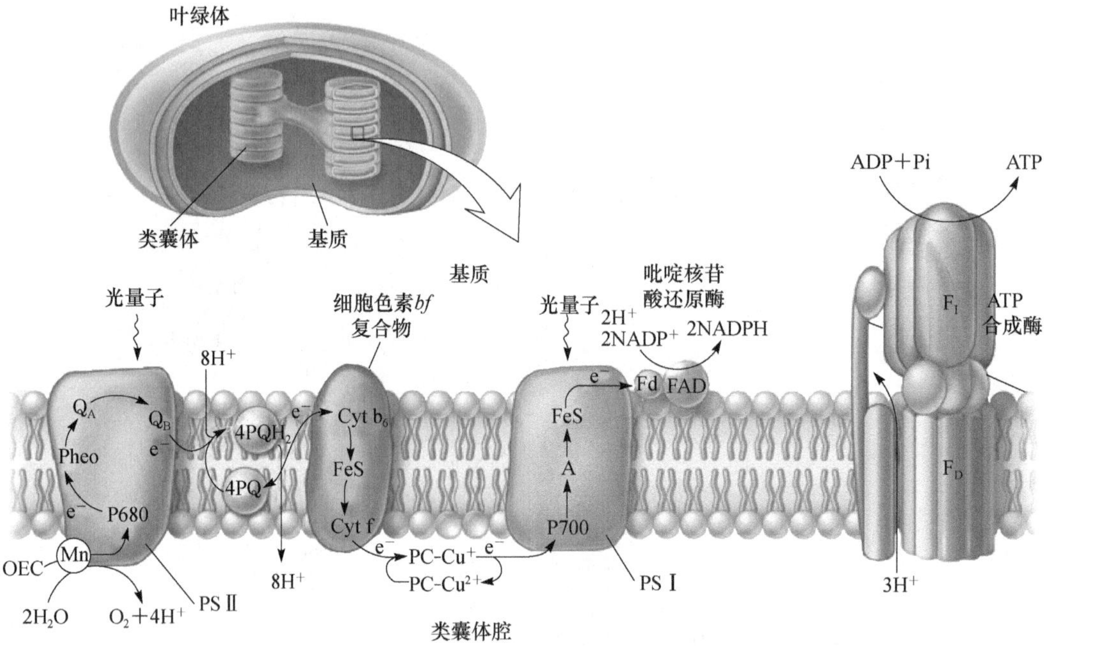

图 5-94　光合作用的机制（Willey et al.，2008）

图示叶绿体类囊体膜，表明光合电子传递链的功能和非循环光合磷酸化，此链由三种复合物组成：PSⅠ、细胞色素 bf 复合物和 PSⅡ两个可溶的电子载体连接这三个复合物，质体蓝素（PC）连接 PSⅠ和细胞色素 bf 复合物，质体醌（PQH）连接细胞色素 bf 复合物和 PSⅡ，光驱动的电子流使质子穿过类囊体膜泵到类囊体腔，产生电化学梯度，用来生成 ATP，水是电子的来源，放氧复合体（OEC）产生氧

P870，产生足够的质子动力，驱动 ATP 的生成。值得注意的是，虽然绿色细菌和紫色细菌都只有一个光系统，但紫色细菌的光合作用装置与光系统Ⅱ类似，而绿色硫细菌的与光系统Ⅰ类似。

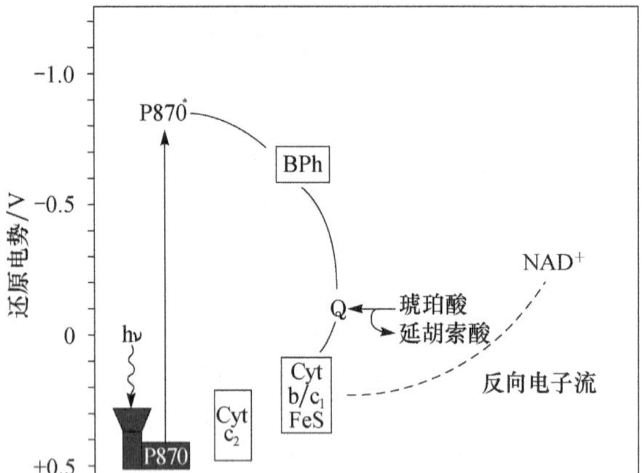

图 5-95　紫色非硫细菌的光合作用（Willey et al.，2008）

紫色非硫细菌类球红细菌（*Rhodobacter sphaeroides*）的光合电子传递系统，这个图示是不完整的且是假设的

Bph 代表细菌脱镁叶绿素

不产氧光能营养型微生物面临着更大的困难，因为它们也需要还原力［NAD(P)H 或还原的铁氧还蛋白］，用来固定 CO_2 或进行其他的生物合成。根据细菌的不同，至少有三种产生还原力的方式。有些有氢化酶，可通过氧化氢气直接产生还原力。光合的紫细菌必须用反向的电子流产生 NAD（P）H（图 5-95）。这种机制是利用 PMF 或 ATP 的水解，把电子从光合的电子传递链中拽下来，并推向 NAD（P）$^+$。来自硫化氢、单质硫或有机化合物等电子供体的电子，替代了上述过程中电子传递链中被移走的电子。光能营养的绿色细菌和日光杆菌也必须从电子传递链中拽出电子。然而，由于传递链中上述过程发生之处的还原电势比 NAD$^+$ 和氧化型的铁氧还蛋白低，电子自发地流向这些电子受体（图 5-96）。

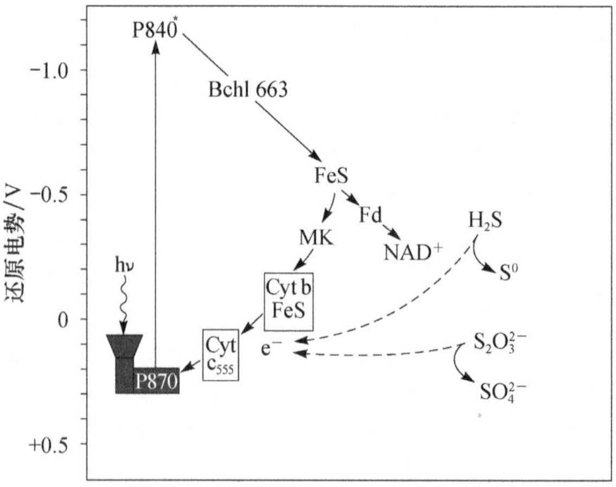

图 5-96　绿色硫细菌的光合作用（Willey et al.，2008）

绿色硫细菌泥生绿菌（*Chlorobium limicola*）的电子传递系统，利用光能通过循环光合磷酸化合成 ATP 以及从 $S_2O_3^{2-}$ 和 H_2S 转移电子到 NAD$^+$。电子传递链中的醌类化合物是甲基萘醌（MK）

4.3　视紫红质为基础的光合作用

产氧光合作用和不产氧光合作用都是以叶绿素为基础的，也就是说叶绿素或菌绿素是吸收光和启动光能到化学能转化的主要色素。以上两种光能营养型，仅在真核生物和细菌中观察到，至今还没有在古菌中发现。但是一些古菌也能利用光能作为能源，它们不是利用叶绿素，而是利用叫做细菌视紫红质的膜蛋白。盐沼盐杆菌（*Halobacterium salinarum*）就是一种这样的嗜盐古菌。

盐沼盐杆菌通常依靠有氧呼吸氧化有机物作为能源。然而在低氧和高光强度的条件下，能合成细菌视紫红质。细菌视紫红质是一种深紫色的色素，同脊椎动物眼睛的杆细胞和锥细胞的视紫红质非常相似。细菌视紫红质的发色团是视黄醛，属于类胡萝卜素。视黄醛共价地结合在色素蛋白上。而色素蛋白嵌入细胞质膜中，从而使视黄醛在膜的中部。

细菌视紫红质的功能如光驱动的质子泵。视黄醛吸收光，释放质子，细菌视紫红质经一系列的构象改变，转移质子到周质空间（图 5-97）。光驱动的质子泵产生了 pH 梯度，经化学渗透，产生 ATP。这种光能营养的能力对盐杆菌特别有用，因为在浓缩的盐溶液中，氧溶解度低，在盐杆菌的生境中可能降低到极低的水

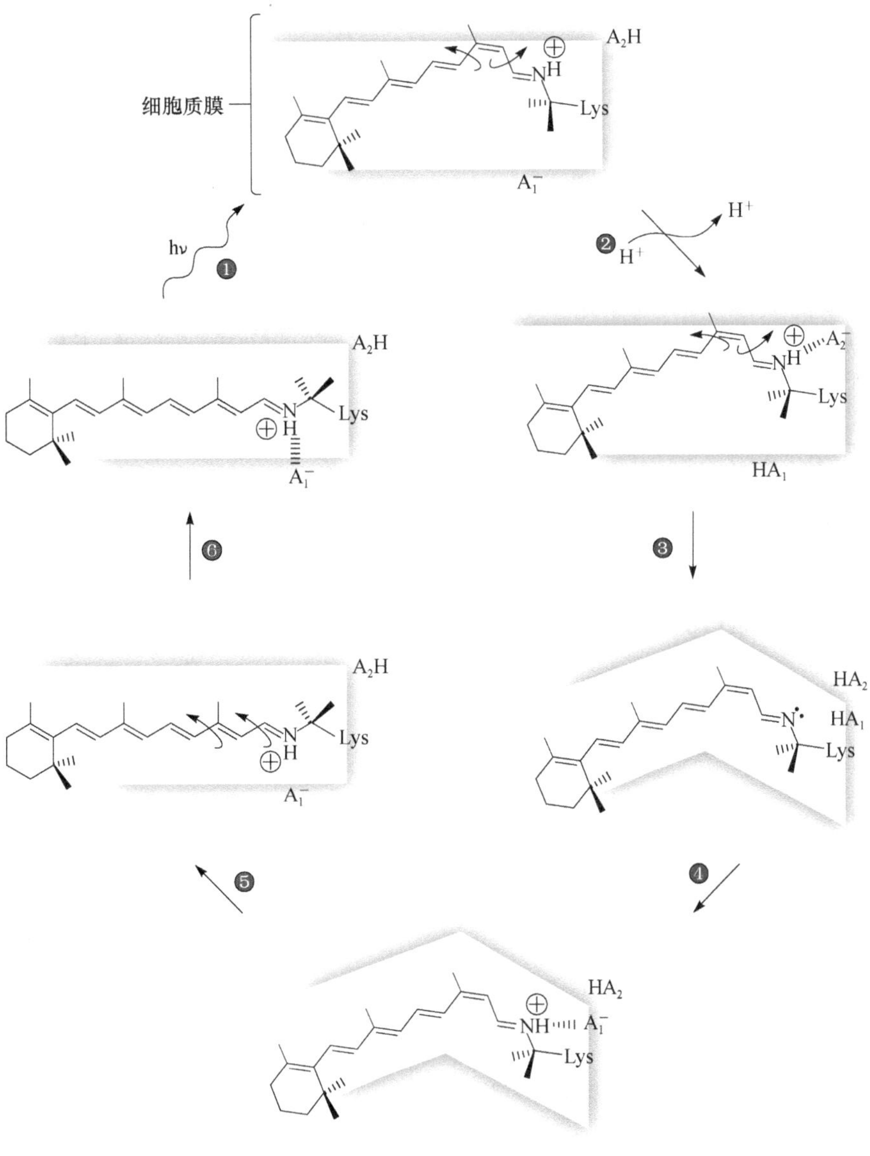

图 5-97　细菌视紫红质的光循环（Willey et al.，2008）

在这个假设的机制中，细菌视紫红质的组成成分视黄醛埋在细胞膜里，视黄醛同两个氨基酸 A_1 和 A_2（天冬氨酸 96 和 85）相互作用，能可逆的接受和释放质子，A_2 同胞外相连，A_1 靠近细胞内

①：视黄醛吸收的光引发从 13-反-视黄醛到 13-顺-视黄醛的异构化；②，③：A_2 释放一个质子到膜外，而 A_1 同时从膜内吸收另一个质子，视黄醛提供一个质子给 A_2；④，⑤：视黄醛从 A_1 获得质子，又异构回 13-反的构型；⑥：新的循环又准备开始

平。当周围环境短暂缺氧时，古菌利用光能合成足够的ATP来生存，直到氧的水平再次升高。它能通过光能营养，在短暂缺氧的压力下生存。这种光能营养的方式不涉及电子传递。曾经认为以视紫红质为基础的光能营养型微生物只属于古菌，但最近在一些变形菌门的菌（变形菌视紫红质）和一种真菌中发现了质子泵视紫红质。

思 考 题

1. 异养微生物在厌氧条件下如何获得TCA循环的中间产物?
2. 原核生物与真核生物的电子传递链有何不同?
3. 甲烷生成中，一碳载体和电子载体的辅酶各是什么?
4. 简述硝酸盐呼吸和硫酸盐呼吸。硝酸盐呼吸与同化型硝酸盐还原有何不同?
5. 为什么甲烷营养型微生物是好氧菌?
6. 比较化能无机营养型微生物和化能有机营养型微生物。
7. 比较产氧光合作用、不产氧光合作用及以视紫红质为基础的ATP合成系统。
8. 请解释以下现象：*E. coli* 在发酵葡萄糖时，当在培养基中加入 NO_3^-，生长变快（产生 NO_2^-），当培养基中通入空气，生长更加迅速（不再产生 NO_2^-）。

主要参考文献

李季伦，张伟新，杨启瑞，等. 1993. 微生物生理学. 北京：北京农业大学出版社.

王镜岩，朱圣庚，徐长法. 2002. 生物化学. 3版. 北京：高等教育出版社.

Madigan M T，Martinko J M，Dunlap P V，et al. 2009. Brock Biology of Microorganisms. 12th ed. San Francisco：Pearson Education，Inc..

Madigan M T，Martinko J M，Stahl D A，et al. 2012. Brock Biology of Microorganisms. 13th ed. San Francisco：Pearson Education，Inc..

Moat A G，Foster J W，Spector M P. 2002. Microbial Physiology. 4th ed. New York：Wiley-Liss Inc.

Moat A G，Foster J W，Spector M P. 2009. 微生物生理学. 4版. 李颖，文莹，关国华，等译. 北京：高等教育出版社.

Willey J M，Sherwood L M，Woolverton C J. 2008. Prescott，Harley，and Klein's Microbiology. 7th ed. New York：The McGraw-Hill Companies Inc..

第6章 微生物的合成代谢

微生物需要能量（如 ATP）、还原力（如 $NADH_2$ 或 $NADPH_2$）和一些小分子的物质或分解代谢过程中的中间产物才能合成大分子化合物。对于自养微生物，尤其是严格自养微生物，它们可以不需要任何有机物，仅利用无机物即可合成全部细胞物质。对于异养微生物，合成细胞物质所需的小分子物质来自有机的小分子化合物。这些小分子物质可以从外界吸收，但更多是靠分解营养物质获得。

本章主要有 4 个部分，包括 ATP 在生物合成中的利用；与碳有关的合成代谢；脂类的合成；含氮有机化合物的合成等。生物大分子（如 DNA、RNA 和蛋白质）的合成和加工将在第 7 章讲述。

第 1 节 ATP 的利用

合成代谢是一个耗能过程，所需能量来自有机物的分解、无机物的氧化或来自光能。但不论通过什么途径产生的能量，都是以 ATP 的形式参与细胞物质的合成。在生活的微生物细胞内，能量主要用于以下几个方面。

1.1 生物合成消耗能量

在细胞内绝大多数的 ATP 都用于蛋白质、核酸、脂类和多糖等的合成，特别是蛋白质的合成需要消耗大约 90%的 ATP。表 6-1 为大肠杆菌中的生物合成，由此表可以看出在大肠杆菌中 ATP 的消耗情况。

表 6-1 大肠杆菌中的生物合成

细胞组分	分子数/细胞[a]	合成的分子数/s	消耗的 ATP 数/s
DNA	1[b]	0.000 83	60 000
RNA	15 000	12.5	75 000
多糖	39 000	32.5	65 000
脂类	15 000 000	12 500.0	87 000
蛋白质	1 700 000	1 400.0	2 120 000

资料来源：Prescott 等（2008）。

a：每个细胞的体积为 2.25μm^3，质量为 1×10^{-12}g，干重为 2.5×10^{-13}g，20min 分裂一次。

b：细菌可有多个基因组 DNA。

1.2 维持能量

实验证明，细胞中的蛋白质、核酸的合成和降解总是不停地进行，在数量上保持一种动态平衡。通常把这种现象称为转换（turnover）。有人曾指出，在既存活又不再繁殖（称为静息细胞）的大肠杆菌和酵母菌中，的确存在转换现象。蛋白质的转换速度随环境条件而异。在生长的群体中，转换率很少超过每小时 2%～3%，但当细胞处于饥饿状态时，其转换速度将提高。如大肠杆菌在对数生长期，蛋白质以每小时 7.1%的速度进行转换。核酸也如此，mRNA 的半衰期很短，只不过几分钟，因为它在不断更新。所有微生物都要消耗一些 ATP，用于维持其生命的完整性。这些 ATP 主要是用于合成大分子物质，如蛋白质、核酸等，以补充转换过程中所降解的蛋白质和核酸等。

有人根据实验计算，阴沟肠杆菌（*Enterobacter cloacae*）的维持系数［maintenance coefficient，即在某种条件下，单位时间内每个（或每克）细菌细胞消耗的用于生长之外的某种含有能量的底物摩尔数或质量数］在 1h 内，好氧生长时，1g 干细胞需要 0.09g 葡萄糖；厌氧生长时，1g 干细胞需要 0.47g 葡萄糖。这是因为在好氧条件下能产生更多的 ATP，所以消耗葡萄糖少。在厌氧条件下维持 1g 干细胞所需要的 ATP 大约是合成 1g 干菌体所需 ATP 的 1/20。

1.3　消耗于溶质摄取的能量

在溶质主动运输和基团转移运输的过程中要消耗能量，然而很难计算 ATP 的消耗量。因为目前尚不能计算出有多少 ATP 消耗在主动运输或基团运输中，或通过不需消耗能量的渗透作用摄取营养，所以估计会有一部分能量是消耗在主动运输和基团转移运输中，其分子机制有待阐明。

1.4　产生热

在需 ATP 的合成反应中，ATP 水解时，释放出的能量并非全部被利用。例如，水解 1mol ATP 可释放 30.5kJ 能量，而合成 1 个酰胺键或酯键，仅需要 12.6kJ 能量，其余以热的形式散失。微生物产生的热，可以用热量计算出。一般认为以热的形式消耗的 ATP，占 ATP 总量的百分数并不大。大肠杆菌 1g 干细胞 1h 有 4.186kJ 的能量是以热的形式释放出的，果蝇为 0.42kJ，人为 0.042kJ。由此可见微生物产生的热量较多。

1.5　消耗于运动的能量

具有鞭毛的微生物，它们的运动也消耗能量，曾有人计算，某些藻类用于鞭毛运动所消耗的能量约占总产能量的 10%。

1.6　ATP 库

所有微生物在正常生长情况下，都含有少量自由 ATP，常称为 ATP 库，一般 1g 干细胞中含 10～32μmol 的自由 ATP，与产生 1g 干细胞所消耗的 ATP 量相比其量甚微。

第 2 节　二氧化碳的固定

将空气中 CO_2 同化成细胞物质的过程称为 CO_2 固定作用。绝大多数微生物都能固定 CO_2，但只有自养微生物才能将 CO_2 作为唯一的或基本的碳源。蓝细菌和化能自养微生物所固定的碳占地球碳固定的 40%以上。异养微生物也可固定 CO_2 作为补助的碳源。在 CO_2 的固定中需消耗大量的能量和还原力。CO_2 的固定方式有自养型和异养型两种。

2.1　自养型 CO_2 固定

自养微生物包括光能自养和化能自养，它们对 CO_2 的固定可通过卡尔文循环、还原的三羧酸循环、还原的单羧酸循环、厌氧乙酰-CoA 途径、3-羟基丙酸等途径进行。

2.1.1　卡尔文循环

这个途径最初是由卡尔文（Calvin）等研究绿藻的光合作用时查明的，所以称为卡尔文循环（Calvin cycle）。有时也称 Calvin-Benson 循环或还原性戊糖磷酸循环，由于循环中涉及 1,5-二磷酸核酮糖（RuBP），又称为二磷酸核酮糖循环。

卡尔文循环是大多数光能自养或好氧性化能自养微生物所共有的途径。本途径的特有酶为 1,5-二磷酸核酮糖羧化酶（ribulose-1,5-bisphosphate carboxylase oxygenase，RuBisCO）、5-磷酸核酮糖激酶和 1,7-二磷酸景天庚酮糖磷酸酯酶。经卡尔文循环固定 CO_2 的过程可分为 3 个阶段（图 6-1），分别是：羧化阶段（或称 CO_2 的固定阶段）、还原阶段、再生阶段（或称 CO_2 受体的再生阶段）。

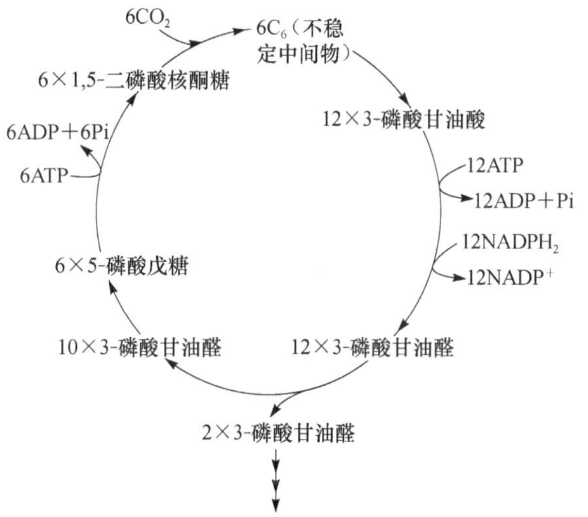

图 6-1　精简的卡尔文循环

1. 羧化阶段

羧化阶段也就是 CO_2 的固定阶段，是指将 CO_2 固定到一有机物上。该反应是在 1,5-二磷酸核酮糖羧化酶的催化下，以 1,5-二磷酸核酮糖作为 CO_2 的受体，生成一个六碳的中间化合物，此化合物不稳定，随即水解成 2 分子 3-磷酸甘油酸。

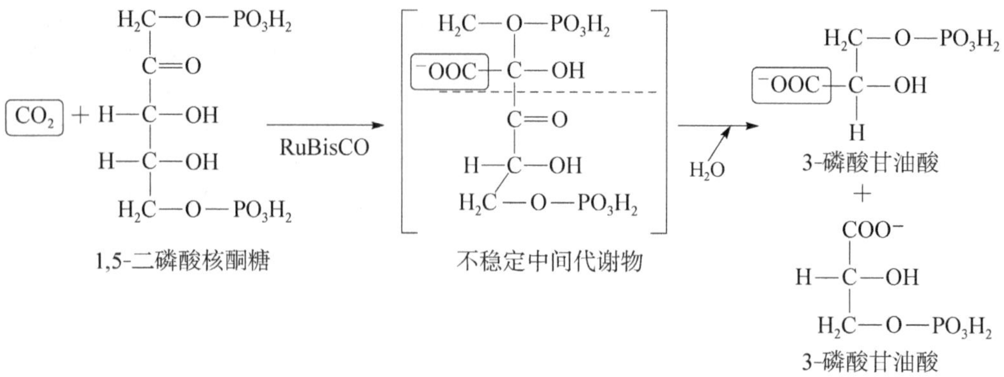

在上述反应式中，2分子的3-磷酸甘油酸中，只有一个3-磷酸甘油酸分子中的羧基来自CO_2（见反应式中方框内部分）。3-磷酸甘油酸是CO_2固定过程中的第一个稳定中间产物。被固定在3-磷酸甘油酸分子中的碳原子与CO_2中的碳原子一样，具有同样的氧化水平，只有经过还原阶段，才能使来自CO_2的碳原子还原到碳水化合物的氧化水平。

2. 还原阶段

还原阶段包括两步反应：①3-磷酸甘油酸在3-磷酸甘油酸激酶催化下被磷酸化生成1,3-二磷酸甘油酸，反应中消耗1分子ATP，目的是将要被还原的羧基活化；②1,3-二磷酸甘油酸在3-磷酸甘油醛脱氢酶催化下，被$NADPH_2$还原，形成3-磷酸甘油醛。

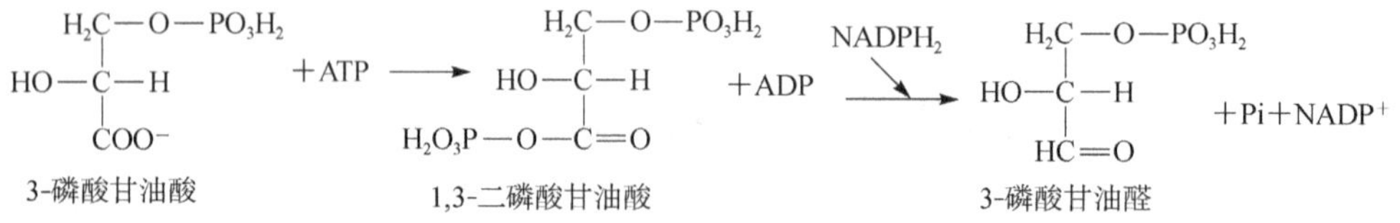

3-磷酸甘油醛脱氢酶是糖酵解（EMP）途径和卡尔文循环中所共有的酶。在EMP反应中是以NAD^+为辅酶，所催化的反应是糖的降解与氧化；而在卡尔文循环中是以$NADPH_2$为辅酶，所催化的反应是生物合成与还原。这种差异很重要，因为这样可以使一个酶在不同条件下催化两种性质不同的反应，各自行使功能。这也是细胞如何将生物合成与降解途径分开的一个手段。

3. 再生阶段

CO_2固定生成的3-磷酸甘油醛，一部分被用于代谢活动或合成己糖。另一部分则转化（异构）为磷酸二羟丙酮，后者再与另一分子3-磷酸甘油醛缩合成1,6-二磷酸果糖，并经水解脱磷酸生成6-磷酸果糖。所生成的6-磷酸果糖又和另一分子3-磷酸甘油醛经转酮酶催化，生成5-磷酸木酮糖和4-磷酸赤藓糖。所生成的4-磷酸赤藓糖，在醛缩酶催化下，与另一分子磷酸二羟丙酮缩合成1,7-二磷酸景天庚酮糖。后者经磷酸酯酶催化，水解掉C1位上的磷酸基团，而生成7-磷酸景天庚酮糖，这是一个不可逆反应，保证卡尔文循环沿合成方向进行。

由上述一系列反应所生成的7-磷酸景天庚酮糖在转酮酶催化下与另一分子3-磷酸甘油醛反应，生成5-磷酸木酮糖和5-磷酸核糖，5-磷酸核糖经异构化生成5-磷酸核酮糖，5-磷酸木酮糖经表异构化也生成5-磷酸核酮糖。这些5-磷酸核酮糖在5-磷酸核酮糖激酶的催化下，消耗能量ATP，形成1,5-二磷酸核酮糖，因而使CO_2的受体得以再生，接受CO_2，重复上述一系列的反应，最终结局是将CO_2同化成为己糖，在此过程中消耗了大量的ATP和$NADPH_2$。

1,5-二磷酸核酮糖的再生，是卡尔文循环的特有反应，它的再生需要能量，是不可逆反应，需要5-磷酸核酮糖激酶催化。精简的卡尔文循环如图6-1所示。

4. 卡尔文循环中的关键酶系

卡尔文循环中有一些途径（被固定的CO_2的还原）与EMP相似，CO_2受体再生的过程又与戊糖磷酸途径（HMP）中的某些反应相似。但是卡尔文循环有自身的关键酶系，而且这些酶系所催化的反应都是不可逆的，它们是RuBisCO，1,7-二磷酸景天庚酮糖磷酸酯酶和5-磷酸核酮糖激酶。由于这些酶存在，保证了卡尔文循环能沿合成方向运行。

2009年以来，对RuBisCO的分离、提纯及其结构进行了大量的研究，人们期待着通过改造它，以提高固定CO_2的效率，从而获得农业丰收。因此，对微生物的RuBisCO的研究也引起了许多学者的兴趣。从各种自养菌中分离这种酶并研究它的基本特性，发现来源于细菌的这种酶与来自高等植物的不完全相同。高等植物的RuBisCO是由大（L）、小（S）两个亚单位组成的复合体。每个亚单位又分别由8个相同的多肽链组成，因此它的结构是L_8S_8。但在细菌中，则变异甚大，有的只有大亚单位，没有小亚单位，表6-2比较了一些化能自养菌的RuBisCO的分子特性。

在研究蓝细菌对CO_2的固定时发现，固定CO_2的酶系分布于像“器官”一样的蛋白质性质的羧酶体（carboxysome）上，并与细胞质的其他部分在空间上分隔开来。羧酶体的结构为二十面体，外壳上有碳酸酐酶（carbonic anhydrase）和 RuBisCO，能够让带负电荷的底物 HCO_3^- 和 1,5-二磷酸核酮糖进入羧酶体内部，但却将竞争性底物 O_2 排除在外。在羧酶体内部，碳酸酐酶将 HCO_3^- 催化形成 CO_2，然后交给 1,5-二磷酸核酮糖，在 RuBisCO 催化下，形成 3-磷酸甘油酸。羧酶体在细胞质内借助细胞骨架蛋白 ParA（cytoskeletal protein ParA）的作用将其排列成线型。当蓝细菌细胞分裂时，骨架蛋白 ParA 还可使羧酶体平均分配到子细胞中。

表 6-2　一些化能自养菌 RuBisCO 分子特性

菌　名	沉降系数	相对分子质量	亚单位组成
活动消化菌	17.8	470 000	$(L, L)_3S_8$
Wautersia eutropha	18.2	505 000	L_8，S_8
Hydrogenomonas eutropha	20.0	516 000	L_5，L_8，S_8
脱氮硫杆菌	—	350 000	L_6
脱氮假单胞菌	14.0	513 000	L_8，S_8
居间硫杆菌	18.1	460 000	L_8
新型硫杆菌	18.5	500 000	（L，S）相对比例尚未测

注：L 表示大亚单位；S 表示小亚单位；—表示未测定。

5. 卡尔文循环的能量计算

卡尔文循环每运行一周可将 6 分子 CO_2 同化成 1 分子葡萄糖。为此需要 6 分子 1,5-二磷酸核酮糖分别作为 CO_2 的受体，共生成 12 分子 3-磷酸甘油酸，在此羧化阶段，并不消耗能量。大量的能量消耗是在 3-磷酸甘油酸被还原成 3-磷酸甘油醛的还原阶段，共计消耗 12 分子 ATP 和 12 分子 $NADPH_2$。在还原阶段所生成的 12 分子 3-磷酸甘油醛中，有 2 分子被用以缩合成 1 分子葡萄糖，其余 10 分子 3-磷酸甘油醛参与 CO_2 受体分子再生的复杂反应系列，最终又组建成 6 分子的 1,5-二磷酸核酮糖。在这个复杂的反应系列中，除最后一步反应由 5-磷酸核酮糖生成 1,5-二磷酸核酮糖需要 ATP 外（共需要 6 分子 ATP），其他反应都不需要外加能量。因此，每合成 1 分子葡萄糖，需要固定 6 分子 CO_2，消耗 18 分子 ATP 和 12 分子 $NADPH_2$，总反应式为

$$6CO_2 + 12NADPH_2 + 18ATP \longrightarrow C_6H_{12}O_6 + 12NADP^+ + 18ADP + 18Pi$$

ATP 和 $NADPH_2$ 被称为同化力，在光合生物中是靠光能形成的，在无机自养细菌中则靠氧化无机物获得。

卡尔文循环的能量转化效率相当高，18mol ATP 约计 586.04 kJ，12mol $NADPH_2$ 约计 2574.39kJ，即每合成 lmol 葡萄糖需输入 3160.43kJ。而 1mol 葡萄糖被彻底氧化时，会放出约 2804.62kJ。因此，有 90%的能量被储存在合成产物葡萄糖分子中，只有 10%的输入能量消耗于卡尔文循环的运行中，能量转化效率很高。

2.1.2　还原的三羧酸循环

还原的三羧酸循环（reduced tricarboxylic acid cycle，rTCA）是在某些光合细菌，如嗜硫绿菌（*Chlorobium thiosulfatophilum*）、紫色硫细菌、紫色非硫细菌等光合细菌中发现的。这个循环与 TCA 循环的逆反应极为相似，因为 TCA 循环是氧化脱羧的过程，逆反应就应是还原固定 CO_2 的过程，所以称作还原的三羧酸循环。这是自养型 CO_2 固定的第 2 种方式。与前面提到的卡尔文循环相比，还原的三羧酸循环不能形成葡萄糖，而且是在厌氧条件下及有还原型铁氧还蛋白的存在时才能够进行。在这些光合细菌中所具有的还原的三羧酸循环可以替代卡尔文循环，特别是细胞内没有 RuBisCO 时，也可使这类光合细菌固定 CO_2。整个循环的过程如图 6-2 所示。

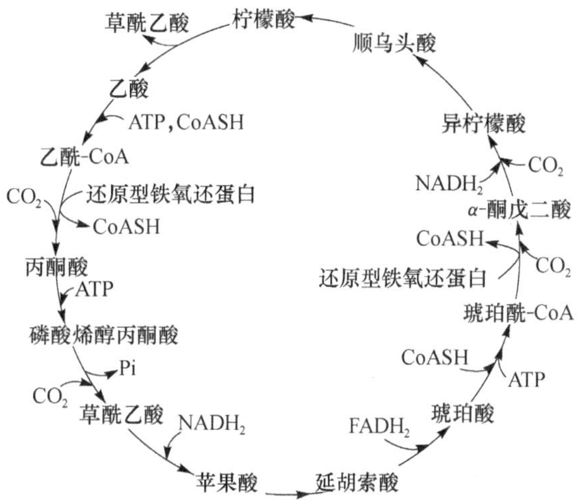

图 6-2　嗜硫绿硫细菌固定 CO_2 的还原的三羧酸循环

在这个途径中有两步关键反应：①乙酰-CoA 的还原羧化反应。在还原型铁氧还蛋白参与下，由丙酮酸合成酶催化，还原羧化成丙酮酸。②琥珀酰-CoA 的还原羧化反应。该反应也是在还原型铁氧还蛋白参与下，由 α-酮戊二酸合成酶催化，还原羧化成 α-酮戊二酸。这两步反应是在厌氧条件下，靠还原型铁氧还蛋白推动进行的。一般好氧微生物没有这种固定 CO_2 的能力。

还原的三羧酸循环的第一步是乙酰-CoA 还原羧化成丙酮酸。所生成的丙酮酸经丙酮酸磷酸二激酶催化，生成 PEP，后者再被羧化成草酰乙酸，草酰乙酸经一系列反应转化为琥珀酰-CoA，再被还原羧化成 α-酮戊二酸。α-酮戊二酸转化为柠檬酸后，裂解成乙酸和草酰乙酸。乙酸经乙酰-CoA 合成酶催化生成乙酰-CoA，完成循环反应。在此循环反应中，除合成丙酮酸和 α-酮戊二酸两个反应外，其他反应都是可逆的。

每循环一次，固定 4 分子 CO_2，合成 1 分子草酰乙酸并消耗 3 分子 ATP，2 分子 NAD(P)H_2 和 1 分子 $FADH_2$。

像这样的循环途径称为完整的还原的三羧酸循环。

还有一种与上述循环相似的途径，只有α-酮戊二酸合成酶，无丙酮酸合成酶，故每循环一次固定 2 分子 CO_2，生成 1 分子乙酰-CoA，这一循环称为短的还原三羧酸循环（图 6-3）。

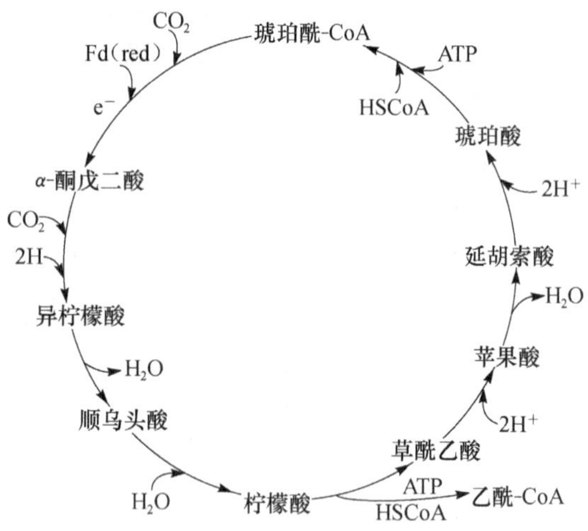

图 6-3　短的还原三羧酸循环

有人推测，还原的三羧酸循环是 TCA 循环的逆转，特别是短还原三羧酸循环更是如此。逆转的原因是光能使铁氧还蛋白还原，并发生光合磷酸化反应，于是使 TCA 循环反应向反方向进行。

还原的三羧酸循环广泛地存在于嗜硫绿硫细菌及其他光合细菌中。一般认为，还原的三羧酸循环是固定 CO_2 的辅助体系。嗜硫代硫酸盐绿菌没有二磷酸核酮糖羧化酶，因此在该菌中固定 CO_2 主要是由这个循环途径完成。

2.1.3　还原的单羧酸循环

还原的单羧酸循环（reductive monocarboxylic acid cycle）是在克氏梭菌（*Clostridium kluyveri*）中发现的，这种菌能将 CO_2 直接转化成甲酸。因在循环中，只涉及单羧酸（丙酮酸和甲酸），所以称为还原的单羧酸循环（图 6-4）。整个循环中只涉及两种酶：丙酮酸合成酶和丙酮酸-甲酸裂解酶，不需要 ATP，只需供给 Fd（red）就可运转。

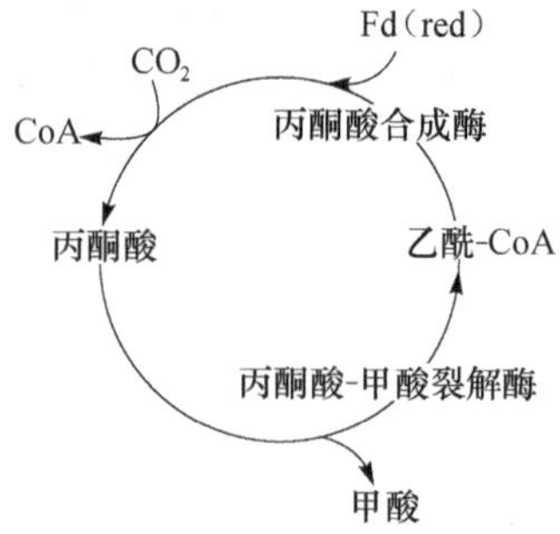

图 6-4　还原的单羧酸循环

在 Fd（red）的存在下，由丙酮酸合成酶催化，将 CO_2 同化到乙酰-CoA 上，形成丙酮酸，之后丙酮酸被丙酮酸-甲酸裂解酶裂解形成乙酰-CoA 和甲酸。在循环中所需的 Fd(red) 是由 H_2 或 $NADH_2$ 提供电子而生成的。

2.1.4　厌氧乙酰-CoA 途径

厌氧乙酰-CoA（anaerobic acetyl-CoA pathway）是产乙酸菌、硫酸盐还原菌和产甲烷菌等细菌在厌氧条件下对 CO_2 进行固定的一条途径。该途径又称作 Wood 途径，是美国的科学家 Harland G. Wood（1907～1991）用了 30 多年的时间才阐明的一条途径。这条途径可能是生命形成初期重要的合成有机物的方式，因为它只以 2 分子的 CO_2 即能合成乙酸，要比通过复杂的卡尔文循环更经济和快捷。该途径的详细过程见图 6-5。关键酶为一氧化碳脱氢酶，产物为乙酸。总反应为

$$4H_2+2CO_2 \longrightarrow CH_3COOH+2H_2O$$

2.1.5　3-羟基丙酸途径

3-羟基丙酸途径（3-hydroxypropionate pathway，or 3-OHP pathway）是 Strauss 和 Fuchs 两人于 1993 年发

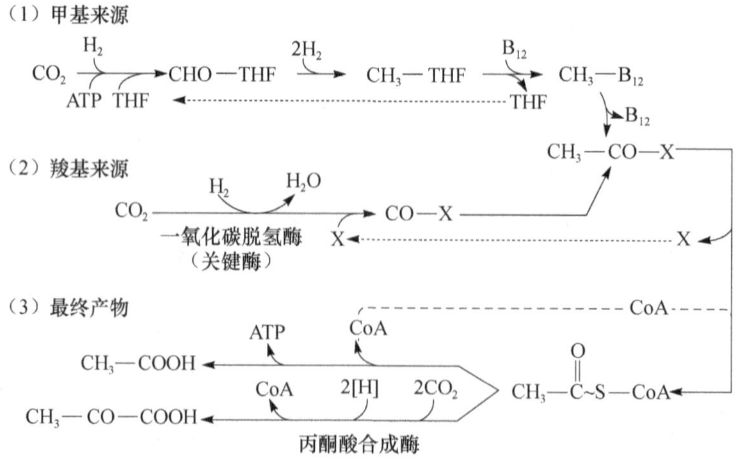

图 6-5　厌氧乙酰-CoA 途径

THF：四氢叶酸

现的一条新的 CO_2 固定途径，存在于能进行光合作用的橙色绿屈挠菌（*Chloroflexus aurantiacus*）和多种嗜酸嗜热的古菌中。比较基因组学的研究已证明该途径在光合细菌中存在。该途径中的关键代谢中间产物为 3-羟基丙酸，在生物代谢过程中十分罕见，并且涉及多种在其他的自养 CO_2 固定途径中并不常见的多功能酶。3-羟基丙酸途径还是一个双循环偶联的代谢过程，这一点也与其他途径明显不同。这两个循环分别命名为 3-羟基丙酸循环（图 6-6A）和甲基苹果酸循环（图 6-6B）。CO_2 的受体为乙酰辅酶 A 和丙酰辅酶 A，固定 3 分子的

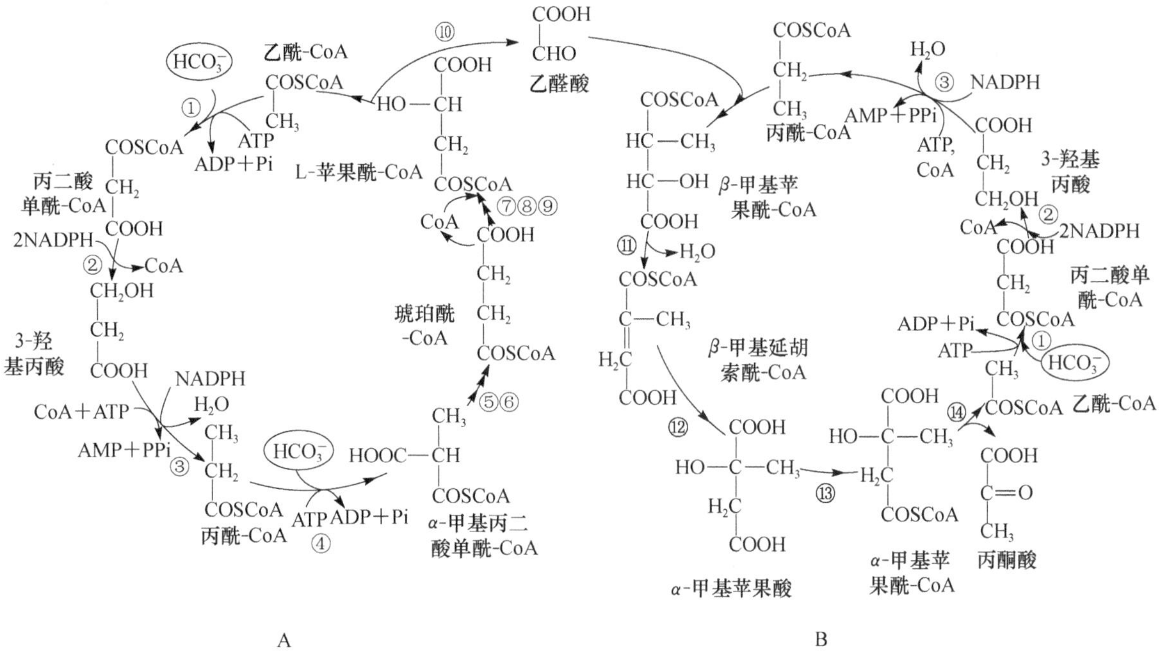

图 6-6　橙色绿屈挠菌中的 3-羟基丙酸途径

A：3-羟基丙酸循环；B：甲基苹果酸循环

图中各酶的名称为：①乙酰-CoA 羧化酶（E. C. 6. 4. 1. 2）；②丙二酰单酰-CoA 还原酶；③丙酰-CoA 合成酶；④丙酰-CoA 羧化酶（E. C. 6. 4. 1. 3）；⑤甲基丙酸单酰-CoA 异构酶（E. C. 5. 1. 99. 1）；⑥α-甲基丙二酰-CoA 变化酶（E. C. 5. 4. 99. 2）；⑦琥珀酰-CoA-L-苹果酸 CoA 转移酶（E. C. 1. 3. 99. 1）；⑧琥珀酸脱氢酶；⑨延胡索酸水合酶；⑩L-苹果酰-CoA/β-甲基苹果酰-CoA 裂合酶（E. C. 4. 1. 3. 24）；⑪⑫酶未知；⑬琥珀酰-CoA：α-甲基苹果酸-CoA 转移酶（E. C. 2. 8. 3. -）；⑭α-甲基苹果酰-CoA 裂合酶（E. C. 4. 1. 3. 25）

CO_2 后最终形成产物丙酮酸。总反应为

$$3HCO_3 + 6NADPH + 5ATP + 4H^+ + FAD \longrightarrow CH_3COCOOH + 6NADP^+ + 3ADP + 3Pi + 2AMP + 2PPi + H_2O + FADH_2$$

上述的 5 种自养型微生物 CO_2 固定的共同特点是，CO_2 被固定在一有机物受体上。这些接受了 CO_2 的受体分子经过一系列的反应，将 CO_2 组成碳水化合物，并重新生成该受体。

目前大规模燃烧化石能源造成 CO_2 的大量排放是造成温室效应的主要原因。而 CO_2 作为最廉价、最丰富的碳资源，广泛存在于自然界中。对 CO_2 的固定途径及其机制的深入研究有助于人们更加全面地认识和理解地球上的碳循环过程，有助于人们解决日益恶化的生态环境问题，有助于人们更好地利用自然界中的碳资源。同时 CO_2 同化过程中形成的终产物或中间代谢产物也是可供利用的化学产品的来源之一。

2.2　异养型 CO_2 固定

异养微生物依靠固定 CO_2 生成四碳或六碳二羧酸，补充 TCA 循环的中间产物，维持 TCA 循环的正常运行（因此又称 TCA 循环的回补反应）。为什么要补充 TCA 循环的中间产物呢？这是因为 TCA 循环中的中间产物被用作生物合成的原材料，如果不加以补充，TCA 循环就不能正常运行。在生物体内，这种现象十分普遍。通常情况下，TCA 循环中约有一半的中间代谢物被抽去用作氨基酸和嘧啶合成的原料。

作为异养微生物 CO_2 固定的受体化合物有：磷酸烯醇丙酮酸（PEP）、丙酮酸、α-酮戊二酸等。它们接受 CO_2 后可以形成草酰乙酸、苹果酸、异柠檬酸。下面一些酶可以催化上述 CO_2 的固定反应。

① PEP-羧化酶，催化 PEP 生成草酰乙酸并产生无机磷酸。

② PEP-羧基激酶，催化 PEP 生成草酰乙酸，同时使 ADP 转为 ATP。

③ 丙酮酸羧化酶，催化丙酮酸羧化成草酰乙酸，并使 ATP 转化成 ADP 和 Pi，反应中需要生物素。

④ 苹果酸酶，催化丙酮酸还原羧化成苹果酸，以 NAD(P)H_2 为供氢体。

⑤ 异柠檬酸脱氢酶，催化 α-酮戊二酸还原羧化成异柠檬酸，需要 NAD(P)H_2。

毫无疑问，以上几种酶，并不是同时存在于一个有机体中。例如，肠杆菌科就以 PEP-羧化酶为主，催化固定 CO_2 的反应。在异养微生物中，至少有一个酶催化 CO_2 的固定。此外，在脂肪酸合成、核苷酸合成和瓜氨酸合成中都有 CO_2 的固定。如乙酰-CoA 在乙酰-CoA 羧化酶的催化下生成丙二酰-CoA，此反应需要生物素和 ATP，反应如下

乙酰-CoA＋CO_2＋ATP ⟶ 丙二酰-CoA＋ADP＋Pi

在核苷酸合成中也有固定 CO_2 的反应，如嘌呤核苷酸合成中，5-氨基咪唑核糖-5-磷酸与 CO_2 反应，生成 5-氨基-4-羧基咪唑核糖-5-磷酸。还有 CO_2 和 NH_3 在氨甲酰磷酸合成酶催化下，生成氨甲酰磷酸，作为合成 UMP 的起始物或参与瓜氨酸的合成，详见核苷酸合成及氨基酸合成部分。

异养型固定 CO_2 的方式，在许多微生物中都有，甚至某些自养的光合细菌也有此种反应方式。这种固定 CO_2 的方式的特点是 CO_2 被固定在某种有机物（主要是有机酸）中，结果是加长了碳链，使来自 CO_2 的碳原子也可用于某些物质的生物合成。

第 3 节　一碳、二碳化合物的同化

一碳化合物包括甲烷、甲醇、甲酸、甲基胺等，二碳化合物包括甘氨酸、乙醇酸、草酸等。

3.1　一碳化合物的同化

一碳化合物的同化又称为甲基营养菌的碳同化途径。同化途径有丝氨酸途径（serine pathway）和单磷酸核酮糖途径（ribulose monophosphate，RuMP）。

甲基营养菌是一群能够利用一碳甲基化合物作为能源和碳源进行生长的革兰氏阴性细菌。它们的特点是：具有丰富的内膜系统（图 6-7），甲烷氧化的酶系存在于内膜中，在内膜上进行甲烷的氧化，其中甲烷单加氧酶系统是可溶性的。甲醛可以被甲基营养菌吸收用作生长的碳源与能源。根据它们一碳甲基化合物种类的不同可将它们分为两个亚群，即专性甲基营养菌和兼性甲基营养菌。

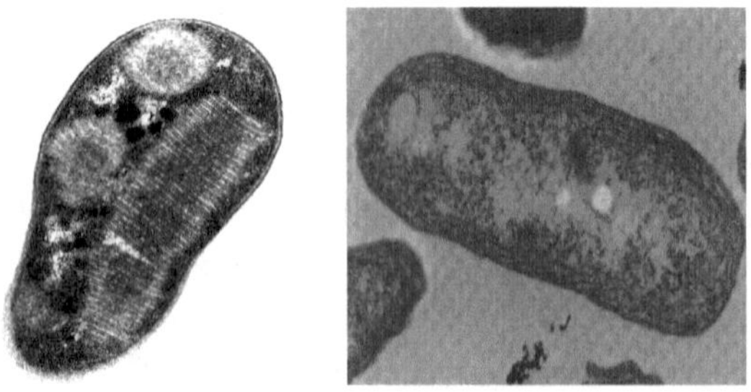

A　　　　B

图 6-7　甲基营养菌的内膜系统

A：海洋甲基单胞菌；B：甲基孢囊菌

3.1.1　专性甲基营养菌

这类细菌仅利用甲烷进行生长，其他物质如甲醇和二甲醚仅起维持作用（参与共代谢，不用于生长。它们能氧化甲酸、乙烯或乙醇，但不能作为生长的基质，只是将它们氧化成 CO_2 和乙醛）。硝酸盐、NH_4^+ 是这类细菌生长的氮源。有时将这类细菌称为甲烷营养菌。如甲基单胞菌属（*Methylomonas*）等。观察海洋甲基单胞菌（*Methylomonas pelagica*）的电子显微镜照片（图 6-7A），具有形状为圆盘形的Ⅰ型内膜系统。在海洋甲基单胞菌中，甲烷先被氧化为甲醇，再进一步氧化为甲醛，之后甲醛经单磷酸核酮糖途径而被同化。

甲基孢囊菌属（*Methylocystis*）也属于专性甲基营养菌。它具有与海洋甲基单胞菌不同的内膜系统，是Ⅱ型的内膜系统（图 6-7B），它是片状，与细胞平行分布。甲基孢囊菌属是通过丝氨酸途径同化甲醛的，与海洋甲基单胞菌同化甲醛的途径不同。

3.1.2　兼性甲基营养菌

这类细菌能利用许多碳源（包括一碳甲基化合物、有机酸、乙醇和糖类等）进行生长，其中大多数能利用甲醇和甲基胺，但它们不能利用甲烷。这类菌的代表有：生丝微菌属（*Hyphomicrobium*）、假单胞菌属、芽孢杆菌属和弧菌属（*Vibrio*）。它们可以通过丝氨酸途径同化甲醛。一碳化合物先被氧化为甲醛，然后经不同途径而被固定。例如，甲烷先被氧化为甲醇，再进一步被氧化为甲醛，然后甲醛通过单磷酸核酮糖途径或丝氨酸途径而被同化。CO_2 也可通过丝氨酸途径而被同化。

3.1.3　丝氨酸途径

在这个途径中，甲醛被固定成乙酰-CoA，乙酰-CoA 可参加下一步反应。这里甲醛的受体是甘氨酸，如图 6-8 所示。

在上述循环中有 3 个关键酶，即丝氨酸-乙醛酸转氨基酶、羟基丙酮酸还原酶、苹果酰-CoA 裂解酶。丝氨酸循环的最终结果是同化 1 分子的甲醛和 1 分子的 CO_2，生成两个碳的乙酰-CoA。丝氨酸循环提供给细胞

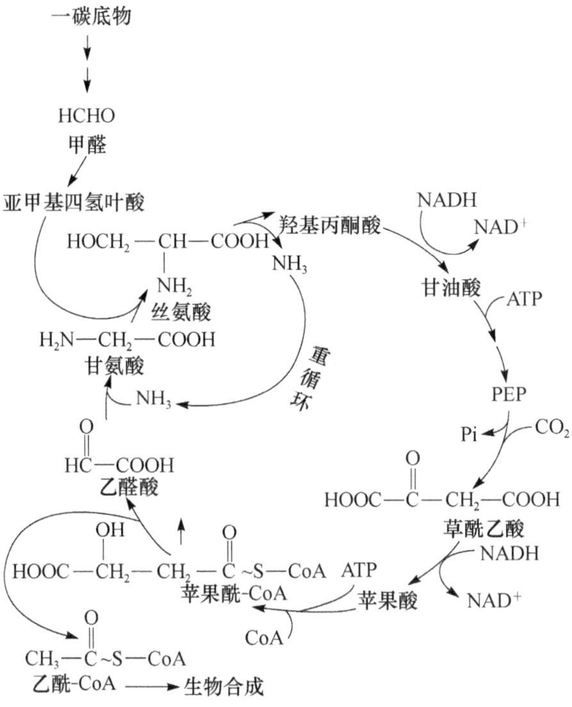

图 6-8　丝氨酸途径

生物合成的 PEP 和草酰乙酸是不充分的。然而如果这个循环与柠檬酸酶、顺乌头酸酶及异柠檬酸裂解酶所催化的反应联系在一起，可满足细胞对 PEP 和草酰乙酸的需要（图 6-9）。实际上，通过上述两个循环，由 2 分子甲醛和 2 分子 CO_2 生成 1 分子琥珀酸，而琥珀酸可进一步用于生物合成代谢。甲基弯曲菌属及一些兼性一碳甲基化合物利用细菌都具有丝氨酸-异柠檬酸裂解酶途径。

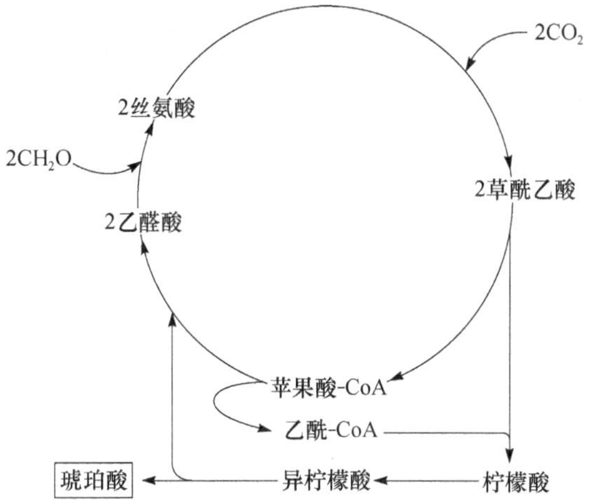

图 6-9　丝氨酸循环与异柠檬酸裂解酶途径相偶联

3.1.4　单磷酸核酮糖途径

单磷酸核酮糖途径类似于卡尔文循环，其中涉及糖骨架的重排。该途径可分为 3 个阶段。第Ⅰ阶段：5-磷酸核酮糖与甲醛缩合生成 6-磷酸己酮糖，然后异构化为 6-磷酸果糖。第Ⅱ阶段：6-磷酸果糖被磷酸化形成 1,6-二磷酸果糖，后者被裂解生成 3-磷酸甘油醛和磷酸二羟丙酮，磷酸二羟丙酮转化成丙酮酸后可进一步参与生物合成。第Ⅲ阶段：6-磷酸果糖与 3-磷酸甘油醛经转羟乙醛酶与转二羟基丙酮基酶复合物的催化，使得糖骨架进行重排又形成 5-磷酸核酮糖。单磷酸核酮糖途径见图 6-10。

在单磷酸核酮糖中的关键反应分别是由 3-己酮糖-6-磷酸合成酶（3-hexulose-6-phosphate synthase，HPS）和 6-磷酸-3-己酮糖异构酶（6-phosphate-3-hexuloisomerase，PHI）催化的两步反应（图 6-10）。只要检

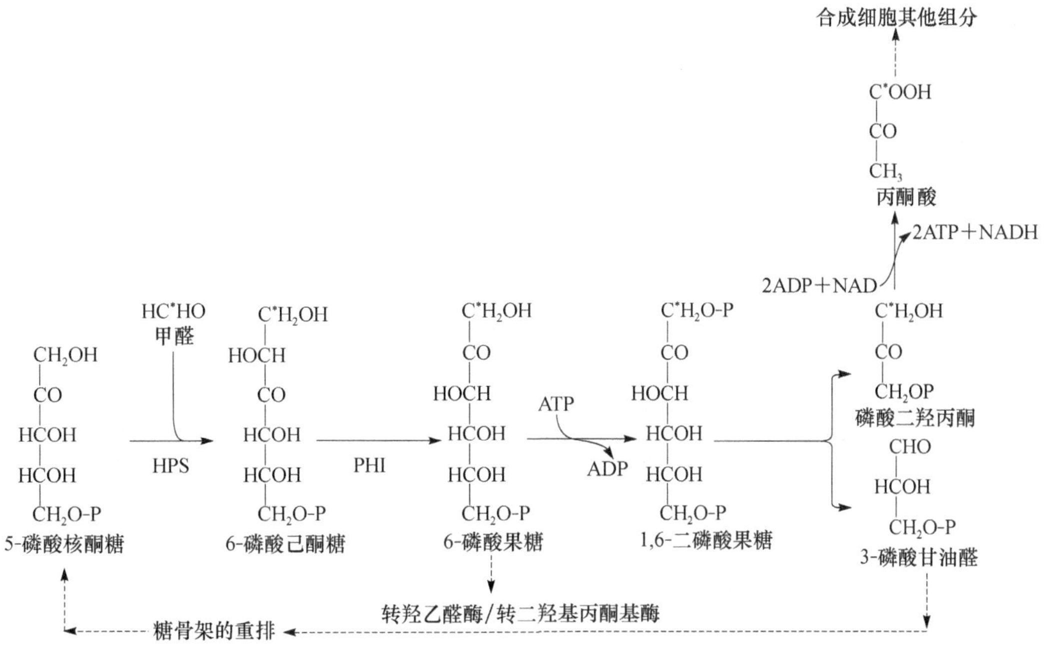

图 6-10　单磷酸核酮糖途径

HPS：3-己酮糖-6-磷酸合成酶；PHI：6-磷酸-3-己酮糖异构酶；C*：标记的碳原子

查利用甲醛生长的有机体内是否存在这两种酶的活性，就可以确定该有机体是否有这条甲醛吸收的途径。

现已发现，在甲基球菌属（*Methylococcus*）和甲基单胞菌属的一些菌种中都具有这条单磷酸核酮糖途径。兼性甲基营养菌通过丝氨酸-异柠檬酸裂解酶途径或通过单磷酸核酮糖途径，同化甲醛进行生长，但是不能利用甲烷。这类细菌能够将自然界取之不尽的一碳化合物变为菌体蛋白质，因此深入研究甲基营养菌的代谢具有重要的实际意义。

3.2　二碳化合物的同化

二碳化合物的同化涉及两条途径，一条是同化乙酸的乙醛酸循环；另一条为同化甘氨酸、乙醇酸和草酸的甘油酸途径。

3.2.1　乙醛酸循环

有些厌氧梭菌可以通过还原的单羧酸循环将乙酰-CoA 羧化成丙酮酸，但好氧微生物没有这种能力。好氧微生物以乙酸作为唯一碳源而生长时，一方面可以将乙酸通过 TCA 循环氧化成 CO_2 和 H_2O，从而获得能量；另一方面也可以通过乙醛酸循环（glyoxylate cycle）将乙酸合成 TCA 循环的中间产物（图 6-11）（因为乙醛酸循环与 TCA 循环有密切的关系，所以可将乙醛酸循环看作 TCA 循环的支路）。乙醛酸循环的全过程如下。

① 2 乙酸＋2ATP＋2CoASH ⟷ 2 乙酰-CoA＋2ADP＋2Pi

催化此反应的酶为乙酰-CoA 合成酶，有些微生物是不能利用乙酸作为唯一碳源和能源的。这是因为乙酸在被利用之前必须转变成为乙酰-CoA，才能进入 TCA 循环或乙醛酸循环，单乙酸是不行的。生成乙酰-CoA 的酶称为乙酰-CoA 合成酶。如果微生物细胞内没有这种酶，就无法利用乙酸作为唯一的碳源和能源而生长。

② 乙酰-CoA＋草酰乙酸＋H_2O ⟷ 柠檬酸＋CoASH（由柠檬酸合成酶催化，这一步与 TCA 循环一样）

③ 柠檬酸 ⟷ 顺乌头酸 ⟷ 异柠檬酸（由顺乌头酸酶催化，这一步也与 TCA 循环一样）

④ 异柠檬酸 ⟷ 琥珀酸＋乙醛酸［由异柠檬酸裂解酶（isocitrate lyase）催化，是乙醛酸循环的关键酶］

⑤ 乙酰-CoA＋乙醛酸＋H_2O ⟷ 苹果酸＋CoASH［由苹果酸合成酶（malate synthase）催化，是乙醛酸循环的第二个关键酶］

⑥ 苹果酸＋NAD^+ ⟷ 草酰乙酸＋$NADH_2$（由苹果酸脱氢酶催化，这一步也与 TCA 循环一样）

循环的总反应式为

能量交换：$NADH_2 + 1/2O_2 + 3ADP + 3Pi \longrightarrow NAD^+ + 3ATP + H_2O$

物质转换：2 乙酰-CoA$+NAD^+ + 2H_2O \longrightarrow$ 琥珀酸$+2CoA+NADH+H^+$

这样通过乙醛酸循环，固定 2 分子的乙酸，生成 1 分子的琥珀酸。

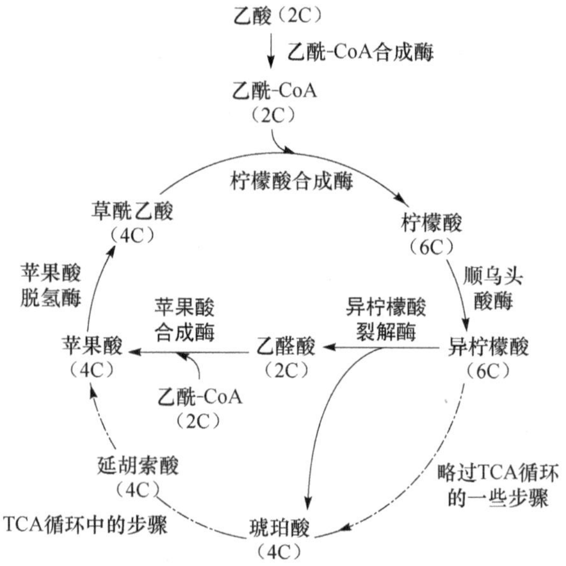

图 6-11　乙醛酸循环

循环中的关键酶用黑体标记。TCA 循环中一些步骤用虚线标示，乙醛酸循环不经过这些步骤。苹果酸脱氢酶、柠檬酸合成酶和顺乌头酸酶为 TCA 循环和乙醛酸循环的共同酶

可以看出，乙醛酸循环和 TCA 循环有密切的关系，有 3 步反应是一样的。当微生物以乙酸为唯一的碳源时，可以通过乙醛酸循环生成 TCA 循环的中间代谢物，还可产生部分的能量。另外乙醛酸循环还有其他的功能，例如，生成的琥珀酸转变为草酰乙酸后，脱羧生成 PEP（草酰乙酸＋GTP ⟷ PEP＋GDP＋CO_2）；由 PEP 逆 EMP 途径生成葡萄糖；当脂肪酸降解成乙酰-CoA 后（见脂肪酸的降解），也可通过乙醛酸循环合成四碳二羧酸，再进一步转变为糖类。

此外，草酰乙酸和乙醛酸经氨化，分别生成天冬氨酸和甘氨酸，成为蛋白质的组成成分。由此看来，乙醛酸循环在微生物代谢中是很重要的。

乙醛酸循环比较普遍地存在于好氧的微生物界。细菌中的醋酸杆菌属，根瘤菌属，大肠杆菌、产气气杆菌（*Aerobacter aerogenes*）、脱氮小球菌（*Micrococcus denitrificans*）和荧光假单胞杆菌（*Pseudomonas fluorescens*）等，真菌中的酵母菌、黑曲霉和青霉（*Penicillium* spp.）等，都已证明有乙醛酸循环，它们可以利用乙酸作为唯一碳源和能源而生长。

3.2.2　甘油酸途径

乙酸可以通过乙醛酸循环进行同化，而其他的二碳化合物如甘氨酸、乙醇酸和草酸等，则以另外的方式补充 TCA 循环的中间产物。这些物质都要先转化成乙醛酸。乙醇酸和甘氨酸经氧化生成乙醛酸，草酸经还原作用生成乙醛酸。然后 2 分子乙醛酸在乙醛酸连接酶的催化下，缩合成羟基丙酸半醛：即 2 乙醛酸⟶羟基丙酸半醛。羟基丙酸半醛在还原酶的催化下生成甘油酸：羟基丙酸半醛＋$NADH_2$⟶甘油酸＋NAD^+。

甘油酸经磷酸化后进入 EMP 途径后半部，生成 PEP 和丙酮酸，它们接受 CO_2，生成四碳二羧酸，进入 TCA 循环。由乙醛酸生成甘油酸的途径，称为甘油酸途径（glyceric aicd pathway）（图 6-12）。在许多微生物中都有这个途径，因此可以乙醇酸、草酸、甘氨酸等二碳化合物作为唯一碳源而生长。

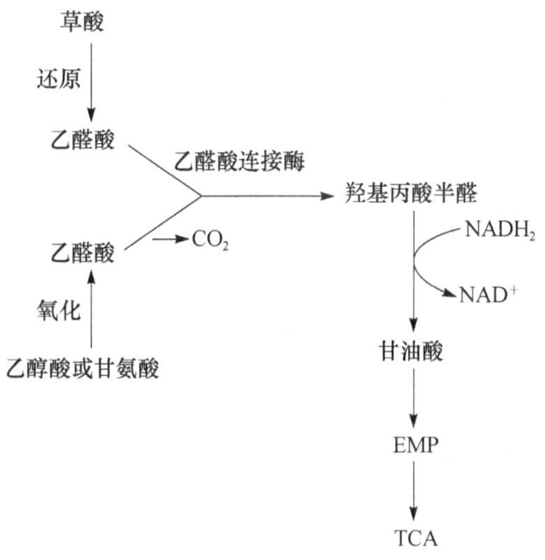

图 6-12　甘油酸途径

第 4 节　糖类的合成

单糖在微生物中很少以游离形式出现。通常它们是以多糖或其他多聚体的形式存在，或者以少量的糖磷酸酯和糖核苷酸的形式存在。单糖和多糖的合成对自养和异养微生物的生命活动具有十分重要的意义，在细菌荚膜、细胞壁的形成中尤为重要。

4.1　单糖的合成

无论自养微生物还是异养微生物，其合成单糖的途径都是合成葡萄糖的前体，再通过 EMP 途径的逆行而合成葡萄糖-6-磷酸，然后再转化为其他的糖或双糖及多糖。用于合成葡萄糖的前体物质有：甘油醛-3-磷酸、PEP、丙酮酸、草酰乙酸（OA）。

图 6-13 是由丙酮酸逆 EMP 途径生成葡萄糖的途径。在整个途径中，有 3 步反应是不可逆的，见图 6-13 中的单向向上箭头所示的过程。形成葡萄糖或者形成葡萄糖-6-磷酸后，可以转化为其他的含糖物质，如形成糖原、双糖或其他的糖（如半乳糖、甘露糖等）。

在葡萄糖合成中，为什么要以甘油醛-3-磷酸、PEP、丙酮酸、草酰乙酸 4 种化合物为前体呢？这是因为这 4 种化合物常与其他的代谢途径相连接。如下面的例子。

① 自养微生物通过卡尔文循环可产生甘油醛-3-磷酸；通过还原的三羧酸循环可产生草酰乙酸或乙酰-CoA。

② 异养微生物利用乙酸为碳源，通过乙醛酸循环产生草酰乙酸；利用乙醇酸、草酸、甘氨酸为碳源时，通过甘油酸途径产生甘油酸，被还原后形成甘油醛-3-磷酸；以乳酸为碳源时，可直接氧化成丙酮酸。

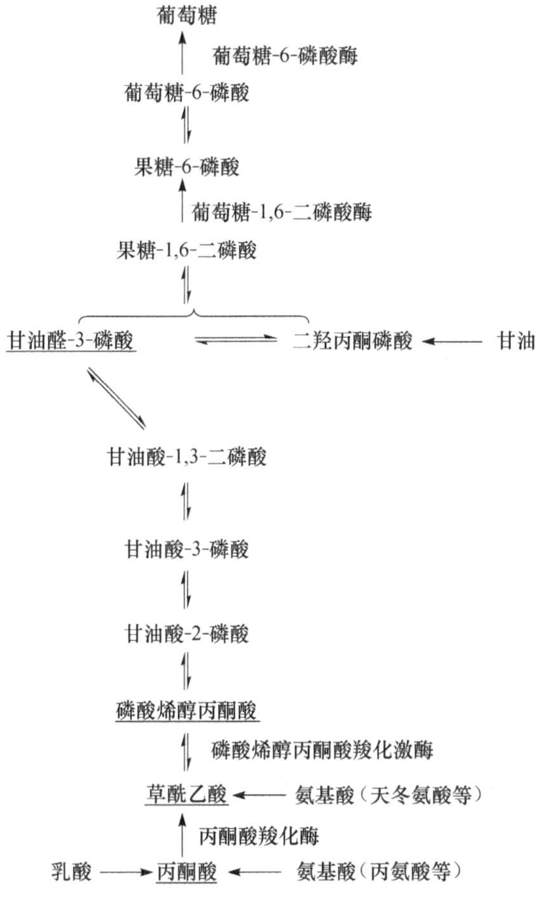

图 6-13　丙酮酸逆 EMP 途径生成葡萄糖的途径
（下划线者为前体物质）

一些生糖氨基酸也可作为合成葡萄糖的前体物质，它们可代谢成 TCA 循环的中间产物，再转化为葡萄糖合成的前体。如谷氨酸和天冬氨酸分别经脱氨作用用转变为 α-酮戊二酸和草酰乙酸，α-酮戊二酸再转为草酰乙酸。有些氨基酸如亮氨酸降解后生成乙酰-CoA，乙酰-

CoA再转化为草酰乙酸。色氨酸、半胱氨酸、胱氨酸、苹果酸降解后可生成丙酮酸。

③ 甲基营养菌利用一碳化合物时，可通过丝氨酸途径生成乙酰-CoA或单磷酸核酮糖途径产生甘油醛-3-磷酸。

总之，微生物可通过各种途径合成葡萄糖的前体物质，如丙酮酸、草酰乙酸、PEP、甘油醛-3-磷酸等。

合成代谢并不完全是分解代谢的逆反应。对于大肠杆菌来说，草酰乙酸可借助于丙酮酸羧化酶所催化的逆反应生成丙酮酸，或借助于PEP-羧化激酶所催化的逆反应生成PEP。当以乙酸为碳源时，草酰乙酸则通过PEP-羧化激酶的逆反应生成PEP。当以琥珀酸、苹果酸为碳源时，通过PEP-羧化激酶，使草酰乙酸转化为PEP，苹果酸酶催化苹果酸转化为丙酮酸。

在EMP途径中由PEP转化为丙酮酸的反应是由丙酮酸激酶催化的，这是一个不可逆的放能过程。若由丙酮酸转为PEP，则需要消耗能量，由另外两个酶催化，一个是PEP-合成酶（该酶存在于大肠杆菌中），需要ATP。另一个是丙酮酸磷酸二激酶，需要ATP和Pi，它们能转化为AMP和焦磷酸（图6-14）。以丙酸、乳酸作为唯一碳源时便通过该酶合成PEP，进而合成糖类。绿硫细菌、紫色硫细菌和紫色非硫细菌中都含有丙酮酸磷酸二激酶。

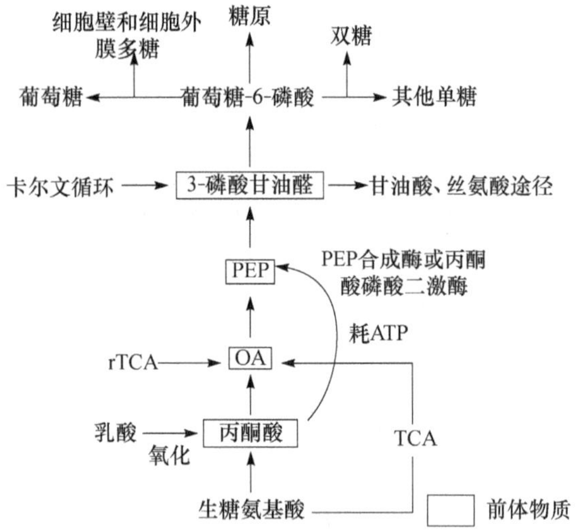

图6-14 已糖合成的主要途径及与其他代谢之间的关系

丙酮酸沿EMP途径逆行，合成果糖-1,6-二磷酸，并通过一个特殊的磷酸酯酶水解脱去一个磷酸，生成果糖-6-磷酸，然后再异构化生成葡萄糖-6-磷酸，进而异构成葡萄糖-1-磷酸。已糖生物合成的主要途径如图6-14所示。

4.2 糖核苷酸的合成及其相互转化

葡萄糖被吸收后，经已糖激酶催化，在消耗ATP的情况下，生成葡萄糖-6-磷酸。葡萄糖若通过基团转位方式进入细胞时，也经过PEP反应被磷酸化，生成葡萄糖-6-磷酸。葡萄糖-6-磷酸再经异构酶催化，转变为葡萄糖-1-磷酸。这些糖的磷酸酯在参与生物合成或相互转化之前，必须先变成激活状态，即变成糖核苷酸。例如，形成UDP-葡萄糖。为什么要由葡萄糖-1-磷酸转变成糖核苷酸后再参与到生物合成中去呢？这是因为葡萄糖-1-磷酸的磷酸键水解时，只产生20.09kJ的热量，而UDP-葡萄糖的磷酸键水解时可产生31.81kJ的热量。在标准情况下，ATP水解为ADP和Pi的标准自由能变化为−30.54kJ/mol。因此，糖核苷酸具有比ATP高的能量水平，这样，在多聚糖的合成中可以不用ATP，而使用糖核苷酸直接掺入到多聚糖的合成当中。

糖核苷酸是单糖与核苷二磷酸结合生成的衍生物。在微生物细胞中发现了多种糖核苷酸，主要是二磷酸核苷单糖，如UDP-葡萄糖，UDP-*N*-乙酰氨基葡萄糖，GDP-甘露糖，TDP-鼠李糖，CDP-阿比可糖等。

糖核苷酸是如何合成的呢？它的合成是在相应的焦磷酸化酶的催化下，单糖-1-磷酸和三磷酸核苷反应而生成的，即在糖-1-磷酸酯的水平上进行焦磷酸化反应。如

$$\text{葡萄糖-1-磷酸}+\text{UTP}\xrightarrow{\text{UDP-葡萄糖焦磷酸化酶}}\text{UDP-葡萄糖}+\text{PPi}$$

这个反应是可逆的，而且焦磷酸化酶对已糖磷酸和三磷酸核苷二者有专一性。因此某种核苷酸只能专一地与特定的糖结合，形成各种不同的糖核苷酸。如1-P-葡萄糖经相应的焦磷酸化酶催化，形成相应的糖核苷二磷酸。而其他的糖的转化主要是通过异构化来进行的。如UDP-葡萄糖在UDP-半乳糖-4-表异构酶的催化下，通过第4位碳原子的表异构作用，生成UDP-半乳糖；而UDP-葡萄糖醛酸经脱羧作用生成UDP-木糖。这个反应虽首先在细菌中发现，但在酵母菌中更为普遍。这是除了磷酸五碳糖外，迄今唯一已知的形成活化五碳糖的机制。

另外，UDP-葡萄糖醛酸异构成UDP-半乳糖醛酸，UDP-*N*-乙酰氨基葡萄糖异构成UDP-*N*-乙酰氨基半乳糖，UDP-阿拉伯糖异构成UDP-木糖。在这些反应中，辅助因子是NAD^+，糖的第4位碳很可能首先被氧化，然后再被还原，从而实现异构作用。已糖核苷酸的第6位碳经氧化作用形成相应的糖醛酸。如

$$\text{GDP-甘露糖}+NAD^+\xrightarrow{\text{GDP-甘露糖脱氢酶}}\text{GDP-甘露糖醛酸}+NADH_2$$

UDP-*N*-乙酰氨基葡萄糖和PEP结合，并经还原作用，生成UDP-*N*-乙酰胞壁酸。这是只有原核生物才具备的一个反应（见肽聚糖合成部分）。

脱氧已糖类的糖核苷酸也可互相转化。其形成过程是在NAD^+存在下，糖核苷酸的已糖部分失去1分子水，形成核苷二磷酸-4-酮基-6-脱氧已糖。例如，岩藻糖、鼠李糖都是6-脱氧已糖。GDP-甘露糖可转化成GDP-L-岩藻糖，TDP-葡萄糖可转化成TDP-L-鼠李糖。3,6-二脱氧已糖的形成过程也与上述过程相似。例如，

在伤寒杆菌中，CDP-葡萄糖先形成 4 种二脱氧糖的前体，然后再还原成 CDP-蛔卵糖（3,6-二脱氧-L-甘露糖），CDP-阿比可糖（3,6-二脱氧-D-半乳糖），CDP-泊雷糖（3,6-二脱氧-D-葡萄糖），CDP-泊雷糖经表异构化生成 CDP-泰威糖（3,6-二脱氧-D-甘露糖），见图 6-15。

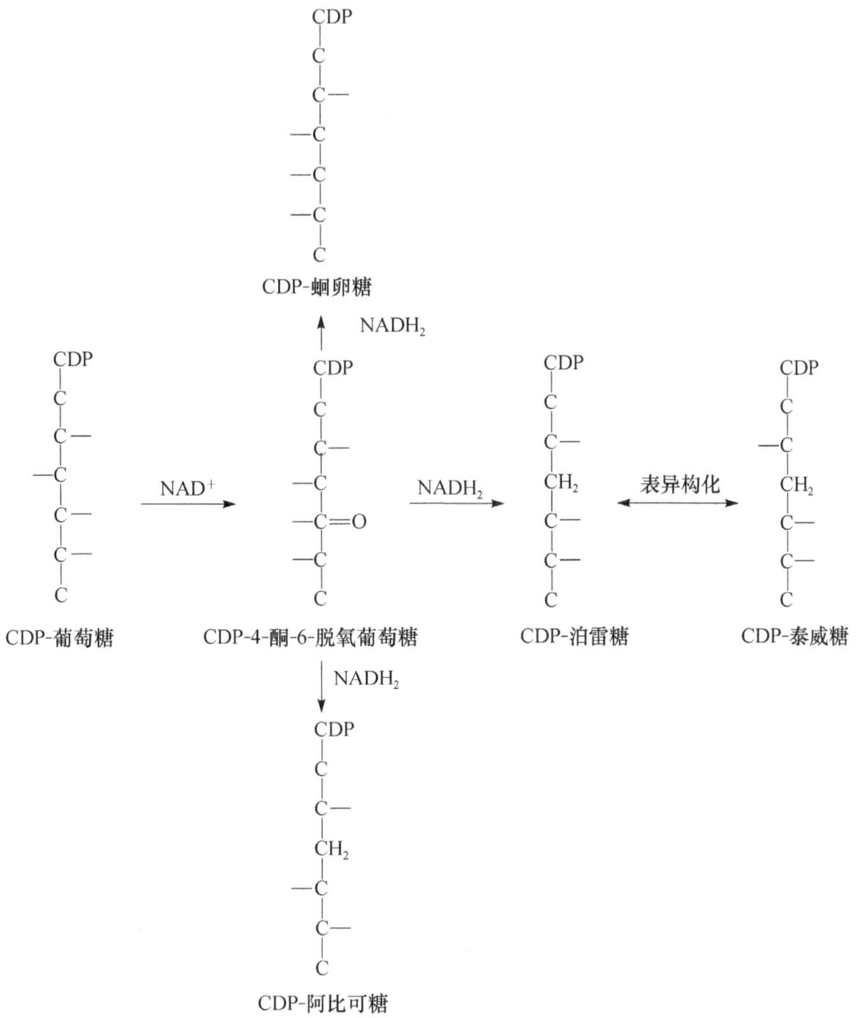

图 6-15　CDP-葡萄糖转化成二脱氧糖的 CDP 衍生物的途径

微生物体中有少数糖磷酸酯也可以相互转化，例如，6-磷酸葡萄糖可直接生成 6-磷酸甘露糖，6-磷酸果糖经氨基化可直接生成 6-磷酸氨基葡萄糖。反应如下

6-磷酸果糖＋谷氨酰胺⟶6-磷酸氨基葡萄糖＋谷氨酸

4.3　多糖的合成

微生物细胞内所含的多糖是一种多聚物，包括同多糖和杂多糖。同多糖（homopoly saccharide）是由相同单糖分子聚合而成的糖类，如糖原、纤维素、甲壳质、多聚葡萄糖、多聚果糖等。杂多糖是由不同单糖分子聚合而成的糖类，如肽聚糖、脂多糖、透明质酸（是一种荚膜多糖）等。除糖原是细胞储存物质外，其余物质均属细胞结构物质。

多糖的合成过程中有 3 个特点：①不需要模板，是由转移酶类的特异性来决定亚单位在多聚链上的次序，这是与蛋白质的合成相比较而言，因为蛋白质的合成要以 mRNA 为模板；②合成的开始阶段，需要引子，引子是多糖的一个小片段，它作为添加单位的受体，如糖原合成中，4 个糖单位以上的物质才能起引子的作用；这个特点类似于 DNA 的复制过程需要引物一样，在引物的末端添加糖的单元；③多糖合成时，由糖核苷酸作为糖基载体，将单糖分子转移到受体分子上，使多糖链逐步加长。在此介绍几种同多糖（一种糖的聚合物）的合成。

4.3.1　多聚葡萄糖和多聚果糖的合成

这两种多糖合成有许多类似的地方，它们所需要的外源底物均为蔗糖，受体分子也为蔗糖。合成过程中所需的能量来自于蔗糖中的糖苷键，而不是 ATP。

多聚葡萄糖合成的单体是葡萄糖，葡萄糖与葡萄糖

之间是 α-1,6-糖苷键相连；多聚果糖合成的单体是果糖，果糖与果糖之间是通过 β-2,6-糖苷键相连。在多聚葡萄糖和多聚果糖合成时，并不是以单体的葡萄糖或果糖开始的，而是从外源的底物蔗糖开始的。这是因为蔗糖内部有糖苷键，它水解的时候释放出一定的能量［ΔG_0 约为－29kJ/mol，与 ATP 水解时的自由能变化（－30.5kJ/mol）相当］供葡萄糖或果糖之间的连接。这样就不必消耗 ATP 了。另外，蔗糖分子又是由葡萄糖（G）和果糖（F）组成的二糖，二者之间以 G（$\alpha_1 \longleftrightarrow \beta_2$）F。当要合成多聚葡萄糖时，由葡萄糖胶蔗糖转移酶催化，依次将果糖移去，剩下的葡萄糖单体聚合在一起形成多聚葡萄糖，最后形成的多聚葡萄糖的一个末端含有一个 β-果糖残基（β—F—α—G—α—G—α—G……—α—G）。当要合成多聚果糖时，由果糖胶蔗糖转移酶催化，依次将葡萄糖移去，剩下的果糖单体聚合在一起形成多聚果糖。正是因为这个原因，这些细菌不能直接由单糖合成葡萄糖胶和果糖胶，所以蔗糖是合成这两种多糖的专一性底物。通常产生葡萄糖胶和果糖胶的细菌也只有在含蔗糖培养基上生长时，才能合成这类物质。能够合成多聚葡萄糖的微生物有肠膜状明串珠菌（*Leuconostoc mesenteroides*）、牛链球菌（*Streptococcus bovis*）等，这些菌合成的多聚葡萄糖构成了胞外黏液层的主要成分。肠膜状明串珠菌只在含糖量高，含氮量低的培养基中，才产生大量的荚膜物质。

在用甘蔗及甜菜生产蔗糖的过程中，经常遭受肠膜状明串珠菌的污染，它能利用蔗糖生成多聚葡萄糖，因而造成蔗糖产量下降。但肠膜状明串珠菌 L. M-1226 将蔗糖发酵后所产生的葡萄糖聚合物经水解后形成右旋糖酐，用途很广：①在医药工业中，用作血浆增量剂，即代血浆，其硫酸酯可阻止脂类代谢异常引起的高血脂动脉硬化；②在食品工业中可作饮料、糕点等制作时的稳定剂、保湿剂、增稠剂等；③在石油、钻井中可用作增黏剂；④生化分离中可用作凝胶过滤的介质——Sephadex（由 α-1,6-葡聚糖与 1-氯-2,3-环氧丙烷反应而成）。

能够合成多聚果糖的微生物有唾液链球菌（*Streptococcus salivarius*）、假单胞菌属和黄单胞菌属（*Xanthomonas*）。唾液链球菌可分泌己糖转移酶，使蔗糖转变为多聚果糖，后者把细菌牢牢地黏附于牙齿表面，细菌发酵糖类产生乳酸并局部累积，严重腐蚀珐琅质引起龋齿。

4.3.2 糖原的合成

大肠杆菌、克氏菌、芽孢杆菌和蓝细菌都可储存糖原。糖原（glycogen）与支链淀粉（amylopectin, the branched form starch）相似，只是糖原的分支较多，每一分支也较短（12～18 个葡萄糖基）。在结构上，糖原的主链是葡萄糖单体通过 α-1,4-糖苷键相连接。在分支的部位则是 α-1,6-糖苷键相连接。

在糖原的合成过程中，需要消耗大量的能量，每延长一个葡萄糖单位就消耗 2 分子 ATP：其中一个用于葡萄糖磷酸化，另一个消耗于糖基载体 ADP-葡萄糖的合成；所需的糖基载体为 ADP-葡萄糖，而不是常见的 UDP-葡萄糖。但是离体研究表明，以 ADP-葡萄糖为底物时，细菌的糖原合成酶活力较高，是以 UDP-葡萄糖为底物时的 100 倍，而且细菌糖原合成酶对含有葡萄糖的其他核苷酸无活力。

细菌合成糖原的具体步骤为：葡萄糖被磷酸化形成 6-磷酸葡萄糖，异构化后形成 1-磷酸葡萄糖；之后在焦磷酸化酶的催化下形成激活态的 ADP-葡萄糖。然后经糖原合成酶作用，ADP-葡萄糖上的葡萄糖通过 α-1,4-糖苷键聚合成直链状的聚合物。当葡萄糖链延长到一定程度之后，在分支酶催化下，将一段 6～8 个葡萄糖残基从主链转移到一个分支点上，形成 α-1,6-糖苷键的分支。新分支一旦形成，又通过 α-1,4-糖苷键继续聚合葡萄糖。

4.3.3 甲壳质、多聚甘露糖、纤维素的合成

甲壳质（几丁质）是 *N*-乙酰氨基葡萄糖通过 β-1,4-糖苷键连接而成的聚合物（图 6-16）。

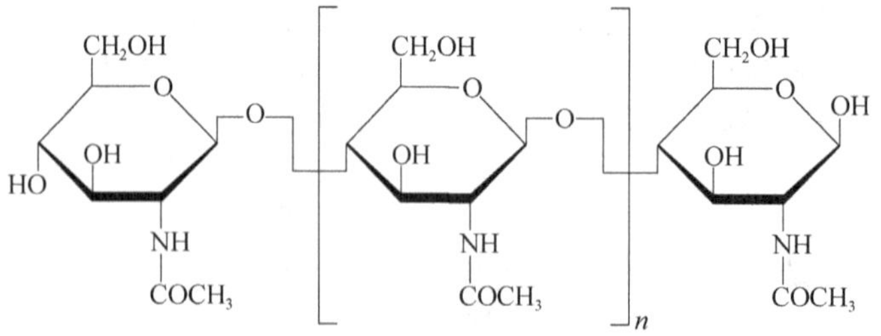

图 6-16 甲壳质的结构

一些真菌和放线菌含有甲壳质合成酶，它可催化 UDP-*N*-乙酰氨基葡萄糖把 *N*-乙酰氨基葡萄糖转移到受体分子上，使甲壳质的链加长。

在酵母菌细胞内以相似的方式，用 UDP-甘露糖作供体，合成多聚甘露糖（polymannose）。

纤维素存在于高等真菌的细胞壁中。一些细菌也可产生纤维素。

纤维素的结构单位是纤维二糖，它由 2 分子葡萄糖经 β-1,4-糖苷键合成。在有引物存在的情况下，通过转糖苷酶的催化，把 UDP-葡萄糖的葡萄糖基转移到纤维

素引物分子上，使纤维素分子逐渐延长。

到目前为止，已发现的能合成纤维素的细菌有：木醋杆菌、胶醋酸杆菌、根癌农杆菌、八叠球菌和根瘤菌等。其中以木醋杆菌合成的纤维素为最好，它的主要特性为：超纯（100%纤维素）、超细（纳米级）、超强（高杨氏模量）、高吸水保水率（1∶50 以上）、高化学衍生活性。正是因为这些特性，木醋杆菌合成的纤维素可用于食品工业（减肥食品成型剂等）、造纸与无纺织物、高级音响设备振动膜、伤科敷料。细菌纤维素产业在日本和美国这些发达国家已初步形成年产值上亿美元的市场。国内迄今尚无一家企业从事细菌纤维素的生产和应用。

4.4　细菌细胞壁的合成

4.4.1　肽聚糖的生物合成

肽聚糖的基本重复单位是 *N*-乙酰氨基葡萄糖（简称 NAG），*N*-乙酰胞壁酸（简称 NAM）和肽链 3 部分组成的。肽聚糖生物合成可分为 5 个阶段：①UDP-NAG 的合成；②UDP-NAM 的合成；③UDP-NAM-五肽的合成；④组装和运载；⑤肽聚糖肽链的交联。肽聚糖合成的总体概况如图 6-17 所示。

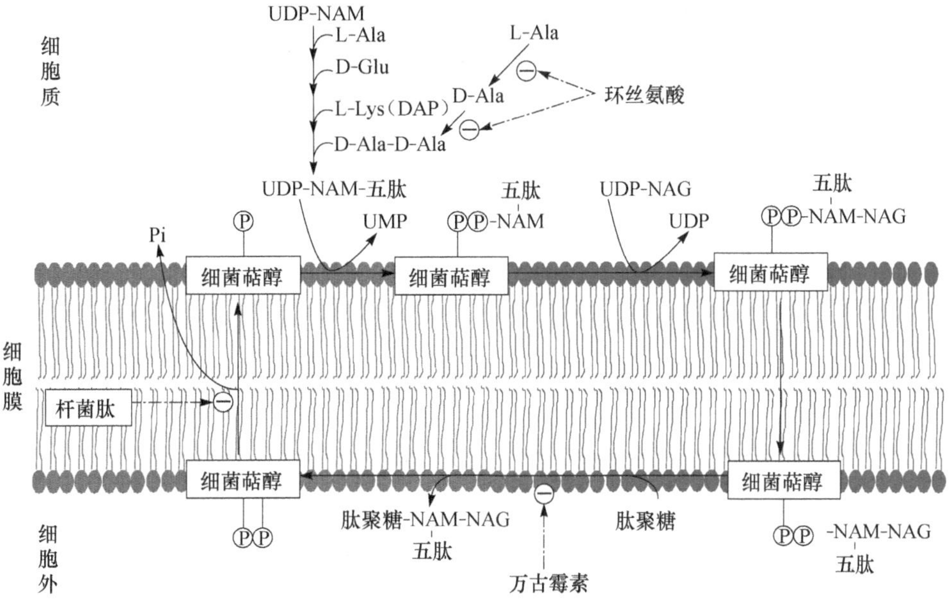

图 6-17　肽聚糖合成概况（Prescott et al.，2002）

L-Ala：L-丙氨酸；D-Glu：D-谷氨酸；L-Lys（DAP）：L-赖氨酸（或二氨基庚二酸）；D-Ala-D-Ala：D-丙氨酰-D-丙氨酸；Ⓟ或 Pi：磷酸基或磷酸；NAG：*N*-乙酰氨基葡萄糖；NAM：*N*-乙酰胞壁酸。万古霉素、杆菌肽、环丝氨酸对合成过程中的抑制作用见图中的⊖，并以虚线标出

1. UDP-NAG 的合成

葡萄糖经过 6-磷酸葡萄糖转化为 6-磷酸果糖，并由 L-谷氨酰胺提供氨基形成 6-磷酸葡萄糖胺。再经异构化、乙酰化生成 1-磷酸-*N*-乙酰氨基葡萄糖。最后在 UTP 存在时，经焦磷酸化酶催化，生成 UDP-NAG。

2. UDP-NAM 的合成

UDP-NAG 和 PEP 在 UDP-*N*-乙酰氨基葡萄糖丙酮酸转移酶催化下，合成 UDP-NAG-丙酮酸醚，再经还原作用生成 UDP-*N*-乙酰氨基葡萄糖乳酸醚，即 UDP-*N*-乙酰胞壁酸。

3. UDP-NAM-五肽的合成

L-丙氨酸与 UDP-NAM 上的羧基通过肽键相连，其他氨基酸也通过肽键依次连接。最后 L-丙氨酸经消旋酶催化生成 D-丙氨酸。2 分子 D-丙氨酸在二肽合成酶催化下生成二肽，并与胞壁酸上的第 3 个氨基酸通过肽键相连。这样就形成了 UDP-NAM-五肽。每加入 1 个氨基酸要消耗 1 分子 ATP。因为氨基酸在参加反应前需要活化。

4. 组装和运载

NAM-五肽和 NAG 是在细胞质中合成的，在细胞膜上组装，并被运到细胞膜外组成新壁。这两个过程都与细胞膜上的糖基载体脂（glycosyl carrier lipid）有密切关系。糖基载体脂又称细菌萜醇（bactoprenol），是由 55 个碳原子组成的聚异戊二烯磷酸酯，用 GCL-P 表示。其分子结构如下。GCL-P 是糖核苷酸的载体。

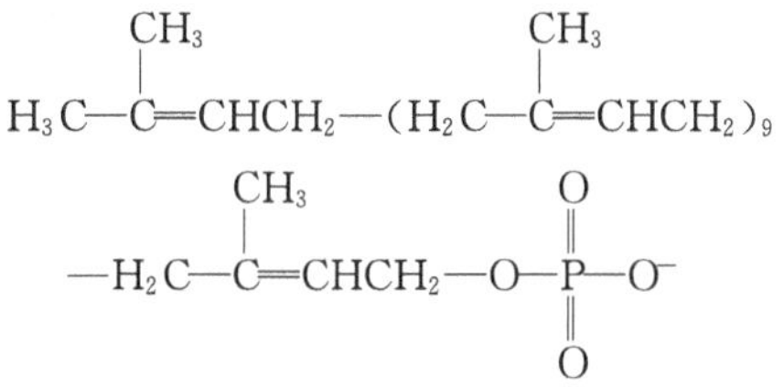

1）组装过程

细胞膜上的 GCL-P 与 UDP-NAM-五肽结合生成

GCL-P-P-NAM-五肽，并放出 UMP。然后在 UDP-NAG 转移酶催化下 UDP-NAG 通过 β-1,4-糖苷键与 GCL-P-P-NAM-五肽结合，形成 NAG-β-1,4-NAM-五肽-P-P-GCL，并放出 UDP。革兰氏阳性细菌由 5 个甘氨酸形成的肽桥连接在肽链的第 3 个氨基酸的自由氨基上（革兰氏阴性细菌无此反应），这样便完成了一个肽聚糖基本重复单位的合成。肽桥是在 ATP、tRNA 的参与下，先生成氨酰-tRNA，然后氨基酸一个一个地通过肽键连接起来。

2）**肽聚糖转运的过程**

在溶菌酶的催化下，使细胞壁生长点上的肽聚糖的 β-1,4-糖苷键断开，同时在肽聚糖转移酶催化下，通过 β-1,4-糖苷键，连接一个由 GAL 运载来的新的肽聚糖单位，同时放出 GCL-P-P。后者在焦磷酸酯酶的催化下，水解脱出一个磷酸，又生成 GCL-P，并循环应用，其放出的能量可用于肽聚糖的转运。GCL-P 与肽聚糖亚单位相结合，使极性的糖单位呈现出足够的疏水性，以利于转移越过疏水性（非极性）的细胞膜，这也就是 GCL 的功能。

5. 肽聚糖肽链的交联

所谓交联是指在肽聚糖中肽链之间的连接。革兰氏阴性细菌中，一般是由一条肽链的第 4 个氨基酸的羧基和另一条肽链的第 3 个氨基酸的自由氨基之间以肽键方式连接，革兰氏阳性细菌是通过甘氨酸肽桥进行交联。交联反应受转肽酶催化，在转肽的同时，肽链上第 5 个氨基酸释放出来。未交联肽链的第 5 个氨基酸受 D-丙氨酸羧肽酶催化，释放出 D-丙氨酸。交联过程如下。

大肠杆菌中的肽链之间的连接：

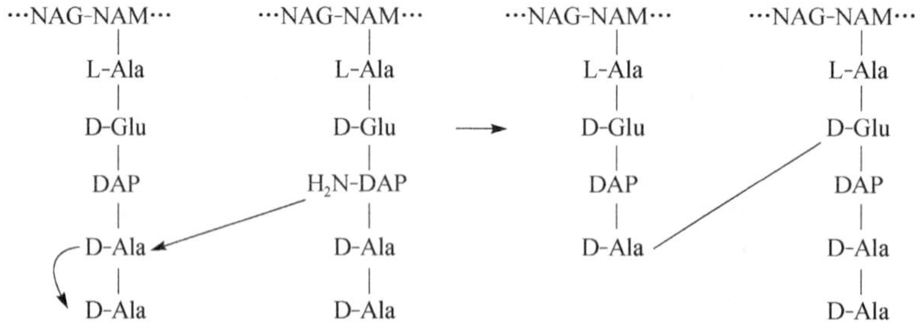

金黄色葡萄球菌中肽链之间的连接：

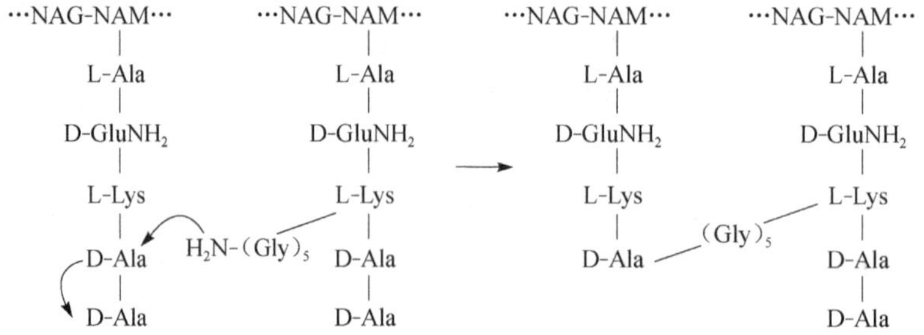

4.4.2 抗生素对肽聚糖合成的抑制

抑制肽聚糖生物合成的抗生素主要有：磷霉素（phosphonomycin），D-环丝氨酸（D-cycloserine），邻氨甲酰-D-丝氨酸（*O*-carbamyl-D-serine），持久霉素（enramycin），万古霉素，瑞斯托菌素，杆菌肽（bacitracin），青霉素（penicillin）等。它们作用于肽聚糖生物合成的不同环节。

1. 抑制 UDP-NAM-五肽的合成

磷霉素和 PEP 结构类似（图 6-18），可竞争性地抑制 UDP-NAG 丙酮酸转移酶，因此抑制了 UDP-NAM 的合成。

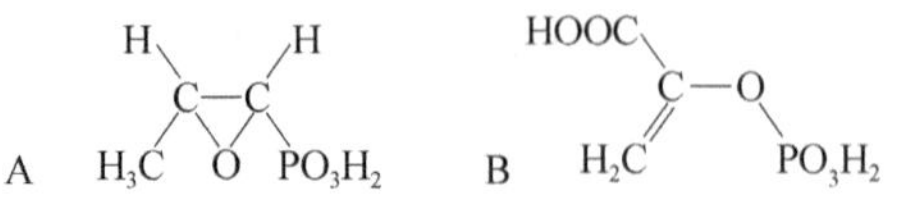

图 6-18　磷霉素（A）和 PEP（B）的结构

D-环丝氨酸和邻氨甲酰-D-丝氨酸与 D-丙氨酸结构类似（图 6-19），可以与 D-丙氨酸拮抗，竞争性地抑制丙氨酸消旋酶。此外环丝氨酸还竞争性地抑制 D-丙氨酰-D-丙氨酸二肽合成酶，环丝氨酸和邻氨甲酰-D-丝氨酸有明显的协同作用。当使用 D-环丝氨酸时，便在细菌体内积累 UDP-NAM-L-Ala-D-Glu-L-Lys（或 m-DAP）。

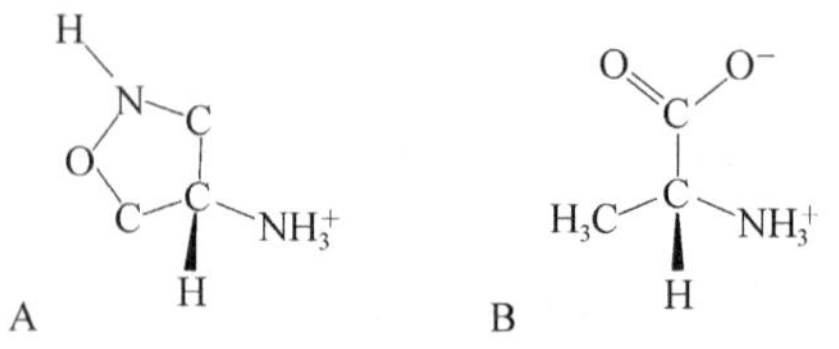

图 6-19　D-环丝氨酸（A）和 D-丙氨酸（B）的结构

2. 抑制 GCL 循环使用

持久霉素是由 17 个氨基酸和不饱和脂肪酸组成的

碱性肽类抗生素。它与 GCL-P-P-NAM-五肽结合，从而抑制了 UDP-NAG 与 GCL-P-P-NAM-五肽的组装，使肽聚糖的亚单位不能合成。持久霉素的产生菌为杀真菌链霉菌（*Streptomyces fungicidius*），主要为动物临床治疗制剂，对革兰氏阳性细菌，如金黄色葡萄球菌、溶血性链球菌、炭疽杆菌、破伤风杆菌等都有高效的杀菌作用。对其他各种耐药性菌也有一定作用，可用于畜禽的饲料添加剂，专供内服以杀灭肠道内有害细菌，减少其发病率，促进畜禽的生长发育。

杆菌肽是由苔藓样芽孢杆菌产生，对大多数革兰氏阳性细菌有较强的抗菌作用，主要用于耐青霉素金黄色葡萄球菌所引起的各种严重感染如败血症、肺炎、心内膜炎等。杆菌肽是由 12 个氨基酸组成的多肽类抗生素，其分子中的 L-半胱氨酸的巯基和 L-异亮氨酸的羧基反应形成一个噻唑环。在这两个氨基酸的氮原子之间能够螯合二价金属离子（如 Zn^{2+}，Ca^{2+}，Mg^{2+} 等）。GCL-P-P 可与螯合的金属离子结合，于是三者形成复合物（图 6-20）。因此抑制了 GCL-P-P 的脱磷酸反应，使 GCL-P 不能循环使用。

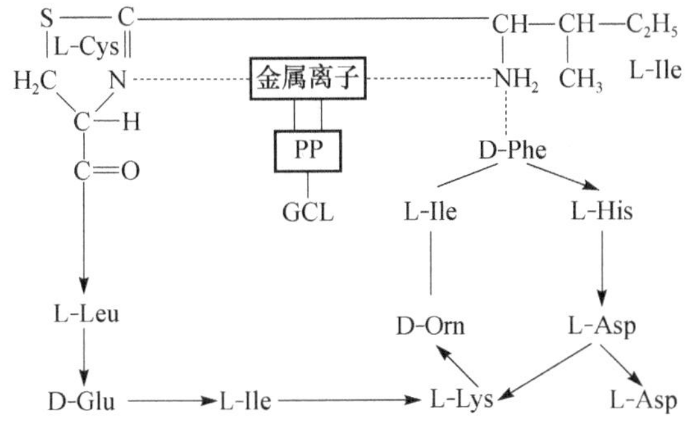

图 6-20　杆菌肽与金属离子及 GCL-P-P 形成的三聚体复合物

3. 抑制交联作用

青霉素、头孢霉素是内酰胺类抗生素。它抑制肽聚糖链的交联——转肽作用。有人用 ^{14}C 标记的青霉素作用于细菌，发现枯草杆菌中有 5 种成分与青霉素结合，其中之一是 D-丙氨酸羧肽酶。葡萄球菌、蜡样芽孢杆菌及大肠杆菌各有 4、3 和 6 个成分与青霉素结合，这些结合成分又可称为青霉素的敏感酶。显然青霉素的作用部位不是专一的。青霉素可以抑制转肽酶、羧肽酶及肽链内切酶（主要断离肽链）。但是青霉素的主要作用部位还是在转肽酶。将各种半合成青霉素和头孢霉素对酶及细菌生长现象进行比较，结果表明：二者对转肽酶的半抑制浓度和最低抑菌浓度是一致的，但对羧肽酶的半抑制浓度则比最低抑菌浓度低。这一事实说明，青霉素等的主要作用部位是在转肽酶。

β-内酰胺类抗生素为什么能抑制转肽酶呢？合理的解释是，β-内酰胺类抗生素的结构与肽聚糖中的 D-丙氨酰-D-丙氨酸的结构类似（图 6-21），可与转肽酶的活性中心结合，生成青霉素噻唑酰基酶（penicilloyl enzyme），因此转肽酶失去转肽作用。对羧肽酶也可能有相似的作用机制。青霉素对已经合成的肽聚糖无破坏作用。

万古霉素是由东方链霉菌（*Streptomyces orientalis*）产生的糖肽类窄谱抗生素。其结构如图 6-22A 所示。万古霉素主要对革兰氏阳性细菌有效，如金黄色葡萄球菌和表皮葡萄球菌（包括耐甲氧西林菌株）及链球菌（包括化脓性链球菌、肺炎链球菌、无乳链球菌、草绿色链球菌）、棒状杆菌、梭状芽孢杆菌（对难辨梭状芽孢杆菌高度敏感）、放线菌、牛链球菌、肠球菌、类白喉菌等。万古霉素的作用机制是它能与 D-丙氨酰-D-丙氨酸相连接（图 6-22B），所形成的复合物不能再解离，因此，使得第 5 个丙氨酸不能水解下来，同时影响到第

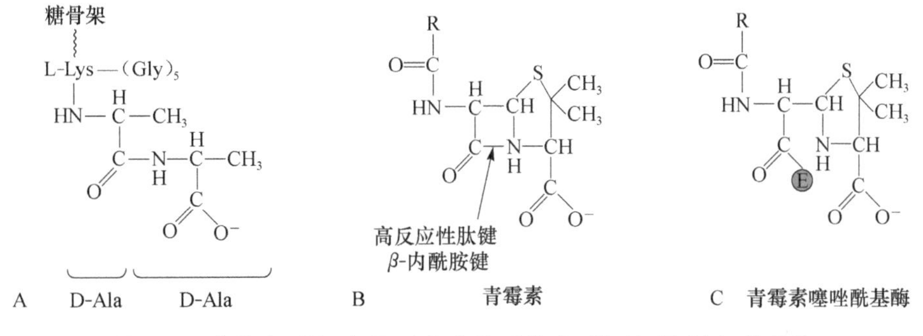

图 6-21　青霉素（B）与 D-丙氨酰-D-丙氨酸（D-Ala-D-Ala）的结构（A）相似及青霉素与转肽酶形成的复合体——青霉素噻唑酰基酶（C）

Ⓔ：转肽酶

4 个丙氨酸与另外一条肽尾的第 4 个氨基酸之间的交联。

在某些抗生素存在时，肽聚糖合成被抑制，使生长的细胞，在低渗溶液中解体，达到抑菌的目的。需要指出，这种抑制程度与抗生素加入的时间有关。在对数生长期，菌体迅速生长、繁殖，意味着细胞壁的合成正处于旺盛时期，此时若加入青霉素，因转肽酶活性被抑制，肽聚糖合成受阻，菌体因得不到细胞壁的保护，而遭受渗透冲击，以致崩解死亡。当处于稳定生长期，细菌细胞壁已经合成，此时加入青霉素便不会起作用了，因为青霉素并不破坏已合成的细胞壁。

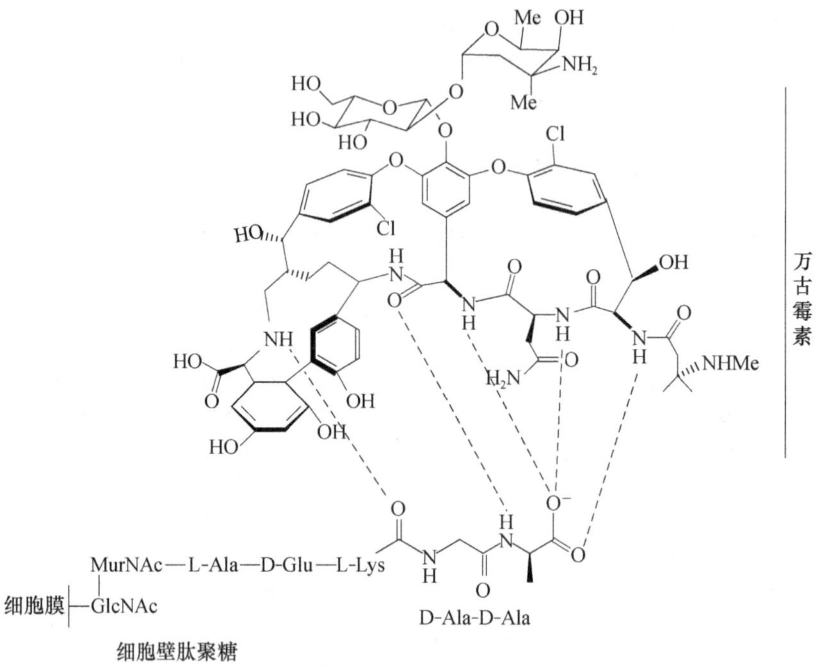

图 6-22　万古霉素与细胞壁肽聚糖上的 D-丙氨酰—D-丙氨酸（D-Ala-D-Ala）之间的氢键连接（以长虚线标示）

4.5　磷壁酸的生物合成

磷壁酸是一种以磷酸多元醇为碳骨架的阴离子多聚物，多元醇为甘油或核糖醇，在其分子上有不同的基团修饰。磷壁酸最基本的结构为甘油磷壁酸和核糖醇磷壁酸（图 6-23）。根据磷壁酸与细胞质膜连接或者与细胞壁连接，可将磷壁酸分为壁磷壁酸及脂磷壁酸。与细胞质膜连接的磷壁酸为脂磷壁酸（图 6-24），与细胞壁肽聚糖相连接的是壁磷壁酸（wall teichoic acid）（图 6-25）。

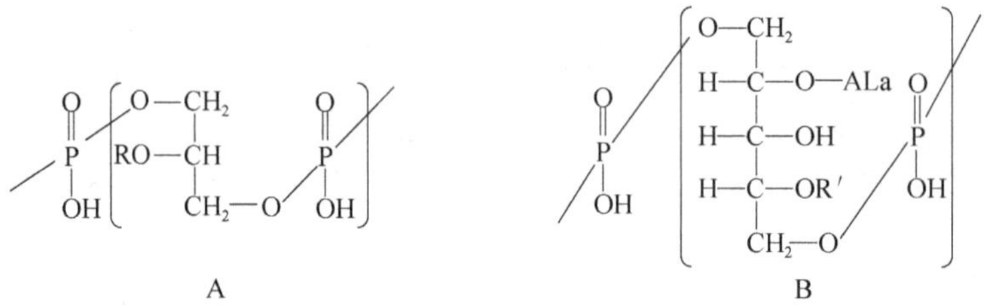

图 6-23　甘油磷壁酸（A）和核糖醇磷壁酸（B）

R：D-丙氨酸或葡萄糖或葡萄糖胺；R′：葡萄糖或 *N*-乙酰葡萄糖胺

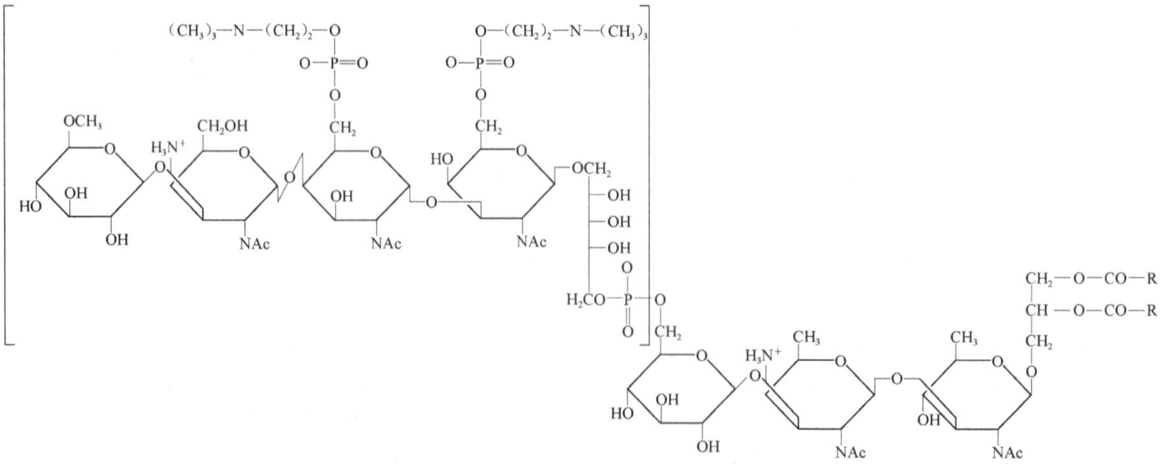

图 6-24　肺炎链球菌中的脂磷壁酸

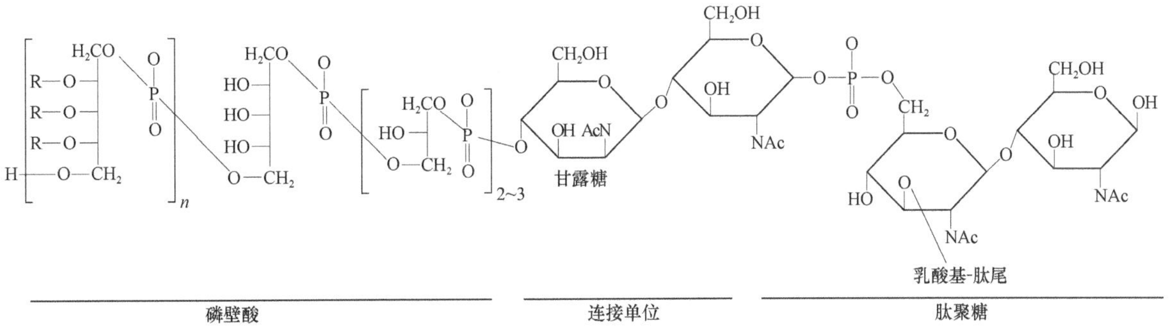

图 6-25　金黄色葡萄球菌中的壁磷壁酸

磷壁酸只存在于革兰氏阳性细菌中。它的主要生理功能有：①大量负电荷浓缩细胞周围的 Mg^{2+}，提高膜上一些酶的活力；②储存 P 元素；③调节肽聚糖聚合酶的活力，以防止细胞因自溶而死亡；④作为噬菌体的吸附受体；⑤是革兰氏阳性细菌特定的表面抗原，如用琼脂扩散试验可以从感染金黄色葡萄球菌的心内膜炎患者血清中检出抗磷壁酸抗体；⑥增强致病菌与宿主的粘连，并有防止被白细胞吞噬的作用。

壁磷壁酸与肽聚糖的连接在不同的菌内有所不同。在金黄色葡萄球菌内，由多个核糖醇磷酸及两三个甘油磷酸相连，再与 *N*-乙酰氨基甘露糖及 *N*-乙酰氨基葡萄糖相连，然后才与肽聚糖的 *N*-乙酰氨基胞壁酸的第 6 位碳以磷酸二酯键相连（图 6-25）。

在枯草芽孢杆菌中，多个甘油磷酸与 *N*-乙酰氨基甘露糖及 *N*-乙酰氨基葡萄糖相连，然后才与肽聚糖的 *N*-乙酰氨基胞壁酸的第 6 位碳以磷酸二酯键相连。在单核细胞增生李斯特氏菌中，多个核糖醇磷酸与 2 个葡萄糖相连后，与 1 分子的甘油磷酸相连，再与 *N*-乙酰氨基甘露糖、*N*-乙酰氨基葡萄糖、肽聚糖的 *N*-乙酰氨基胞壁酸的第 6 位碳以磷酸二酯键相连。

脂磷壁酸与磷脂的连接方式在不同的菌之间也存在不同。如金黄色葡萄球菌，16～40 个甘油磷酸与 2 个葡萄糖相连，再与磷脂相连（图 6-25）。在肺炎链球菌中的连接方式较复杂，先是葡萄糖上不同的基团被取代，然后与核糖醇磷酸相连，再与 1 个葡萄糖、1 个 5 氨基-*β*-D-半乳糖胺、1 个葡萄糖相连，最后才与磷脂相连。

在甘油磷壁酸中，其中的 R 基团可以被 D-丙氨酸、葡萄糖或氨基葡萄糖所取代；核糖醇磷壁酸上的氢也可被不同的基团取代。取代基有丙氨酸、*N*-乙酰氨基葡萄糖、谷氨酸等。核糖醇磷酸的合成过程如下

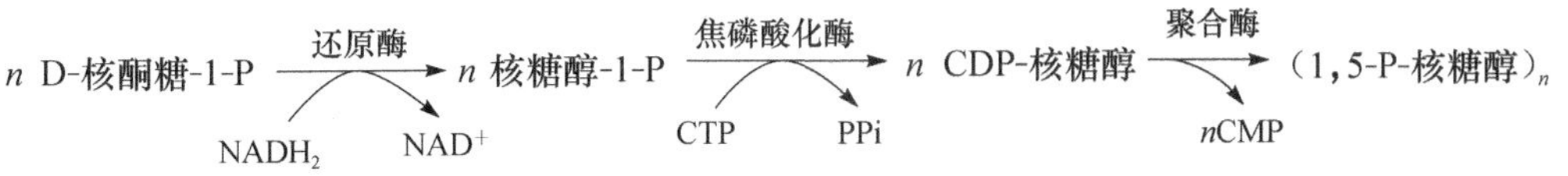

1-磷酸核酮糖经还原反应生成 1-磷酸核糖醇，然后在 CTP 的参与下，经焦磷酸化酶催化生成 CDP-核糖醇，释放出焦磷酸。进而在聚合酶催化下，由 CDP-核糖醇作为磷酸核糖醇的供体，通过 1,5-磷酸二酯键聚合成核糖醇磷酸。

低聚的甘油磷酸的合成途径如下，*α*-磷酸甘油在焦磷酸化酶的催化下与 CTP 作用，形成 CDP-甘油，之后聚合成 1,3-二磷酸甘油。

枯草芽孢杆菌菌株 168 中多聚甘油磷壁酸的合成及与肽聚糖合成的关系见图 6-26。合成的磷壁酸连接到细胞壁的肽聚糖上，因此称为壁磷壁酸。合成过程中涉及的酶可作为抗生素的潜在靶位点。*Bacillus subtilis* 中催化壁磷壁酸合成的第一个特有的酶为 TagA，它将 *N*-乙酰-氨基-甘露糖（ManNAc）转移到位于膜上的 *N*-乙酰基葡萄糖胺二磷酸脂（GlcNAc-P-P-undecaprenyl，lipid Ⅰ；undecaprenyl 又称载体脂，carrier lipid，或细菌萜醇）的第 4 位碳羟基上，形成 *N*-乙酰-氨基-甘露糖-*β*-(1,4)-*N*-乙酰基葡萄糖胺二磷酸酯［ManNAc-*β*-(1,4)-GlcNAc-pp-undecaprenyl（lipid Ⅱ）］。在此基础上合成磷壁酸，整个复合体通过位于上膜上的 ABC-通道（ABC-transportor，图 6-26 中 TagGH），转移到肽聚糖上（图 6-26）。TagA 是一个抗生素作用靶位点，科学家正在对该酶的动力学和结构特征进行深入研究。已有体外研究表明，TagA 的活性可被底物类似物——GlcNAc-P-P-$C_{13}H_{27}$所抑制。

4.6　脂多糖的生物合成

脂多糖（lipopolysaccharide）是革兰氏阴性细菌外膜中的重要组成成分。对于致病的革兰氏阴性细菌，脂多糖是内毒素的物质基础。在沙门氏菌属中，脂多糖由脂 A、核心寡糖和 O 抗原侧链 3 部分组成（图 6-27），而脂 A 又可分为双糖二磷酸和脂肪酸两个部分。

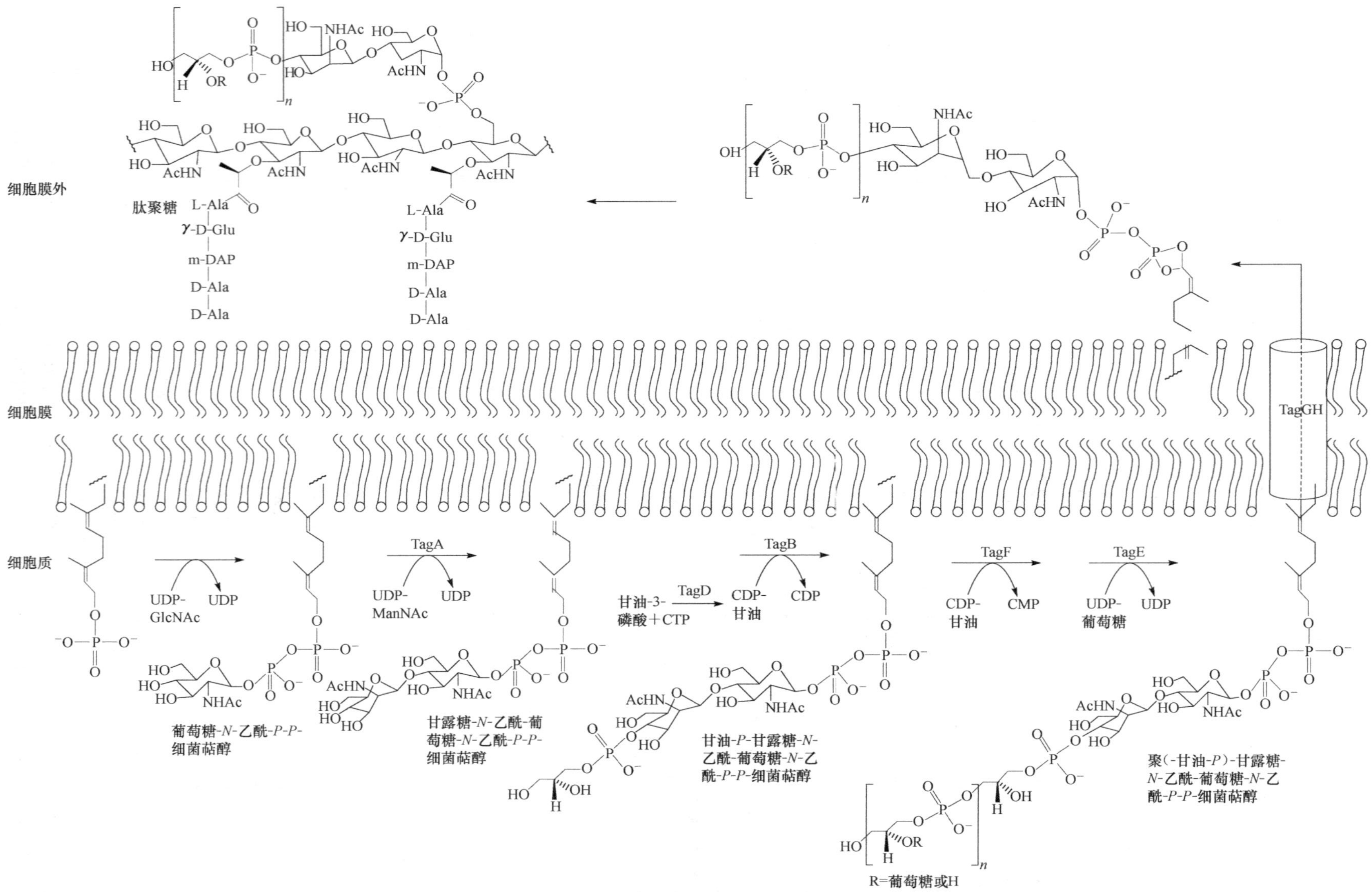

图 6-26　枯草芽孢杆菌菌株168中合成多聚甘油磷壁酸的过程及与肽聚糖合成的关系(Ginsberg et al.,2006)

TagO、TagA、TagD、TagB、TagF、TagE、TagGH为合成过程中相应的酶；NAc:N-乙酰基

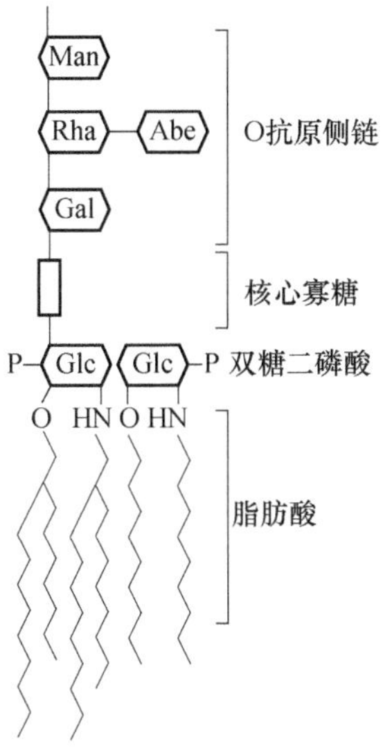

图 6-27　脂多糖的结构简图
Man：甘露糖；Rha：鼠李糖；Abe：阿比可糖；
Gal：半乳糖；Glc：葡萄糖；P：磷酸

O 抗原侧链，是由 4 种糖形成的重复单位：阿比可糖（Abe，abequose）、甘露糖（Man）、半乳糖（Gal）及鼠李糖（Rha）。阿比可糖是脂多糖中特有的一种单糖，其化学名称为 3,6-二脱氧己糖。大约有 8 个这样的“4 糖重复单位”。

核心寡糖包括外核区和内核区，外核区与 *O*-抗原侧链相连；内核区与脂 A 相连（图 6-28）。在外核区，由 *N*-乙酰氨基葡萄糖（GlcNAc）、半乳糖（Gal）、葡萄糖（Glc）组成；内核区又分为 Hep 区和 KDO 区。Hep 区含有特殊的单糖：L-乙二醇-D-甘露庚糖，英文名字为 heptose，简称 Hep，另外还含有焦磷酸乙胺醇（PPEa）；在 KDO 区，含有另外一种特殊的单糖：2-酮-3-脱氧辛糖酸，英文名字为 2-keto-3-deoxyoctonate，简称 KDO。

脂 A 的结构中，两个葡萄糖胺上的羟基和氨基上连接有不同的脂肪酸。其中一个脂酰基上的羟基又结合肉豆蔻酰基；另外一个脂酰基上的羟基结合着月桂酰基。在其中一个葡萄糖的第 6 位碳的羟基与核心寡糖相连接（图 6-29）。

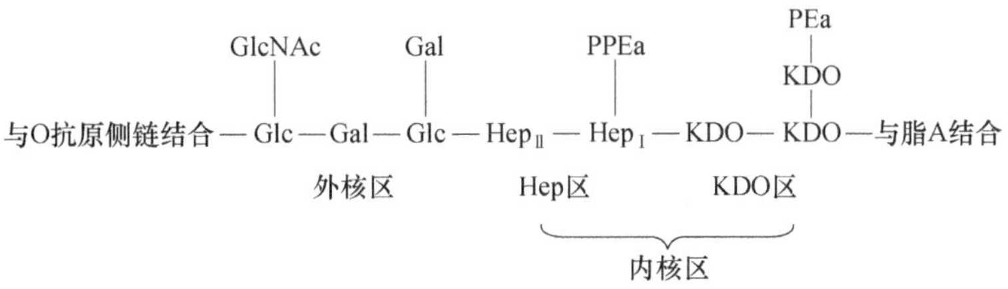

图 6-28　核心寡糖的结构
GlcNAc：*N*-乙酰氨基葡萄糖；Glc：葡萄糖；Gal：半乳糖；Hep：L-乙二醇-D-甘露庚糖；
PPEa：焦磷酸乙胺醇；KDO：2-酮-3-脱氧辛糖酸；PEa：磷酸乙胺醇

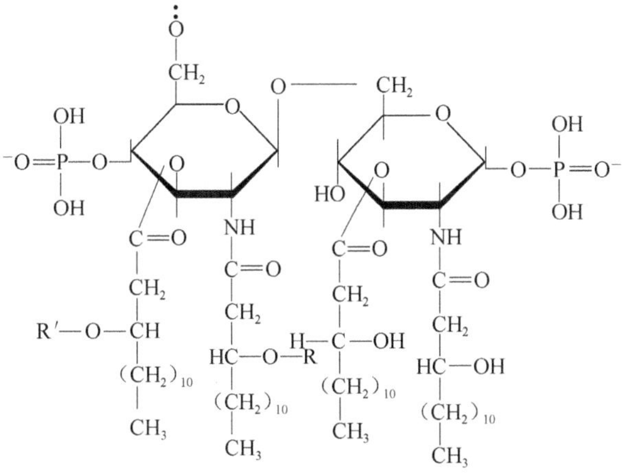

图 6-29　脂 A 的结构
R：月桂酰基；R′：肉豆蔻酰基

脂多糖中的 3 个特殊的单糖结构见图 6-30。

1. 脂 A 的合成

脂 A 的合成从 UDP-*N*-乙酰氨基葡萄糖开始，首先在第 3 位碳的羟基上加上 14 个碳的脂肪酸，脂肪酸由酰基载体蛋白携带。催化此反应的酶为 LpxA。接着在 LpxC 的催化下脱去乙酸基团，再与另一分子的 14 个碳的脂肪酸反应形成 UDP-2,3-二脂酰基-葡萄糖胺。UDP-2,3-二脂酰基-葡萄糖胺脱去 UMP 成为脂 X，另一分子的 UDP-2,3-二脂酰基-葡萄糖胺脱去 UDP 并与脂 X 合成四脂酰基二糖 1-P，再消耗 ATP 加上另一分子的磷酸成为脂ⅣA。在此基础上，依次加上由 CMP 携带的 KDO，形成含 2 个 KDO 的脂ⅣA，之后再在其中 1 个葡萄糖的脂酰基链上分别加上月桂酰基和肉豆蔻酰基成为含 2 个 KDO 的脂 A。到此脂 A 的合成结束。脂 A 的合成途径见图 6-31。

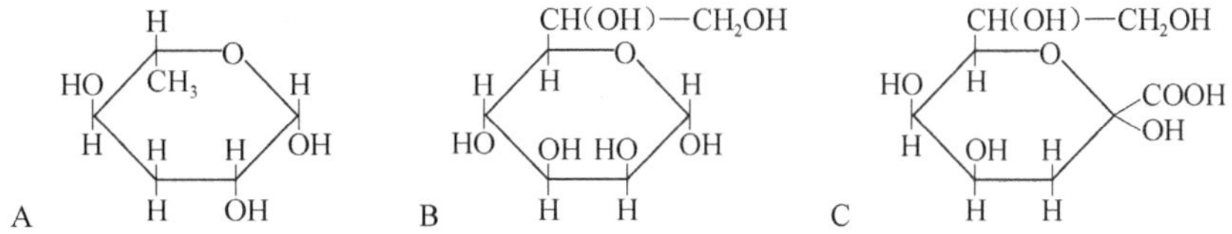

图 6-30　脂多糖中的 3 个特殊单糖
A：阿比可糖（Abe）；B：L-乙二醇-D-甘露庚糖（Hep）；C：2-酮-3-脱氧辛糖酸（KDO）

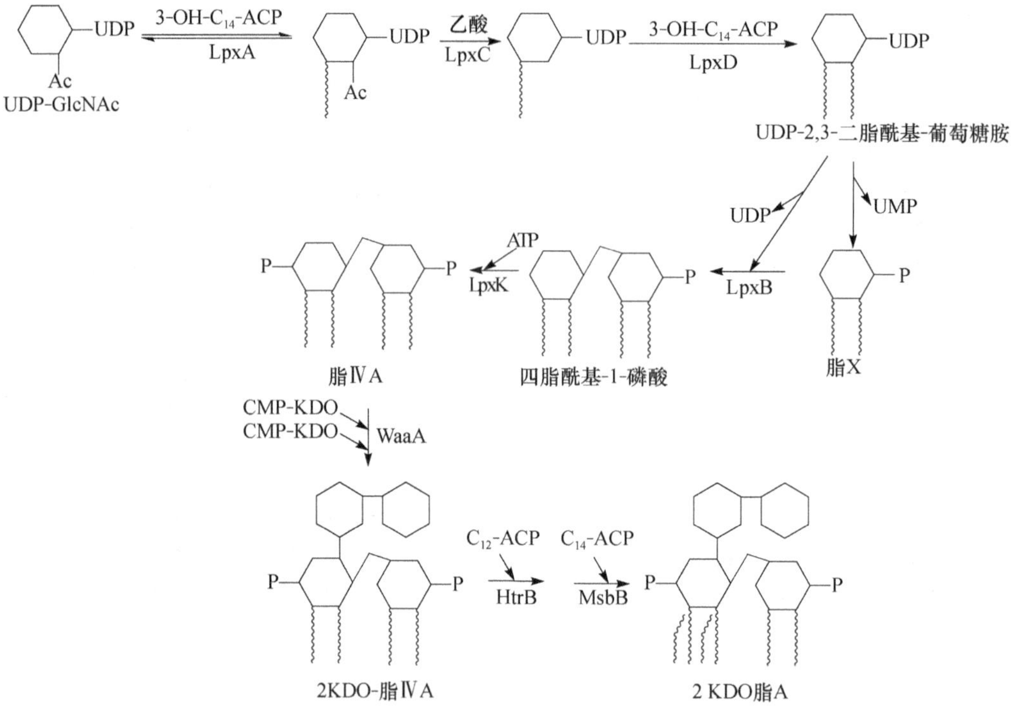

图 6-31 脂 A 的合成过程

LpxA、LpxC、LpxD、LpxK、LpxB 和 WaaA、HtrB、MsbB：合成过程中催化各反应的酶；UDP-GlcNAc：UDP-葡萄糖-*N*-乙酰基；3-OH-C_{14}-ACP：酰基载体蛋白携带的 3 位有羟基的 14 个碳脂肪酸；Ac：乙酰基；C_{12}-ACP 或 C_{14}-ACP：携带 12 个或 14 个碳脂肪酸的酰基载体蛋白

一些病原菌的内毒素的物质基础是脂 A，对类脂 A 合成过程的研究有助于设计合适的药物来控制这些菌的生长。在脂 A 的合成过程中，控制哪些关键步骤可以阻止脂 A 的合成呢？最好是能控制第一步反应。但到目前为止，还没有找到一种药物能抑制 LpxA 的药物，但对于催化第二步反应的酶 LpxC，却找到了一些合适的抑制因子。同时 LpxC 这个酶也有特殊的性质，它是一个含 Zn^{2+} 的金属酶蛋白，但该酶的活性位点却与 Zn^{2+} 无关，而已知的含 Zn^{2+} 的金属酶蛋白中，Zn^{2+} 位于活性位点。因此根据这个特性，我们可以设计出对宿主的金属酶蛋白无抑制作用而只抑制 LpxC 的抗生素。现已发现两类物质可以抑制 LpxC 的活性，一个是 L-161,240，它可抑制大肠杆菌中 LpxC 的酶活性，但是对其他菌无效。另外一个是 TU-517，它是底物的类似物，在细胞外可抑制大肠杆菌的 LpxC 的酶活性，但无抗活菌效果。从这两个抑制因子来看，它们都不是最好的选择，还需要人们进一步地去研究和发现新的抑制因子。

2. 核心寡糖的合成

核心寡糖的合成是在糖基转移酶的催化下，在脂 A 的基础上依次加上由糖核苷酸带来的单糖。合成的顺序由糖基转移酶的特性决定。在合成过程中，Hep 这种类脂 A 特有的单糖由 ADP 所携带；而另一种单糖 KDO 由 CMP 所携带。合成过程如图 6-32 所示。催化合成核心寡糖的酶的基因位于一个操纵元上。

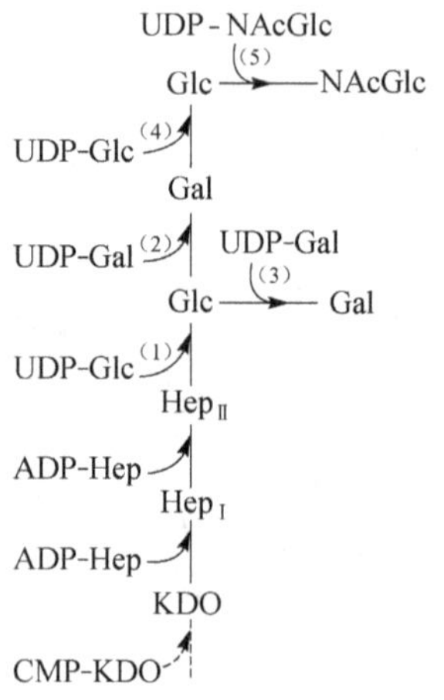

图 6-32 核心寡糖的合成

Glc NAc：*N*-乙酰基葡萄糖；Glc：葡萄糖；Gal：半乳糖；(1)～(5) 为合成的顺序，分别由相应的糖基转移酶催化

3. O 抗原侧链的合成

O 抗原侧链的合成过程需要糖基载体脂 GCL-P 参与，与肽聚糖合成中的糖基载体脂类似。在 GCL-P

上依次加上 Gal、Rha、Man 和 Abe，这 4 种单糖分别由不同的糖核苷酸携带。催化反应的酶为 O 抗原侧链聚合酶。每 4 种单糖形成一个重复单位，当约有 8 个重复单位首尾聚合起来后，通过转移酶转移到核心寡糖上，形成一个脂多糖，同时放出糖基载体脂。

鼠伤寒沙门氏杆菌 O 抗原侧链的合成：首先 GCL-P 与 UDP-半乳糖反应，生成 UMP 和半乳糖-P-P-GCL。然后在 O 抗原侧链聚合酶催化下，TDP-鼠李糖、GDP-甘露糖、CDP-阿比可糖依次加在半乳糖-P-P-GCL 上，这样形成了 1 个 O 抗原寡糖的重复单位，每合成 1 个重复单位，就放出 1 个 GCL-P-P，它再重新参加反应。如此循环往复便不断合成重复单位。约有 8 个重复单位首尾聚合起来，形成一端带有 GCL-P-P 的杂多糖链，即为完整的 O 抗原侧链。最后通过转移酶催化转移到 R-核心上，合成 1 个脂多糖，同时放出 1 分子 GCL-P-P（图 6-33）。

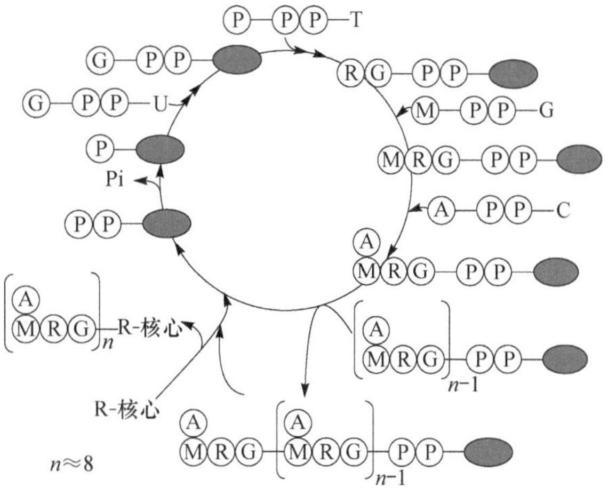

图 6-33　O 抗原侧链合成的过程

Ⓖ：半乳糖；Ⓜ：甘露糖；Ⓡ：鼠李糖；Ⓐ：阿比可糖；P 和 Pi：磷酸；T：胸苷；U：尿苷；G：鸟苷；C：胞苷；⬬：载体脂；R-核心：核心寡糖部分

第 5 节　脂类的合成

5.1　脂肪酸的合成

微生物中常见的脂肪酸有饱和脂肪酸和不饱和脂肪酸，其碳链长度主要为 C_{12}～C_{18}。其中最主要的饱和脂肪酸是软脂酸（C_{16}），硬脂酸（C_{18}），豆蔻酸（C_{14}），月桂酸（C_{12}）等，尤以软脂酸含量较多；最主要的不饱和脂肪酸是单烯酸，如油酸（C_{18}），异油酸（C_{18}），棕榈油酸（C_{16}）等。嗜冷微生物中不饱和脂肪酸的含量相当高，从而使细胞脂类的熔点较低，这对于保持细胞脂类的流动性是必要的。

一些微生物如丝状真菌、螺旋藻等还能产生多不饱和脂肪酸（又称为多烯酸），如二十碳五烯酸（EPA）和二十二碳六烯酸（DHA）等，这些不饱和脂肪酸具有降血脂、抗血栓和抗动脉粥样硬化作用。一般情况下，EPA 和 DHA 是从鱼油中提取的，由于鱼油资源有限，其中的 ω-3-多不饱和脂肪酸（ω-3PUFA）常被氢化和掺入人造黄油或起酥油而破坏，不能满足市场的需要。因此，人们一直在探索 EPA 等多不饱和脂肪酸的新来源。如果微生物能够产生多烯酸，则可通过发酵的方式产生多烯酸，这不失为一个新的生产多烯酸途径。

除了直链的脂肪酸外，还有支链的，羟基化或甲基化的及带环的脂肪酸。例如，在杆菌属、葡萄球菌属、分枝杆菌属、假单胞菌属的细胞内，支链脂肪酸含量比较高，最常见的支链脂肪酸类型是异构型和反异构型。有些分枝杆菌产生的脂肪酸是带有甲基和羟基的，如 2-甲基-3-羟基戊酸。又如，聚-β-羟基丁酸，就是 3-羟基丁酸的聚合物。乳杆菌的顺-9,10-亚甲基十六烷酸，都是带环的脂肪酸。这种脂肪酸是微生物中所特有的，而且具有重要作用。

当大肠杆菌细胞经诱导转变为丝状体时，同时也就抑制了带环脂肪酸的合成。因此有人认为，带环脂肪酸在革兰氏阴性细菌的细胞外膜结构中起着重要作用。某些处于生长静止期的细菌，它的带环脂肪酸含量占细胞内脂肪酸总量的 40%。在个别细菌中还可以代替不饱和脂肪酸以满足生长需要。

5.1.1　饱和脂肪酸的合成

饱和脂肪酸合成过程中要经过羧化、缩合、还原、脱水、第二次还原和延长等步骤。我们把这些步骤分为 2 个阶段，即丙二酰-CoA 的合成和多酶复合体参与的脂肪酸合成。

1. 丙二酰-CoA 的合成

合成脂肪酸所需的碳源来自乙酰-CoA，但不是以乙酰-CoA 形式参加缩合反应。乙酰-CoA 由乙酰-CoA 羧化酶催化，转变成丙二酰-CoA，以丙二酰-CoA 的形式参加缩合反应。碳酸氢盐（HCO_3^-）提供羧基，ATP 提供能量。碳酸氢盐所形成的羧基是丙二酰-CoA 远端的羧基，即自由羧基。乙酰-CoA 羧化酶的辅基为生物素（biotin）。生物素是 CO_2 的中间载体，它的传递过程见图 6-34。

2. 多酶复合体参与的脂肪酸合成

多酶复合体参与的脂肪酸合成以细菌合成软脂酸（C_{16}）的过程为例，加以说明。在合成过程中，需要有两个关键化合物，即短的脂酰-CoA 和酰基载体蛋白（acyl carrier protein，缩写为 ACP）。

1）**引物**

脂肪酸合成的初始阶段，需要以短的脂酰-CoA 作为引物，如乙酰-CoA、丙酰-CoA、异丁酰-CoA 等都可

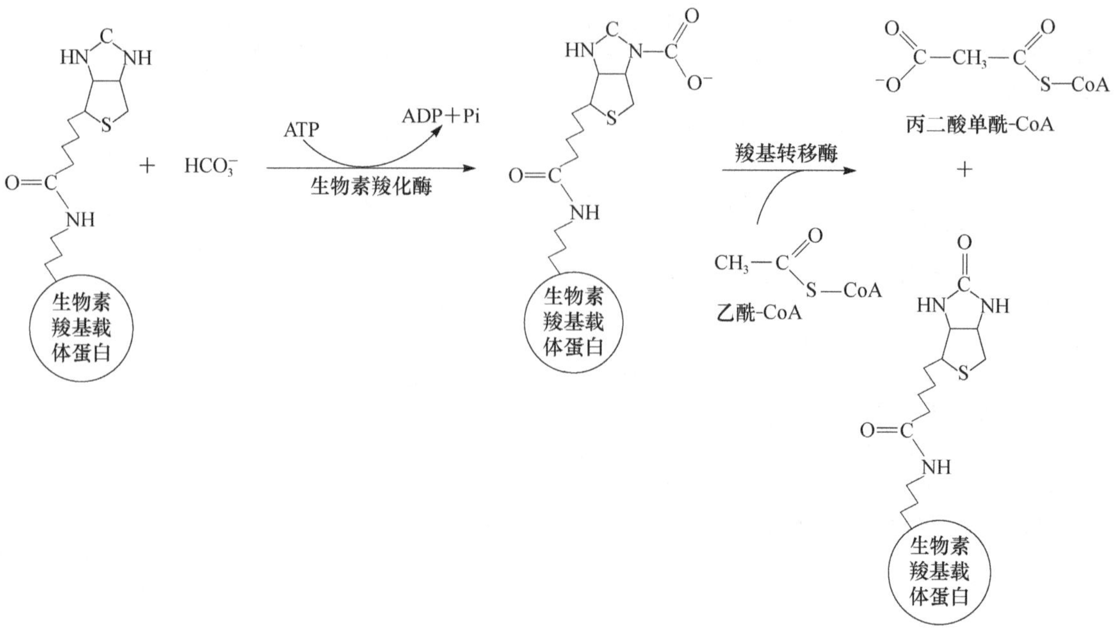

图 6-34　丙二酰-CoA 的合成

羧化酶是反应构成脂肪酸合成的重要步骤，是脂肪酸合成的限速酶。乙酰-CoA 羧化酶是生物素羧基载体蛋白 BCCP、生物素羧化酶和羧基转移酶的复合体；乙酰-CoA 可以由丙酮酸氧化脱羧、氨基酸氧化降解、长链脂肪酸 β-氧化等方式形成

作为引物。正因为这些引物构成了脂肪酸的甲基端，所以当乙酰-CoA 作引物时，生成偶数碳脂肪酸；当以丙酰-CoA 作为引物时，生成奇数碳脂肪酸；当以异丁酰-CoA 为引物时，生成带支链的脂肪酸。

2）**酰基载体蛋白**

酰基载体蛋白是一种携带脂酰基的蛋白质。它在脂肪酸合成中的作用与脂肪酸 β-氧化中辅酶 A（HSCoA）的作用相似，它有将脂酰基中间体通过硫酯键固定在酶上的作用。大肠杆菌的 ACP 的相对分子质量为 9100～9600，对热稳定，以 4′-磷酸泛酰巯基乙胺（4′-phosphopantetheine）为辅基，其蛋白质部分约由 86 个氨基酸组成。ACP 多肽链的丝氨酸（第 36 位）通过磷酯键与辅基相连接。

从对比 ACP 的辅基与 HSCoA 的分子结构来看（图 6-35），ACP 与 HSCoA 都含有 4′-磷酸泛酰巯基乙胺部分，而且都是通过氨基乙硫醇的巯基与脂酰基相连（即形成硫酯键）。若泛解酸残基与 3′-磷酸-5′-腺苷酸相连，则为辅酶 A，若与 ACP 蛋白部分相连则为 ACP。因此，可把 ACP 理解为辅酶 A 的蛋白质衍生物。脂肪酸合成与分解的不同点就在于携带脂酰基载体的不同，在脂肪酸 β-氧化中的中间产物都是辅酶 A 的衍生物，在脂肪酸合成中则都是 ACP 的衍生物。

3）**细菌合成软脂酸的过程**

合成软脂酸的详细过程参见生物化学相关图书，这里不再赘述。

图 6-36 中生成的丁酰-ACP 再与丙二酰-ACP 缩合，每循环 1 次，即合成增加了 2 个碳的脂酰-ACP。经过 7 次循环后，便合成了含 16 个碳的软脂酰-ACP。再经硫酯酶催化，形成游离的软脂酸，或由 ACP 转到辅酶 A 上，或直接形成磷脂酸（图 6-36）。

合成 16 个碳软脂酸的总反应式为

$$8CH_3CO\text{-}SCoA + 7ATP + 14NADPH_2 \longrightarrow$$
$$C_{15}H_{31}CO\text{-}SCoA + 7ADP + 7Pi + 14NADP^+$$

由上式可以看出，由乙酰-CoA 合成软脂酸需要消耗较多的 ATP 和 $NADPH_2$。CO_2 在形成丙二酰-CoA 时掺入，在丙二酰-ACP 和乙酰-ACP 缩合时又释放出来，实际上脂肪酸碳链不是靠固定 CO_2 加长的。

参与软脂酸合成的酶对底物碳链长度似乎无特异性。这些酶既催化丁脂酰-ACP 和丙二酰-ACP 转化为己脂酰-ACP，同时也催化其后的反应，直至生成棕榈酰-ACP［十六烷酰-ACP］的全部反应。棕榈酰-ACP 是大肠杆菌所合成的最主要的饱和酰基-ACP。从表 6-3 可以看出，能够作为 β-酮脂酰-ACP 合成酶底物的最大碳链长度为 C_{14}，碳链长度超过 14 个碳以上时不能作为底物。因此棕榈酰-ACP 是该酶所能合成的最后一个产物。这是为什么不能直接合成硬脂酸（C_{18}）的原因。已知在动物体中脂肪酸合成停止在 16 个碳脂肪酸即软脂酸便终止，这是正常的脂肪酸合成酶作用的终点。更长链的脂肪酸或不饱和脂肪酸等都是把软脂酸作为前体，需要另外的酶反应形成。

4）**脂肪酸合成的多酶复合体**

催化脂肪酸合成的酶是一个多酶复合体。在这个复合体中，以脂肪酰基载体蛋白为中心，周围排列着多种酶蛋白，即 ACP 酰基转移酶、β-酮脂酰-ACP 合成酶、

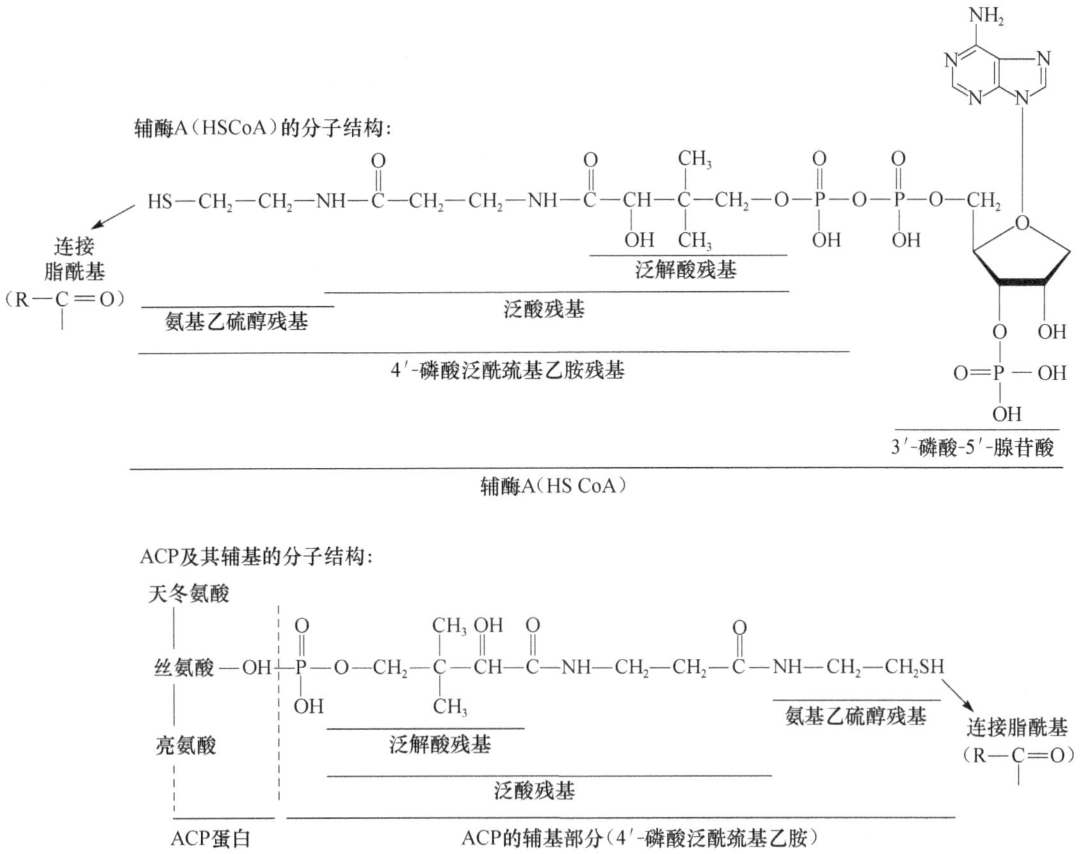

图 6-35　ACP 及其辅基和辅酶 A 的结构比较

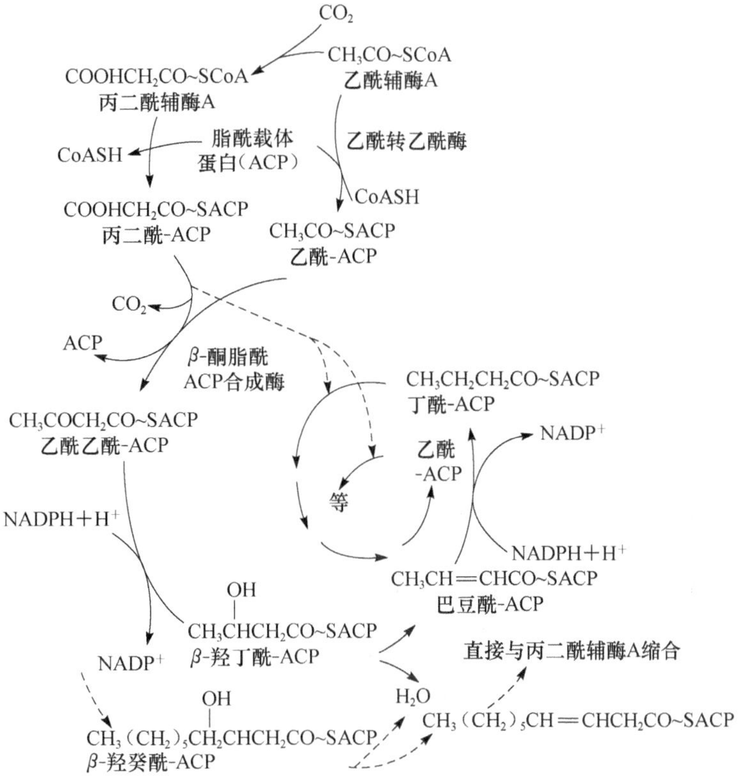

图 6-36　脂肪酸的生物合成

----→表示不饱和脂肪酸的厌氧合成途径

表 6-3　**β-酮脂酰合成酶在利用各种脂酰基-ACP 化合物时的反应活性**

底　物	最大反应速度/(μmol/min)
己酰-ACP	28
癸（烷）酰-ACP	28
十二（烷）酰-ACP	0.97
十四（烷）酰-ACP	0.31
十六（烷）酰-ACP	0
顺-5-十二碳烯酰-ACP	1.7
顺-9-十六碳烯酰-ACP	0.37
顺-11-十八碳烯酰-ACP	0

丙二酰-ACP-转移酶、β-酮脂酰-ACP 还原酶、羟脂酰-ACP 水化酶、烯脂酰-ACP 还原酶。

在这个复合体中有两种具有功能作用的巯基——中心巯基和边缘巯基。反应开始时，1 分子乙酰基连接在边缘巯基上，1 分子丙二酰基连接在中心巯基上，当乙酰基与丙二酰基缩合时，放出 1 分子 CO_2，产生乙酰乙酰基-酶复合物，并结合在中心巯基上。然后乙酰乙酰基-酶复合物沿着酶蛋白转动，并依次进行还原、脱水和再还原，形成丁酰酶复合物。其主要反应步骤与 β-氧化的逆反应极为相似。在完成了第 1 周反应后，产物丁酰基就转移到边缘巯基上，另外 1 分子丙二酰基又连接在中心巯基上。于是又开始了第 2 次的脱羧、缩合、还原、脱水和再还原的过程，形成多了 2 个碳原子的己酰基。如此反复进行便形成了 16 碳的软脂酸（图 6-37）。

有关脂肪酸合成的多酶复合体，在细菌中是可溶性的，ACP 和各种有关酶容易分开，在酵母菌中 ACP 和各种有关酶紧密地结合在一起，呈颗粒状，共含有 21 个亚单位，ACP 已变成多酶复合体的一部分。

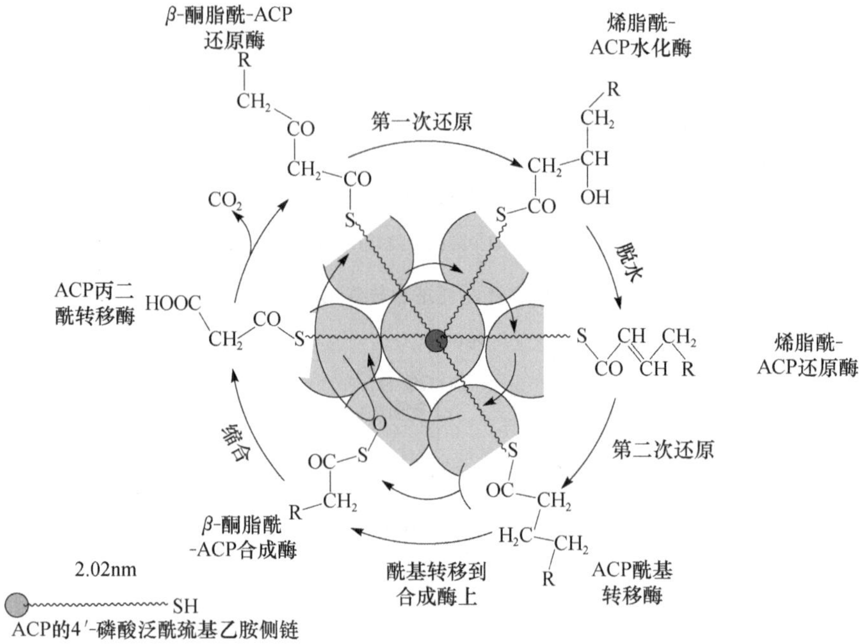

图 6-37　脂肪酸合成酶复合体系及脂肪酸合成程序

在学习脂肪酸合成时，要与脂肪酸的分解代谢相区分，它们的区别，需要比较的项目包括在细胞中的定位、酰基载体、2 碳单位的增减方式，以及电子的供体或受体等几方面（表 6-4）。

表 6-4　**脂肪酸合成与 β-氧化的比较**

比较项目	定位	酰基载体	C_2 单位增减方式	电子供体/受体
脂肪酸合成	细胞质	ACP	丙二酰-CoA	$NADPH_2$
β-氧化	线粒体（真菌）	CoASH	乙酰-CoA	NAD^+ 及 FAD

软脂酸的合成与 β-氧化途径的区别概括起来有以下几点。①在细胞内部位不同。脂肪酸合成酶类存在于细胞质中，而脂肪酸氧化酶类存在于线粒体中，这就意味着脂肪酸的合成与脂肪酸的氧化过程在细胞的空间中是分隔开来的。②酰基载体不同。合成时以 ACP 为载体，分解时以 CoASH 为载体。③2 碳单位的加入与减去方式不同。合成时以丙二酰-ACP 的形式加入，分解时以乙酰-CoA 的形式减去。④电子供体和受体不同。合成中还原剂来自 $NADPH_2$，氧化时电子受体是 NAD^+ 和 FAD。这些差异使脂肪酸的合成和氧化分解过程可以同

时在细胞内独立进行。

5.1.2　不饱和脂肪酸的合成

在微生物的脂类物质中，总含有一定比例的不饱和脂肪酸，其中有单烯脂肪酸（如顺-9-十八碳烯酸，即油酸），双烯脂肪酸（如顺-9,12-十八碳二烯酸，即亚油酸），三烯脂肪酸（如顺-9,12,15-十八碳三烯酸）等。应该指出，细菌脂类中不含多烯脂肪酸。但在真菌、原生动物和藻类等微生物中能合成多于 3 个双键的不饱和脂肪酸，眼虫能特征性地合成四烯，五烯和六烯酸，有些藻类也是如此。阿米巴虫也可将亚麻酸加长，形成 11,14-C_{20}的二烯酸，然后再连续地在羧基端脱饱和形成 5,6,11,14-C_{20}四烯酸，即花生四烯酸。一些丝状真菌能合成二十二碳六烯酸（DHA）和二十碳五烯酸（EPA）。

微生物合成不饱和脂肪酸的方式有两种，一种是在好氧条件下，在饱和脂肪酰-CoA 基础上脱饱和，生成不饱和脂肪酸。反应时需要氧分子和 $NADPH_2$ 及铁氧还蛋白，该反应由一种特异的 $NADPH_2$ 还原酶（一种黄酯）和特异的脱饱和酶所催化。例如，棕榈酰-CoA 脱饱和生成棕榈烯酰-CoA，酵母菌和某些好氧细菌，如巨大芽孢杆菌（*Bacillus megaterium*），溶壁小球菌（*Micrococcus lysodeikticus*）中就有这条途径。它们在好氧条件下，合成饱和脂肪酸和不饱和脂肪酸几乎相等。细胞提取液也具有把饱和脂肪酸转变为不饱和脂肪酸的能力。另一种是在厌氧条件下的脱饱和作用，不过这种脱饱和作用发生在脂肪酸合成的早期，通常是在合成 8～12 个碳原子的 β-羟脂酰基后，进行脱饱和，生成不饱和脂肪酸。这个反应是由一种特殊的脱水酶催化的，而不是由 β-羟脂酰-ACP 脱水酶催化的。前者引起 β，γ 脱水作用，后者引起 α，β 脱水作用。生成的不饱和脂肪酰-ACP，进一步添加 2 碳片段，形成碳链比较长的不饱和脂肪酸（图 6-38）。这就意味着厌氧途径产物的双键位置与好氧途径产物的双键位置不同，如 C_{18} 产物分别是顺式异油酸（Δ^{11}）和油酸（Δ^{9}）。图 6-39 为 16 碳不饱和的棕榈烯酰-ACP 和 18 碳的顺-异油酰-ACP 的合成过程。

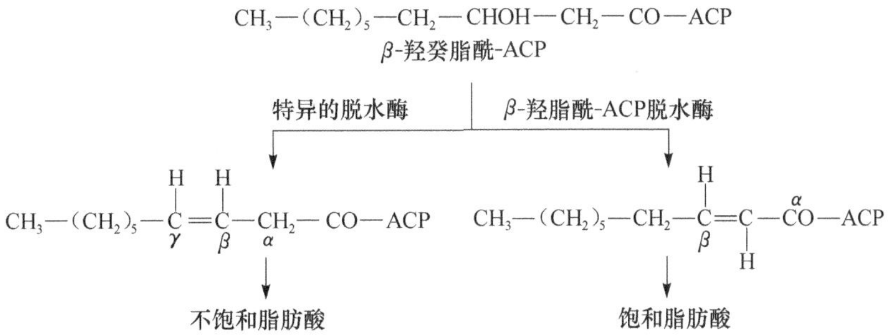

图 6-38　两种不同的脱水作用（β，γ 及 α，β 脱水作用）

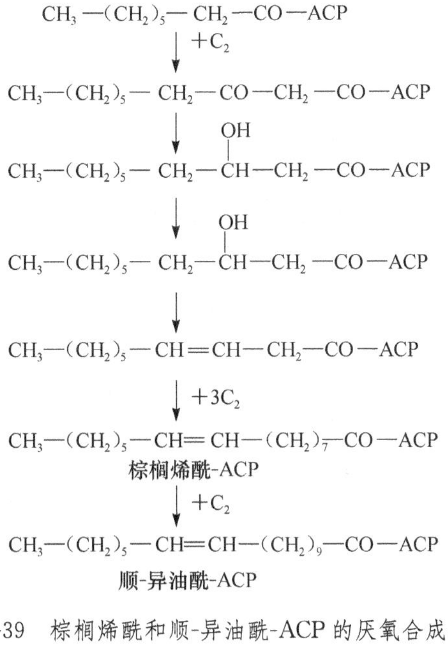

图 6-39　棕榈烯酰和顺-异油酰-ACP 的厌氧合成途径

大肠杆菌的脱水酶，其相对分子质量为 28 000，可催化反 α，β 脱水作用，也可催化顺 β，γ 的脱水作用，但以前者为主。此酶具有高度链长特异性，即对 $C_{10}\beta$-羟硫脂具有最大活性。

在厌氧条件下，经脱水酶催化形成的不饱和脂肪酸，可在β-酮脂酰-ACP合成酶催化下使碳链加长。从表6-3可以看出，超过C_{18}的不饱和脂酰-ACP，便不能成为β-酮脂酰-ACP合成酶的底物。实验还证明，大肠杆菌中饱和与不饱和脂肪酸合成途径的前面反应步骤是相同的，它们的分叉点在β-羟癸脂酰-ACP。多烯酸合成的途径可能是涉及上述两种脱饱和作用的联合。

5.1.3　环丙烷脂肪酸的合成

环丙烷脂肪酸（cyclopropane fatty acid，CFA），特别是C_{17}和C_{19}环丙烷酸，在细菌类脂中是常见的脂肪酸。这类脂肪酸是由不饱和脂肪酸在双键上加入C_1单位形成的，C_1的供体是*S*-腺苷甲硫氨酸（*S*-adenosyl-L-methionine，SAM）。

粘质沙雷氏菌和丁酸梭菌可将磷脂酰乙醇胺中的不饱和脂肪酸转化成环丙烷酸。当$x=7$时，底物是棕榈烯酸，产物是C_{17}环丙烷脂肪酸；$x=9$时，底物是顺-异油酸，产物是C_{19}环丙烷脂肪酸。反应由内膜上的环丙烷脂肪酸合成酶催化。此酶只催化距甘油分子碳的第9～10位双键或第11～12位双键，加上甲基（图6-40）。除了作用于磷脂酰乙醇胺上的双键外，也能作用于磷酸脂酰甘油、心磷脂、卵磷脂上的双键。

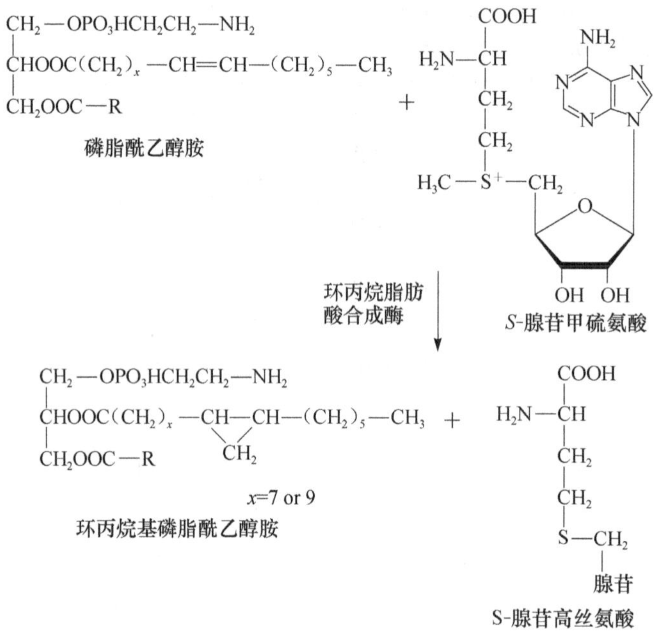

图6-40　环丙烷脂肪酸的合成

5.1.4　甲基分支脂肪酸的合成

具有甲基分支的脂肪酸的合成途径有两种。一种与软脂酸合成基本相似，只是合成初期的引物为具有甲基分支的脂酰-CoA。例如，溶壁小球菌以2-甲基丁酰-CoA为引物合成C_{16}的甲基分支脂肪酸。2-甲基丁酰-CoA是异亮氨酸的分解产物。

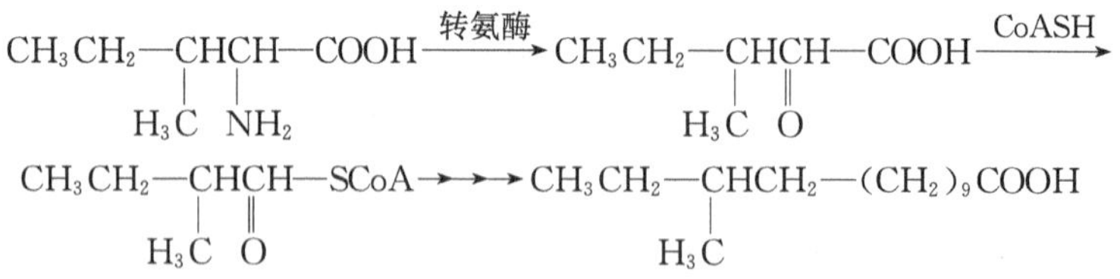

12-甲基十四烷酸

另一种是在已合成的硬脂酸的不饱和键上加入甲基，如草分枝杆菌可以在硬脂酸的C_{10}位上加入甲基，生成10-甲基硬脂酸，甲基来自甲硫氨酸。

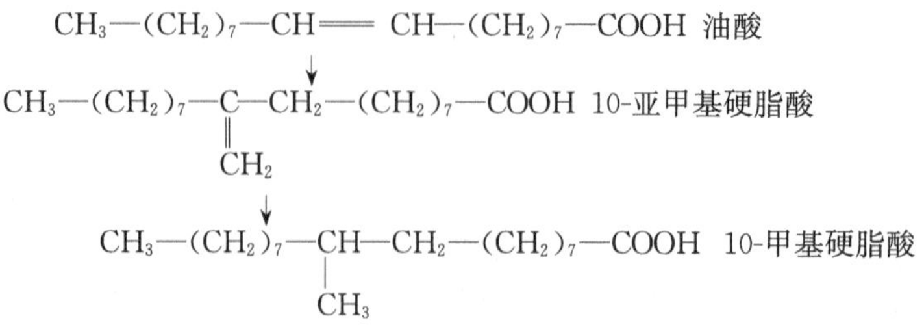

5.1.5　β-羟基脂肪酸的合成

β-羟基脂肪酸在细菌和酵母菌的类脂中也是常见的，它通常存在于与脂结合的或与糖苷结合的胞外脂类中。例如，在红酵母（*Rhodotorula*）所产生的甘露醇和戊糖醇的脂类中，就有β-羟基 C_{16} 和 C_{17} 脂肪酸，这些β-羟基脂肪酸可能是由不饱和脂肪酸的一个双键经水化作用生成的。

5.1.6　聚β-羟基丁酸的合成

PHB（聚β-羟基丁酸）是 PHA（聚羟基链烷酸或酯）其中的一类。PHA 只存在于原核生物中，可作为碳源和能源。当 N 或 P 不足而 C 过剩时就大量合成并储存 PHA。PHA 的结构为

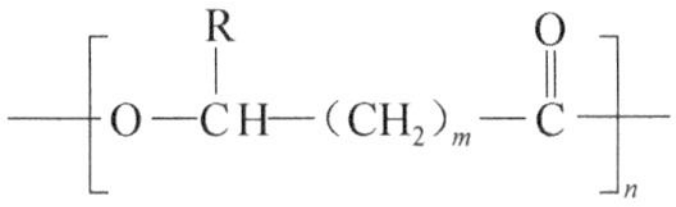

其中 m=1，2 或 3，通常 m=1，即羟基处于β位；n 指单体的数目，为 100～30 000；R 代表从甲基到壬基的烷基，也有支链、不饱和或带取代基的烷基，当 m=1，R 为甲基时，即为 PHB

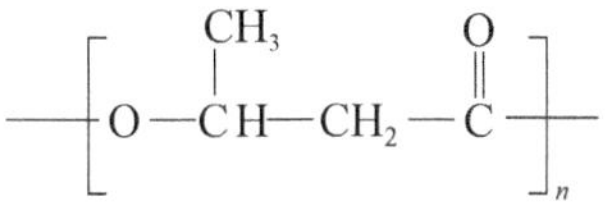

能合成 PHB 的微生物有 60 多属 300 余种，包括光能和化能自养及异养菌；既有革兰氏阳性细菌，又有革兰氏阴性细菌。其中合成能力最强的要数产碱杆菌属，合成 PHA 的量占细胞干重的 96%。在芽孢杆菌和某些光合细菌中含量较高，甚至可占细胞干重的 50%以上。它是一种理想的能量储存物质。当没有外源能源时，细菌就很快地降解这类物质，生成乙酰-CoA。

PHB 的合成是从乙酰-CoA 开始的，经一系列的反应，生成β-羟基丁酰-CoA，然后再聚合成多聚体。在真养产碱杆菌［现称为：真养罗尔通氏菌（*Ralstonia eutropha*）］中，通过 3 种酶的作用，经 3 步反应即可合成 PHB。合成过程的 3 种酶分别是β-酮硫解酶、乙酰乙酰-CoA 还原酶、PHB 聚合酶。其中 PHB 聚合酶是 PHB 合成的关键酶（图 6-41）。2 分子的乙酰-CoA 先缩合成乙酰乙酰-CoA，然后被还原生成β-羟基丁酰-CoA，所需的还原力为辅酶Ⅱ。之后再被聚合成 PHB。催化 PHB 合成的酶的基因位于一个操纵元上。它们的排列顺序为 *phbC*（PHB 聚合酶基因）、*phbA*（β-酮硫解酶基因）、*phbB*（依赖 NADPH 乙酰乙酰-CoA 还原酶基因）。

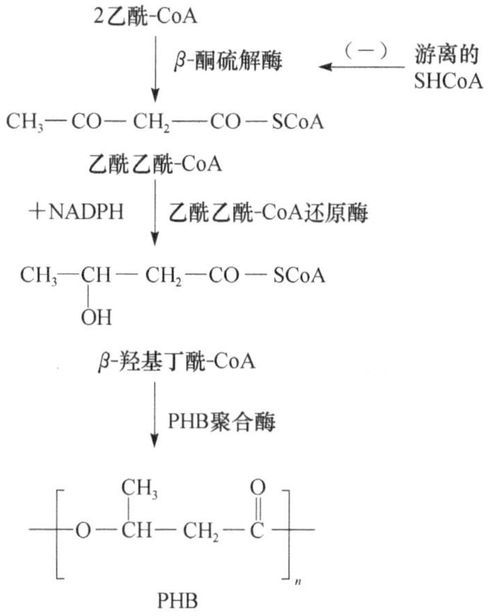

图 6-41　PHB 的合成

5.1.7　脂肪酸合成的调节

脂肪酸合成的调节方式有 3 种：首先是对合成原料乙酰-CoA 的调节，如从线粒体向细胞质供给乙酰-CoA 的调节，这是存在于真核微生物中一种调节方式；其次是对控制乙酰-CoA 进入合成途径的第一个关键酶即乙酰-CoA 羧化酶的调节；第三是对合成过程中所需的能量 ATP 水平的调节。

1. 从线粒体向细胞质供给乙酰-CoA 的调节

在线粒体内，降解过程中生成的乙酰-CoA 不能透过线粒体膜。乙酰-CoA 和草酰乙酸先经柠檬酸合成酶催化，合成柠檬酸。而柠檬酸可以自由地透过线粒体膜，进入细胞质中，并被柠檬酸裂解酶催化分解，重新生成乙酰-CoA 和苹果酸，乙酰-CoA 参与脂肪酸合成，而苹果酸回到线粒体内，经苹果酸脱氢酶氧化后形成草酰乙酸。草酰乙酸再进入下一轮反应。在这条途径中，如果乙酰-CoA、柠檬酸、ATP 的浓度增加，将促进柠檬酸进入细胞质中，再进一步合成脂肪酸。通过这个途径，由线粒体向细胞质供给的乙酰基约占 80%，见图 6-42。

此外，还有以乙酰-CoA 与肉毒碱通过肉毒碱转乙酰酶（carnitine acyltransferase）形成乙酰肉毒碱，通过线粒体膜到细胞质内后再生成乙酰-CoA，用于合成脂肪酸。通过对肉毒碱转乙酰酶活性的调节可以调节脂肪酸的合成。

2. 对乙酰-CoA 羧化酶的调节

在脂肪酸合成中，乙酰-CoA 羧化酶所催化的反应是限速反应。现已发现这个酶以单体（无活性状态）和多聚体（有活性状态）两种形式存在。无活性的单体，其相对分子质量为 410 000，有一个 HCO_3^- 结合部位，即含有一个生物素辅基，有一个乙酰-CoA 结合部位，还有一个是柠檬酸结合部位，以及长链脂肪酸的结合部位。由于乙酰-CoA 羧化酶是别构酶，它的活性可受柠檬酸，长链脂肪酸的调节。当柠檬酸增多时，引起酶分子变构，从而由一个亚基构成的单体便聚合成多聚体（含有 10 个或更多的亚基），由无活性转变为有活性状态。因此，柠檬酸对乙酰-CoA 羧化酶有激活作用。此

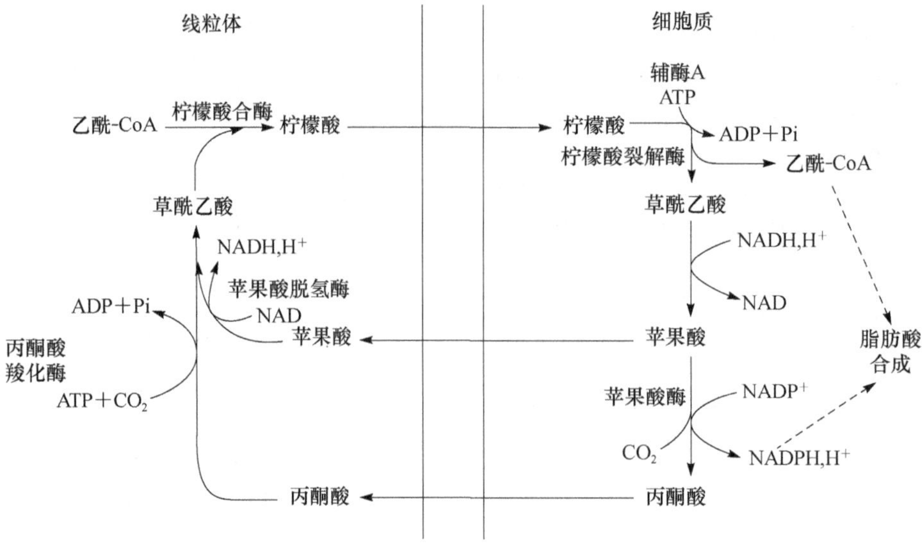

图 6-42 线粒体膜内外乙酰-CoA 的调节

时若柠檬酸经柠檬酸裂解酶催化生成乙酰-CoA，就会充分地合成丙二酰-CoA，进而促进脂肪酸的生物合成。与此相反，长链脂肪酸是脂肪酸生物合成的终产物，所以当终产物过剩时，就反馈抑制脂肪酸合成途径中催化最初反应的关键酶——乙酰-CoA 羧化酶，从而抑制脂肪酸的生物合成。

3. 能量 ATP 水平的调节

脂肪酸分解与合成的整体速度受 TCA 循环中异柠檬酸脱氢酶调节。细胞内 ATP 水平高时，存在于线粒体中的异柠檬酸脱氢酶活性受抑制，柠檬酸得以积累，透过线粒体膜进入细胞质中，并裂解成乙酰-CoA，用于脂肪酸的合成。反之，ATP 水平降低，线粒体内 AMP 积累，异柠檬酸脱氢酶活性明显增加，结果导致 TCA 循环整体活性升高，柠檬酸被氧化，几乎没有柠檬酸从线粒体往细胞质转移，也就不再合成脂肪酸。提高 ATP 水平或降低异柠檬酸脱氢酶活性或增加柠檬酸合成能力都有利于脂肪酸的合成。

5.2 脂肪（甘油三酯）和磷脂的合成

脂肪和各种磷脂合成过程中，磷脂酸位于中心地位，由它可以合成甘油三酯或合成 CDP-甘油二酯，再由 CDP-甘油二酯合成各种磷脂（图 6-43）。

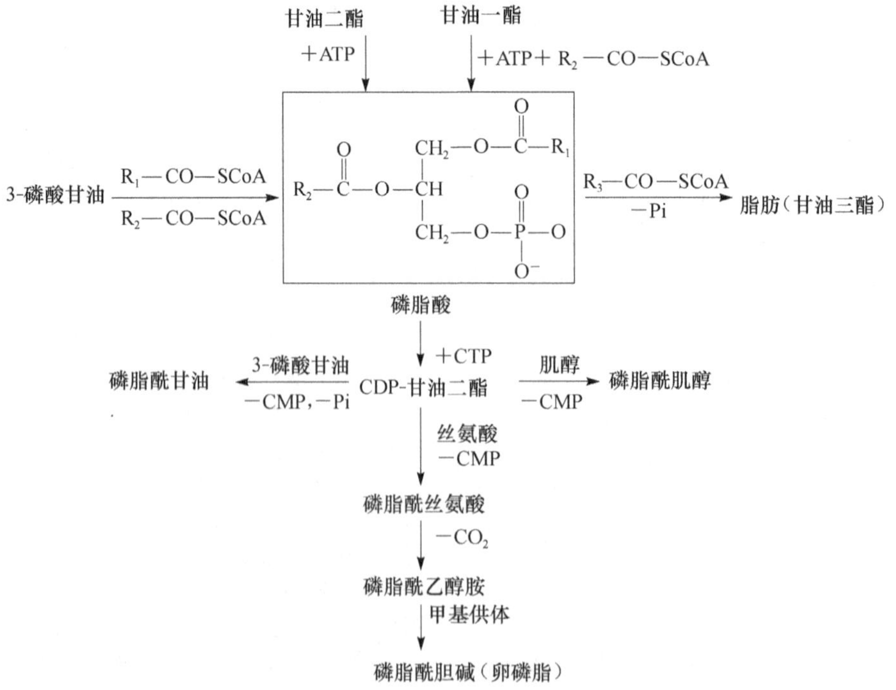

图 6-43 磷脂酸、脂肪和各种磷脂的合成

5.2.1　磷脂酸的生物合成

磷脂酸（phosphatidic acid）可由 3 种方式生成：第 1 种方式是由 3-磷酸甘油酸与脂酰-CoA 反应生成磷脂酸；第 2 种方式是在甘油二酯激酶催化下，将甘油二酯磷酸化生成的；第 3 种方式是甘油一酯经 ATP 磷酸化后，再与脂酰-CoA 结合而成。

5.2.2　脂肪（甘油三酯）的合成

磷脂酸在磷脂酸磷酸酶的催化下脱去磷酸，再接受 1 分子脂酰-CoA，就成为甘油三酯。

5.2.3　磷脂的合成

合成过程见简图 6-43，详细过程参见生物化学相关书目。

第 6 节　与吡咯环相关的化合物的合成

在微生物细胞内含有许多以吡咯环（pyrrole，C_4H_5N）为基本单位的物质，如血红素（heme）、维生素 B_{12}（vitamin B_{12}，VB_{12}）、细菌叶绿素（或称菌绿素，bacteriochlorin，bacteriochlorophyll）、灵菌红素（prodigiosin）、藻蓝胆素、藻红胆素、脯氨酸、羟基脯氨酸、色氨酸、聚乙烯基吡咯烷酮（polyvinyl pyrrolidone，PVP）等，它们都是由吡咯环构成的聚合物（图 6-44）。

图 6-44　吡咯环结构示意图

6.1　血红素的合成

血红素的结构中含有 4 个吡咯环，这 4 个吡咯环彼此之间以碳桥相连，这种结构称为卟啉核。在卟啉核的中心络合有亚铁离子。血红素的结构见图 6-45，它是最常见的形式，为血红素 B（heme B），分子式为：$C_{34}H_{32}O_4N_4Fe$；其他两种重要的血红素为血红素 A（分子式为：$C_{49}H_{56}O_6N_4Fe$）和血红素 C（分子式为：$C_{34}H_{36}O_4N_4S_2Fe$）。血红素的合成过程如下：TCA 循环的中间产物琥珀酰-CoA 与甘氨酸首先在 ALA 合成酶的催化下形成 γ-酮基-δ-氨基戊酸（*delta*-amino levulinic acid，ALA）。ALA 是多数吡咯环类化合物合成的共同前体。ALA 的合成见图 6-46。

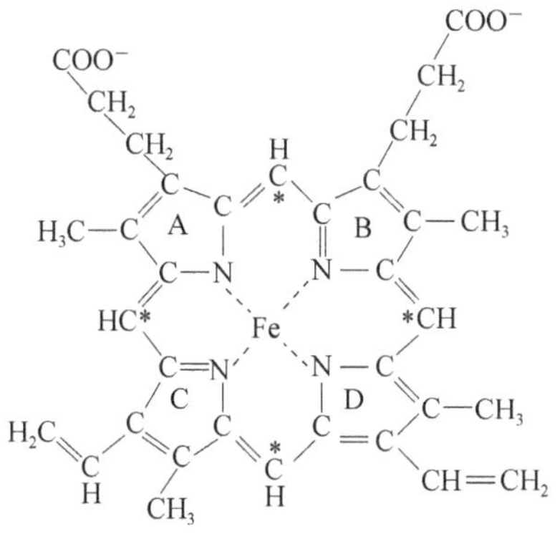

图 6-45　血红素的结构
4 个吡咯环依次以 A、B、C、D 标出；
碳桥以 * 号标出

之后 2 分子的 ALA 脱水缩合成 1 分子的卟胆原（PBG），由 ALA 脱水酶催化。4 分子的卟胆原在卟胆原脱氨酶作用下，脱氨生成线状四吡咯。线状四吡咯又

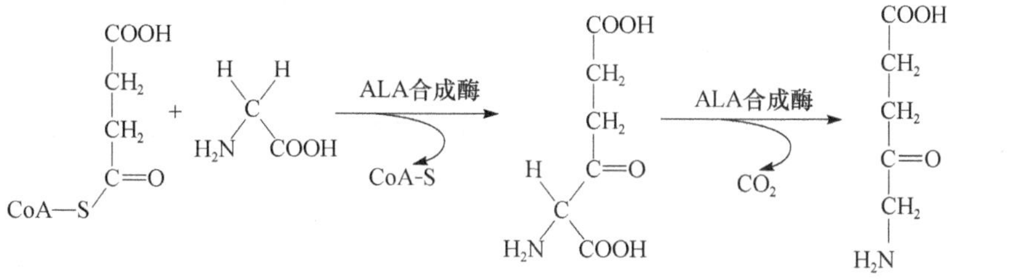

琥珀酰-CoA　　甘氨酸　　α-氨基-β-酮基己二酸　　γ-酮基-δ-氨基戊酸（ALA）

图 6-46　ALA 的合成

在尿卟啉原Ⅲ同合酶的作用下，环化生成尿卟啉原Ⅲ。之后在尿卟啉原Ⅲ脱羧酶的催化下，脱去 4 分子 CO_2，生成粪卟啉原Ⅲ。再经粪卟啉原Ⅲ氧化脱羧酶催化，生成原卟啉原Ⅸ，然后经氧化酶催化生成原卟啉Ⅸ，最后在铁螯合酶催化下，与亚铁离子作用，生成血红素（即亚铁血红素）。

血红素及其他相关化合物的合成过程见图 6-47。血红素的合成还受末端终产物的反馈抑制，当血红素合成过多时，亚铁血红素被氧化为高铁血红素，后者可反馈抑制 ALA 合成酶，从而使 ALA 不能合成，进一步影响血红素的合成。

6.2　维生素 B_{12} 的合成

在维生素 B_{12} 中，也有 4 个吡咯环，但这 4 个吡咯环中，有 3 个是通过碳桥相连的，其中一个是直接相连，因此不是真正的卟啉核。维生素 B_{12} 中络合有钴离

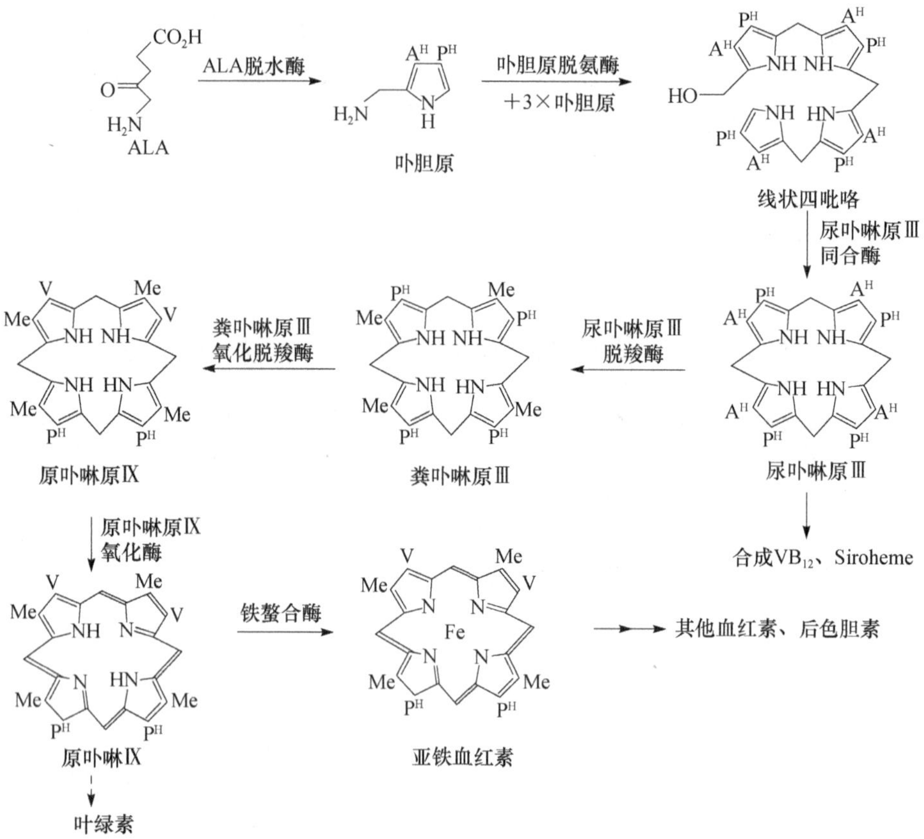

图 6-47　血红素及其他相关化合物的生物合成

V：vinyl，乙烯基；Me：methyl，甲基；P^H：propionate，丙酸酯；A^H：乙酰基

子，它的结构如图 6-48 所示。女科学家 Dorothy Hodgkin 曾因解析出维生素 B_{12} 的结构而获得 1964 年诺贝尔化学奖。维生素 B_{12} 曾被科学界和医学界誉为最具诱惑力和最具魅力的分子之一。100 多名研究人员花费 10 时间，在不懈努力下才通过化学合成的方式合成维生素 B_{12}，合成步骤涉及 70 多步。如此繁多的化学合成法使得通过化学法生产维生素 B_{12} 极其困难。工业上生产维生素 B_{12} 全是通过微生物发酵的方式进行的。

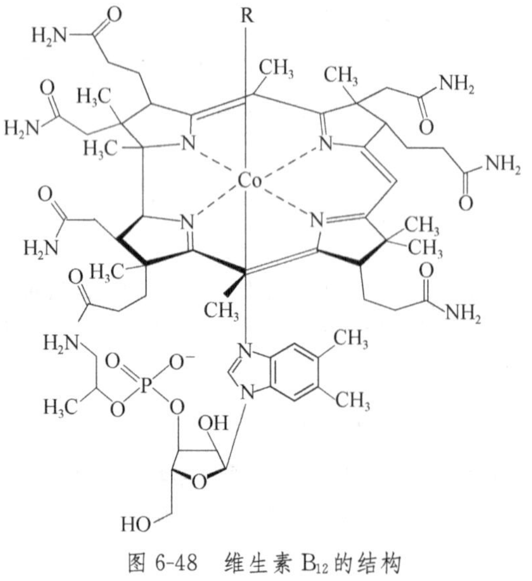

图 6-48　维生素 B_{12} 的结构

到目前为止只在原核的细菌才能够合成维生素 B_{12}。已发现能合成维生素 B_{12} 的细菌有：气杆菌属（*Aerobacter*），土壤杆菌属（*Agrobacterium*），产碱杆菌属（*Alcaligenes*），固氮杆菌属（*Azotobacter*），芽孢杆菌属（*Bacillus*），梭菌属（*Clostridium*），棒杆菌属（*Corynebacterium*），黄杆菌属（*Flavobacterium*），微单孢菌属（*Micromonospora*），分枝杆菌属（*Mycobacterium*），诺卡氏菌属（*Nocardia*），丙酸杆菌属（*Propionibacterium*），精朊杆菌属（*Protaminobacter*），变形杆菌属（*Proteus*），假单胞菌属（*Pseudomonas*），根瘤菌属（*Rhizobium*），沙门氏菌属（*Salmonella*），沙雷氏菌属（*Serratia*），链霉菌属（*Streptomyces*），链球菌属（*Streptococcus*）和黄单胞菌属（*Flavomonas*）。需要注意的是，大肠杆菌并不能合成维生素 B_{12}。脱氮假单胞菌（*Pseudomonas denitrificans*）是目前唯一一个工业上生产维生素 B_{12} 的菌株。科学家正在对该菌株进行诱变和基因工程方面的改造，以提高它产生维生素 B_{12} 的产量。维生素 B_{12} 合成的主要过程见图 6-49。

维生素 B_{12} 很难被人体吸收。胃分泌的一种物质是吸收维生素 B_{12} 的必要因素。对维生素 B_{12} 的吸收来说，钙也是必要的元素。维生素 B_{12} 对身体制造红细胞和保持免疫系统的功能也是必要的。维生素 B_{12} 已经用于哮喘、疲劳、肝炎、失眠和癫痫等疾病的治疗。维生素 B_{12} 储存于肝脏中，但是很容易通过尿排出体外。维生

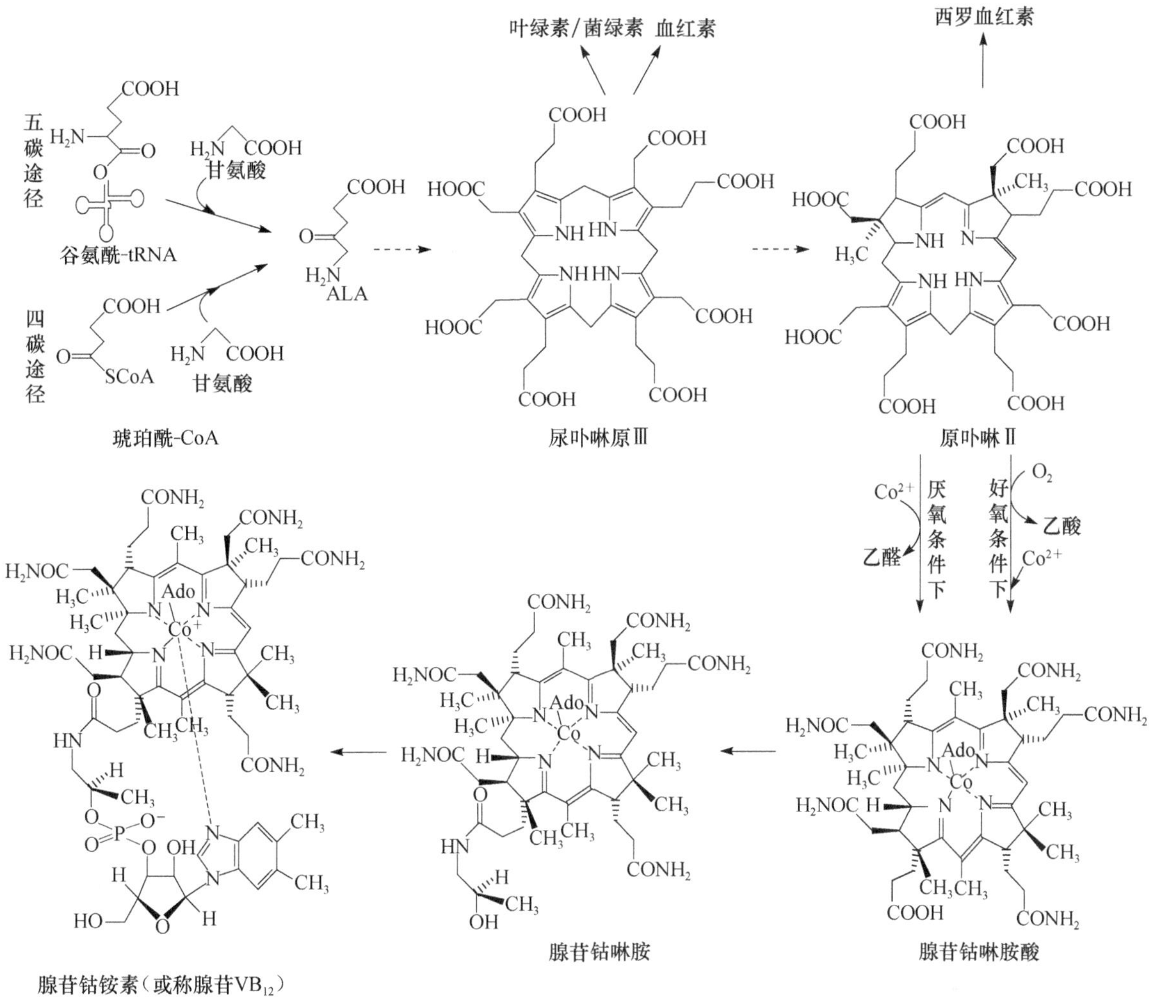

图 6-49　厌氧及好氧条件下维生素 B_{12} 合成的主要中间代谢产物

素 B_{12} 是很安全的，而且没有不良反应。维生素 B_{12} 缺乏者常是老人和酗酒者。如果严重缺乏，将导致恶性贫血（pernicious anemia）。富含维生素 B_{12} 的食物主要有动物肝脏、牛肉、猪肉、蛋、牛奶、奶酪等。

6.3　灵菌红素的合成

灵菌红素是一类天然红色色素的总称，它可由多种放线菌（如链霉菌属）和细菌（如 *Serratia marcescens*、假单胞菌属）产生，属于次级代谢产物。1929 年由 Amako 等在研究沙雷氏菌属（*Serratia*）的生长时首次发现，到 1960 年由 Harashima K. 等将此红色物质分离出来。灵菌红素在结构上是由 3 个吡咯环直线连接而成（图 6-50），不同的灵菌红素在其侧链基团上有所不同，

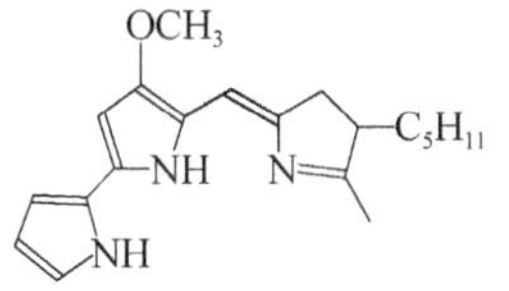

图 6-50　灵菌红素的基本结构

因此灵菌红素家族有许多种类。常见的有：prodigiosin C25，metacycloprodigiosin，prodigiosen，cycleprodigiosin，desmethoxyprodigiosin 和 uncedylprodigiosin 等。

灵菌红素是一种呈暗红色的色素，熔点 151～152℃，几乎不溶于水，易溶于氯仿和苯。在碱性或中性溶液中呈橙黄色，酸性溶液中呈红色。在甲醇溶液中，酸性条件下在 540nm 处有特征吸收，碱性条件下在 466nm 处有特征吸收，实验中可利用此特征吸收，通过比色法测定灵菌红素的含量。灵菌红素具有抗细菌（antibacterial）、抗疟疾（antimalarial）、抗真菌（antifungal）和抗原生动物（antiprotozoal）的活性，此外还发现其有免疫抑制活性（immunosuppressive）和引起的肿瘤细胞凋亡作用（anticancer）。灵菌红素的合成途径见图 6-51。

6.4　细菌叶绿素的合成

细菌叶绿素也称为菌绿素，是由 4 个吡咯环通过碳桥相连而形成的卟啉核组成的。在核的中央络合有镁离子。细菌叶绿素 a 和 b 在 R 基团上有所不同。菌绿素的结构见图 6-52。

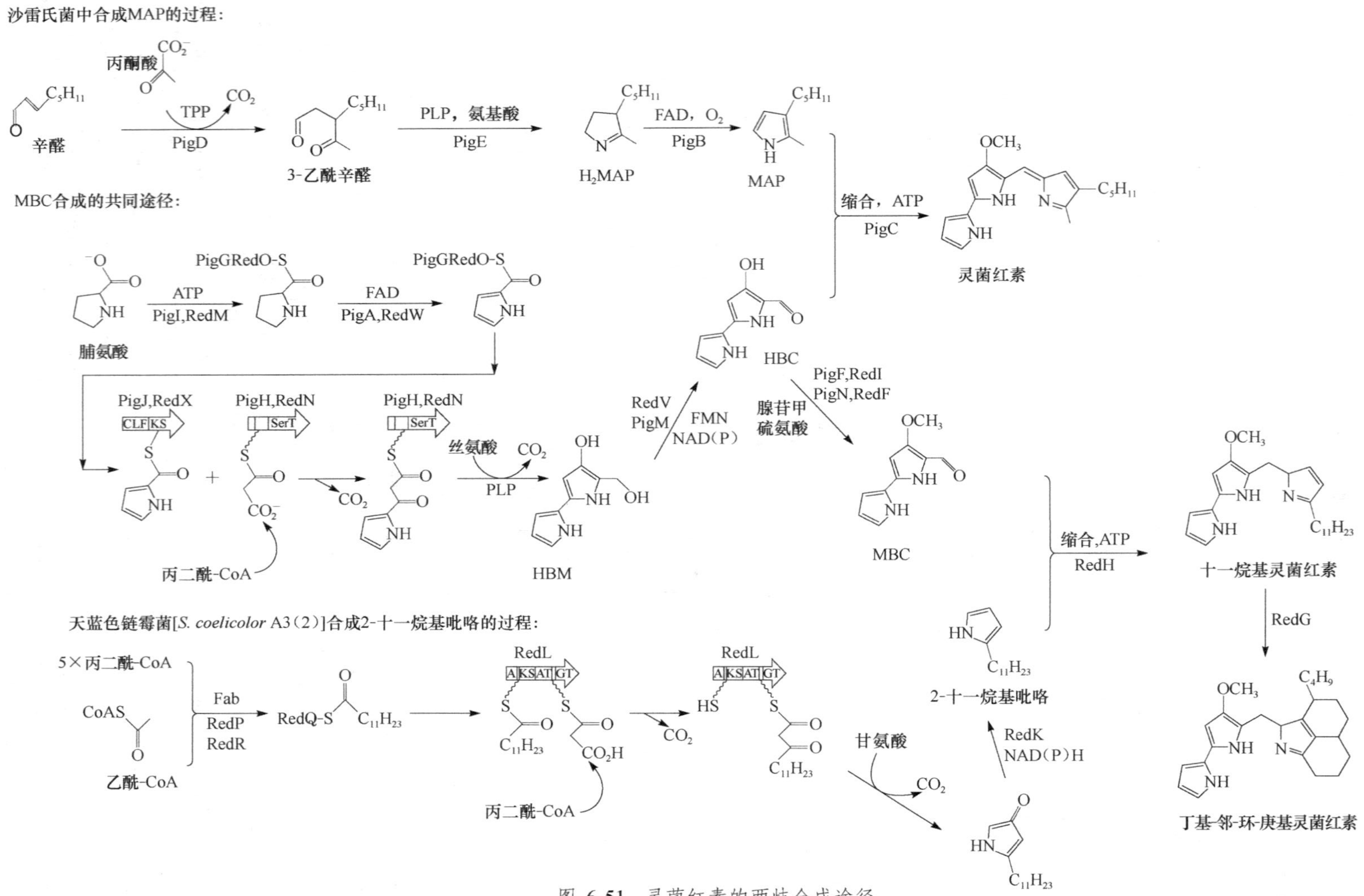

图 6-51 灵菌红素的两歧合成途径

MBC：4-methoxy-2,2′-bipyrrole-5-carbaldehyde，4-甲氧基-2,2′-二吡咯-5-羧基醛；HBC: 4-hydroxy-2,2′-bipyrrole-5-carbaldehyde, 4-羟基-2,2′-二吡咯-5-羧基醛；HBM: 4-hydroxy-2,2′-bipyrrole-5-methanol, 4-羟基-2,2′-二吡咯-5-甲醇；MAP: 2-methyl-3-n-amyl-pyrrole，2-甲基-3-n-异-吡咯；PLP: pyridoxalphosphate，磷酸烯吡哆醛；以Pig和Red开头的为酶的名称；Fab在图中与RedP和RedR两个酶的功能一样；TPP: thiamine pyrophosphate, 硫胺素焦磷酸

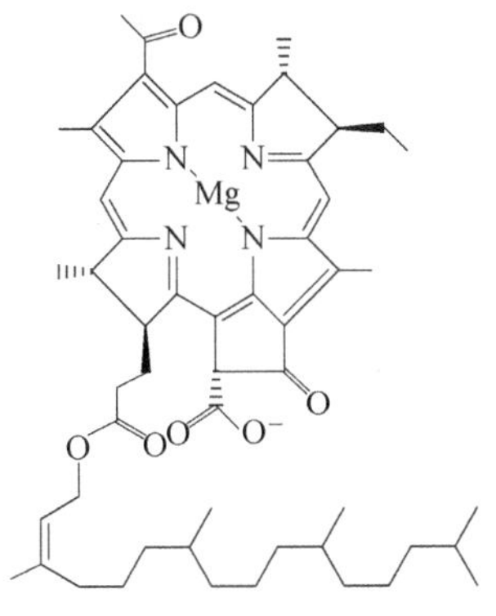

图 6-52　菌绿素的结构

菌绿素在光动力学治疗（photodynamic therapy，PDT）肿瘤上有着潜在的应用。光动力学治疗是将可见光和光敏剂（如菌绿素）联合引起被选择细胞破坏的治疗方法。无毒性的药物进入机体，有选择地聚集在快速分裂的细胞（即肿瘤部位）中。当药物在患病组织与正常组织的浓度比达到最佳、最合适的光照剂量时，激活药物，在有氧参与的情况下引发毒性效应，通过造成组织细胞不可逆的氧化，破坏细胞膜、细胞器、脉管系统，导致细胞坏死而起到治疗作用。

图 6-53 为光动力学治疗的原理示意图。图中 $^1O_2$，是单重态氧分子（singlet oxygen），处于激发态，有很强的亲电性能，可与许多富含电子的不饱和化合物进行加成氧化反应，形成过氧化物，后者极易分解。$^3O_2$，是分子氧（molecular oxygen），又称基态氧，是三重态的。三重态氧对于有机物的氧化反应是惰性的。

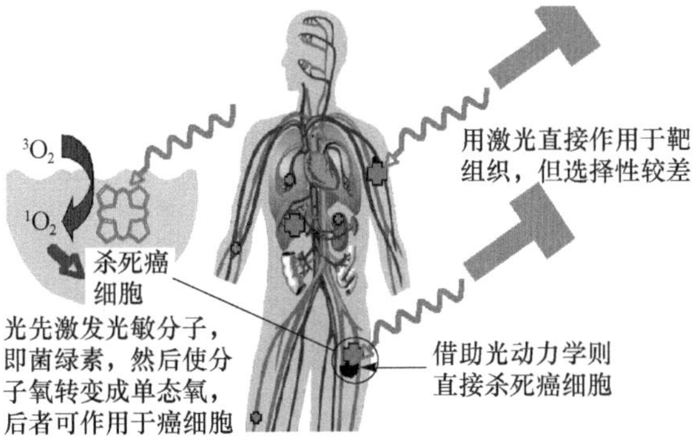

图 6-53　利用菌绿素进行光动力学治疗的原理

菌绿素的合成与血红素的合成有类似的地方，都是以 ALA 的合成作为共同的前体。它的合成过程见图 6-54。

6.5　藻胆色素的合成

藻蓝胆素（phycocyanobilin，PCB）和藻红胆素（phycoerythrobilin，PEB）通称为藻胆色素（phycobilin），常存在于藻类生物中。在光合作用中，这两种色素可作为藻胆蛋白的辅基参与光合作用。它们的结构为开环的四吡咯（图 6-55）。

琥珀酰-CoA＋甘氨酸
↓
δ-氨基乙酰丙酸
↓
胆色素原
↓
尿卟啉原Ⅲ
↓
粪卟啉原Ⅲ
↓
原卟啉Ⅸ
↓
Mg-原卟啉Ⅸ
↓
Mg-原卟啉Ⅸ-单甲基酯
↓
Mg-2,4-二乙烯基叶绿素a_5-单甲基酯
↓
Mg-2-乙烯基-4-乙烷基叶绿素a_5-单甲基酯
↓
脱植基叶绿素a
↓
2-脱乙酰基-2-羟基乙烷基脱植基菌绿素a
↓
脱植基菌绿素a
↓
菌绿素a

图 6-54　菌绿素的合成过程

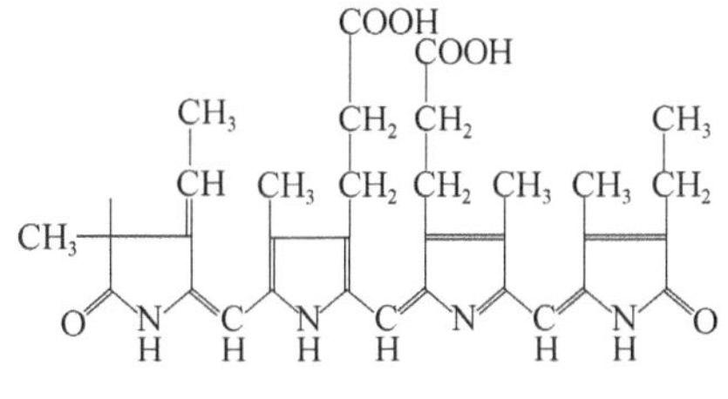

藻蓝胆素

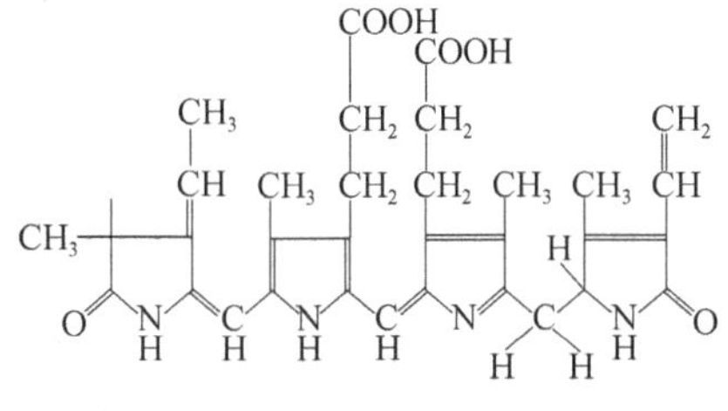

藻红胆素

图 6-55　藻蓝胆素和藻红胆素的化学结构

藻胆色素合成的主要中间代谢产物见图 6-56。合成过程与血红素的合成类似，先合成血红素，然后在其中的一个碳桥处打开，形成开环的线状四吡咯——胆绿素（biliverdin Ⅸα），催化此反应的酶为血红素加氧酶

(HO1)。紧接着可以在藻蓝素：铁氧还蛋白氧化还原酶(PcyA) 的作用下还原成藻蓝胆素；需通过中间体 18^1,18^2-二氢胆绿素，即 18^1,18^2-dihydrobiliverdin)；或通过 15,16-二氢胆绿素：铁氧还蛋白氧化还原酶(PcbA) 的催化形成 15,16-二氢胆绿素，后者再经藻红胆素：铁氧还蛋白氧化还原酶 (PebB) 的作用形成藻红胆素。藻胆色素在荧光标记中有着潜在的应用。用常规的标记方法可以很方便地将其与生物素、亲和素和各种单克隆抗体结合起来制成荧光探针，用于免疫检测、荧光显微技术和流式细胞荧光测定等临床诊断及生物工程技术。

6.6 聚乙烯基吡咯烷酮简介

聚乙烯基吡咯烷酮 (polyvinylpyrrolidone，PVP)

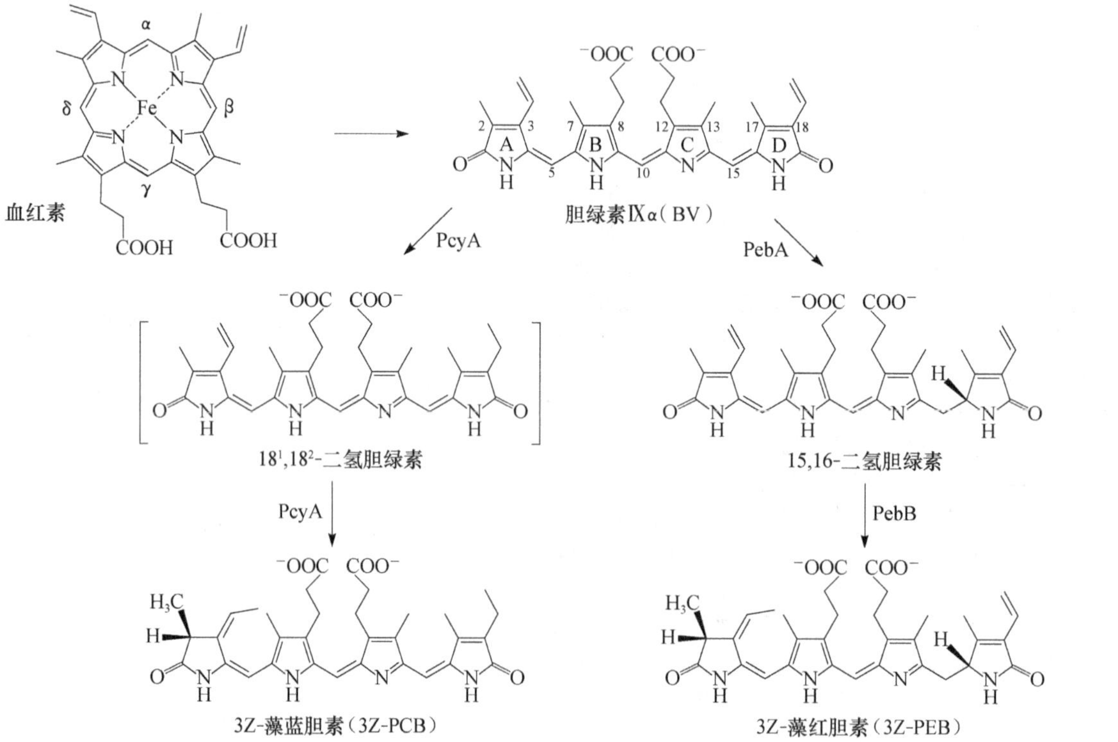

图 6-56 藻胆色素合成的主要过程 (Dammeyer et al.，2007)

为粉末状，或溶于水成为水溶液。PVP 分子中既有亲水基团，又有亲油基团，因此它是极性分子。它的结构见图 6-57。PVP 在工业及高技术领域的应用极广，如在颜料、印刷墨水、纺织、印染、彩色显像管中可用作表面包覆剂、分散剂、增稠剂、黏合剂。PVP 可改进黏结剂对金属、玻璃、塑料等材料的黏结性能，另外 PVP 在分离膜、医用高分子材料、光固树脂、光固涂料、光导纤维、激光视盘等新兴高科技领域的应用也日益广泛。PVP 在发胶中可作为黏合剂，在 Western Blot 中可用作阻断剂。

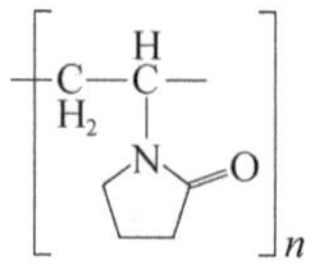

图 6-57 PVP 的结构

第 7 节 萜烯及其相关化合物的合成

萜烯 (terpene) 是由两个或多个异戊二烯单位 (isoprene unit) 相互连接而成的一类化合物。异戊二烯的连接方式一般是头尾相连，但也有尾尾相连的。形成的萜类可以是直链的，也可以是环状分子；可以是单环、双环或多环化合物。

微生物细胞可以合成多种萜烯类化合物，如糖基载体脂 (11 个异戊二烯单位)，类胡萝卜素 (多萜烯类)，甾醇 (三萜烯类)、辅酶 Q 类及赤霉素等。这些萜烯类化合物，虽然彼此的化学结构有较大区别，但从生物合成途径上说，却都来自异戊二烯单位。根据分子内所含异戊二烯单位 (C_5H_8) 的数目 (n)，将它们分成几类：单萜烯类 ($n=2$，$C_{10}H_{16}$)、倍半萜烯类 ($n=3$，$C_{15}H_{24}$)、二萜烯类 ($n=4$，$C_{20}H_{32}$)、三萜烯类 ($n=6$，$C_{30}H_{48}$)。胡萝卜素根据双键数目或位置不同，有 α、β、γ 等 6 种异构体。萜烯类化合物在生物合成途径上存在某些共同途径。

7.1 糖基载体脂的合成

糖基载体脂是由 11 个异戊二烯单位组成的 55 个碳原子的大分子，在细菌肽聚糖、磷壁酸的合成中起着跨膜运输糖基的作用。它的合成可分为 3 个阶段。

7.1.1 由乙酰-CoA 合成甲羟戊酸

乙酰-CoA 与乙酰乙酰-CoA 在 HMG-CoA 缩合酶的催化下缩合成 β-羟-β-甲基戊二酰-CoA（HMG-CoA）。催化这步反应的缩合酶已从酵母中分离纯化。乙酰乙酰-CoA 可以直接来自 2 分子乙酰-CoA 的缩合。

β-羟-β-甲基戊二酰-CoA 先与活化酶结合，之后在 HMG-CoA 还原酶的催化下经过 2 次还原，生成甲羟戊酸（MVA）。因为游离的 β-羟-β-甲基戊二酰-CoA 不能成为合成萜烯的前体，它必须和某活化酶结合，使之活化后才能被利用。酵母菌中缺少这种活化酶，而布拉克须霉（*Phycomyces blakesleeanus*）具有这种活化酶。

7.1.2 异戊烯焦磷酸的合成

甲羟戊酸在 ATP 存在下，由相应激酶催化经过 2 次磷酸化生成 5-焦磷酸甲羟戊酸。然后在 ATP 存在下，脱羧生成异戊烯焦磷酸（图 6-58）。

7.1.3 聚异戊二烯焦磷酸的合成

异戊烯焦磷酸经同分异构酶催化异构成二甲基丙烯焦磷酸。二甲基丙烯焦磷酸和异戊烯焦磷酸缩合并释放出焦磷酸，形成牻牛儿焦磷酸。后者再与另外 1 分子异戊烯焦磷酸缩合并释放出 1 分子焦磷酸，形成法呢基焦磷酸（图 6-59）。法呢基焦磷酸为 15 个碳的萜烯化合物。在法呢基焦磷酸的基础上连续 8 次添加异戊烯焦磷酸，便可得到 55 碳的聚异戊二烯焦磷酸，这便是糖基载体脂。在糖基载体脂合成过程中生成的 15 碳的法呢基焦磷酸与 1 分子异戊烯焦磷酸缩合并释放出 1 分子焦磷酸后，形成 20 碳的牻牛儿-牻牛儿焦磷酸（geranylgeranyl PPi，GGPP）。以牻牛儿-牻牛儿焦磷酸为前体，其中一条途径合成 β-胡萝卜素；另一条途径则合成赤霉素。

7.2 β-胡萝卜素的合成

2 分子的牻牛儿-牻牛儿焦磷酸缩合后形成八氢番茄红素，之后经过多步脱氢、环化后形成 β-胡萝卜素。此部分的合成过程见图 6-60。能用于生产 β-胡萝卜素的微生物有：短杆菌、分枝杆菌、杜氏藻、三孢布拉霉、布位克须霉、红酵母。

7.3 赤霉素的合成

赤霉素是一类化合物的总称。所有赤霉素分子结构中，都具有 4 个碳环的赤霉烷环（gibberelane ring），各种赤霉素的差别，仅在于环上的双键和羟基的数目和位置的不同。它们都是合成赤霉酸（GA3）过程中的中间产物或降解产物。它的合成过程见次级代谢产物的合成部分。

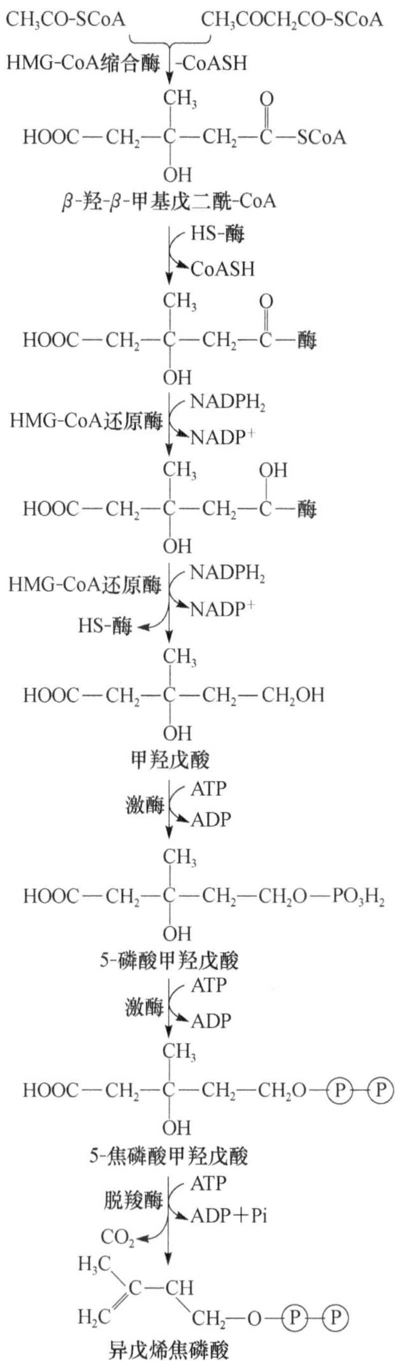

图 6-58　由乙酰-CoA 合成异戊烯焦磷酸的途径

7.4 甾醇的合成

甾醇（sterol）为真核生物所特有的一种成分。原核生物中除少数种类（支原体、甲基营养菌）外，几乎都不含甾醇。它以游离的形式存在或参与到细胞膜中。

甾醇的合成与前面学到的糖基载体脂的合成有共同的步骤，都是从乙酰-CoA 开始，经过一系列步骤后形

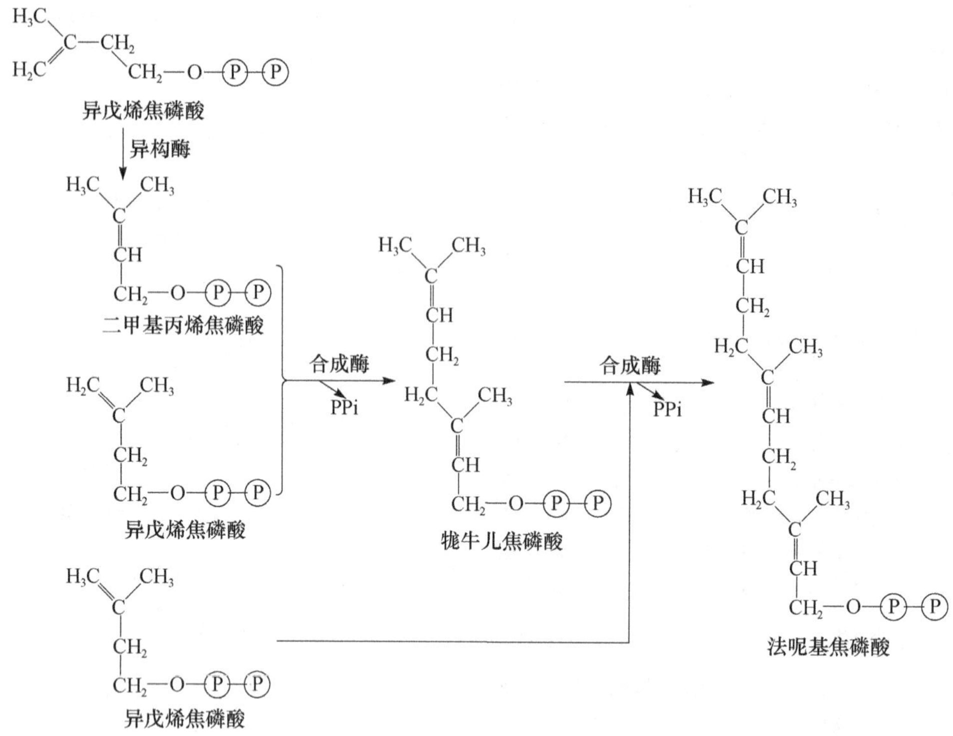

图 6-59　法呢基焦磷酸的合成

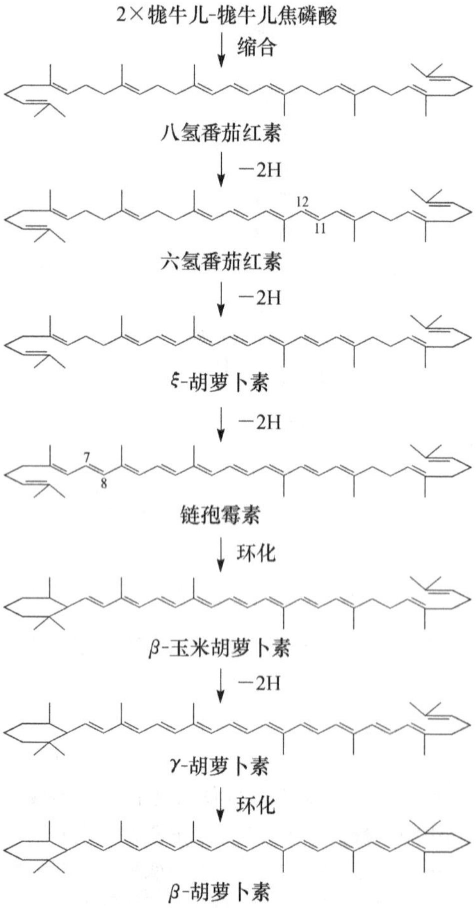

图 6-60　酵母菌中β-胡萝卜素的生物合成途径

成法呢基焦磷酸，然后在鲨烯合成酶的催化下形成鲨烯，由鲨烯进一步合成各种甾醇类化合物。鲨烯在鲨烯单加氧酶作用下，在鲨烯上加上 1 个氧原子，形成鲨烯-2,3 氧化物，然后环化成羊毛甾醇，由羊毛甾醇经两条分支的途径分别形成麦角甾醇和酵母甾醇。形成麦角甾醇时，需要在羊毛甾醇的基础上脱去 1 个甲基；在酵母菌中，鲨烯经甲基移位，环氧化及环化等反应生成羊毛甾醇，然后再转为麦角甾醇。这是一个十分复杂的过程，它至少包括 25 个反应步骤。应该指出，在甾体合成过程中要消耗氧气。而形成酵母甾醇则要经过加氧、脱羧等多步反应后才能够形成。

在甾醇的合成过程中，当其中一个分支的末端终产物麦角甾醇过量时，可以反馈抑制 HMG-CoA 还原酶和鲨烯合成酶的活性。甾醇的生物合成途径见图 6-61。

许多真菌在营养生长时不需要甾醇，也不合成甾醇，但在有性繁殖或有性孢子形成时甾醇却有特殊作用。例如，卵菌类的恶疫霉（*Phytophthora cactorum*）的有性繁殖器官发育时，以及从卵原细胞发育成卵孢子时，必须向培养基中加入甾醇类化合物。其中以β-谷甾醇对卵孢子的形成最具有促进作用。又如，粪壳属（*Sordaria*）的一些菌株中，能抑制该菌株甾醇合成的抑制剂，同时也显著地延滞了该菌的子囊发育。

由羊毛甾醇合成麦角甾醇时，需要一个脱去甲基的过程，催化这步反应的酶为羊毛甾醇-14-α-脱甲基酶（CYP51）。这个酶能被硝酸咪康唑所抑制，而硝酸咪康唑就是通常所说的抗真菌药物达克宁。CYP51 是一种存在于真菌内质网膜上微粒型细胞色素 P_{450}，药物与

CYP51 中的血红素铁相结合，阻止酶底物羊毛甾醇及分子氧与 CYP51 结合，影响羊毛甾醇-14-α-羟基化反应，抑制了真菌细胞膜中的主要甾醇成分麦角甾醇的生物合成，产生抗真菌作用。唑类药物有抑制白色念珠菌（*Candida albicans*）的作用。

麦角甾醇主要存在于真菌细胞膜上。从酵母细菌中提取的麦角甾醇，在紫外线的照射下，形成维生素 D_2（VD_2）。二者的结构如图 6-62 所示。麦角甾醇是一种重要的医药化工原料，可用于“可的松”、“激素黄体酮”的生产，“黄体酮”是雌性激素之一，“可的松”具有抗炎症、抗过敏、抗病毒、抗休克等药理作用，临床上多用以控制严重中毒性感染和风湿病等。麦角甾醇还是 VD_2 的前体。VD_2 在调节生命代谢功能上有重要作用。它可以提高人体和动物对钙磷的吸收，促进骨骼的形成。

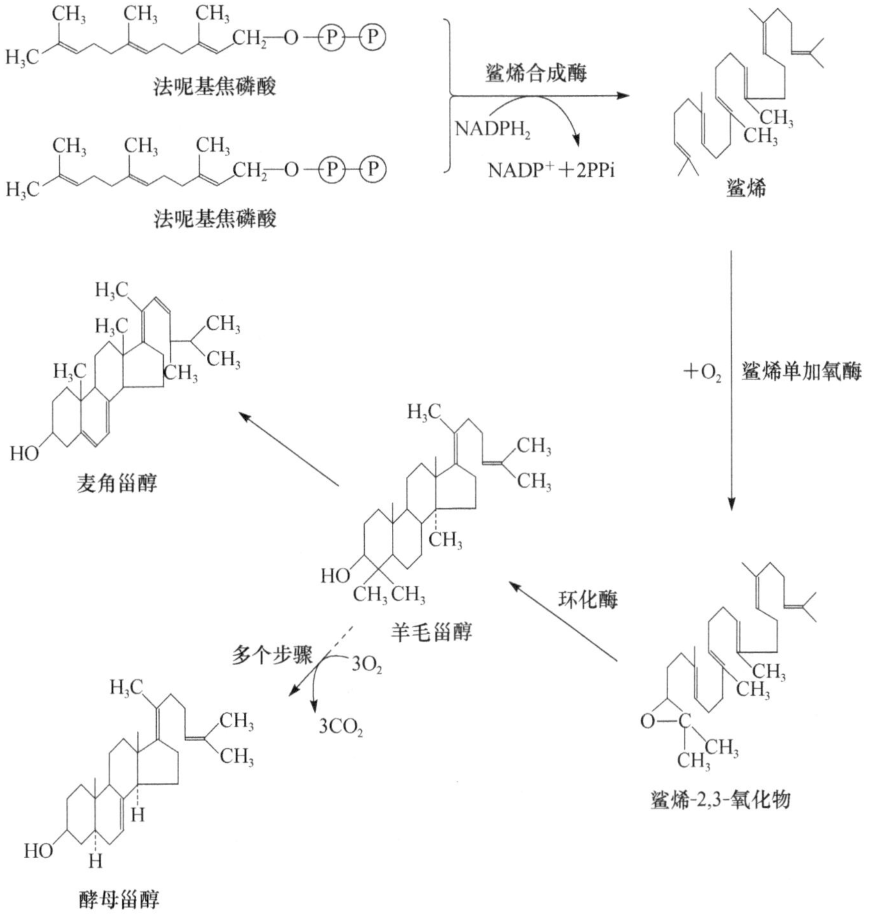

图 6-61　甾醇的生物合成途径

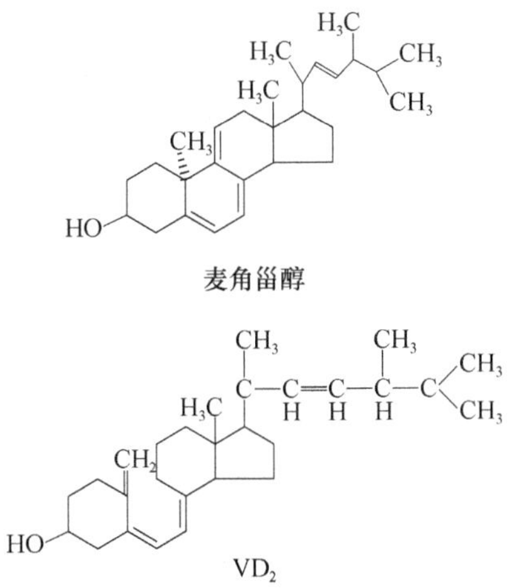

图 6-62　麦角甾醇及 VD_2 的结构

7.5　麦角甾醇的生产

国内、外生产麦角甾醇主要采用微生物发酵法，发酵所用的菌种主要有酵母菌、曲霉、青霉菌等。选育高产麦角甾醇的优良菌株的方面有许多方法：第一种方法是通过随机诱变的方法；第二种是增加前体物质——乙酰-CoA 的合成，可以选育柠檬酸合成酶活力低的菌株，这样可以减少乙酰-CoA 进入 TCA 循环的量，增加乙酰-CoA 的积累；第三种方法是解除末端终产物的反馈抑制。在麦角甾醇的合成途径中，如果能解除对鲨烯合成酶、HMG-CoA 还原酶的抑制，则细胞膜中麦角甾醇的含量可获得较大提高；第四种方法是通过原生质体融合技术，将自然界中已存在的麦角甾醇含量高的菌株同生物量高的菌株细胞融合，构建这两种特性兼具的优良菌株。

第8节　生物固氮

8.1　生物固氮的概念及意义

氮是构成生命物质的基本元素。生物固氮是指大气中的分子态氮在原核微生物体内固氮酶的催化下还原为氨的过程。需要强调的是：①目前发现的固氮微生物都是原核生物；②由固氮酶在常温常压下催化分子态氮还原为氨的过程。

在自然界中，每年由微生物所固定的氮素约1亿多t，比每年用化学方法合成的氮肥还多，这对增加土壤肥力起着很大作用。这1亿多t氮中，由豆科植物根瘤菌所固定的氮占到60%以上，为宿主植物提供了大量的氮源。第二个意义是比化学固氮优越。氮是含有三重键的非常稳定的分子，它具有极高的结合能（约941.85kJ/mol），即使加热到3000℃也不会分解为氮原子。工业上合成氨（即Haber process，或Haber-Bosch process）是在450～500℃高温，270～300atm① 且需要催化剂（铁或钌）催化的条件下使氮气和氢发生反应从而合成氨的，它需要一套特殊的设备（如离心压缩机）才能进行，而且效率很低，产率只有7%～20%。第三个意义在于生物固氮是地球上第二个最为重要的生物化学反应。

8.2　固氮微生物的种类

现在已经发现和确证具有固氮作用的微生物已近50个属，包括细菌、放线菌、蓝细菌、古菌。具有固氮作用的微生物种类虽多，但它们都是属于原核微生物，真核微生物都不能固氮。根据16S rRNA序列所做的系统发育来看，固氮菌分属于真细菌域和古菌域。以下固氮菌都属于真细菌域。在古菌域中也有许多能固氮的微生物，如热自养甲烷球菌（*Methanococcus thermolithotrophicus*）和甲烷杆菌属。

固氮微生物有不同的划分类群的标准。依据它们与氧气的关系、系统发育及与其他生物的关系，可对它们进行如下区分。

根据对氧气的需求分为：好氧、微好氧、厌氧、兼性厌氧固氮菌4种类群。

1. 好氧固氮菌

好氧固氮菌中研究最多的是固氮菌属，该属内各个种都是严格好氧性微生物，可是在氧化还原电位较高的环境中生长发育并不好。生长繁殖最适宜的氧化还原电位为240～300mV，能够适应的范围是－90～450mV。它们也只有在较低的氧分压下才有旺盛的固氮作用。固氮菌广泛存在于温带土壤中。

2. 厌氧固氮菌

厌氧固氮菌如梭菌属（*Clostridium*），主要种类有巴氏梭菌（*Clostridium pasteurianum*）、丁酸梭菌和丙酮丁醇梭菌（*C. acetobutyricum*）。它们广泛分布在各种土壤中。但它们的固氮效率不如好氧性固氮细菌高。

3. 兼厌氧性固氮菌

兼厌氧性固氮菌包括肠细菌科的一些属、种和芽孢杆菌属的一些种，它们在好氧和厌氧条件下都能生长，但是只在厌氧条件下或低氧分压条件下固氮。

此外，还有贝氏固氮菌属（*Beijerinckia*）、德氏固氮菌属（*Derxia*）、固氮单胞菌属（*Azotomonas*）、分枝杆菌属（*Mycobaterium*）的一些菌。近来发现胶质德氏固氮菌的固氮效率最强。氧化亚铁硫杆菌（*Thiobacillus ferrooxidans*）的固氮能力已用^{15}N得到证明，它是目前已发现的唯一的一种化能自养固氮微生物。

根据固氮微生物与高等植物，以及其他生物的关系，可以把它们分为4大类，即共生固氮菌、自生固氮菌、联合固氮菌、内生固氮菌。

8.2.1　自生固氮菌

自生固氮菌是指在土壤中或在培养基中独立生活时都能固定分子态氮的微生物。它们同植物等其他生物没有特异关系，所以把这类微生物对分子态氮的还原作用称为自生固氮作用。自生固氮微生物只有在菌体生长过程中才有固氮作用。因此，对于异养型自生固氮菌来说，必须提供大量碳氮比例高的有机质作为碳源和能源，才能有较高的固氮作用。

自生固氮微生物种类很多，生态习性多样，主要包括4个类群：好氧自生固氮菌、厌氧自生固氮菌，兼性厌氧自生固氮菌、光合固氮菌。

1. 兼性厌氧自生固氮菌

兼性厌氧自生固氮菌包括肠细菌科的一些属、种和芽孢杆菌属的一些种，它们在好氧和厌氧条件下都能生长，但是只在厌氧或低氧分压条件下固氮。

已证明能固氮的肠细菌有：肺炎克氏杆菌、阴沟克氏杆菌（*Klebsiella cloacae*）、中间埃氏杆菌（*Escherichia intermedia*）和肠杆菌（*Enterobacter* spp.）。其中肺炎克氏杆菌分布比较广泛，是研究固氮作用一些基本理论问题时广泛应用的材料。它的固氮基因首先转移到大肠杆菌中，使原来没有固氮能力的大肠杆菌也获得了固氮能力。

能固氮的芽孢杆菌有多粘芽孢杆菌（*Bacillus polymyxa*）、浸麻芽孢杆菌（*B. macerans*）和环状芽孢杆菌

---

① 1 atm＝1.013 25×10^5Pa。

(*B. circulans*)。

2. 光合固氮菌

大多数的光合微生物（包括光合细菌和蓝细菌）都具有固氮的能力。

红螺菌目的 3 个科中有许多种能固氮，它们在光照下，厌氧性生活时进行固氮作用。主要的固氮红螺菌有红螺菌属的深红红螺菌，它是该属的主要固氮种类，也是第一个被分离出来的光合固氮菌。还有紫硫菌类的微小色杆菌（*Chromatium minus*），它们广泛分布在自然界中。绿硫菌属中的一些种也有固氮能力，有紫硫菌存在的地方一般也有绿硫菌，它们的生理特性也同紫硫菌相似。

蓝细菌（即蓝藻）的种类很多，约有 8 000 多种，但具有固氮能力的仅有 40 多种。从分类学上看，它们多属于念珠藻目（如项圈藻、念珠藻、眉藻等）和多列藻目。这些固氮蓝细菌大多数都是有异形胞的多细胞丝状蓝藻，在异形胞中进行固氮作用。一般的营养细胞只有在无氧条件下才有固氮酶活性。20 世纪 60 年代末先后发现了单细胞蓝藻的粘杆藻（*Gloeothece*，曾称粘球藻 *Gloeocapsa*）在有氧条件下，能够进行固氮作用。无异形胞的丝状蓝藻的鲍氏织线藻（*Plectonema boryanum*）在微氧条件下固氮。后来又证明了无异形胞的蓝藻如细菌鞘丝藻属（*Lyngbya*）在无氧条件下也能进行固氮作用。

蓝细菌的固氮能力较低，但它是一种严格的光能自养微生物，只需要光能、空气和无机元素就能生长，而不需要碳水化合物。同时蓝细菌广泛分布于天然水域，往往在极端环境下（如北极、海洋和温泉）也能固氮。所以这类生物的固氮作用在固氮数量上是很可观的。蓝藻在保持稻田肥力方面也有重要作用。

8.2.2　共生固氮菌

共生固氮菌是指与另一种生物紧密地生活在一起的固氮微生物，共生体之间形成特殊的结构或成为一类独特的生物。所形成的特殊结构有根瘤，茎瘤等，或者由于稳定共生而生成一类独特的生物（如地衣），甚至有的内共生体不容易分离开来进行纯培养，当然也有些共生现象比较松散。

共生固氮体系包括：根瘤菌与豆科植物及榆科植物的共生；弗氏固氮放线菌与非豆科植物的共生；蓝细菌与某些植物（如蕨类、苏铁、根乃拉草等）的共生；蓝细菌与真菌的共生。其中以根瘤菌与豆科植物的共生最重要。

1. 根瘤菌与豆科植物的共生

根瘤菌在培养条件下为杆状，具鞭毛，能运动，革兰氏阴性，不形成芽孢。根瘤菌进入根瘤细胞后，菌体逐渐变大，成为粗杆状或球状，有时一端膨大或分叉，成为梨形、棒槌形、“T”形或“Y”形，这些形态的细胞称为类菌体。

根瘤菌是化能异养微生物。各种根瘤菌的生长速度不同，与豌豆、三叶草和菜豆共生的根瘤菌生长迅速，称为快生型根瘤菌。与大豆、豇豆共生的某些根瘤菌生长迟缓，称为慢生型根瘤菌。快生型种类能够利用很多种糖类、多元醇和有机酸，最合适的碳源是葡萄糖、甘油、半乳糖、阿拉伯糖、果糖、甘露醇和蔗糖等。慢生型种类对碳源要求较严格，适合于利用五碳糖。根瘤菌是好氧性微生物，进行深层培养时要通气。但根瘤菌对环境的氧化还原电位要求不高，生长中的根瘤菌最适宜的氧化还原电位为 150～450mV。

2. 弗氏固氮菌与非豆科植物共生

现已查明，除豆科植物外，还有 54 种双子叶植物的根部可以结瘤并具固氮作用。这些植物多为木本，如木麻黄、杨梅、赤杨、胡颓子和沙棘等。与这些非豆科植物共生的固氮微生物大多是放线菌。这种共生体虽然也形成根瘤，但其形态和结构与豆科植物的根瘤不同，往往是许多小球状根瘤簇生在一起。

3. 蓝细菌与植物或真菌的共生

有许多种蓝细菌能与植物或真菌形成共生体，有的固氮作用很强，在农业生产中具有重要的作用。例如，有一种固氮的红萍鱼腥蓝细菌（*Anabaena azollae*）生活在红萍小叶腹面的小腔中，形成共生体系，固氮效率很高，据计算这种红萍固氮率可达每年 313kg/hm^2，因此红萍是一种很有价值的共生固氮体系。

地衣是蓝细菌与真菌共生形成的一种植物体，地衣内的蓝细菌，只有念珠藻和眉藻，已用^{15}N 和乙炔还原法证明其具有固氮作用。

8.2.3　联合固氮菌

联合固氮菌生活在植物根的表面和黏质鞘套内，有的甚至可以进入根皮层细胞之间，但不进入细胞内，它们和植物的关系有一定程度的特异性，但远不如共生关系密切，更不形成特殊的共生结构。

联合固氮体系是介于共生固氮体系和自生固氮体系之间的一种类型。它不同于典型的共生固氮作用，因为它不形成根瘤状的特殊形态结构，也不同于自生固氮作用。它们有较强的寄主专一性，并且比自生固氮菌的固氮效率高。联合固氮菌的专一性不仅表现在植物种类上，有的还表现在特定的品种上，例如，雀稗固氮菌只在特定的点状雀稗品种的根际定居并形成联合关系，而在其他品种的根际发育不好，或不生长。

联合固氮作用很普遍，如雀稗固氮菌（*Azotobacter paspali*）和点状雀稗形成联合体系，估计固氮效率可达每年 15～93kg/hm^2。固氮螺菌（*Azospirillum* sp.）和俯仰马唐（一种热带牧草）形成联合体系。固氮螺菌还可与玉米等禾本科作物形成联合体。这些联合固氮菌生活在植物表皮或根的黏质鞘套或皮层细胞之间，而且表现出较强的固氮活性。现已证明水稻、甘蔗及许多热带牧草都有联合固氮作用。

8.2.4　内生固氮菌

内生固氮菌是从植物根或茎的细胞内或细胞间发现

的细菌，与植物的关系密切，但不形成特殊的结构。最早是在1988年由巴西学者Dobereiner等从甘蔗根和茎中分离得到一种新的耐酸固氮菌——固氮醋酸杆菌，之后又相继发现其他内生固氮菌。

自1986年以来，巴西Dobereiner实验室相继从多年生作物甘蔗根茎中分离到一些具有独特生理、生态特征的固氮菌，这类固氮菌可提供给宿主相当数量的氮素，它们在土壤中不能生存或生存能力很差，但能以相当高的数量存在于植物组织内，并不会引起宿主任何不良反应，即我们现在所指的内生固氮菌。在第九次国际固氮会议上，这类内生固氮系统被认为是一类高水平的固氮系统，并认为它们的发现和研究代表了一个新的系统，可互补经典的根际联合固氮系统，从而开拓了一条以扩展生物固氮到其他作物的新途径。

1. 固氮醋酸杆菌

在巴西，许多蔗田只需施少量氮肥，却能保持数十年高产且土壤肥力不减。1988年，Dobereiner实验室从甘蔗根和茎中分离得到一种新的耐酸固氮菌，将其归属于醋酸杆菌属，命名为固氮醋酸杆菌（*Acetobaoter diazotrophichs*），是醋酸杆菌中唯一能固氮的新种。固氮醋酸杆菌有很强的产酸能力，产生的乙酸使培养基pH迅速下降至3以下，在这样低pH条件下，固氮醋酸杆菌能继续生长和固氮。由于固氮醋酸杆菌没有硝酸还原酶，NO_3^-不影响其固氮活性，NH_4^+也仅部分抑制其固氮活性，在高糖培养基中也能迅速生长，固氮醋酸杆菌有泌铵和裂解淀粉酵母的能力，如在无氧培养基中培养，其固氮量的一半转运给酵母。这种转运，从其培养之初即已开始。因而可以推测，固氮醋酸杆菌固定的氮素有可能向植物宿主快速转运，固氮醋酸杆菌和甘蔗之间形成了高效固氮系统。

2. 草螺菌

草螺菌（*Herbaspirillum* spp.）是一类嗜用有机酸，耐性强，可在高糖培养基上生长并固氮，但不利用蔗糖的固氮菌。目前主要的类型有两种，一是织片草螺菌（*Herbaspirillum seropedicae*），它是一种广宿主的内生固氮菌，除甘蔗外，已在玉米，高粱，水稻和几种牧草的根、茎、叶和种子中分离到，但在双子叶植物中尚未发现。织片草螺菌虽然固氮能力强，但在土壤中生存能力很差。二是红苍白草螺菌（*Herbaspirillum rubrisubalbicans*），它是一种能引发某些品种产生甘蔗条斑瘤的温和致病菌，在巴西甘蔗的根、茎、叶内大量繁殖，但并不引发症状，其固氮和致病机制的进一步研究在农业生产中具有广泛的应用前景。

3. 固氮弧菌

在巴基斯坦，Kallar草（*Leptochloa fusca*）是在贫瘠的盐碱地上生长茂盛的先锋植物，其根际存在多种固氮菌。最近，从Kallar草根内重复分离到的一种优势固氮菌，划为新属固氮弧菌属（*Azoarcus*）。固氮弧菌是好氧或微好氧菌，不能从无根的土壤中分离出来。它们在有机酸中生长良好，不能利用单糖和二糖，可利用少数氨基酸。免疫组织化学研究发现，固氮弧菌在Kallar草根的通气组织和中柱内繁殖，这为固氮弧菌在相关植物的固氮转基因研究提供了新的思路。

8.3 生物固氮作用

各种固氮微生物进行固氮作用的总反应

$$N_2+8e^-+8H^++nATP \longrightarrow 2NH_3+H_2+nADP+nPi$$

反应需要固氮酶和Mg^{2+}，由于氮分子具有键能很高的三键（N≡N），要打开它需要很高的能量。

在固氮微生物细胞内要进行固氮作用必须满足下列条件：①由固氮酶催化（固氮酶由两个亚单位组成，分别为铁蛋白和钼铁蛋白）；②氢离子（H^+）、电子、电子供体及载体；③能量（ATP）；④厌氧环境。固氮作用在固氮酶上进行的反应可概括如下。

电子供体提供电子，交给电子载体，再交给固氮酶中的铁蛋白，然后交给固氮酶中的钼铁蛋白，在钼铁蛋白上电子交给氮气，使氮气还原为氨。在整个电子传递过程中，铁蛋白上有Mg^{2+}-ATP结合位点，ATP水解后释放的能量将电子活化。被活化的电子不是直接交给固氮酶中的铁蛋白与钼铁蛋白的蛋白质组分，而是交给结合于这两个组分上的辅因子，如4Fe4S簇、P-cluster（8Fe7S）、FeMo-Co（1Mo7Fe9S-Hc）。另外电子供体提供的电子还须由电子载体的运载才能交给固氮酶。

8.4 固氮酶的结构及功能

8.4.1 双组分

固氮酶由钼铁蛋白和铁蛋白两个蛋白组分组成。钼铁蛋白（MoFe protein），又称为组分Ⅰ；铁蛋白（Fe protein），又称为组分Ⅱ。整个固氮酶是由$\alpha_2\beta_2\gamma_4$形成的固氮酶复合物，其中钼铁蛋白是由α和β两种亚基各两个组成；铁蛋白则由4个γ亚基组成。见图6-63。

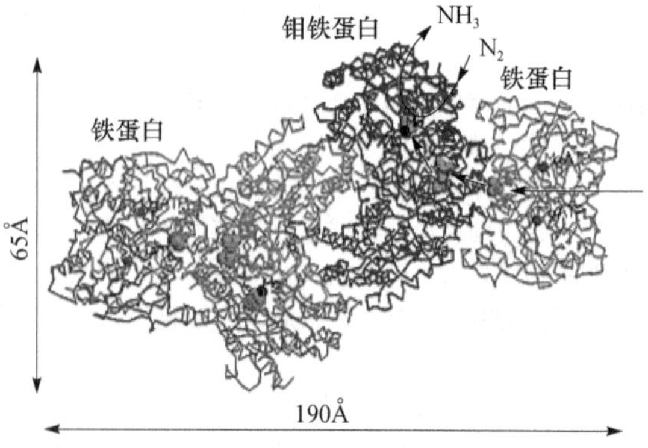

图6-63 固氮酶复合物

两个组分单独存在时没有固氮作用，只有二者形成复合体才有固氮酶活性。在钼铁蛋白上的一个α亚基和一个β亚基组成一个亚单位，这两个亚单位上含一个

FeMo-Co，它是由（Mo∶7Fe∶9S）∶高柠檬酸（Hc）组成的复合物，这一复合物是 N 的络合和还原中心，是固氮酶的催化中心（图 6-65）。在钼铁蛋白上还含有两个 P-簇（8Fe-7S），每个 αβ 亚单位含一个 P-簇（8Fe-7S），这个 P-簇是电子传递的中间载体，类似于“经纪人”（“broker”），将电子从铁蛋白上接过来，再交给 FeMo-Co。铁蛋白是由两个相同的 γ 亚基组成：γ_2 的分子质量为 58～78kDa。在铁蛋白上有一个 4Fe-4S 簇和两个 Mg^{2+}-ATP 结合位点及水解位点。ATP 水解时产生的能量交给电子，使电子进一步活化，因此 Mg^{2+}-ATP 结合位点及水解位点又是活化电子的中心。电子经活化后再交给 4Fe-4S 簇。固氮酶的 $\alpha\beta\gamma_2$ 功能复合单位的结构及其中的辅因子位置见图 6-64。

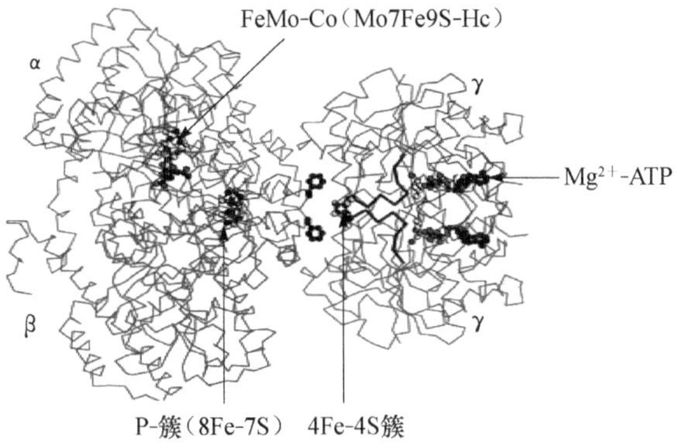

图 6-64　固氮酶的 $\alpha\beta\gamma_2$ 功能复合单位的结构及其中的辅因子位置

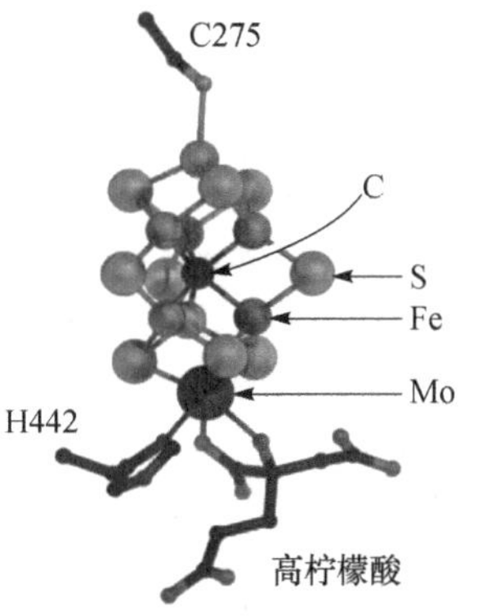

图 6-65　固氮酶活性中心（FeMo-Co）（Lancaster et al.，2011）

图示固氮酶活性中心。由 7 个 Fe 原子，9 个 S 原子，1 个 Mo 原子，1 个 C 原子和一个高柠檬酸（homocitrate）组成

8.4.2　钼铁蛋白和铁蛋白具有互补作用

将从一种固氮微生物中提取出来的固氮酶的钼铁蛋白，与从另一种固氮微生物中提取出来的固氮酶的铁蛋白组合在一起，看杂合的固氮酶有无固氮酶活性。研究发现，一些菌的杂合酶有固氮活性，另一些组成的杂合固氮酶则无活性。例如，多粘芽孢杆菌的组分和肺炎克氏杆菌的组分可以互换，二者都是兼性厌氧菌，生理作用相似；来自不同生理类群的，如严格好氧的棕色固氮菌和严格厌氧的巴氏梭菌的组分彼此不能互补；来自兼性厌氧菌的组分和严格的好氧菌或者厌氧菌的组分结合时，有时有活性，有时则无活性（表 6-5）。

表 6-5　不同来源的钼铁蛋白与铁蛋白的互补作用

来自下列微生物的钼铁蛋白	来自下列微生物的铁蛋白									
	A	B	C	D	E	F	G	H	I	J
A　棕色固氮菌	(+)	O	+	+						+
B　巴氏梭菌	O	(+)	O	O					O	O
C　肺炎克氏杆菌	+	O	(+)	+	+	+			+	
D　多粘杆菌	O	+	+	(+)	+	+			+	
E　圆褐固氮菌	O	O	+	+	(+)	+			+	
F　黄色分枝杆菌			+	+	+	(+)			+	
G　柱孢鱼腥藻							(+)	+		
H　绿假单胞菌							O	(+)		
I　红色红螺菌						+			(+)	
J　根瘤类菌体	+	O		+						(+)

注：+表示有活性；O表示无活性；(+) 表示同源交叉。

通过不同来源的固氮酶组分间互补作用的研究，将会有助于了解固氮酶结构与功能之间的关系。

8.4.3　对氧敏感及固氮酶的防氧保护作用

固氮菌必须在低氧化还原电位条件下才能进行催化反应，不同来源的固氮酶对氧有不同程度的敏感性（表 6-6）。固氮酶对氧的敏感性似乎和细菌生活类型相关，好氧性的圆褐固氮菌的固氮酶对氧敏感性低。铁蛋白比钼铁蛋白对氧敏感得多，如圆褐固氮菌，克氏杆菌，多粘杆菌的铁蛋白与空气接触 10min 便完全失活，但它们的钼铁蛋白与空气接触 30min 活性几乎无影响。

表 6-6　不同来源的固氮酶对氧的敏感性

固氮酶的来源	在 20℃空气中搅动的时间/min	固氮酶失活程度/%
圆褐固氮菌	60	活力无影响
克氏杆菌	10	失活 20
多粘杆菌	10	失活 70
巴氏梭菌	10	失活 75

既然固氮酶对氧酶感，而好氧固氮菌必须有氧才能生存，离开了氧就不能生活。因为呼吸需要氧。没有氧，则生物氧化就不能进行。因此，在好氧固氮微生物体内，存在着呼吸时需氧，而固氮时不需氧这一对矛盾。在长期的演化过程中，好氧固氮菌就产生了一些防止氧对固氮酶损伤的保护机制，使固氮作用能够顺利进行。到目前已发现了多种好氧固氮菌防止氧失活的保护机制。

1. 呼吸保护作用

呼吸保护作用存在于好氧的棕色固氮菌中。这种菌用比较强的呼吸速度来迅速消耗固氮部位周围的氧分子，使固氮酶的部位处于无氧环境，从而保护固氮酶。在固氮菌属的许多细菌细胞内都具有一个非常活跃的分支状的电子传递链，其中1个分支与3个磷酸化作用的位点相偶联。而其余的电子传递链只与1个磷酸化位点相偶联。因此在这些细菌中，当增加氧浓度时，这些细菌的呼吸作用也增加，虽然浪费了$NADH_2$，然而却加速了H_2与O_2的结合速度，从而使固氮酶不受氧的损伤。

2. 构象保护

当氧分压超过固氮菌所能承受的压力时，颗粒固氮酶分子发生构象变化，使其氧敏感部位隐藏起来，从而不受氧的伤害。如褐球固氮菌，当氧浓度增加到一定水平后，固氮酶失去活性，当氧浓度降低时，固氮酶活性再次出现（图 6-66）。

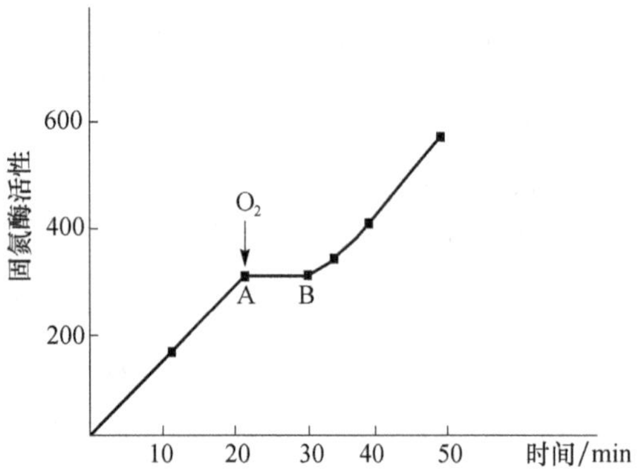

图 6-66　氧对固氮酶活性的影响

这种现象的出现是因为好氧固氮菌中有一种 Shethna 蛋白（又称为铁硫蛋白Ⅰ），当氧分压高时，它能与固氮酶结合，保护固氮酶免遭氧的伤害，但此时没有固氮活性；当氧分压低时，Shethna 蛋白从复合物上解离下来，此时固氮酶又恢复了活性。

3. 形成异形胞或泡囊保护

在固氮的丝状蓝细菌中，固氮作用是在异形胞（或称异形细胞）中进行的。当以N_2作唯一氮源培养丝状蓝细菌时，菌丝中便形成异形胞。异形胞比营养细胞长，且有较厚的细胞壁，缺乏光合系统Ⅱ，因此不能产生氧。虽然邻近细胞有放氧的光合作用，但也不会阻碍严格厌氧的固氮作用。异形胞是从光合磷酸化中获得ATP，固氮作用所需的还原力也可从邻近的营养细胞的代谢过程中获得的，而这种邻近的营养细胞又从异形胞中接受氨（图 6-67）。

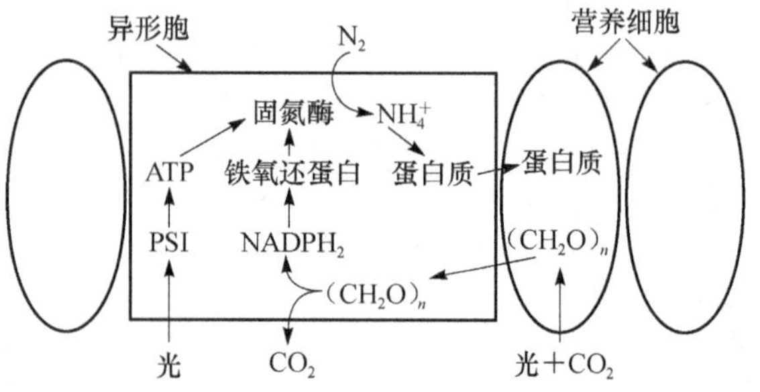

图 6-67　异形胞中的固氮作用
PSⅠ：光合系统Ⅰ

有些蓝细菌，如织线蓝细菌属（*Plectonema*）的一些菌株，不能形成异形胞，因此这类细菌及那些单细胞的固氮菌［如粘球藻属（*Gloeocapsa*）的一些菌种］只在氧分压非常低的情况下才能进行固氮作用。

在能固氮的弗氏放线菌中的泡囊结构也有类似异形胞的作用，在环境中无可利用的有机氮时，有泡囊的弗兰克氏放线菌能将空气中的N_2固定为氨。

4. 豆血红蛋白的保护

豆血红蛋白（leghaemoglobin，Lb）存在于与豆科植物共生的根瘤菌外的泡囊中。这种泡囊将根瘤菌包裹起来，根瘤菌在泡囊中发育成类菌体。豆血红蛋白是由原卟啉和一种球蛋白组成，相对分子质量为 19 000。只有当植物与根瘤菌共生时，借助于两种生物体的联合效应豆血红蛋白才能合成。当两种无关的豆科植物用两个不同的根瘤菌感染时，就形成电泳上不同的豆血红蛋白；而当相同的豆科植物，用两个不同的根瘤菌感染时，就形成同样的豆血红蛋白。这就说明，原卟啉部分（即血红素部分）是由根瘤菌合成的，而球蛋白部分是由植物细胞合成的（蛋白质的一级结构由植物的基因决定）。豆血红蛋白是氧的一种载体，它能以加氧和脱氧两种状态存在，即

$$豆血红蛋白+O_2 \longleftrightarrow 加氧豆血红蛋白（LbO_2）$$

以含 1mmol 的大豆根瘤豆血红蛋白计算，结合态氧和游离态氧浓度平均为

$$结合态氧（LbO_2）\approx 200mmol$$

$$游离氧 \approx 20mmol$$

$$缓冲容量 \approx 10\ 000$$

缓冲容量大，表明在氧浓度高时，豆血红蛋白与氧结合，而在氧浓度低时，又可释放出氧。所以说豆血红蛋白的功能是调节类菌体周围的氧浓度，从而保证向类菌体不断地供应浓度低而流速大的氧流，使类菌体的呼吸强度对 ATP 的产生和固氮酶的活性都最有效。或者说使类菌体既满足产生 ATP 所需要的氧，又不引起对固氮酶的氧伤害。

5. 放氢保护

在固氮中，当N_2分子还原生成NH_3的同时，伴有H_2的释放，这是由于活化的电子在 ATP 的参与下和介质中的H^+反应产生H_2。这种在 ATP 参与下，固氮的

同时还进行放氢反应。固氮酶放氢消耗 ATP，并与 N_2 争夺电子，抑制 N_2 的还原。这种放氢活性不受 CO 抑制，是固氮酶特有的活性之一，但当反应体系中有 N_2 存在时，绝大部分活化的电子用来还原 N_2，放氢反应受到部分抑制。如果反应体系中存在 C_2H_2 时，几乎所有的活化电子都用来还原乙炔为乙烯，放氢反应几乎全部被抑制。H_2 又是固氮作用的还原剂，不少固氮菌具有氢化酶（或称吸氢酶），催化氢分解

$$H_2 \longrightarrow 2H^+ + 2e$$

这一反应不依赖 ATP。分解产生的电子经铁氧还蛋白传递用于 N_2 的还原。这样可以加强固氮酶的活性。

8.4.4　氨对固氮酶合成与活性的抑制

在共生固氮体系中，类菌体的固氮产物是在根瘤细胞质中进行同化的，而且可以迅速地运输到植物的各个部分，因此不会出现因固氮产物的积累而引起对固氮活性的抑制。但是在自生固氮体系中，过量氨的存在会引起对固氮作用的抑制。其本质是抑制固氮酶的活性或抑制固氮酶的合成。因为在自生固氮体系中存在着氨的调节效应，所以细胞中不会积累氨，也很少有氨分泌到细胞外面来，而是立即被同化。由于氨对固氮酶合成的阻抑作用，氨的进一步同化是固氮作用不断进行的必要条件。有关其调控机制，请参见第 9 章。

8.4.5　固氮酶底物的多样性

固氮酶是一个专一性不很高的多功能催化剂，不仅可以将分子态氮还原为氨，还能催化其他一些含三键的底物还原（表 6-7）。还原产物和反应速度各不相同。

表 6-7　固氮酶还原的底物

底　物	产　物	说　明
$N{\equiv}N$	NH_3	
$HC{\equiv}CH$	$H_2C{=}CH_2$	迅速
$CH_3{-}C{\equiv}CH$	$CH_3CH{=}CH_2$	缓慢
$HC{\equiv}N$	CH_4+NH_3	形成一些 CH_3NH_2
$CH_3{-}C{\equiv}N$	$C_2H_3+NH_3$	慢，形成一些 $C_2H_5NH_2$
$CH_3N^+{\equiv}O^-$	$CH_3NH_2+CH_4$	迅速，形成 C_2H_4 和 C_2H_6
$N{\equiv}N^+{-}N^-$	NH_3+N_2	NH_3 与 N_2 比例可不同
H^+	H_2	迅速

资料来源：Postgate (1978)。

根据固氮酶能还原乙炔成为乙烯的性质，20 世纪 60 年代中期出现了用乙炔还原来测定固氮酶活性的方法。这种方法快速、灵敏，专一性强。底物和产物很容易用气相色谱法测量。从乙烯形成量可以推算出固氮量，该方法已广泛用于整体细胞及无细胞提取液固氮系统的测定，有力地推动了生物固氮的研究。

8.4.6　固氮过程中能量的来源、电子供体及电子载体

对于固氮作用中使用的能量，前面我们已经提到是由 ATP 提供的，那么其他的三磷酸核苷酸是否能取代 ATP 作为能量使用呢？Hardy 用气相色谱法比较了 ATP、CTP、UTP 及 GTP 4 种核苷酸在固氮中的作用，结果如下：

核苷酸	活力（nmol C_2H_4）
ATP	1400
CTP	0.8
UTP	<0.5
GTP	<0.5

除了 ATP 以外，其他的三磷酸核苷酸如 CTP、UTP 及 GTP，虽然具有和 ATP 相同的高能磷酸键，但在生物固氮中，它们不能代替 ATP。固氮酶对 ATP 有专一性。

不同类型固氮微生物的 ATP 来源不同，厌氧固氮菌由糖酵解过程提供 ATP。好氧固氮菌由氧化磷酸化过程提供 ATP。光合细菌则由光合磷酸化过程提供 ATP。

ATP 需和 Mg^{2+} 结合形成 Mg·ATP 复合物。在铁蛋白接受电子被还原后，Mg·ATP 复合物与铁蛋白相结合。ATP 在电子传递给底物的过程中发生水解。R. H. Burris 最近著文认为 ATP 水解正好发生在电子从铁蛋白传递到钼铁蛋白的位点上时。一般认为 ATP 提供电子传递时所需能量，并参与需 ATP 的放氢反应。微生物之所以能在常温常压条件下固氮，关键是靠由生物能量所推动的酶促反应。

固氮反应中 ATP 的化学计量用 ATP/2e 表示，即每传递一对电子需 ATP 的数目。不同研究者测定 N_2 还原中需 ATP 数目，差别很大。Winter 报道从巴氏梭菌提取的酶每传递一对电子需 4 分子 ATP。黄简超报道棕色固氮菌提取物的 ATP/2e 为 4.2～4.5 个。一般测定值 ATP/2e 为 4～5 个。这样还原 1 分子 N_2 需 3 对电子，要消耗 12～15 个 ATP 分子，因此，固氮作用是一个效率极差的反应。

8.4.7　催化反应的电子供体

N_2 还原为氨需要电子，这些电子来源于不同的电子供体，不同类型的固氮微生物中，电子供体不同。

① 在厌氧的巴氏梭菌中，可以通过丙酮酸的磷酸裂解反应，将电子传递给铁氧还蛋白（Fd）。

② 光合细菌通过光合磷酸化为固氮作用提供还原 Fd 所需的电子。

③ 在好氧性固氮菌中，由于不存在丙酮酸裂解酶系统，而其异柠檬酸脱氢酶却相当丰富，可以设想，它是通过 TCA 循环中的一些与有机酸（如异柠檬酸）氧化相偶联的 NAD(P)H_2 作为固氮的电子供体。

④ 在共生的根瘤类菌体中，有着一个数量十分巨大的储藏物质——聚-β-羟基丁酸，可以设想它能通过相应的脱氢酶系统作为类菌体的固氮电子供体。

尽管电子供体的来源和性质各不相同，但各种电子供体有一个共同的特点，即它们在电位上都是强还原剂，能使低电位的电子载体还原。将上述各种电子供体情况概括如图 6-68 所示。

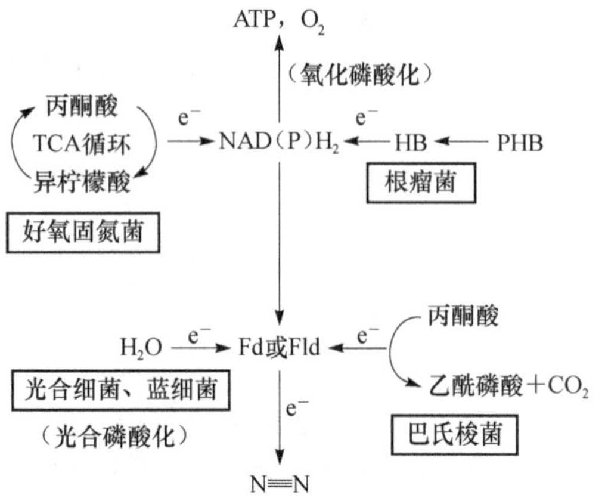

图 6-68　固氮作用中的内源电子供体

8.4.8　电子载体

有了电子供体，电子还不能直接交给固氮酶，还需要电子载体的作用，进一步降低氧化还原电位，通过电子载体将电子转移给固氮酶。从不同的固氮生物中已发现的电子载体有铁氧还蛋白和黄素氧还蛋白。

1. 铁氧还蛋白

1962 年 Mortenson 在研究巴氏梭菌的固氮与丙酮酸代谢的关系时，发现了这个传递电子的非血红素铁蛋白，称之为铁氧还蛋白（Ferredoxin，Fd）。Fd 广泛存在于动、植物和微生物细胞中，参与许多有关的代谢过程，不同来源的 Fd 虽然分子大小不同，所含铁原子数也不同，但它们之间也有许多共同特征（表 6-8）。巴氏梭菌的 Fd 的氨基酸序列已经确定（图 6-69）。

表 6-8　各种来源的 Fd 性质比较

特　性	来　源			
	巴氏梭菌	紫色硫细菌	棕色固氮菌	菠菜叶绿体
颜色	褐色	褐色	褐色	红褐色
相对分子质量	6 200	9 600	20 000	10 600
铁（原子/分子）	8	8	6	2
无机硫化物（原子/分子）	8	8	6	2
氧化还原电位（mV，pH=7）	−410	−490	−390	−432

（前半部分）丙－酪－赖－异亮－丙(5)－天(6)－丝－半胱(8)－缬－丝－半胱(11)－甘(12)－丙－半胱(14)－丙(15)－丝－谷－半胱(18)－脯(19)－缬(20)－天－丙(22)－异亮－丝－谷酰(25)－甘－天－丝－异亮－（后半部分）苯丙－缬－异亮－天－丙(34)－天(35)－苏－半胱(37)－异亮－天－半胱(40)－甘(41)－天酰－半胱(43)－丙(44)－天酰－缬－半胱(47)－脯(48)－缬(49)－甘－丙(51)－脯－缬－谷酰(54)－谷氨酸

图 6-69　巴氏梭菌 Fd 的氨基酸排列

从图 6-69 可以看出，它是由 55 个氨基酸组成的多肽单链。其中酸性氨基酸占多数。从序列中以粗体显示，并且在氨基酸名称后有此氨基酸顺序编号的可以看出，前半部分和后半部分的氨基酸排列基本相似。

产气小球菌（*Micrococcus aerogenes*）Fd 的空间结构已经弄清，如图 6-70 所示。一条多肽链作无规则的卷曲，8 个 Fe 原子和 8 个 S 原子组成了两个 Fe_4S_4 原子簇，相距 12Å。其中，一个 Fe_4S_4 原子簇中的 4 个 Fe 原子，分别与肽链中的 8 号、11 号、14 号和 45 号半胱氨酸（Cys）的硫（S）连接；而另一个 Fe_4S_4 原子簇中的 4 个 Fe 原子，分别与肽链中的 18 号、35 号、38 号和 41 号 Cys 的 S 连接。每个 Fe_4S_4 原子簇都有疏水基（异亮氨酸、缬氨酸、脯氨酸的侧基）包围着。特别有意思的是，28 号和 2 号酪氨酸残基与这两个 Fe_4S_4 原子簇的平面平行分布，彼此相隔为 3.5～4Å。酪氨酸和 Fe_4S_4 原子簇很可能都参与传递电子。相距 1.2nm 的两个 Fe_4S_4 原子簇之间，由于距离太远电子传递不能进行。在它们之间插入两个酪氨酸，可能接通了电子传递通路。产气小球菌 Fd 之所以能起传递电子的作用，很可能与上述结构有关。

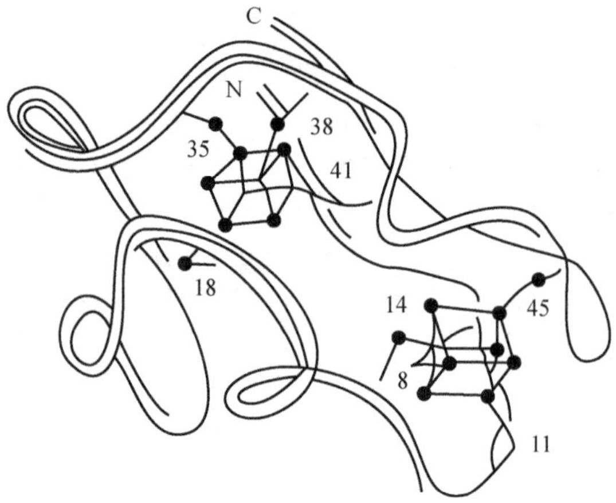

图 6-70　产气小球菌 Fd 的空间结构

有些固氮菌含有两种 Fd，即 FdⅠ和 FdⅡ。如深红红螺菌，进行光能自养生长时，产生 FdⅠ，相对分子质量为 8700，每分子 Fd 含有 6 个 Fe 原子，6 个 S 原子；而在黑暗或光下进行异养生长时，产生 FdⅡ，相对分子质量为 7500，每分子 FdⅡ含 2 个 Fe 原子和 2 个 S 原子。这两种 Fd 之间，功能上的相关性现在还不清楚。

Fd 是迄今在生物体中发现的电位最低的传递蛋白，其氧化还原电位 E_0'＝0.390V（pH7.0）。因此它可以在氢化酶的放氢系统，以氢为电子供体的还原酶系统及直接在脱氢酶系统和其他电子载体之间作有效的电子传递体。

2. 黄素氧还蛋白

1966 年，Knight 等发现，如果将巴氏梭菌培养在缺铁的培养基中，其细胞提取液中 Fd 含量只是正常量的 5%。同时却分离出一种含异咯嗪单核苷酸（FMN），但不含铁、钼、硫等金属的蛋白，即黄素氧还蛋白（Flavodoxin，Fld）。Fld 氧化还原电位 $E_0'=0.280V$，电负性不如 Fd，可以代替 Fd 作为电子传递体。巴氏梭菌只在缺铁培养基中，方能产生 Fld。

来自巴氏梭菌的 F1d 的相对分子质量为 14 000，含有 1 分子 FMN。梭状芽孢杆菌 MP 的 Fld 的空间结构见图 6-71。

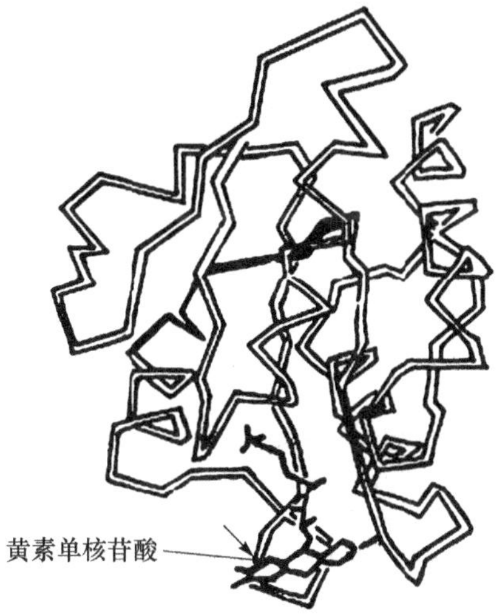

图 6-71　梭状芽孢杆菌 MP 的 Fld 的空间结构

表 6-9 是来自不同固氮微生物的 Fld 的氨基酸组成。严格好氧的棕色固氮菌的 Fd 比较特殊，它在空气中的重新氧化，似乎是两步反应，50%的 Fd 再氧化发生在 1min 内，而完全重新氧化却比较慢，约需 1h。它的 Fld 重新氧化也很慢。这种特性使得好氧的微生物在有氧时，也能暂时保存固氮作用所需要的强还原力。在离体情况下强还原剂连二亚硫酸钠（$Na_2S_2O_4$）可以代替 Fd 或 Fld 起电子递体作用。

表 6-9　不同固氮微生物的 Fld 的氨基酸组成

氨基酸	发酵菌					光合细菌	好氧菌
	巴氏梭菌	埃氏胨链球菌	巨型去硫弧菌	普通去硫弧菌	大肠杆菌	深红螺菌	棕色固氮菌
天冬酰胺	18	16	17	20	13～14	25	21
苏氨酸	4	8	9	6	6	16	8
丝氨酸	14	7	8	7	4	11	15
谷氨酸	19	18	18	17	16～17	16	29
脯氨酸	4	5	6	4	3	7	5
甘氨酸	17	14	14～15	19	11	28	21
丙氨酸	14	18	15	18	11	20	15
半胱氨酸	1	2	5	5	3	2	0
缬氨酸	15	13	16	10	5	15	10
甲硫氨酸	4	5	2	0	1	2	1
异亮氨酸	5	5	5	9	9	10	6
亮氨酸	12	7	14	13	10	22	20
酪氨酸	2	2	5	5	4	9	5
苯丙氨酸	3	4	3	6	5	6	13
赖氨酸	10	8	8	4	7	9	13
组氨酸	0	0	0	1	3	1	0
精氨酸	2	2	3	6	3	8	6
色氨酸	4	4	1	1～2	6	3	4
残基总数	148	138	149～150	121～152	120～121	219	186

8.5　固氮产物（氨）的同化

以固氮菌为代表的自生固氮微生物和以根瘤菌为代表的共生固氮微生物，在固氮产物（氨）的同化问题上，也有明显区别。固氮菌中氨的同化是在菌体内进行，主要是通过谷氨酰胺合成酶-谷氨酸合成酶（GS-GOGAT）联合催化而实现的，其反应如下

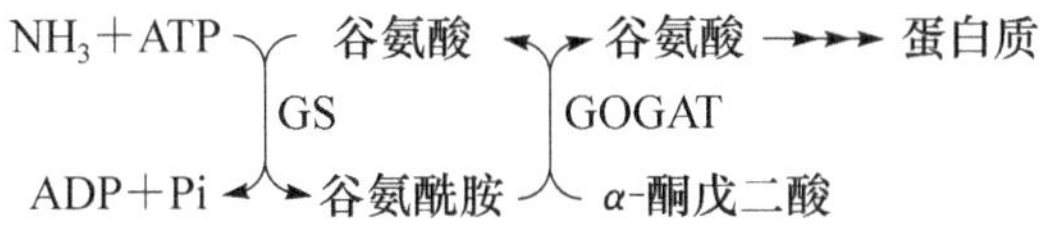

而根瘤中的类菌体所形成的氨，不能被类菌体自身吸收同化，绝大部分都分泌到根瘤细胞质中，在那里同化为氨基酸，同化作用由谷氨酸脱氢酶（GDH）所催化，其反应如下

$$NH_3+\alpha\text{-酮戊二酸}+NAD(P)H_2 \rightleftharpoons \text{谷氨酸}+H_2O+NAD(P)$$

在液体培养基中培养能自生固氮的根瘤菌时，发现固定的氮素大部分被分泌到上清液中，豇豆根瘤菌的分泌量为 65%～80%，某些大豆根瘤菌的分泌量达 94%。类菌体在固氮过程中不进行生长繁殖，本身不需同化氮素，而是将固氮产物运输到植物的各个部分去，可以认

为这时整个类菌体起一个催化剂的作用。这是共生固氮体系和自生固氮体系的显著不同。固氮菌只有在低氧分压条件下，才能维持固氮酶的活性，而此时在呼吸作用中，就必须消耗大量碳水化合物才能获得所需能量，于是用以固氮的能源就受到影响，这也是自生固氮微生物的固氮效率低于共生体的原因之一。以消耗能量计算时，类菌体的固氮效率高，而且类菌体可以进行较长时间的固氮作用，这就使类菌体在整个生命周期中，每克细胞物质所固定的氮量大大多于自生固氮菌。两种固氮体系的差异归纳入表 6-10。

表 6-10 自生和共生固氮体系比较

比较项目	固氮菌	类菌体
固氮时细胞的生长阶段	对数期	静止期
固氮的周期	2～4h	约 1 个月
每克细胞物质固定的氮（全固氮周期）/g	0.1	1.0～2.5
效率（每克碳源固定的氮）/mg	10～20	250～300
比活性（每克细胞蛋白每小时固定的氮）/mg	25～50	2～5（豌豆）
固氮产物的去向（固结在细胞中的比例）/%	90～95	5～10

资料来源：Mulder（1975）。

如前所述，在共生固氮体系中，类菌体的固氮产物是在根瘤细胞质中进行同化的，而且可以迅速地运输到植物的各个部分，因此不会出现因固氮产物的积累而引起对固氮活性的抑制。但是在自生固氮体系中，过量氨的存在会引起对固氮作用的抑制。其本质是抑制固氮酶的活性或抑制固氮酶的合成。在离体条件下，氨并不影响固氮酶活性。因此，这种抑制不是反馈抑制。后来发现氨甲酰磷酸（$NH_2COOPO_3O_2$）对巴氏梭菌和固氮酶活性可以抑制 50%，同时也抑制固氮酶的合成。氨是合成氨甲酰磷酸的原料。所以有人认为，氨通过氨甲酰磷酸调节固氮酶的活性和固氮酶的合成。

在自生固氮体系中，存在着氨的调节效应，所以细胞中不会积累氨，也很少有氨分泌到细胞外面来，而是立即被同化。由于氨对固氮酶合成的阻抑作用，氨的进一步同化是固氮作用不断进行的必要条件。关于氨调节效应的机制见第 9 章。

第 9 节 氨基酸的生物合成

氨基酸是合成蛋白质的基本单位。有些微生物可以合成自身所需要的各种氨基酸，还有些微生物甚至可以积累过量的某种氨基酸，但有些微生物，如乳酸菌和金黄色葡萄球菌等却失去了合成某些氨基酸的能力，必须由外界供应这些氨基酸才能生长。

合成氨基酸的基本原料是氨和碳骨架。含硫氨基酸还需供给硫。

9.1 氨的来源

用于合成氨基酸的氨有以下几种来源：①直接从外界环境吸收；②体内含氮化合物的分解；③通过固氮作用合成；④由硝酸还原作用生成。

前 3 种提供氨的方式在有关章节中都已经介绍，这里着重介绍硝酸还原作用。

9.2 同化型硝酸还原作用

硝酸盐处于高度氧化状态，其中氮原子的化合价为 +5（$N^{+5}O_3^-$）。而氨处于高度还原状态，其中氮原子的化合价为 −3（$N^{-3}H_3^{+1}$），与细胞内有机物的氮处于同一氧化水平。所以只有氨离子才能进入有机物分子中。当以硝酸盐为氮源时，它必须先还原成氨后，才能用于生物合成。

微生物还原硝酸的方式有两种：①硝酸盐呼吸（又称异化型硝酸还原）和硝酸同化（又称同化型硝酸还原）。硝酸盐呼吸是指以 NO_3^- 代替分子氧作为电子受体的无氧呼吸作用，其产物为 N_2 或 NO_2；是在无氧的条件下进行的，这些产物不能被细胞利用，而是排出体外，通常又称这种作用为反硝化作用或脱氮作用；此过程中产生一定的能量（详细内容见第 5 章）。②硝酸同化是在有氧或无氧的条件下都能进行，硝酸盐被还原为 NH_3，进一步参与到氨基酸的生物合成中去；在此过程中并不释放能量，也不和细胞色素相联系；凡是能以硝酸盐作为氮源而生长的微生物都能进行这种作用。

大多数细菌、丝状真菌和少数酵母菌都能够进行硝酸盐的同化还原。同化型硝酸还原需经过两个阶段。

第一个阶段是硝酸盐还原成亚硝酸盐：

$$NO_3^- + NADPH + H^+ \rightarrow NO_2^- + H_2O + NADP^+$$

此反应由同化型硝酸还原酶催化（区别于异化型硝酸还原中的异化型硝酸还原酶），供氢体是 $NADPH + H^+$ 或 $NADH + H^+$。同化型硝酸还原酶是一种位于细胞质中的可溶性酶，当微生物以氨作为氮源时，它的合成可被氨阻遏。同化型硝酸还原酶是一种含 Mo 的黄素蛋白，其辅基为 FAD，供氢体为 $NADPH_2$。在大肠杆菌中，供氢体是 $NADH_2$。

电子传递的过程：

$$NAD(P)H_2 \longrightarrow FAD \longrightarrow FADH_2 \longrightarrow Mo^{6+} \longrightarrow Mo^{5+} \longrightarrow NO_3^- \longrightarrow NO_2^- + H_2O$$

第二阶段是由亚硝酸还原成氨，氨进一步参与到生物合成中：

$$NO_2^- \longrightarrow NH_2OH \longrightarrow NH_3$$

其中，NO_2^- 被还原成羟胺（NH_2OH）的反应是由亚硝酸还原酶催化的，该酶是一种含有金属的蛋白质。在此过程中仍需要经过一个中间阶段，生成中间产物X。X 可能是 HNO_2^-，NH_2NO_2 或 $H_2N_2O_2$，但都未经证实。脉孢霉的亚硝酸还原酶中含有 Cu 和 Fe。供氢体可以是 $NADPH+H^+$，也可以是 $NADH+H^+$。催化羟胺形成氨的羟胺还原酶也是含有金属的蛋白质。棕色固氮菌（*Azotobacter vinelandii*）的羟胺还原酶就含有 Mn，供氢体是 $NADPH+H^+$ 或 $NADH+H^+$。

前面提到大多数微生物都具备同化型硝酸盐还原作用，但对于异化型硝酸盐还原作用，则只有某些细菌才有这种功能。已发现有异化型硝酸盐还原作用的微生物有：铜绿假单胞菌、脱氮副球菌等。这类细菌统称为反硝化细菌或硝酸盐还原细菌。它们主要生活在土壤和水环境中。

在土壤和水环境中，由于好氧性机体的呼吸作用，氧被消耗，造成局部的厌氧环境，这时如果环境中有硝酸盐存在，那么硝酸盐还原细菌就能通过厌氧呼吸进行生活。但如果在有氧条件下，这些菌则是通过有氧呼吸进行生活——氧的存在可抑制位于细胞膜上的硝酸盐还原酶的活性。所以这类菌通常也被作为兼性厌氧菌。

无氧时，产生的硝酸盐还原酶、亚硝酸盐还原酶、氧化一氮还原酶、一氧化二氮还原酶将 NO_3^- 逐步还原为 N_2 释放到空气当中。硝酸盐还原菌的反硝化作用对农业生产及地球上氮素的循环都具有重要意义。

① 反硝化作用使土壤中植物能利用的氮（硝酸盐 NO_3^-）被还原成氮气而消失，降低了土壤的肥力，对农业生产不利。克服反硝化作用的有效方法之一是松土，保持土壤的疏松状态，排除过多的水分，保证土壤中有良好的通气条件（此时细菌进行有氧呼吸）。一般稻田的反硝化损失氮素达 35%左右。所以硝态氮肥不适宜水田施用。

② 反硝化作用在氮素循环中也有重要作用。硝酸盐是一种易溶解于水的物质，通常通过水的流动而从土壤流入水域中。如果没有反硝化作用，硝酸盐将在水中积累，导致水质变坏和地球上氮素循环的中断。

影响反硝化作用的土壤因素有以下几个方面。

① 通气性：当土壤含水量高时，氧气不足，促进反硝化作用。

② pH：pH 为 7.5～8.2（偏碱性土壤）时，反硝化作用最快。酸性土壤上受抑制。

③ 温度：在 2～60℃范围内，随温度升高，反硝化作用增强。

④ 有机质含量：有机质（碳源）含量高，反硝化作用强。

9.3 硫的来源

大多数微生物可从环境中吸收硫酸盐，并以此作为硫的供体。硫酸盐中的硫是高度氧化状态的，其化合价为+6。而存在于氨基酸或其他有机化合物中的硫是还原状态的，其化合价为−2。所以无机硫要经过一系列的还原反应，才能用于生物合成。

硫酸的还原有两种方式，一种是异化型硫酸还原作用，细菌利用硫酸盐作为无氧呼吸的最终电子受体，产物为硫化氢（H_2S），释放到体外。另一种是同化型硫酸还原作用，硫酸盐被还原为 H_2S，但 H_2S 进一步进入到含硫有机物（如半胱氨酸和甲硫氨酸）的合成中。两种还原方式见图 5-32。

同化型硫酸还原成 H_2S 的途径中，首先是硫酸盐被腺苷酰化，形成腺苷酰硫酸盐（APS），然后再磷酸化，即在核糖 3′碳上加入磷酸基，形成 3′-磷酸腺苷硫酸盐（PAPS），这两步反应需要消耗两个 ATP。APS 和 PAPS 的结构如图 6-72 所示。PAPS 被 $NADPH_2$ 还原时分解成 SO_3^{2-} 和 3′-磷酸-AMP，SO_3^{2-} 进一步被 $NADPH_2$ 还原成 H_2S。这个还原过程似乎是硫化物氧化过程的逆反应。生成的 H_2S 在酵母菌及其他真菌中，加到丝氨酸上，产生半胱氨酸而成为有机硫。但在细菌中，不能直接加到丝氨酸上，而是加到 *O*-酰基丝氨酸上产生半胱氨酸。

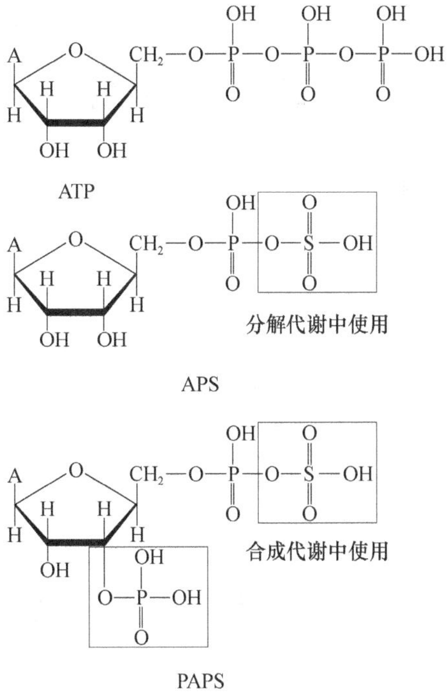

图 6-72　ATP、APS 及 PAPS 的结构比较
A：腺嘌呤

9.4 氨基酸碳架的来源

合成氨基酸的碳架来自糖代谢产生的中间产物。

这些中间产物作为前体物质通过氨基化作用、转氨基作用等，形成不同的氨基酸。由于同一前体物质可以转换成几种不同的氨基酸，可将这些前体物质分为6组。

① 由葡萄糖经 EMP 途径产生的 3-磷酸甘油酸是形成丝氨酸等氨基酸的前体。

② 由 EMP 途径产生的丙酮酸是形成丙氨酸等氨基酸的前体。

③ 由 EMP 途径产生的 PEP 和由 HMP 途径产生的 4-磷酸赤藓糖是形成芳香族氨基酸的前体。

④ 由 TCA 循环中产生的 α-酮戊二酸是形成谷氨酸族氨基酸的前体。

⑤ 由 TCA 循环中产生的草酰乙酸、延胡索酸是形成天冬氨酸族氨基酸的前体。

⑥ 磷酸核糖焦磷酸和 ATP 是合成组氨酸的前体。

不同前体物质合成的氨基酸谱系见图 6-73。

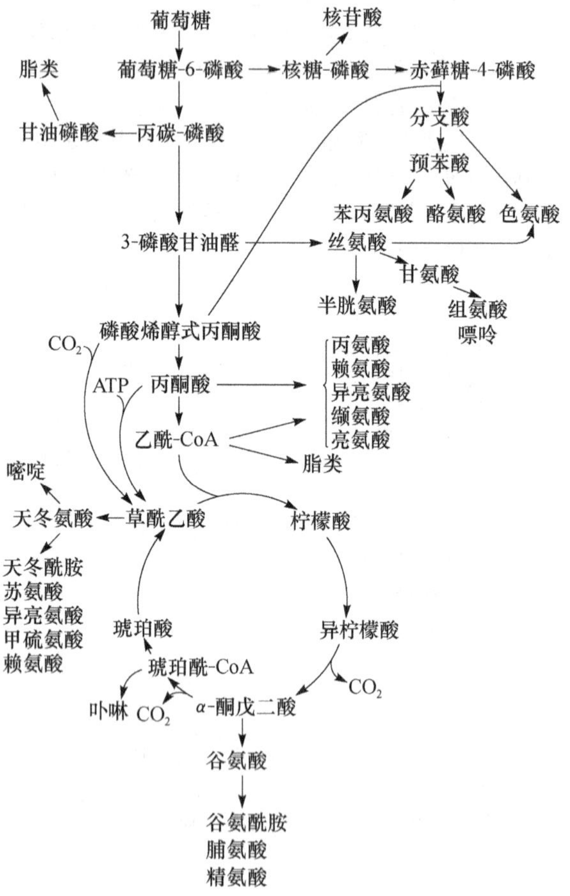

图 6-73 氨基酸合成中碳骨架的来源

9.5 氨基酸合成的途径

微生物体内氨基酸合成，主要通过 3 类途径，即：氨基化作用，转氨基作用和由初生氨基酸合成次生氨基酸。

9.5.1 氨基化作用

α-酮酸与氨反应形成相应氨基酸即氨基化作用，是微生物同化氨的主要途径。它又包括还原性氨基化反应、直接氨基化反应及酰胺化反应。

1. 还原性氨基化

谷氨酸的合成就是 α-酮戊二酸通过还原性氨基化反应进行的。此反应由谷氨酸脱氢酶催化，分两步进行，首先形成亚氨基酸，再被还原为氨基酸。

谷氨酸脱氢酶以 $NAD(P)H_2$ 为辅酶。从大肠杆菌、酵母菌，以及粗糙脉孢霉中都已得到此酶。小杆菌、棒杆菌及芽孢杆菌都能积累谷氨酸，在工业生产中可以作为谷氨酸发酵的生产菌株。

此外，丙氨酸、甘氨酸也都可以通过还原性氨基化反应合成。丙氨酸以丙酮酸为前体，由丙氨酸脱氢酶催化进行，以 $NADH_2$ 为供氢体，反应过程与合成谷氨酸相似。甘氨酸以乙醛酸为前体，由甘氨酸脱氢酶催化进行。此酶已从结核分枝杆菌中分离出来，此反应不可逆。还原性氨基化反应举例如下

$NH_3 + NAD(P)H_2 + \alpha$-酮戊二酸→谷氨酸

由谷氨酸脱氢酶催化；

$NH_3 + NADH_2 +$ 丙酮酸→丙氨酸

由丙氨酸脱氢酶催化；

$NH_3 + NAD(P)H_2 +$ 乙醛酸→甘氨酸

由甘氨酸脱氢酶催化

2. 直接氨基化

天冬氨酸（Asp）的合成是由延胡索酸直接氨基化而成，此反应在天冬氨酸酶催化下进行。大肠杆菌及荧光假单胞菌中都分离出了天冬氨酸酶，工业发酵生产天冬氨酸就利用大肠杆菌为菌种。合成途径为

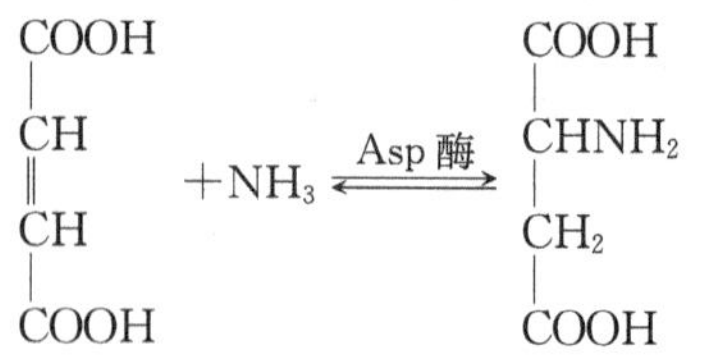

延胡索酸　　Asp

3. 酰胺化

酰胺化合物也是由氨基化形成的。重要的酰胺化合物有谷氨酰胺、天冬酰胺和氨甲酰磷酸。它们的合成需要 ATP，分别由谷氨酰胺合成酶，天冬酰胺合成酶和氨甲酰磷酸合成酶催化。已知大肠杆菌的谷氨酰胺合成酶的相对分子质量为 592 000，含有 12 个亚基。随着细菌的不同，酶的相对分子质量也不同，为 350 000～600 000。氨甲酰磷酸的合成是在氨甲酰磷酸激酶催化下进行的，该酶已从粪链球菌中提取，生成的氨甲酰磷酸具有高能键，因而是微生物能量代谢的重要高能化合物之一，也是微生物体内储存 NH_3^+ 的一种形式，另外它还是合成瓜氨酸和嘧啶核苷酸的前体。酰胺化作用概括为

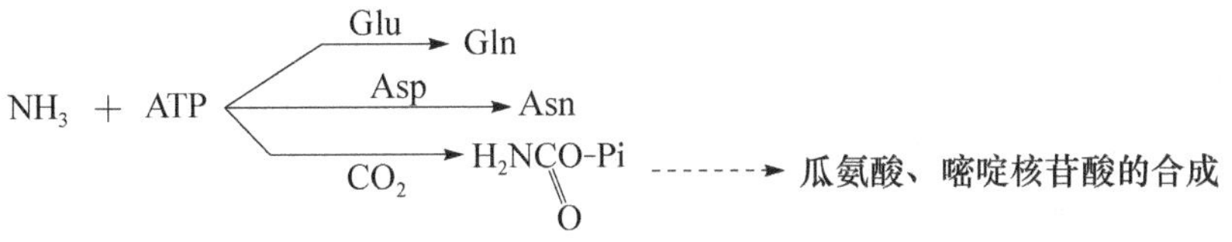

9.5.2　转氨基作用

转氨基作用（transamination，转氨作用）是指在转氨酶（或称氨基转移酶）催化下，使一种氨基酸的氨基转移给酮酸，形成新氨基酸的过程。转氨酶的辅酶是磷酸吡哆醛。转氨反应的通式为

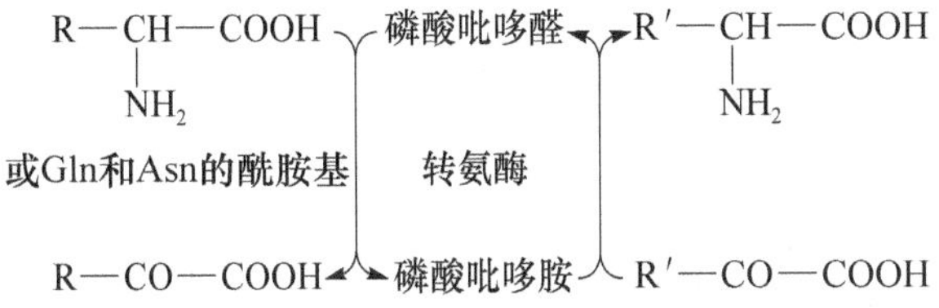

转氨作用普遍存在于各种微生物体中，是氨基酸合成代谢和分解代谢中极为重要的反应。许多氨基酸都可通过转氨作用与酮酸反应，生成相应的新氨基酸。如谷氨酸可与草酰乙酸、丙酮酸之间进行转氨反应；甘氨酸、丝氨酸、苏氨酸、胱氨酸、半胱氨酸、缬氨酸、脯氨酸、组氨酸、鸟氨酸、瓜氨酸、精氨酸、赖氨酸、亮氨酸、异亮氨酸、酪氨酸和色氨酸等都可与 α-酮戊二酸进行转氨反应。可见谷氨酸和 α-酮戊二酸在氨基转换中起着重要作用。由于转氨作用的广泛存在，需要某些氨基酸的营养缺陷型菌株，都可以用相应的酮酸来代替。一般来说，微生物能合成与全部氨基酸相对应的各种 α-酮酸，因此通过转氨作用可以合成全部氨基酸。

在大肠杆菌中已发现了 3 组转氨酶，分别催化不同的氨基酸与酮酸之间的转氨反应，如下所示：

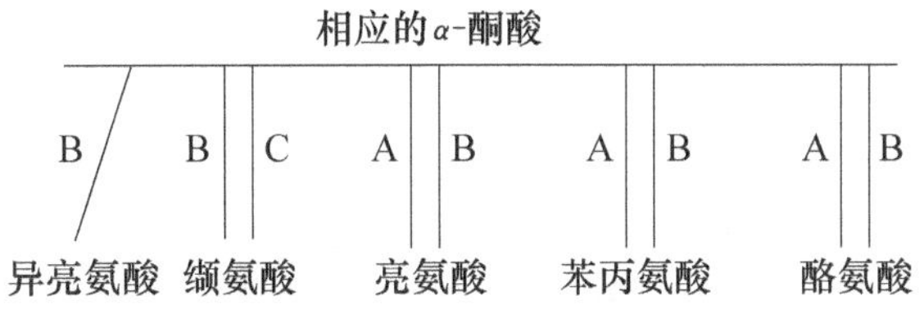

转氨酶 A 可催化酪氨酸、苯丙氨酸、亮氨酸、甲硫氨酸，天冬氨酸，谷氨酸的转氨作用；转氨酶 B 可催化异亮氨酸，缬氨酸、亮氨酸、苯丙氨酸，酪氨酸的转氨作用；转氨酶 C 可催化缬氨酸、α-氨基丁酸和丙酮酸之间的转氨作用。

在上述 3 种转氨酶中，只有转氨酶 B 可催化异亮氨酸的转氨反应，因此丧失了产生转氨酶 B 的菌株必然对异亮氨酸有特殊的营养要求。

大肠杆菌中的转氨作用列于表 6-11，表内的突变株即为转氨酶 B 缺失菌株。

表 6-11　大肠杆菌中 α-酮戊二酸和氨基酸之间的转氨基作用

氨基酸	野生型菌株细胞提取物中转氨酶活性	A 组转氨酶活性	B 组转氨酶活性	突变种细胞提取物中转氨酶活性
异亮氨酸	40	0	84	0
缬氨酸	37	0	58	0
亮氨酸	41	3	(100)	3
甲硫氨酸	31	10	32	19
苯丙氨酸	37	44	26	29
酪氨酸	25	25	6	18
色氨酸	73	59	0	72
天冬氨酸	(100)	(100)	0	(100)

注：转氨酶活性按活力最高的底物来表示，并将活力最高的底物的酶活性定为 100。

此外，谷氨酰胺、天冬酰胺的酰胺基也可通过转氨作用，转移到酮酸上，生成相应的氨基酸，也可以转移到其他化合物上，如合成嘌呤核苷酸的过程中，就需要谷氨酰胺作为氨基供体。

9.5.3　由初生氨基酸合成次生氨基酸

由 α-酮酸经氨基化作用合成的氨基酸叫初生氨基酸。由初生氨基酸经转氨作用或以初生氨基酸为前体合成的氨基酸叫次生氨基酸。许多氨基酸，尤其是谷氨酸、天冬氨酸、甘氨酸是合成某些次生氨基酸的重要前体物质。

1. 以谷氨酸为前体合成的氨基酸

由谷氨酸可合成脯氨酸、鸟氨酸。鸟氨酸又相继转化成瓜氨酸和精氨酸。大肠杆菌的一个脯氨酸缺陷型菌株，因缺失吡咯啉-5-羧酸还原酶，而积累谷氨酸-γ-半醛和吡咯啉-5-羧酸。这些物质可以代替脯氨酸使另一个脯氨酸缺陷型菌株（缺失由谷氨酸生成谷氨酸-γ-半醛酶系）正常生长。利用大肠杆菌的脯氨酸缺陷型菌株并

结合有关酶分析，已阐明了谷氨酸（或α-酮戊二酸）合成脯氨酸的途径为

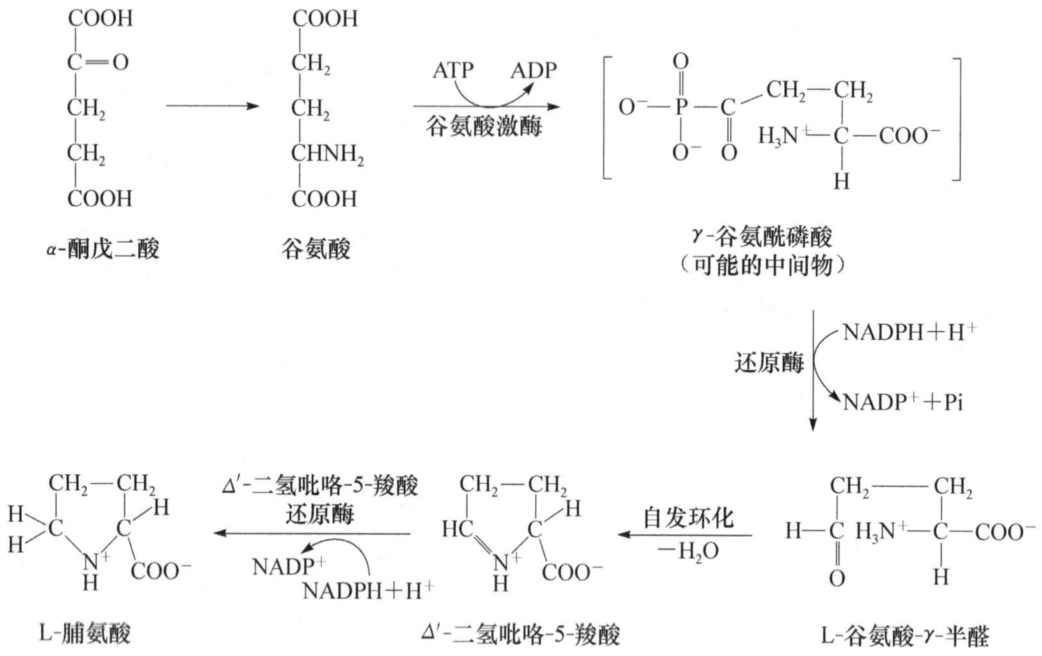

由谷氨酸合成鸟氨酸的途径有两条。

① 大肠杆菌由谷氨酸合成鸟氨酸时，要经过乙酰化。

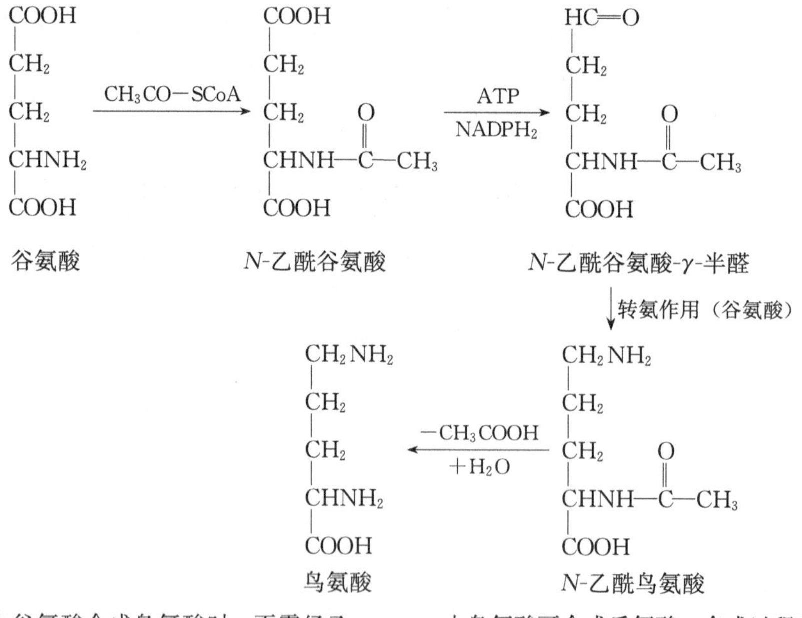

② 粗糙脉孢霉由谷氨酸合成鸟氨酸时，不需经乙酰化过程，而是直接生成谷氨酸-γ-半醛，再经转氨作用而生成鸟氨酸。

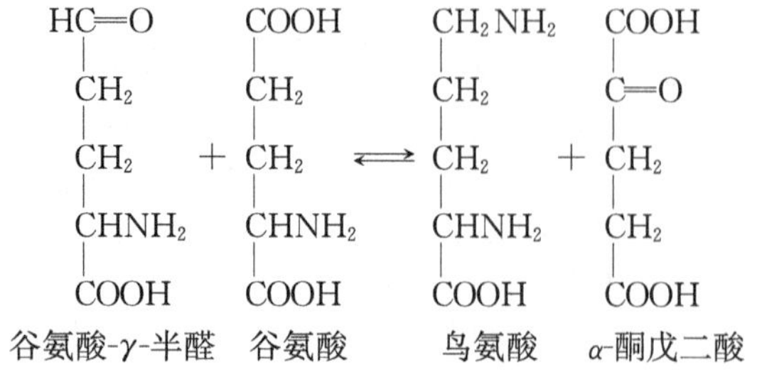

由鸟氨酸可合成瓜氨酸，合成过程已在粪链球菌中得到阐明。其反应包括两步：

第一步为氨甲酰磷酸的生成，由氨甲酰磷酸激酶催化；

$$CO_2+NH_3+ATP \rightleftharpoons NH_2COOPO_3H_2+ADP$$

第二步为瓜氨酸的生成，氨甲酰基转移到鸟氨酸上，由鸟氨酸转氨甲酰基酶催化。

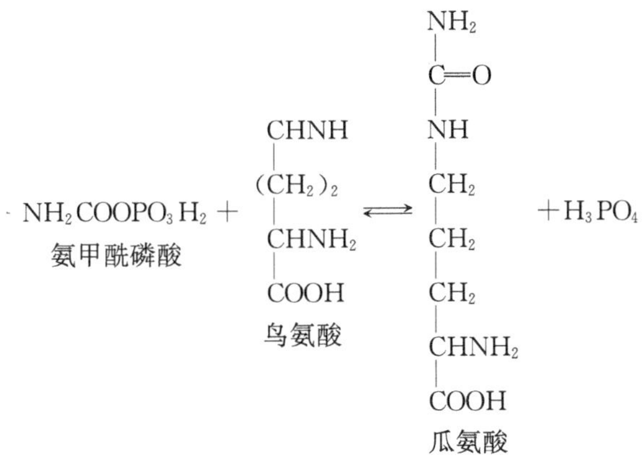

由瓜氨酸可合成精氨酸，包括两步反应：

第一步为瓜氨酸在精氨酰琥珀酸合成酶催化下，与天冬氨酸缩合成精氨酰琥珀酸，该反应需要 ATP；

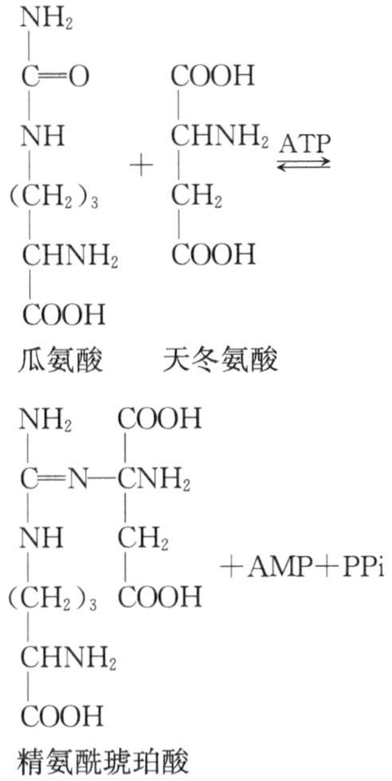

第二步为精氨酰琥珀酸裂解成精氨酸和延胡索酸。

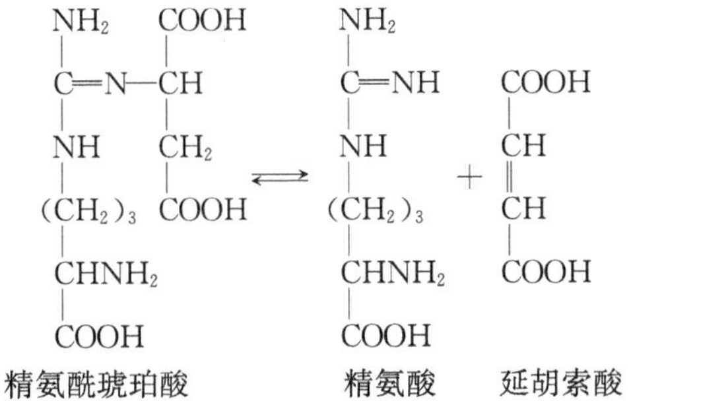

总结由谷氨酸合成脯氨酸和精氨酸的途径如图 6-74 所示。

所生成的精氨酸参与蛋白质合成，或分解成鸟氨酸和尿素。这样看来，微生物可以从谷氨酸合成鸟氨酸，由鸟氨酸又可合成瓜氨酸，由瓜氨酸合成精氨酸，精氨酸分解又生成鸟氨酸。这样鸟氨酸、瓜氨酸、精氨酸之间可形成一个循环，称为鸟氨酸循环（图 6-75）。

此外，精氨酸还可水解成瓜氨酸，再分解成鸟氨酸。在此过程中发生底物水平磷酸化：

精氨酸 $+ H_2O \rightarrow$ 瓜氨酸 $+ NH_3$；

瓜氨酸 $+$ Pi $\longrightarrow$ 鸟氨酸 $+$ 氨甲酰磷酸；

氨甲酰磷酸 $+$ ADP $\longrightarrow NH_3 + CO_2 +$ ATP

粪链球菌和乳酸链球菌有催化上述反应的酶系。它们可以利用精氨酸或瓜氨酸作为唯一的碳源、氮源和能源而生长。

鸟氨酸循环最先在动物中得到阐明，后来在植物和微生物中也得到证实。例如，利用粗糙脉孢霉、大肠杆菌的营养缺陷型菌种进行遗传学分析，证明微生物体内像动物肝脏一样，也有鸟氨酸循环。

2. 以天冬氨酸为前体合成的氨基酸

细菌以天冬氨酸为前体合成甲硫氨酸，还可合成苏氨酸，进而转化成异亮氨酸；也可合成二氨基庚二酸，进而转化成赖氨酸。天冬氨酸在天冬氨酸激酶催化下，生成 β-天冬氨酰磷酸，后者经还原脱磷酸，生成天冬氨酸-β-半醛，它是合成上述各种氨基酸的中间产物。天冬氨酸-β-半醛被还原成高丝氨酸，经高半胱氨酸合成甲硫氨酸（蛋氨酸），或经高丝氨酸磷酸合成苏氨酸。苏氨酸经 α-酮丁酸合成异亮氨酸。催化 α-酮丁酸生成异亮氨酸的酶系，也能催化丙酮酸合成 L-缬氨酸。天冬氨酸半醛与丙酮酸缩合，生成二氢吡啶二羧酸，进而生成二氨基庚二酸，最后合成赖氨酸（图 6-76）。由天冬氨酸合成赖氨酸是原核微生物所不可缺少的反应。因为该途径为原核微生物提供了两个具有重要意义的物质：一个是存在于某些细菌细胞壁的二氨基庚二酸；另一个是由二氢吡啶二羧酸还原而形成的吡啶二羧酸，它是细菌芽孢的主要成分。

在真菌和大多数藻类中，赖氨酸的合成是另外一条途径，是由 α-酮戊二酸与乙酸缩合成高柠檬酸，经酵母氨酸而合成赖氨酸（图 6-77）。

3. 以甘氨酸为前体合成的氨基酸

由甘氨酸可以合成丝氨酸，进而又可合成半胱氨酸和胱氨酸。甘氨酸来自乙醛酸的氨基化，丝氨酸则来自羟丙酮酸的氨基化。而且可通过四氢叶酸使甘氨酸和丝氨酸之间互相转化。如丝氨酸通过转羟甲基酶作用，转化为甘氨酸，该酶将丝氨酸的 β-碳原子转移到四氢叶酸上，其逆反应又可使甘氨酸转为丝氨酸。这个反应在细菌和酵母中已得到证实（图 6-78）。

丝氨酸转化为半胱氨酸有 3 条途径。

① 在酵母菌和其他真菌中，丝氨酸与硫化氢缩合形成半胱氨酸。反应如下

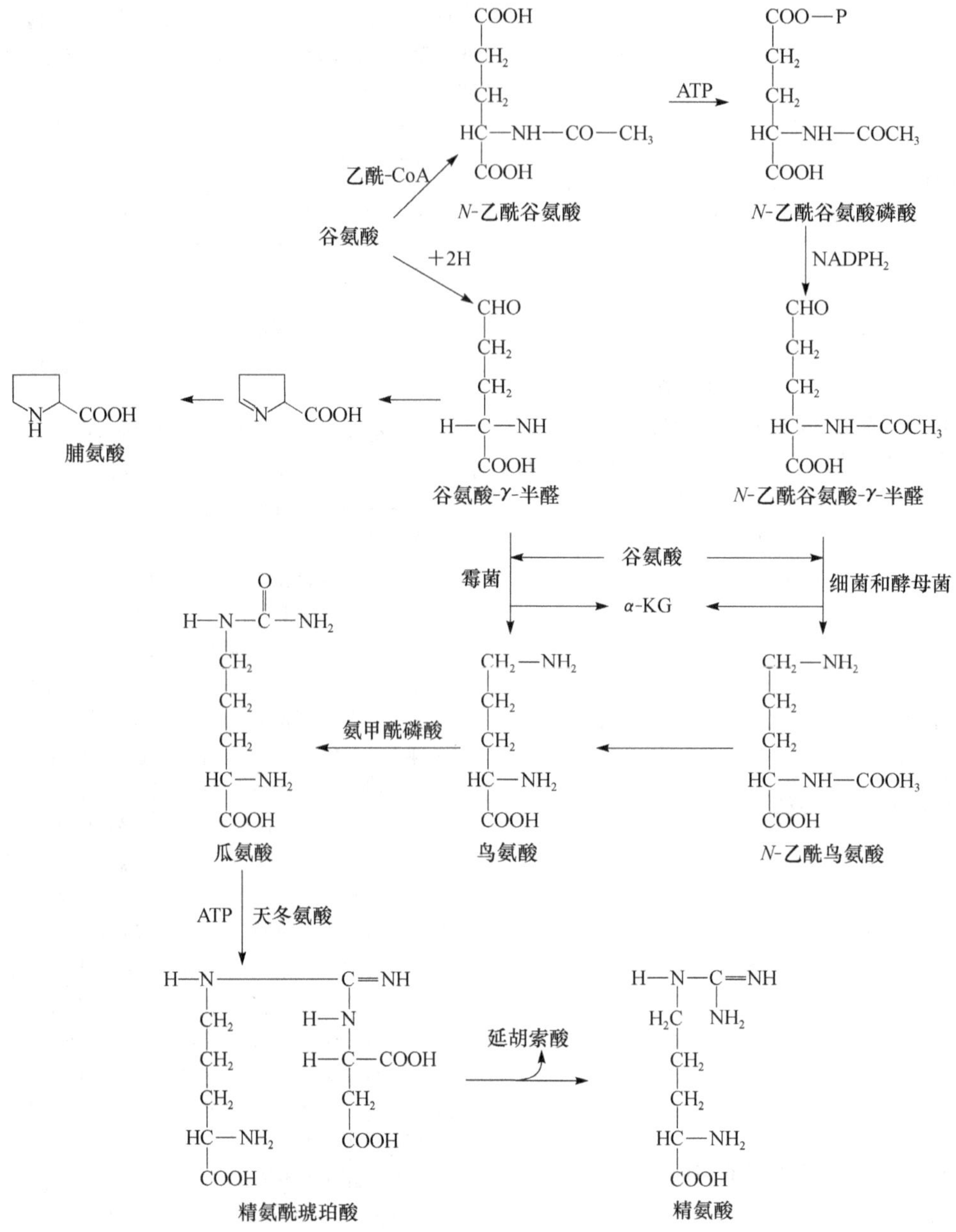

图 6-74 由谷氨酸合成脯氨酸和精氨酸的途径

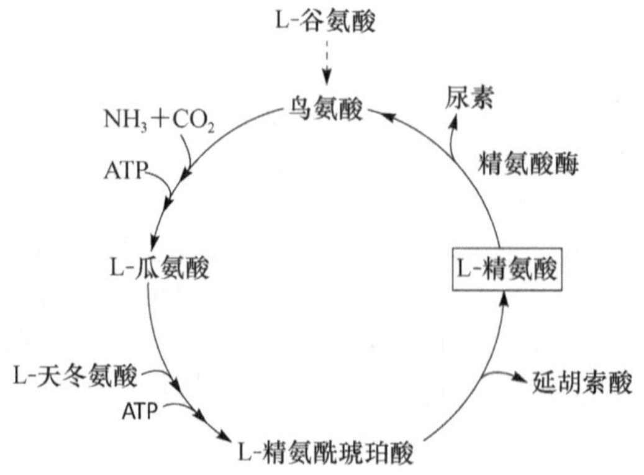

图 6-75 鸟氨酸循环

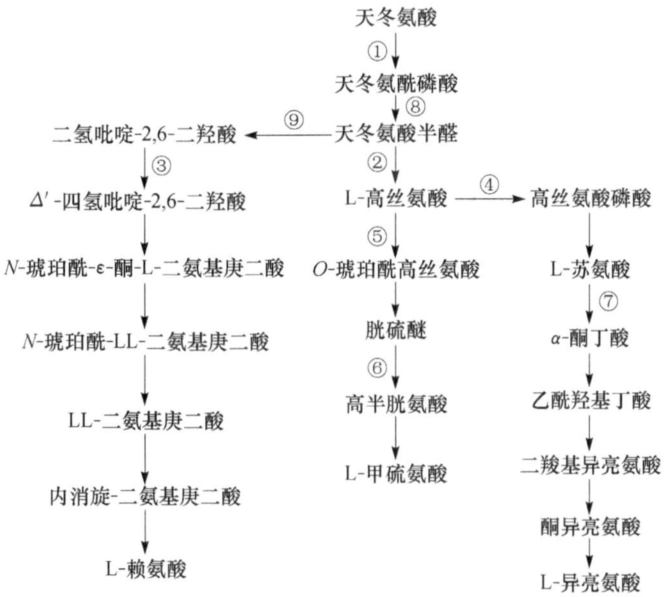

图 6-76　大肠杆菌天冬氨酸族氨基酸的合成

① 天冬氨酸激酶；② 高丝氨酸脱氢酶；③ 二氢吡啶-2,6-二羧酸还原酶；④ 高丝氨酸激酶；⑤ O-琥珀酰高丝氨酸转琥珀酰酶；⑥ 半胱氨酸脱硫化氢酶；⑦ 苏氨酸脱氢酶；⑧ 天冬氨酸半醛脱氢酶；⑨二氢吡啶-2,6-二羧酸合成酶

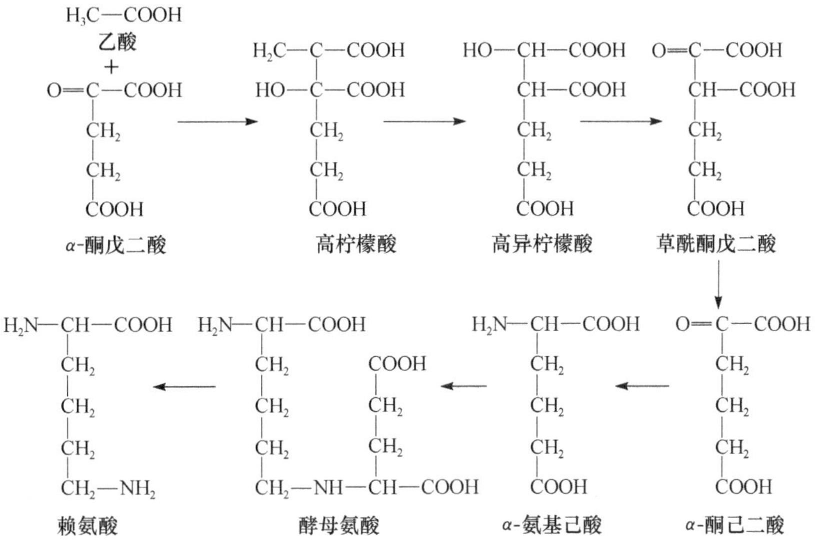

图 6-77　丝状真菌和酵母菌合成赖氨酸的途径

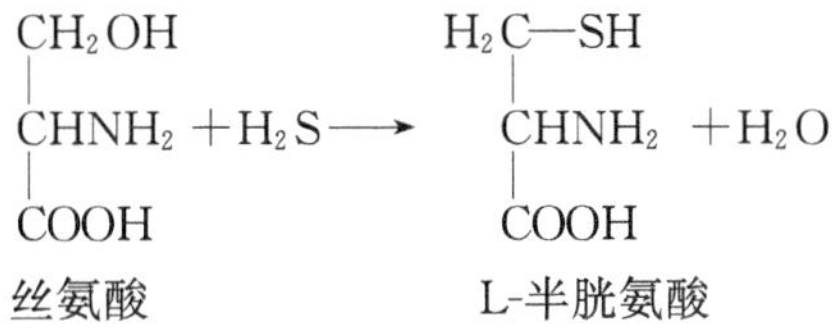

② 在肠道细菌中，丝氨酸先乙酰化，生成 O-乙酰丝氨酸，然后乙酰基被硫化氢置换，生成半胱氨酸。反应如下

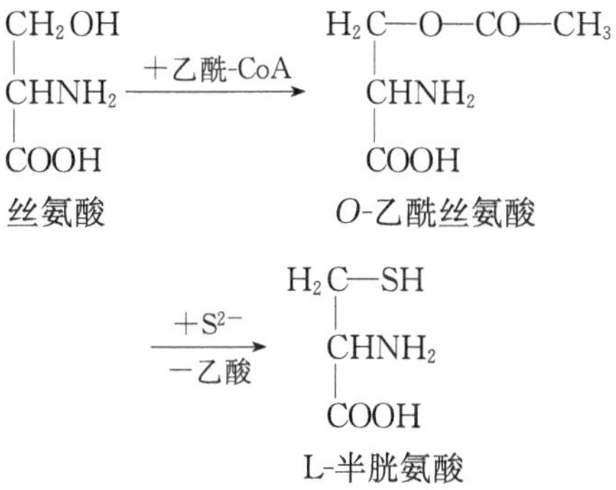

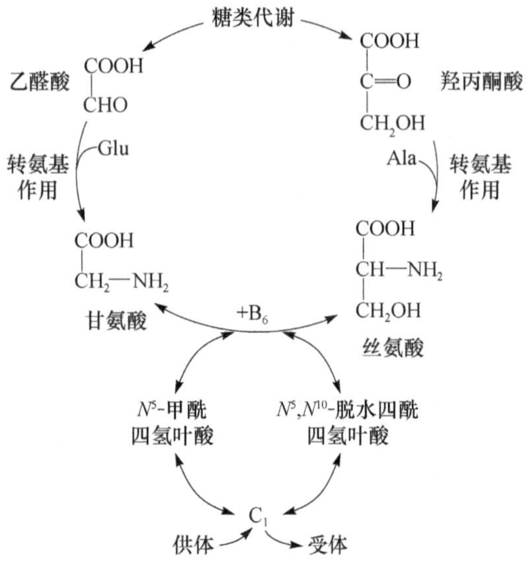

图 6-78　甘氨酸与丝氨酸之间的相互转换

③ 通过丝氨酸与高半胱氨酸之间的转硫作用，经胱硫醚生成半胱氨酸。反应如下

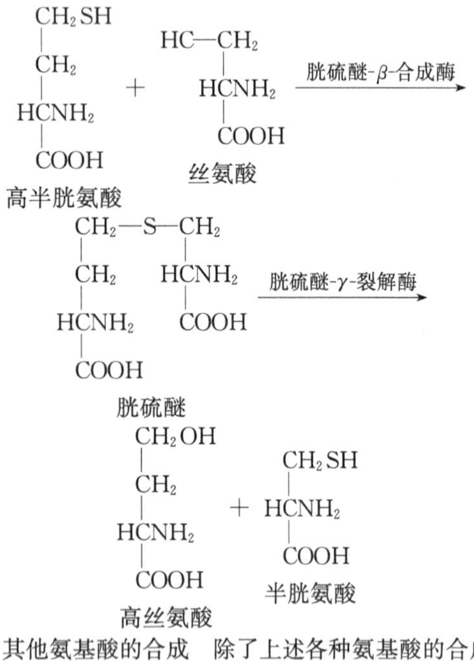

其他氨基酸的合成　除了上述各种氨基酸的合成途径外，还有一些氨基酸，如芳香氨基酸，组氨酸，分支氨基酸和D-氨基酸等特殊的合成途径。

4. 芳香族氨基酸的合成

芳香族氨基酸包括色氨酸、酪氨酸和苯丙氨酸。它们的合成途径有一部分是共同的，都是以 PEP 和 4-磷酸赤藓糖为前体，二者缩合成 7-磷酸-2-酮-3-脱氧庚糖酸，然后环化成 5-脱氢奎宁酸，再脱水、还原及从 PEP 上获得丙酮酰侧链，从而转变成分支酸（chorismate）。分支酸是合成芳香族氨基酸的第一个分支点。

分支酸接受由谷氨酰胺提供的氨基而成为邻氨基苯甲酸。后者再经过两步反应生成吲哚甘油磷酸。最后由丝氨酸置换下甘油醛-3-磷酸而生成色氨酸。

分支酸经变位酶催化生成预苯酸（prephenate），它是芳香族氨基酸的第二个分支点。预苯酸在脱氢酶催化下，脱氢、脱羧，再经转氨作用生成酪氨酸；预苯酸在脱水酶催化下，脱水、脱羧，再经转氨作用生成苯丙氨酸。详细合成途径见图 6-79。

5. 丙酮酸族氨基酸的合成

该族氨基酸包括缬氨酸、亮氨酸，它们的起始物是丙酮酸。此外异亮氨酸虽然属于天冬氨基酸族，但由苏氨酸合成异亮氨酸时也需要丙酮酸。

缬氨酸和亮氨酸有共同的中间前体 α-酮异戊酸，α-酮异戊酸的合成包括以下 3 步反应。

① 2 分子丙酮酸缩合成 α-乙酰乳酸，这个反应需要硫胺素焦磷酸（TPP），其反应如下

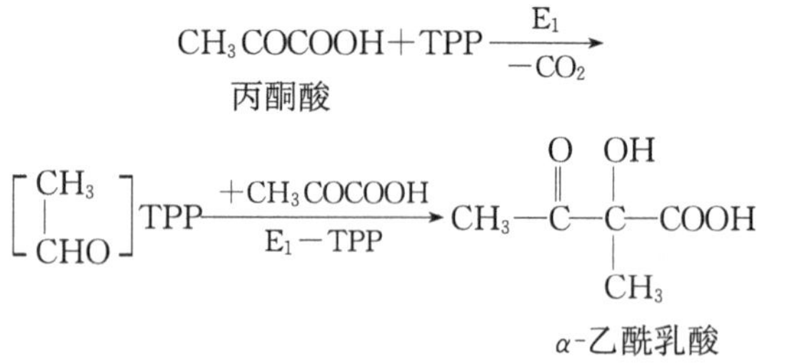

② α-乙酰乳酸在还原异构酶催化下，生成 α,β-二羟基异戊酸，其反应如下

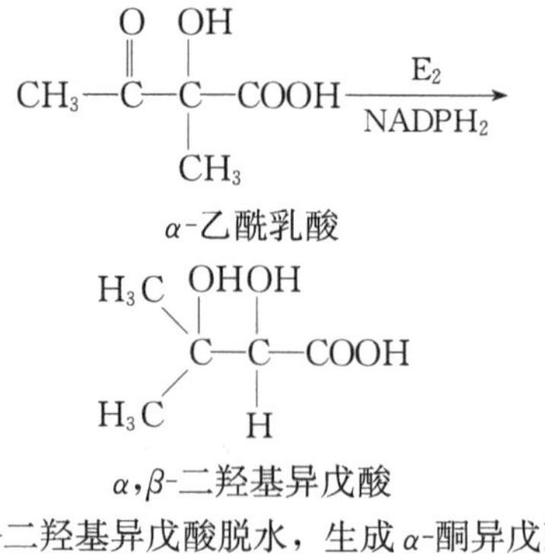

③ α,β-二羟基异戊酸脱水，生成 α-酮异戊酸，其反应如下

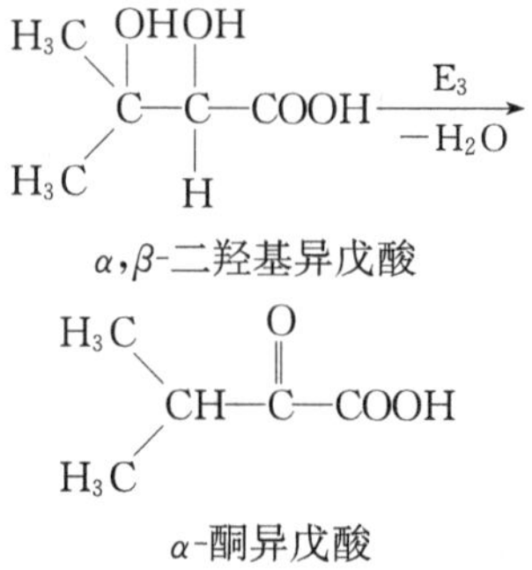

α-酮异戊酸接受谷氨酸的氨基，形成缬氨酸，其反应如下

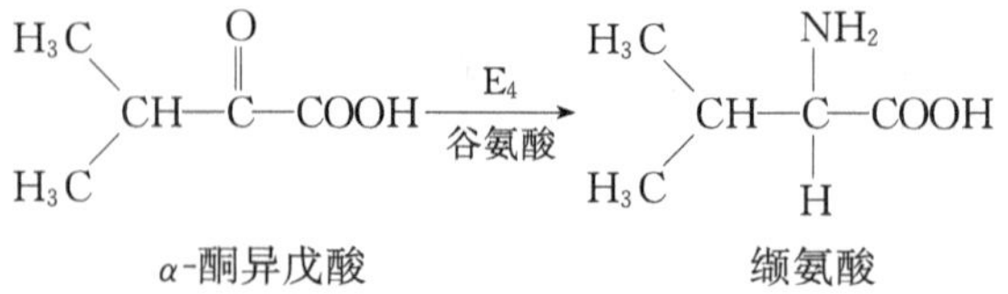

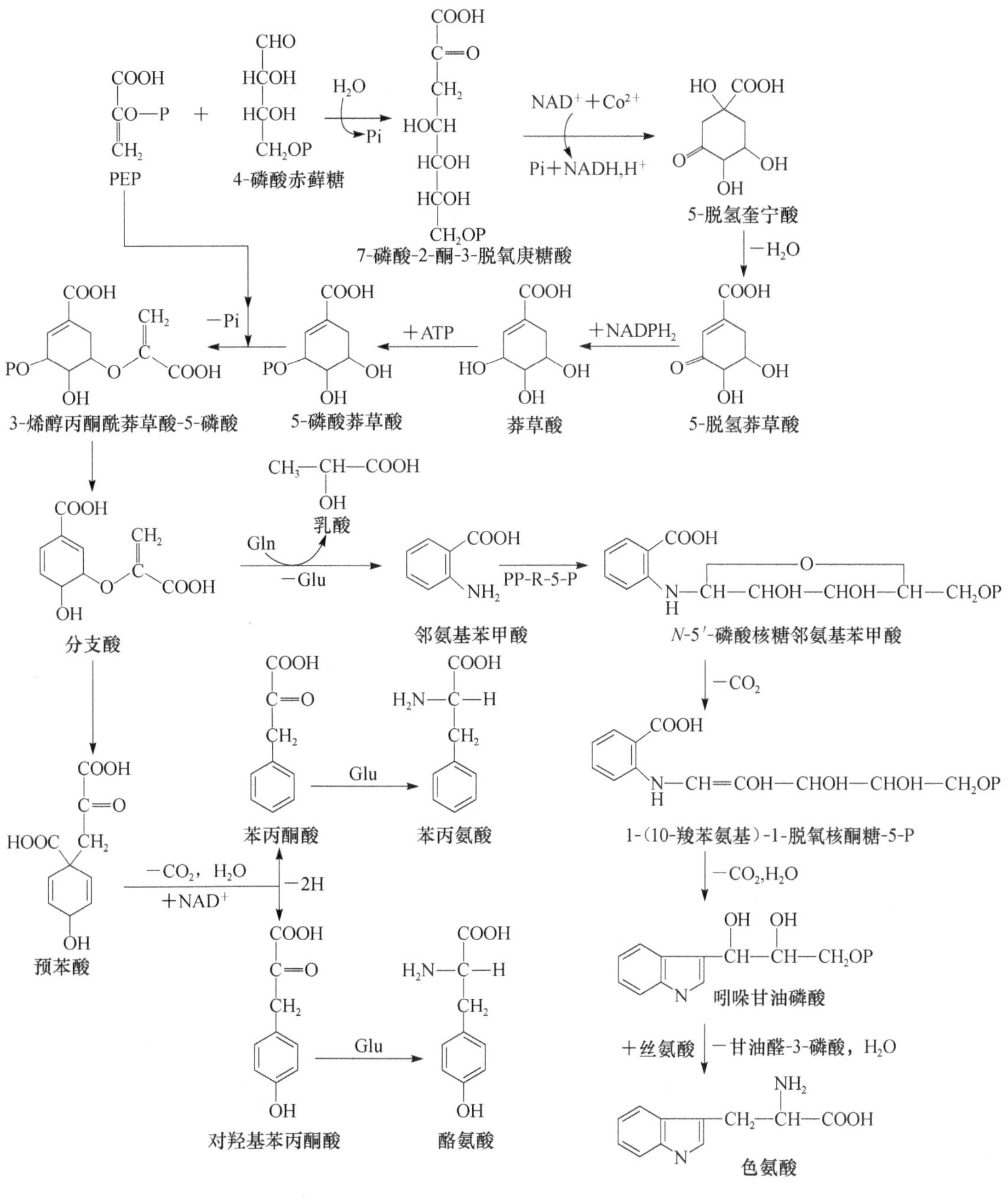

图 6-79　苯丙氨酸、酪氨酸和色氨酸的合成途径

α-酮异戊酸与乙酰-CoA 缩合，再经一系列反应，生成 α-酮异己酸，后者接受氨基形成亮氨酸

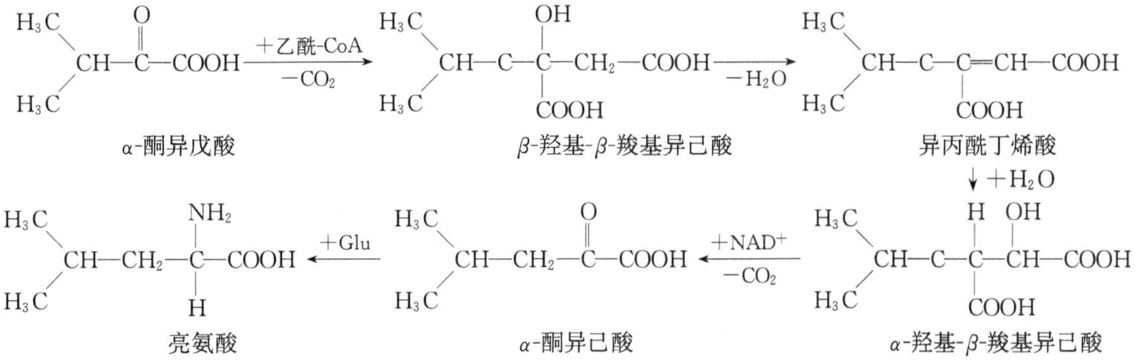

异亮氨酸来自丙酮酸和苏氨酸。苏氨酸脱氨生成α-酮丁酸，α-酮丁酸与丙酮酸缩合，生成α-乙酰-α-羟基丁酸。后者在还原异构酶催化下，生成α，β-二羟基-β-甲基戊酸。这个酶与上面催化α-乙酰乳酸生成α，β-二羟基异戊酸的酶是同一个酶。α，β-二羟基-β-甲基戊酸脱水，生成α-酮-β-甲基戊酸后，被氨化成为异亮氨酸。异亮氨酸的详细合成过程如下，其中涉及的酶分别为：IlvA、IlvH/IlvI、IlvC、IlvD和IlvE。

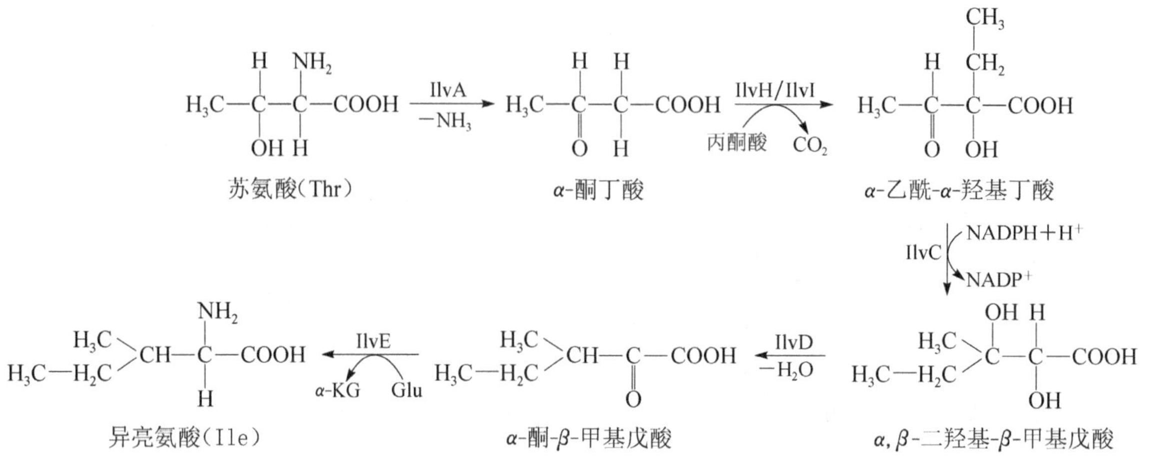

该族氨基酸的合成概括总结，见图6-80。

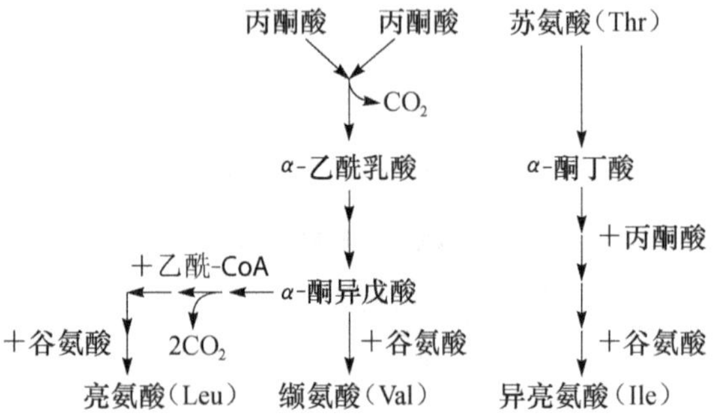

图6-80 丙酮酸族氨基酸的合成途径

6. 组氨酸的合成

组氨酸的合成比较独特。利用沙门氏杆菌和大肠杆菌的突变株，研究了组氨酸生物合成过程，证明其合成过程通过10步反应完成。催化合成过程中的酶顺序依次为HisG、HisE、HisI、HisA、HisH、HisF、HisB（此处催化脱水）、HisC、HisB（与前面的第7个酶为同一个酶，此处催化脱磷酸）、HisD。各酶在合成过程的位置及作用见图6-81。

起始物是磷酸核糖焦磷酸（5-phosphoribosyl-1-pyrophosphate，PRPP），与ATP缩合形成磷酸核糖-ATP（通过ATP嘌呤环上第一个氮原子形成*N*-糖苷键）。腺嘌呤中的六元环打开后，可供给组氨酸一个氮原子。然后再由谷氨酰胺提供一个氮原子，生成咪唑甘油磷酸。再经脱氢、转氨等反应生成组氨醇，进而氧化成组氨酸。ATP嘌呤环未被利用部分又参加嘌呤环的再合成。从图6-81可以看出，组氨酸三碳侧链和咪唑环中的两个碳原子来源于5-磷酸核糖部分。氨基酸的羧基一般是来自α-酮酸的羧基，而组氨酸的羧基是由组氨醇氧化而形成的。

7. D-氨基酸的合成

组成蛋白质的氨基酸都是L型的。但在细菌细胞壁肽聚糖和某些细菌的荚膜中却含有D-氨基酸。L-氨基酸经消旋酶（racemase）的催化生成相应的D-氨基酸（图6-82）。肽聚糖合成过程中所需的D-丙氨酸和D-谷氨酸均是由相应的L-氨基酸经消旋酶的催化而形成的。

人和动物的病原菌——炭疽芽孢杆菌的荚膜是由多聚-γ-D-谷氨酸（poly-γ-D-glutamic acid，γ-DPGA）组成的，该菌也是人类最初发现能产生γ-DPGA的菌株。研究表明，γ-DPGA是炭疽芽孢杆菌致病的物质基础之一。人体皮肤表面的表皮葡萄球菌（*Staphylococcus epidermidis*），土壤细菌——地衣芽孢杆菌（*Bacillus licheniformis*）和枯草芽孢杆菌（菌株168和菌株natto）也能产生这类荚膜。γ-DPGA是一种特殊的阴离子自然聚合物，是以α-氨基（α-amino）和γ-羧基（γ-carboxyl）之间经酰胺键（amide linkage）连接所构成的同型聚酰胺（homo-polyamide），聚合度为5万～200万Da不等（1000个以上的谷氨酸残基）（图6-83）。由于γ-DPGA中的连接方式不同于肽键中的酰胺键，γ-DPGA不能被蛋白酶所水解。细菌中，除上述几类菌外，其他一些革兰氏阳性细菌［如马铃薯芽孢杆菌（*Bacillus mesentericus*）、巨大芽孢杆菌（*B. megaterium*）、短小芽孢杆菌（*B. pumilus*）、嗜盐动球菌（*Planococcus halophilus*）、芽孢八叠球菌属（*Sporosarcina halophila*）］也可产生γ-DPGA，它能赋予细菌对高盐的抗性、螯合有毒金属离子或赋予细菌对宿主的致病性，在处于饥饿状态时，谷氨酸也能作为碳源及氮源，供细胞再次利用；有个别古菌［如埃及白苏打菌（*Natrialba aegypti*）］和真核生物（如水螅*Hydra*）也能产生γ-DPGA。

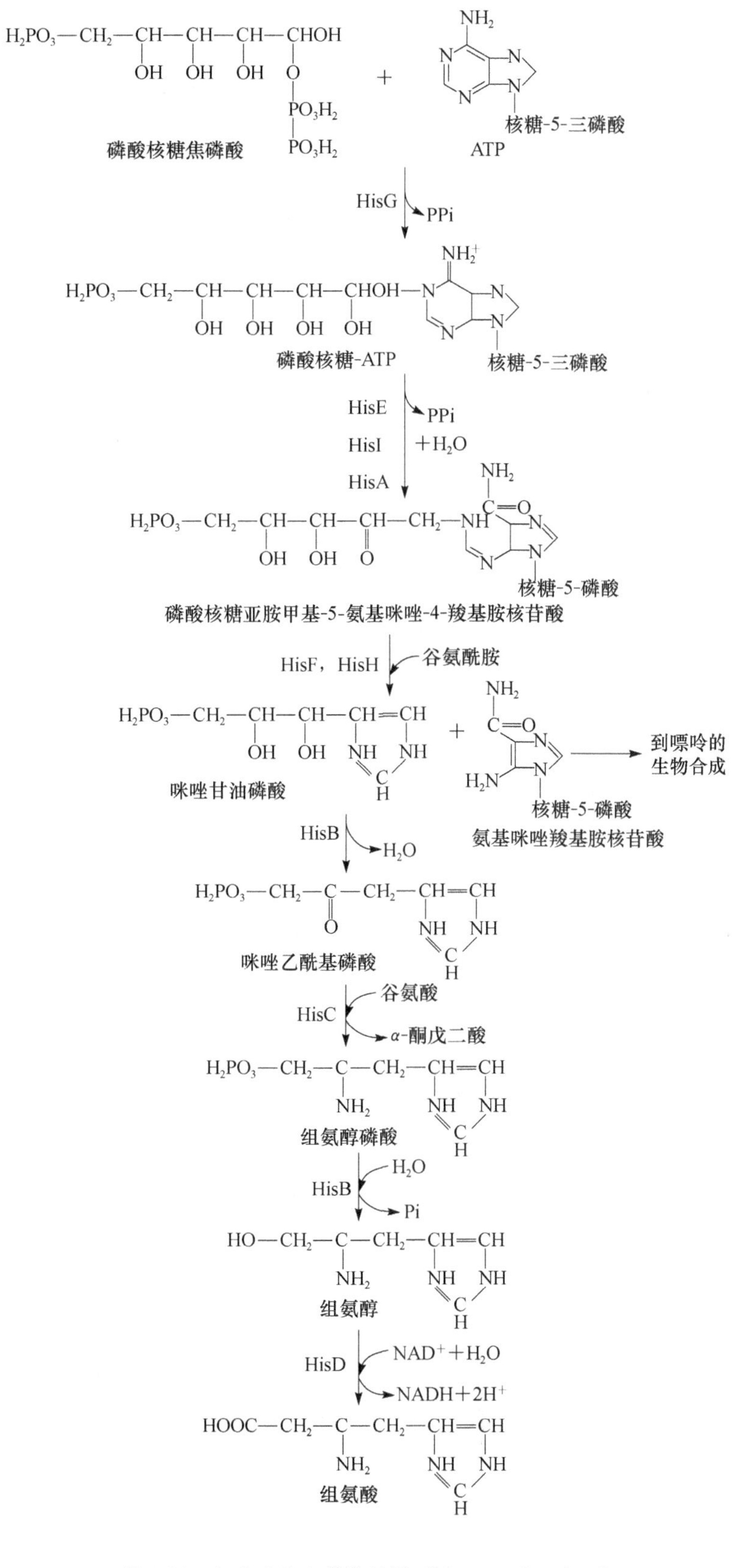

图 6-81　组氨酸的合成路径图（Moat et al.，2002）

箭头左侧的 HisA～HisI 分别为催化各途径中的酶的名称

图 6-82 L-丙氨酸经消旋作用形成 D-丙氨酸

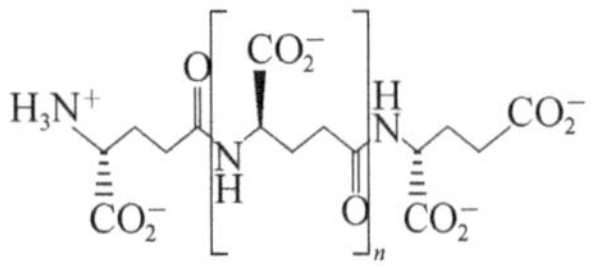

图 6-83 多聚-γ-D-谷氨酸的结构

γ-DPGA 的染色性质也与蛋白质不同，它只能被亚甲基蓝（methylene blue）染色，而不能被考马斯亮蓝（Coomassie blue）染色。

参与合成 γ-DPGA 的基因已经基本清楚了。有两类基因参与 γ-DPGA 的合成，分别为 *cap* 基因（名字来源于 capsule，荚膜）和 *pgs* 基因（名称来源于 polyglutamate synthase，聚谷氨酸合成酶），前者负责将合成的 γ-DPGA 送入到荚膜上；后者则将合成的 γ-DPGA 送出胞外。至少需要 4 个基因负责 γ-DPGA 的合成，以 *cap* 或者 *pgs* 开头，编码分别为 *B*，*C*，*A* 和 *E*。γ-DPGA 合成酶复合物位于膜上，以谷氨酸和 ATP 为底物，γ-DPGA 合成后，转运到膜外。CapB-CapC（或 PgsB-PgsC）负责 γ-DPGA 的合成，而 CapA-CapE（或 PgsA-PgsE）负责将 γ-DPGA 转运到膜外。合成的 γ-DPGA 以荚膜的形式黏附到细胞表面，或分泌到胞外去。还有两个酶也参与 γ-DPGA 的合成：一个是 CapD，即 γ-谷氨酰基转肽酶，催化 γ-DPGA 的锚定；另一个为 PgsS，是水解酶，有利于 γ-DPGA 的释放。锚定于细胞表面的 γ-DPGA 对细菌的毒力来说十分重要。上述各个基因及相应的酶都可作为潜在的靶位点，依此来设计抑制因子，从而达到抑制病原菌生长或将其杀灭的目的。

在炭疽芽孢杆菌中，参与 γ-DPGA 合成与转运的基因位于 pXO2 质粒上，5 个基因的先后顺序为：*capB-capC-capA-capD-capE*。由 4 个基因 *capB*、*capC*、*capA*、*capE* 编码的一个 47 个氨基酸组成的多肽，负责多聚谷氨酸的合成。Troy 提出 γ-DPGA 的合成过程如图 6-84 所示。首先 ATP 分子激活 L-谷氨酸（L-Glu），AMP 连接到谷氨酸的 γ-羧基上；接着被激活的谷氨酸转移到硫酯蛋白（S-蛋白）上，并促进 D-谷氨酸的形成；最后谷氨酸从 S-蛋白上转移到正在生长着的聚谷氨酸上。Ashiuchi 等则认为，ATP 并不激活单个分子的谷氨酸，而是激活多聚体的谷氨酸，之后再在多聚体谷氨酸基础上再加上一个谷氨酸，依次类推。究竟是谷氨酸单体分子还是多聚体被 ATP 激活，至今还未有直接的实验证据。此项工作仍需进一步验证。

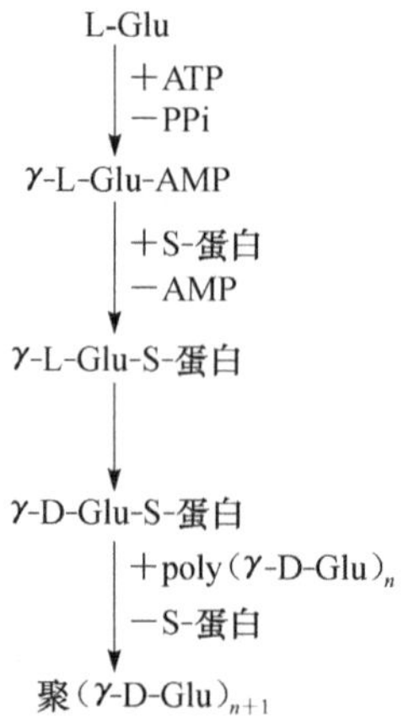

图 6-84 多聚-γ-D-谷氨酸的合成

γ-DPGA 具有优良的水溶性、超强的吸附性和生物可降解性，降解产物为无公害的谷氨酸，是一种优良的环保型高分子材料，可作为保水剂、重金属离子吸附剂、絮凝剂、缓释剂及药物载体等。在化妆品（保湿剂）、环境保护（水处理中用作重金属的螯合剂、废水处理中用作絮凝剂）、食品（增稠剂、稳定剂）、医药（有助于对钙的吸收、释放药物的载体、止血剂、软组织填充剂）、农业、沙漠治理等产业均有很大的商业价值和社会价值。日本特色食品——纳豆（natto gum）中的大量的黏性拉丝物质即是枯草芽孢杆菌产生的 γ-DPGA。

思 考 题

1. 合成代谢三要素是什么？
2. ATP 主要用于哪些代谢途径？
3. 为什么肠膜状明串珠菌不能直接以葡萄糖而需以蔗糖为底物才能合成多聚葡萄糖？
4. 总结自养型二氧化碳固定的途径种类、代表微生物、代谢过程特点。
5. 卡尔文循环的 3 个阶段各是什么？有什么样的关键酶？能量如何储存？
6. 异养型二氧化碳固定有哪些途径？特点是什么？
7. 什么是乙醛酸循环？关键酶有哪些？
8. 试述乙醛酸循环和 TCA 循环之间的关系？
9. 什么是甲基营养菌？

10. 总结糖核苷酸在多糖合成过程中的作用。
11. 总结肽聚糖合成过程及特点。
12. 多糖合成的特点是什么？
13. 有哪些抗生素可抑制肽聚糖的合成，其机制是什么？
14. 脂多糖的结构特点如何？有哪些特殊的糖类？
15. 脂多糖合成过程的特点及有哪些位点可用于抗生素作用的位点，机制是什么？
16. 脂肪酸合成的调节方式有哪些？
17. 脂肪酸的合成与氧化有什么区别？
18. 聚-β-羟基丁酸合成途径如何？
19. 含有吡咯环的化合物有哪些？合成上有什么共同的途径？
20. 萜烯类化合物有哪些？合成途径上有什么特点？
21. 什么是生物固氮？生物固氮的意义何在？
22. 生物固氮的电子传递过程是什么？
23. 根据与其他生物的关系，固氮微生物可分为几类？各是什么？有什么特点？
24. 固氮酶的结构特点有哪些？
25. 固氮酶的防氧保护机制有哪些？
26. 如何测定固氮酶的活性？
27. 生物固氮形成的氨如何进一步转化？
28. 同化型和异化型硝酸盐还原之间的关系是什么？各有什么特点？
29. 微生物如何对硫元素进行吸收？
30. 初生氨基酸合成次生氨基酸的过程有哪些？各合成什么样的氨基酸？

主要参考文献

李季伦，张伟新，杨启瑞，等. 1993. 微生物生理学. 北京：北京农业大学出版社.

王镜岩，朱圣庚，徐长法. 2002. 生物化学. 3 版. 北京：高等教育出版社.

Ashiuchi M，Nawa C，Kamei，et al. 2001. Physiological and biochemical characteristics of poly γ-glutamate synthetase complex of *Bacillus subtilis*. Eur J Biochem，268：5321-5328.

Candela T，Fouet A. 2006. Microreview：poly-gamma-glutamate in bacteria. Mol Microbiol，60 (5)：1091-1098.

Dammeyer T，Michaelsen K，Frankenberg-Dinkel N. 2007. Biosynthesis of open chain tetrapyrroles in *Prochlorococcus marinus*. FEMS Microbiol Lett，271：251-257.

Ginsberg C，Zhang Y H，Yuan Y Q，et al. 2006. In vitro reconstitution of two essential steps in wall teichoic aicd biosynthesis. ACS Chem Biol，1 (1)：25-28.

Klatt C G，Bryant D A，Ward D M. 2007. Comparative genomics provides evidence for the 3-hydroxypropionate autotrophic pathway in filamentous anoxygenic phototropic bacteria and in hot spring microbial mats. Enviorn Microbiol，9 (8)：2067-2078.

Lancaster K M，Roemelt M，Ettenhuber P，et al. 2011. X-ray emission spectroscopy evidences a central carbon in the nitrogenase iron-molybdenum cofactor. Science，334：974-977.

Meyenell G C，Meynell E. 1966. The biosynthesis of poly D-glutamic acid，the capsular material of *Bacillus anthracis*. J Gen Microbiol，43：119-138.

Moat A G，Foster J W，Spector M P. 2002. Microbial Physiology. 4th ed. New York：Wiley-Liss，Inc.

Mulder E G. 1975. Nitrogen-fixation by Free-living Micro-organisms. Cambridge：Cambridge University Press.

Postgate J. 1978. Nitrogen Fixation. London：Edward Arnold (Publishers) Limited.

Prescott L M，Harley J P，Klein D A. 2008. Microbiology. 7th ed. Boston：McGraw-Hill Companies Inc.

Savage D F，Afonso B，Chen A H，et al. 2010. Spatially ordered dynamics of the bacterial carbon fixation machinery. Science，327：1258-1261.

Strauss G，Fuchs G. 1993. Enzymes of a novel autotrophic CO_2 fixation pathway in the phototrophic bacterium *Chloroflexus aurantiacus*，the 3-hydroxypropionate cycle. Eur J Biochem，215：633-643.

Thorne C B，Gomez C G，Noyes H E，et al. 1954. Production of glutamyl polypeptide by *Bacillus subtilis*. J Bacteriol，68：307-315.

Troy F A. 1973. Chemistry and biosynthesis of the poly (γ-D-glutamyl) capsule in *Bacillus licheniformis*. Ⅱ. Characterization and structural properties of the enzymatically synthesis polymer. J Biol Chem, 248: 316-324.
Troy F A. 1973. Chemistry and biosynthesis of the poly (γ-D-glutamyl) capsule in *Bacillus licheniformis*. Ⅰ. Properties of the membrane mediated biosynthetic reaction. J Biol Chem, 248: 305-315.
Williamson N R, Fineran P C, Leeper F J, et al. 2006. The biosynthesis and regulation of bacterial prodiginines. Nat Rev Microbiol, 4: 887-899.

第 7 章 生物大分子的合成和加工：DNA、RNA 和蛋白质

DNA、RNA 和蛋白质是最重要的生物大分子，3 种大分子相互作用、协调合作，完成了遗传信息的记载、传递和表达过程。这 3 种大分子的合成既紧密联系、相互配合，又相对独立。整个过程构成了生物中心法则的核心内容：

$$\text{DNA} \xleftarrow{\text{复制}} \text{DNA} \xrightarrow{\text{转录}} \begin{matrix}\text{tRNA}\\ \text{mRNA}\\ \text{rRNA}\end{matrix} \xrightarrow{\text{翻译}} \text{蛋白质}$$

在本章中我们将详细讨论这 3 种大分子的合成和加工过程。

第 1 节 DNA 的复制

1.1 DNA 的双螺旋结构

Avery 在 1944 年利用肺炎双球菌转化实验证明了 DNA 是生物细胞的遗传物质。遗传物质至少需要具备 3 种功能：携带遗传信息、复制遗传信息和表达遗传信息。结构是功能的基础，DNA 分子具有什么样的结构才能完成上述功能呢？Watson 和 Crick 在 1953 年发表了 DNA 双螺旋模型论文，揭示了 DNA 的结构，后来的许多实验结果证实并完善了该模型。

DNA 是由两条多聚脱氧核苷酸链以极性相反、反相平行的方式，由氢键连接而成的双螺旋结构。脱氧核苷酸是多聚脱氧核苷酸链的单体，由 1 分子磷酸和 1 分子脱氧核苷组成，脱氧核苷又由脱氧核糖和碱基组成。DNA 分子中共有 4 种碱基，包括两种嘌呤（腺嘌呤和鸟嘌呤）和两种嘧啶（胞嘧啶和胸腺嘧啶）。嘌呤和嘧啶碱基都是平面结构，相互之间通过氢键配对，氢键在图中通常用短线或点线表示（图 7-1）。

碱基配对有严格的专一性，即腺嘌呤（A）和胸腺嘧啶（T），鸟嘌呤（G）和胞嘧啶（C）配对。这些碱基对彼此平行，并与磷酸骨架垂直排列。由于共价键和非共价键力的作用，天然的双链 DNA 呈螺旋结构，并且随着 DNA 组成成分和环境的不同而呈现不同的形式（B 型、A 型和 Z 型 DNA）。在细胞内生理状态下，双链 DNA 的某些区域可能会从双螺旋变成无碱基配对的

无规则卷曲的形式，这两种形式可能同时出现在染色体的不同区域，并且这种转变过程是可逆的。这种螺旋和无规则卷曲的相互转变可能是 DNA 复制与转录所必需的。

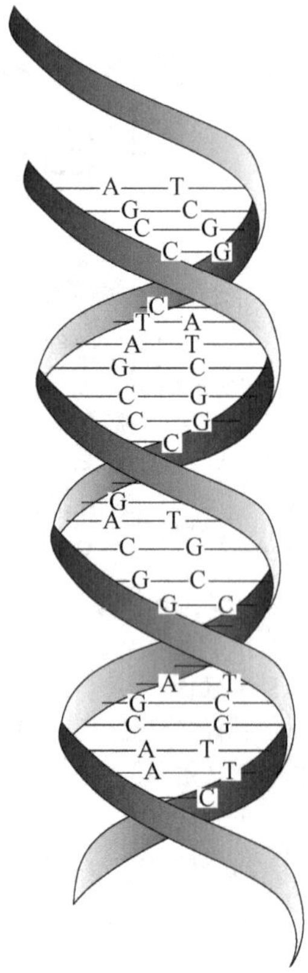

图 7-1　DNA 双螺旋结构

在水溶液环境中，DNA 主要以一种稳定的 B 型构象（B-DNA）存在，碱基对之间的距离为 3.4 Å，每个螺旋有 10 个碱基对，并且碱基对与螺旋轴垂直排列，所以每个右手螺旋旋转一圈为 34Å。当 DNA 处于转录状态时，DNA 双链中的一条链被相应的 RNA 链所替换，则变构形成 A 型构象（A-DNA）。A-DNA 每圈 11 个碱基对，并且碱基对是倾斜的。

Z-DNA 为左手螺旋，每圈含 12 个碱基对。B-DNA 与 Z-DNA 在特定条件下可以转换。在细胞内，多聚脱氧鸟嘌呤核苷—脱氧胞嘧啶核苷（dG－dC）$_n$ 的存在，常引起 Z-DNA 的形成。R. D. Wells 和他的同事用实验证实了 Z-DNA 构象可以在体内存在。他们在一段只能在 B 构象下才能被特异性甲基化的 DNA 序列附近连接一段（dG－dC）$_n$，引起 B-DNA 向 Z-DNA 转变，则该序列的甲基化程度在细胞内内急剧下降。应用 Z-DNA 的抗体已证实了大肠杆菌（*E. coli*）基因组中每 18kb 的 DNA 便有一段 Z-DNA 片段。Z-DNA 通过抑制相邻 DNA 的转录，调控基因表达。只有当 Z-DNA 转变为 B-DNA 后，转录才得以活化。

在体外，维持 Z-DNA 构象需要相当高的盐浓度，因为在低盐浓度条件下多聚 dG－dC 会转变为 B-DNA 构象。细菌染色体的不同位置由于所处的局部环境不同而有不同的拓扑异构形式，这种形式的差异可能是 DNA 行使某些特定功能所必需的，尤其是调节蛋白在染色体上的特殊结合区域，常常具有特殊的局部构象。

1.2　DNA 复制的特点

双链 DNA 的复制是一个非常复杂的过程，在复制的起始、延伸和终止 3 个阶段，原核生物和真核生物都需要多种酶和蛋白质的协同参与。DNA 复制涉及拓扑异构酶、解旋酶、单链结合蛋白、引物合成酶、DNA 聚合酶和连接酶等蛋白质。

1.2.1　DNA 的半保留复制

Watson 和 Crick 发现 DNA 双螺旋结构后，很快意识到该结构与遗传信息复制的关系。他们发表 DNA 双螺旋模型论文一个月后，就在另一篇文章中提出 DNA 半保留复制假说。假说核心内容是双链 DNA 解旋并分离，以亲本的单链为模板，按照 A 和 T、G 和 C 碱基配对的原则合成子代脱氧核苷酸链。脱氧核苷酸经一种或多种酶连接形成子代链，与一条亲本脱氧核苷酸链构成 dsDNA 分子。该假说被 Meselson 和 Stahl 在 1958 年利用氮的同位素 ^{15}N 标记 *E. coli* DNA 的方法证实了。他们将 ^{15}N 加入到培养 *E. coli* 的培养基内，标记新合成的新生 DNA 单链，称为重链 DD。然后将 ^{15}N 标记的 *E. coli* 转移到含 ^{14}N 的培养基内，新合成的 DNA 链是含有 ^{14}N 的轻链 L。经过 1 个世代和 2 个世代后，分别提取 *E. coli* 的 DNA 进行 CsCl 密度梯度离心，测定 DNA 分子的密度。如果 DNA 按全保留方式复制，第 1 代的两条亲代重链 DD 仍然结合在一起，新合成的双链 LL 处于低密度区。如果按随机分散方式复制，第 1 代只会出现中等密度的 DL 双链，第二代会出现 25% D 与 75% L 组合的密度较低的 DNA 带纹。如果按照半保留方式复制，第 1 代只会出现中等密度的 DL 双链，第二代会出现低密度带纹 LL 和中等密度的 DL。实验结果证实了 DNA 是按照半保留方式进行复制的，亲本 DNA 分子提供一条链给每个子代的 dsDNA 分子。在 DNA 复制的第 1 轮，每条链都被复制。在这一步骤结束时所形成的每个 DNA 分子都含有一条老链和一条新链。只有在第 2 轮复制后，才形成两个全新的链。

1.2.2　DNA 复制按 5′→3′方向延伸

DNA 的两条链均是由脱氧核苷酸之间以 5′磷酸酯键和 3′磷酸酯键连接而成的，因此 DNA 分子的线性末端极性是 5′→3′和 3′→5′反向平行的。当以亲代单链 DNA 为模板合成子代单链 DNA 时，生长点在哪一端呢？也就是说新生单链 DNA 分子的延伸方向是 5′→3′，还是 3′→5′呢？20 世纪 50 年代，3 种 DNA 聚合酶陆续

被科学家从 *E. coli* 中分离出来。但 DNA 聚合酶均不能自己发动 DNA 复制过程，只能利用 RNA 引物分子提供的 3′-OH 末端聚合 dNTP，所以新生的单链 DNA 分子的延伸方向只能是 5′→3′。如果 DNA 链的延伸方向是 3′→5′，那么新生的单链 DNA 的 5′端必须带有 3 个磷酸基团才能与 dNTP 的 3′-OH 末端聚合。dNTP 具有强烈负电荷，与新生单链 DNA 的 5′端三磷酸的负电荷产生静电斥力。即使在生理盐浓度下，这种排斥力依然存在，从而既影响末端核苷酸与模板配对，又阻止 dNTP 向 DNA 链的 5′端靠近。另外，当 DNA 复制发生错误聚合进行校正时，必须先切除错误聚合的 dNMP，随后启用其他酶系统添加两个磷酸基团形成三磷酸末端，以保证下一次聚合反应的进行。这种 3′→5′方向的复制体系既费时又耗能，没有被生物采用。所有核酸分子的复制延伸方向均为 5′→3′。

1.2.3　DNA 的半不连续复制

DNA 聚合酶仅以 5′→3′方向合成 DNA 的事实引发了一个逻辑问题，即两条链同时发生复制时为何会是相同的方向？由于 DNA 的两条链是反向平行的，如果一条链的合成沿 5′→3′方向延伸，另一条链的合成似乎就违背了 5′→3′原则而是应按 3′→5′方向延伸。实际上，在两条新合成的子链 DNA 分子中，一条是朝向复制叉的，它是以随着复制叉的展开而显露的单链 DNA 分子为模板聚合 dNTP 而延伸的，被称为前导链（leading strand）。另一条是背向复制叉的，复制叉的展开和新生单链 DNA 延伸的方向相反，合成速度比前导链慢，所以称之为后随链（lagging strand）。

1968 年冈崎通过脉冲标记实验和脉冲跟踪实验研究了饲喂^{3}H 标记的 dTTP 的 T_4 噬菌体侵染 *E. coli* 进行的 DNA 复制过程。脉冲标记实验结果表明：被^{3}H 标记的新生 DNA 片段的沉降系数几乎均为 10～20S，即 1000～2000 核苷酸大小。脉冲跟踪实验结果表明：在继续培养数分钟后，小片段被连接成为 70～120S 的大片段。初始合成的小片段被称为冈崎片段，DNA 复制的方式被证明是半不连续复制。具体的复制过程将在后面详细说明。

1.2.4　DNA 聚合酶

DNA 复制需要 DNA 聚合酶的参与，并且所有的 DNA 聚合酶都是以 5′→3′方向合成 DNA。DNA 聚合酶以预先存在的 DNA 为模板催化脱氧核糖核酸的有序聚合。*E. coli* 含有 5 种 DNA 聚合酶：PolⅠ（*polA*）、PolⅡ（*dinA*）、PolⅢ（*dnaE*）、PolⅣ（*dinB*）和 PolⅤ（*umuDC*）。PolⅠ除了具有聚合酶活性外，还具有用于“校对”（proofreading）的 3′→5′外切核酸酶活性和 5′→3′外切核酸酶活性。PolⅠ不是 *E. coli* DNA 复制的主要聚合酶。PolⅡ具有 5′→3′方向聚合酶活性，但酶活性很低，也不是主要复制酶。PolⅡ还具有 3′→5′外切核酸酶活性，其生理功能主要是修复 DNA。PolⅢ单体包含 9 个亚基，活性形式是二聚体。PolⅢ具有 5′→3′方向聚合酶活性，也具有 3′→5′外切核酸酶活性。该酶活性是 PolⅠ的 15 倍，PolⅡ的 300 倍。PolⅢ聚合新生 DNA 链的速度是每分钟 5 万个核苷酸，是 *E. coli* DNA 复制中链延伸的主导聚合酶。PolⅣ和 PolⅤ主要在 SOS 修复过程中起作用。

DNA 聚合酶不能将两个游离的单核苷酸聚合在一起，它只能催化单核苷酸聚合到已存在的一段核酸链上，这段核酸链可以是 DNA 链，也可以是 RNA 链。因为 RNA 聚合酶可以催化两个单核苷酸聚合，所以 RNA 链可以从无到有的合成，而 DNA 链的初始合成需要一小段 RNA 链作为引子，这段作为引子的 RNA 链被称为引物。DNA 聚合酶在无 RNA 引物时不能起始新链的合成。能合成引物的 RNA 聚合酶，被称为 DNA 引发酶（DNA primase）。在 *E. coli* 中这种引发酶 DnaG 是 *dnaG* 基因的产物。

1.2.5　DNA 复制过程的复制叉模式

DNA 复制过程的第一步是将双链解开，以使其接近 DNA 聚合酶复合体。这一过程需要 DnaB 六聚体的解旋酶（helicase）。DnaB 六聚体环绕 DNA 的一条链，利用来自 ATP 水解所释放的能量，解开 DNA 双链。此时，单链 DNA 结合蛋白（ssDNA binding protein）与单链 DNA 结合，以阻止已解链的 DNA 复性，并保护 ssDNA 免受核酸酶降解（图 7-2）。

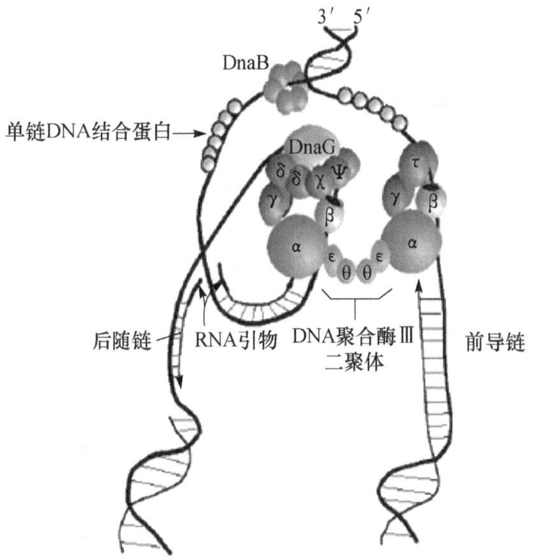

图 7-2　微生物细胞 DNA 复制过程中的复制叉模式
（Moat et al.，2002）

DnaB 蛋白除使 DNA 解旋外，还能使单链 DNA 形成发夹结构作为引发酶 DnaG 的信号来合成一个约 10 个核苷酸的 RNA 引物。一旦形成 RNA 引物，DNA 聚合酶Ⅲ就结合到引物的 3′-OH 末端并开始合成前导链和后随链。DNA 聚合酶Ⅲ主要负责 DNA 复制，它可以同时复制两条链并且保持 5′→3′的原则，原因是在复制叉处它是以二聚体形式起作用的。θ 蛋白将两个聚合酶全酶复合物连接在一起。二聚体中的一个聚合酶全酶按 5′→3′方向连续合成一条链，而另一个聚合酶全酶则是以 1000～2000 核苷酸的小片段不连续地合成另一新链，这条后随链形成一个环围绕这个聚合酶（图 7-2）。

聚合酶Ⅲ二聚体随着复制叉的移动在同一方向合成两条新的 DNA 链，但实际上是沿着模板以相反的方向移动。为了避免合成长 DNA 环造成的困难，后随链的合成是不连续的。因为 DNA 聚合酶在无 RNA 引物时不能起始新链的合成，所以在每次起始新的冈崎片段时需要合成新的 RNA 引物。这些不连续的后随链怎样连接成完整的双链 DNA 的呢？RNA 引物是由具有 5′→3′的外切核酸酶活性的 RNA 酶 H 删除的。RNA 酶 H 是一种能识别 DNA 和 RNA 杂合体的 RNA 降解酶。由 DNA 聚合酶Ⅰ沿模板重新合成一小段相应的 DNA，在磷酸二酯键骨架上的单链缺口处由 DNA 连接酶（DNA ligase）封闭。这样就完成了 DNA 双链的复制过程。

双链 DNA 解链分别复制，形成叉状的复制起点（*oriC*），故名复制叉。DNA 复制是由固定的起始点开始的，含有一个起始点的复制单位叫做复制子。原核生物和真核生物 DNA 均以双向等速复制为主，原核生物多为一个起始点，而真核生物在一条染色体上含多个复制起点。从细菌、线粒体、叶绿体和酵母中鉴定出的起始点 *oriC* 的共同特征是富含 AT 和回文序列，这有利于复制启动时双链解链及促进聚合酶与 DNA 结合。

研究结果表明，DnaA 蛋白结合在起始点，形成起始复合体，引发复制起始。SeqA 蛋白在复制开始后选择性地与起始点结合，从而抑制未完成复制的 DNA 重新起始（reinitiation）。原核生物的染色体 DNA 完成复制以前，复制起点能够连续发动下一轮的复制，产生多个复制叉。真核生物染色体 DNA 以多个复制子复制，但是每个复制子在一个细胞周期内只启动一次，在下一个细胞周期开始前不能发动新一轮复制。

1.2.6 DNA 复制的终止

对于线状 DNA 分子而言，复制叉到达线状分子末端时复制就自然停止了。在真核生物 DNA 分子中，相邻复制子的复制叉按相反方向延伸，复制叉在复制终点汇合，复制子发生融合，一条染色体复制成两条染色体。在 *E. coli* 的染色体上逆向运行的两个复制叉在固定的位点相遇，此位点包含两个终止区域，分别由 3 个终止子 *ter E*、*ter D*、*ter A* 和 *ter F*、*ter C*、*ter B* 组成。每个终止子含有保守的 22bp，两个终止区域分别负责终止两个复制叉。每个复制叉必须通过另一复制叉的终止区才能到达自身的终止区，可以在 3 个终止子中的任意一个发生终止。如果两复制叉延伸速度不同，先期到达的复制叉可以等待另一复制叉经过，共同完成全基因组复制。终止蛋白 Tus（terminus utilization substance）能识别 *ter* 序列，形成 *ter*-Tus 复合体，抑制解旋酶活性，防止 DNA 过度复制。

第 2 节 RNA 合成与加工

生物细胞的遗传信息储存在 DNA 分子上，遗传信息和蛋白质的中间媒介是 RNA 分子。RNA 合成是指以 DNA 为模板，合成信使 RNA（mRNA）、转移 RNA（tRNA）或核糖体 RNA（rRNA）的过程，通常被称为转录。在转录过程中，DNA 的一条链作为模板，在其上以碱基配对的方式合成 RNA 分子，所产生的 RNA 链与 DNA 模板链互补。细胞的各类 RNA，包括合成蛋白质的 mRNA、rRNA 和 tRNA，以及具有各种特殊功能的小 RNA，都以 DNA 为模板，在 RNA 聚合酶催化下合成。最初转录的 RNA 产物通常都需要经过一系列加工和修饰才能成为成熟的 RNA 分子。RNA 所携带的遗传信息也可以用于指导 RNA 或 DNA 的合成，前一过程即 RNA 复制，后一过程为逆转录。RNA 加工是新合成的前体 RNA 分子在结构和化学方面的修饰与成熟过程。

2.1 RNA 转录

RNA 转录是在 RNA 聚合酶作用下，以双链 DNA 中的一条单链为转录模板，按照 A－U 和 G－C 配对的原则合成 RNA 的过程。RNA 转录需要依赖于 DNA 的 RNA 聚合酶，利用核糖核酸三磷酸（rNTP）而不是脱氧核糖核酸三磷酸（dNTP）为原料。RNA 链的转录起始于 DNA 模板的启动子（promoter），并在终止子（terminator）处终止。此转录区域称为转录单位。一个转录单位可以是一个基因，也可以是多个基因。基因的转录是一种有选择性的过程，随着细胞的不同生长发育阶段和细胞内外条件的改变，细胞将转录不同的基因。转录可分为 3 个主要阶段：起始、延伸和终止。起始过程包括 RNA 聚合酶结合到启动子上形成稳定的 RNA 聚合酶-DNA 起始复合体，并且催化第一个磷酸二酯键的形成；延伸是指 RNA 聚合酶沿着 DNA 模板移动并伴随着新生 RNA 链的延长；终止过程包括新生 RNA 的释放和转录复合物的解离。释放出来的 RNA 聚合酶和转录因子可以循环利用。

2.2　RNA 聚合酶

1960～1961 年，从微生物和动物细胞中分别分离得到 DNA 指导的 RNA 聚合酶（DNA-directed RNA polymerase），为了解 RNA 的转录过程奠定了基础。RNA 聚合酶可以自行发动 RNA 链的合成，不需要引物，也没有转录物校正功能。在体外，RNA 聚合酶能使 DNA 的两条链同时进行转录。在细胞内 DNA 两条链中仅有一条链可用于转录，或者某些区域以这条链转录，另一些区域以另一条链转录。用于转录的链称为模板链或负链；对应的链为编码链或正链。RNA 转录时无需将 DNA 双链完全解开，RNA 聚合酶能够局部解开 DNA 的两条链，并以其中一条链为有效的模板，合成出互补的 RNA 链。

在原核微生物中，所有类型 RNA 均由一种 RNA 聚合酶转录。*E. coli* 的 RNA 聚合酶全酶（holoenzyme），包括核心酶加上 1 个 σ 因子，还有 2 个 Zn 原子（图 7-3B）。RNA 聚合酶全酶与启动子专一性结合，负责转录起始。核心酶包括 2 个 α 亚基，1 个 β 和 1 个 β′ 亚基（$\alpha_2\beta\beta'$）。核心酶可随机地结合到 DNA 上，无专一性识别位点。因此，σ 因子在 RNA 聚合酶全酶辨认启动子时起重要作用，增强全酶与启动子的结合力，同时也降低了 RNA 聚合酶的移动速度（图 7-3A）。*E. coli* 的 σ^{70} 因子负责大部分基因的转录。此外还有其他 σ 因子识别不同的启动子，诱导特殊基因的协调表达。如 42℃高温胁迫时，σ^{32} 因子被启用，它能识别热激蛋白基因的特殊启动子，从而表达热激蛋白。

2 个 α 亚基位于核心酶的两端，前端 α 亚基可能与 DNA 解链有关，尾端的 α 亚基可能促进解链的 DNA 形成超螺旋结构。β 亚基携带 RNA 合成的催化位点，以及与底物和产物的结合位点，是合成 RNA 链的主要亚基。β 亚基具有两个功能位点，起始位点（I）和延伸位点（E）。起始位点只能与 ATP 或 GTP 专一性结合，而延伸位点对 NTP 没有选择性。利福平与 ATP 或 GTP 竞争结合起始位点，完全阻止 ATP 或 GTP 进入 I 位点，是原核生物 RNA 转录发动的抑制剂（图 7-3C）。β′ 亚基促进 RNA 聚合酶与 DNA 的模板链结合。

在不同种的细菌中，α、β 和 β′ 亚基的大小比较恒定，但 σ 因子有较大变动，相对分子质量为 32 000～92 000。RNA 聚合酶全酶的形状有如一个多突起椭球体，长达 16nm。现在已知 *E. coli* 和 T_7 噬菌体的 RNA 聚合酶全酶的蛋白质晶体结构。

真核生物 RNA 聚合酶有 3 种，即 RNA 聚合酶Ⅰ、RNA 聚合酶Ⅱ和 RNA 聚合酶Ⅲ，相对分子质量大致都在 500 000 左右，并含有 Zn^{2+}。RNA 聚合酶Ⅰ转录 45S rRNA 前体，经转录后加工产生 5.8S rRNA、18S rRNA 和 28S rRNA。RNA 聚合酶Ⅱ转录所有 mRNA 前体和大多数核内小 RNA（snRNA）。RNA 聚合酶Ⅲ转录 tRNA、5S rRNA、U6 snRNA 和 scRNA 等小分子转录物。RNA 聚合酶Ⅰ对霉菌毒素 α-鹅膏蕈碱不敏感，

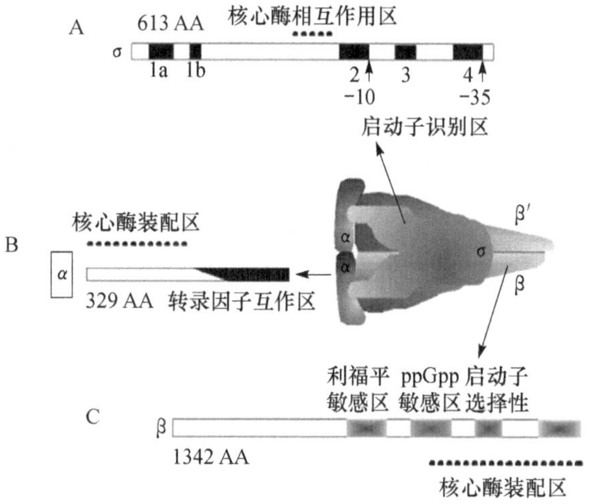

图 7-3　原核生物 RNA 聚合酶各亚基功能图解（Moat et al.，2002）

图中标注了各个亚基参与核心酶装配，与转录因子、效应物分子和启动子相互作用的区域。A：σ 因子保守区域（黑色部分）和主要功能区；B：左侧为 α 亚基主要功能区，右侧为 RNA 聚合酶全酶模型；C：β 亚基主要功能区

RNA 聚合酶Ⅱ受低浓度 α-鹅膏蕈碱（10^{-9}～10^{-8} mol/L）抑制，RNA 聚合酶Ⅲ对较高浓度 α-鹅膏蕈碱（10^{-5}～10^{-4} mol/L）敏感。α-鹅膏蕈碱是一种毒蕈（鬼笔鹅膏 *Amanita phalloides*）产生的八肽化合物，对真核生物有较大毒性，但对细菌的 RNA 聚合酶只有微弱的抑制作用。此 3 种 RNA 聚合酶均含有 3 个大亚基（RPB1、RPB2、RPB3）和 7～12 个小亚基。RPB1 类似于 *E. coli* 的 β 亚基，RPB2 类似于 β′ 亚基，RPB3 类似 α 亚基。

真核生物 RNA 聚合酶没有与细菌 σ 因子功能类似的结构。真核生物 RNA 聚合酶的转录过程大体与细菌相似，所不同的是真核生物 RNA 聚合酶自身不能识别和结合到启动子上，而需要在启动子上由转录因子和 RNA 聚合酶装配成活性转录复合物才能起始转录。真核生物的转录过程分为装配、起始、延长和终止 4 个阶段，其间各种因子的作用比细菌复杂得多。

除了细胞核 RNA 聚合酶之外，还存在线粒体和叶绿体 RNA 聚合酶，它们分别转录线粒体和叶绿体的基因组 DNA。线粒体和叶绿体 RNA 聚合酶的结构比较简单，类似于细菌的 RNA 聚合酶，能催化所有种类 RNA 的生物合成，并被原核生物 RNA 聚合酶的抑制物利福平等抑制。

2.3　转录起始

原核生物转录反应可以分为 3 个阶段：转录的起始、转录的延伸和转录的终止。RNA 聚合酶在 σ 因子引导下识别并结合到启动子上，然后 DNA 双链被局部解开，这一过程称为模板的识别，形成的解链区称为转录泡（transcription bubble）。解链仅发生在与 RNA 聚合酶结合的部位（图 7-4A）。

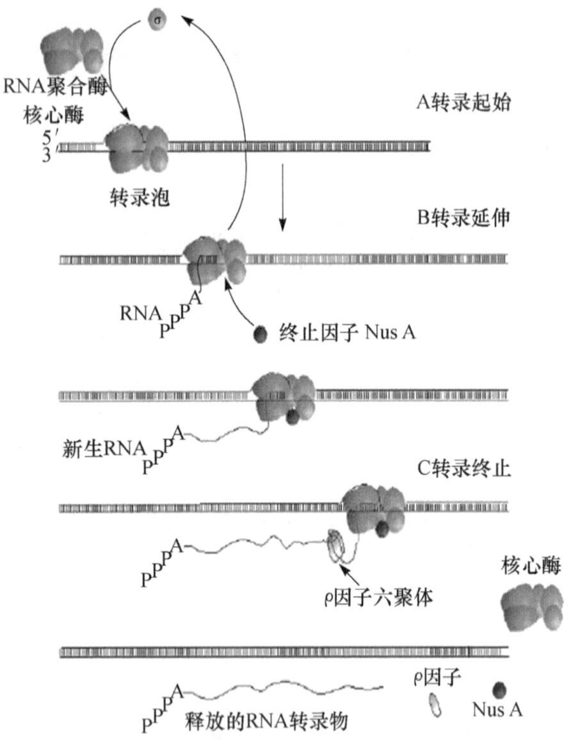

图 7-4 原核生物 RNA 转录过程（Moat et al.，2002）
A：转录起始，σ 因子指导核心聚合酶识别基因的启动子区；B：转录延伸，在转录几个核苷酸后，σ 因子解离，并被终止因子 NusA 置换；C：转录终止，当完成转录时，NusA 和 ρ 因子六聚体协助 RNA 聚合酶识别 mRNA 上的终止子，释放新生 RNA 转录物、RNA 聚合酶核心酶、NusA 和 ρ 因子

转录起始是 RNA 聚合酶与 DNA 转录启动子结合形成有功能转录起始复合物的过程。启动子是 DNA 分子上被 RNA 聚合酶及转录调节蛋白等识别并形成转录起始复合物的区域。起始效率决定转录活性或 RNA 合成速度。因此，转录起始是转录过程的限速步骤，是基因表达调节中的首要和重要环节。

RNA 聚合酶与启动子区结合，然后沿着 DNA 模板以 3′→5′方向移动，所以 RNA 合成方向也是 5′→3′。转录单位的起点核苷酸为＋1，左侧为上游（upstream），起点前一个核苷酸为－1。转录起点右侧为下游（downstream），为转录区。

启动子决定着某一基因转录的起始位点和表达强度。启动子本身就是能够提供特定信息的空间密码。乳糖操纵子模型中的调节基因 *I* 编码的阻遏物阻止 RNA 聚合酶与启动子结合，从而关闭结构基因的表达。在 1975 年，David Pribnow 等采用足迹法发现了多种 *E. coli* 和噬菌体的 DNA 在－10 区存在保守的启动子序列，保守序列为 TATAAT，－10 区也因此被称为 Pribnow 盒。后续的研究证明，－35 区是 RNA 聚合酶识别和结合所必需的，保守序列为 TTGACA。－10 区与－35区直接与 RNA 聚合酶全酶的 σ 因子相互作用，前者有助于 DNA 解链，后者提供了 RNA 聚合酶识别的信号。在两个保守序列间存在 17±1bp 的间隔序列，间隔序列保证这两个保守区域与 σ 因子同时作用，并提供稳定的 DNA 解链区域。

真核生物的启动子有 3 类，分别由 RNA 聚合酶Ⅰ、RNA 聚合酶Ⅱ和 RNA 聚合酶Ⅲ进行转录。真核生物的启动子通常由短的保守序列组成，由转录因子而不是 RNA 聚合酶所识别。多种转录因子和 RNA 聚合酶在转录起点上形成前起始复合物（preinitiation complex）而促进转录。

类别Ⅰ（class Ⅰ）启动子被 RNA 聚合酶Ⅰ识别，只控制 rRNA 前体基因的转录，转录产物经加工生成各种成熟的 rRNA。

类别Ⅱ（class Ⅱ）启动子涉及大量编码蛋白质的基因转录的控制。该类型启动子包括：基本启动子（basal promoter），起始子（initiator），上游元件（upstream element）和应答元件（response element）。这些元件的不同组合，构成了数量庞大的各种启动子，与相应转录因子相互作用。作用于基本启动子的为通用（转录）因子（general transcription factory）。基本启动子和通用因子对于 RNA 聚合酶Ⅱ转录是必要的，但不是足够的，只能使转录低效率进行。要达到适宜水平的转录，还需要上游元件和相应上游因子（upstream factor）的参与。常见的上游元件，如 CAAT 框的共有序列为 GCCAATCT，与其相互作用的因子为 CP1、CP2 和核因子 NF-1。参与 RNA 聚合酶Ⅱ转录起始的各类转录因子数量很多，除了上面提到的通用因子、上游因子外，还有可诱导因子（inducible factor）。例如，热休克转录因子（heat shock transcription factor，HSF）可以识别和作用热休克效应元件（Heat shock element，HSE），激活热休克相关基因的表达。

类别Ⅲ（class Ⅲ）启动子被 RNA 聚合酶Ⅲ识别，控制一些小分子 RNA，如 5S rRNA、tRNA、胞质小 RNA（cytoplasmic RNA，scRNA）和核内小 RNA（small nuclear RNA，snRNA）基因的转录。5S rRNA、tRNA 和 scRNA 基因的启动子位于基因内部，snRNA 基因的启动子位于转录起点的上游，与通常的启动子类似。无论是上游启动子，还是下游启动子，都必须在转录因子的指引下才能被 RNA 聚合酶Ⅲ结合启动转录。

2.4 转录延伸

在 RNA 聚合酶全酶完成转录启动后，当转录物 RNA 延伸至 8～9 个核苷酸的时候，RNA 聚合酶发生构象改变，使 σ 因子对 RNA 聚合酶核心酶－DNA 模板－新生转录物 RNA 复合体的亲和力下降，从而将 σ 因子从复合体中释放出来。释放的 σ 因子能够被游离的核心酶重新利用，起始新的转录（图 7-4B）。此时，RNA 聚合酶核心酶以非专一性的静电结合力在 DNA 上滑行，提高 RNA 链的转录延伸速度，可以达到每秒 30～60 个核苷酸。整个延伸过程包括以下步骤：①核苷三磷酸的结合；②在新生 RNA 3′-OH 末端与结合上的核苷酸之间形成磷酸二酯键；③释放焦磷酸；④聚合酶沿 DNA 模板迁移。

细菌和真核生物转录延伸过程通常都能持续下去，直至转录完成而终止。某些时候，RNA 聚合酶遇到障碍会停顿和受阻，导致酶脱离模板而终止转录。真核生物中有一些能与酶结合的延伸因子（elongation factor），可抑制停顿和防止受阻。

2.5　转录终止

当 RNA 聚合酶在 DNA 模板上移动，遇到转录停止信号终止子时，意味着转录要结束了。为保证转录正确终止，还有些协助 RNA 聚合酶识别终止信号的蛋白质被称为终止因子（termination factor）。终止子可被 RNA 聚合酶本身或终止因子所识别。在转录过程中，RNA 聚合酶沿着模板链向前移动，它所感受的信号来自正在转录的序列，而不能感受尚未转录的信号，即终止信号应位于已转录的序列中。在原核生物终止子之前均有一个回文结构，其产生的 RNA 可形成由茎环构成的发夹结构。该结构可使聚合酶移动速度减慢或暂停。然而，RNA 产生具有发夹型的二级结构远比终止信号多，如果聚合酶遇到的不是终止子，它将继续转录。

E. coli 存在两类终止子：一类是不依赖于 ρ 因子的简单终止子；另一类是依赖于 ρ 因子的终止子。简单终止子在回文对称区通常有一段富含 G-C 的序列能形成发夹结构，在终止子前还有一系列 U 核苷酸。由多个 rU-dA组成的 RNA-DNA 杂交分子具有特别弱的分子间作用力。当聚合酶暂停时，RNA-DNA 杂交分子即在 rU-dA 弱键结合的末端区解开，从而使转录终止。

依赖于 ρ 因子的终止子的回文结构没有丰富的 G-C 区，回文结构之后也无寡聚 U，必须在 ρ 因子存在时才发生终止作用。依赖于 ρ 因子的终止子在细菌染色体中比较少见，而在噬菌体中广泛存在。

ρ 因子相对分子质量约为 46 000，通常以六聚体形式存在。ρ 因子结合在新生 RNA 链上，借助水解 NTP 获得的能量推动其沿着 RNA 链移动。RNA 聚合酶遇到终止子时发生暂停，使 ρ 因子追上 RNA 聚合酶并与其相互作用。最近研究发现，ρ 因子具有 RNA-DNA 解旋酶活力，使得新生 RNA 链得以从 DNA 模板上释放，并使 RNA 聚合酶与该因子一起从 DNA 上释放出来（图 7-4C）。

正如 RNA 聚合酶识别启动子需要有 σ 因子一样，RNA 聚合酶识别依赖于 ρ 因子的终止子也需要终止因子 Nus A（N utilization substance A）参与。Nus A 与核心酶结合成终止复合物，识别终止信号。近期研究结果表明，Nus A 因子通过加强终止子前发夹结构间的相互作用，从而延长 RNA 聚合酶的停滞时间，提高终止效率（图 7-4 B，C）。

有些终止子的作用可被特异的因子所阻止，使酶得以越过终止子继续转录，称为通读（read through）。这类引起抗终止作用的蛋白质称为抗终止因子（antitermination factor）。抗终止作用主要见于某些噬菌体的时序控制。噬菌体的早期基因与其后面基因之间以终止子相隔开，通过抗终止作用可以打开其后面基因的表达。λ 噬菌体前早期（immediate early）基因的产物 N 蛋白即是一种抗终止因子。它与 RNA 聚合酶作用，使后者在两个终止子处发生通读，从而表达晚早期（delayed early）基因。晚早期基因的产物 Q 蛋白也是一种抗终止因子，它能使晚期基因得以表达。

有关真核生物转录的终止信号和终止过程了解甚少。实验结果表明，RNA 聚合酶Ⅱ的转录产物是在 3′ 端切断，然后腺苷磷酸化，并无终止作用。RNA 聚合酶Ⅱ去磷酸化后可再循环利用。

2.6　转录的调节控制

细胞中基因的表达，即由 DNA 转录成 RNA，再翻译成蛋白质的过程，是受到严格的调节控制的。在细胞的生长、发育和分化过程中，遗传信息的表达可按一定时间程序发生变化，而且随着细胞内外环境条件的改变而加以调整，这就是时序调控（temporal regulation）和适应调控（adaptive regulation）。其中转录水平的调控是关键的环节，因为遗传信息的表达首先涉及的是转录过程。尤其是原核生物，转录和翻译几乎同时进行，转录水平的调控就显得更为重要。

转录调控主要发生在起始和终止阶段。启动子是转录起始的控制部位，转录调节因子的结合位点一般存在于启动子内部或启动子附近。调节因子与 DNA 结合后对转录可以起促进作用（正调控）或者抑制作用（负调控）。

1961 年法国分子生物学家 Monod 和 Jacob 提出了著名的乳糖操纵子（lactose operon）模型。所谓操纵子是指细菌基因表达和调控的单位，它包括结构基因、调节基因和由调节基因产物所识别的控制序列。通常在功能上彼此有关的编码基因串联在一起，有共同的启动子并受操纵基因（operator）的控制。当调节基因的产物阻遏蛋白（repressor protein）与操纵基因结合后，即可阻止其邻近启动子起始转录。阻遏蛋白的作用属于负调控。但调节基因的产物可以是负调节因子，也可以是正调节因子。下面介绍一个正调控的例子。

环腺苷酸（cAMP）对原核生物许多可诱导酶的合成具有普遍的促进作用。体外实验表明，这类以 cAMP 为信号分子的调节系统是通过一种正调节蛋白作用于某些操纵子的启动子。该正调节蛋白被称为环腺苷酸受体蛋白（cyclic AMP receptor protein，CRP）。经 cAMP 活化，它可结合于受其调节的启动子附近。CRP 由两个相同亚基组成，相对分子质量为 45 000，每一亚基含有一个 DNA 结合区和一个转录活化区。cAMP 能改变 CRP 的构象，提高 CRP 对 DNA 启动子的亲和力，促进转录的进行。受 cAMP-CRP 系统调节的操纵子，包括许多负责糖分解代谢的操纵子，如乳糖（lac）、半乳糖（gal）和阿拉伯糖（ara）操纵子，还包括负责氨基酸分解代谢的操纵子，如组氨酸利用操纵子（hut）。当细胞内 cAMP 水平较高时，cAMP-CRP 系统就诱导上述操纵子中结构基因的表达，促进细胞对糖和氨基酸的分解代谢，进而产生生理代谢过程必需的 ATP。当培养基中葡萄糖含量较高时，细菌先利用葡萄糖，产生的葡萄糖代谢降解物（catabolite）可以抑制细胞内腺苷酸环化酶（adenylate cyclase）的活力，并且激活磷酸二酯酶使 cAMP 开环，因而降低 cAMP 水平，导致 cAMP-CRP 浓度不足以激活上述操纵子中酶结构基因的转录。这就是葡萄糖效应，即葡萄糖阻遏利用其他底物酶类的合成。

受一种调节蛋白所控制的几个操纵子系统被称为调节子。一个调节子中的不同操纵子通常都属于同一代谢途径或与同一种功能有关。例如，阿拉伯糖操纵子和阿拉伯糖运输系统操纵子都受调节基因 *C* 的产物的调节。如果一种调节蛋白控制几个不同代谢途径的操纵子，构成一个复杂的调节网络，这样的调控系统则称为全局调控（global regulation）。上述 cAMP-CRP 调节系统对多种糖和氨基酸的分解代谢的调控就属于一种全局调控。

除对启动子的调控外，原核生物对终止子也存在调控作用。在负责色氨酸等氨基酸合成的操纵子中还存在位于前导序列上的衰减子（attenuator），它既是一个终止子，又是一个调节信号。无论细胞内氨基酸丰富还是贫乏，转录均在衰减子处终止。如果含有其余种类的氨基酸而仅缺乏上述某种氨基酸时，负责合成该氨基酸的操纵子即可对该结构基因进行转录。只有此时合成该种氨基酸，对细胞来说才最经济有效。

无论是原核生物还是真核生物，其 RNA 转录均受反式作用因子（trans-acting factor）的调节，如转录激活因子或抑制因子。通过改变调节因子的种类和数量，或者通过变构和共价修饰改变它们的活性，可以在两个水平上调节基因的转录。缓慢并持续的反应，如细胞分化，经常涉及转录因子的重新合成。对细胞内外环境条件改变作出迅速的反应主要涉及活性调节。

真核生物的转录调节与原核生物有显著的不同。主要区别有以下几个方面。①原核生物功能相关的基因常组织在一起构成操纵子，作为基因表达和调节的单位。真核生物不组成操纵子，每个基因都有自己的启动子和转录因子，单独进行转录。但是相关基因间也存在协同调节（cooperative regulation），即拥有共同顺式作用元件（cis-acting element）和反式作用因子的基因组成基因群（gene battery）。这里“元件”是指 DNA 上的特定序列，“因子”是指可以和某种“元件”相互作用的蛋白质。②原核生物 DNA 上只有少数种类的调节元件，如激活因子（activator）和阻遏因子（repressor）的结合位点，它们常与启动子重叠或在其附近。真核生物为数众多的上游调节元件包括组成型元件、可诱导元件和增强子。基因组的许多中等重复序列也是一些调节元件。③原核生物以负调节为主，调节因子活性常受变构效应调节。真核生物以正调节为主，调节因子常受共价修饰，主要是磷酸化的调节。④真核生物具有染色质结构，基因活化先要改变染色质的状态，使转录因子能够接触启动子 DNA，此过程称为染色质改型（chromatin remodeling）。这一过程只是使基因转录成为可能，转录的实现还有赖于顺式作用元件、反式作用因子与 RNA 聚合酶的相互作用。染色质水平的调节在原核生物中不存在，它主要涉及真核生物发育与细胞分化等长期（long term）的调节。真核生物中 DNA 水平的调节属于短期（short term）的调节，基本与原核生物相似。

2.7 RNA 加工

新合成的前体 RNA 分子在结构和化学方面的成熟与修饰过程称为 RNA 加工（RNA processing）。这里主要以 *E. coli* 为例介绍细菌的 RNA 加工。*E. coli* 中所有稳定的 RNA 和少数 mRNA 必须经过加工才具有活性。初始转录物的加工方式一般有 4 种：①多基因转录物精确分离成单基因前体；②识别成熟的 5′端和 3′端并去除多余的核苷酸；③在缺少末端核苷酸残基的 RNA 末端加上相应核苷酸；④RNA 链上某些碱基的修饰。

在 *E. coli* 中 70%～80%的 RNA 是 rRNA，15%～20%为 tRNA，只有 3%～5%是 mRNA。rRNA 含量最高，在 *E. coli* 基因组中有 7 个 rRNA 转录单位（transcription unit），转录出多个长的多基因前体 RNA：5′先导序列—16S rRNA—间隔序列—23S rRNA—5S rRNA—结尾 3′。在间隔序列中总是含有一些 tRNA，tRNA 的加工将在 rRNA 加工内容之后统一介绍。前体 RNA 分子先经过甲基化酶的甲基化修饰，再进行剪切加工。前体 RNA 分子必须经过初级剪切和次级剪切才能产生成熟的 16S rRNA、23S rRNA 和 5S rRNA。初级剪切产生分离的单基因前体，次级剪切将单基因前体加工为结构成熟的 rRNA。共有 5 种酶参与 *E. coli* rRNA 的加工过程，它们是 RNase Ⅲ，RNase M16，RNase M23，RNase E，RNase M5。

RNase Ⅲ是 *rnc* 编码的核酸内切酶，由两个相对分子质量为 25 000 的相同亚基组成，具有切割双链 RNA（dsRNA）的活性。分别经过 RNase Ⅲ两次初级剪切，16S 前体（precursor 16，p16）和 23S 前体（precursor 23，p23）从多基因前体中分离出来。RNase M16 和 RNase M23 具有核酸外切酶功能，分别对 p16 和 p23 的 5′和 3′端进行次级剪切，获得 16S rRNA 和 23S rRNA（图 7-5）。

RNA 酶 E（相对分子质量为 70 000）是由结构基因 *rne* 编码的核酸内切酶。该酶首先在 5S 前体（precursor 5，p5）的单链区与双链区之间剪切，然后在 5S 前体的双链区剪切，将 5S 前体从多基因前体 RNA 中分离出来。RNase M5 剪切 p5 的 5′和 3′端，使 5S rRNA 结构成熟（图 7-5）。

在多基因 RNA 转录物中 16S rRNA 和 23S rRNA 前体之间一般有 1 或 2 个 tRNA 前体转录物。有些时候在多基因 RNA 转录物的 3′端也有 1 或 2 个 tRNA 前体转录物。这些 tRNA 的加工首先需要核酸内切酶 RNase P 和 RNase F 的剪切。RNase P 是一种核酶，含有一个

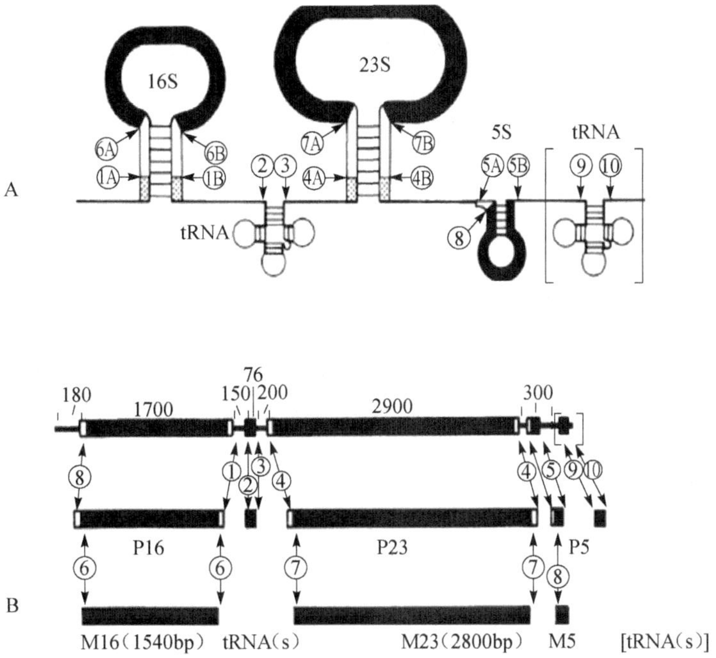

图 7-5　rRNA 转录物的结构与加工过程（Moat et al.，2002）

A：rRNA 初始转录物的结构和酶切位点示意图。转录物中通常有一个或两个间隔子（spacer）tRNA，有些转录物可能有一个或两个末端 tRNA。因为并不是所有的 rDNA 中都有末端（trailer）tRNA，所以用方括号标注。箭头指的是内切核酸酶的酶切位点，数字代表在该位点切割的酶：1 和 4 为 RNase Ⅲ；2 和 9 为 RNase P；3 和 10 为 RNase F；5 为 RNase E；6 为 RNase M16；7 为 RNase M23；8 为 RNase M5。A 和 B 表示需要两次切割。粗的实心片段表示成熟的 rRNA 序列，粗的空心片段指在次级加工过程中除去的前体物特有的序列。点画的片段只在 RNA 酶Ⅲ缺陷细胞中才出现。细线（tRNA 除外）代表在初始加工过程中被切除的非保守序列。B：野生型 *E. coli* 菌株中 rRNA 的加工过程。第一行是 RNA 转录单位图谱，数字表示碱基距离。初级和次级切割位点和相应酶和 A 图一致

由 *rnpA* 编码的多肽组分和一个由 *rnpB* 编码的 RNA 组分。RNA 组分是剪切 RNA 前体所必需的。RNase P 从 tRNA 前体分子 5′端 CCA 末端序列处切掉 41bp 长的片段，使 tRNA 5′成熟。RNase F 负责剪切 tRNA 3′端。

tRNA 主要是以多聚物成簇共转录的。这些多聚物首先经过 RNase P 和 RNase F 的剪切产生单个的前体 tRNA。tRNA 的成熟还需要核酸外切酶 RNase D 修剪前体 tRNA 3′远端 CCA 序列以外的多余核苷酸，使 CCA 变为成熟 tRNA 分子的 3′-OH 末端（图 7-6）。tRNA 3′CCA_{OH}末端使 tRNA 具有接受氨基酸的活性。

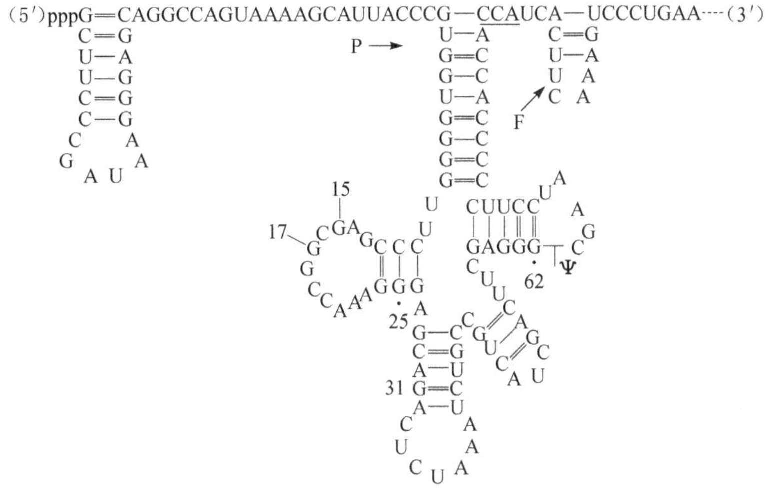

图 7-6　tRNA 前体的结构与加工位点（Moat et al.，2002）

RNase P 的切割位点在成熟的 tRNA 5′端，以 P 箭头标注。RNase F 切割位点在 tRNA 3′端，以 F 箭头标注。RNase D 修剪前体 tRNA 3′端 CCA 序列以外的多余核苷酸，使 CCA 变为成熟 tRNA 分子的 3′-OH 末端（以下划线标出）。标注数字的核苷酸位点碱基突变，将减弱 RNase P 的切割作用

对于经过修剪切除附加序列后无 CCA 序列的 tRNA，必须由 tRNA 核苷酰转移酶催化添加 CCA。结构上成熟的 tRNA 还需要经过包括甲基化酶、假尿嘧啶化酶和硫解酶等修饰酶（modification enzyme）的化学修饰作用，产生有特定功能的稀有碱基，才能行使功能。

第 3 节　蛋白质的合成及转运

蛋白质合成是将核苷酸的序列通过密码子的方式翻译为氨基酸的序列，并准确地聚合成肽链的过程。这一过程可以划分为起始（initiation）、延伸（elongation）和终止（termination）3 个阶段。翻译的起始阶段包括蛋白质合成装备的组装、模板 mRNA 在核糖体上的准确定位，以及起始氨基酸的插入，这一阶段需要一系列称为起始因子（initiation factor，IF）的蛋白质帮助。延伸是核糖体以 3 个核苷酸残基为单位沿着 mRNA 移动，聚合的肽链由 N 端向 C 端逐步延伸。当核糖体遇到终止密码子时翻译停止，核糖体上附着的 mRNA 及合成的肽链被释放，翻译装置解体，并进入循环使用。

3.1　蛋白质合成的分子基础

3.1.1　信使 RNA

mRNA 是蛋白质合成模板的概念，是由 Jacob F 和 Monod J 首先提出的。他们通过 T_2 噬菌体侵染 *E. coli* 实验证实了细胞中存在半衰期很短的 mRNA，作为蛋白质合成的模板。mRNA 以核苷酸序列的方式携带遗传信息，通过这些遗传信息指导合成多肽链中的氨基酸序列。每一个氨基酸可通过 mRNA 上由 3 个核苷酸序列组成的遗传密码子来决定，这些密码子连接成可读框（open reading frame）。在 mRNA 上可读框之外的区域为非编码区，非编码区一般和遗传信息的表达调控有关。在可读框的 5′端，由编码甲硫氨酸的起始密码子 AUG 开始。在 3′端含有一个或一个以上的终止密码子：UAA、UAG 或 UGA。真核生物和一些原核生物的 mRNA 的 3′端含有转录后加工上去的多聚核苷酸序列（poly A）尾巴。多聚腺苷酰化被认为是为降解体（degradosome）与 mRNA 结合打下基础。在 mRNA 5′端或 3′端如果有茎环结构则会增加其稳定性。

3.1.2　转移 RNA

每种氨基酸都有其专一性的氨酰 tRNA 合成酶和能阅读 mRNA 上密码子的专一性 tRNA，从而指导氨基酸正确地掺入正在延伸的肽链中。每种 tRNA 都具有一个密码子识别位点（codon recognition site）、一个核糖体识别位点（ribosome recognition site）和一个连接酶识别位点（ligase recognition site）。此外，tRNA 还需要一个专一性的氨基酸接受位点（amino acid attachment site），就是 3′端 CCA 腺嘌呤核糖的 3′-OH。所有 tRNA 都含有 3′端 CCA 序列和 5′端的鸟嘌呤核苷酸（图 7-7）。

tRNA 约由 80 个核苷酸组成，含有许多位于特定位置上的稀有碱基（次黄嘌呤、假尿嘧啶和各种甲基化的碱基）。这些稀有碱基是在 tRNA 分子合成后由专一性的修饰酶（modification enzyme）加工而成的。tRNA 的二级结构含有 3 个环，呈现三叶草状，这些环是由一些碱基不能配对形成双链而导致的。

环Ⅰ含有二氢尿嘧啶（DHU），称为 DHU 环；环Ⅱ含有能识别 mRNA 密码子的反密码子（anticodon），称为反密码子环；环Ⅲ的大小是可变的，称为额外环；环Ⅳ含有胸腺嘧啶（T）、假尿嘧啶（ψ）和胞嘧啶（C），称为 TψC 环（图 7-7）。tRNA 的活性依赖于其二级和三级结构。DHU 环被认为是识别 tRNA 连接酶的位点，环Ⅲ是识别核糖体的位点。

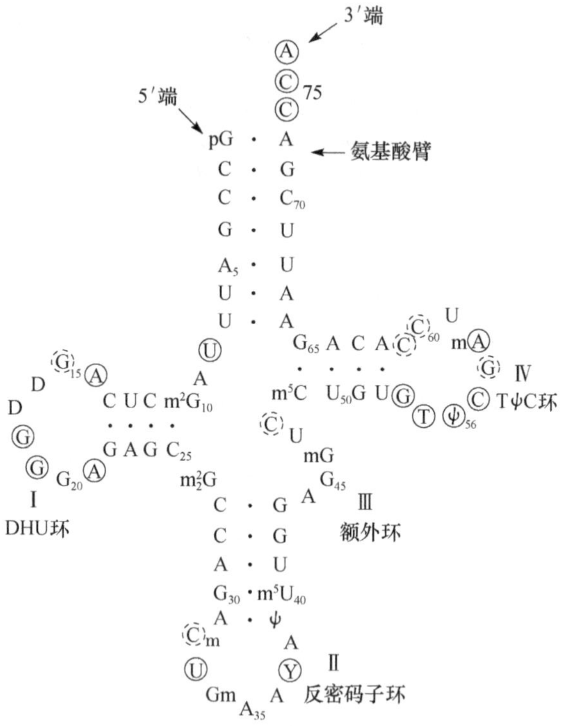

图 7-7　酵母苯丙氨酰 tRNA 的核苷酸序列，tRNA 的结构呈三叶草状（Moat et al.，2002）

Ⅰ环称作 DHU 环，因为它含有双氢尿嘧啶（DHU）；反密码子环（Ⅱ）含三联体碱基用以识别 mRNA 上的密码子；Ⅲ环的大小是可变的，在某些 tRNA 分子中没有此环；Ⅳ环称作 TψC 环，因为它含有 T，ψ 和 C。圈起的碱基在所有的 tRNA 中都存在，虚线圈起的碱基为保守的嘌呤和嘧啶

每种 tRNA 都有专一的反密码子和 DNA 上的密码

子以碱基配对方式将转运的氨基酸正确地掺入到肽链中。通常三联体密码的最后一个碱基是可变的，具有简并性。细胞中有许多同功 tRNA 可运载同一种氨基酸，这与密码子的简并性相吻合。tRNA 的反密码子含有一个稀有碱基，这些稀有碱基没有专一性的碱基配对能力，它们能与好几种不同的碱基配对，这种识别多种碱基的能力称为密码子识别中的摆动性（wobble）。

将一个氨基酸转运到 tRNA 上需要两步。氨基酸首先必须经 ATP 活化成氨基酰-AMP 复合物。然后氨基酰-AMP 复合物再转移到-tRNA 上。每种氨基酸都有其专一的氨酰 tRNA 合成酶和专一的 tRNA。尽管一种氨基酸可能有几种 tRNA，但是一种氨基酸只有一种氨基酰 tRNA 合成酶。合成酶必须至少有两个识别位点，使它能够区分不同的氨基酸并且识别专一性的 tRNA。

3.1.3　核糖体

核糖体是细胞合成蛋白质的机器，通过阅读 mRNA 密码子来指挥选择哪种氨基酸加到正在延伸的肽链上。原核生物核糖体是由两个亚基组成的 70S 核糖体。30S 小亚基含有 21 种核糖体蛋白质（r-蛋白）（*E. coli* 的小亚基中的蛋白以 S1 到 S21 表示）和一种 16S rRNA。50S 大亚基含有 33 种 r-蛋白（以 L1 到 L33 表示大亚基的蛋白）和 23S 及 5S rRNA。因此一个完整的原核生物核糖体含有 52 种蛋白和 3 种不同的 rRNA。

50S 亚基有肽酰转移酶（peptidyl transferase）活性，可在生长的肽链中形成肽键。30S 亚基有 mRNA 的解码位点（decoding site），是 mRNA 密码子与 tRNA 反密码子发生相互作用的位点，以保证翻译的忠实性。核糖体在两个亚基的交界处还有 3 个 tRNA 结合位点：氨基酰-tRNA 结合位点（A 位点），肽酰结合位点（P 位点）及释放位点（E 位点）。A 位点接受所有进入的负载氨基酰-tRNA，而 P 位点含有与带着新生多肽的肽酰-tRNA 的结合位点。

核糖体亚基的 X 射线晶体衍射结果显示，在距离 50S 亚基肽酰转移酶活性中心的半径为 18Å 的范围内没有任何蛋白质。在肽酰转移酶活性中心处高度保守的 23S rRNA 催化肽键形成，说明 23S rRNA 实质上是一种核酶，并非只是作为催化肽键形成的核糖体蛋白的支架。

E. coli 的 r-蛋白基因分散于 19 个不同的操纵子中，但是每种核糖体蛋白只由一个基因表达。与此相反，rRNA 基因却有相当多冗余拷贝。*E. coli* 基因组中有 7 个 rRNA 操纵子，每个都作如下排列：5′先导序列—16S rRNA—间隔序列—23S rRNA—5S rRNA—结尾 3′。这种冗余现象（redundancy）可能是一种保护策略，以降低由某一个 rRNA 基因突变而带来的潜在威胁。

核糖体是由 r-蛋白亚基顺序地加到已加工成熟的 rRNA 上而构成的，这是一个高度组织化的过程，涉及一系列的蛋白质与 RNA 及蛋白质与蛋白质之间的相互作用。由于 rRNA 分子本身就能折叠成为各种无功能的二级结构，有序组装核糖体蛋白可指导 RNA 折叠成正确的形式。16S rRNA 和 23S rRNA 含有约 30 种转录后修饰的核苷酸。在 16S rRNA 中所有的修饰核苷酸在 30S 亚基 mRNA 解码位点处形成一个环，围绕着 tRNA 的反密码子。在 23S rRNA 中的修饰碱基聚集于 50S 亚基的肽酰转移酶活性中心的周围。据推测，这些修饰碱基可精细调节 rRNA 和 tRNA 之间的相互作用。

3.2　蛋白质翻译的步骤

3.2.1　多肽合成的起始

原核生物蛋白质翻译的起始是核糖体的 50S 大亚基、30S 小亚基、tRNA 和 mRNA 在多种起始因子（IF-1、IF-2 和 IF-3）的协助下组合成起始复合物的过程。参与翻译起始过程的核糖体大、小亚基由游离的和翻译终止后解离产生的核糖体亚基提供。mRNA 的起始密码子一般都是 AUG，但有时也使用 GUG 或 UUG，这 3 个密码子都能被 $tRNA_i^{Met}$ 识别，因此起始氨基酸始终是 *N*-甲酰甲硫氨酸（formylated-Met，fMet）。这是因为当甲硫氨酸（Met）装载到起始 $tRNA_i^{Met}$ 上后，其氨基端（N 端）立即发生甲酰化修饰，形成 fMet-$tRNA_i^{Met}$。

起始氨基酸的氨基端甲酰化，使得后续的肽键形成反应只能在甲硫氨酸的羧基端（C 端）进行，从而保证了肽链的延伸只能是 N→C 方向。然而很多肽链的第一个氨基酸并不是 fMet。这是因为第一个 fMet 在肽链合成后往往被切除或去甲酰化。第二个氨基酸为 Arg、Asn、Asp、Glu、Ile 和 Lys 的肽链易发生去甲酰化反应，而第二个氨基酸为 Ala、Gly、Pro、Thr 和 Val 的肽链则往往发生脱甲硫氨酸反应。

起始的第一阶段是 30S 亚基与翻译起始因子 IF-1 和 IF-3 结合。在没有和 mRNA 结合之前，IF-3 可以稳定 30S 结构，并防止其与大亚基过早结合而形成非翻译起始态的核糖体（图 7-8 ①）。已经与 30S 亚基结合的 IF-3 还能够与 mRNA 结合，将 mRNA 连接到核糖体 30S 亚基上。30S 复合体通过 IF-3 结合在 mRNA 的起始密码子附近的 SD 序列上，IF-3 抑制 3 种起始密码子（AUG、GUG、UUG）以外的任何密码子的起始（图 7-8 ②）。IF-2 与 GTP 和起始 tRNA 结合，形成 fMet-$tRNA_i^{Met}$-IF-2 复合体。该复合体可以专一性地与 30S 亚基的 P 位点结合，tRNA 的反密码子与 mRNA 的起始密码子 AUG 结合。因此，起始 tRNA 就成功避开了所有其他氨酰-tRNA 必须首先结合的 A 位点。与此同时，IF-3 因子离开 30S 复合体，因为 IF-3 的存在会阻止核糖体两个亚基的结合（图 7-8 ③）。IF-3 因子离开 30S 复合体，50S 亚基得以和复合体结合（图 7-8 ④），GTP 水解供能使 IF-1 和 IF-2 离开核糖体（图 7-8 ⑤）。这样，就完成了原核生物多肽合成的起始过程。

真核生物翻译起始机制与原核生物基本相似。其主要区别在于真核生物起始定位需要更多的间接过程和更多的辅助因子（eukaryote initiation factor，eIF）。真核生物 40S 小亚基先识别 mRNA 的 5′端的帽子结构，在向下游移动的过程中扫描翻译起始密码子的信号，决定准确的翻译起始，随后与核糖体大亚基结合。

真核生物的 mRNA 均为单顺反子，但 mRNA 分子通常比蛋白质编码区的开放可读框要长。从其 5′端帽子到翻译起始密码子 AUG 的序列是引导序列（leading sequence），通常少于 100bp，一般不被翻译，因此称为 5′非翻译区（5′UTR）。从终止密码子到 mRNA 的 3′端为拖尾序列，长度可达 1000bp，被称为 3′非翻译区（3′UTR）。5′端帽子对准确的翻译起始和保证翻译效率起作用，3′端拖尾序列主要功能是提高翻译效率。

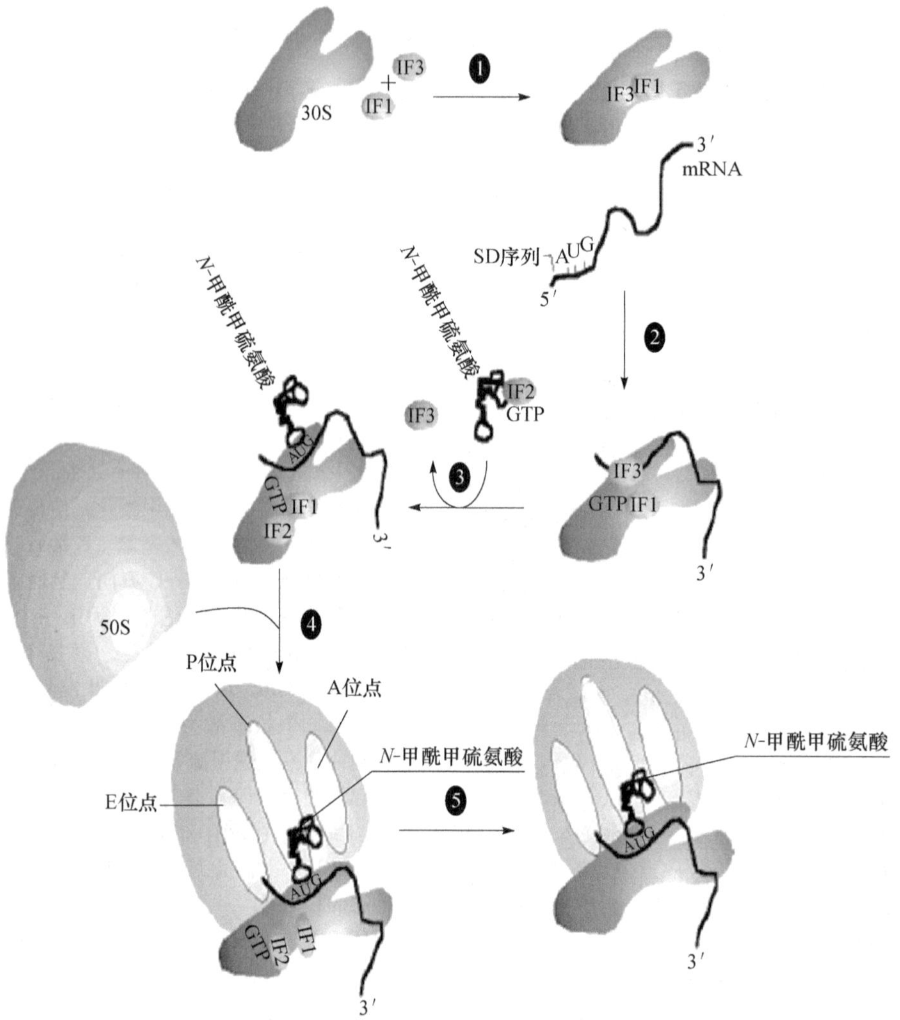

图 7-8　肽链合成起始的具体步骤 ①～⑤（Moat et al.，2002）

3.2.2　多肽链的延伸

原核生物与真核生物中多肽链的延伸过程与机制基本相同。翻译起始完成时，核糖体的 P 位点被 fMet-tRNA$_i^{Met}$（原核生物）或 Met-tRNA$_i^{Met}$（真核生物）占据，而 A 位点是空的，可在 mRNA 三联体密码子引导下接受下一个氨基酰-tRNA。原核生物延伸因子（elongation factor，EF）有 EF-T 和 EF-G，真核生物中延伸因子是 eEF-1 和 eEF-2。

下面以 *E. coli* 为例，介绍肽链延伸过程（图 7-9）。

首先由 EF-T 协助适当的氨基酰-tRNA 进入 A 位点。EF-T 由亚基 EF-Tu（相对分子质量 44 000）和 EF-Ts（相对分子质量 30 000）组成。EF-Tu 是温度不敏感型，而 EF-Ts 是温度敏感型。EF-Tu 是 *E. coli* 中含量最丰富的蛋白质，占细胞总蛋白质的 5%～10%。EF-T 与 GTP 结合并随即解离为 EF-Tu-GTP 和 EF-Ts（图 7-9 ①）。EF-Tu 可识别 tRNA TψC 环，EF-Tu-GTP 可与起始 tRNA 以外的所有氨基酰-tRNA 形成复合体。GTP-EF-Tu-氨酰-tRNA 是氨基酰-tRNA 结合到核糖体上所必需的载体。EF-Ts 在此过程中不起作用。tRNA TψC 环上的序列还可以识别核糖体上 5S rRNA，有利于复合体顺利找到 A 位点。一旦氨基酰-tRNA 结合到 A 位点上，GTP 就被水解并从核糖体中释放出 EF-Tu-GDP 复合体。GTP 水解主要是为了从核糖体中释放出 EF-Tu，在 EF-Ts 的作用下再次形成有活性的 EF-Tu-GTP 复合物（图 7-9 ②）。

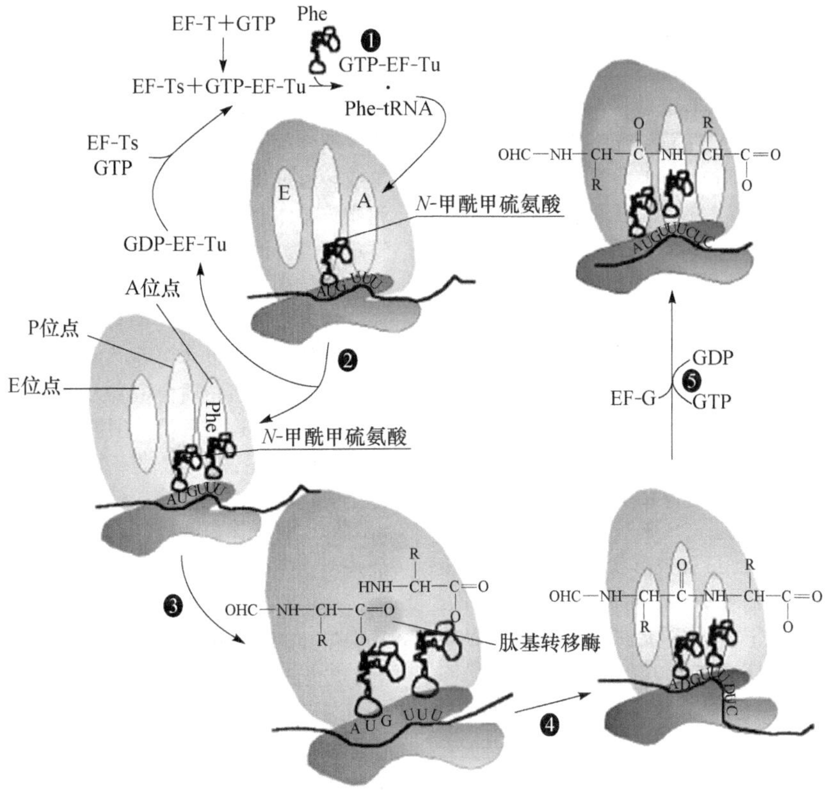

图 7-9　肽链延伸的具体步骤 ①～⑤（Moat et al.，2002）

在肽酰转移酶的催化下，N-甲酰甲硫氨酸与填充 A 位点的氨基酸之间形成肽键，并移位到 A 位点（图 7-9 ③～④）。需要强调的是，负责肽键形成的肽酰转移酶活性中心是一个核酶，它由 50S 亚基上的一段 23S rRNA 组成。随后肽酰-tRNA 移位到 P 位点，空出 A 位点，核糖体沿着 mRNA 移动 3 个碱基的距离，使下一个密码子处于 A 位点。此过程需要 EF-G（G 代表 GTP 酶）结合于 EF-Tu 结合过的位点，催化 GTP 水解（图 7-9 ⑤）。因此，形成每个肽键需要水解 2 个 GTP。前一个依赖 EF-T，后一个依赖 EF-G。

EF-G 的结合与 GTP 的水解引发 30S 亚基相对于 50S 亚基的旋转（图 7-10A），并使 mRNA 通道加宽。这一旋转将 A 位点和 P 位点上的 tRNA 分别移位至 P 位点和 E 位点（图 7-10B），因此 EF-G 被称为转运“马达”，在这一过程中由 GTP 水解提供能量。完成一个转运后，EF-G 必须从核糖体中释放，30S 亚基才能完全回到原来的位置，使延伸继续进行。

一个转运循环结束后，E 位点是脱酰基的 tRNA，P 位点是肽酰-tRNA，A 位点是空的，可接受下一个氨基酰-tRNA 复合物。如何将脱酰基的 tRNA 逐出 E 位点呢？下一个负载的 tRNA 结合到空的 A 位点，会导致核糖体构象改变，使脱酰基的 tRNA 与 E 位点的亲和力减弱，从而离开 E 位点。如此循环往返，肽链得以不断延伸。

如果核糖体沿着 mRNA 移动的距离不是 3 个碱基，发生中途暂停或仅滑动了一个或两个核苷酸，随后继续

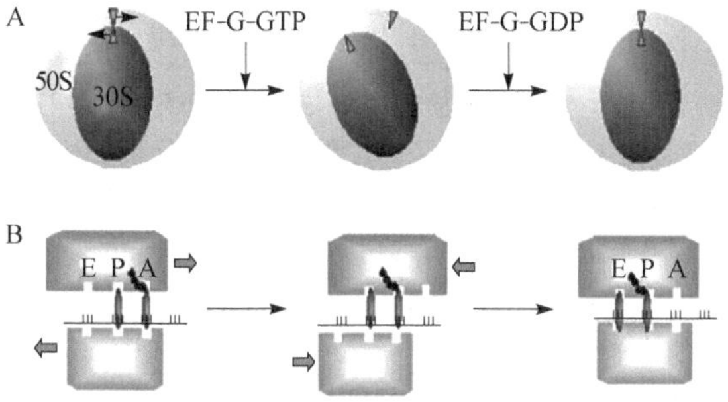

图 7-10　核糖体沿着 mRNA 单向移动（Moat et al.，2002）

A：从顶面观察 30S 和 50S 亚基彼此相互旋转；B：侧面显示 30S 亚基的旋转如何将未负载的和含有新生肽的 tRNA 分子分别从 P 位点和 A 位点移位至 E 位点和 P 位点

翻译，就会发生肽链延伸异常现象。从细菌到人几乎所有的生物中，都存在着程序性移码（programmed frameshifting）。例如，*E. coli* 的 DNA 聚合酶Ⅲ的两个亚基 γ 和 τ 都是基因 *dnaX* 编码的。τ 是 *dnaX* mRNA 完全翻译的产物。在蛋白质合成过程中，核糖体在 *dnaX* mRNA 上中途移码，核糖体立刻遇到终止密码子，就产生了相对较短的 γ 亚基。这种程序性移码可能与 *dnaX* mRNA 的某些特征结构有关。

3.2.3　多肽链翻译的终止

当一个终止密码子（UUA、UGA 或 UAG）被转

运至 A 位点时，核糖体就不再结合氨基酰-tRNA-EF-Tu-GTP 复合体，而是结合一个肽链释放因子（release factor，RF）RF-1（相对分子质量 44 000）或 RF-2（相对分子质量 47 000），并激活肽酰转移酶，肽酰转移酶水解 P 位点上多肽与 tRNA 之间的连接键，释放出多肽。2000 年 Nakamura 在 RF-1 因子 D 功能域中发现含有保守的三肽 Pro-A1a-Thr。第 1 个氨基酸 Pro 可与终止密码子 UAG 或 UAA 的第 2 位核苷酸 A 发生互作，第 3 个氨基酸 Thr 能与终止密码子的第 3 位核苷酸 G 或 A 互作。RF-2 因子的 D 功能域含有保守的三肽 Ser-Pro-Phe。Ser 与 Thr 功能相似，可与 G 或 A 互作。第 3 个氨基酸 Phe 与 Pro 相似，只能与 A 发生互作。从而证明了 RF-1 只能识读终止密码子 UAG 和 UAA，RF-2 只能识读终止密码子 UGA 和 UAA。

在多肽释放后，RF-3 因子催化 RF-1 或 RF-2 从核糖体上解离下来。下一步是 50S 亚基自翻译终止后的 70S 复合体中解离出来，此过程被形状类似 tRNA 的核糖体释放因子（ribosome recycling factor，RRF）催化。解离需要延伸因子 EF-G 水解 GTP 供能，并通过起始因子 IF-3 稳定解离的核糖体亚基。随后，脱酰基的 tRNA 从 30S-mRNA-tRNA 复合体中分离出来，使 30S 亚基进入下一轮循环。有些 30S 亚基并不与 mRNA 解离，而是允许多顺反子 mRNA 移动到下一个顺反子，这种情况发生在下游 ORF 起始于上游 ORF 的终止密码子以后 3 或 4 个核苷酸处。这是一个翻译偶联（translational coupling）的例子，一个 ORF 的成功翻译为完成相邻 ORF 的翻译所必需。

真核生物中的释放因子为 eRF-1、eRF-2 和 eRF-3。eRF-3 是 GTP 依赖因子，X 射线晶体学分析 eRF-1 的形状很像 tRNA，可能与 RF-3 功能相同，通过进入核糖体 A 位点起作用。在真核生物蛋白质翻译过程中，有时会发生核糖体通读，特别在遇到弱终止密码子时核糖体更容易滑过终止密码子而发生翻译的通读。在真核生物中尚未发现 RRF 蛋白质，推测 eRF-3 可能有解离核糖体的功能。

生物对终止密码子的使用也具有偏爱性，但这种偏爱是以保证翻译有效终止为前提的。对 165 个 *E. coli* 的基因、52 个芽孢杆菌基因、105 个酵母基因的终止密码子进行统计分析，发现 UAA 的终止效率高，选用的频率也较高，UAG 则易被漏读。

在生物体内，游离的多肽链要经过翻译后的加工过程才能成熟为具有功能的蛋白质。这些加工方式有：①甲硫氨酸去甲酰基酶除去 N 端 fMet 的甲酰基；②整个甲酰甲硫氨酸残基被专一性的甲硫氨酸氨肽酶（MAP）从肽链上水解切除；③乙酰化或腺苷酰化等其他加工方式。

3.3 蛋白质折叠、降解及运输

3.3.1 蛋白质的折叠

长期以来，蛋白质三维结构被认为可以通过多肽链结构域的自发折叠完成。现在发现细胞中大多数蛋白质都需要被称为分子伴侣的“折叠酶”（foldase）帮助才能正确地折叠。蛋白质合成过程中，多肽链氨基末端区域的生成先于羧基末端区域。与分子伴侣的相互作用可减少新生肽链非正确折叠的概率。分子伴侣在蛋白质分泌或转运过程中也起着重要的作用。通常，蛋白质是在胞质核糖体上合成的，但是蛋白质需要被运输到细胞的特定部位。因此必须有分子伴侣的帮助以避免它折叠成不适于转运的形式。

进入细胞周质空间的蛋白质有其特殊的折叠方式。通常周质蛋白是以非折叠形式被分泌到周质空间的，因为转运折叠的蛋白质会阻塞大多数运输系统。一旦进入周质空间，外运蛋白就必须被折叠。由于周质是氧化态的环境而胞质是还原态的环境，周质蛋白中的巯基基团易受氧化而形成二硫键。为防止这种情况发生，周质中有一些二硫键还原酶将二硫键转变成巯基以保持其原有的状态。此外，周质中还有几种肽酰脯氨酸异构酶，它们可旋转多肽中的脯氨酸使多肽获得适当的弯曲。

帮助新生肽链折叠的分子伴侣首先是与核糖体结合的引发因子（trigger factor），然后是 DnaK 和 GroEL/GreES 系统。引发因子是一个分子质量为 48kDa 的蛋白质，氨基末端结合核糖体，中央结构域具有肽酰脯氨酸异构酶活性，帮助新生肽确定脯氨酸残基的方向。由于脯氨酸的结构特点，它们在蛋白质的二级结构中可引入转角或弯曲。肽酰脯氨酸异构酶专一性催化脯氨酸的羧基末端与相邻氨基酸的氨基末端之间的肽键发生顺-反式转变，进而剧烈地改变蛋白质的结构。

蛋白质的疏水区域是应该埋在内部以防与水接触的，疏水区域暴露于蛋白质表面，表明蛋白质折叠不正确。大多数分子伴侣可识别靶蛋白暴露的疏水表面。DnaK 是有两个结构域的单体蛋白质。其 N 端部分具有 ATP 酶活性，C 端结构域与多肽底物和分子伴侣 DnaJ 结合。DnaK 的 C 端结构域识别并结合未完成折叠的靶肽暴露于表面的疏水区域，DnaJ 再与 DnaK 结合以调节 N 端的 ATP 酶活性。水解 ATP 后，DnaK 释放修复的疏水区域，使蛋白质重新折叠（图 7-11 ①）。

如果上述分子伴侣未使新生肽链正确折叠的话，那么还有一次被 GroEL/ GroES 分子伴侣系统重新折叠的机会。GroEL 是细胞存活所必需的。GroEL 组装成一个大的双环结构，其中央空腔能容纳 60～65kDa 的肽链，让肽链在这个被保护的环境中折叠（图 7-11 ②）。GroES 与 GroEL 的可逆结合可以控制空腔的入口。ATP 的结合与水解可造成腔内的构象变化，使之能够结合或释放部分折叠的底物（图 7-11 ③）。如果重新折叠还没有将错误折叠的蛋白质修复成活性蛋白质，该无活性蛋白质将被蛋白酶识别并降解（图 7-11 ④～⑤）。

蛋白质正确折叠和组装完成后，也可能由于环境胁迫而遭到破坏，这些被破坏的蛋白质可重新折叠或被降解。有一类分子伴侣，它们在遭受热激后急剧增加，所以被称为热激蛋白（HSP）。在原核生物和许多真核生物中都已找到 HSP70S［亦称类 DnaK（Dna-like）伴侣蛋白］。细胞在遇到外界环境胁迫（如热胁迫）使蛋白质变性成无活性形式而聚集起来时，就会利用热激蛋白加以保护。分子伴侣和蛋白酶都能识别在非折叠肽上暴露的疏水区域。分子伴侣首先与受损的蛋白质相互作用试图重新折叠这种蛋白质（图 7-11 ③）。如果重新折叠不成功，无活性蛋白质将被蛋白酶降解（图 7-11 ⑤）。

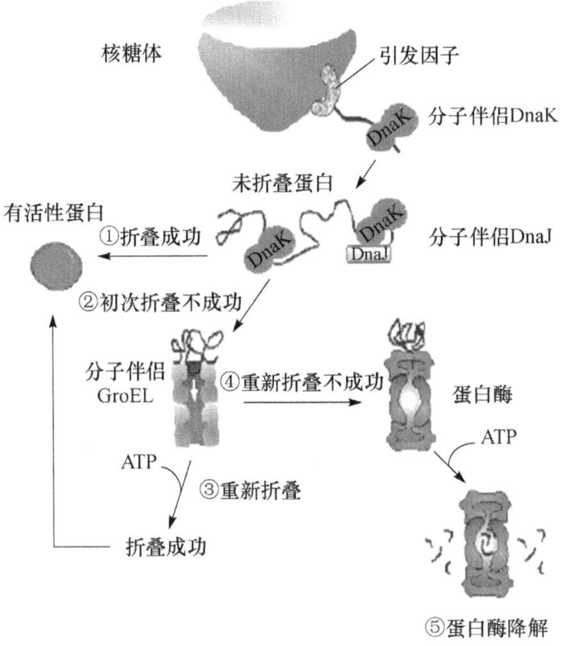

图 7-11　蛋白质的两种命运：正确折叠①～③或被蛋白酶水解④～⑤（Moat et al.，2002）

3.3.2　蛋白质的降解

细菌具有位于细胞质、周质和与膜结合的多样化的蛋白酶，负责降解蛋白质。突变或错误折叠的无功能蛋白质比相应的正常蛋白质的降解速度快得多。高温、低 pH 或其他极端环境的胁迫能使一些蛋白质部分不折叠或完全不折叠，这些异常蛋白质会被蛋白酶快速降解。有一类临时蛋白（timing protein），在细胞生长发育的特定时期起作用，因此在其余时间是无用的，也会被蛋白酶降解。

此外，一些岗哨调节子（regulator）是细胞遇到突发胁迫时指导应答基因的表达来抵抗逆境的。这些重要的蛋白质是组成型表达的，随时准备抵抗逆境，这对种群来说是极为重要的。当环境胁迫不存在时，岗哨调节子就会被蛋白酶降解。然而，一旦遭遇逆境胁迫，蛋白酶会立即停止对其的降解，使其即刻指导保护性蛋白质的合成。

还有一些蛋白质是多蛋白复合体的独立组分。它们作为一个复合体，这些组分的比例通常是十分稳定的，但当这种平衡由于突变或某一亚基的过量产生而被打破时，不能结合为复合体的蛋白就成为“无伴蛋白”(protein without partner)，将很快被蛋白酶降解。异常蛋白质被一系列蛋白酶逐步降解成越来越小的多肽，多肽进而被内切蛋白酶、三肽酶和二肽酶逐步降解成单独的氨基酸。

在翻译过程中受损伤的 mRNA 的末端通常没有终止密码子，核糖体因而无法释放 mRNA 和错误蛋白。*E. coli* 等原核生物围绕这个问题进化出一种聪明的策略。在 *E. coli* 中，一种称作 *smpA* 的小 RNA 分子，可以引导一种 tmRNA 分子到滞留 mRNA 和错误蛋白的核糖体上。这种 tmRNA 同时具有 tRNA 和 mRNA 的特性，由 *ssrA* 基因编码。其中 tRNA 部分运载丙氨酸，找到核糖体的 A 位点并引发肽酰转移酶活性，将丙氨酸加到卡住的初生肽上。另外，mRNA 部分能被核糖体翻译，在蛋白末端产生特异性的氨基酸序列（AAN-DENYALLAA）。SspB 蛋白可识别该氨基酸序列，将其引导给 ClpP 蛋白酶予以降解（图 7-12A）。

在环境胁迫条件下，信号因子 SigmaS 对于细胞存活是非常重要的。然而，当细胞处于对数生长期时，SigmaS 对于细胞来说就是多余的，需要被具有 ATPase 活性的蛋白酶 ClpXP 快速降解。分子伴侣 ClpX 不能直接识别 SigmaS。SigmaS 需要先与 RssB（在沙门氏菌中为 MviA）蛋白结合，才能与 ClpX 结合。与 SigmaS 结合的 ClpX 能与真正的蛋白酶 ClpP 结合，将 SigmaS 降解（图 7-12B）。当遇到环境胁迫时，SigmaS 的降解速度会减缓，导致 SigmaS 因子积累，并激活抵抗胁迫所需要的一系列蛋白质的表达。这种策略使细胞对致命的环境胁迫快速作出反应，因为它不必在危机发生时再合成所需要的调节蛋白。

细胞中一种特定蛋白的水平是由其合成速度和降解速度综合决定的。正常蛋白的降解不是随机的，会受到细胞严格的调控。当碳源或氮源缺乏时，蛋白质降解的速度会增加好几倍。此时细胞中蛋白质的降解，可为生长后期蛋白质的合成提供氨基酸或能源。蛋白质降解的增加是与停止稳定 RNA 的合成和积累信号分子鸟苷四磷酸协同发生的。细胞控制蛋白质降解速度，保持相应蛋白质具有比较短的半衰期，有利于细胞对变化的环境作出快速反应。

3.3.3　蛋白质的运输

细菌的内膜、周质空间和外膜都含有蛋白质。有些蛋白质被完全运输到细胞外的培养基中或进入真核寄主的细胞内。所有这些蛋白质最初都是在胞质中合成的，它们是怎样被运输的呢？

整合在细胞膜上的蛋白质的 N 端有一段疏水性的信号序列（singal sequence）用以将蛋白质锚定在膜上。与细胞膜上的蛋白质不同，周质蛋白或外膜蛋白在向外运输之后信号序列会被切掉。信号序列的功能是使新生多肽与膜结合，所以只有信号序列是不够的。细胞中有多种蛋白质外运的机制负责将蛋白质插入膜中或使亲水性蛋白质穿过疏水性的膜，每种运输系统只转运一类蛋白质。生物体细胞中蛋白质的运输和定位是非常复杂的，关于微生物的分泌系统请参见在第 3 章和第 13 章的详细介绍。

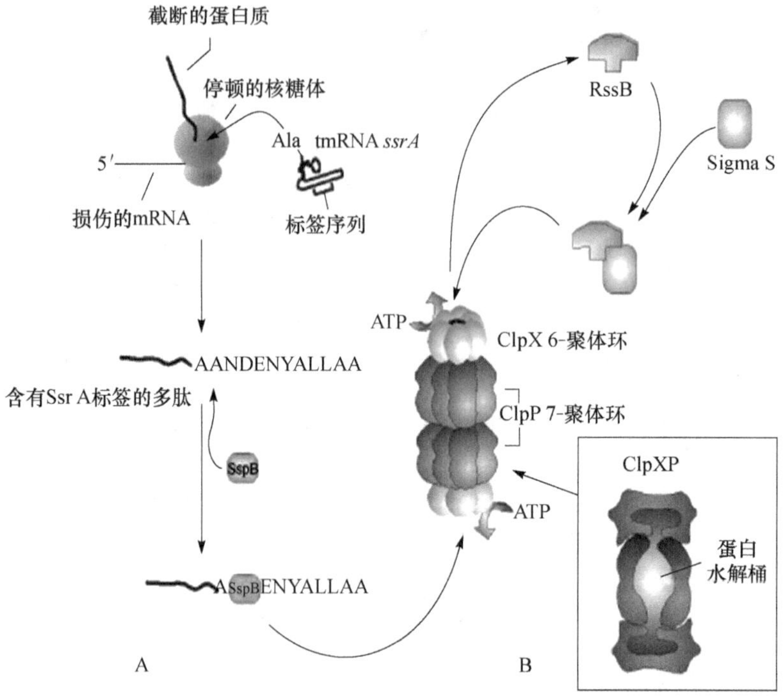

图 7-12 ClpXP 蛋白复合体降解靶蛋白（Moat et al.，2002）

A：SsrA 标记系统；B：SigmaS 因子被 RssB 识别后，可以与 ClpX 结合。图注示了 ClpXP 蛋白酶的纵切面以显示内部的蛋白水解桶

思 考 题

1. 哪些酶与蛋白因子参与 DNA 的复制，分别简述它们的作用。
2. 简述原核生物基因组 DNA 复制的过程。
3. 在 DNA 复制过程中，遗传信息的忠实性如何得到保证？
4. 原核 RNA 聚合酶有哪些成分组成？它通过什么方式识别 DNA 模板的启动子？
5. 真核生物的转录调节与原核生物有哪些不同点？
6. 蛋白质的翻译系统包含哪些组分？其中 3 种 RNA 各有怎样的功能？
7. 怎样的策略保证了肽链的延伸只能是 N→C 方向？
8. 简述原核生物蛋白质翻译的过程。哪些蛋白因子参与了这个过程？简要介绍它们的功能。

主要参考文献

王镜岩，朱圣庚，徐长法. 2008. 生物化学教程. 北京：高等教育出版社.

郑用琏. 2007. 基础分子生物学. 北京：高等教育出版社.

Horton H R，Moran L A，Ochs R S，et al. 2003. 生物化学原理（影印版）. 北京：科学出版社.

Moat A G，Foster J W，Spector M P. 2002. Microbial Physiology. 4th ed. New York：Wiley-Liss.

Moat A G，Foster J W，Spector M P. 2009. 微生物生理学. 4 版. 李颖，文莹，关国华，等，译. 北京：高等教育出版社.

第 8 章 微生物的次级代谢

第 1 节　微生物次级代谢概述

1.1　微生物次级代谢的概念

次级代谢是指微生物在一定的生长时期内，以初级代谢为基础，合成一些对微生物生命活动没有明确功能物质的代谢，即与微生物基本生命活动无关的代谢。

次级代谢最早是在植物中发现的，由植物学家 Rohland 在 1958 年首次提出，他把植物产生的与植物生长发育无关的某些特有物质称为次级代谢产物，合成这些产物的途径即为次级代谢途径。1960 年微生学家 Bu'lock 将这一概念引入微生物学领域。

1.2　微生物次级代谢的特点

与初级代谢相比，微生物的次级代谢具有以下特点。

① 初级代谢是微生物生长繁殖所必需的物质代谢，如氨基酸、核苷酸、糖、脂肪代谢等，而次级代谢一般不是微生物生长繁殖所必需的物质代谢，如抗生素、色素代谢等。

② 初级代谢途径在各类生物中基本相同，而次级代谢途径各不相同，次级代谢产物往往以初级代谢途径中形成的前体为基础，经聚合修饰后形成。

③ 初级代谢产物在营养期就已开始形成，而次级代谢产物往往是在菌体生长达到最高值时才开始合成。

④ 初级代谢产物各类微生物都能合成，在微生物中是普遍存在的，其酶促反应具有高度专一性，一般只能与一种底物反应生成一种产物。而次级代谢仅存在于个别菌种之中，具有菌株特异性，次级代谢酶系对底物的专一性不强，这就造成了产生菌能同时生成多种结构相似的次级代谢产物，因此，次级代谢产物往往以一族或一组化合物的形式出现。

⑤ 初级代谢主要受核 DNA 的控制，而次级代谢除受核 DNA 控制外，往往还受质粒的控制。

⑥ 初级代谢产物的形成一般只需简单的营养条件，并且在各种生长条件下都能形成。而次级代谢产物的形成则需要复杂的营养条件，并且在特定的培养条件下形成，尤其是可以过量合成。

1.3　次级代谢与初级代谢的关系

(1) **次级代谢的前体一般来自初级代谢**　次级代谢的前体常与初级代谢中的糖代谢、脂肪代谢、核酸代谢、氨基酸代谢，以及 TCA 循环等各种途径的中间产物有关，次级代谢产物的合成途径与初级代谢途径相互交叉。如 EMP 途径中产生的 PEP 是氯霉素合成的基础，已糖单磷酸途径的中间产物 5-磷酸核糖是许多核苷类次级代谢产物合成的基础。微生物初级代谢与次级代谢的关系如图 8-1 所示。

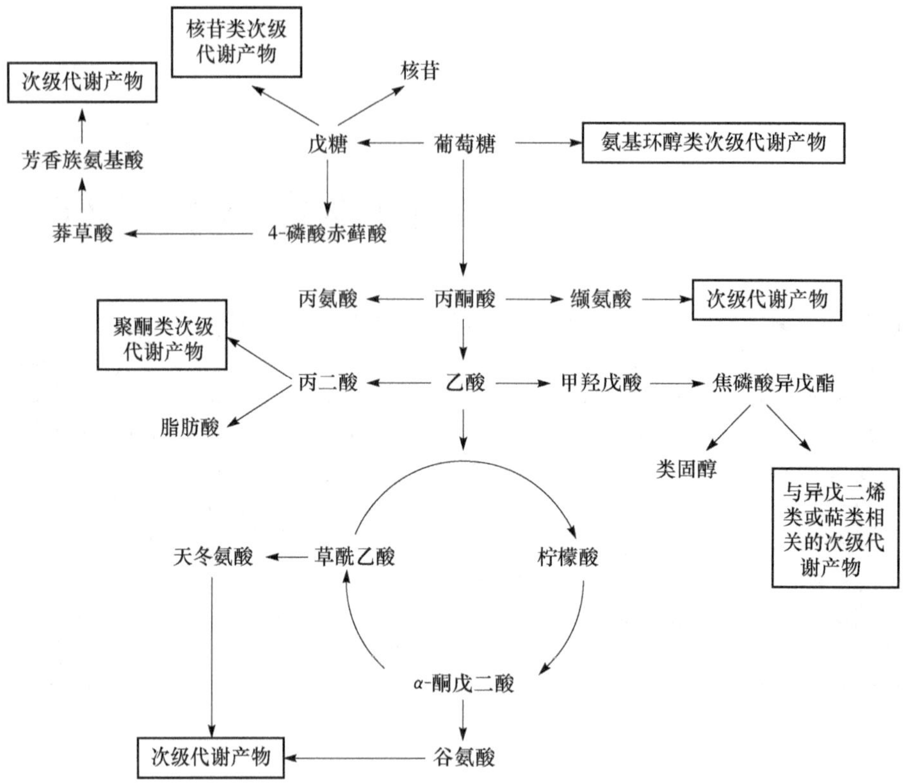

图 8-1 初级代谢与次级代谢的关系

在微生物菌体代谢过程中，形成的某些中间产物即可用于合成初级代谢产物，又可用于合成次级代谢产物，这种中间产物称为“分叉中间体”（表 8-1）。如乙酰-CoA 既可在初级代谢中用于合成脂肪酸，也可用于次级代谢途径中合成四环素等次级代谢产物。

表 8-1 初级代谢和次级代谢的分叉中间体

分叉中间体	初级代谢产物	次级代谢产物
L-α-氨基乙二酸	赖氨酸	青霉素、头孢菌素
甲羟戊酸	类固醇	赤霉素、梭链孢酸
莽草酸 分支酸 预苯酸	色氨酸、酪氨酸、 苯丙氨酸、 对氨基苯甲酸	氯霉素、新生霉素
乙酰-CoA	脂肪酸	灰黄霉素、四环素
丙二酰-CoA	脂肪酸	利福霉素、四环素
乙酰乳酸	缬氨酸、亮氨酸	青霉素

（2）**次级代谢受到初级代谢调节的影响** 由于两种代谢途径相互交叉，次级代谢产物合成途径必然受到初级代谢调节的影响。如青霉素的母核 6-氨基青霉烷酸（6-amino-penicillanic acid，6-APA）是以缬氨酸和半胱氨酸为前体合成。缬氨酸是以葡萄糖为原料，经 EMP 途径产生丙酮酸，2 分子丙酮酸在乙酰乳酸合成酶的催化下转变为乙酰乳酸，再经异构、还原和转氨基等反应，形成缬氨酸。当缬氨酸过量时，会反馈抑制乙酰乳酸合成酶，使缬氨酸的合成减少，进而影响青霉素的合成。更多的内容将在次级代谢的调节中阐述。

1.4 次级代谢的生理功能

初级代谢是维持生命所必需的代谢，为微生物的生长繁殖提供能量和物质基础。而次级代谢不是微生物生长繁殖所必需的。如果次级代谢在某个环节发生障碍，造成的只是某个次级代谢产物不能合成，但不影响菌体的正常生长和繁殖。关于次级代谢的生理功能，目前尚不清楚，有以下几种观点。

（1）**解毒功能** 初级代谢的某些中间产物如果过多地积累，会对菌体产生危害。而次级代谢可将这些积累的初级代谢中间产物转化掉，消除对菌体的毒害作用。但解毒功能的前提是次级代谢产物也应是无毒的，但有些次级代谢产物如抗生素，毒性远比其前体还大，因此这种观点值得商榷。

（2）**次级代谢产物是一种储藏物质的形式** 这种观点是根据链霉素的合成提出的。在链霉素合成中，脯氨酸、组氨酸、精氨酸等，特别是含有两个氨基的氨基酸对链霉素的产生都有促进作用。链霉素分子中氮的百分率比较高，因此认为链霉素是过剩氮的一种储存形式。不过次生代谢产物种类很多，不能把所有次级代谢产物都看成是一种储藏物质。

(3) **生存竞争的手段**　如抗生素可以在低浓度下杀死某些微生物，而产生菌体本身对抗生素不敏感，因此认为，在自然条件下，菌体产生抗生素，可以使其在生存竞争中占优势。

(4) **与细胞分化有关**　链霉菌是产生抗生素最多的一类微生物，在对链霉菌抗生素合成的研究中发现，抗生素的合成与形态分化（即孢子形成）密切相关。在链霉菌中已发现产生抗生素的菌株经常出现不产孢子的突变株，而这些不产孢子的突变株往往不能产生抗生素。如果突变株恢复了产孢子的能力，其产生抗生素的能力也得到恢复。孢子形成的抑制剂，也往往抑制抗生素的合成。近年来，在链霉菌孢子形成和抗生素的合成调节机制上有许多的研究成果，抗生素的合成与孢子形成是两个独立过程，但很可能存在共同调节的机制。

虽然到目前为止，尚不能对次级代谢产物的生理功能做出更多合理的解释，但是可以肯定，它们对微生物本身是有意义的，否则，这一涉及多种酶类参与，消耗大量能源和营养物，精巧调节的代谢途径就不会在微生物进化的过程中被保留下来。

1.5　微生物次级代谢产物的类型

微生物次级代谢的产物种类繁多，对这些次级代谢产物的分类到目前为止尚无统一的标准，有的研究者依据次级代谢产物的产生菌，有的依据次级代谢产物的结构或作用，有的则依据次级代谢产物的合成途径来分类。现介绍常用的两种方法，依据次级代谢产物的作用和合成途径的分类方法。

1.5.1　依据次级代谢产物作用的分类方法

依据次级代谢产物的作用，可将次级代谢产物区分为抗生素、毒素、色素和生理活性物质。

(1) **抗生素**　这是一类由微生物产生，在低浓度下具有选择性抑制他种生物生命活动，甚至杀死他种生物的次级代谢产物。抗生素是次级代谢产物中发现数量最多的一类次级代谢产物，据报道已有 1 万种左右。细菌、放线菌、真菌均可产生抗生素，放线菌是产生抗生素最多的微生物类群。在临床上应用的抗生素大约有几十种，包括青霉素、头孢菌素、红霉素、新霉素、庆大霉素、螺旋霉素等。

(2) **毒素**　许多病原细菌都产生毒素，依据这些毒素是否能被分泌到培养基中，可将它们区分为外毒素和内毒素。作为次级代谢产物的主要是指外毒素，它们大部分是蛋白类物质，可以对其宿主产生高度特异性的组织损害，如破伤风梭状芽孢杆菌（*Clostridium tetani*）产生破伤风毒素，毒素可通过局部运动神经扩散到中枢神经系统，由于毒素与神经突触的结合是不可逆的，一旦发病，治疗无效，必然造成死亡。其他类似的还有：肉毒梭状芽孢杆菌（*Clostridium botulinum*）产生的肉毒素，白喉棒状杆菌（*Corynebacterium diphtheriae*）产生的白喉毒素等。

真菌也产生毒素，如黄曲霉（*Aspergillus flavus*）产生黄曲霉毒素，黄曲霉毒素有极强的诱发肝癌的活性。许多的镰刀菌（*Fusariun* spp.）产生镰刀菌毒素，如串珠镰刀菌素、镰刀菌素 C、腐马素等。担子菌产生各种蘑菇毒素。

(3) **色素**　很多微生物在其次生代谢过程中可以合成各种有色物质，如细菌中的粘质沙雷氏菌产生灵红菌素，色素在细胞内积累，使菌落呈红色。真菌中的红曲霉，在代谢过程中可合成大量的红曲色素。

(4) **生理活性物质**　这是对微生物产生的一类具生理调节作用的次级代谢产物的总称。长期以来，人们习惯将这类物质称为激素，这类物质中确有一些可刺激动、植物生长或性器官发育的激素类物质，如赤霉素，但也有不少物质不是激素，如生物碱。麦角菌（*Claviceps purpurea*）可产生麦角生物碱，还有的微生物产生酶抑制剂，如曲霉产生的洛伐他丁（lovastatin），免疫调节剂，如链霉菌产生的环孢菌素（cyclosporin）等。

1.5.2　依据次级代谢产物合成途径的分类方法

(1) **与糖代谢有关的次级代谢产物**　这类次级代谢产物有氨基环醇类的次级代谢产物，如链霉素、新霉素；核苷类的次级代谢产物，如嘌呤霉素、杀稻瘟菌素 S、多氧霉素和由预苯酸合成的芳香族次级代谢产物，如氯霉素。

(2) **与脂肪代谢有关的次级代谢产物**　这类次级代谢产物是由乙酸、丙酸、丁酸和其他某些短链脂肪酸通过生成聚酮，再进一步代谢生成不同次级代谢产物，如大环内酯类抗生素和四环素类抗生素。

(3) **与萜烯和甾体化合物有关的次级代谢产物**　这些次级代谢产物是由甲羟戊酸（mevalonic acid，3-甲基-3,5-二羟基戊酸，MVA）为前体合成异戊二烯或萜类，而后进一步合成不同的次级代谢产物。如由 3 个异戊二烯单位聚合而成的烟曲霉素，4 个异戊二烯单位聚合而成的赤霉素，6 个异戊二烯单位聚合而成的梭链孢酸等。

(4) **与氨基酸代谢有关的次级代谢产物**　这类次级代谢产物有青霉素、头孢菌素、环丝氨酸、氮丝氨酸、口蘑氨酸、杆菌肽、短杆菌肽、多黏菌素等，它们可由一个氨基酸经代谢而形成，如环丝氨酸、氮丝氨酸和口蘑氨酸，也可由多个氨基酸缩合而形成。

第 2 节　微生物次级代谢产物的合成

2.1　与糖代谢相关的次级代谢产物的合成

链霉素（streptomycin）属氨基环醇类（以前也称氨基糖苷类）抗生素，其分子是由链霉胍、链霉糖和*N*-甲基-L-葡萄糖胺以糖苷键连接而成。结构式如下（图 8-2）。

关于链霉素的生物合成已进行了大量的研究工作，其生物合成途径已基本清楚，链霉素 3 个亚单位的碳架都直接来源于 D-葡萄糖。

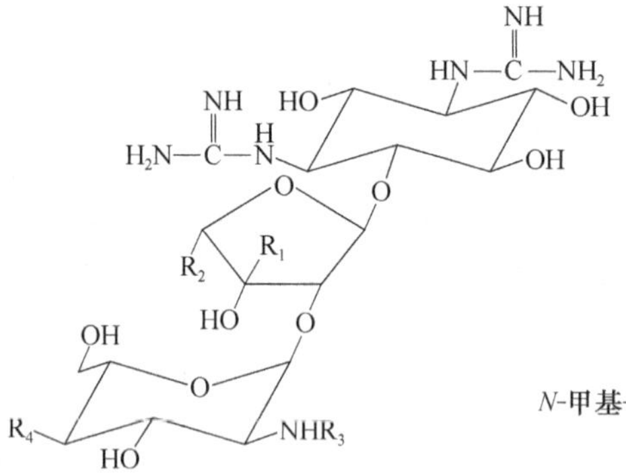

名称	R_1	R_2	R_3	R_4
链霉素	CHO	CH_3	CH_3	H
双氢链霉素	CH_2OH	CH_3	CH_3	H
甘露糖链霉素	CHO	CH_3	CH_3	D-甘露吡喃糖
羟链霉素	CHO	CH_2OH	CH_3	H
N-去甲基链霉素	CHO	CH_3	H	H
甘露糖羟链霉素	CHO	CH_2OH	CH_3	D-甘露吡喃糖

图 8-2　链霉素的结构式

（1）**链霉胍的合成**　链霉胍是肌醇 1、3 位上连接 2 个胍基构成的。肌醇是以 D-葡萄糖为前体，先由己糖激酶磷酸化为 D-葡萄糖-6-磷酸，再经环化酶催化，C1 和 C6 连接成环即为肌醇-6-磷酸，肌醇-6-磷酸再由磷酸酯酶脱磷酸化生成肌醇。链霉胍的胍基来自精氨酸，同位素示踪法证明^{15}N标记的精氨酸可以进入链霉胍分子，但进入量与加入量不成比例。还发现^{14}C标记的 CO_2 也可以进入链霉胍分子，同时标记的 CO_2 也可以进入精氨酸，由此联想到鸟氨酸循环。标记的 CO_2 经鸟氨酸循环进入精氨酸，再经转脒基酶的作用，将精氨酸的脒基转给链霉胍前体，形成链霉胍衍生物，其过程如图 8-3 所示。

链霉胍的合成过程如图 8-4 所示，从肌醇开始，经过脱氢、转氨基、磷酸化、转脒基和去磷酸化 5 步反应，将肌醇 C1 上的羟基逐步转化为胍基。第 1 个胍基合成之后，又经相同的 5 步反应，在肌醇的 C3 上形成第 2 个胍基，形成链霉胍。

在这些反应中，除由肌醇脱氢生成 2-酮-肌醇外，其余的步骤均用链霉菌无细胞抽提液进行的实验得到证实。

（2）**链霉糖的合成**　用不同位置带有^{14}C标记的葡萄糖进行实验，证明葡萄糖的碳分别构成链霉糖不同位置上的碳，链霉糖的合成途径如图 8-5 所示。①葡萄糖首先形成胸腺嘧啶脱氧核糖核苷二磷酸（d-TDP）葡萄糖，在 d-TDP-葡萄糖-4，6-脱水酶作用下，脱去 1 分子水，形成 d-TDP-4-酮-6-脱氧己糖（也称 6-脱氧-L-艾杜糖）；②在 3,5-异构酶的作用下，C3 和 C5 发生差向异构，但至今未分离得到这种差向异构体；③在 NADPH$_2$ 存在下，由 d-TDP-L-双氢链霉糖合成酶催化，C2 与 C4 之间形成连接，C3 成为 $3'$-CH_2OH，形成 d-TDP-双氢链霉糖。

（3）***N*-甲基-L-葡萄糖胺的合成**　用^{14}C标记的葡萄糖实验证明了 *N*-甲基-L-葡萄糖胺的各个碳原子均来自 D-葡萄糖相对应的碳原子，合成途径如图 8-6 所示。D-葡萄糖先经磷酸化生成 D-葡萄糖-6-磷酸，然后由谷氨酸提供氨基，经异构、去磷酸形成 L-葡萄糖胺，最后由 *S*-腺苷甲硫氨酸提供甲基使其甲基化，形成 *N*-甲基-L-葡萄糖胺。

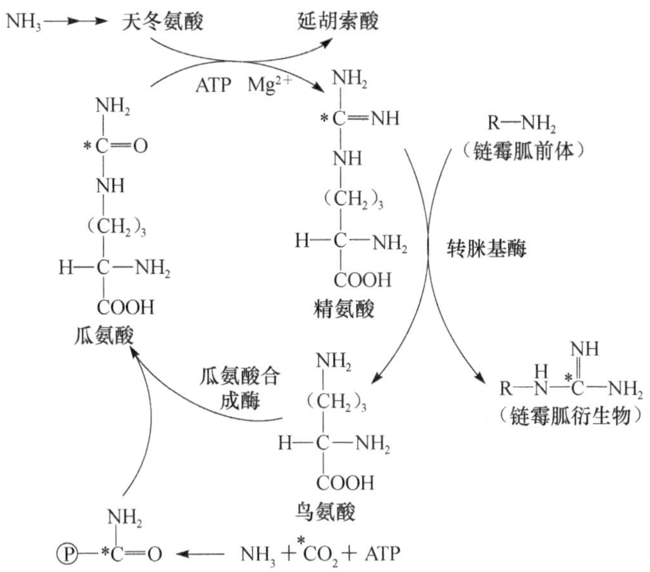

图 8-3　鸟氨酸循环与链霉胍合成的关系

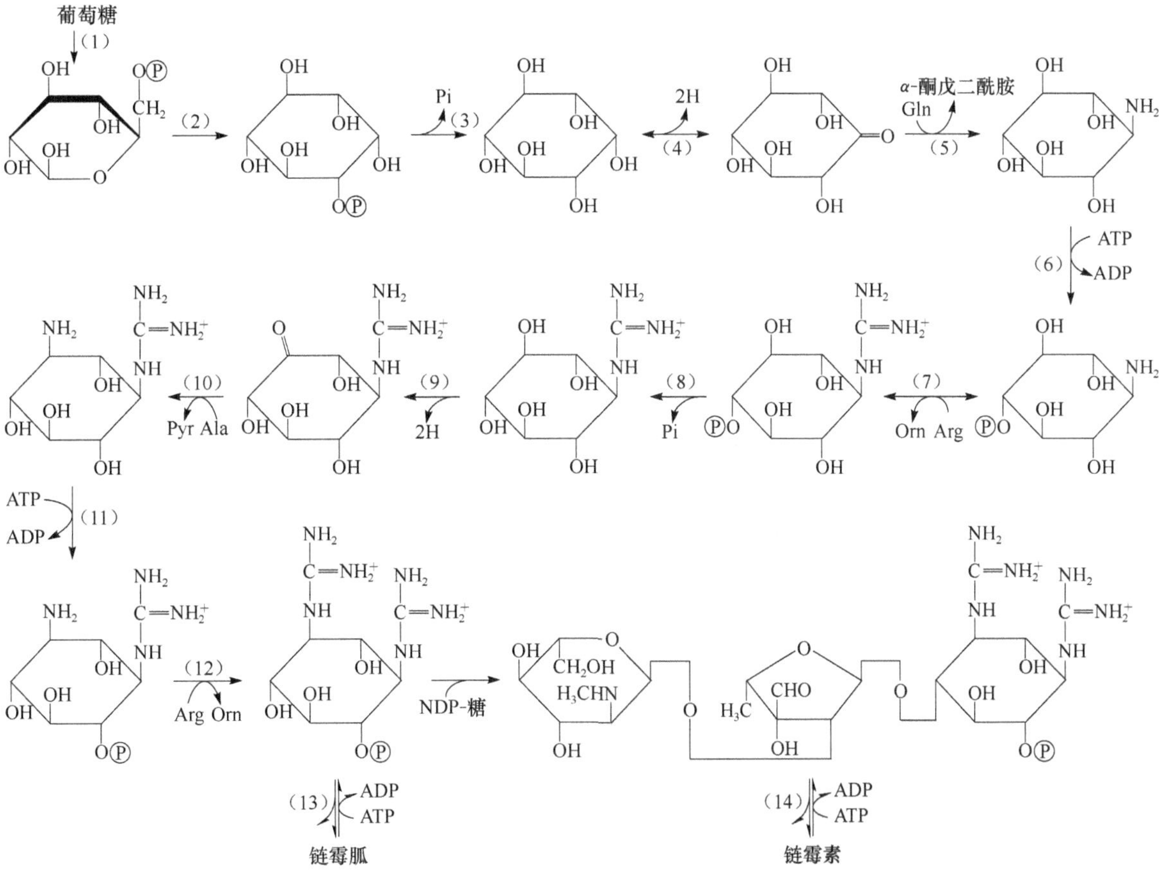

图 8-4　链霉胍的生物合成途径

(1) 葡萄糖在已糖激酶催化下，生成葡萄糖-6-磷酸；(2) 葡萄糖-6-磷酸转化为肌醇-6-磷酸；(3) 去磷酸：经磷酸酯酶作用脱去磷酸生成肌醇；(4) 脱氢：生成 2-酮-肌醇；(5) 转氨基：在转氨酶作用下，由谷氨酸提供氨基，使 2-酮-肌醇的酮基转化为氨基生成肌醇胺；(6) 磷酸化：由磷酸激酶催化，ATP 参与反应，生成 *O*-磷酸-肌醇胺；(7) 转脒基：在转脒基酶催化下，由精氨酸提供脒基，生成 *O*-磷酸-*N*-脒基-肌醇胺；(8) 去磷酸：在磷酸酯酶催化下，生成 *N*-脒基-肌醇胺；(9) 脱氢：脱氢使 *N*-脒基-肌醇胺生成 *N*-脒基-3-酮-肌醇胺；(10) 转氨基：丙氨酸为供氨体，生成 *N*-脒基链霉胺；(11) 磷酸化：在链霉胺激酶催化下，*N*-脒基链霉胺磷酸化生成 *O*-磷酸-*N*-脒基链霉胺；(12) 转脒基：在转脒基酶催化下，由精氨酸提供脒基，使 *O*-磷酸-*N*-脒基链霉胺转变为 *O*-磷酸-链霉胍；(13) 去磷酸：在磷酸酯酶催化下，脱去磷酸，生成链霉胍；(14) 在 *O*-磷酸-链霉胍上装配上链霉二糖胺，再脱去磷酸生成链霉素。Gln：谷氨酸；Arg：精氨酸；Orn：鸟氨酸；Ala：丙氨酸；Pyr：丙酮酸；NDP-糖：链霉二糖胺

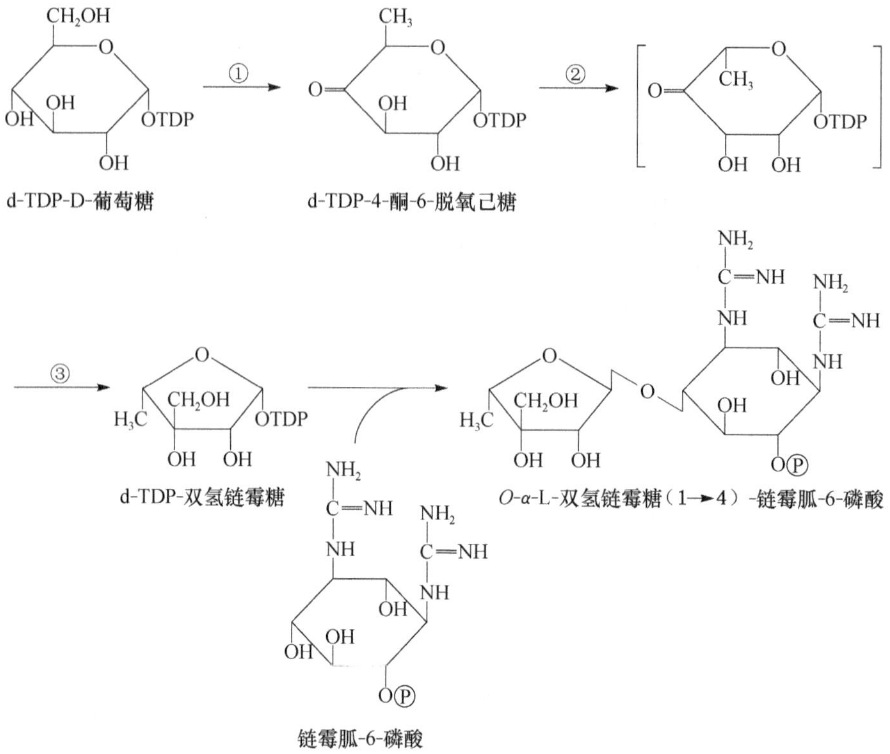

① d-TDP-葡萄糖-4,6-脱水酶；② 3,5-异构酶；③ d-TDP-双氢链霉糖合成酶

图 8-5　链霉糖的生物合成途径

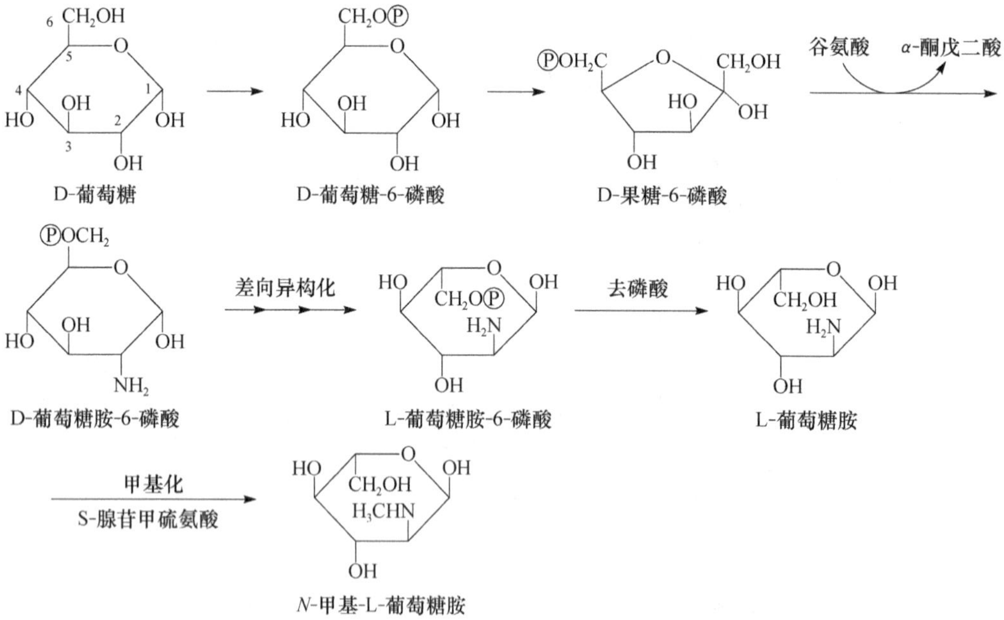

图 8-6　*N*-甲基-L-葡萄糖胺的生物合成途径

目前尚不完全清楚上述链霉素的 3 个亚单位是如何组装起来的。用链霉素产生菌的无细胞抽提液进行的实验发现，d-TDP-双氢链霉糖可与链霉胍-6-磷酸结合生成 *O*-α-L-双氢链霉糖（1→4）链霉胍-6-磷酸（图 8-5），此物也称磷酸化假二糖（pseudodisaccharide）。在链霉素的发酵过程中发现，在菌丝体内只存在双氢链霉素，而在发酵液中同时存在双氢链霉素和链霉素。也有报道称在链霉素的发酵液中分离出了链霉胍与双氢链霉糖以糖苷键连接的中间体。这些结果表明：链霉素 3 个亚单位连接的次序应为链霉胍与双氢链霉糖先形成假二糖，然后再与 *N*-甲基-L-葡萄糖胺连接形成双氢链霉素。现在认为双氢链霉素是链霉素的前体，被菌体分泌到胞

外，在胞外酶的作用下转化为链霉素。链霉素合成的最后一个中间体为无活性的链霉素磷酸酯，此物无抗菌活性，需经菌体外或菌体表层特异的碱性磷酸酯酶脱磷酸后才生成有抗菌活性的链霉素（图 8-4）。

2.2　与氨基酸代谢相关的次级代谢产物的合成

2.2.1　青霉素的生物合成

青霉素（penicillin）是 β-内酰胺类抗生素的代表，分子结构由两部分组成：一部分是酰基侧链，另一部分称为其母核。母核由 β-内酰胺环和噻唑环组成，称为 6-氨基青霉烷酸（6-amino-penicillanic acid，6-APA），结构式如下（图 8-7）。

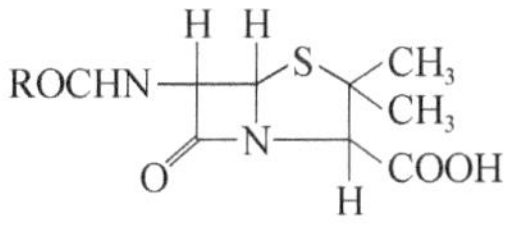

图 8-7　青霉素的结构式

不同类型青霉素 β-内酰胺环基上连接的酰基侧链不同，其抗菌活性也不相同（表 8-2）。

表 8-2　各种青霉素的结构和命名

序号	侧链 R	学名	俗名
1	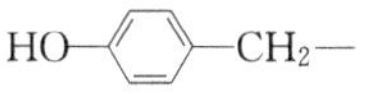	对羟苄青霉素	青霉素 X
2		苄青霉素	青霉素 G
3	$H_3C—CH_2—CH═CH—CH_2—$	戊烯-[2]-青霉素	青霉素 F
4	$H_3C—(CH_2)_3—CH_2—$	戊青霉素	青霉素二氢 F
5	$H_3C—(CH_2)_5—CH_2—$	庚青霉素	青霉素 K
6	$CH_2═CH—CH_2—S—CH_2—$	烯丙巯甲基青霉素	青霉素 O
7	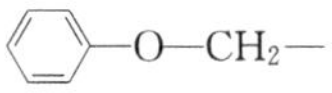	苯氧甲基青霉素	青霉素 V
8	$HOOC—CH(NH_2)—(CH_2)_2—CH_2—$	4-氨基-4-羧基-丁基青霉素	青霉素 N

青霉素的母核部分是以半胱氨酸和缬氨酸为前体合成的，侧链由 α-氨基己二酸构成。缬氨酸、半胱氨酸和 α-氨基己二酸都是以葡萄糖为原料，经 EMP 途径产生丙酮酸，再经一系代谢反应过程形成，有关缬氨酸和半胱氨酸合成详见氨基酸合成的相关章节。

α-氨基己二酸是由 α-酮戊二酸与乙酰-CoA 缩合生成高柠檬酸，再经脱氢、脱羧和氨基化反应生成 L-α-氨基己二酸。其生物合成途径如图 8-8 所示。

在青霉素的生物合成中（图 8-9），L-α-氨基己二酸先与 L-半胱氨酸缩合形成二肽，即 α-氨基己二酸远离氨基端的羟基与半胱氨酸的氨基缩合形成二肽。原来 α 位上的氨基成为 δ 碳位上的氨基，即成 δ-(L-α-氨基己二酰)-L-半胱氨酸。然后 L-缬氨酸的氨基与半胱氨酸的羧基缩合形成三肽，L-缬氨酸在形成三肽过程中，构型由 L-型变为 D-型，三肽即为 δ-(L-α-氨基己二酰)-L-半胱氨酰-D-缬氨酸（简称 ACV）。ACV 在异青霉素 N（IPN）合成酶（或称 ACV 环化酶）的作用下，三肽中的酰胺 N 原子与 S 原子相邻的 C 原子环化，形成 β-内酰胺环，但噻唑环的形成过程还不清楚。

三肽化合物闭环之后，即形成异青霉素 N，它是各种青霉素的前体，其侧链是 α-氨基己二酸。异青霉素 N 可以在青霉素酰化酶的作用下失去 α-氨基己二酸侧链，生成 6-氨基青霉烷酸，也可以在酰基转移酶催化下转化为其他侧链。在青霉素的发酵中加入苯乙酸，苯乙酸与 α-氨基己二酸进行交换后就形成了苯甲基青霉素（苄青霉素），即青霉素 G。

2.2.2　头孢菌素 C 的生物合成

头孢菌素 C（cephalosporin C）也属 β-内酰胺类抗生素，结构与青霉素相似，由酰基侧链和 7-氨基头孢烷酸（7-ACA）组成。与青霉素不同的是，7-ACA 中与 β-内酰胺环骈联的是 6 元的双氢噻嗪环，结构式如下（图 8-10）。

头孢菌素 C 也是由 α-氨基己二酸、半胱氨酸和缬氨酸经三肽途径生物合成的，在异青霉素 N 以前的合成过程与青霉素的合成过程完全一致。异青霉素 N 在异构酶的催化下，生成青霉素 N，再经脱乙酰氧头孢菌素 C 合成酶（DAOC 合成酶，也称扩环酶）催化，扩环生成脱乙酰氧头孢菌素 C。脱乙酰氧头孢菌素 C 经脱乙酰头孢菌素 C 合成酶（DAC 合成酶）催化形成脱乙酰头孢菌素 C，脱乙酰头孢菌素 C 经脱乙酰头孢菌素 C 乙酰转移酶（DAC 乙酰转移酶）催化形成头孢菌素 C。脱乙酰头孢菌素 C 也可在 O-氨甲酰基转移酶作用下形成 O-氨甲酰基脱乙酰头孢菌素 C，再经羟基化和甲基化形成头霉素 C（图 8-11）。

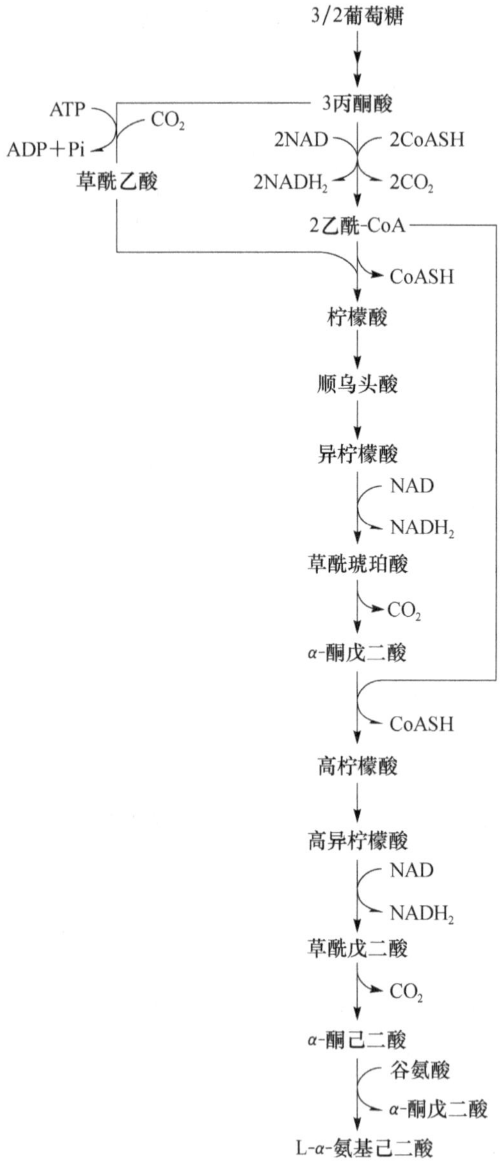

图 8-8 L-α-氨基己二酸的生物合成途径

2.3 与脂肪代谢相关的次级代谢产物的合成

从生物合成的角度上看，这类次级代谢产物是由低级脂肪酸（乙酸、丙酸、丁酸等）聚合而成的具有长碳链结构的化合物，统称为聚酮类化合物（polyketide, PK）。根据化学结构，可将聚酮类化合物区分为芳香族类（如四环素、放线紫红素、柔红霉素等）、大环内酯类（如红霉素、阿维菌素、雷帕霉素等）、多烯类（如两性霉素、制霉菌素、杀念珠菌素等）、聚醚类（如莫能菌素、盐霉素等）和安莎类（如利福霉素、格尔德霉素等）。虽然这些化合物在结构上多种多样，但其生物合成却有相似的机制，均在聚酮合酶（polyketide synthase, PKS）催化下，碳链主体以低级脂肪酸为起始单位，经类似于脂肪酸合成的过程，使碳链延伸，再经环化和环化后的修饰而成。

聚酮合酶负责聚酮主链的合成，目前研究的主要有两种类型，即Ⅰ型的 PKS 和Ⅱ型的 PKS。Ⅰ型的 PKS（也称复合聚酮合酶，modular PKS，PKSⅠ），这类 PKS 催化大环内酯类、聚醚类、多烯类及安莎类化合物的合成。PKSⅠ通常由几个非常大的多功能酶组成，每个多功能酶上都有参与聚酮生物合成所必需的结构域（domain），每个结构域只参与聚酮碳链骨架合成中的一步反应。参与一轮碳链合成反应的所有结构域被称为一个合酶单位（synthase unit，SU），编码一个合酶单位的 DNA 被称为一个模块（module），但后来在使用过程中，也将合酶单位称为模块。模块的数目与碳链延伸进行缩合反应的轮数相对应，一般有一个起始单位的装载域（loading domain，LD），接着是一定数量按正确顺序排列的链延伸模块，最后一个是具有硫酯酶活性的结构域（thioseterase，TE），与碳链的释放有关。

每一个合酶单位至少有酮基合成酶（ketosynthase，KS）、酰基转移酶（acyl transferase，AT）和酰基载体蛋白（acyl carrier protein，ACP），某些合酶单位还有脱水酶（dehydratase，DH）、烯基还原酶（enoyl reductase，ER）和酮基还原酶（ketoreductase，KR）。装载域一般仅由 AT-ACP 组成，负责初始底物的选择。

Ⅱ型 PKS（也称芳香族聚酮合酶或迭代型聚酮合酶，iterative PKS，PKSⅡ），与Ⅰ型 PKS 相比，Ⅱ型 PKS 比较简单，但至今尚未获得一套比较完整纯化的Ⅱ型 PKS 酶系复合体。PKSⅡ型是由一组分开的蛋白质组成，都有一个最小 PKS（minimal PKS，minPKS）组成单位，minPKS 由 KS、ACP 和一个链长决定因子（chain-length factor，CLF）3 部分组成，在生物合成芳香族聚酮化合物的过程它们被重复使用，因此Ⅱ型 PKS 也称为迭代型的 PKS。此外，Ⅱ型 PKS 上还有 KR，催化聚酮形成芳香类环化产物的环化酶（cyclase，CYC）、芳香化酶（aromatase，ARO）和起修饰作用的 *O*-甲基转移酶（*O*-methyltransferase）。

在生物合成过程中 minPKS 控制着聚酮链长度，其中 CLF 起主要作用，但 KS 也对链长起作用，而 ACP 对链长不起作用。芳香族聚酮的合成起始于乙酰-CoA、丙酰-CoA 或丁酰-CoA，碳链延伸单位总是选用丙二酰-CoA，因此，所产生的芳香族化合物的结构多样性更多地是在 PKS 作用后修饰酶所为，而与 PKS 本身无关。

2.3.1 红霉素的生物合成

红霉素（erythromycin，Er）属大环内酯类抗生素，是由红霉内酯、去氧氨基己糖（红霉糖胺）和红霉糖缩合而成的碱性化合物。红霉内酯有 13 个碳原子，内酯环上的 C3 通过氧原子与红霉糖连接，C5 通过氧原子与去氧氨基己糖相连接，结构式如下（图 8-12）。

红霉素的生物合成途径如图 8-13 所示，合成过程可分为两部分，一是红霉素大环内酯环 6-脱氧红霉内酯 B（6-deoxyerythronolide B，6-dEB）的合成。6-dEB 由

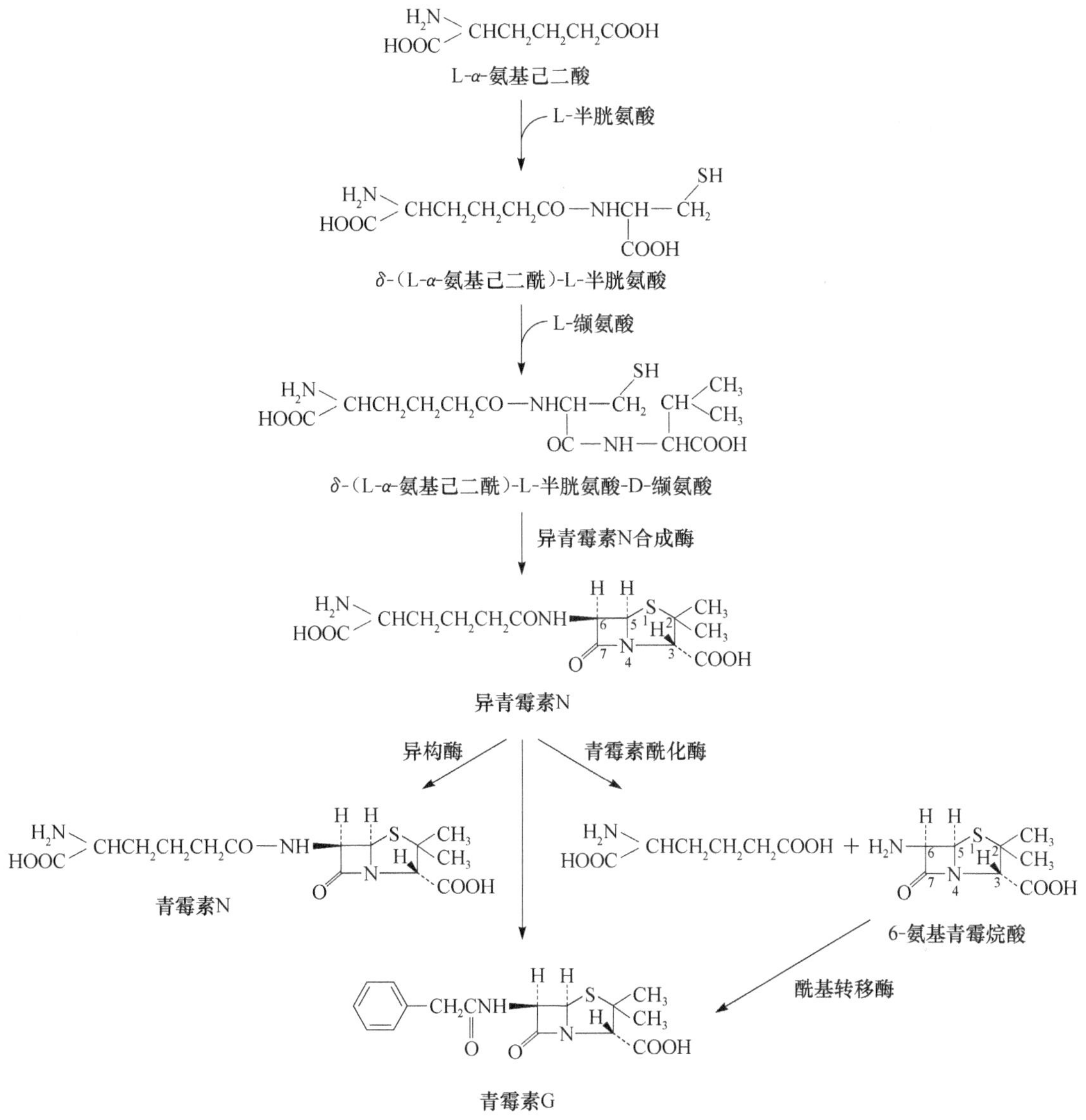

图 8-9　青霉素的生物合成途径

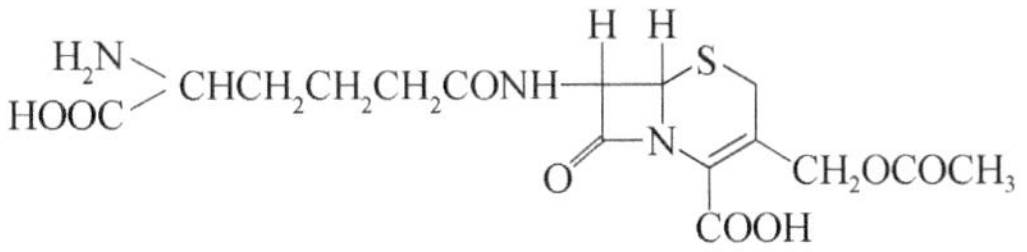

图 8-10　头孢菌素 C 的结构式

1 个丙酸和 6 个甲基丙二酸缩合而成，缩合过程由 PKS 完成，类似于饱和脂肪酸的缩合反应，丙酸与甲基丙二酸缩合为 6-dEB 的所有中间体都离不开 PKS 酶复合体。二是红霉素大环内酯合成后的修饰，包括大环上 C6 和 C12 位的羟基化，C3 和 C5 位的糖基化和红霉糖 C-3″的羟基甲基化。编码红霉素 PKS 的基因由 3 个大的开放可读框（open reading frame，ORF）组成，即 *eryA Ⅰ*、*eryA Ⅱ* 和 *eryA Ⅲ*，总长约 33kb，可能属于同一转录单位（图 8-14）。

eryA Ⅰ，*eryA Ⅱ* 和 *eryA Ⅲ* 的表达产物分别为 DEBS1，DEBS2 和 DEBS3，它们共同组成红霉素 PKS。每个 DEBS 上有 2 个模块（合酶单位），6 个模块上共有 28 个结构域。在 DEBS1 的 N 端有一个装载域，包括 AT 和 ACP 两个结构域。在 DEBS3 的 C 端有一个硫酯酶域（TE）。红霉素 PKS 以六聚体（$\alpha_2\beta_2\gamma_2$）的形式存在。

6-dEB 的形成过程：①首先装载域的 AT-L 特异性选择丙酸为起始物，并将其转到 ACP-L 上，形成丙酰-ACP；②ACP-L 上的丙酰基转移至 KS1 上的半胱氨酸残基上，AT1 选择甲基丙二酸为延伸单位，并将其以丙二酸单酰基的形式传给 ACP1 上的泛酰磷酸基上，并在 KS1 催化下丙酰基缩合形成 β-酮基，接着 KR1 以 $NADPH_2$ 还原 β-酮基为羟基，完成第一轮循环；③第二、第五和第六轮循环与第一轮循环相似；④模块 3 中只有 KS、AT 和 ACP 3 个结构域，故第三轮循环相应的

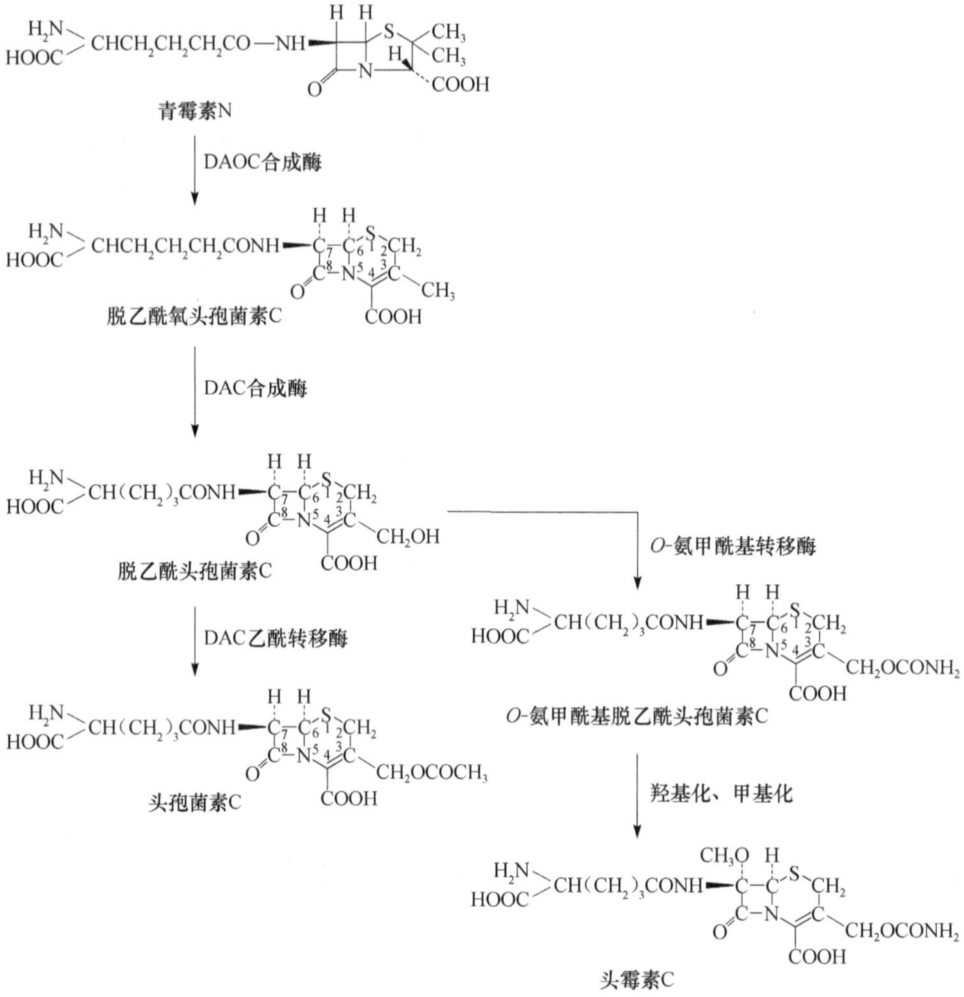

图 8-11　头孢菌素 C 的生物合成途径

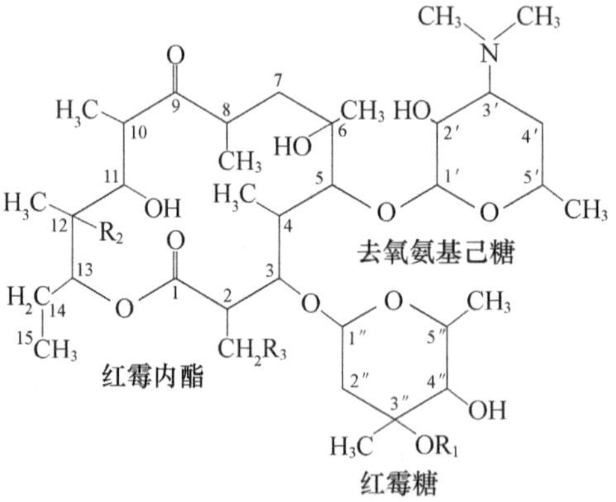

组分	R_1	R_2	R_3
红霉素 A	CH_3	OH	H
红霉素 B	CH_3	H	H
红霉素 C	H	OH	H
红霉素 D	H	H	H
红霉素 E	CH_3	OH	与 C-1′形成原酸酯
红霉素 F	CH_3	OH	OH

图 8-12　红霉素的结构式

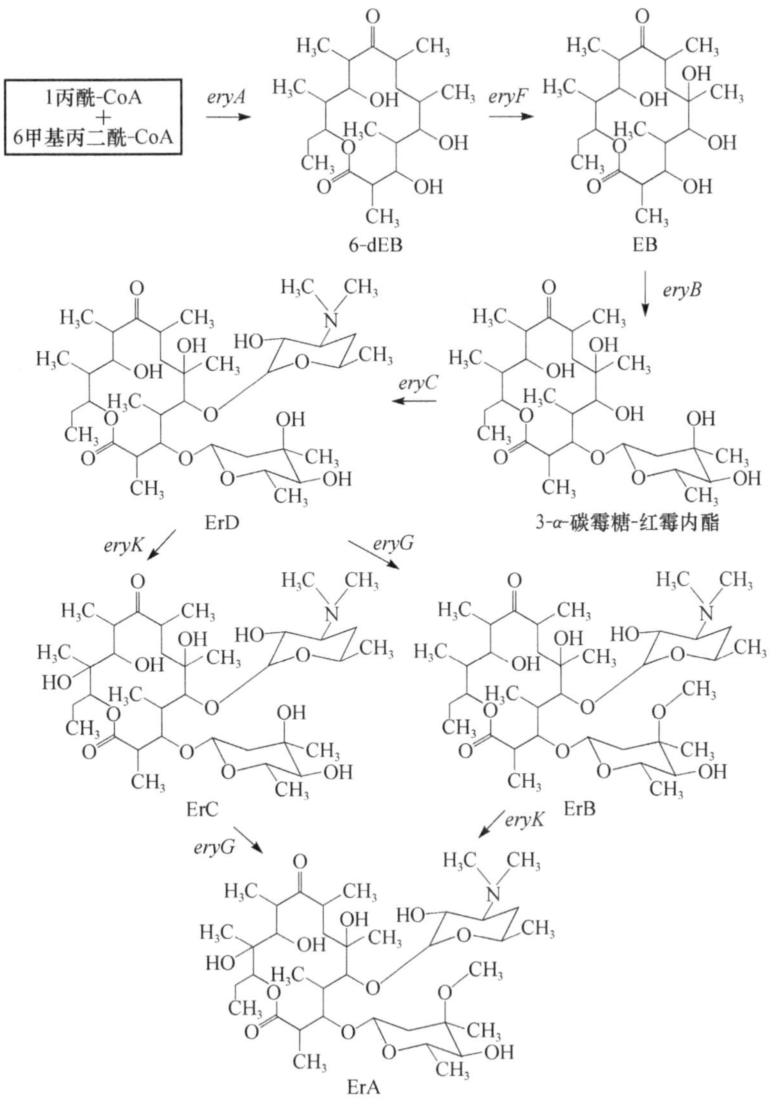

图 8-13　红霉素的生物合成途径

6-dEB：6-脱氧红霉内酯；EB：红霉内酯；ErA：红霉素 A；ErB：红霉素 B；ErC：红霉素 C；ErD：红霉素 D

β-酮基被保留（即红霉内酯 C9 位上的酮基）；⑤模块 4 中除有 KS、AT、ACP 和 KR 外，还有 DH 和 ER 结构域，因而这一轮循环完全类似于饱和脂肪酸的合成，故在红霉内酯的 C7 位为饱和烃键；⑥当缩合反应完成六轮循环后，TE 将聚酮链从 PKS 上水解下来。过去认为 TE 还具有环化酶的功能，但后来的研究认为，环化需 TE 与 PKS 其他部位共同作用完成。

6-dEB 在 C6 羟化酶催化下形成红霉内酯（EB），EB 转化为 3-α-碳霉糖-红霉内酯（3-α-mycaros-EB），该中间体接受红霉糖胺，就形成了第一个有生物活性的红霉素 D（ErD）。红霉素 D 在 C12 羟化酶的催化下转化为红霉素 C（ErC），再进一步在甲基化酶的催化下，将碳霉糖 C-3″甲基化就形成了红霉素 A（ErA），或红霉素 D 上的碳霉糖先甲基化形成红霉素 B（ErB），再在 C12 位上羟基化形成红霉素 A。红霉素分子中的红霉糖和红霉糖胺的碳架来源于葡萄糖或果糖。

2.3.2　放线紫红素的生物合成

放线紫红素（actinorhodin，Act）是天蓝色链霉菌产生的芳香族聚酮的代表，放线紫红素的 PKS 也是目前研究得最深入和最透彻的Ⅱ型 PKS。放线紫红素 PKS 的结构如图 8-15 所示，由 minPKS（KS＋CLF＋ACP）、KR、ARO 和 CYC 4 部分组成，编码它们的基因已被克隆并测序，*act Ⅰ* 由 3 个 ORF 组成，分别编码 KS，CLF 和 ACP，即 minPKS，*act Ⅲ* 编码 KR，*act Ⅳ* 编码 CYC，*act Ⅶ* 编码 ARO。

放线紫红素的生物合成是以乙酰-CoA 为起始单位，以 7 个丙二酰-CoA 为延伸单位，在 minPKS 的催化下合成一个未还原的 16 元碳链，KR 将羧基端第 9 位上的酮基还原为羟基，然后 ARO 行使芳香环化功能，minPKS 可能也催化了第一次环化。下一步是 CYC 催化形成第二个环，最后几步是在 *act Ⅵ*，*act ⅤA*、*act ⅤB* 编码的后修饰酶的作用下形成放线紫红素。

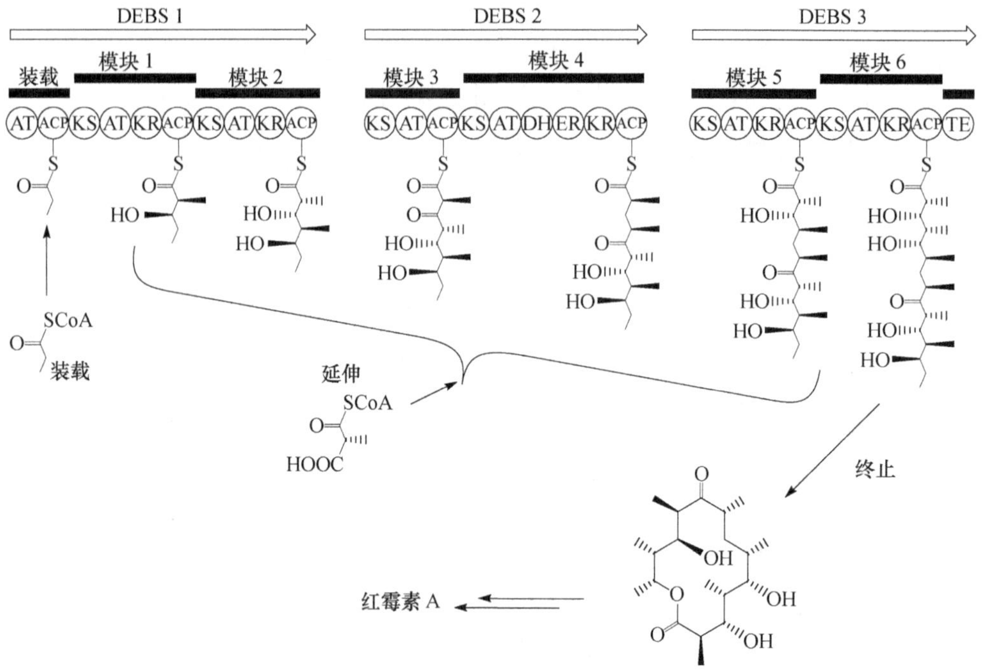

图 8-14　红霉素 PKS 结构与 6-dEB 合成模型

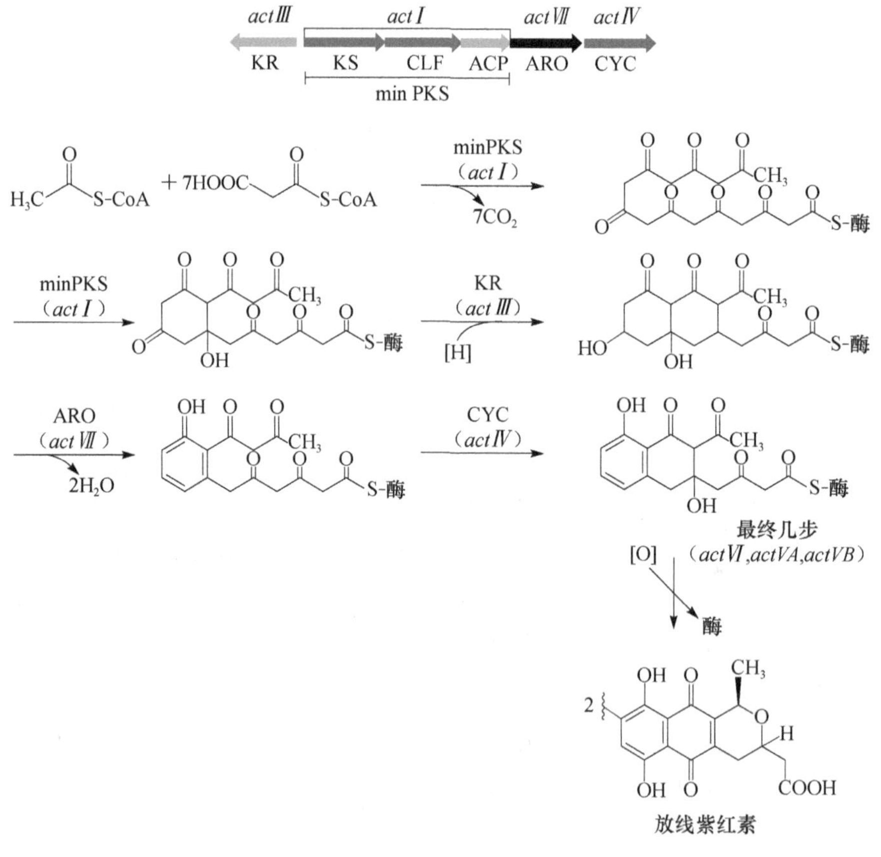

图 8-15　放线紫红素 PKS 结构与放线紫红素合成模型

目前对Ⅱ型 PKS 的作用机制了解得尚不透彻，不清楚 PKS 是如何确定正确的起始物和延伸长度的，也不清楚终产物是如何从 ACP 上释放出来的，以及多羧中间体是先释放后环化，还是先环化后释放的，难以用一个模式来解释这些聚酮的形成机制。

2.3.3 四环素的生物合成

四环素族抗生素（tetracycline）是以四骈苯为母核的一族抗生素，其中有实际应用价值的有四环素、土霉素（5-羟基四环素）和金霉素（7-氯四环素），其结构式如下（图 8-16）。

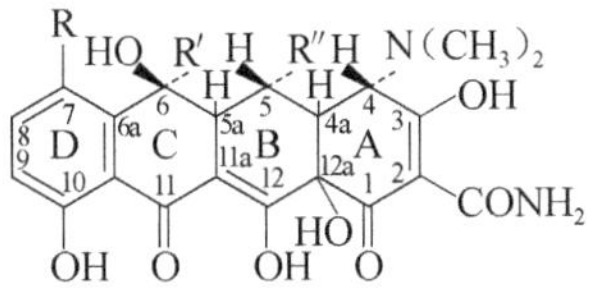

图 8-16 四环素族抗生素的结构式

名 称	分子式	R	R′	R″
四环素	$C_{22}H_{24}N_2O_8$	H	CH_3	H
土霉素	$C_{22}H_{24}N_2O_9$	H	CH_3	OH
金霉素	$C_{22}H_{23}ClN_2O_8$	Cl	CH_3	H
6-去甲基-7-氯四环素	$C_{21}H_{21}ClN_2O_8$	Cl	H	H

从四环素的结构上看，其属于芳香族类聚酮化合物，四环素族抗生素的合成基因，如土霉素合成基因已经被克隆，其 PKS 与其他已发现的Ⅱ型 PKS 相符合。通过同位素示踪和遗传学分析等方法研究，四环素族抗生素生物合成途径已基本清楚。四环素族抗生素合成的前体物质是乙酰-CoA，来源于葡萄糖降解途径。乙酰-CoA 需先转变为丙二酰-CoA 和丙二酰胺-CoA，进而合成四环素族抗生素。丙二酰的合成途径可能有两条：一条是乙酰-CoA 经羧化生成丙二酰-CoA，另一条是 PEP 羧化后生成草酰乙酸，再经脱羧和加入 CoASH 生成丙二酰-CoA（图 8-17）。

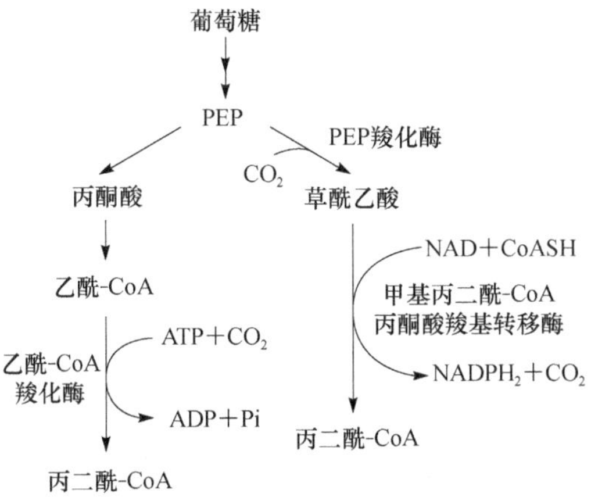

图 8-17 丙二酰-CoA 生物合成的可能途径

丙二酰胺-CoA 的合成途径有两条，一条是由丙二酰-CoA 的酰胺化作用生成，另一条是由乙酰-CoA 的甲酰胺化作用合成，其反应式如下

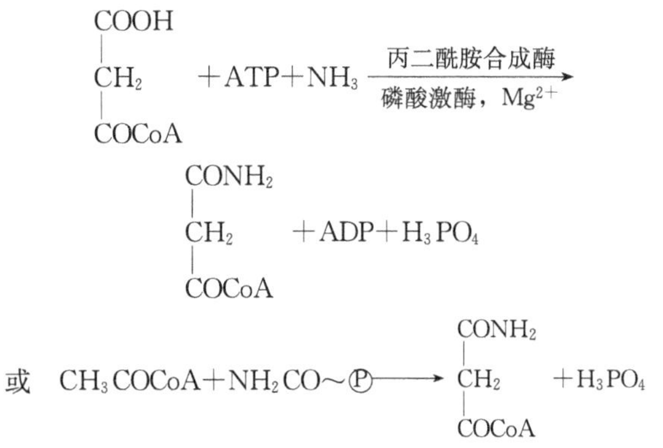

四环素族抗生素的生物合成过程是：1 分子丙二酰胺-CoA 与 8 分子丙二酰-CoA 缩合、脱羧、形成 β-多酮次甲基链。具体过程是以丙二酰胺-CoA 为引物，在其上加上丙二酰-CoA。每缩合上 1 分子丙二酰-CoA 的同时，发生 1 次脱羧，因此仅将 1 个二碳单位加入。重复该过程 8 次，形成一个具有 9 个酮基的 β-多酮次甲基链。此链脱去 3 分子水后，D、C、B 形成闭环，然后由 *S*-腺苷甲硫氨酸提供甲基使 C6 甲基化。C8 的酮基经还原后脱水，然后 A 环闭合，生成 6-甲基四环酰胺。该物质是四环素族抗生素合成过程中的一个关键中间体，由它进一步合成不同的四环素族抗生素（图 8-18）。

（1）**四环素的合成** 在转氨酶作用下，由谷氨酸提供氨基，使 C4 位氨基化。再由 2 分子 *S*-腺苷甲硫氨酸提供 2 个甲基，使 C4 位的氨基甲基化，生成脱水四环素。脱水四环素在加氧酶，$NADPH_2$ 和分子氧存在下，C6 氧化形成羟基，此为脱氢四环素，最后，仍由 $NADPH_2$ 提供氢，使 B 环 C12 位上的氧还原，生成四环素。

（2）**金霉素的合成** 金霉素产生菌金霉素链霉菌（*S. aureofaciens*）胞内有氯过氧化物酶，在其作用下，使 4-酮基脱二甲胺基脱水四环素上 C7 位的氢被氯置换，生成 4-酮基脱二甲胺基脱水金霉素，再经 C4 氧化、甲基化，C6 氧化及 C12 还原，生成金霉素。

（3）**土霉素的合成** 土霉素的产生菌是龟裂链霉菌（*S. rimosus*），它利用前体物质合成脱氢四环素的过程与四环素途径相同。在脱氢四环素之后，在分子氧和 $NADPH_2$ 参与下，C5 氧化形成羟基，此为脱氢土霉素，然后仍由 $NADPH_2$ 提供氢使 C12 还原，生成土霉素。

2.4 与萜烯和甾体化合物相关的次级代谢产物的合成

赤霉素（gibberellin，GA）是一大类植物激素，已发现 100 多种。化学结构上赤霉素是四环双萜羧酸类化合物，以内赤霉烷（*ent*-gibberellane）（图 8-19）为基本骨架。

植物和微生物中的赤霉菌（如藤仓赤霉 *Gibberella fujikuroi*）等都能合成赤霉素。但无论是赤霉菌还是植物，赤霉素的合成都是由甲羟戊酸（MVA）经多步酶促反应合成 GA_{12}-醛，然后再转化形成其他赤霉素。即由甲羟戊酸到 GA_{12}-醛的合成途径为植物与赤霉菌共用，在此之后的途径有所不同。

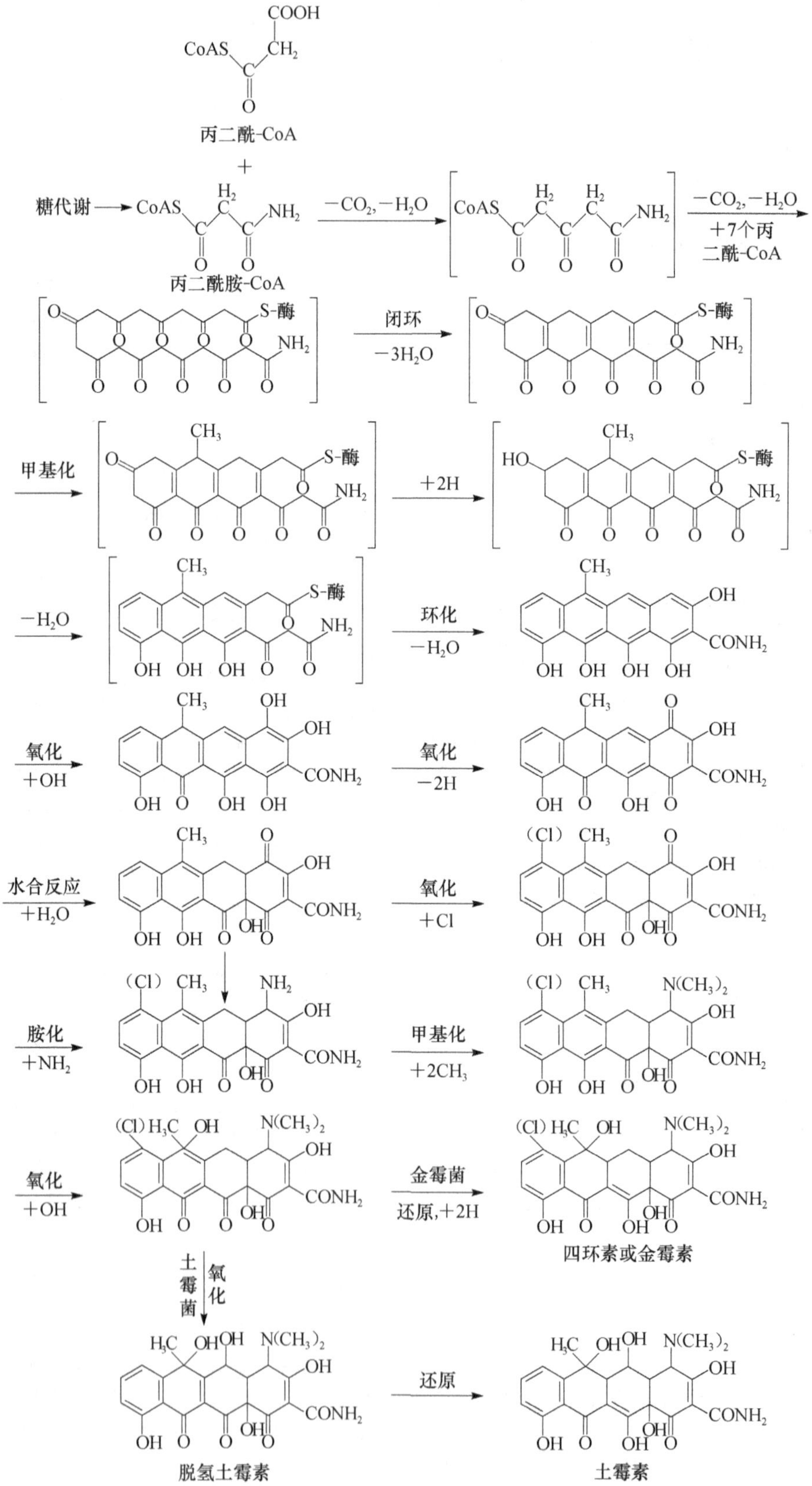

图 8-18　四环素族抗生素的生物合成途径

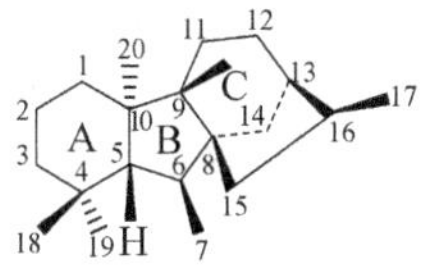

图 8-19　内赤霉烷结构式

1. GA_{12}-醛之前的合成

由乙酰-CoA 到 GA_{12}-醛的合成过程可分为 4 个阶段。

(1) **乙酰-CoA 形成异戊烯焦磷酸单位**　乙酰-CoA 转移酶催化 2 分子乙酰-CoA 形成乙酰乙酰-CoA，并在羟甲基戊二酰-CoA（HMGCoA）合成酶催化下生成羟甲基戊二酰-CoA。羟甲基戊二酰还原酶催化羟甲基戊二酰形成甲羟戊酸，甲羟戊酸激酶催化甲羟戊酸生成 5-焦磷酸甲羟戊酸（MVAPP）。5-焦磷酸甲羟戊酸脱羧形成 3-异戊烯焦磷酸（3-IPP），并进一步异构为二甲基丙烯焦磷酸（DMAPP）。

(2) **由异戊烯焦磷酸单位缩合形成非环状的萜烯化合物牻牛儿-牻牛儿焦磷酸**　二甲基丙烯焦磷酸与异戊烯焦磷酸头尾缩合形成了牻牛儿焦磷酸（GPP）。牻牛儿焦磷酸与 1 分子异戊烯焦磷酸缩合生成法呢基焦磷酸（FPP），再与 1 分子异戊烯焦磷酸缩合就生成了牻牛儿-牻牛儿焦磷酸（GGPP）。上述 3 步反应均由牻牛儿-牻牛儿焦磷酸合成酶催化，详细过程参见初级代谢萜烯类相关化合物的合成。

(3) **牻牛儿-牻牛儿焦磷酸环化形成内-贝壳杉烯**　牻牛儿-牻牛儿焦磷酸的环化由内-贝壳杉烯合成酶催化，该酶由极难分开的两部分组成，A 组分催化牻牛儿-牻牛儿焦磷酸形成双环中间产物咕吧焦磷酸（CPP），A 环与 B 环闭合。B 组分在原位催化咕吧焦磷酸形成四环双萜的内-贝壳杉烯（*ent*-kaurene）。

(4) **由内-贝壳杉烯形成 GA_{12}-醛**　由内-贝壳杉烯形成 GA_{12}-醛的过程如下：在内-贝壳杉烯的 C19 位上，由单加氧酶催化逐步进行氧化，生成内-贝壳杉醇（*ent*-kaurenol），内-贝壳杉醛（*ent*-kaurenal）和内-贝壳杉酸（*ent*-kaurenoic acid）；内-贝壳杉酸在 C7 位羟基化，生成内-7-α-羟基贝壳杉酸（*ent*-7-α-hydroxykaurenoic acid）；该中间产物以醛基形式将 C7 逐出，使 C6 与 C8 相连，完成了 B 环由 6 碳环至 5 碳环的转变，形成 GA_{12}-醛（图 8-20）。

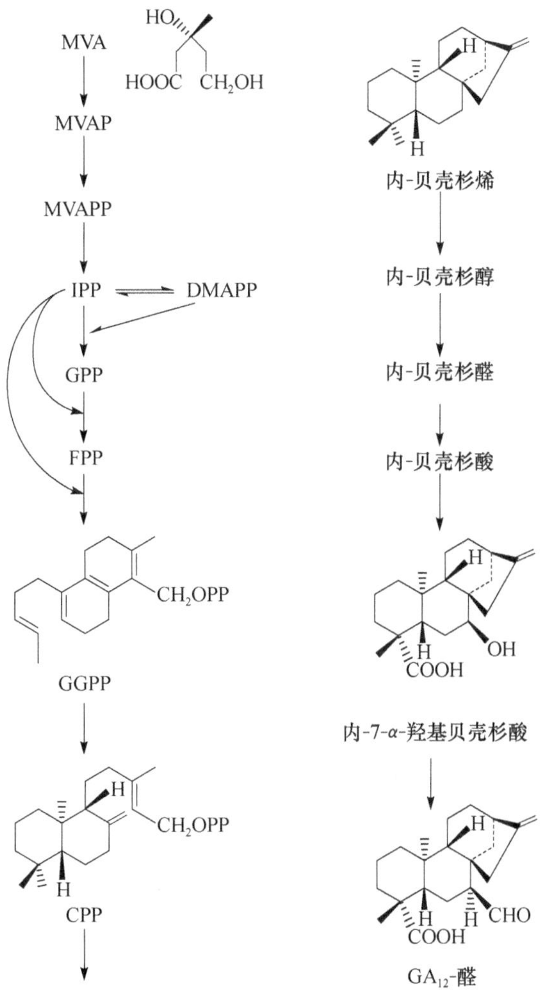

图 8-20　赤霉素生物合成途径：GA_{12}-醛之前的合成步骤

2. GA_{12}-醛之后的合成

GA_{12}-醛是赤霉素生物合成过程中第一个具内赤霉烷（*ent*-gibberellane）骨架的分子（具 20 个碳）。赤霉菌在 G_{12}-醛之后的生物合成途径有两个分支：一个分支为非羟基化过程，由 GA_{12} 形成 C_{20} 的赤霉素 GA_{15}、GA_{24} 等和 C_{19} 的赤霉素 GA_9，GA_9 可进一步转化生成 GA_{10}、GA_{11}、GA_{20} 等；另一个分支是 GA_{12}-醛经 3-β-羟基化形成 GA_{14}-醛，GA_{14}-醛转化为 GA_{14}，由 GA_{14} 转化为 C_{19} 的 GA_4，GA_4 再转化生成其余 C_{19} 的赤霉素（图 8-21）。

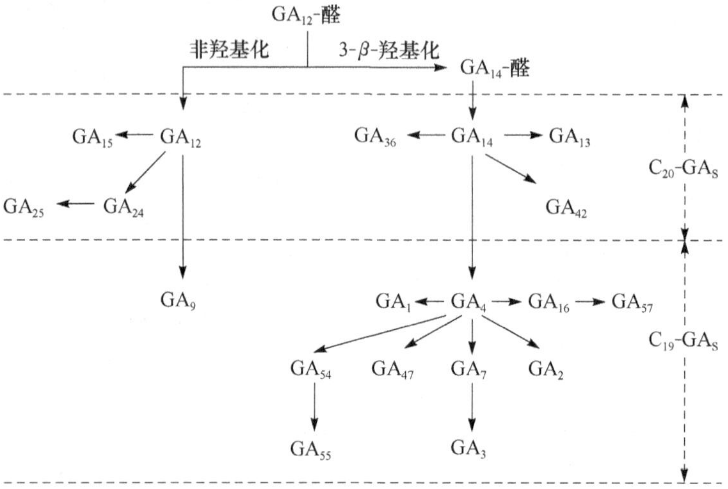

图 8-21　赤霉素生物合成途径：GA_{12}-醛之后的合成步骤

C_{20}赤霉素向 C_{19}赤霉素转化经历了如下过程：在双加氧酶催化下，C20 位由-CH_3 经-CH_2OH、-CHO 逐步氧化为-COOH，当 C20 位氧化至-CHO 阶段时，C19 位羧基与 C10 位形成内酯桥，20 位上的碳以 CO_2 形式逸出，完成由 C_{20}向 C_{19}的转变。C20 位以-COOH 存在的 C_{20}赤霉素不能转变为 C_{19}赤霉素。

思　考　题

1. 什么是次级代谢？与初级代谢相比，次级代谢有哪些特点？
2. 根据微生物次级代谢产物的合成途径，可将它们主要区分为哪几类？举例说明。
3. 说明链霉素的基本化学结构，其生物合成途径有何特点？
4. 说明青霉素的基本化学结构，其生物合成途径有何特点？
5. 什么是聚酮化合物？主要区分为哪几类？举例说明。
6. 比较说明Ⅰ型聚酮合酶与Ⅱ型聚酮合酶的异同？
7. 说明赤霉素的基本化学结构，其生物合成途径有何特点？

主要参考文献

陈代杰．1999．微生物药物学．上海：华东理工大学出版社．

李季伦．1993．微生物生理学．北京：中国农业大学出版社．

熊宗贵．2000．发酵工艺原理．北京：中国医药科技出版社．

张致平．2003．微生物药物学．北京：化学工业出版社．

Donadio S，Staver M J，McAlpline J B，et al．1991．Modular organization of genes required for complex polyketide biosynthesis．Science，252（5006）：675-679．

Evans R，Hanson J R，White A F．1970．Studies in terpenoid biosynthesis．PartⅥ．The stereochemistry of some stages in tetracyclic diterpene biosynthesis．J Chem Soc C，(18)：2601-2603．

Graebe J E．1987．Gibberellin biosynthesis and control．Annu Rev Physiol，38：419-465．

Hallam S E，Malpartida F，Hopwood D A．1988．Nucleotide sequence，transcription and deduced function of a gene involved in polyketide antibiotic synthesis in *Streptomyces coelicolor*．Gene，74（2）：305-320．

Hopwood D A．1997．Genetics contributions to understanding polyketide synthase．Chem Rev，97：2465-2497．

Hopwood D A, Sherman D H. 1990. Molecular genetics of polyketides and its comparison to fatty acid biosynthesis. Annu Rev Genet, 24: 37-66.

Katz L, Donadio S. 1993. Polyketide synthesis: prospects for hybrid antibiotics. Annu Rev Microbiol, 47: 875-912.

Malpartida F, Hallam S E, Kieser H M, et al. 1987. Homology between *Streptomyces* genes coding for synthesis of different polyketides used to clone antibiotic biosynthetic genes. Nature, 1325 (6107): 818-821.

Phinney B O. 1979. Gibberellin biosynthesis in the fungus *Gibberella fujikuroi* and high plant. American Chemical Society, 3: 57-78.

Schechter I, West C A. 1969. Biosynthesis of gibberellins. Ⅳ. Biosynthesis of cyclic diterpenes from trans geranylgeranyl pyrophosphate. J Biol Chem, 244: 3200-3209.

第9章 微生物的代谢调节

微生物的代谢调节是指微生物的代谢速度和方向按照微生物的需要而改变的一种作用。因为任何代谢都是酶促反应过程，所以代谢调节的关键是对酶量和酶活性的调节，即酶合成和酶活性的调节。

酶合成的调节是通过酶量的变化来控制代谢的速率，包括酶合成的诱导（induction）和阻遏（repression）两种方式。这是在遗传水平上发生的，涉及基因的表达和调控。因为酶的合成需要一个过程，所以酶合成的调节在时间上相对缓慢，不能对环境变化迅速作出反应，可看作“粗调”，但这是根本上的控制，并节省原材料。

酶活性的调节是对已有的酶进行修饰来控制代谢的速率，包括酶活性的激活（activation）与抑制（inhibition）。这种调节方式与基因无关，属于蛋白质翻译后的调节，涉及酶的构象变化和共价修饰对酶活性的影响，其特点是速度快而灵敏，可立即使酶失活或有活性，可看作“细调”。

细胞中酶活性和酶合成的调节往往是同时存在的，从而保证微生物体内代谢的正常进行。此外，细胞膜的透性对代谢调节也具有重要意义。微生物像所有其他生物一样，其生存法则主要是遵循经济的原则。因此，微生物代谢调节的原则即是通过对自身的代谢调节以达到最大程度的经济节约，从而最充分、最有效地利用原材料和能源。这是微生物长期生存竞争和适应环境的结果。

微生物代谢的控制是指人为地对微生物的代谢调节，进行遗传改造和条件控制，以期按照人们的愿望生产有用的微生物制品。

本章重点阐明代谢调节的基本方式；酶合成和酶活性调节的分子机制及代谢控制的基本措施。

第 1 节　酶活性的调节

酶活性的调节是指一定数量的酶，通过改变其分子构象或分子结构来调节它的活性，从而进一步调节酶催化反应的速率。酶活性调节是通过激活或抑制已有酶的活性实现的，其特点是反应快速。酶活性调节受多种因素的影响，包括底物和产物的性质和浓度，环境因子如浓度、压力、pH 和辅助因子等，以及其他酶的存在都有可能激活或抑制酶的活性。本节讨论微生物中酶活性调节的类型及其分子机制。

1.1　激活

凡能提高酶活性的物质统称为激活剂（activator）。在激活剂的作用下，可使原来无活性的酶具有活性，或使原来低活性的酶提高活性，这种现象称为激活（activation）或活化。激活剂大多是金属阳离子，如 Na^+、K^+、Mg^{2+}、Zn^{2+}、Ca^{2+}、Fe^{2+}、Co^{2+}、Ni^{2+} 等，阴离子激活剂则不多见，虽然发现 Cl^- 对 α-淀粉酶有明显的激活作用，但这类离子所控制的激活作用，不能进行自我调节，主要靠外源供给，因此不属于代谢调节的内容。

代谢调节的激活作用主要是指代谢物对酶的激活。这类激活作用有两种情况：前体激活和中间代谢物的反馈激活。前者是指代谢途径后面的酶促反应，可被该途径中前面的中间产物所促进（图 9-1A）。例如，粪链球菌的乳酸脱氢酶活性，可被前体物质 1，6-二磷酸果糖所促进（图 9-2A）；粗糙脉孢菌的 TCA 循环中，以 NAD^+ 为辅酶的异柠檬酸脱氢酶的活性，可以被柠檬酸所促进（图 9-2B）。后者是指代谢中间产物对该途径前面的酶起激活作用（图 9-1B）。这种激活方式并不多见，典型的例子是 1，6-二磷酸果糖是磷酸果糖激酶的激活剂（图 9-2C）。

图 9-1　代谢物的激活模式
A：前体激活；B：反馈激活

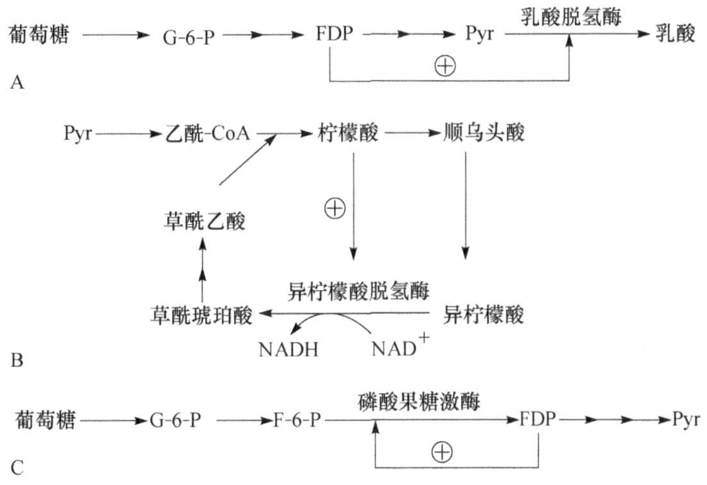

图 9-2　代谢的激活作用实例
A：对乳酸脱氢酶的激活；B：对异柠檬酸脱氢酶的激活；C：对磷酸果糖激酶的激活
FDP：1,6-二磷酸果糖；Pyr：丙酮酸

1.2 抑制

抑制（inhibition）与激活相反。由于某些物质的存在，降低了酶的活性，称为抑制。如果抑制是不可逆的，将造成代谢作用的停止，因此不属于代谢调节的范围；抑制也可以是可逆的，当抑制剂去除后，酶又恢复活性。在代谢调节过程中所发生的抑制现象主要是可逆的，而且大多属于反馈抑制（feedback inhibition）。

1.2.1 反馈抑制

反馈抑制是指代谢的末端产物对酶（往往是代谢途径中的第一个酶）活性的抑制。反馈抑制作用在生物体内普遍存在，它在维持细胞正常代谢、经济有效地利用代谢原料，以及适应环境的变化上都有重要作用，具有作用直接、效果快速及当末端产物浓度降低时又可重新解除抑制等特点。反馈抑制的类型有多种，分述如下。

1. 线形代谢途径的反馈抑制

这是一种最简单的反馈抑制类型，通常是代谢途径的末端产物对催化第一步反应的酶活性有抑制作用。其通式见图 9-3。

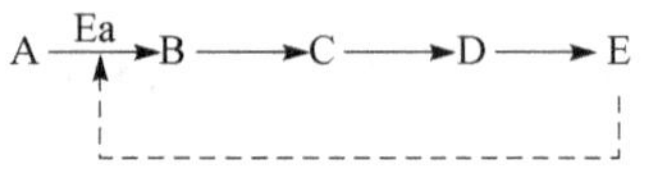

图 9-3 线形代谢途径的反馈抑制作用模式

图 9-3 中，E 为末端产物，当它过量时，通过对本途径中第一个酶 Ea 的抑制，可有效地调节整个途径，不仅控制了末端产物 E 自身的合成，而且也避免了一系列中间产物的积累。第一个酶往往是限速步骤的关键酶，也称限速酶，在分支代谢途径中，它常处在分支点上。

例如，大肠杆菌（*E. coli*）在由苏氨酸合成异亮氨酸时，终产物异亮氨酸过多时可抑制途径中第一个酶——苏氨酸脱氨酶（TD）的活性，导致异亮氨酸合成停止，从而避免了异亮氨酸的过量合成，如图 9-4 所示。

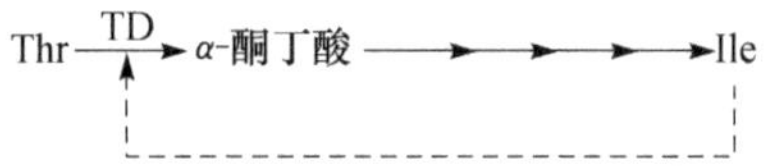

图 9-4 大肠杆菌中异亮氨酸对苏氨酸脱氨酶的反馈抑制

2. 分支代谢途径的反馈抑制

在有两种或两种以上末端产物的分支合成代谢途径中，调节方式较复杂，其共同特点是每个分支途径的末端产物控制分支点后的第一个酶，同时每个末端产物又对整个途径的第一个酶有部分的抑制作用。分支代谢的反馈调节方式有多种，分述如下。

1）协同反馈抑制

协同反馈抑制（concerted feedback inhibition）指分支代谢途径中的几种末端产物同时过量时，才能抑制共同途径中的第一个酶，如果末端产物单独过量，则对途径中的第一个酶无抑制作用。其模式如图 9-5 所示。

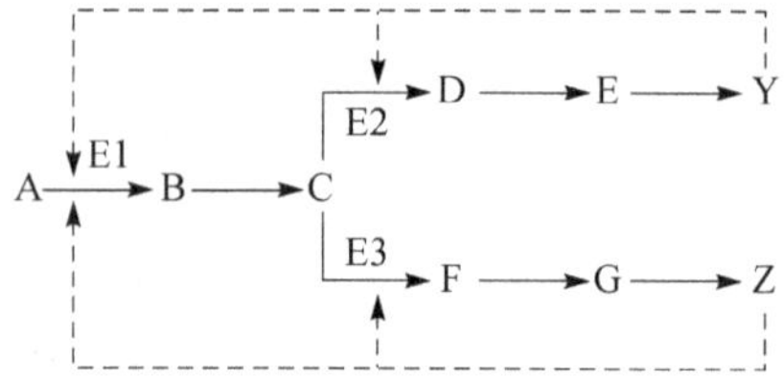

图 9-5 协同反馈抑制的模式

E1 被 Y 和 Z 协同抑制；E2 被 Y 抑制；E3 被 Z 抑制

例如，荚膜红假单胞菌（*Rhodopseudomonas capsulata*）的天冬氨酸族氨基酸生物合成途径中，天冬氨酸激酶（AK）受末端产物赖氨酸和苏氨酸的协同反馈抑制，如果仅苏氨酸或赖氨酸过量，则不表现对天冬氨酸激酶的抑制作用。其过程如图 9-6 所示。

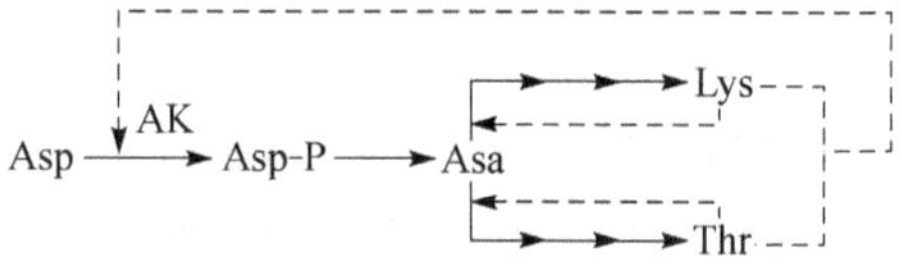

图 9-6 荚膜红假单胞菌中赖氨酸和苏氨酸对天冬氨酸激酶的协同反馈抑制

Asp-P：天冬氨酰磷酸；Asa：天冬氨酸半醛

2）累积反馈抑制

在分支代谢途径中，各种末端产物单独过量时各自对共同途径中的第一个酶产生较小的抑制作用（部分抑制），一种末端产物单独过量并不影响其他末端产物的形成；只有当几种末端产物同时过量时，才能对共同途径中的第一个酶产生较大的抑制作用，称为累积反馈抑制（cumulative feedback inhibition）。其模式如图 9-7 所示。

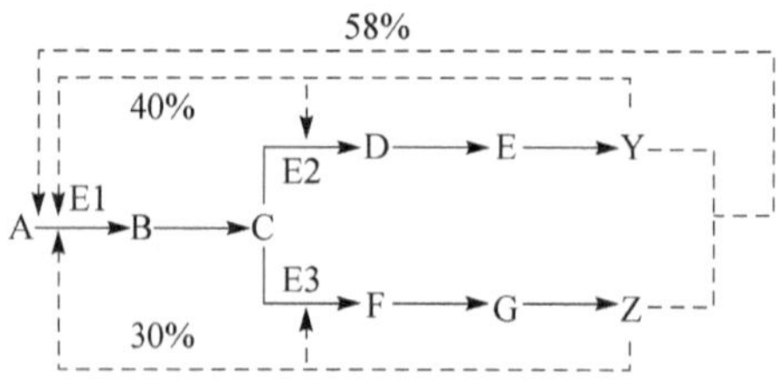

图 9-7 累积反馈抑制的模式

如果末端产物 Y 单独过量时，抑制 E1 活性的 40%，剩余酶活为 60%；如果末端产物 Z 单独过量时抑制 E1 活性的 30%；当 Y、Z 同时过量时，其抑制是累积的，抑制 E1 活性的 58%。可计算如下

$$30\% + (1-30\%) \times 40\% = 58\%$$

或　$40\% + (1-40\%) \times 30\% = 58\%$

大肠杆菌谷氨酰胺合成酶（GS）活性的调节是一个典型的累积反馈调节的例子。谷氨酰胺是在谷氨酰胺合成酶的催化下由谷氨酸、铵和 ATP 合成的。谷氨酰胺中的酰胺基为色氨酸、组氨酸、氨甲酰磷酸、6-磷酸葡萄糖胺、CTP、AMP 等化合物的生物合成提供氮源。谷氨酰胺合成酶被谷氨酰胺代谢的每种末端产物及丙氨酸和甘氨酸所累积反馈抑制。谷氨酰胺合成酶对这些抑制物中的每一种抑制物都有特异的结合部位，当上述 8 种末端产物同时过量且都与酶结合时，谷氨酰胺合成酶的活性才受到最大的抑制。其过程如图 9-8 所示。

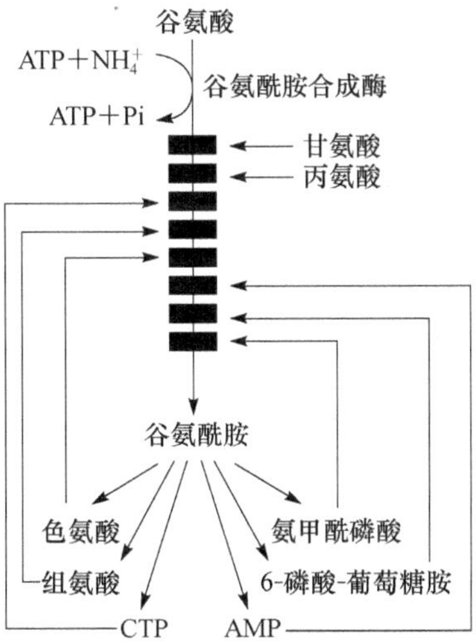

图 9-8　大肠杆菌中谷氨酰胺合成酶的累积反馈抑制

3）超相加反馈抑制

超相加反馈抑制（enhanced feedback inhibition）也称增效反馈抑制，是一种既不同于协同反馈抑制，又不同于累积反馈抑制的反馈抑制类型。在分支代谢途径中，几种末端产物单独过量时，仅部分抑制共同途径中的第一个酶；但当末端产物同时过量时，其对共同途径中第一个酶的抑制作用超过了几种末端产物单独过量时抑制的总和。其模式如图 9-9 所示。

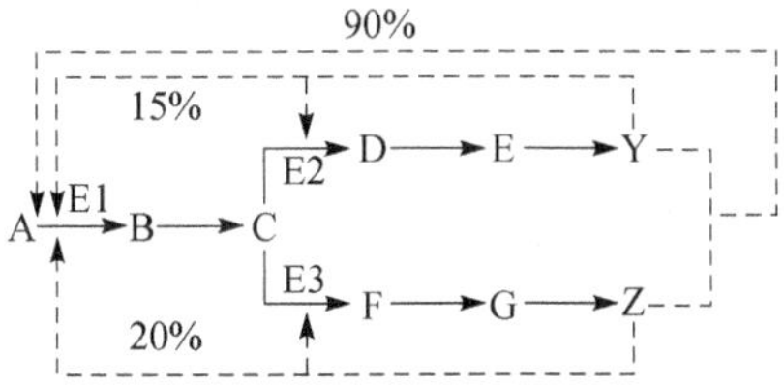

图 9-9　超相加反馈抑制的模式

例如，在嘌呤核苷酸的生物合成途径中，催化第一步反应的酶——5-磷酸核糖-1-焦磷酸（PRPP）的酰胺基转移酶，可被各种嘌呤核苷酸产物（如 AMP、GMP）所抑制。一定量的 GMP 或 AMP 仅能抑制 PRPP 酰胺基转移酶活力的 10%，而当二者混合时，则可抑制其酶活力的 50%。PRPP 酰胺基转移酶是一种别构酶，它含有与 GMP 和 AMP 结合的不同位点。嘌呤核苷酸合成中的超相加调节作用如图 9-10 所示。

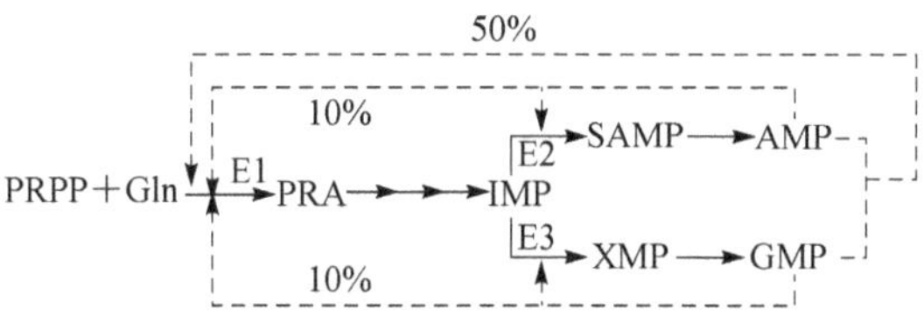

图 9-10　嘌呤核苷酸生物合成中的超相加反馈抑制

PRPP：5-磷酸核糖-1-焦磷酸；Gln：谷氨酰胺；PRA：5-磷酸核糖胺；IMP：次黄嘌呤核苷酸；SAMP：琥珀酰 AMP；XMP：黄嘌呤核苷酸；E1：酰胺基转移酶；E2：SAMP 合成酶；E3：IMP 脱氢酶

4）顺序反馈抑制

分支代谢途径中的末端产物不能直接抑制共同途径中的第一个酶，而是分别抑制分支点后的第一个酶，造成分支点中间产物的积累，该中间产物再反馈抑制共同途径中的第一个酶。因此，只有当末端产物同时过量时，才能对共同途径中的第一个酶产生抑制作用。微生物通过这种逐步有顺序的调节方式达到平衡状态，这种抑制方式称为顺序反馈抑制（sequential feedback inhibition）。其模式如图 9-11 所示。

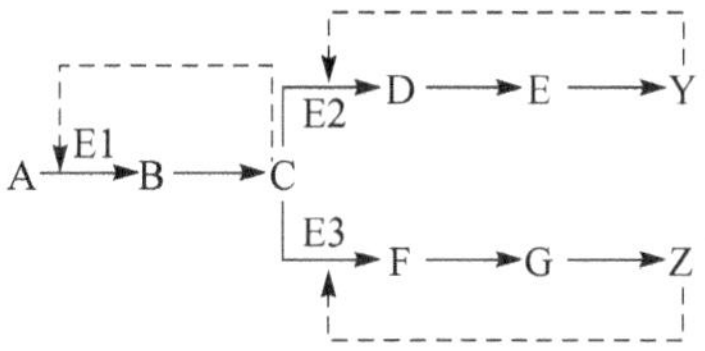

图 9-11　顺序反馈抑制的模式

Y 抑制酶 E2；Z 抑制酶 E3；分支点中间产物 C 抑制共同途径的第一个酶 E1

例如，枯草芽孢杆菌在芳香族氨基酸合成中，色氨酸（Trp）抑制邻氨基苯甲酸合成酶（AS），苯丙氨酸抑制预苯酸脱水酶（PT），酪氨酸抑制预苯酸脱氢酶（PD）。当分支途径的第一个酶分别受抑制时，分支酸和预苯酸积累，这两个物质的过量又进一步对共同途径中的第一个酶即 7-磷酸-2-酮-3-脱氧庚糖酸（DAHP）合成酶（DS）产生抑制作用。其过程如图 9-12 所示。

5）同工酶和多功能酶的反馈抑制

同工酶是指能催化相同的生化反应，但酶分子结构有差异，可分别被相应的末端产物所抑制的一类酶。它们虽同存于一个个体或同一组织中，但在生理、免疫和理化特性上却存在着差别。同工酶对细胞的发育和代谢调节都很重要。

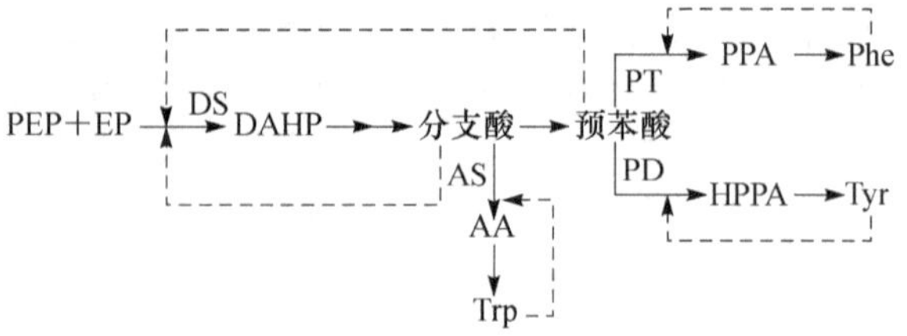

图 9-12　枯草芽孢杆菌中芳香族氨基酸合成的顺序反馈抑制

PEP：磷酸烯醇丙酮酸；EP：4-磷酸赤藓糖；AA：邻氨基苯甲酸；PPA：苯丙酮酸；HPPA：对羟基苯丙酮酸

同工酶对分支途径的反馈调节模式如图 9-13 所示。催化途径中第一个反应的酶有两个同工酶 E1 和 E2，E1 被 Y 抑制，E2 被 Z 抑制，只有当末端产物 Y 和 Z 同时过量时才能完全阻止 A 转变为 B。另两个控制点——分支点 C 后的第一个酶 E3 和 E4，分别受 Y 和 Z 的抑制。同工酶反馈抑制的优点是可以保证各个分支代谢途径间不相互干扰，每种末端产物过量，并不影响其他末端产物的合成。

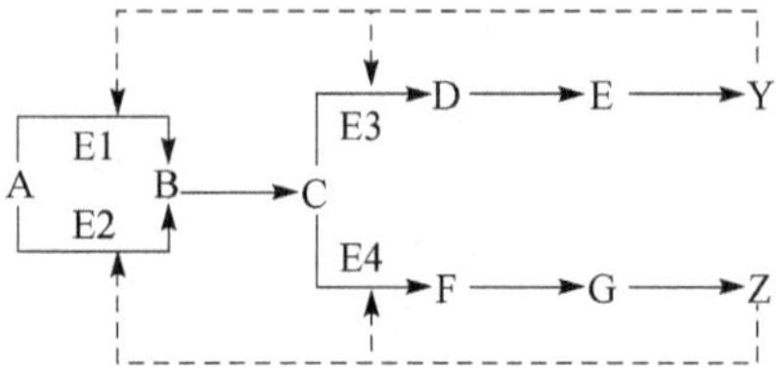

图 9-13　同工酶的反馈抑制模式

E1，E2 为同工酶；E1、E3 被 Y 抑制；E2、E4 被 Z 抑制

例如，大肠杆菌以天冬氨酸为前体合成苏氨酸、异亮氨酸、甲硫氨酸和赖氨酸的代谢途径中有 3 种天冬氨酸激酶（AK）的同工酶（AKⅠ、AKⅡ、AKⅢ）和两种高丝氨酸脱氢酶（HSDH）的同工酶（HSDHⅠ、HSDHⅡ）。其中 AKⅠ 和 HSDHⅠ 受苏氨酸、异亮氨酸的反馈抑制和阻遏；AKⅡ 和 HSDHⅡ 受甲硫氨酸的反馈抑制和阻遏；AKⅢ 受赖氨酸的反馈抑制和阻遏。如图 9-14 所示，这里除了反馈抑制外，还有反馈阻遏，即存在酶的活性和酶的合成双重调节。

同工酶调节还存在于大肠杆菌的芳香族氨基酸的生物合成途径中，有 3 种 DAHP 合成酶的同工酶（DAHPS1、DAHPS2、DAHPS3）和两种分支酸变位酶的同工酶（CAM1、CAM2）。其中 DAHPS1 和 CAM1 受苯丙氨酸的反馈抑制和阻遏；DAHPS2 和 CAM2 受酪氨酸的反馈抑制和阻遏；DAHPS3 受色氨酸的反馈抑制和阻遏。其过程如图 9-15 所示。

多功能酶是指结构上仅为一条多肽链，却具有两种或两种以上功能的酶蛋白。多功能酶在代谢调节中也起作用。

例如，大肠杆菌天冬氨酸族氨基酸合成途径（图 9-14）中，AKⅠ 和 HSDHⅠ 组成了一个多功能酶分子，

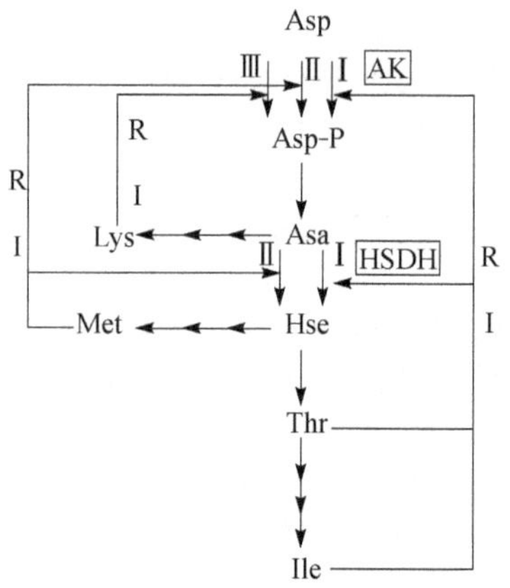

图 9-14　大肠杆菌天冬氨酸族氨基酸合成途径中同工酶的反馈调节

Asp-P：天冬氨酰磷酸；Asa：天冬氨酸半醛；Hse：高丝氨酸；R：阻遏作用；I：抑制作用

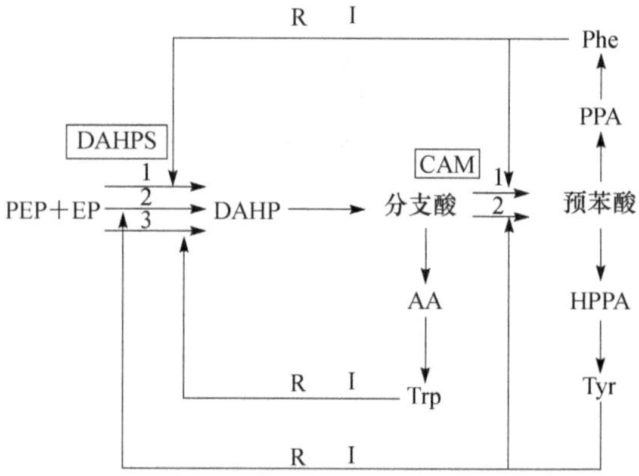

图 9-15　大肠杆菌芳香族氨基酸合成途径中同工酶的反馈调节

PEP：磷酸烯醇丙酮酸；EP：4-磷酸赤藓糖；DAHP：7-磷酸-2-酮-3-脱氧庚糖酸；AA：邻氨基苯甲酸；PPA：苯丙酮酸；HPPA：对羟基苯丙酮酸；R：阻遏作用；I：抑制作用

相对分子质量为 344 000，由 4 个相同的亚基组成。上述两种酶的活性中心同在一个亚基上，其中氨基端部分具有天冬氨酸激酶的活性，羧基端部分具有高丝氨酸脱氢酶的活性。同样，AKⅡ 和 HSDHⅡ 也是一种多功能酶。

在多功能酶调节的代谢途径中，一种末端产物过量时，可以同时使多功能酶的两种活性受到抑制，使代谢途径沿着另一条分支途径进行。因此，多功能酶比一般的同工酶具有更灵活的调节作用。

1.2.2　抑制与激活的协调

前面主要讨论了各代谢途径自身的末端产物对该途径的代谢调节。实际上，生物体内的调节远比上述复杂，各个代谢途径间往往不是独立的，而是相互联系的。如果两个代谢途径间需要共同的中间产物，则该中

间产物浓度的变化会影响到这两个途径的代谢速率，那么这两个代谢途径间会存在抑制与激活的协调（coordination of activation and inhibition）调节方式。

例如，大肠杆菌中，精氨酸和嘧啶核苷酸的合成需要共同的中间产物氨甲酰磷酸。当嘧啶核苷酸积累时，其合成途径的第一个酶即氨甲酰磷酸合成酶受到抑制，导致氨甲酰磷酸的浓度降低，并进一步导致精氨酸合成途径中鸟氨酸的积累，鸟氨酸又补偿激活氨甲酰磷酸合成酶，使氨甲酰磷酸浓度上升，从而保证精氨酸的合成。当精氨酸积累到一定量时，反馈抑制其合成途径的第一个酶即 *N*-乙酰谷氨酸合成酶，导致鸟氨酸减少，这时氨甲酰磷酸主要去合成嘧啶核苷酸。这样，可以维持各个代谢途径间的平衡，既不会浪费底物和能量，又能保证氨基酸和核苷酸的正常合成。其过程如图 9-16 所示。

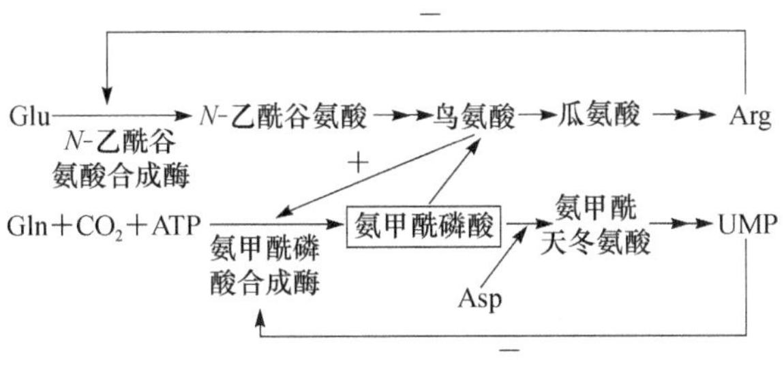

图 9-16　大肠杆菌中抑制与激活的协调调节实例
+：激活作用；−：抑制作用

1.3　酶活性调节的分子机制

凡是酶的活性可以被调节的酶叫调节酶，调节酶往往是限速酶。酶活性调节的机制有多种理论来解释，但主要有两种：别构调节理论（其核心是酶分子构象的改变）和酶分子的化学修饰理论（其核心是酶分子结构的改变）。

1.3.1　别构酶调节

1963 年，J. Monod 等提出变构酶（现称别构酶）学说来阐明酶活性调节的机制。其内容要点是：别构酶与普通酶不同，除了具有与底物结合的催化中心外，还具有与调节物（或称效应物）结合的调节中心。当酶与调节物（激活剂或抑制剂）结合后，酶蛋白的构象发生变化，引起催化中心改变，从而引起酶活性的变化。关于别构酶的结构、性质及其动力学特征请参考生物化学教材中相关部分。

1.3.2　酶的共价修饰

共价修饰是酶蛋白在修饰酶的催化下，可与某些物质发生共价键的结合或解离，从而在活性形式与非活性形式之间相互转变，以控制代谢的速度和方向。共价修饰又称为化学修饰，这是另一种快速、灵敏、高效的细调方式。酶的可逆共价修饰有多种类型，它们是：磷酸化/脱磷酸化，乙酰化/脱乙酰化，腺苷酰化/脱腺苷酰化，尿苷酰化/脱尿苷酰化，甲基化/脱甲基化，ADP-核糖基化/脱 ADP-核糖基化，S-S/SH 相互转变等。下面介绍几种酶促共价修饰对酶活性的调节方式。

1. 磷酸化/脱磷酸化对酶活性的调节

磷酸化/脱磷酸化是最常见的共价修饰调节类型，是生物体内存在的一种普遍的调节方式，几乎涉及所有的生理过程，并在细胞信号的传导过程中发挥极其重要的作用。常见的磷酸化修饰是酶的一个特定的丝氨酸残基被磷酸化，蛋白激酶催化 ATP 末端的磷酸基团转移到酶特定的丝氨酸残基上。酶的磷酸丝氨酸经蛋白磷酸化酶水解释放出磷酸基团后，又还原为脱磷酸的状态。催化途径中的酶通常是受磷酸化作用激活，通过脱磷酸化作用而失活。

$$E + nATP \underset{\text{磷酸酶}}{\overset{\text{激酶}}{\rightleftharpoons}} E\text{-}nPi + nADP$$

2. 腺苷酰化/脱腺苷酰化对酶活性的调节

在氮代谢中，谷氨酰胺合成酶是一种非常重要的调节酶。肠道细菌优先利用的氮源是铵盐，铵盐同化的主要产物是谷氨酸。谷氨酸是某些氨基酸的前体并最终通过转氨作用为多种氨基酸提供氨基，谷氨酸也是谷氨酰胺的前体，后者既参与其他氨基酸的合成也参与嘌呤和嘧啶的合成。细胞总氮的 85%来自谷氨酸的氨基氮，15%来自谷氨酰胺的酰胺氮。

在培养基铵盐浓度低于 1mmol/L 的条件下，谷氨酰胺合成酶对细胞的生长非常重要。该铵盐同化途径如下

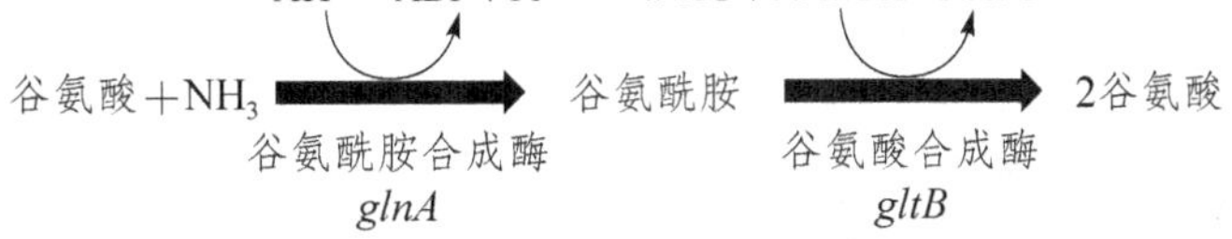

在培养基铵盐浓度高于 1mmol/L 条件下，谷氨酰胺合成酶系统失活，但可通过谷氨酸脱氢酶（*gdh*）的如下反应进行铵盐同化。

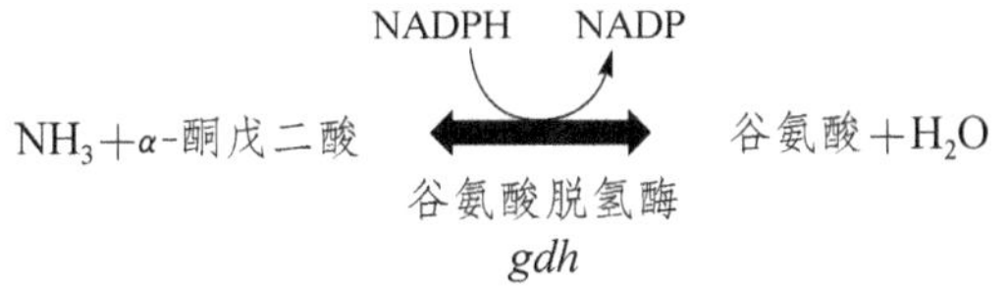

若谷氨酰胺合成酶的活性不减弱，则会把胞内全部谷氨酸转化成谷氨酰胺，对细胞生长造成危害。因此，谷氨酰胺合成酶的活性及其合成必须受到严格调控。

在生物体内，对谷氨酰胺合成酶有多种调节方式，例如，大肠杆菌的谷氨酰胺合成酶至少受 3 种不同机制的调节：①氮源变化对谷氨酰胺合成酶合成的阻遏和脱阻遏作用；②谷氨酰胺代谢中多种末端产物的累积反馈

抑制；③在特异酶催化下发生腺苷酰化和脱腺苷酰化的共价修饰。

谷氨酰胺合成酶的相对分子质量为 60 万，由 12 个相同的亚基组成，每个亚基上都有一个可被腺苷酰化的部位，腺苷酰受体是每个亚基上酪氨酸残基上的酚羟基。完全腺苷酰化的酶具有 12 个腺苷酸残基，完全或部分腺苷酰化的酶是无活性或低活性的，只有全部脱腺苷酰化的酶才是高活性的。谷氨酰胺合成酶的腺苷酰化是渐进进行的，即一个亚基腺苷酰化后，其他亚基仍有活性，因此，可以更灵敏地调节它的活性。

推动谷氨酰胺合成酶腺苷酰化和脱腺苷酰化的辅助蛋白有：腺苷酰转移酶（ATase，GlnE）、PⅡ调节蛋白（GlnB）和双功能酶尿苷酰转移酶/脱尿苷酰酶（UTase/UR，GlnD）。其中 PⅡ调节蛋白无催化功能，它可感受细胞内碳和氮的信号，被尿苷酰化或脱尿苷酰化修饰，然后作用于腺苷酰转移酶，使之催化腺苷酰化或脱腺苷酰化反应。氮的信号分子是谷氨酰胺或铵盐，碳的信号分子是 α-酮戊二酸（α-KG）。

细胞中低水平的谷氨酰胺或铵盐可激活尿苷酰转移酶，使 PⅡ尿苷酰化。PⅡ-UMP 与 ATase 结合使 GS-AMP 脱腺苷酰化，谷氨酰胺合成酶的活性被激活，铵盐同化作用加强。高水平谷氨酰胺或铵盐则正好相反，通过脱尿苷酰酶作用从 PⅡ脱去尿苷，PⅡ的非修饰形式使 ATase 催化谷氨酰胺合成酶的腺苷酰化，谷氨酰胺合成酶失活，铵盐的同化减弱，以避免将细胞内全部谷氨酸转化成谷氨酰胺而对细胞生长造成危害。而当 α-酮戊二酸水平较高时（即仍可同化更多的铵盐），即使谷氨酰胺水平较高，PⅡ激活 ATase 的腺苷酰化作用也会受到限制。结果，谷氨酰胺合成酶维持活跃，铵盐同化继续进行，这样就保证了有效氮库（谷氨酰胺）和吸收氮的有效碳库（α-酮戊二酸）之间的平衡。

大肠杆菌中谷氨酰胺合成酶的共价修饰调节如图 9-17 所示。

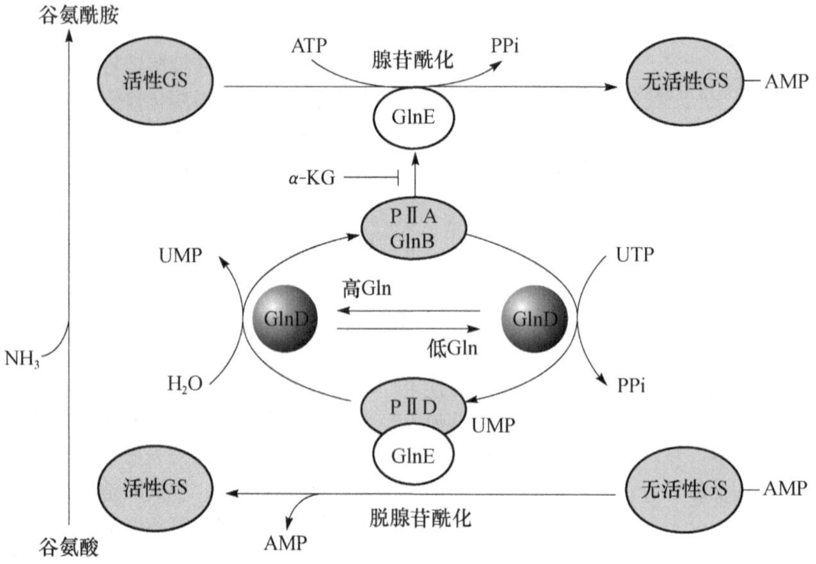

图 9-17　大肠杆菌谷氨酰胺合成酶的共价修饰调节（Moat et al.，2002）

3. 乙酰化/脱乙酰化对酶活性的调节

胶质红假单胞菌（*Rhodopseudomonas gelatinosa*）中的柠檬酸裂解酶（CL）也是一种共价修饰调节酶，它能催化柠檬酸裂解为草酰乙酸和乙酸。新生的 CL 是无活性的，被乙酰化后才有催化活性，脱乙酰化后又失去活性。活化时需 ATP 提供能量才能加上乙酰基。CL 活性的变化受谷氨酸和柠檬酸（Citr）的调节，即柠檬酸促进乙酰化，谷氨酸则抑制脱乙酰化。如图 9-18 所示。

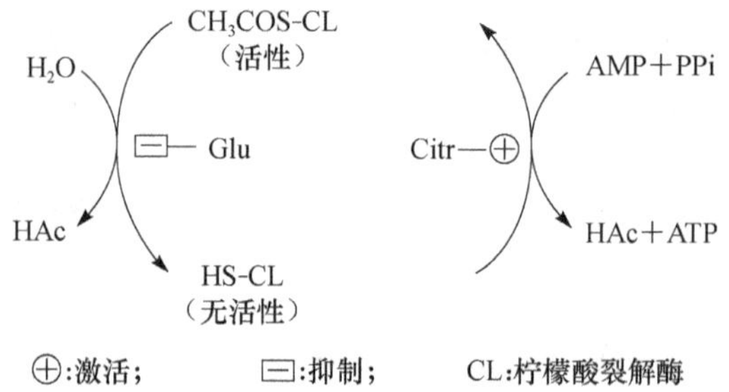

图 9-18　胶质红假单胞菌中柠檬酸裂解酶的共价修饰调节

胶质红假单胞菌通过柠檬酸裂解酶的活性变化使细胞中柠檬酸的量维持在一定的水平，从而保证 TCA 循环的正常进行。在柠檬酸裂解酶修饰过程中无其他酶参与，只有乙酰基与柠檬酸裂解酶的催化反应，这与大肠杆菌中谷氨酰胺合成酶的共价修饰是不同的。

4. ADP-核糖基化/脱 ADP-核糖基化对酶活性的调节

这种共价修饰方式首先是在深红红螺菌固氮酶的

铁蛋白上发现的，通过共价修饰铁蛋白组分而调节固氮酶的活性。铁蛋白的共价修饰涉及两个重要的酶：DRAT（dinitrogenase reductase ADP-ribosyltransferase）和 DRAG（dinitrogenase reductase activating glycohydrolase）。前者称作固氮酶还原酶 ADP-核糖转移酶，又称失活酶，是 *draT* 基因的产物；后者称作固氮酶还原酶激活糖苷水解酶，又称激活酶，是 *draG* 基因的产物。

失活、激活铁蛋白的信号是铵。当细胞处于高铵或黑暗条件下时，DRAT 起作用，固氮酶铁蛋白组分的一个亚基上的精氨酸残基（Arg-101）被 ADP-核糖基化修饰，从而导致固氮酶活性的完全丧失，固氮作用停止。当细胞处于低铵或由黑暗转入光亮条件时，DRAG 起作用，水解除去铁蛋白上的 ADP-核糖基团，使固氮酶恢复活性，重新开始固氮。ADP-核糖基化修饰时，ADP-核糖基（ADPR）的供体是 NAD，而且需要 MgATP 的参与。如图 9-19 所示。

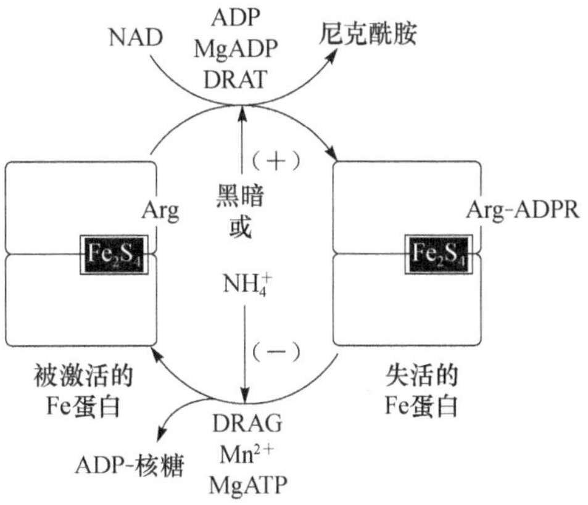

图 9-19　深红红螺菌中固氮酶铁蛋白组分的共价修饰调节（Halbleib et al.，2000）

固氮酶的 ADP-核糖基化的活性调节方式很灵敏，当外界铵浓度大于 1mmol/L 时便可起作用，比谷氨酰胺合成酶的共价修饰调节灵敏得多。但是固氮酶的这种活性调节机制不是在所有固氮菌中都存在的，如肺炎克氏杆菌、巴氏梭菌和棕色固氮菌中的固氮酶就不存在该活性调节机制。

酶促共价修饰对酶活性的调节有以下特点：①在作用方式上，这类调节酶都具有两种形式，一种是无活性或低活性的，另一种是有活性或高活性的；②在作用本质上，酶促共价修饰与别构调节不同，是在酶分子上发生共价键的改变，即酶的一级结构发生变化，而别构调节中别构酶只发生非共价键的改变，为单纯的构象变化，酶的一级结构无变化；③在能耗上，酶促共价修饰所需的能耗与酶分子的生物合成相比要少得多，如在酶分子发生磷酸化修饰时，一般每个亚基只消耗 1 分子的 ATP，因此，共价修饰从能耗的角度来说是一种经济有效的酶活性调节方式；④在效率上，酶促共价修饰对调节信号有放大作用，其催化效率比别构酶调节要高。

需要指出的是，酶的共价修饰调节与别构酶的调节有共同之处，那就是二者都是调节酶的活性，都不涉及基因表达的改变，都属于酶蛋白翻译后的调节。

第 2 节　酶合成的调节

酶合成的调节是通过酶量的变化来控制代谢速率的。从本质上看，酶合成的调节是在基因表达水平上起作用的。能否合成某种酶，首先是取决于微生物的内因，即有、无合成该酶的基因，另外还取决于微生物的外因，即环境条件。

微生物酶合成的调节方式有两种类型：酶合成的诱导和酶合成的阻遏。前者导致酶的合成，后者停止酶的合成。本节介绍各种方式的诱导和阻遏，及其作用的机制。

2.1　酶合成的诱导

根据酶合成对底物的依赖关系，可把酶分为两大类：一类是诱导酶，它是适应环境中诱导剂所生成的酶；另一类是组成酶，无论底物存在与否，这类酶始终存在于细胞内。

应当指出，无论是诱导酶还是组成酶，它们的基因都存在于菌体内的染色体（或质粒）上，但在基因表达上是不同的，诱导酶基因的表达要依赖于环境中诱导剂的存在，而组成酶的基因表达不需要诱导剂。

诱导酶普遍存在于微生物界。例如，某些细菌只有生长在含有淀粉的培养基中才产生淀粉酶；曲霉只有生长在蔗糖培养基中才产生蔗糖酶；酵母菌在有氧时才合成细胞色素，在无氧时，细胞色素的合成则停止，当再置于有氧环境中时，细胞色素又开始合成；紫色细菌的叶绿素在黑暗中消失，见光又可生成。以往曾将微生物为了适应环境而生成的相应的酶类，均称为适应酶。但在深入研究大肠杆菌的 β-半乳糖苷酶（分解乳糖的酶）的适应合成过程中，发现了与酶的底物乳糖结构类似的一些物质，如异丙基-β-D-硫代半乳糖苷（IPTG），可以和乳糖一样能诱导 β-半乳糖苷酶的生成（图 9-20）。而另一些可作为此酶底物的结构类似物，如 5-溴-4-氯-3-吲哚-β-半乳糖苷（X-gal），却不能诱使 β-半乳糖苷酶产生，因此把适应酶改称为诱导酶更确切。通常把引诱生成诱导酶的物质称为“诱导剂”。一般来说，诱导酶的天然底物大多是诱导剂。

诱导酶在没有诱导剂存在时，酶量很少，但不为零，即有一个本底表达，加诱导剂后，酶量迅速上升（图 9-20）。通过观察蛋白质合成总速度与酶合成速度之

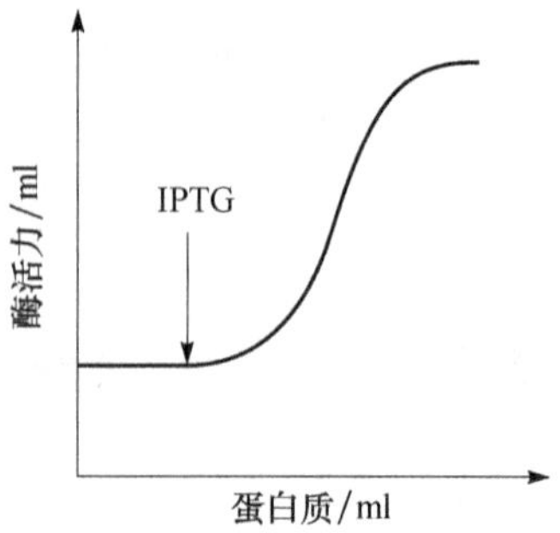

图 9-20　大肠杆菌中 IPTG 诱导 β-半乳糖苷酶的合成

间的关系，可以判断该酶是否为诱导酶。从图 9-20 可知，在不添加诱导剂 IPTG 之前，尽管蛋白质合成的总速度增加，但 β-半乳糖苷酶的活性不变。只有加入诱导剂后，酶活性才随着蛋白质合成总速度的增加而显著提高，这说明酶活性的增加是诱导产生的酶蛋白增加的结果。

一般来说，真核细胞中诱导酶的基本水平和诱导水平之间的差异小于原核生物的这种差异，如大肠杆菌的精氨酸酶的诱导水平比原有的酶水平高 100 倍，而啤酒酵母的这种差异最多只能达到 10 倍，这表明真核生物的诱导效果不如原核生物显著。

酶合成的诱导作用可表现出以下两种情况，即：协同诱导和顺序诱导。

2.1.1　协同诱导

协同诱导（coordinated induction）是指一种诱导剂可同时诱导产生若干种酶的现象（图 9-21）。这种诱导方式是原核微生物的特点，即一次诱导产生的酶不是一个，而是代谢途径中相邻的酶被同时诱导产生。这是因为原核生物的 mRNA 常常是多顺反子的，一条 mRNA 上有多个蛋白质合成的信息，而真核生物的 mRNA 是单顺反子的，所以不存在协同诱导。例如，大肠杆菌中，半乳糖可同时诱导产生半乳糖激酶、转移酶和表异构酶；乳糖可同时诱导产生 β-半乳糖苷酶、渗透酶和转乙酰基酶。

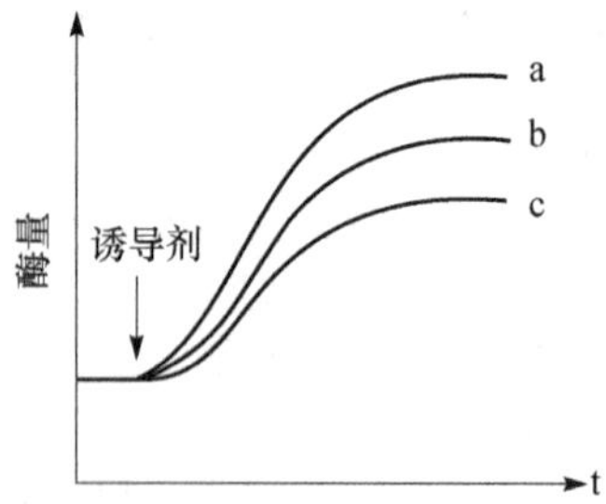

图 9-21　协同诱导模式

加诱导剂后，酶 a、b、c 被同时诱导合成

2.1.2　顺序诱导

顺序诱导（sequential induction）是指一种诱导剂可连续诱导产生一系列酶的现象（图 9-22）。顺序诱导的原因是代谢途径中前一种诱导酶的作用产物是后一种诱导酶的底物。例如，荧光假单胞菌中降解芳香族化合物的酶系，就是顺序诱导出来的（图 9-23）。

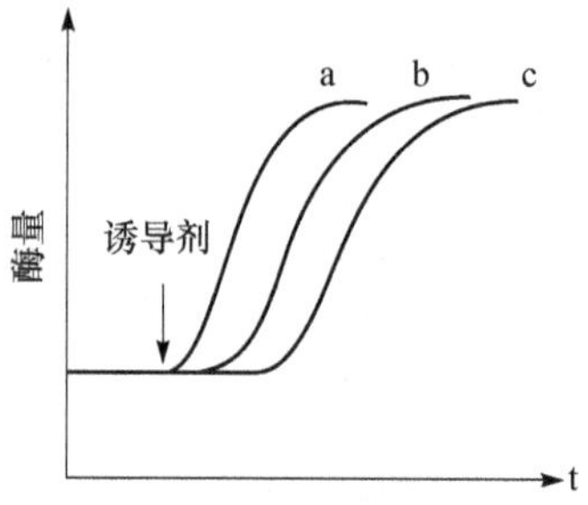

图 9-22　顺序诱导模式

加诱导剂后，酶 a、b、c 被依次诱导合成

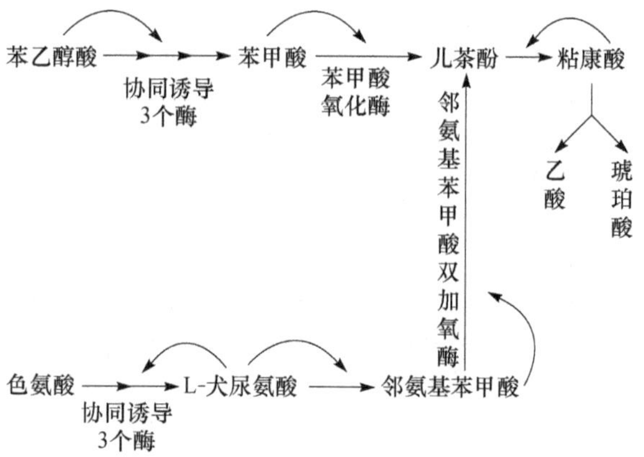

图 9-23　荧光假单胞菌中降解芳香族化合物酶系的顺序诱导图解

如图 9-23 所示，苯乙醇酸可协同诱导出分解苯乙醇酸成为苯甲酸的 3 种酶，而苯甲酸又可诱导出苯甲酸氧化酶，催化苯甲酸生成儿茶酚。在色氨酸降解成儿茶酚的途径中，犬尿氨酸可协同诱导出 3 种酶（色氨酸双氧酶、甲酰胺酶和犬尿氨酸酶），将色氨酸降解为邻氨基苯甲酸，后者再诱导出邻氨基苯甲酸双氧酶，催化邻氨基苯甲酸生成儿茶酚。在这里可以看到，降解色氨酸成为犬尿氨酸的酶系不是由底物色氨酸而是由产物犬尿氨酸诱导合成的。同样，分解儿茶酚为粘康酸的某些酶也是由粘康酸诱导生成的。像这样的例子很多，这也说明诱导酶的诱导剂不一定是该酶作用的底物。

2.2　酶合成的阻遏

阻止酶合成的现象称作酶合成的阻遏（repression of enzyme synthesis）。阻止酶合成的物质称为阻遏物。如果阻遏物是被阻遏的酶（或酶系）所催化生成的终点产物，则这种阻遏现象称为终点产物反馈阻遏（feed-back repression）。如果阻遏物是其分解代谢的产物，则称为分解代谢物阻遏（catabolic repression）。

2.2.1　终点产物反馈阻遏

终点产物反馈阻遏这种现象主要发生在合成代谢途径上，最初是在大肠杆菌合成甲硫氨酸的途径中被发现的。甲硫氨酸是由高丝氨酸经胱硫醚和高半胱氨酸生成的。生长在只含葡萄糖和无机盐的培养基中的大肠杆菌含有催化高丝氨酸合成甲硫氨酸的酶系。如果在培养基中加入过量的甲硫氨酸时，则这些酶系的合成同时被阻遏（图 9-24）。此后，在各种氨基酸，核苷酸和维生素及某些次级代谢产物的合成途径中，都发现有类似的现象。

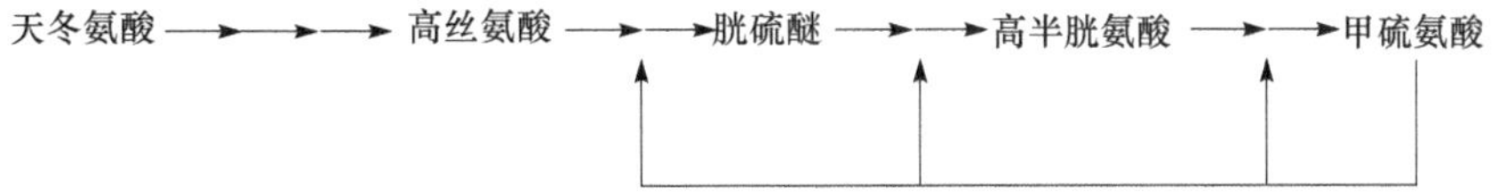

图 9-24　甲硫氨酸合成途径中的终点产物反馈阻遏

由于微生物具有终点产物反馈阻遏的调节系统，使微生物在已合成足够它所需要的物质时，或加入外源的这种物质时，就停止合成有关的酶类。当该物质被消耗利用后（如由氨基酸合成蛋白质），又可以合成这些酶，这就节约了能量和原材料，因此，微生物在正常生理状况下，不会合成过量的细胞物质。

2.2.2　分解代谢物阻遏

分解代谢物阻遏现象是在研究微生物对混合碳源利用所表现的二次生长现象中被揭示的。1942 年，Monod 研究枯草芽孢杆菌在有葡萄糖和阿拉伯糖的培养基中的生长情况时，首次发现了二次生长现象（图 9-25），即具有两个对数生长期，中间有一段生长停滞期。枯草芽孢杆菌首先快速利用葡萄糖，当葡萄糖被利用完后才开始利用阿拉伯糖，表现为二次生长，似乎是葡萄糖的存在阻碍了阿拉伯糖的利用，这种现象又被称作葡萄糖效应。后来在对大肠杆菌和许多其他微生物的培养中都观察到了二次生长现象，而且不限于葡萄糖和阿拉伯糖。凡是快速被利用的基质都可阻止细胞对其他基质的利用，只有当快速利用的基质被消耗之后，才开始利用第二种基质，细胞表现出二次生长。

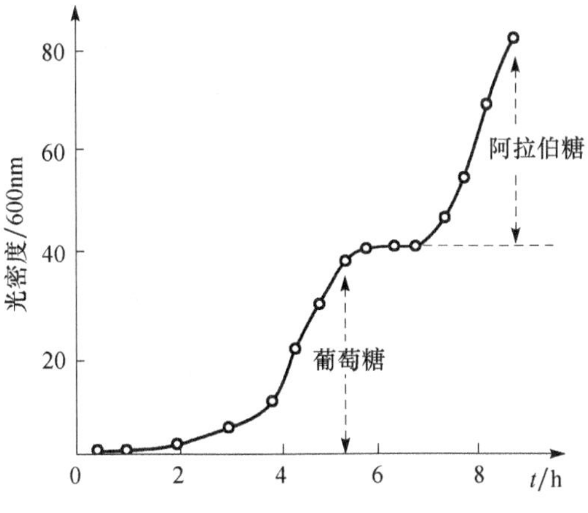

图 9-25　枯草芽孢杆菌的二次生长曲线

科学家深入研究了大肠杆菌以葡萄糖和乳糖为混合碳源和能源的二次生长的实质，揭示了二次生长的原因是由于利用葡萄糖的酶系是组成型的，而利用乳糖（或阿拉伯糖、半乳糖等）的酶系是诱导型的。在有葡萄糖的情况下，阻遏了利用乳糖的酶系合成，因而只有当葡萄糖被利用完之后，乳糖才能诱导利用它的酶系的合成。因为合成新酶系需要一定的时间，所以在二次生长之间出现了一段停滞期。

进一步研究发现，并非葡萄糖本身阻遏了利用乳糖的酶的合成，而是细胞内 cAMP 的浓度在起作用（图 9-26）。当有葡萄糖时，细胞内 cAMP 水平低；反之，当葡萄糖被利用后，细胞内 cAMP 的浓度上升（图 9-27）。推测是葡萄糖的分解产物抑制了 cAMP 的生成或促进 cAMP 水解成 AMP。因此，Magasanik 引入了分解代谢物阻遏这个概念。

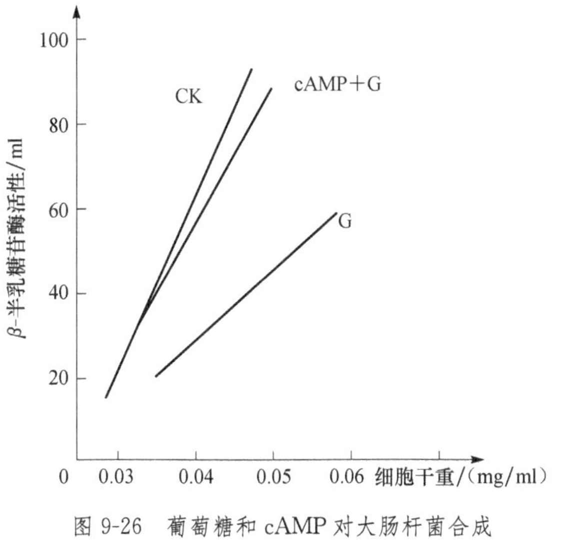

图 9-26　葡萄糖和 cAMP 对大肠杆菌合成 β-半乳糖苷酶的效应

将大肠杆菌先在含 0.4%甘油和有诱导剂的培养液中，37℃培养 35min 后分成 3 份。一份作为对照（CK），一份加葡萄糖（G），另一份加葡萄糖和 cAMP。继续培养，并定时取样分别测 β-半乳糖苷酶的活性和细胞干重，以酶活性和细胞干重作图。说明 cAMP 可以解除葡萄糖阻遏 β-半乳糖苷酶合成的作用

葡萄糖降低 cAMP 水平的机制是什么呢？分解代谢物起什么作用？事实上，并不是分解代谢物本身而是磷酸转移酶系统（PTS）中的可诱导组分 II A^{glu} 在起作用，II A^{glu} 是这个调控系统的核心，由它来调控原有腺苷酸环化酶的活性而不是腺苷酸环化酶的合成。腺苷酸环

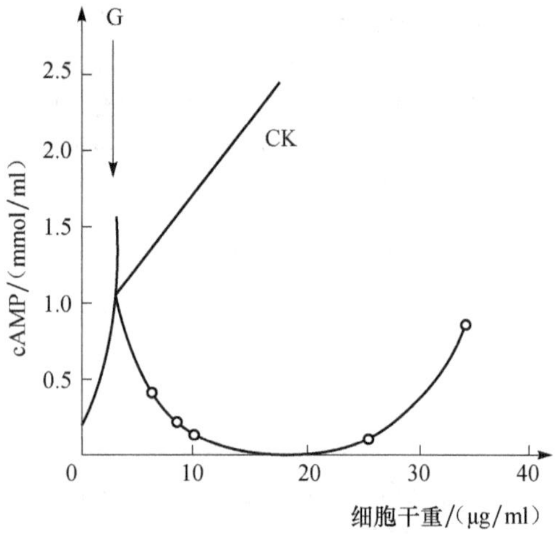

图 9-27　葡萄糖对大肠杆菌细胞内 cAMP 浓度的影响

实验方法同图 9-26。CK：不加葡萄糖；G：加 0.4% 葡萄糖。当加入葡萄糖时，胞内 cAMP 含量迅速下降，当葡萄糖耗尽后，cAMP 含量回升

化酶位于细胞膜上，催化 ATP 合成 cAMP（图 9-28），只有磷酸化的腺苷酸环化酶才有活性，其活性受ⅡA^{glu}的调控，其模式如图 9-29 所示。PTS 系统利用一些蛋白质（其中某些蛋白质对于转运的糖类是特异性的）在碳水化合物跨膜转运时将 PEP 上的磷酸基团转移给该碳水化合物。如在葡萄糖转运中，磷酸基团在蛋白质和蛋白质之间传递，直至到达ⅡA^{glu}。在缺乏葡萄糖的条件下，ⅡA^{glu}保持磷酸化。在无机磷存在的条件下，ⅡA^{glu}便会与腺苷酸环化酶作用激活其活性，从而导致 cAMP 水平急剧上升。然而，当有可利用的葡萄糖并转运到膜内时，ⅡA^{glu}上的磷酸基团会转移到葡萄糖上形成 6-磷酸葡萄糖。去磷酸化的ⅡA^{glu}与腺苷酸环化酶结合并抑制其活性，引起胞内 cAMP 水平的降低。因此，当细胞生长在非 PTS 糖类（如甘油）的培养基上，cAMP 水平高而且形成 CRP-cAMP 复合物，该复合物随后在转录水平上正调控一些操纵元的表达。还有证据表明，若 CRP-cAMP 水平过高，磷酸酶会使磷酸化的ⅡA^{glu}-P 去磷酸化，通过降低ⅡA^{glu}-P 的水平负调控腺苷酸环化酶的活性。

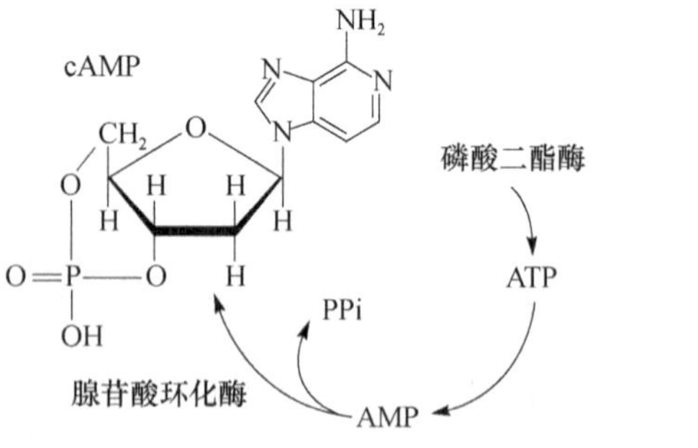

图 9-28　环腺苷酸（cAMP）的形成（Moat et al.，2002）

cAMP 在腺苷酸环化酶作用下合成，在磷酸二酯酶作用下分解

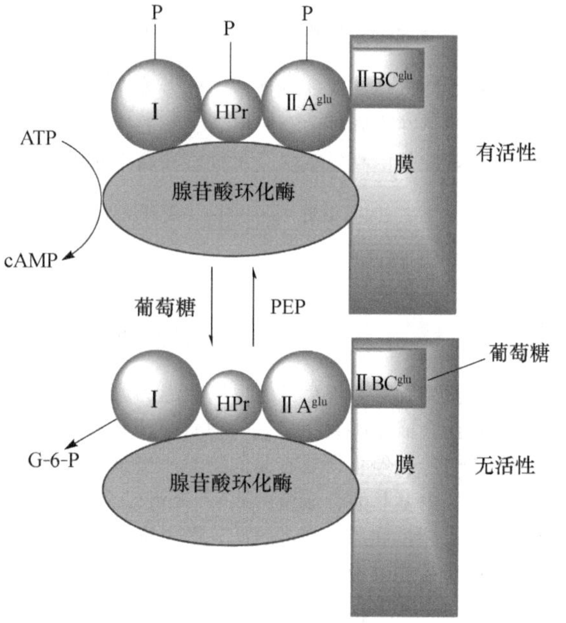

图 9-29　腺苷酸环化酶活性的调控和分解代谢物阻遏（Moat et al.，2002）

圆圈和方框代表磷酸转移酶系统（PTS）的各组分；ⅡA：磷酸转移酶系统中的可诱导组分；上：不使用 PTS 则导致磷酸化的ⅡA^{glu}累积，从而激活腺苷酸环化酶；下：葡萄糖通过 PTS 的转运消耗磷酸化的ⅡA^{glu}，去磷酸化的ⅡA^{glu}抑制腺苷酸环化酶的活性

揭示分解代谢物阻遏的生理意义对理解和控制微生物生长很重要。当有容易利用的基质时，微生物不会将大量的代谢能量消耗在合成那些效果不大的酶系上，这是对酶合成诱导的一种调节作用。

2.3　酶合成调节的遗传机制

以上简要介绍了微生物为了适应环境而发生的酶合成的诱导和阻遏现象，可以看出，微生物的生命活动遵循着高度有效、不浪费原材料和能量的原则。微生物如何及时有条不紊地应答外界环境和内部变化的信息，最终还是由其遗传性决定的。微生物的一切生命活动都是通过酶的催化作用实现的，所有的酶都是由基因编码的。

2.3.1　操纵子（元）学说

1961 年，Jacob 和 Monod 提出了控制基因表达的操纵子（operon）学说（以下称操纵元），用以解释酶合成的机制，他们的卓越贡献被誉为现代生物学中最伟大的成就之一，并因此获得了 1965 年诺贝尔生理学奖。其后一些科学家相继阐明了不同的操纵元的结构及功能，包括属于分解代谢的乳糖操纵元，半乳糖操纵元，阿拉伯糖操纵元，组氨酸利用操纵元，以及属于合成代谢的固氮操纵元，色氨酸和其他氨基酸等的操纵元。

一个操纵元是一些特定基因的顺序排列，由共同的调控区调控（如乳糖操纵元）。操纵元中包括编码酶蛋白的结构基因，用以操纵结构基因表达的操纵基因

(operator)，用以和 RNA 聚合酶结合的启动子和编码调节蛋白（作用于操纵基因）的调节基因（regulatory gene）。其中调节基因或在操纵元内，或远离操纵元而位于基因组的其他部位。由操纵元产生的 mRNA 是多顺反子 mRNA，所有结构基因的信息都存在于一个 mRNA 分子上。这些基因是被协同调控的，因为它们的转录依赖于共同的调控区，也就是说操纵元中所有结构基因的转录会同时提高或降低。

图 9-30 是一个负调控与正调控的调控网络图解。如果一些次级效应物分子的存在对提高结构基因的表达

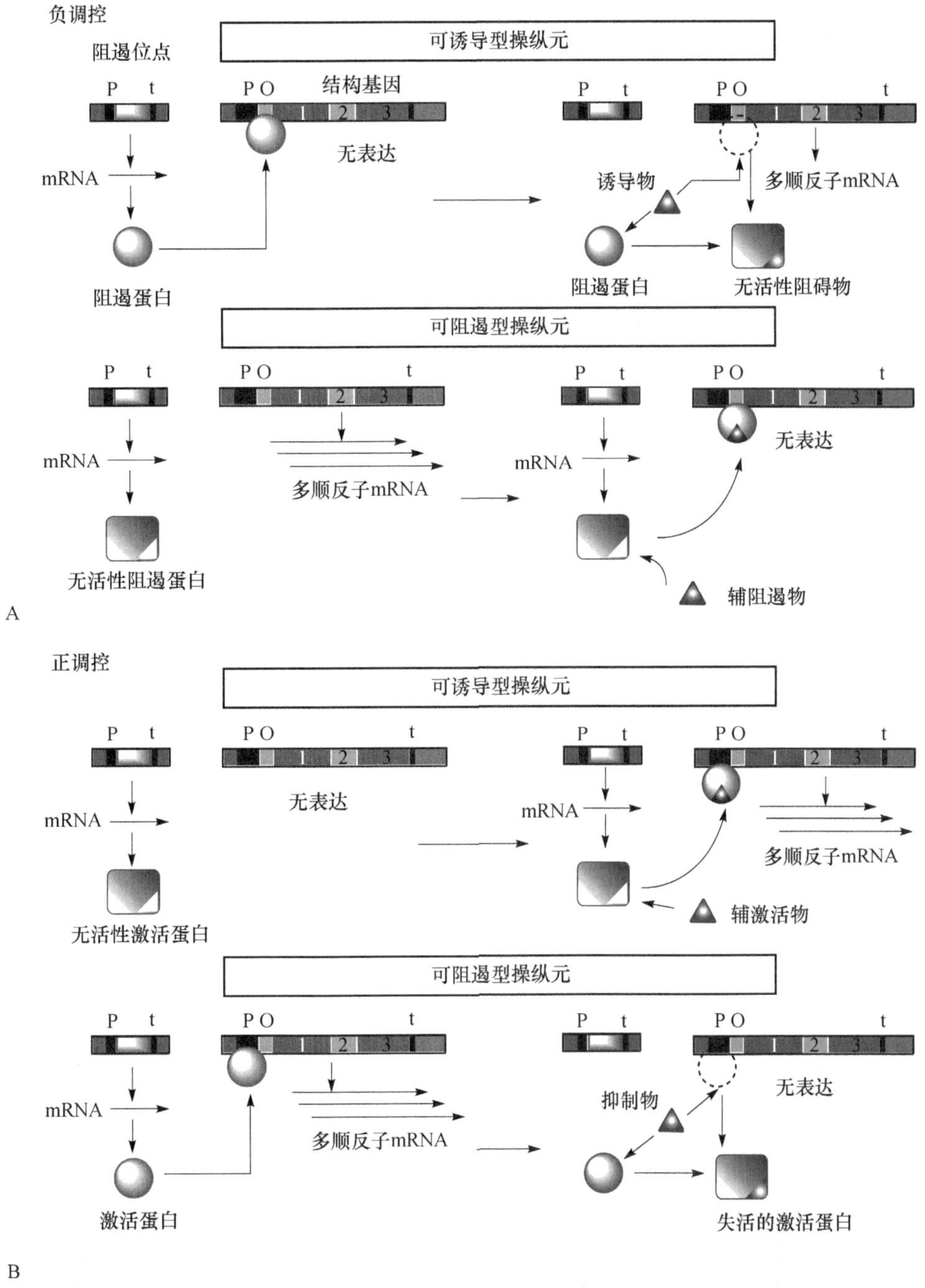

图 9-30　遗传调控机制的类型——正调控和负调控（Moat et al.，2002）

A：负调控蛋白（阻遏蛋白）对可诱导型或可阻遏型操纵元的调控。负调控的可诱导系统利用一个阻遏蛋白（也称阻遏物）阻止结构基因的转录，只有与诱导物分子结合，才能使阻遏物分子失活；负调控的可阻遏系统也包括一个阻遏物蛋白，但在该系统中阻遏物是无活性的，只有与辅阻遏物分子结合才能激活阻遏蛋白；因而，负调控的可诱导型操纵元通常是关闭的，而可阻遏型操纵元通常是开放的，除非有一个次级小分子作用于各自的调控蛋白

B：正调控机制同样也可以调控可诱导型或可阻遏型操纵元。正调控的可诱导系统利用激活蛋白（也称激活物）促进转录，而激活蛋白又需要辅激活物的存在；正调控的可阻遏系统产生的激活蛋白在没有抑制物分子存在条件下可促进靶结构基因的转录

t：终止子；P：启动子；O：操纵基因

是必需的，那么无论这个操纵元处于正调控还是负调控都被称为可诱导型操纵元。同理，如果效应物分子必须与调节蛋白（阻遏蛋白或激活蛋白）结合后，才使调节蛋白抑制结构基因的转录，那么这个操纵元则称为可阻遏型操纵元。

下面只介绍几种不同类型的操纵元，以具体说明原核微生物调节酶合成的机制。

1. 乳糖操纵元

操纵元的范例。乳糖操纵元（*lac* operon）是负责利用乳糖作为碳源的操纵元，该操纵元已得到了广泛深入的研究，成为诸多操纵元的典范。Jacob 和 Monod 在 20 世纪中期建立了基因表达的基本操纵元模型。即使是现在，深入理解乳糖操纵元的调控机制仍有助于掌握基因表达的经济原则，并明确操纵元并不是单独起作用的。很显然，该操纵元的基因表达涉及细胞生理的诸多因素，而不是单纯的由乳糖可利用性这一简单因素来调控的。

大肠杆菌的乳糖操纵元长约 6.5kb，由一个启动子（*lacP*）、一个操纵基因（*lacO*）、一个调节基因（*lacI*）和 3 个结构基因（*lacZ*，*lacY*，*lacA*）组成。

乳糖是一个由葡萄糖和半乳糖组成的二糖。

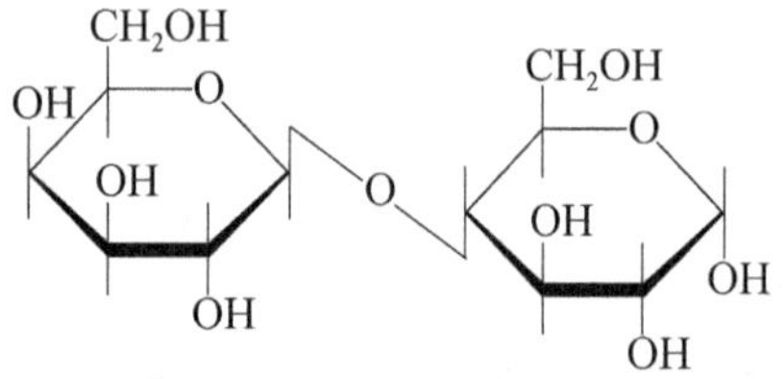

乳糖（4-D-葡萄糖-β-D-吡喃型半乳糖苷）

lacZ 基因的产物——β-半乳糖苷酶，负责分解乳糖的 β-1,4-糖苷键，释放游离的单糖（半乳糖和葡萄糖）。该酶是一个同型四聚体，每个单体相对分子质量为 116 400。乳糖进入细胞则需要 β-半乳糖苷透性酶（相对分子质量 46 500），为 *lacY* 基因的产物。透性酶是疏水的膜蛋白，可能以二聚体的形式起作用，协助乳糖分子穿膜进入细胞内。无论是 *lacZ* 基因还是 *lacY* 基因发生突变都是 Lac^- 表型，即突变株不能以乳糖作为唯一碳源生长。*lacA* 基因是 β-半乳糖苷转乙酰基酶（相对分子质量 30 000）的结构基因，该酶的生理功能尚不完全清楚。调节基因 *lacI* 编码阻遏蛋白，位于启动子上游，它与乳糖操纵元的结构基因不属于同一转录单位，含有自己的启动子和终止子。阻遏蛋白（相对分子质量 38 000）以四聚体形式起作用，一个大肠杆菌细胞内大约有 10 个阻遏蛋白分子。

乳糖操纵基因长度为 28bp，与 β-半乳糖苷酶结构基因（*lacZ*）相邻，是阻遏蛋白的结合位点。图 9-31 为 *lacP-O* 区域的全序列，包括 *LacI* 的 C 端和 *LacZ* 的 N 端。操纵基因与启动子部分重叠，因此，阻遏蛋白与操纵基因结合后，使 RNA 聚合酶不能与启动子结合形成稳定的转录起始复合物，从而阻止结构基因的转录。

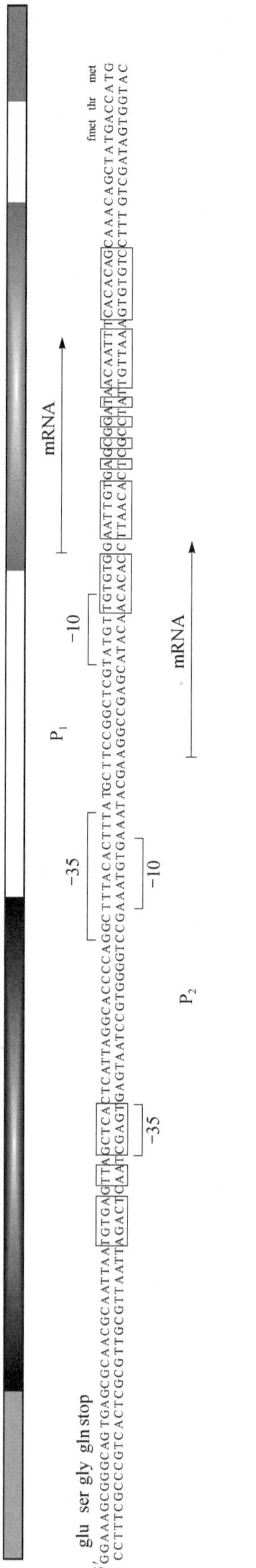

图 9-31 乳糖操纵元调控区的DNA序列（Moat et al., 2002）

这个序列描述了整个lacZYA操纵元的调控位点。它包括一个从-84~-55位的CRP结合位点；RNA聚合酶结合位点（启动子;位于-55~1位）和操纵基因区（1~28位）；CRP位点和操纵基因中的对称区域用方框框出;-10区（pribnow box）和-35区RNA聚合酶识别的保守序列用括号标出;操纵基因的对称成分与启动子重叠

乳糖操纵元的诱导发生在乳糖存在的条件下（图 9-32）。低水平的 β-半乳糖苷酶组成型存在于细胞中，可将乳糖转换为异乳糖（半乳糖残基存在于 C6 位上，而乳糖的半乳糖残基存在于 C4 位上），异乳糖是一个真正的诱导分子。乳糖阻遏蛋白是一个变构分子，它以不同位点与诱导物和 DNA 结合。无论阻遏蛋白在胞质中是游离的，还是已与 DNA 结合，诱导物都会与四聚体的阻遏蛋白相结合，引起阻遏蛋白的变构化，降低它与 *lacO* 的亲和力。一旦阻遏蛋白从 *lacO* 上解离，将进行结构基因 *lacZ*、*lacY*、*lacA* 的转录。因而，乳糖操纵元是一个负调控的可诱导系统。应注意的是，设计实验来检测乳糖操纵元的诱导通常采用安慰诱导物如 IPTG，它可以和阻遏蛋白结合并使之失活，但它本身并不是 β-半乳糖苷酶的底物，这样可以排除乳糖的分解代谢对 *lac* 基因表达的影响（见本章“分解代谢物阻遏”）。

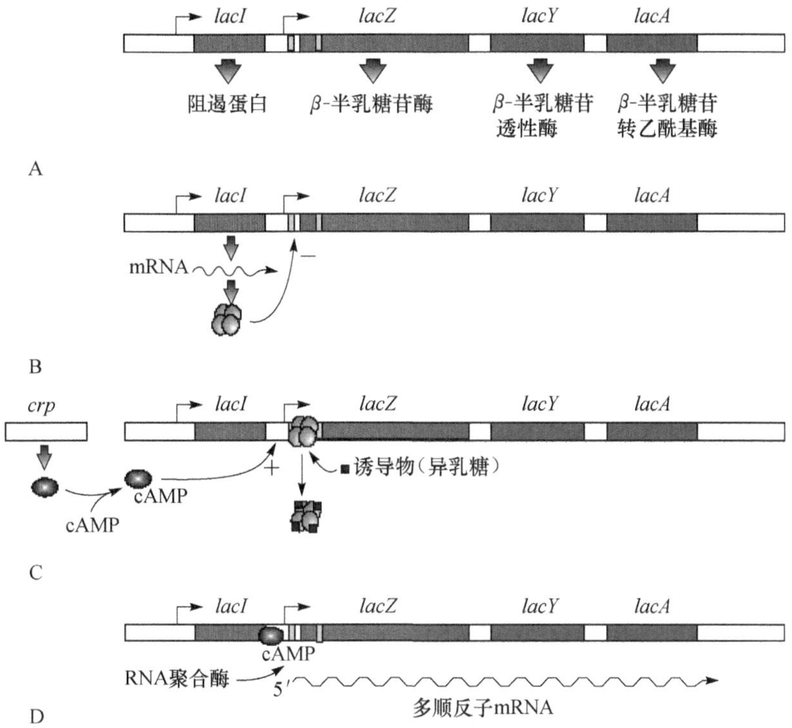

图 9-32　乳糖操纵元的调控（Moat et al.，2002）

A：乳糖操纵元的结构

B：转录和翻译。*lacI* 基因产生阻遏蛋白，它以四聚体形式与乳糖操纵基因结合，阻止乳糖结构基因的转录

C，D：在有诱导物（异乳糖）存在的情况下，诱导物和 LacI 阻遏蛋白结合，使之构型发生变化不能与操纵基因结合，转录得以进行。在高浓度的 cAMP 存在时，cAMP 将与 cAMP 受体蛋白（CRP）结合，cAMP-CRP 复合物与位于 *lacP* 上的特异的 CRP 结合位点结合，通过与 RNA 聚合酶中 α 亚基的相互作用，促进 RNA 聚合酶与启动子结合，引发开放型转录起始复合物的形成，使 *lac* 结构基因得以转录

如果乳糖阻遏蛋白阻止了乳糖操纵元的表达，那么细胞如何允许产生少量的 β-半乳糖苷酶用于形成异乳糖诱导物和足够的 LacP 透性酶，以便机会来临时用以诱导表达呢？图 9-31 显示，在乳糖操纵元的诱导型启动子 P_1 上游存在一个次级启动子 P_2，P_2 启动子与 RNA 聚合酶紧密结合但转录起始效率很低。一旦从 P_2 起始转录，RNA 聚合酶可以越过 LacI 结合的操纵基因，进入到结构基因 *lacZ*、*lacY*、*lacA* 中进行转录，但只允许产生少量的 β-半乳糖苷酶。

上述酶合成的诱导只在没有葡萄糖的情况下才能发生，如有葡萄糖时，即使有诱导剂也不能诱导出诱导酶。这是因为葡萄糖的存在，导致细胞内 cAMP 水平下降，而 cAMP 是 RNA 聚合酶与启动子有效结合所必需的。cAMP 单独不能起作用，它必须与它的专一性结合蛋白 CRP（cAMP 受体蛋白；有时也称为分解代谢物激活蛋白，即 CAP）结合形成复合物，cAMP-CRP 复合物又与启动子的 CRP 结合位点结合，CRP 抑制 P_2 的转录但激活 P_1 的转录（图 9-31）。许多研究表明 CRP 导致 DNA 弯曲 90°或更多，这种弯曲使得 CRP 直接与 RNA 聚合酶作用（主要是与 α 亚基相互作用）。CRP 与 RNA 聚合酶的相互作用促进了 RNA 聚合酶与启动子的结合，同时允许 RNA 聚合酶从启动子上解离，进行转录。由此可见，葡萄糖的存在降低了 cAMP 的浓度，影响了 RNA 聚合酶与启动子的结合，产生了所谓分解代谢物阻遏诱导酶合成的现象。当葡萄糖被利用后，cAMP 浓度上升，cAMP-CRP 复合物得以与启动子结合，促使 RNA 聚合酶进行转录。综上所述，葡萄糖是通过影响 cAMP 的水平来影响乳糖利用酶系的合成。

许多操纵元都以类似的方式受到 cAMP 和 CRP 的影响，其中包括与碳水化合物利用有关的半乳糖和阿拉伯糖操纵元。其他一些与碳水化合物代谢无直接关系的操纵元也受 cAMP 正调控。在某些基因如 *cya*（编码腺苷酸环化酶）的表达中，cAMP-CRP 复合物也可作为负调控因子起作用。

2. 半乳糖操纵元

双启动子的调控。大肠杆菌能以半乳糖作为唯一的碳源和能源。半乳糖的代谢途径如图 9-33A 所示，其代谢需要 3 种酶：半乳糖激酶（*galK* 基因编码）、半乳糖转移酶（*galT* 基因编码）和半乳糖差向异构酶（*galE* 基因编码），所生成的 G-1-P 转化成 G-6-P 后，进入 EMP 途径被利用，所生成的 UDP-半乳糖是合成细胞壁的前体。

大肠杆菌的半乳糖操纵元（*gal* operon）包括：3 个结构基因 *galE*、*galT*、*galK*，由位于 *galE* 上游的两个重叠的启动子 P_1 和 P_2 处启动转录；有两个操纵基因，一个是基因外操纵基因（O_E），定位在 P_1 转录起始位点（S1）的－60 处，另一个是基因内操纵基因（O_I），位于 S1 起始位点的＋55 处；调节基因 *galR* 不在操纵元内，与操纵元离得较远（图 9-33B）。这个操纵元的调控十分复杂，因为它不仅参与半乳糖的利用，而且在缺乏半乳糖时，*galE* 基因产物（UDP-半乳糖差向异构酶）还需将 UDP-葡萄糖转化为 UDP-半乳糖，作为细胞壁合成的直接前体。由于两个启动子的转录都由半乳糖诱导，这就需要 *galE* 基因产物即使是在没有半乳糖的情况下也能维持在一个稳定的基本水平。*gal* 操纵元也是一个受分解代谢物阻遏的操纵元。当 cAMP 水平高时，cAMP-CRP 复合物结合在－35 区（*cat* 位点），促进 P_1 转录但抑制 P_2 的转录。当利用葡萄糖生长时，即使 cAMP 的水平较低，从 P_2 开始的转录仍可以进行（P_2 的转录不需要 cAMP-CRP 复合物），以确保 *gal* 酶维持在一个基本的水平（图 9-33B）。可见，葡萄糖并不能完全阻遏半乳糖操纵元的表达。

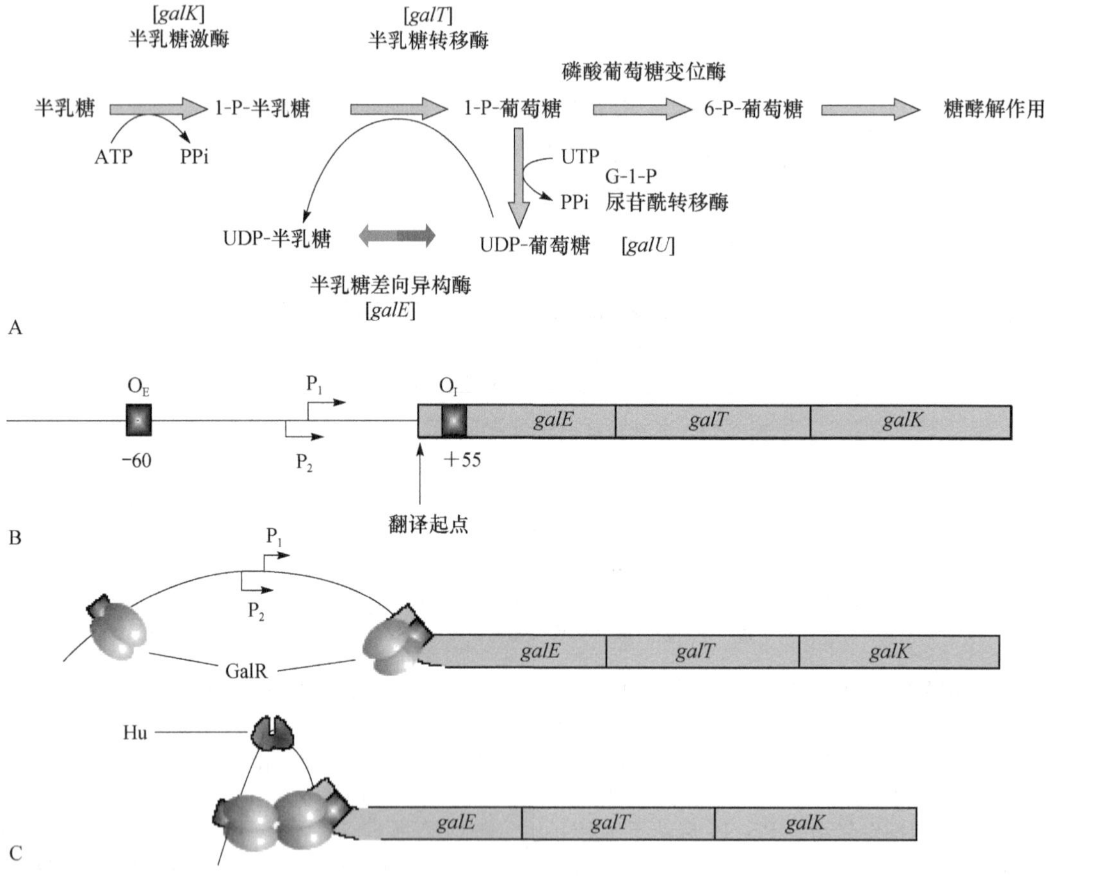

图 9-33 半乳糖操纵元的调控（Moat et al.，2002）

A：生化途径；B：*galETK* 操纵元的遗传结构，同时指出了转录和翻译起始位点；C：GalR-Hu *gal* DNA 复合物；通过 *galR* 产物结合在基因外和基因内操纵基因区域，Hu 结合在两个操纵基因之间阻遏 *gal* 操纵元的表达

两个 *gal* 启动子均受 *galR* 基因产物的负调控，该产物属于 LacI 阻遏蛋白家族，是组成型表达的。GalR 阻遏蛋白以二聚体形式分别与操纵基因 O_E 和 O_I 结合，只有结合于 DNA 的两个 GalR 二聚体相互作用形成四聚体才能发生阻遏作用（图 9-33C），该四聚体可使 DNA 形成阻遏环。然而，GalR 二聚体间只有微弱的相互作用。为了稳定这种相互作用，需要类组蛋白（histone-like protein）Hu 与两个操纵基因之间的特异位点（*hbs*）相结合。

DNA 环则阻止 P_1 和 P_2 与 RNA 聚合酶的结合。但是，如上所述，即使在阻遏条件下也要合成基本水平的 *gal* 酶，那么 RNA 聚合酶与启动子必定还要发生某种特定的结合，以起始基本的转录，其机制尚不清楚。

在野生型大肠杆菌中，双启动子的存在使半乳糖操纵元所编码的 3 个酶都具有诱导酶和组成酶的双重性质。当培养基中以半乳糖为唯一碳源时，半乳糖与阻遏物结合，阻遏作用被解除，乳糖操纵元得以高效表达；当外源半乳糖和葡萄糖同时存在时，葡萄糖抑制从 P_1 的转录，但有利于 P_2 的转录，表达出基本水平的 *gal* 酶；当没有外源半乳糖时，半乳糖操纵元仍有一定的转录，以合成一定量的 *gal* 酶，否则细菌不能合成细胞壁，也不能生长繁殖，而这种转录不被葡萄糖所阻遏，不需要 cAMP-CRP 复合物的结合。

3. 阿拉伯糖操纵元

AraC 调控蛋白的双重功能。在大肠杆菌中，L-阿拉伯糖的分解代谢涉及 3 个酶：L-阿拉伯糖异构酶、L-核酮糖激酶和 L-核酮糖-5-磷酸-4-差向异构酶，分别由基因 *araA*、*araB* 和 *araD* 编码（图 9-34），其产物木酮糖-5-磷酸通过进入磷酸戊糖途径进一步分解。在阿拉伯糖操纵元（*ara* operon）中（图 9-34），降解阿拉伯糖酶基因的顺序是 *araB*、*araA* 和 *araD*，这些基因的转录活性可被第 4 个位点的 *araC* 调节基因共调控。*araC* 位点和 *araBAD* 操纵元分别从一个中心启动子区以不同的方向转录。*araC* 产物兼有正调控和负调控的双重作用，当阿拉伯糖存在时，*araC* 产物激活 *ara*P_{BAD}的转录，而当阿拉伯糖缺乏时，则同时阻遏 P_C 和 P_{BAD} 2 个启动子的转录。因此，AraC 蛋白具有两种构型：阻遏蛋白和激活蛋白。

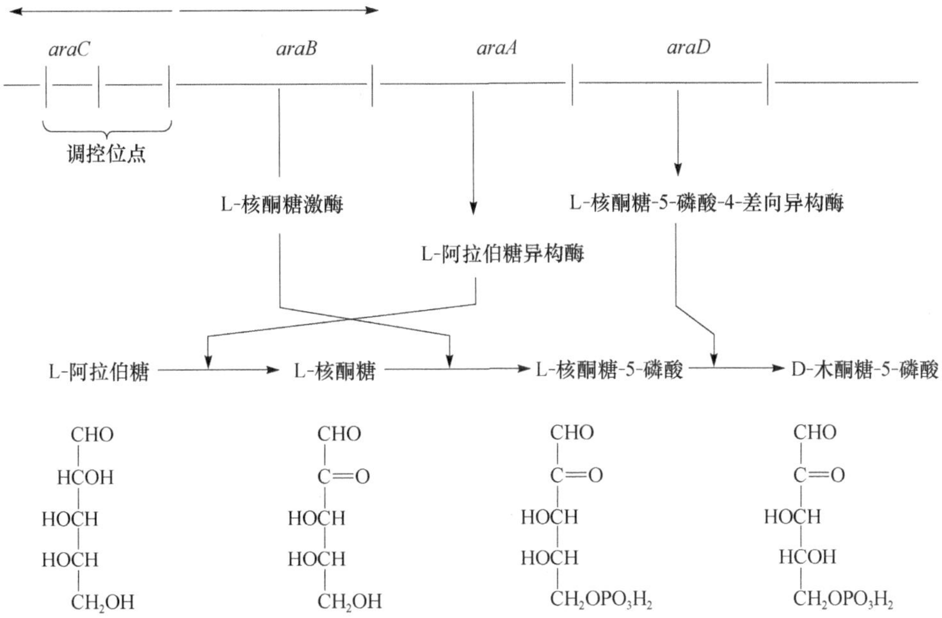

图 9-34　阿拉伯糖操纵元（Moat et al.，2002）

AraC 在胞内以二聚体形式行使功能。图 9-35A 展示了一个 AraC 单体的基本结构域结构及两个可相互转换的二聚体构型，该蛋白包含一个 C 端 DNA 结合结构域，它通过一个柔性接头与一个 N 端的二聚体化结构域相连。AraC 分子 N 端是一个 N 端臂，该 N 端臂结构既可以与同一分子中的 C 端结构域结合，也可与二聚体中另一分子的 N 端结构域结合，这些均取决于阿拉伯糖的存在与否。当阿拉伯糖不存在时，N 端臂和接头一起结合在 C 端，形成一个稳定的结构（阻遏蛋白），以这种结构形成的二聚体较长。当阿拉伯糖存在时，N 端臂优先与 AraC 二聚体中另一分子的 N 端结构域结合，这样只有柔性接头与 C 端结构域结合，使二聚体形成第 3 种更加致密的结构形式（激活蛋白）。理解 AraC 蛋白的不同结构是掌握这个调控系统的关键。

图 9-35B 指出阿拉伯糖操纵元的操纵基因和启动子区，AraC 蛋白可与 4 个操纵基因：O_1，O_2，I_1 和 I_2（I 表示 Induction）相结合。当环境中没有阿拉伯糖时，稳定的 AraC 蛋白二聚体只和 O_2 和 I_1 结合，形成一个负阻遏环，阻止 *araBAD* 基因的表达（图 9-35C）。当环境中存在阿拉伯糖时，AraC 与阿拉伯糖结合后，以激活蛋白形式存在，此时，二聚体与 I_1、I_2 结合，占据 I_2 位点的 AraC 与 RNA 聚合酶结合位点距离较近，使得这两个蛋白质间发生相互作用，*araBAD* 基因得以转录。值得注意的是，AraC 在与 DNA 结合的同时仍可以结合阿拉伯糖。所以，在缺乏阿拉伯糖时，AraC 与调控区域的结合可使操纵元对外加的阿拉伯糖迅速作出反应，因为这时缓慢的 DNA 结合步骤已经完成了。

AraC 蛋白亦可根据阿拉伯糖存在与否负调控其自身的表达，属于自体调控（autoregulation）。在没有阿拉伯糖时，结合在 O_2 和 I_1 的两个 AraC 单体相互作用，使 *araC* 启动子区发生弯曲，阻止 P_C 启动子对 *araC* 基因的转录。当有阿拉伯糖时，AraC 蛋白不能与 O_2 结

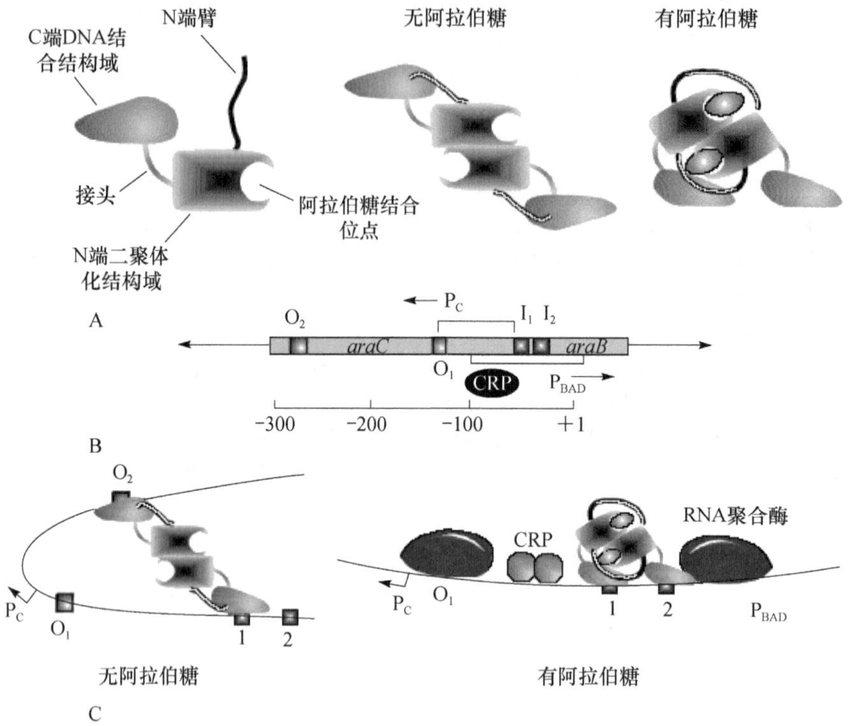

图 9-35 *araBAD* 和 *araC* 启动子的调控模式（Moat et al.，2002）

A：有阿拉伯糖或没有阿拉伯糖存在情况下，AraC 蛋白二聚体的两种不同结构；B：*ara* 操纵元的不同启动子区域，O_1、O_2、I_1 和 I_2 是 AraC 结合位点，P_C 和 P_{BAD} 分别代表 *araC* 和 *araBAD* 的启动子区域，CRP 框表示 CRP 的结合位点；C：AraC 的不同结合方式使得 *ara* 操纵元中的启动子区得到不同的调控

合，P_C 启动子不会发生弯曲，可进行正常转录。然而，如果 AraC 的浓度太高，多余的 AraC 就会结合在 O_1 上，阻止 RNA 聚合酶与 P_C 启动子的结合，从而阻止 P_C 启动子的进一步转录。

CRP 蛋白在阿拉伯糖操纵元中也是正调节作用，cAMP-CRP 复合物可促进 P_C 启动子和 P_{BAD} 启动子的活性。可能是因为 cAMP-CRP 复合物通过与结合位点的结合，使结合有 AraC 的 O_2 和 I_1 之间的 DNA 环打开，这样阻止了 AraC 与 O_2 和 I_1 位点之间的结合，而有利于呈激活态的 AraC 结合在 I_1 和 I_2 上，使 *araBAD* 基因转录。当有葡萄糖而无阿拉伯糖时，*araC* 稍有转录，*araBAD* 则不转录，因为这时既没有足够的 cAMP，AraC 蛋白又以阻遏蛋白的形式存在。当既没有阿拉伯糖又没有葡萄糖时，*araC* 的转录因为 cAMP 的增加而稍有增加，可是 *araBAD* 仍不转录，因为 AraC 蛋白仍然以阻遏蛋白形式出现。当有阿拉伯糖而无葡萄糖时，操纵元处于全诱导状态，AraC 蛋白以激活形式存在，而且 cAMP 含量增加，cAMP-CRP 复合物与其识别位点的结合导致 *araC* 和 *araBAD* 的基因表达大幅度提高，阿拉伯糖的分解代谢得以进行。如果在诱导体系中加入葡萄糖，则不再需要利用阿拉伯糖的酶系，*araBAD* 的基因表达停止，当葡萄糖消耗完，cAMP 的浓度升高，形成的 cAMP-CRP 复合物又可促进 P_{BAD} 的转录。当阿拉伯糖再被耗尽时，AraC 蛋白的构型转变为阻遏形式，阻止 P_{BAD} 的转录，以避免浪费。

阿拉伯糖操纵元同乳糖、半乳糖操纵元的主要差别是：①调节蛋白 AraC 具有阻遏蛋白和激活蛋白的双重作用；②cAMP-CRP 复合物可促进双向（P_C 和 P_{BAD} 启动子）的转录。

4. 组氨酸利用操纵元

鼠伤寒沙门氏菌和产气克氏杆菌能以组氨酸为唯一碳源和氮源生长，与组氨酸降解代谢有关的酶类被称为 Hut 酶（histidine utilizing enzyme），控制这些酶合成的操纵元被称为组氨酸利用操纵元（*hut* operon），具有一种负调控和两种正调控，是一个可诱导（诱导物是尿刊酸而不是组氨酸）又受分解代谢物阻遏（受氨、葡萄糖的阻遏）的正负双重控制系统。大肠杆菌没有组氨酸利用操纵元，因此不能利用组氨酸作为唯一碳源和氮源生活。

从图 9-36 可见，*hut* 操纵元是一个多重调节的操纵元，包括两个启动子，两个操纵基因及两个正调节基因。*hut* 操纵元共编码 4 种酶和一个阻遏物，这 4 种酶催化组氨酸转变为谷氨酸、氨和甲酰亚胺，它们分别是 HutH（组氨酸酶）、HutU（尿刊酸酶）、HutI（4-咪唑-5-丙酸氨基水解酶）和 HutG（甲酰亚胺谷氨酸水解酶），分别由 *hutH*、*hutU*、*hutI* 及 *hutG* 基因编码，阻

遏物则由 *hutC* 基因编码。以上基因构成两个转录单位，*hutIGC* 和 *hutUH*，这两个转录单位各自都有一个启动子和一个操纵基因，其转录方向相同。HutC 阻遏物能与每个操纵基因相结合，起负调控作用。

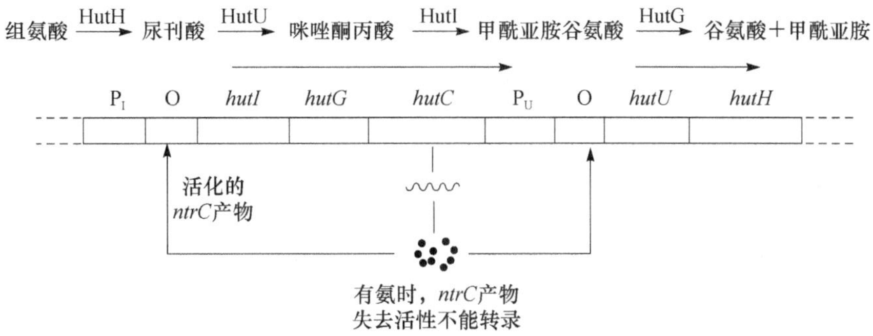

图 9-36 组氨酸的分解途径和组氨酸利用操纵元

组氨酸利用的酶都是诱导酶，加入组氨酸可进行诱导（真正的诱导物是尿刊酸，它是由组氨酸被组氨酸酶 HutH 催化生成的），尿刊酸与阻遏物结合，使其失活，导致每个转录单位上的启动子脱阻遏。*hut* 操纵元的表达不仅需要有尿刊酸的诱导，而且必须是在没有葡萄糖和氨的条件下才能实现，也就是说表达需要正调控蛋白。*hut* 操纵元的每一个启动子上都有 cAMP-CRP 复合物结合位点，当葡萄糖不存在时，cAMP-CAP 复合物与其结合位点结合，起始基因的转录。响应氨信号的正调控蛋白是 *ntrC* 基因的产物，在有氨的情况下，NtrC 蛋白失活，因而 *hut* 操纵元不能表达。NtrC 蛋白不但控制 *hut* 操纵元的表达，也控制着固氮操纵元等有关氮代谢操纵元的表达（参见本章"固氮调控"）。

在这里，一种负调控蛋白（HutC 蛋白）和两种正调控蛋白（cAMP-CRP 复合物和 NtrC 蛋白），控制着组氨酸的利用。组氨酸、葡萄糖和氨分别是它们的效应物，这些效应物对 *hut* 操纵元的作用见表 9-1。

表 9-1 不同条件下 *hut* 操纵元的转录情况

组氨酸	葡萄糖	氨	*hut* 操纵元
－	－	－	－
＋	＋	＋	－
＋	－	－	＋
＋	－	＋	＋
＋	＋	－	＋

从表 9-1 可知：①当组氨酸不存在时，即使葡萄糖和氨都不存在，*hut* 操纵元也不转录；②当组氨酸、葡萄糖和氨三者都存在时，*hut* 操纵元不转录，这是由于缺乏 cAMP 和 NtrC 蛋白，转录不能进行；③当组氨酸存在，而葡萄糖和氨不存在时，*hut* 操纵元能转录，因为此时不但有诱导物与阻遏物结合，消除负调控作用，而且两种正调控条件都满足；④当组氨酸存在，葡萄糖或氨二者中有一种不存在时，*hut* 操纵元照样能转录，这表明两种正调控条件中有一个满足就可以了。这种代谢调节作用正符合细菌生长的需要，因为碳源和氮源都不满足时，细菌可以从组氨酸取得简单的碳源和氮源物质。即使碳源或氮源不足，细菌也可以从分解组氨酸取得碳源或氮源物质。这时虽然只从组氨酸取得二者之一，但还是比不能分解组氨酸有利。这种双重正调控正好起到这样的作用。

5. 色氨酸操纵元

衰减作用。在大肠杆菌中，色氨酸操纵元（*trp* operon）负责色氨酸的合成，由 5 个结构基因和 1 个复杂的调控部分所组成（图 9-37）。在转录水平上有两个调节机制控制该操纵元的表达：转录的终产物阻遏和转录的衰减。色氨酸操纵元负责生物合成而不是降解，因此，不受葡萄糖分解代谢物的阻遏。

如图 9-37 所示，在色氨酸操纵元中，5 个结构基因 *trpE*、*trpD*、*trpC*、*trpB*、*trpA* 排列成簇，组成一个转录单位，分别编码色氨酸生物合成所需要的 5 种酶：

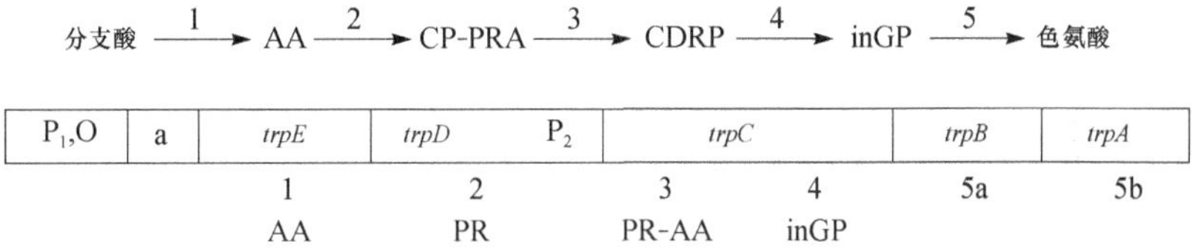

图 9-37 大肠杆菌的色氨酸操纵元

AA：邻氨基苯甲酸；CP-PRA：磷酸核糖邻氨基苯甲酸；CDRP：1-（*O*-羧苯氨基）-1-脱氧核糖-5-磷酸；inGP：吲哚-3-磷酸甘油；a：衰减子；1：邻氨基苯甲酸合成酶；2：邻氨基苯甲酸焦磷酸转移酶；3：磷酸核糖邻氨基苯甲酸异构酶；4：吲哚-3-磷酸甘油合成酶；5a：色氨酸合成酶的 β 亚基；5b：色氨酸合成酶的 α 亚基

邻氨基苯甲酸合成酶（*trpE*）、邻氨基苯甲酸焦磷酸转移酶（*trpD*）、磷酸核糖邻氨基苯甲酸异构酶和吲哚-3-磷酸甘油合成酶（*trpC*）、色氨酸合成酶的β亚基（*trpB*）、色氨酸合成酶的α亚基（*trpA*）。*trpE* 基因是第一个被转录的基因，其上游是主要启动子 P_1 和操纵基因 *trpO*，在 *trpE* 基因和 *trpO* 之间有一段前导序列（leader sequence），长 162bp，该序列中含有一个衰减子（attenuator）序列。衰减子是一段富含 GC 的回文序列，可以形成不依赖于ρ因子的终止子，在此处终止转录，因此衰减子实际是一个转录暂停信号。除了主要启动子 P_1 外，色氨酸操纵元还有一个弱启动子 P_2，位于结构基因 *trpD* 的末端，可使 *trpC*、*trpB*、*trpA* 3 个基因表达，但从 P_2 开始的表达效率只有 P_1 的 3%，且是组成型表达的。

色氨酸操纵元的表达调控很复杂，它是一个可阻遏的负调控系统。阻遏作用涉及一个与色氨酸操纵元不连锁的调节基因 *trpR* 所编码的阻遏蛋白，色氨酸不是诱导物，而是作为一个辅阻遏物（corepressor）而活化阻遏蛋白。当色氨酸的合成过量时，色氨酸与阻遏蛋白结合，这将提高阻遏蛋白与 *trpO* 操纵基因的亲和力，从而阻止 *trp* 操纵元的转录。然而，*trp* 操纵元和其他许多氨基酸生物合成操纵元中还存在着次级水平的负调控，这种调控机制即为衰减（attenuation），依赖于转录和翻译之间的偶联。

如图 9-37 所示，*trpO* 和 *trpE* 基因之间为含有衰减子的前导区，该区编码一个小的无功能多肽（14 个氨基酸），称为前导肽。衰减作用的关键是理解前导 mRNA中所形成的竞争性茎环结构。图 9-38 为 *trp* 前导 mRNA 的核苷酸序列和前导肽的氨基酸序列，mRNA 序列中在上面括起来的区域是能进行碱基配对导致转录终止的 mRNA 区。1 区和 2 区间可以配对形成一个茎环结构（1∶2 茎环），3 区和 4 区间可配对形成另一个茎环结构（3∶4 茎环）。3∶4 茎环称为衰减子茎环，是不依赖ρ因子的转录终止信号，在它之后是 8 个连续的 U，是使 RNA 聚合酶脱离模板的信号。一旦形成衰减子茎环，转录便在结构基因 *trpE* 之前终止。mRNA 序列中在下面括起来的区域可碱基互配形成抗终止子茎环（2∶3 茎环），2∶3 茎环的形成阻止了 3∶4 终止子茎环的形成，使转录可进行到 *trp* 结构基因。

细胞是如何调控 2∶3 茎环或 3∶4 茎环二级结构的形成呢？答案是通过控制前导肽的翻译来实现的（图 9-39）。在前导序列中有两个相连的色氨酸密码子。如果胞内色氨酸水平低，则负载的 $tRNA^{trp}$ 的水平也会降低。当核糖体翻译前导肽时，它将在色氨酸密码子处停止，阻止 1 区与 2 区的结合，允许 RNA 聚合酶合成更多的转录前导物。由于 1∶2 茎环无法形成，RNA 聚合酶转录一旦通过 3 区，便可形成 2∶3 抗终止子茎环结构，该结构将阻止 3∶4 终止子茎环的形成。因此，

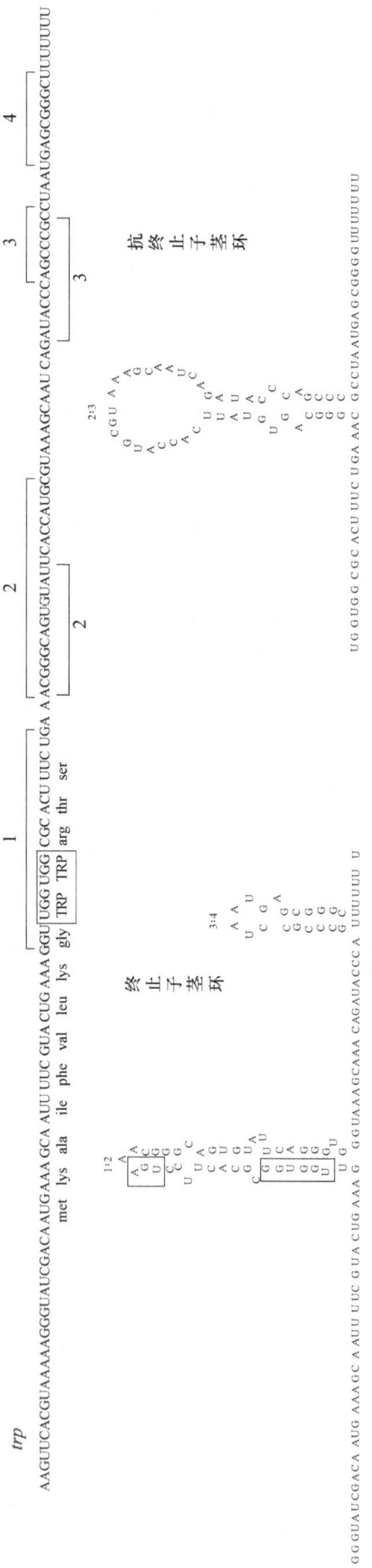

图 9-38　色氨酸操纵元转录的衰减调控（Moat et al.，2002）

色氨酸操纵元中前导转录物的核苷酸序列及可变换的两种茎环结构，上下括号内的序列分别表示在终止子构象和抗终止子构象中能够配对的碱基区域；方框内为调控密码子（大写字母）

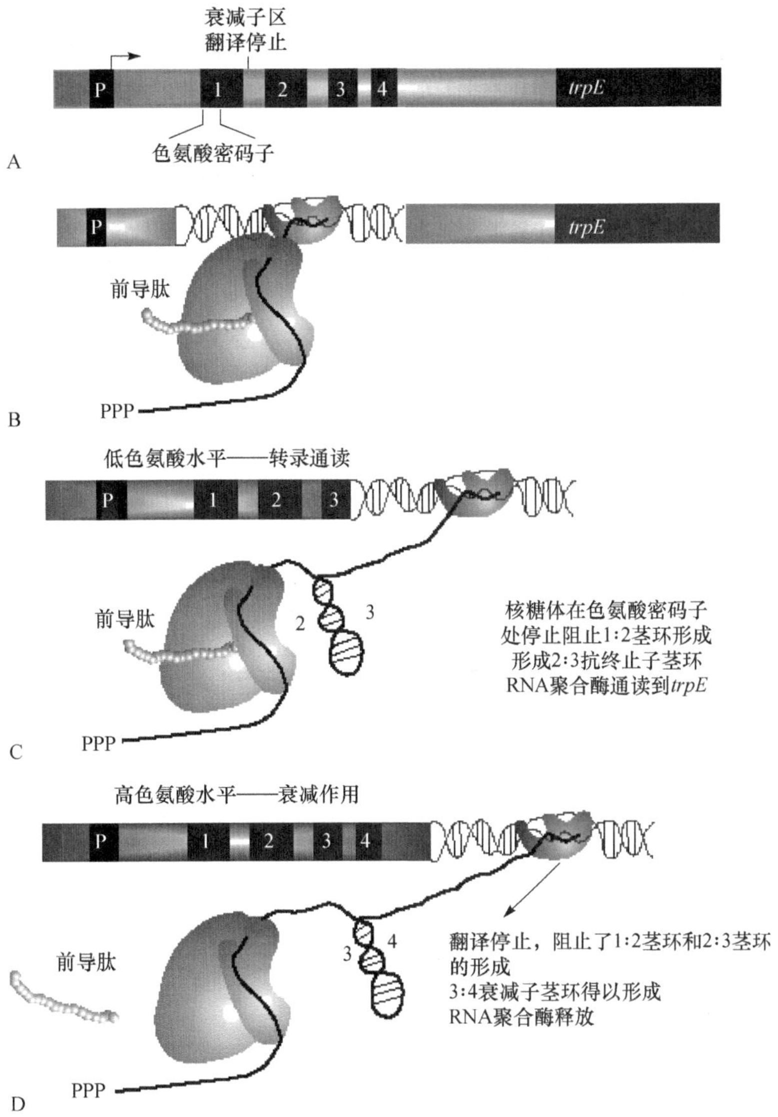

图 9-39　色氨酸操纵元的衰减作用模型（Moat et al.，2002）

A：衰减子区，图中注明了启动子（P）、色氨酸密码子和能形成茎环结构区域的位置（1，2，3，4）；B：前导肽的转录和翻译相偶联；C：当细胞内色氨酸水平低时，由于缺少相应的色氨酰 tRNA，核糖体在 mRNA 的色氨酸密码子处停止，阻止 1∶2 茎环形成，而导致 2∶3 茎环的形成，结果不能形成 3∶4 衰减子茎环结构，因而 RNA 聚合酶能通读到 *trpE*；D：当细胞内色氨酸水平高时，核糖体在前导 mRNA 的翻译终止密码子处停止，阻止 1∶2 茎环和 2∶3 茎环的形成，RNA 聚合酶继续前进，直到转录终止信号 3∶4 茎环形成，因而转录不能进行到 *trpE*

RNA 聚合酶可进到 *trp* 结构基因中，最终导致色氨酸水平的提高。如果胞内色氨酸水平高，负载的 $tRNA^{trp}$ 水平也高，核糖体将顺利通过两个相邻的色氨酸密码子，前进到前导 mRNA 中的翻译终止密码子，这时核糖体占据了 1 区和部分的 2 区，阻止形成稳定的 2∶3 茎环。结果，当 RNA 聚合酶转录通过 4 区时，3∶4 转录终止子茎环形成，使转录在 *trp* 结构基因前中断。所以，衰减子对 RNA 聚合酶的影响依赖于前导肽翻译中核糖体所处的位置。

色氨酸操纵元的阻遏作用和衰减作用同时存在，共同将细胞内的色氨酸精细调节到一定的水平。当色氨酸高于某一水平时，通过阻遏作用关闭操纵元的表达。只有当色氨酸低于这一水平时，才需要衰减作用这一细调方式进行调节。两种机制都是为了避免浪费，提高效率。

其他氨基酸操纵元中的衰减作用：衰减作用对于氨基酸操纵元是一个普遍的调控机制，组氨酸、苯丙氨酸、亮氨酸、苏氨酸和异亮氨酸等氨基酸操纵元中都含有衰减子，每个操纵元的前导序列中含有该操纵元所调控的氨基酸的多个密码子。例如，在组氨酸和苯丙氨酸的操纵元前导序列中含有 7 个相应的组氨酸或苯丙氨酸密码子，在苏氨酸操纵元中，含有 8 个苏氨酸密码子。很明显，这些前导肽的 mRNA 正是设计成能够感受到被合成的氨基酸水平。如果相应的氨酰 tRNA 缺乏时，前导肽的翻译就停止，使 RNA 聚合酶能通过衰减子部位到达结构基因。组氨酸操纵元可以单纯靠衰减子的结构实现它的控制作用。

6. *pyrBI* 操纵元

一种不同的衰减机制。在大肠杆菌或肠道沙门氏菌中，UMP 作为所有嘧啶核苷酸的前体，其从头合成途径由 6 种酶催化，这 6 种酶由 6 个不相连且位于不同操纵元系统中的基因编码。其中一个操纵元为 *pyrBI*，编码天冬氨酸转氨甲酰酶的催化亚基（PyrB）和调节亚基（PyrI）。胞内 UTP 浓度高时，对该操纵元起负调节作用，其调节强度超过 100 倍。这个调控系统的衰减作用是 RNA 聚合酶暂停而不是核糖体停滞的结果，其基本模式如图 9-40 所示，其调控与色氨酸操纵元一样，依赖于转录和翻译的偶联程度。在 *pyrBI* 调控区内有一个 RNA 聚合酶暂停位点，两侧是富 U 区（DNA 中是富 T 区）（图 9-40A）。当细胞内 UTP 含量水平较低时（即细胞需要合成更多的 UMP，RNA 聚合酶需停顿较长时间以便能够找到 UTP 来延伸 mRNA（图 9-40C）。这种强暂停作用使得进行翻译的核糖体能够翻译到暂停的 RNA 聚合酶位点。当 RNA 聚合酶最终离开暂停区到达转录衰减子区时，因为与核糖体紧密相连，所以不能形成不依赖于 ρ 因子的终止子茎环结构，RNA 聚合酶就可以转录到 *pyrBI* 的结构基因。当 UTP 含量水平较高时，RNA 聚合酶只有较弱的暂停，在核糖体还没有赶上之前就快速转录到衰减子区（图 9-40B）。因此，转录终止子茎环形成，使转录作用在 RNA 聚合酶还没有进入结构基因之前便终止。

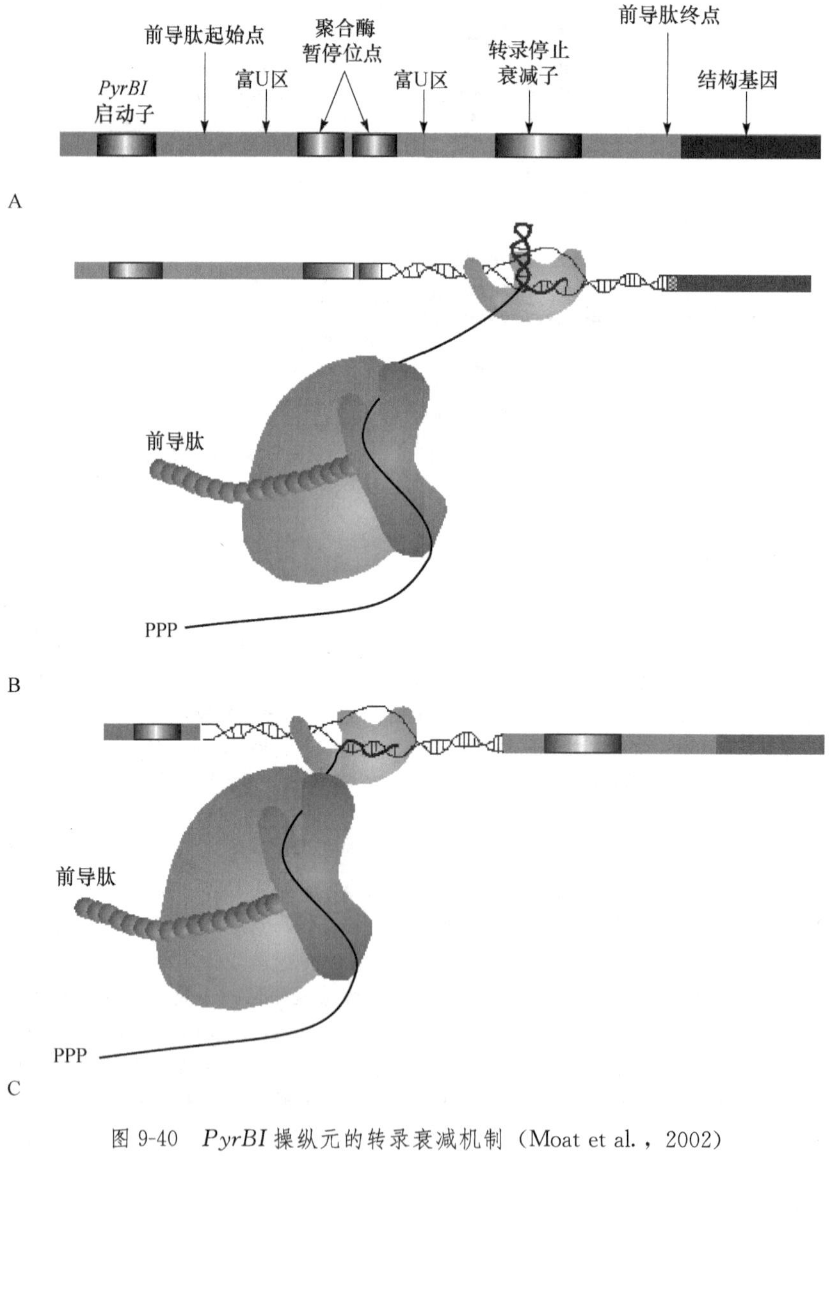

图 9-40 *PyrBI* 操纵元的转录衰减机制（Moat et al.，2002）

2.3.2　全局调控

大肠杆菌能存活于多种不利的环境条件中，包括：①从丰富培养基转移到基本培养基；②改变碳源；③氨基酸限制；④从好氧条件转移到厌氧条件；⑤热激（heat shock）；⑥酸激（acid shock）；⑦多种饥饿条件如磷酸盐、氮源或碳源匮乏等。要在这些不利条件下存活下来，微生物必须同时调控许多套基因的表达以对环境变化迅速作出反应，这种调控是在整个细胞水平上进行的，因而称作全局调控（global regulation 或 global control）。例如，大肠杆菌在磷酸盐饥饿时，可启动 80 多个不同的基因表达，合成一些新的蛋白质，渡过逆境。全局调控网络包括若干套操纵元、调节子，它们在功能上似乎互不相关，并且分散在染色体的不同位置，却能共同响应某一特定的胁迫条件。

这里介绍几个用来描述调控网络的名词。调节子是由一种调控蛋白控制的所有操纵元的集合（如精氨酸调节子）；调制子（modulon）是指受某类通用调控蛋白控制的所有操纵元和调节子（如 CRP 调制子）；刺激子（stimulon）则是描述响应同一环境信号的所有基因、操纵元、调节子和调制子。刺激子一词适于描述未知响应机制下所有被协同诱导或协同阻遏的蛋白质。

除了为适应某种环境信号而启动一些基因的表达外，全局调控还可以阻遏一些基因的表达。例如，大肠杆菌利用乳糖或麦芽糖酶类，在有乳糖或麦芽糖存在时才被诱导，但是，如果培养基中存在其他更易于利用的碳源（如葡萄糖），再合成这些酶类将是一种浪费，因此，就存在分解代谢物阻遏机制，阻止其诱导表达。分解代谢物阻遏能控制多种操纵元，如乳糖操纵元、阿拉伯糖操纵元等，因此是一种全局调控系统。只要有葡萄糖存在，分解代谢物阻遏就会阻止各种糖的分解代谢酶类操纵元的表达。

除了分解代谢物阻遏、磷酸盐调控外，SOS 反应，热激反应，兼性厌氧菌在有氧呼吸和无氧呼吸之间的转变等都属于全局调控系统。

1. 信号传导和双组分调控系统

微生物不断感受和适应周围的环境变化以获得最适的生存和繁殖能力。在多种调控系统中，每种都是利用调控蛋白（阻遏蛋白/激活蛋白）作为内部环境的传感器。在此，我们讨论微生物怎样感受和应答外部环境的变化。通常情况下，环境信号并不直接传递给调控蛋白，而是先被一种传感蛋白检测到，然后再将该信号以变化的形式传递给具有调控作用的目标蛋白，从而调控许多基因的表达，引发对环境的适应性反应，这一过程称为信号传导。

细胞感受并对环境信号作出反应的多数调控系统都属于双组分调控系统，这类系统可感受的刺激包括 pH、渗透压、温度、驱避剂和吸引剂的存在、营养匮乏、氮和磷酸盐限制、植物愈伤组织分泌物等。在双组分调控系统中通常存在一对蛋白质，环境信号通过它们共同调控一群基因的表达，其中之一称传感蛋白（或感受蛋白，sensor protein），常为跨膜蛋白（有的也位于细胞质中），具有组氨酸激酶活性；另一个称响应调节蛋白（response regulator），它一般是转录调控蛋白，具有结合 DNA 的活性。尽管每个系统都只能响应特异的刺激条件，但它们的功能相似，不同系统的传感蛋白和响应调节蛋白间在氨基酸顺序上具有很高的相似性。

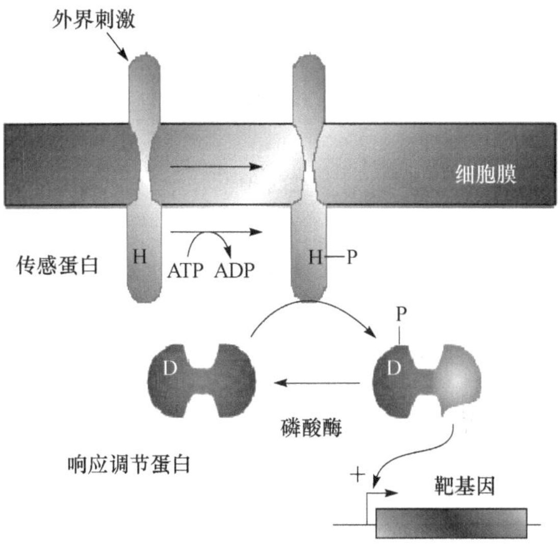

图 9-41　双组分信号传导的一般模式
(Moat et al.，2002)

外界刺激与传感蛋白的周质空间部分（通常是 N 端）相互作用，激活其位于细胞质中 C 端的自身激酶活性，使其保守的组氨酸残基磷酸化；然后，磷酸基团由传感蛋白激酶的组氨酸转移到响应调节蛋白接收器元件的天冬氨酸残基上，引起响应调节蛋白输出结构域（通常与 DNA 结合）的构型变化，激活其 DNA 结合功能

如图 9-41 所示，传感蛋白位于细胞外的结构域可直接或间接感受外部环境的变化，激活其固有的组氨酸激酶活性，使细胞质内结构域上的保守组氨酸残基磷酸化。接下来，传感蛋白传感结构域将磷酸基团转移到响应调节蛋白 N 端接收器结构域保守的天冬氨酸残基上。响应调节蛋白接收器结构域的磷酸化引起调节蛋白或 C 端输出结构域的构型发生变化，使输出结构域能与靶 DNA 序列结合，调控靶基因的转录。这里，磷酸基团的转移是一种信号传导的方式。

多数双组分系统受特异性磷酸酶的负调控，这种磷酸酶使响应调节蛋白上磷酸化的天冬氨酸去磷酸化。磷酸酶活性存在于信号传导蛋白以外的蛋白质中，或者是传感蛋白的自身活性之一。因此，双组分信号传导系统调控的关键是通过感应环境信号引起激酶活性/磷酸酶活性比率的变化，结果响应调节蛋白的磷酸化和去磷酸化水平也随之改变。

值得注意的是，响应调节蛋白的磷酸化，并不一定如假设的那样会引起下游响应。组氨酸激酶的作用也可能是起到维持响应调节蛋白磷酸化状态的作用，并阻止它引发应答反应。实际上，可能正是去磷酸化的调控蛋白促进随后的应答反应。

双组分调控系统在不同的细菌中调控许多基因的表达，例如，大肠杆菌同化磷酸盐，肺炎克氏杆菌和根瘤菌的固氮、芽孢杆菌的芽孢分化等。仅在大肠杆菌中就至少存在 50 种双组分调控系统，其中大多都涉及全局调控。表 9-2 中列出了一些双组分信号传导系统的实例。

表 9-2　不同双组分系统的一些特性

菌体名称	传感蛋白/传感器	调节蛋白/接收器	响应或被调节的基因	环境刺激
E. coli/S. typhimurium	EnvZ	OmpR	*ompC*，*comF*	渗透压改变
E. coli	PhoR	PhoB	*phoA*，*phoE*，etc.	磷酸盐限制
E. coli	PhoM	PhoM-ORF2	*phoA*，etc.	胞外葡萄糖
E. coli	CpxA	CpxR	*traJ*，etc.	染料和有毒化学药品
E. coli	UhpB	UphA	*uhpT*，etc.	葡萄糖-6-磷酸
E. coli	?	UrvC-ORF2	Unknown	未知
E. coli	NarX	NarL	*narGHJI*	硝酸盐浓度
E. coli/S. typhimurium	NtrB（NRII）	NtrC（NRI）	*glnA*，etc.	氨限制
E. coli/S. typhimurium	CheA	CheB/CheY	趋化性	驱避剂和吸引剂
S. typhimurium	PhoQ	PhoP	*phoN*，etc.，致病性	镁，pH
Klebsiella pneumoniae/Bradyrhizobium parasponiae	NtrB	NtrC	*nifLA*	氮限制
Rizobium meliloti	FixL	FixJ	*nifLA*，*fixN*	氮限制
R. legumimosarum	DctB	DctD	*dctA*	C_4-二羧酸
Pseudomonas putida	?	XylR	*xylCAB*，*xylS*	*m*-二甲苯或 *m*-苄基醇
Pseudomonas aeruginosa	?	AlgR	*algD*	未知
Bordetella pertussis	BvgC	BvgA/BvgC	*ptx*，*fha*，*cya*，etc.，致病性	温度，烟酸，$MgSO_4$
Agrobacterium tumefaciens	VirA	VirG	*virB*，*virC*，etc.，致病性	植物愈伤组织分泌物
Bacillus subtilis	?	SpoOA/SpoOF	产孢控制	营养匮乏
B. subtilis	DegS	DegU	降解酶调控	未知

单组分信号传导系统的特征是将双组分系统的功能集中在一种蛋白上。例如，来源于霍乱弧菌的 ToxR 系统介导几种毒素成分的调节使该肠道病原菌响应环境刺激。ToxR 是一种跨膜传感蛋白，通过其位于细胞质中的结构域与毒素基因的启动子区特异结合。一些信号传导系统常具有多个组分，因为外界信号常需要几个加工过程才能传递给响应调节蛋白。但在所有的信号传导系统中都含有传感蛋白和响应调节蛋白这两种组分，因为这两种组分的中心地位，故这些信号传导系统都被称作双组分调控系统。双组分调控系统不仅在细菌中是普遍存在的，在真核生物中也是普遍存在的，目前在酵母菌和植物中都发现了类似细菌中的双组分调控系统。

这里分别介绍生物固氮和磷酸盐的调控特点，二者的调控都主要依赖于双组分信号传导机制。

1）**固氮调控**

生物固氮是由固氮酶催化完成的，固氮微生物体内均存在固氮酶基因，能在低铵和低氧分压条件下合成固氮酶以同化空气中的分子态氮。当在高铵或高氧分压下，固氮作用停止。在所有的固氮微生物中，对肺炎克氏杆菌（Kp）的固氮调控机制研究得最为清楚，因此，Kp 成为了研究固氮调控的模式菌株。下面我们就以 Kp 为例，介绍固氮基因（简称 *nif* 基因）的组成、功能及其调控机制。

（1）**Kp 中固氮基因的组成及其功能**

目前在 Kp 中已鉴定出至少 21 个 *nif* 基因，它们在染色体上成簇排列，全长约 24kb，共组成 8 个转录单位：*nifJC*、*nifHDKTY*、*nifENX*、*nifUSVWZ*、*nifM*、*nifF*、*nifLA*、*nifBQ*（图 9-42）。这些基因中有些基因产物的功能已被确定，如 *nifHDK* 为固氮酶的结构基因，*nifA* 产物为其他 *nif* 基因表达的正调控因子，而 *nifL* 编码负调控因子，有的 *nif* 基因的功能尚不清楚，见表 9-3。

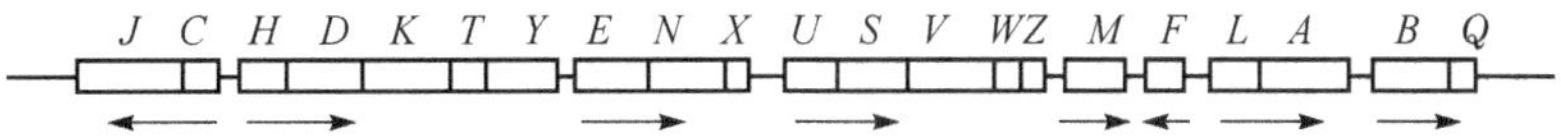

图 9-42　Kp 的 *nif* 基因结构

箭头表示转录单位的起始位置和方向

表 9-3　Kp[a] 中固氮（*nif*）基因及其产物的功能

基　因	产物和功能
nifQ	影响 FeMoCo 的合成和 Mo 的吸收
nifB	参与 FeMoCo 合成
nifA	正调节子
nifL	负调节子
nifF	黄素氧还蛋白，电子受体
nifM	激活 Fe 蛋白
nifZ	负责 FeMoCo 的插入
nifW	激活 MoFe 蛋白
nifV	高柠檬酸合成酶，参与合成 FeMoCo
nifS	与 FeS 中心结合的蛋白，功能未知
nifU	与 FeS 中心结合的蛋白，功能未知
nifX	可能是一个负调节因子
nifN	参与合成 FeMoCo
nifE	参与合成 FeMoCo
nifY	功能未知，非固氮所必需
nifT	功能未知，非固氮所必需
nifK	MoFe 蛋白 β 亚基
nifD	MoFe 蛋白 α 亚基
nifH	铁蛋白亚基，形成同型二聚体
nifC	功能未知
nifJ	丙酮酸-黄素氧还蛋白-氧化还原酶

a：所列基因是根据它们在 Kp 染色体图谱中的出现顺序排列。

nif 基因的转录起始需要 σ^{54} 因子，σ^{54} 因子在氮代谢中（包括固氮在内）普遍起作用，其相应基因被命名为 *rpoN* 或 *ntrA*。*nif* 基因的启动子上具有保守的 σ^{54} 因子的识别位点，但 σ^{54} RNA 聚合酶不能单独起始转录，它需要转录激活蛋白 NifA 或 NtrC 的帮助，催化启动子复合物从关闭状态到开放状态的异构化。

在 Kp 中，*nifL* 和 *nifA* 组成一个转录单位，其启动子也是 σ^{54} 型，转录直接受氮调节（ntr）系统的调控，磷酸化的 NtrC 蛋白激活 *nifLA* 操纵元的转录。NifL 蛋白是固氮的负调控蛋白，它的作用是在有铵或氧存在时，使 NifA 蛋白失活。NifA 蛋白是除 *nifLA* 以外所有其他 *nif* 基因的转录激活蛋白。

（2）氮调节系统的组成

在大肠杆菌和其他许多细菌中均存在氮调节系统（nitrogen regulation system），简称 ntr 系统，该系统控制着有关氮代谢的许多基因的表达。ntr 系统包括 *glnA* 编码的谷氨酰胺合成酶（GS，GlnA），*glnB* 编码的 PⅡ 调节蛋白（GlnB），*glnD* 编码的双功能酶尿苷酰转移酶/脱尿苷酰酶（UTase，GlnD），*glnE* 编码的腺苷酰转移酶（ATase，GlnE）和 *ntrA* 编码的 NtrA（σ^{54} 因子）及 *ntrBC* 编码的一对调节蛋白 NtrBC。

在 Kp 中，*glnA* 和 *ntrBC* 组成一个转录单位 *glnA-ntrBC*，其启动子也是 σ^{54} 依赖型。NtrB 和 NtrC 是一个典型的双组分调控系统。NtrB 是传感蛋白，属于组氨酸激酶，具有磷酸激酶和磷酸化酶的活性，可催化 NtrC 的磷酸化和去磷酸化。磷酸化作用分两步进行：ATP 上的磷酸基团转移到 NtrB 的组氨酸残基上；再由 NtrB 转移到 NtrC 的天冬氨酸残基上。NtrC 是调节蛋白，磷酸化的 NtrC 具有结合 DNA 的活性，可激活 *glnA-ntrBC*，*nifLA*，*hut*（组氨酸利用），*put*（脯氨酸利用）等操纵元的转录。

（3）固氮基因的表达调控

① 铵的调节

铵主要是通过调节 NtrC 蛋白的活性来控制 *nifLA* 的表达。铵的信号并不是由 NtrBC 系统来直接感应的，而是由 GlnD 作为细胞内结合态氮的初级感受蛋白，将信号通过 PⅡ 蛋白传递给 NtrBC。当环境中化合态氮（常以铵表示）的浓度低时，PⅡ 蛋白被 GlnD 尿苷酰化为 PⅡ-UMP，PⅡ-UMP 与 NtrB 结合，使之表现为磷酸激酶活性，催化 NtrC 的磷酸化，磷酸化的 NtrC 激活 *nifLA* 的转录，表达出 NifA 蛋白。NifA 蛋白是所有其他固氮基因的转录激活蛋白，从而使其他固氮基因得以表达（图 9-43）。

当环境中铵的浓度高时，PⅡ-UMP 被 GlnD 脱尿苷酰化为 PⅡ，脱尿苷酰化的 PⅡ 使 NtrB 表现为磷酸化酶活性，催化 NtrC 的去磷酸化，使 NtrC 不具有转录激活活性，*nifLA* 不能转录，NifA 蛋白也就不能表达，导致其他固氮基因的转录受阻，固氮酶不能合成（图 9-43）。

② 氧的调节

氧的调节主要是通过 NifL 失活而 NifA 起作用。当环境中有氧时，NifL 蛋白的 C 端通过与 NifA 相互作用而使 NifA 失活，固氮基因不能表达（图 9-43）。氧也可

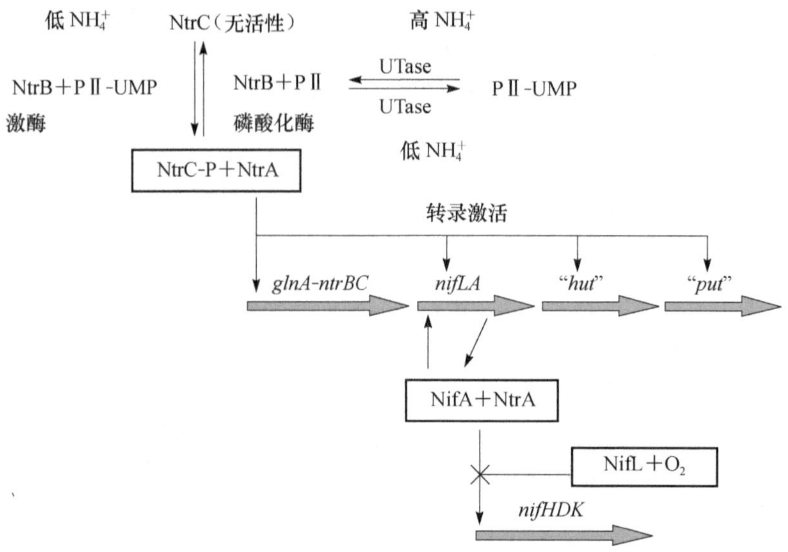

图 9-43 Kp 的固氮基因表达调控模式

在转录水平上影响 *nifLA* 的表达，当氧的浓度高时，*nifLA* 启动子的活性明显下降。氧可能是通过改变 DNA 的超螺旋水平来调节 *nifLA* 的转录的。

由上可知，Kp 只有在低铵和无氧条件下才能表达 NifA 蛋白，且 NifA 蛋白不失活，从而激活其他固氮基因的表达，使固氮酶得以合成，固氮作用得以实现。环境因子（铵和氧的浓度）对 *nif* 基因的表达调控主要是通过调控 *nifA* 基因的表达和 NifA 蛋白的活性实现的。因此，整个固氮基因表达的调控包括了两个水平的转录调控过程，即 ntr 系统对 *nifLA* 操纵元及 NifA 蛋白对其他 *nif* 基因的转录激活作用。

2）**磷酸盐调控**

另一个广泛研究的全局调控系统是大肠杆菌的磷酸盐调控刺激子。多数磷酸盐调控基因的表达是受磷酸盐饥饿诱导（phosphate starvation inducible）的，也有一部分磷酸盐调控基因是受磷酸盐饥饿阻遏（phosphate starvation repressible）的。磷酸盐饥饿诱导的基因（*psi*）所编码的蛋白分子与细胞外膜结合或位于周质空间，在无机磷酸盐的跨膜运输或从有机磷酯中摄取磷酸的过程中起作用。其中两个受磷酸盐饥饿诱导的基因 *phoA*（编码碱性磷酸酶 alkaline phosphatase，PhoA）和 *phoE*（编码外膜孔道蛋白 outer membrane porin protein，PhoE）已被详细研究，其调控存在一个复杂的调控网络，该网络包括双组分调控系统 *phoR* 和 *phoB*、*phoU*，以及一个高亲和性的磷酸盐运输系统 PST。

磷酸盐调控系统实际上是通过 PST 系统和 PhoR 蛋白因子间的信息交流而起作用的。受磷酸盐控制的基因调控模式见图 9-44。PhoR 和 PhoB 组成一个双组分调

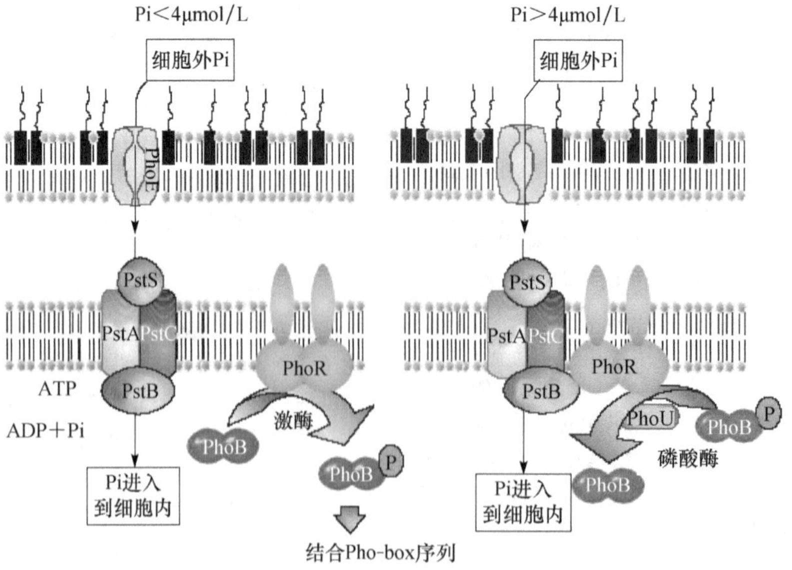

图 9-44 PhoU、PhoR 和 PhoB 在磷酸盐调控的基因表达中的作用模式（Moat et al.，2002）

控系统。PhoR 是一个典型的膜传感蛋白，能够在低磷酸盐浓度下（低于 4 μmol/L）引发 *pho* 调节子的诱导表达。当细胞感受到低水平磷酸盐时，PhoR 蛋白自体磷酸化生成 PhoR-P，并将磷酸基团转移到 PhoB，生成 PhoB-P。PhoB-P 与位于 *pho* 调节子各启动子上游的保守序列“Pho-box”（CTTTTCATAAAACTGTCA）结合，激活靶基因的转录。当细胞外磷酸盐浓度升高，通过 PST 系统的磷酸盐运输也增加，PST 系统中的 PstB 会与 PhoR 相互作用并抑制其磷酸激酶的活性。接下来，PhoR 与另外一个蛋白因子 PhoU 共同作用脱去 PhoB 的磷酸基团，关闭 *pho* 调节子的转录。可见，大肠杆菌通过 PST 运输系统中的 PstB 和传感蛋白 PhoR 之间蛋白质与蛋白质的相互作用，使得无机磷酸盐的运输水平和体内磷酸盐摄取系统的表达联系起来。

2. 微生物的群体感应

全局调控系统使微生物能对环境中的信号有效地作出反应，信号之一就是同种生物其他个体的存在。长期以来，细菌的群体一直被认为是由许多独立的个体组成的，彼此间不存在信息交流和协作分工。而微生物细胞与细胞间信息传递现象即群体感应（quorum sensing）现象的发现打破了这种观念。研究发现，细菌根据特定信号分子的浓度可以监测周围环境中自身或其他细菌的数量变化，当信号达到一定的浓度阈值时，能在群体范围内启动相关基因的表达来适应环境中的变化，这一调控系统被称为细菌的群体感应调节系统。

群体感应现象首先发现于革兰氏阴性细菌中，而且进行了深入研究。在这类细菌中，最常见的信号分子是酰基高丝氨酸内酯类的小分子化合物，它们是自体诱导物，当达到足够的浓度时，就可结合到特殊的受体蛋白上。通常该蛋白质复合物具有转录激活的作用，即与 DNA 上的靶位点结合，激活群体感应基因的转录。例如，费氏弧菌（*Vibrio fischeri*）是一种可以自生的发光细菌，也可以殖生在鱿鱼的发光器官中与之形成共生体。但是，费氏弧菌只有在较高的细胞密度下才能发光。其发光基因簇 *lux* 如图 9-45 所示。LuxI 是自体诱导物分子（autoinducer，AI）*N*-(3-氧己烷)-L-高丝氨酸内酯的合成酶。细胞密度较低时，*luxICDABEG* 操纵元表达较少，因而自体诱导物的合成缓慢。细胞密度增加时，自体诱导物会在培养基中积累。随着浓度升高，自体诱导物又会通过细胞膜扩散回细胞内并与 LuxR 蛋白分子结合形成 LuxR-AI 复合物，激活 *lux* 操纵元的转录，提高负责生物发光的酶的合成量，菌体就会发光。

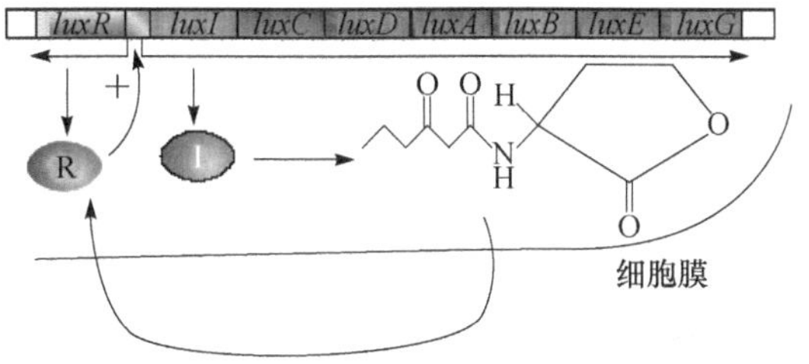

图 9-45　群体感应：费氏弧菌的 *lux* 操纵元（Moat et al.，2002）

费氏弧菌系统相对简单，而哈氏弧菌（*Vibrio harveyi*）则具有两个自体诱导物响应系统（图 9-46），这两个系统在功能上是等同的，控制密度依赖型的荧光素酶操纵元 *luxCDABE* 的表达，其中自体诱导物-1（AI-1）是高丝氨酸内酯分子，AI-2 是呋喃硼酸二酯分子。哈氏弧菌发光系统与费氏弧菌系统的另一个不同之处在于前者的 *lux* 诱导物系统利用复杂的双组分响应调节蛋白来感应胞外自体诱导物的水平，而不是通过自体诱导物简单的跨膜扩散。同典型的双组分调控系统一样，诱导物

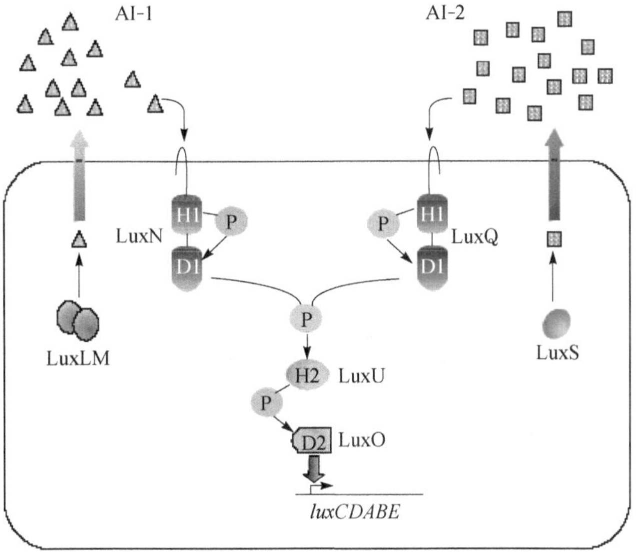

图 9-46　群体感应：哈氏弧菌的荧光素酶系统（Moat et al.，2002）

信号通过一系列磷酸化/去磷酸化反应传递给与DNA结合的响应调节蛋白分子。然而，感应每个自体诱导物的跨膜组氨酸激酶（AI-1的是LuxN，AI-2的是LuxQ）通过磷酸化作用传递信号都要通过一个共同的LuxU蛋白，由LuxU再把磷酸基团转移给响应调节蛋白LuxO，LuxO-P便可以激活*luxCDABE*的表达。较复杂的双组分系统通常具有像LuxN、LuxQ这样同时含有两个元件的杂合跨膜蛋白：一个是传感蛋白元件，在其保守的组氨酸残基上磷酸化；一个是C端的响应调节蛋白元件，在其保守的天冬氨酸残基上磷酸化。磷酸基团随后转移给另一蛋白（本例中是LuxU）的保守组氨酸残基上，并最终转移到第二个响应调节蛋白（LuxO）的保守天冬氨酸残基上。

双自体诱导物系统存在的原因在于菌体是只在同种个体间传递信息，还是也可以与其他种类的个体传递信息。很多革兰氏阴性细菌和革兰氏阳性细菌中都被证实有同源的LuxS蛋白分子。有趣的是，它们中许多菌产生的AI-2自体诱导物，能通过LuxQ-AI-2感应系统与哈氏弧菌传递信息。*luxS*突变体，即不能产生AI-2的哈氏弧菌突变体，在有其他菌产生的AI-2分子存在的情况下也能生物发光。这种既可以响应种内信号又可以响应种间信号的能力使得哈氏弧菌不仅能感知自身的细胞密度，也能感知它在混合种群中所占的比例。尽管有事实表明大肠杆菌和肠沙门氏菌也能产生AI-2类分子，但这些分子在菌体中的生理作用目前还不清楚。

许多革兰氏阳性细菌采用寡多肽信号分子进行群体感应，以调节细胞活性。例如，粪肠球菌的接合交配、肺炎链球菌的感受态诱导、枯草芽孢杆菌芽孢形成的刺激作用、金黄色葡萄球菌的许多毒素和其他毒力因子的产生等。在灰色链霉菌中，群体感应甚至能刺激气生菌丝的发育和链霉素的产生，不过，其信号分子是γ-丁酸内酯，而不是寡多肽。

综上所述，群体感应可称为一种多细胞行为，即许多个体细胞之间互相传递信息并协调活动，作为一个整体来行动。这样复杂行为的例子还包括细菌菌落模式的形成和黏细菌子实体的形成等。

第3节　初级代谢的调节

以上所述有关酶合成和活性的调节，大多涉及与初级代谢有关的酶类（包括分解途径和合成途径的酶类），下面就主要的初级代谢途径的调节，分别加以介绍。

3.1　产能代谢的调节：能荷调节

在糖的分解代谢中，可把ATP视为其末端产物。ATP过量时会对合成ATP的系统产生反馈抑制。当ATP分解为ADP或AMP，并将其能量用于合成反应时，则ATP的反馈抑制被解除，ATP的合成又得到恢复。糖代谢的调节主要是受能荷（energy charge）的控制。

3.1.1　能荷的概念

能荷的概念是由英国的生物化学家Atkinson提出的，用能荷来表示细胞中能量水平的状态，即细胞内单位腺苷酸中所含相当于ATP的数量。能荷可按下述公式计算。

$$EC(\%)=\frac{[ATP]+1/2[ADP]}{[ATP]+[ADP]+[AMP]}\times 100$$

公式中分母表示全部腺苷酸的分子数，分子表示相当于ATP的数量。因为在ATP中含有两个高能磷酸键，ADP中只含有一个高能磷酸键，所以在[ADP]前乘以1/2。从公式中还可以看出，当细胞中腺苷酸全部是ATP时，则能荷为1；全部是AMP时，则能荷为0；全部为ADP时，则能荷为1/2。这3种情况都是极端的情况，实际上不可能存在。一般在细胞内都是3种腺苷酸同时并存的，能荷大小随三者的比例变化而变化。因此，从本质上看，能荷反映了细胞中各种腺苷酸的比例。正常的大肠杆菌细胞在旺盛生长时，EC=0.85，当EC<0.5时，则细胞死亡。所以说，能荷状态会影响到细胞的整个代谢。

3.1.2　能荷与糖代谢的调节

糖代谢的调节主要受能荷的控制。当能荷降低时，则激活催化糖分解的某些酶或解除ATP对这些酶的抑制（如糖原磷酸化酶、磷酸果糖激酶、柠檬酸合成酶和异柠檬酸脱氢酶的活性被激活，丙酮酸脱氢酶系和α-酮戊二酸脱氢酶系的抑制作用被解除），并抑制糖原合成酶、1,6-二磷酸果糖酯酶的活性，从而加速了EMP途径、TCA循环的产能过程。当能荷较高时，细胞中的AMP、ADP大都转变为ATP，这时ATP多，则抑制糖原降解及EMP途径和TCA循环的关键酶（如糖原磷酸化酶、磷酸果糖激酶、柠檬酸合成酶、异柠檬酸脱氢酶、丙酮酸脱氢酶系和α-酮戊二酸脱氢酶系），并激活糖类的合成酶（如糖原合成酶和1,6-二磷酸果糖酯酶），从而抑制糖的分解而加速糖原的合成。

通过上述调节，使细胞旺盛生长时，EC维持在0.85的动态平衡，细胞稳定生长时，EC较低，为0.5<EC<0.85。

1. 巴斯德效应

在微生物细胞内的巴斯德效应是对糖代谢的重要调节方式。所谓巴斯德效应是指在有氧条件下，酵母菌的乙醇发酵被抑制。这个现象首先是由巴斯德发现的，故称为巴斯德效应。巴斯德发现酵母菌在有氧时，能进行呼吸作用，产能多，糖的消耗速度减慢，乙醇的产量下降；在无氧时，进行发酵作用，产能少，糖耗快，乙醇产量上升。那么酵母在有氧时，发酵作用为什么会受抑制，为什么糖耗比无氧时慢呢？

从生化角度解释在有氧时酵母的乙醇发酵受抑制的原因是：酵母乙醇发酵的关键反应是由乙醛（Ald）脱氢生成乙醇（EtOH），其反应为

$$\text{Ald}+\text{NADH}+\text{H}^+ \longrightarrow \text{EtOH}+\text{NAD}^+$$

这一反应需要足够的 NADH，当酵母菌进行有氧呼吸时，NADH 则消耗于呼吸作用，通过呼吸链产生 ATP，因而夺走了由乙醛生成乙醇所需要的 NADH，乙醛就得不到足够的 NADH，所以不能还原为乙醇。其过程如图 9-47 所示。

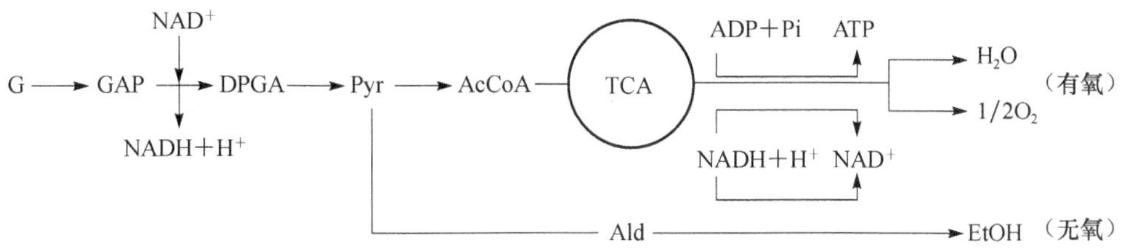

图 9-47　酵母菌有氧时发酵受抑制

有氧时糖的消耗比酵解时还慢，可用别构酶的调节理论进行解释，即用 EMP 途径中的限速酶的调节来说明。

EMP 途径中有 3 个关键酶：己糖激酶（HK），磷酸果糖激酶（PFK）和丙酮酸激酶（PK），它们是 EMP 途径中的 3 个控制位点。

在厌氧条件下，产能少，能荷低，限速酶主要处于激活状态。PFK 是控制 EMP 速率最重要的限速酶，其催化效率是代谢途径中最低的，受 ADP、AMP、Pi 和 Mg^{2+} 的别构活化，受 ATP 的反馈抑制。在厌氧条件下，能荷较低，ADP、AMP、Pi 和 Mg^{2+} 的别构活化是主要的，而 ATP 的反馈抑制是次要的，从而使 EMP 速率加快，即糖的消耗速度加快，并经乙醇发酵产生大量乙醇。

在有氧条件下，发生巴斯德效应是一系列顺序反馈抑制和协同反馈抑制的综合结果，其过程如图 9-48 所示。在有氧时，能荷高，ATP 浓度高，使 EMP 途径中的两个关键酶 PFK 和 PK 同时受到抑制。另外，ADP、AMP 是异柠檬酸脱氢酶的激活剂，有氧时，ADP、AMP 的浓度低，则异柠檬酸脱氢酶受 ADP 和 AMP 的活化作用减弱，受 ATP 的抑制作用增强，导致异柠檬酸脱氢酶的活性受阻，使柠檬酸增加，并逸出线粒体和 ATP 一起对 PFK 发生协同反馈抑制，又因为 PFK 的活性下降，导致 6-磷酸果糖、6-磷酸葡萄糖浓度上升，6-磷酸葡萄糖对己糖激酶发生顺序反馈抑制作用，最后使葡萄糖利用减慢，乙醇的产量下降。

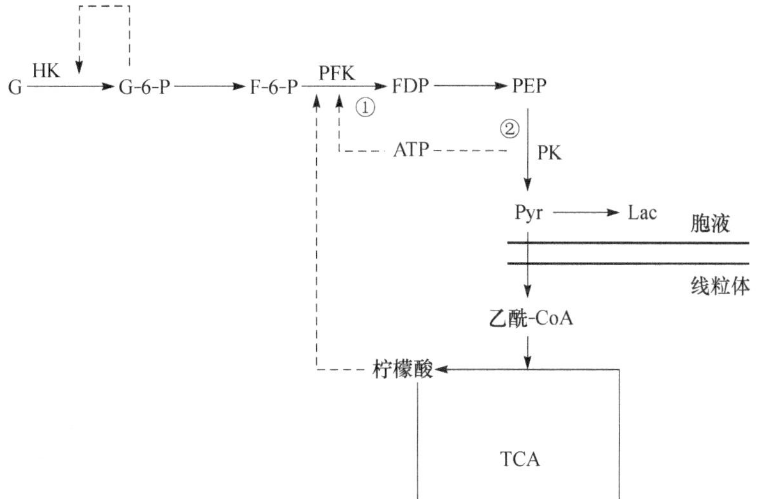

图 9-48　巴斯德效应与反馈抑制

G：葡萄糖；G-6-P：6-磷酸葡萄糖；F-6-P：6-磷酸果糖；FDP：1,6-二磷酸果糖；PEP：磷酸烯醇丙酮酸；Pyr：丙酮酸；Lac：乳酸；PFK：磷酸果糖激酶；PK：丙酮酸激酶；HK：己糖激酶

2. 酵母中葡萄糖代谢的调控

Racker 认为酵母菌对 EMP 调控不能运用一种单一的机制进行解释。根据酵母菌对葡萄糖的敏感性可分为 3 类：①对葡萄糖敏感的酵母；②对葡萄糖不敏感的酵母；③对葡萄糖微弱敏感的酵母。

对葡萄糖敏感的酵母是指其呼吸作用在低游离葡萄糖浓度下即被抑制，而积累大量的乙醇，称为“发酵型酵母”，因此，有氧和无氧“发酵”必须区别开来。这一类群以酵母菌属（*Saccharomyces*），裂殖酵母菌属，德巴利氏酵母菌属（*Debaryomyces*）等的菌株为代表。面包酵母和啤酒酵母即为典型的葡萄糖敏感酵母。

对游离葡萄糖不敏感的酵母菌，在有氧时，它们生长得相对快些，生物量也较高，没有乙醇的积累。在缺氧时，它们不能生长。典型代表菌株在假丝酵母菌属（*Candida*），球拟酵母菌属（*Torulopsis*），红酵母菌属，丝孢酵母菌属（*Trichospora*），毕赤酵母菌属（*Pichia*）和汉逊酵母菌属等中发现。以不形成乙醇为指标，这类常称为“呼吸型酵母”。最好的代表是工业上有重要意义的“饲料酵母”（fodder yeast）。

对葡萄糖有微弱敏感的酵母，仅在高浓度（大于 75g/L）时才表现出抑制，因而可生成大量乙醇。

在有氧条件下，酵母菌中游离的葡萄糖是主要的调节底物。对葡萄糖敏感的酵母，如啤酒酵母，在静置培养中的生长特征有两个生长阶段。在第一阶段，生物量的形成与乙醇的释放有平行关系，如图 9-49 所示。

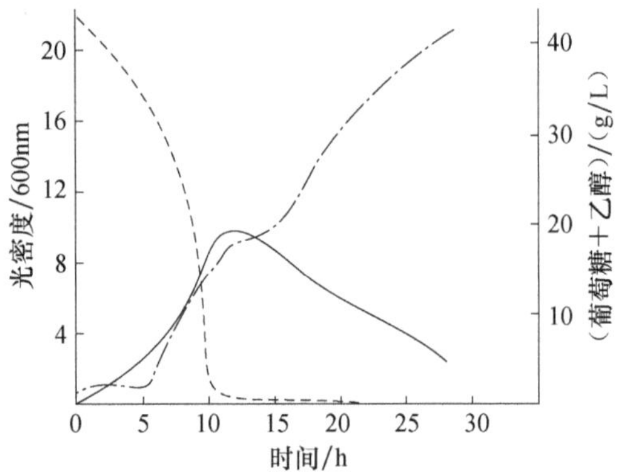

图 9-49　有氧时，啤酒酵母在葡萄糖上的二次生长曲线

前阶段是利用葡萄糖进行发酵性生长，后阶段是利用发酵时产生的乙醇进行氧化性生长

----为葡萄糖曲线；—— 为乙醇曲线；－·－为酵母生长曲线

从图 9-49 中可见，整个生长过程都是在有氧条件下进行的，菌体出现二次生长现象是由葡萄糖浓度变化造成的。在高浓度的葡萄糖培养液中，菌体利用葡萄糖通过 EMP 途径产生能量而生长，并积累大量乙醇，这为第一次生长。当葡萄糖耗尽时，生长停止，然后经过一个短暂的延滞期又重新开始生长（第二次生长），在延滞生长阶段，酵母细胞要合成对乙醇氧化代谢所需要的酶类。

那么啤酒酵母在有氧条件下利用葡萄糖为什么会产生二次生长呢？其原因是对葡萄糖敏感的酵母具有如下特性：在有氧时，葡萄糖浓度很低时才能经 EMP、TCA 将葡萄糖氧化成水和二氧化碳，而高浓度的葡萄糖对丙酮酸脱氢酶、TCA 循环和乙醛酸循环的关键酶有抑制作用。也就是说，葡萄糖经 EMP 途径生成丙酮酸后不能进入 TCA 循环，这一特征是和酵母菌在厌氧条件下相一致的，并且酵母菌丙酮酸脱氢酶和乙醇脱氢酶（ADH）Ⅰ等处于高活性状态，故有氧条件下的酵母菌在高浓度葡萄糖存在时，能像厌氧条件下一样，生成丙酮酸，不进入 TCA 循环，而是用于乙醇发酵和为生长提供所需要的物质。当葡萄糖浓度逐步下降时，酵母菌的生长逐步由对数期达到第一个稳定期，此时乙醇的积累也逐步趋于停止，当葡萄糖耗尽时，就解除了对 TCA 循环和乙醛酸循环的抑制作用。

在酵母细胞中有 ADH Ⅰ、ADH Ⅱ、ADH Ⅲ 3 种酶。ADH Ⅰ与发酵期间乙醇的产生有关，不受高浓度葡萄糖的阻遏。ADH Ⅱ和 ADH Ⅲ都与乙醇的氧化代谢有关，并且受葡萄糖的阻遏。ADH Ⅲ是一种线粒体酶，而 ADH Ⅰ、ADH Ⅱ则存在于细胞质中。当有葡萄糖时，无 ADH Ⅱ、ADH Ⅲ的合成，乙醇不被氧化而积累；当葡萄糖耗尽时，才解除了对 ADH Ⅱ、ADH Ⅲ的阻遏作用。这时积累的乙醇逐步脱氢氧化进入 TCA 循环和乙醛酸循环，酵母菌生长进入第二生长阶段，生长曲线表现为再次上升，而乙醇含量曲线逐步下降。

酵母菌的这种二次生长现象，实质上是由分解代谢物的阻遏作用产生的，ADH Ⅰ、ADH Ⅱ和 ADH Ⅲ在这种二次生长中起了重要的调节作用。

3.2　核蛋白体合成的调节

核蛋白体合成的调节与其他经典的操纵元系统在某些方面是不相同的，有些基本原理在原来的操纵元模型中是没有包括的。如大肠杆菌的核蛋白体是由 3 种 RNA 分子和 52 种不同的蛋白质分子构成的，因此，核蛋白体合成的调节至少包括 55 种不同基因表达的调节，这些基因的表达应是协同和平衡的，以适应生长速率的需要。平衡的意思是除缓慢生长外，对数生长的大肠杆菌细胞几乎是以等克分子的比例合成这些 RNA 和蛋白质组分的。因为 RNA 分子仅仅是由转录合成，而蛋白质的合成是先转录，然后翻译成蛋白质。这表明这种协同的调节比一个经典的仅仅是从基因到蛋白质的操纵元的协同调节要复杂得多。另外，核蛋白体组分的基因是必需基因，是在所有生长的细胞中必须表达的基因，环境变化对这些基因表达的调节应比那种针对某一化合物的存在或缺乏的简单开或关的调节更为精密。

20 世纪 50 年代发现细胞生长速度与细胞中核蛋白体浓度成正比，因而推断细胞生长速率是由核蛋白体的数量决定的。但 Koch 等在 1985 年已经证明细胞生长速率不是由核蛋白体的量决定的，他们指出生长速率与细胞核蛋白体浓度近似成正比例的关系是调节机制的结果。在给定的生长条件下，这种调节机制可以调节细胞完成最大生长速率时核蛋白体的合成速率，即核蛋白体的合成依赖于生长速率的控制，以使细胞在不同的生长速率下合成不同数量的核蛋白体，从而能更有效地利用可获得的能量。

3.2.1　核蛋白体的蛋白质操纵元

大肠杆菌的核蛋白体是由 3 种 RNA 分子和 52 种不同的蛋白质分子构成的，其中约 31 种核蛋白体蛋白（简称 r-蛋白）被组装在核蛋白体的 50S 大亚基中，分别称为 L1，L2，L3……L31，其他 21 种 r-蛋白结合在核蛋白体的 30S 小亚基上，分别称为 S1，S2，S3……S21。在大肠杆菌中，编码 r-蛋白的基因和 RNA 多聚酶、翻译延伸因子等的基因组成了约 16 个操纵元，每个操纵元有 1～11 个基因不等（图 9-50）。

3.2.2　r-蛋白合成的翻译阻遏调节

在大肠杆菌中，r-蛋白的合成速率是平衡协调地随营养条件而改变，这一特性可用 r-蛋白合成的翻译阻遏来解释。如图 9-50 所示，每个 r-蛋白操纵元都有一个自己的调控蛋白，这种调控蛋白全部为 r-蛋白，它们作为翻译阻遏物与各自 mRNA 上的结合位点（该位点靠近或包含 S-D 序列）结合，从而阻遏其自身及有关 r-蛋白 mRNA 的翻译。例如，L11 操纵元编码的 L1 蛋白可与自身的 mRNA 结合并阻止其翻译过程。注意图 9-50 所示的操纵元中，并非所有基因产物都受调控蛋白的控制，有的基因产物不受控制，这取决于各个基因是否有自己的 S-D 序列，如果有独立的 S-D 序列，就不受调控蛋白的控制，因此在每个操纵元中受控制的基因总是连在一起的。以 L11 操纵元为例，它含有 L1 和 L11 两个基因，这两个基因之间只间隔 3bp，L1 没有自己的 S-D 序列，其翻译只能靠从 L11 过来的核蛋白体，L1 为操纵元上的调控蛋白，它与 mRNA 上的靶位点结合（该位点位于 L11 基因的翻译起始密码子上游），同时阻抑了 L11 和自身的翻译。

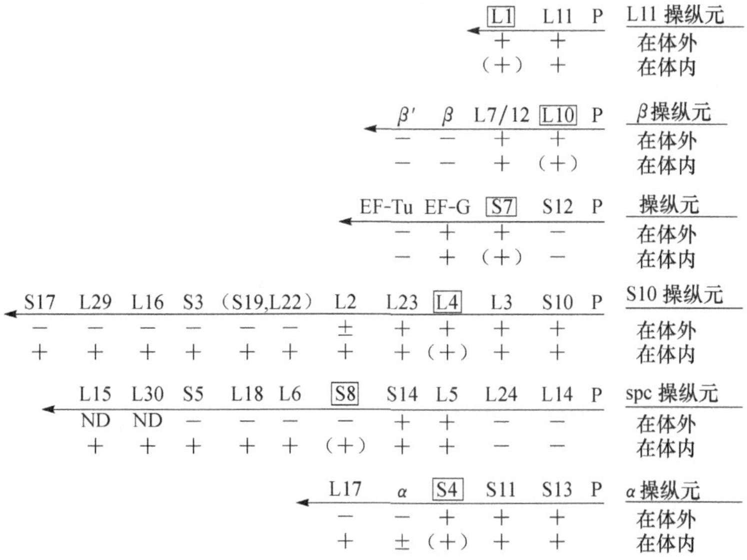

图 9-50　大肠杆菌中一些 r-蛋白操纵元的组成（Moat et al.，2002）

基因以其蛋白产物表示；箭头表示操纵元中从启动子 P 开始的转录方向；方框内表示调控蛋白；图中还显示了框内蛋白对同一操纵元所编码蛋白的体外和体内合成的不同影响：+表示特异性地抑制蛋白质合成；−表示对合成无明显影响；±表示对蛋白质合成有微弱的抑制作用；(+) 表示推测在体内可抑制蛋白质合成；ND 表示不确定；目前对 S12，L14 和 L24 蛋白的合成是如何调控的还不清楚

在核糖体装配时，许多作为翻译阻遏物的调控蛋白也与 16S 或 23S rRNA 特异性地结合。图 9-51 显示了 S4、S8 在 rRNA 和相应 mRNA 上的结合位点在二级结构上的相似性。因此，翻译阻遏机制可能包括阻遏蛋白与 rRNA 和相应 mRNA 之间的竞争性结合。阻遏蛋白优先与 rRNA 结合，并装配成核蛋白体。如果生长减缓，rRNA 含量减少，多余的游离翻译阻遏蛋白便会与自身的 mRNA 结合，抑制其进一步的翻译。现已发现一些操纵元中，阻遏蛋白在 rRNA 上的结合位点与在靶 mRNA 上的结合位点有同源性。通过顺序

翻译作用，阻遏蛋白与多顺反子 mRNA 上的单一靶位点结合，便会影响其下游敏感顺反子的翻译，也就是说下游顺反子的翻译依赖于上游靶顺反子的翻译或中止。

由上可知，r-蛋白基因的表达实际上是由 rRNA 的合成水平控制的，通过翻译阻遏调节，使细胞中 r-蛋白的合成与 rRNA 的合成水平相一致。

3.2.3 r-蛋白合成的严紧控制

当细菌处于营养不良的条件下时，缺乏足够的氨基酸，会导致蛋白质合成受到抑制，并关闭大部分的代谢活动以节省储存物和能量，渡过难关，这一现象称为严紧控制（stringent control），由此产生的一系列生理生化反应称为严紧反应（stringent response）。

r-蛋白和 rRNA 的合成也是受严紧控制系统调节的，当氨基酸饥饿时，它们及 tRNA 的合成显著下降，并在细胞内迅速积累 ppGpp（鸟苷四磷酸）和 pppGpp（鸟苷五磷酸）。而在松弛型突变株（*relA*$^{-}$）中则没有 (p)ppGpp 的积累，蛋白质和 rRNA 的合成也不受严紧控制。ppGpp 和 pppGpp 最初是从严紧型菌株（*relA*$^{+}$）氨基酸饥饿细胞抽提液中通过薄层层析发现的两个异常斑点，它们具有强酸性，迁移率与常见的核苷酸不同，由于当时未弄清其结构，就称之为魔斑（magic spot）。当严紧型菌株处于氨基酸饥饿后又立即补充氨基酸时，ppGpp 和 pppGpp 的含量迅速下降，而 r-蛋白和 rRNA 的合成则上升。这说明 ppGpp 和 pppGpp 是在细胞饥饿时合成的，是严紧反应的信号分子，由它来控制蛋白质和 RNA（特别是 rRNA）合成。

ppGpp 和 pppGpp 是怎样产生的呢？研究表明，ppGpp 和 pppGpp 的合成需要 *relA* 基因编码的严紧因子（stringent factor），它位于核蛋白体上，能催化 GTP 或 GDP 与 ATP 反应，生成 pppGpp，而 pppGpp 再经几种酶作用脱去一个磷酸基团转化为 ppGpp。当氨基酸缺乏时，不负载氨基酸的 tRNA 增多，这种无负载的 tRNA 仍能和核蛋白体的 A 位结合，当核蛋白体的 A 位点被未负载的 tRNA 占据时，pppGpp 的合成即开始（图 9-52），因此，核蛋白体上未负载的 tRNA 是细胞合成 pppGpp 的信号。在正常的蛋白质合成过程中，将氨酰-tRNA 转运到正在延伸的多肽链上需要 GTP，可能由于这一反应的停止，大量 GTP 便被用作合成 pppGpp 和 ppGpp。当细菌的生存条件恢复正常时就要降解 ppGpp。一种名为 *spoT* 的基因编码降解 ppGpp 的酶。它能以 20s 的半衰期快速将 ppGpp 分解为 GDP，因此，严紧反应随着 ppGpp 和 pppGpp 的消失很快逆转。

ppGpp 和 pppGpp 是如何调控基因转录的呢？据研究，ppGpp 能与 RNA 聚合酶结合，改变后者的构型，从而识别不同的启动子，改变基因转录的效率，或关闭，或减弱，或增加一些基因的表达。因此，ppGpp 一旦形成，便会抑制蛋白质合成基因及稳定 RNA（rRNA 和 tRNA）合成基因的表达，同时激活一些氨基酸合成酶系的表达，以使细胞能渡过有限的营养条件。

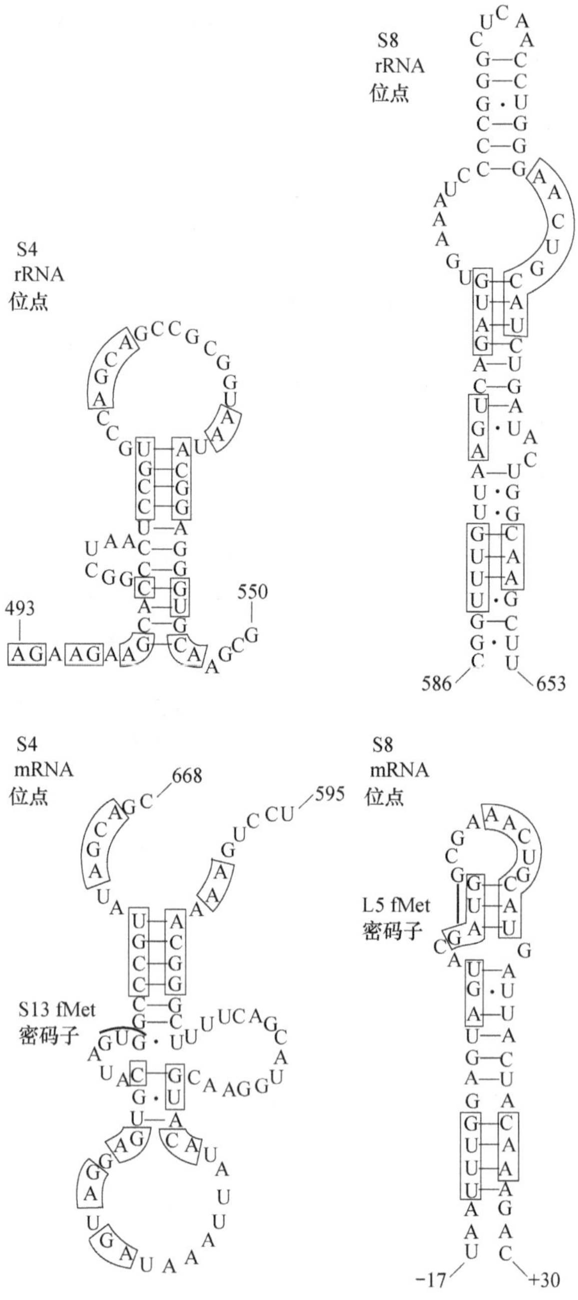

图 9-51 S4-蛋白、S8-蛋白与 16S rRNA 及相应的 mRNA 结合位点的二级结构（Moat et al.，2002）
S4 在其 mRNA 上的结合位点覆盖了 S13 的翻译起始区；
S8 的结合位点覆盖了 L5 的翻译起始区；
方框中的序列表示同源序列

前面已经提到，当细胞的碳源供应不足时，细胞内产生 cAMP。当细胞处于氨基酸饥饿时，则产生 ppGpp 和 pppGpp。这些非同寻常的小分子化合物称之为报警素（alarmone），它们能够影响某些蛋白质和酶的合成

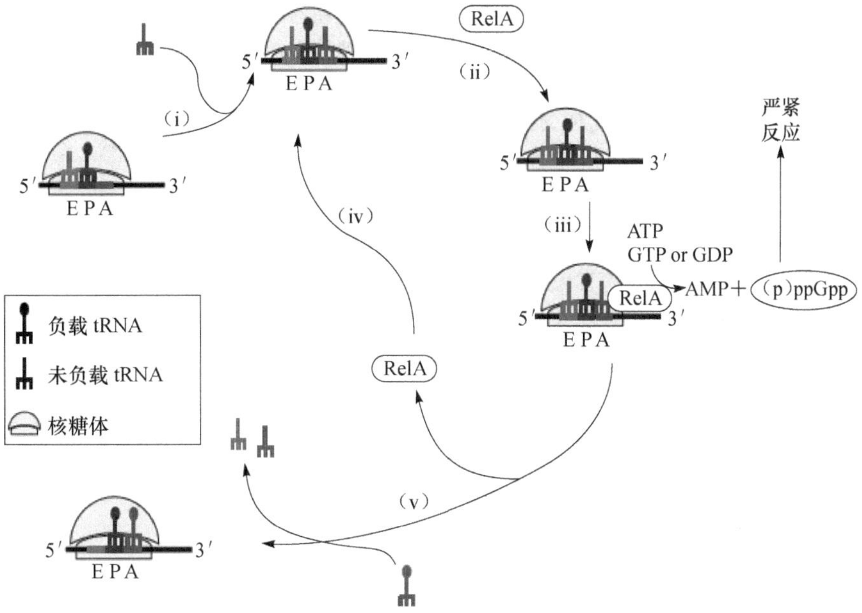

图 9-52　依赖于 RelA 的(p)ppGpp 合成机制（Braeken et al.，2006）

当氨基酸饥饿时，大量的未负载 tRNA 与核糖体的 A 位点以低亲和性结合，阻止了核糖体的前进（i）；RelA 感受到核糖体受阻的信号，与核糖体结合（ii），介导(p)ppGpp 的合成（iii）；(p)ppGpp 合成后，RelA 从核糖体上释放出来，又与下一个核糖体结合（iv），此过程不断重复，使细胞中的（p)ppGpp 积累到可激活严紧反应的水平；负载 tRNA 与核糖体 A 位点结合的亲和性高，当环境中又有氨基酸时，负载的 tRNA 便将核糖体 A 位点上的未负载 tRNA 置换下来，使核糖体解除受阻状态，翻译重新进行（v）

E，P 和 A 代表核糖体的相应位点，颜色深浅不同表示不同的 tRNA 分子

及活性，引发全局调控系统，从而设法解决细胞所遇到的问题。这里介绍的严紧控制实际上也属于全局调控的一种方式。

第 4 节　次级代谢的调节

次级代谢和初级代谢调节在某些方面是相同的，也有酶活性的激活和抑制、酶合成的诱导和阻遏等。但因为初级代谢产物是次级代谢的前体，所以初级代谢对次级代谢的调节作用较大，凡与次级代谢有关的初级代谢受到影响，也必然波及次级代谢。抗生素是最重要、也是研究得最深入的次级代谢产物，因此，本节中关于次级代谢的调节主要是介绍抗生素合成的调节。

4.1　初级代谢对次级代谢的调节

4.1.1　初级代谢前体物质合成的反馈调节对次级代谢产物合成的影响

初级代谢的中间产物往往是次级代谢合成的前体，而初级代谢产物的形成常常受到反馈调节，这种调节必然会影响到次级代谢产物的合成。

例如，在产黄青霉合成青霉素过程中，青霉素的母核 6-氨基青霉烷酸是以缬氨酸和半胱氨酸为前体合成的，当缬氨酸过量时，会反馈抑制其合成途径中的关键酶——乙酰乳酸脱氢酶，使缬氨酸合成减少，从而影响青霉素的合成。而通过诱变获得对缬氨酸不敏感的菌株，解除了缬氨酸对乙酰乳酸脱氢酶的反馈抑制，可通过增加缬氨酸的量，提高青霉素产量。

在四环素的生物合成中，以丙二酸单酰-CoA 为前体。在产生菌内，丙二酸单酰-CoA 的合成有两条途径：一条是由 PEP 生成乙酰-CoA，再在乙酰-CoA 羧化酶催化下，生成丙二酸单酰-CoA；另一条途径是在 PEP 羧化酶催化下，由 PEP 生成草酰乙酸，再在草酰乙酸脱羧酶催化下，生成丙二酸单酰-CoA。研究发现，在菌体生长旺盛时期，乙酰-CoA 羧化酶活性高，PEP 羧化酶及草酰乙酸脱羧酶活性低。在四环素合成期则相反，前种酶活性低，后两种酶活性高。这说明在四环素合成期是由 PEP 羧化酶催化，经草酰乙酸生成丙二酸单酰-CoA，进而合成四环素。草酰乙酸是 TCA 循环的中间产物，因此，TCA 循环的运转状况，调节着四环素的合成。当 TCA 循环酶系活性高时，葡萄糖被完全氧化产生大量的 ATP。过量的 ATP 对 PEP 羧化酶有反馈抑制作用，使草酰乙酸生成量减少。同时，过量的 ATP 对柠檬酸合成酶有反馈抑制作用，柠檬酸、异柠檬酸的合成也减少。而柠檬酸、异柠檬酸又是草酰乙酸脱羧酶的激活剂。由于上述两方面的作用，控制着在菌体的生长期不能大量合成四环素（图 9-53）。

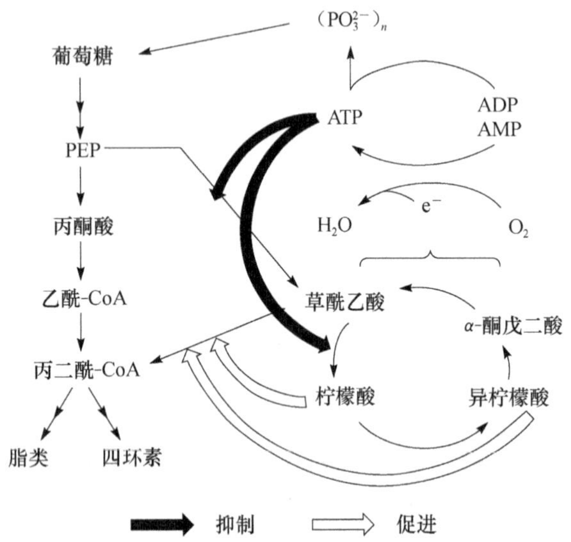

图 9-53　金霉素链霉菌中可能存在的 TCA 循环调节机制

已发现在四环素合成阶段，低产菌株的 TCA 循环酶系活性比高产菌株的高 2～5 倍。在生产中可以采取措施，降低 TCA 循环酶系的活性，使 ATP 减少，以提高四环素产量。例如，可在培养基中加入硫氰酸苄酯（浓度为 5×10^{-5} mol/L），氰化物与含铁卟啉的酶中的 Fe^{2+} 结合，使酶失活，抑制呼吸链的电子传递过程，使 ATP 减少，可解除 ATP 的反馈抑制作用。

此外，在金霉素链霉菌生长后期，体内的聚合磷酸酯含量增高，以这种形式避免 ATP 过量所产生的抑制作用。此时菌体进行葡萄糖磷酸化时，由聚合磷酸酯提供磷酸基。

色氨酸是合成麦角碱的前体之一，色氨酸合成途径中的反馈调节，也影响麦角碱的合成。例如，在麦角菌 SD-58 中，色氨酸可以阻遏邻氨基苯甲酸合成酶，抑制色氨酸合成酶和邻氨基苯甲酸合成酶的活性，使色氨酸合成减少，麦角碱合成量也降低。

4.1.2　具有共同分支途径的初级代谢末端产物对次级代谢产物合成的调节

当初级代谢和次级代谢具有共同的合成途径，即具有共同的分支中间体时，初级代谢的终产物过量，往往会抑制次级代谢的合成。这主要是因为初级代谢终产物抑制了次级代谢合成中重要的分支中间体的合成。例如，青霉素和赖氨酸的合成具有共同的途径，它们的分支中间体为 α-氨基己二酸。当赖氨酸过量时，催化 α-酮戊二酸和乙酰-CoA 合成高柠檬酸的高柠檬酸合成酶受到反馈抑制，从而使 α-氨基己二酸的合成减少，进而影响到青霉素的合成（图 9-54）。

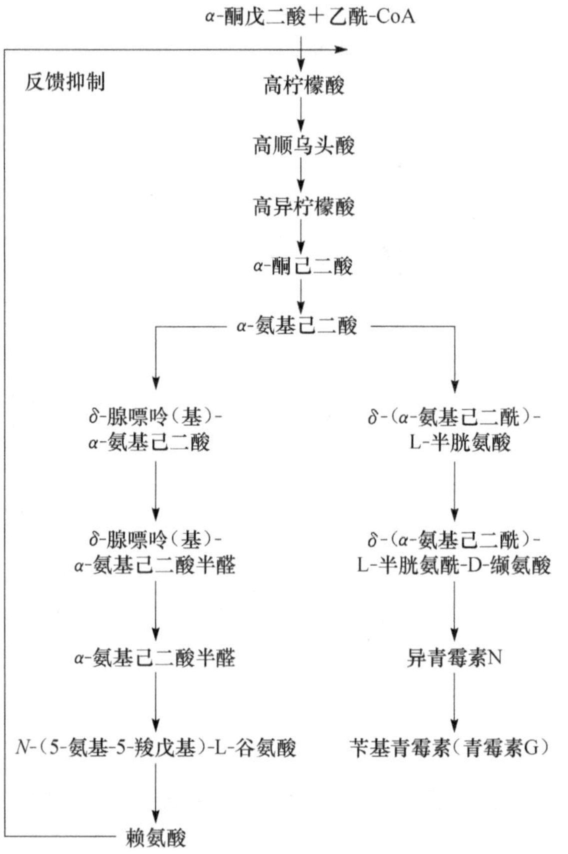

图 9-54　赖氨酸对青霉素合成的调节

如果选育出一株对赖氨酸反馈抑制不敏感的菌株，则它可能是青霉素的高产菌株，或选育出一株在 α-氨基己二酸之后反应途径被阻断的赖氨酸缺陷型突变株，同时限量供给赖氨酸进行青霉素合成，也可提高产量。

又如，由灰色链霉菌（*S. griseus*）产生的多烯大环内酯类抗生素杀假丝菌素（candicidin，又称杀念珠菌素）结构中的氨基苯乙酮部分，是由葡萄糖经莽草酸、分支（岔）酸、对氨基苯甲酸（PABA）进一步反应合成的，而分支酸也是色氨酸、酪氨酸及苯丙氨酸等芳香族氨基酸的前体。当色氨酸过量时，反馈抑制 7-磷酸-2-酮-3-脱氧庚糖酸（DAHP）合成酶的活性，使杀假丝菌素合成的前体供应减少，合成量降低（图 9-55）。此时若往培养基中加入杀假丝菌素的直接前体 PABA，就可绕过反馈抑制点，不再受过量氨基酸的影响，促进杀假丝菌素的合成。

此外，杀假丝菌素等多烯大环内酯类抗生素的内酯环的合成，是以乙酸和丙酸为前体，与合成脂肪酸的原料相同，两种物质的缩合也与脂肪酸合成的机制相同。在培养基中加入油酸、棕榈酸之类的长链脂肪酸，可以产生像脂肪酸合成时同样的反馈抑制作用，从而抑制大

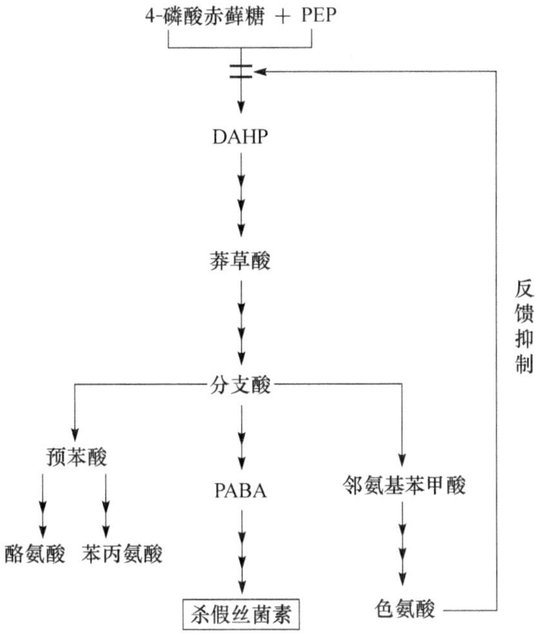

图 9-55　芳香族氨基酸对杀假丝菌素生物合成的调节

环内酯抗生素的合成（图 9-56）。

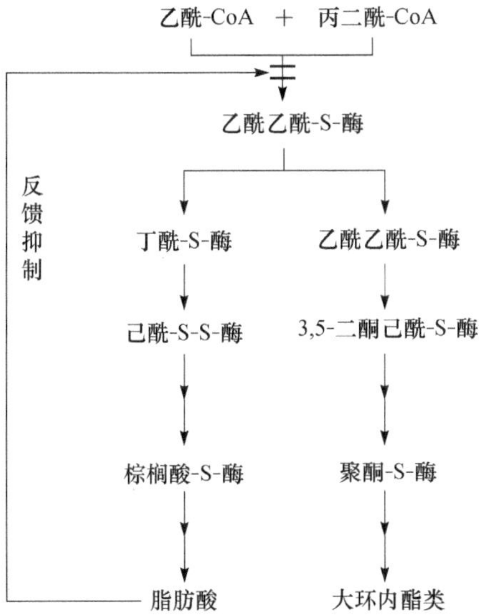

图 9-56　脂肪酸对多烯大环内酯类抗生素生物合成的调节

4.2　次级代谢的反馈调节

很多次级代谢产物的积累能反馈调节它们自身的合成。表现在次级代谢的酶系合成后，次级代谢产物合成直线上升，一定时间后即行下降。例如，氯霉素生物合成的前体是分支酸，由芳基胺合成酶将分支酸转化为对氨基苯丙酮酸，进而合成氯霉素。当氯霉素的浓度达到 100mg/mL 时，会对其合成途径中的第一个酶——芳基胺合成酶产生最大程度的阻遏，但不影响菌体的生长速率或明显阻遏分支酸变位酶、预苯酸脱水酶及邻氨基苯甲酸合成酶，即不影响芳香族氨基酸的合成（图 9-57）。

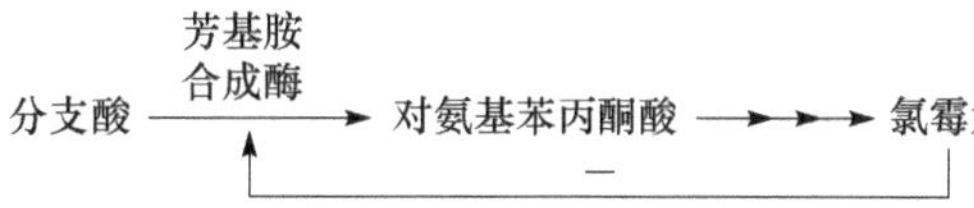

图 9-57　氯霉素生物合成的反馈调节

在匍枝青霉中霉酚酸会抑制自身合成的最后一个酶 *O*-甲基转移酶，从而抑制自身的合成。其他抗生素如瑞斯托霉素、泰乐菌素、制霉菌素、白六烯菌素、奥迪霉素（aurodox）及吲哚霉素（indolmycin）等都对本身合成有限制作用。

在非抗生素的次级代谢产物的合成中也发现了反馈调节。例如，过量的麦角碱对其合成过程也有调节作用，野麦角碱和田麦角碱能反馈抑制麦角碱生物合成中独一无二的酶——二甲基烯丙基色氨酸（DMAT）合成酶的活性（图 9-58）。特别是过量的野麦角碱能抑制邻氨基苯甲酸合成酶的活性，使色氨酸量减少，这样次级代谢产物还可以调节初级代谢过程。

在生产中可以采取透析培养、加入可吸附次级代谢产物的物质等方法，解除次级代谢产物过量积累产生的反馈作用，提高产物合成率。

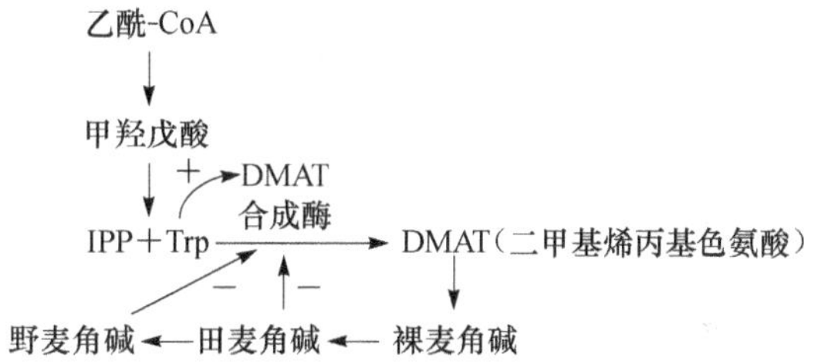

图 9-58　麦角碱生物合成的反馈调节及诱导作用
Trp：色氨酸；IPP：异戊烯焦磷酸

4.3　次级代谢中的诱导作用

次级代谢中也有诱导现象，但有时不易区别是诱导作用使次级代谢产物增加，还是因前体增加所致。研究表明，有些次级代谢过程中的酶为诱导酶，如合成链霉素的转脒基酶，需要诱导物才能形成。诱导酶合成的诱导剂有些需要加入外源，而有些是菌体代谢过程中自身产生的。这里介绍几例次级代谢中的诱导作用。

4.3.1　自调节因子的诱导作用

自调节因子（autoregulatory factor，autoregulators）是微生物自身产生的一类低分子质量的简单化合物分子，它们在很低的浓度下就可激活次级代谢和/或形态分化的起始，类似于真核生物中激素的作用。目前已经发现的自调节因子主要有 A 因子、B 因子、C 因子、I 因子、维生素 B 等。下面介绍几种主要的自调节因子对次级代谢的诱导作用。

1. A 因子的诱导作用

A 因子是研究得最为深入的自调节因子，最早是从灰色链霉菌的培养液中分离得到的，其结构是 2(*S*)-异辛酰-3(*R*)-羟甲基-γ-丁酸内酯，如图 9-59 所示。

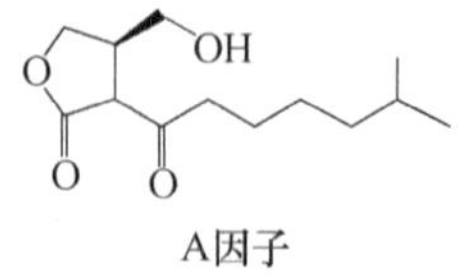

图 9-59 A 因子的结构

在缺失 A 因子不产链霉素的突变株的培养基中，加入 1mg 精制的 A 因子后，可使突变株合成 5×10^4mg 的链霉素（streptomycin，Sm）。在 119 株失去产链霉素的突变株中，加入 A 因子后，有 114 株恢复合成链霉素的能力。A 因子必须在接种后立即加入或不久即加入才起作用，培养 48h 后加入不起作用。可见 A 因子不是链霉素合成的前体，而是诱导剂。

研究表明，A 因子是以甘油衍生物（3 碳单元）和 β-酮酸（10 碳单元）为底物，在 A 因子合成酶（AfsA）的作用下合成的，合成中还需要 *S*-腺苷甲硫氨酸作为辅因子。在灰色链霉菌的细胞质中存在 A 因子的特异性结合蛋白，称作 A 因子结合蛋白（A-factor binding protein），也称作 A 因子受体蛋白（A-factor receptor protein，ArpA）。ArpA 的相对分子质量为 26 000，在细胞中的量很少，每个基因组有 30～40 个，它以二聚体的形式与 A 因子专一性结合，结合比为 1∶1。ArpA 的功能是在缺失 A 因子的情况下，阻遏链霉素和孢子产生等性状的表达，只有 A 因子与其结合后才能解除这种阻遏作用。

日本 Horinouchi 课题组在总结了对 A 因子的系统研究后，提出了一个 A 因子在灰色链霉菌中调控链霉素合成的作用模式（图 9-60）。在 AfsA 的作用下，A 因子由一个 3 碳单元和一个 10 碳单元结合而成，并随着灰色链霉菌的生长在细胞内逐渐积累。在菌体生长的早期阶段，A 因子的浓度低，A 因子结合蛋白 ArpA 与 *adpA* 基因的启动子结合，阻遏它的表达，而 AdpA（A-factor-dependent protein）又是合成链霉素所必需的，因此这时菌体不能合成链霉素。在菌体生长的后期阶段，当 A 因子的浓度达到了某一阈值时，便与 ArpA 结合，使其构型发生变化，并从 *adpA* 基因的启动子上释放出来，解除对 *adpA* 基因的阻遏，使 AdpA 蛋白得以合成。AdpA 蛋白又是链霉素生物合成基因簇中正调控基因 *strR* 的转录激活物，它与 *strR* 基因启动子的 USA 区域结合，促进 *strR* 和链霉素抗性基因 *aphD* 的转录，表达出 StrR 蛋白和链霉素磷酸转移酶 AphD（表现为链霉素抗性）。StrR 蛋白又进一步促进链霉素生物合成基因簇中其他基因的表达，使链霉素得以合成。可见，A 因子是作为化学信号通过一系列复杂的步骤在转录水平上调控链霉素的产生及其抗性的表达，其调控过程是一个级联信号的传递过程，通过 A 因子结合蛋白将信号传递下去，在此过程中 A 因子这一化学信号被极大地放大了。

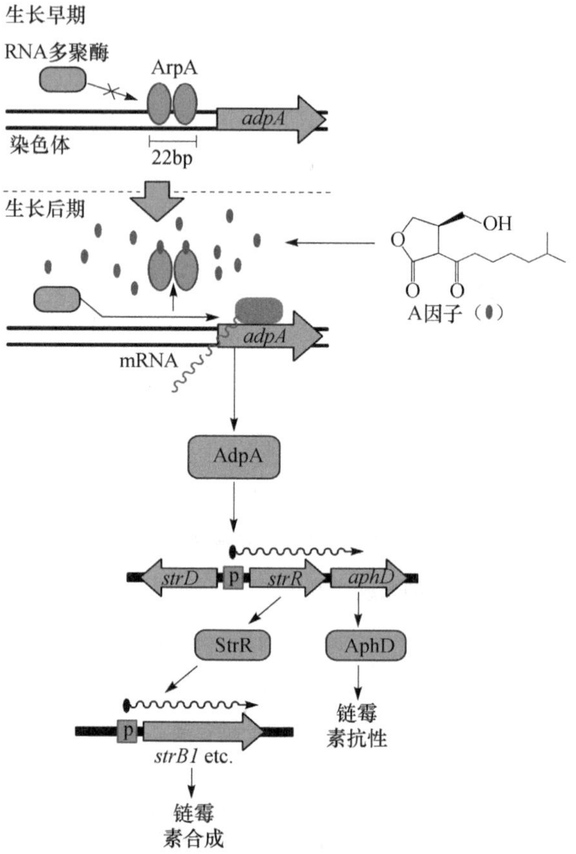

图 9-60 灰色链霉菌中 A 因子调控链霉素及其抗性产生的级联调控模式
（Onaka et al.，1997）

随着 A 因子的发现，陆续在其他链霉菌中也发现了具有 γ-丁酸内酯环的 A 因子类似物，它们都具有诱导作用。如绿色产色链霉菌（*S. viridochromogenes*）中的 I 因子，可诱导蒽环霉素（anthracycline）的合成；维基尼链霉菌（*S. virginiae*）中的维生素 B，可诱导维基尼霉素（virginiamycin）的产生；浅紫灰链霉菌（*S. lavedulae*）中的 IM-2，可诱导该菌产生焦土霉素（showdomycin）和最小霉素（minimycin）及蓝色色素。这表明 A 因子类化合物作为调节信号控制次级代谢合成的普遍性，其调控方式实际上也属于前面所讲的群体感应，但与初级代谢不同的是，A 因子类化合物并不是仅仅作为群体密度的“指示器”，它们可能在整个菌体发育过程中负责协调次级代谢和形态分化过程。

在灰色链霉菌中，A 因子不仅控制着链霉素合成的起始，还控制着黄色色素（grixazone）和孢子形成（sporulation）的起始，A 因子生物合成阻断突变株同时失去了合成抗生素、色素及形成气生菌丝和孢子的能力，加入 A 因子能弥补这些缺陷，可见，A 因子是一种多效调控。最近研究表明，在灰色链霉菌中，*adpA* 基因是唯一的依赖于 ArpA 蛋白且对次级代谢和形态分化都起正调控作用的基因，处于 A 因子调控网络的中心。当 A 因子与 ArpA 蛋白结合后，使 *adpA* 基因脱阻遏，级联转录开启，从而开始正常的生理分化和形态分化过程（图 9-61）。

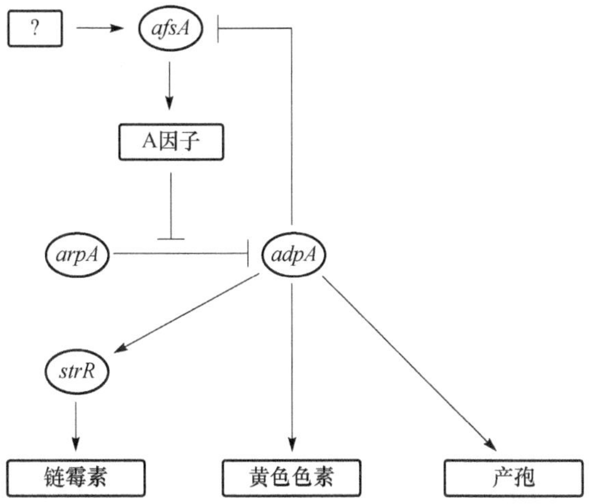

图 9-61　灰色链霉菌中 A 因子对次级代谢和形态分化的调控模式（Bibb，2005）

2. B 因子的诱导作用

B 因子是从酵母中发现的，在 10^{-8}mol/L 下就可使不产利福霉素 B 的诺卡氏菌的一株突变株恢复产抗生素的能力，可见，它与 A 因子一样具有诱导抗生素合成的功能。B 因子的结构是 3′-腺苷酸上连一个丁酰基，即 3′-(1-丁基磷酰基)-腺苷，在野生型诺卡氏菌中也发现了具有调节功能的类似 B 因子的核酸类物质。现已证实 B 因子类化合物广泛存在于原核、真核微生物中，但其作用机制尚不清楚。

3. C 因子的诱导作用

C 因子也是从灰色链霉菌中发现的，它是一种含 2%氨基葡萄糖的蛋白质，相对分子质量为 34 500，存在于细胞膜上，在菌体生长的后期合成。C 因子能诱导未分化的灰色链霉菌发生形态分化，外源添加 C 因子还可诱导它自身的大量合成。估计 C 因子是通过影响一种细胞膜受体，并改变它的功能来引起细胞分化的一系列反应，但详细机制不清楚。

4.3.2　巴比妥的诱导作用

巴比妥（5,5-二乙基巴比妥盐）不是利福霉素的前体，因为标记的巴比妥不掺入利福霉素，也不形成丙二酸。但巴比妥可促进地中海诺卡氏菌（*Nocardia mediterranei*）将利福霉素 SV 转化为利福霉素 B 的能力，同时必须在菌体培养 48h 以前加入才起作用。因此，它是一种诱导剂。

巴比妥还可以诱导加利利链霉菌（*S. galileus*）合成蒽环类抗生素——加利红菌素（galirubin），但也必须在菌体培养 36h 前加入才起作用。

4.3.3　甲硫氨酸诱导头孢菌素 C 的合成

甲硫氨酸对头孢菌素 C 的合成有促进作用，它还能诱导菌体形态发生改变。在含甲硫氨酸的培养基中生长的菌体不是丝状，而膨胀断裂为许多节的节孢子，节孢子越多，头孢菌素 C 合成越多。

甲硫氨酸中含有硫，所以最初认为它是作为供硫体起作用的。但在不合成甲硫氨酸的突变株中，加入与甲硫氨酸结构类似的不含硫的亮氨酸，也能诱导头孢菌素 C 的合成。由此可以认为亮氨酸也是诱导剂，它们可能诱导一种或多种 β-内酰胺合成酶的合成。但根据生化突变株 8650/113 的实验结果则认为，甲硫氨酸主要是促进胱硫醚-*R*-裂解酶以某种方式将胱硫醚的半胱氨酸部分以活性半胱氨酸的形式转入头孢菌素 C 中，从而促进了头孢菌素 C 的生物合成。

4.3.4　麦角碱合成中的诱导作用

色氨酸是合成麦角碱的前体，也是诱导剂，可以诱导二甲基烯丙基色氨酸合成酶的活性（图 9-58）。色氨酸的结构类似物 5-甲基色氨酸，也能起诱导作用，促进麦角碱的合成。另外，把在色氨酸中培养的菌体转入无色氨酸的培养基中，麦角碱也能很快合成，说明在含色氨酸的培养基中，二甲基烯丙基色氨酸合成酶已被诱导合成。所以在无色氨酸的培养基中，可以催化菌体内的色氨酸合成麦角碱。

4.4　次级代谢的途径特异性调控

次级代谢产物的生物合成基因常位于一个大的基因簇中，研究较多的是抗生素生物合成基因簇。在基因簇中常含有一个或多个途径特异性调控基因，其编码产物称为途径特异性调控蛋白（pathway-specific regulatory protein），一般负责调控与之连锁的抗生素生物合成基因的表达，有时也调控几种具有某些共同生物合成途径的抗生素的生物合成。

目前在链霉菌中发现了很多途径特异性基因参与次级代谢的调控，如天蓝色链霉菌中的 *act* Ⅱ*-ORF4* 正调控放线紫红素（Act）的合成，*redD* 正调控十一烷基灵菌红素（Red）的合成，*mmyR* 负调控次甲霉素的合成；*strR* 正调控灰色链霉菌中链霉素的合成；*dnr* Ⅰ 正调控波赛链霉菌（*S. peucetius*）中柔红霉素（daunorubicin）的合成；*vmsR* 正调控维基尼链霉菌中维基尼霉素的合成；*ccaR* 正调控棒状链霉菌（*S. clavuligerus*）中头霉素 C 和克拉维酸的合成。链霉菌中途径特异性调控蛋白不断被发现，形成了一个新的调控蛋白家族——链霉菌抗生素调控蛋白家族（*Streptomyces* antibiotic regulatory proteins，SARP）。该家族成员 N 端具有与 OmpR（渗透压调节蛋白）家族类似的螺旋—转角—螺旋的

DNA 结合结构域，至少有一些成员可识别所调控基因启动子上的具有正向重复的 7 聚核苷酸序列。

随着链霉菌次级代谢调控机制研究地不断深入，在弗氏链霉菌（*S. fradiae*）中发现大环内酯类抗生素泰乐菌素（tylosin）的生物合成基因簇中至少存在 5 个途径特异性调控基因，分别是 *tylP*、*tylQ*、*tylT*、*tylS* 和 *tylR*。在已知的抗生素生物合成基因簇中，含有如此多的调控基因非常罕见，因此，弗氏链霉菌调控基因的研究引起人们极大关注。在这些调控基因之间存在着互相调控的网络，TylP 是 γ-丁酸内酯（γ-butyrolactone）的受体蛋白，除抑制 *tylQ* 和 *tylS* 的表达外，TylP 还作用于其自身编码基因进行自我调节；TylQ 通过调控 *tylR* 的表达抑制泰乐菌素的生成；TylR 是泰乐菌素生物合成结构基因的转录激活因子；TylS 和 TylT 两个蛋白是 SARP 家族成员，TylS 是 *tylR* 充分表达所必需的，它还可直接或间接调控泰乐菌素生物合成结构基因的表达，而 TylT 不是合成泰乐菌素所必需的因子。如图 9-62 所示，在菌体生长的早期，由于缺少 γ-丁酸内酯类信号分子，TylP 阻遏其自身的合成，使 TylQ 得以表达，从而阻止 *tylR* 的转录，泰乐菌素不能合成。当 γ-丁酸内酯类信号分子的浓度受未知因素影响达到某一水平，*tylP* 基因表达出 TylP，阻遏 *tylQ* 的表达，从而使 *tylR* 得以表达。TylS 也是 *tylR* 的表达所必需的，并且可独自激活泰乐菌素生物合成基因的表达，其表达受 TylP 的部分阻遏，由于 TylS 和 TylP 都是泰乐菌素合成的正调控因子，推测 TylP 抑制 *tylS* 的转录应由其他未知的调控因子来弥补。此调控网络的最终阐明将有助于研究其他链霉菌的次级代谢调控网络。

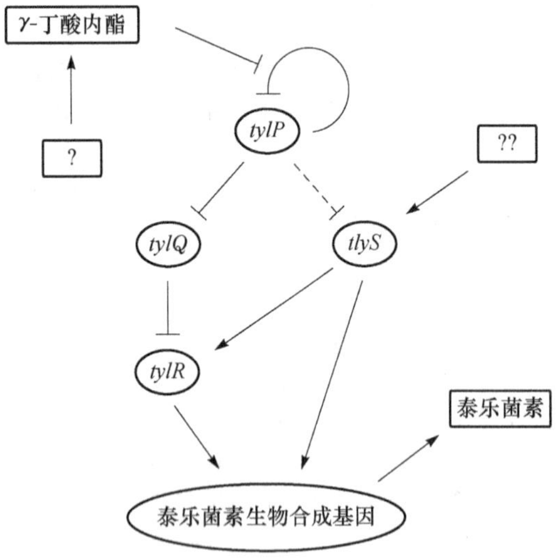

图 9-62　泰乐菌素生物合成中途径特异性调控蛋白的级联调控模式（Bibb，2005）

4.5　次级代谢的全局调控

具有次级代谢的微生物，为维持细胞的正常初级代谢和各种时序性次级代谢过程，必须要有一套精细的细胞信号传递机制。现已发现在链霉菌中普遍存在双组分信号传导系统，由它们对次级代谢和形态分化进行全局调控。全局调控基因一般位于抗生素生物合成基因簇之外。

链霉菌中存在两种类型的双组分调节系统：原核型和真核型双组分调节系统。原核型双组分调节系统一般包括一个组氨酸蛋白激酶和一个响应调节蛋白，如 *absA1*/*A2*，*cutR*/*S*，*afsQ1*/*Q2* 等。*absA1*/*A2* 调控天蓝色链霉菌 4 种次级代谢产物（Act，Red，次甲霉素和钙依赖性抗生素）的生物合成。*cutR*/*S* 和 *afsQ1*/*Q2* 分别对变铅青链霉菌和天蓝色链霉菌放线紫红素的生物合成进行全局调控。近来，在变铅青链霉菌中又发现了一对新的双组分调节系统——*phoR-phoP*，它们是碱性磷酸酶表达所必需的，而且还负调控着受磷酸盐控制的次级代谢产物的合成（见本节“磷酸盐的调节作用”）。

真核型双组分调节系统主要是由丝氨酸/苏氨酸蛋白激酶介导的，此调节系统在链霉菌中普遍存在，类似于在真核细胞中发现的信号传导系统。如 AfsK/AfsR 是天蓝色链霉菌和变铅青链霉菌中的一个双组分调节系统，丝氨酸/苏氨酸蛋白激酶 AfsK 位于细胞膜上，通过感受某一环境信号在丝氨酸和苏氨酸残基上自我磷酸化，进而使细胞质中 AfsR 上的丝氨酸和苏氨酸残基发生磷酸化。AfsR 是一种具有 ATPase 活性的 DNA 结合蛋白，AfsR-P 结合在 *afsS* 基因的启动子区激活它的转录，AfsS 可促进 Act 和 Red 的合成。AfsR 的 ATPase 活性是启动 *afsS* 转录所必需的，它利用 ATP 水解（ATP hydrolysis）获得的能量，促进包括 RNA 多聚酶（RNA polymerase）和 AfsR 在内的转录起始复合物从关闭状态（closed complex）到开放状态（open complex）的转变，因此 AfsR 是一种独特的转录因子。在天蓝色链霉菌中，*afsK* 上游区域的一个开放可读框编码蛋白 KbpA 结合在 AfsK 的 N 端，抑制其激酶活性。当外界信号刺激使 KbpA 与 AfsK 脱离后，后者发生自我磷酸化，继而使 AfsR 磷酸化，调控次级代谢的合成。最近，又发现了另外两种可将 AfsR 丝氨酸/苏氨酸残基磷酸化的激酶 PkaG 和 AfsL，这些 AfsK 同源物识别各自信号（signal A，B，Z），并通过磷酸化将信号传递给 AfsR，AfsR 将这些信号进行整合后传递到下游基因（图 9-63）。

迄今，已在 8 类原核生物中发现了丝氨酸/苏氨酸蛋白激酶，它们是链霉菌（*Streptomyces*）、拟无枝菌酸菌（*Amycolatopsis*）、黏球菌、鱼腥蓝细菌、耶尔森菌（*Yersinia*）、高温单孢菌（*Thermomonospora*）、分枝杆菌（*Mycobacteria*）和假诺卡氏菌（*Pseudonocarda*）。这 8 个类群的原核生物都有复杂的形态分化或次级代谢过程，或者涉及细胞间的相互作用，如耶尔森菌和分枝杆菌涉及细胞入侵和传染过程。相反，在一些拥有相对简单生活周期的细菌，如大肠杆菌、流感嗜血杆菌中，却没有发现丝氨酸/苏氨酸蛋白激酶。因此，有人预测，丝氨酸/苏氨酸蛋白激酶是在细菌进化过程中，由特殊的选择压力保存下来专一性地参与复杂次级代谢或细胞

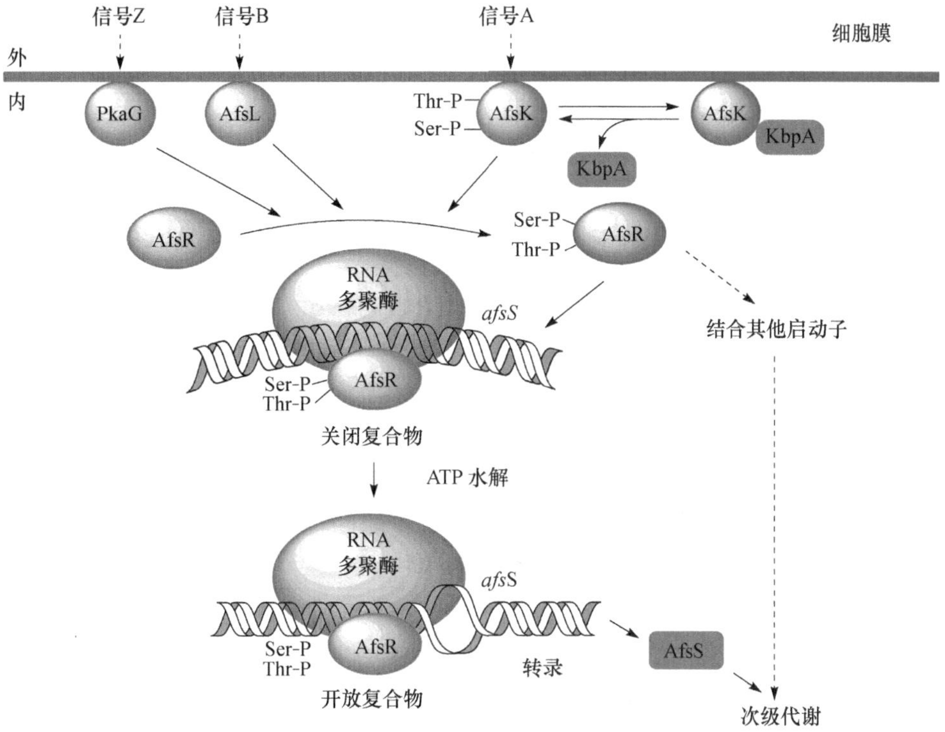

图 9-63　天蓝色链霉菌中丝氨酸/苏氨酸蛋白激酶调控次级代谢的信号传导途径（Horinouchi，2003）

间相互关系的信号传递过程，或是为了适应复杂调控需要，从真核细胞中通过基因转移过程获得的。

4.6　营养条件对次级代谢的调节

4.6.1　碳分解代谢物的调节作用

一般情况下，凡能促进菌体生长的碳源，对次级代谢产物的合成都表现出抑制作用。在次级代谢中曾经提到，具有次级代谢的微生物，一般在菌体生长阶段之后，才进入次级代谢产物的合成阶段。之所以分为两个生理阶段，是由于碳的分解代谢物产生阻遏作用的结果。在菌体生长阶段，速效碳源如葡萄糖、柠檬酸等的分解产物，阻遏了次级代谢的酶系的合成，只有当这类碳源耗尽之后，阻遏作用被解除，菌体才由生长阶段转入次级代谢产物的合成阶段。例如，青霉素发酵中加入葡萄糖，有利于菌体生长，却抑制青霉素的合成。而加入乳糖，由于它还需水解为葡萄糖和半乳糖后再被利用，这种缓慢利用的乳糖，不会产生高浓度的分解产物，不影响青霉素的合成。青霉素发酵中采用限量流加葡萄糖的方式代替使用乳糖，限制葡萄糖的浓度能明显保持代谢的低水平，利于青霉素的合成。

研究证明，青霉素合成中葡萄糖分解产物阻遏了两个关键酶即环化酶和扩环酶，后者对葡萄糖阻遏作用更敏感。Demain 教授在研究 β-内酰胺抗生素合成中，还发现不同产生菌（真菌和链霉菌）对这两个酶的调节作用不同（表 9-4）。

表 9-4　不同 β-内酰胺抗生素产生菌的酶的阻遏

受阻遏的酶	真菌	链霉菌
环化酶	葡萄糖阻遏	NH_4^+ 阻遏
扩环酶	NH_4^+ 阻遏 葡萄糖阻遏	Pi 阻遏

在嘌呤霉素合成中，葡萄糖分解代谢物阻遏 *O*-去甲基嘌呤霉素-*O*-甲基转移酶的合成，该酶催化下列反应

$$O\text{- 去甲基嘌呤霉素} + S\text{- 腺苷 -L- 蛋氨酸} \longrightarrow \text{嘌呤霉素} + S\text{- 腺苷 -L- 高半胱氨酸}$$

在卡那霉素的合成中，葡萄糖分解代谢物阻遏 *N*-乙酰卡那霉素氨基水解酶的合成。在链霉素合成中阻遏 α-D-甘露糖链霉素酶的合成，抑制甘露糖链霉素水解为甘露糖和链霉素的反应。在链霉素发酵中，甘露糖链霉素是中间产物，它的活性只有链霉素的 20%～25%，所以在生产中使其分解为链霉素的反应是很重要的一步。

在放线菌素合成中，葡萄糖阻遏图 9-64 中①、②、④、⑥酶的合成，特别是⑥，即酚噁嗪酮合成酶（PHS）的合成。酚噁嗪酮合成酶是放线菌素生物合成的关键酶，其活性随葡萄糖的消耗而增加，高浓度的葡萄糖强烈地阻遏其合成。把产生菌抗生链霉菌（*S. antibioticus*）培养在含有 1%半乳糖和 0.1%葡萄糖的培养基中，培养 30h 葡萄糖才耗尽。开始 20h 几乎不合成酚噁嗪酮合成酶，在 20～36h，该酶的比活性增加 5～6 倍，到 48h 为 12 倍。放线菌素的合成稍晚于酶的合成，培养 24h 后才能检出。葡萄糖消耗完之后，才开

始缓慢地利用半乳糖。

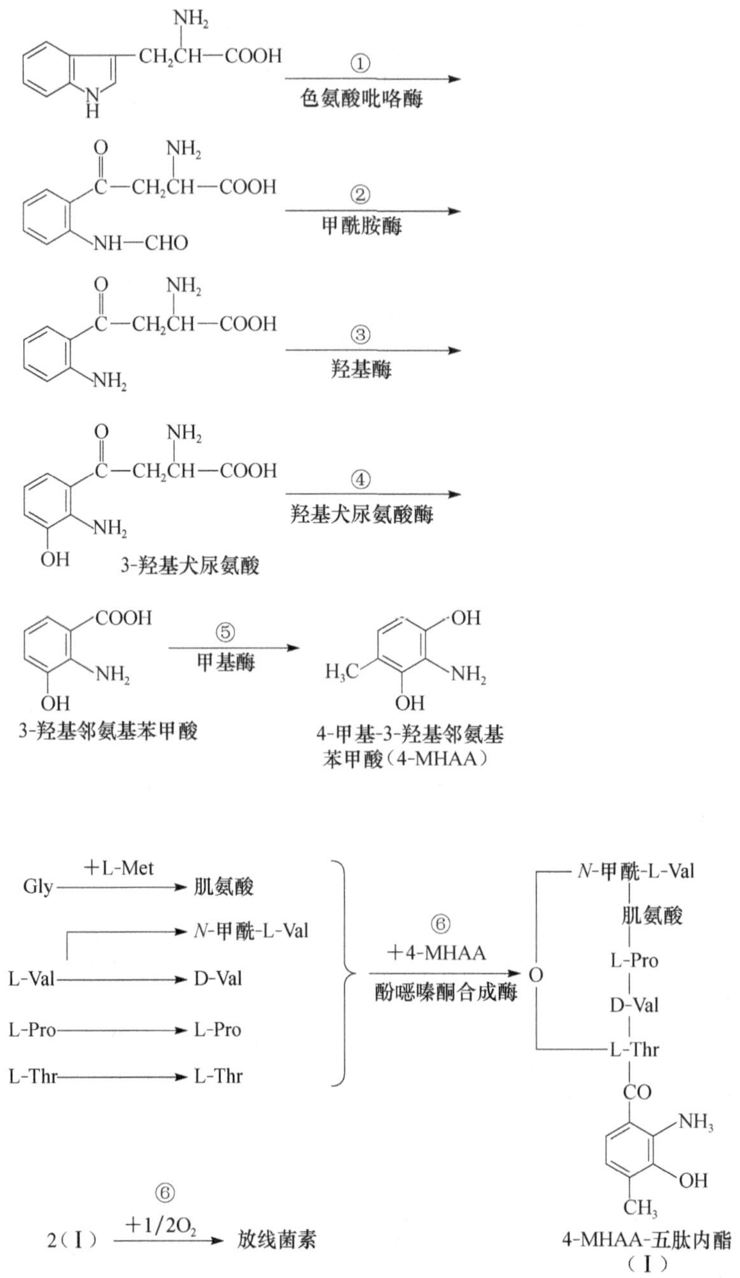

图 9-64　放线菌素合成中受阻遏的酶

用克隆的 *phs* 基因作探针对抗生链霉菌进行 Northern blotting 分析，出现了单一信号带（应是 PHS 的 mRNA），发现以葡萄糖作碳源时，杂交带的强度比以半乳糖为碳源时的低，PHS 的 mRNA 的量似乎只在培养基中的葡萄糖耗尽后才上升，这说明碳分解代谢物是在转录水平上起作用的。但葡萄糖却不能阻遏经转化后含有 *phs* 基因的变铅青链霉菌（*S. lividans*）中 PHS 的合成，说明从抗生链霉菌中克隆到的 DNA 片段中带有 *phs* 基因的启动子，但不含有产生葡萄糖效应的调节序列，或者有一个蛋白负调控着葡萄糖效应，而这一蛋白在变铅青链霉菌中不存在。

除葡萄糖外，柠檬酸分解产物也具有阻遏作用。例如，新生霉素产生菌雪白链霉菌（*S. niveus*），当培养基中柠檬酸和葡萄糖同时存在时，菌体先利用柠檬酸，此时不合成新生霉素，柠檬酸被利用完了，利用葡萄糖时才合成新生霉素。这里葡萄糖的分解代谢物对新生霉素的合成没有阻遏作用。

许多次级代谢产物的合成，都受碳分解代谢物的调节（表 9-5）。

表 9-5　碳分解代谢物对次级代谢产物合成的影响

次生代谢产物	产生菌	干扰合成碳源	不干扰合成碳源
(1) 放线菌素	*Streptomyces antibioticus*	葡萄糖	半乳糖
	S. parvulus	葡萄糖	
(2) 杆菌肽	*Bacillus licheniformis*	葡萄糖	柠檬酸
(3) Benzodiagepine 生物碱	*Penicillium cyclopium*	葡萄糖	
(4) 头孢菌素 C	*Cephalosporium acremonium*	葡萄糖	蔗糖
(5) 氯霉素	*Streptomyces* sp.	葡萄糖	甘油
(6) 棘霉素	*S. echiniatus*	葡萄糖	
(7) 恩镰刀霉素	*Fusarium sambucinum*	葡萄糖	乳糖
(8) 麦角碱	*Claviceps purpurea*	葡萄糖	
(9) 赤霉素	*F. moniliforme*	葡萄糖	
(10) 吲哚霉素	*S. griseus*	葡萄糖	果糖
(11) 天神霉素	*S. tenjimariensis*	葡萄糖	
(12) 卡那霉素	*S. kanamyceticus*	葡萄糖	半乳糖
(13) 丝裂霉素	*S. verticilatus*	葡萄糖	低葡萄糖
(14) 新霉素	*S. fradiae*	葡萄糖	麦芽糖
(15) 青霉素	*P. chrysogenum*	葡萄糖	乳糖
(16) 灵菌红素	*Serratia marcescens*	葡萄糖	半乳糖
(17) 嘌呤霉素	*Streptomyces alboniger*	葡萄糖	甘油
(18) 盐霉素	*S. sioyaensis*	葡萄糖	麦芽糖
(19) 链霉素	*S. griseus*	葡萄糖	甘露糖、葡萄糖流加
(20) 链丝菌素	*S. lavendulae* 等	葡萄糖	
(21) 泰乐菌素	*S. fradiae*	葡萄糖	
(22) 紫色杆菌素	*Chromobacter violaceum*	葡萄糖	麦芽糖
(23) 丁酰甙菌素	*B. circulans*	葡萄糖	甘油
(24) 杀念珠菌素	*S. griseus*	葡萄糖	葡萄糖流加
(25) 新生霉素	*S. niveus*	柠檬酸	葡萄糖
(26) 白六烯菌素	*S. griseus*	葡萄糖	葡萄糖流加
(27) 红霉素	*S. erythreus*	葡萄糖	蔗糖
(28) 福提霉素	*Micromonospora* sp.	葡萄糖	淀粉、糊精
(29) 春日霉素	*S. kasugaensis*	葡萄糖	豆油
(30) 四环素	*S. aureofaciens*	葡萄糖	蔗糖、淀粉

在生产中为避免碳分解代谢物的阻遏作用，可以采取一些措施，如加入缓慢利用的碳源，或连续流加速效碳源，或使用缓慢释放营养物的颗粒剂等。

关于碳分解代谢物阻遏的机制至今仍不明确。研究表明，在链霉菌中，cAMP 与葡萄糖阻遏作用无关，因为链霉菌中没有葡萄糖磷酸转移酶系统（G-PTS），但有果糖磷酸转移酶系统（F-PTS），它是否加入碳分解代谢物阻遏还不清楚。在天蓝色链霉菌中，有一个依赖于 ATP 的葡萄糖激酶（GlkA）在碳分解代谢物阻遏中起关键作用，在 GlkA 缺失突变中，葡萄糖的阻遏作用被解除。尽管它不是 DNA 结合蛋白，但它是在转录水平上起作用的，可能是通过修饰或与一些转录因子相互作用，而这些因子直接负责调控受碳分解代谢物阻遏基因的表达。

4.6.2　氮分解代谢物的调节作用

与碳分解代谢物对次级代谢具有调控作用一样，许多次级代谢产物的生物合成同样受到氮分解代谢物的影响。在不同氮源的研究中发现，以蛋白质作为氮源，可以促进抗生素的合成，以无机氮等容易利用的氮作为氮源，可以促进产生菌的生长，而抑制抗生素的合成。已经知道，谷氨酸和苯丙氨酸能阻遏参与放线菌素生物合成的犬尿氨酸甲酰胺酶Ⅱ的形成；半胱氨酸和甲硫氨酸能够阻遏参与链霉素生物合成的甘露糖链霉素酶的形成；铵能阻遏参与 β-内酰胺抗生素生物合成的环化酶和扩环酶的形成等。表 9-6 中列出了不同氮源对各种抗生素合成的影响。

表 9-6　氮源对次级代谢产物合成的影响

次级代谢物	影响次级代谢的氮源	不影响次级代谢的氮源
放线菌素	L-谷氨酸，L-丙氨酸，L-缬氨酸，L-苯丙氨酸	L-异亮氨酸
放线紫红素	NH_4^+	
杀念珠菌素	L-色氨酸，L-酪氨酸，L-苯丙氨酸，对氨基苯甲酸	
头孢菌素	NH_4^+	L-天冬氨酸，L-精氨酸
氯霉素	NH_4^+	D-丝氨酸，L-脯氨酸，DL-苯丙氨酸，DL-亮氨酸，L-异亮氨酸
红霉素	NH_4^+	
柱晶白霉素	NH_4^+	尿酸
麦克菌素	L-色氨酸，对氨基苯甲酸，邻氨基苯甲酸	
利福霉素	NH_4^+	硝酸盐
螺旋霉素	NH_4^+	
链霉素	NH_4^+	脯氨酸
链丝菌素	NH_4^+	DL-天冬氨酸，L-谷氨酸，DL-丙氨酸，甘氨酸
四环素	NH_4^+	
泰乐菌素	NH_4^+	缬氨酸，L-苏氨酸，L-亮氨酸，L-异亮氨酸

氮分解代谢物调节次级代谢的机制尚不清楚，起初人们推测氮分解产物的调节可能与氮源同化酶系有关，因为利福霉素、井冈霉素和丝裂霉素菌体内GS酶的比活力随铵浓度增加而下降，同时抗生素产量也下降。对利福霉素的研究表明，GS酶活性高时，谷氨酰胺增多，使利福霉素的前体3-氨基-5-羟基苯甲酸（AHBA）也增加，从而促进了利福霉素的合成。但进一步研究发现有些次级代谢不是由氮源同化系统直接控制的，Flores等也发现红霉素链霉菌的氮同化酶水平与红霉素合成之间无直接相关性。Hobbs等发现降低磷酸盐浓度能缓解铵对天蓝色链霉菌合成放线紫红素的抑制，但降低铵浓度不能缓解磷酸盐对放线紫红素的抑制，暗示铵可能通过一种磷酸化的中间产物调节次级代谢。

在生产中为避免氨基酸或铵的分解代谢物对次级代谢合成的阻遏，常采用豆饼粉等缓慢利用的氮源。它是颗粒状的，只能缓慢地被菌体产生的蛋白酶分解，从而缓慢地提供氨基酸和氨，有利于次级代谢。此外，还可以通过限制发酵培养基中抑制性氮源的浓度，来避免氮代谢物的阻遏作用。

另外，在用地中海诺卡氏菌合成利福霉素的研究中，发现硝酸盐对利福霉素的合成具有明显的促进作用。这一现象是中国科学院上海植物生理生态研究所焦瑞身教授研究组首先发现的，并进行了深入研究。值得注意的是，硝酸盐对利福霉素合成的促进伴随着细胞全面的生理变化，其中包括抑制菌体脂肪酸合成，而GS酶、亚硝酸合成酶、硝酸合成酶及HMP和柠檬酸途径中的6-磷酸葡萄糖脱氢酶、异柠檬酸脱氢酶及苹果酸脱氢酶活性显著上升，此外，催化琥珀酰-CoA转变为利福霉素合成前体甲基丙二酰-CoA的甲基丙二酰-CoA变位酶和消旋酶的活性也随着外源硝酸盐的添加而增强。而且，硝酸盐对莽草酸途径中的几个酶活性也有不同程度地促进。由此可见，硝酸盐控制着利福霉素合成的多个方面，包括合成起始前体AHBA的合成，聚酮链延伸单元甲基丙二酰-CoA的合成及利福霉素和脂肪酸合成的平衡等（图 9-65）。推测在这一调控过程中，硝酸盐可能通过类似A因子作用方式的级联系统来实施其多方位的生理调控作用，这一硝酸盐调节子（nut regulon）的概念正在寻找分子生物学证据的支持。

4.6.3　磷酸盐的调节作用

磷酸盐对许多次级代谢产物的合成具有明显的阻遏和抑制作用，一般地，磷酸盐的浓度在3～5mmol/L及以上时，往往对液体培养的植物、真菌、放线菌和细菌的次级代谢产物的形成有抑制作用，而增大磷酸盐的浓度，甚至达到300mmol/L时都能大大促进细胞的生长。这在生产实践中已受到重视，注意控制磷的用量，以免产物合成受到影响，一些抗生素合成中所需磷酸盐的浓度列于表 9-7 中。

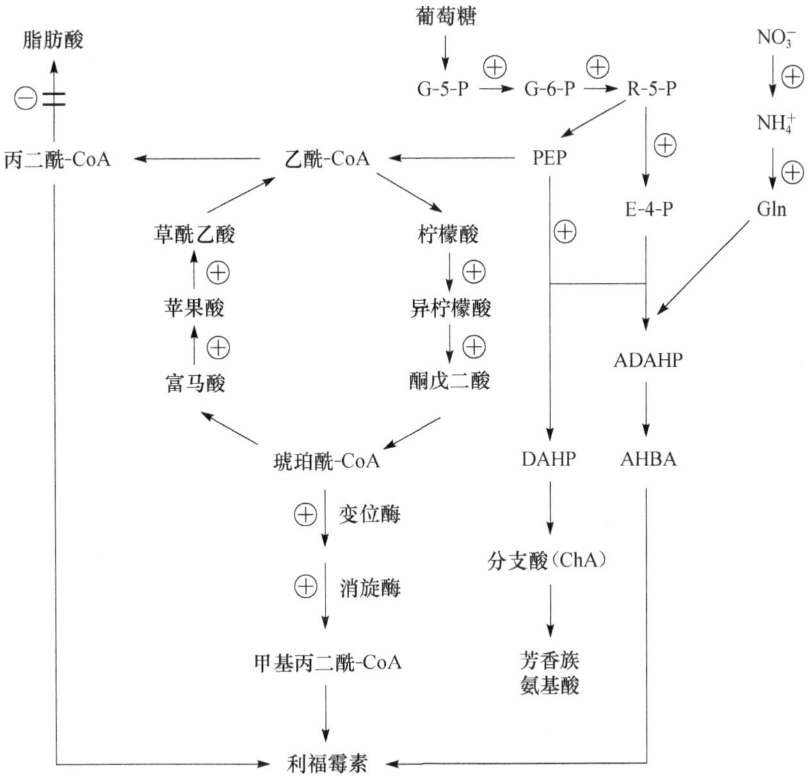

图 9-65　利福霉素合成过程的硝酸盐调控作用（刘志恒等，2004）

表 9-7　合成抗生素所需无机磷的浓度

抗生素	产生菌	可以合成抗生素的无机磷酸盐浓度/(mmol/L)
链霉素	*Streptomyces griseus*	1.5～15
新生霉素	*S. niveus*	9～40
摩那霉素	*S. jamaicensis*	0.2～0.4
氯霉素	*S. aureofaciens*	1～5
土霉素	*S. rimosus*	2～10
万古霉素	*S. orientalis*	1～7
紫霉素	*Streptomyces* sp.	1～8
杆菌肽	*Bacillus licheniformis*	0.1～1
瑞斯托霉素	*Proactinomyces fructiferi*	0.2～5
放线菌素	*S. antibioticus*	1.4～17
四环素	*S. aureofaciens*	0.14～0.2
卡那霉素	*S. kanamyceticus*	2.2～5.7
环己酰亚胺	*S. griseus*	0.05～0.5
A-9145	*S. griseolus*	0.28～2.24
绿脓菌蓝素	*Pseudomonas aeruginosa*	0.1（最适）
灵菌红素	*Serratia marcescens*	0.05～0.2
丁酰苷菌素	*B. circulans*	<5.6
棒状杆菌素	*Corynebacterium* sp.	2.24（最适）
夹竹桃霉素	*S. antibioticus*	0.5（最适）
短杆菌肽 S	*B. brevis*	50（最适）

续表

抗生素	产生菌	可以合成抗生素的无机磷酸盐浓度/(mmol/L)
头霉素	*S. clavuligerus*	25
两性霉素 B	*S. nodusus*	1.5～2.2
抗酵母素	*S. aureofaciens*	1～17
杀念珠菌素	*S. griseus*	0.5～5
制念珠菌素	*S. viridoflavus*	0.5～5
制酵母菌素	*S. levoris*	0.3～4
七烯枝菌素	*Streptoverticillium mycoheptinicum*	3.5（最适）
制霉菌素	*S. noursei*	1.6～2.2

虽然磷酸盐调节次级代谢是一个普遍现象，但不同产物受控制的程度不同。氨基糖苷类、四环类、大环内酯类、多烯类、蒽环类、安莎类、聚醚类等抗生素的合成对磷酸盐调控非常敏感，而β-内酰胺类和多肽类抗生素对磷酸盐的敏感性要小得多。此外，同一菌株在不同的磷酸盐浓度下能合成不同的抗生素。如棒状链霉菌在高浓度磷酸盐（25mmol/L）时，克拉维酸的合成受到抑制，而头霉素的合成不受影响，这样可通过调节培养基中的磷酸盐浓度，来使两种产物的合成分开进行。

磷酸盐对次级代谢合成的影响表现在以下几个方面。

1. 抑制次级代谢产物前体的形成

许多次级代谢产物都属于聚酮类化合物，合成聚酮体的前体丙二酸单酰-CoA 是由 PEP 羧化生成草酰乙酸，再经脱羧反应生成。磷酸盐及 ATP 对 PEP 羧化酶活性有抑制作用，从而使前体丙二酸单酰-CoA 减少，进而影响次级代谢产物的合成。再如，肌醇是链霉素合成的一个前体，它由 6-磷酸-葡萄糖环化酶催化形成，而磷酸盐能增加对环化酶有竞争性抑制作用的焦磷酸的浓度，使得肌醇合成受到抑制，链霉素合成也受到影响。

多肽类抗生素合成中的前体氨基酸，需经过 ATP 活化，变成氨基酰腺嘌呤核苷酸，同时解离出焦磷酸。而过量的磷酸盐对这步反应产生反馈抑制作用，从而抑制多肽类抗生素的合成。在四环素合成中，过量的磷酸盐可以抑制葡萄糖的 HMP 途径，从而使 $NADPH_2$ 的量减少，使四环素合成过程中缺少还原剂而不能进行。

2. 阻遏次级代谢产物合成中某些关键酶的合成

在链霉素合成中，转脒基酶和催化 *N*-脒基链霉胺磷酸化的链霉胺激酶均受磷酸盐的阻遏。泰乐菌素结构中氨基糖合成中的一些酶，如脱水酶、氧化还原酶和转甲基酶也受到磷酸盐阻遏。

3. 抑制碱性磷酸酯酶的合成

在链霉素、紫霉素及万古霉素等抗生素合成中，碱性磷酸酯酶催化一些中间体的脱磷酸反应，而过量的磷酸盐抑制该酶活性。当菌体生长期磷酸盐被利用，开始进入合成阶段时，立刻可以观察到碱性磷酸酯酶活性增加。

4. 改变菌体能荷状态

一般高产菌株体内的 ATP 浓度比低产菌株低。细胞内 ATP 水平可以通过培养基中磷酸盐的浓度来调节，如果在培养基中加入过量的磷酸盐，可以大大提高菌体内 ATP 的浓度，降低次级代谢产物的合成。例如，在合成杀假丝菌素的灰色链霉菌培养液中添加 5mmol/L 的磷酸盐，产生菌对氧的需要量显著增加，细胞内 ATP 浓度增大，抗生素的合成立即停止，同时还伴有 RNA、DNA 和蛋白质的合成速率恢复到菌体生长期的速率，即促进了初级代谢。当磷酸盐被耗尽时，抗生素重新开始合成。现已获得不受磷酸盐浓度调节的杀假丝菌素产生菌的突变株，不仅能生成大量的菌体，还保证高速度合成抗生素，对工业生产大为有益。

在金霉素链霉菌中，也观察到磷酸盐抑制抗生素合成，使细胞内腺苷酸浓度提高。

有关磷酸盐在分子水平调控抗生素合成的机制首先是在产生杀假丝菌素的灰色链霉素中得到突破的。对氨基苯甲酸（PABA）合成酶是杀假丝菌素生物合成中的关键酶，其合成受磷酸盐的强烈阻遏，这是在转录水平上进行调控的。用 PABA 合成酶基因 *pabS* 的基因内片段为探针对细胞内 PABA 合成酶的 mRNA 做定量分析发现：在分批培养中，高浓度的磷酸盐（7.5mmol/L）会使 *pabS* mRNA 的合成下降 95%，但总的 RNA 的合成却受到刺激而大大增加，说明磷酸盐特异性地抑制 *pabS* 基因的转录。体外实验发现，培养基中有 0.1mmol/L 磷酸盐时，*pabS* 的转录被阻遏 50%以上，且阻遏程度随磷酸盐浓度的增加而增加。

pabS 的启动子由 114 个核苷酸组成，富含 AT 碱基对，称 P_{114}。对 P_{114} 进行剪切，发现一个依然对磷酸盐调控敏感的 35bp 的核心顺序，该顺序中存在一个 18bp 的磷酸盐调控（phosphate control，PC）顺序。PC 顺序位于 P_{114} 启动子的上游，具有串联重复序列并富含 AT，它与其他菌如大肠杆菌、绿脓杆菌、阴沟杆菌、肺炎克氏杆菌中已知的磷酸盐调控框（pho-box）有极高的同源性，说明 PC 顺序是高度保守的。磷酸盐在转录水平对抗生素合成的调控似乎像在大肠杆菌中一样，通过一种专一性的 DNA 结合蛋白对 PC 顺序的识别，

阻止了 RNA 多聚酶的转录，而细胞内磷酸盐的水平会影响这种相互作用。另一种可能性是 PC 顺序通过诱导 DNA 的弯曲或引起 DNA 超螺旋的改变来影响转录起始复合物的形成，从而抑制转录的启动，这种弯曲又可能会由于蛋白质的结合而进一步改变，因为蛋白质诱导的 DNA 弯曲似乎是调节基因表达的 DNA 区域的一个共同特点。

磷酸盐对次级代谢调控的深入研究是在链霉菌的模式菌株天蓝色链霉菌和变铅青链霉菌中进行的。天蓝色链霉菌中色素抗生素放线紫红素（Act）和十一烷基灵菌红素（Red）的合成受磷酸盐的负调控，但是在二者的生物合成基因上游没有发现保守的磷酸盐调控框。最近，在天蓝色链霉菌和变铅青链霉菌中克隆到了双组分调控系统 *phoR-phoP*，其中 PhoR 是一个典型的跨膜传感蛋白，PhoP 是一个 DNA 结合蛋白。变铅青链霉菌的 *phoR-phoP* 缺失突变株（Δ*phoP* 和 Δ*phoRP*）不能合成胞外碱性磷酸酶 PhoA，但却能过量合成 Act 和 Red，而且 Act 和 Red 的合成对磷酸盐浓度（1～10mmol/L）不再敏感。如果用 *phoR-phoP* 基因互补 Δ*pho* 突变株，则会恢复磷酸盐对 Act 和 Red 合成的负调控。这说明双组分调控系统 *phoR-phoP* 不仅正调控着初级代谢基因 *phoA* 的表达，还负调控着受磷酸盐控制的次级代谢产物的合成，显然，这里存在着一个不同于识别磷酸盐调控框序列的磷酸盐调控机制。Martin 等通过研究提出了磷酸盐调控次级代谢合成的级联调控模式，如图 9-66 所示，当培养基中磷酸盐浓度高时，PhoR 自身磷酸化，并把磷酸基团转移给 PhoP，磷酸化的 PhoP 使 *afsS* 基因（*afsS* 基因是具有 ATPase 活性的转录因子 AfsR 的靶基因）不能表达，而 AfsS 蛋白是 Act 生物合成基因簇正调控基因 *act Ⅱ-ORF4* 和 Red 生物合成基因簇正调控基因 *redD* 的转录激活蛋白，因此会降低 *act Ⅱ-ORF4* 和 *redD* 的转录，低浓度的 ActⅡ-ORF4 和 RedD 不能诱导 Act 和 Red 生物合成基因的表达。*phoR-phoP* 缺失突变株中没有响应调节蛋白 PhoP，所以不会阻遏 *afsS* 基因的表达，从而组成型产生 AfsS 蛋白，导致 *act Ⅱ-ORF4* 和 *redD* 的转录被促进，最终过量合成抗生素 Act 和 Red。

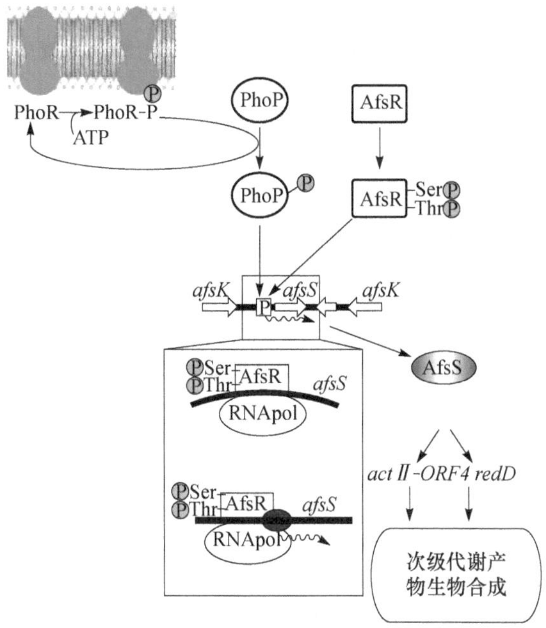

图 9-66　磷酸盐控制放线紫红素和十一烷基灵菌红素生物合成的级联模式（Martin，2004）

4.7　其他因素对次级代谢的调节

4.7.1　细胞膜透性的调节

菌体吸收外界的营养物质和分泌出细胞内的代谢产物都须经过细胞膜的运输，如果细胞膜的运输功能发生障碍，其结果是：要么细胞内合成的代谢物不能分泌出去，从而影响发酵产物的收获；要么细胞外的营养物质不能进入体内或进入量很少，从而影响产物的合成，造成产量下降。因此次级代谢中也存在着细胞膜透性的调节。

如产生新霉素（neomycin）的弗氏链霉菌和不产新霉素的突变株的细胞膜的脂肪酸组成不同。当在培养基中加入油酸钠或氯化钠，经培养后突变株细胞膜脂肪酸组成发生改变，恢复成与亲株相同的组成，并又开始合成新霉素。分析细胞内氨基酸和己糖胺库的含量，发现亲株比突变株高 2～6 倍。由此推测细胞膜的脂肪酸组成可能是细胞摄取合成新霉素所需氨基酸前体的控制因素。

又如，青霉素发酵中，产生菌细胞膜输入硫化物能力的大小，是影响青霉素发酵单位的一个因素，因为菌体内需要足够的硫源来合成青霉素。在利用诱变产生的高产菌株中，有的就是因为改变了细胞膜透性，使硫酸盐更易透过，提高了细胞内硫酸盐的浓度，能更多地将无机硫转变为青霉素的前体之一——半胱氨酸，从而促进青霉素的合成。

从以上两个例子可以看出，细胞膜的透性是次级代谢调节的一个重要方面，改变细胞膜透性是提高次级代谢产物产量的一种有效途径。

4.7.2　溶解氧和金属离子的调节

溶解氧是调节次级代谢产物合成的重要因素，许多次级代谢产物的合成都需要一个最适量的溶解氧。例如，利用无细胞体系由青霉素 N 进行头孢菌素合成，随着氧分压的增大而被促进。同时加入 KCN 或减少搅拌则合成量减少。这说明在次级代谢产物转换中需要在加氧酶作用下，氧参与反应。同样情况在氨基糖苷类抗生素合成中也存在。但溶解氧不是越大越好，而是需要一个最适值。例如，对小小链霉菌（*S. parvulus*）合成手霉素（manumycin）和灰黄链霉菌（*S. griseoflavus*）合成合作霉素（colabomycin）的研究中发现，在富氧培养的条件下，这两种次级代谢产物的合成都被抑制，且次级代谢物各有关组分的比例也有所改变。

在次级代谢中，微量金属离子也具有重要作用，多数情况下，它们是次级代谢中合成酶的活化因子，甚至有时在转录和翻译水平上起作用。例如，铁能干扰多毛链霉菌（*S. pilosus*）合成去铁敏（desferrioxamine），干扰机制是铁阻遏赖氨酸脱羧酶基因的转录，该酶是去铁敏生物合成途径中的第一个酶。又如，Mg^{2+}可以增加卡那霉素链霉菌的卡那霉素乙酰化酶、乙酰卡那霉素氨基水化酶和弗氏链霉菌的碱性磷酸酶的活性，或促进它们的合成。Mg^{2+}、Ca^{2+}还可以解除卡那霉素、新霉素和链霉素产生菌对所产抗生素的吸附作用，使抗生素从菌丝上游离下来。Mg^{2+}还可以增加产生菌对所产抗生素的抗性，并促进抗生素分泌到培养基中。

4.7.3 低分子质量效应物的调节

1. ppGpp 对次级代谢的调节

目前普遍认为菌体生长速率的降低是启动次级代谢合成的重要信号，那么为什么生长速率降低会诱导次级代谢的合成呢？原因可能有两个：首先，生长速率的降低证明微生物的生长受到了外界环境条件（多是营养条件）的限制，为细胞生长繁殖而进行的初级代谢活动已不能平衡地进行，结果会造成一些中间产物积累，从而启动次级代谢的合成；其次，细胞生长速率下降时可能会使细胞内已合成的生物大分子的转化作用加强，造成具有诱导作用的低分子物质浓度升高而产生诱导作用。因此，在大肠杆菌中被深入研究的、可调控生长速率的严紧反应信号 ppGpp 对次级代谢起始的调控引起了人们的广泛关注。

Ochi 等发现间型霉素（formycin）的启动常伴随着胞内 ppGpp 浓度的增加及胞外氮源的消耗，而且在氨基酸饥饿后不能成功积累 ppGpp 的突变株中，也不能合成间型霉素。同样的现象在灰色链霉菌合成链霉素过程中也被发现。另外，在天蓝色链霉菌 A3(2)和产头霉素 C 的棒状链霉菌中，ppGpp 合成酶（RelA）是氮源限制条件下合成抗生素所必需的，RelA 缺失突变株则导致抗生素合成能力的丧失。那么 ppGpp 是直接促进抗生素合成基因的转录，还是通过抑制 rRNA 的合成而导致生长速率降低，从而间接促进抗生素的合成呢？在天蓝色链霉菌中，将改造的 *relA* 基因（编码 RelA 的 N 端）置于硫链丝菌素诱导启动子（P_{tipA}）之下，在对数生长期的后期诱导 ppGpp 的合成，所合成 ppGpp 的浓度水平可由硫链丝菌素的添加量来控制。发现 ppGpp 的浓度在 6～12pmol/mg 下不会导致生长速率的降低，但可激活放线紫红素生物合成的途径特异性调控基因 *act Ⅱ-ORF4* 的转录，从而提供了 ppGpp 直接激活抗生素合成基因转录的证据。值得注意的是，天蓝色链霉菌 *relA* 突变株中，发生在 RNA 多聚酶β亚基上的突变（*rpoB*），在赋予菌体利福霉素抗性的同时，可以恢复抗生素的合成。推测这些突变可能使 RNA 多聚酶的构象类似于它与 ppGpp 结合时的构象，因此突变的 RNA 多聚酶不再需要与 ppGpp 结合便能启动抗生素合成基因的转录。以上研究表明，ppGpp 是启动抗生素合成的重要信号分子，其机制可能同严紧反应一样，通过与 RNA 聚合酶结合并改变其构象，提高抗生素生物合成基因的转录效率。

2. cAMP 对次级代谢的调节

cAMP 是存在于真核和原核生物中的一种最普通的低分子质量的信号分子，它不仅作为胞内，而且充当胞间的信号传递者。然而，它在链霉菌和其他革兰氏阳性细菌中的作用长期以来一直未得到证实。因为链霉菌中没有 G-PTS 系统，所以 cAMP 在链霉菌中似乎与葡萄糖阻遏作用无关。1998 年，Susstrunk 等证实 cAMP 对天蓝色链霉菌的孢子萌发、气生菌丝形成及抗生素合成起重要的调节作用，可促进它们的形成，这是首次揭示 cAMP 在革兰氏阳性细菌中的作用。随后，Kang 等又发现 cAMP 与灰色链霉菌的气生菌丝形成和链霉素合成有关，而且它的作用只是在 ArpA 蛋白缺失的情况下才显示出来。因为在 ArpA 缺失突变株中，高浓度的 cAMP 会抑制气生菌丝形成和链霉素合成，低浓度的 cAMP 则相反。但将野生型菌株的 AMP 环化酶基因（*cyaA*）突变则对形态分化和次级代谢没有影响，外加的 cAMP 对野生型菌株的形态分化和次级代谢也没有影响。至于 cAMP 和 ArpA 之间有何关系还不清楚。研究表明，cAMP 可能是通过影响 ppGpp 的合成来调节形态和生理分化的，因为若外加 *cyaA* 基因，则 ppGpp 的合成明显减少。

上述发现暗示链霉菌中存在复杂的 cAMP 调控系统，它与其他调控系统一起构成复杂的调控网络，共同协调地控制着菌体的生理功能。

综上所述，次级代谢产物合成过程的调节是一个复杂的、多因素的调节过程，除存在碳源、氮源、磷酸盐等的调控外，还存在与形态分化有关的广义调节机制（如 A 因子类化合物系统），以及由途径特异性调节基因进行调控的狭义调节机制，它往往由几类基因，分别作用于不同水平，形成一个复杂的、多层次的调节系统，使菌体能根据营养条件和生长速率灵敏地调节次级代谢产物的合成，但是这些系统间是如何相互作用的目前还不清楚。

随着对次级代谢调控机制的逐步揭示，人为地控制次级代谢产物的合成，从而提高次级代谢产物的产量，或利用遗传工程手段产生新的次级代谢产物提供有益的理论基础。

第 5 节 微生物代谢的人工控制

微生物在正常情况下，通过细胞内自我调节，维持各个代谢途径的相互协调，使其代谢物既不缺少又不会过多地积累。而人类利用微生物进行发酵则需要微生物积累较多的代谢产物，为此对微生物的代谢必须进行人工控制。微生物发酵的生产水平取决于生产菌种的特性和发酵条件，因此，人工控制微生物代谢的方法主要有两种：①改变微生物的遗传特征，使之积累代谢产物；②控制发酵条件，使之控制在利于产物合成的程度。

5.1　微生物代谢的遗传控制

积累代谢产物的有效措施有以下几方面。

（1）**解除反馈抑制作用**　其实质是使代谢途径关键酶（别构酶）的调节亚基的结构基因发生突变，使末端产物或其类似物不再与别构中心结合，从而解除反馈抑制，积累末端产物。

（2）**解除反馈阻遏作用**　其实质是使调节基因或操纵基因发生突变，使调节蛋白改变或不合成，调节蛋白不再与末端产物结合，或结合后的复合物不能与操纵基因结合，从而解除了末端产物对酶合成的阻遏作用。

（3）**造成遗传障碍**　使某酶蛋白结构基因突变，使酶蛋白缺失或失去活性，使末端产物不能合成，可以解除末端产物对途径中第一个酶的反馈抑制，积累中间产物。

（4）**使细胞膜的透性增大**　使胞内代谢物外渗，或胞外的某种营养物质易于进入胞内，为产物合成提供足够的前体。

5.1.1　初级代谢物的积累

发酵工业中生产的初级代谢产物主要是一些小分子化合物，如氨基酸、核苷酸、维生素、有机酸等。人工控制这些初级代谢物合成的关键是要打破菌体自身的反馈调节，其措施主要有通过选育代谢缺陷型菌株或改变细胞膜透性以降低细胞内末端产物的浓度、选育抗代谢物的突变株、构建基因工程菌株等。

1. 选育代谢缺陷型菌株

1）**直线型代谢缺陷型菌株**

对于直线型的合成途径，可通过诱变筛选出一个中间产物缺陷的突变株，使之不能积累末端产物，只能积累中间产物。例如，谷氨酸棒杆菌（*Corynebacterium glutamicum*）的瓜氨酸缺陷型突变，可积累中间产物鸟氨酸。

图 9-67 是谷氨酸棒杆菌利用谷氨酸经鸟氨酸和瓜氨酸合成精氨酸的代谢途径，精氨酸反馈抑制第一个酶（*N*-乙酰谷氨酸合成酶）和第二个酶（*N*-乙酰谷氨酸激酶）的活性。谷氨酸棒杆菌的瓜氨酸缺陷型菌株中不能合成瓜氨酸，需要补充少量瓜氨酸以维持其正常生长。当限量供给亚适量的瓜氨酸，精氨酸就不可能积累，这样就解除了精氨酸的反馈抑制，结果可积累大量鸟氨酸。

2）**分支代谢缺陷型菌株**

在分支代谢途径中，可利用营养缺陷型来合成某种末端产物。

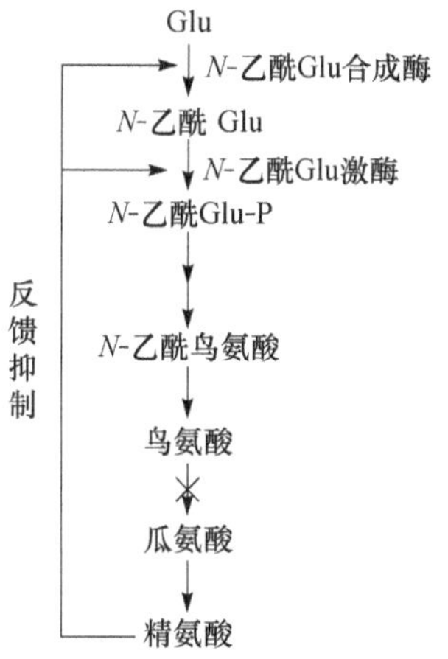

图 9-67　谷氨酸棒杆菌中精氨酸生物合成的调节

（1）**利用谷氨酸棒杆菌的高丝氨酸缺陷型菌株积累赖氨酸**　图 9-68 是谷氨酸棒杆菌中天冬氨酸族氨基酸的生物合成途径，该途径中的第一个酶天冬氨酸激酶（AK）受苏氨酸和赖氨酸的协同反馈抑制。选育高丝氨酸脱氢酶缺陷（$HSDH^-$）的菌株，则不能合成高丝氨酸，更不能合成苏氨酸，赖氨酸自己不能抑制天冬氨酸激酶的活性。当培养基中加入亚适量的高丝氨酸或亚适量的苏氨酸、甲硫氨酸，以维持菌体正常生长，就可以积累赖氨酸。

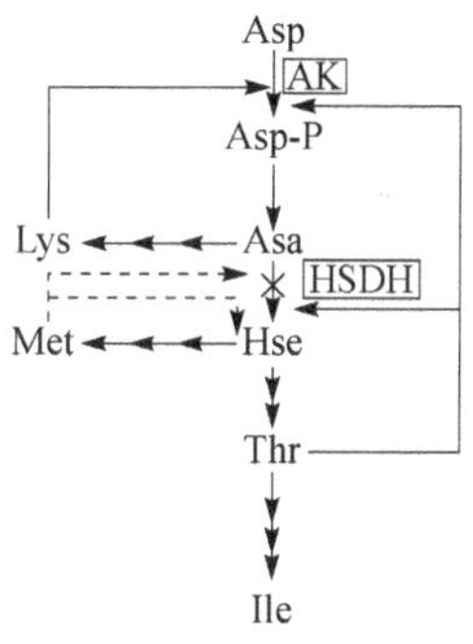

图 9-68　谷氨酸棒杆菌赖氨酸生物合成的调节

——►反馈抑制；－－－►反馈阻遏；Asa:天冬氨酸半醛

（2）**利用大肠杆菌的赖氨酸、甲硫氨酸、异亮氨酸三重缺陷型菌株积累苏氨酸**　大肠杆菌天冬氨酸族氨基酸的生物合成途径中有两种高丝氨酸脱氢酶（HSDH Ⅰ、HSDH Ⅱ）和 3 种天冬氨酸激酶（AK Ⅰ、AK Ⅱ、AK Ⅲ），其中 HSDH Ⅰ和 AK Ⅰ受苏氨酸和异亮氨酸的反馈抑制和阻遏；HSDH Ⅱ和 AK Ⅱ受甲硫氨酸的反馈抑制和阻遏，对苏氨酸不敏感；AK Ⅲ受赖氨酸的反馈抑制和阻遏，如图 9-69 所示。大肠杆菌的赖氨酸、甲硫氨酸、异亮氨酸三重缺陷型菌株（Lys^- Met^- Ile^-）中，高丝氨酸脱氢酶和天冬氨酸激酶的反馈调节作用被解除，在培养基中加入亚适量的赖氨酸、甲硫氨酸和异亮氨酸以维持菌体生长的需要，则可以积累苏氨酸。

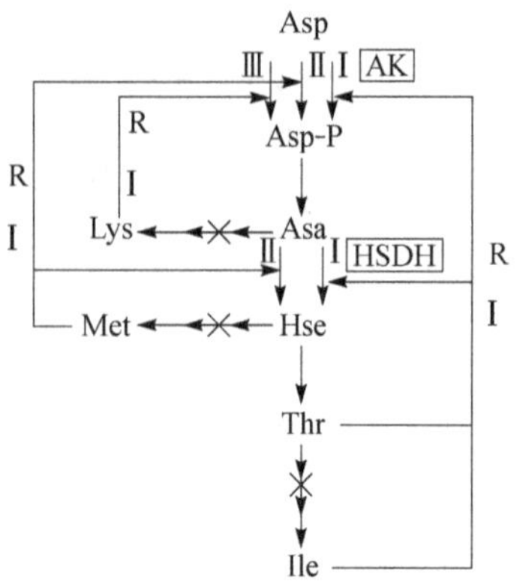

图 9-69 利用大肠杆菌积累苏氨酸的调节

R：阻遏；I：抑制

（3）**枯草芽孢杆菌肌苷发酵的代谢控制** 肌苷（inosine）又名次黄嘌呤核苷，它的药效近似于 ATP，在医疗上广泛用于治疗心脏病、肝病等。肌苷的产生菌主要是枯草芽孢杆菌，该菌中嘌呤核苷酸生物合成途径如图 9-70 所示。代谢途径从 IMP 开始分成两条环形路线：一条是经过 SAMP 合成 AMP，AMP 又经腺苷酸脱氨酶催化再生成 IMP；另一条是经过 XMP 合成 GMP，再经 GMP 还原酶催化催化也可生成 IMP。因此，AMP 和 GMP 是可以互变的。

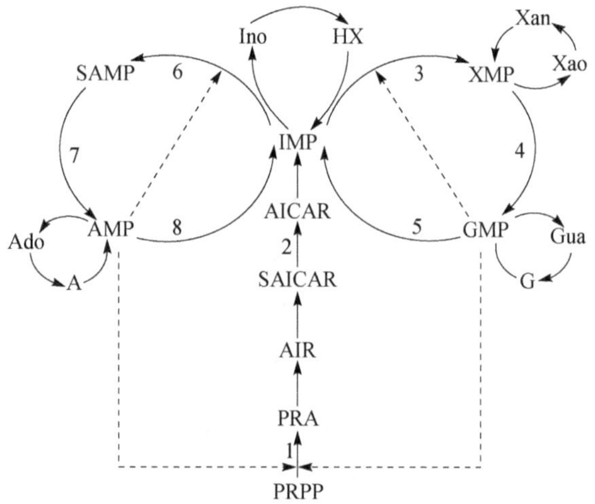

图 9-70 枯草芽孢杆菌嘌呤核苷酸合成途径及其代谢调节

IMP：次黄嘌呤核苷酸；XMP：黄嘌呤核苷酸；AMP：腺嘌呤核苷酸；GMP：鸟嘌呤核苷酸；HX：次黄嘌呤；Xao：黄嘌呤；A：腺嘌呤；G：鸟嘌呤；Ino：肌苷；Xan：黄苷；Gua：鸟苷；Ado：腺苷；SAMP：琥珀酰腺苷酸；AICAR：5-氨基咪唑-4-甲酰胺核苷酸；SAICAR：5-氨基-4-咪唑-(-*N*-琥珀酰)-羧酰胺核苷酸；AIR：5-氨基咪唑核苷酸；PRA：5-磷酸核糖胺；PRPP：5-磷酸核糖-1-焦磷酸；1：PRPP 转酰胺酶；2：SAICAR 裂解酶；3：IMP 脱氢酶；4：GMP 合成酶；5：GMP 还原酶；6：SAMP 合成酶；7：SAMP 裂解酶；8：AMP 脱氨酶

枯草芽孢杆菌嘌呤核苷酸生物合成的调节位点有两个：①IMP 脱氢酶和 SAMP 分别受各自的末端产物 GMP 和 AMP 的反馈抑制；②PRPP 转酰胺酶受 AMP 和 GMP 的抑制，但两种核苷酸的抑制程度不同，AMP 的抑制作用强烈，而 GMP 的抑制作用较弱。因此，采用枯草芽孢杆菌腺嘌呤缺陷型（缺失 SAMP 合成酶）的菌株，可以积累 IMP，经核苷分解酶催化，转变为肌苷。如果在此基础上进一步选育鸟嘌呤的缺陷型菌株，可解除 GMP 对 PRPP 转酰胺酶的抑制，进一步提高肌苷的产量。

2. 选育抗代谢物突变株

抗代谢物为代谢物的结构类似物，它与代谢物竞争同一个酶的作用位点，结果导致合成无生理活性的物质，使菌死亡。在诱变筛选时，在培养基中加入抗代谢物，能生长的菌则为抗代谢物的突变菌株，它对抗代谢物相对应的代谢物不敏感，可以解除代谢物的反馈调节作用。这可能是由于：①突变株中酶的结构基因发生突变，使酶的调节部位不能与抗代谢物结合，而其活性中心却不变，因为抗代谢物和代谢物结构类似，所以酶也就不能与正常代谢的末端产物相结合，从而解除了反馈抑制；②酶的调节基因发生突变，使阻遏物不再与抗代谢物相结合，也就不与正常代谢的末端产物相结合，从而解除了反馈阻遏。

在氨基酸发酵中，可通过选育抗氨基酸类似物突变株来积累氨基酸。例如，黄色短杆菌抗 α-氨基-β-羟基戊酸（AHV）的突变株能积累苏氨酸。黄色短杆菌中天冬氨酸族氨基酸生物合成的调节机制与谷氨酸棒杆菌中一样，AK 和 HSDH 都是单一酶。如图 9-68 所示，AK 受苏氨酸和赖氨酸的协同反馈抑制，HSDH 受苏氨酸的反馈抑制和甲硫氨酸的反馈阻遏。AHV 是苏氨酸的结构类似物，能在含 AHV 的培养基中生长的菌可积累苏氨酸。这是因为 AK 和 HSDH 的调节亚基发生变化，不再受苏氨酸的反馈抑制。如果要进一步提高苏氨酸的产量，还可从抗 AHV 突变株中选育甲硫氨酸缺陷型菌株，以打破它对 HSDH 的反馈阻遏。另外，还可切断苏氨酸的进一步代谢途径，即选育异亮氨酸缺陷型菌株。

利用抗代谢物突变株可积累各种代谢产物，见表 9-8。

表 9-8 抗代谢物突变株及其积累产物对照表

积累产物	选用的类似物
苯丙氨酸	β-氟苯丙氨酸、丙氨酸
酪氨酸	β-氟苯丙氨酸、D-酪氨酸
色氨酸	5-甲基色氨酸、6-甲基色氨酸、5-氟色氨酸
组氨酸	α-噻唑丙氨酸
脯氨酸	3,4-二羟丙氨酸
缬氨酸	α-氨基丁酸
异亮氨酸	缬氨酸、α-氨基丁酸、α-氨基-β-羟基戊酸、α-甲基苏氨酸
苏氨酸	α-氨基-β-羟基戊酸（AHV）

续表

积累产物	选用的类似物
精氨酸	D-Arg、刀豆氨酸
腺嘌呤	2，6-二氨基嘌呤
尿嘧啶	5-氟尿嘧啶
次黄嘌呤肌苷	8-氮鸟嘌呤
吡哆醇	异烟肼
硫胺素	吡啶硫胺素

3. 细胞膜通透性的改变

利用细胞膜组分的缺失突变，使细胞膜的通透性增大，使代谢产物易分泌到胞外，从而解除末端产物的反馈抑制或反馈阻遏。

例如，在谷氨酸发酵中，采用生物素缺陷型或油酸或甘油缺陷型菌株，可以提高谷氨酸的发酵产量。生物素、油酸和甘油都与构成细胞膜的主要成分磷脂的合成有关，其中生物素是通过影响脂肪酸的合成而间接影响磷脂的合成。在上述3种缺陷型菌株中，通过供给亚适量的生物素、油酸或甘油，使磷脂的合成受到限制，细胞膜合成不完全，细胞膜的通透性增大，利于谷氨酸排出体外，使细胞内的谷氨酸浓度不能达到引起反馈调节的程度，因此谷氨酸可以不断地合成并在菌体外积累。

4. 构建基因工程菌株

高产基因工程菌的构建主要有下列几种策略。

(1) 可将产物合成途径中关键酶（限速酶）的基因，或起正调控作用的基因，克隆到高拷贝的质粒载体上或置于强启动子之下，并转回产生菌中，通过提高细胞内酶分子的浓度促进限速步骤的生化反应，进而提高有关目的产物的产量。例如，DAHP合成酶和色氨酸合成酶是色氨酸生物合成途径中的限速酶，将这两个酶的基因克隆到质粒载体上，再转化到苯丙氨酸缺陷的谷氨酸棒杆菌中，便构建出了使色氨酸产量提高的工程菌。

(2) 敲除或定向突变目标途径中具有反馈抑制或反馈阻遏作用的某些因子的基因，或其作用的DNA靶位点（如操纵基因），从而解除其对代谢途径的反馈抑制或反馈阻遏作用，以提高目标产物产量。例如，与色氨酸生物合成有关的许多基因都受到*tryR*基因编码的阻遏蛋白的负调控，敲除该基因可以增加色氨酸的产量。

(3) 提高目的产物所在的分支代谢途径中有关酶基因的拷贝数，使其在与另外的分支途径的竞争中占优势，就可提高目的产物的产量。例如，在谷氨酸棒杆菌中，通过克隆赖氨酸所在分支途径上的相关酶基因（如二氢吡啶-2,6-二羧酸合成酶基因），所得工程菌可以积累大量赖氨酸。相反，如果增加HSDH基因的拷贝数，则代谢流将明显转到合成甲硫氨酸和苏氨酸的支路上（图9-68）。

5.1.2 次级代谢物的积累

积累次级代谢产物也是要克服次级代谢调控作用的限制，在发酵生产上主要是通过诱变育种来实现的，随着对次级代谢合成途径及其调控作用认识地不断深入，目前已可以应用基因工程技术来改造生产菌种，提高菌种的生产性能。

1. 对生产菌株进行遗传育种

1） 抗反馈突变育种

对于受初级代谢产物和次级代谢产物自身的反馈调节的次级代谢产物的合成，都可以通过诱变筛选抗反馈突变株来解除反馈调节。

2） 筛选营养缺陷型的回复突变株

当反馈调节很复杂时，可采用由营养缺陷型选育回复突变株的方法来选育高产菌株。这是由于回复突变后，酶的活性中心可以恢复，而调节中心的结构却常常没得到恢复，结果是一方面酶恢复了活性，而另一方面反馈抑制被解除或不严重，因此可以利用营养缺陷型的回复突变株来提高产量。例如，选育赖氨酸缺陷型的回复突变株可大幅度提高青霉素的产量；还有人利用诱变获得不产金霉素的突变株，再回复突变得到高产金霉素的菌株。

3） 杂交育种

杂交育种在丝状真菌和放线菌中用的比较多，通过把不同性状的菌株杂交后选杂合子，可以获得具有双亲或多亲优良性状的菌株。

4） 筛选产物降解酶缺失的突变株

某些菌可将次级代谢产物作为碳源和能源加以利用，致使目的产物降解。通过诱变筛选产物降解酶缺失的突变株，可使产物在发酵液中稳定存在，达到提高发酵单位的目的。其方法是在诱变处理后，不能以产物作为唯一碳源加以利用的菌落就是缺乏产物降解的突变株。

5） 筛选自我抗性菌株

对于对自身产生菌有毒害作用的次级代谢产物，可通过筛选自我抗性菌株来提高产量，这种方法已在链霉素和其他抗生素的优良菌株的选育中得到应用。

6） 筛选高浓度磷酸盐的抗性突变株

对于其合成对磷酸盐敏感的次级代谢产物，可通过筛选高浓度磷酸盐的抗性突变株，来降低次级代谢产物合成对磷酸盐的敏感性。

7） 调节细胞膜的通透性

不仅应调节细胞膜对目的产物的通透性，而且也应调节细胞膜对底物的通透性，因为二者都会影响次级代谢产物的合成。可通过筛选脂肪酸合成缺陷的突变株来改变细胞膜的透性，从而使微生物摄取营养物质、分泌次级代谢产物的能力提高，导致次级代谢产物增产。

8） 选育代谢途径缺陷型菌株

对于有共同前体的分支代谢途径，可通过诱变选育一些合理的营养缺陷型菌株以阻断不必要的分支途径，使共同前体专一向目的产物合成方向进行。如果目的产物并非末端产物，还应阻断目的产物以下的代谢途径，以积累目的产物。

2. 基因工程技术在提高菌株生产性能上的应用

1）**通过调节基因提高产量**

利用基因工程技术使调控抗生素合成的途径特异性或全局性正调控基因的额外拷贝引入到抗生素产生菌中，使之高度表达，从而增强抗生素生物合成基因的表达；或通过缺失或插入失活相应的负调控基因以解除它的阻遏作用，都可以提高抗生素的产量。例如，将柔红霉素生物合成的正调控基因 *dnrI* 的额外拷贝引入到产生菌波赛链霉菌中，使柔红霉素的产量提高了 100 多倍；全局性调控基因 *afsR2* 最初是从变铅青链霉菌中发现的，当它以高拷贝形式存在时，可明显促进放线紫红素和十一烷基灵菌红素的产生。Lee 等通过 Southern 杂交在阿维链霉菌的染色体上检测到了 *afsR2* 的同源基因，并将该基因以高拷贝的形式引入到阿维链霉菌的野生型与高产菌株中，使阿维菌素的产量分别提高了 2.3 倍和 1.5 倍。将天蓝色链霉菌中次甲霉素生物合成的负调控基因 *mmyR* 缺失，结果导致次甲霉素的产量大大提高。

2）**通过抗性基因提高产量**

抗生素的产量与菌种对自身抗生素的耐受性紧密相关，因此提高抗性基因的表达量，增加菌种对自身抗生素的抗性，有可能增加抗生素的产量。例如，将氨基糖苷类抗生素的抗性基因（即氨基糖苷-6-乙酰转移酶基因）克隆到高拷贝的质粒载体 pIJ702 上，再分别转化到卡那霉素和新霉素的产生菌中，结果两种抗生素的产量提高了 2～6 倍。这种方法可能对低产菌株比较有效，而对高产菌株的改良意义不大。

3）**通过解除限速步骤提高产量**

将次级代谢产物合成中控制限速步骤的关键酶的基因克隆出来，通过合适的载体引入到原产生菌中，可通过关键酶基因水平的增加而提高产量。也可通过定点诱变，提高关键酶本身的活性来提高产量。例如，在头孢菌素 C 的生物合成中，脱乙酰氧头孢菌素 C 合成酶是控制限速步骤的关键酶，克隆此酶的基因 *cefEF*，并将它的额外拷贝引入到顶头孢霉中，所得的转化子中有 25% 产量提高，实验室 5L 小罐的产量最大提高到 50%。

4）**通过血红蛋白基因的导入提高产量**

氧的供应会影响需氧微生物的初级和次级代谢。氧在水中的溶解度低，而且氧从气泡传递给菌体又要克服气相、液相等一系列阻力，因此在大规模深层发酵过程中，溶氧常成为限制因素，供氧不足会导致菌体生长不良和产物产量的下降。尤其是作为抗生素重要来源的链霉菌和丝状真菌的发酵液比较黏稠，溶氧问题更为突出。传统的通过提高搅拌速度和通气量增加溶氧的方法，需要消耗大量的能量，对设备的要求也较高。据估计，空气的压缩、冷却、过滤和搅拌的能耗约占整个发酵成本的 1/3，从而使发酵工业成为一个高能耗的产业。因此，解决发酵生产中的能耗问题将大大节约生产成本。

血红蛋白具有结合氧的特性，过去认为它只存在于哺乳动物中，现在证实它也存在于微生物中。透明颤菌血红蛋白（VHb）是由美国学者于 20 世纪 70 年代发现的第一个原核生物血红蛋白，它在贫氧条件下被诱导表达，从而使专性好氧的透明颤菌能生活在沼泽、死水池塘、腐烂的蔬菜等贫氧环境中，透明颤菌血红蛋白这一不寻常的特性在高耗氧的生物过程中具有潜在的应用价值。

VHb 已在多种异源宿主中得到了表达，如在大肠杆菌、假单胞菌、谷氨酸棒杆菌、欧文氏菌、链霉菌、酵母菌、丝状真菌等微生物中，乃至动、植物细胞中都可表达。研究表明，它在大多宿主中的表达都可降低重组细胞对溶氧的敏感程度，改善细胞的氧输送效率，满足细胞的呼吸要求，使之适应较低的溶氧水平，有利于重组细胞的生长和一些目的产物的合成。例如，将 *vhb* 基因引入到天蓝色链霉菌中，在限氧条件下不仅可使菌体生长量增加，还可使放线紫红素的产量提高 10 倍；将 *vhb* 基因引入到顶头孢霉中，在低氧条件下头孢菌素 C 的产量比对照菌株高 5 倍。这些研究结果表明，VHb 具有很大的应用潜力。

但上述抗生素产量的提高都是在限氧的条件下获得的，在通常的发酵条件下，含 VHb 的菌株并没有明显的产量增加的优势。所以，通过 *vhb* 基因的导入提高抗生素的产量可能仅限于那些在发酵中非常好氧，而设备条件不能满足其要求的抗生素产生菌。此外，VHb 在链霉菌和丝状真菌中的表达量比较低，这可能影响了它功能的发挥。因此，还需要从启动子的选择和密码子的偏爱性等方面进行深入地研究，以提高 VHb 的表达量。只有这样，才能对 VHb 的作用作出完整的评价。

5）**通过阻断无关次级代谢途径提高目的代谢产物的产量**

如果一种微生物可产生几种次级代谢产物，通过阻断无关代谢途径，可提高菌体对目的产物的合成在能量和碳源供应上的支持。例如，棒状链霉菌同时合成结构上无关的次级代谢产物头霉素 C 和克拉维酸，它们的合成活动需要相互竞争来自初级代谢的能量和碳源上的供应。通过敲除头霉素 C 合成所必需的基因 *lat*，可以完全阻止头霉素 C 的合成，而克拉维酸的产量提高了 2～2.5 倍。

6）**阻断支路代谢，增加有效组分的含量**

次级代谢产物的特点是常合成一组具有共同代谢途径的结构类似的化合物，可通过对产生菌进行遗传操作，抑制无效组分的产生和提高有效组分的含量。例如，阿维菌素是由阿维链霉菌（*S. avermitilis*）产生的一组结构类似的大环内酯类抗生素（图 9-71），它的天然发酵产物共有 8 个组分：A1a，A1b，A2a，A2b，B1a，B1b，B2a 和 B2b，其中 B1 组分的杀虫活性最高，毒性最小，被作为杀虫剂在畜牧业和农业中使用。“A”

组分和“B”组分的区别在于 C5 位不同，“B”组分在 C_5-*O*-甲基转移酶（AveD）的催化下在 C5 位的羟基上连一个甲基即转化为“A”组分；“a”组分和“b”组分的区别在于对支链脂肪酸的利用上不同，“a”组分在 C25 位是仲丁基，其支链脂肪酸来源于 L-异亮氨酸，而“b”组分在 C25 位是异丙基，来源于 L-缬氨酸，其中“a”组分为大量组分，占 80%以上，“b”组分为少量组分，占 20%以下；“1”组分和“2”组分的区别在于 C22 和 C23 位不同，“1”组分在 C22 和 C23 位为 CH=CH，“2”组分为 CH_2-CHOH，决定“1”组分和“2”组分的机制还不十分清楚。研究表明，“1”组分的形成与 *aveC* 基因有关。阿维菌素 B1 组分在 C22 和 C23 位上的双氢还原产物伊维菌素是更有效的药物，毒性比阿维菌素低，不仅可畜用，还可在医药上应用。阿维链霉菌在产生阿维菌素的同时还产生寡霉素，寡霉素是哺乳动物细胞氧化磷酸化的抑制剂，对哺乳动物有很高的毒性。

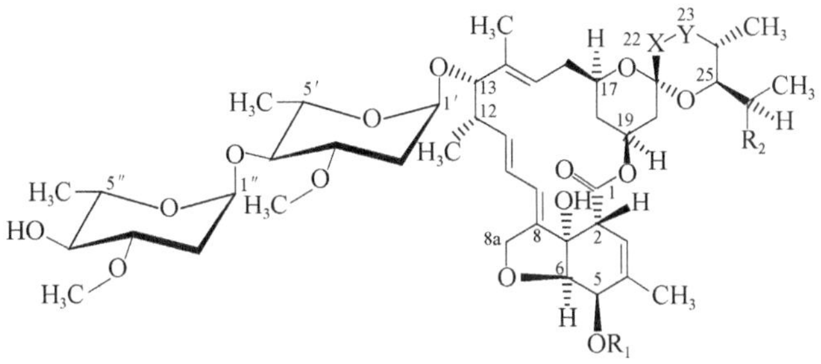

		R_1	R_2	X—Y
阿维菌素	A1a	CH_3	C_2H_5	CH=CH
	A1b	CH_3	CH_3	CH=CH
	A2a	CH_3	C_2H_5	CH_2—CH(OH)
	A2b	CH_3	CH_3	CH_2—CH(OH)
	B1a	H	C_2H_5	CH=CH
	B1b	H	CH_3	CH=CH
	B2a	H	C_2H_5	CH_2—CH(OH)
	B2b	H	CH_3	CH_2—CH(OH)
伊维菌素	B1a	H	C_2H_5	CH_2—CH_2
	B1b	H	CH_3	CH_2—CH_2

图 9-71　阿维菌素及伊维菌素的结构图

日本 Ikeda 小组在阐明阿维菌素生物合成途径的基础上，结合传统诱变构建了一系列仅产有效组分的基因工程菌。他们对野生型菌株进行诱变育种，得到了两株突变株：一株为 K2021，只能利用 L-异亮氨酸，而不能利用缬氨酸，因此仅产 4 个“a”组分；另一株为 K2034，由于 C_5-*O*-甲基转移酶基因（*aveD*）发生突变，不能将“B”组分转化成“A”组分，因此仅产 4 个“B”组分。将以上两株突变株进行原生质体融合，得到了仅产 B1a 和 B2a 的重组菌株 K2038。然后他们又以 K2038 为出发菌株，通过突变 *aveC* 基因，获得了仅产单一组分 B2a 的突变株。阿维菌素 B2a 可通过化学方法转化为伊维菌素 B1a，因此阿维菌素 B2a 单一组分的产生菌对于工业化生产伊维菌素 B1a 很有用。Ikeda 等用转座子 Tn4560 对阿维链霉菌进行转座诱变时得到了不产寡霉素的突变株，他们利用转座子上的遗传标记将寡霉素的生物合成基因克隆到温敏质粒上，对上述所构建的仅产有效组分的基因工程菌进行基因取代，得到了不产寡霉素仅产阿维菌素有效组分的基因工程菌。

我国陈芝等通过对 *aveD* 基因进行缺失突变，得到了仅产阿维菌素“B”组分的基因工程菌 CZ8-73，为阿维菌素的进一步遗传改造奠定了基础。张晓琳等以仅产阿维菌素“B”组分的工程菌 CZ8-73 为出发菌株，通过对合成寡霉素聚酮体骨架的基因簇进行缺失，得到了不再产生寡霉素而仅产阿维菌素“B”组分的突变株。

5.2　微生物发酵条件的控制

当菌株确定后，环境条件合适与否是发酵成败的重要因素，环境条件既能影响微生物的生长，又能影响代谢的速度和方向及产物的形成和积累。为了充分发挥微生物菌种的生产能力，就要了解生产菌对环境条件的要求，通过控制发酵条件有效地控制微生物的生长和生产。控制发酵条件包括：培养基、温度、pH、溶解氧等。

5.2.1　培养基对发酵的影响

培养基的成分对微生物发酵产物的形成有很大影响，每一种代谢产物都有其最适的培养基配比。

1. 碳源

碳源是组成培养基的主要成分之一，其功能是为菌种生长代谢提供能量，用于构成菌体细胞成分和形成产物。发酵生产中常用的碳源有葡萄糖、乳糖、麦芽糖、玉米淀粉、土豆淀粉、豆油等，且培养基中的碳源浓度相当重要。对于受碳分解代谢物阻遏的代谢物的生产，常使用非阻遏性碳源（如除葡萄糖以外的其他单糖、寡糖、多糖或油），或限量流加阻遏性碳源（通常是葡萄糖）的方法。

2. 氮源

氮源的主要功能是构成微生物细胞物质和含氮代谢物。氮源可分为有机氮源和无机氮源两大类。常用的有机氮源有黄豆饼粉、花生饼粉、玉米浆、蛋白胨、酵母粉等，常用的无机氮源有氨水、硫酸铵、氯化铵、硝酸盐等。铵盐或某些容易利用的氮源（如氨基酸）能阻遏许多次级代谢产物的合成，添加铵的捕集试剂（如天然沸石或磷酸镁）、缓慢补加快速利用的氮源、使用慢代谢的氮源等可以控制氮的水平，避免氮分解代谢物的阻遏作用。

3. 磷酸盐

磷酸盐不仅是细胞结构物质的组成成分，而且对代谢也起着重要的调节作用，因此发酵生产中要控制磷酸盐的浓度。磷酸盐对多种次级代谢产物的合成具有阻遏或抑制作用，因此，绝大多数抗生素的生产是在限量磷酸盐的条件下进行的，磷酸盐浓度在 0.3～300mmol/L 范围内不会妨碍细胞生长，但超过 10mmol/L 时，便会抑制许多抗生素和其他次级代谢产物的合成。磷酸盐过量对生产不利，但过少会影响菌的生长。

磷酸盐同样也调节初级代谢产物的合成。例如，在谷氨酸发酵中，培养基中磷酸盐的浓度要求小于 0.2%，通常以 0.15%～0.175%为易，磷酸盐不足时，菌体生长不好，糖代谢缓慢；但磷酸盐过多则转入缬氨酸发酵。

4. 其他无机盐和微量元素

除磷酸盐外，大多数微生物发酵还需在培养基中添加钾盐、钠盐、钙盐、氯化物等无机盐和微量元素，如镁、铁、钴、锌、锰、铜、钼等，以其作为生理活性物质的组成或生理活性作用的调节物。微量元素需要量很少，除了合成培养基外，一般在复合培养基中不需再另外单独加入，因为复合培养基中的许多动、植物原料中都含有微量元素。但当某一微量元素对产物合成具有特殊的促进作用时，就需要单 I? 加入。例如，钴离子可激活一些酶，又是维生素 B_{12} 的组成元素，发酵中加入一定量的钴盐，可使维生素 B_{12} 的产量提高数倍；阿维菌素的发酵中也需要加入一定量的钴盐，但机制尚不清楚。

5. 特殊营养物质

许多微生物需要一些它们不能合成的特殊养分和生长因子，如氨基酸、嘌呤、嘧啶、维生素、生物素等。发酵生产常采用复合培养基，如含有玉米浆、黄豆饼粉、酵母粉等的培养基，用于供给微生物所需的特殊未知养分。

在次级代谢产物的合成过程中，被菌体直接用于产物合成而自身结构无显著改变的物质称为前体，前体能明显提高产品的产量，但有的前体浓度过大时会对菌体产生毒害作用，因此在发酵中需要控制前体的浓度。例如，苯乙酸及有关衍生物是青霉素合成的前体物质，为避免前体的毒害作用，生产中用间歇或连续补加低浓度前体的方法，以维持前体的供应，速率略大于生物合成的需要，一般以 0.1%为宜。

5.2.2 温度的影响

微生物的生长和产物合成均是在各种酶的催化作用下进行的，酶的催化作用需要有适当的温度，因此，在发酵中必须保持适宜的温度条件。最适发酵温度是同时适合菌体生长和代谢产物合成的温度，但最适生长温度和最适生产温度往往不一致，因此在整个发酵过程中不一定只选用一个发酵温度，而应根据发酵的不同阶段，选择不同的培养温度。例如，在四环素发酵中，发酵中前期 0～30h 以稍高温度促进生长，中后期 30～150h 以稍低温度维持较长的抗生素分泌期，放罐前 24h 温度又提高 2～3℃，以促进抗生素分泌，这样能使最后的发酵单位提高 50%以上。

温度除了影响发酵过程的各种反应速率外，还会影响生物合成的方向。例如，在四环素发酵中，金霉素链霉菌同时能产生金霉素，在低于 30℃的条件下，合成金霉素的能力较强，合成四环素的比例随温度的升高而增大，在 35℃的条件下，只产生四环素。

近来发现温度对代谢有调节作用，如在低温 20℃，氨基酸合成途径末端产物的反馈抑制作用比 37℃大，故可考虑在抗生素发酵后期降低温度，使蛋白质和核酸的正常合成途径关闭得早些，从而可将发酵代谢转向产物合成。

5.2.3 pH 的影响

pH 对菌体生长和产物合成有很大的影响，每种微生物都有其最适的和能耐受的 pH 范围。微生物生长阶段和产物合成阶段的最适 pH 通常是不一样的，这不仅与菌种的特性有关，还与产物的化学性质有关。如链霉素产生菌生长的最适 pH 为 6.2～7.0，而合成链霉素的最适 pH 为 6.8～7.3。几种产物合成的最适 pH 如下：红霉素为 6.8～7.3；金霉素、四环素为 5.9～6.3；青霉素为 6.5～6.8；柠檬酸为 3.5～4.0。

在发酵过程中 pH 是变化的，这是微生物产酸和产碱的代谢反应的综合结果，因此必须掌握发酵过程中 pH 变化的规律，及时监控，使 pH 控制在合适的范围内。pH 的控制，首先应从基础培养基的配方考虑（如在基础培养基中加适量的 $CaCO_3$），然后通过中间加酸、加碱或补料来控制。如链霉素生产采用通氨控制 pH，既调节了 pH 在适合链霉素合成的范围内，又补充了产物合成所需的氮源。又如，在青霉素发酵中，按产生菌的生理代谢需要，调节加糖速率来控制 pH，比用恒速加糖或酸碱控制可提高青霉素产量的 25%。

5.2.4 溶解氧的影响

溶解氧是需氧发酵控制的最重要参数之一。因为氧在水中的溶解度很小，在培养基中的溶解度就更小了，所以必须不断通风与搅拌，才能满足发酵需氧的要求。发酵过程中溶解氧浓度的变化是由供氧和需氧两方面决定的，当发酵的供氧量大于需氧量时，溶解氧浓度上升；反之就下降。通过监测发酵液中的溶解氧浓度变化，可以了解氧的供需规律及其对生长和产物合成的影响。在发酵生产中可通过提高搅拌速率、通入掺有纯氧的空气、提高罐压、加大通风量、加入氧载体（对氧有很高的溶解度，却又不溶于水的化合物，如全氟化碳）、液化培养基以降低发酵液黏度等，提高溶解氧的水平。但值得注意的是，在发酵中，溶解氧并不是越高越好，即使是专性好氧菌，过高的溶解氧也可能对生长不利，因此应将溶解氧的浓度控制在适当的水平。

思 考 题

1. 微生物进行代谢调节的本质及原则是什么？微生物中酶活性和酶合成的调节方式各有哪些？请简述其特点。

2. 各举两个微生物中属于分解代谢的操纵元和属于合成代谢的操纵元，并简述其调控基因表达的机制。

3. 为什么说谷氨酰胺合成酶在氮代谢中起着非常重要的作用？大肠杆菌的谷氨酰胺合成酶受到哪些机制的调节？

4. 生物固氮为什么要受到严格的调控？以肺炎克氏杆菌为例，试述环境信号铵和氧是如何影响固氮基因表达的？

5. 固氮酶翻译后的活性调节机制是普遍存在的吗？是如何进行调控的？

6. 什么是双组分信号传导系统？其信号传导的一般模式是什么？你能举出几个微生物中利用双组分信号传导系统进行基因表达调控的例子吗？

7. 微生物群体感应的生理意义是什么？请举两个群体感应的实例。

8. 核蛋白体的蛋白质操纵元有何特点？核蛋白体蛋白的合成受到哪些调节机制的调节？

9. 严紧反应的信号分子是什么？其对微生物初级代谢和次级代谢有何调控作用？作用机制是什么？

10. 你知道哪些因素会影响次级代谢产物的合成吗？

11. A 因子类信号分子的结构特点是什么？简述 A 因子对灰色链霉菌中抗生素合成和形态分化的级联调控机制。

12. 生产中可利用哪些菌来生产苏氨酸？如何进行菌种选育？其依据是什么？

13. 利用谷氨酸棒杆菌可生产哪些氨基酸？生产上如何育种以积累相应的氨基酸？其依据是什么？

14. 结合你所学的知识，试回答如果给你一个野生型的抗生素产生菌，你将采取什么手段提高抗生素的产量？

主要参考文献

陈芝，文莹，宋渊，等．2002．阿维链霉菌中 *aveD* 基因缺失对阿维菌素合成的影响．微生物学报，42：534-538.

刘志恒，姜成林．2004．放线菌现代生物学与生物技术．北京：科学出版社.

Artsimovitch I，Patlan V，Sekine S，et al. 2004. Structural basis for transcription regulation by alarmone ppGpp. Cell，117：299-310.

Bibb M J. 2005. Regulation of secondary metabolism in *Streptomycetes*. Curr Opin Microbiol，8：208-215.

Braeken K，Moris M，Daniels R，et al. 2006. New horizons for（p）ppGpp in bacterial and plant physiology. Trends in Microbiology，14：45-54.

Halbleib C M，Zhang Y，Ludden P W. 2000. Regulation of dinitrogenase reductase ADP-ribosyltransferase and dinitrogenase reductase-activating glycohydrolase by a redox-dependent conformational change of nitrogenase Fe protein. J Biol Chem，275：3493-3500.

Hesketh A，Sun J，Bibb M. 2001. Induction of ppGpp synthesis in *Streptomyces coelicolor* A3（2）grown under conditions of nutritional sufficiency elicits *act* Ⅱ-ORF4 transcription and actinorhodin biosynthesis. Mol Microbiol，39：136-144.

Horinouchi S. 2003. AfsR as an integrator of signals that are sensed by multiple serine/threonine kinases in *Streptomyces coelicolor* A3（2）. J Ind Microbiol Biotechnol，30：462-467.

Ikeda H，Omura S. 1993. Genetic aspects of the selective production of useful components in the avermectin producer *Streptomyces avermitilis*. Actinomyctol，7：133-144.

Ikeda H，Pang C H，Endo H，et al. 1995. Construction of a single component producer from the wild type avermectin producer *Streptomyces avermitilis*. J Antibiot，48：532-534.

Ikeda H，Takada Y，Pang C H，et al. 1993. Transposon mutagenesis by Tn4560 and applications with avermectin-producing *Streptomyces avermitilis*. J Bacteriol，175：2077-2082.

Kang D K，Li X M，Ochi K，et al. 1999. Possible involvement of cAMP in aerial mycelium formation and secondary metabolism in *Streptomyces griseus*. Microbiology，145：1161-1172.

Lee J，Hwang Y，Kim S，et al. 2000. Effect of a global regulatory gene，*afsR*2，from *Streptomyces lividans* on avermectin production in *Streptomyces avermitilis*. J Biosci Bioeng，89：606-608.

Martin J F. 2004. Phosphate control of the biosynthesis of antibiotics and other secondary metabolites is mediated by

the PhoR-PhoP system: an unfinished story. J Bacteriol, 186: 5197-5201.
Moat A G, Foster J W, Spector M P. 2002. Microbial Physiology. 4th ed. New York: Wiley-Liss Inc.
Ochi K. 1986. Occurrence of the stringent response in *Streptomyces* sp. and its significance for the initiation of morphological and physiological differentiation. J Gen Microbiol, 132: 2621-2631.
Ochi K. 1987. Metabolic initiation of differentiation and secondary metabolism by *Streptomyces griseus*: significance of the stringent response (ppGpp) and GTP content in relation to A-factor. J Bacteriol, 169: 3608-3616.
Ochi K. 1990. A relaxed (*rel*) mutant of *Streptomyces coelicolor* A3 (2) with a missing ribosomal protein lacks the ability to accumulate ppGpp, A-factor and prodigiosin. J Gen Microbiol, 136: 2405-2412.
Onaka H, Horinouchi S. 1997. DNA-binding activity of the A-factor receptor protein and its recognition DNA sequences. Mol Microbiol, 24: 991-1000.
Susstrunk U, Pidoux J, Taubert S, et al. 1998. Pleiotropic effects of cAMP on germination, antibiotic biosynthesis and morphological development in *Streptomyces coelicolor*. Mol Microbiol, 30: 33-46.
Xu J, Tozawa Y, Lai C, et al. 2002. A rifampicin resistance mutation in the *rpoB* gene confers ppGpp-independent antibiotic production in *Streptomyces coelicolor* A3 (2). Mol Genet Genomics, 268: 179-189.
Zhang X L, Chen Z, Zhao J L, et al. 2004. Deletion analysis of oligomycin PKS genes (*olmA*) in *Streptomyces avermitilis*. Chinese Science Bulletin, 49: 350-354.

第10章 微生物的生长与环境条件

自然界里不同的微生物按各自的营养方式从生存环境中吸收其所需要的营养物质，通过自身的代谢活动，即分解代谢（产能代谢）和合成代谢来建造自己的细胞并繁衍后代。代谢作用是微生物生命活动的基础，环境因素则是它们赖以生存的条件。生长和繁殖是各种代谢活动综合平衡的结果。

对于生物来说，生长和繁殖的意义不同，生长指细胞内含物增多、体积增大，而繁殖则是指细胞产生下一代的过程。生长是繁殖的前提，繁殖则是生长的结果。对于单细胞微生物来说，生长和繁殖是难以区分的。在单细胞微生物中，细胞内原生质和各种细胞结构协调增加，这是生长过程。当增长到一定程度时，母细胞开始分裂，形成两个基本相同的子细胞，细胞分裂导致菌体数目增多，这就是繁殖。因此，细菌的生长过程也可以说是繁殖过程。而在多细胞微生物中（如菌丝体），如果细胞数目增加的同时并不伴有个体数目的增加，则此过程只能称为生长。只有形成有性孢子或无性孢子的过程才称为繁殖。

微生物的生长有个体生长和群体生长之分。一般认为，微生物通过代谢将外界营养物质转化为自身细胞物质，个体长大，质量增加，并进行必需的细胞结构的复制和细胞分裂，这个过程称为个体生长。单细胞微生物通过细胞分裂使群体数目或质量增加的过程称为群体生长（也是繁殖）。对于多细胞微生物来说，菌丝体的延长，分裂产生同类细胞的过程称为个体生长。无性或有性孢子萌发并通过菌丝断裂而使群体数目和质量增加的过程称为群体生长。

微生物的生长、繁殖与环境条件的关系极为密切。只有当外界环境条件不适宜时，才可抑制微生物的生长和繁殖，甚至导致微生物死亡。一些微生物能长期生活在高温、高压、强酸、强碱等环境条件中，它们通过改变自身某些结构及代谢特点来适应极端环境而生存。因此，除了了解不同类型的微生物生长的基本知识以外，了解如何控制微生物的生长以及确定微生物在不同培养条件下的相关控制措施是非常有用的。

第 1 节 单细胞微生物的生长

原核微生物的个体，即一个细胞，它们的生长应该是指个体细胞的生长，但由于原核微生物生长繁殖速度很快，在一个群体中，生长和繁殖不易区分，因此，常以群体的生长作为单细胞微生物生长的指标。酵母菌是真核微生物，大多以出芽方式进行繁殖，也有少数以二分裂方式繁殖。在酵母菌的无性繁殖中，其群体生长与细菌的群体生长类似。有关酵母菌的有性生殖将在第12章讨论。

1.1 细菌个体的生长

1.1.1 细菌细胞的分裂

一个单细胞生长到分裂为两个单细胞的现象为二分裂（binary fission），如大肠杆菌，生长到一定时期就可以在显微镜下观察到细胞逐渐伸长，中间出现分隔，称为隔膜（septum），当两个子细胞断裂分开，就产生了新一代细胞（generation）。在细菌细胞整个生长周期中，细胞分裂时所有子细胞内都获得一套完整的染色体和细胞质中其他大分子内含物。细菌细胞生理代谢的区别，导致不同细菌的生长周期所需时间差异较大，大肠杆菌在营养和环境条件良好的情况下，20min 即可完成一个繁殖周期，但有些细菌很慢，目前发现的细胞周期均不相同。控制细胞分裂是一个复杂的过程。图 10-1 为杆状细菌二分裂示意图。

目前发现与细胞分裂有关的蛋白质很多，已报道具有一定功能的蛋白质除了与核酸复制、肽聚糖降解与合成、染色体拆分等有关以外，还包括一些参与调控细胞分裂的蛋白质，其中主要为 Fts（filamentous temperature sensitive）蛋白家族，该类蛋白质广泛存在于原核微生物中，已经在大肠杆菌等菌株中进行了详细研究。其中 FtsZ 蛋白与真核生物中重要的分裂蛋白、微管蛋白很相似。

一个大肠杆菌细胞接近分裂时，大约 10 000 个 FtsZ 蛋白聚集形成环状物（图 10-2），然后再结合其他与分裂相关的蛋白质。其中，FtsA 为 ATP 水解酶，为多种蛋白质从组装到分裂体提供能量。ZipA 为一个凹槽，将 FtsZ 蛋白固定在细胞质膜上（图 10-2）。其中，FtsA、ZipA（ZapA）负责将 Z-环锚定在细胞质膜上，FtsK 负责将染色体分离，FtsW、FtsI 与肽聚糖合成有关，其活性可被青霉素阻断，AmiC 蛋白为分离的子细胞水解肽聚糖。表 10-1 列举了与大肠杆菌细胞分裂及合成的相关基因及其功能。

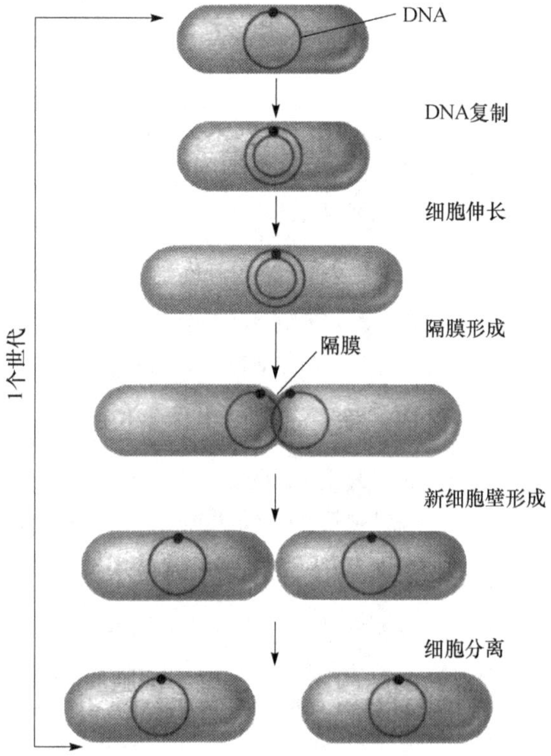

图 10-1 杆状原核生物细胞二分裂过程

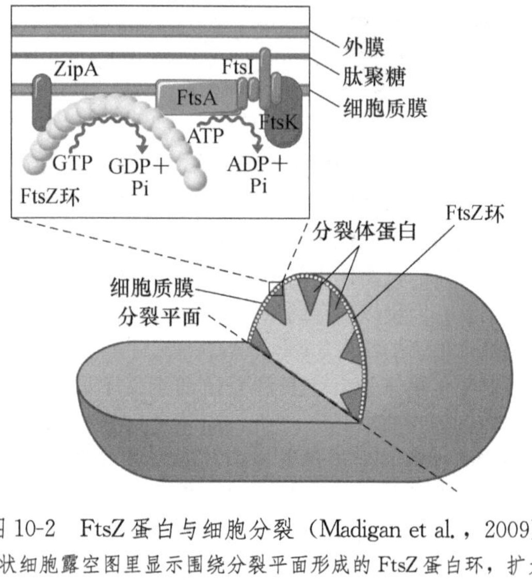

图 10-2 FtsZ 蛋白与细胞分裂（Madigan et al.，2009）
杆状细胞露空图里显示围绕分裂平面形成的 FtsZ 蛋白环，扩大部分显示出单个分裂体蛋白的排列；ZipA 是一个固定凹槽，将 FtsZ 蛋白吸附到细胞膜上，因此，它是 FtsZ 的锚定物，FtsI 是一种肽聚糖合成酶，FtsK 的功能是协助染色体分离，FtsA 是一种 ATP 酶，为许多蛋白质的组装到分裂提供能量

表 10-1　大肠杆菌细胞合成和分裂相关基因及其功能

基　因	在图谱上所处的位置	报道的功能
P_{mra}	2	2min 处 *mra* 基因簇前 9 个基因的启动子[a]
mraA	2	D-丙氨酸羧肽酶
mraB	2	肽聚糖合成酶
mrbA	2	UDP-*N*-乙酰葡萄糖胺-3-烯醇式丙酮酸还原酶
mrbB	2	肽聚糖（PG）合成酶
mrbC	2	PG 合成酶
mrcA	2	PBP1A（*ponA*）；PG 合成酶
mrcB	2	PBP1B（*ponB*）；PG 合成酶
mraY	2	UDP-*N*-乙酰胞壁酰五肽；十一异戊烯-PO_4 磷酸酶
ftsL	2	细胞分裂中关键的膜蛋白；FtsL 消耗完会导致 Y 形细胞形成
fts36	2	(*lts33*)，丝状的；位于 *ftsI* 上游
ftsI	2	PBP3（*pbpB*；*sep*），膜蛋白，隔 PG 的形成
murE	2	内消旋-DAP 加成酶
murF	2	D-丙氨酰-丙氨酸加成酶
murD	2	D-谷氨酸加成酶
ftsW	2	隔 PG 的形成；可能与类似于 PBP3 的 RodA/PBP2 配对
murG	2	*N*-乙酰葡萄糖胺转移酶；PG 合成中脂循环的最后一步
murC	2	L-丙氨酸加成酶
ddlB	2	D-丙氨酰-丙氨酸连接酶
dacA	2	PBP5；D-丙氨酸羧肽酶
dacB	2	PBP4；D-丙氨酸羧肽酶
dacC	2	PBP6；D-丙氨酸羧肽酶
ftsA	2	在隔膜位点收缩的同时形成丝状
ftsZ	2	Mg^{2+} 依赖型 GTP 酶，在细胞分裂位点形成环状结构
sulB	2	(*lon* 或 *sfiB* 的抑制子，抑制成丝反应)；*ftsZ* 的等位基因；在隔形成过程中起作用
envA	2	(*divC*)；未分开细胞成链；降低 *N*-乙酰胞壁酸、L-丙氨酸酰胺酶水平
ftsM	2	(*supU*；*serU*)；编码 $tRNA_2^{ser}$；调控细胞分裂
secA	2	(*azi*；*pea*)；外膜蛋白的分泌；2min 区域的末端
mrcB	3.6	(*pbpF*；*ponB*)；肽聚糖合成酶；PBP1Bs
rodA	14.3	(*mrdB*)，影响细胞形状，美西林（mecillinam）敏感
rodB	14.3	(*mrdA*，*pbpA*)，PBP2；美西林抗性
mukB	21.0	染色体分离所必需的；DNA 结合；*mukB* 突变株是无核的
minB	26.4	Min 操纵元；不含 DNA 小细胞的形成，分裂隔膜的定位
minC	26.4	分裂位点处 FtsZ 环的抑制
minD	26.4	影响细胞分裂和生长；激活 MinC 膜 ATP 酶
minE	26.4	被 FtsA 环的 MinC 反向抑制
dicB	35.5	调控细胞分裂
xerD	41.7	*cer* 位点专一性重组
pbpG	47.9	PBP7
zipA	54.5	与 FtsZ 相互作用的蛋白质；影响细胞分裂和生长的关键基因；隔膜环的结构蛋白
parC	68.2	细胞分离；拓扑异构酶Ⅳ的 A 亚基
parE	68.4	*nfxD*；细胞分离；拓扑异构酶Ⅳ的 B 亚基
murA	71.8	*mrbA*，*murZ*；UDP-*N*-烯醇式丙酮酸转移酶；磷霉素抗性
xerC	86.1	*cer* 位点专一性重组

基　因	在图谱上所处的位置	报道的功能
murI	89.7	*mrbC*，*dga*，*glr*；谷氨酸消旋酶；D-谷氨酸合成酶；肽聚糖合成所必需
murB	89.9	UDP-N-乙酰葡萄糖胺-3-烯醇式丙酮酸还原酶
murH	99.3	肽聚糖合成的最终阶段，将二糖肽单元掺入细胞壁

资料来源：毛特等（2009）。

a：单个的启动子散布在整个 2min 区域中。

1.1.2　DNA 复制与细胞分裂

细胞 DNA 复制发生在 FtsZ 环形成之前。实际上，DNA 合成终止似乎是 FtsZ 环形成的信号，该环在已经复制拟核之间的空间形成。FtsZ 所确定的真实细胞的中点是在一系列称为 Min 蛋白的帮助下完成的（图 10-3）。MinC 和 MinD 蛋白为协助蛋白，它们帮助 FtsZ 蛋白定位于细胞中点。其中 MinCD 蛋白是细胞分裂的抑制剂，它在细胞找到确定的中心前，组织 FtsZ 环的形成。而 MinE 是 MinCD 活力的抑制剂，它可将自己固定在细胞中心，而使 FtsZ 募集，从而开始分裂。当细胞延长，两个拷贝的染色体被分开，这时，FtsK 蛋白和一些其他蛋白质起协助作用，此时，细胞壁隔收缩发生，FtsZ 开始解聚，细胞壁的向内生长导致两个子细胞分开。FtsZ 蛋白具有 GTPase 活性，水解 GTP 提供聚集和解聚所需的能量。

尽管 FtsZ 在细胞分裂过程中起主要作用，而哪些因素会影响原核细胞的形态呢？多年来人们一直认为肽聚糖以某种形式决定细胞形态，但实际上肽聚糖在其中作用很小。有趣的是，现在发现原核细胞形态决定蛋白质与真核细胞中的一种主要骨架蛋白——肌动蛋白有着很高的相似性。目前的研究表明，MreB 蛋白在原核细胞中主要起决定形态的作用。可以说，真核细胞所采用的形态决定了细胞分裂的方法，在原核细胞中找到了进化根源。MreB 蛋白在细菌或古菌中形成类似肌动蛋白的细胞骨架。MreB 在细胞内表面形成了丝状螺旋形条带（图 10-3），这些条带正好位于细胞膜下面。也许 MreB 骨架通过某种形式对细胞膜以施加力量的方式决定细胞形态，但球形细胞中缺乏 MreB 蛋白及其基因。这表明，细菌默认的形态是球形，非球形细菌中 MreB 丝状物的重新排列可能与不同原核生物的细胞形态有关。与大肠杆菌形态发生及其细胞分裂不同时期相关的其他基因见表 10-2。

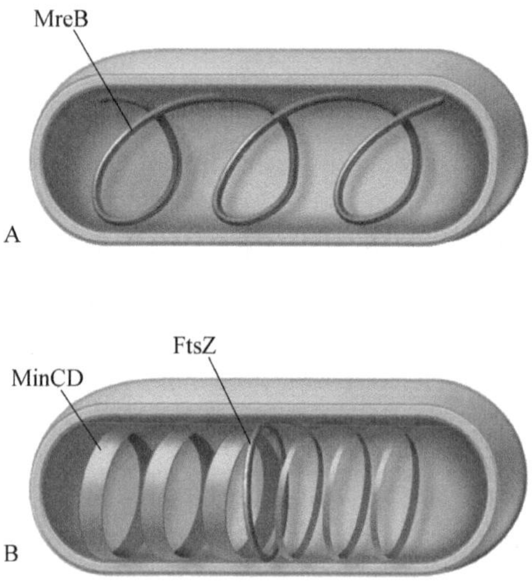

图 10-3　Min 蛋白和 MreB 蛋白的作用模式（Janne et al.，2008）

A：MreB 蛋白负责维持细胞形态；

B：MinCD 蛋白与 FtsZ 蛋白示意图

表 10-2　大肠杆菌中与形态发生和细胞分裂不同时期相关的基因

肽聚糖合成	杆状细胞外形	细胞分裂早期作用	细胞分裂晚期作用	出现在缢缩处的细胞分裂基因
mraA	*rodA*	*ftsZ zipA*	*ftsZ*	*ftsZ*
mraB	*pbpA*	*minE ftsA*	*zipA*	*minB*
mrbA		*ftsW*	*ftsA*	*ftsA*
mraB			*ftsW*	*ftsW*
mraC			*ftsI*	*ftsI*
mrcA			*ftsL*	*ftsL*
mrcB			*ftsN*	*ftsN*
mraY			*ftsQ*	*ftsQ*
murE			*ftsK*	*ftsK*
murF			*envA*	
murG				
murC				
ddl				
dacA				
dacB				
dacC				

资料来源：毛特等（2009）。

1.1.3　核糖体的生物建成

快速生长的细菌每代都要合成一整套全新的核糖体。生长在丰富培养基中的每个大肠杆菌细胞约含有 10 000 个核糖体，如果按每 30min 细胞分裂一次计算，则核糖体生物建成的速度是每秒钟 5～6 个核糖体。

大肠杆菌核糖体中，30S 亚基含有 21 个蛋白质分子及 1 分子 16SrRNA。50S 亚基含有 34 个蛋白质分子及 1 分子 23SrRNA。这些蛋白质多数为纤维状，极少数为杆状。

当新生的 16SrRNA 和 23SrRNA 合成后，分别在其上逐步地、自动装配上各自的蛋白质，其间分别经历了 21S、26S、32S、43S 中间阶段，即

新生的 16SrRNA→21S→26S→30S 亚基

新生的 23SrRNA→32S→43S→50S 亚基

这些中间阶段统称新生体（neosome）。由于蛋白质是逐渐装配的，所以，这些新生体中的蛋白质含量较低，含 RNA 的比例较大。成熟的 30S 亚基和 50S 亚基在 Mg^{2+} 浓度为 10mmol 时，可以自动聚合成完整的核糖体。Mg^{2+} 浓度降到 0.1mmol 以下时，又发生解聚。看来核糖体的形态结构只决定于它们的蛋白质成分和 rRNA 成分的结构基因，与原有核糖体的存在无关。

上述新生体已经从大肠杆菌中分离出来了。将快速生长的大肠杆菌以 ^{14}C 尿嘧啶标记，培养几分钟后，收获细胞，破碎并分离其含有标记 RNA 的颗粒，可以得到这些新生体。进一步的证实来自以下实验：大肠杆菌某些菌系在缺少氨基酸的情况下，所合成的颗粒不同于成熟的 30S 和 50S 核糖体亚基，尽管它们也分别含有 16S 和 23S 的 RNA，但却含有较少的蛋白质，这些颗粒很像是新生体。若供给这种菌系所必需的氨基酸时，这些颗粒就能转化为正常的核糖体亚单位。

1.1.4　细胞壁和横隔形成

应用免疫学方法已成功地探明了微生物新细胞壁扩增部位，首先，制备出对某些微生物细胞表面组分的抗血清，然后将这种抗血清用适当的荧光染料（如荧光素）标记，制成荧光抗体。将荧光抗体加入培养基中，培养微生物细胞，然后洗去未结合的荧光抗体，再移植到不含标记抗体的培养基中进行培养。每隔一定时间取样，在荧光显微镜下观察细胞壁的变化将会发现，在有标记抗体中所形成的细胞壁具有荧光，这是老的细胞壁。而在无标记抗体中所形成的细胞壁没有荧光，这是新形成的细胞壁。有人曾利用这种技术观察了一些细菌和酵母菌的细胞壁形成过程，发现了并不是所有微生物的细胞壁都是以同样的方式形成的。例如，酿脓链球菌（*Streptococcus pyogenes*）新生细胞壁物质是以同心圆方式形成的，以致产生球菌的新生半球是背靠背的。但在沙门氏杆菌中，新细胞壁物质则是沿着细胞的长轴，连续地扩散插入老细胞壁中。粟酒裂殖酵母菌（*Schizosaccharomyces pombe*）的细胞壁的增长与酿浓链球菌也不同，它的细胞壁是顶端延伸的。芽殖酵母菌，如啤酒酵母菌，其新生芽的细胞壁几乎全部是新合成的，只含有很少老细胞壁的成分。

细胞增长到一定体积后，在细胞之间逐渐形成横隔，将细胞分裂为两个子细胞，^{14}C 标记的二氨基庚二酸实验证明，细菌的横隔是在杆菌的中央或球菌的赤道带上开始形成的。小肠肠球菌细胞分裂过程中，细胞壁和横隔形成的过程如图 10-4 所示，包括以下几个步骤。

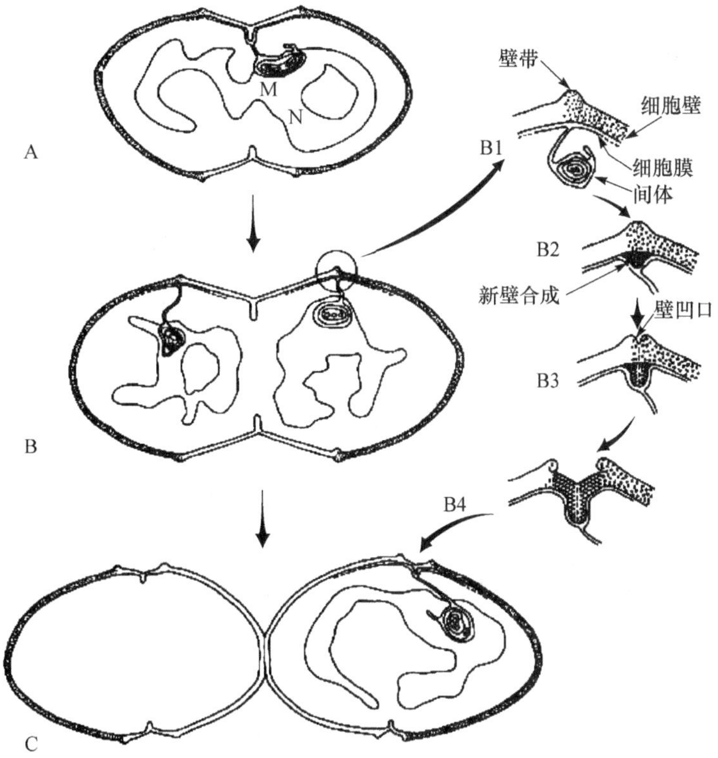

图 10-4　小肠肠球菌细胞分裂周期中的各个阶段

① 新壁合成是在上一次分裂周期中形成的，即在赤道带上开始形成。细胞壁物质从赤道壁带处不断合成，新壁延伸，横隔开始形成，将赤道壁带一分为二。间体附着在横隔上，核物质已经开始分离。

② 新细胞壁继续合成，间体发展为两个，核物质分离。此时子细胞的赤道壁带上开始出现下一个细胞周期的标志——一个V字形凹痕。

③ 新壁逐渐延伸为横跨细胞的横隔，从而完成一次分裂，产生两个子细胞，同时又开始下一个细胞周期。

在整个细胞分裂周期中，间体依靠很纤细的膜状柄与原生质膜相连，并始终参与新壁的合成。新壁的生长与细胞壁上肽聚糖的限制性裂解有关，不能自溶的粪链球菌、大肠杆菌等菌种的突变体，如果不加入溶菌酶则不能生长和分裂。但是细菌也能够避免因扩增而破坏细胞壁的完整性和稳定性，有人认为这是因为细胞壁在扩增过程中，肽聚糖层中双糖链和短肽链是逐渐打开又逐步闭合的，因而在打开一层之后，其他几层仍保持其结构和功能的完整性。

革兰氏阴性杆菌细胞壁扩增时，新壁物质分散地插入老壁内。在细胞生长过程中，新壁合成只引起细胞体积增大而不导致横隔形成，但是当细胞进入分裂阶段，新壁在细胞中央分裂的位置向内插入形成横隔。分裂开始时，细胞中央出现凹陷，细胞膜与横隔向内生长，在细胞中心汇合，完成一次分裂。

关于细胞膜的合成过程尚不十分清楚，由于细胞膜是脂质和蛋白质组成的半流体结构，并且处于活跃代谢状态，所以，利用特异性标记抗体研究细胞膜的合成尚有不妥之处。但是已有证据表明，大肠杆菌细胞膜的合成位置限定在细胞中心区并向两级延伸。

1.1.5 染色体复制与细胞分裂的协调

细胞分裂时，染色体携带着细胞的全部遗传信息必须同步加倍，并分配给子细胞。1963年，Jacob等根据Cairns对细菌环状染色体结构的放射自显影结果的观察，提出了称为复制子的假说，经修正后，较完满地解释了细菌染色体的复制和分离，其要点如下。

①染色体复制开始时，染色体的特定复制起点附着到细菌细胞膜上复制子部位（复制区），复制区含有与DNA复制相关的酶类，它能启动DNA的复制并担负把复制后的DNA分配到每一个子细胞中的作用。

②复制叉位于复制子部位，复制时，相邻的老复制子部位形成一个新的复制子，断裂的一股DNA的自由端附着在新的复制子上。通过染色体的运动，复制叉顺着染色体前进，染色体进行复制。

③两个复制区之间的细胞膜在特定位点上扩展，使复制区分离。随着膜的不断增长，两个复制区位置也越来越远，附着在复制区进行复制的子染色体也同时得到分离。大肠杆菌染色体的复制通常是双向的，两个复制叉同时从同一起始点向相反方向移动。

为保证每个子细胞都能获得一个染色体复制品，复制必定以某种方式与细胞分裂保持协调。人们发现大肠杆菌的细胞分裂过程中DNA复制所需的时间是一个常数（C）。当细胞分裂的代时为1h或稍短一点的时间时，C一般为40min，由此可见，从DNA复制完毕到细胞分裂的完成相隔一段比较固定的时间D，以保证两个子细胞都获得完整的染色体，D通常为15～20min。若以G代表世代时间，那么当细菌世代时间较长时，即世代时间大于DNA复制时间，则$G=C+D$，这时染色体复制经C时完成，细胞分裂经D时完成。然而当细菌在丰富培养基上生长时，生长速度加快，世代时间缩短，当世代时间小于DNA复制时间时，按照DNA原来的复制方式则来不及在细菌分裂之前复制出一条完整的染色体，子细胞不能保证获得一条染色体，此时，染色体进行多叉复制，在这种情况下，当DNA还未复制完毕（假定仅复制了1/2）时，第二个复制周期又开始。在这种细胞周期中，虽然这一周期的细胞分裂还在D末期时发生，但以后每一代将按新的代时$G=1/2(C+D)$的速率进行。当细胞转入丰富培养基以后，开始时仍以原速率（大约60min）的代时分裂一次，但以后则以新的较快速率进行分裂。

当同步生长的细胞进入细胞周期D时期，一些常用的核酸和蛋白质合成的抑制剂，如丝裂霉素、萘啶酮酸、利福平和氯霉素等均不能阻止细胞分裂，但是在C期时加入这些抗生素则会抑制细胞分裂。

1.2 细菌群体的生长

细菌的个体生长时间短，很快就进入繁殖阶段，生长和繁殖难以区分。实际上，人们通常以群体生长水平作为细菌生长的指标。

1.2.1 细菌群体生长的测量方法

群体生长表现为细胞数目的增加或细胞物质的增加。测量细胞数目的方法有：①显微镜直接计数法，将样品放在血球计数板上，置显微镜下计算细胞数目，则可推算培养液中细胞数量，通常以“细胞个数/ml”表示，这种方法计算所得细胞总数，不能有效分辨死、活细胞；②稀释培养法，将样品做一系列稀释后，吸取一定量稀释液涂布于培养基平板上，由于每个活细胞都可以发育为一个肉眼可见的单菌落，可以推算出样品的活细胞数，使用这种方法应注意尽量将细胞分散，此外，还应注意测试微生物对氧气的不同需求而采用不同的接种方式和培养方式；③比浊法，这是实验室常用的方法，是根据悬浮液在一定浓度范围内和光的透过量成反比的原则测量，这种方法多用于发酵罐培养单细胞微生物过程中的取样监测。

1.2.2 测量菌体细胞物质的方法

测量菌体细胞物质的方法主要包括：①测细胞干重；②测细胞某些主要化合物的含量，如DNA、RNA或蛋白质含量等，细胞中DNA含量比较恒定，不易受菌龄和条件影响；③测代谢产物，这种检测方法也是间接表示细胞生长量的指标之一，限于测量确能如实反映实际生长量的那些代谢产物（如乳酸菌的产酸量），并非所有代谢产物都与细胞生长有准量的关系。选择哪种方式，应该根据具体情况而定。

1.2.3　单细胞微生物的生长曲线

研究细菌群体生长的传统方法是单批培养法。这种方法是将少量微生物接种到一定体积的液体培养基中，置适宜的温度条件下振荡培养，每隔一定时间取样检测细胞浓度，直到养分耗尽。细菌在一个有限的培养体系内不可能无限地生长，因此，可以获得细菌的生长曲线图。以细菌数目的对数对培养时间作图，绘制一个细菌数目与培养时间之间的生长曲线（图 10-5），表示细胞从开始生长到衰亡的整个动态过程。

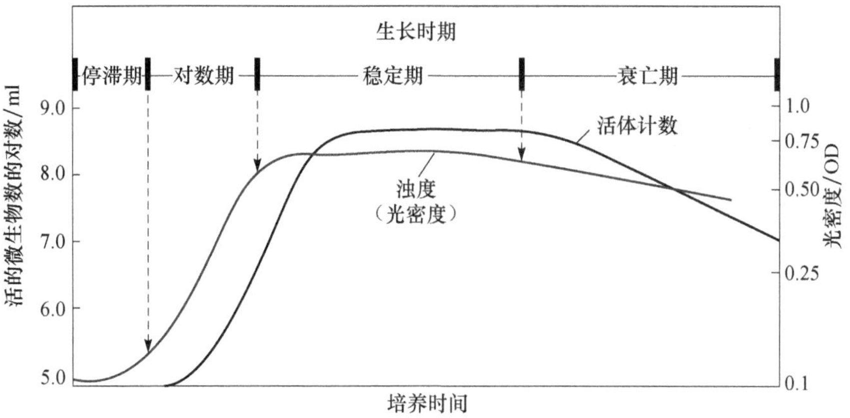

图 10-5　单细胞微生物的生长曲线

每种单细胞微生物都有各自典型的生长曲线，有着共同的规律。一般将细菌的生长曲线分为四个时期。

1. 延滞期

延滞期（lag phase）又称迟滞期、停滞期或延迟期。细菌接种至培养基后，对新环境有一个短暂适应过程（不适应者可因转种而死亡）。此期细胞数目保持不变或略有下降，倍增速率一般为零。因为细菌繁殖极少，此期曲线平坦稳定。这是因为菌种接种于新鲜培养基后，细胞往往不能立即分裂，但此时代谢机能活跃，诱导酶产生很快，单个菌体的体积和质量显著增加，细胞在此期为进入分裂之前进行积极的准备。同步生长的研究表明，如果在 DNA 复制完成之前抑制细胞的 DNA 合成，则细胞不出现分裂。这表明 DNA 复制完毕与细胞进入分裂之间有着内在的联系。延滞期的细胞对物理、化学因子极为敏感且抗性低。如果将不同菌龄的大肠杆菌细胞在 53℃处理 25min，则延滞期末的菌体细胞存活率为 1%左右。

延滞期长短因菌种、接种菌量、菌龄以及营养物质等不同而异，一般为 1～4h。此期中细菌体积增大，代谢活跃，为细菌的分裂增殖合成储备充足的酶、能量及中间代谢产物。

各种微生物在单批培养情况下的延滞期长短不一，如大肠杆菌的延滞期比结核分枝杆菌（*Mycobacterium tuberculosis*）的延滞期短。微生物细胞延滞期的长短除了由遗传因素决定以外，还受到很多其他因素的影响。①菌龄。将不同菌龄的细胞分别接种到新鲜培养基中，其延滞期各不相同。一般来说，种子活力好（对数期的细胞），延滞期短；如果细胞处于稳定期或以后，则细胞生长出现延滞期长。微生物细胞的这一特性，早已用在工业生产中。②接种量。一般情况下，接种量大，则延滞期短。③培养基成分。如果种子培养基与发酵培养基一致，则延滞期短；如果从丰富培养基接种到较贫瘠的培养基时，延滞期则延长。细胞需有一段时间适应新的理化环境，诱导合成利用新营养成分的酶。此外，一些小分子化合物（如维生素、辅酶和金属离子等）也会对延滞期长短造成影响。如果缺乏这些物质，则细胞代谢水平降低，细胞生长也会受到影响。④CO_2 浓度。许多微生物细胞需要一定浓度的 CO_2 才能生长。例如，布氏杆菌（*Brucella*）只有在高达 5%～10%的 CO_2 条件下才能生长。可见，不同的菌株、不同的情况下，影响延滞期的因素是不同的，需要根据具体情况作出判断，以便在生产中尽可能地缩短延滞期。

2. 对数生长期

对数生长期（logarithmic phase），也称指数期（exponential phase）。细菌经过延滞期进入对数生长期，此时细胞数目以指数形式增长。此期生长曲线上活菌数直线上升。细菌以稳定的几何级数飞快增长，可持续几小时至几天不等（视培养条件及细菌代时而异）。此期细菌形态、染色、生物活性都很典型，对外界环境因素的作用敏感，研究细菌生理性状以此期细胞最好。抗生素对该时期的细菌作用效果最佳。

1）平均世代时间（代时）

细菌在对数生长期每分裂一次所需的时间，称为世代时间或倍增时间，用 g 表示。对于群体中的单个细胞来说，其世代时间是各不相同的。但根据统计学计算，微生物群体所有细胞的世代时间的平均值是一定的，称之为微生物群体的平均世代时间。

假设，对数生长期中某一时刻 t_0 时有 N_0 个细胞，因为细菌进行二分裂，所以经过 n 个世代之后，细胞数目 N_t 为

$$N_t=N_0 2^n \qquad (10\text{-}1)$$

两边取对数得

$$\lg N_t=\lg N_0+n\lg 2$$

$$\therefore 世代数\ n=(\lg N_t-\lg N_0)/\lg 2 \qquad (10\text{-}2)$$

假设，t 为细胞分裂 n 代的总时间，则世代时间为

$$g=t/n$$

$$\therefore g=t\lg 2/(\lg N_t-\lg N_0) \qquad (10\text{-}3)$$

以上讨论的是细胞不经过延滞期而直接分裂的情况。如果分裂之前经历一个延滞期 L，则细胞由 N_0 增加到 N_t 所经历的时间应包括细菌真正分裂的时间和没有分裂的延滞期，这时总时间 t 必须减去延滞期，于是（10-3）式变为

$$g=(t-L)\ \lg 2/(\lg N_t-\lg N_0)$$

在一定条件下（如营养成分、温度、pH、通气等），每一种微生物的世代时间是恒定的，因此，世代时间是微生物菌株的一个重要特征，但如果生长条件改变，世代时间也会改变。表 10-3 记录了一些常见细菌的代时，从中可以看出，菌株不同、培养的最适条件不一，代时的差异很大。在此需要说明的是，表 10-3 中列举的数据是在每种细菌最适的培养条件下获得的数据。对于同一种细胞，如果采用不同条件的培养方式，特别是营养或温度条件不适时，其代时也会延长。

表 10-3　一些细菌的世代时间（代时）*

细菌名称	适宜培养温度/℃	世代时间/min
产气气杆菌（*Aerobacter aerogenes*）	37	16～18
圆褐固氮菌（*Azotobacter chroococcus*）	28～30	27～39
蜡状芽孢杆菌（*Bacillus clrcus*）	37	18.8
巨大芽孢杆菌（*B. megaterium*）	30	32
蕈状芽孢杆菌（*B. mycoides*）	37	28
嗜热芽孢杆菌（*B. thermophilus*）	55	18.3
假白喉杆菌（*Corynebacterium pseudodiphtherium*）	37	37
大肠杆菌（*Escherichia coli*）	37	17
软腐欧文氏菌（*Erwinia carotovorum*）	37	57
甘蓝黑腐病黄杆菌（*Xanthomonas campestris*）	25	98
菜豆火疫病假单胞杆菌（*Pseudomonas phaseoli*）	25	150
大豆火疫病假单胞杆菌（*Ps. sojae*）	23～25	82
普通变形杆菌（*Proteus vulgaris*）	37	21
荧光假单胞菌（*Pseudomonas fluorescens*）	37	34～35
副伤寒沙门氏菌（*Salmonella paratyphi*）	37	33
白色葡萄球菌（*Staphylococcus albus*）	37	27～30
肺炎双球菌（*Diplococcus pneumoniae*）	37	24.5
霍乱弧菌（*Vibro comma*）	27	42
漂流假单胞菌（*Pseudomonas natriegens*）	25～27	9.8
活跃硝化杆菌（*Nitrobacter agilis*）	27	1200
丁酸梭菌（*Clostridium butyricum*）	30	51

*：每种细菌培养在适宜的液体培养基内。

2）**比生长速率常数**

在对数生长的情况下，微生物群体生长类似于化学反应的一级自身催化反应，即某一时刻细胞数量（或菌体质量）的增加速率和该时刻的细胞数量（或质量）之比为一常数。设单位体积细胞数量为 N，单位体积菌体质量为 M，则可列出下述一阶微分方程：

$$\mathrm{d}N/\mathrm{d}t=\mu N;\ \mathrm{d}M/\mathrm{d}t=\mu M \qquad (10\text{-}4)$$

式中比例常数 μ 称为比生长速率常数，表示在单位时间内单位体积中细胞数量（或菌体质量）的增长量。积分（10-4）式，得

$$\ln N_t-\ln N_0=\mu(t-t_0) \qquad (10\text{-}5)$$

其指数形式为

$$N_t=N_0 \mathrm{e}^{\mu(t-t_0)} \qquad (10\text{-}6)$$

将自然对数换算成常用对数，得

$$\lg N_t-\lg N_0=\mu/2.303(t-t_0) \qquad (10\text{-}7)$$

如果我们在对数生长期 t_0 测得 N_0，t 时测得 N_t，根据（10-7）式即可计算出培养物的比生长速率常数 μ，即

$$\mu=2.303(\lg N_t-\lg N_0)/t-t_0 \qquad (10\text{-}8)$$

比生长速率常数是微生物生长的一个极为重要的参数，它不仅可以估计某一时刻的菌体浓度，而且可作为判断

微生物生长情况和环境关系的一个指标。根据世代时间 g 的定义，当 $N_t=2N_0$ 时，则 $g=t-t_0$。因此，g 与 μ 的关系式可以从（10-5）式得到，即

$$\mu=\ln 2/g=0.693/g \qquad (10\text{-}9)$$

由（10-9）式可知，细菌在对数生长期中，其倍增时间也是一个常数，它只与比生长速率常数有关，与细菌的初始浓度无关。

比生长速率和生长速率之间有何区别呢？根据定义，单位时间内微生物分裂的次数（n/t）为生长速率，以 r 表示。已知 $g=t/n$，即每分裂一次所需的时间（称为倍增时间或世代时间），所以，$r=n/t=t/g$。根据（10-9）式可得，则比生长速率 μ（也就是菌体的瞬时生长速率）和整个培养群体生长速率 r 的关系为 $\mu=0.693r$。

微生物生长是一个极其复杂的生命过程，受到各种因素的影响，但根据 $\mathrm{d}N/\mathrm{d}t=\mu N$ 来看，微生物群体生长又类似于化学反应中一级自身催化反应，即反应速度与浓度的一次方成正比。微生物体内进行各种分解和合成反应，这些反应在化学反应中均属于典型复杂反应，是由各种反应组成的连续反应，经过许多中间反应才得到最终产物。已知如果连续反应中各种反应的速度相差很大，则反应总速度取决于最慢一步反应，这个步骤称为控制步骤。该反应对化学反应是主反应，但对于生长来说，可理解为生长主反应或生长限制反应。由于该生长限制反应遵循一级自身催化反应规律，因此微生物生长速率也近似地遵循这一规律。

指数形式的生长动力学公式主要适用于细菌、酵母菌等单细胞微生物群体。

3. 稳定期

在分批培养的过程中，细胞对数生长不可能无限地延长，由于营养不断消耗，微生物自身也有一些废物积累，达到一定抑制水平，细胞群体生长进入稳定期（stationary phase）。此期细胞数目没有净增加或净减少，对某些微生物来说，仍会出现缓慢生长。

该期的培养基中营养物质消耗、毒性产物（有机酸、H_2O_2 等）积累、pH 下降等不利因素的影响，细菌繁殖速度渐趋下降，相对细菌死亡数开始逐渐增加，此期细菌增殖数与死亡数渐趋平衡。细菌形态、染色、生物活性可出现改变，并产生相应的代谢产物，如外毒素、内毒素、抗生素以及芽孢等。

在一定范围内，养料是影响生长的因素。稳定期的出现常常是比较突然的，因为在对数生长期，原生质的增加是按对数增加的。对数生长阶段中，细胞最末一次分裂将消耗占总量 1/2 的营养物质，这种暴发性的消耗意味着培养基突然不能支持微生物的下一次分裂，于是营养物（通常为碳源）成为生长限制因子。其不仅影响生长速率，也影响总生长量。在较低营养条件下，随着营养浓度的增加，生长速率和总生长量都增加；在中等营养条件下，营养物浓度增加只促进总生长量的增加，对生长速率无影响。这是营养物质耗尽时菌体进入稳定期的原因之一。当营养物浓度达到某种程度后，就不会再起限制作用，如再增加营养物浓度，其总生长量也不会再增加了，这说明还有其他因素促使稳定期的出现。一般认为，对数生长期由于细菌大量繁殖，积累有毒代谢产物，使培养基 pH、氧化还原电位、无机离子浓度等物理、化学条件失去平衡，也是导致稳定期出现的原因。

在分批培养中，细胞生长速率和底物消耗速率之间存在下列关系，可得出生长得率，即

$$\mathrm{d}N/\mathrm{d}t=-Y\cdot \mathrm{d}S/\mathrm{d}t \qquad (10\text{-}10)$$

$$\text{所以：}\int_{N_0}^{N}\mathrm{d}N/\mathrm{d}t=-Y\int_{S_0}^{S}\mathrm{d}N/\mathrm{d}t$$

$$\mathrm{d}N/\mathrm{d}t=-YS_0\,\mathrm{d}S/\mathrm{d}t$$

$$N-N_0=Y(S_0-S)$$

$$Y=(N-N_0)/(S_0-S) \qquad (10\text{-}11)$$

在稳定生长期内，Y 是常数。例如，在复合培养基中培养戊糖丙酸杆菌（*Propionibacterium pentosaceum*），分别以葡萄糖、甘油、乳酸作为碳源，经过一定时间培养后，测定底物浓度的变化和菌体浓度的变化，可求得生长得率。由于底物不同，其生长得率不同。葡萄糖的得率 Y 值为 37.5，甘油的 Y 值是 20，乳酸的 Y 值是 7.6。这种差异是由于丙酸杆菌在用 1mol 上述底物时所获得的 ATP 数值不同，利用葡萄糖可获得 4mol ATP，利用甘油获得 2mol ATP，利用乳酸只获得 1mol ATP。如果以葡萄糖为碳源培养产气气杆菌，好氧培养值为每摩尔葡萄糖 72.6g 菌体，厌氧培养时，Y 值为每摩尔葡萄糖 26.1g 菌体，这种差异是由于好氧条件下获得 ATP 多。

如果培养微生物的目的在于获得某种产物，可以相应地定义为产物得率常数或底物对产物的转化率，它等于某种产物的净增量与某种底物消耗量之比，表示单位重量的底物可以获得的产物量，以 Y_p 表示，即

$$Y_p=(P-P_0)/(S_0-S) \qquad (10\text{-}12)$$

得率常数是微生物生长中又一重要参数，它是微生物分析法确定某些营养物质（如氨基酸、维生素）浓度的数据，也常作为判断微生物将底物转化为细胞物质或产物收率的一个指标。

4. 衰亡期

微生物经过稳定期后，进入衰亡期（decline phase）。此时营养物质耗尽，有害物积累、各种理化因子的作用都会导致细胞死亡。如果细胞在不良环境下暂时不表现活性而并未死亡，这种情况称为残留。残留细胞在适宜的条件下可恢复活性，称为细胞的复活。

随着稳定期的发展，细菌繁殖越来越慢，死亡的菌数明显增多。活菌数与培养时间呈反比关系，此期细胞肿胀或畸形衰变，甚至菌体自溶，难以辨认其形态。生理代谢活动趋于停滞。

微生物群体经不同致死因子作用后，其残留活菌数不同，所复活时间也不一致，有时将它们接入新鲜培养基后要经过很长时间培养才开始生长。一般采用残留活菌数间接地表示微生物的死亡数，因此，所用检测残留细胞的实验方法（包括培养时间）必须保证残留菌体都能复活生长。只有这样才能得到正确的实验结果。一般

情况下，营养成分丰富的培养基有利于残留菌体的复活。所以在微生物死亡测定中，常采用专门检测残留的加富培养基。

1）**微生物死亡动力学——对数残留定律**

在微生物群体中，微生物的死亡并不是同时发生的，而是有前有后、有快有慢。微生物群体死亡通常也类似于一级化学反应，即在微生物死亡过程中的任意时刻，活菌数的减少速率与该残留的活菌数成正比，可用下列公式表示：

$$-dN/dt=kN \qquad (10\text{-}13)$$

式中 N 为活菌数，t 为致死因子处理时间，k 为微生物死亡速率常数。不同微生物在不同的致死条件下具有不同的 k 值。

如以未处理前的活菌数为 N_0，积分（10-13）式得

$$N=N_0 e^{-kt} \qquad (10\text{-}14)$$

或为

$$t=(1/k)\ln(N_0/N) \qquad (10\text{-}15)$$

这是微生物死亡的对数残留定律。从这个定律可以看出。

① 根据实验体系中的 N_0、N 和 t，可以从公式或作图法求出 k 值。k 值越小，残留曲线越平缓，说明微生物对致死条件抗性越大；k 值越大，说明微生物对致死条件越敏感，因此死亡速率常数 k 可作为衡量微生物对某一致死条件抗性强弱的数据，即可作为判断微生物在某一致死条件下死亡快慢及难易程度的指标。

② 在（10-15）式中，当 $N\to 0$ 时，$t\to\infty$，即在理论上要使一个微生物群体一个不剩地死亡，需要的时间为无穷大。这实际是达不到的，也是不必要的。残留菌数只要达到某一特定数值，如 $N=10^{-2}$ 或 $N=10^{-3}$，即可满足灭菌的要求。

除 k 值外，还经常采用另一个重要参数：1/10 衰减时间（D）。1/10 衰减时间定义为微生物活细胞减少到原数目的 1/10 所需的时间。

将 $N=N_0/10$ 代入（10-15）式，可得

$$D=(1/k)\ln 10=2.303/k \qquad (10\text{-}16)$$

由上式可知，尽管微生物群体中各个细胞的残留时间有长有短，然而就整个群体而言，所有细胞残留所需的时间是一样的，与群体最初的活性无关。不管开始时细胞数目为多少，杀死 90% 细胞所需的时间是一个常数。但是这一情况仅在单细胞微生物中出现，多细胞微生物则不适用。对数残留定律表明，死亡可能是由某一关键细胞器失活所引起，如热致死效应可能是细胞膜受损并引起细胞内含物的渗漏所致。

2）**应用对数残留定律计算灭菌温度**

微生物的热致死同样遵守对数残留定律。由于微生物种类及生理状态不同，死亡速率常数 k 值也不相同，例如，121℃ 对大多数营养细胞的 k 值为每分钟 $10\sim10^{10}$，而芽孢的 k 值为每分钟 1 左右，足见芽孢较营养细胞耐热。因此，灭菌条件应以杀死细菌芽孢为准。

在某一温度下以不同时间处理微生物，然后测定残留菌数，可以测出该指定温度下细菌死亡速率 k 值，同理，在不同温度下进行测定，可得到不同温度下的 k 值。表 10-4 列举了某种细菌芽孢热处理的实验数据。

从对数残留定律可知，只要测出不同温度下的 k 值，即可计算培养基灭菌所需的温度和时间，这在发酵工业和食品工业上有重要意义。但应该注意以下几个问题。

① 灭菌的培养基或食品中含有各种各样的细菌营养体和芽孢，由于芽孢 k 值远比营养细胞小，因而一般把营养细胞也作为芽孢看待进行灭菌计算，以保证灭菌效果。

② 不同细菌芽孢的 k 值不同，如果灭菌条件以自然界最耐热的芽孢 k 值为计算标准，显然会使灭菌温度升高。因为最耐热的芽孢并不多见，所以通常以一般的耐热细菌的芽孢的 k 值来计算。比较科学的方法是定期测定灭菌样品中最耐热芽孢的 k 值。

③ 如前所述，根据对数残留定律，要使 $N=0$ 是不可能的，为此，可根据要求选用一个适当的数，如 $N=10^{-3}$，它表示每灭菌 1 000 个只残留 1 个活细胞，也就是酶灭菌 1 000 次保证 999 次灭菌是彻底的，这个数字在工程上已经达到要求。

目前对于微生物生长的认识已经形成了很多理论基础，并推导出了一些应用公式，学会将其应用到生产实践中是很重要的。

表 10-4　某种细菌芽孢的热处理实验数据

处理温度/℃	残留百分数/%	处理时间/s	死亡速率常数/s^{-1}	$\lg k$
100	78	1.77	0.140	−0.845
135	66	1.62	0.256	−0.592
160	38	1.54	0.630	−0.201
210	0.1	1.40	4.94	+0.940
270	3.6×10^{-3}	1.26	8.12	+0.910
330	$<1.75\times10^{-7}$	1.15	>17.5	+1.24

1.3　酵母菌的生长

多数酵母菌以出芽方式进行繁殖，也有少数种类酵母菌以二分裂方式进行繁殖，如粟酒裂殖酵母菌。上述两种方式均属无性繁殖。酵母菌在环境条件不适的情况下，也能进行有性繁殖。关于有性繁殖问题见第 12 章。

在酵母菌无性繁殖中，其群体生长与细菌群体生长类似。这里着重介绍酵母菌的个体生长，即酵母菌的出芽过程和细胞分裂过程。酵母菌出芽过程，包括母细胞和子细胞之间隔壁的形成、某些酶活性变化与出芽的关系、细胞周期中核行为、细胞分裂与细胞寿命等问题。

1.3.1　细胞周期

细胞周期是指在有丝分裂时，细胞的生理学或形态学变化的时间顺序。酵母菌的细胞周期分为四个时期，

G1、S、G2 和 M。G1 期是介于有丝分裂和 DNA 合成之间的准备时期，此时各种 RNA、蛋白质和 DNA 复制所需的酶类开始合成。S 期是 DNA 合成期，此期间细胞核发生分裂，核的分裂与开始形成芽体是相关联的。G2 期为有丝分裂准备期，此时 DNA 停止合成，核延伸呈细长的葫芦状，一部分进入芽体，纺锤极体位于核的长轴两端，有微管连于其间。M 期是有丝分裂期，复制完成的染色单体在此时向两个子核分配，在出芽基部形成隔膜，最后芽体从母细胞脱落，完成细胞循环过程。细胞循环过程中，S 和 M 期分别完成 DNA 的复制和细胞的有丝分裂，G2 期 DNA 含量是 G1 期的 2 倍。图 10-6 显示了酿酒酵母细胞循环中细胞核的分裂变化。如图 10-6 所示，酿酒酵母细胞周期的第一个时期（G1）的主要事件是纺锤极体的复制。之后两个纺锤极体分离，移向核膜两极，标志着 G1 期的结束和 DNA 复制的开始，细胞进入 S 期，当 DNA 复制完成，染色体分离为两条染色单体，进入有丝分裂期。核的分裂与开始形成芽体是相关的，进入 S 期时芽的颈部呈环状收缩，为进一步活动提供支架。在芽产生的部位，细胞壁被酶解变软，芽体逐渐长大，细胞进入 G2 期。在有丝分裂期准备期，DNA 合成停止，G2 末期及有丝分裂起始期，芽长大，核进入母体与芽体连接的颈部。同时，一些微管纤维延伸，在两个极体间形成微管蛋白聚合体。其后进入 M 期，在有丝分裂中期，通过对微管数目计数可以发现每条微管连接着一条染色体，在有丝分裂后期两极微管收缩，引起同源染色体的分离。

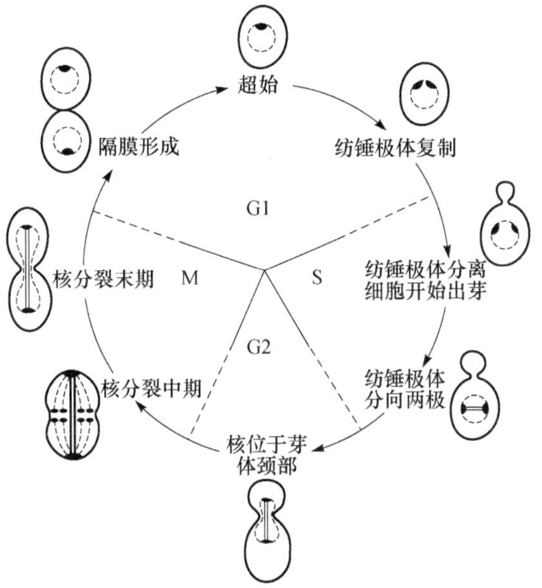

图 10-6　酿酒酵母菌的细胞周期
（邢来君等，2010）

在非限制生长情况下，细胞经过一定时间后，所有内含物都得到加倍。产生一个子细胞，与母体细胞一样，酵母菌的生长，实际上是芽体的生长过程。芽体成熟之前，就与母体分离了。在快速生长的酵母菌培养物中，可以看到所有细胞都产生芽体，因为在整个细胞周期中都可形成芽体；而在慢速生长的酵母菌培养物中，芽体较少，因为这类酵母菌只在部分细胞周期中才形成芽体。

生化研究表明，DNA 是在细胞周期中一段有限的时间，即 S 期合成的。与此相反，总蛋白质和 RNA 却在细胞周期中自始至终连续增加，研究发现大多数酶也是在整个细胞周期中连续产生。遗传学研究使我们对酵母菌细胞周期的认识更加深入。

1.3.2　出芽机制

酵母菌出芽时，原有细胞壁一部分向外突出，逐渐增大成为子细胞。当子细胞长到一定大小后，母细胞与子细胞间形成隔膜，分裂成两个细胞。用放射自显影技术和荧光标记方法可证明，在这期间母细胞的细胞壁几乎不增加新物质，只看到子细胞增加细胞壁。随着子细胞的生长，新细胞壁连续不断地形成。其过程包括原有细胞壁的溶解和新胞壁成分的掺入。许多实验已证明，细胞壁的溶解是 β-葡聚糖酶催化葡聚糖分解的结果。已知酵母菌的 β-葡聚糖酶有数种，包括非专一性的外切葡聚糖酶和专一性较强的内切 β-葡聚糖酶。在细胞生长的对数期二者向胞外旺盛分泌，但当细胞生长进入稳定期后，内切 β-葡聚糖酶活性则完全消失。根据这个事实，有学者认为，在细胞壁合成的过程中，内切 β-葡聚糖酶具有更重要的作用。但这一观点还需更多的实验证据。

曾经有人采用冷冻蚀刻标本观察到啤酒酵母菌在出芽时细胞内质网特别发达，内质网前端分裂成小泡（vescle）并集中在出芽的前端，而且这些小泡可以与细胞膜融合，由此推测小泡与细胞壁形成有关。采用密度梯度离心法研究 β-葡聚糖酶在细胞内的分布，发现出芽时消长显著的部分是浮力密度为 1.14g/ml 的小泡，称这些小泡为葡聚糖酶囊泡（glucanase vescle），这部分的活性也在出芽停止后的稳定期消失。电镜观察葡聚糖酶囊泡发现，其大小与前述内质网形成的小泡相同。密度梯度离心时，浮力密度最大的是含有细胞膜的部分，这部分也含有 β-葡聚糖酶和多糖。此外，葡聚糖酶囊泡和细胞膜部分还含有甘露聚糖和甘露聚糖合成酶。将酵母细胞用荧光物质处理后，在荧光显微镜下观察，可以发现细胞表面环状的芽痕。这是子细胞从母细胞上脱离所留下的痕迹。统计芽痕的数目便可知该细胞出芽分裂的次数。环状芽痕的主要成分是几丁质（由 *N*-乙酰葡萄糖胺聚合成的多糖）。酵母细胞出芽时，母细胞内侧，即葡聚糖层上生成牢固的几丁质环状结构，之后在几丁质环上再形成隔壁，由此长出芽并逐渐形成子细胞。有人认为，在出芽前必须先合成几丁质。

收集酵母细胞，选择没有出过芽的细胞进行同步培养。研究几丁质合成时期与细胞周期的关系发现，在未出芽的细胞培养 1h 后开始出芽，同时检测到几丁质的量增加。经过一段时间后合成停止。在第二次出芽时，几丁质含量再一次增加，几丁质的合成呈阶梯式，在出芽的细胞和细胞分裂之间进行。有人采用精制的酵母细胞原生质膜证明了几丁质合成酶均匀地分布在细胞膜上，出芽部位也如此，但该酶处于无活性状态。同时发现胞内含有几丁质酶的活化因子（activting factor）是一种蛋白质分解酶（蛋白酶B），存在于被膜包围的小泡里。此外，细胞内还有一种抑制几丁质合成活性的物质，称为抑制物（inhibitor）。该抑制物是一种抗热性蛋白质，呈可溶状态，分布在细胞质中。有人曾提出几丁质合成调节假说，认为由于抑制物的存在，几丁质合成酶以无活性的酶原状态存在。当含有活化因子的小泡在出芽部位集中时，活化因子与抑制物结合，使之失去抑制作用。于是无活性的几丁质酶被活化，并催化合成几丁质，出芽部位以外的地方由于缺少活化因子，不能合成几丁质。

一旦芽体生长完成，芽体和母体相连的部位形成隔膜（图10-7）。首先，原生质膜和初生的几丁质隔膜向心生长，最后，葡聚糖-甘露聚糖的次生隔膜在芽体和母体两边形成。隔膜分开时，初生隔膜残留于母体形成芽痕（bud scar），次生隔膜残留于芽体形成胎痕（birth scar）。

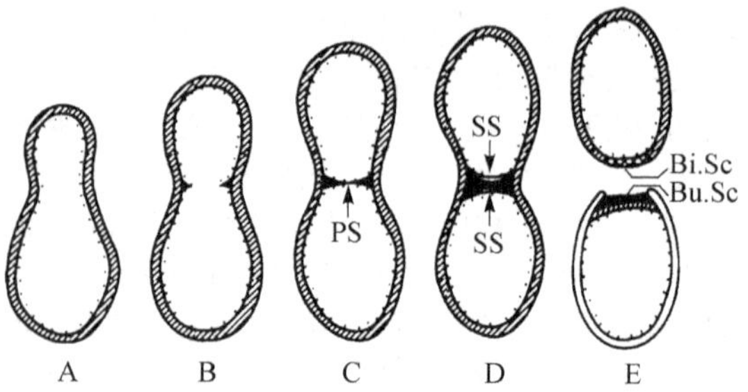

图10-7 出芽酵母的隔膜形成示意图
（邢来君等，2010）
PS：初生隔膜；SS：次生隔膜；Bu. Sc：芽痕；Bi. Sc：胎痕

1.3.3 分裂和细胞寿命的关系

一般单细胞生物由于分裂而增殖时，一次分裂产生两个生理上完全相同的细胞。但酵母细胞由于出芽而增殖时，母细胞和子细胞是有区别的。母细胞会逐渐衰老以致死亡。同时，一个母细胞所产生的出芽数量也是有限的，即便在营养丰富的条件下也不可能无限地出芽。当出芽数达到某种限度时，母细胞原生质变性，成为收缩状态，这时细胞便成为死细胞而不再芽殖。一个酵母细胞的分裂不能改变其逐渐老化的趋势，这点与细菌细胞的分裂是不同的。有人认为，为了保持一定体积原生质的活力，必须有一定的面积，即有生理活性的表面。所以，当多次出芽后，芽痕部位失去了生理活性，由此造成母细胞死亡。

第2节 放线菌和丝状真菌的生长

丝状真菌与放线菌虽然有本质的区别（真核与原核），但它们菌丝的生长有类似的地方，因此放在一节中讨论。

2.1 放线菌的生长

放线菌细胞具有非常多变的细胞形态，表10-5列出了各种放线菌的营养生长及孢子形成方式。不具备菌丝型的只有分支杆菌属，其他全部保持菌丝形态，而且菌丝型的大部分还是保持非运动性的杆状乃至球状形态。因此，只讨论菌丝型细胞生长是不全面的。

表10-5 各种放线菌的营养生长及孢子形成方式

放线菌属名	运动细胞	非运动细胞	菌 丝	分节菌丝	基质菌丝	气生菌丝	运动孢子
分枝杆菌属 *Mycobacterium*	+	+	−	−	−	−	−
放线菌属 *Actinomyces*	−	+	+	+	−	−	−
厄氏菌属 *Oerskovia*	+	+	+	+	−	−	−
间孢囊菌属 *Intrasporangium*	−	+	+	+	+	−	−
嗜皮菌属 *Dermatophilus*	−	+	+	+	+	−	+
游鱼孢菌属 *Sporichthya*	−	+	+	−	−	+	+
小单孢菌属 *Micromonospora*	−	+	+	−	+	−	−
诺卡氏菌 *Nocardia*	−	+	+	+	−	−	−

续表

放线菌属名	运动细胞	非运动细胞	菌　丝	分节菌丝	基质菌丝	气生菌丝	运动孢子
链霉菌属 *Streptomyces*	—	+	+	—	—	+	—
链轮丝菌属 *Streptoverticillum*	—	+	+	—	—	+	—
小双孢霉菌属 *Microbispora*	—	+	+	—	—	+	—
双歧放线菌属 *Actinobifida*	—	+	+	—	+	+	—
高温放线菌属 *Thermoactinomyces*	—	+	+	—	+	+	—
小多孢放线菌属 *Micropolyspora*	—	+	+	—	+	+	—
游动放线菌属 *Actinoplanes*	—	+	+	—	+	+	+
指孢囊菌属 *Dactylosporangium*	—	+	+	—	+	—	+
孢囊链霉菌属 *Streptosporangium*	—	+	+	—	—	+	+
游动单孢菌属 *Planomonospora*	—	+	+	—	—	+	+

注：表中“+”、“—”分别代表“有”、“无”。

放线菌菌丝和丝状真菌的菌丝类似，也有基内菌丝和气生菌丝。放线菌中有三种情况：①几乎没有气生菌丝，暂时保持菌丝形态；②只有气生菌丝而无基内菌丝，此时，气生菌丝通过特殊的柄状结构与培养基接触，如 *Sporichthya*；③既有气生菌丝，又有基内菌丝，基内菌丝伸入至培养基中，气生菌丝和基内菌丝为一整体，在培养基表面形成的菌落比较牢固。一般气生菌丝比基内菌丝稍粗，细胞中含有水溶性或脂溶性色素，外观常呈灰色，分支较少，不能伸入培养基中。此外，气生菌丝疏水性高，这是因为在细胞表层有表鞘（surface sheath）的特殊构造。气生菌丝呼吸强度大，好气，基内菌丝通常是好氧性的，一般从自然界水域中分离出的放线菌，其气生菌丝发育不好。

许多放线菌的生长与丝状真菌类似，也是先端生长，例如，吸水链霉菌（*Streptomyces hygroscopicus*）的菌丝前端 20μm 处是生长部位，在这个部位核分裂旺盛。与此相反，珊瑚诺卡氏菌（*Nocardia corallina*）的生长部位不仅是先端，隔壁形成部位也是生长部位。像在细菌中所观察到的那样，隔壁的形成是在赤道面上，伴随着细胞壁的生长也形成隔壁。将链霉菌进行液体培养，然后检测其菌丝的总生长量，发现此时菌丝内部生长和先端生长同时进行。由此可见，放线菌的菌丝生长因菌种不同而异，是兼有细菌和丝状真菌的性质，而丝状真菌只有先端生长。进行先端生长的放线菌，在其细胞的微结构中，看不到聚集在先端的泡囊，并且两个细胞之间的隔壁中央也没有通道，这两点与丝状真菌不同，但隔壁的形成与细菌细胞相同。

放线菌的菌丝具有分支，如吸水链霉菌，在其先端生长的 20μm 范围内并不出现分支，而是以后的 80～110μm 内产生分支。计算丝状真菌的生长单位的方法也适用于放线菌。放线菌的气生菌丝一般是单轮分支，其中嗜皮菌属的单轮分支与主轴几乎成垂直分布。此外，双歧放线菌属的气生菌丝是叉状分支，链轮丝菌属（*Streptoverticillium*）的气生菌丝是轮生分支。

总之，原核细胞的放线菌菌丝与丝状真菌在某些方面类似，二者在进化上是否有某种关系，相信今后会有新的研究揭示出来。

2.2　丝状真菌的生长

丝状真菌的生长，首先是孢子萌发，产生一个短的芽管。然后以此为中心，向各个方向均等地长出菌丝。菌丝体的生长是以顶端生长方式进行的。在菌丝体的生长过程中产生繁茂的分支，在固体平板上构成真菌的菌落，分支现象也是真菌生长过程中不可缺少的环节。

2.2.1　菌丝生长的测量方法

丝状菌的生长，主要表现在菌丝体的延长和干重的增加，其测定方法归纳如下。

1. 菌丝生长速率的检测法

这一方法是将待测菌株点种于培养基平板的中心，生长一定时间后，将平板置于显微镜台上，同时校对所用显微镜的目镜测微尺，并计算每一格的长度。在菌落边缘选择单根菌丝的顶端在低倍镜下聚焦，然后将目镜测微尺与菌丝平行，并选择菌丝开始出现侧支的部位与目镜测微尺上的一条画线重合，这个点即为“参照点”

(图 10-8)。每隔一定时间测量一次菌丝生长的长度，观察数次后，根据时间和延长生长的长度划一条生长曲线，并求出生长速度（可以 mm/h 表示）。

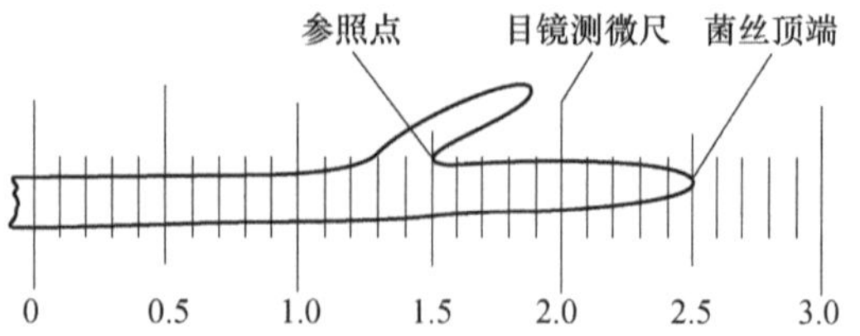

图 10-8　菌丝长度测量示意图

2. 菌落生长速度的测定方法

常用的方法是将待测菌株点接于培养基平板中央，置适宜的温度下培养，每间隔一定时间测量菌落半径或面积。对于生长速度快的真菌，可以将测量时间间隔缩短。由此可计算菌丝的平均生长速度。以时间对生长量作图，得一生长曲线。在一定限度内生长量与时间呈直线关系。这种方法不能计算菌落厚度和生长在培养基内的菌丝，因此，不能反映菌丝总量。

3. 菌丝直线生长速率的测定方法

这种方法是在“U”形管中进行的。“U”形管一般长 40cm，内径为 1.3cm。在两端 5cm 处弯成 45°角，如图 10-9 所示。在培养管内加入适量融化的琼脂培养基，达到培养管直径的一半，两端加棉塞或硅胶塞灭菌，待凝固后，从一端接种，然后定时测定菌丝的生长长度，计算菌株生长。这种方法菌落不易污染，测量时间可以较长，但不能测定菌丝总量，而且通气条件不佳，也不便于随时挑出菌丝或孢子进行检查。

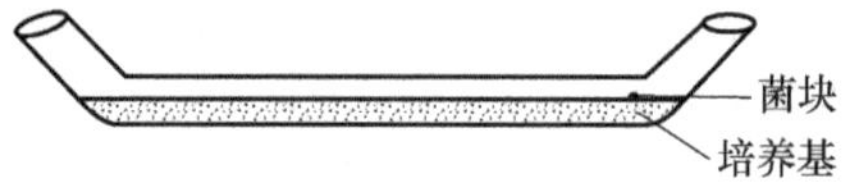

图 10-9　菌丝直线生长速率的测定

4. 菌丝干重测定法

这是测定菌丝总量的方法。将菌丝接种到液体培养基内，在适宜的温度下振荡培养，经过一定时间过滤收集菌丝，用无离子水洗涤，将菌丝置于 80～100℃温度下烘干或经 60℃温度下真空干燥，也可采用冷冻干燥，最后测定菌丝干重。此外，真菌的生长还可用间接的方法，如测定菌丝的全氮量和核酸的含量。一般菌丝干菌丝体含氮量为 4.5%～8.5%，核酸为 2%～4%。

2.2.2　菌丝顶端的生长

菌丝体的生长点在菌丝顶端，顶端之后的菌丝片段只能变厚而不再伸长。电镜技术在阐明菌丝顶端结构及其生长机制方面起到重要作用。

1. 顶端生长的泡囊假说

在研究菌丝顶端细胞超微结构时，发现菌丝顶端延伸区域近似于半椭圆形，而小型菌丝则近似于半球形，形成椭圆形的原因是菌丝细胞内部静压力对菌丝细胞的影响。菌丝顶端与生长有关的延伸区域中有一个称为顶体（spitzenkorper）的黑色区域，这是一种由亚泡囊围绕组成的核心泡囊。在许多子囊菌、担子菌和半知菌的菌丝顶端区域有一个小的、易染色的或有折射的小球，即顶体（图 10-10）。虽然其功能尚不清楚，但发现其行为与菌丝生长相关，它仅存在于菌丝顶端，而且总是在菌丝顶端的前边移动。

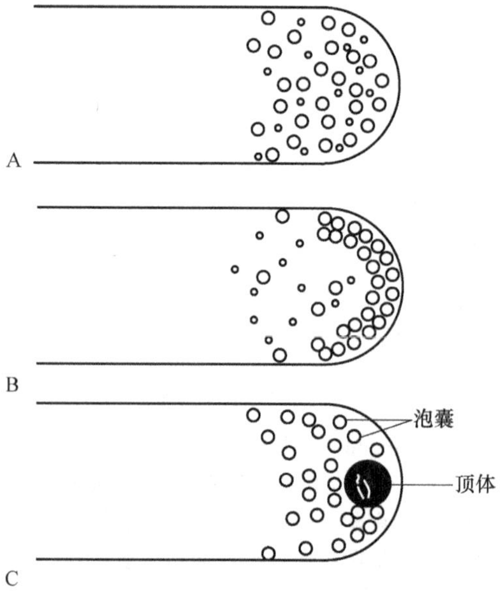

图 10-10　菌丝顶端泡囊排列的主要类型
（邢来君等，2010）
A：卵菌；B：接合菌纲；C：有隔真菌（黑色小球表示顶体）

对一些真菌顶体的观察发现，顶体由一群泡囊构成，周围有网状纤丝，这些网状纤丝控制顶体和泡囊在顶端的移动。菌丝顶端含有大量原生质的泡囊，分析后可知，泡囊中含有丰富的细胞骨架成分、几丁质和微管蛋白。泡囊是从内质网以水泡状的形式转移至高尔基体，在高尔基体内进行浓缩、加工，并把泡囊的类内质网膜转化成类原生质膜。然后从高尔基体内施放并转移至菌丝顶端，与原生质膜融合，释放它们的内含物到细胞壁中。这一过程不但使泡囊内含物进入膜壁之间，泡囊内含物被用来合成细胞壁，且泡囊膜也并入原生质膜，使原生质膜增加了面积，从而导致菌丝顶端的生长（图 10-11）。

很多真菌尚未发现高尔基体，泡囊是由内质网的特定区域产生的。早在 1976 年，Bracker 等人从菌丝顶端分离到一种小的微泡结构，将其命名为壳体（chitosome）。他们认为壳体可将几丁质合成酶运送到细胞表面。几丁质是许多真菌细胞壁的重要组成，几丁质合成酶是形成几丁质微纤维的一种酶类。壳体的发现支持了泡囊假说。

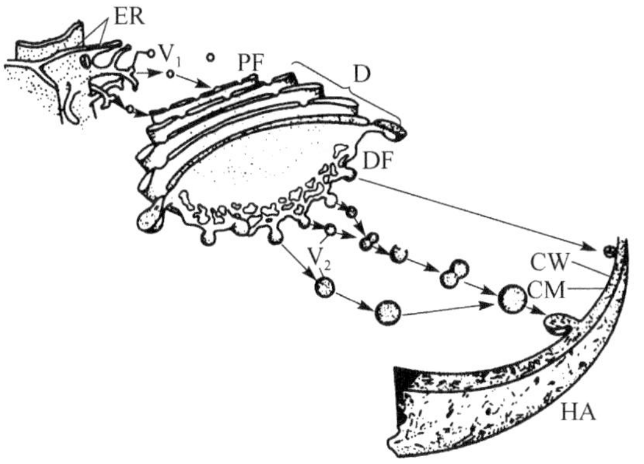

图 10-11　菌丝顶端生长图解（邢来君等，2010）
ER：内质网；D：高尔基体；PF：高尔基体的形成面；DF：高尔基体的成熟面；CM：细胞膜；CW：细胞壁；HA：菌丝顶端；V_1：内质网形成的泡囊；V_2：高尔基体形成的泡囊

2. 菌丝顶端生长机制

菌丝顶端泡囊的聚集导致了顶端的延长生长。研究发现，当生长停止时这些泡囊便从顶端消失。分布在整个细胞的周围表面，只有当它们再聚集在顶端时，生长才重新开始。这种现象在植物花粉管的顶端和酵母细胞出芽的部位也存在。更有力地证明了细胞壁的局部生长与它们有关。

泡囊由高尔基体或内质网的特定区域产生，当它们移向顶端与原生质膜融合后，把内含物并入壁中，这些内含物含有细胞壁的分解和细胞壁的合成酶类以及一些细胞壁的前体物质。因此，曾有人提出泡囊的作用具有三重性：①运输细胞壁溶解酶破坏原来壁组成之间化合物的键；②运送新的细胞壁物质，并在细胞壁合成酶的作用下并入细胞壁中，增加了细胞壁的面积；③在生长期间增加了原生质膜的表面积。虽然目前尚不知在细胞壁顶端有多少泡囊去合成新的细胞壁，但有人估算，粗糙脉胞菌正常生长期间（40μm/min，25℃），起码有 37 500 个泡囊与质膜融合。泡囊的作用如图 10-12 所示。

3. 细胞质流动是生长的驱动力

如前所述，菌丝生长时依赖于泡囊与原生质膜的融合，但是，泡囊产生区域是在菌丝的亚顶端。泡囊是如何移动到顶端的？关于这个问题存在几种解释：第一，是借助于顶端与亚顶端区域之间水的电位势梯度而驱动；第二，细胞质的流动驱使和带动泡囊移向顶端；第三，微管与菌丝生长方向平行，因此，可能由微管运输泡囊到菌丝顶端。目前已证实微管在顶端生长和将细胞结构物质运往菌丝顶端的过程中起到关键作用。如前所述，有隔菌丝顶端最基本的生物学特征是具有顶体结构。顶体位于旺盛生长的菌丝顶端，是可以浓密着色并具有折射性的球状体。顶体由许多泡囊组成，被认为是用于顶端生长的泡囊的供应中心。对真菌菌丝体细胞骨架的研究发现，细胞质微管遍布于整个菌丝体，在菌丝体顶端有微纤维构成的网络。细胞质泡囊与微管有密切联系，当用阻碍微管形成的抑制剂处理菌丝体，顶体则

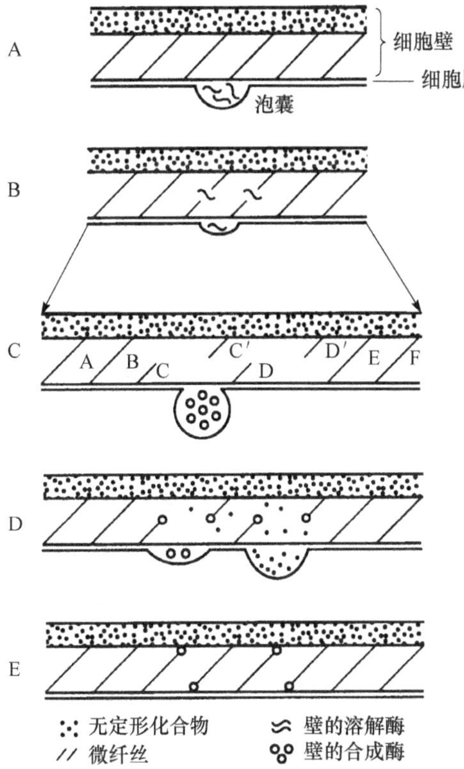

图 10-12　细胞壁生长示意
A：含有细胞壁溶解酶的泡囊与原生质膜融合；B：细胞壁原来组成之间的键被破坏；C：含有细胞壁合成酶的泡囊与原生质膜融合；D：新细胞壁物质通过细胞膜向外分散；E：一个新的细胞壁单位合成

消失，泡囊会均衡分布于菌丝细胞中。研究表明，细胞质微管控制着顶体在菌丝顶端的位置。另一类与泡囊运输相关的分子马达是动力蛋白和肌动蛋白。在粗糙脉胞菌和构巢曲霉中的动力蛋白和肌动蛋白集中于生长菌丝的顶端，表明它们在泡囊运输中是必需的。

最近的报道指出，驱使真菌菌丝生长的主要作用力是压力。压力是一个热力学特性，影响到各种生物的生命过程。对于缺乏细胞壁的生物来说，压力可能是致命的，将导致细胞的裂解和死亡。而对有细胞壁的生物来说（大多数的细菌、藻类、真菌以及植物），内部静水压力（膨胀压）对生物的一些独立结构提供支撑作用，以及对细胞扩张、物质的吸收和其他一些过程提供一种驱使力。在一些子囊菌和接合菌门的真菌中，孢子释放过程可以产生巨大的张力＞100 000×g（g 为地球表面的重力加速度），对于一些寄生真菌来说，这样的膨胀压力足以使其穿过寄主组织。膨胀压是由于细胞内渗透物的浓度比细胞外高而产生的渗透作用所致。细胞的生长（扩张或分化）以及细胞壁的重塑过程需要增加细胞的总量。菌丝尖端的生长模式是梯度生长的，菌丝的尖端扩展最快，这样的扩张模式（尖端生长）与膨压驱动的增长是一致的。真菌菌丝生长的内在机制，是基于细胞压力的物理属性。内部静水压力（膨压）是驱使菌丝尖端扩张的主要力量之一。钙浓度梯度的调节，成为对

这一进程作出贡献的驱动马达，促使分泌囊泡的移动沿着细胞骨架结构顶端运送。膨压控制有丝分裂活化蛋白激酶的一系列级联反应，导致细胞从外部吸收介质并合成新的组分（图 10-13）。

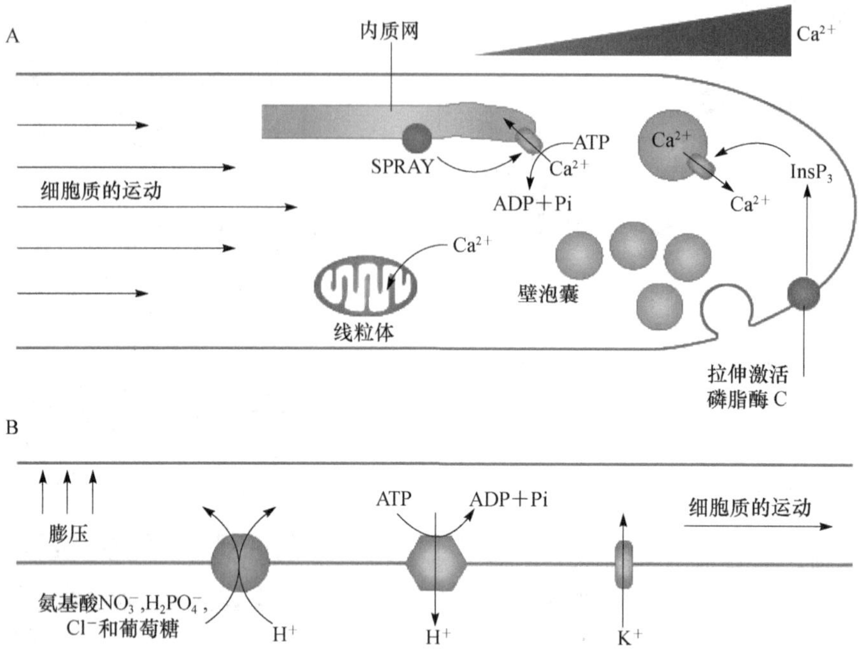

图 10-13　菌丝顶端运输极性分布的模型（Roger，2011）

A：在生长的菌丝顶端，主要的运输系统保持着菌丝顶端高 Ca^{2+} 的浓度梯度，在粗糙脉胞菌中，激活的磷脂酶 C 产生肌醇-1，4，5-三磷酸肌醇（InsP3），介导 Ca^{2+} 从菌丝内部释放，然后 Ca^{2+} 介导囊泡在伸长的菌丝顶端融合，Ca^{2+} 被内质网（Ca^{2+}-ATP 酶泵激活）和线粒体螯合在菌丝顶端的后面，SPRAY 蛋白是一个推测的 Ca^{2+} 螯合调节子

B：在菌丝顶端的后面（主要是菌丝网络结构内），细胞质膜上有活性的 H^+-ATP 酶驱动离子和营养吸收，一些已知的（如 Cl^-）H^+ 的运输合作伴侣，包括氨基酸、硝酸盐（NO_3^-）、磷酸（$H_2PO_4^-$）和葡萄糖，菌丝内压力梯度导致细胞质向菌丝顶端的运动

2.2.3　分支生长的调节

一个简单的未分支的菌丝几乎沿着菌丝长度的任何一点都能产生分支。第一次分支又可产生第二次分支，只要营养不缺乏，菌丝的延长与分支周而复始连续不断，最终形成典型的菌落。分支的产生是从成熟的菌丝壁上产生一个新的顶端，这个顶端的产生也同样伴随着泡囊的聚集。由于分支的交替，往往彼此之间交错生长的菌丝发生融合，导致细胞核及细胞质的交换。因此，在单一菌丝中往往可以发现不同细胞核（异核现象）和不同细胞质（异质现象）。真菌的分支与细胞质体积的增加和细胞核的分裂有着密切关系。细胞质体积和分支之间的相关性，已经在一些真菌中被证实。年幼的菌落，在它们发育的各个时期，一个菌丝生长单位（G）可按此公式获得：G＝菌丝总长度/菌丝顶端的数目。

在真菌生长过程中，任何菌丝生长单位是不变的，因此，顶端的数目总是与菌丝长度和细胞质的体积有一定的比例。当细胞质的体积超过现存顶端需要时，新的顶端就产生了。顶端的数目基本是依赖于菌落的营养状况和被合成的细胞质的数量。在一定营养范围内，真菌菌落在贫瘠的培养基上如在丰富的培养基上一样能很快地铺开，但是产生的分支少。

真菌产生分支必须从成熟细胞的一个全新顶端开始，这个新顶端的产生伴随着泡囊的聚集。产生分支的部位大多是在隔膜的后面，显示出隔膜能够使泡囊聚集在某个部位，如图 10-14 所示，从菌丝上切取没有任何顶端的菌丝片段，这些菌丝片段必须包含未被破坏的完整细胞，它们将会再生出顶端。首先菌丝片段的隔膜被伏鲁宁体（Woronin bodies）（图 10-15）、固醇及其他蛋白结晶所堵塞，新顶端不是从菌丝的侧壁上就是从隔膜上产生，似乎细胞壁的任何部位都有再分支的能力。分支总是产生这些细胞的前端，看来，菌丝内的每个细胞都具有极性，有研究证明，微管骨架在极性生长中扮演重要角色。

真菌菌丝分支现象的一个普遍规律，是在顶端生长之后的某一距离，能产生正常的分支，菌丝分支的生长总是向前或向菌落边缘，这一规律显示了真菌的顶端优势。对于顶端优势的讨论有几种观点：①激素的作用；②借助于顶端对内部和外部营养物质的竞争而维持；③借助于顶端产生的代谢产物的释放而维持，目前还缺乏较全面的资料来证实。

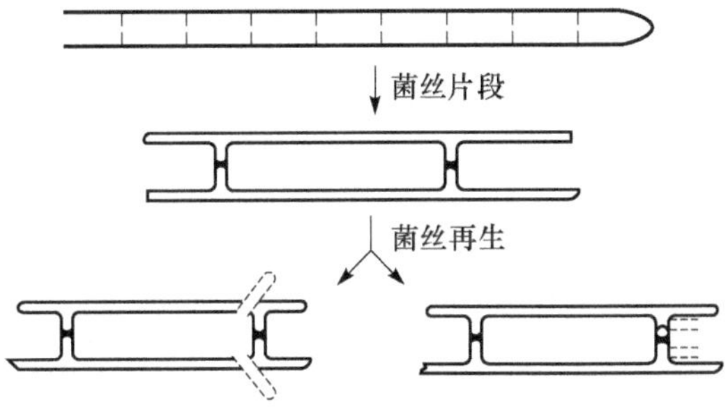

图 10-14 菌丝片段新生顶端示意图

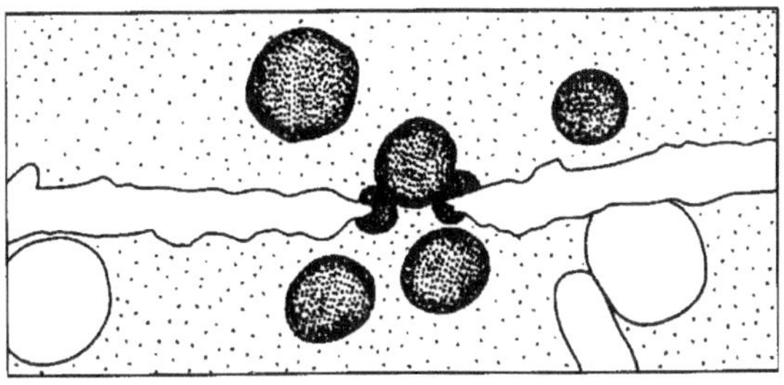

图 10-15 菌丝隔膜伏鲁宁体

2.2.4 真菌菌落的分化

随着菌丝的增加，菌丝提分化为成熟的菌落，然后按线性速率扩展。成熟的菌落一般可分为三个形态区。

1. 扩展区

又称边沿生长区，由基内营养菌丝构成，无气生菌丝。成熟菌落的边沿生长区的宽度几乎保持稳定。菌丝分化成粗的主菌丝和细的分支菌丝。主菌丝从菌落中心迅速向外生长，它们的顶端几乎位于同一水平上，因此菌落具有光滑的轮廓。处于边缘的菌丝，胞壁较薄，原生质饱满，富含 RNA 和 DNA。主菌丝生长快，分支菌丝生长较慢。例如构巢曲霉和冻土毛霉菌落边沿区，主菌丝形成的一级分支，其生长速率较主菌丝分裂分别慢 20%和 30%。此外，尽管菌落直径不断扩大，但边沿区和菌丝密度大体上保持恒定。这表明，随着菌落增大，新的主菌丝不断形成。新主菌丝是一级分支菌丝生长的结果，只有边沿生长区的生长才会促使菌落的径向生长。

2. 生产区

生产区是由密集的营养菌丝组成，其宽度大体上也是恒定的。与边沿生长区不同的是它有气生菌丝。该区菌丝的原生质充分液泡化，并有糖原和脂的积累。随着分支的形成，菌丝逐渐变细，生长更加曲折，径向生长较少。

3. 结实区

气生菌丝的一部分或全部分化为无性或有性繁殖结构，该区占菌落的大部分。随着菌落半径的增加，菌落中心变成老化区，该区的菌丝逐渐自溶。

2.2.5 丝状真菌液体培养特征

在液体振荡培养（或深层通气培养）中，以菌丝干重为衡量生长的指标，可获得生长曲线（图 10-16）。菌丝的生长过程大致可分为延缓期、迅速生长期和衰退期。

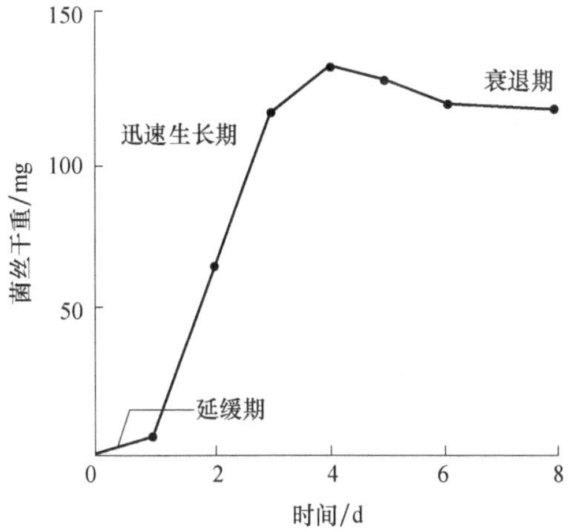

图 10-16 丝状真菌生长曲线示意图

1. 延缓期

孢子和菌丝在新的培养环境中需要一个适应过程。因而在接种后表现出延缓期。延缓期的长短与菌株的种类、菌龄及环境条件有关。

2. 迅速生长期

此时菌丝体干重迅速增加，其立方根与时间呈直线关系。因为真菌不是单细胞，其繁殖不以几何倍数增加，因而没有对数期。真菌的生长常表现为菌丝尖端的伸长和菌体的分支，因此，受到临近细胞竞争营养物质的影响。尤其在静置培养时，许多菌丝在空气中生长，必须从临近细胞吸收营养物质提供营养需要，在迅速生长期中，碳、氮、磷被迅速利用，呼吸强度达到顶峰，代谢产物，如酸类可出现或不出现。静置液体培养时，在迅速生长期的后期培养液表面形成菌膜和分生孢子，如振荡或通气搅拌培养，菌丝体则成为絮状，有些菌株的菌丝体卷曲形成菌丝小球。

3. 衰退期

真菌生长进入衰退期的标志，是菌丝干重下降。一般是在一短期内下降很快，之后则不再变化。有些菌丝体发生自溶，由于其自身产生的酶类催化几丁质、蛋白质、核酸等大分子物质降解而释放出氨、游离氨基酸、有机磷化物和有机硫化物等。处于衰退期的菌丝体细胞，除顶端较幼嫩细胞原生质比较稠密外，多数细胞出现大的空泡。

菌丝生长停止由以下两种因素之一所决定。在高浓度培养基中，可能因为有毒代谢产物的积累而阻碍生长，如在高浓度碳水化合物的培养基中可积累有机酸，在含有机氮高的培养基中可积累氨。多数次生代谢物质，如抗生素等也在此期间合成。在较稀释的、营养物质平衡良好的培养基中，生长停止的主要原因是碳水化合物耗尽。当生长停止后，菌丝体的自溶裂解的程度因菌株的本质和培养条件各异。

第3节　微生物的培养

对于不同微生物的培养，非常重要的一点是首先应获得纯菌株，无论是进行菌株的生理生化测定，还是探讨某些产物的生产工艺，获得纯培养细胞是必需的。

3.1　纯菌株的获得

获得纯培养的方法有很多，如用稀释涂布平板法或平板划线法，获得单一菌落。如果有些细菌产生胞外多糖，不易分散，还可以在稀释液中加少量小玻璃珠震荡打散后，再进行涂平板或划线分离。无论是做科研还是生产，保证菌株的一致性（纯菌株）是做好一切工作的前提条件。

3.2　微生物的培养

培养微生物的方法主要有三种，即分批培养法、同步培养法和连续培养法。为了不同的目的，可采用不同的培养方法。如前所述，研究群体生长规律时，是采用分批培养法进行的，故不再重复，这里着重介绍同步培养法和连续培养法。

3.2.1　同步培养

为了解个体细胞生活周期中所发生的不同生理变化，用单个细胞进行研究是较难的。为此，必须有足够多的、同步生长的个体细胞以供生化分析。所谓同步生长就是指一个群体中的每个细胞在生活周期中都处于相同的阶段。这些细胞彼此间形态结构、生理生化特征等都很一致。所以是研究细胞学、生理学和生物化学等方面良好的材料。

在各种微生物细胞中，已知细菌芽孢和真菌孢子的萌发是高度同步的。这是因为芽孢和孢子一般都处于休眠状态，各种代谢活动都下降到了最低水平，所以在供给充分养料之后，它们就从共同的起点开始生长，如果给予人为控制，绝大多数细菌芽孢和真菌孢子几乎可以在同一时刻萌芽。另外，如果将稳定期细菌群体接种到新鲜培养基上，由于各个细胞是从“衰退”的生理状态下恢复过来，所以，也可几乎同步地进入生长阶段。

在自然条件下，多数营养细胞即使在同一环境中，每个个体细胞所处的生理状态也是不一样的，有些细胞刚分裂，有些已成熟，有些则处于临近分裂，有些正在分裂。这就是说，在同一培养体系里，因细胞不同步，所处的生长时期不同，所以用这种非同步生长的细胞来分析生活周期的各种生理变化，显然是不妥的。

为了克服上述困难，研究出了同步培养技术。其方法的第一步是先获得同步细胞，然后再扩大培养。目前常用的同步培养法有两种：即筛选法和诱导法。由于微生物容易受环境条件变化的影响，所以不论选哪种同步培养法，都应避免人为引起微生物形态、结构、生理生化特性的改变。下面对这两种方法予以介绍。

1. 筛选法

筛选法又称淘析法，其原理是：细菌培养物中处于同一生长阶段的细胞，其体积大小是相等的，可用过滤法、密度梯度离心法、膜洗脱法等收集到同步细胞。

1）**过滤法**

将培养物中的细胞用过滤器过滤，让处于细胞周期较早阶段的小细胞通过，收集这些细胞后转入新鲜培养基中，即能获得同步细胞。

2）**区带密度梯度离心法**

将随机生长的细胞悬液置于某一密度梯度溶液表面（该溶液一般是由不被吸收利用的物质所构成，如蔗糖、糊精或葡聚糖等），然后进行离心分离。不同生长阶段细胞由于体积和质量大小不同，沉降系数“S”也不相同，于是同一生长周期的细胞聚集在离心液的一个区带上，一般小细胞在上，大细胞在下（图 10-17A）。用这种方法可以很方便地将处于较早周期的细胞收集起来，获得同步群体。本方法已成功地应用于芽殖酵母菌、裂殖酵母菌和大肠杆菌等细胞的同步培养。

3）**膜洗脱法**

如果要获得比上述两种方法数量更多且同步性更好的细胞，可采用膜洗脱法。图 10-17B 是常用的 Helmstetter Cummings 膜洗脱法示意图，该方法依据的原理是，某些滤膜可以吸附与该滤膜相反电荷的细胞。图 10-17B 的步骤为将非同步细胞通过一个硝酸纤维素的微孔滤膜，这时细胞被平整地吸附在滤膜上。将滤膜翻转置于滤器中，连续不断地缓缓加入新鲜培养基，于是吸附在滤膜表面的细胞便生长分裂，分裂后的一个子细胞仍然被吸附在膜上，而另一个子细胞则随培养液洗脱下来。将收集液中刚刚分裂的子细胞进行培养，可获得同步性较好的群体。如果滤膜的表面积很大，那么只要被吸附的细胞分裂一次，就可以获得相当数量的同步细胞。

2. 诱导法

诱导法是利用一些生理学手段强制使微生物达到同步生长的目的。常用诱导法有化学诱导法和物理诱导法两种。

1）**化学诱导**

利用停止或限制供给微生物细胞分裂所必需的某种养料，使所有细胞都进入临分裂状态（但不分裂），然后在某一时刻恢复供给细胞分裂所必需的养分，就能诱导出同步细胞群体。例如，大肠杆菌胸腺嘧啶缺陷型菌株，当停止供给胸腺嘧啶时，DNA 合成立即停止，但

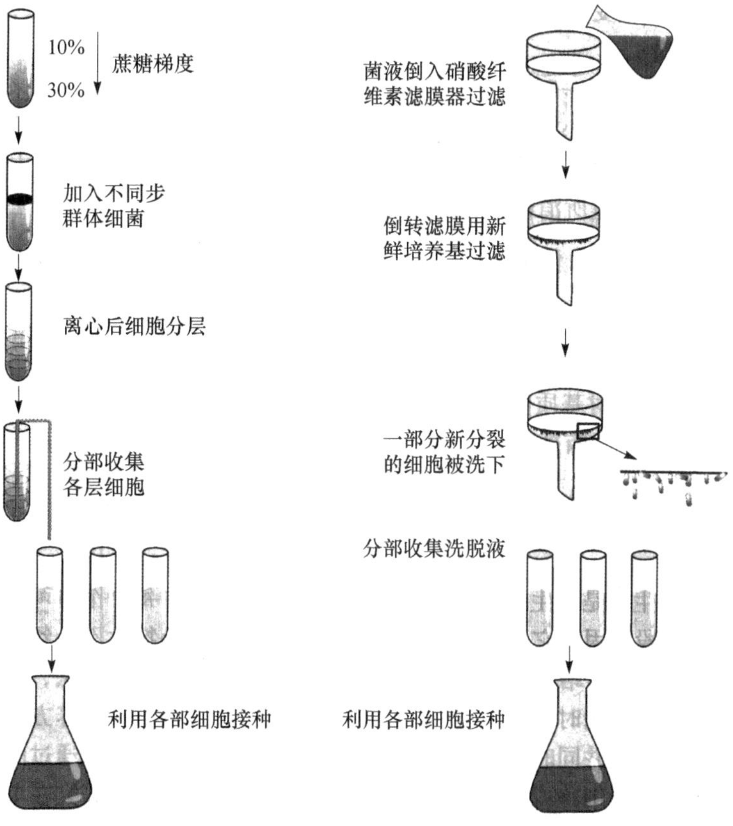

图 10-17　获得微生物同步培养方法示意图（沈萍等，2009）
A：区带离心法；B：膜洗脱法（仅用于能附着在膜上的微生物）

RNA 和蛋白质合成速率不受影响。30min 后加入胸腺嘧啶，DNA 合成立即恢复，结果几乎所有细胞在经过 35～40min 的延滞后都进行分裂。

2）**物理诱导**

这是利用某种物理因子，使处于即将分裂细胞的代谢活动受到抑制，从而使细胞在分裂阶段前停步，以便求得以后的同步。例如，以温度为同步的诱导因子，是基于细胞周期不同，对温度敏感性也不同。如果分裂阶段中某些关键反应对温度（高或低于最适温度）的敏感性比合成期高，那么高温（或低温）就可以阻止细胞分裂，但不妨碍细胞物质的合成（即分裂的准备）。这样可以使群体中那些分裂准备工作进行较慢的细胞有时间赶上其他细胞，一旦恢复正常条件就能获得同步生长。例如，鼠伤寒沙门氏菌在 25℃下培养一段时间后，再置于 37℃下继续培养，便可获得同步群体。除温度外，其他一些物理因子如光脉冲（对光合微生物）、X-射线等也能诱导细胞同步生长。有时将化学与物理诱导结合使用，常可得到更好的同步效果。

从图 10-18 中可以看到，非同步生长曲线是直线的，即使每个细胞世代时间相同，但每个细胞却在不同的时间进行分裂。而同步生长曲线是阶梯式的，这表明群体细胞大部分是在大约相同的时间进行分裂。同步生长的群体只能维持 2～3 代，而不能无限地保持着同步生长，随着时间的延长同步生长被打破逐步转为非同步生长。

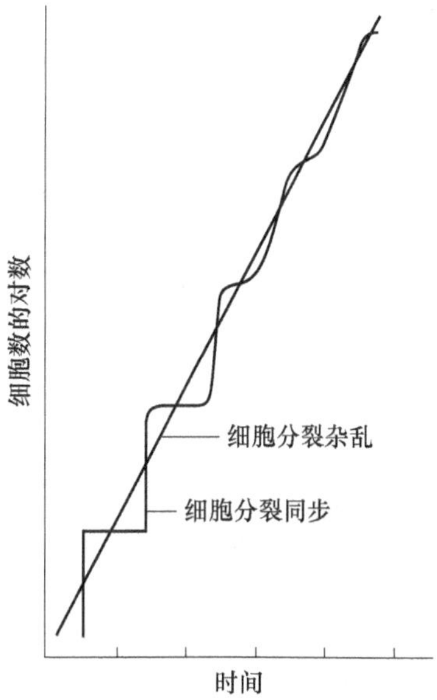

图 10-18　菌株的同步生长与非同步生长

上述处理获得同步培养细胞的方法一般适用于细菌，对于真菌来说，特别是产生孢子的菌株，可以先收集孢子将孢子洗涤后接种于相应培养基中，控制适宜的生长条件，则孢子萌发是可以控制在“同步”水平的。例如，为了制备丝状真菌（如镰刀菌）原生质体，可以采用固体或液体培养基先培养一定时间，收集分生孢子，用无菌水洗涤2～3遍，制备孢子悬液接种到相应培养液中培养，在适宜的温度下振荡培养，促使孢子同步萌发，一定时间后收集幼嫩的菌丝体（显微镜下检查尚未分支），即可进行酶解等反应，这种制备原生质体的效率较高。

3.2.2 连续培养

在一次培养的对数生长期中，由于营养物质逐渐耗尽和产生有毒的代谢物质，而最终导致生长速度的降低，生长进入稳定阶段。如果在此期间不断供应营养物质，同时移去代谢产物，那么就可以无限期地延长对数生长期。为此设计了两种连续培养的设备（图10-19）；一种称为恒化器（chemostat），另一种称为恒浊器（turbidostat）。二者都是在一固定容器内培养微生物，当进入对数生长期时，则不断由外界加入新鲜培养基，而同时又流出培养物，使培养器中培养物的体积保持恒定。恒化器是以一定的培养液流速从外面加以控制的，这种流速不等于或不超过微生物的最大生长速度。而恒浊器则是靠光电池以检查微生物的生长量从内部加以控制。来自光电池的信号控制新鲜培养液加入的速度，使培养的微生物能以最大速度生长。当生长量降低时，就停止加入新鲜培养基，培养物也停止外流。当培养物达到最大生长量时，新鲜培养基又自动加入，同时也流出等量的培养物。

1. 恒浊连续培养

这是通过光电装置自动测定，并借调节加入培养液流速保持培养物浊度恒定的培养方法。其目的是控制并获得菌数恒定的培养物，一般采用养料浓度较高的培养基，没有限制养料成分，因而能让培养物以较高速率生长（图10-19A）。当菌数过高时，光电装置测得培养器内微生物的浊度增加，并可调节和加快培养液的进入速度，使浊度降低。反之，当菌数过低时，通过调节使加入培养液的流速降低，导致浊度回升。恒浊培养既能实现微生物的高速生长，又能提供大量形态与生理特征基本相同的细胞，因而在微生物代谢研究和发酵工业实践方面有着广泛的应用前景。

2. 恒化连续培养

这是通过控制培养液流速，以保持培养物的恒定生长速率和养料成分的培养方法（图10-19B）。在恒化连续培养使用的培养液中，需要有一种低浓度的限制性养料，因而可以通过调节其浓度的方法，来获得具有不同生长速率的培养物。恒化培养的关键是调节好培养液的加入速度或稀释率。

根据连续培养器串联个数的多少分为单级连续培养和多级连续培养，影响连续培养的因子很多，为了描述各因子之间的动态关系，在此仅以恒化单级连续培养为例，介绍相关动力学问题。

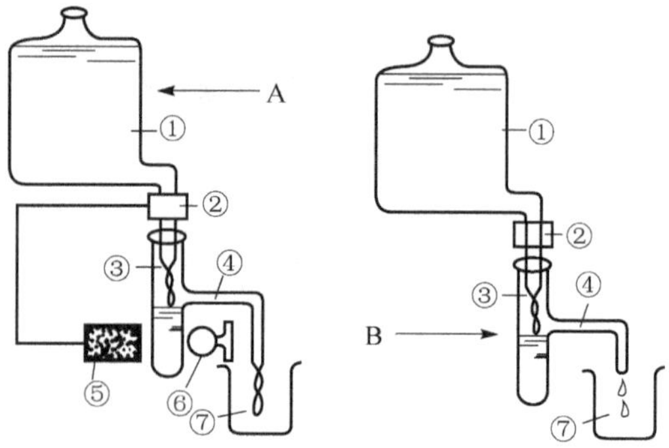

图10-19 两种类型的连续培养装置（恒浊器和恒化器）的比较

A：恒浊培养系统；B：恒化培养系统

①盛无菌培养基的存储器；②流量控制阀；③培养器；④排除管；⑤光电池；⑥光源；⑦流出物

1）**稀释度**

在恒化器中，控制微生物生长的最重要的因子是新鲜培养基加入的速度。假如加入太快，微生物来不及利用就流出，培养物被稀释。如果加入太慢，有毒代谢产物不能排除及营养不足，使微生物生长速度降低，而进入生长稳定期。因此，控制新鲜培养基的加入速度，便成为连续培养的关键。

新鲜培养基以不变的流速 f 输入培养器，并立即与培养器内原有培养液充分混合（在理论上为瞬时混合）。混合后的培养液以新鲜培养基流入速度 f 相等的速度从培养器中流出，因此培养器内培养液的总体积 V 保持不变。显然，培养器内培养液更换速度的快慢与新鲜培养基流入速度 f 和培养液总体积 V 有关。当总体积 V 不变时，更换速度的快慢与 f 成正比。为了表示培养液更换速度的快慢，这里引入稀释度的概念。稀释度常以 D 表示，它被定义为

$$D=f/V \tag{10-17}$$

稀释度 D 表示单位时间内，新加入的培养基体积与培养器内培养基总体积之比，它是连续培养中极重要的参数。

不难理解，稀释度 D 的倒数表示培养液在培养器中的平均滞留时间 θ，表示为

$$\theta=1/D=V/f \tag{10-18}$$

下面列举的简单数字可以说明参数 V、f、D、θ 之间的关系（表10-6）。

表10-6 几种参数之间的关系

V/L	f/L/h	D/h	θ/h
10	1	1/10=0.1	10
10	5	5/10 =0.5	2
10	10	10/10 =1.0	1

2）**稀释度与生长速率的关系**

连续培养成立的一个先决条件是在尚未形成连续时，培养器中微生物必须处于对数生长期。在对数生长期，细胞浓度的增量为

$$dN/dt=\mu N \quad (10\text{-}19)$$

假定在对数生长的培养器内，当流入新鲜培养基时，细菌停止生长，那么培养器内细菌数目必然随无菌培养基的流入而减少，其减少速度为

$$-dN=dt=(f/V)N=DN \quad (10\text{-}20)$$

事实上，当新鲜培养基流入时，细菌不断生长。因此，培养器内单位时间内细胞浓度的增加与细菌因增殖引起浓度增加和因流出而减少的差值，即

$$\begin{aligned} dN/dt &= \mu N - DN \\ &= N(\mu - D) \end{aligned} \quad (10\text{-}21)$$

关于（10-21）式，可能有以下三种情况。

① 如果 $\mu>D$，则 $dN/dt>0$，细胞生长速率显然大于细胞流出速率，说明培养器内细胞浓度不断增加，最终会形成分批培养的结果。

② 如果 $\mu<D$，则 $dN/dt<0$，说明培养器内微生物将不断减少，微生物增长速率慢于流出速率，结果必然是到了某一时刻，微生物浓度将降到维持生长所必需的最低浓度（称为临界浓度）之下，这时培养器内微生物浓度趋于零，这种情况称为冲出或洗出。

③ 如果 $\mu=D$，则 $dN/dt=0$，说明培养器内微生物浓度保持恒定，即微生物处于增长速率等于流出速率的动态平衡的稳定状态。

显然，连续培养要求是第三种情况。由此可以得出一个重要结论：连续培养只有在细胞浓度不变的稳定状态下才可能维持。也就是说，在连续培养中，微生物比生长速率始终与稀释度相等。如以 μ 表示稳定状态下的比生长速率常数，则：

$$\mu=D \quad (10\text{-}22)$$

3）稀释度、菌体浓度和底物浓度三者之间关系

在一定条件下，微生物群体细胞数目或质量的增加与底物的消耗速率与比生长速率之间的关系如下。

根据（10-12）式得

$$Y = N/S'$$

两边对时间微分，得

$$dN/dt=Y(dS'/dt)$$

由于底物被微生物所消耗，故：

$$-dS'/dt=1/Y(dN/dt)$$

因为

$dN/dt=\mu N$，所以

$$-dS'/dt=\mu N/Y \quad (10\text{-}23)$$

在连续培养中，S_0 浓度的底物以一定流速 f 进入培养器，经过微生物的利用，消耗大部分底物，又以 S_1 浓度流出培养器，因此培养器中底物浓度变化为

底物变化＝底物流量－微生物对底物的消耗量－底物流出量

$$dS/dt=(f/V)S_0-(-dS'/dt)-(f/V)S_1 \quad (10\text{-}24)$$

如果以（10-23）式代入上式，底物浓度变化为

$$dS/dt=DS_0-DS_1-(\mu N/Y)=D(S_0-S_1)-(\mu N/Y) \quad (10\text{-}25)$$

上式中，S_0 为流入的限制性底物浓度，S_1 为流出的限制性底物浓度，$S_0>S_1$。

如同对细菌浓度变化的分析一样，为了保持细菌浓度不变，只有 dS/dt 等于零时才能形成稳定的连续培养。

根据上述讨论可知，连续培养只有在稳定状态下才能维持，要求培养器内微生物浓度与生长限制底物浓度始终保持恒定，即

$$dN/dt=0,\quad dS/dt=0$$

莫氏公式（Monod），解释了比生长速率（μ）与限制性营养物浓度的关系公式：$\mu=\mu_m S/(K_s+S)$，式中，S 为限制性营养物浓度，μ_m 为在生长限制性营养物过量时的比生长速率常数，即最大比生长速率常数，K_s 为当 $\mu=1/2\mu_m$ 时的生长限制性营养物浓度。令 $\overline{N}$、$\overline{S}$ 分别为稳定状态下的微生物浓度和生长限制底物浓度，由莫氏公式可知，

$$\mu=\mu_m S/K_s+S$$

代入（10-21）式，得

$$dN/dt=N\ (\mu_m\overline{S}/K_s+S-D)=0$$

解得

$$D=\mu_m\overline{S}/K_s+\overline{S}$$

则：

$$\overline{S}=K_s(D/\mu_m-D) \quad (10\text{-}26)$$

由（10-26）式得

$$dS/dt=D(S_0-\overline{S})-\mu\overline{N}/Y=0$$

因为在稳定的状态下 $D=\mu$，所以

$$N=Y(\overline{S}_0-\overline{S}) \quad (10\text{-}27)$$

或

$$\overline{N}=Y[S_0-K_s(D/\mu_m-D)] \quad (10\text{-}28)$$

（10-27）和（10-28）式为稳定状态下生长限制底物浓度、微生物浓度与其他参数之间的关系式，是理想状态下的典型情况，可以用它定量地描述稳定状态下连续培养体系的状况。式中 μ_m、K_s、Y、S_0 都是常数，可以在分批培养中测出。所以，当 D 被固定后，N 及 S 也都相应地被固定，从而可以推测出任何稀释度下的菌体浓度 N 和底物浓度 S。

分析连续培养动力学公式不难看出，连续培养中的变数固然很多，但其中最基本的变数是稀释度 D。当 D 改变时，则会引起 N、S、μ 等相应地改变，直到培养体系将 μ 重新调节到与 D 的数值相等，在新的条件下建立起新的平衡。图 10-20 是取不同 D 值，通过（10-26，10-27）式计算出不同的 N、S 作图所得的理论曲线。图中养料浓度为 A，细菌含量为 B，细菌输出量为 C，倍增时间为 D。

通过图 10-20，考察稀释度与其他参数的关系，可以得出以下几点启示。

① 随着 D 值逐渐增大，微生物浓度 $\overline{N}$ 减小，但在相当大的范围内，这种减小并不明显，只有当 D 值增大到接近 μ_m 时，N 则下跌。由（10-28）式可知，当稀释度接近于最大比生长速率，即 $D\to\mu_m$ 时，$\overline{N}\to-\infty$。因浓度值不可能为负值，所以实际上表示这时培养容器

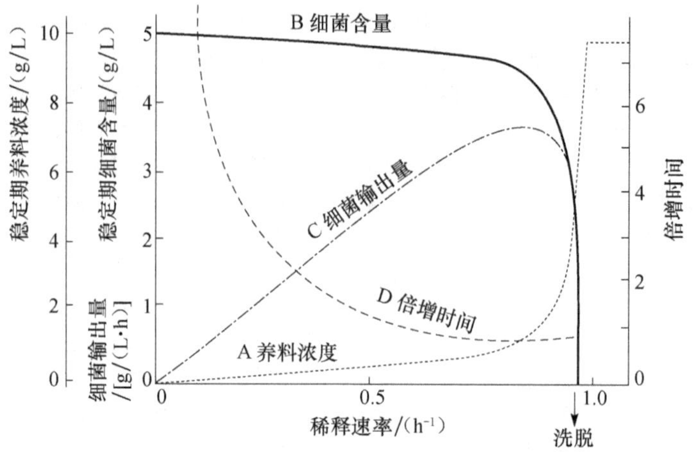

图 10-20 恒化培养中稀释率与培养物细胞密度和限制性养料浓度的关系

稳定状态下的底物浓度 S (g/L) (A)；稳定状态下细菌浓度 $\overline{N}$ (g/L) (B)；细胞产量 $D\overline{N}$ (g/L) (C)；倍增时间 td (h) (D)；D_m 为最高产量时的稀释度（细菌输出量最高点对应的稀释速率）；D_c：为临界稀释度（即洗脱处）

内微生物浓度为零，即发生“冲出”说明在连续培养中，不能采用对应于最高比生长速率的稀释度 D。这种对应于最高生长速率的稀释度成为临界稀释度，以 D_c 表示，此时 $D_c=\mu_m$。

② 当 D 值不大时，D 与 $\overline{N}$ 关系不大，但细胞产量与 D 值大致呈线性关系。在 D 值介于零与 D_c 之间时，存在一个对应最高细胞产量的稀释度，以 D_m 表示，该稀释度便称为最高产量稀释度，它是连续培养中理论上的最适稀释度。

③ 在一定范围内，D 值越大，微生物细胞世代时间 g 越短，表示细胞倍增速率越大。

④ 底物浓度 $\overline{S}$ 随 D 的变化正好与 $\overline{N}$ 相反，随着 D 的增大，$\overline{S}$ 也逐渐增大，但在相当大的范围内，这种增加并不明显。当 D 接近 D_c 时，$\overline{N}$ 迅速下降的同时，$\overline{S}$ 则迅速上升，当 $D=D_c$ 时，$\overline{N}=0$，$\overline{S}=S_0$。

在连续培养中，人们总是希望底物被完全利用，希望流出液中底物浓度 $\overline{S}=0$，但实际上是不可能的。因而只有通过严密的经济核算来确定一个合适的 D 值，并采用一些其他的途径加以弥补。在实际生产中，通常会根据微生物生长状态、产品获得难易程度、成本等几个方面综合考虑对不同微生物的培养方法，关于这方面的详细知识，请参考工业微生物发酵的相关书籍。

第 4 节 环境因素对微生物生长的影响

微生物以群体方式生活在各种环境中。它们是在与环境条件发生相互作用的情况下进行生长、繁殖的。环境的变化会影响微生物的生活甚至生命，而很多微生物也通过自身的生命活动来适应环境的变化而得以生存。只有当环境条件适宜时，微生物的生命活动才能正常进行，否则其生命活动就会受到抑制、引起变异或死亡。熟悉微生物的生长规律，对它们生存的环境进行分析和研究，将有助于掌握不同微生物的生存特点和规律，从而可有效地指导生产实践。本节主要介绍环境因子对微生物生长的影响，微生物对环境的应激反应将在后面的章节阐述。

4.1 物理因子

物理因子包括温度、氧化还原电位、渗透压、压力、表面张力和辐射等。

4.1.1 温度

温度是影响微生物生长和生存的重要环境因素之一。温度以两种相反的方式影响微生物。在一定范围内，温度升高时，细胞内的化学反应和酶促反应都以较快的速度进行，微生物生长也会越来越快。但超过一定的温度，蛋白质、核酸及其他细胞组分会受到不可逆的损害。因此当温度在一定范围内上升时，微生物的生长和代谢机能会逐渐上升达到某一顶点，出现钝化反应，超过此顶点，细胞机能将会急剧下降到零。每种微生物都有自己适宜的生长温度，如果温度不适，微生物细胞则生长缓慢，甚至停止生长直至死亡。

对每种微生物而言，都存在最低温度（低于此温度将停止生长）、最适温度（在此温度下细胞生长最快）、最高温度（高于此温度不能生长）（图 10-21）这三个温度常被称为基本温度（cardinal temperature)。基本温度反映了每一类微生物的特征。

表 10-7 中记录了一些细菌和真菌的生长温度范围，在最适生长温度下，微生物生长迅速，但低于最低温度或高于最高温度时，微生物生长受到抑制，具体表现为代时延长，甚至停止生长。表 10-8 记录了大肠杆菌在不同温度条件下培养的世代时间。

在每种微生物生长的最低温度和最高温度之间，

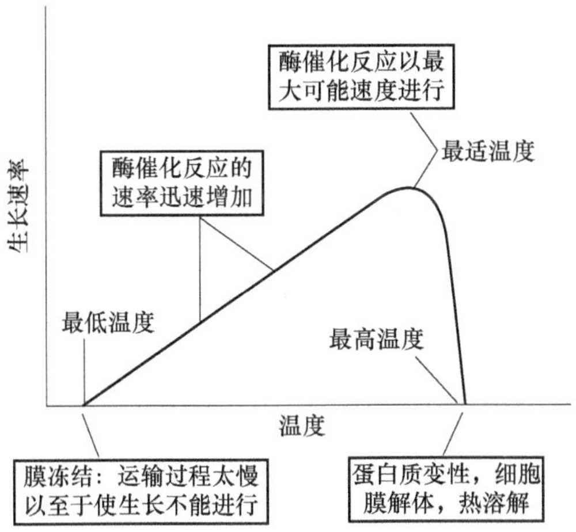

图 10-21　温度对微生物细胞生长速率及细胞内大分子的影响（马迪根等，2009）

微生物的生长速率随温度升高和加快，通常用温度系数 Q_{10} 来表示二者关系，即温度每上升 10℃，微生物的生长速率与未升温前的生长速率之比。即

Q_{10}＝在（T＋10℃）的生长速率/在 T℃的生长速率

高温微生物 Q_{10} 在 2 以上，中温微生物 Q_{10} 约为 2，低温微生物 Q_{10} 在 2 以下。大肠杆菌的最低生长温度在 10～12℃，这个温度下细胞不生长，代时则延长。随着温度升高，生长速率逐渐加快，代时越来越短，当超过一定温度后，随温度升高，细胞生长速率下降，最后停止生长，直至死亡。

温度以两种相反的方式影响微生物的生存。当温度升高时，细胞内一系列酶促反应会较快速进行，细胞代谢快，生长也会越来越快，但当温度超过细胞可忍耐的限度，蛋白质、核酸及其他组分会受到不可逆的损害，微生物的生长则会停止，因此某种微生物的最高生长温度，很可能反映了其细胞内一种或几种蛋白质的变性温度。不同微生物对生长温度的要求差异很大，有些细胞适宜低温，有些微生物适宜的温度则超过 100℃。微生物对温度要求不同，与它们膜结构的物理化学性质密切相关。细胞在正常生理条件下，膜中的脂质成分应保持液晶状态。该状态是指某些有机物在发生固相到液相转变时的过渡态，称为液晶。由固态转变为液晶态的温度称为熔点，以 T_1 表示，由液晶态转变为液态的温度称为清亮点，以 T_2 表示。T_1 与 T_2 之间的温度称为液晶温度范围。通常认为微生物的生长温度是与微生物细胞膜的液晶温度范围相一致的。

表 10-7　一些细菌和真菌的生长温度范围

微生物	温度范围/℃		
	最　低	最　适	最　高
玫瑰色错酸杆菌（*Acetobacter roseum*）	10	30～35	41
无色杆菌（*Achromobacter ichthyodermis*）	−2	25	30
大肠杆菌（*Escherichia coli*）	10	30～37	43
普通变形杆菌（*Proteus vulgaris*）	10	37	43
根癌土壤杆菌（*Agrobacterium tumefaciens*）	0	25～28	37
肺炎克氏杆菌（*Klebsiella pneumoniae*）	12	37	40
铜绿假单胞菌（*Pseudomonas aeruginosa*）	0	37	42
白喉棒状杆菌（*Corynebacterium diphtheriae*）	15	34～36	40
枯草芽孢杆菌（*Bacillus subtilis*）	15	30～37	55
嗜热乳杆菌（*Lactobacillus thermophilus*）	30	50～63	65
嗜热链霉菌（*Streptomyces thermophilus*）	20	40～45	53
构巢曲霉（*Aspergillus nidulans*）	5	25～37	38
灰绿葡萄孢霉（*Botrytis cinerea*）	0	15～25	35
好食链孢霉（*Neurospora sitophila*）	4	25～35	44
尖孢镰刀菌（*Fusarium oxysporum*）	4	15～32	40
苹果青霉（*Penicillium expansum*）	0	25～27	30
酵母菌（*Saccharomyces* sp.）	0.5	25～30	40

表 10-8　大肠杆菌在不同温度下的世代时间

温度/℃	世代时间/min
20	60
25	40
30	20
37	17
40	19
45	32
50	不生长

根据微生物的适宜生长温度，公认的可将微生物分

成四大类：嗜冷菌（psychrophile），具有较低最适生长温度，如生活在海洋或高寒地区的微生物；嗜温菌（mesophile），这类微生物最适生长温度居嗜冷与嗜热微生物中间，经常出现在温血动物体、温带和热带地区的陆地和水域环境中，大肠杆菌是目前研究较透彻的嗜温菌的典型代表之一；嗜热菌（thermophile），具有较高的适宜生长温度，这类微生物常常分离自堆肥、温泉等处；超嗜热菌（hyperthermophile），这种微生物具有极高的最适生长温度，可在热泉、深海火山口等处分离到，通常称这种环境为极端环境。随着人们不断地在一些地区发现的微生物，极大地丰富了我们对不同温度类型微生物的认识，也为人们获取不同的有用基因发现了很多新的自然资源。

低温下生存的微生物。自然界有很多低温环境，如高寒地区、海洋深处、北极和南极等。这些寒冷环境中虽然可生存的微生物有限，但毕竟在极低温度下也发现了原核微生物的生存。如嗜冷微生物可分为专性嗜冷微生物和兼性嗜冷微生物（或称耐冷菌）。嗜冷菌一般最适生长温度在5～15℃左右，最高生长温度低于20℃，最低生长温度在0℃以下。而耐冷菌的最适生长温度在10～20℃。

嗜热菌和超嗜热菌。细菌是嗜热微生物中最耐热的。按它们最适生长温度不同又可以分为嗜热菌和超嗜热菌。嗜热菌的最适生长温度65～70℃，40℃以下不能生长。超嗜热菌又称之为嗜高温菌，其最适生长温度在80～110℃，最低生长温度在55℃左右，大部分超嗜热菌是古生菌。嗜热微生物的酶和其他蛋白质比嗜温微生物中的酶和蛋白质更具有耐热性，并且这些大分子实际上只有在高温下才能起到最佳作用。其原因可能是氨基酸序列不同，使酶以不同的方式进行折叠，从而使此酶能耐受热变性作用。嗜热菌细胞膜的稳定性也与其耐热机制有关。它的细胞膜上长链饱和脂肪酸的比例随着温度的提高而增多，相应的不饱和脂肪酸则减少，而饱和脂肪酸比不饱和脂肪酸能生成更强的疏水链，这些疏水链更有利细胞膜对高温的稳定性。

图10-22列举了温度与典型的嗜冷菌、嗜温菌、嗜热菌及两种不同的超嗜热菌的生长速率的关系。

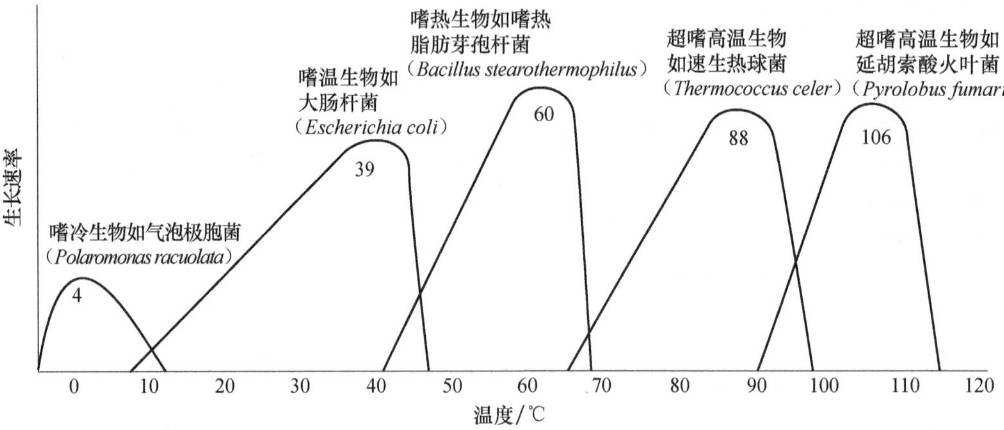

图10-22 温度与典型的嗜冷菌、嗜温菌、嗜热菌及两种不同的超嗜热菌的生长速率的关系

以上介绍了不同微生物类群的最高和最低温度范围，这些参数在人类的生产和生活中很有意义，人们可以通过利用控制不同温度达到保存有益微生物，杀死有害微生物的目的。如高温可促使细胞内蛋白质凝固变性，使酶系钝化，代谢停止而死亡。在一定条件下，细胞含水量高，代谢活动愈旺盛，对外界温度愈敏感，此时蛋白质愈易于凝固，所以在同一温度下，湿热灭菌比干热灭菌更容易引起微生物死亡。而低温处理微生物的目的在于抑制其生长，低温下酶活性降低，代谢活动缓慢，呈休眠状态，此时微生物生命活动几乎停止，但其并没有死亡。许多细菌能在－80℃～－20℃下保存活力。

4.1.2 氧气和微生物生长

很多生物的生长都需要氧气，但微生物对氧气的需求是多样的，如果人为地从对氧气的需求来大致划分，微生物有：好氧型，即一定需要足够的氧气才能生长；微好氧型，指对于氧分压的要求较低；厌氧型，指一类必须在无氧条件下生存的微生物。一些微生物也具有两种氧代谢途径，例如，大肠杆菌和酿酒酵母菌既可在有氧条件下生长，有可以在无氧条件下生存，这种现象在其他生物中尚未发现。

氧气在水中的溶解度较小，表10-9介绍了一些具体信息，显示了微生物的生长与氧气的关系。分别是好氧、厌氧、兼性好氧、微好氧及厌氧耐氧等几种类型。

由表10-9可以看出，微生物对氧气的需求和忍耐力区别很大。好氧菌（aerobe）指能在氧浓度达21%（即空气中氧含量，为完全氧分压）的条件下生长的微生物，有些微生物可以忍耐高浓度的氧（高压氧）。而微好氧菌（microaerophile）只有在氧气稀薄的空气中生存，通常是因为它们吸收氧气的能力有限或细胞中含有对氧气敏感的分子。厌氧菌（anaerobe）中又可分为耐氧厌氧菌（aerotolerant），该类型可以在有氧气的情况下生存，但不能利用氧气；而另一种是专性厌氧菌（obligate anaerobe），该类细胞中缺乏与氧气代谢相关的酶，不能去除某些氧化物而可能被氧气杀死。专性厌氧菌有不同类型的原核生物（细菌、古菌）、少数厌氧真菌和一些原生动物。

表 10-9　微生物与氧气的关系

微生物类群	与氧气的关系	代谢类型	举例[a]	生境[b]
好氧菌				
专性	需要	有氧呼吸	黄色微球菌（*Micrococcus luteus*）（B）	皮肤，尘土
兼性	不需要，但有氧时生长更好	有氧呼吸，无氧呼吸，发酵	大肠杆菌（*E. coli*）（B）	哺乳动物肠道
微好氧	需氧气，但氧气含量低	有氧呼吸	螺旋菌（*Spirillum volutans*）	湖水
厌氧菌				
耐氧	不需要氧气，有氧气存在生长不好	发酵	酿脓链球菌（*Streptococcus pyogenes*）（B）	上呼吸道
专性	与氧气失活	发酵或无氧呼吸	甲酸甲烷杆菌（*Methanobacterium formicicum*）（A）	污泥，湖底沉积物

资料来源：马迪根等（2009）。
a：括号中的字母表示系统发育地位（A. 古菌；B. 真细菌）。
b：表中列出微生物的典型生境。

图 10-23 显示了好氧微生物、厌氧微生物、兼性好氧微生物、微好氧微生物及厌氧耐氧微生物在培养基中的生长情况。该图直观地表示了不同微生物的生长与氧气的关系。

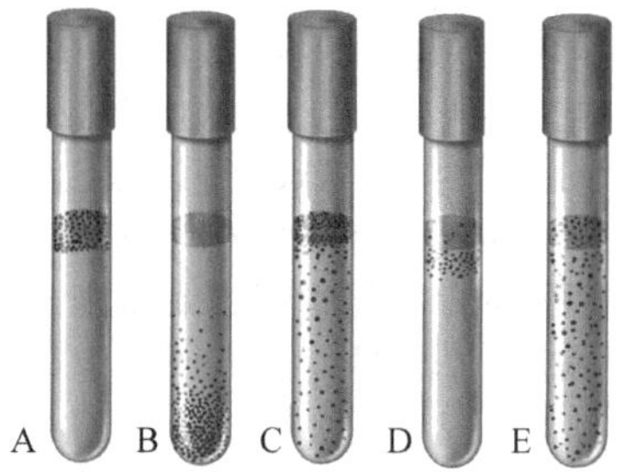

图 10-23　微生物生长与氧气浓度

示好氧微生物、厌氧微生物、兼性好氧微生物、微好氧微生物及厌氧耐氧微生物在培养基中的生长情况，在液体培养基中加入少量琼脂以防止液体晃动，且加入氧化还原指示剂刃天青，但被氧化时显粉红色，当被还原时则变成无色

A：氧气只在试管很浅的部位，专性好氧菌只在液体表面生长；B：厌氧菌对氧气敏感，只能在远离表面的部位生长；C：兼性好氧菌无论氧气存在与否均可生长，试管的每个部分都能存活，分散在整个试管；D：微好氧菌在远离含氧量高的地方生长，自行寻找最适氧分压的部位生长；E：耐氧厌氧菌可在整个试管内生长，但接近表面的地方长不好，因为这类微生物只能进行发酵

在实际生产中，好氧菌的培养必须提供充足的氧气，微生物在生长过程中不断消耗氧气，必须通过向培养基内强制通气或通过摇瓶的剧烈振荡获得氧气，好氧菌的培养目前比较容易，生产上好氧菌的培养一般都通过向发酵罐通入过滤灭菌的空气，通入空气的量可以根据需要自动或手动调节。对于厌氧菌的培养，重要的问题是最大限度地排除氧气。一般在发酵罐控制溶氧水平是可以做到的，但如果固体平板培养，最好采用专用的厌氧培养罐，所有操作应该在厌氧操作箱或厌氧工作站内进行。

在实际工作中，需要根据微生物生长适宜的氧分压培养微生物。特别是对于微好氧菌的培养，需要针对他们的来源及生长特点确定最适的供养水平，这在科学研究和生产实践中都很重要。

4.1.3　辐射

辐射是能量通过空间传递的一种物理现象。能量借波传播成为电磁辐射，而借原子及亚原子粒子的高速传播称为微粒辐射。电磁辐射包括可见光、红外线、紫外线、X-射线和 γ-射线。这些射线的波长不等。光速通过空间的速度为每秒钟 2.90×10^5 km。微粒辐射包括 α 质点辐射、β 质点辐射、中子辐射、质子辐射和电子辐射。

1. 可见光

可见光是光合微生物的能量来源。此外，光对真菌繁殖器官的形成也是不可缺少的。须霉属（*Phycomyces*）和水玉霉属（*Pilobolus*）的胞囊总是向光的，它们的感光区域处在胞囊之下（约 3mm），推测与孢子形成有关。现已发现很多真菌只有见光才形成孢子。

强烈的可见光会引起一些微生物死亡。这是由于光氧化作用（photooxidation）所致。当光线被细胞内的色素吸收，有氧时，引起一些酶活敏感成分失活；无氧时，不发生光氧化作用，吸收的光不会造成细胞损伤。

菌体细胞内的细胞色素和黄素可催化有可见光诱发的光氧化作用。有些微生物细胞内具有特殊的保护色素，如类胡萝卜素一类的色素能防止光氧化作用，金黄色葡萄球菌的橙黄色细胞，也可保护它在阳光下长期存活。

在细菌悬液内加入少量染色剂，如甲苯胺蓝、曙红或亚甲基蓝等，细胞经过这些染料处理后，则对可见光高度敏感，在可见光下照射几分钟后，即可引起细胞死亡，但如果在黑暗中它们可以继续生长。这种在低浓度染色剂中可见光对细菌的破坏作用称为光驱动作用，其原因是染色剂诱使细胞吸收可见光内某些波长的光线导致细胞死亡。

2. 紫外线

240～300nm的紫外线（UV）对微生物具有致死效应，250～280nm的紫外线毁灭力更强，300nm以上的紫外线生物效应低。不同微生物对紫外线的敏感性差异较大。革兰氏阴性无芽孢杆菌对紫外线最敏感，用15 W紫外线杀菌灯距离50cm照射1min，或距离10cm照射6s，几乎可以将大肠杆菌、痢疾杆菌、伤寒杆菌全部杀死。而杀死革兰氏阳性球菌的照射剂量需要增加5～10倍以上，病毒对紫外线的抗性更强。芽孢对紫外线的抗性比其营养细胞大5～10倍。干细胞比湿细胞抗性大。由于一些色素对紫外线有吸收能力，降低紫外线对核物质的辐射，因此带颜色的细胞能抗紫外线辐射。核酸和蛋白质分子结构具有吸收紫外线的能力，核酸的吸收光谱恰好是紫外线最有效的波长（即260nm），吸收紫外线后产生光化学反应使细胞受到损害。微生物需要吸收一定剂量后才能引起死亡。如果所吸收的剂量不足以使细胞致死时，则引起核蛋白或核酸的部分改变，导致突变。因此，紫外线照射也在微生物诱变中起重要作用。紫外线的作用在于引起DNA分子产生胸腺嘧啶二聚体，使DNA不能正常复制。紫外线照射的穿透能力不强，一张纸、一薄层玻璃或水均能滤过大量紫外线，因此，通常将紫外线用于空气灭菌或物体表面灭菌。

3. X-射线

X-射线是一种电离辐射，可以将被照射物质原子核周围的电子打出，使其变为阳离子，产生离子对，射出电子可以附于其他原子上，使后者变为阴离子。电子也可以再冲击其他原子，打出其外围所含电子，引起继发性电离，这种辐射作用称为电离辐射。

X-射线的穿透力极强，可以引起微生物的死亡或变异。在10～20cm距离照射20～30min可以引起琼脂平板上的大肠杆菌、炭疽芽孢杆菌、白喉棒状杆菌和葡萄球菌（*Staphylococcus*）等死亡，而对液体培养基中的菌体杀伤力不大。菌体细胞生长的不同阶段对X-射线的抵抗能力不同，例如，大肠杆菌在延滞期中对射线的抵抗力增加，而在对数生长期的细胞抵抗力迅速下降，被破坏的速度与细胞分裂的速度相平行，稳定期的细胞又可恢复抗性。

X-射线通过其所产生的离子化效应而具有杀菌作用。射线可以使水电离，其反应式为

$$H_2O \xrightarrow{\text{射线}} H_2O^+ + e^-$$
$$e^- + H_2O \longrightarrow H_2O^-$$
$$H_2O^+ \longrightarrow H^+ + [OH]$$
$$H_2O^- \longrightarrow [H] + OH^-$$

上述液体内经常有氧存在，氧与离子作用产生一些具有强氧化性的基团其反应式为

$$O_2 + e \longrightarrow O_2^-$$
$$O_2^- + H^+ \longrightarrow HO_2$$
$$O_2 + 2e \longrightarrow O_2^{2-}$$
$$O_2^{2-} + 2H^+ \longrightarrow H_2O_2$$

产生的过氧化氢和过氧化物是伤害微生物细胞的主要因子。在低张力下可降低细胞对X-射线的敏感性。许多还原性物质，如亚硫酸盐（$Na_2S_2O_4$）、半胱氨酸和其他硫氢基化合物都能降低X-射线的致死效应。

4.1.4 超声波

通常人类听觉感到的声波频率在9kHz/S以下，这种声波对微生物来说没有破坏作用。频率在9～20kHz/S以上的为超声波，它几乎对所有的微生物都能产生破坏作用，只是因细胞结构不同而敏感性不同。声波杀菌的效率与频率、功率、处理时间及细菌的大小、形状和细胞数量有关。高频率声波的杀菌效果较好。菌体形态大的比小的易杀死，这是因为小细胞可以累积在横振波节上，从而逃避超声波的摧毁效应。芽孢和病毒的抵抗力更强。

超声波处理微生物细胞使菌体破裂，细胞内容物渗出，因此，可以用来研究细菌细胞的构造和化学组成等。在超声波处理过程中，由于高频振动，造成细胞周围局部真空，引起细胞周围压力变化，导致细胞破碎，这称为超声波引起的“空穴”作用。此外，液体受到高频率声波作用，溶解的气体变成小气泡，无数小气泡的冲击，也会引起细胞破裂。

饮用水用超声波处理10～15min，对大肠杆菌有较强杀伤作用，超声波还可用于牛乳消毒，将其处理15～60s，可达到延长保存期的效果。此外，超声波在实际工作中的应用很多，如利用大肠杆菌作为受体表达异源蛋白，常在菌株诱导培养完毕后，进行超声波破碎细胞，从破碎液中回收提取目的蛋白，此时应注意的重要问题是，需将菌液置冰浴中进行破碎，否则，在超声波处理过程中产生的热量会导致目的蛋白失活。

4.1.5 表面张力

表面张力（surface tension）是液体表面层由于分子引力不均衡而产生的沿表面作用于任一界线上的张力。表面张力是物质的特性，其大小与温度和界面两相物质的性质有关。通常，由于环境不同，处于界面的分子与处于相本体内的分子所受力是不同的。在水内部的一个水分子受到周围水分子的作用力的合力为零，但在表面的一个水分子却不如此。因上层空间气相分子对它

的吸引力小于内部液相分子对它的吸引力，所以该分子所受合力不等于零，其合力方向垂直指向液体内部，结果导致液体表面具有自动缩小的趋势，这种收缩力称为表面张力。表面张力是物质的特性，其大小与温度和界面两相物质的性质有关。简言之，促使液体表面收缩的力叫做表面张力，液体表面相邻两部分之间，单位长度内互相牵引的力。表面张力是分子力的一种表现。它发生在液体和气体接触时的边界部分，是由于表面层的液体分子处于特殊情况决定的。

纯水在 25℃时表面张力为 72×10^{-5} N/cm^2。许多物质如高分子有机酸、醇、肥皂、去污剂、蛋白质和多肽都能降低水的表面张力，这些物质通常称为表面活性剂。一般含有营养物质的溶液表面张力约为 $45\times10^{-5}\sim65\times10^{-5}$ N/cm^2 多数细菌在此范围内生长良好，再降低则影响菌体形态、生长和繁殖。不同细菌对表面张力的忍受能力不同。一般革兰氏阴性细菌比革兰氏阳性细菌忍受力大。在 20℃下，营养液表面张力为 40×10^{-5} N/cm^2 时，适合大多数革兰氏阴性细菌生长。当在培养液中加入甘氨胆酸钠和牛磺胆酸钠，使表面张力降至 $37.2\times10^{-5}\sim37.5\times10^{-5}$ N/cm^{2}时，大肠杆菌、马铃薯芽孢杆菌（*B. mesentericus*）、巨大芽孢杆菌（*B. megatherium*）完全不能生长。但动物或人体肠道内的细菌，因长期生存在富含胆汁的肠道内，因而可适应较低的表面张力。肺炎双球菌（*Diplococcus pneumoniae*）和脑膜炎奈氏球菌（*Neisseria meningitidis*）在表面张力低于 50×10^{-5} N/cm^{2}时就不能生长。在低表面张力下，可使细菌体积加长并在液体培养基表面形成菌膜。也有的菌体由膜状生长变为悬浮状散生，如分枝杆菌在液体培养基呈菌膜状生长，如果在培养液中加入表面活性剂（如吐温 80）后，则呈现均匀的分散生长状态。表面活性剂可以通过它的极性基团与膜中的磷脂反应，非极性的部分插入到膜的疏水层，这样使膜结构发生损伤，导致菌体死亡。

可以利用细菌对表面张力的反应不同，选择性地分离和鉴定菌种。

4.1.6　渗透压

当两个含有不同浓度的溶液被一张半透膜分开，溶液就会从高浓度流向低浓度，这种现象称为渗透作用。由渗透作用所产生的力称为渗透压。在一定容量的溶液内，所含溶质的分子数量或分子和离子的数量，与渗透压成正比。浓度高的溶液，其渗透压也高。一种溶液的渗透压高于细胞渗透压时，称为高渗溶液；低于细胞渗透压为低渗溶液；等于细胞渗透压称等渗溶液。微生物细胞耐渗透压的能力差别很大。能生长在盐湖内的细菌称为嗜盐微生物，生长在糖溶液的酵母菌称为嗜糖微生物。它们都属于高渗微生物，但在一般情况下，高浓度的盐（10%～15%）和糖（50%～70%），能抑制微生物生长。在不同浓度的溶液中，由于微生物细胞渗透压改变而产生的影响，与不同水活度产生的影响相同，前面的章节里已有叙述，此处不再详述。关于微生物的耐渗机制则在第 11 章里阐述。

4.1.7　压力

许多微生物细胞都在正常大气压的环境中生存，在大气压过高的环境中不能生长，甚至会死亡。一般在 100～500atm 时，就会抑制微生物的生长和繁殖。但有些微生物能在几百甚至上千个大气压的海底和油井中生活。在深海中，在 1 000atm 的情况下，仍能生长的微生物称为嗜压微生物。一般菌体在高压下生长的延滞期延长，并影响细胞分裂，单细胞呈丝状生长。压力抑制微生物生长的表型变化是多方面的，例如，引起细胞质黏度、弹性和细胞容积的改变，引起某些酶的变性而失活，导致细胞膜透性改变等。

此外，高压的氧、氢和二氧化碳气体都会对微生物产生不同程度的毒害。例如，两个大气压的纯氧可使粪产碱杆菌（*Alcaligenes faecalis*）、一些弧菌和炭疽芽孢杆菌受到抑制，当除去过多的氧时，细胞可恢复生长。120atm 的氢可在 24h 内杀死大肠杆菌悬浮液中 10%～40%的细胞。50atm 的二氧化碳能于 1.5h 内将细菌营养体杀死，而酵母菌可忍耐 24h。高压的二氧化碳可在菌体内形成气泡，一旦压力突然下降，气泡则急剧冲出，将细胞撕碎。通常高压的氮气对细菌细胞无明显影响。

4.1.8　干燥

微生物正常的生命活动都离不开水，当环境中缺少水分干燥时，引起细胞内蛋白质变性或盐类浓度增加，从而抑制微生物生长或促进其死亡（参见第 3 章对水活度的阐述）。不同微生物对干燥抗性差异较大，多数寄生或腐生细菌的营养细胞可在大气下干化死亡。结核分枝杆菌在干燥下能存活几个星期。细菌芽孢、酵母菌的子囊孢子、丝状真菌的有性孢子及厚壁孢子抗干燥能力强，而丝状真菌菌丝体抗干燥能力弱。

一般干燥的作用与温度有关，在干燥环境中，温度越高，微生物越容易死亡。干燥后存活的微生物若处于低温下，可长久保存其活力。此外，若干燥在缓慢中进行，微生物死亡率高，若快速干燥，则不宜引起死亡。干燥效果还与菌龄、空气及基质性质有关。在蒸馏水中的微生物干燥后易死亡，在含淀粉、糖、蛋白质基质中的微生物，干燥后可存活较长时间，可以将这些基质视为保护剂。目前采用冷冻干燥法保存微生物，通常加入脱脂牛奶作为保护剂。

干燥可以抑制微生物生命活动，因此，食品工业采用干燥法保存食品，但只能使微生物处于被抑制生长的状态，一旦遇到温湿环境又能恢复生长。

4.1.9　氧化还原电位

氧化还原电位代表氧化剂和还原剂的相对强度，通常以“*Eh*”表示，以伏特计量。环境中的氧化还原电位对微生物生活影响很大，这与微生物对氧的需求量有关。好氧微生物只能在氧化还原电位较高的培养基生长；相反，厌氧微生物则只能在氧化还原电位低的培养基中生长。而兼性好氧或兼性厌氧微生物的适应范围较广。

培养基中氧分压越高，氧化还原电位越强。一些还原剂，如抗坏血酸、H_2S 或含有 SH 基的有机化合物（半胱氨酸、硫二乙醇酸、二硫苏糖醇和谷胱甘肽等）都能降低培养基内的氧化还原电位。铁也能降低 *Eh* 至 −0.40V。此外，培养基 pH 低时，氧化还原电位高，pH 高时，氧化还原电位低，在许多氧化还原系统中，每降低一个 pH，*Eh* 将会增加 0.06V。一般 pH 中性条件下表示氧化还原电位值，Eh' 是指 pH7.0 时的电位。在自然界中，氧化还原电位上限是 $Eh'=+0.82V$，存在于高氧，而氧不被利用的环境中。氧化还原电位下限为 $Eh'=-0.42V$，是在富含（H_2）的环境中显示出来的。

微生物在生长过程中，会改变其周围的氧化还原电位。好氧或兼性好氧的微生物在体内进行生物氧化的过程中消耗氧或其他氧化型的氢受体，同时产生还原性产物（如 H_2，H_2S），因而使 *Eh* 下降。例如，好氧性的酿脓链球菌在 *Eh* 为 0.3V 时的培养基中生长，其后，*Eh* 会逐渐下降至 0.15～0.2V。厌氧性的微生物只能在较低的 *Eh* 的条件下开始生长，但伴随生长，也可使 *Eh* 降低至 −0.4V 或更低。各种微生物生长要求不同的 *Eh*。表 10-10 列举出不同微生物的最适氧化还原电位值。

表 10-10　不同微生物生长最适氧化还原电位的范围

微生物名称	最适 *Eh*	说　明
好氧微生物	+0.3～0.4V	*Eh* 在 0.1V 以上均可生长
兼性厌氧微生物	0.1V 以上	进行有氧呼吸
	0.1V 以下	进行发酵

另外，破伤风梭状芽孢杆菌的芽孢，要求 *Eh* 0.01V 以下时才能萌发，当芽孢存在于正常的皮下组织内，*Eh* 高（蛋白质中-SH 基或其他物质处于氧化状态）而不能萌发。若从创伤口进入异物等，导致组织坏死、缺氧，*Eh* 下降，芽孢才能萌发而产生毒素，引起破伤风症状。

4.2　化学因子

化学因子包括营养物质、氢离子浓度、氧及化学药物等、由于营养物质、氧等均已在其他章节讨论，因此，本章只涉及氢离子浓度和化学药物对微生物生长的影响。

4.2.1　氢离子浓度

微生物需要在一定酸碱度的环境中才能正常生长繁殖。每种微生物生长繁殖所适宜的 pH 都有一定范围。在一定范围内可以分为最低 pH、最适 pH 和最高 pH。虽然微生物在最低 pH 和最高 pH 环境中尚能生存和生长，但生长缓慢，容易引起死亡 。各种微生物所需 pH 差异很大（表 10-11），一般丝状真菌适宜的 pH 范围最大，酵母菌较小，二者生长最适 pH 偏酸性在 6.0 以下。细菌适应的 pH 一般为 7.2～7.5，多适于偏碱性环境，但也有例外。现已知有几种细菌为嗜酸性细菌，它们不能在 pH 中性的条件下生长，专性嗜酸性细菌有硫杆菌属及属于古菌范畴的几个属，包括硫化叶菌、热原体属和铁原体属。

表 10-11　几种常见微生物生长的 pH 范围

微生物	最　低	最　高	最　适
大肠杆菌	4.3	9.5	6.0～8.0
结核分枝杆菌	5.0	8.4	6.0～7.5
枯草芽孢杆菌	4.5	8.5	6.0～7.5
啤酒酵母菌	2.5	8.0	4.5～5.8
黑曲霉	2.5	10.5	3.8～6.0

控制嗜酸性的重要因素是细胞膜的稳定性。当 pH 升到中性时，专性嗜酸性菌的细胞膜实际上会溶解，且细胞也会解体，暗示膜的稳定性需要高浓度 H^+。现已知最嗜酸的原核微生物为星名氏嗜酸菌（*Picrophilus oshimae*），其生活得最适 pH 为 0.7，pH 高于 4 时细胞会裂解。它的生活环境为火山喷发后形成的极端酸性土壤。

尚有一些微生物生长所需最适 pH 较高，有的高达 pH 10，这类微生物被认为是嗜碱菌（alkaliphile）。通常可以在高度碱性栖息地（纯碱湖或高碳土壤）发现嗜碱菌。研究较多的碱性原核生物是芽孢杆菌属一些极端嗜碱菌也是嗜盐菌，且为古菌。由于在高 pH 生存的微生物生活面临着很多生物能学问题，因此嗜碱菌非常引人注意。如在细胞质外高 pH 情况下能否建立起质子动力？通过研究坚强芽孢杆菌（*B. firmus*）发现，是钠离子的梯度而非质子动力为细胞的运动和运输提供动力，但同时也产生质子动力，这些质子动力主要用于合成 ATP。某些嗜碱菌已经在工业中应用，如它们产生的碱性蛋白酶，已经在工业和家庭去污剂中得以应用。

一般来说，最适生长 pH 只代表了细胞外（extracellular）环境的情况，而细胞内（intracellular）环境通常接近中性。以防止那些对酸、碱敏感的大分子受到破坏。对于大多数适于在 pH 为 6～8［指嗜中性微生物（neutrophile）］的微生物来讲，其细胞膜保持中性或接近中性。图 10-24 显示了不同 pH 所对应的环境条件与不同微生物的关系。然而，嗜碱性和嗜酸性微生物细胞内部的 pH 可能会有所变化。如星名氏嗜酸菌，人们检测得知其细胞内 pH 为 4.6，而嗜碱菌细胞内 pH 为 9.5。

在分批培养微生物生长的过程中，由于代谢反应消耗或细胞产生一些酸、碱物质，pH 也会随之改变。因此，经常需要将缓冲液加入到培养体系中，以维持恒定

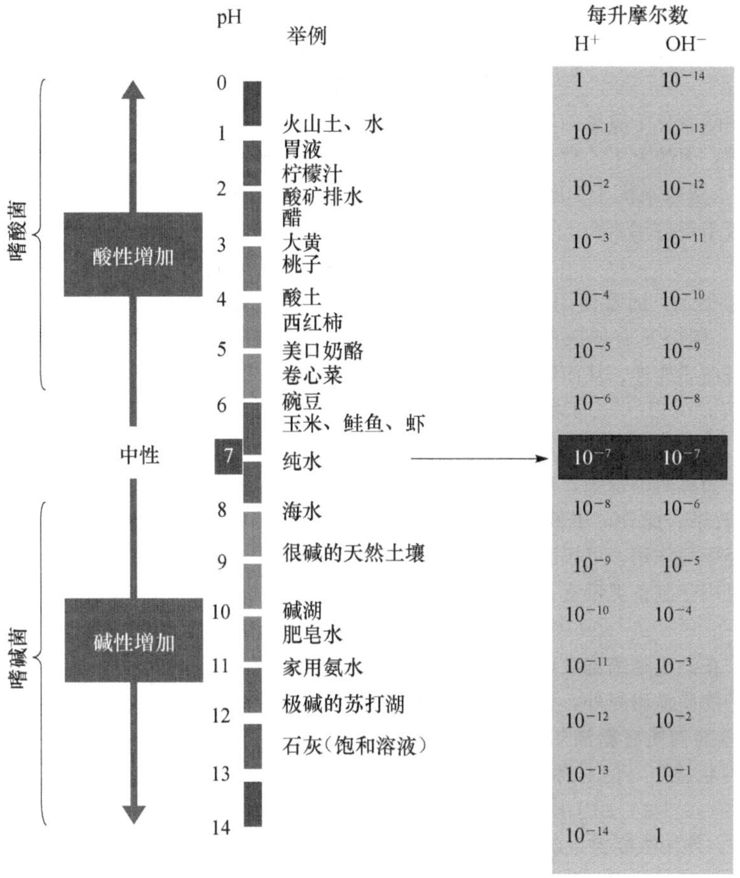

图 10-24　微生物生长的 pH 范围（马迪根等，2009）

值得注意，虽然微生物可在极低或极高 pH 环境中生长，但其细胞内部的 pH 则接近中性

的 pH。特别是在发酵生产中，选择适宜的缓冲剂，调整 pH 的恒定，对于细胞生长和产物积累都是很重要的控制措施之一。

4.2.2　化学药物

药物的抑菌和杀菌效应，受许多环境因子的影响，时间是一个重要因子，因为需要经过一定的处理时间，药物才能进入细胞的各个部分和整个细胞。如果处理时间不够，会有一部分细胞不受药物影响而存活。药物杀菌一般是在开始时杀死绝大多数细胞，经一定时间后，死亡率迅速降低。在许多情况下，药物的杀菌效应符合对数残留定律。抑制和杀死微生物的化学药物可分为：有机化学药物、无机化学药物、染色剂及其他，现分述如下。

1. 有机化合物

常用的有酚、醇、醛类及表面活性剂。

1）**酚类**

酚又称是碳素酸，是一种常用的消毒剂。并常被用作比较其他消毒剂药物效果的标准物质。一般在实验室常用的苯酚浓度为 5%，此浓度可以杀死营养体。杀死芽孢则需要数小时或更长时间，真菌孢子及许多病毒对苯酚有抗性。

酚的衍生物，如甲酚、间苯二酚和六氯苯酚等，亦有杀菌效应。甲酚的肥皂乳化剂，即来苏儿，杀菌效力比苯酚强四倍。酚能使菌体细胞壁和细胞膜受到损害，并使细胞内蛋白质变性，还能抑制脱氢酶和氧化酶活性，阻碍细胞正常代谢。

2）**醇类**

醇类也可作消毒剂。但只有稀释后的乙醇才有作用。70%（质量）或 77%（体积）的乙醇作用最好。50%以下浓度的乙醇杀菌效率降低，但仍有一定的抑菌作用。如果用 25%乙醇作为疫苗防腐，其效果优于 0.5% 苯酚。细菌营养体对乙醇比较敏感，但芽孢则不敏感。所以，商品乙醇中可能会含有芽孢，需经细菌过滤器或采用蒸馏法除去芽孢。乙醇对于细菌营养体的作用也是需要时间的，如杀死金黄色葡萄球菌需要半小时，杀死大肠杆菌需要 6h；杀死枯草芽孢杆菌需要 8 天以上，杀死炭疽芽孢杆菌需要 50 天以上。如果在 70% 乙醇中加入 1% H_2SO_4 或 NaOH，可以 1～2 天内杀死枯草芽孢杆菌的芽孢。乙醇能降低重金属盐、苯酚、甲醛等物质的杀菌力，但对碘和升汞来说可以增加其效力。碘酒即是一种较好的皮肤消毒剂。

乙醇的杀菌机制是由于它具有脱水作用，使菌体蛋白质脱水变性。乙醇还能溶解物品表面的油脂，所以有机械除菌的作用。纯或高浓度乙醇能使菌体表面蛋白质凝固，使乙醇不易渗透进入细胞里面，因此杀菌效果极小或丧失杀菌力。

通常醇的杀菌作用随着分子质量的增加而增加，丁醇的杀菌作用大于丙醇，丙醇大于乙醇和甲醇。异丙醇的 90%～95% 溶液的杀菌效果优于 70%的乙醇，但因其具有刺鼻气味而一般不予使用。

3）**甲醛**

甲醛是气体，能溶于水，通常使用 37%～40% 甲醛溶液（即福尔马林）。甲醛具有还原作用，它能与蛋白质的氨基结合而使蛋白质变性，从而影响细胞正常生长。甲醛作用比苯酚强，0.1%～0.2% 的甲醛溶液能杀死细菌的营养体，5%的甲醛溶液能杀死芽孢和真菌孢子。甲醛溶液可以作为熏蒸消毒剂，对室内空气和物体表面具有一定消毒效果。此外，甲醛还具有脱毒作用，如某些细菌毒素经甲醛作用，可以脱毒但仍保持其抗原性，因此，甲醛可用于制备类毒素。

4）**表面活性剂**

表面活性剂可吸附在微生物细胞表面，由此改变了细胞透性，使细胞内的物质溢出膜外，引起细菌损伤或死亡。常用的表面活性剂物质有新洁尔灭、杜灭酚等。新洁尔灭刺激性小，性状稳定，但对芽孢无杀菌作用，一般使用浓度为 0.05%～0.1%，用于皮肤、器械消毒。杜灭酚性状也比较稳定，使用浓度为 0.05%～0.1%，用于皮肤、器械、棉织品、塑料及橡皮物品的消毒。表面活性剂遇到肥皂、合成洗涤剂时，能降低其杀菌作用。

2. 无机化合物

常用的有重金属盐和氧化剂。

1）**重金属及其他化合物**

重金属离子容易与带负电荷的细菌细胞相吸附，与菌体蛋白亲和力较大，所以它的抗菌作用比同原子价的轻金属强。在低浓度重金属溶液中的菌体，离子可以不断地进入细胞而大量积累，致使细胞死亡，这种致死效应被称为微动作用。

（1）**汞**　常用的汞化物有二氯化汞、氯化亚汞、氧化汞和有机汞。二氯化汞又称升汞，杀菌力极强，（1∶400 000～1∶800 000）的稀释液，37℃下 2h 即可杀死金黄色葡萄球菌，升汞的杀菌作用与温度有关，例如，伤寒沙门氏杆菌（*S. typhi*）用 0.05%升汞处理，在 0℃经 100min 处理死亡，而在 40℃时只需 1.5min 即死亡。汞的作用是其与菌体内酶蛋白的—SH 基结合，使其失活。同时，汞也对人体和动物具有较强的毒害作用，使用时应特别小心。有机汞化合物的毒力小于无机汞化物，对人体及动、植物毒性较轻，因此，常用作防腐剂和植物杀菌剂。

（2）**铜**　作为杀菌剂的铜化物主要是硫酸铜。硫酸铜和石灰制成的波尔多液是最古老的杀菌剂。铜盐的作用在于它能使细菌蛋白质变性。此外，铜还可以与溶液中或菌体中蛋白质结合，形成沉淀物而附着在细菌表面，使之不能从外界吸收营养而影响生长。硫酸铜杀灭真菌和藻的效力较强，储水池等处加入少量硫酸铜可以防止藻类生长。

（3）**银**　以硝酸银的应用最多。使用浓度一般为 1：1 000 的溶液。常用 1%的硝酸银滴在新生婴儿眼内，防止淋菌性眼炎。胶体银化物含有蛋白质和金属银或氧化银，在胶体溶液内随时释放出银离子抑菌或杀菌，作为防腐剂应用。

（4）**砷**　三价砷比五价砷对细菌和酵母菌的毒性大。有机砷化合物对锥虫和螺旋体有强毒性。由德国科学家 Paul Ehrlich 合成的著名有机砷化合物洒尔佛散（606）及其衍生物新洒尔佛散（914）是防治梅毒的标准化学治疗剂。它们的结构式为

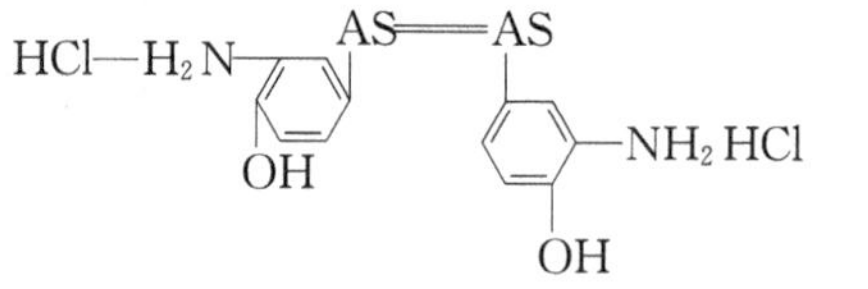

606

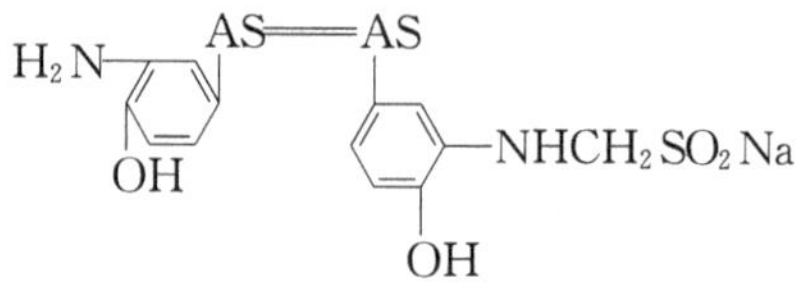

914

2）**氧化剂**

氧化剂可释放出游离氧，或使其他化合物放氧，通过氧化作用产生杀菌效果。

（1）**高锰酸钾**　具有很强的氧化能力，1∶1 000 的溶液即可杀菌。2%～5%溶液对芽孢有效，可使其在 24h 内死亡。在酸性溶液中杀菌能力增强，例如，1%高锰酸钾和 1%盐酸混合溶液，可在 30s 内破坏炭疽芽孢杆菌的芽孢。当高锰酸钾遇到有机物时，可被还原成氧化锰（MnO_2），则失去杀菌功能，因此，其作用范围有限。

（2）**过氧化氢**　过氧化氢不稳定，容易分解成水和新生氧，后者有杀菌能力。3%的过氧化氢溶液可用于洗涤伤口或被细菌污染的部位，放出的氧可以控制厌氧菌的感染。

（3）**卤素**　卤素有杀菌能力，杀菌力的能力一般为 F＞Cl＞Br＞I。

氟可作为防腐剂，氟化物可与镁离子结合生成沉淀，使以镁离子为辅基的酶（如烯醇化酶）失去活性，因而影响细胞代谢作用。

氟化物加到牙膏中能起到防龋作用，因为氟化物与牙釉质作用可在牙釉质表面形成氟磷灰石，提高牙釉质的硬度和抗酸能力，并可减少菌斑的形成，减少龋齿的发病率。

氯气可用做饮用水或游泳池消毒剂。采用 0.2～0.5mg/L 水溶液即有效，但需要特殊设备。最普遍使用的是次氯酸钙盐，即漂白粉［$Ca(ClO)_2$］，含有 5%～20%的漂白粉的粉剂或液剂可作为消毒剂。氯和次氯酸

钙分解时产生次氯酸（HClO），次氯酸分解成盐酸和初生态氧，反应式为

$$Ca(OCl_2)+2H_2O \longrightarrow Ca(OH)_2+2HClO$$

$$2HClO \longleftrightarrow H_2O+OCl_2$$

$$OCl_2 \longrightarrow [O]+Cl_2$$

$$Cl_2+H_2O \longrightarrow HCl+HClO$$

$$HClO \longleftrightarrow HCl+[O]$$

[O] 是强氧化剂。氯也可以侵入细胞，直接与细胞物质结合，使代谢产生障碍，引起死亡。

溴在浓度很低时仍是活泼的杀菌剂，有时用作游泳池消毒。

碘可作为皮肤消毒剂。碘在水中溶解度极低且有挥发性，但它与碘化钾混合后，形成可溶性 KI_3，既增加了碘的溶解度，又可降低其挥发性。常用碘、碘化钾和乙醇配置成碘酒应用。碘可杀死许多细菌、芽孢和真菌，作用机制可能是和细胞内酶结合，破坏细胞正常代谢作用。

3）**染色剂**

带有正电荷的碱性染色剂，如结晶紫、亚甲蓝、曙红、孔雀绿、亮绿、吖啶黄等均有抑制细菌生长的作用，而且革兰氏阳性细菌比革兰氏阴性细菌敏感。因为革兰氏阳性细菌的等电点低于革兰氏阳性细菌，在碱性和中性环境下，革兰氏阳性细菌所带负电荷比革兰氏阴性细菌多，易于与带正电荷的碱性染色剂结合。不同染色剂的抑菌作用不同，其中吖啶黄的抑菌谱最广，抑菌力和杀菌力很强。细菌对各种染色剂的敏感性不等。例如，1∶1 000 000 的孔雀绿可抑制金黄色葡萄球菌的生长，而抑制大肠杆菌则需要 1∶3 000 的浓度。通常染色剂的抑菌作用有选择性，利用这种特点可进行细菌分离，还可进行肠道细菌的鉴别培养。

4）**其他**

其他对微生物生长有影响的是化学治疗剂。化学治疗剂是指杀死或抑制宿主体内微生物或其他寄生物的化学药品。其与消毒剂的差别在于，消毒剂对于宿主和微生物具有同等的毒性，而化学治疗剂对宿主和微生物的作用则有选择性，它主要作用于微生物，使其生长受到抑制或引起死亡，但对宿主无作用或作用甚微。这些药剂可分为两大类，一类是抗代谢物，另一类是抗生素。有关抗生素的作用在第 8 章中已详细介绍。图 10-25 简要说明了作用于细菌的某些抗生素及它们作用的主要部位。这些是临床上广泛使用的化学治疗剂，它们的作用可以抑制微生物的生长或杀死微生物。

抗代谢物是一类在化学结构上与细胞某些代谢物结构类似，可以干扰正常代谢活动的物质，也称代谢拮抗物。例如，磺胺、氨基叶酸、6-氨基嘌呤、异菸肼、5-氟尿嘧啶等常被应用为主要的抗代谢物。目前所知抗代谢物的作用包括三个方面。

① 抗代谢物与底物竞争酶的活性中心，使菌体正常代谢物不能合成。例如，磺胺与对氨基苯甲酸结构类似，二者竞争二氢叶酸合成酶，使对氨基苯甲酸不能参与叶酸合成，结果细胞内需要叶酸参与的代谢反应不能进行，无法维持正常生长。

② 抗代谢物取代正常代谢物，合成无生理活性的物质。例如，8-重氮鸟嘌呤取代鸟嘌呤合成核苷酸，这种核苷酸参与合成 RNA，不具备正常的功能，不能合成蛋白质。

③ 某些抗代谢物与某一合成途径的终产物结构类似，因此可以进行反馈调节，破坏了正常的代谢调控。例如，6-氨基腺嘌呤，当它与相应物质合成 6-巯基腺嘌呤核苷酸时，可以抑制腺嘌呤核苷酸的合成（图 10-26）。

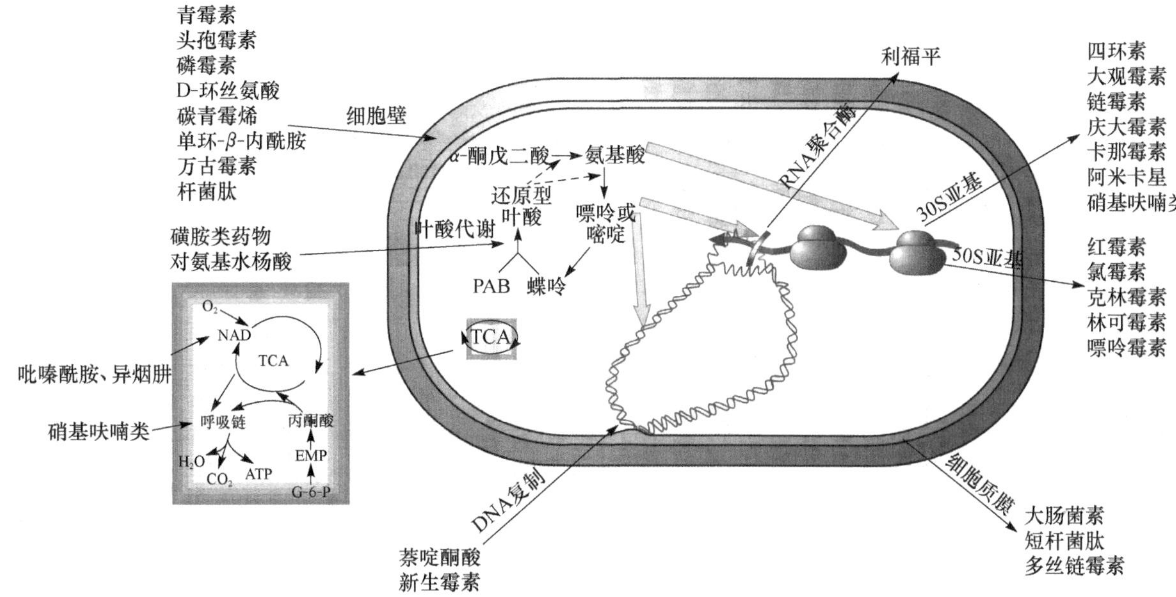

图 10-25　某些抗生素及抗代谢物的作用部位（沈萍等，2009）

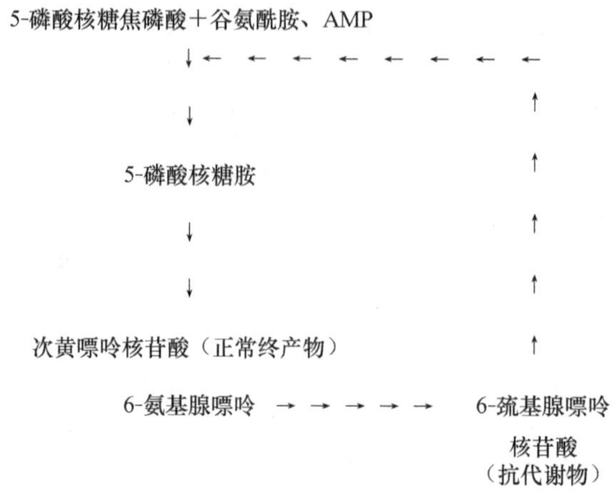

图 10-26　6-巯基腺嘌呤的抗代谢作用

本章主要介绍了微生物（细菌、放线菌、酵母菌、丝状真菌）的生长及其环境条件对微生物生长的影响，有关微生物对环境反应的应答机制，请参见第 11 章内容。

思　考　题

1. 如何理解细菌的生长与繁殖？细菌、真菌与放线菌的生长与繁殖有哪些主要区别？
2. 简述在细菌的细胞分裂过程中，参与细胞分裂的主要蛋白质及其功能。
3. 酵母菌的细胞周期都发生了哪些事件？
4. 丝状真菌的生长有哪些特点？如何检测其生长？
5. 丝状真菌顶端生长的机制是什么？
6. 细菌群体生长的测定方法有哪些？
7. 单细胞微生物的生长曲线在生产中有什么意义？
8. 什么是微生物的连续培养？有哪些方式？各自有何特点？
9. 在生产中如何应用连续培养的原则指导生产，请举例说明。
10. 影响微生物生长和繁殖的因素有哪些？

主要参考文献

李季伦，张伟心，杨启瑞登．1993．微生物生理学．北京：北京农业大学出版社．
马迪根，马丁克．2009．BROCK 微生物生理学．11 版．李明春，杨文博译．北京：科学出版社．
沈萍，陈向东．2009．微生物学．北京：高等教育出版社．
邢来君，李明春，魏东盛．2010．普通真菌学．北京：高等教育出版社．
杨苏声，周俊初．2004．微生物生物学．北京：科学出版社．
Janne M W，Linda M S，Christopher J，et al．2008．Prescott，Harley，and Klein's Microbiology．7th ed．NewYork：McGraw-Hill Companies，Inc．．
Micheal T M，John M M，et al．2009．Brock Biology of Microorganisms．12th ed．San Francisco：Pearson Education Inc．．
Moat A G，Foster J W，Spector M P. 2002．Microbial Physiology．4th ed．NewYork：Wiley-Liss．
Moat A G，Foster J W，Spector M P．2009．微生物生理学．4 版．李颖，文莹，关国华，等译．北京：高等教育出版社．
Roger R L．2011．How does a hypha grow? The biophysics of pressurized growth in fungi．Nature Reviews，9：509-518．

第 11 章

微生物对环境胁迫的反应

微生物是通过与不断变化的外界环境条件发生交互作用而进行生长繁殖的。在环境条件适宜时，如供给充足的营养，处于合适的温度、pH、溶氧水平和溶质浓度的条件下，微生物会以最快的生长速率生长。以上任何条件的改变都会影响微生物的生长速率，造成对微生物的环境胁迫（environmental stress），其生长会受到抑制，甚至引起死亡。因此，微生物感受环境信号并对信号变化迅速作出反应的能力对其自身生存至关重要。实际上，在实验室之外的环境中，很少存在能满足微生物以最快生长速率生长的条件，大多数微生物都长期生活在环境胁迫的状态下。微生物具有对环境条件做出迅速反应的能力：可以通过趋向运动趋向或趋避环境影响；也可以通过调整体内的代谢过程或改变细胞结构以应对不良环境，使其在不良环境下仍能进行正常的生命活动或保持其生命力。本章将重点论述微生物在各种环境胁迫条件下所做出的生理及遗传性反应。

第 1 节　微生物的趋向性

趋向性（taxis）是微生物对环境中的物理、化学或生物因子作出的有方向性的应答运动。当环境条件有利于微生物生长时，它们向已变化了的环境运动，称正趋向性。如果环境不利于微生物生长，则他们作趋避运动逃离这种环境，称负趋向性。这是微生物适应环境得以生存的一种基本方式。根据环境因子性质的不同，趋向性又可以分为趋光性、趋化性、趋温性、趋氧性及趋磁性等不同类型。

1.1 微生物的趋光性

许多光合微生物表现出趋光性（phototaxis）。光合细菌在一个有光照的溶液体系中运动，当它偶尔离开光区时，菌体立即停止并改变运动方向以回到光照中。细菌还可区别亮光和隐蔽光，它们反应的不是光的绝对量，而是光的强度差别。趋光细菌可以区别两个强度只差5%的光源。通过对不同波长光波的趋光性，可使光合细菌定位于最有效进行光合作用的位置上。实验证明光合细菌耶拿硫螺旋菌（*Thiospirillum jenese*）趋光并集中生长在细菌叶绿素a吸收的波长区域内（图11-1）。

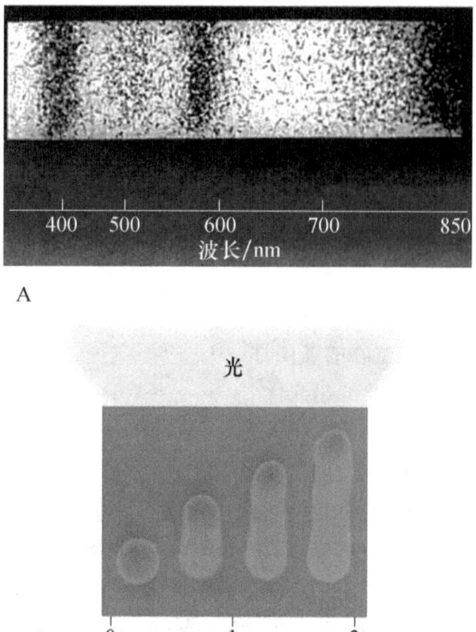

图11-1 光合细菌的趋光性（Madigan et al.，2009）
A：耶拿硫螺旋菌在其细菌叶绿素吸收的光波波长区域内聚集，将可见光光谱照射在含有浓细菌悬液的载玻片上，一段时间之后，细菌选择性聚集在特定的波长上，细菌聚集的波长是细菌的光合色素细菌叶绿素a吸收的波长；B：光合紫细菌菌落的趋光性，这种趋光性很强的细菌整体向上部的光源移动

1.2 微生物的趋化性

在趋向性中研究得最深入的是微生物的趋化性。微生物朝向或离开化学物质而运动称为趋化性。正趋化性是朝向化学物质（吸引剂）运动；负趋化性是离开化学物质（趋避剂）的背向运动。趋化性是对环境中化学物质的反应，细胞首先要有相应化学物质的感受系统。细菌运动可分为直线和翻滚两种方式，直线运动为细菌沿一个方向运动（通过鞭毛逆时针旋转引起），翻滚为细菌随机翻滚（通过鞭毛顺时针旋转引起）。在没有吸引剂或趋避剂浓度梯度的环境中，微生物以大量随机翻滚方式进行运动（图11-2A）。在存在吸引剂或趋避剂浓度梯度时，微生物感受到高浓度吸引剂或者趋避剂时，以较长的直线和较少翻滚的方式进行运动（图11-2B）。

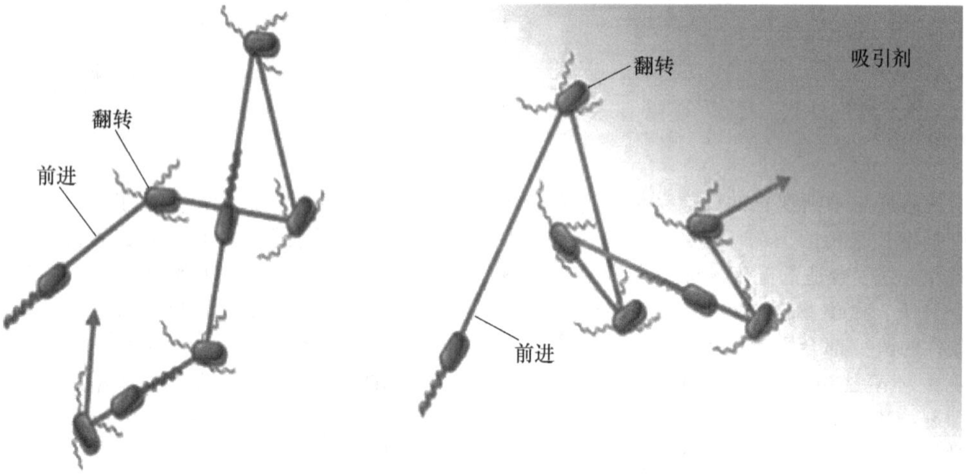

图11-2 细菌的趋化运动（Madigan et al.，2009）
A：在没有吸引剂的环境中，微生物以大量随机翻滚方式进行运动；B：在存在吸引剂浓度梯度时，微生物以较长的直线和较少翻滚的方式进行运动

如在细菌悬液中插入含有吸引剂的毛细管，可通过毛细管产生的化学梯度观察细菌的趋化性。吸引剂在毛细管的底部扩散，细菌会聚集进入毛细管。一段时间后毛细管中细菌的数量可以反映吸引剂的强度和趋化性的速度（图11-3），也可以在琼脂平板表面观察细菌的正趋化性和负趋化性（图11-4）。如果将细菌接种在含有吸引剂的半固体琼脂平板的中央，细菌耗尽所在位置的营养物质后，会沿着吸引剂的浓度方向游动，最后形成细菌的扩展环。如果半固体平板上含有趋避剂，则细菌会远离趋避剂，在平板上产生一个透明圈。

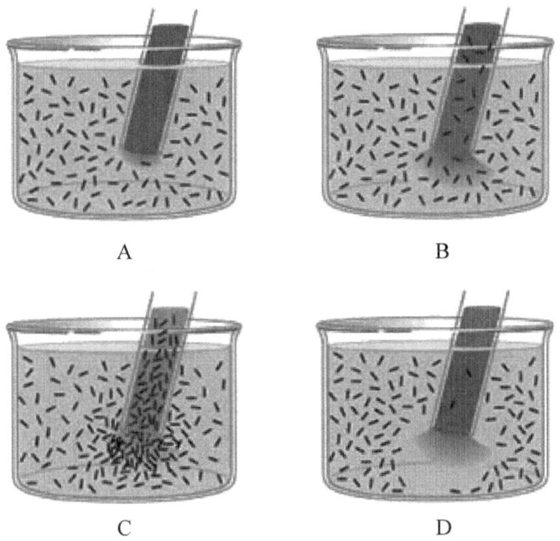

图 11-3　通过毛细管观察细菌的趋化性
(Madigan et al., 2009)

A：将毛细管插入到细菌悬液中，随着毛细管的插入，形成化学梯度；B：对照毛细管含有既不是吸引剂也不是趋避剂的盐，毛细管中的细菌浓度与外部的相同；C：细菌聚集在含有吸引剂的毛细管中；D：细菌远离含有趋避剂的毛细管

有些细菌会感受浓度非常低的吸引剂（如 10^{-8} M 的糖），细菌对吸引剂响应的程度随吸引剂的浓度增大而加强。而通常只在趋避剂的浓度较高时细菌才能感受到。如果吸引剂和趋避剂同时存在，细菌会比较它们信号的强弱并对较强的信号作出响应。微生物通过化学感应蛋白（化学受体）感受吸引剂和趋避剂，化学受体是可结合化学物质并将信号传递给化学感受系统其他组分的特殊蛋白质（图 11-5）。目前已发现 20 多种吸引剂的化学受体和 10 多种趋避剂的化学受体。这些化学受体可能存在于细胞的周质空间或质膜上，与所结合的化合物有特异性，但这种特异性并非绝对的。如半乳糖的化学受体也识别葡萄糖和果糖，而甘露糖的化学受体也识别葡萄糖，有些受体蛋白甚至参与糖运输到细胞内的最初阶段。

趋化性在大肠杆菌中研究得最深入。化学受体中有一类称为甲基受体趋化蛋白（MCP）。现在已经在大肠杆菌中发现了 5 种不同的 MCP，均为跨膜蛋白。每种 MCP 分别识别一些化合物，例如，Tsr MCP 识别丝氨酸，Tar MCP 识别吸引剂天冬氨酸、麦芽糖和重金属趋避剂，如钴和镍（图 11-6）。有些 MCP 可与吸引剂或趋避剂直接结合，也有 MCP 需要通过周质空间的结合蛋白作用与吸引剂间接结合。MCP 与吸引剂或趋避剂结合后，随即启动了与细胞质中一系列蛋白质的相互作用，最终驱动鞭毛的旋转（图 11-5）。

趋化性的分子机制十分复杂，涉及蛋白质的构象变化、蛋白质的甲基化和蛋白质的磷酸化（图 11-5）。正如在第 2 章中所介绍的，MCP 可与细胞质中的 CheW 和 CheA 相互作用。当一种化合物结合到 MCP 上时，在 CheW 的协助下 CheA 蛋白发生构象变化，通过消耗 ATP 发生磷酸化。磷酸化的 CheA 蛋白可将它的磷酸基团传递给 CheY 蛋白，磷酸化的 CheY 蛋白在细胞质中扩散到达鞭毛的基部与 FliM 开关蛋白相互作用促使鞭毛顺时针旋转，细菌翻滚。去磷酸化的 CheY 蛋白不能与鞭毛马达结合，鞭毛就会逆时针旋转，导致细菌的直线运动。营养物质的结合会导致 CheA 蛋白的去磷酸化、鞭毛的逆时针旋转和直线运动；而趋避剂的结合则加快 CheA 蛋白的磷酸化。当没有吸引剂和或趋避剂存在时，系统维持一种 CheA 磷酸化和 CheY 磷酸化的中间水平，这导致细菌处于一种正常的随机翻滚的模式。CheZ 蛋白可以将 CheY 去磷酸化，使得细菌可以进行直线运动而非翻滚。磷酸化的 CheA 也可以将磷酸基团传递给 CheB，但是这个过程要远慢于 CheY 的磷酸化过程。

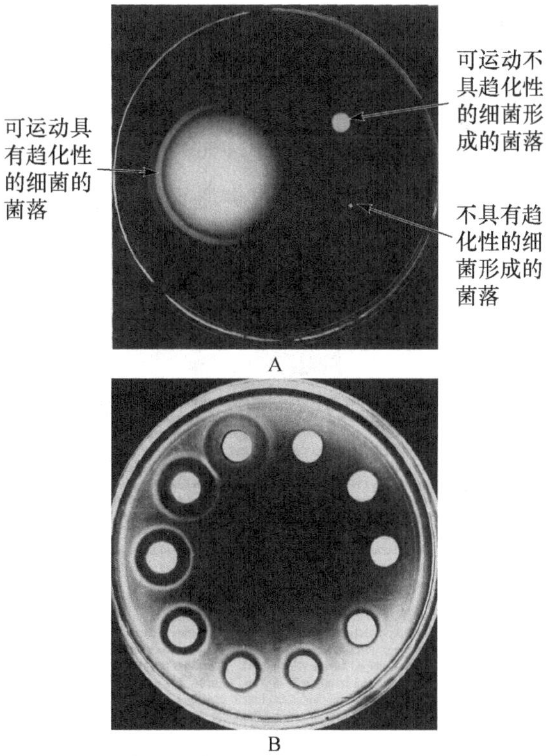

图 11-4　琼脂平板上细菌的正趋化运动和负趋化运动
(Willey et al., 2008)

A：细菌的正趋化运动，琼脂平板上含有不同的营养物质，左边是大肠杆菌的正趋化运动；最外面的圈是由消耗了丝氨酸的细菌形成的；第二个圈是由消耗了天冬氨酸（比丝氨酸弱一些的吸引剂）的大肠杆菌形成的；右上方的菌落是由可运动不具有趋化性的突变株形成的；右下方的菌落是由不能运动的细菌形成的

B：大肠杆菌对趋避剂乙酸的负趋化运动，在长有大肠杆菌的半固体琼脂平板上放置含有不同浓度乙酸的琼脂块，乙酸浓度自 0（右上方）到 3M（左上方），可以注意到随着乙酸浓度的升高无菌区域的直径也随之增大，细菌移动的时间是 30min

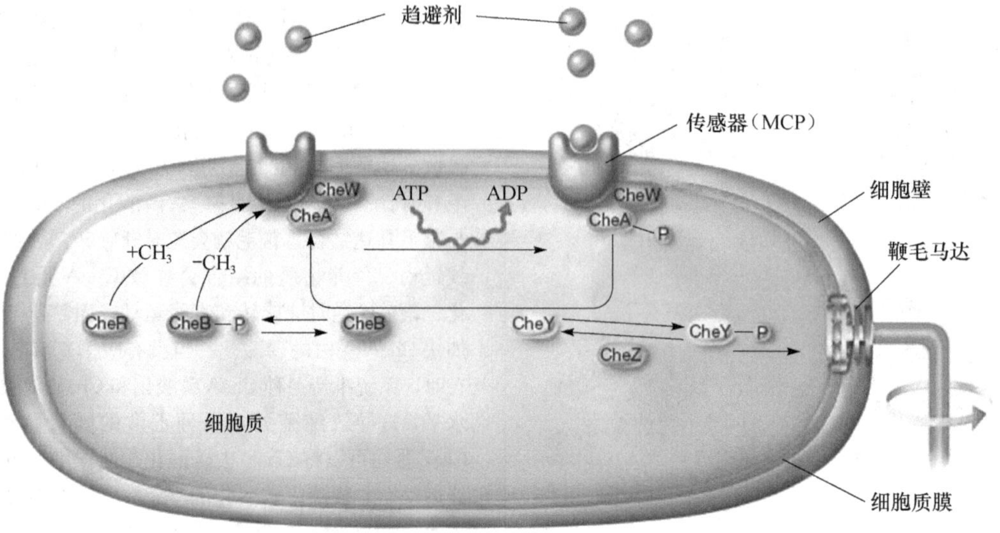

图 11-5　细菌趋化运动中的 MCP、Che 蛋白和鞭毛马达的相互作用（Madigan et al.，2009）

MCP 与感受激酶 CheA/CheW 形成复合物，化学物质与 MCP 结合导致 CheA 自发磷酸化形成 CheA-P，后者可以把磷酸化传递给响应蛋白 CheB 和 CheY，CheY-P 直接与鞭毛马达蛋白开关相互作用，CheZ 可以对 CheY-P 去磷酸化；MCP 可以被 CheR 甲基化，CheB-P（而非 CheB）可以去甲基化，MCP 的甲基化程度控制它们响应吸引剂或趋避剂的能力

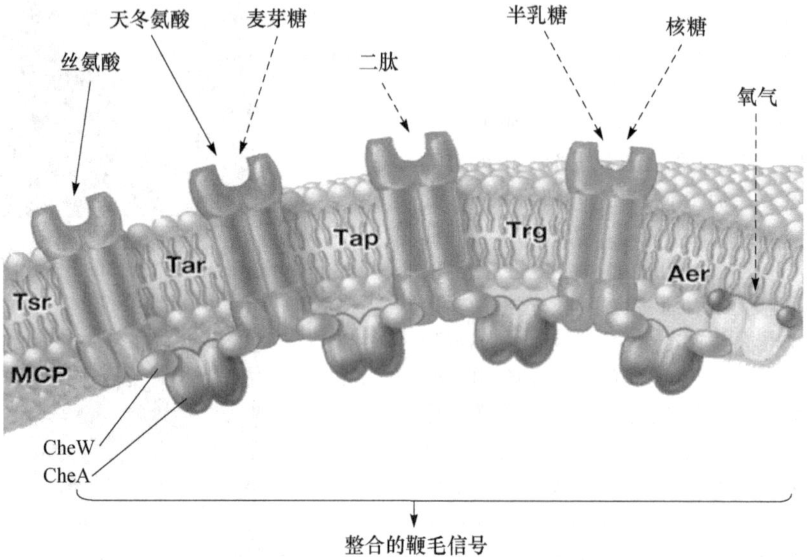

图 11-6　大肠杆菌的甲基受体趋化蛋白（Willey et al.，2008）

甲基受体趋化蛋白感受的吸引剂也在图中标出，有些吸引剂结合到 MCP 上而被直接感受（实线），另一些被间接感受（虚线）；吸引剂麦芽糖、二肽、半乳糖和核糖通过与周质空间的结合蛋白相互作用而被 MCP 感受；氧可被化学受体 Aer 间接感受，Aer 与其他 MCP 的区别在于它缺少位于周质空间的感受域，却在细胞质中有一个 FAD 结合位点，FAD 在许多电子传递系统中作为重要的电子传递体，细菌可能通过结合在 MCP 上的 FAD 分子的氧化还原状态监测电子传递系统的功能，反过来协调对氧的反应

此外，细菌还存在一种精巧的机制能够感受吸引剂或趋避剂的浓度变化（图 11-5）。MCP 蛋白可以被 CheR 甲基化，后者以 S-腺苷甲硫氨酸为甲基供体以很慢的速度对 MCP 进行甲基化。CheB 可以将甲基化的 MCP 去甲基化，磷酸化的 CheB 去甲基化的效率大大提高。MCP 甲基化水平的变化会导致类似于结合了吸引剂或趋避剂的构象变化。如果吸引剂的浓度依然维持很高的水平，CheA 的磷酸化（以及 CheY 和 CheB 的磷酸化）水平都会很低，细胞就会直线运动。由于没有磷酸化的 CheB 用于去甲基化，MCP 的甲基化水平会一直升高直至全被甲基化，然而，这时完全甲基化的 MCP 不再响应吸引剂。因此，虽然这时吸引剂的浓度仍然很高，CheA-P 和 CheB-P 增多，细胞开始翻滚。这个过程称为发生了适应（adaption）。这时 MCP 又可被 CheB-P 去甲基化，受体被“复位”，从而可以感受吸引剂浓度的升高或降低。

除了趋化性以外，细菌还具有趋光性、趋温性、趋氧性及趋磁性等。有趣的是，一些趋化性相关的细胞质蛋白 Che 也参与到其他的趋向运动。在趋光性中，光感应蛋白取代 MCP 的作用；而在趋氧性中，一个氧化还原蛋白监测氧的浓度。这些感应蛋白响应外界的信号通过与细胞质中的 Che 蛋白相互作用指导细胞进行直线运动或者翻滚。因而，原核生物的几种不同的趋向性可能是通过一套共同的细胞质蛋白驱动的。

1.3　微生物的趋磁性

Bazylinski 等针对趋磁细菌趋磁性（magnetotaxis）的机制提出了被动趋磁模型（图 11-7）。趋磁细菌表现出的趋磁性方向，即趋向北极或趋向南极，是由其胞内的磁小体链方向决定的。磁小体链 N 极在前的细胞趋向北极游动，磁小体链 S 极在前的细胞趋向南极游动。细胞沿磁力线排列是一个被动的过程。地磁场作用于磁小体链产生磁力矩，造成细胞沿磁力线方向排列。在运动过程中，细胞对磁场方向并没有主动响应的过程。最后，在有氧-无氧界面（oxic-anoxic transition zone，OATZ）两侧不同环境中的趋磁细菌通过改变鞭毛的旋转方向朝向不同方向游动，最终到达 OATZ 区域。不论在北半球还是南半球，当细胞处于 OATZ 上方，即氧化环境中时，细菌的鞭毛以逆时针（CCW）旋转，使细胞可以沿磁力线向下游动；而位于还原环境中的细胞，其鞭毛以顺时针（CW）旋转，此时细胞逆磁力线方向向上游动。该模型可以总结为三个要点：首先，趋磁细菌胞内磁小体链的方向决定了细胞趋磁极性的方向；其次，趋磁细菌的趋磁性运动是一个被动的排列过程，细菌鞭毛旋转与磁场无关；第三，位于不同（氧化/还原）环境中的细菌鞭毛旋转方向不同，从而共同朝向 OATZ 区域运动。

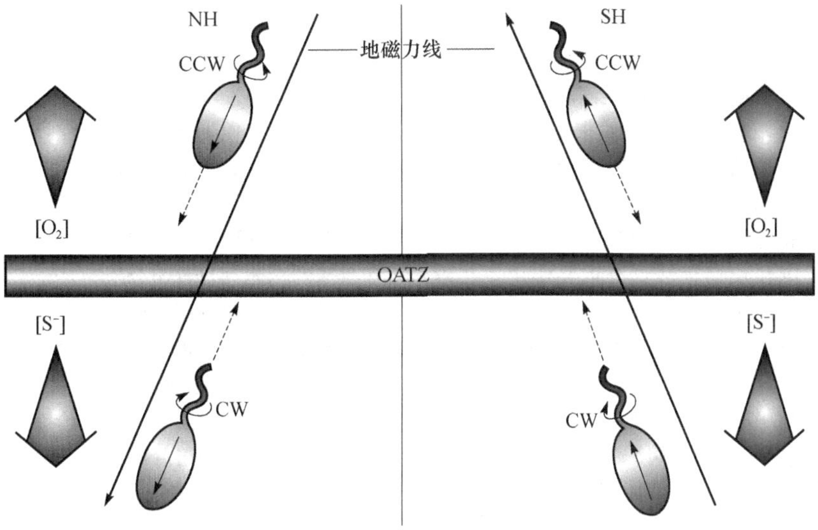

图 11-7　被动趋磁模型（Bazylinski et al.，2003）

虽然上述模型能够很好地解释当时所观察到的趋磁现象，但近期的几项研究结果对该模型又提出了挑战。Simmons 等人首次在北半球发现了趋向南极游动的细菌，打破了以往人们认为的“北半球的趋磁细菌均趋向北极运动，而南半球的趋磁细菌均趋向南极运动”的认识。此后，有人发现，调整鞭毛旋转方式的信号转导蛋白与胞内磁小体链间存在相互作用。这一结果暗示，趋磁细菌的趋磁性运动的过程中有可能是通过改变鞭毛旋转方式主动响应磁场的变化，而非简单的沿磁场被动排列。因此趋磁细菌究竟是怎样通过趋磁性运动找到适宜的生存环境的，南北半球的趋磁细菌为什么大多具有相反的趋磁极性，趋向南极的趋磁细菌为什么能够在北半球生存，在趋磁性运动的过程中磁小体链与鞭毛又分别发挥着怎样的功能，这些问题都还没有最后定论。

第 2 节　微生物对营养胁迫的反应

自然环境中的大多数细菌经常处于营养饥饿和其他环境胁迫状态，可以说在实验室之外，无胁迫条件非常罕见。存在于营养饥饿或其他胁迫状态的微生物经常处于缓慢生长或不生长状态。饥饿条件下的细菌可以通过改变自身的代谢以在长期饥饿下存活。

2.1　饥饿胁迫反应

在自然环境中的微生物，很少能遇到可满足其快速均衡生长的环境条件。当微生物处于某种必需的营养物质如碳源匮乏时，会停止生长，随之诱导一批新蛋白质或已存在蛋白质的表达，所发生的遗传和生理变化被称为饥饿胁迫反应（starvation-stress response，SSR）。该反应的功能是使微生物在长期饥饿下存活下来，同时还可为微生物提供对多种其他环境胁迫的交叉抗性，如极端的温度、pH、渗透压等。而对于一些具有形态分化能力的细菌，还可通过形成芽孢（如枯草芽孢杆菌）或者孢子（如黄色黏球菌）对抗环境胁迫。

在SSR过程中会发生一系列生理变化，如表达新的或高亲和性的营养利用系统，以便于更有效地从环境中摄取碳源或其他可利用的营养物质；细胞内RNA、蛋白质和脂肪酸被降解；减少核糖体数量；细胞膜上的脂质成分在数量和类型上发生改变；革兰氏阴性细菌外膜上脂多糖数量相对增加；染色体DNA凝聚，以保护DNA免受损伤。

需要注意的是，处于饥饿状态的细胞与静止期的细胞是有明显差别的。一般说来，静止期细胞是指生长在丰富或非限制性培养基中的细菌在对数生长期之后群体停止生长；与此相反，饥饿细胞则是对一种或多种特定的营养物质耗竭做出反应之后群体停止生长。对静止期细胞来说，限制生长的条件未必是明确的，而且也并不局限于一种胁迫；对于饥饿细胞来说，限制生长的胁迫条件是明确的。另一个关键区别是，静止期细胞培养物通常比饥饿细胞培养物的细胞密度大，这对细胞的整体反应和长期存活具有重要作用。在静止期细胞中表达的基因/蛋白质与饥饿细胞中表达的基因/蛋白质可能有交叉，也可能没有交叉。SSR特指饥饿细胞中的反应。

革兰氏阴性细菌的饥饿细胞一般在形态和生理上都与对数生长期细胞明显不同，对碳源或能源受限制的第一反应是通过提高表达或表达新的能利用可获得的任何营养物质的吸收或摄取系统以逃避胁迫。持续饥饿胁迫最终导致细胞变小、更坚硬、代谢效率更高。当细菌细胞内积累以下两种核苷酸cAMP或ppGpp（见本章“严紧控制”）中之一时均可引发SSR；此外，*rpoS*编码的σ^S和*rpoE*编码的σ^E（见本章“热休克反应”）是SSR的关键调节因子，这些调节蛋白是以全局调控的方式控制饥饿胁迫反应的一般性因子。然而，对于某些饥饿胁迫响应基因来说，还有其他的调节蛋白可能参与特定基因的调控。目前已经鉴定出的参与SSR的其他调控蛋白有Fis（factor for inversion stimulation，倒位刺激因子，其作用首先在鞭毛相变中得到鉴定）、FadR（regulator of fatty acid metabolism，脂肪酸代谢调节蛋白，它与中/长链脂肪酰-CoA分子结合，阻遏脂肪酸的生物合成基因，激活脂肪酸降解基因）、Lrp（leucine-responsive protein，亮氨酸响应蛋白，控制某些氨基酸代谢）、OxyR、SpvA/SpvR（regulators of the *Salmonella* plasmid virulence或*spv* genes，沙门氏菌质粒致病基因或*spv* genes的调节基因）、PhoP（response regulator that controls virulence factors，控制致病因子的反应调节蛋白）、IHF（integration host factor，整合宿主因子）和H-NS（histone-like nucleoidstructuring protein，类组氨酸核结构蛋白）等。

饥饿还可以诱导细胞产生细胞-细胞信号分子，进行群体感应（quorum sensing），并介导一些生理过程的发生（表11-1）。如对多细胞生活周期的微生物来说，饥饿会诱导其形成多细胞结构以产生孢子。黄色黏球菌和盘基网柄菌（*Dictyostelium discoideum*）在饥饿时会聚集形成子实体以产生孢子。只有在菌体密度较大时才能形成子实体，正常的发育过程需要群体感应的参与。黄色黏球菌的细胞密度信号A信号（A-signal），为多种氨基酸的混合物，是由饥饿诱导产生的；而盘基网柄菌也是响应饥饿胁迫分泌信号分子感应细胞密度，进而起始发育的。枯草芽孢杆菌也需要饥饿诱导CSF（for competence and sporulation factor）信号分子的产生，CSF是一种可分泌扩散的多肽，当CSF浓度累积到很高时，会刺激细胞产生芽孢。

表11-1　饥饿调节的细胞-细胞信号分子

细　菌	信号分子	信号分子的调控	功　能
枯草芽孢杆菌 *Bacillus subtilis*	CSF，五个氨基酸的肽	饥饿，通过σ^H	感受态，芽孢形成，抗生素产生
盘基网柄菌 *Dictyostelium discoideum*	CMF（条件培养基因子，condition medium factor），80kDa的糖蛋白	饥饿	子实体形成，产孢
黄色黏球菌 *Myxococcus xanthus*	A-信号，氨基酸混合物	饥饿	子实体形成，产孢
青枯雷尔氏菌 *Ralstonia solanacearum*	AHL（*N*-acylhomoserine lactones，*N*-酰基高丝氨酸内酯）	饥饿，通过σ^E	功能未知

资料来源：Lazazzera（2000）。

2.2　严紧控制

当细菌经历一种或几种氨基酸限制的条件或从丰富培养基转到只含有单一碳源的基本培养基时，细菌会快速积累两种特殊的核苷酸ppGpp和pppGpp（图11-8），与此同时，rRNA和tRNA的合成几乎立即停止，不会合成新的核糖体；蛋白质和DNA合成也减少；不过氨基酸的合成被激活，这一系列针对氨基酸饥饿的反应，称之为严紧反应（stringent response）或严紧控制（stringent control）。在这种转变中，细胞利用原有的核糖体合成新蛋白质，以用于合成环境中不再存在的氨基酸。随后，细胞会以与放慢了的生长速度相匹配的速度重新合成 rRNA。严紧反应增强细胞在氨基酸或能量限制期间的生存能力，当条件改善后可使细胞快速复原并重新开始生长。严紧反应最初在大肠杆菌中发现，随后发现在其他细菌和植物经历胁迫条件下也会诱导合成 ppGpp 和 pppGpp。其中以大肠杆菌的严紧反应研究得最为清楚，这里以它为例进行介绍。

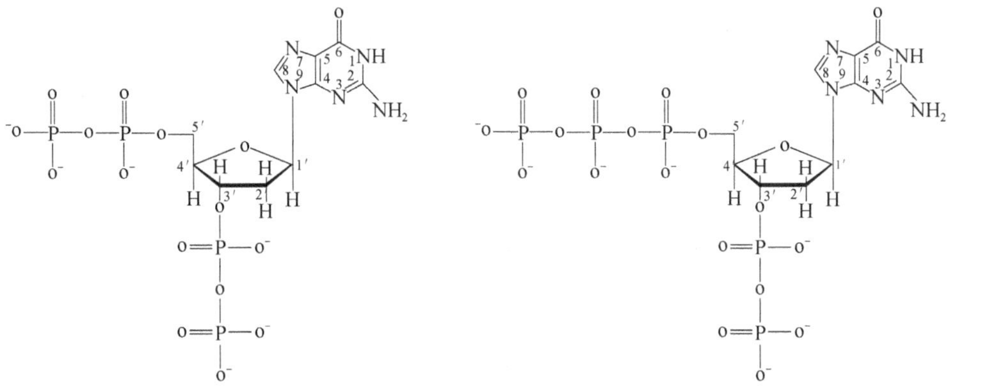

A　　　　B

图 11-8　ppGpp（A）和 pppGpp（B）的结构

当大肠杆菌经历氨基酸饥饿时，空载的 tRNAs 结合到核糖体的 A 位点造成核糖体抛锚，会引发 RelA（一个与核糖体结合的焦磷酸转移酶）催化 GTP/GDP 和 ATP 分别合成 pppGpp/ppGpp（图 11-9）。虽然 RelA 在细胞内的丰度只有核糖体的 1/200，但是细胞内的 (p)ppGpp 浓度可以很快达到 mM 水平，可能是 RelA 合成（p)ppGpp 后，可自核糖体上解离下来，重新结合到抛锚的核糖体上重复以上合成过程，使得胞内的 (p)ppGpp 得以快速升高。

除了氨基酸饥饿可以引起（p)ppGpp 的合成，其他胁迫条件如磷酸盐、铁、碳源或者脂肪酸的缺乏都会引起（p)ppGpp 的合成，只不过这个合成途径是依赖于 SpoT 蛋白的（图 11-9）。SpoT 具有合成（p)ppGpp 和将（p)ppGpp 水解为 GDP(GTP) 和焦磷酸的双重功能，分别由 SpoT 上的不同活性位点催化，催化反应不依赖于核糖体。最近发现在大肠杆菌中，脂肪酸代谢必需的辅因子，酰基载体蛋白（acyl carrier protein，ACP）可以与 SpoT 相互作用。这种相互作用可以调节脂肪酸饥饿时 SpoT 的合成和水解活性以积累 (p)ppGpp。

(p) ppGpp 的积累会造成稳定 RNA（rRNA 和 tRNA）的积累速率降低，还会诱导许多与氨基酸合成和转运有关的胁迫响应因子的表达。对处于严紧控制状态下的大肠杆菌进行基因芯片分析，表明受（p)ppGpp 调

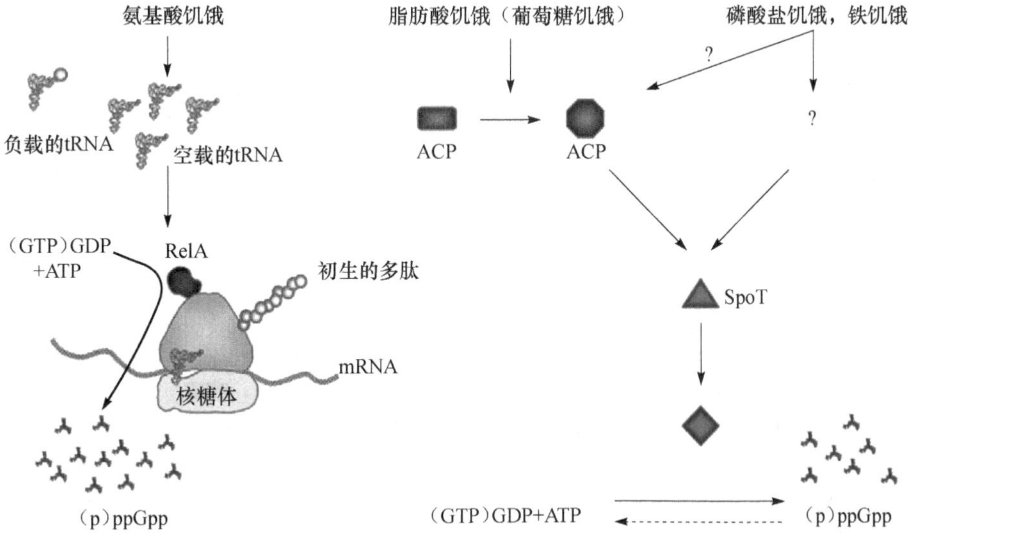

图 11-9　大肠杆菌中的（p)ppGpp 的代谢（Srivatsan et al.，2008）

(p)ppGpp 可以通过两个酶 RelA 和 SpoT 合成，每个酶响应不同的环境信号，氨基酸饥饿造成空载的 tRNA 积累，空载的 tRNAs 结合到核糖体的 A 位点引发 RelA 催化 GTP/GDP 和 ATP 分别合成 pppGpp/ppGpp，SpoT 在不同的活性位点上合成和水解（p)ppGpp；脂肪酸饥饿或者葡萄糖饥饿也可引发酰基载体蛋白（ACP）的构象变化，结合到 SpoT 上，改变其活性平衡向（p)ppGpp 合成倾斜，磷酸盐饥饿和铁饥饿也可以通过调节 SpoT 的活性造成（p)ppGpp 累积

节的基因多达几百个。

(p)ppGpp 可以通过直接或者间接的方式在转录水平上对基因进行调控。(p)ppGpp 通过与 RNA 聚合酶(RNAP)、启动子、σ 因子和辅因子 DksA 的作用实现其直接调控作用（图 11-10）。DksA 是（p）ppGpp 体内调控 rRNA 和氨基酸合成基因启动子转录必需的，其结构类似于转录因子 GreA/GreB。DksA 可以与 RNA 聚合酶结合，但是如何与 RNA 聚合酶结合和如何促进(p)ppGpp 调控 RNA 聚合酶的作用机制目前还不清楚。(p)ppGpp 可以作为正效应物也可以作为负效应物起作用，这取决于它所作用的靶基因的启动子序列。rRNA 基因的启动子在－10 区和转录起始位点之间为富含 GC 的序列，可以与 RNA 聚合酶的 σ 亚单位的 1.2 区的保守序列发生非理想状态的结合，这些启动子在转录起始时与 RNA 聚合酶形成非常不稳定的开放复合物。ppGpp/DksA 可以降低开放复合物的稳定性，因此 rRNA 基因启动子上不稳定的开放复合物的稳定性进一步被降低，转录起始被抑制。与 rRNA 启动子不同，氨基酸合成基因启动子上含有富含 AT 的序列，可以与 RNA 聚合酶的 σ 亚单位的 1.2 区的保守序列发生最佳状态的结合。一旦开放复合物在氨基酸生物合成基因启动子上形成，它们稳定得足以应付（p）ppGpp 介导的不稳定化作用，同时，（p）ppGpp/DksA 会提高在这些启动子上形成开放复合体的几率，刺激了转录起始。而在 rRNA 基因启动子上形成开放复合体的几率很高，不需要(p)ppGpp/DksA 的激活。

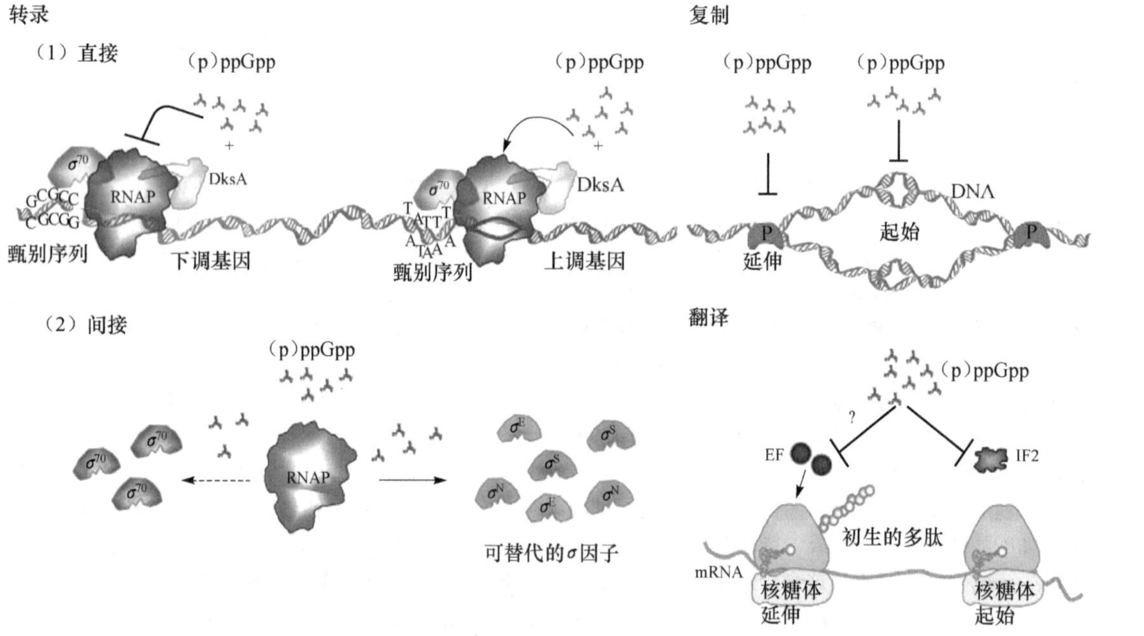

图 11-10 (p)ppGpp 调控转录、复制和翻译（Srivatsan et al.，2008）

转录：(1) 直接作用，(p)ppGpp/DksA 通过在转录起始阶段降低启动子-RNAP 开放复合物的稳定性而抑制 rRNA 的转录，相反地，受 ppGpp/DksA 上调的基因的启动子和 RNAP 可以形成稳定的开放复合物，(p)ppGpp/DksA 可能通过提高形成 RNAP-启动子开放复合物的几率直接诱导这些基因的表达；(2) 间接作用，(p)ppGpp 通过将 RNAP 自依赖 σ^{70} 的启动子上释放下来，并促进其使用其他可替代的 σ 因子（如 σ^{S}、σ^{E}、σ^{N}）间接地诱导许多胁迫诱导基因的表达

复制：响应营养胁迫(p)ppGpp 快速抑制复制起始（在 *E. coli* 中）和延伸（在 *B. subtilis* 中），复制起始也通过转录的抑制而受到间接调控；(p)ppGpp 对延伸的调控不依赖于转录，是通过前体酶（P）起作用的

翻译：(p)ppGpp 通过与起始因子 IF2 结合并干扰其功能抑制翻译，也可能抑制延伸因子 EF-Tu 和 EF-G 的功能

以上方式是(p)ppGpp 直接影响基因的转录，此外，(p)ppGpp 还可以通过间接的方式影响基因的转录（图 11-10）。(p)ppGpp 促进 RNA 聚合酶从 rRNA 启动子上释放，可使之更有效地用于氨基酸合成基因的转录起始；(p)ppGpp 还可将 RNA 聚合酶自依赖 σ^{70} 的启动子上释放出来，用于依赖其他 σ 因子（如 σ^{S}、σ^{N} 和 σ^{E}）的启动子上。对于稳定期特异的 σ 因子 σ^{S} 来说，(p)ppGpp 除通过上述方式间接调控它之外，(p)ppGpp 可以诱导 σ^{S} 的转录并提高其稳定性。在响应磷酸盐饥饿时，(p)ppGpp 会促进启动子富含 AT 的 *iraP* 的转录（类似于调控氨基酸合成基因转录的方式），通过 Irap 蛋白对抗 RssB 蛋白（负责将 σ^{S} 运送至 ClpXP 蛋白酶并被其降解）的作用以提高 σ^{S} 的稳定性。

(p)ppGpp 除在转录水平上对基因进行调控外，还在翻译水平上对基因进行调控（图 11-10）。(p)ppGpp 通过抑制 tRNA、rRNA 和核糖体蛋白质的转录调控翻译；此外，(p)ppGpp 还能抑制翻译延伸因子 EF-Tu 和 EF-G 的活性；(p)ppGpp 可以与起始因子（initiation factor）IF2 相互作用，通过阻止 30S 翻译起始复合物（translation initiation complex）和起始二肽的形成而抑制翻译起始。

严紧反应还会影响 DNA 的复制（图 11-10）。在大肠杆菌中，(p)ppGpp 可以抑制复制起始，而在枯草芽孢杆菌中（p)ppGpp 可以抑制复制延伸。(p)ppGpp 可能是通过作用于前体酶（primase）起作用的，造成重组蛋白（RecA）不能循环。处于严紧控制下的细菌的 DNA 复制会快速停止直至细菌重新恢复适宜的环境。

需要注意的是，在不同细菌中，(p)ppGpp 调控基因的方式可能是不同的。如枯草芽孢杆菌中（p)ppGpp 对于 rRNA 的转录调控是不依赖于 DksA 的。体外实验表明 rRNA 的启动子对（p)ppGpp 浓度并不敏感，但对合成前体核苷酸 GTP 的浓度敏感。枯草芽孢杆菌在氨基酸饥饿时，(p)ppGpp 通过作用于 GTP 生物合成前期步骤中的吲哚单磷酸脱氢酶（inosine monophosphate dehydrogenase）而抑制 GTP 的合成，进而 GTP 的缺乏下调了 rRNA 基因。

在进化程度不同的细菌中，(p)ppGpp，这种严紧反应因子会影响不同的细胞或生理过程，如影响孢子的形成、致病力、抗生素的合成、群体感应、共生等（图 11-11）。在黄色黏球菌中，当面临营养缺乏之时，黄色黏球菌可以形成具有抗逆性的黏孢子。高浓度的 (p)ppGpp 可以在转录水平上诱导依赖于 A-信号（A-signal-dependent）的基因表达，A-信号是孢子合成的早期信号，从而起始黏孢子的发育。许多细菌可以合成抗生素和其他次级代谢产物以使它们在自然生境中更具竞争力。在实验室条件下，添加外源的（p)ppGpp 可以增加天蓝色链霉菌（*Streptomyces coelicolor*）和抗生素链霉菌（*Streptomyces antibioticus*）中的抗生素合成，而它们的 *relA*$^{-}$ 突变株在饥饿条件产生抗生素的能力降低。大肠杆菌在营养缺乏时可以产生大肠杆菌素（colicin K），大肠杆菌素的合成是受（p)ppGpp 的转录激活的。

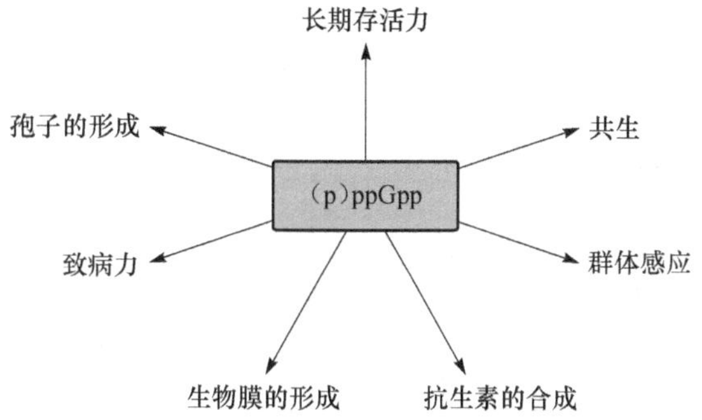

图 11-11　(p)ppGpp 影响的不同生理过程（Jain et al.，2006）

第 3 节　微生物对温度胁迫的反应

温度是自主生活的微生物感受的重要环境参数之一。微生物可在很宽的温度范围内生长，现在已知道微生物至少可以在 −12～100℃生长。例如，可从温度高达 90℃左右的温泉中（嗜热菌）以及 0℃以下的冰川或极地中（嗜冷菌）分离到古菌或细菌。一种称之为菌株 121（strain 121）的超嗜热古菌最高生长温度可达到 121℃，并因而得名。但是对特定的微生物来说，只能在其自身最低生长温度和最高生长温度之间的温度范围内生长，而不同的微生物其最低、最适和最高生长温度是不同的。根据微生物对温度的要求和适应能力，可以把它们区分为低温、中温和高温微生物（表 11-2）。

表 11-2　微生物的生长温度类型

微生物类型		生长温度范围/℃			分布的主要处所
		最　低	最　适	最　高	
低温型	专性嗜冷	−12	5～15	15～20	两极地区
	兼性嗜冷	−5～0	10～20	25～30	海水及冷藏食品上
中温型	室　温	10～20	20～35	40～45	土壤、水、空气、动植物
	体　温		35～40		人和温血动物
高温型	嗜　热	30	45～65	100 以上	温泉、堆肥、土壤表层、热水、加热器、
	极端嗜热	50	70～90		温泉和海底火山口

在适宜的温度界限以外，过高或过低的温度对微生物的影响是不同的。超过微生物生长的最高温度可引起微生物细胞内的蛋白质凝固，使酶变性失活，代谢停滞而死亡。当环境温度低于微生物生长的下限时，可造成微生物细胞内酶的活性降低，代谢活动缓慢，呈休眠状态。此时虽然微生物的生命活动几乎停止，但其活力仍然存在。一般来说，微生物对低温的耐受力都很强，许多细菌甚至能在 −70～−20℃下生存。由于温度过低会产生冰冻，使微生物细胞内的游离水形成冰的晶体，造成细胞脱水，并且冰晶体对细胞还有机械损伤作用，也会导致其死亡。

微生物如果遭受突然的温度变化，微生物生理也要随着发生变化。如当环境温度由 30℃突然上升到 42℃时，大肠杆菌和其他微生物会暂时性提高一套非常保守的称作热休克蛋白（heat shock protein，HSP）的合成速率。而如果生长温度突然由高向低变化，微生物会出现冷休克反应（cold shock response）。对于微生物来说，它们感受的不是温度本身，而是温度变化。微生物细胞内的温度感受器可以有很多种，DNA、RNA 和蛋白质都可以作为温度感受器感应温度的变化从而将信号传递给细胞进而引起热休克或冷休克反应。

3.1 热胁迫和热休克反应

热休克反应在大肠杆菌中研究得最为深入。当温度由 30℃升到 42℃时，大肠杆菌会迅速启动热休克蛋白（HSP）的合成。对大肠杆菌通过 ChIP-chip 分析表明热休克反应涉及超过 100 个基因。HSP 大多是分子伴侣（协助蛋白质的折叠）和蛋白酶（降解未正确折叠的蛋白质）。其他的 HSP 具有以下功能：在高温下保持蛋白质、膜的稳态；保持核酸在高温下的拓扑结构；还有一些与翻译过程有关。许多热休克蛋白是细胞生长或在高温下存活（耐热性）所必需的，其中包括 DnaJ、DnaK、RNA 聚合酶 σ^{70} 亚基（rpoD）、GroES、GroEL、Lon 蛋白酶和 LysU。

在大肠杆菌中，热休克反应受 σ^{32} 调控。σ^{32} 是由 *rpoH* 基因（以前称作 htpR）编码的一个 32kDa 的 σ 因子，称作 σ^{H} 或 σ^{32}，它可改变 RNA 聚合酶的识别特异性。而在真核生物中，也有类似的热休克因子（heat shock factor）起相同的调控作用。σ^{32} 蛋白调控多达几十个热休克基因的表达。当大肠杆菌从 30℃升到 42℃时，热休克首先引起 σ^{32} 水平的快速升高，然后由 σ^{32} 提高热休克基因的转录水平。

大肠杆菌对 σ^{32} 的调控相当复杂，细胞在不同水平上（σ^{32} 的合成、稳定性和活性）对其进行调控。首先，σ^{32} 的合成受到温度调控，σ^{32} 的合成在 42℃要比 30℃提高 5～10 倍。*rpoH* mRNA ORF 5′端的 220nt 序列可以形成对温度敏感的次级结构，从而掩盖了核糖体结合位点，限制核糖体与 SD 序列的接近。在较高的温度下，这些次级结构打开，使得 *rpoH* mRNA 能更有效地翻译成 σ^{32}，进而快速地诱导热休克蛋白的表达（图 11-12）。其次，σ^{32} 的稳定性也受到调控，除了 *rpoH* mRNA 翻译的增加，σ^{32} 蛋白本身也变得更加稳定——至少是暂时的稳定。σ^{32} 在稳态生长时是一个非常不稳定的蛋白质，其半衰期在 30℃只有 1min，而在 42℃甚至只有 20s。然后，当细胞经历温度上升后，σ^{32} 这个极端不稳定的蛋白质会暂时地稳定 5～10min。σ^{32} 可被细胞内膜上 ATP 依赖型蛋白酶 FtsH（HflB）所降解，调控 σ^{32} 蛋白水解的机制在于 σ^{32} 是否与 RNA 聚合酶结合，如果 σ^{32} 与 RNA 聚合酶结合，则可保护它免遭降解。细胞内 DnaK/DnaJ 和 GrpEL/GrpES 分子伴侣也影响 σ^{32} 的降解，缺乏任意一种分子伴侣机器都将稳定 σ^{32}。在低温下，DnaK/DnaJ 和 GrpEL/GrpES 分子伴侣都可以与 σ^{32} 相互作用，使 σ^{32} 不能与 RNA 聚合酶结合，从而加速它的降解。大肠杆菌遭遇热休克后，细胞中非折叠或变性蛋白的数量增加，造成 DnaK/DnaJ 的缺乏，减少了可结合 σ^{32} 的游离 DnaK/DnaJ 分子的数量，使 σ^{32} 能与 RNA 聚合酶结合，免遭降解；同时，FtsH 作用底物的增多导致 FtsH 降解其他未折叠蛋白而 σ^{32} 得以稳定。而细胞在热休克后达到适应阶段时，DnaK/DnaJ 的水平升高（均由 σ^{32} 诱导），又可重新结合 σ^{32}，导致 σ^{32} 降解。然而，在较高的温度下，*rpoH* 的翻译维持在高水平，所以 σ^{32} 仍以较低的速率不断积累。除了在合成和蛋白水解上受调控外，σ^{32} 的活性也受到调控。活性的调控通过细胞质内两种主要的分子伴侣系统 DnaK/DnaJ 和 GrpEL/GrpES 实现的。当 DnaK/DnaJ 和 GrpEL/GrpES 过量表达时，σ^{32} 会降低；而 DnaK/DnaJ 和 GrpEL/GrpES 不足时，σ^{32} 活性较高。DnaK/DnaJ 和 GrpEL/GrpES 可能是采用类似抗 σ 因子（anti-sigma factor）的方式竞争 σ^{32} 与 RNA 聚合酶的结合而实现对其活性的调控（图 11-13）。

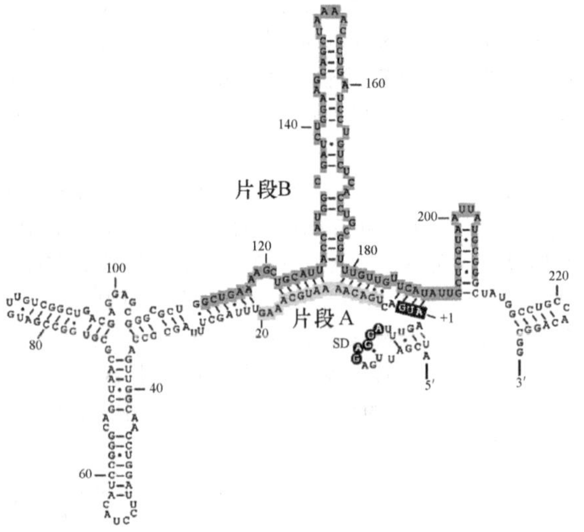

图 11-12 大肠杆菌 *rpoH* 基因的转录物形成的热调控元件（Storz，1999）

除了在翻译水平、活性和稳定性上受调控外，σ^{32} 的合成还在转录水平受到调控。*rpoH* 基因有 4 个启动子，其中三个启动子依赖于管家 σ 因子——σ^{70}，编码 σ^{70} 因子的基因 *rpoD* 也是一个由 σ^{32} 诱导的热休克基因。因此，σ^{32} 合成的增多导致 σ^{70} 的增多，从而增加 *rpoH* 的转录。*rpoH* 第 4 个启动子由另一个 σ 因子——*rpoE* 基因编码的 σ^{E} 识别。因此，热休克反应也可由多种环境因素如乙醇、紫外线照射和 DNA 旋转酶的抑制剂所引发，所有这些刺激都是通过 σ^{32} 来诱导热休克反应的。为什么这些不同类型的胁迫都可激活 *rpoH* 的转录呢？可能是由于细胞中变性的或不完整的多肽的积累引发的。一种潜在的报警素（alarmone）可能参与了这个全局调控网络的信号表达，该分子是二腺苷-5′，5″-P[1]，P[4]-四磷酸（ApppppA），它由某些氨酰-tRNA 合成酶（如 *lysU*）在低 tRNA 浓度下合成，但它是如何影响热休克反应的还不清楚。

对热休克条件下 σ^{32} 过量表达菌株的基因芯片分析和 ChIP-chip 分析确定了 σ^{32} 调控元基因，如表 11-3。最早鉴定出来的调控元基因主要是一些分子伴侣，表明保持蛋白质的稳态是 σ^{32} 调控元的重要功能之一，这类蛋白质还包括与 lipoyl 合成、Fe-S 簇装配（GntY）和辅因子合成有关的蛋白质，它们可保证复杂蛋白质的合成。除了合成分子伴侣保护蛋白质免受降解，σ^{32} 调控元

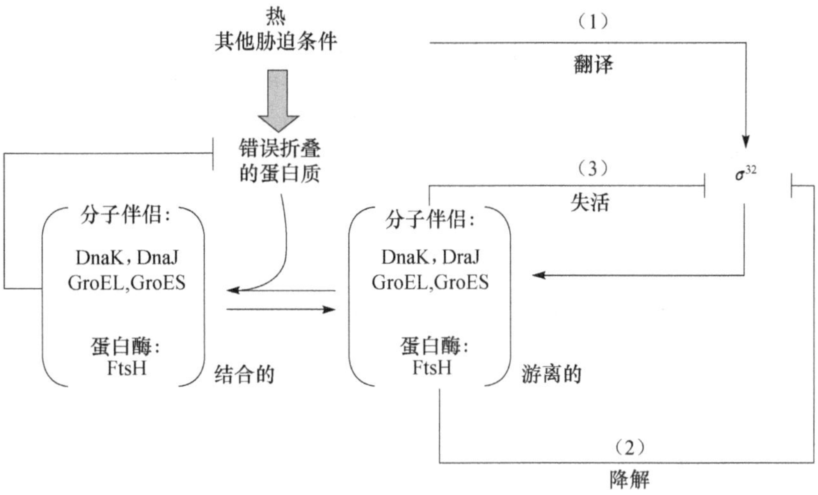

图 11-13 σ^{32} 的调控示意图（Guisbert et al.，2008）

共有如下所示三种基本调控方式：(1) 温度直接控制 σ^{32} 的翻译效率；(2) FtsH 蛋白酶在分子伴侣的参与下降解 σ^{32}；(3) 过剩的游离 DnaK/DnaJ 和 GroEL/GroES 分子伴侣与 σ^{32} 结合并使之失活

错误折叠的蛋白质造成以上调控 σ^{32} 的分子伴侣缺乏，恢复活性的 σ^{32} 增加这些分子伴侣的表达以应对需要

表 11-3 σ^{32} 调控元基因产物在细胞中的位置与功能分类

位置或功能（产物数目）	调控元产物
位置	
周质（8）	CreA[c]，DsbC[c]，YceI[c]，YciM[b]，YehR[e]，YehZ[e]，YgcI[e]，YibG[e]
内膜（27）	CreC[c]，CutE[c]，CycA[b]，FtsH[d]，FxsA[b,c,e]，GntY[c]，HflX[d]，HflK[d]，HflC[d]，HtpX[d]，LipB[c]，LspA[c]，MacB[b]，MenA[d]，PgpA[c]，PhoQ[c]，SdaC[e]，YafU[e]，YbeX[c]，YbeZ[b,c,e]，YceJ[c]，YcjF[b,c]，YciS[b,c,e]，YdgR[e]，YghJ[e]，YiaA[e]，YtfL[e]
细胞质（88）	ClpB[d]，ClpP[d]，ClpX[d]，CreB[c]，Crr[e]，DnaJ[d]，DnaK[d]，FkpB[c]，FimB[e]，FolP[d]，GapA[d]，GlnS[c,e]，GntX[c,e]，GroELS[d]，GrpE[d]，HepA[c,e]，Hfq[c]，HolC[c,e]，Hsp33[c]，HslU[d]，HslV[d]，HtpG[d]，IbpA[d]，IbpB[d]，IleS[c,e]，IspH[c]，LdhA[b,e]，Lon[d]，MiaA[d]，Mfd[b,e]，Mlc[d]，MutL[d]，MutM[b,c]，NarP[c,e]，NrdH[e]，NusB[c]，PhoP[c,e]，PrlC[b,c,e]，PyrF[c]，RecA[c]，RecJ[c]，RdgB[c]，RibE[c]，RluA[b]，RpmE[e]，RpoD[d]，RpsL[e]，RrmJ[d]，rrnB[d]，SdaA[c,e]，ThiL[c]，TopA[d]，TreR[e]，TyrR[c]，ValS[c]，XerD[c]，YadF[c,e]，YafD[c]，YafE[b,c]，YbbN[b,e]，YbeD[b,c,e]，YbeY[c]，YbjX[e]，YccE[e]，YccV[b,e]，YceP[b,c,e]，YciH[c]，YcjX[b,c,e]，YdaM[b]，YdeO[e]，YdhQ[b,c,e]，YeaD[d]，YfjN[c]，YfiA[e]，YgaD[c]，YgbF[c]，YggW[c]，YhdN[c,e]，YhiQ[b,c]，YibA[b,e]，YjhI[e]，YjiT[e]，YnfK[d]，YrdA[b,e]，YrfH[b,c]，YrfG[c,e]，XapR[e]，ZntR[c]
未知（3）	yi81 _ 1[d]，yi82 _ 1[d]，YpjM[e]
功能	
代谢（22）	CutE[c]，FolP[d]，GapA[d]，IspH[c]，LdhA[b,e]，LipB[c]，LspA[c]，MenA[d]，NrdH[e]，PgpA[c]，PyrF[c]，RibE[c]，SdaA[c,e]，ThiL[c]，YadF[c]，YafE[b,c]，YceJ[c]，YdaM[b]，YggW[c]，YibA[b,e]，YrdA[b,e]，YrfG[c,e]
分子伴侣/折叠催化（12）	ClpB[d]，DnaJ[d]，DnaK[d]，DsbC[c]，FkpB[c]，GroELS[d]，GrpE[d]，Hsp33[c]，HtpG[d]，IbpA[d]，IbpB[d]，YbbN[b,e]
蛋白质的降解（11）	ClpP[d]，ClpX[d]，FtsH[d]，HflX[d]，HflK[d]，HflC[d]，HslU[d]，HslV[d]，HtpX[d]，Lon[d]，PrlC[b,c,e]
DNA 的修饰（9）	HolC[c,e]，Mfd[b,e]，MutL[d]，MutM[b,c]，RecA[c]，RecJ[c]，RdgB[c]，TopA[d]，XerD[c]
RNA 状态（3）	Hfq[d]，RluA[b]，YfjN[c]
转录调控（18）	CreB[c]，CreC[c]，CycA[b]，FimB[e]，HepA[c,e]，MacB[b]，Mlc[d]，NarP[c,e]，NusB[c]，PhoP[c,e]，PhoQ[c]，RpoD[d]，TreR[e]，TyrR[c]，XapR[e]，YdeO[e]，YjhI[e]，ZntR[c]
翻译/tRNA（11）	GlnS[c,e]，IleS[c,e]，MiaA[d]，RpmE[e]，RpsL[e]，RrmJ[d]，*rmB*[c]，ValS[c]，YciH[c]，YfiA[e]，YrfH[b,c]
转运蛋白（7）	Crr[c]，GntX[c,e]，SdaC[e]，YbeX[c]，YbeZ[b,c,e]，YdgR[e]，YehZ[e]
其他（6）	FxsA[b,c,e]，GntY[c]，YccV[b,e]，YhiQ[b,c]，yi81 _ 1[d]，yi82 _ 1[d]
功能未知（27）	CreA[c]，YafD[c,e]，YafU[e]，YbeD[b,c,e]，YbeY[c]，YbjX[e]，YccE[c]，YceI[c]，YceP[b,c,e]，YciM[b,c]，YciS[b,c,e]，YcjF[b,c]，YcjX[b,c,e]，YdhQ[b,c,e]，YeaD[d]，YehR[e]，YgaD[c]，YgbF[c]，YgcI[e]，YghJ[e]，YhdN[c,e]，YiaA[e]，YibG[e]，YjiT[e]，YnfK[d]，YpjM[e]，YtlL[e]

资料来源：Guisbert 等（2008）。

成员还涉及保护其他大分子和细胞过程免受危害。有些蛋白质可以保护细胞内的DNA，Mfd恢复机械修复DNA损伤；而涉及三个不同途径（错配修复、切除修复和重组）的酶保持基因的完整性；有些酶可修饰rRNA（23s甲基化）和tRNA（将3-异戊基二磷酸添加到反义密码子旁边），这些修饰对于细菌在高温下生长至关重要；一些RNA聚合酶结合蛋白（HepA、TopA和NusB）可减轻超螺旋对于转录的影响；YfrH和YfiA保护核糖体有利于其循环。总之，σ^{32}调控元成员保护细胞的DNA、RNA和蛋白质免受高温的危害，此外还对细胞的转录、翻译和修复系统进行修饰以适应热休克（图11-14）。

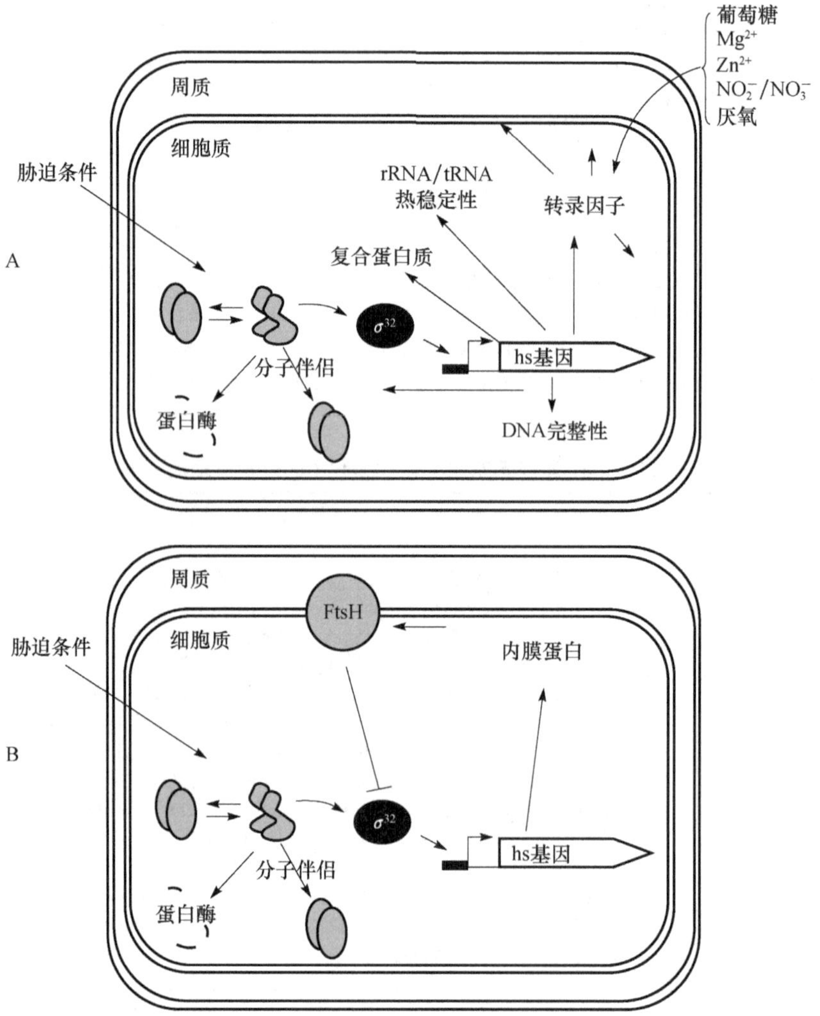

图11-14　HSR的功能（Guisbert et al.，2008）

在一个大肠杆菌模型中显示σ^{32}和热休克蛋白的诱导并体现其在细胞中的定位

A：包括转录因子在内的σ^{32}的调控元保护许多细胞质分子和生物过程；B：σ^{32}的调控元也保护细胞质膜和内膜蛋白，注意许多内膜蛋白的过量表达也会诱导σ^{32}反应

hs：热休克

25%的σ^{32}调控元编码蛋白位于膜上或者具有膜相关功能。比如有些蛋白质与脂蛋白的成熟有关，有些蛋白质是膜上组氨酸激酶感受蛋白、转运蛋白或蛋白酶。暗示高温下的热休克反应的一个重要功能就是保持内膜的完整性（图11-14）。FtsH的持家功能就是降解未装配的或受损的内膜蛋白。因此，在热休克反应中FtsH蛋白酶既负责膜的质量控制又负责σ^{32}的降解。

σ^{32}调控元成员中有一些为转录因子，约占12.5%，如果将可与RNA聚合酶结合并改变其转录性质的Mfd和TopA也认为是转录因子的话，这个比例将增大到15%。此外，σ^{32}调控元成员还包括几个二元调控系统和一些转录阻遏蛋白。这些进一步扩大了σ^{32}调控元的调控范围，而且还可能经常通过非常精细的方式进行调控。

枯草芽孢杆菌有4类热休克基因，其中一类基因的调控机制非常有趣。Ⅰ型热休克基因包括主要的分子伴侣蛋白 DnaK、DnaJ、GrpE 和 GroEL、GroES，它们的转录需要管家 σ 因子——σ^A（σ^{70}），并受 HrcA 阻遏蛋白的负调控。HrcA 结合于 Ⅰ 型基因的操纵基因上，结合位点称作 CIRCE，是一个保守的的 9bp 的反向重复序列，序列间隔 9bp。CIRCE/HrcA 调节子通常受 HrcA 阻遏蛋白的阻遏，但可通过加热使阻遏蛋白失活而被诱导，其分子开关是分子伴侣蛋白 GroE。与大肠杆菌的 σ^{32} 不同，GroE 与 HrcA 结合并促进它折叠，从而调控阻遏蛋白的功能。由热激诱导的非正确折叠蛋白与 GroE 结合后导致 HrcA 蛋白的阻遏活性降低。

3.2　冷休克反应

冷是微生物在自然环境中经常遭受的温度条件。温度降低会造成细胞内酶的活性降低，膜的流动性降低，RNA 结构趋于稳定从而影响翻译过程。当温度突然降低时，细胞中会产生一种冷休克反应，通过一些特殊基因的表达使细胞适应这一急剧降低的低温环境，冷休克蛋白可以保持膜的完整性和促进有效转录和翻译。

冷休克反应最初在大肠杆菌中发现，将大肠杆菌从 37℃突然转移至 10℃时，很多蛋白质立即被诱导表达，这些蛋白质大多直接或间接与转录和翻译过程有关，如典型的 CSPs（cold shock proteins）、RNA 解旋酶（DeaD）、DNA 旋转酶（GyrA）、转录因子 NusA 和翻译因子 InfB 等。冷休克蛋白是高度保守的核苷酸结合蛋白，分子质量大约为 7.4 KDa，含有典型的 CSD 区域（cold shock domain），通过 RNP1 和 RNP2 基元（motif）与单链 RNA 或单链 DNA 结合，但不能与双链 DNA 结合。在大肠杆菌中已经发现九种 CSP，分别命名为 CspA～CspI。CspA（CSP7.4）是大肠杆菌主要的冷休克蛋白，是分子质量为 7.4 KDa 的细胞质蛋白。当大肠杆菌所处温度骤然下降时，它被大量诱导合成，可占到细胞蛋白质总量的 13%。它能结合于冷诱导基因，如染色质结合蛋白基因 *h-ns* 的 110bp 的启动子区域，可以对 *h-ns* 基因进行转录激活。CspA 还可结合到 DNA 旋转酶 A 亚基基因（*gyrA*）的启动子上激活其转录。一般认为，DNA 旋转酶含量的增加有助于细胞对低温的适应。

除了可以结合于冷诱导基因的启动子区域激活这些基因的转录，Csps 还在转录后水平和翻译水平上对冷诱导基因进行调控。Csps 是单链 RNA/单链 DNA 结合蛋白，有利于 DNA 或 RNA 单链状态的保持。由碱基配对形成稳定的二级结构将抑制 mRNA 的转录和翻译，因而 Csps 蛋白也被称为 RNA 分子伴侣。与清除错误二级结构形成正确的三级和四级结构的蛋白质分子伴侣不同的是，RNA 分子伴侣的作用在于清除不必要的二级结构。Csp 可结合到 Csps 和 RNA 解旋酶 CsdA 基因的 5′-UTR 中称为“cold box”的高度保守序列上，Csp 可能优先结合到 mRNA 上“cold box”中的 poly U 伸展区（stretche）上。在冷休克条件下，冷诱导的 RNA 解旋酶 CsdA 与 CspA 共同作用消除 mRNA 上的二级结构，使其免受 RNase 的切除稳定 mRNA 从而延长其半衰期；此外，二级结构的清除有利于 SD 序列的暴露，翻译得以起始。比如，CspA 具有自调控功能，可结合于自身 mRNA 的 5′非翻译区（UTR，159nt），在低温下稳定 mRNA，在转录后水平和翻译水平上对自身调控，促进其在低温下表达。

枯草芽孢杆菌的冷休克蛋白具有保护细胞免受冰冻损害的功能。现已发现冷休克蛋白在原核和真核微生物中普遍存在，冷刺激的幅度越大产生的冷休克蛋白就越多。

除冷休克蛋白之外，还存在第二类蛋白质，称为冷适应蛋白 CAPS，同冷休克蛋白相比，CAPS 在低温环境中是对应温度生长速度连续合成的。耐冷菌由于经常生活在温度波动的环境中，它们必须能够耐受温度的快速降低，产生的冷休克蛋白与其生存是密切相关的。

第 4 节　微生物从有氧到厌氧的转换和氧化应激

4.1　微生物从有氧到厌氧的转换

兼性厌氧微生物（facultative aerobe），包括酵母菌及一些肠道细菌，在有氧和无氧条件下都能生存。其原因在于它们在有氧或无氧时可以采取不同的策略合成能量。在好氧条件下，糖和其他有机物被氧化，电子传递给 NAD^+ 和 FAD 分别产生 NADH 和 $FADH_2$，随后在电子传递链上传递，O_2 作为最终电子受体进行好氧呼吸。而在厌氧条件下，没有 O_2 作为最终电子受体，细胞以其他的外源性物质作为最终电子受体代替 O_2，如硝酸盐、硫酸盐、CO_2 和少数有机物质如延胡索酸等，进行无氧呼吸；在缺乏最终电子受体时，细胞会以代谢中间产物为受氢体进行发酵作用。

兼性厌氧微生物可以通过改变自身的代谢方式以适应有氧或厌氧条件下的生长。有氧代谢和厌氧代谢之间的转换会伴随着电子传递的速率、途径和效率改变。大肠杆菌进行有氧和厌氧代谢的基本的电子流经路径如图 11-15 所示。在好氧条件下，大肠杆菌可合成两种不同的末端细胞色素氧化酶——细胞色素 o（*cyt o*）和细胞色素 d（*cyt d*），它们分别在高氧和低氧条件下合成。而在厌氧条件下，当没有可替代的电子受体存在时，大肠杆菌可将丙酮酸转化为甲酸、乙酸或乙醇、CO_2 和 H_2，进行混合酸发酵；而有可替代的电子受体存在时，大肠杆菌进行厌氧呼吸，产生较多的能量。对应于不同的电子受体，大肠杆菌在厌氧条件下至少产生5种末端氧化酶（表11-4）。

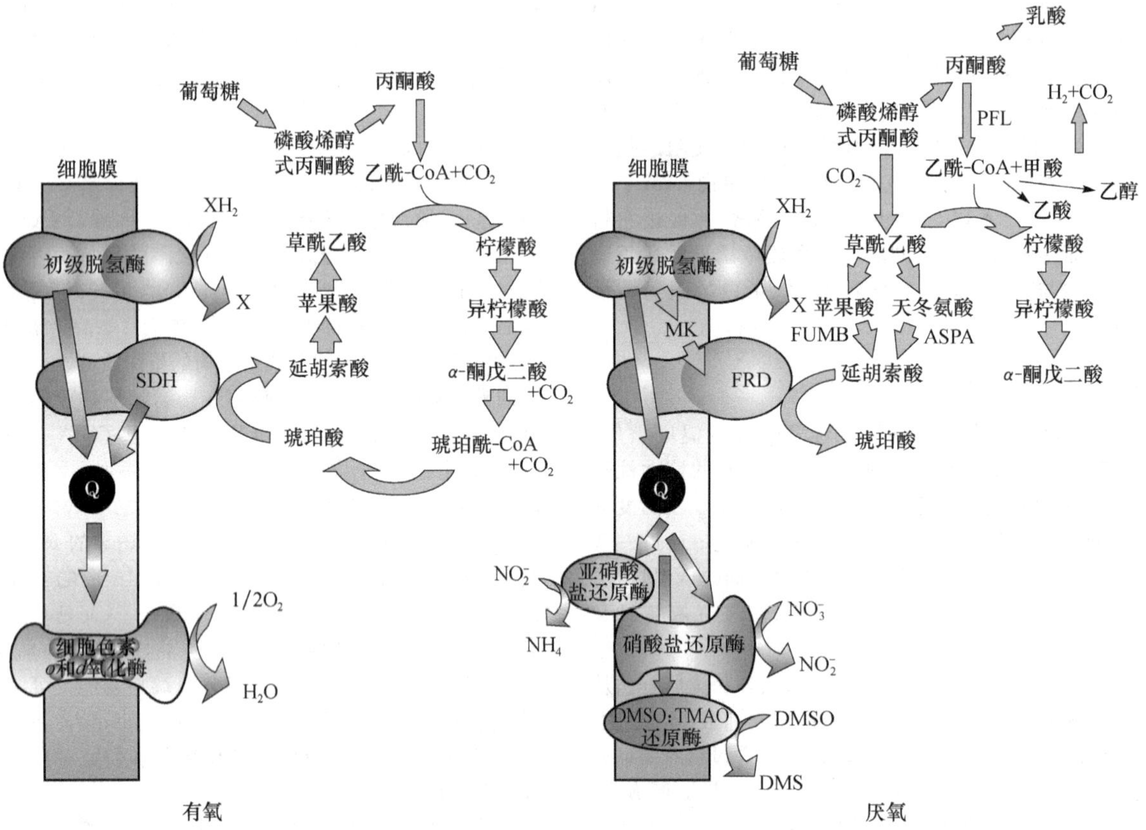

图11-15 大肠杆菌中基本的有氧代谢和厌氧代谢途径（Moat et al.，2002）

表11-4 大肠杆菌电子传递系统的特性

电子受体	ΔG^{0a}/（kJ/mol）	末端呼吸酶	操纵子	染色体上的位置/min
O_2	−233	细胞色素o氧化酶	*cyoABCDE*	10
O_2	−233	细胞色素d氧化酶	*cydAB*	17
NO_3^-	−144	硝酸（盐）还原酶	*narGHJI*	27
NO_3^-	−144	硝酸（盐）还原酶	*narZYWV*	33
DMSO	−92	DMSO/TMAO还原酶	*dmsABC*	20
TMAO	−87	TMAO还原酶	*torA*	28
延胡索酸	−67	延胡索酸还原酶	*frdABCD*	94

资料来源：Moat等（2002）。
a：用NADH作为指定电子受体的电子供体所计算得出的自由能。

大肠杆菌的呼吸系统酶系不是一成不变的，会根据所处的有氧和厌氧条件以及环境中可利用的电子受体的种类来控制不同呼吸途径酶系的合成。它对底物的利用具有优先次序：O_2>硝酸（盐）>DMSO（二甲基亚砜）>TMAO（氧化三甲胺）>延胡索酸，当环境中有几个电子受体同时存在时，能产生较多能量的电子受体将被优先利用。细胞是如何感受环境中溶氧水平或氧化还原条件的变化，并调控如此复杂的系统的呢？现在已经清楚，在大肠杆菌中FNR（formate Nitrate regulation，甲酸硝酸盐调控）、ArcA（aerobic respiratory control，好氧呼吸控制）和NarL协同作用使细胞快速有效感受不同浓度的O_2并作出响应。其中FNR和ArcA是大肠杆菌中的全局调控蛋白，这三个调控蛋白调控的基因和操纵子有所交叉（图11-16）。

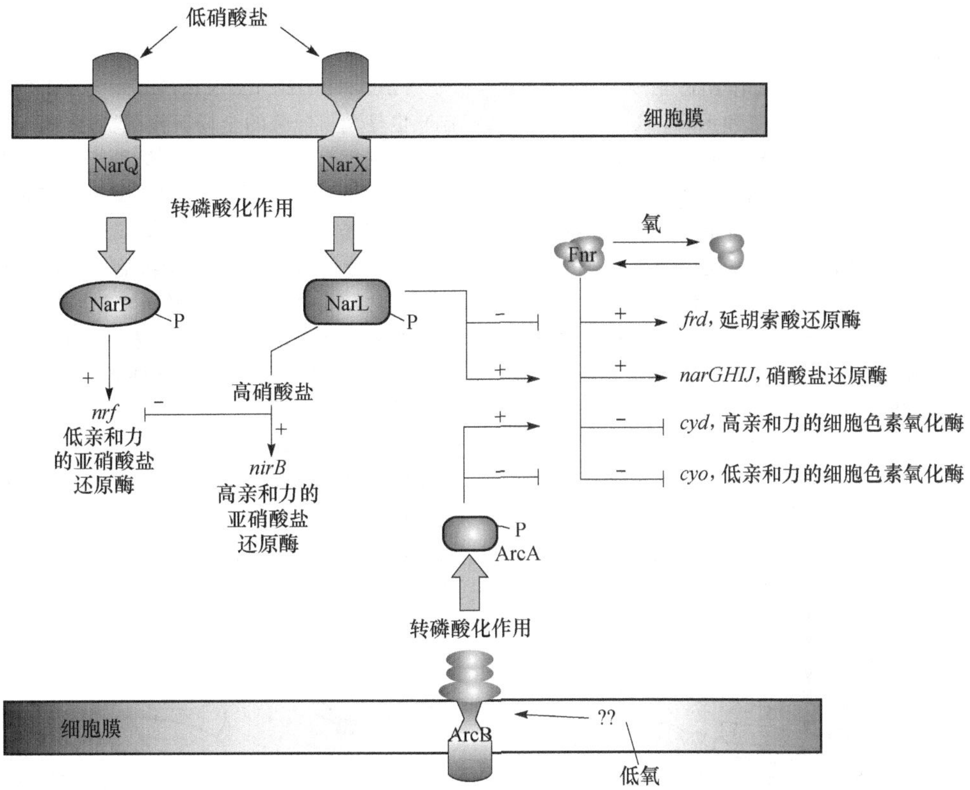

图 11-16　大肠杆菌有氧和厌氧呼吸途径的调控模式（Moat et al.，2002）

4.1.1　甲酸硝酸（盐）调控

FNR 蛋白是大肠杆菌中已鉴定出的全局调控蛋白之一，因 *fnr* 基因缺失后大肠杆菌丧失了还原甲酸和硝酸盐的能力而得名。FNR 蛋白可感受环境中的氧，受其调控的基因超过 100 个。其中受 FNR 蛋白直接调控的基因有 111 个，受 FNR 蛋白和其他转录因子共同调控的基因有 20 个，在被调控的基因中有 5 个编码转录因子。FNR 通过其 C20、C23、C29 和 C122 的 4 个 Cys 残基形成氧敏感的 4Fe-4S 簇，可感受环境中的 O_2。活性状态的 FNR 以二聚体存在，具有 DNA 结合活性，含有 2 个 4Fe-4S 簇的氧敏感中心。有 O_2 存在时，FNR 的 2 个 4Fe-4S 簇部分解聚，形成 2 个 2Fe-2S 中心，FNR 二聚体转变为无活性的单体，丧失了 DNA 结合活性（图 11-17）。

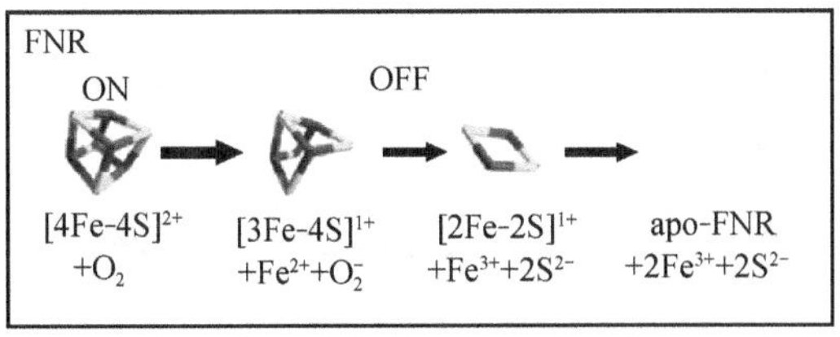

图 11-17　FNR 的 $[4Fe\text{-}4S]^{2+}$ 与 O_2 的反应（Green et al.，2009）

Fe-S 中的深色部分代表铁原子，浅色部分代表硫，每个步骤的反应积累以箭头的宽度代表

ON：开；OFF：关；apo-FNR：脱铁硫簇-FNR

在厌氧条件下，FNR 蛋白转录激活与厌氧代谢有关的操纵子，如与厌氧呼吸相关的一些还原酶基因，*nirBD* 和 *nrfABC*（亚硝酸盐还原酶），*frdABC*（延胡索酸还原酶），*dmsABC*（DMSO 还原酶）和 *narGHJI*（硝酸盐还原酶）（图 11-16）；与厌氧条件下碳利用相关的基因，如 *glpABC* 和 *pepT*；与这些物质运输有关的蛋白质如，DcuB 和 DppB 等。在厌氧条件下，FNR 阻遏与好氧呼吸有关的 *cyoABCDE*、*cydAD* 和 *narZYWV* 操纵子的转录。受 FNR 阻遏的基因数目远少于被激活基因数目。在厌氧条件下，对基因的转录阻遏主要由 ArcAB 系统起主导作用。

FNR 与全局调控蛋白 CRP 蛋白（cyclic-AMP receptor protein）具有相似的结构和活性位点，都是通过与 DNA 和 RNA 聚合酶直接相互作用而影响转录。除具有 DNA 结合区域之外，FNR 蛋白表面也具有类似于 CRP 蛋白中的三个可与 RNA 聚合酶相互结合的区域，分别称为 AR1（activating region 1）、AR2 和 AR3（图 11-18）。AR1 可以与 RNA 聚合酶的 α 亚基的 C 端区域（C-terminal domain，αCTD）结合；AR2 由 Lys49 和 Lys50 构成带正电荷的区域，可与 RNA 聚合酶 α 亚基带负电荷的 N 端区域（N-terminal domain，α NTD，由 Glu162、Glu163、Asp164 和 Glu165 组成）结合；AR3 可以与 RNA 聚合酶 σ 亚基相互作用。FNR 与 RNA 聚合酶的具体结合方式取决于启动子的结构。根据结构的不同，受 FNR 调控基因的启动子可以分为两种：Ⅰ型启动子［FNR 盒（FNR box）位于上游－61bp 或更远］

和Ⅱ型启动子（FNR盒位于上游－41 bp）（图11-19）。对于Ⅰ型启动子，通过FNR二聚体下游亚基中的AR1与RNA聚合酶的α CTD相互作用激活基因的转录。而在Ⅱ型启动子中，FNR蛋白和RNA聚合酶形成多重相互作用：FNR二聚体上游亚基中的AR1与RNA聚合酶的α CTD相互作用，AR2与RNA聚合酶α亚基的α NTD结合，FNR二聚体下游亚基中的AR3与RNA聚合酶σ亚基相结合，通过这三种相互作用激活基因的转录。与CRP作用方式不同的是，没有明显的证据表明cAMP参与FNR的调控作用；而且在对Ⅱ型启动子的转录调控中，AR1、AR2与RNA聚合酶的相互作用对于CRP蛋白起主导作用，而FNR蛋白的AR3与RNA聚合酶σ亚基结合对于转录激活起主导作用。

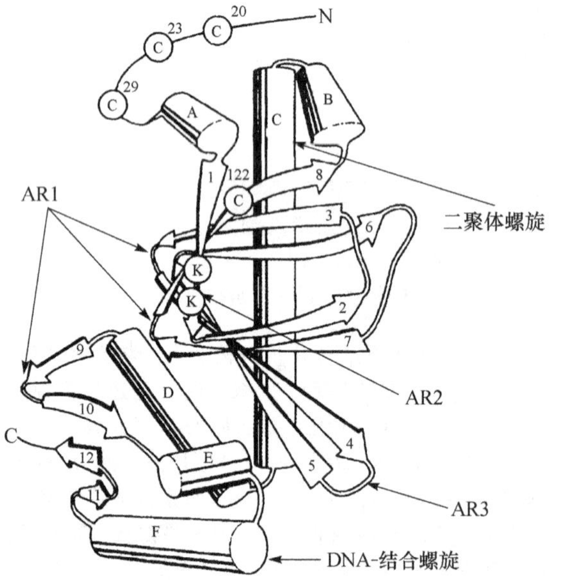

图11-18　FNR蛋白的活性位点（Blake et al.，2002）

AR1可与α CTD结合，AR2由赖氨酸残基（K49和K50）组成，可与α NTD结合，AR3与σ70结合，Cys残基（C20、C23、C29和C122）通过配位键形成氧敏感的4Fe-4S簇

4.1.2　ArcAB系统

ArcA（anoxic redox control，无氧下的氧化还原控制）也是大肠杆菌的全局调控蛋白之一，直接受ArcA调控的基因有66个，受ArcA和其他转录调控因子共同调控的基因有18个，在其被调控的基因中有两个编码转录因子。ArcA和ArcB构成双组分调控系统，可感受环境中的氧。ArcB位于细胞膜上，是一个组氨酸激酶，含有三个磷酸转移的信号结构域：N端为含有保守的组氨酸残基（H292）的转移结构域（H1），中间接收区D1含有保守的天冬氨酸残基（D576），在羧基末端磷酸转移结构域H2含有第二个组氨酸（H717）（图11-20A）。在厌氧条件下ArcB消耗ATP自磷酸化，最后将磷酸基团自His292→Asp576→His717→Asp54，传递给位于ArcA氨基末端的天冬氨酸残基（D54）（图11-20B）。磷酸化的ArcA（ArcA-P）阻遏许多与呼吸代谢有关的操纵子的表达，激活一些与发酵代谢有关的操纵子。

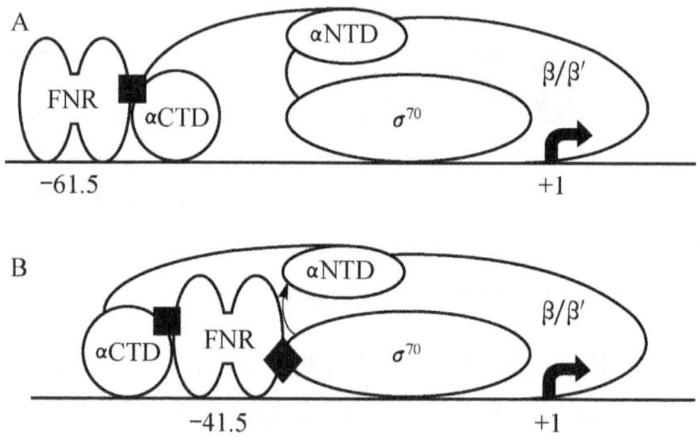

图11-19　依赖于FNR的Ⅰ型和Ⅱ型启动子结构（Blake et al.，2002）

Ⅰ型启动子中，FNR结合于上游－61bp或更远的位点，FNR二聚体下游亚基中的AR1与α CTD结合；而在Ⅱ型启动子中，FNR结合于上游－41bp的位点，插入到RNA聚合酶之内形成多重相互作用；FNR二聚体上游亚基中的AR1与α CTD相互作用，AR2与α NTD结合，FNR二聚体下游亚基中的AR3与σ亚基相结合

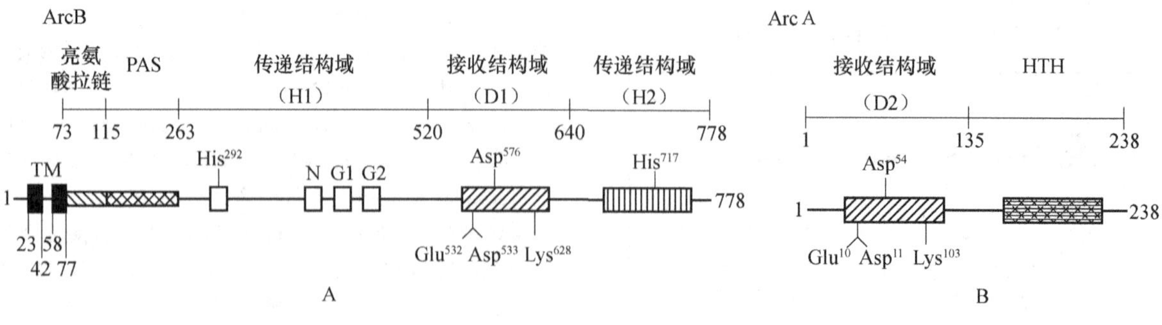

图11-20　ArcB和ArcA蛋白的结构域（Gerorgellis et al.，1997）

A：根据氨基酸序列同源性预测有一个可能的亮氨酸拉链和一个PAS域，第一个传递结构域H1具有保守的组氨酸残基（H292）和催化位点N、G1和G2，G1和G2代表核苷酸结合基元，接收区具有保守的Asp残基Asp576，而在羧基端的磷酸传递结构域H2含有第二个组氨酸（H717）；B：ArcA的N端接受区（D2）具有保守氨基酸Asp54和一个C端的HTH域

Arc 系统调控三羧酸循环酶系的协调合成。ArcA～P 通常是作为有氧条件下表达的靶基因的阻遏蛋白［如 *acn*（顺乌头酸酶）、*cyo*、*gltA*（柠檬酸合成酶）、sdh（琥珀酸脱氢酶）］和厌氧条件下表达的靶基因的激活蛋白［如 *cyd*、*hya*（氢化酶 1）、*pdu*（丙二醇降解）］。SixA 磷酸组氨酸磷酸酶通过从 ArcB 的 H717 脱去磷酸、抑制磷酸转移而调控 Arc 系统的活性，目前关于低氧信号是如何被感知、传导并激活 ArcB 激酶的还不十分清楚。体外实验表明，泛醌库的氧化还原状态可以影响 ArcB 激酶活性。而体内实验表明泛醌生物合成基因缺失突变株在厌氧/有氧转换中 ArcB 未受影响，而甲基醌生物合成基因缺失突变株中在厌氧条件下 ArcB 失活，而如在培养基中加入甲基醌前体则可恢复 ArcB 活性，表明甲基醌对于 ArcB 的活性起到主要调控作用。低氧可能通过影响甲基醌的氧化还原状态，进而激活 ArcB 的活性。

4.1.3　硝酸（盐）反应

硝酸/亚硝酸氧化还原电对具有较高的标准氧化还原电势，所以硝酸（盐）是厌氧细胞优先利用的电子受体。除 *fnr* 外，*narXL* 操纵子和 *narQ*、*narP* 也参与硝酸（盐）呼吸的基因表达的调控。*narX*/*narL* 和 *narQ*/*narP* 均为双组分调控系统，它们分别响应两种电子受体——硝酸（盐）及其还原产物亚硝酸（盐）的动态比例变化，并调控一系列复杂的转录过程。NarQ 和 NarX 是组氨酸激酶，它们可感受硝酸（盐）信号并将该信号传递给相应的反应调节蛋白 NarP 和 NarL，可诱导 *frd*、*dms* 和 *narGHIJ* 操纵子的转录，但对 *cyo*、*cyd* 和 *narZYWV* 操纵子不起作用。

为满足微生物细胞的需要，细胞通过 NarP 和 NarL 蛋白对亚硝酸（盐）还原酶操纵子 *nir* 和 *nrf* 进行了精细的调控。当细胞处于低浓度的硝酸（盐）环境条件下，细胞通过 NarXL 和 NarQP 系统诱导硝酸（盐）还原酶和高亲和性的 Nrf 亚硝酸（盐）还原酶的表达，这样细胞会从硝酸（盐）还原中产生最大限度的能量。然而，当硝酸（盐）浓度高时，硝酸（盐）还原酶仍可表达，但 NarL 将阻遏 Nrf 亚硝酸（盐）还原酶的表达，同时诱导低亲和性的 NirB 亚硝酸（盐）还原酶的表达，此时细胞的能量主要来自于硝酸（盐）还原酶。这种差别调控的好处在于可避免在高浓度硝酸（盐）下使用高亲和性的亚硝酸（盐）还原酶而产生过多的质子动力和能量，此外，低亲和性的亚硝酸（盐）还原酶可以解除亚硝酸对细胞的毒性。图 11-16 的模型描述了 Nar、FNR 和 Arc 之间如何相互作用从而有选择地控制氧调控基因的表达。

4.2　氧化应激

需氧微生物在有氧条件下生长时进行呼吸作用时 O_2 被还原成 H_2O，这一过程需要依次加入 4 个电子，会形成中间产物过氧化氢（H_2O_2）和超氧化物（$O_2^{-}\cdot$），它们对细胞中的 DNA、蛋白质和细胞的脂类组分有毒害作用（图 11-21）。

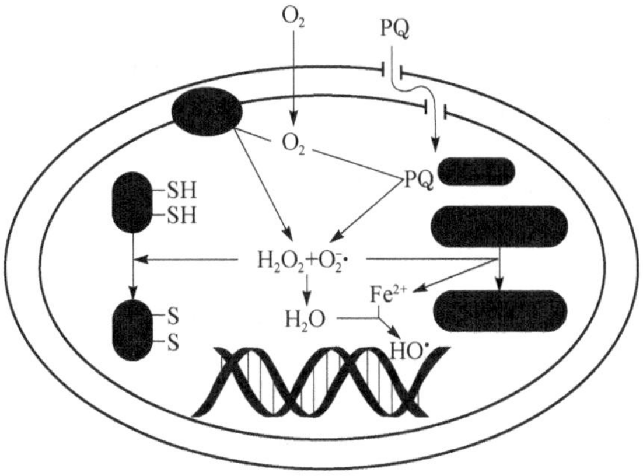

图 11-21　内源活性氧对细胞的损伤（Storz et al.，1999）
分子氧通过被动扩散进入细胞，可以通过黄素蛋白、NADH 脱氢酶的自氧化形成 H_2O_2 和 $O_2^{-}\cdot$，$O_2^{-}\cdot$ 可以氧化并破坏 Fe-S 簇，释放的铁可以与 H_2O_2 产生可以直接破坏 DNA 的羟基自由基，H_2O_2 可以直接氧化蛋白质中巯基

分子氧经氧化酶的作用可产生过超氧化物（超氧化物阴离子）：

$$O_2 + e^- + \text{氧化酶} \longrightarrow O_2^{-}\cdot$$

超氧化物一般不与 DNA 和蛋白质反应，然而，它可参与许多酶促和自发的化学反应，并产生非常活跃的氧衍生物，如过氧化氢和羟自由基：

$$O_2^{-}\cdot + H_2O_2 \longrightarrow OH^- + OH\cdot + O_2$$

此外，呼吸链上的一些成分也可以发生自氧化作用，如还原型 FAD 或还原型黄素蛋白的自氧化可以产生过氧化氢：

$$FADH_2 + O_2 \longrightarrow FAD + H_2O_2$$

NADPH 氧化酶可产生超氧化物阴离子和过氧化氢：

$$NADPH + H^+ + 2O_2 \longrightarrow NADP^+ + O_2^{-}\cdot + H_2O_2$$

超氧化物可从各种细胞物质中释放 Fe^{2+} 和 Fe^{3+}，并通过 Fenton 反应最终产生羟自由基：

$$Fe^{2+} + H_2O_2 \longrightarrow Fe^{3+} + OH\cdot + OH^-$$

超氧化物阴离子还可与氧化氮反应生成超氧化氮阴离子：

$$O_2^{-}\cdot + NO\cdot \longrightarrow ONOO^-$$

超氧化氮易与各种蛋白质发生反应，蛋白质中的甲硫氨酸、半胱氨酸、酪氨酸和色氨酸残基更易受超氧化氮的攻击。超氧化氮还可产生其他易与生物活性物质发生反应的有毒衍生物。

需氧微生物细胞内具有分解有毒中间产物的酶类。大多数好氧微生物通过超氧化物歧化酶（SOD）和过氧化氢酶解除超氧化物和过氧化氢的毒性：

$$O_2^{-}\cdot + O_2^{-}\cdot + 2H^+ \longrightarrow O_2 + H_2O_2 \text{（超氧化物歧化酶）}$$

$$2H_2O_2 \longrightarrow 2H_2O + O_2 \text{（过氧化氢酶）}$$

过氧化物酶也可通过有机还原剂，如谷胱甘肽或抗坏血酸（维生素 C）催化过氧化氢的还原：

$$H_2O_2+2RH \longrightarrow 2H_2O+2R_{ox}$$

大肠杆菌至少产生三种超氧化物歧化酶，即 Mn-SOD（SodA）、Fe-SOD（SodB）和 Cu/Zn-SOD（SodC）。SodA 和 SodB 位于细胞质中，可以保护 DNA 和蛋白质免遭氧化，缺乏这两种酶的缺失突变株生长不良，DNA 损伤。SodC 位于周质空间，保护周质空间和细胞膜上的组分免受外源超氧化物的损伤。细胞中的一些 DNA 修复系统也会参与氧化损伤的恢复。

而对厌氧微生物来说，SOD 和过氧化氢酶的存在将对细胞造成自我伤害，因为这两种酶催化的反应都会产生氧。厌氧微生物必需依靠其他机制清除氧，以防止形成有毒的氧衍生物。厌氧微生物可通过独特的黄素蛋白——NADH 氧化酶的作用，将氧中的 4 个电子直接还原并生成水：

$$NADH+H^++1/2O_2 \longrightarrow NAD^++H_2O$$

链球菌和其他乳酸细菌在糖代谢中就是通过该酶直接利用氧，从而避免形成活跃的氧衍生物的毒性问题。

在厌氧微生物硫酸还原细菌——普通脱硫弧菌（*Desulfovibrio vulgaris*）和嗜热厌氧菌——激烈热球菌（*Pyrococcus furiosus*）中存在一种独特的超氧化物还原酶系统，可以清除超氧化物而不形成分子氧。该系统由两个不含血红素的铁蛋白——rubrerythrin（Rbr）和红素氧还蛋白氧化还原酶（Rbo）组成，不通过歧化作用就可将超氧化物还原为过氧化氢：

$$O_2^{-\cdot}+e^-+2H^+ \longrightarrow H_2O_2$$

接着 NADH 过氧化物酶将过氧化氢还原为水：

$$NADH+H^++H_2O_2 \longrightarrow NAD^++2H_2O$$

整个过程中没有分子氧的形成。

4.2.1 氧化胁迫反应

超氧化物（$O_2^{-\cdot}$）和过氧化氢是好氧代谢不可避免的副产物，这两种物质可进一步导致羟自由基（$OH^\cdot$）的产生，从而损伤蛋白质、核酸和细胞膜。暴露于超氧化物中会诱发细菌的氧化胁迫反应（Oxidative response），细胞会表达降低活性氧的酶并修复活性氧造成的损伤。2D 电泳表明细菌在暴露于超氧化物中至少诱导超过 80 个蛋白质的表达，过氧化氢也可诱导其中约一半的蛋白质的合成；而基因芯片结果则揭示有更多的基因参与氧化胁迫反应。在大肠杆菌氧化胁迫调控元（modulon）中有两个重要的调控蛋白 OxyR 和 SoxR。它们均为大肠杆菌的全局调控蛋白，在细胞中组成型表达，无活性，而当细胞处于氧化胁迫时，会被快速激活，从而导致大量基因的表达，以降低活性氧并阻止和修复氧化损伤。

4.2.2 SoxRS 调节子

由超氧化物诱导的氧化胁迫反应受 *soxRS* 基因编码产物的正调控。*soxR* 和 *soxS* 分别编码两个不同的转录激活蛋白，被氧化激活后通过级联反应调控其他基因的转录。SoxR 蛋白可被氧化激活成为强的转录因子；除被氧化激活外，也可被 NO 亚硝基化激活。氧化态或亚硝化态的 SoxR 可将 SoxS 的转录提高 100 倍。SoxS 蛋白属于 AraC/XylS 家族的 DNA 结合转录因子。SoxS 蛋白可作用于调节子中其他基因的启动子，激活它们的转录（图 11-22）。受 *soxRS* 正调控的基因和操纵子至少包括含 Mn^{2+} 的超氧化物歧化酶基因（*sodA*）、DNA 修复酶内切核酸酶Ⅳ基因（*nfo*）、6-磷酸-葡萄糖脱氢酶基因（*zwf*，产生 NADPH）、*fldA*、*fldB*（两种不同的黄素氧还蛋白）、NADPH：黄素氧还蛋白氧化还原酶基因（*fpr*）、延胡索酸酶基因（*fumC*）、*fur*（与铁代谢相关的调控蛋白基因）、*acrAB*（药物流出泵）、*marRAB*（多重抗药性操纵子）、*nfsA*（也叫 *mdaA*，硝酸还原酶）、*ribA*（cGMP 水解酶）、*inaA*（功能未知）、*acnA*（顺乌头酸酶）、*tolC*（外膜蛋白）、*rimK*（核糖体蛋白 S6 的修饰蛋白）和 *micF*（非编码小 RNA，阻遏孔蛋白 OmpF 表达）。SoxS 蛋白还是 *soxS* 基因的阻遏蛋白，限制自身的合成。*soxR* 和 *soxS* 调节子的诱导产物可以应对氧化胁迫：清除氧化剂（*sodA*），合成还原力（*acnA*，*zwf*），修复氧化损伤（*nfo*，*fpr*），药物外流（*acrAB*，*tolC*），降低细胞的渗透能力（*micF*）及将对氧化敏感的酶替换为耐氧化的异构酶（*fumC*）等。SoxRS 调节子的基因表达后不仅赋予了细胞抗超氧化物的能力，同时也可抗有机溶剂、巨噬细胞产生的 NO 和抗生素。

同 FNR 一样，SoxR 也是利用铁硫中心来感受细胞质中的氧化胁迫条件。SoxR 蛋白大小为 17kDa，属于 MerR 家族的转录调控蛋白，在氨基端有一个 H-T-H 的 DNA 结合域。SoxR 蛋白在细胞内为同源二聚体，在每个亚基上都一个 2Fe-2S 簇，2Fe-2S 中心位于蛋白质的羧基端，金属结合位点由蛋白质上仅有的四个半胱氨酸（形成 CX_2CXCX_5C 序列，X 代表任意氨基酸）构成，这个结构域与其他已知的 Fe-S 簇均不相同。这两个 2Fe-2S 中心在细胞正常的生理条件下保持还原状态，但当有超氧化物时铁硫簇中的铁被迅速氧化，SoxR 蛋白氧化还原状态的变化可诱导蛋白的活性构象（图 11-23）。氧化态和还原态的 SoxR 均可与 *soxS* 基因的启动子结合，但只有氧化态的 SoxR 蛋白才具有强的转录活性（提高 100 倍）。SoxR 蛋白结合在 *soxS* 启动子的－35和－10 区之间，这个结合位置在转录激活蛋白中并不常见，此外，－35 和－10 区之间的距离为 19bp，相较于大肠杆菌启动子中常见的 17bp±1bp 也很不寻常。尽管 *soxS* 基因的启动子－35 和－10 区具有典型的共有序列，与 RNA 聚合酶有很高的结合活性，但由于二者之间的非适宜距离，在无氧化态的 SoxR 时转录活性非常低。氧化态 SoxR 的转录激活机制可能是 SoxR 构象的变化导致 *soxS* 启动子的 DNA 拓扑学发生改变，弥补了启动子上的不正常间隔区对转录造成的影响。

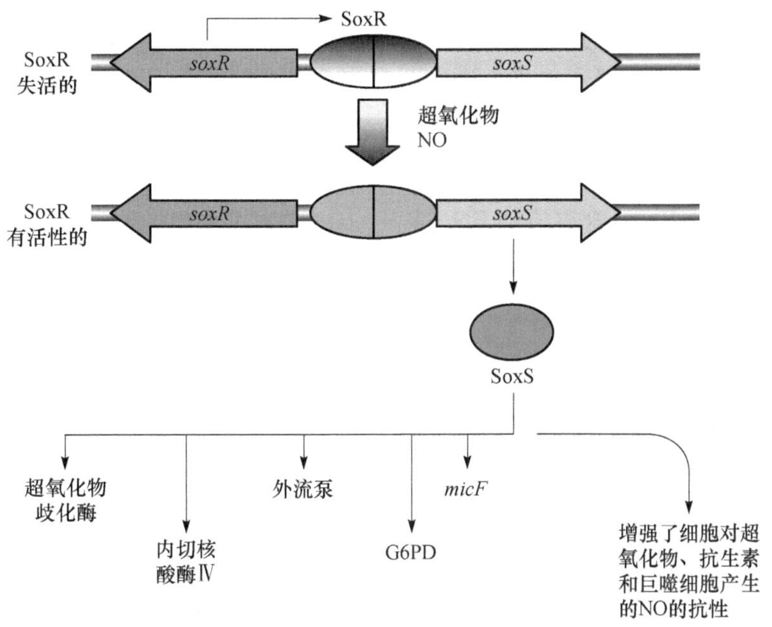

图 11-22　*soxRS* 调节子（Pomposiello et al.，2001）

SoxR 蛋白组成型表达，当暴露于超氧化物或 NO 时被激活，氧化态的 SoxR 增强了 *soxS* 基因的转录，SoxS 蛋白可以激活抗氧化胁迫的基因的转录，SoxS 调控基因的表达可以同时增强细胞抗抗生素和吞噬作用产生的 NO

G6PD：6-磷酸葡萄糖脱氢酶

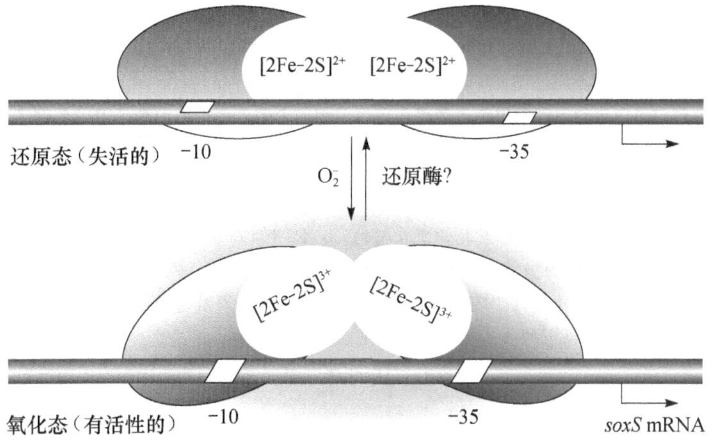

图 11-23　超氧化物激活 SoxR 蛋白的机制（Pomposiello et al.，2001）

氧化态或还原态的 SoxR 二聚体均能与 DNA 结合，然而，只有氧化态的 SoxR 能激活 *soxS* 的转录，当暴露于过氧化物后，铁硫簇中的铁被迅速氧化，氧化后 SoxR 构象发生变化导致 *soxS* 启动子的 DNA 拓扑学发生改变，弥补了启动子上不正常的间隔区对转录的影响，SoxR 的氧化快且短暂，一旦过氧化物胁迫终止，SoxR 在几分钟内完全被还原

氧化态的 SoxR 可被氧化还原对——NADPH：黄素氧还蛋白氧化还原酶/黄素氧还蛋白还原，同时伴随 NADPH 的氧化。而编码这些酶的基因都受 SoxR 的诱导，暗示可能存在一个 SoxR 和 SoxS 自我调控的机制，即当这些基因由氧化态的 SoxR 诱导后，细胞中黄素氧还蛋白氧化还原酶/黄素氧还蛋白氧还对的水平升高，使得 SoxR 被还原，阻遏这些基因的表达。

4.2.3　OxyR 调节子

OxyR 转录因子调控 H_2O_2 诱导的氧化胁迫反应，诱导一系列抗过氧化氢的基因的表达，这些基因构成 OxyR 调节子（OxyR regulon）。OxyR 属于 LysR 转录因子家族，激活的基因包括 *dps*（DNA 和铁结合蛋白）、*gorA*（GSH 还原酶，谷胱甘肽还原酶）、*grxA*（谷氧还蛋白）、*katG*（过氧化氢酶）、*ahpC*、*ahpF*（烷基氢过氧化物还原酶，alkyl hydroperoxide-NADPH oxidoreductase）和 *fur*（铁代谢相关的调控蛋白）。这些基因编码的蛋白质大多具有明显抗氧化功能，如过氧化氢酶可以清除 H_2O_2，Dps 可以保护 DNA，烷基氢过氧化物还原酶解除在氧化胁迫中产生的脂质氢过氧化物和其他氢过氧化物的毒性。此外，OxyR 还可以激活非编码的小 RNA *oxyS* RNA 的合成，从而通过 *oxyS* RNA 影响 mRNA 的稳定性和转录活性间接调控其他多达 20 个基因的表达。其中受 *oxyS* RNA 转录后水平调控的基因有两个编码调控蛋白：*flhA*（*hyp* 操纵子的激活蛋白）和 *rpoS*（稳定期的 RNA 聚合酶的 σ^S 亚基）。因此，细胞在响应氧化胁迫时通过 OxyR、SoxR 和 *oxyS* RNA 多层次的调控对这些调控蛋白的作用进行放大和微调。

OxyR 多肽的分子质量为 34kDa，在细胞内为四聚体。OxyR 蛋白在细胞进行 H_2O_2 处理前后蛋白质水平没有变化，表明它的激活是翻译后水平的。体外实验表明 OxyR 蛋白有还原态和氧化态两种，H_2O_2 处理激活 OxyR 蛋白，在四聚体的每个亚基上的两个半胱氨酸残基 C199 和 C208 之间形成二硫键（图 11-24）。只有氧化态的 OxyR 蛋白才可以结合到 *katG*、*gorA*、*dps* 等基因的启动子区域，一旦与靶 DNA 序列结合，OxyR 蛋白通过与 RNA 聚合酶 α 亚基的 C 端结构域（α-CTD）相互作用而激活转录。而在 *oxyR* 基因的启动子区域，无论氧化态还是还原态的 OxyR 蛋白都可以作为阻遏蛋白与之结合，以控制自身的合成量。氧化态的 OxyR 蛋白上的二硫键可以被 GSH-谷氧还蛋白（glutaredoxin）Ⅰ系统还原，使 OxyR 蛋白失活；在谷胱甘肽还原酶突变株和谷氧还蛋白基因突变株中 OxyR 蛋白还原速度均大大降低。而这两个基因的表达受到 OxyR 蛋白的转录调控，因此 OxyR 介导的氧化胁迫反应也具有自我调控能力。

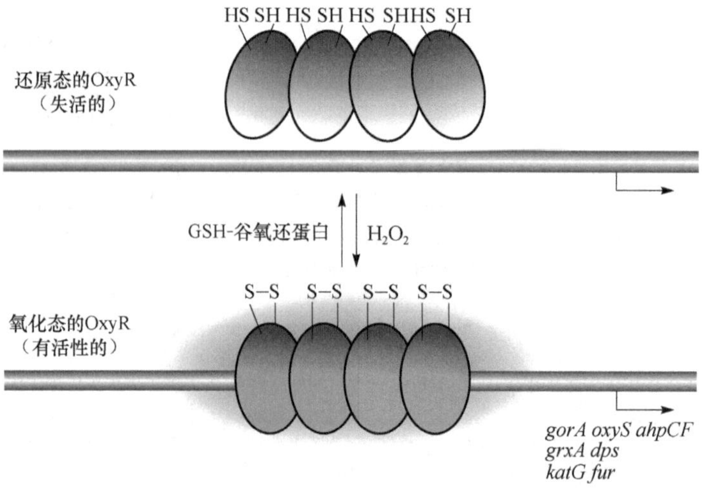

图 11-24 OxyR 调节子（Pomposiello et al.，2001）

OxyR 蛋白在细胞内组成型表达，可被 H_2O_2 氧化，氧化态的 OxyR 可以与靶基因的启动子区域结合，通过与 RNA 聚合酶 α-CTD 相互作用而激活转录，激活的基因具有直接或者间接的抗氧化功能；OxyR 四聚体上的每个亚基上的半胱氨酸在暴露于 H_2O_2 时可以形成分子内二硫键，二硫键可以被谷胱甘肽还原，而后者被谷胱甘肽还原酶还原，而谷胱甘肽还原酶和谷氧还蛋白基因的表达受到 OxyR 蛋白的转录调控，因此这种反应是自我调控的

GSH：谷胱甘肽

已经发现在很多细菌中都存在 OxyR 的同源蛋白，包括分枝杆菌和其他革兰氏阳性细菌。在沙门氏菌中，还原型的 OxyR 可以作为 *narZYWV* 操纵子的阻遏蛋白，该操纵子编码一个可被氧化胁迫诱导的、好氧表达的、非硝酸（盐）反应的硝酸（盐）还原酶（NR-Z）。当 H_2O_2 存在时，氧化型的 OxyR 不再阻遏 *narZYWV* 的转录，该操纵子处于脱阻遏状态，其表达水平为最高诱导水平的 1/3。因此，OxyR 同其他许多反应调节蛋白一样具有转录激活蛋白和阻遏蛋白的双重功能，其功能取决于它所作用的靶基因。

在氧化胁迫反应中，除了 OxyR 和 SoxR 调节蛋白之外，还有其他的调节蛋白参与抗氧化基因的调控。*rpoS* 基因编码 RNA 聚合酶的 σ^S 亚基，在细菌遭受不同的胁迫反应如饥饿胁迫反应、酸胁迫反应、渗透胁迫反应和细胞进入稳定期中多种基因的表达中起重要作用。饥饿和稳定期的细胞本身可以应对多种胁迫，如高浓度的 H_2O_2，*rpoS* 基因可以调控几种抗氧化基因，如 *katE*、*xthA* 和 *sodC* 的表达。SoxRS 调节的 *pqi5* 基因和 OxyR 调控的 *katG*、*gorA* 和 *dps* 也受到 σ^S 的调控。厌氧代谢调控蛋白 FNR 和 ArcA、ArcB 均调节 SoxR 和 SoxS 调节的 *fumC*、*acnA* 和 *sodA* 基因的表达，FNR 蛋白调控 *sodC* 基因，而转录蛋白 Fur 的表达则受到 OxyR 和 SoxR 调节蛋白的共同调控。这些均表明 OxyR 和 SoxRS 调节子和其他调控网络之间有紧密联系。

第 5 节　渗透胁迫及渗透调节

溶质（如盐、离子和代谢物）的浓度对微生物生长起着关键作用。溶液的渗透压和水的可给性有密切关系，如果溶液中的溶质浓度过高，则环境中的水对于微生物失去了可给性。环境中水的可给性一般以水活度 a_W 来表示。a_W 是指在一定温度和压力条件下，溶液中的蒸汽压（P）与纯水蒸汽压（P_0）之比，用下式表示：

$$a_W = P/P_0$$

在各种环境中，a_W 为 0～1，纯水的 a_W 为 1。溶液中含有其他溶质时，溶液的 a_W 降低，溶质越多，a_W 越小。在实验室条件下，大多数微生物都在渗透压相对较低的培养基中进行最适生长。对很多细菌来说，高渗的（hypertonic 或 hyperosmotic）条件会导致细胞质脱水，细胞收缩引起质壁分离（plasmolysis）。低渗的（hypotonic 或 hypoosmotic）条件则导致水流入细胞质，细胞膨胀造成胞质逸出（plasmoptysis），甚至使细胞破裂造成渗透裂解（osmotic lysis）。

水可以自由出入微生物的细胞膜，生物必须维持细胞内外的水分平衡。有细胞壁的微生物可以在细胞质中维持一个相对于细胞外的较高的溶质浓度，细胞内具有更低的水活度。细胞外的水会试图流入细胞，给细胞壁施加相当大的压力，因为细胞的体积增大的同时，细胞壁却在阻止细胞的膨胀。这个由细胞质膜施加给细胞壁的压力称作膨压（turgor pressure 或 turgor）。渗透调节机制或渗透胁迫反应的功能就是要维持细胞的膨压在较高的限度内，以维持细胞的活力。水分子通过细胞膜上的水通道蛋白（aquaporin）以扩散的方式快速进入或排出细胞。尽管大肠杆菌的 AqpZ 通道对细胞生长是非必需的，但它可协调大量水分子在两个方向的快速流动，以使细胞对突然上升或下降的渗透压作出反应。细胞通过调节细胞质中总的渗透性溶质库和革兰氏阴性细菌的周质空间中的溶质的相对浓度水平来维持膨压。在低渗培养基中，细胞的渗透压主要取决于离子性溶质（如 K^+）的浓度，而在高渗培养基中，细胞的渗透压则主要取决于中性溶质（如海藻糖，甜菜碱）的浓度。

5.1　高渗透压

当环境中的渗透压升高时，细菌快速失水收缩，膨压下降，生长缓慢或停止，大分子的生物合成受到抑制，呼吸速率降低。大多数细菌对渗透压升高最快速的反应是增加 K^+ 的流入量。大肠杆菌至少有三个 K^+ 的吸收系统：Trk、Kdp 和 Kup 系统，其中 Trk 和 Kdp 在高渗条件下的钾吸收中起主要作用。在枯草芽孢杆菌和其他细菌中已鉴定出 Trk 和 Kdp 的同源基因。Trk 系统由三个组分组成：TrkA（周质膜蛋白）、TrkE（膜结合蛋白）和 TrkH（跨膜蛋白，存在于大肠杆菌中）或 TrkG（跨膜蛋白，存在于大肠杆菌和其他细菌中）。TrkH 和 TrkG 是大肠杆菌中可替代的 K^+ 转运蛋白。TrkA 通过结合 NAD（H），调节 K^+ 的吸收。钾吸收系统中的 Kdp 系统研究得比较清楚，是诱导型的高亲和的 K^+ 吸收系统，由 *kdpFABC* 操纵子编码的蛋白质组成的四亚基的 K^+ 转运 P 型 ATP 酶。KdpB 亚基（72kDa）与其他的 P 型 ATP 酶同源，为 ATP 水解催化亚基；KdpA 亚基（59 kDa）与 KcsA-like K^+ 通道蛋白同源，是离子转运亚基；KdpF 亚基（3kDa）仅由一个疏水的跨膜结合域组成，功能可能是稳定复合物；而 KdpC 亚基（20kDa）的 N 端是跨膜结构域，多肽的其他部分位于细胞质中，KdpC 可能作为催化伴侣与 ATP 结合功能有关。KdpFABC 复合物与其他的 P 型 ATP 酶一样，有典型的 E1/E2 催化循环（图 11-25）。当 KdpFABC 处于休息的 E2 状态时，与 K^+ 的结合将激活 KdpB 的 N 端与 ATP 高亲和结合。同时，复合物转为 E1 状态，K^+ 进入 KdpA 的选择性过滤器的中心的结合位点上，并在 KdpB 上 P-结构域中的 D307 发生磷酸化的过渡状态中封闭于其中。随之 KdpB 发生大的构象变化造成 KdpB 跨膜区的偶极方向发生改变，使酶向 E1/E2 状态转变，促使钾离子通道 KdpA 中心上的 K^+ 向细胞质中排放。最后，去磷酸化的 D307 通过与 KdpB 的 A-结构域中 TGES 基元相互作用重新形成 E2 状态。*kdpFABC* 操纵子的表达受到双组分调控系统 *kdpD*/*kdpE* 的调控。

细菌应对胞外的高渗透压的第一反应是加快 K^+ 的流入，同时加快腐胺（1，4-丁二胺）的分泌，胞内的腐胺水平随之下降。腐胺是二价的阳离子多胺，高渗胁迫时二价的腐胺被单价的 K^+ 所替代，使细胞质中的渗透压升高，但细胞内的离子强度几乎不受影响。当细胞处于非常严重的渗透胁迫时，胞内积累大量的钾离子，会与细胞外的质子和腐胺造成电位不平衡，这时会在细胞内积累阴离子，参与渗透调节的主要阴离子化合物是谷氨酸（为渗压剂，osmolyte）。谷氨酸随着渗透压的升高被合成并快速积累，该过程依赖于 K^+ 的吸收。在大肠杆菌和其他肠道细菌中，谷氨酸由谷氨酸脱氢酶（GDH）和谷氨酰胺合成酶（GS）这两个酶合成。

很多微生物在遭遇渗透胁迫以及饥饿、热和干燥胁迫时，还会在细胞内积累海藻糖（由两个葡萄糖残基组成）作为亲和性溶质（compatible solute）。海藻糖由 *otsAB* 操纵子的编码产物合成：OtsA 是海藻糖-6-磷酸合成酶，OtsB 是海藻糖-6-磷酸磷酸酶。在缺少外源的渗透保护剂时，大肠杆菌能积累海藻糖，由其产生的渗透压占高渗条件下细胞质中的 20%。

有些化合物，当它们在胞外存在时，可提高细菌在高渗条件下的生长速率，这些化合物称作渗透保护剂（osmoprotectant），它们在本质上是两性离子，如甘氨

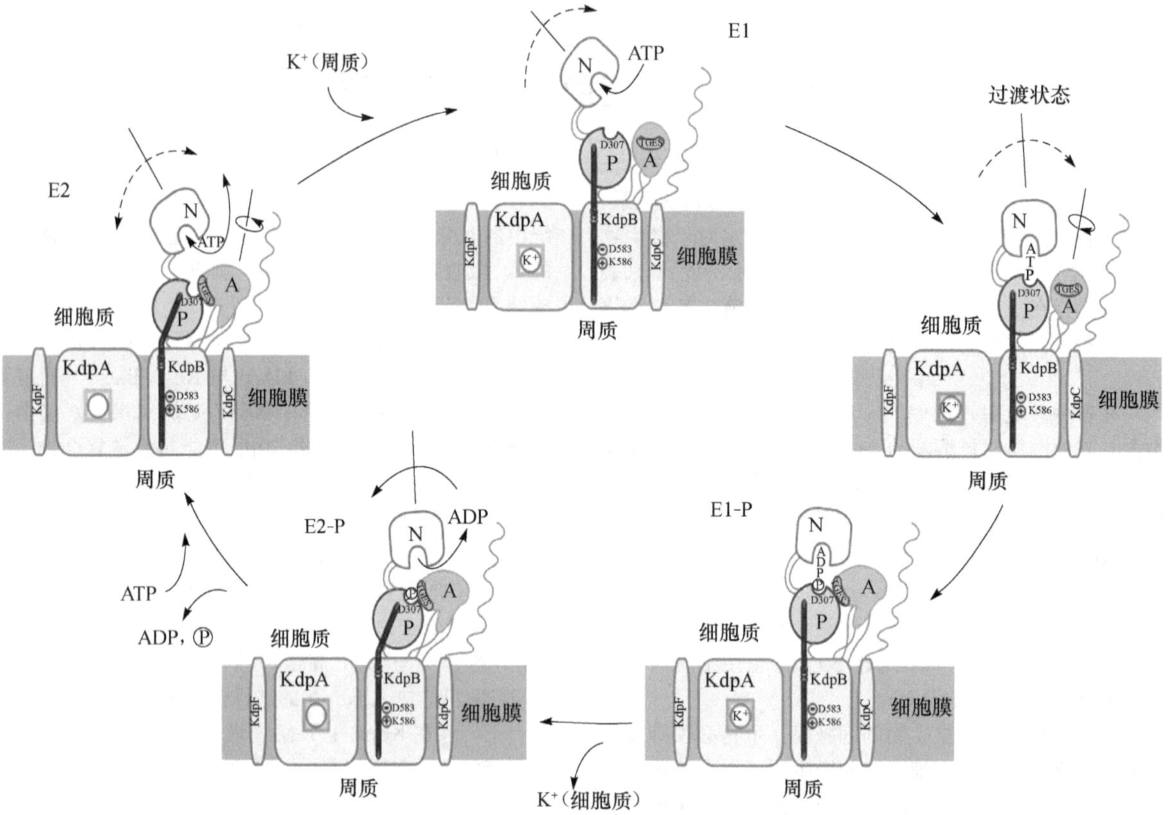

图 11-25 大肠杆菌 KdpFABC 复合物的催化过程（Greie et al.，2007）

当 KdpFABC 处于 E2 状态时，与 K^+ 的结合激活 KdpB 的 N 端与 ATP 高亲和结合。同时，复合物转为 E1 状态，K^+ 进入 KdpA 中心的结合位点上，并在 KdpB 上 P-结构域中的 D307 发生磷酸化的过渡状态中封闭于其中。随之 KdpB 发生大的构象变化造成 KdpB 跨膜区的偶极方向发生改变，使酶向 E1/E2 状态转变，促使钾离子通道 KdpA 中心上的 K^+ 向细胞质中排放。最后，去磷酸化的 D307 通过与 KdpB 的 A-结构域中 TGES 基元相互作用重新形成 E2

酸甜菜碱和脯氨酸，结构式为

$(CH_3)_3\text{-}N^+\text{-}CH_2COO^-$ 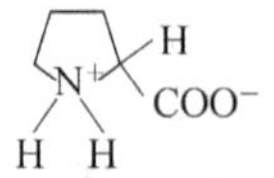

甘氨酸甜菜碱　　　　L-脯氨酸

在动植物中发现了许多渗透保护剂：植物中有甜菜碱、甜菜醛、脯氨酸甜菜碱、胆碱、胆碱-O-硫酸、水苏碱、β-二甲基磺丙酸；动物中含有大量的肉碱。在大肠杆菌中，胆碱在与膜结合的依赖于 O_2 的 BetA 胆碱脱氢酶的作用下转化为甜菜醛，然后再在可溶性的依赖于 NADP 的甜菜醛脱氢酶的作用下转化为甘氨酸甜菜碱。许多嗜盐菌产生的 ecotoine（1,4,5,6-四氢-2-嘧啶羧酸）对大肠杆菌和其他细菌来说是非常好的渗透保护剂。渗透保护剂可以通过离子同向运输蛋白（ion symporter）和 ABC 转运系统运入胞内。在大肠杆菌和肠道沙门氏菌中，渗透保护剂通过两个受渗透调控的透性酶——ProP 和 ProU 进入细胞中，在其他菌中也发现了 ProP 和 ProU 的同源物。ProP 是 H^+-渗透保护剂同向运输蛋白，对脯氨酸的亲和性较低，其功能主要是摄入甜菜碱。ProU 为 ABC 转运系统，对脯氨酸的亲和性也较低，但对甜菜碱的亲和性高。细胞中主要的脯氨酸透性酶是 PutP，其功能主要是参与脯氨酸利用，而不参与渗透保护。

需要注意的是，上述渗透保护机制是在不同层次上发挥作用的。细菌遭遇高渗胁迫时，胞内 K^+ 的水平迅速上升，20min 后达到最大值。胞内腐胺分泌，随后谷氨酸以较慢的速度积累。由于膨压恢复，细胞从质壁分离中恢复原状。大约 60min 后，海藻糖的水平上升，而 K^+/谷氨酸的水平下降。如果加入外源甜菜碱这样的渗透保护剂，则海藻糖的浓度进一步提高，K^+ 水平进一步下降。随着海藻糖浓度水平的提高，大分子的生物合成重新开始。

5.2 低渗透压

大肠杆菌在稳定期时，细胞内的膨压大概是 4atm，当细胞所处环境渗透压显著降低（低渗休克）时，水快速流入细胞，膨压升高到 11atm。这会导致细胞外膜伸展，从而使细胞膜上出现裂缝，伸展已存在的孔道或激活受伸展激活的通道（如力敏感通道 McsL、McsS 和 McsM）。这时，细胞膜的通透性将有短暂的提高，导致渗压剂和离子的外渗，谷氨酸、K^+、ATP 和其他共溶性溶质从细胞质中流失。这个过程在低渗胁迫的一到几分钟内发生，10min 后通道将关闭。力敏感通道的开放会使细胞内溶质快速释放，细胞内膨压得以降低。

在大肠杆菌中至少存在三个力敏感通道（mechanosenstive channel），McsL（large channel）、McsS（small channel）和 McsM（mini channel）。其中 McsL 和 McsS 研究得比较深入，其编码基因已被克隆，蛋白质的三维结构也已解析，并且通道的结构动力学也通过 EPR（electron paramagnetic resonance，电子顺磁共振）和 FRET（fluorescence resonance energy transfer spectroscopy，荧光共振能量传递）得以深入研究。McsL 是由 *mcsL* 基因编码的 136Aa 的多肽（17kDa）构成的五聚体，构成一个电导大约为 3nS 的通道，通道的大小甚至可使细胞质中小蛋白，如硫氧还蛋白在低渗条件下流失。McsL 五聚体上的每个亚基上均由两个 α-螺旋跨膜区（transmembrane domain，TM）TM1 和 TM2、位于细胞质中 N 端和 C 端区域以及位于周质的中心区域三部分组成（图 11-26 A）。*mcsL* 基因在革兰氏阳性细菌和阴性细菌都有其保守的同源基因。McsS 由 *yggB* 基因编码的 286Aa 的多肽构成的七聚体，通道的很大一部分位于细胞质中。七聚体中的每个亚基都由三个跨膜区组成，N 端朝向周质，而 C 端朝向细胞质。TM3 螺旋形成通道的孔道，而 TM1 和 TM2 螺旋构成感受膜张力和电位的感应蛋白（图 11-26 B）。大肠杆菌的 *mcsL* 或 *yggB* 单基因突变株几乎不影响生长，从高渗到低渗处理依然可以正常生长；但是双基因突变株在经历低渗胁迫后，会马上因细胞裂解而死亡。

激活 MscL 所需的细胞膜张力要比激活 MscS 通道高 1.5 倍，此外它们的电导和离子选择性也不同。MscL 通道对于阴离子和阳离子没有选择性，其电导是～3nS，约是 MscS（～1nS）的 3 倍。MscS 通道对阴离子的选择性高于阳离子，PCl/PK 的渗透率为 1.5～3.0。

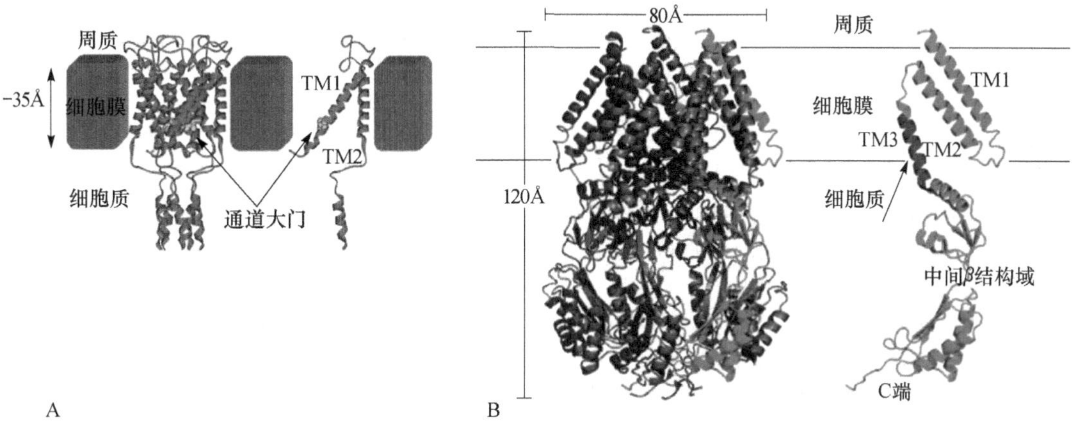

图 11-26　MscL 和 MscS 的三维结构（Corry et al.，2008）

A：*M. tuberculosis* 的 MscL 通道的同五聚体（左）和一个单体（右），图示结构为一个关闭的通道，膜双分子层的厚度约为 3.5nm，通道大门由 TM1 跨膜区的细胞质部分组成；B：大肠杆菌的 MscS 通道的同七聚体（左）和一个单体（右），图示显示了跨膜区 TM3 螺旋的结构域和在单体中的位置，构成 MscS 大门必需的 TM3 上含有 Gly 和 Ala 的保守结构基元被标记成深色（箭头所指）

MscL 通道的 5 个 TM1 在细胞质面形成一个紧密包裹的仅有 2 Å宽的漏斗形，这个疏水结构充当通道的大门。开关时疏水大门的直径可在 2～30 Å变化（图 11-27 A）。FRET 分析结果表明通道五聚体的直径在关闭和开放构象之间的变化大约是 16 Å（图 11-27 B）。因此，MscL 通道开放时是构象变化最大的膜蛋白之一。MscL 通道的 N 端很短，由约 12 个的氨基酸残基构成，可能起到第二个通道大门的作用。该区域的结构变化对 MscL 通道功能影响巨大。在 MscL 通道的 TM1 和 TM2 螺旋之间通过一个周质的 loop 相连，这个环是顶住大门开放的弹簧，可能是 MscL 通道打开时首先要发生构象变化的结构域。通道的 C 端形成 α-螺旋束，突出到细胞质中，功能未知，将该区域缺失对通道的力敏感性影响不大。

5.3　渗透调节

大肠杆菌外膜上有两种膜孔道蛋白 OmpC（相对分子质量 36 500）和 OmpF（相对分子质量 37 000），在外膜上形成亲水性的孔道，使极性分子（<600Da）跨过外膜屏障。OmpF 具有较大的孔直径和较快的扩散速度。在低渗条件下，OmpF 是外膜上主要的孔道蛋白；而在高渗条件下，*ompF* 的表达受到阻遏，而 OmpC 蛋白占绝对优势。这两个蛋白质之间的比例会发生变化，但它们总的水平却相当恒定。大肠杆菌可以感受环境中的渗透压，在比较稀释的环境中促进 *ompF* 的表达，而在溶质比较富集的环境，如人体肠道中促进 *ompC* 的表达。*ompC* 和 *ompF* 基因的表达受到双组分调控系统 *ompR*/*envZ* 的调控。

EnvZ（50.3kDa）为感受蛋白，是一个 450Aa 的内膜蛋白，其 C 端和 N 端位于细胞质中，有两个跨膜区，周质的 loop 负责感受环境信号。在高渗条件下，它在第 243 位 His 残基上自身磷酸化（autophosphorylation）。OmpR（27kDa）是响应蛋白，N 端的磷酸化结构域和 C 端的 DNA 结合结构域通过 15 Aa 残基形成的

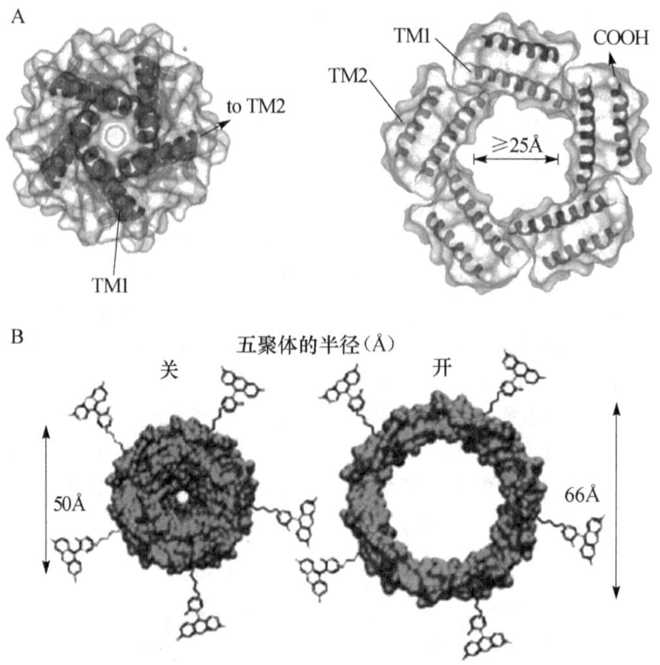

图 11-27 MscL 通道的开放结构（Perozo et al.，2002；Corry et al.，2005）

图中显示了依据 EPR（A）和 FRET（B）描绘的 MscL 通道关闭和开放时的构象变化

连接器相连。磷酸化的 EnvZ 可将磷酸基团转移给 OmpR第 55 位天冬氨酸残基，使细胞内的 OmpR-P 水平升高。磷酸化的 OmpR 是 *ompC* 和 *ompF* 基因表达所必需的，而没有磷酸化的 OmpR 不起作用。可能是磷酸化的 OmpR 发生了构象变化，提高了 OmpR 与 *ompC* 和 *ompF* 基因启动子 DNA 的结合能力，使 OmpR 能与 RNA 聚合酶的 α 亚基 C 端（αCTD）相互作用，从而激活转录。

OmpR-P 是如何在不同的渗透条件下控制 OmpC 和 OmpF 蛋白之间的彼消此长呢？如图 11-28 所示，在 *ompC* 基因上游－101bp 与－35bp 之间共有三个 OmpR 的结合位点，分别命名为 C1、C2 和 C3。每个结合位点约由 20bp 组成，含有 10bp 的重复序列。而 *ompF* 基因的启动子更为复杂，因为 OmpR 蛋白既可以作为 *ompF* 基因的激活蛋白也可以作为阻遏蛋白。在 *ompF* 基因转录起始位点上游－100bp 与－39bp 之间也有三个 OmpR 的结合位点（F1、F2 和 F3）；此外，在较远的上游区－380bp 与－350bp 之间还有一个 OmpR 的结合位点（F4），F4 与 *ompF* 基因的负调控有关。OmpR-P（磷酸化的 OmpR）以二聚体的形式结合在 *ompC* 和 *ompF* 基因每个结合位点上。在低渗条件下，细胞中存在的 OmpR-P 与 *ompF* 的 F1、F2、F3 和 F4 位点结合，激活

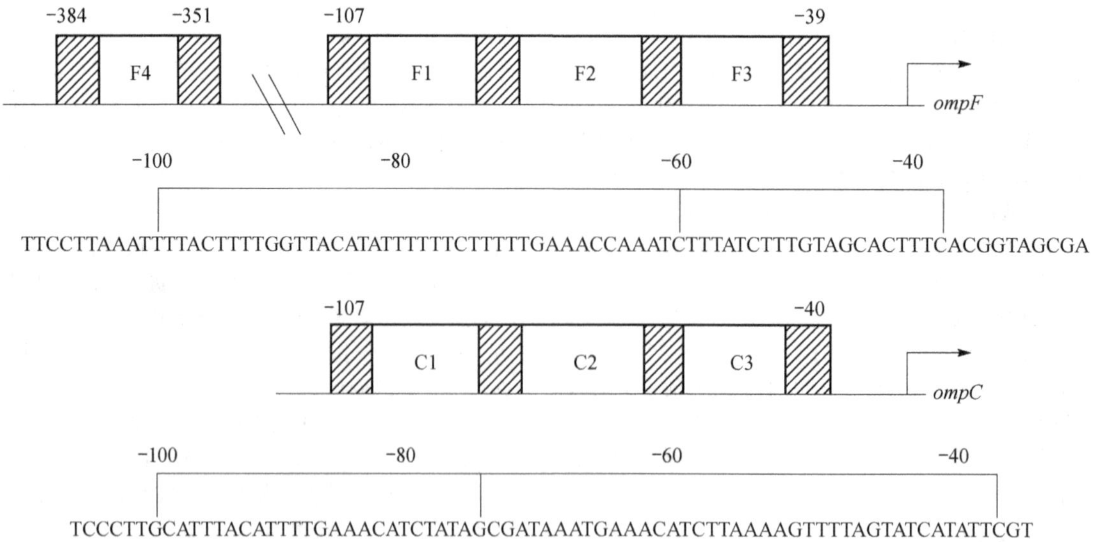

图 11-28 *ompF* 和 *ompC* 的调控区（Head et al.，1998）

方形代表 *ompF* 和 *ompC* 基因转录起始位点上游的 OmpR 结合位点，下面是调控区的非模板链序列

ompF 的转录，但是只与 *ompC* 的高亲和的 C1 位点结合，不能激活 *ompC* 的转录。而在高渗条件下，OmpR 蛋白发生构象上的变化，可与 C1、C2 和 C3 位点结合，激活 *ompC* 的转录。OmpR-P 仍能与 F1、F2、F3 和 F4 位点结合，但 OmpR-P 之间相互作用形成一个 loop 阻遏 *ompF* 的转录（图 11-29）。还不清楚在高渗条件下 OmpR 蛋白如何发生构象的变化。当渗透压由高降低时，会激活 EnvZ 磷酸酶，使 OmpR 和 EnvZ 脱磷酸化，恢复 OmpC/OmpF 的表达比例。另一个磷酸酶 SixA 也可能参与这一过程。

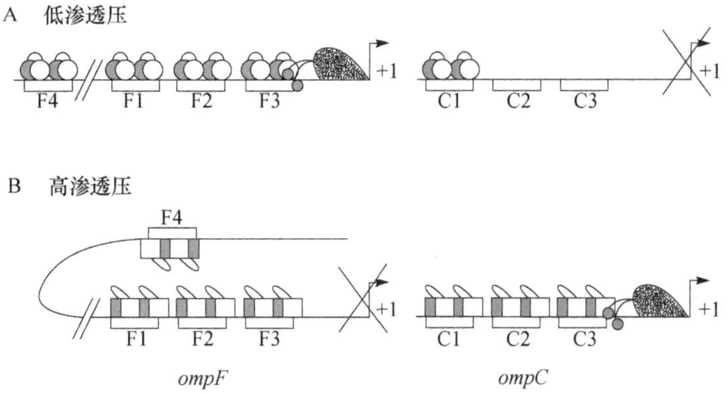

图 11-29　OmpR 对 *ompF* 和 *ompC* 的渗透调节（Mattison et al.，2002）

OmpR 分级地结合在 *ompC* 和 *ompF* 的转录起始位点上游 −100bp 和 −40bp 的三个位点上和 *ompF* 的转录起始位点上游 −380bp 和 −350bp 的一个位点上；在低渗溶液中，OmpR-P 结合在 F4、F1、F2、F3 和 C1 上，OmpF 表达；高渗时，OmpR-OmpR 相互作用形成一个 loop 阻遏 *ompF* 的表达，OmpR-P 结合在 C1、C2 和 C3 上激活 *ompC* 的转录；高渗和低渗下 OmpR 的不同形状代表 OmpR 构象上的变化，OmpR 用通过连接器相连的两个区域表示其两个结构域，阴影区域代表 N 端，而空白区域代表 C 端，圆形表示其低渗时的构象，而方形代表高渗时的构象

此外，OmpC 和 OmpF 的表达量还受到与 *ompC* 相邻的 *micF* 基因的调节作用。*micF* 的转录方向与 *ompC* 相反。*micF* 转录物为 93 个核苷酸的 micRNA，与 *ompF* mRNA 的 5′末端区域互补。在高渗条件下，*micF-ompC* 区域的转录被激活，通过同一个中心启动子沿相反的方向转录，产生的 micRNA（也称反义 RNA）与 *ompF* mRNA 杂交，从而抑制 *ompF* mRNA 的翻译。该 RNA-RNA 杂合体间的相互作用也可能会引起 *ompF* 的转录提前终止，并（或）使 *ompF* mRNA 变得不稳定，最终导致当 OmpC 蛋白大量合成时，仅有少量的 OmpF 蛋白合成。

OmpR 除了可以调节膜孔蛋白的表达之外，研究表明它还参与细菌许多重要的生理过程的调控，如鞭毛表达、细胞分化、脂肪酸运输、微生物素（microcin）的合成、纤维卷曲（curli fiber）、沙门氏菌的致病性以及酸的耐受性等，是细菌的全局调控蛋白之一。

第 6 节　微生物的耐酸性

微生物能够在很宽的 pH 范围内生长，比如，嗜酸菌可在 pH 为 1 的酸性含硫温泉中生长；而嗜碱菌则喜欢生长在 pH 高达 11 的苏打湖这样的碱性环境中；然而，大多数细菌喜欢生长在近中性的 pH 条件下，这些菌称作嗜中性菌。嗜中性菌一般生长在 pH 5～9 的范围内，包括大肠杆菌、肠沙门氏菌、乳酸链球菌、枯草芽孢杆菌和其他大多数细菌。虽然嗜中性菌一般不生长在极度酸性或碱性的条件下，但如果它所处环境的 pH 是逐渐变化的，细菌可以经历一个适应性的转变，从而可以在比较极端的 pH 下存活。

大肠杆菌可以在相差 1 000 倍的 pH 范围内（5～8）生长，甚至可以在相差 10 000 000 倍的 pH 范围内（2～9）存活。虽然细菌外部 pH 范围变化很大，但是细菌内部的 pH（pH_i）通常变化不大，相差不超过 10 倍，而通常远低于这一数值。如在处于 pH5.5～8 的生长范围，细菌内部的 pH_i 在 7.2～7.7 波动。这种现象称为 pH 稳态（pH homeostasis）。有大量的因素可影响 pH_i，包括细胞的缓冲能力、呼吸或 ATP 水解相伴随的质子的向外运输、电中性的转运系统将特定的阳离子特别是 Na^+ 或 K^+ 与质子之间进行的相互交换等。例如，当环境 pH 变得越来越酸时，pH_i 的降低会触发 K^+/H^+ 交换运输系统将 K^+ 离子运入细胞而将 H^+ 排出胞外。这将保持内部的 pH 在 7.5 左右并产生一个很大的 ΔpH。相似地，内部的 pH 升高会导致细胞质的碱化，会触发 Na^+/H^+ 交换运输系统将质子运入细胞而将 Na^+ 排出胞外从而使细胞质酸化。然而，还有其他的适应性机制使微生物在 pH 超出生长范围的条件下存活下来。比如，微生物应对酸性 pH 的一种为人们所熟知的策略就是产生将酸性代谢物转化为中性代谢物或将中性代谢物转化为碱性代谢物的酶。

当大肠杆菌暴露于 pH5～6 的非致死酸性条件时，会诱导几套基因的表达，这些基因产物可保护细胞在 pH2～4的可致死条件下存活下来。这些可诱导系统可保护细胞应对 pH 体内稳态机制已无能为力的酸性 pH，发生在上述细胞中的遗传和生理变化称作耐酸性反应（acid tolerance response，ATR）。ATR 的充分诱导会导致至少 50 个新合成的或已存在的酸休克蛋白（acid shock protein）表达量的提高，有些酸休克蛋白的表达也可被热休克所诱导。

大肠杆菌虽然是嗜中性 pH 菌，然而它却拥有可媲美幽门螺杆菌的抗酸能力。大肠杆菌具有至少四套可诱导的抗酸性系统（acid resistance systems）以保证细胞在极端酸性条件下存活。抗酸性系统 1（acid resistance systems 1，AR1）也被称为氧化-阻遏系统或葡萄糖-阻遏系统，在稳定期时被酸诱导，它的表达需要可替代的 σ 因子 RpoS 和 cAMP 受体蛋白 CRP。然而，AR1 的结构组分及其保护机制仍不明了。AR2 是在 pH2 时在酸性基本培养基上有外源谷氨酸时被诱导。AR2 系统由两个谷氨酸脱羧酶（GadA 和 GadB）的异构体和一个谷氨酸-γ-氨基丁酸（GABA）反向运输通道（GadC）组成。GadA 和 GadB 均可将谷氨酸脱羧成 γ-氨基丁酸，GadC 负责将胞外的谷氨酸运入的同时将谷氨酸脱羧产物 GABA 运出。当任何一种谷氨酸脱羧酶存在时，大肠杆菌可以在 pH2.5 环境下存活；但在 pH2 时则需要这两种脱羧酶共存才能存活。AR3 系统与 AR2 系统作用原理相同，只不过需要外源的精氨酸。AR3 在低 pH 厌氧条件下被诱导，由酸诱导的精氨酸脱羧酶（AdiA）和反向运输通道（AdiC）组成。前者负责将精氨酸脱羧，而 AdiC 可将精氨酸运入胞内的同时将精氨酸脱羧产物胍丁胺（agmatine）运出胞外。AR4 是依赖于外源赖氨酸的，由可诱导的赖氨酸脱羧酶（CadA）和反向运输通道（CadC）组成，CadC 负责将赖氨酸运入细胞的同时而将其脱羧产物戊二胺（cadaverine）运出细胞。大肠杆菌的 AR1 是不依赖于氨基酸的，而其他三个抗酸性系统均是氨基酸依赖型。

氨基酸脱羧系统是多数细菌在抗酸性反应中经常采用的一种策略。如霍乱弧菌中也存在赖氨酸脱羧酶系统（CadAB）（图 11-30），由操纵子 *cadAB* 编码，CadA 是赖氨酸脱羧酶，可以催化赖氨酸和质子形成 CO_2 和戊二胺；CadB 是赖氨酸和戊二胺的反向运输通道，负责将胞外的赖氨酸运入，而将其脱羧产物戊二胺运出。操纵子 *cadAB* 受到内膜上 CadC 的调控，CadC 含有位于周质空间的信号接受区和细胞质内的 DNA 结合区。赖氨酸脱羧系统在酸敏感细菌霍乱弧菌的酸胁迫时维持体内 pH 平衡起到重要作用。

幽门螺杆菌可以导致多种胃病，如慢性活动性胃炎、消化性溃疡、胃淋巴瘤和胃癌等。幽门螺杆菌可以耐受胃的低 pH（2 左右），因为它有一套有效的抗酸系统以应对在胃中生存。脲酶系统在幽门螺杆菌抗酸性中起重要作用，脲酶是一种含镍的金属酶，可将脲分解

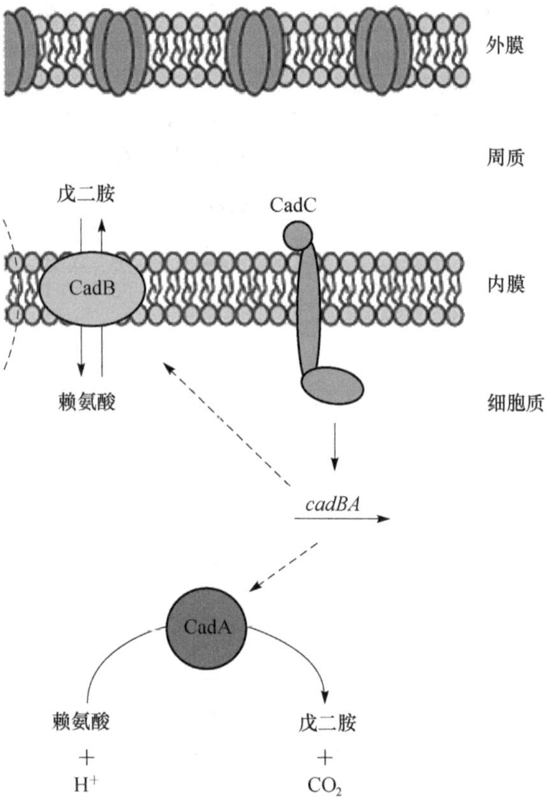

图 11-30　霍乱弧菌的赖氨酸脱羧系统

（Merrell et al.，2002）

位于内膜上的 CadC，调控酸诱导基因 *cadBA* 的表达；细胞质中的 CadA 消耗一个质子催化赖氨酸形成戊二胺和 CO_2；位于内膜上的 CadB 作为反向运输通道将赖氨酸运入细胞而将戊二胺运出细胞

为 CO_2 和氨，CO_2 可通过周质的碳酸酐酶转化为 HCO_3^-，这些具有缓冲能力的产物可以捕获细胞质或周质中的质子，从而维持细胞质及其周质空间的 pH 接近中性。脲酶活性受细胞内膜上尿素通道蛋白 UreI 的控制，后者可通过响应酸性 pH 打开通道从而使细胞外的尿素进入，通过控制底物对于细胞的可给性来控制脲酶活性。因此，只有在低 pH 时脲才能被细胞中的脲酶分解。有关脲酶系统的调控研究得比较清楚。脲酶由 *ureAB* 操纵子编码，而 *ureIEFGH* 操纵子编码通道蛋白 UreI 及其将镍离子加到脲酶脱辅基酶（urease apoenzyme）上的辅助蛋白，这两个操纵子均受酸性 pH 的正调控。酸响应调控是通过双元调控系统 ArsSR 系统而实现的，ArsS 是组氨酸激酶，其位于周质空间的 111Aa 的接受区可以感受环境中的低 pH，响应蛋白 ArsR 是类似 OmpR 的调控蛋白。ArsR-P 可以结合到 *ureAB* 操纵子和 *ureIEFGH* 操纵子的启动子区域调控以上两个操纵子的转录。此外，ArsSR 系统还可以调控其他一些未知功能基因，这些基因通常都是幽门螺杆菌所特有的基因，可能与非依赖于脲酶的酸适应有关。有意思的是，编码精氨酸酶（arginase）的 *rocF* 基因也受

ArsSR 系统调控，精氨酸酶可以将精氨酸分解成尿素和鸟氨酸（ornithine），因此，在环境缺乏外源尿素时，该酶与依赖于脲酶系统的酸抗性有关。此外，*ureAB* 操纵子还受到依赖于金属的多效调控蛋白 NikR 的调控，后者通过提高镍离子的浓度正调控 *ureAB* 操纵子。NikR 调控的基因涉及 Ni^{2+} 的吸收和储存、Fe^{3+} 的吸收和储存、胁迫响应、运动性以及编码外膜蛋白。转录组分析表明酸激活元（acid stimulon）和 NikR 调节子在一定程度上有重叠，表明 NikR 调控蛋白在幽门螺杆菌的酸适应中可能起到重要作用。除了脲酶之外，酸性 pH 还可以诱导其他的氨产生酶，其中最著名的是 *amiE* 和 *amiF*，编码脂肪组酰胺酶（aliphatic amidase），它们在幽门螺杆菌暴露于低 pH 时被强烈诱导。酰胺酶普遍存在于胃生活螺杆菌中，如 *H. pylori*、*H. acinonychis* 和 *H. felis* 中，表明该类酶在这些菌的氮代谢和酸抗性中起重要作用，但该酶在体内的底物并不清楚。当铁缺乏时，*amiE* 的转录还受到 Fur 调控蛋白的阻遏。在低 pH 时，两种酰胺酶的活性在 Fur 或 NikR 失活时均下降，表明这两种调控蛋白在酰胺酶活性的调控起作用。

而在有些微生物中，一个重要的耐酸性系统是依赖于 Mg^{2+} 的转运质子的 ATP 酶。在革兰氏阳性细菌如粪肠球菌（*Enterococcus faecalis*）中，正常情况下利用质子动力产生 ATP 的 ATP 酶可逆向作用，即水解 ATP 从细胞中排出质子。与革兰氏阴性细菌努力维持细胞内的 pH 接近于 7.8 相反，链球菌具有更大的灵活性，它们仅需 ATP 酶就可将 pH 的波动维持在 0.5～1。这一策略也经常为其他革兰氏阳性细菌采用，如单核细胞增生李斯特氏菌也依赖 F0F1-ATPase 将多余的质子从细胞质中排出以维持细胞内的 pH 平衡，此外，该菌的酸抗性还利用类似于大肠杆菌的谷氨酸脱羧酶系统。

许多肠道致病微生物经过胃到达肠道时需要经历极酸的环境（胃内 pH 约为 2，胃排空时间约 2 h），而肠道的 pH 通常为 5.5～8。不同的微生物具有不同的抗酸能力可以解释这些微生物为克服胃酸障碍而致病所需的感染剂量上的差异，如大肠杆菌和志贺氏菌需 10～100 个，沙门氏菌需 10 000 个，而酸敏感细菌霍乱弧菌需要 1×10^7～1×10^8 个。

有关不同细菌如何应对酸或碱的威胁而存活下来仍有很多问题有待于深入研究。从目前的研究结果来看，微生物世界已充分利用环境中可供利用的条件来抵御 pH 胁迫，并且一些成功策略为不同的细菌所共同采纳。

第 7 节　微生物的抗药性及对重金属离子的抗性

7.1　微生物的抗药性

随着化学治疗剂和抗生素的普遍使用，人们发现越来越多的病原微生物开始出现抗药性菌株，这些菌株能够抵抗药物的作用并表现出正常生长的能力，即微生物的抗药性现象。这给临床传染病的治疗带来了极大的困难。微生物抗药性的机制，通常都是遗传变异的结果，微生物发生突变，或经染色体重组或水平基因转移，通过自然选择而形成抗药的群体。在没有使用化学治疗剂以前，在微生物群体中，也早已存在抗药的个体，只是在没有药剂存在的环境未表现出抗药性而已。

7.1.1　抗药性的机制

微生物抗药性的机制（mechanisms of drug resistance）（图 11-31）主要有以下几个方面。

1. 阻止药物进入体内

青霉素 G 对许多革兰氏阴性细菌不起作用就是由于青霉素 G 不能通过细胞壁的外壁层。青霉素结合蛋白的变化也会形成对青霉素的抗药性。渗透性的降低导致了磺胺药物抗性。分枝杆菌在其肽聚糖之外具有一层由特殊脂类、糖酯和多糖组成的附加层，含有高浓度的分支酸，这个附加层对许多水溶性的药物是不可渗透的，因而分枝杆菌对许多药物具有抗药性。

2. 将进入细胞内的药物泵出胞外

许多病原菌具有质膜转位酶，也称流出泵（efflux pump），可将药物排出。流出泵一般来说是非特异的，可以泵出许多种药物，因而也常被称为多重抗药性泵（multidrug-resistance pump）。许多流出泵是药物/质子反向运输蛋白，排出药物的同时伴随着质子的进入。在大肠杆菌、铜绿假单胞菌、包皮垢分枝杆菌（*Mycobacterium smegmatis*）和金黄色葡萄球菌等中都有流出泵系统的存在。

3. 通过化学修饰使药物失去活性

许多病原细菌采用这种方式。最为人们熟知的例子就是青霉素酶（内酰胺酶）将青霉素和头孢霉素中的 β-内酰胺环水解而使它们失去活性。也可通过添加基团修饰药物而使其失去活性。如氯霉素的分子含有两个羟基，可被氯霉素转乙酰酶以乙酰-CoA 为供体将其乙酰化。氨基糖苷类药物可通过多种方式被修饰而失活，如转乙酰酶可对氨基进行乙酰化，有些氨基糖苷类药物修饰酶可对药物上的羟基进行磷酸化（磷酸转移酶）或腺苷化（腺苷转移酶）。

4. 改变药物作用位点

每种化学治疗剂或抗生素都有特殊的作用位点，如果药物的靶标酶或者细胞结构被修饰而改变，将对药物不再敏感。如 23S rRNA 序列上的变化会降低红霉素或氯霉素和核糖体的结合能力。肠球菌通过将其肽聚糖末端的 D-Ala-D-Ala 变为 D-Ala-D-乳酸就大大降低了与万古霉素的结合能力，从而形成对万古霉素的抗性。在磺胺药物的抗性细菌中，利用对氨基苯甲酸进行叶酸合成的二氢叶酸合成酶对磺胺药物的亲和力大大降低，从而获得抗药能力。结核分枝杆菌通过在RNA聚合酶的β亚基上发生突变，利福平不能结合到突变了的RNA聚合酶，因而丧失了阻止RNA转录起始的能力。

5. *形成救护途径或提高靶代谢物的合成*

如许多抗磺胺的细菌具有抗药性是因为它们利用环境中的叶酸而非自己合成。另一些抗磺胺的细菌可通过提高叶酸合成速率来对抗磺胺对叶酸合成的抑制作用。

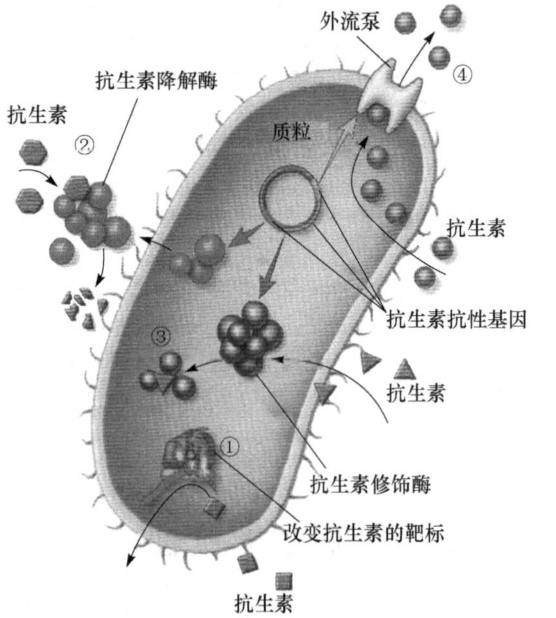

图 11-31 抗药性机制（Willey et al.，2008）

细菌抗药性机制主要有①阻止药物进入或改变药物的靶标；②降解药物；③修饰抗生素；④将药物泵出体内

7.1.2 抗药性的来源与转移

抗药性基因位于细菌的染色体、质粒或转座子上。由于抗性基因经常在可以转移的基因元件（质粒或转座子）上，它们常可在细菌间自由交换。染色体携带的抗药性基因通常是由于自发突变的积累而产生的，这些突变通过改变药物的作用位点，抗生素无法与之结合。如果处于药物处理的环境中，突变的细菌可以存活并大量繁殖下去。大多数从病人身上分离得到的抗药性菌株的抗药性基因都位于质粒（称为 resistance plasmid，R质粒）上，而非染色体上。R质粒的抗性基因通常编码破坏或者修饰药物的酶，例如，水解青霉素或对氯霉素及氨基糖苷类药物进行乙酰化的酶。氨基糖苷类、氯霉素、青霉素和头孢霉素、红霉素、四环素、磺胺类等药物的抗药性都是由于R质粒携带的抗性基因造成的。一旦细菌含有R质粒，这些质粒可能将携带的抗性基因通过接合、转化或者转导的方式转移至敏感的细菌细胞内（图 11-32），使原来的敏感细菌产生抗药性，也可将抗性基因同时转移给许多不同的抗生素抗性菌株而形成多重抗药性菌株。

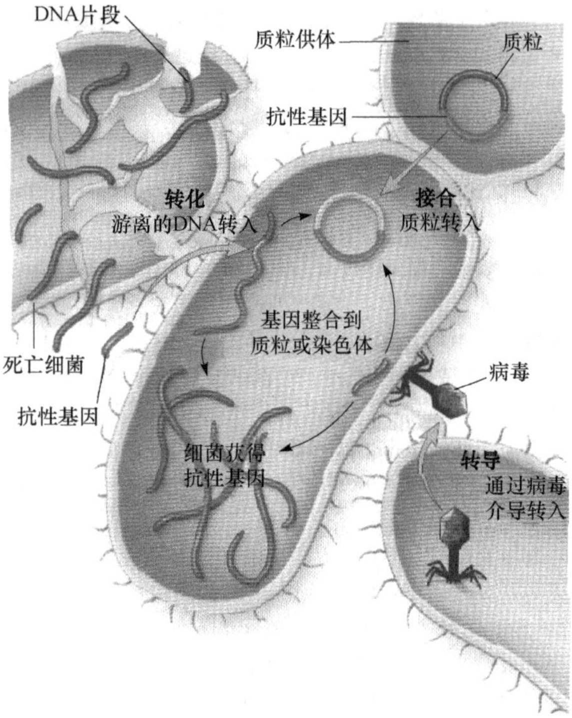

图 11-32 水平基因转移（Willey et al.，2008）

细菌通过接合、转化或转导交换抗生素抗性基因或其他遗传信息

R质粒的存在要早于人类对于抗生素的发现和应用。1946年从大肠杆菌中发现一个携带四环素和链霉素抗性的R质粒，虽然这两种抗生素在几年之后才被临床使用。在一些半合成青霉素出现之前就发现了携带这些半合成青霉素抗性基因的R质粒。在一些非致病性的革兰氏阴性土壤细菌中也发现有抗性质粒的存在。R质粒的存在可能具有重要的生态学意义，携带R质粒会有利于细菌在土壤中的存活，因为许多抗生素产生菌（如链霉菌或青霉）也是土壤微生物。因此R质粒早就存在于天然的微生物群落中。

有些抗生素抗性基因存在于转座子上，许多复合转座子（composite transposon）都含有抗生素抗性基因，有些还有一个以上的抗性基因。在革兰氏阳性细菌和阴性细菌中均发现含有抗性基因的复合转座子，其上所含的抗性标记有：Tn5（卡那霉素、博来霉素和链霉素）、Tn9（氯霉素）、Tn10（四环素）、Tn21（链霉素、奇霉素和磺胺）、Tn551（红霉素）和 Tn4001（庆大霉素、拖普霉素和卡那霉素）。复合转座子上的抗性基因可以很快地在质粒和细菌群落中转移。接合转座子也可以携带抗性基因，因为它们可以在细菌之间进行接合转移，因此也是抗药性转移的一个重要途径。

7.1.3 微生物抗药性的对策

临床医学上抗生素的广泛使用促进了微生物抗药性菌株的发展和传播，因为抗生素杀死患者体内与抗药性菌株相互竞争的敏感菌株，最终导致抗药性病原菌的大量涌现。随着时间的推移，人们可能需要越来越高剂量的药物来控制特殊的病原微生物。例如，20 世纪 50 年代，治疗淋病的疗程仅需要几十万单位的青霉素，而今日随着淋病奈瑟氏球菌对青霉素抗性的提高则需要使用几亿个单位。为避免抗药性菌株的出现可以采取以下对策：使用高浓度的药物以杀死敏感菌株和自发的抗药突变株；同时采用两到三种不同的药物以避免不同药物的抗药性，在肺结核和疟疾的治疗中经常采用这种手段；除非必要否则不要使用抗生素尤其是广谱的抗生素，如果可能，对病原菌进行鉴定以采用合适的窄谱抗生素进行治疗。

尽管人们在控制抗药性微生物的出现和传播上做了很多努力，但是现在抗药性的情况正在逐渐恶化。在 2002 年夏天自密西根底特律的一个糖尿病病人的足部溃疡中分离到抗万古霉素的“超级细菌”（superbug）金黄色葡萄球菌。金黄色葡萄球菌是常见的致病菌，而抗甲氧西林金黄色葡萄球菌（meticillin-resistance *S. aureus*，MRSA）令很多医生非常棘手，万古霉素是少数几个可以控制 MRSA 的药物之一，可以说是抵御该菌株的最后一道防线。这个万古霉素抗性金黄色葡萄球菌（vancomycin-resistance *S. aureus*，VRSA）同时还对大多数其他的抗生素，如环丙沙星（ciprofloxacin）、甲氧西林和青霉素有抗药性。从这个病人体内还分离到抗万古霉素肠球菌（vancomycin-resistance enterococci，VRE）。遗传分析表明 VRSA 中万古霉素抗性基因 vanA 就是由 VRE 通过接合转移给病人体内的万古霉素敏感菌株而形成的。这个超级细菌的出现对人类的健康造成很大的威胁。

超级细菌的出现警惕人类一方面要合理使用抗生素以避免抗药性的出现，另一方面，要寻找开发新的抗生素或者根据靶标分子的三维结构进行药物设计。此外，有的制药公司研发出药物的“增强剂”（enhancer），通过破坏细菌的细胞膜从而使得抗生素快速进入体内并发挥作用。有些制药公司针对流出泵抗药性开发出流出泵抑制剂，与抗生素同时使用可以避免药物被病原菌泵出。内酰胺抗生素可以与内酰胺酶抑制剂一起给药以防止抗生素被内酰胺酶失活。

目前新抗生素的开发取得了一些进展，平板霉素（platensimycin）（图 11-33）是 Merck 公司筛选出来的一个潜在的抗生素，由 *Streptomyces platensis* 产生的一类新型的抗生素，可以选择性地抑制细菌的脂类合成，对于包括 MRSA、万古霉素抗性的 VRSA 和 VRE 在内的革兰氏阳性病原菌活性更高。利奈唑胺（Linezolid，zyvox）也是一簇新的抗生素噁唑烷酮类（oxazolidinones）中最先被发现的一个，它抑制细菌的蛋白质合成，对于抗万古霉素肠球菌和抗甲氧西林金黄色葡萄球菌都有较高的活性。

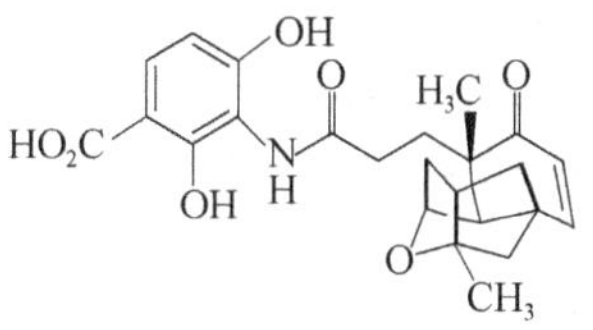

图 11-33　平板霉素的结构

此外，噬菌体也有可能被应用于控制细菌疾病。在 20 世纪初期，噬菌体的发现者之一 Felix d'Herelle 就提出可以利用噬菌体来控制细菌疾病，但是由于技术上的困难和抗生素的发现，很少有微生物学家进行具体的研究。俄国的科学家和三个美国公司尝试了噬菌体的医学应用。但是细菌也可以通过突变获得对噬菌体侵染的抗性，因而，一旦应用于临床，也会像化学治疗剂那样，噬菌体治疗也可能遇到相似的抗性。

7.2　微生物对重金属离子毒害的抗性

重金属泛指密度大于 5 的 60 多种在物理化学性质上不同的金属元素。有些金属元素是微生物的必需元素，如 Cu、Fe、Zn、Co 和 Mn，但是在细胞内的需要量很低；过量会产生毒害作用。无论是必需元素还是非必需元素均可以通过物理化学或生物学机制在微生物体内累积。重金属的毒性在于其强离子性质，能和许多配位体结合，置换正常结合部位上的必需金属元素，如砷酸盐可以置换细胞中的磷酸盐。重金属离子进入细胞后将与酶或蛋白质上的巯基结合，导致蛋白质变性；镉可以在细胞内与锌竞争，通过与 DNA 非特异性的结合造成单链断裂；钒和汞还会影响到氧化磷酸化和膜的通透性（表 11-5）。但在一些重金属含量很高的环境中，仍然有微生物的存活和生长。例如，在一些含铜量达到 68 000ppm② 的泥炭沼泽地的土壤中和含铜量达 100ppm 的水和泥土中，仍发现有真菌生长；在含有砷和锑的酸性泉水中，虽然砷和锑的浓度大大超过了对生物产生毒性的水平，也仍然有微生物群落生长。

表 11-5　重金属对微生物细胞的毒性作用

毒性作用	重金属举例
细胞膜破裂	Hg、Pb、Zn、Ni、Cu、Cd
细胞分裂抑制	Pb、Cd、Hg、Ni
蛋白质变性	Hg、Pb、Cd
酶活性抑制	Hg、Pb、As、Cu、Cd
DNA 损伤	Hg、Pb、As、Cd
转录抑制	Hg
翻译抑制	Hg、Pb、Cd

② 1ppm=1×10^{-6}

微生物可通过多种机制抵御重金属元素对细胞的毒害。不同类型的微生物可能采用不同的解毒机制，原核微生物主要通过减少重金属的摄取，增加体内重金属的排放来控制细胞内金属离子的浓度；而真核微生物则常利用金属硫蛋白（metallothionein，MT）螯合体内重金属，以减少破坏性较大的活性游离态重金属的存在。微生物对重金属的解毒机制主要包括胞外络合（extracellular chelation）、胞外沉淀（extracellular precipitation）、重金属外流系统、体内脱毒和体内络合几个方面（图11-34）。

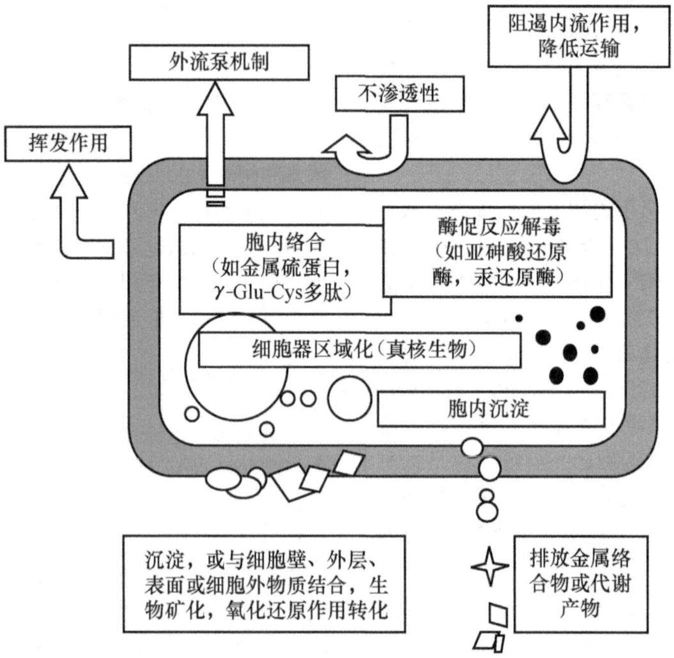

图 11-34 微生物细胞重金属抗性机制示意图（Gadd，2009）

重金属抗性机制包括：限制重金属进入细胞、细胞内脱毒或者区域化（存在于真核生物中，如真菌）；有一些机制依赖微生物及其周围的环境；有些涉及运输，通过降低摄入或外排机制；有些机制通过氧化还原转化或者细胞内络合和细胞内沉淀

7.2.1 胞外络合作用

微生物通过胞外物质与重金属结合以防止其进入细胞。细菌表面的磷壁酸（革兰氏阳性细菌）或脂多糖（革兰氏阴性细菌）带有大量的负电荷可以和多种阳离子（如镉、铅等）结合。细菌在细胞壁外的荚膜或黏液层上可产生多种胞外聚合物，如多糖、蛋白质，一般带有负电荷，可以与铅、镉和铀等金属结合，其结合效果与 pH 有关。如金黄色葡萄球菌、藤黄微球菌和固氮菌属等多种细菌的胞外聚合物可以固定金属铅，这也是最常见的抗铅机制。真菌细胞壁的结构组分，如几丁质等也可以与重金属结合。有些微生物产生的代谢产物也有解毒功能，在接触含金属防腐剂的腐木真菌经常产生柠檬酸，是一种有效的金属螯合剂。有些细菌、真菌和蓝细菌可以分泌一种称为铁载体的低分子质量化学物质，除了可与铁结合外，也可以与铁类似的金属如镓、铬、钼、铜和铀等结合。例如，鱼腥蓝菌属产生铁载体可以和铜络合，从而保护细胞免受铜毒害。有些微生物在某些情况下可分泌生物表面活性剂，与金属镉、铅和锌等络合。

7.2.2 胞外沉淀作用

细胞的表面代谢产物与金属结合形成磷酸盐沉淀和金属硫化物沉淀。在厌氧条件下，硫酸盐还原菌可产生 H_2S 与环境中的金属离子作用，形成不溶性的硫化物沉淀；除了可以形成不溶性的沉淀之外，还可以将金属有机化合物形成挥发性更强的产物，如

$$2CH_3Hg^+ + H_2S \longrightarrow (CH_3)_2Hg + HgS$$

$$2\,(CH_3)_3Pb^+ + H_2S \longrightarrow (CH_3)_4Pb + (CH_3)_2PbS$$

而柠檬酸杆菌属（*Citrobacter*）可以形成磷酸镉、磷酸铅和磷酸铀沉淀。有些真菌可以产生草酸与重金属产生不溶的草酸盐沉淀。

7.2.3 通过阳离子外流系统促进阳离子排放

由于高浓度的重金属会对细胞产生毒性，微生物可通过减少摄取作用、阻渗作用和排出作用获得抗性。如金黄色葡萄球菌具有抗镉质粒，编码消耗 ATP 的排镉系统以 $Cd^{2+}/2H^+$ 交换运输方式将胞内的 Cd^{2+} 排出体外；恶臭假单胞菌耐镉的机制是减少对 Cd^{2+} 的吸收；而产碱细菌则通过合成新的膜蛋白，阻止 Cd^{2+} 渗透进

入细胞。外流泵是微生物将多余的重金属排出的最常用方法，如微生物对 Cd、Cu 和 As 的抗性都依赖于外流泵。表 11-6 中显示的在微生物对重金属的防御系统中，几乎所有的系统都涉及外流泵。外流泵由质粒或染色体编码，有 ATP 酶型或化学渗透驱动型（图 11-35）。P 型 ATP 酶（如抗 Cd^{2+} 的 CadA 和抗 Ag^{+} 的 SilP 普遍存在于原核生物与真核生物中）一般为单个的大的埋藏于细胞膜上的多肽，具有多个蛋白质功能域（膜上的阳离子转运通道）；由单个多肽组成的膜上的化学渗透驱动的流出泵（如泵出亚砷酸盐的 ArsB 和泵出铬酸盐的 ChrA）不消耗 ATP 将物质泵出细胞；革兰氏阴性细菌的三个多肽的复合物（如 CzcCBA 排出 Cd^{2+}，Zn^{2+} 和 Co^{2+}）可将阳离子从细胞质或周质经过内膜蛋白 CzcA 和外膜蛋白 CzcC 形成的通道排出，CzcB 蛋白将内膜蛋白和外膜蛋白连接在一起，还可能与能量的传导有关。革兰氏阴性抗砷细菌具有砷酸盐还原酶和亚砷酸外流泵，对砷酸盐的抗性是通过砷酸盐还原酶将砷酸盐［As（Ⅴ）］还原成亚砷酸［As（Ⅲ）］后排出胞内。大肠杆菌中由 ArsA 和 ArsB 两个组分组成的膜结合 ATP 酶复合体完成亚砷酸盐的外流，ArsC 存在于细胞质中，与还原砷酸盐为亚砷酸盐有关。革兰氏阳性细菌与阴性细菌抗砷的机制相同，只是没有 ArsA 蛋白。

表 11-6　微生物对有害重金属（类金属）的防御系统

调控蛋白家族	调控蛋白	金属（类金属）	防御系统的组分
ArsR 阻遏蛋白	ArsR	As（Ⅲ/Ⅴ），Sb（Ⅲ/Ⅴ）	ArsA，ATP 依赖型的 As（Ⅲ）外流泵；ArsB，As（Ⅲ）膜转位酶；ArsC，As（Ⅴ）还原酶；ArsD，As（Ⅲ）分子伴侣
	CadC	Cd（Ⅱ），Pb（Ⅱ），Zn（Ⅱ）	CadA，Cpx 类型的 ATP 依赖型外流泵
	CmtR	Cd（Ⅱ），Pb（Ⅱ）	CmtA，P1 型 ATPase 外流泵
	BxmR	Cu（Ⅰ），Ag（Ⅰ），Zn（Ⅱ），Cd（Ⅱ）	Bxa1，P 型 ATPase 外流泵；BmtA，金属硫蛋白
	MerR	Hg（Ⅱ）	MerA，黄素蛋白，二硫化 Hg（Ⅱ）氧化还原酶；MerB，RHg（Ⅰ）质子裂解酶
MerR 阻遏蛋白-激活蛋白	MerR	Hg（Ⅱ），RHg（Ⅰ）	MerP，周质 Hg（Ⅱ）结合蛋白；MerT，C，F，Hg（Ⅱ）吸收；MerB，RHg（Ⅰ）质子裂解酶；MerA，黄素蛋白，二硫化 Hg（Ⅱ）氧化还原酶；MerD，MerR 的抗激活蛋白；MerE，可能与 RHg（Ⅰ）的吸收有关
	CadR	Cd（Ⅱ）	CadA，Cd（Ⅱ）ATPase 外流泵
	GolS	Au（Ⅰ）	GolT，P 型 ATPase 外流泵；GolB，细胞质金属结合蛋白；GesABC，CBA 外流系统
双元调控系统	PbrR	Pb（Ⅱ）	PbrA，P 型 Pb（Ⅱ）ATPase 外流泵；PbrB，整合的膜蛋白；PbrC，信号肽酶；PbrD，Pb（Ⅱ）隔离
	SilRS	Ag（Ⅰ）	SilE，周质 Ag（Ⅰ）结合蛋白；SilP，P 型 ATP-依赖外流泵；SilC，SilB，SilA，化学渗透 RND 阳离子/阴离子交换运输蛋白
细胞质外功能 Sigma 因子	SO2426	Chr（Ⅲ/Ⅵ）	ChrA，CHR 家族铬酸盐外流泵；ChrR，Cr（Ⅵ）还原酶；ChrC、ChrB、ChrF，过氧化物歧化酶
	CnrHXY	Co（Ⅱ），Ni（Ⅱ）	CnrCBAT，Co（Ⅱ）/Ni（Ⅱ）跨膜的 RND 型外流泵

资料来源：Summers（2009）。

7.2.4　对重金属的解毒

微生物可以通过酶促反应或非酶促反应将有毒金属离子形成低毒或无毒形式。其中抗汞系统研究得最清楚。自然界的汞矿为硫化汞（HgS），溶解度很低。在好氧情况下，可以被硫杆菌转化为毒性很高的可溶性的 Hg^{2+}。Hg^{2+} 的解毒基本有两种方式。许多芽孢杆菌属、分枝杆菌属和假单胞菌属的细菌可以通过甲基化作用，将甲基钴铵素（CH_3CoB_{12}）的甲基交给 Hg^{2+} 形成甲基汞，甲基汞的毒性是无机汞的 100 倍，有神经毒性，但易挥发，推测微生物合成甲基汞是一种解毒方式。另一种解毒方式是微生物将有机汞或无机汞化物还原成元素汞。有机汞通过有机汞裂解酶将有机汞中汞—碳链断裂，再由无机汞还原酶把 Hg^{2+} 还原成挥发性 Hg^{0}。铜绿假单胞菌中的汞抗性基因 *merROPTAD* 位于质粒上，组成一个操纵子（图 11-36）。MerP 是周质结合蛋白，通过组氨酸与 Hg^{2+} 结合，MerT 是膜上的转运蛋白，MerA 是汞还原酶，可将 Hg^{2+} 还原成挥发性 Hg^{0}。MerR 是调控蛋白，作用机制非常有趣，它一直结合在 *mer* 基因的启动子区域 RNAP σ^{70} 识别的－35 区

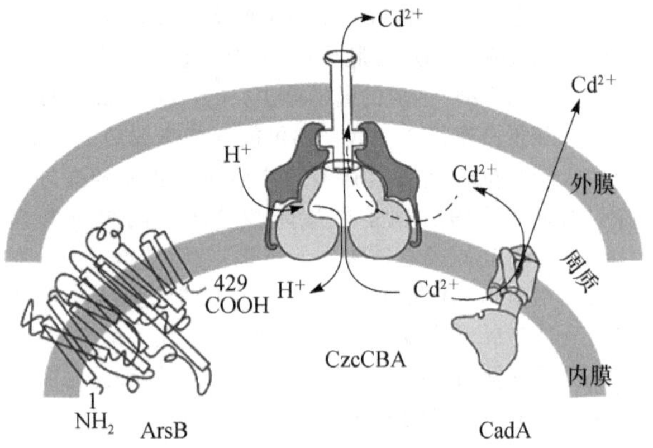

图 11-35　金属离子的膜结合流出泵
(Silver et al.，2009)

这里列举了由单个多肽组成的 ArsB 亚砷酸盐流出泵，三个组分组成的化学渗透驱动反向运输系统（CzcCBA），和 CadA P-型 ATPase

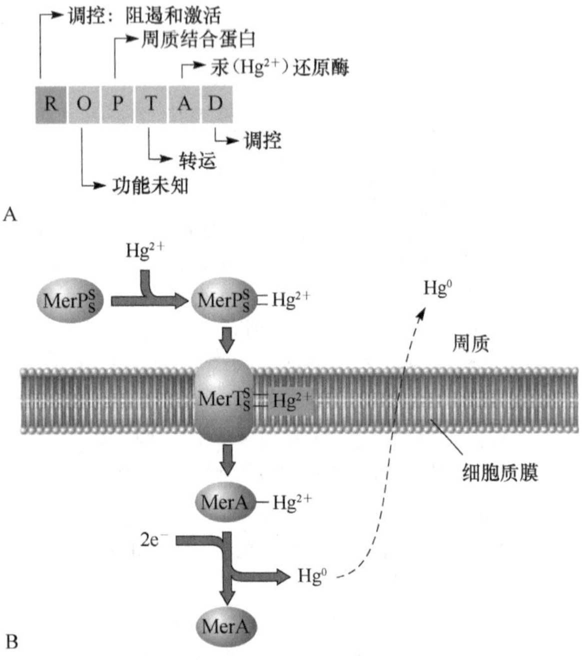

图 11-36　铜绿假单胞菌的抗汞操纵子及其作用机制
(Madigan et al.，2009)

A：*mer* 操纵子结构，MerR 作为阻遏蛋白（无 Hg^{2+} 时）和激活蛋白（有 Hg^{2+} 时）；B：Hg^{2+} 在细胞内的转运与还原

和－10 区之间，在无 Hg^{2+} 时作为阻遏蛋白，阻遏操纵子基因的表达；而有 Hg^{2+} 时，DNA 结合的 MerR 可以结合 Hg^{2+}，构象发生变化，作为激活蛋白，从而允许 RNAP 可以转录结构基因。MerD 基因可以对 MerR 的作用进行调控。

7.2.5　合成金属硫蛋白和重金属螯合肽

蓝细菌、细菌和丝状真菌在有镉、铜、银和锌存在的环境下会诱导合成金属硫蛋白。金属硫蛋白是富含半胱氨酸的短肽，对镉、铜、铅、银和锌等有高度亲合性。金属硫蛋白的解毒作用已经在酵母菌的四个属（酵母属、裂殖酵母属、假丝酵母属和毕赤酵母属）中得以证实。重金属螯合肽是小分子的小肽，是藻类和一些真菌及酵母菌的主要重金属脱毒机制。其基本结构是（γ-Glu-Cys)$_n$-Gly，n 为 2～7 个，通过 Cys 上的巯基螯合重金属离子，粟酒裂殖酵母菌的重金属螯合肽中的 n 为 2～5，而在酿酒酵母菌中只观察到 n 为 2 的螯合肽。在栗酒裂殖酵母和光滑假丝酵母菌（*Candida glabrata*）中螯合肽与重金属形成（γ-EC)$_n$-G-Cd-S^{2-} 复合物，（γ-EC)$_n$-G 外层包围着 CdS 结晶核心，复合物存在于细胞内的液泡中。

以上是微生物几种主要的抗重金属机制。对于同一种金属，不同的微生物可能采取不同的策略来对抗重金属的毒害。如 Cd 抗性，在革兰氏阳性细菌采用 ATP 酶型的外流泵；革兰氏阴性细菌采用阳离子-H^+ 交换运输体系；而蓝细菌则形成金属硫蛋白以结合 Cd。

许多重金属抗性的基因位于质粒上，如 Ag^+、AsO^{2-}、$AsO4^{3-}$、Cd^{2+}、Co^{2+}、$CrO_4{}^{2-}$、Cu^{2+}、Hg^{2+}、Ni^{2+}、Sb^{3+}、TeO_3^{2-}、Tl^+ 和 Zn^{2+}。也有一些抗性基因位于染色体上，如芽孢杆菌的 Hg^{2+} 抗性，芽孢杆菌的 Cd^{2+} 外流泵和大肠杆菌的砷外流泵。一般说来，位于质粒上的重金属抗性都是特异的，抗性机制大多是通过外流泵将重金属排出，也有通过酶促脱毒方式的。

进入环境中的重金属，特别是进入水体中的重金属会导致生态系统的严重破坏。所以如何利用微生物对重金属毒性的抗性对重金属污染土壤和水体进行修复，是重金属微生物治理与应用领域的研究热点。有报道在木糖葡萄球菌（*Staphylococcus xylosus*）和肉葡萄球菌（*Staphylococcus carnosus*）中构建了将聚 His 插入到细胞表面蛋白的重组菌株，显示可以提高对 Ni^{2+} 和 Cd^{2+} 的结合能力。筛选获得能利用柠檬酸的铜绿假单胞菌和恶臭假单胞菌（*Pseudomonas putida*）菌株，在添加无机磷酸盐时候可以沉淀溶液中的 Cd、Zn、Cu、Fe、Co 和 Ni，有望用于柠檬酸重金属污染的治理。自铀矿残渣中分离得到的硫酸盐还原菌株，其细胞壁表面具有吸附和沉积 Al 的能力。

尽管以上所描述的胁迫反应对于暴露于各种胁迫条件下的微生物的生存至关重要，但是在自然界中也有一些微生物嗜好极端的 pH、温度或离子强度的生存条件。这些足以让其他微生物致死的条件却是极端微生物的最爱，它们可以在极端的条件下存活并旺盛繁衍。处于这种环境中的极端微生物的反应与大多数微生物的胁迫反应不同，极端微生物拥有特殊的机制适应并偏好极端环境。本章因为篇幅原因不作介绍。

研究技术的发展促进了在微生物的胁迫反应领域研究的飞速进展。然而，随着对胁迫反应复杂性和相互关系的认识逐步深入，尚有很多未知机制有待于揭示。由于环境中的大多数微生物在其生长周期的绝大部分时间里都处于环境胁迫的条件，因此，进一步了解胁迫反应有助于全面了解微生物生理，特别是对一些病原微生物的胁迫反应的研究可能有助于开发新的疫苗、新的疾病疗法、新的食品安全措施和新的抗微生物制剂。因此，对应激反应的研究将继续成为一个令人振奋的基础性和应用性的研究领域。

思 考 题

1. 请详述微生物趋化性的分子机制？
2. 什么条件下会诱发微生物的严紧反应？细胞生理会发生什么样的变化？严紧反应对微生物有何意义？
3. 请详述 ppGpp 是如何调控严紧反应发生的分子机制？
4. 微生物在经历热休克时表达哪些蛋白质？对细胞有何意义？
5. 兼性厌氧微生物是如何调控其从有氧到无氧的转换的？
6. SoxR 和 OxyR 是如何感受环境中的氧，并分别通过什么机制来调控相应的氧化胁迫反应的？
7. 细菌是如何应对高渗胁迫的？
8. 请详述双组分调控系统 *ompR/envZ* 如何进行渗透调节的？
9. 请以大肠杆菌为例，介绍细菌有哪些抗酸性系统？
10. 微生物抗药性的机制有哪些？如何根据其抗药性机制来应对微生物的抗药性？
11. 微生物抗重金属的机制有哪些？

主要参考文献

Alexeeva S，Hellingwerf K J，Teixeira M J. 2003. Requirement of ArcA for redox regulation in *Escherichia coli* under microaerobic but not anaerobic or aerobic conditions. J Bacteriol，185：204-209.

Arnold C N，Mcelhanon J，Lee A，et al. 2001. Global analysis of *Escherichia coli* gene expression during the acetate-induced acid tolerance response. J Bacteriol，183 (7)：2178-2186.

Artsimovitch I，Patlan V，Sekine S，et al. 2004. Structural basis for transcription regulation by alarmone ppGpp. Cell，117：299-310.

Aslund F，Zheng M，Beckwith J，et al. 1999. Regulation of the OxyR transcription factor by hydrogen peroxide and the cellular thiol-disulfide status. Proc Natl Acad Sci U S A，96：6161-6165.

Barkay T，Schaefer J. 2001. Metal and radionuclide bioremediation：issues，considerations and potentials. Current Opinion in Microbiology，4：318-323.

Bazylinski D A，Frankel R B. 2003. Biologically controlled mineralization in Prokaryotes. Review in Mineralogy and Geochemistry. 54：217-247.

Bekker M，Alexeeva S，Laan W，et al. 2010. The ArcBA two-component system of *Escherichia coli* is regulated by the redox state of both the ubiquinone and the menaquinone pool. J Bacteriol，192 (3)：746-754.

Blake T，Barnard A，Busby S J W，et al. 2002. Transcription activation by FNR：evidence for a functional activating region 2. J Bacteriol，184 (21) ：5855-5861.

Blaszczak A，Georgopoulos C，Liberek K. 1999. On the mechanism of FtsH-dependent degradation of the sigma 32 transcriptional regulator of *Escherichia coli* and the role of the DnaK chaperone machine. Mol Microbiol，31：157-166.

Booth L R，Louis P. 1999. Managing hypoosmotic stress：aquaporins and mechanosensitive channels in *Escherichia coli*. Current Opinion in Microbiology，2：166-169.

Bradley T M，Hidalgo E，Leautaud V，et al. 1997. Cysteine-to-alanine replacements in the *Escherichia coli* SoxR protein and the role of the [2Fe-2S] centers in transcriptional activation. Nucleic Acids Res，25：1469-1475.

Bruins M R，Kapil S，Oehme F W. 2000. Microbial resistance to metals in the environment. Ecotoxicology and Environmental Safety，45：198-207.

Buurman E T，McLaggan D，Naprstek J，et al. 2004. Multiple paths for nonphysiological transport of K^+ in *Escherichia coli*. J Bacteriol，186 (13)：4238-4245.

Calderon-Flores A，du Pont G，Huerta-Saquero A，et al. 2005. The stringent response is required for amino acid and nitrate utilization，nod factor regulation，nodulation，and nitrogen fixation in *Rhizobium etli*. J Bacteriol，187：5075-5083.

Chakraburtty R, Bibb M. 1997. The ppGpp synthetase gene (relA) of *Streptomyces coelicolor* A3 (2) plays a conditional role in antibiotic production and morphological differentiation. J Bacteriol, 179: 5854-5861.

Chatterji D, Fujita N, Ishihama A. 1998. The mediator for stringent control, ppGpp, binds to the beta-subunit of *Escherichia coli* RNA polymerase. Genes Cells, 3: 279-287.

Chatterji D, Ojha A K. 2001. Revisiting the stringent response, ppGpp and starvation signaling. Current Opinion in Microbiology, 4: 160-165.

Corry B, Martinac B. 2008. Bacterial mechanosensitive channels: experiment and theory. Biochimica et Biophysica Acta, 1778 (2008): 1859-1870.

Corry B, Rigby P, Liu Z W, et al. 2005. Conformational changes involved in MscL channel gating measured using FRET spectroscopy, Biophys J, 89: L49-L51.

Edwards M D, Booth L R, Miller S. 2004. Gating the bacterial mechanosensitive channels: MscS a new paradigm? Current Opinion in Microbiology, 7: 163-167.

Ermolenko D N, Makhatadzc G I. 2002. Bacterial cold-shock proteins. Cell Mol Life Sci, 59: 1902-1913.

Etchegaray J P, Inouye M. 1999. CspA, CspB, and CspG, major cold shock proteins of *Escherichia coli*, are induced at low temperature under conditions that completely block protein synthesis. J Bacteriol, 181: 1827-1830.

Foster J W. 1999. When protons attack: microbial strategies of acid adaptation. Current Opinion in Microbiology, 2: 170-174.

Gadd G M. 2009. Heavy metal pollutants: environmental and biotechnological aspects. //Schaechter, M. Encyclopedia of Microbiology. 3rd ed. Elsevier, Oxford, UK. 321-334.

Garza A G, Harris B Z, Greenberg B M, et al. 2000. Control of asgE expression during growth and development of *Myxococcus xanthus*. J Bacteriol, 182: 6622-6629.

Gerorgellis D, Lynch A S, Lin E C C. 1997. In vitro phosphorylation study of the Arc two-component signal transduction system of *Escherichia coli*. J Bacteriol, 179 (17): 5429-5435.

Graumann P L, Marahiel M A. 1999. Cold shock response in Bacillus subtilis. J Mol Microbiol Biotechnol, 1: 203-209.

Green J, Crack J C, Thomson A J, et al. 2009. Bacterial sensors of oxygen. Current Opinion in Microbiology, 12: 145-151.

Greie J C, Altendorf K. 2007. The K^+-translocating KdpFABC complex from *Escherichia coli*: a P-type ATPase with unique features. J Bioenerg Biomembr, 39: 397-402.

Guisbert E, Yura T, Rhodius V A, et al. 2008. Convergence of molecular, modeling, and systems approaches for an understanding of the *Escherichia coli* heat shock response. Microbiology and Molecular Biology Reviews, 72 (3): 545-554.

Gunasekera T S, Csonka L N, Paliy O. 2008. Genome-wide transcriptional responses of *Escherichia coli* K-12 to continuous osmotic and heat stresses. J Bacteriol, 190 (10): 3712-3720.

Head C G, Tardy A, Kenney L J. 1998. Relative binding affinities of OmpR and OmpR-phosphate at the ompF and ompC regulatory sites. J Mol Biol, 281: 857-870.

Heermann R, Jung K. 2004. Structural features and mechanisms for sensing high osmolarity in microorganisms. Current Opinion in Microbiology, 7: 168-174.

Horn G, Hofweber R, Kremer W, et al. 2007. Structure and function of bacterial cold shock proteins. Cell Mol Life Sci, 64: 1457-1470.

Iyer R, Williams C, Miller C. 2003. Arginine-agmatine antiporter in extreme acid resistance in *Escherichia coli*. J Bacteriol, 185 (22): 6556-6561.

Jain V, Kumar M, Chatterji D. 2006. ppGpp: stringent response and survival. J Microbiol, 44 (1): 1-10.

Kenney L J. 2002. Structure/function relationships in OmpR and other winged-helix transcription factors. Current Opinion in Microbiology, 5: 135-141.

Kiley P J, Beinerty H. 2003. The role of Fe-S proteins in sensing and regulation in bacteria. Current Opinion in Microbiology, 6: 181-185.

Klinkert B, Narberhaus F. 2009. Microbial thermosensors. Cell Mol Life Sci, 66: 2661-2676.

Kwon O, Georgellis D, Lin E C C. 2000. Phosphorelay as the sole physiological route of signal transmission by the Arc two-component system of *Escherichia coli*. J Bacteriol, 182 (13): 3858-3862.

Lazazzera B A. 2000. Quorum sensing and starvation: signals for entry into stationary phase. Current Opinion in Microbiology, 3: 177-82.

Lloyd J R, Lovley D R. 2001. Microbial detoxification of metals and radionuclides. Current Opinion in Biotechnology, 12: 248-253.

Madigan M T, Martinko J M, Dunlap P V, et al. 2009. Brock Biology of Microorganisms. 12th ed. Pearson Education Inc.

Mattison K, Oropeza R, Byers N, et al. 2002. A phosphorylation site mutant of ompR reveals different binding conformations at ompF and ompC. J Mol Biol, 315: 497-511.

Merrell D S, Camilli A. 2002. Acid tolerance of gastrointestinal pathogens. Current Opinion in Microbiology, 5: 51-55.

Moat A G, Foster J W, Spector M P. 2002. Microbial Physiology. 4th ed. New York: Wiley-Liss, Inc.

Nies D H. 1999. Microbial heavy-metal resistance. Appl Microbiol Biotechnol, 51: 730-750.

Peña-Sandoval G R, Kwon O, Georgellis D. 2005. Requirement of the receiver and phosphotransfer domains of ArcB for efficient dephosphorylation of phosphorylated ArcA in vivo. J Bacteriol, 187 (9): 3267-3272.

Perozo E, Cortes D M, Sompornpisut P, et al. 2002. Structure of MscL in the open state and the molecular mechanism of gating in mechanosensitive channels. Nature, 418: 942-948.

Pflock M, Finsterer N, Joseph B, et al. 2006. Characterization of the ArsRS regulon of *Helicobacter pylori* involved in acid adaptation. J Bacteriol, 188 (10): 3449-3462.

Pomposiello P J, Bennik MH J, Demple B. 2001. Genome-wide transcriptional profiling of the *Escherichia coli* responses to superoxide stress and sodium salicylate. J Bacteriol, 183 (13): 3890-3902.

Pomposiello P J, Demple B. 2001. Redox-operated genetic switches: the SoxR and OxyR transcription factors. Trends in Biotechnology, 19 (3): 10-114.

Rasouly A, Ron E Z. 2009. Interplay between the heat shock response and translation in *Escherichia coli*. Research in Microbiology, 160: 288-296.

Richard H, Foster J W. 2004. *Escherichia coli* glutamate-and arginine-dependent acid resistance systems increase internal pH and reverse transmembrane potential. J Bacteriol, 186 (18): 6032-6041.

Sawers G. 1999. The aerobic/anaerobic interface. Current Opinion in Microbiology, 2: 181-187.

Schumann W. 2003. The Bacillus subtilis heat shock stimulon. Cell Stress & Chaperones. 8 (3): 207-217.

Silver S, Phung L T. 2009. Heavy metal, bacterial resistance. //Schaechter M. Encyclopedia of Microbiology. 3rd ed. Elsevier, Oxford, UK.

Srivatsan A, Wang J D. 2008. Control of bacterial transcription, translation and replication by (p) ppGpp. Current Opinion in Microbiology, 11: 100-105.

Storz G. 1999. An RNA thermometer. Genes Dev. 13: 633-636.

Storz G, Imlay J A. 1999. Oxidative stress. Current Opinion in Microbiology, 2: 188-194.

Summers A O. 2009. Damage control: regulating defenses against toxic metals and metalloids. Current Opinion in Microbiology, 12: 138-144.

Wang J D, Sanders G M, Grossman A D. 2007. Nutritional control of elongation of DNA replication by (p) ppGpp. Cell, 128: 865-875.

Willey J M, Sherwood L M, Woolverton C J. 2008. Prescott, Harley, and Klein's Microbiology. 7th ed. McGraw-Hill Higher Education.

Wood J M. 1999. Osmosensing by bacteria: signals and membrane-based sensors. Microbiology and Molecular Biology Reviews, 63 (1): 230-262.

Wu J, Dunham W R, Weiss B. 1995. Overproduction and physical characterization of SoxR, a [2Fe-2S] protein that governs an oxidative response regulon in *Escherichia coli*. J Biol Chem, 270: 10323-10327.

第 12 章

微生物的分化与发育

分化（differentiation）与发育（development）是普遍的生命活动现象。它们不仅存在于动、植物中，同样也存在于各类微生物中。

分化是指细胞在一定的条件下，朝不同方向发育，使其形态结构、生理功能发生一系列的变化，最终导致一种细胞转变为另一种细胞的过程。微生物的分化一般只发生在细胞水平，只有少数种类的微生物会由分化细胞形成分化“组织”，但并不像动、植物那样由多种分化组织形成器官及由多个分化器官形成系统。

发育是指生物体经过生长和分化使机体由小到大、由简单到复杂、由不成熟到成熟的过程。微生物的发育阶段远不像动、植物那样清晰可辨，因此可以把微生物的发育定义为使机体进一步复杂化的过程。对于单细胞的微生物来说，细胞生长的过程或细胞生长及分化的过程都可被视为发育，而对于多细胞的微生物来讲，发育则不仅包括了细胞的生长与分化，而且包括了多细胞结构（如子实体）形成的全部过程。

研究微生物的分化与发育过程，不仅是全面系统地揭示微生物自身生命活动规律的需要，而且是揭开整个生物分化与发育奥秘的需要。近年来发现，网柄黏菌的发育有着哺乳动物的许多特征。例如，其细胞分化直到发育后期都保留着可塑性，有着类似的基因与蛋白同源体，相同与相近的信号调控系统等。因此，研究网柄黏菌的分化与发育对于其他真核生物乃至哺乳动物都有重要的参考价值。了解和掌握了微生物分化与发育的规律，就可以控制它们的分化与发育行为而服务于人类。例如，掌握了食用菌子实体发育的条件与规律，可以自如地指导生产。

根据现有资料，可以将微生物的分化与发育分为 3 种类型：营养体分化、孢子形成和多细胞结构的发育与分化。本章将从这 3 个方面介绍微生物分化和发育的主要特点和规律。

第 1 节　营养体分化

在一些微生物中，由一种形态的营养细胞转变为另一种或几种形态的营养细胞，这一过程称为营养体分化。营养体分化是某些微生物的一种生理学特性，受环境因子诱发和遗传基因控制。当环境条件改变后，一种形态的营养细胞就启动与营养体分化有关的基因，于是营养体的代谢方式和细胞结构发生变化，随即转变为另一种形态的营养细胞。当环境条件恢复后，这种营养体分化还可以逆向转变，细胞形态与生理功能复原。因此，也可以认为营养体分化是机体对环境因素的一种应答。

在此介绍节杆菌、柄杆菌、丝状蓝细菌、酵母菌及根瘤菌的营养体分化。

1.1　节杆菌细胞形态的转变

节杆菌（*Arthrobacter*）是一类中温型的专性好氧菌。它们广泛分布在土壤中，但也常见于活性污泥中和植物体上，营异养生活。它们能分解纤维素、木质素和芳香族化合物（如酚类），在自然界的物质循环中起着重要的作用。

1.1.1　节杆菌形态转变的过程

节杆菌的细胞形态随营养条件的变化而改变。在营养贫乏的培养基上，它们生长缓慢，细胞呈球形，没有鞭毛，不运动。当把它们转移到营养丰富的培养基上时，生长速度加快，细胞转变为杆状，具有亚极生或侧生鞭毛，能运动。随着营养物质的逐步耗尽，细胞形状又回复到球形。根据节杆菌细胞形态变化的特点，可以将细胞形态转变过程分为 3 个阶段：诱导阶段、杆状阶段和回复阶段（图 12-1）。

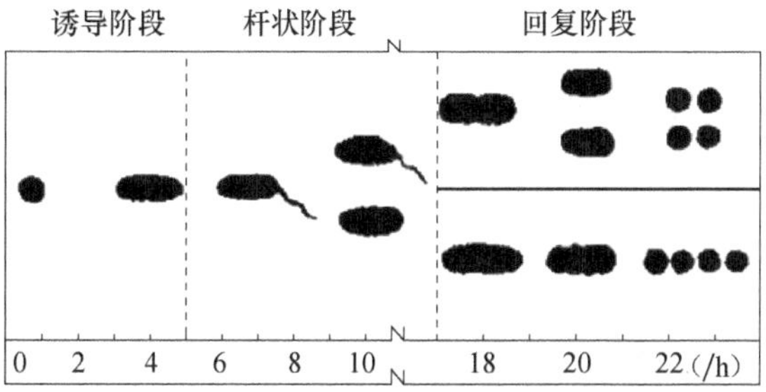

图 12-1　节杆菌形态转变过程示意图

1. 诱导阶段

球形细胞接触到新鲜培养基后，代谢活力增强，启动了形态转变的过程。在 0～5h 内细胞膨大，迅速转变为无鞭毛的杆状细胞。

2. 杆状阶段

细胞从球状转变为杆状，长出鞭毛，运动，代谢活力旺盛，迅速生长繁殖。这一阶段在 5～16h，如果营养与其他条件适宜，可延续到 24h 以上。在该阶段末期，有些细胞的鞭毛开始脱落。

3. 回复阶段

在生长条件变得不适宜时，节杆菌的鞭毛脱落，细胞形状重新由杆状变为球形。对于成晶节杆菌（*Arthrobacter crystallopoietes*）来说，回复过程可由两种方式来完成。一种是随着细胞分裂，杆状细胞在长度上逐步缩短，最后转变为球形细胞；另一种是杆状细胞沿长度方向同时在体内形成横隔壁，将母细胞分隔成多个小的杆状细胞，然后转变成球形细胞。这两种回复方式被认为是由于细胞在核分裂和细胞质分裂之间的时间差异所致。若核、质分裂同步，则分裂方式为前者；若核分裂快于细胞质分裂，则分裂方式为后者。这个阶段一般发生在培养后 16～24h 内。

1.1.2　节杆菌的细胞壁成分与结构

通常认为细胞形态是由细胞壁所决定的。节杆菌细胞形态的转变必然涉及细胞壁组分和结构的改变。

早在 20 世纪 30 年代，Conn 对节杆菌不同形态的细胞进行过革兰氏染色，发现球形细胞为革兰氏阳性，而杆状细胞为革兰氏阴性。之后的研究发现，成晶节杆菌球形细胞的细胞壁平均厚度为 31nm，杆状细胞的细胞壁平均厚度为 22nm。然而，并未发现杆状细胞的细胞壁有 3 层结构，这就意味着杆状细胞并不具有典型的革兰氏阴性细菌细胞壁的结构。革兰氏阴性反应可能是由于肽聚糖的厚度和细微结构的差异所致。

对成晶节杆菌细胞壁的进一步研究表明，无论是球形或杆状细胞，它们的细胞壁都具有下列比例的成分：胞壁酸 1，葡萄糖 1，氨 1，丙氨酸 2.3，谷氨酸 1，赖氨酸 1，半乳糖 0.3，磷酸 2（数字为比例数），其中谷氨酸有时可被异谷氨酰胺所取代。但是在球形细胞的细胞壁中还发现有甘氨酸，并且发现二氨基庚二酸有时取代赖氨酸。在肽聚糖的构成方式上，这两种形态的细胞之间有着明显的差异。球形细胞的肽聚糖多糖链大约由 40 个单糖衍生物组成，肽聚糖的短肽链间交联较少，相邻两个短肽链的交联是通过两个甘氨酸连接起来的。而杆状细胞的肽聚糖多糖链由 114～135 个单糖衍生物组成，是球形细胞的 3 倍，肽聚糖的短肽链之间交联较多，相邻两个短肽链是直接连接起来的。因此，一般认为杆状细胞的肽聚糖比球形细胞的肽聚糖具有更大的强度。

除了细胞壁肽聚糖的成分与结构的差异之外，球形与杆状细胞的其他成分也有一些区别。例如，两种细胞的表面抗原性和对噬菌体的敏感性均不相同。表12-1总结了两种细胞壁的表面结构、DNA和RNA的含量、cAMP的水平和酶的种类与活性等方面的主要区别。

表12-1　节杆菌球形、杆状细胞的主要区别

比较内容	球形细胞	杆状细胞	比较内容	球形细胞	杆状细胞
革兰氏反应	阳性	阴性	DNA	较低	较高（球形的2倍）
细胞壁厚度	厚（31nm）	薄（22nm）	RNA	较低	较高（球形的3倍）
肽聚糖多糖链	短（40个糖基）	长（114～135个糖基）	蛋白质	较低	较高（球形的3倍）
肽聚糖交联度	少	多	cAMP水平	高	低
短肽交联方式	由二甘肽相连	直接相连	肽聚糖裂解酶活性	高	低
鞭毛	无	有（亚极生或侧生）			

1.1.3　节杆菌形态转变的原因

节杆菌两种形态的营养体生长的最适温度均为20～30℃，最适pH均为中性或偏碱性，且都生活在有氧条件下。由此说明，温度、pH、氧气等环境条件，对两种细胞形态的转变没有明显的影响。

实验证明，形态的转变主要受营养条件的控制。成晶节杆菌在葡萄糖-无机盐培养基上生长时，生长缓慢，有较长的延缓期，细胞呈球形；当其生长在含有蛋白胨、有机酸（如乳酸、苹果酸或琥珀酸等）或含有氨基酸（如精氨酸、赖氨酸、苯丙氨酸）的葡萄糖-无机盐培养基上时，延缓期短，生长迅速，细胞呈杆状。

针对上述营养条件对机体形态转变的生理学和遗传学研究发现，杆状细胞DNA的含量是球形细胞的2倍，RNA和蛋白质的含量是球形细胞的3倍，而球形细胞cAMP的含量却是杆状细胞的近30倍。

有关节杆菌两种形态转变的研究报道多见于20世纪80年代以前，之后的研究主要集中在它们对酚类等有毒物质的分解代谢及污水处理方面。因此，节杆菌形态转变的遗传学调节机制还有待关注新的研究进展。

1.2　柄细菌的分化

柄细菌（stalked bacteria）是一群彼此差异较大的革兰氏阴性细菌，其共同特点是在生活史的某个阶段，从细胞表面伸出至少一个突起，称作柄（stalk）或臼叶（prostheca）。柄细菌的细胞分化与其他细菌有所不同，大多数细菌的细胞分化仅仅是对营养限制或者环境信号的一种反应，而柄细菌的细胞分化还是其生活史的一个重要环节。在柄细菌中，研究得最为深入的是新月柄细菌，现以新月柄细菌为例介绍柄细菌的分化过程及调控机制。

1.2.1　新月柄细菌的生活史

新月柄细菌的生活史见图12-2，其发育步骤依次是游动细胞、游动细胞分化、带柄的分裂前细胞、带柄和带鞭毛的分裂前细胞、游动细胞和柄细胞的分离，每个分裂周期产生一个游动细胞和一个柄细胞。游动细胞代谢活跃，但不能进行DNA复制和细胞分裂。在菌体一

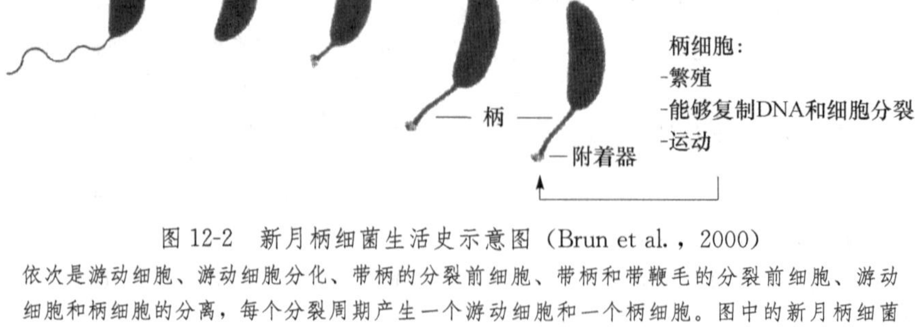

图12-2　新月柄细菌生活史示意图（Brun et al.，2000）

依次是游动细胞、游动细胞分化、带柄的分裂前细胞、带柄和带鞭毛的分裂前细胞、游动细胞和柄细胞的分离，每个分裂周期产生一个游动细胞和一个柄细胞。图中的新月柄细菌均为电镜照片。为了达到图示效果，加粗了鞭毛直径

端有着一条鞭毛和多条菌毛，能向营养丰富且竞争较少的新生境进行趋化性运动。经过一段时间之后，游动细胞脱去鞭毛和菌毛，在原鞭毛处产生一个菌柄取代鞭毛，形成柄细胞。柄细胞不能运动，但可进行 DNA 复制和细胞分裂。当固着器在菌柄顶端形成并固定在固体表面时，这个新形成的柄细胞开始进行 DNA 复制，菌体逐渐伸长，并在相反的一端合成鞭毛，形成在其一端具有一条鞭毛而在其另一端具有一个菌柄与固着器的分裂前细胞（predivisional cell）。分裂前细胞最终分裂产生一个游动细胞和一个柄细胞。如此循环往复，开始新一轮的细胞分裂。

1.2.2　新月柄细菌的极部结构

新月柄细菌分化的特征性结构主要在细胞极部，这些结构包括菌柄、固着器及鞭毛。

1. 菌柄

新月柄细菌的菌柄可被看作细胞体的延长部分。菌柄的中心部分源于细胞质且与细胞质直接相连，但不含核糖体和 DNA。菌柄的表面也与细胞的表面相连。环绕菌柄的细胞壁成分主要有肽聚糖，以及其他材料构成的横条（crossband）。这些横条连接内膜和外膜，为菌柄提供刚性结构。有趣的是，横条的数目被认为反映了细胞的菌龄，每个细胞循环均会形成一个横条。有证据表明，菌柄长度与世代呈线性关系。

菌柄的生物合成启动于细胞周期的适当时期，并且合成过程仅限于菌柄的基部。因为仅在基部发现了菌柄生物合成所需要的酶系，如催化肽聚糖合成的青霉素结合蛋白（penicillin-binding protein，PBP）。但参与菌柄肽聚糖生物合成的 PBP 与菌体肽聚糖合成的 PBP 略有不同，它们是 PBPX、PBPY 和 PBP2。也许正是这些区别决定了菌柄合成定位于基部且按垂直方向进行。

2. 固着器

固着器位于菌柄的尖端，它介导有柄细胞附着在其他物体表面。对固着器的化学组分分析表明，它是一种含有糖醛酸等多种酸性残基的复杂多糖。固着器的合成局限在游动细胞分化到带柄细胞期间。它首先在分裂前细胞的菌柄端部被检测到，尚未在游动细胞或者分裂前细胞的鞭毛一端发现。

3. 鞭毛

新月柄细菌的游动细胞具有一条极生单鞭毛，其鞭毛结构与革兰氏阴性细菌的鞭毛非常相似，由 3 部分组成。第一个部件称为基体，它横穿细胞的内、外膜。基体由 C 环/开关、MS 环、E 环、P 环、L 环，以及远端和近端的连杆（rod）组成。基体把鞭毛锚定在细胞上（MS 环），作为在趋化性运动中转动鞭毛的旋转器（C 环/开关）。与基体相关联的还有鞭毛（类似Ⅲ型）的输出系统。第二个部件是鞭毛钩，它处在细胞外并通过其末端的连杆与基体相连。第三个部件是与鞭毛钩相连的鞭毛长丝，它起螺旋桨的作用，使游动细胞在环境中移动。鞭毛的生物合成是由 3 个部件分阶段合成并组装而成，涉及大约 50 个编码结构、运输和调节蛋白的基因。

1.2.3　新月柄细菌细胞周期的调控和关键控制点

如前所述，新月柄细菌的分化是随着细胞分裂周期相继进行的。在每个不同的发育阶段，发生着相应的细胞事件。

当游动细胞到达适宜的新生境时，便会失去鞭毛，停止运动，启动细胞分裂。如同其他细菌那样，细胞分裂的控制是一个非常复杂和需要多种蛋白质发挥功能的精细调控过程。在许多方面，新月柄细菌的细胞分裂与大肠杆菌的细胞分裂过程（见第 10 章）非常相似。细胞分裂的启动首先需要 GTP 酶（GTPase，FtsZ）的积累和定位。随着 FtsZ 的积累，它在细胞即将分裂的部位形成一个同内膜相连的环状结构。FtsZ 的定位启动了其他分裂蛋白在该处定位。FtsZ 的合成严格受细胞周期控制，*ftsZ* 基因的转录在游动细胞中被关闭，当游动细胞开始分化，几乎在启动 DNA 复制的同时，*ftsZ* 开始转录，FtsZ 蛋白出现并迅速积累，当细胞分裂出现细胞壁内陷时达到高峰。之后，*ftsZ* 的转录逐渐下降。细胞分裂结束后，转录再一次在柄细胞中升高。

CtrA 全程调节子（the CtrA global regulator）通过抑制 *ftsZ* 的转录在细胞周期中控制着 FtsZ 的水平。因此，在细胞周期中，CtrA 的表达与 FtsZ 相反。它在游动细胞中高，在游动细胞分化时的 DNA 复制过程中降低（由于蛋白水解），然后在细胞分裂开始时又再次出现。CtrA 还通过结合到复制原点而负调控 DNA 的复制。因此，CtrA 水平的控制能够使细胞周期中 DNA 复制启动与细胞分裂相互协调。

除了细胞周期的转录控制以外，FtsZ 也受到依赖于细胞周期的蛋白水解控制。细胞分裂开始后，FtsZ 的水平因其被迅速水解而快速下降。采用 *ftsZ* 的组成型突变株进行的实验表明，细胞周期中 FtsZ 水平的变化和定位主要是受 FtsZ 差别降解的控制。从 DNA 复制到细胞分裂开始的这段时间内，FtsZ 的半衰期大约是 80min，此后的半衰期便降低到 10～20min。这种稳定性变化可能与它在细胞分裂部位聚合成为 FtsZ 环有关。

在整个细胞周期中，CtrA 控制着 DNA 的复制、菌柄的合成、鞭毛的合成和细胞分裂，因此 CtrA 本身也应受到严格的控制，在关键时刻表现为加速降解。参与 CtrA 降解的蛋白酶是新月柄细菌的 ClpXP 同源物。然而，ClpXP 在整个细胞周期中都是存在的，需要有另外一个蛋白/因子来促成或阻止 ClpXP 对 CtrA 的降解。除了通过降解进行控制以外，CtrA 还显示出受到磷酸化作用的调节，磷酸化会激活它的活性，控制 CtrA 磷酸化的信号还不清楚。

在细胞分裂的过程中，将染色体运送到子细胞中是一个关键步骤。新月柄细菌的每个细胞周期都进行一次染色体复制，在细胞分裂时必须将一个拷贝的染色体通过染色体的分离运送到新生子细胞（游动细胞和柄细胞）中。新月柄细菌的染色体分离被认为涉及染色体分离蛋白 ParA 和 ParB（chromosome partitioning proteins ParA and ParB）的同源物参与。ParA 和 ParB 集中存在于晚期分裂前细胞的极部。根据这些发现及从过量表达的突变株所获得的结果，人们认为在细胞分裂中 ParA 和 ParB 对染色体的分离或分置起着作用。

新月柄细菌的这种细胞分化可能与其水域生境有关。游动细胞便于向有利生境趋化，而附着于固体表面的柄细胞又不易被水流冲离适宜生境，每个细胞周期产生一个游动细胞和一个柄细胞使之在生境中的分布更加合理。

1.3 丝状蓝细菌的形态分化

蓝细菌（cyanobacteria）是一群古老的原核生物，已经在地球上生存了 35 亿年。它们是最早的有氧光合生物，是它们启动了地球大气从无氧到有氧的转变过程。蓝细菌成功进化了包括光系统Ⅰ和Ⅱ的电子传递链及卡尔文循环系统，从而能够利用太阳能光解水放出 O_2，从 CO_2 合成有机碳化合物。此外，蓝细菌还进化了局部微氧细胞结构和固氮系统，将 N_2 合成有机氮。这是一类集光合作用和固氮作用于一身的生物。蓝细菌是一大类光合固氮原核生物的总称，其中分化程度最高的是丝状蓝细菌（filamentous cyanobacteria），受到了发育生物学家的高度重视。

1.3.1 丝状蓝细菌的细胞形态及生物学特征

丝状蓝细菌实际上是以一定方式成串而生的细胞链。在细胞链中，主体细胞是营养细胞（vegetative cell），但在一定的环境条件下可以分化出一些特殊形态与功能的细胞，如异形胞（heterocyst）、厚壁孢子（akinete）和连锁体（hormogonium）等（图 12-3）。正是这些分化细胞与营养细胞的协调配合，完善了丝状蓝细菌的整体代谢功能，使之成为既能进行光合作用又能进行固氮作用，还能抵御不良环境的自养型生物。

1. 营养细胞

丝状蓝细菌的营养细胞具有典型的原核光合菌的细胞结构，在原生质体中含有拟核、70S 核蛋白体和储藏粒等。此外，还存在气泡、羧基体和类囊体的一些特殊亚细胞结构。羧基体是一种固定 CO_2 的“器官”。类囊体是附着藻胆蛋白的光合作用装置，位于细胞膜的下面。细胞膜（CM）外面是细胞壁（图 12-4）。蓝细菌的细胞壁含有肽聚糖层（PG）和外膜层（OM）。肽聚糖层位于质膜外面，其厚度因菌株不同而异。对蓝细菌外膜的研究还不完善，仅了解到其一些特性，如含有革兰氏阴性细菌细胞壁所没有的类胡萝卜素及其他一些蛋白质。蓝细菌的外膜并不进入相邻细胞的横隔中，而是沿细胞链将多个细胞包裹起来。这样便在肽聚糖层与外膜之间形成了一个周质空间，这种空间结构建立了细胞之间的信息与代谢产物运输通道。在蓝细菌相邻细胞之间并没有像植物那样的胞间连丝，但在一些蓝细菌，如柱胞鱼腥蓝细菌，相邻细胞间的肽聚糖层中观察到小孔结构，在小孔结构中存在着小孔复合连接器（the junctional pore complex organelle），一些学者将它称作“微胞间连丝”（microplasmodesmata）。

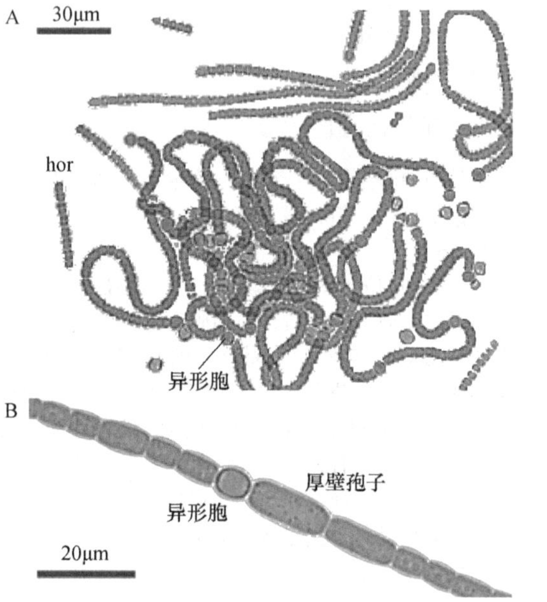

图 12-3 丝状蓝细菌不同的细胞类型（Flores，2006）
A：生长在没有氮化合物的念珠藻 PCC9203 的光学显微镜照片，除了营养细胞外，还可见到异形胞和连锁体；B：生长在没有氮化合物的柱胞鱼腥蓝细菌的光学显微镜照片，丝状体中含有营养细胞、异形胞和厚壁孢子

蓝细菌营养细胞无固氮能力，但能进行光合作用。它的光合作用是以水为电子供体，电子传递链包括光系统Ⅰ和Ⅱ，在光合作用过程中放出 O_2。固定 CO_2 则是通过卡尔文循环进行的，CO_2 的受体为磷酸戊酮糖。营养细胞利用 CO_2 合成的碳水化合物不仅可以作为自身的碳源，而且可以供给已分化的异形胞所用。

2. 异形胞

当生长环境中缺乏化合态氮源（如铵盐、硝酸盐或亚硝酸盐）时，特定的营养细胞就分化发育为具有固氮能力的异形胞。如图 12-4 所示，异形胞细胞壁的外面形成了异形胞封套（envelope），封套由异形胞糖脂（heterocyst glycolipid，HGL）层和异形胞多糖（heterocyst polysaccharide，HP）层组成。异形胞的主要功能是为固氮酶及与固氮有关蛋白的合成并实施固氮功能提供一个必需的微氧环境。在形成异形胞的蓝细菌中，异形胞仅仅出现在丝状体的固氮位置。异形胞至少通过 3 条途径获得了近乎无氧的环境。第一，在异形胞分化的过程中只留下光系统Ⅰ，可提供固氮作用所需的 ATP，但不会放出 O_2，异形胞仅仅需要抵御来自邻近营养细胞和环境的溶解氧。第二，异形胞分化发育了具有双层防氧结构的异形胞套膜，这种套膜限制了气体的流入。第三，突破这些障碍的 O_2 还会被异形胞中高活性氧化酶所消耗。

藻胆蛋白是光合系统Ⅱ的捕光色素，可占到蓝细菌营养细胞可溶性蛋白的 50％以上。在异形胞中没有光合系统Ⅱ，藻胆蛋白被降解成氨基酸进入蛋白质的再循环系统，它的光合色素是叶绿素和类胡萝卜素。研究结果表明，缺乏完整光合系统的异形胞依靠邻近的营养细胞提供还原性碳源，而营养细胞依靠异形胞提供还原性氮源，二者之间建立起了代谢互作关系（图 12-5）。

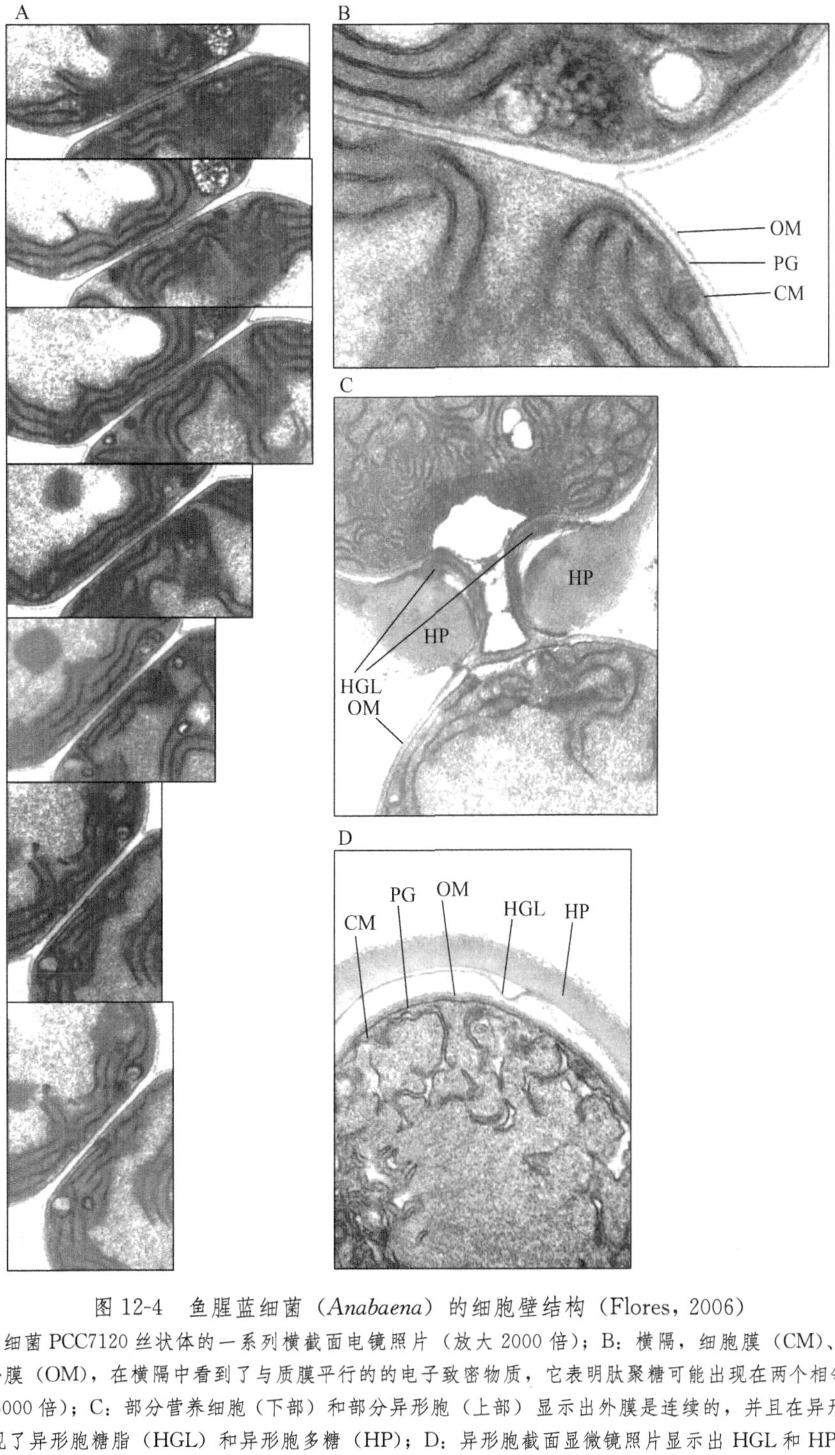

图 12-4　鱼腥蓝细菌（*Anabaena*）的细胞壁结构（Flores，2006）

A：鱼腥蓝细菌 PCC7120 丝状体的一系列横截面电镜照片（放大 2000 倍）；B：横隔，细胞膜（CM）、肽聚糖层（PG）和外膜（OM），在横隔中看到了与质膜平行的的电子致密物质，它表明肽聚糖可能出现在两个相邻的细胞之间（放大 5000 倍）；C：部分营养细胞（下部）和部分异形胞（上部）显示出外膜是连续的，并且在异形胞颈部的封套中出现了异形胞糖脂（HGL）和异形胞多糖（HP）；D：异形胞截面显微镜照片显示出 HGL 和 HP 层在 CM、PG 和 OM 的外面

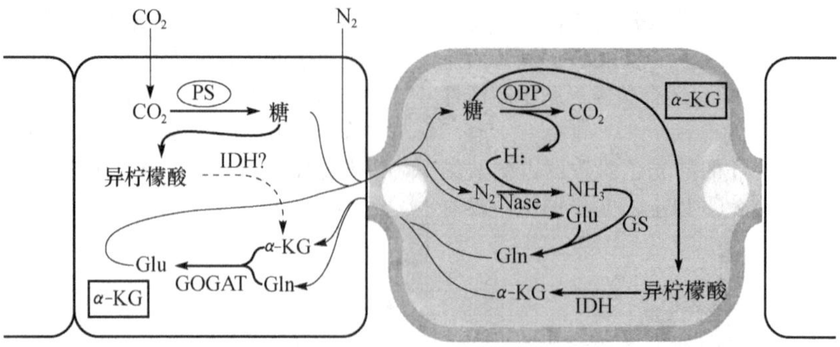

图 12-5 营养细胞与异形胞之间的代谢互作（Meeks，2002）

营养细胞（亮图）与异形胞（暗图）交换代谢产物（细线）。异形胞被厚厚的封套包裹并且两端带有极性栓。宽线表示代谢途径，虚线表示尚未确定的途径。通过光合作用（PS）的暗反应，CO_2 被营养细胞固定，并且导致丙糖被代谢为丙酮酸盐，通过部分 TCA 循环到异柠檬酸（isocitrate），然后经异柠檬酸脱氢酶（IDH）到 α-酮戊二酸（α-KG）。α-KG 与谷氨酰胺（Gln）结合经谷氨酸合成酶（GOGAT）催化形成谷氨酸（Glu）。在异形胞中，来自营养细胞的碳水化合物进入氧化戊糖磷酸（OPP）途径产生还原力（H:），为固氮酶（Nase）提供活力而产生氨（NH_3），同时产生 α-酮戊二酸。氨与来自营养细胞的谷氨酸结合，通过谷氨酰胺合成酶（GS）催化形成谷氨酰胺。这些反应将降低营养细胞中 α-KG 的水平，同时增加异形胞中 α-KG 的水平

与其他生物不同，形成异形胞的菌株能够以一种非蛋白多聚物形式储存氨基氮，这种分支多肽称为藻青素(cyanophycin)。藻青素是一种天冬氨酸和精氨酸共聚体，仅出现在营养细胞和成熟的异形胞中。藻青素也可作为分化期间的一种氨氮来源。在从 N_2 到 NH_4^+ 的同化过程中，营养细胞和异形胞之间存在着酶类的差别。在异形胞中，除具有固氮酶系之外，还含有谷氨酰胺合成酶（GS）、异柠檬酸脱氢酶（IDH）等特征性酶类，但缺乏谷氨酸合成酶（GOGAT）。在营养细胞中，存在着完整光合系统的酶类及 GOGAT 等特征性酶类，但缺乏 IDH。于是营养细胞与异形胞形成互补的代谢方式。就氮的同化而言，GS-GOGAT 循环处在中心位置。在异形胞中，经固氮酶产生的 NH_4^+ 和来自营养细胞的谷氨酸，在 GS 的催化下形成谷氨酰胺；来自营养细胞合成的糖，经分解代谢产生 α-酮戊二酸（α-KG）；谷氨酰胺和 α-酮戊二酸进入营养细胞。在营养细胞中，谷氨酰胺和 α-酮戊二酸在谷氨酸合成酶的催化下合成谷氨酸。于是完成了一次氨的同化与转移，如此循环往复。体外实验表明，来自营养细胞的提取物缺乏 IDH 活性，而来自固氮条件下异形胞的提取物中 IDH 却呈高活性，表明 α-酮戊二酸主要来自于异形胞。这一反常现象表明，营养细胞缺乏完整的 TCA 循环，而异形胞中高活力的 IDH 会产生 NADPH，为固氮酶和异形胞的呼吸作用提供了还原力。此外，在异形胞中 α-酮戊二酸也明显升高，这不仅为营养细胞合成谷氨酸提供了前体，而且有可能作为随后步骤所需的一种信号分子。

除环境中氮素变化之外，营养细胞分化为异形胞还受到时空调控，形成一定间隔的细胞链形态（图 12-6）。当鱼腥蓝细菌丝状体处在缺乏化合态氮的条件下，几乎在两个异形胞的中间启动新生异形胞分化，经前异形胞发育，形成成熟的异形胞，于是构成了营养细胞与异形胞有规律排列的空间结构。这种空间排列构型有利于两种细胞的功能互补，是丝状蓝细菌长期进化的结果。丝状蓝细菌的异形胞是一种一次性的生命体，它既不能分裂繁殖，也不能恢复为营养细胞。

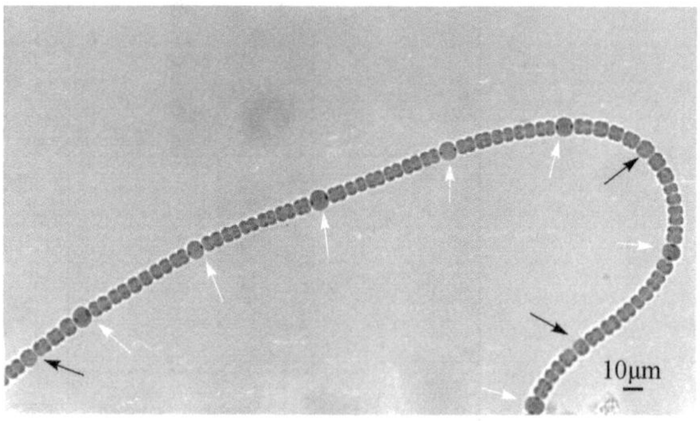

图 12-6 生长在缺乏化合态氮培养条件下的鱼腥蓝细菌 CA 菌株（Adams，2000）

可见到异形胞（白色箭头）规则的间隔，同时在异形胞中间也能看到正在发育的前异形胞（黑色箭头）

3. 连锁体

连锁体是一种短丝状体，认为是丝状蓝细菌的繁殖体，又称藻殖段或段殖体。它是由蓝细菌释放出的菌丝片段，与营养丝状体的主要区别是细胞链短，没有异形胞（图 12-3），可以滑动。在一些种类的连锁体细胞中还含有气泡，可以控制其浮力。

连锁体的主要功能是使丝状蓝细菌短距离传播，当它们遇到固体基质或漂浮在水中时便滑行移动。许多菌株的连锁体具有趋光性，一种念珠藻的连锁体对其共生植物的胞外产物具有趋化性，这一特性对于这类光能自养生物的生存定居非常重要。连锁体的滑动机制尚不清楚。一种被定名为振动蛋白（oscillin）的蛋白质可能与滑动有关。振动蛋白作为胞外纤维形成于细胞壁的外膜，并且其末端朝向连锁体与固体基质之间的黏液，通

过振动驱使连锁体移动。连锁体既不固氮，也不生长，但进行光合作用和外源氨的同化作用。尽管其 CO_2 的固定速率和 NH_4^+ 的掺入速率分别仅为营养丝状体的 70%和 62%，但它们将光合作用产生的能量和新合成的氨基酸专门用于产生质子动力和分泌滑动所需的黏液，这绝非是一种高效运动机制。

连锁体毕竟是一种暂时的形态。从连锁体诱发到返回营养状态需要 2～3 个世代（图 12-7）。在诱发条件下，丝状体内的细胞同步分裂。在连锁体分化期间，这种细胞分裂并没有 DNA 复制，而是将原来细胞中多个基因组拷贝通过横隔形成分配到子细胞中。在短短的细胞分裂之后，丝状体随机断裂。如果在丝状体中含有异形胞的话，断裂常常发生在异形胞与紧靠的营养细胞之间，因此连锁体中不含有异形胞。

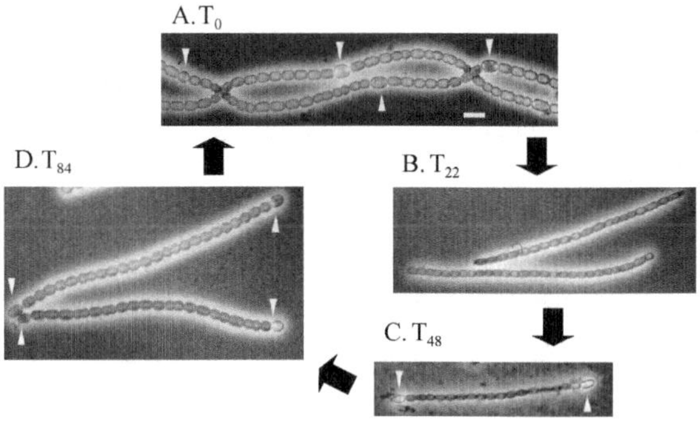

图 12-7　点形念珠藻（*Nostoc punctiforme*）的营养生长和连锁体分化（Meeks，2002）

在氮气条件下营养生长（A. T_0），22h 时出现连锁体（B. T_{22}），48h 时在连锁体末端出现异形胞（C. T_{48}），84h 时异形胞成熟且营养细胞增大（D. T_{84}），最终恢复为中间带有异形胞的丝状体；图中白色箭头指向异形胞

连锁体滑动 36～48h 之后停止运动。如果仍处在氮化物缺乏条件下，进行异形胞分化。异形胞分化首先出现在丝状体末端，后来伴随着营养细胞的生长，异形胞以典型的间隔在丝状体内形成。依照色素恢复和全部蛋白合成的情况，从诱导连锁体到返回营养丝状体大约需要 96h。实验表明，念珠藻和眉藻均需要经过一个相当长的营养生长时期，才进入下一个连锁体分化期。

4. *厚壁孢子*

丝状蓝细菌在一定的生长条件下还可由营养细胞转变成静止细胞，又称厚壁孢子或厚垣孢子。之所以称为静止细胞是因为它不能生长繁殖，只进行低效率的光合作用与呼吸作用；它有厚厚的孢壁且对干燥、热和其他一些理化因子的破坏作用具有一定的抗性，而且在适宜的环境条件下可以重新恢复为营养细胞，它是丝状蓝细菌的一种休眠体。据此可以看出，这是一种既不同于完全休眠的芽孢、分生孢子，又不同于能够生长繁殖的营养细胞的特殊细胞形态，是一种营养细胞与孢子的结合体。

厚壁孢子与营养细胞及异形胞相比，它们之间有较大的区别。不仅其组成成分有着差异（表 12-2），而且细胞体积与形态也有着差别。厚壁孢子的体积要比营养细胞的体积大得多，而异形胞的体积则稍大于营养细胞。厚壁孢子的形态随丝状蓝细菌的种类不同而有所变化，例如，柱胞鱼腥藻的静止细胞呈长杆状，而鱼腥藻 CA 的静止细胞为球状。与营养细胞相比，厚壁孢子有着多层的加厚壁结构。这种结构的最内层是来自营养细胞的细胞壁，最外层是由多聚葡萄糖组成的纤维层。在这两层之间，存在着厚厚的黏质层或果胶层。念珠蓝细菌 7524 黏质层的厚度为 10～70nm，以致细胞壁的整个厚度可增加到 50～110nm。有时在黏质层中还可见到密度不同的一些亚层次。这就使得厚壁孢子呈现出多层次的胞壁结构。静止细胞的原生质体除了含有营养细胞所含有的细胞器及内含体外，还含有大量的特异性的蓝细菌素颗粒（cyanophycin granule）。蓝细菌素是由精氨酸与天冬氨酸组成，分子质量为 30kDa 的多聚物质。这种物质也存在于异形胞中，但不存在于厚壁孢子萌发体和营养细胞中，说明它可能是厚壁孢子的碳源、氮源和能源储藏物。

表 12-2　柱胞鱼腥蓝细菌 3 类细胞的细胞壁成分

组成成分	营养细胞	异形胞	静止细胞	组成成分	营养细胞	异形胞	静止细胞
胞壁组分*/%				其中多糖组分/%			
氨基化合物	65	4	24	葡萄糖	35	73	76
脂类	3	15	11	甘露糖	50	21	17
多糖	18	62	41	半乳糖	5	2	3
				木 糖	8	4	4

*：胞壁组分占胞壁干重的比例。

有报道指出，厚壁孢子通常是由异形胞相邻的营养细胞分化而成。这种分化一般发生在对数生长期之后（异形胞产生在对数生长期），因此有人认为厚壁孢子的形成与异形胞有一定的时空关系。单个厚壁孢子在光照条件下能固定 CO_2，但速率很低，仅为营养细胞固定 CO_2 速率的 15%左右。然而在黑暗条件下通过呼吸则产生出更多的 CO_2。实验表明，厚壁孢子不能固定 N_2。遇到适宜的环境条件，厚壁孢子就会萌发，重新发育为营养细胞。例如，柱胞鱼腥藻的厚壁孢子处于光照、有氧、27℃和 pH7～8 条件下，若以乙酸盐（10^{-3}～10^{-4}mol/L）为碳源，即开始萌发。柱胞鱼腥蓝细菌和念珠蓝细菌的厚壁孢子萌发有 3 种不同的方式，一种是在厚壁孢子内先进行 1～2 次分裂后，萌发体由一处娩出外鞘，一种是萌发体由某处娩出外鞘后再进行分裂。这两种萌发都留下较为完整的外鞘。但是在偶然的情况下，也可见到第三种萌发方式，即完整的外鞘被分解为球形或杆状片段，然后萌发细胞再进行分裂。在鱼腥蓝细菌CA和多变鱼腥蓝细菌（*Anabaena. variabilis*）中，则只有一种萌发方式，萌发体从完整的外鞘某处娩出后，再行生长分裂。在厚壁孢子的萌发过程中，作为碳源与氮源储藏物的蓝细菌素和糖原颗粒会被迅速地降解，并逐步合成营养细胞的组分和结构。在桶形鱼腥藻（*A. doliolum*）中，大约在静止细胞萌发后的4h开始合成RNA，8h合成叶绿素a，12h合成藻胆蛋白，而24h合成DNA，一般在72～80h进行第一次细胞分裂。一旦厚壁孢子转变为营养细胞，就会很快生长成丝状体，开始下一次细胞循环。

1.3.2 丝状蓝细菌细胞分化调控

丝状蓝细菌是一类细胞分化比较丰富的原核生物，它的营养细胞不仅可以分化为上述3种功能特殊的细胞形态，一些种类的蓝细菌还会进行营养细胞的形态转变，出现分枝细胞（branched filament）或锤形细胞（tappered cell）。这就必然涉及蓝细菌复杂的分化发育调控机制。然而迄今为止，仅对异形胞与连锁体分化的调控机制进行了一些研究，其他细胞形态的分化机制尚不清楚。

1. 异形胞分化发育调控

对异形胞分化的了解大多来自鱼腥蓝细菌PCC7120菌株的非共生研究。在生长1～2代（培养18～36h）后，突然除去氮化合物（如NH_4^+、NO_3^-、NO_2^-），就会使一定间隔的营养细胞分化成能够固氮的异形胞。从营养细胞感知氮化合物缺乏到分化为成熟异形胞，会发生一系列的细胞形态与功能变化。这些变化在很大程度上是受转录水平调控的。

1）氮化合物下降时的早期应答

氮化合物下降会诱导异形胞分化早期基因的表达。目前，已经知道至少有3个基因，即*ntcA*、*glnB*、*hanA*，与感知氮化合物浓度变化和启动异形胞分化过程有关。

（1）**NtcA** 当培养基中氮化合物含量下降时会引起快速而持续的*ntcA*基因表达。该基因编码DNA结合蛋白NtcA，NtcA属环化AMP受体蛋白（Crp）类的细菌调节蛋白。在鱼腥蓝细菌PCC7120中，NtcA与DNA的结合位点在*ntcA*基因的上游，这表明它是一个自调节蛋白。遗传学实验表明，缺乏*ntcA*功能的突变株不能应答氮化合物（如NO_3^-）去除，既不形成异形胞，也不诱导固氮酶表达。

（2）$\mathbf{P_{II}}$ 蛋白P_{II}，由*glnB*基因编码。在大肠杆菌等蛋白营养型细菌中，氮饥饿会启动*glnB*基因表达。在蓝细菌中，氮化合物存在时在营养细胞中未检测到蛋白P_{II}，只有氮化合物缺乏且处在N_2中时，才检测到蛋白P_{II}。此外，通过插入法使*glnB*失活的聚球藻PCC 7942与点形念珠藻突变株，其营养细胞利用氮化合物的功能几乎没有受到影响。因此，*glnB*基因在蓝细菌营养生长期并不表达P_{II}，P_{II}仅为感知氮饥饿和形成异形胞所需要。

目前还不清楚NtcA和P_{II}是如何感知氮状态并通过感知氮状态决定细胞分化的。有人认为蓝细菌通过两条不同途径感知氮状态：即通过NtcA（可能是间接地）引起了基因转录的改变，通过P_{II}引起了酶活性的变化。

（3）**HanA** HanA是由*hanA*基因编码的类组氨酸蛋白，与大肠杆菌的DNA结合蛋白（HU）极为相似，其功能是启动DNA复制。在氮化合物去除之后的1h内，分别使用DNA损害剂丝裂霉素C和DNA促旋酶抑制剂萘啶酸（nalidixic acid）阻断了DNA复制，同样也阻断了异形胞分化。这说明在异形胞分化的初期要进行一次重要的DNA复制，这次DNA复制需要HanA参与，缺乏*hanA*基因的鱼腥蓝细菌突变株在异形胞分化的早期阶段即被阻断。

2）异形胞发育

调节异形胞发育的基因有多个，包括*hetR*、*hetF*、*hetC*、*hepA*和*devB*、*devC*、*devA*等，其中最重要的是*hetR*。

（1）**HetR** HetR是一个丝氨酸型蛋白酶，具有自我降解功能和降解异形胞分化控制中其他相关蛋白的功能。其突变株的第152位丝氨酸残基（该酶的活性位点）被丙氨酸替换，或第179位的丝氨酸残基被天冬氨酸替代，均造成异形胞分化缺失。HetR可能是借助于丝氨酸的磷酸化而对氮化物降低作出应答。在氮化物降低2h后，即将发育为异形胞的细胞启动*hetR*基因的表达，因为HetR没有DNA结合的识别能力，所以需要NtcA参与才能启动HetR的大量合成，在2～3h HetR蛋白不断积累。HetR在异形胞分化的过程中担负着重要控制作用。

（2）**HetF** 在点形念珠藻中，*hetF*基因编码一个异形胞分化需要的结构修饰蛋白HetF。缺乏HetF的突变株不会改变依赖NtcA的*hetR*转录，但HetR无活性。HetF的功能是通过修饰激活HetR而对异形胞分化进行正调节。

（3）**HetC** HetC与HetR相似，受氮饥饿条件诱导，也需要依赖NtcA才表达，且通过自身结构改变而呈现活性。*hetC*基因编码的蛋白HetC呈现出与ATP结合蛋白簇成员相类似的序列，该簇蛋白在分子跨膜运输分子时与ATP裂解相偶联。HetC可能是一种膜运输蛋白，它的表达在前异形胞期被关闭，推测HetC的功能是将异形胞分化抑制子排出细胞。

还有一些基因在异形胞分化的后期起作用。它们中的大多数，如*hepA*簇和*devB*、*devC*、*devA*，为异形胞特异性封套的形成所需要。这些基因可能只在分化细胞中表达，至于它们与异形胞分化之间的具体联系还有待进一步研究。在氮化物下降后基因表达显示出时空差异，这意味着可能存在级联网式的转录调节。

3）异形胞间隔

丝状蓝细菌营养细胞与异形胞为什么会有规律地间

隔排列呢？这是一个有趣的问题，一直受到发育生物学家的高度重视，但迄今尚无定论。当前的主要观点有两种，即一阶段模型和两阶段模型。

（1）**一阶段模型**　这种观点认为异形胞在丝状体细胞链中的形成是随机启动，侧向抑制。当丝状蓝细菌突然处于氮饥饿状态时，细胞链中的每个细胞都有一些氮储藏，但不同细胞又不尽相同。当其中一个细胞消耗它的储量到临界状态时，它就被确定为异形胞分化细胞。在细胞链中分化细胞的出现是随机的。分化细胞一旦出现便具备了两种功能。其中一个功能是释放信号，这种信号被假定是含氮物质，该信号向邻近细胞扩散并喂养它们，侧向抑制邻近细胞分化。另一个功能是确定分化的细胞自身对信号具有抗应答能力。于是，从确定分化的细胞开始，由于扩散的信号逐步衰减（氮化合物浓度逐步降低），远处细胞继续饥饿，直到临界水平，于是又出现一个新的异形胞分化细胞（图 12-8）。

（2）**两阶段模型**　这种观点认为异形胞的形成分为两个阶段。第一阶段，应答氮化合物去除的临近 4 个细胞（深色）均以相似的细胞周期阶段启动分化，竞争作用最后确定了 1 个异形胞（厚胞膜）。然后进入第二阶段，被确定的分化细胞在基因调控下完成了异形胞分化过程。两阶段调控模型见图 12-9。

现在已发现了 3 个基因，*patA*、*patB* 和 *patS*，与异形胞的间隔控制有关。

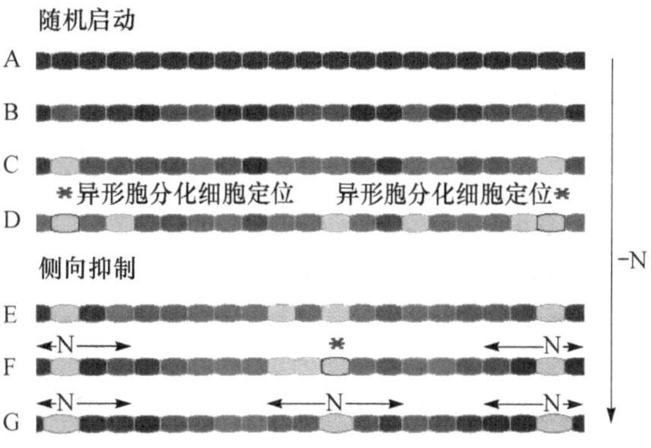

图 12-8　间隔形成异形胞的一阶段模型（Meeks，2002）

从 A 到 G 表示丝状体的细胞链，细胞链中细胞的颜色深浅差异表示含氮化合物状态，深色表示细胞拥有更多氮化合物。从 A 到 D 表示逐渐氮饥饿的丝状体。每个细胞都有一些氮储藏，但不同细胞又不尽相同。当一个细胞消耗它的储量到临界饥饿水平（*）时，它就被确定为异形胞分化细胞。从 E 到 G 表示被确定分化细胞向邻近细胞释放信号（N，可能是氮化合物），该信号侧向扩散到邻近细胞并抑制它们分化，直到信号衰减到临界水平，出现下一个异形胞分化细胞

PatA 是营养细胞生长所不需要的，*patA* 基因在氮化合物存在时只以低水平转录，而在氮化合物降低后 3～6h 才增加转录。PatA 不具备与 DNA 结合的能力，可能通过与其他蛋白结合影响异形胞形成。从 PatA 和 HetR 的表达和作用方式来看，它们可能同属一个环境敏感调节系统，是同一调节途径的不同组分。

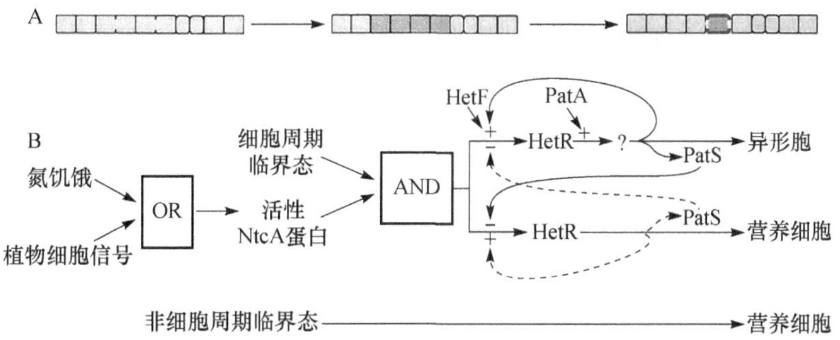

图 12-9　间隔形成异形胞的两阶段模型（Meeks，2002）

A：在氮化合物去除的应答中，邻近 4 个细胞（深色）以相似的细胞周期阶段启动分化，通过竞争最后确定了 1 个异形胞（厚胞膜）；B：氮化合物去除或出现植物信号激活分化细胞（OR）的 NtcA 蛋白，活性 NtcA 蛋白出现且处于细胞周期临界态（AND），通过 HetF 介入诱导 *hetR* 基因表达，一旦细胞达到依赖 PatA 状态（?，可能是 HetR 被活化），*hetR* 表达则被进一步加强；在这些细胞中，PatS 高度表达并扩散到邻近细胞，它停留在那里并抑制 HetR 表达，处于胞内 HetR 正反馈（宽线）占优势的细胞变成异形胞，而胞内 PatS 负影响占优势的细胞恢复为营养状态，在恢复营养态的细胞中，PatS 抑制 HetR 表达并且产生更少的 PatS（点线）；当氮化合物去除时，未进入细胞周期临界态的细胞不启动分化而停留在营养细胞阶段

在氮化合物存在时，细胞中没有检测到 *patB* 基因的表达，但在除去这些氮化合物后 3～6h 检测到 PatB。PatB 类似于转录调节子，如同大肠杆菌的 Fnr 蛋白，在其氨基末端附近含有一个铁结合区而在其羧基末端附近有一个 DNA 结合位点。因此，PatB 可能作为氧化还原力或胞内铁离子浓度的传感器，调节异形胞特异性基因的转录。

Yoon 和 Golden 发现了一个由异形胞产生并抑制邻近细胞分化的扩散型抑制子 PatS。*patS* 的转录可能在分化的早期阶段就已经在增加，但在 12h 的前异形胞中强烈表达。*patS* 编码一个只有 17 个氨基酸的多肽，其中仅有羧基末端的 5 个氨基酸是抑制异形胞形成所需要的。以亚微摩尔浓度（submicromolar concentration）的人工合成五肽即可完全抑制异形胞形成。PatS 多肽产生

于前异形胞发育的早期阶段，有可能被 HetR 的水解蛋白活性所加工，以释放出活性的羧基末端序列，后者经丝状周质空间扩散，在发育细胞周围建立起一个必要的抑制梯度；也可能是完整的 PatS 多肽沿周质空间扩散，在营养细胞中被水解而活化，依浓度建立抑制梯度。

4）**异形胞包膜形成**

在异形胞内创建微氧条件需要进行一系列变化，包括形成细胞壁封套（减少氧气和其他气体扩散），剔除光合系统Ⅱ（排除光合产氧）和 CO_2 固定系统。封套位于细胞壁之外，由两层组成。内层的成分为糖脂，外层的成分为多糖。

多糖层形成需要基因 *hepA*，*hepB*，*hepC* 和 *hepK* 的表达。在异形胞变得显微形态特征明显的前几个小时，借助于 *hetR* 表达，*hepA* 等基因开始转录。其中 HepK 类似于 ATP 结合运输蛋白，与大肠杆菌的 ArcB 非常相似，它的活性与厌氧条件有关，因此 HepK 可能在异形胞发育中承担着感知氧压传感器的作用。糖脂层的合成还牵涉 *hglC*、*hglD*、*hglE*、*hglK*、*devA*、*devB*、*devC*、*hetN*、*hetM* 和 *hetI* 等一系列基因。由邻近基因 *hetN*、*hetM* 和 *hetI* 编码的蛋白质类似于脂肪酸合成中的 NAD(P)H 依赖型氧化还原酶、Nod 因子（在感染豆类根时由根瘤菌产生的一个化学信号）和聚羟基丁酸合成酶，而 *hglK* 和 *devA*、*devB*、*devC* 与糖脂的运输/装配有关。这些基因的突变株引起异形胞封套糖脂的缺失。

5）**固氮酶基因表达**

固氮酶结构基因 *nifH*、*nifD*、*nifK*，其表达需要在异形胞发育基本完成、氮饥饿和厌氧环境条件下进行，3 个条件缺一不可。然而，在多变鱼腥藻 ATCC29413 中，存在着 3 簇控制固氮的基因，即 *nif1*、*nif2* 和 *vnf*。*nif1* 簇仅在异形胞中表达，而 *nif2* 簇在厌氧营养细胞和异形胞中均表达，*vnf* 簇编码一个选择性的固氮酶系统，该酶以钒辅因子替代了通常的钼辅因子，并且仅在缺乏钼的异形胞中表达。

6）**异形胞的基因组重排**

在鱼腥蓝细菌 PCC7120 异形胞分化的后期阶段，出现 3 次 DNA 重排，包括从 *nifD*（编码固氮酶钼铁蛋白 α 亚基）、*fdxN*（编码细菌型铁氧化还原蛋白）和 *hupL*（编码氢化酶大亚基）基因中剔除一些序列。这些剔除似乎对于异形胞发育或间隔没有作用，可能与异形胞的生理功能有关。

2. 连锁体分化调控

凡能够独立生长的丝状蓝细菌，去除氮化合物都会诱导异形胞分化。与之相比，连锁体分化是多种环境条件变化引起的结果，包括营养成分、光波长短与强度变化等。在实验室中，常常将一定细胞浓度对数末期培养物转移到限制性培养基和培养条件下诱导连锁体分化。

1）**连锁体分化是对环境条件变化的应答**

当生长在氮化合物存在的条件下，眉藻（*Calothrix*）或念珠藻的某些菌株被转移到低浓度氮化合物培养基和光诱导条件下，大多数丝状体则进行连锁体分化而非异形胞分化。异形胞仅出现在连锁体重新返回营养生长阶段的培养物中。这些观察说明，连锁体分化与异形胞分化在丝状体中是互斥的。

除了限制性氮化合物信号压力之外，其他营养成分变化也会诱发一些菌株进行连锁体分化，如共生念珠藻在葡萄糖或盐浓度减少的情况下经常形成连锁体。另一些念珠藻，随离子强度下降而触发连锁体形成。此外，将嗜热层状鞭枝蓝细菌（*Mastigocladus laminosus*）从培养液转移到固态琼脂培养基上也会产生连锁体，这可能是一种水压应答。

许多生长在绿光或白光下的念珠藻和眉藻，当将其转移到红光下时便会分化连锁体，而由红光诱导的连锁体暴露在绿光下又会逆转为营养细胞。对于蓝细菌而言，红光会氧化光合系统Ⅱ和Ⅰ中电子传递链的组分，而绿光倾向于还原这些组分。实验证明，电子传递链还原抑制剂有类似于红光的作用，诱导连锁体形成而阻断异形胞分化；氧化抑制剂有类似于绿光的作用，抑制连锁体形成而允许异形胞分化。

电子传递不平衡信号（醌池的氧化还原态）与影响发育应答的机制目前尚不清楚。然而，正如前面描述过的 P_{II} 蛋白是碳氮状态的传感器，但也可能是醌池氧化态的传感器。不过，P_{II} 蛋白在连锁体分化中的作用，目前还没有直接的证据来证明。

2）**连锁体分化中的基因表达**

有多少特异性基因在连锁体细胞循环中表达呢？表达后是否存在蛋白的活性修饰呢？这些问题还不清楚。根据资料显示，只有编码眉藻气泡的基因和点形念珠藻选择性 σ 亚基基因在连锁体中专性转录。其他基因的转录可能较营养细胞组成型水平有所提高。

综上所述，尽管对于丝状蓝细菌分化发育的研究有了一些进展，但仍然有许多细节等待进一步研究。

1.4 微生物营养细胞的多型性

一般来说，微生物营养细胞的形态是稳定的，因此常常将细胞形态作为微生物的一种特征来描述并将其作为微生物的分类标准之一。然而，一些微生物在环境条件变化时，其营养细胞会从一种形态转变为另一种或多种形态，这种现象称为细胞的二型性或多型性，也是微生物的生物学特征之一。这里介绍酵母菌和根瘤菌营养细胞的形态变化。

1.4.1 酵母菌的二型态

所谓二型态（dimorphism），是指在不同的生长条件下，一些真菌的营养体呈现出丝状（mycelial form，简称 M）和酵母状（yeast form，简称 Y）两种不同的细胞形态。这两种形态在一定条件下可以相互转变，它们的细胞结构、代谢途径、生长方式及其他生物学特性都会发生一些变化。

许多酵母菌在通常条件下多为单个卵圆形细胞，而改变生长环境则形成长型的或假丝状的细胞。这种二型态的现象在假丝酵母菌（*Candida albicans*）中尤为明显。

当假丝酵母菌生长在富含葡萄糖的培养基上时，细胞形态一般为 Y 型，但在以多糖为碳源和能源的培养基上生长时，细胞则呈 M 型。白假丝酵母二型态转变的理化影响因子列在表 12-3 中。在这些环境因子中，葡萄糖、胱氨酸、铜离子、制霉菌素及较低的培养温度（30℃）等因子有利于 Y 型细胞形成，而多糖、血清、精液、*N*-乙酰葡萄糖胺、精氨酸、cAMP、高浓度生物素和较高的培养温度（40℃）等因子可诱发 Y 型细胞向 M 型细胞转变。

研究表明，白假丝酵母菌在 Y、M 型细胞中存在着诸多生理特性的差异。首先是细胞壁结构有着较大的差别。Y 型细胞壁具有 5 层结构，M 型细胞却具有 4 层结构，在 Y→M 型转变的过程中失去了第 2 层或第 3 层结构。然而，在这两种类型细胞的细胞壁中都含有相同类型的化学组分，包括葡聚糖、甘露聚糖、几丁质和少量的脂类与蛋白质，所不同的是其含量存在着差别。Y 型细胞壁含有更多的葡聚糖和蛋白质。M 型细胞壁蛋白质的含量仅为 Y 型细胞的 1/3，而几丁质的含量却是 Y 型细胞的 3 倍。二型态的细胞质膜也有着较大的区别。除含有中性油脂外，Y 型细胞质膜还含有磷脂酰丝氨酸、磷脂酰肌醇、鞘脂类、磷脂酰乙醇胺和磷脂酰胆碱及数种复合脂类，但 M 型细胞膜中只测到了磷脂酰乙醇胺和磷脂酰胆碱两种复合脂质。另外，Y 型细胞膜中脂类的含量也比 M 型细胞高得多。这就意味着 Y 型细胞膜蛋白质含量要低于 M 型细胞膜。

以往有人认为厌氧条件有利于 M 型细胞的形成，但后来的研究发现，限制通气对 Y→M 型转变并不起决定性的作用，因为在两种细胞中都存在着 EMP、TCA 循环的酶类和线粒体。发现决定 6-磷酸-果糖去向的两个关键酶在两种细胞中的活性不同。在 M 型细胞中 6-磷酸-果糖激酶的活性低于 Y 型细胞，而谷氨酰胺-6-磷酸-果糖转氨酶的活性却高于 Y 型细胞，使 M 细胞中 6-磷酸-果糖能更多地进入几丁质合成途径。在 M 型细胞中合成几丁质的酶类活性也明显地高于 Y 型细胞。若将合成几丁质的前体（如 *N*-乙酰葡萄糖胺）加入到培养基中后，M 型细胞合成几丁质的速率是 Y 型细胞的 10 倍，导致 M 型细胞壁几丁质的含量高于 Y 型细胞壁。

表 12-3　影响白假丝酵母菌 Y-M 型转变的一些因子

因　子	转变结果	因　子	转变结果	因　子	转变结果	因　子	转变结果
碳水化合物		脯氨酸	M	其他		吐温 80	M 或不影响
葡萄糖	Y	甲硫氨酸	M	乙酸	M	青霉素	M
2-脱氧葡萄糖	M	精氨酸	M	乳酸	M	氯霉素	不影响
多糖	M	丙氨酸	M	NH_4Cl	Y	氨基嘌呤	M
半乳糖	M	**金属离子**		NaCl	Y	制霉菌素	Y
果糖	M	Co	不影响	30℃→40℃	M	cAMP	M
麦芽糖	M	Zn	Y	光	Y	二丁酰 cAMP	M
N-乙酰葡萄糖胺	M	Cu	Y	精液	M	5-氟胞嘧啶	Y
氨基酸		Mn	M	血清	M	2，4-二硝基苯	Y
胱氨酸	Y	Mg	不影响	高浓度生物素	M	碘乙酸胺	Y
脱氧脯氨酸	M	Fe	不影响	同细菌共培养	Y		

细胞壁组分含量的不同有可能影响细胞的形态，但不同的细胞形态主要取决于细胞壁的合成位点和细胞的分裂状况。如果在以多糖为碳源的培养基中加入半胱氨酸、谷胱甘肽或巯基乙醇等含巯基的还原性化合物，白假丝酵母就可以从 M 型转变为 Y 型。发现一种仅以 M 型细胞生长的白假丝酵母突变型，若将它们移到巯基化合物的培养基上时，也能诱导其恢复 Y 型细胞形态，并以单个细胞生长。这些都意味着 M 型细胞可能是在某种程度上失去了合成还原性物质的能力，而这些还原性物质正是细胞分裂所必需的。细胞生长过程中，细胞壁糖蛋白复合物中的二硫健呈氧化型（-S-S-）。当细胞分裂时，在黄素蛋白的二硫化物还原酶的催化下，还原性物质将细胞壁相应部位的二硫键（-S-S-）还原成两个巯基（-SH，HS-），从而利于芽细胞脱出母细胞并形成单个细胞。M 型细胞可能是由于不能还原二硫键，阻碍了细胞分裂并继续生长的结果。

在酵母菌二型态的研究中也注意到了 cAMP 的作用。将 cAMP 加入 Y 型细胞生长的培养基中，看到了 Y→M 的转变频率提高，也测到 M 型细胞中的 cAMP 水平高于 Y 细胞。这可能与 M 型细胞是以多糖为碳源，而 Y 型细胞以葡萄糖为碳源有关。葡萄糖比多糖更容易被吸收利用，Y 型细胞内的能荷高于 M 型细胞，所以在 Y 型细胞中 cAMP 水平相对来说就低一些。表 12-3 中列出的其他因子影响二型态转变的生理学机制还需进一步探明。

1.4.2　根瘤菌的多型态

根瘤菌（*Rhizobia*）作为共生固氮菌已受到人们的

重视。在研究根瘤菌固氮作用的过程中，人们观察到了根瘤菌在共生和非共生，固氮与非固氮的条件下分别呈现杆状和类菌体状的细胞形态。因此，根瘤菌是生理分化伴随着形态分化的典型代表。

1. 根瘤菌细胞形态的转变

在土壤中和豆科植物根部的侵入线中，以及在酵母膏-甘露醇-无机盐（YMA）培养基上，根瘤菌的细胞形态为杆状，无固氮能力，有 2～6 根周生鞭毛，运动，但老的细胞失去鞭毛，不运动。当根瘤菌从豆科植物的根部侵入植物细胞后，杆状细胞逐步膨大并发育为类菌体（bacteroid）。根瘤菌类菌体的形态有短棒状、膨大（或分支）的棒状、梨状、球状、星状等多种形态。一般来说，类菌体的体积都大于根瘤菌的正常细胞，更大的类菌体可达杆状细胞的 40 倍。

在豆科植物的根瘤中，由杆状细胞转变为类菌体，有一个渐进的发育过程。刚开始分化的未成熟类菌体，细胞形态稍微有所变化，或稍有弯曲或稍有膨大。这样的细胞无固氮活性，有时还可分裂增殖。经过一段时间之后，它们就会发育为成熟的类菌体。此时，一般就不再分裂增殖，但含有很高的固氮酶活性。它们从植物细胞质中摄取能量，固定氮气并分泌 NH_4^+，与被感染植物构成共生关系。

从土壤到根瘤，根瘤菌细胞由杆状转变成了类菌体形态，那么类菌体是否还可以转变回杆状细胞呢？目前尚有争议，多数人持否定态度，但也有人根据类菌体的存活性，认为类菌体有可能转变为正常的杆状细胞。

2. 根瘤菌形态转变的细胞学基础

根瘤菌由正常的杆状细胞转变为类菌体，主要是由于它们的细胞壁成分及结构发生了变化，但也涉及细胞一些其他成分与结构的改变。根瘤菌杆状细胞为典型的革兰氏阴性。它们的细胞壁可以明显地分为 3 层，即外膜层、肽聚糖层和周质空隙，其中肽聚糖层对细胞形态的影响最大。

当根瘤菌的杆状细胞侵入植物细胞后，在一个或多个杆状细胞的外面就包围了一层周膜。这层周膜被认为是来自植物细胞的原生质膜，但它们将始终伴随着此后的根瘤菌细胞。一旦根瘤菌的杆状细胞转变为成熟的类菌体，细胞结构就发生了较大的变化。成熟类菌体的细胞壁虽然仍属革兰氏阴性细菌细胞壁的类型，但与杆状细胞相比，首先是细胞壁的厚度与硬度发生了变化，在苜蓿根瘤中，类菌体的细胞壁厚度变薄，硬度变软，并且在外层膜上出现了许多颗粒状物质，这就意味着类菌体细胞壁失去了一些肽聚糖之类的大分子物质。除此之外，还发现类菌体细胞壁的透性发生了变化。实验证明，来自苜蓿根瘤的类菌体释放到周围培养基中的维生素 B_{12} 比来自肉汤培养基的根瘤细菌多，来自百脉根根瘤的类菌体对氯霉素的透性是来自培养条件下相应根瘤细胞的 10 倍以上。虽然这些透性改变的结构基础还不太清楚，但有人认为在类菌体的发育过程中可能存在着细胞壁合成的选择性障碍。

类菌体核物质或拟核存在的状态，依据根瘤菌的种类不同而异，在快生型根瘤菌的类菌体中，核物质以纤维状分散在整个细胞之中，而慢生型根瘤菌的类菌体却有着一个位于细胞中心的高度密集的拟核。研究结果表明，成熟类菌体的 DNA 含量大于相应的杆状细胞。例如，来自豌豆、苜蓿和三叶草的根瘤类菌体的 DNA 含量是相应杆状细胞的 4～8 倍。Jordan 和 Bisseling 等认为，类菌体 DNA 含量增加，是因为在类菌体形成期间细胞分裂停止，而染色体继续合成的结果。成熟类菌体的 RNA/DNA 的比率与 RNA/蛋白质的比率都低于杆状细胞。这说明成熟类菌体的许多基因不表达，代谢活动趋向简单化。然而，成熟的类菌体仍然能够合成蛋白质，此时细胞内固氮酶的含量最高，活性最强。有关类菌体形成的环境影响和基因调控机制还有待于进一步研究。

第 2 节　孢子形成

许多微生物会产生一种称之为孢子的特化细胞形态。如蓝细菌的静止孢子、细菌的芽孢、黏细菌的黏孢子、放线菌和霉菌的分生孢子、毛霉的孢囊孢子、白地霉的节孢子、腐霉的卵孢子、根霉的接合孢子、假丝酵母菌的厚垣孢子、子囊菌的子囊孢子和担子菌的担孢子等。从低等的原核微生物到较高等的真核微生物都有产生孢子的物种，孢子的种类繁多、形态各异。所有的孢子对不良环境条件有较强的抵抗能力。它们都具有厚的外壳（或胞壁），浓缩（部分脱水）的细胞质和极低的代谢活性，这就使孢子能长时间在自然界存活，以待环境条件改善后萌发。从生理学角度来讲，除少数内生孢子（如芽孢、静止孢子等）为纯粹的休眠体外，其他孢子既是休眠体又是繁殖体。其中一些是无性繁殖体（如分生孢子），而另一些是有性繁殖体（如卵孢子、接合孢子、子囊孢子、担孢子等）。

孢子的结构与形成方式随微生物的种类不同而异。但是孢子形成的过程都受环境因子的启动和分化基因的调控。在这里主要对细菌的芽孢、放线菌的分生孢子、酵母菌的子囊孢子及担子菌的担孢子的分化作出较详细的讨论。

2.1　细菌的芽孢

某些细菌个体生长发育到一定阶段，在环境因素（如饥饿）的触发下，便启动了一个特定的代谢过程，最终导致体内产生一个结构特殊的内生孢子，称为芽孢（spore）。产生芽孢的细菌包括芽孢杆菌属、芽孢乳杆菌属、梭菌属、脱硫肠杆菌属、芽孢八叠球菌属和高温放线菌属 6 个属。这里以枯草芽孢杆菌为例讨论芽孢形成的相关问题。

2.1.1　芽孢的结构

与其营养体细胞相比，芽孢的抗热性是营养细胞的 10 000 倍，抗紫外线作用是营养细胞的 1000 倍。它在自然界的存活可长达几年到几十年之久。之所以如此，与它的特殊结构是分不开的。目前已知芽孢由原生质体、内层膜（内膜）、皮层、外层膜（外膜）、孢子衣（外壳层）和外孢子衣等结构组成（图 12-10）。

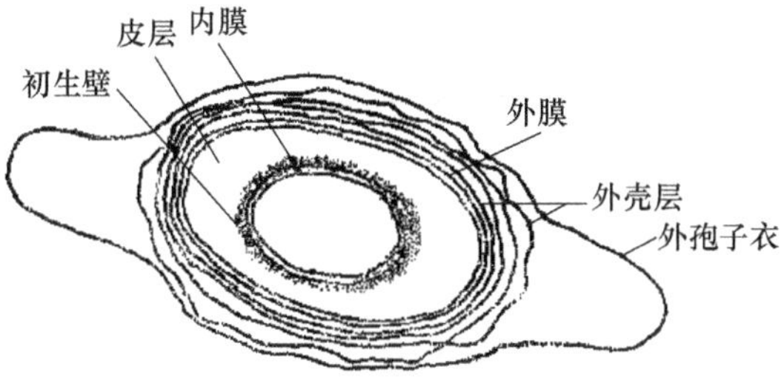

图 12-10　芽孢结构示意图

1. 原生质体

原生质体（protoplast）又叫孢子核心（spore core），是指芽孢内层膜包被着的原生质部分。与营养细胞相比，虽然芽孢的原生质体具有完整的核酸、蛋白质合成及产能系统的酶类，但其活性有所不同，详见表 12-4。这些酶活性差异说明了芽孢与营养体的代谢是有区别的。就芽孢的呼吸作用来讲，在需氧菌芽孢的原生质体中，呼吸链系统的氧化还原酶活性极低，而仅有一些 NADH 氧化酶表现活性，从而降低了芽孢的能量内耗。芽孢原生质体另一特点是含水量较低，仅为营养细胞含水量的 38%，并且钙、镁、锰、磷等无机离子的含量较高，使原生质体中自由水分子大为减少，限制了许多生化反应的进行。此外，在芽孢原生质体中还含有大量的独特的吡啶二羧酸（DPA），这些 DPA 与钙形成稳定的螯合物。在巨大芽孢杆菌的芽孢原生质体中还发现含有大量的小分子碱性蛋白，这种蛋白很可能与孢子 DNA 结合在一起。芽孢原生质体的这些组分和代谢特点与芽孢具有巨大的抗逆境能力是吻合的。

表 12-4　营养细胞与芽孢某些酶活性比较

酶	细　菌	酶活性单位	
		营养细胞	芽孢
腺苷脱氨酶	蜡状芽孢杆菌	0.021	0.09
核苷酶	蜡状芽孢杆菌	0	0.15
丙氨酸消旋酶	芽孢杆菌（9 株）	1～4	10.00～84.00
焦磷酸酶	巨大芽孢杆菌	0.07	1.88
可溶性 NADH 氧化酶	蜡状芽孢杆菌	0.013	0.08
谷氨酸转氨酶	蜡状芽孢杆菌	0.16	0.22
谷氨酸脱羧酶	蜡状芽孢杆菌	0.049	0.00
过氧化氢酶	蜡状芽孢杆菌	321	16.50
二氨基庚二酸脱羧酶	球状芽孢杆菌	1.2～1.87	0.25～0.52
不溶 NADH 氧化酶	蜡状芽孢杆菌	6.58	0.02
NADH-细胞色素 c 还原酶	蜡状芽孢杆菌	0.9	0.06
心肌黄酶	蜡状芽孢杆菌	1.89	1.47
琥珀酸-细胞色素 c 还原酶	蜡状芽孢杆菌	0.55	0.00
谷氨酰胺合成酶	蜡状芽孢杆菌	0.63	0.23
乙酸激酶	蜡状芽孢杆菌	0.19	0.06

2. 孢子壁

孢子壁（spore wall）位于芽孢原生质膜（内膜）之外，其主要成分是肽聚糖，肽聚糖结构与营养细胞相同。在芽孢萌发时，孢子壁会发育为营养细胞的细胞壁，故又称为初生壁（primary cell wall）。

3. 皮层

皮层（cortex）是初生壁与孢子外层膜之间的一层芽孢结构，它的主要成分也是肽聚糖。但是，皮层肽聚糖与细胞壁肽聚糖的组分和结构大不相同。它们是由丙氨酸亚单位（20%）、四肽（L-Ala-α-D-Glu-meso-DAP-D-Ala）亚单位（40%）和胞壁酸内酰胺亚单位（40%）构成。在四肽亚单位中只有 20% 的短肽横向联系，因此皮层肽聚糖结构比较疏松。芽孢的皮层在孢子萌发过程中全部被逐渐分解。

4. 外层膜

在皮层外面的一层质膜，它与包裹原生质的内层膜极性相反。但它们都是在孢子形成过程中由细胞膜衍生而来的。

5. 孢子衣

孢子衣（spore coat）是构成芽孢体积的主要成分，由蛋白质组成，其蛋白质数量大约可占到整个芽孢蛋白质的 50%。已用不同的方法分离纯化到几种外壳蛋白，它们的相对分子质量分别为 8000、12 000、13 500 和 36 000。这些蛋白质含有大量的半胱氨酸、赖氨酸和疏水性氨基酸。外壳蛋白的结构和性质既不同于一般的细胞蛋白，也不完全相同于角质蛋白，只是在一定程度上表现出了角质化，对大多数蛋白酶表现出了抗性。孢子外壳除含有特异性的蛋白质外，还含有少量的碳水化合物、脂类和磷等成分。外壳呈多层，在靠近外膜层部分可以看到许多的薄片层。这种通透性极差的孢子外壳，虽然具有抵抗酶解的能力，不易被一般蛋白质溶剂溶解，但可被含有巯基还原剂的碱性十二烷基磺酸钠溶液所溶解。

6. 外孢子衣

外孢子衣（outer spore coat）是位于芽孢最外面的膜状结构。主要由蛋白质构成，但也含有一定数量的糖类和脂类物质。它分为内、中、外 3 层。外孢子衣属于某些细菌芽孢的结构。

2.1.2 芽孢杆菌的生活周期及芽孢形成过程

所有能够形成芽孢的细菌都会经历一个生活周期。在营养充足和环境适宜时，细胞进行正常的代谢与繁殖。当细胞生长进入稳定期后，由于营养物质逐步受限和代谢产物不断积累，诱发细胞启动孢子形成过程，最后生成具有高度抗逆能力的内生休眠孢子。当环境再次适宜时，孢子经历激活、萌发和长出过程，开始新一轮的营养生长。倘若环境仍不太适宜，孢子可以直接进入另一轮的孢子形成过程（微循环 microcycle）。芽孢杆菌的生活周期见图 12-11。

芽孢杆菌在形成内生孢子的过程中，要经历一系列的形态变化。我们可以把这个变化过程分为营养细胞、轴丝形成、隔膜形成、前芽孢发育、皮层形成、孢子衣形成、孢子成熟和释放 8 个时期。

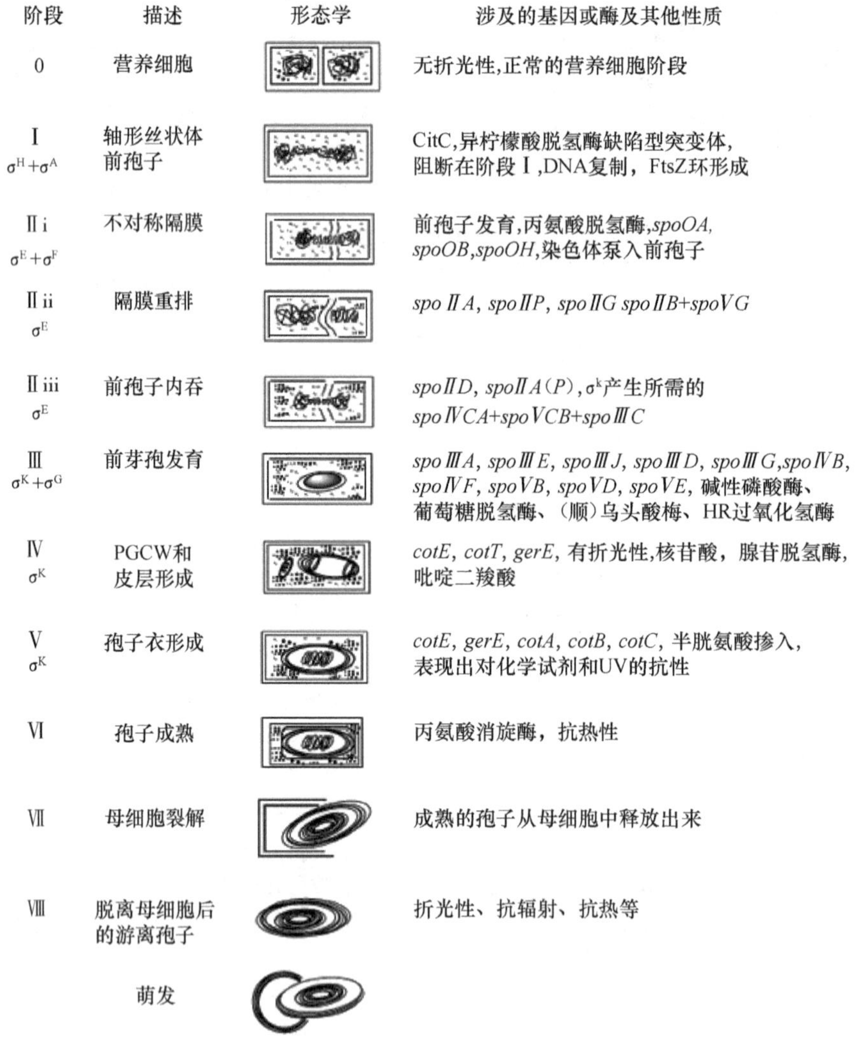

图 12-11 枯草芽孢杆菌的生活周期及芽孢形成阶段（Moat，2002）

整个生活周期包括营养生长、芽孢形成和芽孢萌发各个过程。其中芽孢形成的过程分为 8 个阶段，用罗马数字表示。芽孢形成的过程实质上是一个连续的过程，划分成不同阶段一方面是在于表明突变体阻断孢子形成进程所在的时期，另一方面是为了便于表述。上图给出了不同阶段的代表性突变体实例、各种酶活性及其他性质

（1）0 阶段（营养细胞期） 正在进行正常营养生长的细胞定义为孢子形成的 0 阶段。

（2）Ⅰ阶段（轴丝形成期） DNA 复制，处于分散状态的染色体物质朝细胞轴线聚集，沿细胞长度方向形成一条轴丝。轴丝通过间体与细胞质膜相联系。此时的细胞已发育到等同于营养细胞分裂前的体积。细胞内含有较多的核酸酶和蛋白酶，蛋白质代谢加快。

（3）Ⅱ阶段（隔膜形成期） 此时轴线上的两条染

色体分开并分别移向细胞的两端，同时在偏向细胞一端的位置，细胞膜内陷，向心延伸、汇合，最后形成隔膜，将细胞分成大小不同的两个部分，每个部分各获得一套基因组。但是，不出现细胞壁的内陷，自然也没有横隔壁的形成。这是孢子形成的第一个迹象，依照Ⅱ、Ⅲ阶段之间被阻断的发育突变体，将中间过渡阶段细划为Ⅱⅰ、Ⅱⅱ和Ⅱⅲ 3 个分阶段，分别完成不对称隔膜、隔膜重排、前孢子内吞，最后形成两个细胞，即母细胞和前孢子（prespore）。

（4）Ⅲ阶段（前芽孢发育期）　前孢子被内吞后，形成一个由内、外膜包被的特殊原生质体，称作前芽孢（forespore）。此时，孢子形成的基因程序发生歧化而形成两个独立的控制系统。前芽孢继续发育形成孢子，而母细胞则抚育前芽孢发育。在多数电镜照片中，前芽孢的外形是不定的，这可能是由于肽聚糖层还没有形成而难以提供一个明确的形状。

（5）Ⅳ阶段（皮层形成期）　在前芽孢的内膜和外膜之间形成一个狭窄而致密的肽聚糖带，即皮层。此时，孢子衣的形成很难被觉察，但随着时间的推移，皮层逐渐变得带有条纹且呈现多层。

（6）Ⅴ阶段（孢子衣形成期）　和皮层发育过程相重叠进行的是多层孢子衣的沉积过程。起初在电镜下观察到孢子衣的不连续片段，最后这些片段合并成一个连续的密集层。

（7）Ⅵ阶段（孢子成熟期）　随着皮层沉积和孢子衣形成，为孢子成熟的最后阶段。在相差显微镜下所见的孢子发白过程和 DPA 合成，以及钙吸收的过程相关联。抗逆、休眠和可萌发特性出现在此阶段。

（8）Ⅶ阶段（成熟孢子释放期）　母细胞裂解且成熟孢子被释放。

（9）Ⅷ阶段　脱离母细胞的游离孢子，以休眠体的形式出现在环境中，具有折光性强、抗热、抗干燥、抗辐射等特性，可以长期在不良环境中存在。

图 12-11 中描绘的芽孢杆菌生活周期和芽孢形成阶段，是为了叙述方便而划分的，芽孢形成的实际过程是一个连续有序的完整过程。

2.1.3　芽孢形成的生理学与遗传学

研究表明，芽孢的形成受环境因子诱发和基因的调控。究竟有哪些环境因子可以诱发芽孢的形成呢？已经证实，温度、pH、氧气等环境因子对芽孢形成的启动并无显著影响，启动芽孢形成最主要的环境因子应该是培养基中的营养成分。当培养基中容易利用的碳源和氮源有一种不足时，便诱发芽孢的形成。例如，若以乙酸钠代替葡萄糖作为唯一碳源时，芽孢球菌就容易形成芽孢，而将甲硫氨酸、脯氨酸，谷氨酸等加入到葡萄糖-酵母膏培养基中会阻遏 99% 的蜡状芽孢杆菌（*Bacillus. cereus*）形成芽孢。当培养基中缺乏磷酸盐时，也促进芽孢的形成。对于这些现象的解释有两种观点。一种观点认为，容易利用的碳源和氮源代谢产物可能是芽孢形成的辅助阻遏因子，只有当这些辅助阻遏因子的浓度降低到一定程度时，才会启动芽孢的形成。另一种观点认为，在易于利用的碳源、氮源和磷酸盐丰富时，细胞的能荷水平较高，而芽孢形成则需要较低的细胞能荷水平。磷酸盐的缺乏和碳、氮源的耗尽使细胞能荷水平下降，从而促进了芽孢的形成。然而，营养条件对芽孢形成的影响，在孢子形成的初期是可逆的。只有孢子形成进入到前孢子后期，逆转现象才不会发生。此时无论加入多么丰富的营养成分，芽孢形成仍会继续到成熟。由此可见，环境因素对芽孢的形成仅起诱发作用，一旦诱发过程完成，芽孢的形成就会依照基因的表达程序进行。

已经明确，超过 125 个基因控制着孢子形成过程中复杂的形态和生理变化。参与孢子形成的基因分散在染色体上，并且和许多在孢子形成中尚不知功能的其他基因交互分布在一起，见图 12-11。根据孢子形成受阻时所处的形态发育阶段，已经鉴定并命名的 *spo* 基因座位超过 60 个，其中部分基因列在表 12-5 中。其他参与孢子形成的基因包括孢子核心部分的小型酸溶性蛋白（SasPs）基因和孢子衣的蛋白基因，被定名为 *cot* 基因。一些参与正常细胞分裂的基因，如 *ftsA* 和 *ftsZ*，也参与启动孢子形成的不对称分裂过程。最后，调节孢子萌发过程的 *ger* 基因在孢子的形成过程中被掺入孢子的基因组。

1. 孢子形成的启动

进入稳定期的细胞，虽然在形态上与营养细胞并没有区别，但正经历着一个由营养生长转变到孢子形成的生理过程。由于营养物质的匮乏，限制了营养生长且减弱了抑制孢子基因表达因子的作用，于是一个控制孢子形成的基因表达程序就会在很大程度上替代控制营养生长的基因表达程序。在基因表达程序控制方面，转录因子（又称 σ 因子）发挥着极其重要的作用。当转录因子结合到核心 RNA 聚合酶上，后者便从 DNA 特定的启动子处开始转录。一个转录因子启动某个基因转录后会为下一个转录因子启动其他基因转录提供识别位点，由此控制着基因随时间和空间次序而表达。

表 12-5　枯草芽孢杆菌中孢子形成的部分基因及其功能

阶　段	基因的名称	功　能	阶　段	基因的名称	功　能
Ⅰ	*citC*	异柠檬酸脱氢酶		*spoOH*	编码 σ^H
Ⅱ ⅰ	*spoOA*	调节因子蛋白；经磷酸化系统启动孢子的形成过程	Ⅱ ⅱ	*spoⅡG*	Pro-σ^E 并且激活蛋白酶
				spoⅡB spoⅤG	前孢子内吞作用；隔膜形成
	spoOK	调节磷酸化接力系统	Ⅱ ⅲ	*spoⅡD*	隔膜肽聚糖的水解

续表

阶段	基因的名称	功能	阶段	基因的名称	功能
	spoⅡA（*P*）	pro-σ^E 的加工		*spoⅣB*	σ^K 的产生；信号肽
Ⅲ	*spoⅡIA*	前孢子的内吞作用		*spoⅥF*（*spoⅢF*）	pro-σ^K 的加工
	spoⅡIE	控制 σ^F 的表达		*spoⅤB spoⅤD spoⅤE*	皮层合成
	spoⅡiJ（*kinA*）	组氨酸蛋白激酶；激活 SpoOF	Ⅳ	*cotA*～*D cotT*	孢子衣合成
	spoⅢD	控制依赖于 σ^E 的基因		*gerE*	萌发
	spoⅢG	σ^G 的结构基因			

转录因子 SpoOA 出现在芽孢杆菌的稳定期。在 SpoOA 的 N 端含有一个天冬氨酸残基，通过该氨基酸的磷酸化使其显现活性。SpoOA 蛋白的磷酸化需要经过一个磷酸化系统，这个系统包括组氨酸蛋白激酶（KinA、KinB 和 KinC）、SpoOF、SpoOB 和 SpoOA 多个成员（图 12-12）。当细胞处于饥饿状态时，ATP 首先磷酸化组氨酸蛋白激酶，然后依次传递磷酸基，直至 SpoOA。当 SpoOA～P 形成后，即可阻遏稳定期的许多其他基因转录而启动孢子形成早期基因（如 *spoⅡA*、*spoⅡE* 和 *spoⅡG*）的表达，进而促进轴丝和不对称隔膜形成。不对称隔膜的形成与 FtsZ 环的形成位置有关。

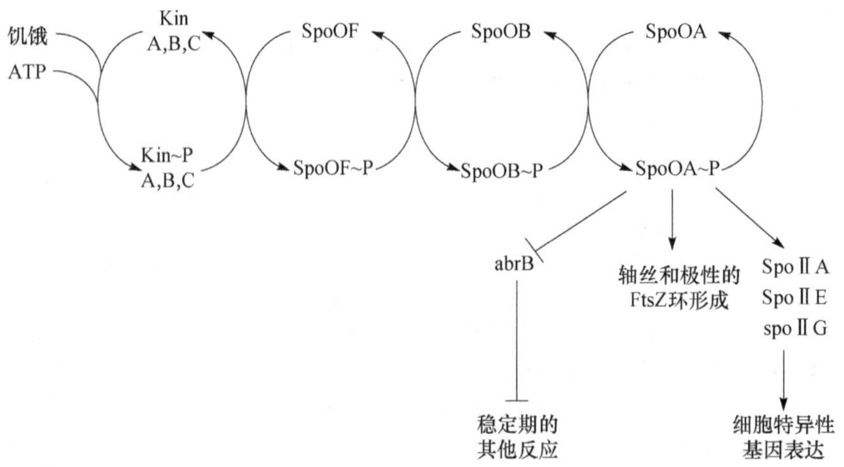

图 12-12　通过磷酸化系统产生 SpoOA～P（Burkholder et al.，2000）

感应激酶 KinA、KinB 和 KinC 在组氨酸残基上进行磷酸化，磷酸基团依次被转移到 SpoOF、SpoOB、SpoOA 上。低水平的 SpoOA～P 阻遏 *abrB* 的转录，而使受到 AbrB 负调节的许多稳定期反应途径的基因去阻遏而表达。高水平的 SpoOA～P 刺激轴丝的形成，不对称隔膜的形成及细胞型特异性基因表达所需基因（如 *spoⅡA*、*spoⅡE* 和 *spoⅡG*）的转录

枯草芽孢杆菌中的 *ftsA*（起初被定名为 *spoⅡG* 或 *spoⅡN*）和 *ftsZ* 基因是营养细胞形成隔膜和孢子生成形成不对称隔膜都需要的。枯草芽孢杆菌中的 *ftsA* 和 *ftsZ* 基因组成一个简单的操纵子。在营养生长期，它从 *ftsA* 上游的启动子序列处开始表达。在孢子形成期，*ftsA* 和 *ftsZ* 二者都是从另一个启动子 P_2（*ftsAp2*）处进行转录。从 P_2 处的转录依赖于转录因子 σ^H 参与的 RNA 聚合酶，在启动子 P_2 中央插入一个 *cat* 盒（*cat* cassette），并不会影响营养生长但会阻止孢子形成。一个双功能蛋白 SpoⅡE 与 FtsZ 互作，开启了依赖 SpoOA 的 FtsZ 环定位转换系统，使 FtsZ 环从细胞中央改变到极部。

两个染色体分离（partition）蛋白，Soj（又称 ParA）和 SpoOJ（又称 ParB），也参与芽孢形成的启动调节。Soj 与 SpoOA 的启动子接合而负向调节 *spoOA* 的转录，通过降低 SpoOA 的水平而影响依赖于 SpoOA～P 的基因表达。与之相反，SpoOJ 正向调节 SpoOA，SpoOJ 可以使一株 *spoOJ* 无效突变体恢复 SpoOA 水平而表达孢子形成的早期基因。

与大肠杆菌 *minC*、*minD* 相类似的基因也在枯草芽孢杆菌中被发现，它们位于 *divI*、*divV*、*divB* 基因座的最后两个开放可读框。MinC 和 MinD 蛋白在不对称隔膜的形成中发挥着作用。

此外，这个时期的细胞还进行有别于营养生长期的 DNA 复制。不对称隔膜的形成靠近 DNA 复制起点，因此在前孢子区仅包含了 30％的染色体。在不对称隔膜形成后，一个完整的染色体拷贝是通过 SpoⅢE 参与的主动运输机制从母细胞转入前孢子的。枯草芽孢杆菌的 SpoⅢE 蛋白是一个依赖于 DNA 的 ATP 酶，它能利用 ATP 沿着 DNA 移动。SpoⅢE 的氨基末端定位在不对称隔膜上，因此它就像一个 DNA 泵，将复制好的一套染色体拷贝转入前孢子，而另一套染色体拷贝则留在母细胞中。

2. 从Ⅱ阶段向Ⅲ阶段的转换

在前孢子和母细胞不同分隔区（compartment）内分别启动前孢子和母细胞基因表达程序是孢子形成的关键，既决定了前孢子与母细胞不同的发育方向，又保证了二者代谢的协调配合。两个孢子形成的特异性转录因子，前孢子中的 σ^F 和母细胞中 σ^E，分别启动上述两个分隔区不同的基因表达程序。

σ^E 早在孢子形成启动期就已经合成，但仅以无活性的前 σ^E 蛋白（pro-σ^E）存在；而 σ^F 则产生在前孢子区，却与抑制子 SpoⅡAB 结合呈无活性状态。只有当不对称隔膜完成之后，σ^E、σ^F 才分别在母细胞、前孢子中被激活。在母细胞中，SpoⅡR 蛋白激活蛋白酶 SpoⅡGA，SpoⅡGA 切去前 σ^E 蛋白氨基末端的 27 个氨基酸，σ^E 呈现活性。但是因为解除 SpoⅡAB 对 σ^F 的抑制需要 SpoⅡAA 代替 σ^F 结合到 SpoⅡAB 上，而 SpoⅡAA 因被磷酸化不显现活性，所以在母细胞中 σ^F 不能被活化。在前孢子中，未发现活性 SpoⅡR 蛋白而发现活性 SpoⅡE 蛋白，SpoⅡE 是一个膜结合的磷酸酯酶，它可使 SpoⅡAA～P 去磷酸化而被激活，进而 SpoⅡAA 解除了 SpoⅡAB 对 σ^F 的抑制。因为 SpoⅡE 仅结合于隔膜的前孢子一侧，所以 σ^F 的激活仅发生在前孢子中。随着孢子形成过程的继续，转录因子 σ^K 在母细胞中被激活，而 σ^G 在前孢子中被激活。

在母细胞区和前孢子区的基因表达不久后，它们之间的隔膜便开始向包围前孢子的方向推移，直到其前沿相遇并且融合，便将前孢子释放到母细胞的细胞质中（图 12-11），这一过程称为前孢子内吞。内吞后的前孢子被称作前芽孢。与前孢子相比，前芽孢的表面结构发生了变化，由两层膜包围，其中一层是它自己原来的细胞质膜，另一层是在内吞过程中由母细胞膜衍生出的膜。芽孢的皮层正是在这两层膜之间被合成的，而多层的孢子衣则是围绕着前芽孢在母细胞中装配的。人们认为隔膜之间肽聚糖变薄或者完全失去使得母细胞膜包围前孢子成为可能并最终将其内吞。若干种基因产物（SpoⅡM，SpoⅡP，SpoⅡD，SpoⅡB 和 SpoVG）已经被证明参与了内吞过程。一株 SpoⅡB 突变体的隔膜肽聚糖在隔膜形成过程中不能迅速被降解，虽然内吞作用最后完成，但是这个过程进展得相当缓慢。这些观察表明，SpoⅡB 促进隔膜肽聚糖的快速降解，从空间上调控前芽孢的形成。依赖于 σ^E 的 *spoⅡD* 基因的突变会造成形态发育在Ⅱⅱ阶段被阻断。在Ⅱⅲ阶段时，隔膜的边缘开始移向细胞的极端，并在极端相遇且融合，完成前孢子在母细胞质内的内吞过程。这一步骤会被 *spoⅡAC*（*P*）的突变所阻断，表明内吞作用的完成需要一个依赖于 σ^F 的基因表达。

3. 前芽孢发育

前芽孢发育转录水平的调节控制，既涉及前芽孢中的 σ^G 调节因子，又关系到母细胞中的 σ^K 调节因子。就是说，母细胞和前芽孢之间必然存在一种特定的信息交流，将前芽孢中 σ^G 与母细胞中 σ^K 控制下的基因表达程序彼此偶联起来。在前芽孢发育阶段，至少有 3 组依赖于 σ^G 的基因发挥着巨大作用，它们包括编码孢子核心部分内小型酸溶性蛋白（SASPs）的 *ssp* 基因、编码孢子形成特异性青霉素结合蛋白（PBPs）的基因和萌发（*ger*）基因。

研究发现，母细胞中和前芽孢中的拟核结构存在着显著差别。母细胞中的拟核始终保持着营养细胞拟核的松散和树叶状结构，而前芽孢中的拟核在开始时就很致密，然后呈现为类似环状的结构。前芽孢拟核的环状结构是因为合成了一组称之为 α/β 型 SASPs 的前芽孢特异性 DNA 结合蛋白所致。这些蛋白充满了前芽孢的染色体，之后也充满了处于休眠状态的孢子染色体。一株缺少大多数 α/β 型 SASPs 的枯草芽孢杆菌菌株（称作 $\alpha^-\beta^-$ 型菌株）在孢子形成方面表现出和野生型菌株的许多不同，包括前芽孢中 DPA 积累的延迟、前芽孢特异性基因的过量表达，以及至少有一种在孢子形成后期被激活的母细胞特异性基因表达的推迟。这些 α/β 型 SASPs 蛋白不仅影响孢子形成和孢子萌芽的基因表达，还会影响 DNA 的理化性质。结合了 α/β 型 SASPs 蛋白的 DNA 表现出对许多化学试剂的抗性增强及对湿热和诱变剂的反应迟钝。任何缺失 α/β 型 SASPs 蛋白的孢子都会比野生型孢子更容易受到上述理化因子的损伤。

4. 孢子形成的最后阶段

孢子形成的最后几个阶段受母细胞中的转录因子 σ^K 所控制，而 σ^K 因子本身既受蛋白表达的时空控制又受蛋白加工的活性调节。σ^K 因子的表达只出现在前芽孢被释放到母细胞中之后，这一时序表达控制可能与母细胞中由 *spoⅣCA* 编码的特异性重组酶有关。σ^K 合成后仅是一个无活性的前体蛋白（pro-σ^K），只有通过蛋白水解作用来加工成为 σ^K 才呈现活性。σ^K 参与皮层形成、孢子衣形成、孢子成熟与释放过程的有关基因的表达。

1）孢子皮层的合成

细菌芽孢的肽聚糖皮层是保持孢子核心部分脱水、抗热和休眠状态所需要的。孢子皮层的肽聚糖在结构上与营养细胞肽聚糖的不同之处在于许多肽结构侧链被部分或全部去除，只留下单个 L-丙氨酸或被完全去除而成为胞壁酸-δ-内酰胺（muramic-δ-lactam）结构。侧链的减少使得孢子皮层中肽聚糖链的交联度十分低下。孢子皮层的合成涉及若干基因的活性，*spo VD* 和 *spo VE* 基因在基因图上处于染色体上含有一簇细胞壁合成和细胞分裂基因的区域内。SpoVD 和 SpoVE 蛋白在氨基酸的序列上与大肠杆菌中的 PbpB（FtsI）和 FtsW 蛋白同源。*spoVD* 基因是孢子形成的特异性基因，其产物参与交联肽的合成，预示它的作用可能在于产生独特的孢子肽聚糖。一个依赖于 σ^E 的启动子存在于 *spoVE* 的上游，使其在孢子形成过程中得以表达，其产物与 FtsW 相似，表明了它也在肽聚糖的合成中起作用。一些其他基因，包括 *spoVB*（*spoⅢF*）、*spoVG*、*gerJ* 和 *gerM*，也参与了皮层的合成，但是它们的作用还不太明确。青霉素结合蛋白 PBP2B 和 PBP3 在孢子形成过程中会增高，

它们的基因位于 *spoVD* 的上游，表示 PBP2B 的基因可能与大肠杆菌的 *pbpB* 基因在功能上相似并且表明它在隔膜形成中起作用。一个枯草芽孢杆菌 *dacB* 突变株，缺失孢子形成专一性的 D,D-羧肽酶青霉素结合蛋白 PBP5，它较野生型菌株在孢子肽聚糖交联度上明显增高，但是孢子衣的脱水程度显示为正常。一个 *cwlD* 突变株，它所产生的孢子肽聚糖没有胞壁酸-δ-内酰胺结构而在交联度上显示有两倍的增高，但是却有接近正常水平的孢子核心部分的脱水程度和正常的孢子抗热性。一个 *cwlD*、*dacB* 双突变株产生交联度增高的孢子肽聚糖，但是与野生菌株相比较其孢子核心部分的含水程度并没有显著的变化。由此可见，孢子皮层肽聚糖交联度变化并非为核心部分的脱水作用所需要。

2）孢子衣蛋白的合成

多层的孢子衣是由 20 种以上多肽外加 1 种不溶性蛋白所组成，孢子衣对于抵抗机械压力、溶菌酶降解等多种环境因素具有重要作用。孢子衣的形成涉及 20 种以上孢子衣蛋白的有序组装和交联。至少有 7 种编码孢子衣蛋白的基因（从 *cotA* 到 *cotF* 及 *cotT*）被鉴定。已研究过的大多数 *cot* 基因依赖于 σ^K 的启动子，然而它们在表达时间上有相当大的差异。CotE 的基因有一个依赖于 σ^E 的启动子，这使它能够较早表达，但是它也有一个依赖于 σ^K 的启动子，使它在 σ^K 出现以后可以继续表达。CotA、CotB 和 CotC 蛋白与外层孢子衣蛋白的形成有关；CotD、CotE 和 CotT 参与内层孢子衣蛋白的形成。*cotE* 的突变会使 *cotA*、*cotB* 和 *cotC* 所编码的蛋白发生缺失，表明 CotE 沉积在内层孢子衣的外表面上，它为其他蛋白的装配起到基础蛋白的作用。

在 *spoⅣA* 座位上发生的突变会完全破坏皮层的合成，并干扰孢子衣的合成和装配。*spoⅣA* 突变体的表型特征提示，SpoⅣA 蛋白在孢子外层形态发育早期阶段起作用。在缺乏 SpoⅣA 的条件下，皮层几乎完全不能合成，且孢子衣蛋白呈纷乱状态积累在母细胞的细胞质中，而不积累在前芽孢的外膜表面。孢子衣和皮层合成的双重缺陷能够解释孢子衣的沉积基于皮层合成的完成之后，而 SpoIVA 又为皮层合成所必需。枯草芽孢杆菌基因组测序结果揭示了枯草芽孢杆菌染色体上 *dnaA* 和 *abrB* 之间有 6 个开放可读框，即 *yabD*、*yabE*、*yabF*、*yabG*、*yabH* 和 *yabJ*。σ^KRNA 聚合酶在孢子形成期间转录 *yabG* 基因，而该基因突变株的孢子衣蛋白的组成出现改变。在孢子衣组装的早期，YrbA（也称 SafA，意指 SpoⅥD-连接因子- A）与 SpoⅥD 相连形成一个复合物。YrbA 是赋予孢子以溶菌酶抗性的数种孢子衣蛋白中的一种，它在萌发作用中也可能起作用。

芽孢杆菌属和梭状芽孢杆菌属的孢子内含有多达干重 10% 的 DPA。该化合物是孢子形成后期阶段中在母细胞分室内合成的，但只积累在发育的前芽孢中。大部分 DPA 处在孢子的核心部分，并与 Ca^{2+} 及其他离子螯合。DPA 只在芽孢杆菌属和梭状芽孢杆菌属的休眠孢子中被发现。含有双突变 Δ*ger3spoVF* 的一株枯草芽孢杆菌的孢子，缺少一个主要的萌发剂受体，也不能合成 DPA。没有 DPA 的孢子在电镜观察中有着正常的皮层和多层孢子衣，但是它们的核心部分看来要比含 DPA 的孢子含水量较多。分析野生型、Δ*ger3* 型和 Δ*ger3spoVF* 型菌株所产生的孢子对各种不同因素的抗性结果表明：①DPA 和核心区的水分含量对孢子抵抗干热、干燥和戊二醛并无作用；②核心区含水量增高与孢子对湿热、过氧化氢、甲醛和含碘消毒剂的抗逆性降低有关；③DPA 的缺失会增加孢子对 UV 辐射的抗性；④野生型孢子比 Δ*ger3* 孢子对戊二醛的抵抗力更强。

孢子形成的最后步骤是母细胞裂解和释放成熟孢子（图 12-11）。如果条件适宜，孢子便能活化、萌发和长出，转变为营养细胞。

2.2 链霉菌的分生孢子

链霉菌属是一类革兰氏阳性丝状细菌。在自然条件下，链霉菌栖生于土壤之中，以其复杂的形态和生理适应性旺盛生长，成为土壤生态系统的重要成员之一。链霉菌虽为原核生物，却有着不同于裂殖细菌而相似于丝状真菌的菌体形态和生活周期。

2.2.1 生活周期及分化发育过程

天蓝色链霉菌是链霉菌分化发育研究的模式菌株，其生活周期及分化发育过程可见图 12-13。

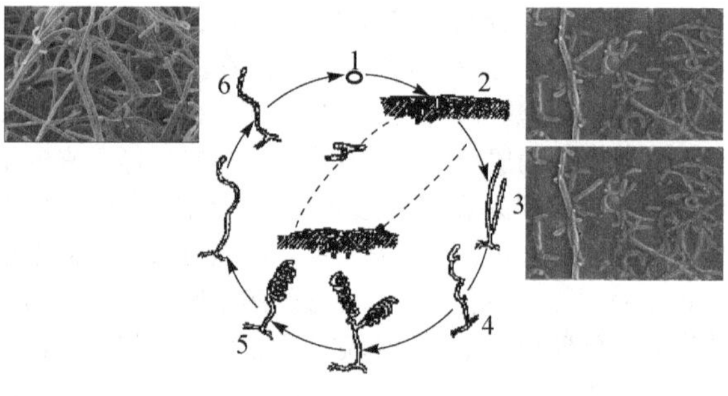

图 12-13 天蓝色链霉菌的生活史及孢子形成过程
1：孢子；2：基质菌丝；3：气生菌丝；4：孢子丝形成；5：孢子化横隔膜形成；6：孢子成熟

1. 分生孢子萌发

链霉菌的分生孢子，其大小与细菌的芽孢基本相同。它们具有一个低含水量的原生质体，原生质体内含有单拷贝的核质和占孢子质量 15%～18%的海藻二糖，但不含 DPA。原生质体的外面是一层加厚的孢子壁，其厚度为 40～50nm，孢子的外表面呈疏水性和形态上的多样性。在电子显微镜下可以看到，孢子的表面或光滑，或皱折，或突起，有些甚至具有刺突或毛状的附属结构。一些种类的孢子是无色的，但另一些种类的孢子还含有一定的色素，使孢子呈现特征性颜色。链霉菌的分生孢子具有一定的抗性，但抗性远不如细菌的芽孢。它们抗干燥，但抗热性能较差。

遇到适宜的环境条件，分生孢子即开始萌发。在自然条件下，链霉菌分生孢子的萌发有一个较长的活化期。在实验室中，为了缩短孢子萌发的活化期和促使它们同步萌发，常用化学试剂或加热 60℃处理 1min 诱发其活化。活化之后的孢子很快吸水膨胀，并失去折光性。在这个时期，孢子内的某些蛋白质被迅速分解利用，大分子物质的合成相继开始。在活化后的 3～5min，RNA 和蛋白质合成开始，然而 DNA 的合成较晚，大约出现在活化后的 120min。孢子在萌发时可以长出 1～2 个萌发管。萌发管伸长并沿培养基的表面和内层生长，逐步发育为基质菌丝（substrate mycelium）。

2. 基质菌丝生长

基质菌丝无隔、多核、靠顶端生长，顶端生长的区域一般只限于距菌丝顶端 20μm 之内，其生长速率为 11μm/h 左右。在生长区内，可看到核体（nuclear bodies）的分裂和许多细小颗粒物质的存在。菌丝分支的形成通常发生在距菌丝顶端 30～110μm 处的较老菌丝部分，在分支出现的区域也可看到核体的分裂现象。菌丝的顶端生长和多方向分支，使基质菌丝会逐渐形成一定大小的光秃菌落（bald colony）。链霉菌的基质菌丝，初生时一般没有横隔，但发育到一定程度的老菌丝可以形成横隔。这些横隔的中心通常都具有小孔通道，小孔的生理功能与物质运输有关。在 30℃条件下的固体培养基上，天蓝色链霉菌经大约 48h 的基质菌丝生长，光秃菌落直径达到 1mm 左右。再继续培养，光秃菌落就会转变为白毛状菌落（white colony），开始了气生菌丝（aerial mycelium）的生长与发育。

3. 气生菌丝生长发育

气生菌丝的形成总是从菌落的中心开始，逐渐向外扩展，常常伴随着相应部位的基质菌丝的溶解。这种现象不仅说明了气生菌丝生长的营养来源，而且也意味着气生菌丝在利用这些现成的营养物质时，不需要某些生物合成途径，只要求具备某种特殊的营养运输机制。

链霉菌气生菌丝的形成起源于基质菌丝的分支点，也呈顶端生长。气生菌丝的形态也呈分支状，但其分支要比基质菌丝少得多，并且较基质菌丝更平直一些。气生菌丝的直径与最粗的基质菌丝相同或稍粗于一般的基质菌丝。新生的气生菌丝没有横隔，而较老的气生菌丝有横隔形成。与基质菌丝相比，最大的区别是气生菌丝的细胞壁外面包裹着一层疏水性的纤维蛋白。这一纤维蛋白层是气生菌丝离开气-液界面时产生并携带的，其主要生理功能在于防止气生菌丝内水分的蒸发，有助于气生菌丝抵御干燥环境。

在基质菌丝分化产生气生菌丝的同时，基质菌丝还会进行生理功能的分化，形成大量的次级代谢产物。这些次级代谢产物包括色素和抗生素等。色素可使菌落呈现各种美丽的颜色，而抗生素则可防止一些游动细菌侵染菌落，以保护气生菌丝生长与孢子发育。

4. 分生孢子形成

由气生菌丝形成孢子的过程大致可以分为孢子丝形成、横隔形成、新生孢子形成和孢子壁加厚 4 个阶段。

当气生菌丝发育到一定阶段之后，处于气生菌丝顶端的细胞便开始分化，形成有别于气生菌丝细胞形态的孢子丝。链霉菌孢子丝的形态依物种不同而异，有波浪形、螺旋形和直形等多种形态。它们在气生菌丝上的着生方式分别为侧生、对生和轮生。对于同一种链霉菌来说，孢子丝的形态和着生方式是固定不变的，是一种稳定的遗传性状，因此常作为链霉菌分类的依据。孢子丝形成不久，在孢子丝内的特定部位就开始同步形成“孢子化横隔”（sporulation septa）。所谓孢子化横隔是指这些横隔不同于基质菌丝和气生菌丝的横隔，最主要的区别是孢子化横隔中心没有小孔通道。这些横隔把孢子丝分成多个大小相等的区段。每个区段一般只含有一个基因组的 DNA 拷贝。根据电镜观察的结果，Hardisson 和 Manzanal 认为链霉菌孢子化横隔的形成方式有 3 种基本类型。第一种类型，横隔形成起源于两个分离的横隔环（annali）。这两个横隔环均向轴心伸长，推动着细胞膜向菌丝轴心内陷。当内陷的膜在菌丝轴心会合并形成双层膜后，两个横隔环也在菌丝轴心会合，并形成封闭的双层横隔壁。第二种类型，首先在特定部位的菌丝壁内表面累积一圈电子致密物质，同时该部位的细胞膜伴随着电子致密物质的累积而向轴心内陷。然后，在电子致密物上形成两个分离的横隔环。横隔环推动着细胞膜向心伸长，最后会合并形成双层封闭横隔。第三种类型是始终不生成分离的横隔环，而只是不断累积电子致密物并推动细胞膜向轴心内陷，最后在菌丝轴心会合。于是形成厚厚的单层横隔。无论上述哪种类型的横隔形成，都可以看到间体（mesosome）附着在内陷的质膜上。

一旦形成孢子化横隔，横隔中层就开始自溶，于是孢子丝就形成多个彼此分离的圆柱形新生孢子。接着圆柱形新生孢子内缩，转变为椭圆形的孢子。椭圆形孢子继续合成孢子壁物质，使孢子壁加厚到 40～50nm，单倍体孢子完全成熟。此时，菌落会因孢子的颜色而呈现各种颜色，分生孢子的产生意味着一个生活周期的结束。

2.2.2　链霉菌分化的遗传学调控

与芽孢杆菌相比，链霉菌的分化发育有许多不同，其中最大的区别是启动分化过程之后，芽孢杆菌就不再进行生长与分裂，而链霉菌的生长与分裂则要延续到孢子形成之前。这表明二者的分化存在着不同的发育调节系统与调控机制。

1. 分化基因

经过对链霉菌突变株基因分析，已发现了多个与分化发育有关的基因，汇总在表 12-6 中。依其在分化发育过程中的表型，可将这些基因分为两大组，即 *bld*（bald，光秃菌落）基因和 *whi*（white，长有气生菌丝的菌落）基因。*bld* 基因与气生菌丝竖起（erection）及气生生长有关，而 *whi* 基因为分生孢子的成熟所需。此外，尚有一些其他基因也在分化发育过程中发挥着重要作用，见表 12-7。

表 12-6 通过天蓝色链霉菌突变株分析发现的基因

基因座位	基因产物	基因座位	基因产物
bldA	有关 UUA 密码子的亮氨酸 tRNA	*whiA*	不清楚，存在于革兰氏阳性细菌中
bldB	含有可能形成同型二聚体的 α 螺旋-折叠-α 螺旋基元的 DNA 结合蛋白	*whiB*	可能是小 DNA 结合蛋白
bldC	推测的 MerR 簇转录激活因子	*whiG*	σ 因子（*E. coli* 中 σFliA 的同类物）
bldD	结合到 *whiG*，*bldN* 和 *sigH* 启动子上的小 DNA 结合蛋白	*whiH*	调节蛋白（类似 GntR）
bldG	推测的抗抗 σ 因子	*whiI*	异常应答调节子
bldH	含有 TTA 密码子的 AdpA 同类物	*whiJ*	小蛋白（放线菌中较为少见）
bldI，*bldJ*，*bldL*	不清楚	*whiD*	类似 WhiB
bldK	导入由 *bldJ* 位点编码（间接）的 655Da 信号肽的寡肽透酶	*whiE*	多肽类孢子色素合成酶
bldM	应答调节子；可能在发育早期和后期阶段呈现活性	*whiF*	*whiG* 的等位基因
bldN	胞外功能 σ 因子；识别 *bldM* 启动子区；可能在发育早期和后期阶段呈现活性	*whiL*，*whiM*，*whiO*	不清楚
		whiK（=*bldM*）	类应答调节子
		whiN（=*bldN*）	ECFσ 因子

表 12-7 影响天蓝色链霉菌发育的其他基因

基　因	功　能	剔除突变株表型（或多拷贝）
citA	柠檬酸合成酶	Bald，使培养基酸化而不形成气生菌丝
acoA	乌头酸酶	Bald，使培养液部分酸化
cya	AMP 环化酶	Bald，使培养基酸化而不形成气生菌丝
obg	GTP-结合蛋白	突变株致命因子（多拷贝抑制气生生长）
relA	（p）ppGpp 合成酶	气生生长延迟（超表达促进气生生长）Bald
clpP1	ATP 依赖蛋白酶的催化亚基	延缓和减少气生菌丝（多拷贝产生白孢子表型）
amfC	不清楚	White（超表达引起过度横隔化）
ssgA	不清楚	White
scrX	不清楚	‘条件 bald’双突变株
prsH，*sigH*	涉及对热和乙醇应答的抗 σ 和 σ 因子	*rsrA* 白突变株，受 *sigR* 突变株抑制
sigR，*rsrA*	涉及对氧压应答的 ECFσ 因子和抗 σ	bald 突变株，受 *sigU* 突变株抑制
sigU，*rsrU*	*rsuA* 胞外因子 σ 因子和抗 σ，作用未知	孢子化横隔和营养体横隔高度缺陷型，难以生长
ftsQ，*ftsZ*	细胞分裂蛋白	*ftsZ2p* 白色突变株，孢子化缺失，营养生长正常
ftsZ2p	孢子化特异 ftsZ 启动子	Bald，突变株对渗透压超敏感
catB	过氧化氢酶	Bald，抗 ADP 核糖基转移酶抑制子
brgA	未知	控制 *catB* 表达的
sigB	RNA 聚合酶 σ 因子（sB）	缺失时发育结构受到影响
chpA～*chpH*	编码 chaplin 簇蛋白的基因	
rsuA	抗 σ 因子	延迟或减少气生生长
amfC	不清楚	
ramSABR	RamS，小蛋白；RamAB，ABC 运输蛋白；RamR，应答调节子	*ramR*，*ramABR* 突变株延迟了气生生长（多拷贝抑制 *S. lividans* 依赖于铜离子的孢子化）

2. 调控模式

在链霉菌分化发育的研究中，人们发现线形的调节模式难以解释链霉菌复杂的分化现象。链霉菌在营养生长、气生生长和孢子形成过程中存在着不同水平与不同时空的调节控制方式，因此在几年前就提出了链霉菌分化的调节级联网（regulatory cascade）模式。这一模式认为，级联网使该菌能够整合各种因子，包括营养与环境因子、能量平衡因子、遗传调节因子，构成一张庞大的信息网。在这一网络中存在着一些检查点（checkpoint），这些检查点接收信号，作出应答，协调各条支路途径。于是，级联网就像一台精密机器一样，依环境、时空变化而有效地调节着链霉菌的生活周期与分化过程。这一假设得到了基因突变实验结果的支持，利用已发现的突变株表型可勾勒出一幅级联网的调节分化发育图，见图 12-14。

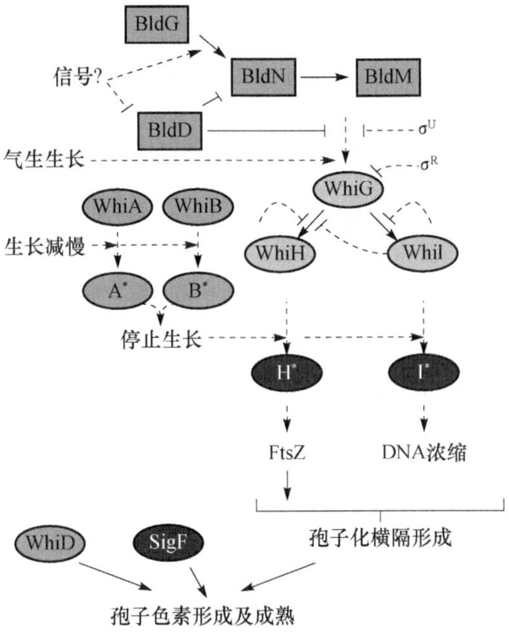

图 12-14　天蓝色链霉菌分化级联网和检查点（Chater et al.，2001）

在基质菌丝营养生长时，BldD 抑制 BldN（σ 因子）表达。启动气生生长时，BldG（抗 σ 因子）调节 BldN 表达，BldN 调节 BldM（气生生长应答调节子）表达，BldM 调节 WhiG（σ 因子）表达，WhiG 又调节 WhiH 和 WhiI 表达。此外，气生菌丝还含有 WhiA 和 WhiB 蛋白，当其感知气生生长时被转变为修饰形态（A* 和 B*），从而有序地停止基质菌丝生长。基质菌丝生长停止会诱发一些信号使 WhiH 和 WhiI 结构改变而形成 H* 和 I*，于是激活了孢子化横隔形成过程。在后期孢子化调节子（如 WhiD 和 SigF）的作用下形成成熟孢子。在图中调节步骤被粗线（证据充分的用实线，不够充分的用虚线）指出，而假设的检查点被轻虚线指出

图中“信号?”表示信号物质未确定

3. 生长与分化调控

在基质菌丝生长期，菌丝在固体培养基表面和内部生长，通常不会离开水相向空中生长。近来发现 *bldD* 编码着几个发育基因的抑制子。BldD 抑制子是一个小的 DNA 结合蛋白。它既是自身抑制子，也抑制 *bldN* 和 *whiG* 两个基因的表达，二者编码启动发育过程重要的 σ 因子。此外，编码乙醇和热应答 σ 因子的 *sigHp2* 基因对 BldD 也很敏感。由于 BldD 的抑制，*bldN* 和 *sigHp2* 在气生生长开始之前很少表达。而在 *bldD* 突变株中，*sigHp2* 基因在幼嫩的营养菌丝中被大量表达。由此可见 BldD 阻止了发育专性基因在营养生长期的表达，控制着基质菌丝的正常生长。当 BldD 对 *bldN* 的抑制作用被解除时，含有 σ^{BldN} 的 RNA 聚合酶转录 *bldM* 基因，表达 BldM 蛋白（气生生长应答调节子，属 FixJ 亚簇），启动了气生生长过程。

近来发现，气生菌丝的形成还与细胞间的信息传递有关，缺乏气生菌丝的天蓝色链霉菌 *bld* 突变株可在野生型或其他特定 *bld* 突变株菌落旁边形成气生菌丝，这种现象称为胞外互补。已经证实，天蓝色链霉菌突变株与生长在附近的野生株胞外互补是由于小分子疏水蛋白 SapB 从野生型菌落扩散到突变株。SapB 具有将水的表面张力从 72mJ/m² 降低到 32mJ/m² 的能力。除了 *bldM* 和 *bldN* 之外，所有的 *bld* 突变株都不能产生并分泌 SapB 表面活性肽。当纯化的 SapB 被外加到任何 *bld* 突变株培养物上时，菌丝便开始从基质中浮现出来。还观察到，当天蓝色链霉菌某些配对的 *bld* 突变株彼此临近生长时，拯救了被称之为受体菌株的光秃表型。最后，两个菌株都恢复了形成气生菌丝的能力。因此，可以认为通过“bld-bld”胞外互补填补了级联网的检查点。这一观点认为每个 *bld* 基因被直接或间接地牵涉到气生菌丝的形成过程之中，感知或应答不同的信号分子。每个信号诱导产生下一个信号，导致气生菌丝生长。

气生菌丝脱离了水环境，它们就立即被一个称为棒层（rodlet layer）的薄纤维层所覆盖。棒的直径为 8～12nm，长度为 450nm 左右，在棒层中平行排列。链霉菌的棒层与丝状真菌气生菌丝表面的相应结构类似。丝状真菌的棒层呈现出高度的疏水性，故该蛋白被称为疏水素（hydrophobins）。用 SDS 处理，经三氟乙酸萃取获得了天蓝色链霉菌的两种类似蛋白混合物，称为棒素（rodlins）RdlA 和 RdlB。像真菌疏水素那样，棒素处于气生菌丝和孢子的外表面，形成了一个高度疏水层。研究结果表明，棒素基因的表达在气生菌丝而非孢子中。剔除一个或两个 *rdl* 基因的菌株虽不影响气生菌丝和孢子的疏水性，但它们的棒层变得杂乱无章。尽管 *rdl* 突变株的气生菌丝和孢子表面缺乏棒层，但它们仍被 4～6nm 的纤维所覆盖。类似的纤维在野生型菌株的细胞壁提取物中也被发现。这些纤维的分析结果表明，存在着 5 种淀粉样蛋白，被称为 chaplins ChpD-H（天蓝色链霉菌气生疏水蛋白）。它们的基因表达依赖 *bldN* 编码的胞外 σ 因子。ChpD-H（±5kDa）的分子质量与天蓝色链霉菌基因组序列的 5 个高度同源开放可读框推算的分子质量相符合。另外，还发现另外 3 个更大的形似物（paralog），被称为 ChpA-C（16.5～19.9kDa）。短小的 ChpD-H 有一个 chaplin 区，而长的 ChpA-C 有两个 chaplins 区。这个疏水的 chaplin 区含有 60%～65% 疏水残基。推测 ChpA-C 被固定在细胞壁上，与转肽酶（sortases）专性序列识别有关。在识别过程中，这些转肽酶裂解 chaplins 蛋白并将其连接到气生生长中的肽聚糖层。由于 chaplins 蛋白被锚定在细胞壁上，这就解释了为什么在滤去了细胞壁的三氟乙酸提取液中检测不到 ChpA-C。逐级剔除 *chp* 基因会渐进地影响气生菌丝的形成。剔除了 5 个 chaplins（*chpA*、*chpB*、*chpC*、 *chpD*、*chpH*）基因会引起气生菌丝形态发生延时。当全部 8 个 chaplins 基因都缺失时，气生菌丝的形成几乎完全被停滞。与大多数 *bld* 突变株不同，敲除 chaplin（*dchp*）的菌株表型与营养成分无关。不管培养基成分如何，*dchp* 菌株都不能生长到空中。由 *dchp* 菌株产生的少数气生菌丝是亲水型的，并且常常聚集成束倾倒在基质菌丝之上。这就表明 chaplin 有利于增强气生菌丝强度，保持气生菌丝的彼此分离和提供表面疏水性。有趣的是，由 *dchp* 突变株形成的气生菌丝仍保留着发育成孢子的能力。然而，这些孢子不仅缺乏 chaplin 纤维，而且缺乏棒层。根据电镜成像和其他资料提示，棒素由 4 种 chaplin 纤维组成。它们成对排列成棒纤维并进入棒层。迄今，尚不清楚为什么 chaplin 必须以棒素形式进入棒层。可能是这种结构会增加对蛋白酶的抗性，或有利于孢子随风及昆虫传播。

链霉菌形成气生菌丝涉及一个复杂的发育过程，在胞内和环境信号作用于气生菌丝形成的过程中，许多信号的功能可能处于发育的节点，但 *bld* 处于级联网的中心位置。在 *bld* 基因的作用下，*ram* 簇被激活，后者编码 SapB 的前体、转录后修饰酶及与分泌机制有关的蛋白质。级联网也诱导 *chpE* 和 *chpH* 基因，后者也编码表面活性蛋白。SapB 和 chaplin 在气生菌丝的启动上起作用，二者能够降低菌落界面上水的表面张力。

一个重要的 *whi* 基因产物 σ^{WhiG}，专门启动气生菌丝通向孢子形成的发育程序（图 12-15）。早在气生菌丝产生之前 *whiG* 已被转录。目前已经确定 *whiG* 是 *bld* 和 *whi* 基因之间的第一道调节线。一旦 σ^{WhiG} 活化，σ^{WhiG} RNA 聚合酶就转录孢子形成的两个调节基因，*whiH* 和 *whiI*。WhiH 和 WhiI 都属自调节子，一个 *whiH* 突变株超表达 WhiH，一个 *whiI* 突变株超表达 WhiI。自调节使得孢子发育初期两个基因呈现低活性，但在孢子化横隔被启动后二者的活性急剧增加。这表明横隔形成时其自抑制被解除。WhiH 和 WhiI 分别属于两个不同簇的调节蛋白，二者均由一个 DNA 结合区和一个信号敏感区组成。WhiH 蛋白典型地应答酸性碳代谢产物，而 WhiI 是应答调节子，后者通常能够被组氨酸蛋白激酶同源传感器所磷酸化。WhiH 和 WhiI 可能在停止气生生长后共同阅读信号强度的变化，然后以此信号替代它们自己产生的抑制子，变为后期孢子化启动子的活化剂。有证据表明 WhiI 也抑制 *whiH*，因此 WhiH 依赖基因可能在复因子相遇后才完全表达。

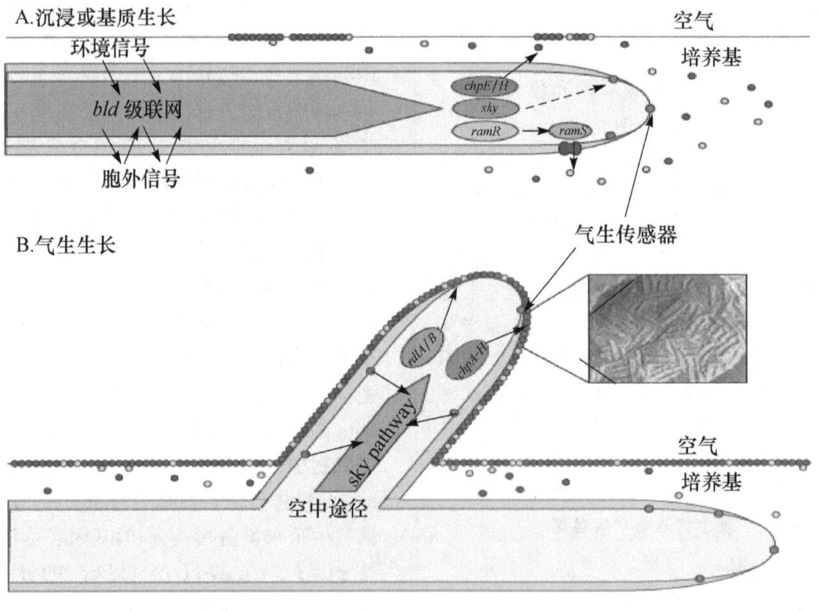

图 12-15　天蓝色链霉菌形成气生菌丝的综合模型图（Claessen et al.，2006）

A：胞外信号和环境信号通过级联网影响发育，该级联网诱导形成 RamR、chaplins 的 ChpE 与 ChpH（ChpE/H 箭头所指圆球）、气生传感器（sky 箭头所指圆球）并组成空中途径，RamR 启动合成 RamS，后者修饰成 SapB（成形素），这个成形素多肽由 RamAB 运输蛋白（双卵形）分泌到胞外，并且同 ChpE 和 ChpH 一起降低水表面张力启动气生生长；B：从此时开始，空中途径担负起发育的调节作用，之后 rodlin、chaplin 以及其他基因被激活，Rodlins（RdlA/B）和 chaplins（ChpA—H）在气生菌丝的外表面组成疏水棒层，该棒层形成了一个疏水性表面并防止了气生菌丝聚集，该图的棒层外形是依照扫描电镜的观察结果描绘

其他两个发育早期 *whi* 基因是 *whiA* 和 *whiB*，一个低水平转录，而另一个仅在气生菌丝生长时强力转录。WhiB 在 *whiB* 突变株中会更加强力地表达，而 WhiA 在 *whiA* 突变株中却没有这种促进现象。这两个基因的表达均不依赖 σ^{WhiG}，可能存在一个 WhiA 和 WhiB 互作启闭的自调节途径。WhiB 和后期孢子化蛋白 WhiD 属于一个簇，仅在放线菌中被发现。它们在天蓝色链霉菌基因组中的含量丰富，同样的蛋白质有 10 个基因。这些蛋白质含有 4 个半胱氨酸残基，预示着它们可能通过二硫键形式或协同氧化还原方式应答氧化还原

变化。例如，减慢生长可能引起气生菌丝中氧化作用暂时增强，被 WhiB 所感知，导致 WhiB 调节基因表达发生变化，然后停止气生菌丝生长（*whiB* 和 *whiA* 突变株有着非正常长度的气生菌丝）。

5 个发育早期 *whi* 基因（*A*、*B*、*G*、*H* 和 *I*）都为正常的孢子化横隔、下游孢子化基因及操纵子转录所需要。*sigF*，编码晚期起作用的 σ^F；*ftsZ*，来自 *ftsZ2p* 启动子并为孢子化横隔的形成提供大量的 FtsZ；而 *whiE* 的转录决定孢子色素的合成。于是，两条独立的调节途径（σ^{WhiG} 依赖途径和 WhiA、B 途径）都汇集在后期事件的活性调节中。*ftsZ2* 突变株与 *whiH* 突变株的表型相似，都表现出气生菌丝中断 DNA 分配，孢子色素减少和浓缩作用降低，这就提示 WhiH 可能激活 *ftsZ2*。后期基因表达需要丰富的 FtsZ，而 FtsZ 可能通过后期基因表达完成孢子化横隔的形成过程。

综上所述，链霉菌分化发育的研究虽然有了较大进展，但从分子水平认识链霉菌的分化过程及调控机制，还需进行深入研究。

2.3　酵母菌的子囊孢子

子囊菌与其他真菌最重要的区别是它们在有性生殖的过程中形成子囊，在子囊中生成子囊孢子。子囊中子囊孢子的数目通常为 4 个或 8 个，但依照物种不同可以为 1～1000 个不等。在此，以啤酒酵母（*Sacharomyces cerevisiae*）为例，讨论子囊孢子形成过程中的分化问题。

2.3.1　啤酒酵母生活史及子囊孢子形成过程

啤酒酵母是形态最简单的单细胞子囊菌，只有在特定条件下才进行有性生殖形成二倍体。二倍体可进行短暂的循环或直接进行减数分裂形成子囊孢子。当必需的营养成分均存在时，啤酒酵母可以出芽形式进行二倍体循环；当氮源（如脯氨酸）贫瘠时，啤酒酵母以假丝形态进行有丝分裂生长；当氮源完全缺乏且仅存在诸如乙酸盐等非发酵型碳源时，啤酒酵母脱离有丝分裂循环，经历减数分裂和孢子化过程（图 12-16）。

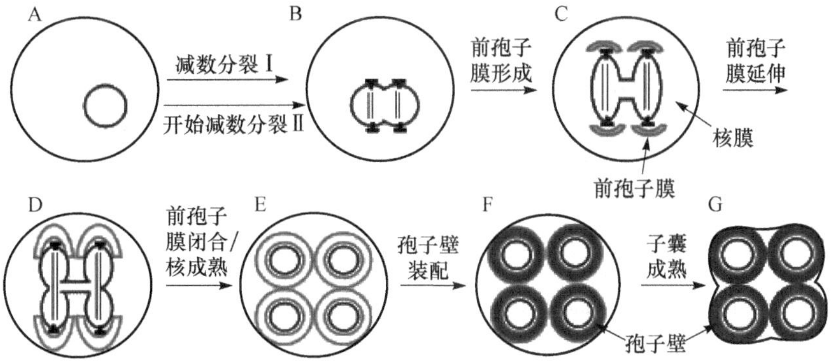

图 12-16　子囊和孢子形成阶段（从 A 到 G）(Neiman，2005)

在存在非发酵性碳源和氮饥饿的条件下，二倍体细胞经历两次减数分裂，形成子囊孢子。在第二次减数分裂期间，SPBs（以T指出）位于前孢子膜的形成位置并包被在核膜中，前孢子膜延伸并包围单倍体核。在起源于横隔的双层前孢子膜内腔合成孢子壁。子囊孢子形成，母细胞形成子囊

一旦孢子化过程启动，酵母菌细胞便从 G1 期脱离有丝分裂循环，进行 DNA 合成并进入减数分裂。在 G1 期细胞中，横跨核膜的纺锤极体（spindle pole bodie，SPB）复制，先于减数分裂 I 而产生两个减数分裂 I 纺锤极体，并在母 SPB 附近装配子 SPB。然后子 SPB 通过移动到达核的对面形成另一个极体。二者通过微管与染色体连接形成纺锤体，继而将一组染色体拉向两极，完成减数分裂 I。之后，SPB 再次复制并且产生两个减数分裂 II 纺锤体（图 12-16B）。在减数分裂 II 后期，姊妹染色体被扯成单倍染色体并分布在 4 个核片（nucleu lobe）之中。在减数分裂 II 期结束时，这些核片被修剪并产生 4 个单倍体核。孢子形成过程开始于减数分裂 II 期间，位于 4 个 SPB 附近的细胞质均恢复了产生泡囊的能力，这些泡囊接合并铺设双膜，最终形成前孢子膜（图 12-16C）。这 4 个前孢子膜在减数分裂 II 过程中伸长，在核分裂时吞没锚定着 SPB 的核片（图 12-16D）。核分裂之后，每个前孢子膜的末端闭合，结果每个子核和相关的细胞质被双层膜包裹（图 12-16E），最终产生 4 个独立的前孢子。前孢子在双层膜的腔隙内（图 12-16F）合成与装配孢子壁。随着孢子壁的形成，双层膜的外膜破裂。孢子壁一旦形成，便赋予孢子对各种环境压力的抗性。在孢子化进程中一直保留完整的无核母细胞最终形成子囊，在子囊中存在着 4 个孢子（图 12-16G）。一个子囊延时或受阻突变株提示，子囊成熟可能是一个主动过程，并非是母细胞去核后的简单退化过程。

2.3.2　子囊孢子形成的生理学和遗传学

从 Esposito 开始，经过 30 多年缺陷型菌株研究，证明了子囊孢子形成的大量事件。近年来，基因敲除等新方法的建立，更加有力地推动了酵母菌孢子化遗传学的研究。研究结果表明，酵母菌的孢子化过程涉及 200

个以上的基因。因为不同的研究者采用了不同技术和牵涉了不同背景的菌株，所以出现了3个酵母菌孢子化基因图谱。这3个谱图的基因座位既有重叠的，又有所区别。表12-8介绍了3个谱图中均已被证明的基因。它们被划分为5类：①与线粒体/代谢功能有关的基因；②与泡囊和吞噬作用有关的基因；③涉及减数分裂前或减数分裂中的基因；④关系到前孢子膜或孢子壁装配的基因；⑤在孢子化过程中尚未确定具体功能的基因。

在已知的突变株中，有三分之一以上的孢子化缺陷株停留在减数分裂之前。在含非发酵碳源的生孢培养基上，呼吸作用不完整的酵母菌突变株必须处在好氧环境中才能进行孢子化过程。因此，与线粒体功能有关的基因很多，列在表12-8的第一组中。同样，因为孢子化发生在缺乏氮源的条件下，在这一过程中所有氨基酸都必须利用原有蛋白的再循环而合成新的蛋白。许多基因牵涉蛋白向泡囊或自我吞噬方向传递（表12-8第二组）。这些基因是蛋白质再循环所必需的，与可利用的氨基酸不足而不能进入减数分裂的结果相吻合。包括在第三组的基因是减数分裂期间染色体分离及诱导孢子化转录因子所需要的基因。第四组是孢子形成与装配所需要的基因。这些基因的绝大多数在减数分裂Ⅰ期被Ndt80所诱导。最后，第五组由其他80个基因组成，它们影响孢子化过程，但具体的功能还有待确定。显然，这是一个相当大的基因数量，约占整个酵母菌基因组的30%，其功能涉及染色体复制、修饰及mRNA加工等复杂过程，与减数分裂期间基因表达的调节密切相关。然而，这些基因并不代表孢子化过程需要的全部基因，因为有些必需基因突变后导致菌株不能生存而未被检出。例如，减数分裂分离中的突变型，造成孢壁最外层缺陷而仍可见到孢子壁的突变型等，均未包括其中。虽然如此，根据这些研究结果可以描绘出一个孢子形成的遗传学调控蓝图。

表12-8 啤酒酵母孢子化需要的基因

有丝分裂/代谢		泡囊/自我吞噬		减数分裂		孢子形成		未知孢子化作用	
Gene	ORF	Gene	ORF	Gene	ORF	Gene	ORF	Gene	ORF
ACS1	YAL054c	*AUT7*	YBL078c	*SPO7*	YAL009w	*GIP1*	YBR045c	*CCR4*	YAL021c
SHE9	YDR393W	*APG12*	YBR217w	*KAR4*	YCL055w	*SPO71*	YDR104c	*THR4*	YCR053w
RIP1	YEL024w	*CVT17*	YCR068w	*UME6*	YDR207c	*SWM1*	YDR260c	*RTF1*	YGL244w
HAP2	YGL237c	*ATG9*	YDL149w	*RMD5*	YDR255c	*ISC10*	YER180c	*PRS3*	YHL011c
CBP2	YHL038c	*VPS41*	YDR080w	*EMI1*	YDR512c	*SPO74*	YGL170c	*RPN10*	YHR200w
MDH1	YKL085w	*PRB1*	YEL060c	*SAE2*	YGL175c	*AMA1*	YGR225w	*RPL34B*	YIL052c
PCK1	YKR097w	*MON1*	YGL124c	*RMD11*	YHL023c	*SSP1*	YHR184w	*UBI4*	YLL039c
COX17	YLL009c	*ATG1*	YGL180w	*IME2*	YJL106w	*ADY1*	YHR185c	*HMG2*	YLR450w
SDH2	YLL041c	*ATG7*	YHR171w	*IME1*	YJR094c	*SPO75*	YLL005c	*SRT1*	YMR101c
MSS51	YLR203c	*VPS24*	YKL041w	*RIM11*	YMR139w	*OSW2*	YLR054c	*UBA3*	YPR066w
FBP1	YLR377c	*VPS13*	YLL040c	*SPO1*	YNL012w	*SMA2*	YML066c		
MRPL33	YMR286w	*ATG10*	YLL042c	*EMI5*	YOL071w	*MSO1*	YNR049c		
MLS1	YNL117w	*YPT7*	YML001w	*REC8*	YPR007c	*MPC54*	YOR177c		
CYT1	YOR065w	*ATG16*	YMR159c	*CLB5*	YPR120c	*SSP2*	YOR242c		
IDH2	YOR136w	*ATG5*	YPL149w			*OSW1*	YOR255w		
MRP51	YPL118w					*MUM3*	YOR298w		
COX10	YPL172c					*SMA1*	YPL027w		
CBP3	YPL215w					*SSO1*	YPL232w		

注：该表汇集了3个酵母菌孢子化基因图谱（genomic screen）中均已证明了引起孢子化缺陷表型的基因，已去除了重叠或与孢子化无关的基因。ORF表示开放可读框。

根据现有资料，子囊孢子形成的调控不仅受到基因支配，而且受到转录调节与基质诱导，可能存在着一个复因子多层次的调节级联网。已经知道，处于饥饿状态和进入减数分裂阶段是启动孢子形成的先决条件。应用Northern分析证明了在孢子化条件下许多基因被诱导转录。依转录时间进程，可将这些基因划分为早期、中期和晚期基因。应用转录微阵分析（transcriptional microarray）也证实了孢子形成期间的基因转录随时空变化而变化。将细胞转移到孢子培养基上，许多代谢适应性基因的转录立即增强，一系列早期基因的转录依次出现，这些基因与减数分裂代谢密切相关。之后，第二套基因被协同诱导，这些中期基因涉及减数分裂过程的推进。例如，细胞周期素（cyclin）、后期启动复合体及孢子结构蛋白等的编码基因。研究表明，这些中期基因的诱导需要转录因子Ndt80p。由Ndt80p协调减数分裂和孢子形成可能有助于维持这两种过程的同步。最后是后期基因表达，关系到孢子壁合成、装配和子囊孢子及子囊的成熟。

在此重点讨论孢子形成的细胞事件和参与这些事件的基因。孢子形成过程需要依次进行两大细胞事件：第一是产生前孢子膜，以包围子核形成前孢子；第二是前孢子必须被保护性的孢子壁包围。

1. 前孢子膜形成与生长

前孢子膜形成与生长呈现出几个阶段（图 12-17）。最初，纺锤极体 SPB 被修饰，在 SPB 上产生减数分裂Ⅱ外片。随后形成泡囊融合需要的特异性的罗网（ANARE）复合体，在 ANARE 复合体的作用下泡囊同型融合在 SPB 上面形成膜帽（图 12-17A～C）。借助于泡囊的不断加入，前孢子膜继续生长。膜生长牵涉两个关键结构，即横隔素（septins）复合体和前沿（leading-edge）复合体。这些膜联合体决定着膜的生长方向和规范着膜的形态，使之在适当时候闭合，并最终导致核俘获（图 12-17D、E）。下面将详细讨论前孢子膜的形成阶段及相关问题。

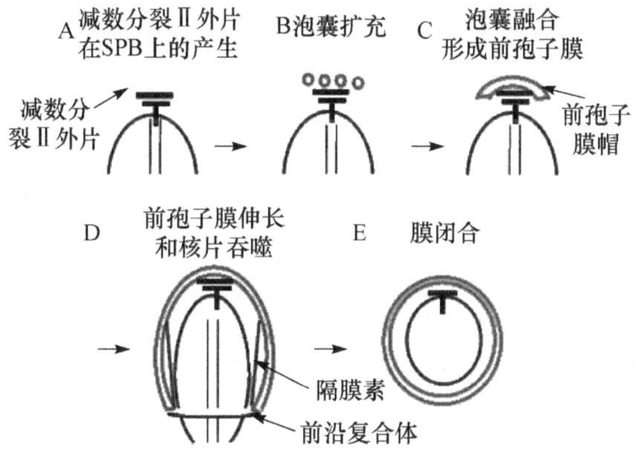

图 12-17　前孢子膜生长阶段（Neiman，2005）

A：当细胞进入减数分裂Ⅱ，减数分裂Ⅱ外片在 SPB 的细胞质面形成；B、C：减数分裂Ⅱ外片接纳并融合泡囊，形成前孢子膜帽；D：前孢子膜伸长以吞噬子核，它的生长受双层膜联合体（即隔膜素复合体和前沿复合体）控制。片状隔膜素向下伸长被认为利于前孢子膜靠近子核，前沿复合体在膜唇缘形成环状结构利于捕获核和膜闭合；E：完成细胞浆移动，前孢子膜闭合。隔膜素、前沿复合体和减数分裂Ⅱ外片，在前孢子膜闭合时被分解

1）纺锤极体

SPB 在酵母菌子囊孢子的形成过程中担任着重要角色，其结构变化不仅关系到酵母菌生活周期的阶段转变和孢子化过程的启动，而且关系到子囊发育的整个过程及子囊孢子的最终数量。

（1）**SPB 结构与修饰**　在啤酒酵母细胞中，纺锤极体 SPB 是一个微管组织中心。它跨越核膜，有着截然不同的核面和细胞质面。SPB 由多片层结构组成，包括一个内片（即核面，是 SPB 朝向核的部分）、一个中心片（含有 Spc42 蛋白，是 SPB 跨越核膜的结构）和一个外片（即细胞质面，是细胞质微管的组织中心）。

在营养细胞中，外片由 3 种蛋白组成，它们分别是 Cnm67、Nud1 和 Spc72 蛋白。Cnm67 是一个卷曲螺旋蛋白，起着联系中片和外片的作用。Nud1 的作用是锚定 Spc72 到 SPB 上。Spc72 是 γ-微管蛋白复合体的受体，锚定细胞质微管到 SPB 上。在减数分裂Ⅱ初期，Spc72 从 SPB 的外片上丢失并且被几个减数分裂特异蛋白所替代，这些蛋白一起组成了减数分裂Ⅱ外片。这种组分变化改变了 SPB 外片的功能，使其由连接细胞质微管转换为合成前孢子膜的场所。已经证实，组成减数分裂Ⅱ的外片组分包括 *cnm67*、*nodip*、*mpc54*、*spo21*、*spo74* 和 *ady4* 等几个基因的产物。Cnm67 虽然是营养期 SPB 外片的组分之一，但也出现在减数分裂Ⅱ的外片上，为该外片装配所需要，*cnm*67 同型接合突变株不能进行孢子化。在被证实的其他营养期外片的组分中，还有 Nud1 也出现在减数分裂Ⅱ的外片上，其功能尚不清楚。在减数分裂期专性表达的其他外片结构组分基因包括 *mpc54*、*spo21*、*spo74* 和 *ady4*。在 SPB 与前孢子膜接触处有一个由 Mpc54、Spo21 和 Spo74 蛋白组成的电子高致密区。剔除上述 3 个基因中的任何一个均产生同样的表型，即外片结构被溶解，并且没有前孢子膜形成。于是推断，由这 3 种组分组成的外片最外层结构为泡囊合并到前孢子膜所需要。Ady4 是减数分裂 SPB 中最少的组分。尽管对于形成减数分裂Ⅱ外片是不需要的，但它对于这一结构的稳定起着重要作用。在 *ady4* 突变株中，外片的一部分在减数分裂Ⅱ被解开，结果导致一些前孢子膜包裹核失败。

减数分裂Ⅱ外片的多组分表明了这种结构的功能多样性，无论对于 SPB 在核膜中的锚定，还是泡囊合并到前孢子膜及最终导致核捕获都是必要的。

（2）**非发酵型碳源对 SPB 的调节**

前面已经提到，完全缺乏氮源和仅存在乙酸盐等非发酵型碳源会诱发酵母菌形成含有 4 个孢子的子囊。然而，如果此时除去乙酸盐等非发酵型碳源，酵母菌会形成只含有两个孢子的子囊。对子囊孢子进行基因标记和解剖分析研究表明，这两个孢子均能存活且都是单倍体。着丝粒紧密连锁杂合标记实验表明，出现在两个孢子的染色体是同源染色体，而不是姊妹染色体。这种分离方式不同于着丝粒标记随机分离形成两个单倍体孢子或者两个双倍体孢子二分体的分离方式。因此，这些二分体被命名为非姊妹二分体（nonsister dyad，NSD），NSD 形成的略图见图 12-18。

什么原因导致酵母菌子囊孢子由四分体变换到 NSD 呢？最直接的原因是从培养基中去除了乙酸盐，乙酸盐是四分体变换到 NSD 的分子开关。随后的研究发现，在形成 NSD 的细胞中，尽管减数分裂Ⅱ生成两个纺锤体，但每个纺锤体只有一极的 SPB 上被修饰且形成前孢子膜（图 12-18C）。这就不仅解释了 NSD 细胞为什么只形成两个孢子，同时也解释了两个孢子含有同源染色体而非姊妹染色体的真正原因（图 12-18D）。于是，NSD 的形成被认为是一种生物资源的保存机制，即通过减少子代数量和孢子化途径而拯救生物资源。此外，这种减少子代数量是对碳源不足的应答，这种应答通过调节 SPB 修饰以 NSD 的方式实现。

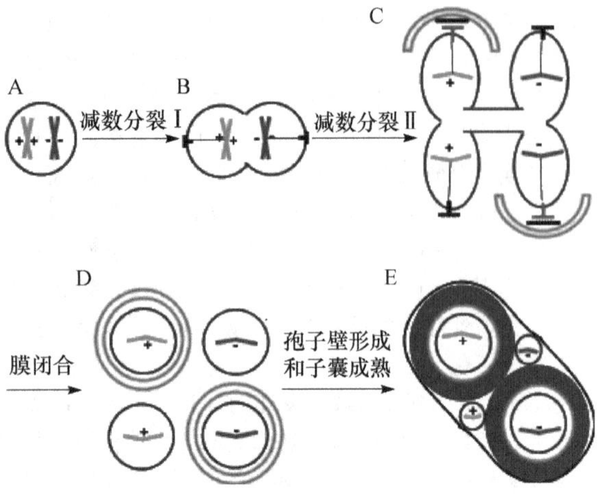

图 12-18　非姊妹二分体形成（Neiman，2005）

A、B：第一次减数分裂期间，同源染色体向两极分离；C：第二次减数分裂时，姊妹染色体被分离，但在乙酸盐耗尽条件下孢子化时，4 个 SPB 中只有 2 个 SPB（即每个纺锤体中各有一个纺锤极体）被修饰并形成减数分裂Ⅱ外片（短黑线）；D：结果只有两个前孢子膜被形成并且只有两个核被分别包裹到孢子中；E：未被核膜包裹的核在子囊成熟期间退化，结果形成只有两个孢子的子囊，这两个孢子所含的染色体为同源染色体，或者说是非姊妹染色体（NSD）

研究发现了包括 *ady1*、*spo21*、*spo74* 和 *mpc54* 等基因突变株，它们都会形成 NSD，有些甚至在乙酸盐充足的条件下也以高频率形成 NSD。其中 *ady1* 可能在应答碳源限制的 SPB 修饰中起着重要作用，而 *spo21*、*spo74* 和 *mpc54* 突变会引起 SPB 外片某一组分不足，由此可以推测 *spo21*、*spo74* 和 *mpc54* 可能是 NSD 应答调节的靶基因。进一步研究发现，在减数分裂Ⅱ期 Mpc54 仍存在于 4 个 SPB 上，而 Spo74 和 Spo21 仅存在于两个 SPB 上。因此，SPB 外片上的 Spo74 和 Spo21 才可能与应答乙酸盐调节直接相关。在正常条件下，这两个蛋白在 SPB 上的定位是相互依赖的，即在 *spo21* 突变株中 Spo74p 并不固定在纺锤极体上。反之亦然，说明二者彼此协同调节。

（3）**母、子 SPB 的不对称控制**

在 NSD 应答期间，除了 SPB 的一些蛋白被新增或去除，尚存在一个未解决的问题，即 Spo21 和 Spo74 是怎样定位到纺锤极体上的。在减数分裂Ⅰ/减数分裂Ⅱ的转换中，出现在减数分裂Ⅰ的两个 SPB 分别复制形成减数分裂Ⅱ的两个纺锤体的两个极，导致每个减数分裂Ⅱ纺锤体含有一个母极和一个子极（图 12-18）。采用专门标记母 SPB 的 Spc42 融合蛋白（中片组分）的方法研究了 NSD 应答期间 Spo21 和 Spo74 蛋白在母、子 SPB 的分布，结果表明，Spo21 和 Spo74 只在减数分裂Ⅱ的子 SPB 上被发现。显然，当 NSD 被 Spo21 不足所触发，仅仅是子 SPB 被修饰。那么为什么母 SPB 不能被修饰呢？一种解释认为，在母 SPB 上可能有一个先前存在的外片，它必须被重排，而重排程序稍后于子 SPB 外片装配。假如外片组分有限，子 SPB 耗尽了可利用的原料，那么母 SPB 便不能被修饰，于是引发了 NSD 现象。

（4）**SPB 修饰的代谢调节**

已经明确 NSD 现象是细胞对去除乙酸盐的应答反应，然而究竟是直接应答乙酸盐消失还是应答乙酸代谢的某些下游产物缺乏呢？参照乙酸盐代谢途径图 12-19 分析，在孢子化培养基中，乙酸盐是细胞合成生物大分子的唯一能源和碳源。为了产生 ATP，乙酸盐被转变成乙酰-CoA，并在 TCA 循环中氧化而产生氧化磷酸化的还原力。为了进行孢子化的生物合成，乙酰-CoA 必须进入脂质、核苷和多糖（由于缺乏氮源，在孢子化期间不存在氨基酸的合成）的合成途径。乙酰-CoA 被羧基化生成丙二酰-CoA，便进入脂质合成途径。乙酰-CoA 可通过 TCA 循环和乙醛酸循环两条途径产生琥珀酸。琥珀酸被氧化成草酰乙酸，消耗 2 分子草酰乙酸而生成 1 分子葡萄糖。值得注意的是，乙醛酸循环的酶类与 TCA 循环的酶类被定位在不同的细胞间隔中，用于糖类合成的草酰乙酸在细胞质中，而 TCA 循环产生的草酰乙酸在线粒体中。

如果说乙酸盐代谢产物被细胞用于检测环境中是否存在可利用的碳源，那么阻断乙酸代谢途径便会导致 NSD 形成。采用阻断了乙醛酸循环或随后的琥珀酸向延胡索酸转换的突变株，在乙酸盐存在的条件下大约有 50% 的细胞形成 NSD。由于这些突变株不影响 TCA 循环或 ATP 产生，意味着乙醛酸循环的下游产物是应答 NSD 的传感器。与之相比，阻断糖合成关键步骤的突变株并不引起 NSD 产生。将这些遗传学实验结果汇总在一起，可能作为传感器的代谢物就限定在草酰乙酸、苹果酸或延胡索酸之中。用丙酮酸作为孢子化的唯一碳源可恢复乙醛酸循环突变株形成四分体，说明传感器来自丙酮酸合成的前体。合成丙酮酸的前体是借助于乙醛酸循环生成的细胞质草酰乙酸，以草酰乙酸为唯一碳源会引发 NSD 形成。此外，还有一旁证与这一解释相同，当野生型细胞用甘油作为唯一碳源而形成孢子时，它们几乎专门形成 NSD。这是因为由甘油转变为葡萄糖或经线粒体中 TCA 循环氧化并不需要细胞质中的草酰乙酸（图 12-19）。只要细胞质中存在草酰乙酸，即使细胞有充足的可利用碳源以应付它的能量和生物合成需要，但它的行为也像碳源被限制一样，形成 NSD 二分体。一个解释机制是检测细胞质草酰乙酸并将其作为可利用碳源的指标。倘若在细胞质中有足够的草酰乙酸存在，细胞修饰所有的 4 个纺锤极体并形成四分体。如果细胞质中草酰乙酸减少时，Spo21 和 Spo74 就不恢复母 SPB 而只形成 NSD。有趣的是，在自然界产乙酸细菌和酵母菌常常在破碎的葡萄上竞争生长，当葡萄中的氮源耗尽时极可能只存在乙酸盐碳源。也许这就是啤酒酵母应答乙酸盐水平且转而启动孢子化进程的原因。

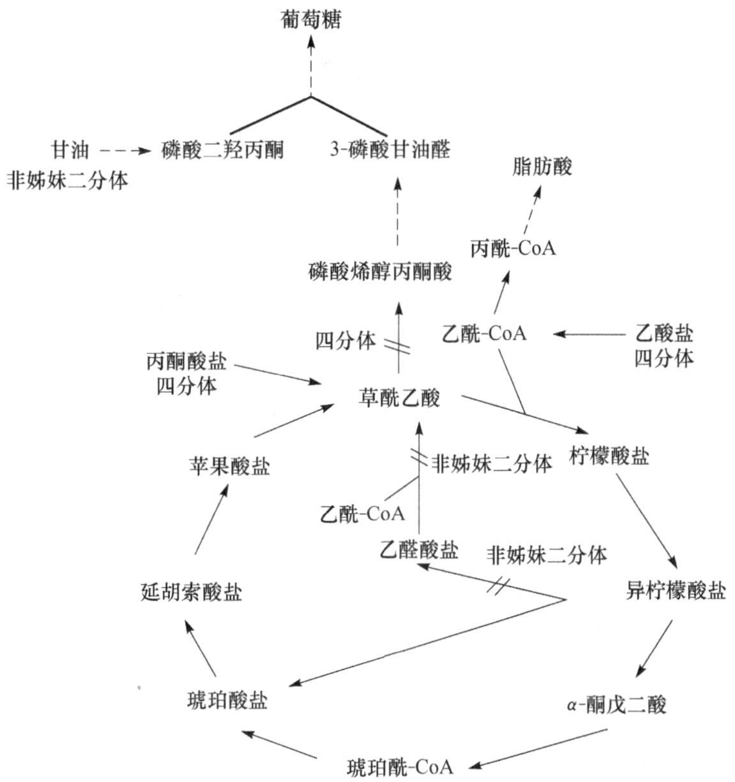

图 12-19　孢子化细胞中的乙酸代谢途径（Neiman，2005）

细胞形成四分体或 NSD 依赖的碳源被文字标注指出；即使在乙酸盐存在时，由于被指出的乙醛酸循环或葡萄糖合成位置的突变也导致 NSD 或四分体形成，被双斜线指出

2）**前孢子膜形成**

一旦减数分裂Ⅱ外片被组装，它就进行分泌型泡囊融合并形成前孢子膜。这些分泌型泡囊曾是高尔基泡囊，携带着泡囊融合需要的许多蛋白。与营养细胞的分泌型泡囊相比，营养细胞泡囊是沿外围肌动蛋白传递，而在孢子化细胞中泡囊起初是沿纺锤极体，然后沿生长的前孢子膜传递。在孢子形成期间的泡囊传递中肌动蛋白并不承担主要作用。例如，多个肌动蛋白突变株破坏了营养细胞的泡囊传递，却并没有显著影响前孢子膜的形成。又如，用肌动蛋白解聚剂 Latrunculin A 处理正在孢子化的细胞，也不抑制前孢子膜生长。此外，由于 SPB 的变化，在孢子化阶段并不存在细胞质微管，泡囊传递也与细胞质微管无关。

除了泡囊传递变化之外，泡囊和前孢子膜融合与泡囊和质膜融合有着不同的遗传学需求。在分泌型泡囊传递到靶膜（质膜/前孢子膜）之后，泡囊膜与靶膜融合需要异形三聚 SNARE 复合体介入。SNARE 是由 3 种不同低聚体装配的 4 股螺旋结构复合体。其中 3 股螺旋由靶膜提供，称作 t-SNAREs；另一股螺旋由泡囊膜提供，称作 v-SNARE。v-SNARE 和至少一股 t-SNARE 是跨膜蛋白。当 v-SNARE 和 t-SNAREs 螺旋装配 SNARE 复合体时，便驱使其跨膜区聚集，于是直接引起了泡囊膜与靶膜脂质双层的融合。泡囊和前孢子膜融合与泡囊和质膜融合的不同之处在于 t-SNAREs 的 Sec9 被孢子化特异 Spo20 蛋白所替代（图 12-20）。Spo20 的 N 端区含有一个脂结合区，它能够结合磷脂酸，有利于 Spo20 固定在前孢子膜上。

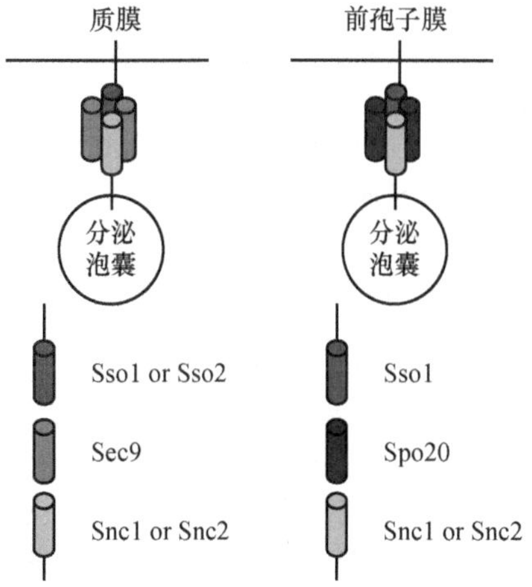

图 12-20　分泌型泡囊与质膜/前孢子膜融合的 SNARE 复合体（Neiman，2005）

泡囊与质膜融合的 SNARE，由 Sso1/Sso2、Sec9 和 Snc1/Snc2 3 种异型低聚体的 4 股螺旋组装（左列）；泡囊与前孢子膜融合的 SNARE，则由 Sso1、Spo20 及推测的 Snc1/Snc2 3 种异型低聚体的 4 股螺旋组装；二者的不同之处在于 Sec9 和 Snc2 的替代

(1) **膜伸长** 一旦泡囊对 SPB 的融合构建了初始的膜帽，前孢子膜便借助于连续不断的泡囊融合朝着吞没核的方向生长。膜生长牵涉两个关键结构，即横隔素复合体和前沿复合体。

横隔素复合体是一簇被保留的丝状蛋白。在营养细胞中，存在着 5 种不同的横隔素蛋白，Cdc3、Cdc10、Cdc11、Cdc12 和 Sep7，在芽颈处形成一个圈状结构。这个横隔素环作为复杂组织的支架并承担着多种重要作用，包括细胞质移动、细胞壁沉积和细胞周期调节。另外，横隔素环呈现出形态扩展的障碍物而有助于从母细胞分化出芽。在孢子化细胞中，处在细胞质膜上的横隔素环解开并且定位到前孢子膜上。至少 3 种，也可能是全部 5 种横隔素被定位到前孢子膜上。另外，两种孢子化特异性横隔素，Spr3 和 Spr28，也被发现存在于前孢子膜和横隔素的联合结构中。前孢子膜上由横隔素组成的结构不同于营养细胞的横隔环。首先，横隔环是一个相对静态的结构，而在孢子形成期间横隔素会随着前孢子膜伸长而移动。第二，在前孢子膜上它们的排列是不同于在芽颈上的排列。借助于荧光免疫法观察，当前孢子膜较小时，横隔素以环的形式排列在 SPB 附近，而后便扩展成片状沿前孢子膜伸长方向平行推进（图 12-17）。至于横隔素复合体在孢子形成中的作用，目前并不清楚，仅存在一些供人们探索的线索。例如，发现 Glc7（孢子化特异性磷酸酶蛋白）、Gip1（Glc7 调节亚基）和横隔素组成组织化蛋白簇，协同共定位在前孢子膜上而贯穿膜伸长的始终。因此认为横隔素的存在有助于其他蛋白定位到前孢子膜的特殊区域。又如，*gip1* 突变株缺乏组织化横隔素，但前孢子膜形成基本正常。每个细胞都形成 4 个膜，尽管这些膜比野生型稍小，还是有效地捕获了核。*gip1* 突变株的最显著缺陷是前孢子膜闭合后不能启动孢子壁装配。由此，人们想到横隔素复合体有可能与膜生长和闭合的监察有关，而不是控制膜生长。

在伸长着的前孢子膜顶端，电镜显微照片揭示了一个电子致密层，被命名为前沿复合体。该结构的 3 个组分被证明是 Ssp1、Ady3 和 Don1。借助于免疫荧光法和绿色荧光蛋白标记确定了这些蛋白的精确位置，它们位于伸长着的前孢子膜的唇/嘴（lip/mouth）部并形成环形结构。以往的证据已经表明 *ssp1* 和 *don1* 是孢子化专性表达基因，而近来的纯化和双杂交实验证明，Ady3 与减数分裂中 SPB 组分的结合有关。在前孢子膜组装的早期，Ady3 被发现在 SPB 上，然而 Ssp1 和 Don1 以点状形态位于细胞质中并且与泡囊的运输相关联。当泡囊接合到膜上时，在 SPB 上同时发现了这 3 个蛋白。这种定位状态提示了这些蛋白的作用在于使泡囊补充到 SPB 上。当前孢子膜伸长时，这 3 个蛋白转变成环状结构并保留在前孢子膜的前沿（图 12-17）。这一结构不同于上面描述过的横隔素片，二者的装配是彼此独立的。前沿复合体突变仍保留着横隔素的定位，横隔素丢失的 *gip1* 突变株前沿复合体并未受到影响。

在前沿复合体内 Ssp1、Don1 和 Ady3 的组织结构是不清楚的，但有研究提示它们是一种分层排列结构。敲除了 *don1* 并不影响其他两个蛋白的定位。敲除了 *ady3* 引起 Don1 离开原位，但 Ssp1 仍以环状留在前孢子膜的唇部。敲除了 *ssp1* 引起 3 个蛋白全部消失。因此，Ssp1 可能是最接近膜的组分，用于 Ady3 到前沿的连接，并且 Ady3 依次锚定 Don1。逐步加重的 3 个孢子化突变株的表型也反映了前沿复合体的分层排列。*don1* 突变株不产生明显的孢子化缺陷。*ady3* 丢失导致少于 4 个孢子的子囊增多。除了二分体之外，还有单分体、三分体，甚至出现无孢子子囊。*ssp1* 突变引起最严重的表型，即完全阻断了孢子化。虽然仍形成前孢子膜，但它们变得异常粗糙，形态呈管状而非圆形，并且附着到核膜上，偶尔也朝着错误方向生长，都不能捕获核。这些前孢子膜表型说明正确的膜生长需要前沿复合体（或至少需要 Ssp1）。

前沿复合体位于前孢子膜唇部可能使之在细胞器分离到孢子中或膜闭合中承担着重要作用。在 *ady3* 突变株中看到了孢子壁合成的缺陷。关于前孢子膜闭合，前沿复合体可能在引起膜压缩和闭合中起着更多的作用。

(2) **膜闭合** 前孢子膜闭合是一个细胞动力学事件，其分子机制还不清楚。闭合后，前孢子的细胞质彼此不同而且不同于母细胞（此时的子囊）细胞质。在野生型细胞的电镜显微照片中，孢子壁物质（可以证明是作为前孢子膜腔的一种延伸）沉积仅仅能在前孢子膜闭合后的细胞中被看到，因此，闭合是孢子壁形成的必要条件。这一推测得到 *gip1* 分析的支持。在这些细胞中，前孢子膜形成过程直到或者包括膜闭合都正常，但随后孢子壁沉积不出现。*gip1* 突变是缺乏闭合过程或缺乏控制闭合与触发随后事件的信号。

2. 孢子壁的合成与装配

前孢子膜闭合完成了细胞分裂过程。然而，抗环境压力的子囊孢子分化还需要孢子壁装配。孢子壁的合成与装配始于前孢子的两层膜之间，在那里没有先前存在的壁结构作为模板，是一个从无到有的复杂结构的装配过程。

孢子壁结构较营养细胞壁更为复杂。图 12-21 是一个萌发孢子的电镜照片，从这一照片中可以看到同一个细胞中存在着孢子壁和营养细胞壁两种结构。营养细胞壁主要由两层组成，带有一些几丁质的 β-葡聚糖组成的内层（紧靠质膜）和由强化 *N*-*O*-糖基化的蛋白与甘露糖侧链组成的“甘露聚糖”外层。与之相比，孢子壁由 4 层组成，里面两层由甘露聚糖和 β-葡聚糖组成，显然与营养细胞壁的顺序相反；外面两层依次是几丁质层和二酪氨酸层，为孢子所特有。在野生型细胞中，孢子壁形成开始于前孢子膜闭合之后，依照时间顺序分层进行，开始是内层甘露聚糖层，继而是外面的 β-葡聚糖层，然后是几丁质层，最后是二酪氨酸层。这些观察提示，在始动下一层合成之前必然存在前一层合成的反馈调节机制。

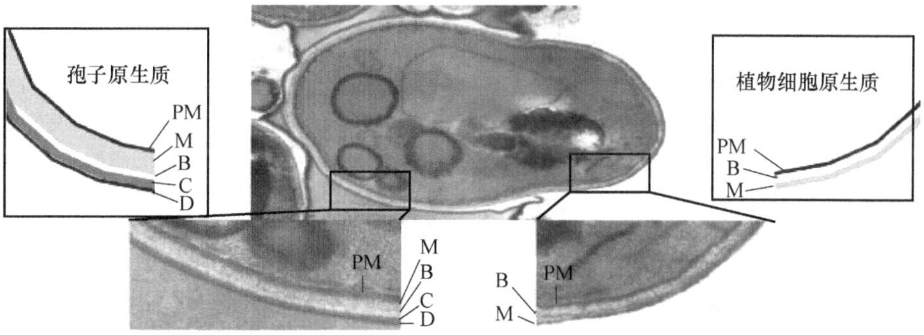

图 12-21　孢子壁与营养细胞壁的比较（Neiman，2005）

图是一个正在萌发中的子囊孢子的电镜显微照片，左边是孢子部分，细胞被 4 层孢子壁包围；孢子壁包括甘露聚糖（M）、β-葡聚糖（B）、几丁质（C）和二酪氨酸（D）层；右边是萌发芽，被营养细胞壁包围，营养细胞壁主要存在着 β-葡聚糖（B）和甘露聚糖层（M）；细胞壁的甘露聚糖层与孢子壁的甘露聚糖层相连续；PM 为质膜

通过孢子壁构造缺陷突变株分析，勾画出了装配过程的轮廓。已被证明两个突变株阻断了孢子壁合成的启动，一些基因突变引起了孢子壁异常，而另一些突变株引起更为严重的装配停滞。依照突变菌株的停滞点，可将装配分为如下阶段（图 12-22）。

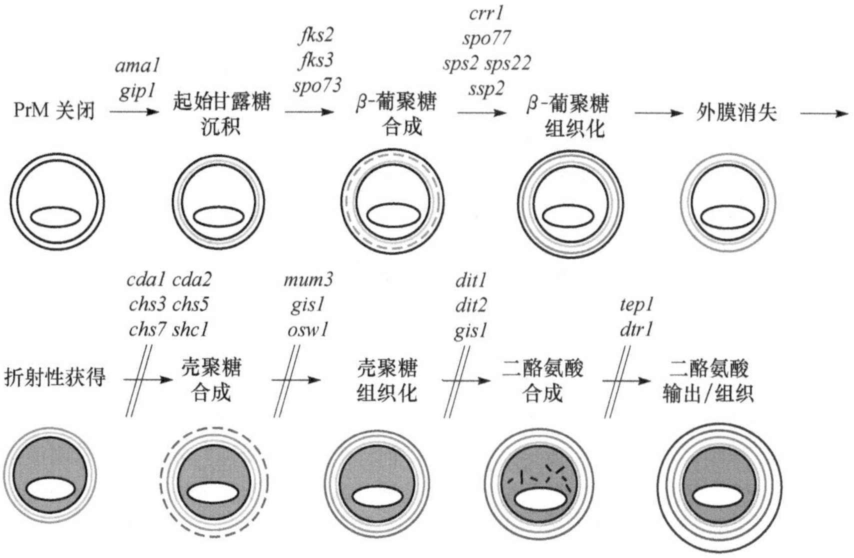

图 12-22　一个孢子壁装配途径（Neiman，2005）

显示了孢子壁的装配阶段；各阶段所需的基因也被指出

1）**启动**

前面提到有两个基因突变株阻断孢子壁合成的启动，即 *ama1* 和 *gip1* 基因。*ama1* 编码着一个减数分裂Ⅱ期启动复合体特异调节亚单位，即 E3 泛醌连接酶。研究提示，Ama1 表达后，会激活减数分裂Ⅱ后期的复合体。这些资料提示 Ama1 可能涉及减数分裂Ⅱ结束与孢子壁形成开始的协同作用。*gip1* 的作用与 *ama1* 类似。

2）**甘露聚糖和 β-葡聚糖层的合成**

孢子壁合成启动之后，第一阶段是由前孢子膜形成的物质沉积在两层膜的腔隙中。*spo73* 突变株表型提示，这一填充过程首先是甘露聚糖沉积，然后是葡聚糖合成，因为该菌株的腔隙中没有 β-葡聚糖产生。β-1,3-葡聚糖层形成要求两个因素：一个是 β-葡聚糖合成酶，它仅位于孢子质膜上，合成并排出初始 β-葡聚糖链到孢子质膜和外膜之间的腔隙中（两个膜均来自前孢子膜）；另一个是处于腔隙空间的壁蛋白，它缝合或纺织这些初始 β-葡聚糖链形成特定的 β-葡聚糖层。在啤酒酵母中有 3 个基因编码合成酶，*fks1* 编码营养生长期间的合成酶，*gsc2*/*fks2* 编码孢子壁形成期的合成酶。正确装配 β-葡聚糖层的几个重要基因已被证明，它们是 *spo77*、*sps2*、*sps22*、*crr1* 和 *ssp2*。值得注意的是，这些基因从序列上来看是孢子化特异性成员，却被包括在营养细胞的细胞壁合成中。例如，*ssp2* 和 *sps22* 与 *ecm33* 和 *pst1* 有关，而 *crr1* 与葡萄糖水解酶基因 *crh1* 和 *crh2* 相类似。另外，在细胞壁蛋白中还存在着 *gas* 和 *pir* 孢子化特异性成员。这些孢子化特异性蛋白可能在孢子壁甘露聚糖或 β-葡聚糖层装配中承担作用。在 β-葡聚糖层装配的过程中，还出现其他两个事件。第一是来自前孢子膜的外膜消失。第二是孢子获得了光学显微镜上的折光性。孢子壁合成早期阻断的突变株不形成在光学显微镜中具有折光性的孢子，当然这些孢子并不像野生型孢子那样对不良环境具有抗性。

3）**几丁质层形成**

一旦β-葡聚糖层完成，孢子便启动几丁质层合成。几丁质多聚体的自装配类似于β-1,3-葡聚糖，是由与孢子质膜连接的聚合酶（Chs3）催化，在细胞质中聚合后被挤压通过孢子膜。在营养细胞中，Chs3 负责形成围绕芽痕的几丁质环。在孢子化期间，Chs3 重新合成几丁质（β-1,4-*N*-乙酰氨基葡萄糖），但两个孢子化特异几丁质去乙酰化转移酶（Cda1 和 Cda2）出现在孢子壁上，它们使几丁质去乙酰化，将其转变成壳聚糖（β-1,4-*N*-氨基葡萄糖）。从几丁质转变为壳聚糖对于组成外孢子壁层是必要的。在营养细胞中，Chs3 的活性受 Chs3 的构象变化和 Chs3 传递到表面的双重调节。牵涉调节传递的几个蛋白在孢子形成期间的几丁质形成中也是重要的。然而，至少一个构象调节子（Chs4）在孢子形成期间会被相关蛋白（Shc1）替代。其他孢子化特异功能可能调节 Chs3 在孢子形成中的位置。伴随着β-葡聚糖合成，一旦由 Chs3 合成了聚合体，它就恰当地装配到细胞壁上。至少有两个基因（*mum3* 和 *osw1*）与几丁质层的装配有关，这一点已被其突变株表型所证实。而这些基因的分子功能还不清楚，*mum3* 编码一个与乙酰转移酶功能相类似的蛋白，可能与壁装配的催化作用有关。

4）**二酪氨酸层形成**

二酪氨酸层最初既没有多糖也没有蛋白质组成。在这一层中，大约50%的物质是非肽类 *N*,*N*-二羧基二酪氨酸。

借助于 *dit1* 和 *dit2* 基因产物的作用在孢子细胞质中合成了二酪氨酸分子。这两个中后期基因从一个共同的启动子被歧化转录，并且呈现出仅在前孢子膜闭合后才被诱导，在 *gip1* 突变株中缺乏它们的表达，而 *dit1* 或 *dit2* 杂合突变株表明，Dit1 与 Dit2 是两个自主表达的蛋白。Dit1 是羧基转移酶，修饰 1-酪氨酸的氨基。Dit2 是细胞色素 P_{450} 簇的一员，连接两个 *N*-羧基酪氨酸分子的苯环。这两个酶都在细胞质内，因此新形成的二酪氨酸必须被运输到孢子壁后装配。这一过程是通过孢子化特异性 ATP 依赖运输蛋白（Dtr1）完成的，它定位在前孢子膜上。*dit1*、*dit2* 和 *dtr1* 这 3 个基因在营养细胞中就有充足的表达，然而二酪氨酸没有出现到其细胞壁上，推测是由于缺乏适合它们结合的酶或基质。*dit1*、*dit2* 和 *dtr1* 基因类似物被发现在白色念珠菌和粗球孢子菌（*Coccidioides immitis*）等真菌中。二酪氨酸使酵母菌子囊孢子更具对不良环境的抵抗力。

5）**孢子壁装配的调节**

以上借助于阻断突变株表型，推测了孢子壁装配的事件。此外，还有几株孢子壁突变型是有关蛋白激酶 Cak1、Mps1、Smk1、Sps1 和膜整合蛋白 Spo75 的突变。这些突变株的不同表型表明其基因产物涉及装配阶段的调节。其中最具特色的两个基因产物是 Sps1 和 Smk1。Sps1 是激酶 Ste20/Pak 簇的成员，而 Smk1 是活化有丝分裂原蛋白（Map）的激酶。大多数特征性 Map 激酶被一个级联网调节，这个级联网涉及来自 Mwk 和 Mekk 激酶簇上游的激酶。在酵母菌接合过程中，与 Sps1 类似的激酶 Ste20 触发了一个级联网，最终导致了与 Smk1 类似的激酶 Fus3 的活化。一个最近的报道指出，Sps1 在β-葡聚糖合成酶（Gsc2）和几丁质合成酶（Chs3）运输到孢子质膜上起作用。在 *sps1* 突变株中，上述两个合成酶以点状形式积累在孢子内部，而在野生型孢子中，二者在孢子周围被发现。在孢子化期间，这两个合成酶的活性至少部分地被其所处的位置所调节，并且 Sps1 可能牵涉这些酶协同传递到孢子表面。最近发现，Smk1 被结合到β-葡聚糖合成酶 Gsc2 上，而在 *smk1* 突变株中 Gsc2 的活性有所增加，提示 Smk1 抑制 Gsc2。因此，Smk1 可能通过 Gsc2 间接调节孢子壁葡聚糖的合成与装配。

像其他 Map 激酶一样，Smk1 属于双调节磷酸化作用，一个在苏氨酸上，一个在酪氨酸上，二者都定位在酶结构的同一个环上，并且 Smk1 活性需要这些磷酸化作用。于是，Smk1 必然需要一个激酶活化，但激活 Smk1 的激酶还有待确定。

近年来，啤酒酵母形成子囊孢子的研究取得明显进展，完成了孢子形成过程的粗略描述。然而，尚有许多问题还不清楚，比较突出而重要的问题有以下几个。①减数分裂Ⅱ外片如何促进泡囊融合？虽然这个复合体的许多组分已经知道，但是这个结构怎样促进泡囊融合并锚定在前孢子膜上仍不知道。②如何确定 SNARE 在前孢子膜上的特性？分泌性泡囊同前孢子膜或质膜融合需要 SNARE 蛋白特异性结合，但如何结合还有待确定。③前孢子膜怎样闭合？是什么物质提供给前孢子膜闭合的信息与动力？④不同孢子壁层如何协同装配？孢子壁结构依时空次序装配，必然存在着前一层装配的反馈途径和后一层装配的启动机制。此外，子囊孢子形成的控制信号和信号途径各是什么？这些问题将为孢子形成提供丰富的观察源泉，对于认识泡囊运输、膜融合、细胞质移动和细胞壁装配等细胞生物学行为具有重要意义。

2.4 担子菌的担孢子

担子菌（Basidiomycetes）是一类分布广泛、物种繁多、形态各异、结构复杂的高等真菌。其中一些是很有价值的食用与药用真菌（如蘑菇、马勃等），而另外一些则是危害极大的动植物致病真菌（如黑粉菌、锈菌等）。尽管不同种类的担子菌可以表现出各种各样的生物学特性差异，但是它们在有性生殖方面却有着相似的过程，都会形成担子，并由担子进一步产生担孢子。以裂褶菌（*Schizophyllum commune*）为例，担子菌的生活史可参见图 12-23。

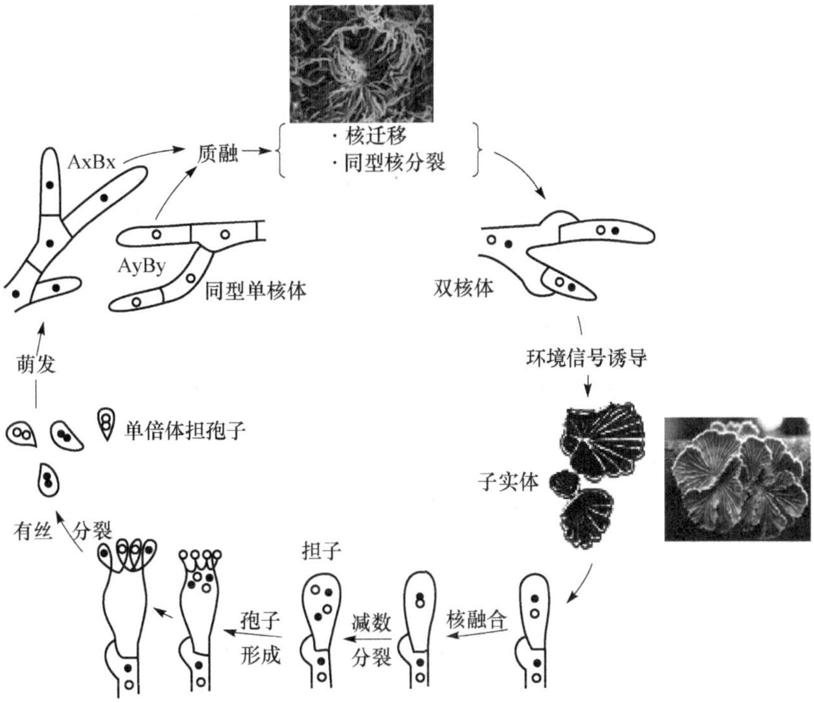

图 12-23　裂褶菌生活史（Palmer et al.，2006）

在接受适当的环境信号之后，通常由双倍体形成子实体，在被称为担子的子实体细胞中出现减数分裂，导致单倍体担孢子产生；孢子萌发产生能够独立生长的单倍体同核体；由两个被定为 A 和 B 的独立隔离的交配型区域控制着同核体之间有性融合

担孢子萌发后，形成不同接合型的单倍体菌丝。这些菌丝被称为基质菌丝（或称为营养菌丝、初生菌丝），在基质内通过顶端生长和分支发育交织成网。受环境条件胁迫或遭遇疏水表面，刺激菌丝竖起，向空中发育，形成气生菌丝。气生菌丝聚集、质融，经核迁移及接合分裂，形成双核菌丝，形态上形成菌丝节（hyphal knots）和原基（primordia）。继续分化发育形成子实体，在子实体内的生殖菌丝顶端形成担子，在担子内进行核融合，于是形成极其短暂的二倍体核。紧接着进行减数分裂和担孢子形成，最后是单倍体担孢子的释放。担孢子遇到适宜的条件，重新萌发，进行入下一个生活周期。

在传统的真菌学研究中，通常以孢子形态、子实体结构及生活史作为真菌分类的依据，因此有关担子菌形态学特征及生活周期的描述较多，然而担子菌分化发育的过程与机制，尤其是分子生物学机制，文献报道较少。目前，主要在裂褶菌和灰盖鬼伞（*Coprinus cinereus*）两个模式菌中取得一些研究进展，其他不形成子实体的担子菌玉米黑粉菌（*Ustilago maydis*）和新型隐球菌（*Cryptococcus neoformans*）也有一些相关报道。

2.4.1　担孢子萌发与基质菌丝形成

一般来说，担孢子只含有一个核，并且是单倍体，但是在个别情况下也会有例外。遇到适宜的环境条件，担孢子就会萌发，长出芽管并迅速发育为单倍体菌丝。刚刚形成的初生菌丝（基质菌丝），由于核分裂先于形成横隔而往往是多核的。然而，这个多核期是短暂的，因为横隔会很快形成并将菌丝分隔成许多单核细胞。在某些担子菌中，核分裂和横隔形成始终是同步的，所以它们的初生菌丝从一开始就是单核的。担子菌的初生菌丝呈分支状，其细胞壁的主要成分为几丁质和葡聚糖。横隔壁的组分可能有别于两侧细胞壁，它对某些葡聚糖水解酶类表现得更敏感。在横隔的中央具有复杂的通道结构，允许一些细胞物质及细胞器通过，而不允许另一些通过。初生菌丝的细胞中含有真菌细胞应有的各种细胞器。绝大多数担子菌的初生菌丝可以无限制生长，但是它们具有形成双核菌丝的能力。也就是说，初生菌丝具有性的特征，可分为不同的接合型。

在蕈类裂褶菌和灰盖鬼伞中，不同接合型菌丝间的有性生殖要求高度特异性互补。座位 *A* 包括了一个或多个分歧转录基因对亚位点（sublocus），其编码同源异型结构域（homeodomain）蛋白 Hd1 和 Hd2。Hd1/Hd2 异构二聚体（heterodimers）在调节双核特异性细胞的进程中起着转录因子的作用。座位 *B* 也含有多个亚位点，每个亚位点编码一个信息素受体和一个或多个信息素。信息素和受体之间的识别调节着双核形成期，并且座位 *B* 的亚位点是有别于座位 *A* 亚位点的。接合过程需要来自不同亲本产生的 A 和 B 蛋白之间进行互作。例如，*hd1* 和 *hd2* 基因内包含了同样特性的一套编码，仅仅表现出不同性别蛋白形成的异构二聚体活性。接合相容性要求形成至少一种 Hd1/Hd2 异构二聚体和至少一种信息素与它的信息素受体之间的识别。就像开花植物 SSI（sporophytic self-incompatibility，孢子体自交不亲和）和 GSI（gametophytic self-incompatibility，配子体自交不亲和）模式系统那样，*A* 或 *B* 座位内特定亚位点的基因重组被抑制。亚位点赋予的相容性允许接合特异细胞进行不对称重组。于是，就出现了 *A* 和 *B* 的 4 个基因的自由重组。维持 *A* 和 *B* 等位基因的互补性对于抑制亚位点内重组而允许位点间重组是必要的。虽然如此，靠近的 *A* 和 *B* 连锁可能是有利的。例如，相关位点物理上接近可能促进它们协同表达。Kües 注意到在灰盖鬼伞菌丝之间，如果 *A* 是一致的，而 *B* 是不一致的，便会造成一定的阻碍，形成缓慢生长带，指出了 *A* 和 *B* 反向互作。正如低适应性的两性同体生物引发了性基因更加紧密连锁的进化，*A* 和 *B* 融合成单个交配型座位可能更适合于自交亲和不便的条件。这些等位基因的差异就导致初生菌丝成为不同的接合型。

2.4.2 气生菌丝的形成

当基质菌丝经过了一段时期的生长之后，在环境条件的胁迫之下，担子菌的基质菌丝开始向空中竖起，启动气生菌丝分化。在启动气生生长的过程中，合成与分泌一种疏水蛋白，称为疏水素。疏水素在气生菌丝形成、孢子产生与传播、子实体结构稳定，以及一些致病真菌的毒力方面承担着重要的作用。作为自然表面活性剂，它们降低了气水界面的表面张力，改变了它们所吸附表面的可湿性。它们以单体分泌，但遇到界面便可以自动聚集。它们疏水的表面活性性质使得真菌能够克服气水界面造成的障碍，在菌丝表面形成保护层，避免了菌丝脱水。它们也关系到致病真菌对于植物或动物疏水表面的吸附，因而呈现出病原性。疏水素有着相似的特定氨基酸序列，并确定为 8 个半胱氨酸残基排列的区段。已经证明疏水素存在着两类亚型。除了具有不同的化学性质之外，这两类疏水素在半胱氨酸残基的间隔和疏水残基的分布方面也存在着差异。有关疏水素的结构信息表明，它们获得了与其他蛋白不同的表面活性性质。尽管以单体分泌，但一旦被装配成不溶性的聚集层，就只能被诸如三氟乙酸的化学试剂处理破坏才能解除聚集。近来，Hakanpää 等对瑞氏木霉（*Trichoderma reesei*）的 HfbⅡ型疏水素的研究使真菌疏水素的结构变得明朗起来。这种结构揭示了一种新的折叠，由一个 α-螺旋和 4 个作用于分子内的二硫桥环绕建立起来的 4 个反平行的 β-折叠，使疏水素的结构非常稳定和紧密。由这一结构揭示的有趣特征是由于两个 β-发夹中的疏水残基的暴露而形成了疏水表面区。这个疏水表面区占到 400Å^2，是 HfbⅡ总表面积 3200Å^2 的 12%。正是这种分子结构赋予的亲水亲油性使之能够进行疏水聚集。疏水素组装引发了淀粉样纤维的形成，具有与刚果红染料反应的能力，预计这样的组装主要是通过 β-折叠而成。靶向突变表明，表面两性分子的紧密自组装主要是因为疏水面的作用所致。

来自不同真菌种类的全基因组序列和表达序列标记（expressed sequence tag，EST）分析揭示了在大多数真菌中存在着多种疏水素。例如，番茄叶霉菌（*Cladosporium fulvum*）至少有 6 种不同的疏水素（Hcf-1～Hcf-6）在特殊的发育阶段被表达。例如，Ⅰ型 Hcf-1 疏水素，位于气生菌丝和分生孢子的表面，而Ⅱ型 Hcf-6 被分泌于入侵植物组织生长期间。与之相似，玉米病原菌（*Fusarium verticillioides*）至少有 5 种疏水素（Hyd1～Hyd5），它们担负着决定孢子产生的空间形态。Hyd1 和 Hyd2，二者均为Ⅰ型疏水素，为微小分生孢子链的形成所需要，它们缺失时孢子串末端的分生孢子出现了错误朝向。在稻瘟病菌（*Magnaporthe grisea*）中，推测有 6 个疏水素基因，Mpg1 疏水素异常表达的形态发生突变株导致分生孢子链正常的轮生方式被轴向排列所替代。一个 *dmpg1* 突变株不能形成孢子或不能形成有效的侵染结构，并且也不能形成完全的孢子轮状着生，这就表明疏水素的作用并不仅是形成疏水外衣蛋白，还决定着形态发生。进而，从肺部病原菌烟曲霉（*Aspergillus fumigatus*）的观察表明，缺乏疏水素 RodA 时对小泡巨大噬细胞更敏感，说明疏水素在致病性方面发挥着重大作用。多种疏水素的研究指出，疏水素的结构与功能存在着多样性。

许多缺乏疏水素的突变株具有产生气生菌丝的能力，表明必然另有因子参与气生结构的形成。有一组被称为排斥素（repellents）的小型多肽包含在玉米黑粉菌抽提物中，这一担子菌仅在接合并形成二倍体之后才发育为丝状体。排斥素是依赖 Kex2 蛋白水解的小肽，是由 *rep1* 基因编码的单基因产物。缺乏 *rep1* 的突变株减少了丝状体表面的疏水性而不能发育气生菌丝。与之相比，缺乏两个疏水素基因的黑粉菌突变株，其气生菌丝形成不受影响。近来，裂褶菌的研究提供了真菌不依赖疏水素也会出现气生生长的证据。一种丰富的分泌蛋白 Sc15，它不含有二硫键且不像疏水素，存在于菌丝表面和黏液之内。当缺乏 Sc3 疏水素时，气生菌丝的形成需要 Sc15。这两种蛋白可能共同作用于菌丝的表面，或二者择其一，对于气生菌丝的竖立提供独立的特异性机制。

单核菌丝可以通过质配形成双核菌丝，我们把这种菌丝叫做次生菌丝，相同接合型的初生菌丝质配叫同宗配合，不同接合型菌丝质配叫异宗配合。担子菌具有同宗配合和异宗配合的不同物种，但后者占绝大多数。在异宗配合的物种中，相同接合型的单核菌丝表现出不亲和性，而只有不同接合型的单核菌丝才表现出亲和性。异宗配合的过程在裂褶菌中进行过详细的研究。

当裂褶菌的两个不同接合型的单核菌丝相遇时，就会进行完全正常的异宗配合。首先在两型菌丝的接触处产生溶解酶，溶解一定范围的细胞壁，从而沟通了两个细胞的细胞质。然后供体细胞的细胞质与细胞核进入受体细胞，接着合成新的细胞壁，弥合被溶解的细胞壁部分，这个过程就叫做质融。质融之后会相继发生一系列的连锁反应，如通向受体菌丝顶端的横隔通道开放，供体核向菌丝顶端迁移。当供体核到达顶端细胞后与受体核识别、配对，经过一段时间之后，在顶端细胞的中部出现钩状体。两个异型核同步分裂成 4 个子核，其中某一接合型的一个子核进入钩状体。与此同时，横隔开始形成，把顶端细胞分成 3 个细胞。在新的顶端细胞中含有两个异型核，而在钩状细胞与新的次顶端细胞中各含有一个彼此不同的接合型核。然后，钩状细胞与新的次顶端细胞融合并将核移入新的次顶端细胞，接着钩状体消失。于是新的次顶端细胞也含有两个异型核，这一过程被称为锁状联合（clamp connection）。从菌丝融合到双核细胞的形成需要 40 多个小时。整个过程都是由 *A*、*B* 基因调控的。B 因子的基因调节核迁移，A 因子的基因调节核配对、钩状体形成、核分裂和在核分裂后横隔的形成。B 因子的基因还决定钩状细胞与新的次顶端细胞的融合，形成一个真正的双核体。A、B 两因子缺一不可，次生菌丝形成后，可以无限生长，也可以在一定的条件下发育为子实体并分化产生担孢子。

2.4.3　子实体发育与担孢子形成

在一些担子菌中，次生菌丝可以直接发育为担子果，并在担子果中分化产生特殊的产孢结构——担子。但在另一些担子菌中，形成担子果时，次生菌丝还要分化为不同形态的菌丝，即缠绕（binaing）菌丝，骨架（skelatal）菌丝和生殖（generative）菌丝，缠绕菌丝呈分支状，其作用是把其他菌丝缠绕在一起。骨架菌丝通常不分支，其作用是加固子实体。这两种菌丝均不会进行锁状联合，壁厚，细胞间无间隔。而生殖菌丝壁薄、有丰富的分支并在细胞间有间隔，是唯一能够产生担子的菌丝。在生殖菌丝上常可见到锁状联合现象。这 3 种菌丝有机地结合，就构成了特殊形态的担子果。

除黑粉菌、锈菌外，其他的担子菌必须在担子果形成之后才分化产生担子。担子菌的担子具有多形态，现在以最简单的棒状担子为例来介绍担子发育与担孢子的形成过程。棒状担子起源于双核菌丝的顶端细胞。它通过一个横隔膜和菌丝的其他部分相分离，横隔上一般有一个锁状联合痕迹。担子在开始的时候显得很长，然后很快就变得粗壮起来。在这种外部形态发生变化的同时，幼担子内的 2 个细胞核也发生融合（核配），于是形成二倍体的合子。合子的细胞核很快进行减数分裂而形成 4 个单倍细胞核。与此同时，担子顶部向外伸出 4 个称为小梗的小突起，小梗逐渐膨大，最后形成担孢子的原基。这个期间，在担子的基部形成了一个液泡，随着液泡的体积增大，担子中的单倍核和内含物被挤进担孢子原基，于是形成 4 个担孢子（图 12-23）。在这里应当指出的是，并非所有的担孢子发育过程都如上所述，也不是每种担子都产生 4 个担孢子。有的担子只产生 2 个担孢子，这种担孢子中含有 2 个单倍核。而有的担子还可产生多于 4 个的担孢子。

担孢子呈球形、卵圆形、长形或者腊肠形，无色或有色，色素可以是绿色、黄色、赭色、粉色、褐色、紫褐色或者黑色，在一些孢子的表面还有特征性的修饰结构。

外露型担子果的担孢子一般都可以有力地从小梗上发射出去。在担孢子和小梗相连的接触点附近，担孢子上具有一个微小的通常称之为脐点的突起。当孢子成熟时，在脐点上会形成一个小泡，泡内含有液体或气体。正是由于这种液体或气体的突然释放而造成担孢子的发射。但也有人认为是存在着其他发射机制。密闭型担子果中的担孢子，只有在担子果解体，或因外力担子果突然破裂的情况下，才被释放出来。释放后的担孢子在适宜的条件下又可萌发为初生菌丝而进入下一个生活周期。

第 3 节　多细胞结构与分化

在微生物中不仅普遍存在着单细胞的分化，而且在许多类群中，特别是在高等真核微生物的类群中还存在着多细胞结构的分化。这种分化就导致这些微生物产生了不同分化程度的各种各样的多细胞结构。如黏细菌和黏菌的子实体，子囊菌的子囊果，担子菌的担子果，以及一些真菌产生的菌索、菌核和吸器等。

这些多细胞结构存在着许多差异，其形态多种多样，千姿百态，有的很难说出它们的几何形状。它们的大小差别悬殊，小的需借助显微镜才能观察，大的却可达 1m 或更大的直径。生物学功能也不尽相同，一些是营养体的部分结构，如吸器；一些是休眠体，如菌索、菌核；而更多的却是无性或有性生殖“器官”，如子实体。它们的形成方式更是千变万化，不一而论。尽管如此，这些多细胞结构的分化还是存在着许多共同之处：①所有多细胞结构的分化都由环境因素启动，整个分化过程与环境条件密切相关；②多细胞结构中不同类型的分化细胞都起源于同一类型的营养细胞，是营养细胞多方向分化的结果；③每一类分化细胞均包含着多个细胞，高等真核微生物甚至还由同类分化细胞构成一定形态的组织，进而形成多细胞的生物体；④在多细胞结构的分化过程中加强了细胞之间的信息联系，从而协调了它们的整体发育，这种信息联系是通过细胞外的信息物质完成的；⑤多细胞结构的发育都伴随着一个生理变化和形态发生的过程；⑥整个分化过程都受遗传信息的调节控制，是分化基因顺序表达的结果；⑦与高等生物相比，微生物的多细胞结构都比较简单和原始。

微生物多细胞结构分化发育研究仍处于起步阶段，相关文献资料并不多，仅在黏细菌与网柄黏菌的子实体发育方面取得较大进展。

3.1 黏细菌的分化

黏细菌（myxobacteria）是以滑动方式运动的细菌，属于紫细菌类群的 δ 分支。黏细菌共分 12 个属，约 40 个种。根据营养方式，黏细菌分为溶细菌和溶纤维素两个类群。后者只有一个属一个种，即纤维堆囊菌（*Sorangium cellulosum*）。尽管黏细菌在系统分类上属于原核生物，但某些生物学特性却表现出与真核生物更多的相似性。

原核生物的细胞行为主要是单细胞活动，然而黏细菌细胞却表现出了复杂的群体行为，在摄食、运动、子实体发育和黏孢子形成等方面，显示出很强的社会性（sociality）。这种社会性行为涉及细胞之间的信号传导，而其信号传导模式更接近真核生物。在过去的 30 多年里，黏细菌细胞行为的研究主要是以黄色黏球菌为模式材料开展的。

当周围环境中营养物质丰富时，黄色黏球菌行营养生长，大量增殖。而在它们处于饥饿的状态且达到较高的细胞浓度时，合成发育信号因子，在固体表面上定向运动和有序聚集。在聚集和早期的堆积过程中，大部分细胞发生程序化自溶。聚集后的存活细胞进行有序排列，一部分细胞分化成不具繁殖活性的结构细胞，如子实体的柄、孢子囊壁等。另一部分细胞在子实体形成末期分化成抗逆休眠黏孢子（myxospore）。黏孢子的形成标志着子实体成熟和发育过程结束。黄色黏球菌的生活史见图 12-24。为了表述方便，可以把黏细菌的生活史及子实体发育过程分为营养生长、细胞聚集、子实体的形态发生及黏孢子萌发 4 个阶段。

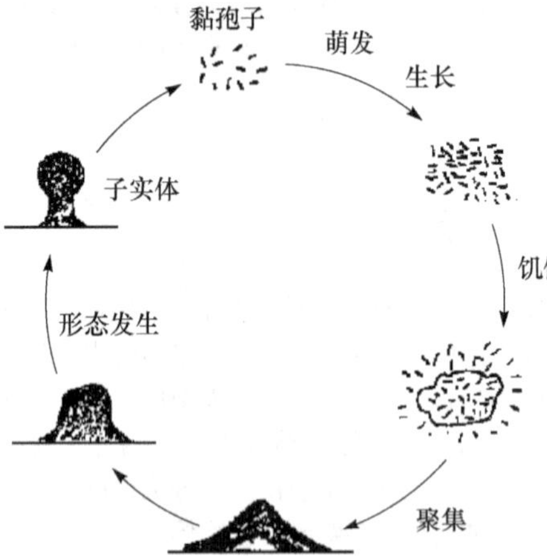

图 12-24 黏细菌的生活史

3.1.1 营养生长

黏细菌是典型的革兰氏阴性细菌，其营养细胞的细胞壁也由外膜层、周质空隙和肽多糖层组成。但是有实验表明，黄色黏球菌细胞壁的肽多糖层是不连续的。这种肽多糖层的不连续性可能与黏细菌细胞的可屈性有关，而细胞的可屈性则又与细胞的滑动有关。在细胞壁的外面是黏质层。黄色黏球菌分泌的黏质层由胞外多糖组成，这种胞外多糖含有甘露糖、葡萄糖和其他类型的单糖。该多糖结构较为疏松，与细胞壁的联系不太紧密，在细胞滑动时可部分滞留在固体的表面。对营养细胞超微结构研究表明，在细胞壁的外面还存在着胞外丝状体（extracellular filaments）。这些丝状体可能是纤丝或菌毛。有人认为，胞外丝状体的生理功能与菌体的运动及细胞间信息的传递相关，在细胞壁的里面紧贴着一层带有间体的细胞质膜。生理生化分析指出，在黄色黏球菌和橙色标桩菌（*Stigmatella aurantiaca*）的细胞膜和外壁层中脂肪酸含量占磷脂组分的 40%。这些脂肪酸包括不饱和 $C_{16:1}$ 脂肪酸与不常见的饱和 $C_{15:0}$ 及 $C_{17:0}$ 分支酸（branch-chain acid）。膜结构中的这些脂肪酸组分即使在形态分化的过程中也不会有多大变化，因此可作为滑动细菌的分类指标。用特殊的固定和染色方法，可以看到在黄色黏球菌的细胞膜下面有规律地分布着平行于细胞轴线的纤维束。这些结构也与细胞滑动相关。已检测过的黏细菌基因组，黄色黏球菌为 9454kb，橙色标桩菌为 9200～9870kb，直立标桩菌为 9710～10 010kb，其大小介于原核微生物和真核微生物（蜡状芽孢杆菌和酿酒酵母的基因组分别为 5700kb 和 13 389kb）之间，较一般细菌的基因组能编码更多的遗传信息，这就为黏细菌编码多细胞结构分化基因提供了信息储备空间。此外，在黏细菌的细胞中还可见到多聚磷酸颗粒、糖原颗粒等内含体及一些色素。黏细菌的色素成分主要是类胡萝卜素糖苷酯（corotenoid glycoside easter），它们是在光照条件下合成的，可使细胞呈现黄色或橘红色。

黏细菌是中温好氧异养型微生物。在自然界，它们主要生长在土壤、朽木、树叶、树皮、地衣和草食动物粪便等物上，以蛋白质、多糖、肽聚糖及核酸等各种大分子有机物为营养物质。在实验室中，可用载有细菌（如 *E. coli*）的琼脂平板或灭菌后的酵母菌培养黏细菌。尽管这些营养物质是不溶于水的有机物，但黏细菌并不具有吞食与胞饮的进食方式，必须分泌胞外酶将其降解为利于吸收的小分子物质，然后通过细胞表面的运输机制来吸收营养。鉴于这一摄取营养物质的方式，黏细菌行二分裂营养生长时，其生长速率与细胞密度相关。当细胞密度低时，分泌的胞外酶浓度自然也低，可吸收的营养物质也少，因而生长速率就慢。反之，细胞密度越大，生长速率就快。黏细菌的这种进食方式类似于狼的围猎，更多地体现了群体性，因此有人把这种现象称为“狼群效应”（wolf-pack effect）。

3.1.2 细胞聚集

当周围环境中营养物质贫乏，细胞处于饥饿状态且达到一定密度时，如果具有可依靠的固体表面，即停止营养生长并向特定的中心聚集，开始子实体分化的过程。

1. 趋化因子

虽然饥饿状态、固体表面和细胞高密度是细胞聚集的 3 个必要条件，但是三者比较起来，饥饿条件才是细胞聚集最主要的因素。实验表明，当周围环境营养物质丰富时，即使细胞处在固体表面，并且达到相当高的密度，甚至大部分细胞进入稳定期，也不会发生聚集现象。只有在营养缺乏时，如蛋白水解型黏细菌（黄色黏球菌）处于氮饥饿时，纤维水解型黏细菌（纤维堆囊菌）处于碳饥饿时，才启动聚集过程。

当环境中一种或多种氨基酸枯竭时，黄色黏球菌在细胞内和细胞间便会出现相应的信号物质。在细胞内，依赖于 *relA* 基因的 ppGpp 迅速积累。ppGpp 被认为是第一个胞内早期信号，另外两个胞内早期信号是 *socE* 和 *csgA* 基因的产物，它们在黄色黏球菌进入发育循环中起着重要作用。基因 *socE* 在营养细胞中表达得很高，但是在停止生长的饥饿细胞中由于受 ppGpp 的抑制而变得大幅度降低。相反，*csgA* 基因在营养细胞中表达得很差，而在饥饿条件下则被诱导并增高大约 5 倍，它部分地受 *socE* 产物阻遏，而受 ppGpp 正向调节。如此看来，SocE 和 CsgA 之间的平衡为细胞停止生长及定向聚集运动所需要。

黏细菌细胞的定向聚集运动是一个群体行为，必然依赖于胞外信号物质的交流。已发现黄色黏球菌胞外信号因子至少有 5 类，即 Asg、Bsg、Csg、Dsg 和 Esg。除了 Bsg，其他 4 种均参与细胞的聚集过程。Asg 被称为 A 信号，在营养物缺乏后 1～2h 表达，是已知最早起作用的胞外信号因子。如果细胞密度足够高，将进行一系列的发育活动；如果密度不够，则维持低水平生长直到细胞密度升高。Asg 本身是由混合蛋白酶产生的一些氨基酸和肽的混合物。*asg* 突变株缺乏对饥饿条件的反应，不能启动子实体发育的任何步骤，但若添加适量氨基酸和肽混合物便可恢复。Bsg 为 B 信号，是一个依赖于 ATP 的蛋白酶，也在发育早期发挥功能，可能是破坏阻遏发育的蛋白因子。C 信号 Csg，晚于 Asg 和 Bsg，在发育后的 6～7h 表达，是 5 个胞外信号中最后起作用的因子。通过金免疫定位和不运动突变株（*mgl* 突变株）的研究证实，Csg 结合在胞外纤丝（fibrils）上，通过与细胞接触控制细胞聚集和子实体形成时细胞运动方向。Csg 功能不仅在于它是一个与细胞连接的信号物，它还在调控参与韵律振动、运动、聚集和孢子形成的 50 多个基因中起主要作用。此外，C 信号还可能是存在于胞外的发育时钟，不但对发育基因表达的时序起作用，也控制细胞在空间上近距离的相互作用。D 信号 Dsg，可能不是 *dsg* 基因的产物，但可恢复 *dsg* 突变。*dsg* 突变株的发育进程仅被部分干扰，即聚集延迟和生孢减少。E 信号 Esg，在发育开始后的 3～5h 表达，该信号的交换需要细胞之间接触，与细胞聚集和子实体形成的准确定位有关。在上述胞内外信息因子的指导下，细胞进行有序聚集。

2. 滑动

黄色黏球菌既能单独进行 A-运动，即进取性运动（adventurous motility），也能成批地进行 S-运动，即社会性运动（social motility），但在聚集时通常进行 S-运动。

细胞运动的方式是滑动，而滑动可能与胞内纤维束、胞外丝状体及黏质层等运动装置有关。其中胞外丝状体在滑动中的作用尤为重要。纤丝是可以达到 50μm 长的细丝状结构，由多糖及与之紧密相连的整合纤毛蛋白［IFP（Integral fibril protein）］组成。纤丝对于细胞聚集及与发育循环有关的特征性社会行为都很重要。缺失纤丝的 *dsp* 突变菌株也会缺失若干社会性功能。因此，纤丝被认为在细胞间信号的直接传递中发挥着定位功能，使单个细胞发觉其邻近细胞并感知细胞密度。对这一功能起重要作用的是一种与纤丝相关联的 ADP-核糖基的活性。此外，滑行或 S-运动还需要另一种胞外丝状体菌毛。缺乏极性Ⅳ型菌毛合成基因 *pil* 的突变体及 S-运动基因 *sgl* 和 *tgl* 的突变体都表现出子实体形成上的缺陷。

S-运动并不是一种随机的过程。无论在营养阶段的细胞群集或者发育阶段的细胞聚集（cohesion）过程中，细胞均作出趋化性反应。它们朝向吸引剂而背离排斥剂。已经知道磷脂酰乙醇胺，包括二月桂基或二油酰基磷脂酰乙醇胺，均是有效的吸引剂。

3. 聚集方式与过程

细胞向聚集中心运动时，由于趋化因子的脉冲影响而呈现类似水波一样的运动波。黄色黏球菌的运动波的波长为 100μm 左右。因为早期的聚集有多个聚集中心，所以可见到这些波的干涉现象和复杂的聚集纹理。尽管早期的聚集可以形成一些小的细胞堆，但这种聚集体是不稳定的，只有当数十万（大约 10^5）的细胞选定了一个共同的聚集中心时，才进行稳定的有效聚集。细胞聚集是一个渐进的过程，聚集后期就伴随着子实体的形态发生。

在聚集过程中，至少有两个信号传递系统在起作用，即 Frz 和 Dif 系统。二者都是由同源于肠道细菌 Che 系统的组分所组成。每个系统各自在发育的不同阶段起作用。Dif 系统在聚集过程的早期起作用，因为 *dif*［意指子实体形成缺陷（defect in fruiting）］突变株的聚集不能超过子实体形成的早期阶段。Frz 系统在营养细胞的群集活动中和子实体形成的后期阶段都起作用。基因 *frz* 的突变株显示为“卷曲”的表型，它形成不正常的聚集而并非各自独立的丘状隆起（mound）。所以这两个系统都被认为能够对发育阶段的信号分子及可能还有其他的细胞外因子感知和应答而控制发育过程中的聚集运动。

3.1.3　子实体的形态发生

黏细菌子实体的形态发生有一个复杂的过程。

1. 子实体形态发生的过程

聚集后的细胞有序排列，形成一定形态的子实体。在这一过程中，细胞进行分化。一部分细胞转化为子实体柄、孢子囊壁等不具繁殖活性的结构细胞，一部分细胞自溶，另一部分细胞（60%～70%）在子实体形成的末期分化为休眠黏孢子。黏孢子的形成标志着子实体成熟和发育过程结束。

子实体形态发生的过程依黏细菌的种类不同而异，见图 12-25。孢囊杆菌（*Cystobacter*）的子实体结构最为简单。聚集后的一些细胞排列成近似球形的外壳，把其他细胞包裹在其中，于是就形成一个无柄的孢子囊。黏球菌的子实体比孢囊杆菌的子实体稍微复杂一些，除形成无分支的球形孢子囊外，还分化出一个短柄。而标桩菌（*Stigmatella*）的子实体形成就更为复杂一些。当细胞聚集成堆状物后，从堆状物中央垂直升起一个圆形的柱状体，柱状体发展到一定高度后，细胞重排，在柱状体顶端形成几个膨大的棒状孢子囊。与此同时，柱状体逐渐变细，最后形成具有长柄和分支孢子囊的子实体。软骨霉状菌（*Chondromyces*）子实体形态发生的过程与标桩菌基本相同，但它的子实体结构最为复杂。其基部是一个长柄，在长柄的顶端又分支出几个次生短柄，在短柄顶端才形成孢子囊。尽管黏细菌子实体的形态各不相同，但是一般来说在子实体外面都覆盖着一层黏质物（有时也有例外）。黏细菌子实体是一种袖珍子实体，其高度在 1mm 左右或者更小。

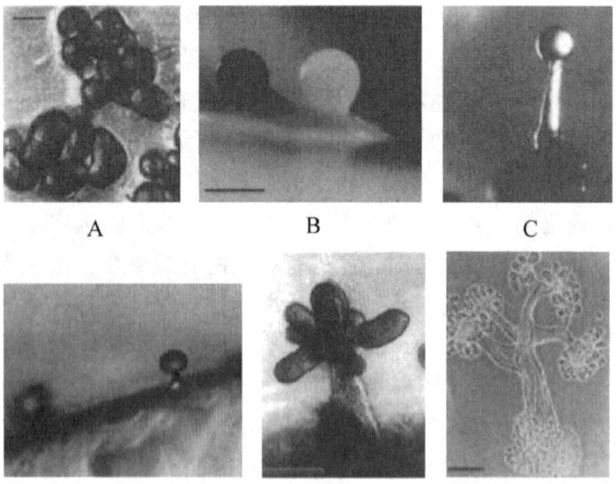

图 12-25　一些黏细菌的子实体（Dworkin，1986）

A：深褐胞囊杆菌；B：橙色黏球菌；C：叶柄黏球菌（子实体大约高 170μm）；D：蜂窝囊菌属的菌株 Hp（子实体大约高 40μm）；E：橙色标桩菌（标尺，50μm）；F：藏红花软骨状菌（其余未注明者标尺均为 100μm）

2. 细胞自溶

在黏细菌细胞聚集和子实体形态发生的过程中，根据发育环境的不同，有 65%～90%的细胞发生自溶。黏细菌的细胞自溶属于原核生物的细胞程序化死亡。目前尚不能完全证明细胞自溶与发育存在必然联系，但越来越多的证据表明自溶与黏孢子的形成紧密相关。例如，黏孢子表面存在着 S 蛋白，S 蛋白不能通过分泌释放到胞外。正是细胞的自溶释放了大量的 S 蛋白，并在黏孢子表面自组装。

3. 黏孢子形成

在自然条件下，黏孢子的分化一般都发生在子实体的孢子囊中，子实体的多细胞结构是孢子形成的必要条件。黏孢子的形成方式与芽孢的形成方式不同。它不是在营养细胞内生成孢子，而是由整个细胞逐步转变成黏孢子的。在黏孢子的形成过程中，细胞长度逐渐缩短，而宽度则逐渐增加，最后细胞形态转变为近球形。与此同时，在细胞的外面形成了致密的皮层、中间孢子衣（intermediate coat）和表面孢子衣（surface coat）。这 3 层结构构成了一个厚厚的黏孢子外壳，其中表面孢子衣是由 S 蛋白组成。S 蛋白已被分离纯化，其分子质量为 23kDa，并且已经知道只有在 Ca^{2+} 存在时这些 S 蛋白才能沉积在孢子表面。黏孢子具有较强的抗性，它耐热、抗干燥、抗辐射及抗去污剂，在土壤中可存活 10 年以上，是典型的休眠体。

在实验室条件下，添加一些诱导物质，如甘油、次乙基甘油、二甲基亚砜（dimethy isulfoxide）、苯乙酸、吲哚等，可以不经子实体发育而诱导黄色黏球菌的营养细胞直接转变为黏孢子。其中甘油诱导黏孢子形成的频率可达 90%以上。这些诱导作用甚至可以出现在非饥饿条件下。经诱导产生的孢子在结构上与子实体内形成的孢子有所不同。它们缺乏 S 蛋白，但存在着 U 蛋白（U 蛋白也存在于子实体内的孢子上），这类黏孢子也耐热和抗去污剂。

4. 黏孢子萌发

在适当的温度和湿度下，子实体中的黏孢子开始萌发。孢子萌发需要水分和某些无机离子。在萌发过程中黏孢子膨大或不膨大。孢子外壳在萌发中并不被分解利用，而是被反方向水解出两个缺口，然后细胞从缺口处逸出。接着孢子囊裂开并释放出萌发后的黏细菌细胞。这些细胞集体滑动，寻找食物。若在运动过程中与其他的同种细胞群相遇，便合为一体。一旦遇到丰富的食物将形成“围猎”区，分泌胞外酶，进行营养生长，开始了又一个生活史。

3.1.4　黏细菌发育的遗传学

以黄色黏球菌为例，与发育有关的基因见表 12-9、表 12-10 和表 12-11。

1. 参与信号的基因

黏细菌在碳源受到限制时会产生胞内与胞外信号物质，诱导发育和子实体形成过程。现在已鉴定的早期胞内信号基因主要有 3 个，即 *relA*、*socE* 和 *csgA* 基因。*relA* 编码(p)ppGpp 合成酶Ⅰ；*socE* 基因编码(p)ppGpp 积累的负调节蛋白，是一个必需基因，与各种数据库中的任何基因均无同源性；而 *csgA* 基因是 C 信号基因。上述基因缺失的突变株都会造成早期发育过程的中断（表 12-9）。

表 12-9　参与黄色黏球菌发育循环的部分基因：细胞内和细胞外（间）的信号

基因		推测的产物功能或突变体的发育表型
细胞内信号	*relA*	(p)ppGpp 合成酶Ⅰ；黏孢子和子实体形成缺陷
	socE	必需基因，发育及依赖于 *relA* 的（p)ppGpp 积累的负调节蛋白
	csgA	编码 17kDa 和 25kDa 蛋白的 C 信号基因，25kDa 蛋白是一个短链的乙醇脱氢酶
细胞外（间）信号	*asgA*	A 信号基因，推测是反应调节蛋白激酶
	asgB	A 信号基因，推测是转录因子（螺旋-转折-螺旋蛋白）
	asgC	A 信号基因，RNA 聚合酶的 σ^{70} 亚单位
	bsgA	B 信号基因，90.4kDa，推测是依赖于 ATP 的蛋白酶（与 Lon 蛋白酶同源）
	csgA	C 信号基因编码 17kDa 和 25kDa 蛋白，25kDa 蛋白是一个短链的乙醇脱氢酶
	dsgA	D 信号基因，与大肠杆菌翻译起始因子（IF)-3 同源
	esgA	E 信号基因，支链酮酸脱氢酶的 E1 脱羧酶（与 *esgB* 的产物共同起作用）
	esgB	E 信号基因，支链酮酸脱氢酶的 E1 脱羧酶（同 *esgA* 的产物共同起作用）

5 个被称为 A、B、C、D 和 E 的细胞外（间）信号，已经被鉴定为聚集和子实体形成的介导物（表 12-9）。最早起作用的 A 信号是在黏细菌分泌的蛋白酶作用下产生的某些氨基酸和多肽混合物。有 *asgA*、*asgB* 和 *asgC* 3 个基因是产生 A 信号需要的。基因 *asgA* 的产物被设想是一个反应调节蛋白激酶，它与组氨酸蛋白激酶的发送器结构域和反应调节蛋白的接受器结构域同源。因此认为 *asgA* 的功能与信号的传导有关。*asgB* 基因可能编码一个 C 端具有螺旋-转折-螺旋结构的 DNA 结合蛋白，推测是识别编码 A 信号的胞外蛋白酶基因序列的一个转录因子。*asgC* 基因则与 *rpoD* 同源，它编码 RNA 聚合酶的 σ^{70} 亚单位。B 信号在发育的早期起作用，但是还有待鉴定。它依赖 *bsgA* 基因的产物，后者是一个 90.4kDa、依赖于 ATP 的蛋白酶，与 Lon 蛋白酶同源。深入研究过的细胞外信号是 C 信号，它由 *csgA* 基因编码。该基因编码一个 17kDa 和一个 25kDa 的蛋白，二者都具有 C 信号功能，25kDa 蛋白被认为是一个短链的乙醇脱氢酶。*csgA* 基因的突变株不能聚集或形成孢子，并且不能表达一些发育阶段的基因。D 信号本身被认为是脂肪酸的一种混合物，但其作用还有待深入研究。E 信号依赖于 *esgA* 和 *esgB* 两个基因产物。E 信号被认为是一个长的支链脂肪酸。*esgA* 和 *esgB* 基因的产物是支链酮酸脱氢酶的 E1 脱羧酶。因此，它们可能是在利用环境中的脂肪酸来产生 E 信号方面起作用。

2. 参与聚集或 S-运动的基因

除了细胞内和细胞外的信号以外，其他的一些基因结构和功能也为聚集作用和 S-运动所需要（表 12-10）。其中包括纤丝，它是细胞间的相互作用及许多社会性活动所必需的。纤丝的产生至少依靠 *dsp* 和 *ifp-20* 两个基因。*dsp* 基因产物的功能还不清楚，但是 *dsp* 的突变体缺乏纤丝。*ifp-20* 基因的产物是一种纤丝蛋白，不能产生这种纤丝蛋白的突变株，在细胞间接触方面有缺陷，进而影响了发育的正常进行。Ⅳ型菌毛是滑行运动装置之一，也为社会性聚集和子实体形成所必需。菌毛合成的必需基因组成一个 *pilBTCSRAGHID* 操纵子。*pilA* 基因编码菌毛蛋白亚基前菌毛蛋白（prepilin)。*pilB* 和 *pilC* 基因编码参与类型Ⅱ分泌的蛋白。*pilG*、*pilH* 和 *pilI* 基因组成一个 ABC 运输系统。*pilR* 和 *pilS* 基因被认为组成一个双组分的感受器-激酶-调节蛋白信号传导系统，其中 PilS 的功能如同一个组氨酸蛋白激酶，负向调节 *pil* 操纵子的转录调节因子 PilR。*pilT* 基因编码一个在 S-运动中与菌毛收缩作用有关的蛋白。除了 *pilT* 基因的突变株以外，任何其他 *pil* 基因的突变株都不产生菌毛，而 *pilT* 突变株虽然能够产生菌毛却缺乏 S-运动。

表 12-10　参与黄色黏球菌发育循环的部分基因：聚集和（或）S-运动

基因	推测的产物功能或突变体的发育表型
dsp	功能未知；突变株不产生纤丝
ifp-20	IFP-20；纤丝蛋白；该基因突变株在细胞间接触方面有缺陷
pilA	主要的菌毛蛋白亚基，前菌毛蛋白
pilB pilC	同 PilC 一起参与类型Ⅱ分泌
pilG pilH pilI	同 PilH 和 PilI 组成 ABC 运输系统
pilR	*pil* 操纵子的转录调节蛋白；同 PilS 组成双组分感受器-激酶-调节蛋白信号传导系统
pilS	组氨酸蛋白激酶；同 PilR 组成双组分感受器-激酶-调节蛋白信号传导系统；负调节 PilR 活性
pilT	菌毛收缩；突变株 S-运动缺损但可以形成菌毛
sglA（*pilQ*）	与大分子运输有关的分泌素
sglK	DnaK（HSP70）的同源物
tgl	突变株的菌毛生物合成，S-运动和发育呈现缺陷

续表

基因	推测的产物功能或突变体的发育表型
wzm wzt wbgA	脂多糖（LPS）的生物合成
mrpA	组氨酸蛋白激酶；突变株孢子形成缺陷
mrpB	与 NtrC 类似的反应调节蛋白
mrpC	类似于 cAMP 受体蛋白（CRP）的转录调节蛋白
rpoN	RNA 聚合酶的 σ^{54} 亚基

sgl 和 *tgl* 基因突变的结果也会产生 S-运动和子实体形成的缺陷。*sgl* 基因编码一个与大分子（菌毛蛋白）运输有关的分泌素，因此被重新命名为 *pilQ*。另一个基因 *sglK* 编码一个 DanK（HSP70）的同源物，后者为细胞与细胞接触及 S-运动所需要但并不为其生长所必需。*tgl* 基因编码菌毛合成所需要的一种产物，这解释了其突变株在 S-运动和子实体形成上出现缺陷的原因。

3. 与趋化性信号传导系统有关的基因

因滑行运动受控于 Dif 和 FrZ 两个信号传递系统，一些 *dif* 基因编码在聚集的早期起作用的信号传导系统（表 12-11）。它们组成一个 *difABCDE* 操纵子。*difA* 或 *difE* 的突变株在子实体形成上有缺陷。其缺陷表现在与 S-运动相关的滑动行为的调控上，从而支持了 Dif 系统作为信号传导系统的角色。它作为这个角色的进一步证据是发现若干 *dif* 基因的产物与肠细菌的 Che 系统同源。DifA 蛋白接纳甲基的趋化蛋白（MCP）Tar 的同源物，因此被认为是 Dif 系统的受体。基因 *difB* 的产物与数据库中的任何蛋白都不显示同源性，故还没有确定它的功能。DifC 蛋白是 CheW 蛋白的同源物，很可能与 DifA 蛋白及 CheA 组氨酸激酶的同源物 DifE 蛋白都能够相互作用。基因 *difD* 的产物 DifD 蛋白，是 CheY 的同源物，被认为其功能可能是作为受 DifE 组氨酸激酶调控的 Dif 系统中的反应调节蛋白。迄今为止，尚未在 Dif 系统中鉴定到 CheB 和 CheR 的同源物。

表 12-11　参与黄色黏球菌发育的部分基因：趋化性信号传递系统

基因		所认为的产物功能或突变体的发育表型
Dif 系统	*difA*	接纳甲基的趋化蛋白（MCP）Tar 的同系物；Dif 系统的受体
	difB	功能未知；无同源物
	difC	CheW 的同源物；从 DifA 到 DifE 的信号传导
	difD	CheY 的同源物；反应调节蛋白
	difE	CheA 的同源物；磷酸化 DifD 的组氨酸蛋白激酶
Frz 系统	*frzA*	CheW 的同源物；从 FrzCD 到 FrzE 的信号传导
	frzB	功能未知；无同源物；与 FrzCD 相互作用
	frzCD	接纳甲基的趋化蛋白（MCP）Tar 的同系物；Frz 系统的受体
	frzE	CheA 的同源物（N 端）；组氨酸蛋白激酶
		CheY 的同源物（C 端）；反应调节蛋白
	frzF	CheR 的同源物（C 端）；甲基转移酶
	frzG	CheB 的同源物；甲基酯酶
	frzS	无同源物；推测是 S-运动的调节蛋白
	frzZ	CheY 的同源物（N 端/C 端）；推测是并非 Frz 系统中心部分的反应调节蛋白
	abcA	ABC 运输/输出蛋白；可能与 FrzZ 相互作用；突变株在 *pilQ1* 背景下表现为卷曲的表型
	rpoE1	细胞质外功能（ECF）σ 因子；可能与 FrzZ 相互作用；突变株呈营养趋向和发育聚集缺陷

Frz 系统是由黄色黏球菌染色体上位于同一个区域且属于一个操纵子 *frzABCDEFG* 的一些基因（表 12-11）及独立的 *frzZ* 和 *frzS* 基因所编码。*frz* 基因为营养细胞群集、发育聚集及子实体形成所必需。*frz* 的名称来自于 *frz* 突变株中所见到的流产丘状隆起所形成的卷曲状外观。与 Dif 系统相似，许多 *frz* 基因编码 Che 系统的同源物。*frzA* 基因的产物是 CheW 的同源物，它起着一个适配蛋白（adapter protein）的作用，与 MCP 的同源物 FrzCD 蛋白及 CheA 组氨酸激酶的同源物 FrzE 蛋白相互作用。相对于它们的 Dif 及 Che 同源物，FrzCD 蛋白和 FrzE 蛋白都表现出它们独有的特点。FrzCD 蛋白并不拥有一个跨膜区，因而可能是留在细胞质内，表明信号的输入必须来自一个尚未鉴定的膜受体传感器。FrzE 蛋白看来具有双重功能，它的 N 端与 CheA 蛋白同源，但是它的 C 端显示为与 CheY 反应调节蛋白同源。因为 FrzB 蛋白没有同源物，也不知道它的功能，因此 FrzCD 蛋白和 FrzB 蛋白相互作用的功能尚待研究。FrzF 蛋白的 C 端与 CheR 同源，因而被认为具有甲基转移酶活性。FrzG 蛋白与 CheB 蛋白同源并且具有甲基酯酶活性。因此，FrzF 被认为能够甲基化

FrzCD，而后者则被 FrzG 脱甲基化。*frzS* 基因编码 Frz 系统的一个新组分。*frzS* 基因的突变株显示为卷曲状表型，并且与野生型菌株相比较其回复率仅有轻微增加，但是有趣地显示出营养性群集的重大缺陷，表明 FrzS 在社会性运动中起作用。FrzZ 蛋白拥有两个不同的结构域，二者都与 CheY 蛋白显示有同源性，因而被认为是一个反应调节蛋白。然而表型数据表明它并不是 Frz 系统中的一个关键部分，而更像是指导运动的一个调节蛋白。FrzZ 蛋白被发现与两个分别由 *abcA* 和 *ropE1* 基因编码的其他蛋白相互作用。AbcA 蛋白与 ABC 运输蛋白家族的成员表现有同源性。分析表明它可能是参与发育聚集的某种分子的分泌过程中的一个重要输出蛋白。*abcA* 的突变株表现为卷曲状表型，但是只有在 *sglA1*（*pilQ1*）的背景条件下才会发生，这使得它在发育中的角色不很清楚。RpoE1 蛋白是细胞质外功能（extracytoplasmic function，ECF）σ 因子家族成员中的一员。*rpoE1* 基因位于基因 *frzZ* 的下游和基因 *frzS* 的上游。*rpoE1* 和 *frzS* 基因似乎是与另外两个基因共同构成的一个操纵子中的一部分。*rpoE1* 的突变株并不表现卷曲状的表型，但是在营养细胞的群集及发育聚集方面表现有缺陷。

4. 其他基因

在黄色黏球菌中，参与合成脂多糖 O 抗原的 3 个有关基因 *wzm*、*wzt* 和 *wbgA* 的突变株，尽管产生正常的Ⅳ型菌毛和纤丝，但在 S-运动和聚集上表现出缺陷。表明脂多糖 O 抗原在 S-运动中同样起作用。

最近，又发现了 3 个与聚集及孢子形成有关的新基因：*mrpA*、*mrpB* 和 *mrpC*（*mrp* 指黏球菌的调控蛋白）。*mrpA* 基因编码一个组氨酸激酶的同源物，它位于编码一个类似 NtrC 的反应调节蛋白的 *mrpB* 基因上游并与之组成一个操纵子。*mrpC* 基因是分开转录的，它编码一个类似 cAMP 受体蛋白（CRP）的转录调节蛋白。*mrpB* 和 *mrpC* 二者的突变会造成聚集和孢子形成上的缺陷，而 *mrpA* 基因的突变则仅在孢子形成上造成缺陷。这 3 个基因都受发育系统调控。另一个对黄色黏球菌发育和营养生长起重要作用的基因是 *rpoN*，该基因编码一个 σ^{54} 的同源物。在黄色黏球菌中，σ^{54} 为其营养生长所必需，但也为若干发育基因的表达所需要。事实上，MrpB 一般被认为是 σ^{54} 的激活剂，参与一些依赖于 σ^{54} 的发育基因的表达。

3.1.5 更复杂黏细菌的多细胞形态发生

黄色黏球菌子实体的形态结构是黏细菌中较为简单的一种，而橙色标桩菌子实体的结构比黄色黏球菌要复杂得多。除在细胞堆上发育出柄外，还进一步在柄上分化为多个孢子囊束，在每一个孢子囊中细胞分化为大量休眠黏孢子。目前，已经在橙色标桩菌中发现了更多的原来认为只属于真核生物的生物学特性。相信通过进一步的深入研究，将使我们有可能了解形成复杂多细胞结构的分子机制。

3.2 网柄黏菌的分化

与黏细菌相比，网柄黏菌（*Dictyostelium*）在食物谱系、生活习性、生活周期及分化过程等方面存在着不少相似之处，但也有着明显的区别。最大的区别就在于黏细菌为原核生物而网柄黏菌为真核生物。与其他真核生物相比，网柄黏菌又具有分化程序分明、子实体结构简单、易于培养控制、便于分析测定等特点。于是，网柄黏菌经常被作为发育生物学的模式生物来研究。

近年来发现，网柄黏菌发育有着哺乳动物的许多特征。例如，其细胞分化直到发育后期都保留着可塑性，有着类似的基因与蛋白同源体，相同与相近的信号调控系统等。因此，研究网柄黏菌的分化与发育对于其他真核生物乃至哺乳动物都有重要的参考价值。

3.2.1 生活史及分化过程

网柄黏菌是一类营养方式近似于黏细菌而子实体发育方式近似于真菌的生物。在自然界，它们常生长在腐草、朽木、落叶、兽粪及土壤上，以吞食或胞饮细菌、真菌、放线菌为生。在实验室中，它们既能噬食单细胞生物（如细菌、酵母菌），也能从含有葡萄糖、蛋白胨、酵母粉和无机盐的培养基中摄取营养，在中温、好氧、潮湿的人工条件下生长。

网柄黏菌的生活史及分化过程如图 12-26A 所示。当环境条件适宜并营养物质丰富时，网柄黏菌的孢子就能萌发成单倍体的营养细胞。这些营养细胞被称为变形菌胞，它们没有细胞壁，由一层细胞膜包裹着原生质。细胞内有一个核膜包被的细胞核及线粒体、溶酶体等其他细胞器。变形菌胞以二分裂方式增殖。当环境中的营养物质耗尽时，它们停止营养生长，经过短时间的饥饿诱导，开始聚集。在正常情况下，聚集过程需要 10～12h。聚集后的细胞堆称为假原生质团（pseudoplasmodlum）。所谓假原生质团是指网柄黏菌的细胞聚集体外面并无质膜包被，聚集体的细胞之间虽有一定联系，然而并未真正地融合在一起，仍保留着细胞的完整性，在一定条件下仍可重新分散为单个细胞。处于假原生质团中的细胞开始合成胞外蛋白质-碳水化合物复合体，并将其累积覆盖在假原生质团的外面，以防干燥并有利于假原生质团移动。在 14～15h 后，假原生质团向上延伸，形成指状突出（tip），这一指状结构倒向基质，形成头尾分明的蛞蝓体，并开始迁移，到 18～19h 迁移停止。之后向垂直方向拔顶（culmination），分化发育成具有基盘、茎和膨大顶部的未成熟子实体。在 26h 左右，子实体发育成熟，整个分化过程结束。子实体成熟后，组成基底盘和茎的细胞逐渐干枯、死亡，而顶部的孢子则可以长久存活。遇到适宜的环境条件后，孢子又可以重新萌发，形成新的变形菌胞。

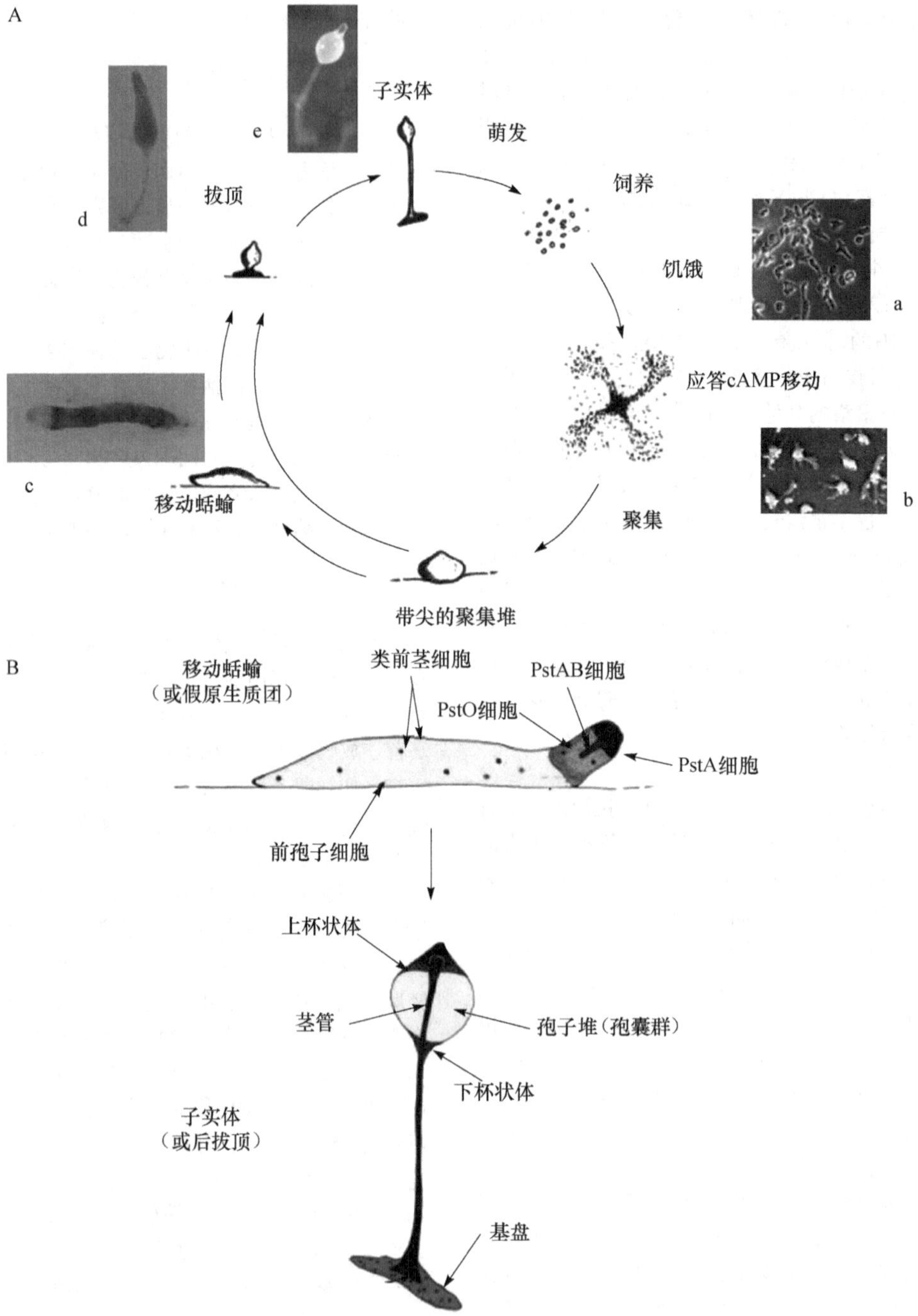

图 12-26　网柄黏菌的生活史及分化过程（Strmecki et al.，2005）

A：网柄黏菌的生活史（示意图表示过程，照片插图展示形态）。营养丰富时，孢子萌发，进行营养生长。饥饿时，启动分化发育过程，一些细胞分泌 cAMP（插图 a），并从中心源向外扩散形成脉冲式的 cAMP 传播波。引起趋化反应，启动聚集运动（插图 b）。当聚集堆达到 10^5 个细胞后发育出一个顶尖（tip），顶尖倾倒并形成迁移的蛞蝓（插图 c）。蛞蝓朝着热源和光源移动，停止运动后垂直树立（插图 d），最终发育为一个成熟的子实体（插图 e）。成熟孢子在子实体头部，长期保持休眠状态，遇到可利用食物时重新萌发。B：蛞蝓和子实体的结构。蛞蝓的后五分之四由前孢子细胞组成，散布着少数类前茎细胞（ALCs）。蛞蝓的前五分之一由前茎细胞（包括 PstO、PstAB 和 PstA 细胞）组成。子实体由孢子头、茎、基盘组成。孢子头（堆）被上、下杯状体（由 ALCs 形成）固定且位于细茎顶部，而细茎本身又被基盘所支撑

3.2.2　细胞学及分子生物学基础

网柄黏菌的分化发育是一个复杂的生物学过程。它既涉及单个细胞的分化，又涉及细胞间的相互应答和多细胞结构的发育。

1. 细胞学变化

在网柄黏菌的营养生长期，只有一种阿米巴细胞以二分裂方式生长繁殖。然而当饥饿条件促使细胞进行趋

化运动，聚集成堆后开始细胞分化，继而建立了细胞的不对称体系并产生了适当比例的两类细胞，即前孢子细胞（prefore cell）与前茎细胞（prestalk cell）。起初这两类细胞随机分布在聚集堆中，在聚集过程中，尤其是在聚集堆的细胞达到 10^5 个时，二者以不同移动速度分类趋化并差别附着，于是不同类型的细胞出现在蛞蝓的不同位置。前孢子细胞位于蛞蝓体的后五分之四，而前茎细胞位于蛞蝓体的前五分之一。此外尚有一些类前茎细胞（ALCs）散居在蛞蝓的背部与后部，见图 12-26B。迄今为止，尚未发现前孢子细胞亚分类的明显证据，因为在之后的发育中前孢子细胞在结构与功能上均未显示出类别差异。然而，由于不同的前茎分化特异基因的表达，前茎细胞被划分为不同亚型，即 PstA、PstAB 和 PstO 型。PstA 细胞位于蛞蝓头部前区，PstO 细胞位于蛞蝓头部后区，PstAB 细胞则在 PstA 和 PstO 之间形成一个中心核。在蛞蝓朝着更有利于发育的环境（热和光）移动时，不仅伴随着细胞的快速运动，而且伴随着两大类型细胞的相互转变。蛞蝓停止迁移后便垂直拔顶，进行子实体发育。此时，不同亚型的前茎细胞分化为不同的茎细胞并分别形成基盘、茎、孢子头的上下杯状体，而前孢子细胞分化为孢子并形成孢子堆。孢子堆中的孢子数量巨大，占到子实体细胞总数的 80%。

2. 分子基础及作用机制

网柄黏菌分化发育的分子基础及作用机制的研究已取得一些进展，研究结果表明，一些细胞内、外因子在细胞聚集、分化及多细胞结构发育中起着重要作用。

1）**趋化因子**

在饥饿条件下，细胞停止营养生长，经过短短的几个小时便具备了进行聚集的能力。有人把饥饿后数小时的变形菌胞放在流水中，看到一个极为有趣的聚集现象。位于下游的细胞会逆流而上，向聚集中心聚集，而上游的细胞则不参与聚集。这一实验表明，聚集作用是有分子基础的，是某种趋化物启动了细胞聚集。另外，并非所有的细胞都能自动分泌趋化物，而只有某些细胞具有自动释放这种趋化物质的能力，形成聚集信号源。早在 30 多年以前，Bormer 就注意到了这种聚集过程中的趋化性。他把引起变形菌胞趋化的物质称作魔聚素（acrasin）。后来人们分离测定了魔聚素，证明它就是胞外 cAMP。进一步的研究指出，对于变形菌胞的营养体，即使环境中存在 cAMP，它们也不会作出聚集反应。cAMP 之所以能够诱发饥饿状态的变形菌胞聚集，是因为在变形菌胞的细胞表面出现了 cAMP 受体蛋白（cAR，包括 cAR1～cAR4 4 种 cAMP 受体蛋白）活性。当 cAMP 与受体蛋白 cAR1 互作，激活细胞内的一系列信号途径，引发了 3 个主要的应答反应：产生并分泌更多的 cAMP 以传播这一信号；触发趋化反应而引起细胞运动；启动分化基因表达和子实体发育过程。

研究表明，当 cAMP 与细胞表面的受体蛋白 cAR1 结合，会导致细胞作出两种反应。一是刺激细胞伸出伪足作阿米巴运动，二是诱导这些细胞向周围释放 cAMP。有关 cAMP 刺激变形菌胞伪足伸缩的机制还不清楚，但阿米巴运动本身肯定与细胞骨架中的肌动蛋白（actin）的伸缩变形有关。有人认为 cAMP 受体蛋白是一种变构蛋白。当 cAMP 与其结合后，它就对 cAMP 的磷原子进行亲核攻击（nucleophylic attack），致使磷原子暂时成为五价原子并与受体蛋白的变构中心共价结合，从而激活了 cAMP 受体蛋白。活化后的 cAMP 受体蛋白可以使一个被称为 NS 的调节因子与 GTP 结合，而这种结合导致 AMP 环化酶（adenylate cyclase）与 GTP 脱离而呈现活性，使胞内 cAMP 水平暂时升高并分泌到胞外。几分钟后 cAMP 的合成速率下降，细胞停止释放 cAMP。与此同时，胞外及膜结合的磷酸二酯酶（phasphodieserase）将 cAMP 转变为 AMP，而使 cAMP 受体蛋白“脱敏”。

饥饿条件引起变形菌胞的另一变化是细胞黏附性加大。这是因为出现了一种新的表面蛋白。这种蛋白会使细胞 A 位接触，即头尾黏附，因此称为 A 位接触蛋白。Muller 等已分离到这种蛋白，它的分子质量为 80kDa，是一种糖蛋白。它可使解聚的细胞重新聚集。A 位接触蛋白从不出现在营养细胞上。但是，另外一种接触蛋白不仅存在于饥饿细胞上，也等量地存在于营养细胞上，这种表面蛋白能引起细胞 B 位接触，即侧面（side-to-side）黏附，称为 B 位接触蛋白。它也是一种糖蛋白，分子质量为 130kDa。B 位接触蛋白引起细胞侧面黏附是有条件的，需要某种配位体参与反应。在正常情况下，营养细胞群中不存在这种配体，故细胞不会侧面黏附。A 位接触蛋白与 B 位接触蛋白可能有着完全不同的黏附机制，因为 EDTA 抑制 B 位接触蛋白而不影响 A 位接触蛋白。这两种细胞接触都出现在聚集过程中，但早期的细胞聚集主要靠 A 位接触蛋白。黏附作用对于保持整个聚集体的完整性是必要的而且在聚集流动期间，聚集流动的细胞以头尾相黏附的方式，使细胞结合的方向与流动的方向相一致，从而保证了细胞按严格的先后次序相继衔接进入聚集中心。如果变形菌胞在接近聚集流时和总的运动方向相垂直，那么在刚刚接触时，它并不马上插入聚集流，而是等到聚集流中某个细胞的后端越过它时，它才以头部与该细胞的尾部相连接，钻入聚集流并跟随聚集流向中心移动。

在聚集期间，cAMP 以纳摩尔级浓度和脉冲形式向周围扩散，每个脉冲周期约 8min，释放 3min，间隔 5min，周而复始。处于外围的细胞在接触到 cAMP 信号波后立即作出相应的反应。它们不仅作向心运动，而且在运动开始后 15s 自身也向周围释放 cAMP 信号，以吸引较远的细胞作向心运动。但其本身在下一次信号波到来之前不再接受刺激。信号源的 cAMP 有一个有限的扩散距离，它的有效性因扩散作用及磷酸二酯酶的水解作用而减弱，这就决定了 cAMP 信号不会无限度地向外扩展，因而也就决定了只有在一定范围内（在单层变形菌胞的平板上聚集团半径一般为 1～2cm），一定数量（10^5～10^6）的细胞向信号源聚集。通过同位素梯度荧光摄影和暗视野显微摄影技术分别对同一材料做 cAMP 扩散与细胞向心运动的研究，表明 cAMP 的扩散波与细胞运动波相吻合。证明了 cAMP 与细胞聚集的直接关系，它不仅是细胞运动的启动因子，而且是运动波形的调节因子。

2）**分化因子**

细胞分化诱导因子包括两大类型，即分化诱导因子（differentiation inducing factor，DIF）和孢子分化诱导因子（spore differentiation inducing factor，SDF），它们分别在前茎细胞和前孢子细胞的分化中发挥着重要作用。现在发现 DIF 具有多个成员，DIF-1～DIF-7；而 SDF 起码含有两个成员，SDF-1 和 SDF-2。

首先在聚集堆底部检测到一种细胞分化诱导因子，被命名为分化诱导因子-1（DIF-1）。这是一种氯化聚酮，其分子结构为 1-(3,5-二氯-2,6-二羟基-4-甲氧苯基)-1-正己酮。它能诱发前茎细胞特异基因 *ecmA* 和 *ecmB* 的表达和前茎细胞的形成，同时也抑制前孢子细胞的形成。在细胞堆时期，DIF-1 引起细胞质中 Ca^{2+} 浓度的持续上升，结果引起了 *ecmB* 基因的表达。DIF-1 引发 *ecmA* 的表达则可分为两个阶段：第一个阶段与 Ca^{2+} 浓度无关；第二个阶段则受到 Ca^{2+} 浓度的调节。但还不清楚 DIF 是如何影响 Ca^{2+} 水平及 Ca^{2+} 是如何响应的。敲除生物合成 DIF-1 的关键步骤的酶——甲基转移酶的基因的突变种，尽管能产生 PstA 并最终分化为茎细胞，但突变种不能产生 PstO 细胞，说明 DIF-1 在 PstO 细胞形成过程中起着重要作用，同时也表明细胞聚集堆中还存在着其他茎细胞诱导分化因子。之后的研究陆续发现了包括 DIF-2～DIF-7 在内的一系列聚酮类化合物，其中一些显然是 DIF-1 合成的中间体，而另一些则难以确定其在合成途径的地位。这些聚酮化合物在前茎细胞的分化中表现出有差别的促进作用。

那么同处于 DIF 作用下，为何聚集堆中的另一些细胞会分化成前孢子细胞呢？研究发现，前孢子细胞存在一种综合药物耐受转运蛋白（multidrugresistant transporter，MDRT），MDRT 的功能是将 DIF-1 转运出细胞外。在细胞聚集体中，当细胞类型特异基因开始表达之前，一部分细胞就丧失了 MDRT 的活性，细胞不能将 DIF-1 转运出细胞外，积累在细胞内的 DIF-1 就诱导这些细胞分化成前茎细胞；而保持着 MDRT 活性的另一部分细胞，则不断地将 DIF-1 转运出细胞外，阻止了 DIF-1 在细胞内的积累，这些细胞不能分化成前茎细胞，而是分化成前孢子细胞。

孢子分化诱导因子 SDF-1 和 SDF-2 都是由前茎细胞分泌的活性磷酸肽。体外细胞实验结果表明，SDF-2 能促进孢子细胞形成，抑制茎细胞的分化。研究表明，分泌到胞外的 SDF-2 分子与孢子细胞膜表面受体 DhkA 结合，抑制了磷酸二酯酶 RegA 的活性，RegA 是一种带有磷酸二酯酶（PDE）位点和组氨酰磷酸盐转运效应调控位点的蛋白质。磷酸二酯酶活性的抑制使得细胞内 cAMP 浓度上升，激活了蛋白质激酶 A（protein kinase A，PKA），使前孢子细胞向孢子细胞转化，最终形成子实体。转录因子 STKA 是 SDF-2 调控途径中不可或缺的重要因子，*stka* 基因缺失导致茎细胞表达增加及孢子细胞表达减少。在 *stka* 缺失的细胞中，即使 PKA 组成型表达也不能纠正孢子形成的缺陷，说明 STKA 位于 PKA 的下游。组氨酸激酶 DhkC 通过激活组氨酰磷酸盐转移酶 RdeA 来活化 RegA，从而抑制孢子的形成，所以组成型表达 DhkC 的细胞不会出现拔顶现象，而编码 DhkC、RdeA 和 RegA 的基因缺失的细胞都表现出发育加速。因此，前孢子细胞分化的诱导涉及好几条信号传递途径。

SDF-1 形成早于 SDF-2，它们既能促进孢子细胞的形成，也能促进前茎细胞特异基因的表达。它们的分泌与前茎细胞的特异跨膜蛋白 TagB 有关，*tagB* 缺失的细胞聚集堆前茎细胞特异基因 *ecmA* 的表达减少，也不能形成孢子细胞。如果把 *tagB* 突变细胞与野生型细胞混合在一起发育时，形成的嵌合体没有上述的表型缺陷，提示茎细胞分化是孢子细胞分化的前提，野生型茎细胞能够分泌出 SDF-1 来诱导前孢子基因的表达，由此形成孢子细胞。

已经知道，在聚集堆中前茎细胞与前孢子细胞保持着一定数量的比例。研究发现 GSK-3（glycogen synthetase kinase-3）是细胞类型决定过程中的重要调节分子。在 *gsk3* 缺失的细胞聚集堆中，cAMP 对前茎细胞特异基因 *ecmB* 表达的抑制被解除，使 *ecmB* 表达增加，前孢子细胞基因表达减少，最终形成的子实体孢子囊较小，茎很短，却有一个大的基盘。胞外 cAMP 与 cAMP 受体 3 结合后，先活化酪氨酸激酶 ZAK1，经 ZAK1 激活 GSK-3；ZAK1 的酪氨酸激酶区域调节了 GSK-3 的功能（图 12-27），并且后者的活性强弱与前者的磷酸化程度有关，导致 *zak1* 突变的 GSK-3 活性降低，因此这两种分子突变的细胞发育表型是相似的。敲除 *cAR2* 或 *cAR4* 基因，前茎细胞特异基因表达减少，而前孢子细胞特异基因表达增加，这与敲除 *gsk3* 的结果正好相反。在缺失 *car4* 的细胞聚集体中，GSK-3 活性和其酪氨酸磷酸化的程度都增强。如果用 LiCl（一种 GSK-3 的特异抑制剂）处理 *car4* 缺失细胞聚集体后，前茎和前孢子细胞基因的表达都恢复到野生型水平，说明 GSK-3 功能丧失所引起的基因表达缺陷正好与 *car4* 缺失所引起的结果相反。因此，经 cAR2 和 cAR4 发出的信号对 GSK-3 起负调控作用。尽管 cAR2 和 cAR4 主要在前茎细胞中表达，cAR3 主要在前孢子细胞中表达，但这 3 种 cAMP 受体在两种细胞类型中都有重要的调节功能。

此外，rZIP（RING-leucine zipper protein）对决定细胞类型也具有重要的调控作用。rZIP 是一种多区接头蛋白，它含有一个环状锌结合区、一个亮氨酸拉链结构、一段谷氨酸重复序列、一个 SH3 结合区和一个 MAP 激酶磷酸化位点，其中环状锌结合区和亮氨酸拉链结构在 rZIP 同源二聚化过程中起作用。在营养细胞中，rZIP 表达受到抑制，但在多细胞发育期绝大多数细胞都表达 rZIP。*rzpA* 缺失将导致细胞聚集方式改变，蛞蝓体移动速度减弱，前茎和前孢子细胞发育异常，前孢子细胞特异基因大量表达，前茎细胞特异基因表达减少。rZIP 超表达则 *ecmB* 提前表达并抑制前孢子特异基因表达。DIF 的浓度梯度在空间上调控前孢子特异基因的表达，而 rZIP 正是通过对前者的调控来调节前孢子特异基因的表达。MAP 激酶 ERK2 在细胞聚集过程中主要起着活化腺苷酸环化酶的作用，并对前孢子特异基因的持续表达也有影响。在细胞聚集期，cAMP 通过细胞表面受体 cAR1 活化 ERK2，ERK2 通过磷酸化 rZIP 来调节多蛋白复合体之间的相互作用。在盘基网柄黏菌中，*rzpA* 缺失和 *car4* 缺失的突变株具有相似的表型，说明 rZIP 可能存在于 cAR4 调节细胞类型的信号途径中。对 rZIP 的深入研究及弄清它与 GSK、ERK2 和 cAMP 受体之间的相互关系，将有利于更好地了解调控细胞命运的信号网络。

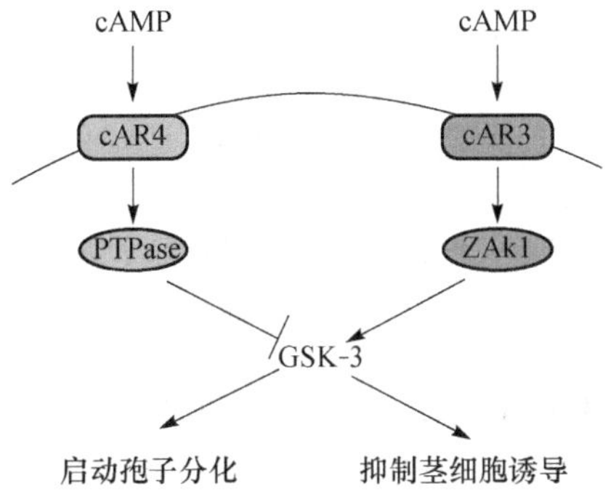

图 12-27　胞外 cAMP 对 GSK-3 活性的调节 (Strmecki et al.，2005)

胞外 cAMP 可以与不同的 cAMP 受体（cAR3 和 cAR4）互作，cAR3 启动激酶区蛋白 ZAK1 的酪氨酸激酶的表达，继而 ZAK1 磷酸化并激活 GSK-3，然而，cAR4 却激活酪氨酸磷酸化酶（PTPase）的活性，随后抑制 GSK-3 的活性；GskA 在生活史的不同阶段有多效作用，包括抑制茎细胞早期分化的 *ecmB* 表达和加快孢子细胞产生的速率

3）**转录因子**

许多转录因子与细胞分化有关，如 Dd-STATa，在结构和功能上都与后生动物的 STAT（signal transducer and activator of transcription）同源，它在拔顶期发生的 PstA 转变成 PstAB 过程中起着重要调控作用。Dd-STATa 包括 DNA 结合区、一个 SH2 区和 C 端的酪氨酸磷酸化调节位点。在 cAMP 的调控下，磷酸化的 Dd-STATa 转移到细胞核，核中富集 Dd-STATa 的现象主要出现在蛞蝓体顶端的 PstA 细胞中。敲除编码 Dd-STATa 的基因，在蛞蝓体的整个前茎细胞区域都可以观察到 *ecmB* 的表达，表明 Dd-STATa 是 *ecmB* 表达的负调节剂，因此它也是从 PstA 到 PstAB 转变的抑制子。在 PstA 细胞特异基因 *ecmA* 的启动子区存在 TTGA 序列；而在 *ecmB* 基因的启动子区则是反向的 TTGA 序列。在胞外 cAMP 信号的调节下，单体 STATa 的 C 端酪氨酸受 GSK-3 磷酸化后，两个 SH2 区相互交叉，形成双体转移到核内，与 TTGA 序列结合，激活启动子，促进 *ecmA* 的表达；与 TTGA 反向序列结合，抑制了 PstB 细胞的表达。然而，Dd-STATa 在什么情况下与 TTGA 序列结合，在什么情况下与反向 TTGA 序列结合，这些细节都值得深入研究。

其他两个重要的转录因子是 SrfA 和 StkA，与孢子细胞的产生有关。SrfA（一个已被证实与哺乳动物 Srf 类似的 MADS-box 转录因子）是孢子细胞分化末级阶段基因诱导表达所需要的。$srfA^-$ 细胞发育的子实体外表正常，但是由于孢子最终分化的基因没表达，其子实体头部细胞停留在不成熟的孢子阶段。StkA 是一个 GATA 簇的转录因子，*stk*A^- 菌株发育的结构缺乏可看到的孢子头，且其茎长而卷曲。$stkA^-$ 细胞显示出 *ecmA* 和 *ecmB* 基因的超表达，导致前孢子细胞转变成前茎细胞，结果全部分化为茎细胞。

这些转录因子处于不同的途径中，正如在 $srfA^-$ 菌株前孢子细胞积累，而在 $stkA^-$ 菌株中前孢子转变为茎细胞。$stkA^-$ 细胞的表型不会被 8Br-cAMP（可以直接激活 PKA 的膜渗透 cAMP 类似物）和 PKA 催化亚基超表达所拯救，因此 StkA 位于不同的途径或位于 PKA 的下游。在 $srfA^-$ 细胞中，8Br-cAMP 不能诱发产生成熟的孢子，但能诱导野生型前孢子细胞中 *srfA* 基因的早期表达。这就证明 SrfA 在 PKA 的下游，即 PKA 的表达诱发 SrfA 表达，而 SrfA 表达对于网柄黏菌细胞的最终分化是必要的。许多基因表达需要依赖于 SrfA 已被证实，其中一些基因的表达还需依赖 StkA。StkA 和 SrfA 调节的其他途径还不清楚。因此，还不能完全认识由 StkA 和 SrfA 调节的信号途径。

从果蝇到人类，有许多同源框基因参与身体前后轴的形成，这些基因编码的转录因子起着调节身体前后极和细胞类型分化的作用。在盘基网柄菌中同样也发现两种同源框基因：*DdHbx-1*（又称作 *Wariai*）和 *DdHbx-2*。它们都具有发育调控的功能，并在细胞堆阶段开始表达。在 *Wariai* 缺失的细胞聚集堆中，PstO 区至少扩大两倍，前孢子区呈现出相应的缩小，PstA 和 PstAB 区则没什么明显的变化，因此 *Wariai* 与 PstO 区的大小关系密切。单独剔除 *DdHbx-2*，多细胞体的表型没有明显缺陷，但若同时剔除，则 *Wariai* 突变细胞表现出的表型缺陷更加明显，表明 *DdHbx-2* 有增强 *Wariai* 功能的作用，但其细节还需深入研究。令人感兴趣的是 PstO 细胞 *Wariai* 不表达，即使在 PstO 特异启动子区构建 *Wariai* 基因，其表达出的蛋白也不能弥补 *Wariai* 缺失引起的表型缺陷，说明 *Wariai* 调节 PstO 区的大小可能是细胞非自主性的。*Wariai* 编码的因子调节与细胞分化有关的信号分子表达，DIF 按一定的梯度分布在蛞蝓体中，这种梯度由位于蛞蝓体顶部的 DIF 脱氯酶（DIF 降解酶）来调控。*Wariai* 就是通过控制脱氯酶的表达水平来影响 DIF 的梯度及细胞对 DIF 的敏感性，从而调节前孢子细胞和 PstO 细胞的比例。

4）其他因子

MEK 激酶 MEKKα 在调节细胞类型模式发育和形态发生过程中起着多重作用。首先，MEKKα 维持着多细胞机体中细胞的比例，剔除 *mekk* 所引起的发育缺陷与 *Wariai* 缺失的细胞株类似；其次，MEKKα 也控制着 PstO 和前孢子这两种细胞区之间的界线。在 *mekk* 缺失和超表达的菌株中，各细胞区之间的界线变得模糊，各种细胞混合在一起，其原因可能是模式发育信号，如 cAMP、DIF 等受到干扰破坏，使细胞丧失了感应这些信号的能力。缺失 *mekk* 还会加速发育进程，可能这些细胞中含有组成型活化的 PKA；超表达 *mekk* 则会使细胞聚集体发育速度减缓，甚至停滞在细胞堆时期。PKA 在前孢子分化、拔顶、孢子形成过程中起重要作用，因此我们推测 MEKKα 参与了 PKA 调节的信号途径。盘基网柄菌蛋白化以泛素化（ubiquitination）/去泛素化的方式在时间和空间上调控 MEKK 的稳定性；MEKKα 含有 F 盒和 WD40 重复序列，F 盒是调控蛋白泛素化的功能区域，WD40 重复序列则将 MEKKα 靶定在细胞质膜区。在盘基网柄黏菌中发现有两种与蛋白泛素化有关的蛋白，即 UBPB 和 UBCB。UBPB 移走 MEKKα 上的蛋白泛素化，使 MEKKα 不易被蛋白酶降解。UBCB 是一种蛋白泛素化缀合酶，它将泛素化蛋白共价结合在 MEKKα 上，使 MEKKα 容易被蛋白酶降解，所以控制前孢子和前茎细胞空间模式发育的是一个复杂的信号网，这里讨论 MEKKα 信号途径只是其中的一部分，因为 MEKKα 也受到 cAR1/3 的活化，相应地对 cAR4 和 rZIP 调节的途径起拮抗作用，或许 UBPB 和 UBCB 也受到其他分子的调控。

此外，已经证实盘基网柄黏菌中存在着 Dd-TRAP1，Dd-TRAP1 是肿瘤坏死因子受体联合蛋白 1（TRAP1）的同源物，而 TRAP1 是核伴侣分子 HSP90（90kDa 热休克蛋白）簇的成员之一。盘基网柄黏菌在营养生长期合成的 Dd-TRAP1 会保持在整个发育过程中，并且于蛞蝓期被定位在前孢子细胞的前孢子特异液泡（prespore-specific vacuole，PSV）、细胞膜及线粒体中。借助 RNA 干扰法得到的 Dd-TRAP1 损伤细胞（TRAP1-RNAi cell）证明了 Dd-TRAP1 的功能与前孢子细胞及孢子的分化有关。观察结果表明，包含在 PSV 中的 Dd-TRAP1 在孢子形成期间被外排而成为孢子细胞壁最外层的结构。在 Dd-TRAP1 损伤细胞中，PSV 的形成及前孢子分化都被削弱，在热胁迫条件下这一表现尤为突出。尽管 Dd-TRAP1 受损细胞形成正常形态的孢子，但是与来自 Ax-2 的 MB35 亲本细胞的孢子相比，该孢子更缺乏对热和去污剂的抵抗能力。这些发现有力地表明 Dd-TRAP1 与诱导孢子分化的后期发育密切相关，同时也与已知的饥饿应答诱导的早期发育有关。

谷胱甘肽（GSH）是真核细胞中最丰富的非蛋白硫醇，它的作用在于维持许多细胞步骤的还原平衡。借助于破坏 γ-谷胱甘肽合成酶（GCS），研究了网柄黏菌发育中谷胱甘肽的作用。GCS-无效菌株表现为谷胱甘肽缺陷型并且不能在含有其他硫醇化合物的培养基上生长。GCS-无效菌株的发育过程取决于发育前预培养中培养基内的 GSH 浓度。以 0.2mmol/L GSH 的培养基预培养 GCS-无效菌株，在发育期间停留在聚集堆或只形成类茎结构。GSH 的浓度大于 0.5mmol/L，形成带有孢子的子实体，但生存能力减退。在经 0.2mmol/L GSH 培养基预培养的 GSH-无效菌株中，前茎特异基因表达被延时，而前孢子特异基因和孢子特异基因表达未被检测到。另外，经 0.2 mmol/L GSH 预培养的 GSH-无效菌株表现出细胞周期的 G1 期延长。由于 G1 期细胞在饥饿条件下分化成前茎细胞，该细胞的发育缺陷在于改变了细胞周期。这些结果预示着谷胱甘肽为网柄黏菌生长和前孢子分化所必需。

3.2.3 遗传调控特点

网柄黏菌分化发育的遗传学表现出基因调控的互作性，其茎细胞和孢子细胞分化在许多水平上存在着连环现象。一类细胞产生的因子为另一类细胞分化所需要，于是保证了两类细胞在发育过程中协同进行。这种相互依赖又彼此关联的方式排除了细胞分化的单一性，而不像其他微生物突变株那样在分化初始就缺乏可选择的途径。例如，由前孢子细胞产生的 DIF-1 诱导 PstO 细胞分化，由前茎细胞产生的 SDF-2 诱导前孢子细胞分化。一些标记性基因（tag gene）编码的蛋白质，如带有 N 端区的丝氨酸蛋白酶和 C 端区的 ABC 族的膜运输蛋白，参与了这一过程。前者借助于蛋白裂解从前体蛋白产生胞外信号肽，而后者将相关信号因子运输到胞外环境。SDF-2 可能是被这样运输出胞外的。*tagA* 基因的破坏引起前孢子分化的缺失，而 *tagB* 基因的破坏则影响茎细胞分化。然而，由于这两类细胞对分化的自主与非自主的影响，其表型是复杂的。这就意味着不仅分泌的多肽能影响周围细胞，而且未加工的前体也能抑制分化。尽管已证明在哺乳动物中驱动肽分泌的 ABC 运输蛋白为维持茎细胞数量所必需，但这类蛋白的作用机制并不清楚。在拟南芥（*Arabidopsis*）中，这一族的运输蛋白已表明其影响从细胞生长到根分化的转变。

在细胞分化中，转录因子在决定细胞命运上也有多效作用。DimA⁻ 细胞对 PstO 细胞分化诱导因子 DIF-1 不应答，预示着如果将 DimA⁻ 细胞同野生型细胞混合，便会使孢子细胞超过其应有的数量比例。提示，由 *dimA* 基因编码的蛋白质在发育后期阶段细胞类型的平衡方面发挥着调节作用。其他的调节蛋白也在某类细胞分化的不同时期发挥着正的或负的调节作用。例如，缺乏 Dd-STATa 的细胞对 DIF-1 特别敏感而诱导单层前茎细胞，而在多细胞分化期间引发不成熟的茎细胞。最简单的解释是 Dd-STATa 对茎细胞的诱导有抑制作用而被茎细胞的后期分化所需要。

随着阻断靶基因和随机插入突变方法的利用，极大地丰富了网柄黏菌发育分化的基因文库。然而，信号途径很少呈现独立的线型链，而是彼此相互作用形成网络。这些网络造成了多种信号的综合效应和协同应答。在网柄黏菌发育中存在着不同水平的网络控制。例如，一种细胞中以特异方式表达的基因启动子常常作为驱使另一类细胞不同基因表达的启动子。基因表达图显示出不同信号途径的正、负因子流的互作，肯定存在着多层次信号途径组成的网络群。

现在所面临的挑战是如何认识这些网络的互作。应用与发展多基因突变株方法将会方便包括提供抑制突变证据和解析连锁与旁路途径的遗传学互作分析。网柄黏菌遗传学已经获得了多基因受阻的子代，其对选择性标记物的敏感度已达到极量级。在网柄黏菌中发展 cre-lox 重组酶系统，获取可重复应用的标记物及缺乏多基因菌株的后代。同样，准性生殖遗传学也能够用于产生多基因受阻或部分双基因受阻的后代。突变株基因表达图的微型阵列分析能够根据图中的相似性将基因划分到组，产生搭接图（overlapping patterns）并进行异位显性分析（epistasis analysis）。同样，共调节基因能够被聚类以确定途径的多个末端点。这将证明无关联信号之间的功能相似性。蛋白质组学技术能够检测到基因受阻的结果（转录与转录后），通过比较菌株的差别，证明信号途径存在共享或不同末端。所有这些方法学的发展都将推进我们对于网柄黏菌发育调节信号网络复杂性的认识。

思　考　题

1. 解释下列名词

分化；发育；异型胞；连锁体；厚壁孢子；芽孢；分生孢子；基质菌丝；气生菌丝；调节级联网；棒素；子囊孢子；子囊；非姊妹二分体；担子；担孢子；黏细菌；黏菌

2. 简述节杆菌细胞形态转变的过程，指出引起其形态变化的原因。

3. 叙述新月柄细菌的生活史，探讨柄细菌细胞分化与生态环境条件及遗传因素之间的关系。

4. 归纳丝状蓝细菌的生理学特性，找出细胞结构分化与生长代谢变化之间的联系。

5. 你认为有哪些因素参与了微生物营养细胞的二型态或多型态变化?

6. 列表总结微生物营养体的分化方式、细胞结构变化、诱发因素及遗传背景。

7. 描述芽孢的结构，说明其结构成分与芽孢抵抗环境压力的关系。

8. 以枯草杆菌为例叙述芽孢形成过程，指出该过程中发生的主要细胞事件。

9. 从生态学、生理学和遗传学角度，试述芽孢形成的调控机制。

10. 以天蓝色链霉菌为例，简述丝状链霉菌分化发育模式，重点阐明气生菌丝发生和分生孢子形成的过程和机制。

11. 描述啤酒酵母生活史及子囊孢子发育的主要细胞事件，阐述其遗传调控机制。

12. 简述裂褶菌的生活史与担孢子形成过程。

13. 列表总结各种孢子的形成过程、细胞结构、生理功能、生态特性、调控机制的异同点。

14. 简述黄色黏球菌生活史和子实体形成过程，重点指出细胞间的信息联系和多细胞结构的形成事件，阐述黏细菌发育的调控机制。

15. 比较网柄黏菌与黄色黏球菌子实体发育的异同点，试谈微生物多细胞体结构分化发育对高等生物发育生物学的意义。

主要参考文献

Adams D G. 2000. Heterocyst formation in cyanobacteria. Current Opinion in Microbiology，3：618-624.

Allard J F，Hill A L，Rutenberg A D. 2007. Heterocyst patterns without patterning proteins in cyanobacterial filaments. Developmental Biology，312：427-434.

Brun Y V，Janakiraman R. 2000. The dimorphic life cycle of Caulobacter and stalked bacteria//Brun Y V，Shimkets L J. Prokaryotic Development. Washington：American Society for Microbiology Press：297-318.

Burkholder W F，Grossman A D. 2000. Regulation of the initiation of endospore formation in *Bacillus subtilis*//Brun V V，Shimkets L J. Prokaryotic Development. Washington：American Society for Microbiology：151-166.

Chater K F. 2001. Regulation of sporulation in Streptomyces coelicolor A3（2）：a checkpoint multiplex? Current Opinion in Microbiology，4：667-673.

Claessen D，W de Jong，L Dijkhuizen，et al. 2006. Regulation of streptomyces development：reach for the sky!. Trends in Microbiology，14（7）：313-319.

Dworkin M. 1986. Developmental Biology of the Bacteria. Menlo Park: Cummings Publishing, Inc.

Flores E, Herrero A, Wolk C P. 2006. Is the periplasm continuous in filamentous multicellular cyanobacteria? TRENDS in Microbiology, 14 (10): 439-443.

Lana S, Greene D M, Pears C J. 2005. Developmental decisions in dictyostelium discoideum. Developmental Biology, 284: 25-36.

Meeks J C, Jeff E. 2002. Regulation of cellular differentiation in filamentous cyanobacteria in free-living and plant-associated symbiotic growth states. Microbiology and Molecular Biology Reviewa, 66 (1): 94-121.

Moat A G, Foster J W, P Michael. 2002. Microbial Physiology, 4th ed. New York: Wiley-Liss, Inc.

Neiman A M. 2005. Ascospore formation in the yeast *Saccharomyces cerevisiae*. Microbiol Mol Biol Rev, 69 (4): 565-584.

Palmer J, Gail E, Stephen H. 2006. Mushroomsbymagic: making connections between signal transduction and fruiting bodydevelopment in the basidiomycete fungus schizophyllum commune. Fems Microbiol Lett, 262: 1-8.

Rachid S, Sasse F, Müller R. 2006. Identification of StiR, the first regulator of secondary metabolite formation in the myxobacterium *Cystobacter fuscus* cb f17. 1. Journal of Biotechnology, 121: 429-441.

Tarasenko O, Islam S, Levon K. 2004. Glycoconjugates for the recognition of Bacillus spores. Carbohydrate Research, 339: 2859-2870.

第 13 章

寄主与寄生物之间的相互作用

在自然界中，微生物与微生物之间，微生物与其他生物之间，一般都会发生相互作用，从而建立松散或密切的联系。一种生物生活在另一种生物的体内或体表，至少在一段时期内二者建立一定的联系，则前者称为寄生物（parasite），后者称为寄主或宿主（host）。如果所建立的联系对双方均无害，它们之间的关系属于共栖（commensalism）；如果寄生物与寄主建立十分密切的联系，并且对双方都有益，则属于共生（symbiosis）；如果仅对寄生物有利，而对寄主有害，则称为寄生（parasitism），这类寄生物就是病原体（pathogen），或称为致病微生物（pathogenic microorganism，也称病原微生物、致病菌、病原菌）。

病原菌及其寄主的关系可以概括为侵染和防御两个方面，同时，双方的力量对比还受到环境因素的影响。本章将重点讨论微生物侵染寄主的机制。

第 1 节　寄主的防御体系

1.1　寄主的三道防御体系

寄主保护自身机体、不受外来侵害的特性称为免疫（性）（immunity），是机体抵抗感染性疾病的能力。这种特性是通过机体对病原体的防御反应，即免疫应答（immune response）实现的。能够诱导机体产生免疫应答，并可与相应的免疫元件发生相互作用的物质称为抗原（antigen），例如，病原菌及其大分子组分都可以作为抗原。寄主的防御体系称为免疫系统（immune system），它是寄主识别并杀死病原体和病变细胞，以抵抗疾病、保护自身的所有生物学过程的总和。寄主通常具有三道防御体系。

1.1.1　机械屏障

脊椎动物的第一道屏障为机械屏障（physical barrier），包括表面屏障（surface barrier）、血脑屏障（blood-brain barrier）和血胎屏障（blood-embryo barrier）。表面屏障是宿主对病原体的第一道屏障，又包括：①机械作用，如外表皮的阻挡作用、呼吸道的排除作用等；②化学作用，如皮肤和呼吸道分泌的抗菌（多）肽

(antimicrobial peptide)-β-防御素（defensin）、唾液中的溶菌酶、胃中的胃酸和蛋白酶等，无脊椎动物除了外骨骼、表皮等机械屏障外，也含有多种抗菌肽，如抗细菌的天蚕素（cecropin）和抗真菌的蛙皮素（magainin）等；③生物作用，如大量的各种共栖微生物可以形成一层生物被膜（biofilm），覆盖着寄主的许多表面，通常称为该寄主正常的微生物区系（normal flora），或常驻区系（resident flora），也可以在一定程度上抑制病原物的入侵。

1.1.2 先天免疫系统

当病原体突破宿主的表面屏障后，就会遇到宿主的第二道防线——先天免疫系统（innate immune system），又称自然免疫系统（natural immune system）或非特异性免疫系统（nonspecific immune system），这种防御机制在机体接触外来的侵染物之前就已经存在，不因具体病原体不同而改变。原核生物的非特异性免疫体系就是细菌的限制修饰系统（restriction modification system）。脊椎动物的非特异性免疫体系则复杂得多，包括：①多种具有吞噬和接触杀伤作用的细胞，如吞噬细胞（phagocytes）、自然杀伤细胞（natural killer cell，NK）等；②体液中的多种抗菌活性物质，如补体（complement）、干扰素（interferon，IFN）等；③炎症反应（inflammation），即清除有害异物、修复受伤组织的防御应答。在寄主细胞中，细胞核因子 κB（nuclear factor-kappa B，NF-κB）是一种关键的转录因子，在特定的条件下，它能激活肿瘤坏死因子（tumor necrosis factor，TNF）和白细胞介素（interleukin）IL-8 的转录，而 TNF 和 IL-8 能启动炎症反应。

1.1.3 适应性免疫系统

宿主的第三道防御系统为适应性免疫系统（adaptive immune system），也称特异性免疫系统（specific immune system）或获得性免疫系统（acquired immune system）。这一系统可以识别自身和非自身的物质，并通过针对性的免疫反应排除或摧毁异物，以维持体内环境的平衡和稳定。特异性免疫系统包括体液免疫（humoral immunity）系统和细胞免疫（cell-mediated immunity）系统。体液免疫的抗原多为相对分子质量在10 000以上的蛋白质和多糖大分子，病毒颗粒和细菌表面都带有不同的抗原，所以都能引起体液免疫。负责体液免疫的细胞是B细胞，它们受抗原刺激后，经一系列的分化、增殖成为浆细胞（plasma cell），浆细胞产生特异性的免疫球蛋白（immunoglobulin，Ig），即抗体（antibody）。抗体进入体液后与入侵的抗原结合，中和病毒，抑制细菌的繁殖，或干扰病原微生物对寄主细胞的吸附，从而防止感染和疾病的发生。随后，抗体-抗原复合物通常会在补体或吞噬细胞的作用下，彻底将病原微生物清除。然而，抗原一旦进入宿主细胞内部，体液中的抗体就无法与之直接接触了，机体就要通过细胞免疫来消灭和清除这些抗原。致敏 T 细胞［sensitization T cell，亦称效应 T 细胞（effector T cell）］对抗原的直接杀伤作用，以及其所释放细胞因子的协同杀伤作用，统称为细胞免疫。特异性免疫还有多种细胞因子参与：IFN-γ、IL-2、IL-12、TNF-α 等细胞因子，介导细胞免疫应答；IL-4、IL-5、IL-6、IL-10、IL-13 等细胞因子，介导体液免疫应答。

有时宿主的防卫力量很强，而病原菌侵染能力较弱，“入侵者”很快被彻底消灭，因而只造成宿主的轻微损伤，不出现临床症状，称为隐性感染（inapparent infection）。如宿主和病原菌双方都没有绝对优势，病原体被限制在某一局部，既无法大量繁殖，也不能被清除，二者长期处于相持的状态，称为带菌状态（carrier state）；如果宿主的防卫力量较弱，而病原菌的侵染能力较强、数量较多，最终在宿主体内大量繁殖，并产生毒素，使寄主的细胞、组织受到严重的损害，导致生理功能异常，出现一系列临床症状，称为显性感染（apparent infection）。此外，局部感染（local infection）是指病原菌侵入机体后，在一定部位定居下来，生长繁殖，产生毒性产物，不断侵害机体的感染过程。这是由于机体动员了一切免疫功能，将入侵的病原菌限制于局部，阻止了它们的蔓延扩散，如化脓性球菌引起的疖痛等。

与动物不同，植物没有吞噬细胞，当受到病原菌侵染时，寄主会产生局部的超敏反应（hypersensitive response），感染位点周围的细胞迅速凋亡，从而阻止病害向其他部分蔓延。随后，植物内源性水杨酸（salicylic acid，SA）含量增加，进而诱导病程相关蛋白（pathogenesis related protein，PRP/PR）的表达。这些蛋白通常包括几丁质酶（chitinase）、β-1,3-葡聚糖酶（glucanase）、β-1,3-1,4-葡聚糖酶、脱乙酰壳多糖酶（chitosanase）、过氧化物酶（peroxidase）、类甜味蛋白（thaumatin-like protein，TLP）、α-淀粉酶（amylase）、溶菌酶（lysozyme），使整株植物对多种病害产生广谱的抗性。这一过程类似于动物的非特异性免疫，称为系统获得性抗性（systemic acquired resistance，SAR）。

1.2 近年发现的其他防御体系

1.2.1 RNA 干扰系统

人们发现真核生物中普遍存在一种 RNA 干扰（RNA interference，RNAi）系统。这一系统可以控制基因表达与否和翻译的快慢，因而对细胞发挥和维持正常的功能，乃至机体的发育至关重要。同时，这一系统在抵抗寄生基因（如病毒、转座因子等）方面发挥着重要作用。

外源的双链 RNA（如 RNA 病毒的基因组、反转录病毒、DNA 反转录病毒或逆转座子的 RNA 中间体等）进入寄主体内后，会被相应的效应蛋白检测到，并与之结合。这些蛋白，如秀丽小杆线虫（*Caenorhabditis ele-*

gans）的 RNA 干扰缺陷蛋白（RNAi defective，Rde）RDE-4 和果蝇（*Drosophila*）R2D2 蛋白（该蛋白因含有两个双链 RNA 结合结构域，并与 Dicer-2 相关，故而得名）会使寄主的切割酶（dicer）活性增加。切割酶是 RNase Ⅲ家族的成员，可将外源 RNA 切割成 21～25 个碱基长度的双链 RNA。这些 RNA 产物就是小干扰 RNA（small interfering RNA，siRNA）。siRNA 随后分开形成单链，整合进入 RNA 诱导沉默复合体（RNA-induced silencing complex，RISC）。它们与同源的靶 mRNA 互补配对，并使其分解，不能再翻译成相应的蛋白，这种现象即为转录后基因沉默（post-transcriptional gene silencing）。

1.2.2　成簇的间隔短回文重复序列

最近在原核生物基因组中也发现了针对噬菌体的获得性免疫系统，称为规律成簇的间隔短回文重复（clustered regularly interspaced short palindromic repeat，CRISPR）序列。CRISPR 包括一系列不连续的同向重复片段（direct repeat，DR），每段长 24～48bp，数目因菌种而异。各重复片段间由长度相近的非重复间隔区（spacer）隔开。部分间隔区序列与噬菌体、大质粒等外源基因组，以及同一细菌基因组的其他部分具有高度同源性，这些同源部分被称作原间隔区序列（proto-spacer）。在 CRISPR 序列的一端有一段富含 AT 的序列，称前导序列（leader sequence，LS），长度一般为几百个碱基。大多数 CRISPR 序列的侧翼，存在一系列与 CRISPR 密切相关的基因，称为 CRISPR 相关基因（CRISPR- associated，CAS）基因。CRISPR 序列、前导序列和 CAS 基因的蛋白产物一起被称作 CRISPR 系统（CRISPR associated system，CASS）。

间隔区序列多与染色体外基因序列（如噬菌体基因组）同源。有证据显示，细菌可以用一定的方式获得一小段噬菌体的序列，加在 CRISPR 序列与前导序列之间，成为对该噬菌体有抗性的菌株。其抗性机制与 RNA 干扰相似，CRISPR 序列可以转录为 RNA 前体，随后被剪切为长度为一个同向重复片段＋间隔区（DR-spacer）的小 RNA 单位。剪切位点位于同向重复片段的中间部分，其回文部分通过氢键形成互补结构（颈），而间隔区序列则形成一个环。这些小 RNA 单位与 CAS 蛋白结合在一起共同作用到目标 mRNA 上，导致相应 mRNA 的降解，从而沉默相应的基因。

CRISPR 广泛分布于真细菌和古菌中，在已完成全基因组测序的几乎所有古菌（44/50）和超过三分之一的真细菌中（250/616）鉴定出了这类序列。CRISPR 的同向重复区域绝大多数较保守。间隔区在基因组中是唯一的，具有很高的多态性，即使在同一物种的不同菌株间，间区序列也往往不同，这种性质使 CRISPR 序列可以作为细菌分型鉴定的一个高分辨率分子靶标。基于 CRISPR 序列多态性建立的间隔区寡核苷酸分型（spoligotyping）技术已经得到广泛应用。

第 2 节　微生物侵染机制

如果微生物与其寄主之间欲发生相互作用，首先，微生物须吸附于寄主体表。为此，一些微生物形成特殊的结构或产物，如菌毛（pili）、纤毛（fimbriae）或侵袭素（invasin）等。在典型的共栖关系中，微生物仅侵染或栖息于寄主的体表，或内表皮上。这些微生物在正常情况下并不伤害寄主，但在寄主特定部位的小生境中具有较强的竞争力，并能逐渐占据该生境。共栖微生物的分解作用能释放一些营养物质，供其利用，有时还可供寄主利用。这些微生物占据寄主周围的空间，使附近的病原菌难以吸附在寄主表面。

病原菌定殖后，其菌体或产物会突破寄主的第一道防线，通过表皮或上皮细胞进入深层的寄主组织。微生物的分泌系统输出一些产物，如一些水解酶类，或侵袭素，用来介导微生物直接侵染上皮细胞或特化的上皮细胞（后者称为 M 细胞）。有的分泌系统甚至可以直接把病菌的毒素输入寄主细胞，如下文将要讲述的细菌Ⅲ型分泌系统。

随后，病原菌将“设法”躲避寄主的第二道防线——非特异性免疫。胞内致病菌（intracellular pathogenesis）可以躲藏在寄主细胞内，从而不与免疫系统接触。有些致病菌可以产生荚膜，或形成菌膜、丝状结构（filament，有隔膜，但不分裂的链状菌体）等，保护它们免受免疫系统中的蛋白和细胞的“攻击”。还有的微生物可以在表面形成特殊的蛋白质，致使抗体失效。

病原微生物躲避特异性免疫的机制比较复杂。其中最简单的例子就是病毒，它们迅速改变自身非关键的抗原成分，同时在其最外层覆盖上一层由寄主细胞膜而来的包被，使寄主免疫系统难于辨认。最后，病原微生物就可以使相应的基因表达，增加其子代数量，病原体和产物在局部和（或）全身扩散与传播。

为了繁殖和传播，病菌必须能得到养分以供其生长。然而，寄主及其正常的微生物群落会尽可能地干扰致病菌获得营养，以限制病菌的生长和扩散。因此，许多病原菌在进化中形成了一些特殊的能力，使它们在与寄主的对抗中能成功地获取营养物质。例如，许多病原菌拥有从寄主环境中结合并吸取铁的系统。当寄主和正常菌群争夺有效的铁素营养时，一些病原菌则分泌溶血素（hemolysins，一种外毒素），裂解红细胞，释放血红蛋白中丰富的铁元素。

病原菌往往会对寄主造成伤害。相应地，寄主也会产生一系列免疫反应，来清除这些“入侵者”。这些损伤和免疫反应就是寄主感染疾病的征兆和症状。但共栖生物和共生生物可以主动阻断寄主对它们的免疫应答。

例如，共栖体能够阻断 NF-κB 抑制物（inhibitor of κB，IκB）的降解，从而抑制炎症反应（见“见本章 1.1.2 先天免疫系统”部分）。

下面，介绍研究较多的病原菌用于侵染寄主的结构或机制。

2.1 吸附和定殖

寄生菌与寄主相互作用中关键的第一步是微生物必须吸附在寄主表面，因此，病原微生物发展出多种多样的结构和机制，以增强对寄主细胞的吸附。很多寄生菌可以表现出多种黏附结构，以使它们能吸附于几种寄主和多种组织。黏附结构一般可以分成两个较大的类群，一类是纤毛，另一类是非纤毛型黏附素（afimbrial adhesin）。

2.1.1 纤毛或菌毛

纤毛是革兰氏阴性细菌表面纤维状的附属结构，其单词 fimbriae 是拉丁语，意为“流苏”。目前研究较清楚的吸附结构是革兰氏阴性细菌（如大肠杆菌或肠道沙门氏菌）的纤毛，革兰氏阳性细菌的纤毛最近才被发现。在一些教科书或文献中，将纤毛称为菌毛。

革兰氏阴性细菌的菌毛早期是按照免疫学的特性分类的，分成Ⅰ、Ⅱ、Ⅲ、Ⅳ 4 个型；目前倾向于按其装配途径进行分类，分为：①由伴侣/向导途径（chaperone - usher pathway）装配而成的菌毛；②Ⅳ型菌毛（type Ⅳ pili）；③由晶核/沉淀途径（nucleation/precipitation pathway）装配而成的菌毛——卷曲菌毛（curly pili）；④由替代伴侣/向导途径（alternative chaperone usher pathway）装配而成的菌毛——CS1 菌毛家族（CS1 pilus family）。

1. 由伴侣/向导途径装配而成的菌毛

在由伴侣/向导途径装配而成的菌毛中，描述得最详细的是Ⅰ型菌毛和 P 菌毛（P pili）。这些菌毛亚单位被外运至周质空间，在那里与伴侣蛋白相互作用，后者可以稳定菌毛亚单位，避免它们在周质空间里就相互作用而过早成熟。然后，菌毛亚单位被转移给向导蛋白，这些蛋白在外膜中形成一个寡聚体通道，使亚单位通过外膜。利用这种方式，亚单位可以组装成一个相对较长的线状结构。在这个结构的末端有一个顶端蛋白（tip protein）复合体，可以直接与靶受体相互作用，并黏附于其上。

1）**大肠杆菌的Ⅰ型菌毛**

最初是由于它们能凝聚在红细胞上而被发现的。它由 *fim* 基因簇（*fim* 为 fimbriae 的缩写）编码（图 13-1），FimA 是主要的结构蛋白，FimH 是黏附蛋白，后者可与寄主细胞膜受体上的甘露糖连接。加入甘露糖可以阻止这种菌毛与寄主细胞的结合，这种现象称为对甘露糖敏感的红细胞凝集作用（mannose-sensitive hemagglutination，MSHA）。此外，许多种类的革兰氏阴性细菌都有Ⅰ型菌毛，如肠道沙门氏菌、克雷伯氏杆菌（*Klebsiella*）和弧菌等。

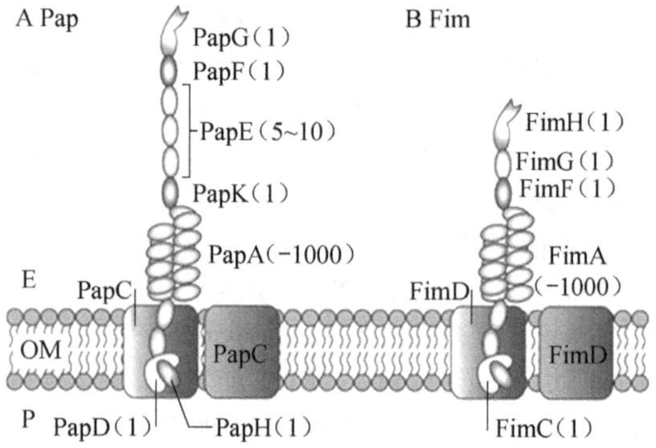

图 13-1 P 菌毛和Ⅰ型菌毛（Waksman et al.，2009）
A：P 菌毛，由 Pap 蛋白组成；B：Ⅰ型菌毛，由 Fim 蛋白组成；图中括号中的数字为该蛋白质分子的拷贝数；OM：细菌的外膜；E：胞外空间；P：细胞质一侧

2）**P 菌毛**

尿道致病性大肠杆菌（uropathogenic *E. coli*，UPEC）具有肾盂肾炎相关菌毛（pyelonephritis associated pili，Pap 或 P 菌毛）。在生物发生方面，这是研究得最详细的菌毛之一。在 UPEC 菌株定殖于尿道并引起肾盂肾炎的过程中，P 菌毛是必需的黏附因子。与Ⅰ型菌毛相比，P 菌毛有着类似的基因组织形式和相近的核酸序列，但Ⅰ型菌毛是柔软的，而 P 菌毛则为刚直的棒状。P 菌毛由 11 个 P 菌毛基因（*pap*）编码，主要的亚单位是 PapA。在菌毛的顶端是顶端原纤维蛋白（tip fibrillin，PapE protein）和末端黏附素（tip adhesin，PapG）。PapD 蛋白起着伴侣素（chaperonin）的作用，把菌毛亚单位从内膜运送到外膜。在那里，它们被 PapC 蛋白接受。有人认为，PapC 蛋白起着引导蛋白的作用。其他两种蛋白，PapF 和 PapK，在合成顶端纤维蛋白时起作用。黏附蛋白 PapG 可结合于尿道上部细胞糖脂的 α-D-吡喃型半乳糖基（1→4）-β-D-吡喃型半乳糖苷［Gal-α-(1→4)-Gal］部分。

3）**S 菌毛**

S 菌毛涉及大肠杆菌引起的败血病（sepsis）、脑膜炎（meningitis）和尿道感染（urinarytract infection，UTI）。其黏附素 S（S fimbrial adhesin S，SfaS）可与内皮细胞上的唾液酸（sialic acid）残基和肾表皮细胞的受体相互作用，而其主要的菌毛蛋白 SfaA 也有黏附的功能，可以与血纤维蛋白溶酶原和内皮细胞的糖脂结合。

4）**其他**

此外，这类菌毛还有流感嗜血杆菌的 Hif 菌毛、奇异变形杆菌的纤毛（PMF）及产肠毒素大肠杆菌（enterotoxigenic *E. coli*，ETEC）的 K99、K88、F17、F6 菌毛等诸多黏附结构。

2. Ⅳ型菌毛

Ⅳ型菌毛是已知分布最广泛的菌毛，许多革兰氏阴性细菌和少数革兰氏阳性细菌中均发现了这类菌毛，如肠道病原性大肠杆菌（enteropathogenic *E. coli*，EPEC）、肠出血性大肠杆菌（enterohemorrhagic *E. coli*，EHEC）、肠道沙门氏菌、铜绿假单胞菌、嗜肺军团杆菌（*Legionella pneumophila*）、淋病奈瑟氏球菌、脑膜炎奈瑟氏球菌、霍乱弧菌，以及某些梭菌、瘤胃球菌（*Ruminococcus*）和蓝细菌等。

Ⅳ型菌毛较粗，直径为 6～8nm，长度可达数微米。它们功能多样，常聚集成特有的束状。除了与其他菌毛一样可以黏附寄主细胞和形成生物被膜之外，还具有一些独特的功能，如在细菌转化、噬菌体转导时吸收 DNA，使菌体在湿润的固体界面上滑动（twitching motility）等。

Ⅳ型菌毛的蛋白亚基源于一个带有亲水性先导肽的前体（prepilin），成熟时由专一的先导肽酶切除。根据成熟亚基及其前体的长度，可将Ⅳ型菌毛再分成两类：Ⅳa 型菌毛和Ⅳb 型菌毛。前者的先导肽较短，只有 10 个氨基酸残基，菌毛蛋白长度为 150～160 个氨基酸残基；后者的先导肽较长，有 15～30 个氨基酸残基，菌毛蛋白长短不一，为 180～200 个氨基酸残基或 40～50 个氨基酸残基。与其他菌毛不同，Ⅳ型菌毛的形成途径与Ⅱ型分泌系统类似。

奈瑟氏球菌有两个种产生Ⅳa 型菌毛，即淋病奈瑟氏球菌产生的淋球菌（gonococcus，GC）菌毛和脑膜炎奈瑟氏球菌产生的脑膜炎球菌（meningococcal，MC）菌毛。其菌毛丝由 PilE（pil 是 pilus 的缩写）蛋白（17～21kDa）聚合而成，顶端结合有 PilC 蛋白（110kDa），PilC 可与上皮细胞和内皮细胞相互作用（图 13-2）。

Ⅳb 型菌毛主要存在于引起人肠道感染的细菌上，如 EPEC、EHEC、伤寒沙门氏菌、霍乱弧菌。EPEC 是婴儿腹泻的主要病原菌，它除了产生Ⅰ型菌毛外，还拥有一种Ⅳb 型菌毛——束状菌毛（bundle-forming pili，BFP）。编码束状菌毛的基因位于质粒上，构成一个由 14 个基因组成的操纵元。束菌素（bundlin）是构成这种菌毛的主要蛋白，由该操纵元的第一个基因 *bfpA* 编码。菌毛束的形成和解聚都需要胞质核苷酸结合蛋白（cytoplasmic nucleotide binding protein）——BfpF 参与。

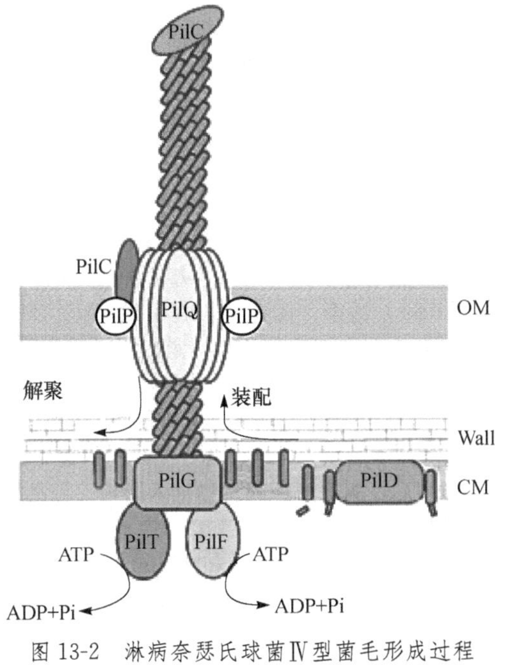

图 13-2　淋病奈瑟氏球菌Ⅳ型菌毛形成过程（Chen et al.，2003）

CM：细胞膜；OM：外膜；Wall：肽聚糖层；PilC：黏附素；PilQ：菌毛丝蛋白的加工；PilE 蛋白：菌毛丝结构蛋白，橘黄色；PilF 和 PilT：ATP 酶；PilG：膜蛋白，参与菌毛丝的形成；PilP：脂蛋白，PilQ 的伴侣蛋白；PilQ：横跨外膜的分泌蛋白

3. 由晶核/沉淀途径装配而成的菌毛——卷曲菌毛

这类菌毛是 1989 年在大肠杆菌和沙门氏菌的一些菌株中发现的。大肠杆菌卷曲菌毛由菌毛亚单位基因（curli subunit gene，*csg*）编码，*csg* 包括两个操纵元：*csgBA*（*C*）和 *csgDEFG*。CsgB 又称成核因子（nucleator），数量较少；CsgA 又称 curlin，是卷曲菌毛的结构亚单位。CsgA 的结构与已知的任何一种菌毛蛋白的相似性都较低。有趣的是，卷曲菌毛在生化和结构的一些特点与真核生物神经组织退化疾病中发现的淀粉样纤维（amyloid fiber）类似［如老年痴呆症（Alzheimer's disease）、帕金森症（Parkinson's disease），以及一些朊病毒（prion）疾病］，例如，它们不分支，富含 β-折叠（β-sheet），对蛋白酶和 SDS 有抗性等。

卷曲菌毛的形成过程受到严格的调控，这点与淀粉样纤维是不同的。大肠杆菌卷曲菌毛的形成过程包括蛋白亚单位的合成及其跨越双层膜转运。细菌Ⅱ型分泌系统负责蛋白亚单位跨出内膜，脂蛋白 CsgG 负责将 CsgB 和 CsgA 转运出外膜。CsgA 刚出外膜时是可溶的，CsgB 可以通过蛋白质—蛋白质相互作用改变 CsgA 构象，将其转化为不溶状态，随着聚合物逐渐延伸，形成卷曲菌毛（图 13-3）。

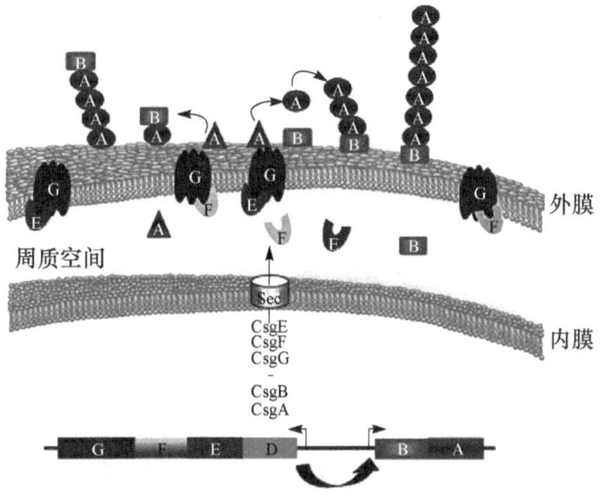

图 13-3　卷曲菌毛的装配（Barnhart et al.，2006）

底部：编码卷曲菌毛的两个操纵元；CsgD 蛋白正向调节 *csgBA* 操纵元的转录，除该蛋白质外，其他由 *csg* 操纵元编码的蛋白质均含有信号序列，用以跨越细胞质膜；外膜蛋白 CsgG 是菌毛结构蛋白 CsgA 和 CsgB 分泌所必需的，CsgE 和 CsgF 均与 CsgG 相互作用，并与菌毛的装配有关；CsgA 分泌出细胞后，在 CsgB 的作用下形成菌毛纤维

卷曲菌毛具有很强的吸附能力，实验表明它们能使肠炎沙门氏菌（*Salmonella enteritidis*）吸附在聚四氟乙烯（teflon，又译作特氟隆）和不锈钢上。在细菌侵染过程中，这类菌毛涉及生物被膜形成、细胞聚集、寄主细胞膜上的黏附、侵入、诱发炎症反应等过程。

4. 由替代伴侣/向导途径装配而成的菌毛——CS1菌毛家族

CS1菌毛是大肠杆菌表面抗原（coli surface antigen，CS）之一，代表着一类有独特血清学特性的菌毛，它们多与产肠毒素大肠杆菌相关，包括CFA/I、CS2、CS4、CS14、CS17和CS19菌毛，常称为由替代伴侣/向导途径装配而成的菌毛，或称为第五类纤毛和α-纤毛。大肠杆菌CS1菌毛的结构和装配只涉及4个蛋白。CooA是其主要的结构蛋白，与其他的菌毛蛋白的序列没有同源性，而且不含半胱氨酸，不能形成二硫键桥。CooD是一个38kDa的蛋白，含量较少，位于菌毛顶端，有凝集红细胞的作用，推测是其主要的黏附蛋白。CooB是一个28kDa的蛋白，有类似于伴侣分子的功能，可以使CooA、CooC、CooD在周质空间中保持稳定（图13-4）。

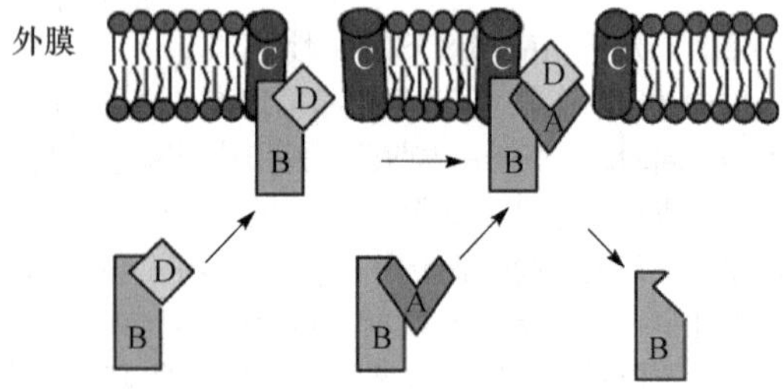

图13-4　CS1菌毛在外膜上的装配模式图
（Starks et al.，2006）

A：CooA，主要的菌毛丝亚单位；B：CooB，周质空间伴侣蛋白；C：CooC，外膜蛋白；D：CooD，顶端黏附素；当CooB-CooD复合体与CooC发生作用时，可以引发装配，菌毛结构亚单位CooA在伴侣分子CooB的作用下加到CooD上，并释放出CooB，CooB可循环利用

2.1.2　非菌毛型黏附素

百日咳博代氏杆菌（*Bordetella pertussis*）侵染呼吸道黏膜，是引起儿童百日咳的病原体。该菌可以表达许多的黏附因子，包括菌毛和几种非纤毛型黏附素。在该菌吸附于呼吸道内有纤毛的上皮细胞和定殖于上呼吸道黏膜的过程中，这些黏附因子分别起着不同的作用。近来的研究包括丝状血细胞凝集素（filamentous hemagglutinin，FHA）、百日咳博代氏杆菌黏附素（pertactin）、百日咳毒素（pertussis toxin）和博代氏杆菌抗性蛋白A（*Bordetella* resistance to killing，BrkA）。

FHA是一个高分子质量蛋白，它与流感嗜血杆菌的高分子质量蛋白及很多真核生物细胞间的黏附素同源，含有精氨酸-甘氨酸-天冬氨酸（RGD）结构域，这是某些黏附分子识别位点的特征，而这些黏附分子也可以和真核生物表面的整合蛋白（integral protein）结合。例如，FHA可以与呼吸道内有纤毛的上皮细胞和白细胞的整合蛋白——补体受体3（Complement Receptor 3，CR3）结合，后者将会导致细菌被巨噬细胞吞噬，而不激活NADPH氧化酶，也不会引起呼吸突发（respiratory burst）。此外，百日咳毒素的S2和S3亚单位与真核生物的选择（凝集）素（selectin）蛋白有相似之处。也就是说，细胞黏附分子存在于一些白细胞（L-selectin）和内皮细胞（E-and P-selectin）上，而这些细胞可与类黏液素细胞黏附分子（cell adhesion molecule，CAM）结合。百日咳博代氏杆菌黏附素和BrkA蛋白都有RGD结构域，似乎与寄主细胞黏附有关。由此可见，细菌可以模仿寄主的结构，进化出它们自身的黏附结构，以加强细菌和寄主细胞的相互作用。

非纤毛型黏附素的另一个例子就是小肠结肠炎耶尔森氏菌（*Yersinia enterocolitica*）的黏附素蛋白A（*Yersinia* adhesion A，YadA），它可以结合在细胞伴随的纤维连接蛋白上（cell-associated fibronectin）。与此相似，酿脓链球菌也至少产生两种非纤毛型黏附结构，F蛋白和M蛋白/脂磷壁酸（Lipoteichoic acid，LTA）复合体，可以结合在细胞的纤连蛋白上。金黄色葡萄球菌的LTA也可以与细胞的纤连蛋白结合，帮助细菌黏附在细胞上。

2.1.3　黏附素的作用

专一性的黏附素与寄主受体间的相互作用决定了微生物可以吸附/定殖在哪些寄主组织/细胞上，并进而导致何种疾病。下面，我们以肠道细菌为例，说明不同的菌毛或纤毛（更确切地说是菌毛不同的顶端复合体）决定了病原菌吸附和定殖在肠道的什么部位。

正常情况下，胃部极酸的pH会杀死绝大部分的细菌。然而，幽门螺旋杆菌能够定殖在胃中。它通过与胃黏膜上皮细胞表达的路易斯B血型抗原（Lewis^b blood group antigen）结合，优先结合在胃黏膜上。目前认为，为了防止上皮细胞的损伤，紧邻胃黏膜的周边环境是中性的。因此，这种与胃黏膜上皮细胞的紧密作用对细菌是有好处的。然而该菌的黏附素尚未最后确定。

经过胃后，病原菌可随食物进入肠道。霍乱弧菌、EPEC和ETEC菌株黏附并定殖于十二指肠和空肠近端的黏膜上皮细胞上。霍乱弧菌黏附在紧邻小肠的上皮细胞上，这种吸附需要染色体编码的毒素协同菌毛（toxin coregulated pilus，TCP）。EPEC菌株通过形成微菌落造成空肠损伤，其所形成的微菌落称为局部性粘连（localized adherence，LA），所造成的损伤称为黏附消除损害［attaching and effacing lesion，或A/E损伤（A/E lesion）］。LA需要形成束状菌毛，编码该菌毛的基因位于肠道黏附因子（entero-adhesiveness factor，EAF）质粒上。ETEC菌株定殖在人体小肠的近端需要一种质粒编码的纤毛，称为定殖因子抗原（colonization factor antigen，CFA）。在小猪和小牛的体内，这种菌毛称为 K88 菌毛。这些例子说明病原微生物表达的黏附因子不同，则其所能定殖的寄主也不同。

病原菌定殖在空肠末梢和回肠也需要特定黏附因子的表达。鼠伤寒型肠道沙门氏菌（*Salmonella enterica* serovar typhimurium）黏附在小肠末梢上皮细胞上至少涉及两个菌毛系统：长极纤毛（long polar fimbriae，LPF）和质粒编码纤毛（plasmid-encoded fimbriae，PEF）。LPF 是沙门氏菌入侵时黏附所必需的，它专门与特定的上皮细胞结合，这些细胞与淋巴集结（Peyer's patches）相联系，称为 M 细胞；PEF 则与位于肠上皮细胞的受体结合，与寄生菌定殖于无发病的黏膜表面有关。因此，在同一寄主里，一种微生物可以表达出不同的黏附因子，与寄主发生不同类型的相互作用。

新进入肠道的病原菌若要在大肠和结肠定殖，需要与结肠上皮细胞结合，同时还要与已经存在的正常的微生物菌群竞争，以得到生存空间。EHEC 有一种由 60MDa 质粒编码的纤毛，该菌菌株定殖在大肠，其菌毛会引起大肠的黏附消除损害。肠聚集性大肠杆菌（enteroaggregative *E. coli*，EAEC）的菌株有一种菌毛称聚集性黏附菌毛（aggregative adherence fimbriae，AAF），这种菌毛介导该菌的菌株以一种独特的“堆垛（stacked-brick）”方式排列，黏附在结肠上，称为聚集性黏附（aggregative adherence）。

据观察，非菌毛型黏附素在微生物与不同的寄主细胞/组织结合时，所起的作用与菌毛相似。百日咳博代氏杆菌黏附素（FHA）、百日咳毒素和 BrkA 蛋白能够与呼吸系统菌毛上皮的受体结合，使该菌引发上呼吸道疾病。至少，FHA 可与巨噬细胞的 $\alpha\beta_2$ 整合蛋白 CR3 结合，使细菌进入巨噬细胞，该菌具有在巨噬细胞内存活的能力，且不会引起呼吸突发。这是百日咳博代氏杆菌的可以躲避寄主抗病机制重要原因之一。此外，酿脓链球菌菌株产生的 F 蛋白和 M 蛋白/LTA 可以与细胞的纤连蛋白结合，但 F 蛋白是细菌定殖于鼻咽上皮细胞的关键，而 M 蛋白则是细菌与皮肤细胞结合的关键。

2.2　致病因子分泌系统

病原菌主要的致病因子分为结合在菌体表面的和分泌性的两种，但均需由特定的分泌系统输出。这些系统对于很多微生物的致病过程都是关键的。有趣的是，很多分泌系统在种间是保守的和高度同源的，而且很多不相干的致病因子可以有着基本相同的运输系统。第 3 章已初步介绍过几种常规分泌系统，在此，从致病因素的角度归纳分泌系统的特点，并举例说明。

2.2.1　革兰氏阴性细菌的分泌系统

革兰氏阴性细菌的蛋白质分泌系统比革兰氏阳性细菌复杂。

1. 具有Ⅰ型分泌系统的病原菌

Ⅰ型分泌系统（type Ⅰ secretion system，T1SS or TOSS）代表着一群结构和功能上相关的蛋白复合体。这些复合体由 3 种成分构成：一个内膜 ABC（ATP binding cassette）运输蛋白（为蛋白输出提供能量）、一个外膜蛋白（outer membrane protein，OMP）和一个跨越周质空间的蛋白（锚定在内膜上，与 ABC 运输蛋白有联系；membrane fusion protein，MFP）。它们穿过内膜和外膜，直至细胞之外，被运输物质与周质空间不发生相互作用。研究表明，它们与输出那些没有典型 N 端信号序列的蛋白有关，无需 Sec 途径。

尽管这些分泌系统的底物没有 N 端信号序列，却在 C 端有一个 60 个氨基酸的序列。Ⅰ型分泌系统的样板是大肠杆菌 α 溶血素的分泌系统。此外，由Ⅰ型分泌系统分泌的致病因子还包括：百日咳博代氏杆菌的侵袭性腺苷酸环化酶（adenylyl cyclase，CyaA）、溶血巴斯德氏菌（*Pasteurella haemolytica*）的白细胞毒素（leukotoxin，LktA）、铜绿假单胞菌的碱性蛋白酶（alkaline protease，AprA）、粘质沙雷氏菌的 LipA 脂肪酶（lipase）和 PtrA 蛋白酶（protease Ⅲ）、菊欧文氏菌（*Erwinia chrysanthemi*）的 PtrBC 蛋白酶等。

2. 具有Ⅱ型分泌系统的病原菌

Ⅱ型分泌系统（type Ⅱ secretion system，T2SS）是一种依赖 Sec 的分泌系统，由 12～16 种不同的基因产物组成。这类系统在革兰氏阴性细菌中分布广泛，很多动、植物病原菌都以这种方式输出对其寄生非常重要的外毒素和水解酶，用以破坏寄主的机械屏障。这种分泌作用涉及两个独特的遗传和生化的易位过程。首先，带有 N-信号肽的被分泌蛋白（毒性因子）在 Sec 的作用下从细胞质分泌到胞间周质中，在周质中由信号肽切除酶切去 Sec 序列，折叠并进一步修饰（如二硫键的形成）组装成成熟蛋白；然后，在分泌相关的蛋白复合物的作用下透过外膜从周质分泌到胞外。

研究较清楚的Ⅱ型分泌系统是产酸克雷伯氏杆菌（*Klebsiella oxytoca*）分泌支链淀粉酶（pullulanase）的 Pul 系统（图 13-5）。该系统可在周质空间内形成假菌毛，像活塞一样将底物推出分泌孔，到达胞外。其主要结构蛋白亚单位 PulG 和次要的亚单位 PulH、PulI、PulJ、PulK 需经前菌毛肽酶 PulO 加工，在多起源胞膜蛋白——PulF 和运输性 NTP 酶——PulE 的共同作用下，装配成假菌毛。该系统的底物——支链淀粉酶由 Sec 分泌系统转运至周质空间，再由引导蛋白 PulS 协助，经过分泌素 PulD 在外膜上形成的通道，抵达胞外。

此外，发现的Ⅱ型系统还有：铜绿假单胞菌的胞外蛋白缺陷（extracellular protein-deficient，Xcp）系统，该系统负责分泌弹性蛋白酶（elastase）、外毒素 A、磷酸酯酶 C；霍乱弧菌分泌霍乱毒素（cholera toxin）的胞外蛋白分泌（Extracellular protein secretion，Esp）系统；菊欧文氏菌分泌果胶酶和纤维素酶的 Out 系统

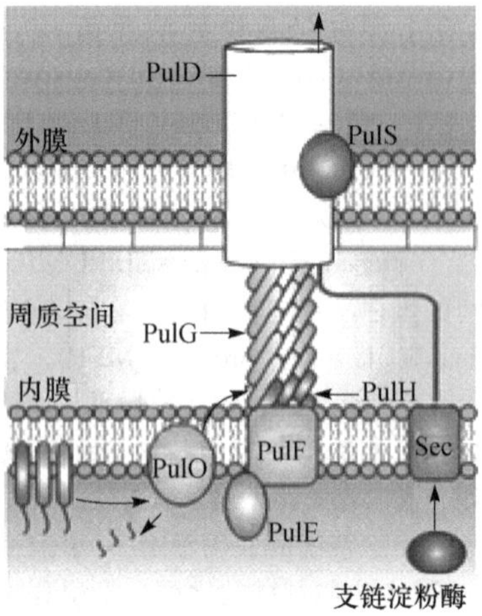

图 13-5 产酸克雷伯氏杆菌支链淀粉酶分泌（Pul）系统（Chen et al.，2004）

PulD：分泌素；PulE：运输性 NTP 酶；PulF：多起源胞膜蛋白；PulG：主要结构蛋白亚单位；PulH：次要结构蛋白亚单位；PulO：前菌毛肽酶；PulS：引导蛋白；Sec：Sec 分泌系统

（Out 基因突变表现为分泌缺陷）；嗜水气单胞菌（*Aeromonas hydrophila*）分泌淀粉酶和蛋白酶的 Exe 系统等。

3. 具有Ⅲ型分泌系统的病原菌

Ⅲ型分泌系统（type Ⅲ Secretion System，T3SS or TTSS）近来已经被描述为人和动物病原菌输出致病因子的主要系统。TTSS 的部件是多蛋白的复合体，它们跨越内膜和外膜，并延伸到细胞外形成针状结构。通过 TTSS 输出致病因子时，不需要 Sec 途径。但 TTSS 小体的许多成分却需要 Sec 途径输出。

TTSS 与其他分泌系统不同，后者所输出的蛋白质多是在细胞外有活性，而 TTSS 则似乎是专门将蛋白质从细菌细胞质直接转移到寄主细胞之内。人们据此认为，TTSS 的分泌作用受到细菌能否黏附到靶细胞上的调节。近年的研究证实，好几种植物、动物和人的致病菌都能编码 TTSS 小体。这些 TTSS 和它们所分泌的蛋白质是由细菌染色体的特定区域编码的，称为致病岛（pathogenicity island）。致病岛多是通过水平转移获得的，也就是说，这些基因座位是从其他的属/种，而不是从它们自己的祖先得来的。

常见的 TTSS 系统及其所分泌的蛋白有：

① 耶尔森氏菌的一些种（鼠疫耶尔森氏菌，小肠结肠炎耶尔森氏菌和假结核耶尔森氏菌，*Y. pseudotuberculosis*）分泌 Yop（yersinia outer protein）蛋白，以抑制寄主吞噬细胞的活性；

② 肠道沙门氏菌的一些血清型至少有两个沙门氏菌致病岛（*Salmonella* pathogenicity island），SPI-1 和 SPI-2，编码两种不同的 TTSS。SPI-1 分泌的蛋白促进对小肠非吞噬细胞的侵染，SPI-2 分泌的蛋白会引起系统性感染和疾病；

③ EPEC 和 EHEC、兔致泻性大肠杆菌（rabbit-diarrheagenic *E. coli*，RDEC-1）和导致啮齿动物疾病的啮齿柠檬酸杆菌（*Citrobacter rodentium*）产生相关的 TTSS 小体，来分泌“黏附消除损害”所需要的蛋白，编码这些小体的致病岛称为肠细胞损伤基因座位（locus of enterocyte effacement，LEE）；

④ 志贺氏菌属的一些种，如弗氏志贺氏菌（*S. flexneri*）能分泌侵袭质粒抗原（invasion plasmid antigen，Ipa）蛋白，用以侵染非吞噬细胞，并引起寄主细胞的程序性死亡；

⑤ 铜绿假单胞菌可以分泌多种胞外酶，如胞外酶 S，使细菌可以通过血液散播，并抑制寄主 T 细胞的功能；

⑥ 植物病原菌丁香假单胞菌（*Pseudomonas syringae*）、青枯假单胞菌（*P. solanacearum*）、甘蓝黑腐病黄单胞菌（*Xanthomonas campestris*）和菊欧文氏菌可以分泌过敏蛋白（harpin），造成植物组织的损伤。

4. 具有Ⅳ型分泌系统的病原菌

Ⅳ型分泌系统（type Ⅳ secretion system，T4SS or TFSS）是另一类革兰氏阴性细菌输出大分子的机制。Ⅳ型系统的分泌途径多种多样，它们不但可以分泌单体的或聚合的蛋白复合体，而且可以输出核蛋白体，如接合过程中的核蛋白中间体等。这些分泌物的受体细胞的种类也很多，包括细菌、真菌、植物和动物。

Ⅳ型分泌系统至少有 3 种：根癌土壤杆菌的毒力（virulence，Vir）转运系统 VirB/D4，它向敏感植物中输入 T-DNA，使植物形成肿块；IncN 组接合质粒 pKM101 的接合转移系统；百日咳博代氏杆菌的百日咳毒素输出蛋白 Ptl（Ptl 为 pertussis toxin-linked 的缩写）。一些Ⅳ型分泌系统对细菌致病力起作用：幽门螺旋杆菌细胞毒素相关基因（cytotoxin-associated gene，*cag*）产物 CagA 蛋白的输出需要 Cag 系统，该蛋白可以引起寄主细胞骨架的重排；嗜肺军团杆菌的细胞器运行缺失/细胞内繁殖（defective in organelle trafficking/intracellular multiplication，Dot/Icm）系统分泌一种尚未鉴定的效应物，能阻止吞噬体和溶酶体的融合，使细菌能在有巨噬细胞的情况下存活和生长。此外，据认为布鲁氏杆菌、巴尔通体（*Bartonella*）、立克次氏体（*Rickettsia*）的一些种也能编码相应的系统帮助它们在细胞内存活。

5. 具有自动输送体的病原菌

自动输送体（autotransporter）又称为Ⅴ型分泌系统（type Ⅴ secretion system，T5SS），这是一类奇特的蛋白质，它们可以通过自身的介导把自己输送到细胞膜外。这类分泌作用利用 Sec 途径穿过细胞内膜，但所有穿越细胞外膜的信息都位于该蛋白自身。淋病奈瑟氏球菌的 IgA 蛋白酶是这种分泌形式的典型。其他成员还有：流感嗜血杆菌的 IgA 蛋白酶（推测是该菌的黏附和侵入蛋白）；百日咳博代氏杆菌的 BrkA 蛋白、百日咳博代氏杆菌黏附素和其他外膜蛋白；粘质沙雷氏菌的丝氨酸蛋白酶（serine protease）；幽门螺旋杆菌的空泡形成细胞毒素（vacuolating cytotoxin）；弗氏志贺氏菌分泌的蛋白（secretion protein，Sep）SepA；EPEC 菌株分泌的胞外丝氨酸蛋白酶（extracellular serine protease，Esp）EspC。

6. 具有Ⅵ型分泌系统的病原菌

Ⅵ型分泌系统（type Ⅵ secretion system，T6SS）是 2005 年由哈佛大学医学院著名的 John Mekalanos 小组在霍乱弧菌和铜绿假单胞菌的研究中发现的。通过基因比对证实，在大多数普通变形杆菌（proteobacteria）中都存在 T6SS。这些菌既包括人、动物、植物的致病菌，也包括土壤和海洋细菌。生物被膜形成、接合、群体感应、毒力的启动和限制等许多生理过程均与该系统有关。目前，已报道了 3 个组成 T6SS 系统的蛋白：溶血素相关蛋白（hemolysin coregulated protein，Hcp）、缬氨酸-氨基乙酸重复（valine-glycine repeat，Vgr）蛋白 VgrG、酪蛋白水解酶（caseinolytic proteinase，Clp）ClpV，后者属于与多种细胞活性相关的 ATP 酶（ATPases associated with diverse cellular activities，AAA＋ATPases）家族，为这个运输过程提供能量，但详细运输过程还不清楚。

7. 具有双配体分泌途径的病原菌

双配体分泌途径（two-partner secretion，TPS）由一个拥有 TpsA 簇的胞外蛋白（exoprotein，即被运输的蛋白）分泌区域和一个可形成通道的 TpsB 簇的外膜运输蛋白组成。有趣的是，每一个 TpsB 运输蛋白表现为专门运输与它同源的外蛋白，且编码它们的基因趋向于构成一个操纵元。根据基因组序列分析，TPS 途径在革兰氏阴性细菌中分布广泛。3 个 TPS 系统已被详细地描述过：即百日咳博代氏杆菌对丝状血细胞凝集素（FHA）的分泌作用（图 13-6）；粘质沙雷氏菌对不依赖钙离子的细胞溶素（即溶血素，serratia hemolysin，Shl）ShlA 的分泌作用和流感嗜血杆菌对高分子质量黏附素（HMW1 和 HMW2）的分泌作用。FHA 是典型的 TPS 成员，它最初形成一个大的前蛋白原 FhaB（TpsA 家族的成员），由 Sec 途径运至周质空间，再由 FhaC（TpsB 家族的成员）运出细胞，当这个前蛋白原 2/3 被运出细胞后，丝氨酸蛋白酶同源蛋白（serine protease homolog of *Bordetella*，SphB）SphB1 将其切割成为成熟的 FHA。此外，还有一些 TPS 系统尚未详述，包括奇异变形杆菌、迟钝爱德华氏菌（*Edwardsiella tarda*）、杜克雷氏嗜血杆菌（*Haemophilus ducreyi*）分泌溶细胞素（cytolysin）的系统。

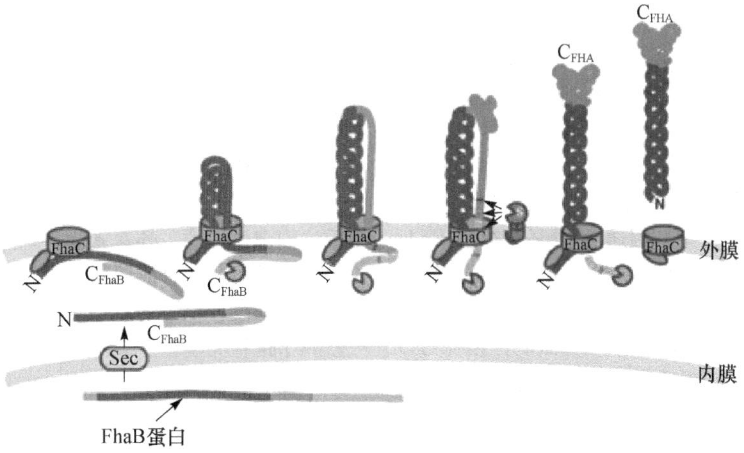

图 13-6　丝状血细胞凝集素分泌模型（Mazar et al.，2006）

FhaB：FHA 的前体；Sec：Sec 分泌系统；N：FhaB 的 N 端；C_{FhaB}：FhaB 的 C 端；C_{FHA}：成熟 FHA 蛋白的 C 端；FhaC：TpsB 家族的成员；S：丝氨酸蛋白酶 SphB1

2.2.2　革兰氏阳性细菌的运输系统

革兰氏阳性细菌分泌蛋白的过程比革兰氏阴性细菌要简单一些，这主要是因为它们缺少第二层膜的缘故。它们的表面蛋白或被分泌蛋白的一级序列都有共同的特征，包括：一段典型的信号肽序列、一个串联重复的区域、在 C 端有富含甘氨酸和脯氨酸的区域、一个保守的六肽（LPXTGE）。革兰氏阳性细菌与表面相联系的蛋白或被分泌的蛋白包括酿脓链球菌的 F、M 和 G 蛋白，变形链球菌（*Streptococcus mutans*）的 P1 黏附素，单核细胞增生李斯特氏菌的内化素（internalin）和金黄色葡萄球菌的纤维连接蛋白-结合蛋白（fibronectin-binding protein）和蛋白 A。

2.3　侵袭性的酶类

从微生物病原菌的角度来说，它的寄主就像一个储藏食物的货栈，需要获得会员资格才能进入。寄主及其正常的微生物群落已经建立了它们之间的关系，并相互配合使之能有效地获取营养。新进入的病原菌需要战胜寄主和常驻的微生物群落，从而获得营养物质，以供其生长。于是，很多病原菌分泌出一些酶，或将其置于菌细胞的外表面，以降解寄主的成分或裂解寄主细胞以释放养分。虽然酶本身不具有毒性，但有利于病原微生物的生长与扩散。也有些教科书或文献将它们作为一类外毒素。

2.3.1 透明质酸酶

透明质酸（hyaluronan 或 hyaluronic acid）是一种阴离子型、非硫酸化的高分子黏多糖，结构单元为D-*N*-乙酰氨基葡萄糖和D-葡萄糖醛酸，广泛存在于动物的结缔组织、上皮组织和神经组织中，是构成人体细胞间质、眼玻璃体、关节滑液等处主要成分，在体内具有保水、维持细胞外空间、调节渗透压、润滑、促进细胞修复的重要生理功能。

一些细菌，如金黄色葡萄球菌、酿脓链球菌和产气荚膜梭状芽孢杆菌（*Clostridium perfringens*）可以产生透明质酸裂解酶（hyaluronate-lyase，透明质酸酶的一种），水解结缔组织中的透明质酸。结缔组织水解后，因失去黏性而松弛，细胞间隙增大，有利于细菌在组织中扩散，并逃避寄主免疫系统的攻击。

2.3.2 蛋白酶

胶原蛋白（collagen）是动物结缔组织中的主要蛋白，也是哺乳动物体内最多的蛋白组分。产气荚膜梭状芽孢杆菌和诺维氏梭状芽孢杆菌（*Clostridium novyi*）可以产生胶原酶（collagenase），加快病原菌在组织间的传播速度，引起气性坏疽。

分泌型免疫球蛋白 IgA 分布于动物的分泌液中，如唾液、泪液、初乳、鼻和支气管分泌液、胃肠液、尿液、汗液等，是机体黏膜局部抗感染免疫的主要抗体，故又称黏膜局部抗体。许多病原菌可以合成 IgA 蛋白酶（IgA1 specific protease），降解 IgA，从而破坏寄主的抗病能力。编码 IgA 蛋白酶的基因通过水平转移，广泛地存在于多种细菌之中，嗜血杆菌、奈瑟氏球菌、链球菌、孪生菌（*Gemella*）、普雷沃氏菌（*Prevotella*）、二氧化碳噬纤维菌（*Capnocytophaga*）的致病性菌株可以合成该酶，而非致病性菌株中则没有这种酶。

2.3.3 胞外脂肪酶

致病菌胞外脂肪酶（lipase）最重要的毒力作用是它们能够分解寄主的脂质，从而帮助细菌在缺乏碳水化合物或仅存在脂质碳源的环境中生存。金黄色葡萄球菌的胞外脂肪酶通过降解宿主细胞表面分子然后释放新的受体，进而吸附到宿主上。铜绿假单胞菌能够侵入人类的呼吸系统，并损坏肺部。这种病原菌有一个很复杂的胞外分解脂肪的系统，包括至少两种磷脂酶 C（phospholipases C，PLC）：一种外膜酯酶和一种脂肪酶。这些酶可以分解细胞质膜，裂解寄主细胞，释放营养，使组织受到破坏；同时也可释放出较多的 12-花生四烯酸（arachidonic acid，AA），AA 可进一步代谢形成前列腺素、白三烯、血栓素等二十烷类衍生物。这些衍生物是重要的生理活性物质，作用于心血管系统和免疫系统，细菌侵染产生的这类物质可以扰乱动物体正常的调节机能。单核细胞增生李斯特氏菌的磷脂酰肌醇水解毒素（phosphatidylinositol-hydrolysing toxin，PLCA）可以导致细胞裂解或血细胞溶解。产气荚膜梭状芽孢杆菌的α-毒素和单核细胞增生李斯特氏菌的 PLCB 具有依赖于 Zn^{2+} 的磷脂酶 C 的活性。亲动物性真菌——犬小孢子菌（*Microsporum canis*）的大多数丝状菌中都有脂肪酶活性，而且活性增高与犬小孢子菌所引起的临床症状久治不愈有关。

2.3.4 血浆凝固酶

金黄色葡萄球菌和鼠疫耶尔森氏菌菌体表面都含有血浆凝固酶（coagulase）。该酶可以将血液中可溶性的纤维蛋白原转化成不溶性的血纤维蛋白，使菌体与血纤维蛋白交联而凝聚，导致血栓的形成。菌体表面覆盖着血纤维蛋白，病原菌可以抵抗吞噬细胞的吞噬作用，因而具有更强的致病力，但同时也使感染局限化。

2.3.5 链激酶

链激酶（streptokinase，SK）是 A、C、G 群链球菌中β-溶血性链球菌分泌的一类胞外蛋白，由 414 个氨基酸组成。它是一种酶的激活剂，能使纤溶酶原（plasminogen）发生构象改变，暴露出活性部位，从而具有纤溶酶（plasmin）活性，后者能降解血栓中的不溶性纤维蛋白，溶解血栓，以利于病原菌在寄主体内的传播。

2.4 外毒素

很多病原菌会分泌一种或多种外毒素（exotoxin），这些毒素是产毒菌进行新陈代谢过程中在细胞内合成后分泌到菌体外的，外毒素这一名称就是这样得来的。但也有少数外毒素合成后保存在体内，等菌死亡溶溃后才释放至周围环境中的。痢疾志贺氏菌和 ETEC 的外毒素就属于这种类型。

2.4.1 A-B 毒素

尽管很多外毒素活性和所侵染的靶细胞不同，但却具有共同的结构形式。它们大多具有一个或多个结合亚单位（binding or B subunit）和另一个活性部位或一个亚单位（active or A subunit）。前者虽没有酶的活性，但却可以与寄主的受体结合，它们对于毒素进入寄主细胞是必需的。后者可以作用于靶细胞，具有酶或毒素的活性。革兰氏阳性细菌和革兰氏阴性细菌都可以合成 A-B 毒素，其目标包括各种各样的、不同功能的寄主细胞蛋白。

ADP 核糖基转移酶（ADP ribosyltransferases），或称 ADP-核糖基化毒素（ADP-ribosylating toxin）是一类具有相同的酶活性的 A-B 毒素，不过它们所作用的目标蛋白或功能则有所不同。这组毒素把氧化还原作用的辅因子——烟酰胺腺嘌呤二核苷酸（辅酶Ⅰ，NAD）作为底物，裂解烟酰胺（nicotinamide，NAm）和核糖之间的化学键，产生 NAm 和二磷酸腺苷核糖（ADP-ribose 或 ADP-R)。

ADP-R 被传递给靶分子（如寄主蛋白），使靶分子的结构或功能发生变化，从而产生一定的生理学效应。这种活性叫做 ADP 核糖基化活性（ADP ribosylation activity），这类毒素的名称便由此而来。

产生 ADP-核糖基化毒素的细菌和这类毒素的靶蛋白是多种多样的。白喉棒状杆菌产生的白喉毒素（diphtheria toxin，DT）是这类毒素的典型代表。DT 和来自铜绿假单胞菌的、作用相同的外毒素 A（ExoA）都可以使真核生物的延长因子（EF)-2 核糖基化，从而抑制蛋白质的合成，造成新生多肽链延长的终止，导致细胞死亡。DT 可与肝素结合表皮生长因子（heparin-binding epidermal growth factor，EGF）结合，通过早期内含体进入细胞；而 ExoA 则与 α_2-巨球蛋白（macroglobulin）结合，通过逆向运输进入内质网（ER)。

霍乱弧菌的霍乱毒素（cholera toxin，CTX）和 ETEC 的热不稳定肠毒素（heat-labile enterotoxin，LT）都是 ADP-核糖基化毒素，它们作用于腺苷酸环化酶（adenylate cyclase，AC）的 $G_{S\alpha}$ 调节蛋白，导致 AC 活性增加，环腺苷酸（cAMP）水平上升。CTX 和 LT 引起的肠上皮细胞中 cAMP 水平的上升，增加 Cl^- 离子的分泌，抑制 Na^+ 离子的吸收，最终导致病人的腹泻。CTX 是由噬菌体（CTXΦ）编码的，而 LT 是由质粒编码的。二者都可与表面的神经节苷脂（gangliosides）（如 GM1）结合，通过逆向运输进入细胞，再运送到 ER，在那里 A 亚基被激活。

百日咳博代氏杆菌的百日咳毒素（pertussis toxin，PT）也是 ADP-核糖基化毒素，作用于 AC 的 $G_{i,o}$ 调节蛋白，抑制其阻遏作用，使 cAMP 的水平增加。与 CTX 和 LT 不同，PT 作用于呼吸系统的上皮细胞，引发与百日咳有关的许多症状。PT 是由Ⅳ型分泌系统分泌的，通过 B 亚基与呼吸上皮表面的受体结合，将 A 亚基送进寄主细胞质。C 型和 D 型肉毒梭状芽孢杆菌产生的 C2 毒素、艰难梭状芽孢杆菌（*Clostridium difficile*）的毒素 A（toxin A，ToxA）和毒素 B（toxin B，ToxB)、产气荚膜梭状芽孢杆菌的 ι-毒素（iota 毒素）也是 ADP-核糖基化毒素，有结合/易位活性。它们通过内含体进入寄主细胞，将 G-肌纤蛋白的单体 ADP-核糖基化，使之不能聚合。

其他的 A-B 毒素没有 ADP-核糖基化活性，但它们可以通过各自不同的机制发挥作用。志贺氏菌属的一些种产生的志贺氏毒素（shiga toxin，STX）和 EHEC 的一些菌株产生的类志贺氏毒素（shiga-like toxin，SLT）都具有 *N*-糖苷酶活性，其靶分子为 28S rRNA，因而可以造成核糖体的损伤，阻断蛋白质合成，最终杀死细胞。在通过 B 亚基与靶分子结合之后，A 亚基进入细胞，通过逆向运输到达 ER。百日咳博代氏杆菌的侵袭性腺苷酸环化酶（invasive adenylyl cyclase toxin，ACT）可以直接进入细胞，在细胞质中它具有依赖钙调节蛋白的腺苷酸环化酶活性，这一活性使细胞中 cAMP 的水平上升，广泛地中断细胞内的信号传输途径。

炭疽芽孢杆菌中质粒编码的炭疽毒素（anthrax toxin）由 3 部分组成：水肿因子（edema factor，EF)、致死因子（lethal factor，LF）和保护性抗原（protective antigen，PA)。PA 亚基作为 EF 和 LF 的结合亚基，即 B 亚基，不依赖其他亚基而发挥作用。EF 亚基与 ACT 相似，具有依赖钙调节蛋白的腺苷酸环化酶活性，其对细胞的效应也与 ACT 类似。LF 亚基是 Zn^{2+}-金属蛋白酶，该酶可以裂解寄主细胞的促分裂原活化蛋白激酶激酶（mitogen-activated protein kinase kinases，MAPKK)，从而抑制细胞增殖，并可能导致细胞死亡。

杜克雷氏嗜血杆菌、志贺氏菌属和弯曲杆菌属的一些种，以及大肠杆菌的几个菌株能产生细胞致死性肿胀毒素（cytolethal distending toxin，CDT)。这也是一种 A-B 毒素，能间接地抑制细胞分裂控制蛋白（cell division control protein）基因（*cdc*）产物 $p34^{cdc2}$ 的脱磷酸作用，使细胞周期滞留在 G2 期，导致细胞质膨胀，细胞扩大。空肠弯曲杆菌（*Campylobacter jejuni*）的 CDT 具有类脱氧核糖核酸酶Ⅰ的活性，说明在其发生作用时需要这一活性。

破伤风梭状芽孢杆菌的破伤风神经毒素（tetanus neurotoxin，TeNT）和肉毒梭状芽孢杆菌的肉毒神经毒素（botulism neurotoxin，BoNT）都是 A-B 毒素，由重链（B 亚基）和轻链（A 亚基）构成。轻链具有金属蛋白酶活性，可以裂解与突触小体相关联的蛋白质。TeNT 和 BoNT 都具有抑制神经胞吐（neuroexocytosis）的作用。但 TeNT 作用于中枢抑制性中央神经元（central inhibitory interneuron)，阻止抑制性神经递质的释放，导致持续的肌肉刺激和痉挛性麻痹。而 BoNT 作用于周边运动神经元（peripheral motor neuron)，阻止乙酰胆碱（acetylcholine，ACh）的释放和肌肉刺激，导致松弛性麻痹。

2.4.2　作用于细胞表面的毒素

很多细菌分泌的外毒素作用于靶细胞的表面，导致细胞裂解或产生某些生理效应。金黄色葡萄球菌和酿脓链球菌的菌株都产生起到超级抗原（superantigen，Sag）作用的毒素。它们非选择性地与抗原呈递细胞（antigen-presenting cell）和 T 细胞（抗原）受体（T cell antigen receptor，TCR）上的Ⅱ类主要组织相容性复合体（major histocompatibility complex，MHC）分子形成横桥，导致寄主辅助 T 细胞的多克隆激活（polyclonal activation)，并分泌大量的细胞因子（cytokine)。超级抗原毒素包括中毒性休克综合征毒素（toxic shock syndrome toxin）TSST-1，链球菌致热外毒素（streptococcal pyrogenic exotoxin）SPE-A、SPE-B、SPE-C，酿脓链球菌超级抗原（Sags from *Streptococcus pyogene*，SSA)，葡萄球菌肠毒素 A（staphylococcal enterotoxin A，SEA）和葡萄球菌肠毒素 H（staphylococcal enterotoxin H，SEH）。

ETEC、小肠结肠炎耶尔森氏菌、霍乱弧菌和弗氏柠檬酸杆菌（*Citrobacter freundii*）的菌株可以产生热稳定的肠毒素（heat-stable enterotoxin，ST），它们可与细胞表面的受体结合，激活鸟苷酸环化酶，提高细胞内 cGMP 的水平，并激活 cGMP 激酶Ⅱ。其对肠细胞的净效应与 LT 和 CTX 非常相似，促使 Cl^- 离子的分泌，抑制 Na^+ 离子的吸收，导致病人腹泻。

有几种细菌的外毒素可以在寄主细胞膜上造成孔隙，导致寄主细胞裂解。酿脓链球菌的链球菌溶血素 O（streptolysin O，SLO）就是这样一类（细胞）裂解素（lysin）。它可以与细胞膜中的胆固醇结合，并聚合形成较大的孔洞，破坏细胞膜的完整性。类似的毒素还有产气荚膜梭状芽孢杆菌的产气荚膜梭菌溶血素（perfringolysin）、肺炎链球菌的肺炎链球菌溶血素（pneumolysin）、单核细胞增生李斯特氏菌的李斯特菌溶血素 O（listeriolysin O，LLO）、破伤风梭状芽孢杆菌的破伤风菌溶血素（tetanolysin）都可以在细胞膜上形成较大的孔洞，使电解质、代谢物和蛋白质大量流失，最终导致细胞死亡。其他的成孔毒素（pore-forming toxin）造成的孔隙较小，包括金黄色葡萄球菌的 α-毒素、杀白细胞素（leukocidin）和嗜水气单胞菌的气单胞菌溶素（aerolysin）。这些毒素形成的孔隙使得离子和溶质流出，刺激类花生酸和核酸内切酶的形成，导致细胞质流失，细胞死亡或程序性死亡。

金黄色葡萄球菌和表皮葡萄球菌的 δ-毒素可以无选择地与细胞膜结合，自我联合形成微胞（micelles），导致细胞渗透性裂解。幽门螺旋杆菌的空泡形成细胞毒素（vacuolating cytotoxin，VacA），可以被寄主细胞的蛋白酶激活，在寄主细胞膜和晚期核内体膜上形成寡聚体，抑制核内体运输，产生大空泡。

2.4.3 “注入型”毒素

“注入型”毒素属于Ⅲ型分泌系统或Ⅳ型分泌系统的一些效应蛋白，可以直接进入寄主细胞的细胞质中，改变细胞的生理功能，或导致细胞死亡，因而被认为是外毒素。假结核耶尔森氏菌和小肠结肠炎耶尔森氏菌的蛋白激酶 YpkA（Yersinia protein kinase A）和胞外蛋白 YopO（Yersinia outer protein O）都是蛋白激酶，但尚不知道它们的靶蛋白。此外，假结核耶尔森氏菌的胞外蛋白 YopH 是一种蛋白酪氨酸磷酸酯酶，它可以使 Crk（chicken tumour virus No. 10 regulator of kinase 的缩写，意为鸡肿瘤病毒 10 调节子激酶，此处指其胞内同源蛋白）相关的酪氨酸激酶的底物（Crk-associated substrate，Cas）脱去磷酸，并抑制寄主巨噬细胞的吞噬作用。

小肠结肠炎耶尔森氏菌和假结核耶尔森氏菌的胞外蛋白 YopE（一种 Rho GTP 酶的 GTP 酶激活蛋白——GAP）和胞外蛋白 YopT（以一种未知的方式修饰 RhoA，使之在细胞内重新分布）能引起寄主细胞肌动蛋白细胞骨架断裂。铜绿假单胞菌的胞外酶 S（exoenzyme S，或 ExoS）有两个功能区域：N 端区域作用于 GAP，引起寄主细胞肌动蛋白细胞骨架的断裂；而 C 端区域的作用是把 Ras 蛋白加上 ADP 而核糖基化。鼠伤寒型肠道沙门氏菌的胞外蛋白（*Salmonella* outer protein）——SopE 蛋白具有鸟嘌呤核苷酸交换因子（guanine-nucleotide exchange factor，GEF）的活性，可以使寄主的两种 Rho GTP 酶［与大鼠肉瘤（rat sarcoma，Ras）相关的 C3 肉毒梭菌毒素底物（ras-related C3 botulinum toxin substrate，Rac）和细胞分裂控制蛋白 Cdc42］磷酸化，引起寄主细胞肌动蛋白细胞骨架的重排，导致细胞膜形成皱壁，病原菌进入寄主细胞。而沙门氏菌分泌的另一种蛋白——酪氨酸磷酸酯酶（*Salmonella* protein tyrosine phosphatase）SptP，是 Rac 和 Cdc42 的 GAP，可以抵消 SopE 的作用，使寄主细胞的细胞骨架系统在病原菌进入后恢复原状（图 13-7）。

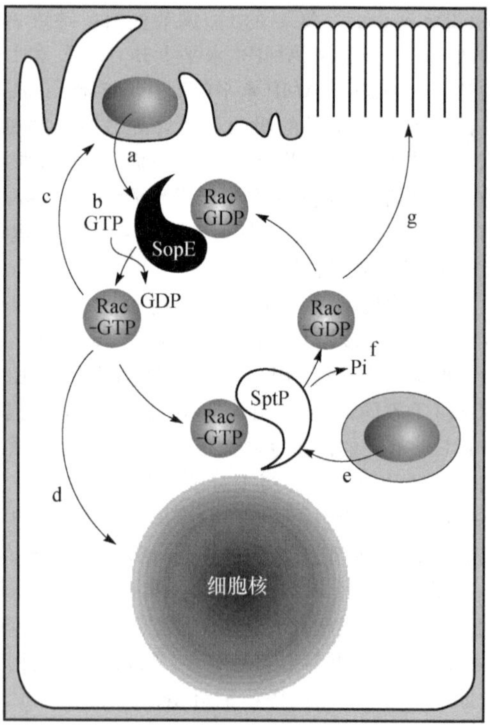

图 13-7　沙门氏菌进入寄主细胞示意图
(Donnenberg et al.，1999)

a：沙门氏菌分泌 SopE 蛋白，进入细胞后与寄主的 Rac 蛋白结合；b：SopE 蛋白具有鸟嘌呤核苷酸交换因子的活性，易于与激活状态的 Rac 蛋白结合；c：激活状态的 Rac 蛋白使细胞膜皱缩，进而导致病原菌进入细胞；d：激活状态的 Rac 蛋白可以影响细胞核内基因的转录；e：沙门氏菌分泌 SptP 蛋白与 Rac-GTP 结合；f：Rac 蛋白的 GTP 酶活性增强，与 Rac 结合的 GTP 水解成 GDP；g：由于 Rac 蛋白成为非活性状态（Rac-GDP），细胞膜恢复原状

小肠结肠炎耶尔森氏菌和假结核耶尔森氏菌的 YopP 和 YopJ 蛋白可与 IκB 激酶 β 亚基结合，最终抑制真核生物翻译因子 NF-κB；还可与 MAPKK 结合，影响信号传递，抑制细胞素的产生。另外，肠道沙门氏菌的沙门氏菌侵袭蛋白（*Salmonella* invasion protein，Sip）SipB/C/D 和志贺氏菌的侵袭质粒抗原（invasion plasmid antigen，Ipa）IpaB 可与白细胞介素-1 转换酶（IL-1 converting enzyme，ICE 或 caspase I）结合，促进寄主细胞的程序性死亡（凋亡）。

在弗氏志贺氏菌中，侵袭质粒抗原 IpaA 和致病蛋白 VirA 可与纽带蛋白（vinculin）结合，控制细胞分裂，随后控制该菌在寄主细胞间的传播。IpaB 除了促进寄主细胞程序性死亡外，还可与 $\alpha_5\beta_1$ 整合蛋白结合，与侵袭质粒抗原 IpaC/D 一起引起寄主细胞膜的褶皱，并促使寄主细胞分裂。IpaC/D 还可以促进吞噬体裂解，将细菌释放进寄主的细胞质中。

都柏林型肠道沙门氏菌（*S. enterica* serovar dublin）和弗氏志贺氏菌分泌的胞外蛋白（*Salmonella* outer protein）SopB 是一种磷酸肌醇磷酸酯酶，可导致肠上皮细胞对 Cl^- 离子的分泌增加，引起寄主腹泻。铜绿假单胞菌的腺苷酸环化酶 ExoY 是一种不依赖钙调节蛋白的酶，可导致寄主细胞内 cAMP 水平的升高。cAMP 在血管内皮细胞内积累，引起细胞骨架重排，导致内皮细胞屏障受损，血管透性增加（Sayner et al.，2004）。

EPEC 菌株分泌的易位紧密黏附素受体（translocated intimin receptor，Tir）进入寄主细胞后，可以起到紧密黏附素受体的作用，允许细菌黏附，以肌动蛋白为核心，在黏附的细菌下形成“基座”结构（图 13-8）。幽门螺旋杆菌的细胞毒素 CagA 蛋白是由Ⅳ型分泌系统分泌的，它可以被寄主细胞的激酶酪氨酸磷酸化，以类似于 Tir 的方式促进基座的形成。

2.5　群体数量感应

有关群体感应已在第 9 章详述（见第 9 章“2.3.2 全局调控”有关微生物的群体感应）。这里主要介绍致病菌的信息。

很多病原菌致病因子的分泌与群体数量感应有关，鼠疫耶尔森氏菌的几个细胞就可以使机体致病，而沙门氏菌则需要几亿个细胞才能引起食物中毒。这说明在细菌致病因子诱导出寄主的防御系统之前，细菌便能达到足够的数量，成功地感染寄主。一种可能的解释是，在感染初期，已存在的营养物质足以支持少量细菌细胞的生长，但随着细胞数量的增加，养分变得紧缺，于是，细菌产生致病因子，释放寄主组织/细胞中的养分。此时，细菌恰好也达到了足够的数量，来抵御寄主的防御系统。对大量致病菌的研究表明，革兰氏阴性细菌和革兰氏阳性细菌所采用的机制有着根本的不同，尤其是它们的信号分子。

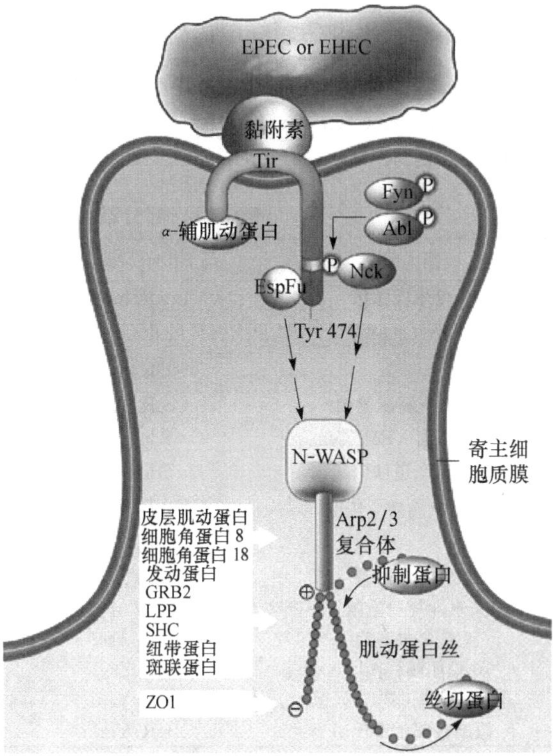

图 13-8　EPEC 和 EHEC 基座结构的形成
(Bhavsar et al.，2007)

在 EPEC 侵入细胞的过程中，细菌的黏附素与 Tir 相互作用，将细菌固定在寄主细胞表面。寄主的两个蛋白激酶［Fyn 和 Abl，Abl 为艾贝尔森鼠白血病病毒（abelson murine leukemia virus）致癌基因产物的缩写，此处指细胞内与该产物同源的蛋白激酶］将 Tir C 端的 474 位酪氨酸残基磷酸化，使之可以募集并结合寄主的衔接蛋白 Nck。而在 EHEC 侵入细胞的过程中，效应蛋白 $EspF_u$ 与 Tir C 端结合，Tir 不磷酸化，也无需 Nck。Nck 和 $EspF_u$ 都可以招募 N-WASP（一种与威斯科特-奥尔德里奇综合征蛋白同源的蛋白，neural Wiskott-Aldrich syndrome protein）和 7 个寄主蛋白组成的肌动蛋白相关蛋白（actin-related protein，Arp）Arp2/3 复合体，因而在所结合的细菌下产生肌动蛋白纤维，并形成基座结构。如图中阴影框所示，EPEC 的基座中含有多种蛋白：皮层肌动蛋白（cortactin）、细胞角蛋白（cytokeratin）8、细胞角蛋白 18、发动蛋白（dynamin）、生长因子受体结合蛋白（growth factor receptor bound protein 2，GRB2）、脂肪瘤多见融合伴侣（lipoma preferred partner，LPP）、肉瘤（sarcoma）基因产物（Src）同源 2（SH2）结构域转化蛋白 C（SRC homology 2 domain containing transforming protein C，SHC）、纽带蛋白（vinculin）和斑联蛋白（zyxin）。有证据显示，紧密连接相关蛋白（tight junction associated protein）——闭锁小带蛋白 1（zonula occluden 1，ZO1）位于 EPEC 基座肌动蛋白纤维的末端。肌动蛋白的解聚蛋白——丝切蛋白（cofilin）和肌动蛋白的装配蛋白——抑制蛋白（profilin）共同作用可使基座在寄主细胞表面移动。在 Tir 的 N 端结合有辅助肌动蛋白 α-actinin，但功能不详

2.5.1 革兰氏阴性病原细菌的群体数量感应

革兰氏阴性细菌大多采用 *N*-酰基高丝氨酸内酯（*N*-acyl homoserine lactones，AHL）作为它们群体数量感应的自我诱导物分子（autoinducer，AI）。不过，也有一些报道发现与 AHL 不同的信号分子。这些分子形成后，可与转录调节蛋白（R 蛋白）结合，并将之激活，从而调节各种各样靶基因的表达。表 13-1 列出了部分革兰氏阴性细菌自我诱导物的合酶或调节因子，以及它们同源的自我诱导物。

表 13-1　部分革兰氏阴性细菌的群体数量感应系统及功能

细　菌	调节因子/AI 合酶	信号分子[a]	功　能
费希尔氏弧菌	LuxR/LuxI	3-Oxo-C_6-HSL	生物发光
铜绿假单胞菌	LasR/LasI	3-Oxo-C_{12}-HSL	产生致病因子；表达 RhlR；形成生物被膜
	RhlR/RhlI	C_4-HSL	产生致病因子；合成鼠李糖脂；表达 RpoS
洋葱伯克霍尔德菌[b]	CepR/CepI	C_8-HSL	产生致病因子
大肠杆菌（EHEC）	SdiA/?	未知	控制细胞分裂；产生致病因子
鼠伤寒型肠道沙门氏菌	SdiA/?	未知	控制细胞分裂；调解致病质粒基因
胡萝卜软腐欧文氏菌[c]	ExpR/ExpI	3-Oxo-C_6-HSL	产生致病因子
	CarR/CarI	3-Oxo-C_6-HSL	产生碳杂青霉烯[g]
根癌土壤杆菌	TraR/TraI	3-Oxo-C_8-HSL	Ti 质粒接合
亲水性气单胞菌[d]	AhyR/AhyI	C_4-HSL	产生胞外蛋白酶
杀鲑气单胞菌[e]	AsaR/AsaI	C_4-HSL	产生胞外蛋白酶
聚团肠杆菌[f]	EagR/EagI	3-Oxo-C_6-HSL	未知
小肠结肠炎耶尔森氏菌	YenR/YenI	C_6-HSL	未知
假结核耶尔森氏菌	YesR/YesI	C_8-HSL	未知

a：HSL，homoserine lactones，高丝氨酸内酯。b：*Burkholderia cepacia*。c：*Erwinia carotovora*。d：*Aeromonas hydrophilia*。e：*Aeromonas salmonicida*。f：*Enterobacter agglomerans*。g：carbapenem。
?：表示“未知因子”。

已知的由群体数量感应控制的致病基因包括：葡萄球菌裂解性蛋白酶基因（staphylolytic protease，*lasA*）、弹性蛋白酶基因（elastase，*lasB*）、碱性蛋白酶基因（alkaline protease，*apr*）、外毒素 A（exotoxin A，*toxA*）和 *xcp*（编码Ⅱ型分泌系统，encode a type Ⅱ secretion system）等。其中，描述较详尽的与致病力有关的群体数量感应系统是铜绿假单胞菌的系统。该菌可以广泛地感染无脊椎动物、植物和动物，在人体的免疫力降低时，它是常见的机会致病菌。

在致病菌和机会致病菌（如铜绿假单胞菌）中，很多致病因子的表达依赖于细胞密度，并且至少受到两个群体数量感应系统的控制：弹性蛋白酶（elastase）合成系统（*las*）和鼠李糖脂（rhamnolipid）合成系统（*rhl*）。*las* 系统受转录激活因子 LasR 和自我诱导物合酶 LasI 调控；*rhl* 系统受转录激活因子 RhlR 和自我诱导物合酶 RhlI 调控。LasR 和 RhlR 与 LuxR 同源，而 LasI 和 RhlI 与 LuxI 同源。象在 *lux* 系统中一样，LasR-AI 和 RhlR-AI 复合体诱导它们同源的 AI 合酶基因，以及其他基因的表达。除了几种致病基因以外，RhlR-AI 还诱导表达以下几种基因：鼠李糖脂合成基因 *rhlAB*、稳定期 σ 因子（the stationary-phase σ factor，σ^S）*rpoS* 和产生绿脓菌素（pyocyanin）所需的基因。

铜绿假单胞菌还能产生一系列次要的 AHL 分子，但它们的功能尚不清楚。一篇最近的报道显示，该菌能通过诱导产生另一种与 AHL 化学结构不同的 AI 分子。它是一种喹诺酮的衍生物——2-庚基-3-羟基-4-喹诺酮（2-heptyl-3-hydroxy-4-quinolone），也叫做假单胞菌喹诺酮信号（pseudomonas quinolone signal，PQS）。合成 PQS 的基因涉及 *pqsABCDE*、*phnAB*（邻氨基苯甲酸盐合酶基因，负责合成吩嗪，phenazine）和 *pqsH* 3 个操纵元，PqsR（亦称 MvfR）是一个调节蛋白，促进上述基因的转录。同时，*pqsR* 受到 LasR 的正调控和 RhlR 的负调控。

现已证明群体数量感应在铜绿假单胞菌对线虫、植物和小鼠的感染过程中有直接的作用，群体数量感应或其所控制的致病因子的缺失突变都会减弱铜绿假单胞菌的致病能力。囊肿性纤维化（cystic fibrosis，CF）病人肺部的铜绿假单胞菌一般会积累较多的 *lasR*、*lasA*、*lasB* 和 *toxA* 转录产物。

在 CF 病人中，洋葱伯克霍尔德菌常作为铜绿假单胞菌的协同感染因子，是一种新兴病原菌（emerging pathogen）。洋葱伯克霍尔德菌有与 LuxR 和 LuxI 同源的两种分子，分别称为 CepR 和 CepI（它们所在的操纵元可以合成洋葱伯克菌素 cepabactin）。目前尚不清楚，在体内，洋葱伯克霍尔德菌是否能产生足够的 AHL 类物质作为它的 AI。如果某种条件使铜绿假单胞菌积累 AHL，则相同情况会导致洋葱伯克霍尔德菌的 AHL 降低 1000 倍。此外，人们还发现，铜绿假单胞菌的 AHL 可以增加洋葱伯克霍尔德菌的致病性。因此，有理由认为洋葱伯克霍尔德菌可以利用其他细菌合成的 AI 来调节自己在致病性方面的表现，从而在其他细菌的能量支出中获得好处。

同样，有人提出大肠杆菌和鼠伤寒型肠道沙门氏菌也存在类似情况。它们有着与 LuxR 同源的转录调节蛋白，由细胞分裂抑制物（suppressor of cell division inhibition，Sdi）基因 *sdiA* 编码。然而，两菌似乎都没有与 LuxI 同源的、用来产生 AI 类分子的 AI 合酶。有趣的是，它们可以产生诱导哈氏弧菌（*Vibrio harveyi*）的发光基因的 AI 分子，但其自身的 SdiA 蛋白却不能对此 AI 分子发生反应，而这两种生物的 SdiA 蛋白又确实都对其他细菌产生的 AI 分子作出反应。因此，有人提出大肠杆菌的致病菌株（如 EHEC O157∶H7 诸菌株）和鼠伤寒型肠道沙门氏菌能通过 SdiA 感知邻近的其他细菌产生的 AHL 分子并作出反应，而 SdiA 继而调节各种靶基因。在 EHEC 和沙门氏菌中，所有受 SdiA 调节的基因都属于细胞分裂操纵元 *ftsQAZ*。在 EHEC 中，受 SdiA 调节的基因包括编码胞外蛋白分泌基因 EspD 和紧密黏附素的基因，它们都受到 SdiA 的负调节，因此，SdiA 表现为调节 O157∶H7 菌株的定殖。

在鼠伤寒型肠道沙门氏菌中，SdiA-AI 复合体能够影响该菌致病质粒 pSLT 编码的菌毛的合成。合成这种菌毛的基因位于质粒编码的菌毛（plasmid encoded fimbriae，*pef*）操纵元中，该操纵元含有 *pefB*、*pefA*、*pefC*、*pefD* 等基因，其中 *pefA* 基因编码菌毛主要的结构蛋白。其下游邻近位置存在一个抗补体杀伤（resistance to complement killing，*rck*）操纵元，含有 *pefI*、*rck* 和其他几个受 SdiA 调节的基因（SdiA-regulated genes，*srg*）——*srgD*、*srgA*、*srgB*、*srgC* 基因（图 13-9）。*sdiA* 基因的产物可以激活 *rck* 操纵元的表达，*pefI* 基因编码 *pef* 操纵元的转录调节因子，*srgA* 基因的表达产物有氧化二硫键的作用，与 PefA 蛋白在周质空间的折叠有关。

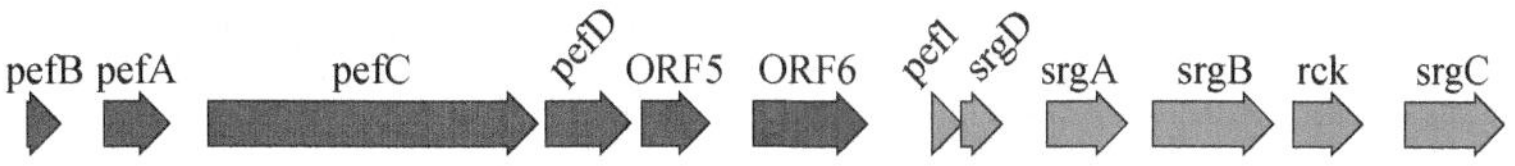

图 13-9　沙门氏菌致病质粒 pSLT 上的 *pef* 操纵元（深色）和 *rck* 操纵元（浅色），二者中间部分为 SdiA 蛋白的调控区（Ahmer et al.，2004）

在侵染植物时，植物病原菌胡萝卜软腐欧文氏菌也采用群体数量感应控制其致病因子。使植物发病的关键，是各种植物组织降解酶的产量。这些胞外酶的调节取决于细胞密度，并受到胞外酶产生（extracellular enzyme production，exp）位点的两个基因产物 ExpR 和 ExpI 的控制，它们是 LuxR/LuxI 的类似物。有趣的是，在 *expI* 的突变体中，该菌胞外酶的产量不足；不过，在 *expR* 突变体中，胞外酶的产量并不降低，而 ExpR 的过量表达还会导致酶产量的下降。这表明 ExpR 是一个负调节因子。此外，胡萝卜软腐欧文氏菌还有第二个群体数量感应系统。这个系统与该菌产生的抗生素——碳杂青霉烯（carbapenem）的合成有关，其数量感应系统主要涉及 CarR 和 CarI，它们也是 LuxR/LuxI 的类似物。在这一系统中，CarR-AI 正向调节碳杂青霉烯的合成基因。植物组织的降解释放出丰富的营养物质，碳杂青霉烯则会抑制其他竞争的细菌。因此，这种细菌在植物组织降解的调节与碳杂青霉烯的产量之间建立了联系。

根癌土壤杆菌是植物冠婴肿瘤的病原体，能够利用群体数量感应来调节其致瘤质粒（tumor inducing plasmid，Ti plasmid）的接合转移。Ti 质粒可以转移至植物细胞核，并在那里诱导肿瘤的形成。Ti 质粒还是一个接合质粒，它上面有两段负责接合转移的基因区域（transfer region 或 *tra* regulon），在这些基因介导下，Ti 质粒可以通过细菌细胞的接合在细菌间转移。根癌土壤杆菌可以带有两种类型的 Ti 质粒，它们分别是章鱼碱（octopine）型 Ti 质粒，或胭脂碱（nopaline）型 Ti 质粒，可以指导植物产生章鱼碱或农杆糖脂（agrocinopine），作为碳源、氮源和能源被细菌利用。利用它们的基因分别形成章鱼碱代谢（octopine catabolic，*occ*）操纵元和胭脂碱代谢（nopaline catabolic，*noc*）操纵元。*traR* 基因位于 *occ* 操纵元和 *noc* 操纵元的末端，TraR 蛋白与 LuxR 类似。*traR* 的表达受到调节蛋白——章鱼碱反应激活因子（octopine responsive activator，OccR）和农杆糖脂反应抑制因子（agrocinopine responsive repressor，AccR）的调节，前者诱导 *traR* 基因的表达，而后者抑制其表达。当章鱼碱积累时，OccR 被激活；当农杆糖脂 A 和 B 积累时，可解除 AccR 的抑制作用，两种情况均可使 traR 基因的表达量增加。土壤杆菌的自我诱导物（agrobacterium autoinducer，AAI）由 TraI（自我诱导物合酶）合成。TraR 与 AAI 形成复合体，对包括 *traI* 在内的 *tra* 调节单元（*tra* regulon）的表达起正调节作用。因此，一旦细胞密度达到一定的量，便可积累足够的 AAI 来激活 TraR，促进接合转移。

2.5.2　革兰氏阳性病原细菌的群体数量感应

革兰氏阳性细菌的群体数量感应系统与革兰氏阴性细菌有着根本不同。它们不产生 AHL，而采用传感器激酶/调节因子双组分信号转导系统。它们产生的信号肽（而不是 AHL 分子）可与传感器激酶相互作用，进而使同源的调节蛋白磷酸化。在革兰氏阳性细菌中，群体数量感应系统调节着一系列的过程，如粪肠球菌（*Enterococcus faecalis*）的接合，枯草芽孢杆菌和肺炎链球菌的感受态。

群体数量感应在调节金黄色葡萄球菌致病中的作用

很好地说明了它是如何控制革兰氏阳性细菌致病的。与铜绿假单胞菌一样，金黄色葡萄球菌是一系列疾病的病原体，较轻的有皮肤损伤（毛囊炎，folliculitis），较重的有潜在致死性肺炎（potentially fatal pneumonia）或菌血症（bacteremia）。金黄色葡萄球菌在感染期会产生一组致病因子：在早期，细菌产生一系列与表面缔合的致病因子，如蛋白 A（protein A）、胶原蛋白和纤维连接蛋白结合蛋白（collagen and fibronectin-binding protein），涉及细菌躲避寄主防御反应和对寄主组织的吸附。这些因子有可能使金黄色葡萄球菌得以在寄主中生长繁殖，并在局部达到较高的细胞密度。此时，表面致病因子的表达是减量调节的，而分泌产物的表达是过量增加的，这包括几种脂肪酶和蛋白酶、透明质酸酶、溶血素、α-毒素和肠毒素。

这种对致病因子的成功调节是在两个基因座位的控制之下实现的，即附加基因调节因子（accessory gene regulator，*agr*）和葡萄球菌的附加基因调节因子（staphylococcal accessory gene regulator，*sar*）。*agr* 座位包含两个转录方向不同的操纵元，分别编码两个多顺反子 mRNA，称为 RNAⅡ和 RNAⅢ。RNAⅡ是 *agrBDCA* 操纵元的转录产物，AgrA 是一个反应调节因子，AgrC 是一个信号转导蛋白，AgrB 和 AgrD 与产生群体数量感应的信号分子有关，AgrD 裂解后的一个八肽产物由 AgrB 蛋白运出细胞。RNAⅢ编码 δ-溶血素，同时还是一个有调节作用的 RNA 分子。在群体数量感应过程中，AgrC 与信号肽分子结合，将其自身磷酸化（autophosphorylation），而后再使 AgrA 磷酸化。磷酸-AgrA（AgrA～P）诱导 RNAⅢ的表达，RNAⅢ进而刺激诸多分泌产物的表达，减量调节特定表面蛋白的表达，增加 *agrBDCA* 的表达。此外，在这一过程中，SarA 蛋白是 RNAⅡ和 RNAⅢ的正调节因子。

2.6 微进化

病原菌在与其寄主相互作用的过程中，寄生物群体中的某些成员会发生基因型的变异，有些个体因而能更好地适应其生存环境。这种在短期发生的一个群体内部某些成员基因型的微小变异称为微进化（microevolution），亦称种内进化。这种基因变异的本质与传统的变异没有区别，主要是通过 DNA 的突变、缺失、插入、替换等，是生物适应环境的有效策略之一。如在实验室条件下，大肠杆菌或流感嗜血杆菌的培养物中经常可以发现自发失去菌毛的细胞，这样细胞的致病力将明显下降。

在自然环境中，容易发生变异的细菌往往会获得生存优势。单核细胞增生李斯特氏菌是一种兼性寄生菌，至少有两个广泛分布的株系（Ⅰ、Ⅱ）。有实验表明，株系Ⅱ的变异频率是株系Ⅰ的 6 倍，而前者在自然界中的数量也显著高出后者。微进化是遗传学及其相关学科的重要研究内容，微进化为微生物适应寄生环境提供了非常有效的手段。

思考题

1. 人的免疫系统包括哪些部分？
2. 致病菌的菌毛有哪些主要的类型？是根据什么划分的？
3. 试简述各分泌系统的特点。
4. 试举几例致病微生物的胞外酶和外毒素。
5. 革兰氏阴性细菌和革兰氏阳性细菌的群体感应有何不同？

主要参考文献

毛特，福斯特，斯佩克特. 2009. 微生物生理学（4 版）. 李颖，文莹，关国华，等，译. 北京：高等教育出版社.

于善谦，王洪海，朱乃硕，等. 1999. 免疫学导论. 北京：高等教育出版社.

Agramonte-Hevia J，González-Arenas A，Barrera D，et al. 2002. Gram-negative bacteria and phagocytic cell interaction mediated by complement receptor 3. FEMS Immunology and Medical Microbiology，34（4）：355-366.

Ahmer B M M. 2004. Cell-to-cell signaling in *Escherichia coli* and *Salmonella enterica*. Molecular Microbiology，52（4）：933-945.

Asad S，Opal S M. 2008. Bench-to-bedside review：quorum sensing and the role of cell-to-cell communication during invasive bacterial infection. Critical Care，12：236-247.

Aziz R K，Nizet V. 2010. Pathogen microevolution in high resolution. Science Translational Medicine，2（16）：1-4.

Barnhart M M，Chapman M R. 2006. Curli biogenesis and function. Annual Review of Microbiology，60：131-147.

Bhavsar A P，Guttman J A，Finlay B B. 2007. Manipulation of host-cell pathways by bacterial pathogens. Nature，449：827-834.

Boman H G. 2000. Innate immunity and the normal microflora. Immunological Reviews, 173: 5-16.

Bulet P, Stöcklin R, Menin L. 2004. Anti-microbial peptides: from invertebrates to vertebrates. Immunological Reviews, 198: 169-184.

Chen I, Dubnau D. 2003. DNA transport during transformation. Frontiers in Bioscience, 8: s544-s556.

Chen I, Dubnau D. 2004. DNA uptake during bacterial transformation. Nature Reviews in Microbiology, 2: 241-249.

Chisholm S T, Coaker G, Day B, et al. 2006. Host-microbe interactions: shaping the evolution of the plant immune response. Cell, 124 (4): 803-814.

Chitwood D H, Timmermans M C. 2010. Small RNAs are on the move. Nature, 467 (7314): 415-419.

Croxen M A, Finlay B B. 2010. Molecular mechanisms of *Escherichia coli* pathogenicity. Nature Reviews Microbiology, 8: 26-38.

Donnenberg M S. 1999. Salmonella strikes a balance. Nature, 401: 218-219.

Garneau J E, Dupuis M È, Villion M, et al. 2010. The CRISPR-Cas bacterial immune system cleaves bacteriophage and plasmid DNA. Nature, 468 (7320): 67-71.

Kline K A, Dodson K W, Caparon M G, et al. 2010. A tale of two pili: assembly and function of pili in bacteria. Trends in Microbiology, 18 (5): 224-232.

Mazar J, Cotter P A. 2006. Topology and maturation of filamentous haemagglutinin suggest a new model for two-partner secretion. Molecular Microbiology, 62 (3): 641-654.

Nairz M, Schroll A, Sonnweber T, et al. 2010. The struggle for iron—a metal at the host-pathogen interface. Cellular Microbiology, 12 (12): 1691-1702.

Sayner S L, Frank D W, King J, et al. 2004. Paradoxical cAMP-induced lung endothelial hyperpermeability revealed by *Pseudomonas aeruginosa* ExoY. Circulation Research, 95 (2): 196-203.

Starks A M, Froehlich B J, Jones T N, et al. 2006. Assembly of CS1 pili: the role of specific residues of the major pilin, CooA. Journal of Bacteriology, 188 (1): 231-239.

Wade D S, Calfee M W, Rocha E R, et al. 2005. Regulation of Pseudomonas quinolone signal synthesis in *Pseudomonas aeruginosa*. Journal of Bacteriology. 187 (13): 4372-4380.

Waksman G, Hultgren S J. 2009. Structural biology of the chaperone-usher pathway of pilus biogenesis. Nature Reviews Microbiology, 7: 765-774.

Zhou D, Galán J. 2001. Salmonella entry into host cells: the work in concert of type III secreted effector proteins. Microbes and Infection, 3 (14/15): 1293-1298.